경비지도사
10개년 기출문제해설

2차 [일반경비]

시대에듀

2025 시대에듀
경비지도사
2차 10개년
기출문제해설
[일반경비]

Always with you

사람의 인연은 길에서 우연하게 만나거나 함께 살아가는 것
만을 의미하지는 않습니다. 책을 펴내는 출판사와 그 책을
읽는 독자의 만남도 소중한 인연입니다.
시대에듀는 항상 독자의 마음을 헤아리기 위해 노력하고
있습니다. 늘 독자와 함께하겠습니다.

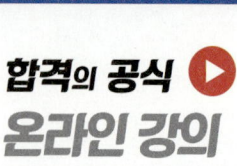

보다 깊이 있는 학습을 원하는 수험생들을 위한
시대에듀의 동영상 강의가 준비되어 있습니다.
www.sdedu.co.kr ➜ 회원가입(로그인) ➜ 강의살펴보기

머리말
PREFACE

"생명과 재산을 지켜주는 수호자! 경비지도사"

현대인들은 자신의 의지와 상관없이 외부로부터 가해지는 각종의 위협에 노출되어 있다. 그러나 국가 경찰력이 각종 범죄의 급격한 증가 추세를 따라잡기에는 현실적으로 한계가 있으며, 이에 국가가 사회의 다변화 및 범죄의 증가에 효과적으로 대응하고 경찰력을 보완할 수 있는 전문인력을 양성하고자 경비지도사 국가자격시험을 시행한 지도 28년이 되었다.

경비지도사는 사람의 신변보호, 국가중요시설의 방호, 시설에 대한 안전업무 등을 담당하는 경비인력을 효율적으로 관리, 감독할 수 있는 전문인력으로서 그 중요성이 나날이 커지고 있으며, 그 수요 역시 꾸준히 증가하고 있지만, 합격 인원을 한정하고 있기 때문에 경비지도사를 준비하는 수험생들의 부담감 역시 커지고 있다. 해마다 높아지고 있는 합격점에 대한 부담감을 안고 시험 준비에 어려움을 겪고 있을 수험생들을 위하여 본서를 권하는 바이다.

대부분의 자격시험이 그러하듯, 학습을 시작하는 수험생에게는 기출문제를 통해 출제경향과 난이도 등을 파악하는 것이 가장 기초라 할 수 있다. 그 다음이 학습계획에 따라 이론을 숙지하고 반복된 문제풀이를 통하여 지식을 완전히 습득하는 것이라 할 수 있을 것이다. 경비지도사 시험에는 분명 "출제의 흐름"이 있고, 빈출되는 주제와 문제가 있다. 이러한 것들을 가장 확실하게 알 수 있는 것이 바로 기출문제이다.

이에 따라 국가자격시험 전문출판사인 시대에듀가 수험생의 입장에서 더 필요하고 중요한 것을 생각하며 본서를 내놓게 되었다.

"2025 시대에듀 경비지도사 2차 10개년 기출문제해설 [일반경비]"의 특징은 다음과 같다.

❶ 최신 개정법령과 최근 기출문제의 출제POINT를 완벽하게 반영하여 수록하였다.
❷ 문제편과 해설편을 분리하였고, 해설편에는 문제와 함께 보기 지문에 대한 첨삭해설을 수록하였다.
❸ 해설마다 키워드를 병기하여 보다 빠르고 효율적으로 중요부분을 찾아 학습할 수 있도록 하였다.
❹ 핵심만 콕과 꼼꼼한 첨삭해설, 필요한 법령을 수록하여 심화학습까지 가능하도록 구성하였다.
❺ 시험에 자주 출제되는 고난도 포인트만을 선별하여 강조 표시 등으로 강약 조절을 하였다.

끝으로 본서가 모든 수험생들에게 합격의 지름길을 제시하는 안내서가 될 것을 확신하면서 본서로 공부하는 모든 수험생들에게 행운이 함께하기를 기원한다.

대표 편저자 씀

STRUCTURES
도서의 구성 및 특징

PART 01 문제편

최근 10개년 기출문제(2024~2015년)

▶ 실전 테스트 및 반복 학습이 가능하도록 정답 및 해설편과 분리하여 수록하였다.
▶ 실전과 같은 문제풀이 연습을 위해 톡! 뜯어지는 정답 마킹표를 제공한다.
▶ 구법 기준으로 출제된 문제는 최신법령을 반영하여 수정 후 기출수정 표시를 하였다.

※ 단, 명칭 변경 및 자구 수정 등은 기출수정 표시 제외

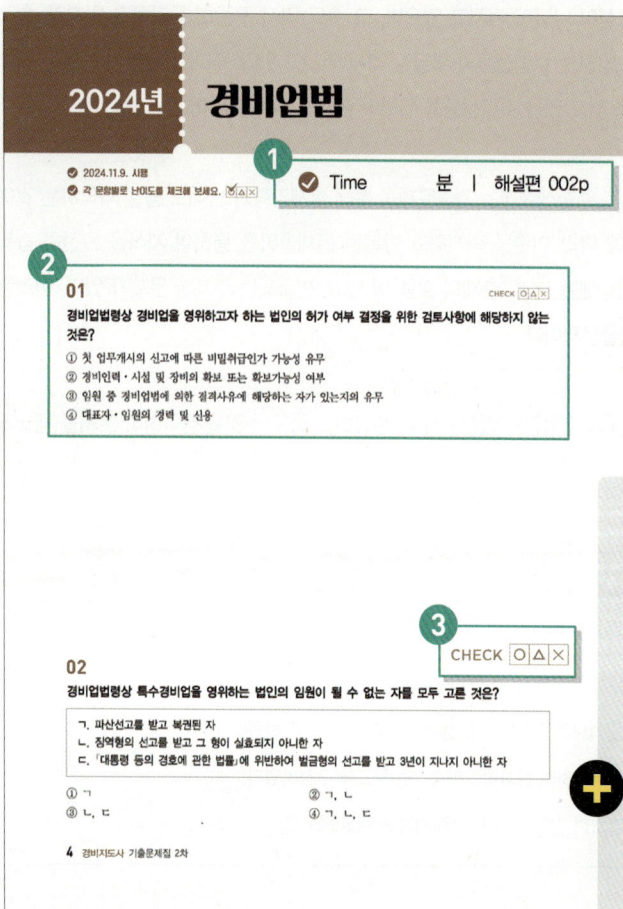

❶ 소요 시간&해당 정답 및 해설 페이지
❷ 최근 10개년 기출문제
❸ 난이도 체크 박스

※ 실제 시험장에서 사용되는 답안지와는 규격, 형식, 재질 등이 상이한 연습용 모의 답안지입니다.

2025 시대에듀 경비지도사 2차 10개년 기출문제해설 [일반경비]
합격의 공식 Formula of pass | 시대에듀 www.sdedu.co.kr

PART 02 정답 및 해설편

최근 10개년 기출문제의 정답 및 해설

▶ 최신 개정법령을 반영한 상세해설을 문제와 함께 수록하였다.
▶ 지문에 대한 첨삭해설을 통해 심화학습까지 가능하도록 꼼꼼하게 구성하였다.
▶ 자주 출제되는 중요 부분과 핵심내용은 법령 및 핵심만 콕으로 수록하였다.

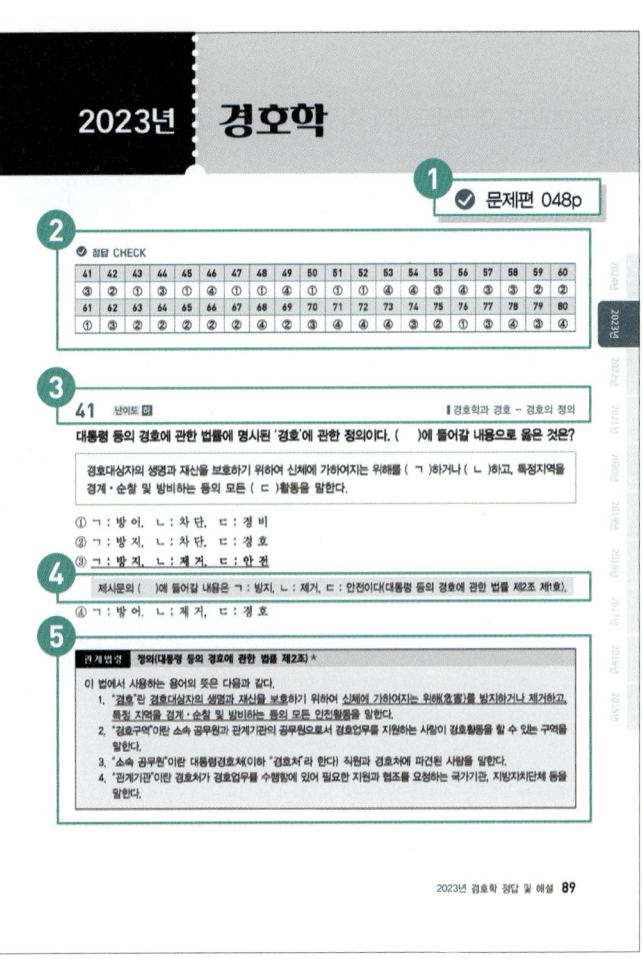

❶ 해당 문제편 페이지
❷ 정답 CHECK
❸ 난이도 및 기출 주제 키워드
❹ 문제 및 보기 지문에 대한 첨삭해설
❺ 심화학습까지 가능한 핵심만 콕&법령

INTRODUCTION
경비지도사 소개 및 시험안내

➕ 경비지도사란?
경비원을 지도·감독 및 교육하는 자를 말하며, 일반경비지도사와 기계경비지도사로 구분한다.

➕ 주요업무
경비업자가 대통령령이 정하는 바에 따라 선임한 경비지도사의 직무는 다음과 같다(경비업법 제12조 제2항, 동법 시행령 제17조 제1항).

1. 경비원의 지도·감독·교육에 관한 계획의 수립·실시 및 그 기록의 유지
2. 경비현장에 배치된 경비원에 대한 순회점검 및 감독
3. 경찰기관 및 소방기관과의 연락방법에 대한 지도
4. 집단민원현장에 배치된 경비원에 대한 지도·감독
5. 그 밖에 대통령령이 정하는 직무
   [1] 기계경비업무를 위한 기계장치의 운용·감독(기계경비지도사의 경우에 한한다)
   [2] 오경보방지 등을 위한 기기관리의 감독(기계경비지도사의 경우에 한한다)

➕ 응시자격 및 결격사유

응시자격	제한 없음
결격사유	경비업법 제10조 제1항 각호의 1에 해당하는 자

※ 결격사유에 해당하는 자는 시험 합격 여부와 관계없이 시험을 무효처리한다.

2025년 일반·기계경비지도사 시험 일정

회 차	응시원서 접수기간	제1차·제2차 시험 동시 실시	합격자 발표일
27	9.22~9.26/ 11.6~11.7 (추가)	11.15 (토)	12.31 (수)

합격기준

구 분	합격기준
제1차 시험	매 과목 100점을 만점으로 하여 매 과목 40점 이상, 전 과목 평균 60점 이상 득점한 자
제2차 시험	• 선발예정인원의 범위 안에서 전 과목 평균 60점 이상을 득점한 자 중에서 고득점순으로 결정 • 동점자로 인하여 선발예정인원이 초과되는 때에는 동점자 모두를 합격자로 결정

※ 제1차 시험 불합격자는 제2차 시험을 무효로 한다.

경비지도사 자격시험

구 분	과목구분	일반경비지도사	기계경비지도사	문항수	시험시간	시험방법
제1차 시험	필 수	1. 법학개론 2. 민간경비론		과목당 40문항 (총 80문항)	80분 (09:30~10:50)	객관식 4지택일형
제2차 시험	필 수	1. 경비업법(청원경찰법 포함)		과목당 40문항 (총 80문항)	80분 (11:30~12:50)	객관식 4지택일형
	선택 (택1)	1. 소방학 2. 범죄학 3. 경호학	1. 기계경비개론 2. 기계경비기획 및 설계			

INTRODUCTION
경비지도사 소개 및 시험안내

일반경비지도사 제2차 시험 검정현황

구 분	대상자	응시자	합격자	합격률
2020년(제22회)	12,578	7,700	791	10.27%
2021년(제23회)	12,418	7,677	659	8.58%
2022년(제24회)	11,919	7,325	573	7.82%
2023년(제25회)	10,325	6,462	574	8.88%
2024년(제26회)	10,102	6,487	873	13.47%

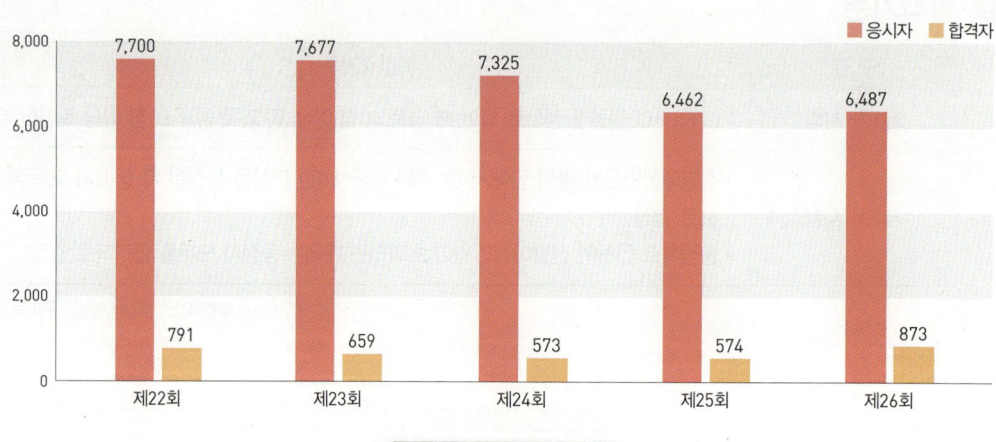

제2차 시험 응시자와 합격자수

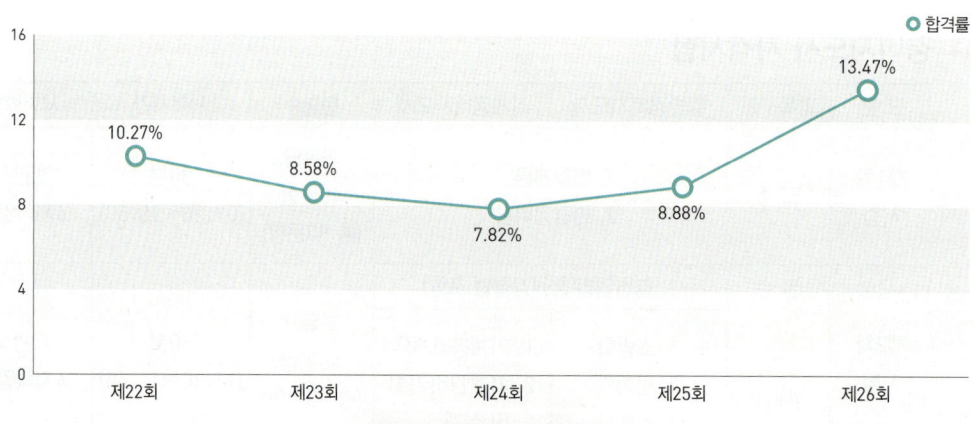

제2차 시험 합격률

REVISED LAW

최신 개정법령 소개

➕ 경비지도사 제2차 시험 관련 법령

본 도서에 반영된 주요 최신 개정법령은 아래와 같다(적색 : 2024년 이후 개정법령).

구 분	법 령	시행일
경비업법	경비업법	2025.01.31
	경비업법 시행령	2025.01.31
	경비업법 시행규칙	2025.01.31
청원경찰법	청원경찰법	2022.11.15
	청원경찰법 시행령	2024.04.23
	청원경찰법 시행규칙	2022.11.10
경호학 관련 법령	대통령 등의 경호에 관한 법률	2025.06.04
	대통령 등의 경호에 관한 법률 시행령	2023.06.05
	대통령경호처와 그 소속기관 직제	2023.12.29
	전직대통령 예우에 관한 법률	2017.09.22
	전직대통령 예우에 관한 법률 시행령	2021.01.05
	대통령경호안전대책위원회규정	2022.11.01
	국민보호와 공공안전을 위한 테러방지법	2024.02.09
	국민보호와 공공안전을 위한 테러방지법 시행령	2022.11.01
	국민보호와 공공안전을 위한 테러방지법 시행규칙	2024.10.17
	국가테러대책위원회 및 테러대책실무위원회 운영규정	2017.08.23
	다자간 정상회의의 경호 및 안전관리 업무에 관한 규정	2014.07.04
	보안업무규정	2021.01.01
	보안업무규정 시행규칙	2022.11.28

※ 경비지도사 자격시험에서 법률 등을 적용하여 정답을 구하여야 하는 문제는 시험 시행일 현재 시행 중인 법률 등을 적용하여 정답을 구하여야 한다.

➕ 개정법령 관련 대처법

❶ 최신 개정사항은 당해 연도 시험에 출제될 확률이 높으므로, 시험 시행일 전까지 최신 개정법령 및 개정사항을 필히 확인해야 한다.

❷ 최신 개정법령은 아래 법제처의 국가법령정보센터 홈페이지 등을 통해 확인이 가능하다.

법제처 국가법령정보센터	www.law.go.kr

❸ 도서 출간 이후의 최신 개정법령 및 개정사항에 대한 도서 업데이트(추록)는 아래의 시대에듀 홈페이지 및 서비스를 통해 제공받을 수 있다.

시대에듀 홈페이지	www.sdedu.co.kr www.edusd.co.kr
시대에듀 경비지도사 독자지원카페	cafe.naver.com/sdsi
시대북 통합서비스 앱	구글 플레이 또는 앱스토어에서 시대에듀로 검색

ANALYSIS
최근 5년간 출제경향 분석

제1과목 경비업법

❖ 경비업법 회당 평균 출제횟수 : 경비지도사 및 경비원(9.8문제), 보칙(4.2문제) 순이다.

출제영역		2020 (제22회)	2021 (제23회)	2022 (제24회)	2023 (제25회)	2024 (제26회)	총 계 (문항수)	회별출제 (평균)
제1장	총 칙	–	1	1	1	1	4	0.8
제2장	경비업의 허가 등	3	3	2	3	3	14	2.8
제3장	기계경비업무	1	1	1	1	1	5	1
제4장	경비지도사 및 경비원	10	9	11	9	10	49	9.8
제5장	행정처분 등	4	4	3	4	2	17	3.4
제6장	경비협회	2	1	2	2	2	9	1.8
제7장	보 칙	4	4	4	4	5	21	4.2
제8장	벌 칙	3	4	3	3	3	16	3.2
합계(문항수)		27	27	27	27	27	135	27

⇢ 2024년도 경비업법 총평 : 경비업법 개정이 있었으나 경비지도사·경비원 교육기관의 업무정지와 관련한 17번 한 문제만 출제되었고, 어렵거나 논란이 될 만한 지문은 없었기 때문에 합격생 기준 만점이 상당히 많을 것으로 예상된다.

❖ 청원경찰법 회당 평균 출제횟수 : 청원경찰의 배치·임용·교육·징계(3.4문제), 청원경찰의 배치장소와 직무(2.6문제) 순이다.

출제영역		2020 (제22회)	2021 (제23회)	2022 (제24회)	2023 (제25회)	2024 (제26회)	총 계 (문항수)	회별출제 (평균)
제1장	청원경찰의 배치장소와 직무	1	3	3	3	3	13	2.6
제2장	청원경찰의 배치·임용·교육·징계	4	3	3	3	4	17	3.4
제3장	청원경찰의 경비와 보상금 및 퇴직금	2	2	2	1	2	9	1.8
제4장	청원경찰의 제복착용과 무기휴대·비치부책	1	3	2	2	2	10	2
제5장	보칙(감독·권한위임·면직 및 퇴직 등)	4	1	2	3	1	11	2.2
제6장	벌칙과 과태료	1	1	1	1	1	5	1
합계(문항수)		13	13	13	13	13	65	13

⇢ 2024년도 청원경찰법 총평 : 경비업법과 비교하여 학습량이 적다는 점과 빈출 주제별로 반복 출제된다는 점을 고려하면 빈출 주제별 반복 학습 및 암기노트 작성이 가장 효율적인 학습전략이라 판단된다.

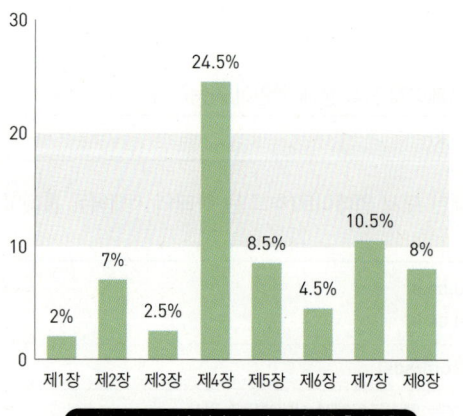

2020~2024년 경비지도사 경비업법 출제경향

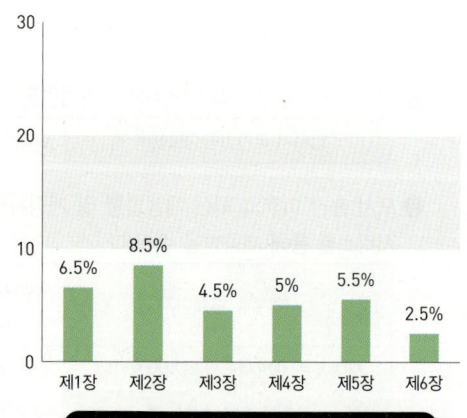

2020~2024년 경비지도사 청원경찰법 출제경향

2024년 제26회 경비업법 주제별 출제 분석

기본서의 목차별로 정리한 2024년 경비업법 과목의 기출주제이다(중복 출제된 주제 있음).

PART	CHAPTER	2024년 제26회 기출주제
PART 1 경비업법	1. 총 칙	용어의 정의(호송경비업무)
	2. 경비업의 허가 등	경비업 허가(경비업자의 신고사항), 경비업 허가 여부 결정을 위한 검토사항, 법인 임원의 결격사유
	3. 기계경비업무	기계경비업자의 관리 서류
	4. 경비지도사 및 경비원	경비지도사·경비원 교육기관의 업무정지처분 대상, 경비지도사의 선임 및 경비지도사의 직무, 경비원의 교육 등, 특수경비원의 의무, 특수경비원의 무기관리, 경비원의 복장 등, 경비원의 장비, 결격사유 확인을 위한 범죄경력조회 요청 시 첨부 서류, 경비원의 배치허가, 경비원의 명부와 배치허가
	5. 행정처분 등	경비업 허가취소 사유, 경비지도사 자격정지처분 기준
	6. 경비협회	경비협회 일반, 경비협회의 공제사업
	7. 보 칙	경찰청장 등의 지도·감독, 경비업자의 책임(손해배상), 권한의 위임, 경비지도사 시험 응시수수료 반환 기준, 벌칙 적용에서 공무원 의제
	8. 벌 칙	벌칙, 형의 가중처벌, 과태료 최고액
PART 2 청원경찰법	1. 청원경찰의 배치장소와 직무	청원경찰법의 목적, 용어의 정의 등, 청원경찰의 신분 및 직무수행
	2. 청원경찰의 배치·임용·교육·징계	청원경찰의 배치, 청원경찰의 임용, 청원경찰의 징계, 청원경찰의 직무와 표창
	3. 청원경찰의 경비와 보상금 및 퇴직금	청원경찰 보수산정 시의 경력 인정 등, 청원경찰의 보상금과 퇴직금
	4. 청원경찰의 제복착용과 무기휴대·비치부책	무기관리수칙, 문서와 장부의 비치(관할 경찰서장)
	5. 보칙(감독·권한위임·면직 및 퇴직 등)	청원경찰의 감독
	6. 벌칙과 과태료	과태료

ANALYSIS
최근 5년간 출제경향 분석

➕ 제2과목 경호학

❖ 경호학 회당 평균 출제횟수 : 경호업무 수행방법(19.2문제), 경호학과 경호(6문제), 경호의 조직(4.8문제) 순이다.

	출제영역	2020 (제22회)	2021 (제23회)	2022 (제24회)	2023 (제25회)	2024 (제26회)	총 계 (문항수)	회별출제 (평균)
제1장	경호학과 경호	6	7	6	5	6	30	6
제2장	경호의 조직	5	5	3	5	6	24	4.8
제3장	경호업무 수행방법	20	17	19	21	19	96	19.2
제4장	경호복장과 장비	2	4	3	2	2	13	2.6
제5장	경호의전과 구급법	3	3	4	2	3	15	3
제6장	경호의 환경	4	4	5	5	4	22	4.4
	합계(문항수)	40	40	40	40	40	200	40

⋯▶ 2024년도 경호학 총평 : 전체적으로 주요 빈출 주제에서 출제되었고, 합격의 당락을 결정한 문제는 41번, 42번, 70번, 76번이라고 생각된다. 41번과 42번은 경호기관의 시대순을 묻는 문제로 실수 가능성이 높은 문제였고, 우발상황의 특성에 관한 문제(70번)와 응급처치 및 구급법에 관한 문제(76번)는 수험생들의 이의제기가 있었으나 한국산업인력공단은 이를 수용하지 않았다.

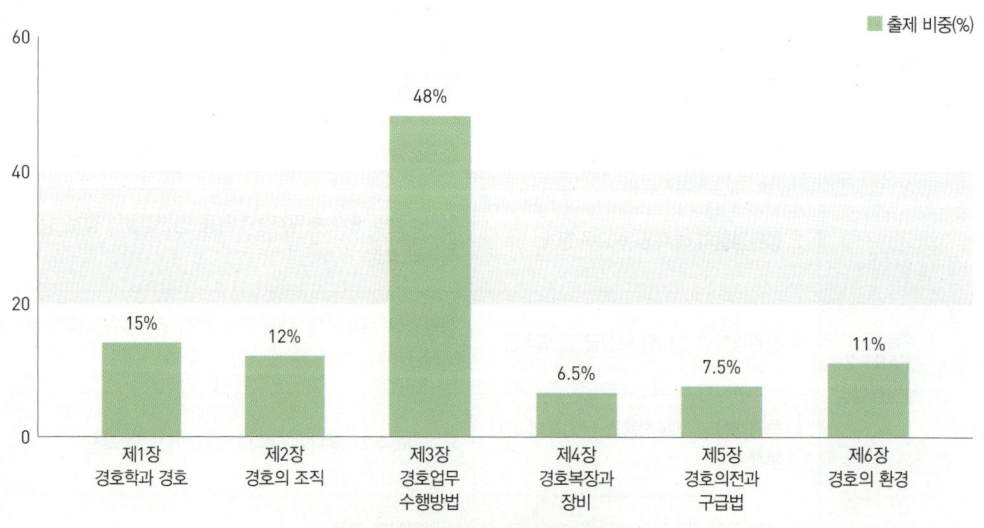

2020~2024년 경비지도사 경호학 출제경향

2024년 제26회 경호학 주제별 출제 분석

기본서의 목차별로 정리한 2024년 경호학 과목의 기출주제이다(중복 출제된 주제 있음).

CHAPTER	POINT	2024년 제26회 기출주제
제1장 경호학과 경호	1. 경호의 정의	-
	2. 경호 및 경비의 분류	경호의 분류
	3. 경호의 법원	경호의 성문법원
	4. 경호의 목적과 원칙	경호의 원칙, 근접경호의 기본원리(주의력효과와 대응효과)
	5. 경호의 발달과정과 배경	구한말 경호조직의 변천, 대한민국의 경호제도
제2장 경호의 조직	1. 경호조직의 의의 및 특성과 구성원칙	경호조직의 특성, 경호조직의 구성원칙
	2. 각국의 경호조직	-
	3. 경호의 주체와 객체	경호의 주체, 경호등급 구분 운영 시 협의 대상, 대통령경호처의 경호대상
제3장 경호업무 수행방법	1. 경호임무의 수행절차	경호작용의 기본 고려요소, 경호임무 수행절차, 경호행사계획 수립 시 고려사항
	2. 사전예방경호(선발경호)	선발경호의 목적, 산발경호의 특성, 사전예방경호(경호안전작용), 안전검측(방에서의 안전검측활동 단계), 검식활동
	3. 근접경호(수행경호)	근접경호의 특성(기만성), 경호원의 활동수칙 등, 근접경호원의 임무원칙, 근접경호 수행방법, 근접도보경호, 차량경호
	4. 출입자 통제대책	출입자 통제, 출입자 통제업무 수행, 출입통제대책
	5. 우발상황(돌발사태) 대응방법	우발상황의 특성, 우발상황 시 근접경호원의 대응
제4장 경호복장과 장비	1. 경호원의 복장과 장비	경호원의 복제, 경호장비
	2. 경호장비의 유형별 관리	-
제5장 경호의전과 구급법	1. 경호원의 자격과 윤리	-
	2. 경호원의 의전과 예절	경호의전(국기게양 등), 탑승 시 경호예절
	3. 응급처치 및 구급법	심폐소생술 및 자동심장충격(AED) 사용방법
제6장 경호의 환경	1. 경호의 환경요인	경호 환경요인
	2. 암 살	-
	3. 테 러	국민보호와 공공안전을 위한 테러방지법, 테러사건대책본부 설치·운영 주체, 테러단체 구성원의 처벌

PROCESS

시험접수부터 자격증 취득까지

1. 응시자격조건

- 경비업법 제10조 제1항의 결격사유에 해당하지 않는 어느 누구나 응시할 수 있습니다.
- 결격사유 기준일은 원서접수 마감일이며, 해당자는 시험합격 여부와 상관없이 시험을 무효처리합니다.

2. 필기원서접수

※ 인터넷 원서 접수 사이트 : q-net.or.kr

8. 자격증 발급

- 경비지도사 기본교육 종료 후 교육기관에서 일괄 자격증 신청
- 경찰청에서 교육 사항 점검 후, 20일 이내 해당 주소지로 우편 발송

7. 경비지도사 기본교육

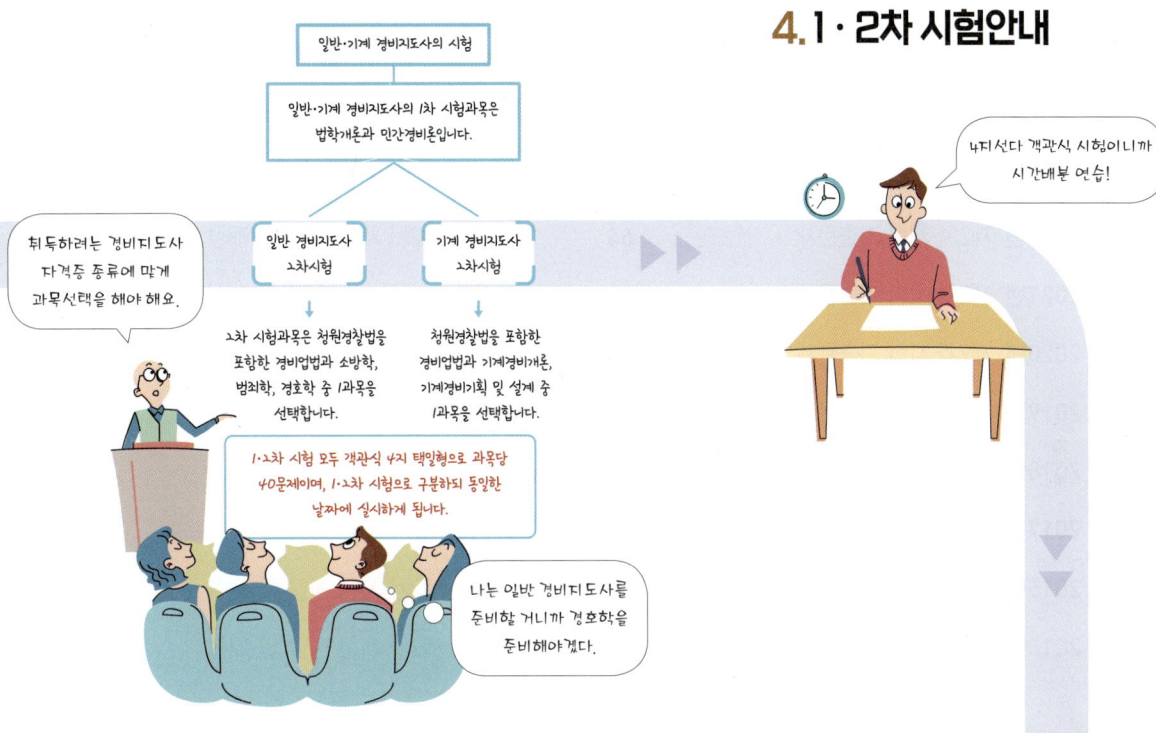

CONTENTS
이 책의 차례

PART 1 | 최근 10개년 기출문제

제1과목 경비업법

2024년 제2차 시험 기출문제	4
2023년 제2차 시험 기출문제	34
2022년 제2차 시험 기출문제	64
2021년 제2차 시험 기출문제	94
2020년 제2차 시험 기출문제	124
2019년 제2차 시험 기출문제	154
2018년 제2차 시험 기출문제	184
2017년 제2차 시험 기출문제	214
2016년 제2차 시험 기출문제	244
2015년 제2차 시험 기출문제	274

제2과목 경호학

2024년 제2차 시험 기출문제	18
2023년 제2차 시험 기출문제	48
2022년 제2차 시험 기출문제	77
2021년 제2차 시험 기출문제	108
2020년 제2차 시험 기출문제	137
2019년 제2차 시험 기출문제	168
2018년 제2차 시험 기출문제	198
2017년 제2차 시험 기출문제	228
2016년 제2차 시험 기출문제	258
2015년 제2차 시험 기출문제	287

PART 2 | 정답 및 해설편

제1과목 경비업법

2024년 제2차 시험 정답 및 해설	2
2023년 제2차 시험 정답 및 해설	54
2022년 제2차 시험 정답 및 해설	116
2021년 제2차 시험 정답 및 해설	177
2020년 제2차 시험 정답 및 해설	242
2019년 제2차 시험 정답 및 해설	301
2018년 제2차 시험 정답 및 해설	357
2017년 제2차 시험 정답 및 해설	412
2016년 제2차 시험 정답 및 해설	465
2015년 제2차 시험 정답 및 해설	509

제2과목 경호학

2024년 제2차 시험 정답 및 해설	27
2023년 제2차 시험 정답 및 해설	89
2022년 제2차 시험 정답 및 해설	151
2021년 제2차 시험 정답 및 해설	212
2020년 제2차 시험 정답 및 해설	273
2019년 제2차 시험 정답 및 해설	329
2018년 제2차 시험 정답 및 해설	385
2017년 제2차 시험 정답 및 해설	441
2016년 제2차 시험 정답 및 해설	489
2015년 제2차 시험 정답 및 해설	537

P/A/R/T/1

기출문제

최근 10개년 기출문제

2024년 | 제26회 제2차 시험 기출문제
2023년 | 제25회 제2차 시험 기출문제
2022년 | 제24회 제2차 시험 기출문제
2021년 | 제23회 제2차 시험 기출문제
2020년 | 제22회 제2차 시험 기출문제
2019년 | 제21회 제2차 시험 기출문제
2018년 | 제20회 제2차 시험 기출문제
2017년 | 제19회 제2차 시험 기출문제
2016년 | 제18회 제2차 시험 기출문제
2015년 | 제17회 제2차 시험 기출문제

2024

제26회 경비지도사
제2차 시험 기출문제

❶ 경비업법
❷ 경호학

2024년도 제26회 경비지도사 2차 국가자격시험

교시	문제형별	시험시간	시험과목
1교시	A	80분	❶ 경비업법 ❷ 경호학

수험번호		성 명	

【수 험 자 유 의 사 항】

1. **시험문제지 표지**와 시험문제지 내 **문제형별**의 **동일여부** 및 시험문제지의 **총면수, 문제번호 일련순서, 인쇄상태** 등을 확인하시고, 문제지 표지에 수험번호와 성명을 기재하시기 바랍니다.

2. 답은 각 문제마다 요구하는 **가장 적합하거나 가까운 답 1개**만 선택하고, 답안카드 작성 시 시험문제지 **형별누락, 마킹착오**로 인한 불이익은 전적으로 **수험자에게 책임**이 있음을 알려드립니다.

3. 답안카드는 국가전문자격 공통 표준형으로 문제번호가 1번부터 125번까지 인쇄되어 있습니다. 답안 마킹 시에는 반드시 **시험문제지의 문제번호와 동일한 번호**에 마킹하여야 합니다.

4. **감독위원의 지시에 불응**하거나 시험시간 종료 후 답안카드를 제출하지 않을 경우 불이익이 발생할 수 있음을 알려 드립니다.

5. 시험문제지는 시험 종료 후 가져가시기 바랍니다.

안내사항

1. 수험자는 QR코드를 통해 가답안을 확인하시기 바랍니다.
   (※ 사전 설문조사 필수)
2. 시험 합격자에게 '**합격축하 SMS(알림톡) 알림 서비스**'를 제공하고 있습니다.

— 수험자 여러분의 합격을 기원합니다 —

2024년 경비업법

- 2024.11.9. 시행
- 각 문항별로 난이도를 체크해 보세요.

01

경비업법령상 경비업을 영위하고자 하는 법인의 허가 여부 결정을 위한 검토사항에 해당하지 않는 것은?

① 첫 업무개시의 신고에 따른 비밀취급인가 가능성 유무
② 경비인력·시설 및 장비의 확보 또는 확보가능성 여부
③ 임원 중 경비업법에 의한 결격사유에 해당하는 자가 있는지의 유무
④ 대표자·임원의 경력 및 신용

02

경비업법령상 특수경비업을 영위하는 법인의 임원이 될 수 없는 자를 모두 고른 것은?

ㄱ. 파산선고를 받고 복권된 자
ㄴ. 징역형의 선고를 받고 그 형이 실효되지 아니한 자
ㄷ. 「대통령 등의 경호에 관한 법률」에 위반하여 벌금형의 선고를 받고 3년이 지나지 아니한 자

① ㄱ
② ㄱ, ㄴ
③ ㄴ, ㄷ
④ ㄱ, ㄴ, ㄷ

03

경비업법령상 기계경비업자의 출장소별 관리 서류에 관한 설명으로 옳지 않은 것은?

① 경비대상시설의 명칭·소재지 및 경비계약기간을 기재한 서류를 갖추어 두어야 한다.
② 기계경비지도사의 명단·배치일자·배치장소와 출동차량의 대수를 기재한 서류를 갖추어 두어야 한다.
③ 오경보가 발생한 경비대상시설을 기재한 서류를 갖추어 두어야 한다.
④ 경보의 수신 및 조치의 결과를 기재한 서류는 당해 경보를 수신한 날부터 3년간 보관하여야 한다.

04

경비업법령상 운반 중에 있는 현금·유가증권·귀금속·상품 그 밖의 물건에 대하여 도난·화재 등 위험발생을 방지하는 업무는?

① 특수경비업무
② 신변보호업무
③ 기계경비업무
④ 호송경비업무

05

경비업법령상 특수경비원의 의무에 관한 설명으로 옳지 않은 것은?

① 파업·태업을 하여서는 아니 된다.
② 소속상사의 허가 또는 정당한 사유 없이 경비구역을 벗어나서는 아니 된다.
③ 어떠한 경우에도 14세 미만의 자에 대하여는 권총 또는 소총을 발사하여서는 아니 된다.
④ 직무를 수행함에 있어 시설주의 직무상 명령에 복종하여야 한다.

06

경비업법령상 특수경비원의 직무 및 무기사용 등에 관한 내용이다. (   )에 들어갈 숫자로 옳은 것은?

- 관할 경찰관서장은 시설주 및 특수경비원의 무기관리상황을 매월 (ㄱ)회 이상 점검하여야 한다.
- 무기를 대여받은 국가중요시설의 시설주 또는 관리책임자는 관할 경찰관서장이 정하는 바에 의하여 무기의 관리실태를 매월 파악하여 다음 달 (ㄴ)일까지 관할 경찰관서장에게 통보하여야 한다.

① ㄱ : 1, ㄴ : 3
② ㄱ : 1, ㄴ : 5
③ ㄱ : 2, ㄴ : 3
④ ㄱ : 2, ㄴ : 5

07

경비업법령상 경비원의 복장 등에 관한 설명으로 옳지 않은 것은?

① 경비업자는 경찰공무원 또는 군인의 제복과 색상 및 디자인 등이 명확히 구별되는 소속 경비원의 복장을 정하고 이를 확인할 수 있는 사진을 첨부하여 주된 사무소를 관할하는 경찰서장을 거쳐 경찰청장에게 신고하여야 한다.
② 경비원은 경비업무 수행 시 이름표를 경비원 복장의 상의 가슴 부위에 부착하여 경비원의 이름을 외부에서 알아볼 수 있도록 하여야 한다.
③ 경비업자는 집단민원현장이 아닌 곳에서 신변보호업무를 수행하는 경우에는 신고된 복장과 다른 복장을 경비원에게 착용하게 할 수 있다.
④ 복장 변경 등에 대한 시정명령을 받은 경비업자는 이를 이행하여야 한다.

08

경비업법령상 경비원의 결격사유 확인을 위해 경비업자가 범죄경력조회를 요청하는 경우 첨부하여야 하는 서류로만 옳게 나열된 것은?

ㄱ. 경비업 허가증 사본
ㄴ. 주민등록초본
ㄷ. 취업자 또는 취업예정자 범죄경력조회 동의서
ㄹ. 신분증 사본

① ㄱ, ㄴ
② ㄱ, ㄷ
③ ㄱ, ㄴ, ㄷ
④ ㄴ, ㄷ, ㄹ

09

경비업법령상 경비지도사의 선임 등에 관한 내용이다. ( )에 들어갈 숫자로 옳은 것은?

- 경비업자는 경비업법령에 의하여 선임·배치된 경비지도사에 결원이 있거나 자격정지 등의 사유로 그 직무를 수행할 수 없는 때에는 (ㄱ)일 이내에 경비지도사를 새로이 충원하여야 한다.
- 경비지도사는 경비업법에 따라 경비원에 대한 교육을 실시하고, 행정안전부령으로 정하는 경비원 직무교육 실시대장에 그 내용을 기록하여 (ㄴ)년간 보존하여야 한다.

① ㄱ : 15, ㄴ : 1
② ㄱ : 15, ㄴ : 2
③ ㄱ : 30, ㄴ : 1
④ ㄱ : 30, ㄴ : 2

10

경비업법령상 경비원의 교육 등에 관한 설명으로 옳지 않은 것은?

① 경비업자는 「군인사법」에 따른 부사관 이상으로 근무한 경력이 있는 사람을 일반경비원으로 채용한 경우에는 해당 일반경비원을 일반경비원 신임교육 대상에서 제외할 수 있다.
② 경비업자는 소속 일반경비원에게 경비지도사가 수립한 교육계획에 따라 매월 2시간 이상의 직무교육을 받도록 하여야 한다.
③ 특수경비업자는 채용 전 3년 이내에 특수경비업무에 종사하였던 경력이 있는 사람을 특수경비원으로 채용한 경우에는 해당 특수경비원을 특수경비원 신임교육 대상에서 제외할 수 있다.
④ 특수경비업자는 소속 특수경비원에게 경비지도사가 수립한 교육계획에 따라 매월 2시간의 직무교육을 받도록 하여야 한다.

11

경비업법령상 관할 경찰관서장이 집단민원현장에 일반경비원 배치허가 신청을 받은 경우에 배치허가를 하여서는 아니 되는 경우로 옳지 않은 것은?

① 경비원 중 신임교육을 받지 아니한 사람이 100분의 15 포함되어 있는 경우
② 경비업무의 범위를 벗어난 행위를 할 우려가 있는 경우
③ 경비원 중 결격자가 대통령령으로 정하는 기준 이상으로 포함되어 있는 경우
④ 경비원의 복장·장비 등에 대하여 내려진 필요한 명령을 이행하지 아니하는 경우

12

경비업법령상 경비원의 장비 및 출동차량 등에 관한 설명으로 옳지 않은 것은?

① 경비업자가 경비원으로 하여금 분사기를 휴대하여 직무를 수행하게 하는 경우에는 「총포·도검·화약류 등 단속법」에 따라 미리 분사기의 소지허가를 받아야 한다.
② 경비원은 근무 중 경적, 단봉, 분사기, 안전방패, 무전기 및 그 밖에 경비 업무 수행에 필요한 것으로서 공격적인 용도로 제작되지 아니하는 장비를 휴대할 수 있다.
③ 경비업자는 출동차량 등의 도색 및 표지를 경찰차량 및 군차량과 명확히 구별될 수 있게 하여야 한다.
④ 경비원이 휴대할 수 있는 장비의 종류는 경적·단봉·분사기 등 행정안전부령으로 정하되, 근무 중에는 물론 근무 후에도 이를 휴대할 수 있다.

13

경비업법령상 경비업 허가취소 사유에 해당하지 않는 것은?

① 경비업 및 경비관련업 외의 영업을 한 때
② 영업정지처분을 받고 계속하여 영업을 한 때
③ 정당한 사유 없이 허가를 받은 날부터 1년 이내에 경비 도급실적이 없을 때
④ 관할 경찰관서장의 배치폐지 명령에 따르지 아니한 때

14

경비업법령상 경비원의 명부와 배치허가 등에 관한 설명으로 옳지 않은 것은?

① 경비업자가 경비원의 배치를 폐지한 경우에는 행정안전부령으로 정하는 바에 따라 관할 경찰관서장에게 신고하여야 한다.
② 집단민원현장에 배치되는 특수경비원의 명부는 그 경비원이 배치되는 장소에도 작성·비치하여야 한다.
③ 경비업자는 특수경비원을 배치하는 경우에는 경비원을 배치하는 기간과 관계없이 경비원을 배치하기 전까지 경비원 배치신고서를 배치지를 관할하는 경찰관서장에게 제출해야 한다.
④ 일반경비원 배치허가를 받은 경비업자가 집단민원현장에 새로운 경비원을 배치하려는 경우에는 새로운 경비원을 배치하기 48시간 전까지 배치허가 신청서를 관할 경찰관서장에게 제출하여 허가를 받아야 한다.

15

경비업법령상 경비협회에 관한 설명으로 옳은 것은?

① 경비지도사는 경비업무의 건전한 발전 등을 위하여 경비협회를 설립할 수 있다.
② 경비협회를 설립하려는 경우에는 정관을 작성하여야 한다.
③ 경비업법에 특별한 규정이 있는 것을 제외하고는 「민법」 중 재단법인에 관한 규정을 준용한다.
④ 경비협회는 관할 경찰관서장의 허가를 받아 회원으로부터 회비를 징수할 수 있다.

16

경비업법령상 경비지도사 자격정지처분 기준으로 옳은 것은?

① 경비업법 제12조 제3항의 규정을 1차 위반하여 직무를 성실하게 수행하지 아니한 때 : 자격정지 1월
② 경비업법 제12조 제3항의 규정을 2차 위반하여 직무를 성실하게 수행하지 아니한 때 : 자격정지 3월
③ 경비업법 제24조의 규정에 의한 시·도 경찰청장의 명령을 2차 위반한 때 : 자격정지 3월
④ 경비업법 제24조의 규정에 의한 시·도 경찰청장의 명령을 3차 위반한 때 : 자격정지 9월

17

경비업법령상 청문을 실시하여야 하는 업무정지처분의 대상을 모두 고른 것은?

> ㄱ. 경비지도사 교육기관이 교육지침을 위반하여 시정명령을 받고도 정당한 사유 없이 정하여진 기간 이내에 시정하지 아니한 경우
> ㄴ. 경비지도사 교육기관이 거짓으로 경비지도사 교육기관의 지정을 받은 경우
> ㄷ. 경비원 교육기관이 지정 기준에 적합하지 아니하게 된 경우
> ㄹ. 경비원 교육기관이 지정받은 사항을 위반하여 업무를 행한 경우

① ㄱ, ㄴ
② ㄱ, ㄷ, ㄹ
③ ㄴ, ㄷ, ㄹ
④ ㄱ, ㄴ, ㄷ, ㄹ

18

경비업법령상 경비업의 허가를 받은 법인이 시·도 경찰청장에게 신고하여야 하는 경우에 해당하는 것은?

① 법인의 정관 시행일을 변경한 때
② 법인의 주사무소를 이전한 때
③ 기계경비업무를 개시하거나 종료한 때
④ 특수경비업무의 수행을 위한 관제시설을 신설한 때

19

경비업법령상 경비협회의 공제사업에 관한 설명으로 옳지 않은 것은?

① 경비협회는 공제사업을 하고자 하는 때에는 공제사업의 운영에 관하여 필요한 사항에 대하여 공제규정을 제정하여야 한다.
② 경비협회는 공제사업의 회계를 다른 사업의 회계와 구분하여 경리하여야 한다.
③ 경찰청장은 공제사업에 대하여 금융위원회에게 검사를 요청할 수 있다.
④ 경찰청장은 공제사업의 건전한 육성과 가입자의 보호를 위하여 공제사업의 감독에 관한 기준을 정할 수 있다.

20

경비업법령상 경비업자의 책임에 관한 설명으로 옳은 것은?

① 경비업자는 경비원이 업무수행 중 경비대상에 손해가 발생하는 것을 방지하여도 손해를 배상하여야 한다.
② 경비업자는 경비원이 업무수행 중 고의로 제3자에게 손해를 입힌 경우에는 그 손해가 발생하는 것을 방지하지 못한 때에만 배상할 책임이 있다.
③ 경비업자는 경비원이 업무수행 중 과실로 제3자에게 손해를 입힌 경우에도 이를 배상하여야 한다.
④ 경비업자는 경비원이 업무수행 중 과실로 경비대상에 손해가 발생하는 것을 방지하지 못한 때에는 그 손해를 배상할 책임이 없다.

21

경비업법령상 감독 및 보안지도·점검에 관한 설명으로 옳지 않은 것은?

① 시·도 경찰청장은 경비업무의 적정한 수행을 위하여 경비지도사를 지도·감독하며 필요한 명령을 할 수 있다.
② 관할 경찰관서장은 소속 경찰공무원으로 하여금 관할구역 안에 있는 경비업자의 주사무소에 출입하여 근무상황을 감독하며 필요한 명령을 하게 할 수 있다.
③ 시·도 경찰청장은 배치된 경비원이 경비업법에 따른 명령을 위반하는 행위를 하는 경우 그 위반행위의 중지를 명할 수 있다.
④ 관할 경찰관서장은 경비업무 장소가 집단민원현장으로 판단되는 경우에는 그때부터 48시간 이내에 경비지도사에게 경비원 배치 허가를 받을 것을 고지하여야 한다.

22

경비업법령상 시험에 응시하고자 하는 자가 납부한 응시수수료의 전부 또는 일부를 반환하는 기준으로 옳지 않은 것은?

① 응시수수료를 과오납한 경우 : 과오납한 금액 전액
② 시험시행기관의 귀책사유로 시험에 응시하지 못한 경우 : 응시수수료 전액
③ 시험시행일 20일 전까지 접수를 취소하는 경우 : 응시수수료의 100분의 80
④ 시험시행일 10일 전까지 접수를 취소하는 경우 : 응시수수료의 100분의 50

23

경비업법령상 경찰청장의 권한이 시·도 경찰청장에게 위임되어 있는 것을 모두 고른 것은?

> ㄱ. 경비지도사 자격의 취소권한
> ㄴ. 경비지도사 자격증의 교부권한
> ㄷ. 경비지도사 시험의 관리에 관한 권한
> ㄹ. 경비지도사 자격의 정지에 관한 청문권한

① ㄱ, ㄴ
② ㄱ, ㄹ
③ ㄴ, ㄷ
④ ㄷ, ㄹ

24

경비업법령상 경찰청장으로부터 경비지도사의 시험에 관한 업무를 위탁받은 단체의 임직원이 공무원으로 의제되어 적용받는 「형법」상의 규정에 해당하는 것은?

① 제122조(직무유기)
② 제126조(피의사실공표)
③ 제127조(공무상 비밀의 누설)
④ 제129조(수뢰, 사전수뢰)

25

경비업법령상 법정형이 "경비업의 허가를 받지 아니하고 경비업을 영위한 자"에 대한 법정형과 같은 것은?

① 다른 법률에 특별한 규정이 있는 경우가 아님에도 그 직무상 알게 된 비밀을 누설한 경비업자의 임·직원
② 국가중요시설에 대한 경비업무 수행 중 국가중요시설의 정상적인 운영을 해치는 장해를 일으킨 특수경비원
③ 쟁의행위를 한 특수경비원
④ 경비업법에서 정한 장비 외에 흉기 또는 그 밖의 위험한 물건을 휴대하고 경비업무를 수행한 경비원

26

경비업법령상 일반경비원이 경비업무 수행 중에 경비업법령에서 정한 장비 외에 흉기 또는 그 밖의 위험한 물건을 휴대하고 죄를 범한 경우, 그 죄에 정한 형의 2분의 1까지 가중처벌되는「형법」상의 범죄가 아닌 것은?

① 폭행죄(「형법」제260조 제1항)
② 특수폭행죄(「형법」제261조)
③ 폭행치사상죄(「형법」제262조)
④ 업무상과실·중과실치사상죄(「형법」제268조)

27

경비업법령에 위반한 다음의 경비업자 중 부과될 수 있는 과태료 최고액이 다른 사람은?(단, 가중·감경은 고려하지 않음)

① 경비업법의 규정에 위반하여 경비대행업자 지정신고를 하지 아니한 자
② 경비업법의 규정에 위반하여 경비원의 복장에 관한 신고를 하지 아니하고 집단민원현장에 경비원을 배치한 자
③ 경비업법의 규정에 위반하여 이름표를 부착하게 하지 아니하고 집단민원현장에 경비원을 배치한 자
④ 경비업법의 규정에 위반하여 집단민원현장에 일반경비원을 배치하면서 경비원의 명부를 배치장소에 작성·비치하지 아니한 자

28

청원경찰법령상 청원경찰에 관한 설명으로 옳은 것은?

① 청원경찰은 청원주 등의 경비(經費)의 부담을 면제할 것을 조건으로 사업장 등의 경비(警備)를 담당하게 하기 위하여 배치하는 경찰이다.
② 선박, 항공기 등 수송시설에는 청원경찰이 배치될 수 없다.
③ 청원경찰은 청원경찰의 배치 결정을 받은 자의 감독을 받는다.
④ 청원경찰은 배치된 기관·시설 또는 사업장 등의 구역을 관할하는 시·도지사의 감독을 받는다.

29

청원경찰법령상 관할 경찰서장이 갖춰 두어야 할 문서와 장부로 옳지 않은 것은?

① 청원경찰 명부
② 감독 순시부
③ 교육훈련 실시부
④ 배치결정 관계철

30

청원경찰의 원활한 운영을 목적으로 청원경찰법에서 규정하고 있는 것은 모두 몇 개인가?

> ㄱ. 청원경찰의 보수
> ㄴ. 청원경찰의 임용
> ㄷ. 청원경찰의 직무
> ㄹ. 청원경찰의 사회보장

① 1개
② 2개
③ 3개
④ 4개

31

청원경찰법령상 청원경찰의 배치에 관한 설명으로 옳지 않은 것은?

① 청원경찰을 배치받으려는 자는 대통령령으로 정하는 바에 따라 관할 시·도 경찰청장에게 청원경찰 배치를 신청하여야 한다.
② 시·도 경찰청장은 청원경찰 배치 신청을 받으면 7일 이내에 그 배치 여부를 결정하여 신청인에게 알려야 한다.
③ 청원경찰의 배치를 받으려는 자는 청원경찰 배치신청서에 경비구역 평면도 1부와 배치계획서 1부를 첨부하여야 한다.
④ 청원경찰 배치신청서 제출 시 배치 장소가 둘 이상의 도(특별시, 광역시, 특별자치시 및 특별자치도를 포함)일 때에는 주된 사업장의 관할 경찰서장을 거쳐 시·도 경찰청장에게 한꺼번에 신청할 수 있다.

32

청원경찰법령상 청원경찰의 임용에 관한 설명으로 옳은 것은?

① 청원경찰의 임용자격에 관하여는 대통령령으로 정한다.
② 청원경찰은 관할 경찰서장이 임용한다.
③ 청원주가 청원경찰을 임용하였을 때에는 임용한 날부터 30일 이내에 그 사항을 관할 경찰서장을 거쳐 시·도 경찰청장에게 보고하여야 한다.
④ 청원주는 청원경찰이 퇴직하였을 때에는 퇴직한 날부터 60일 이내에 그 사항을 관할 경찰서장을 거쳐 시·도 경찰청장에게 보고하여야 한다.

33

청원경찰법령상 청원경찰의 징계에 관한 설명으로 옳은 것은?

① 관할 경찰서장은 청원경찰이 품위를 손상하는 행위를 한 때에는 징계절차를 거쳐 징계처분을 하여야 한다.
② 감봉은 1개월 이상 3개월 이하로 하고, 그 기간에 보수의 3분의 2를 줄인다.
③ 시·도 경찰청장은 징계규정의 보완이 필요하다고 인정할 때에는 관할 경찰서장에게 그 보완을 요구할 수 있다.
④ 견책(譴責)은 전과(前過)에 대하여 훈계하고 회개하게 한다.

34

청원경찰법령상 청원경찰의 보수산정 시의 경력 인정 등에 관한 규정이다. (   )에 들어갈 내용으로 옳은 것은?

> 국가기관 또는 지방자치단체에 근무하는 청원경찰 외의 청원경찰 보수의 호봉 간 승급기간 및 승급액은 그 배치된 사업장의 (ㄱ)에 따르며, 이에 관한 (ㄱ)이 없을 때에는 (ㄴ)의 승급에 관한 규정을 준용한다.

① ㄱ : 정 관,   ㄴ : 순 경
② ㄱ : 정 관,   ㄴ : 경 장
③ ㄱ : 취업규칙,   ㄴ : 순 경
④ ㄱ : 취업규칙,   ㄴ : 경 장

35

청원경찰법령상 청원경찰의 보상금과 퇴직금에 관한 설명이다. ( )에 들어갈 내용으로 옳은 것은?

- 청원주는 보상금 지급의 이행을 위하여 (ㄱ)에 따른 산업재해보상보험에 가입하거나, (ㄴ)에 따라 보상금을 지급하기 위한 재원(財源)을 따로 마련하여야 한다.
- 청원주는 청원경찰이 퇴직할 때에는 (ㄷ)에 따른 퇴직금을 지급하여야 한다. 다만, 국가기관이나 지방자치단체에 근무하는 청원경찰의 퇴직금에 관하여는 따로 (ㄹ)으로 정한다.

① ㄱ : 근로기준법
② ㄴ : 산업재해보상보험법
③ ㄷ : 근로자퇴직급여 보장법
④ ㄹ : 행정안전부령

36

청원경찰법령상 청원경찰의 직무와 표창에 관한 설명으로 옳지 않은 것은?

① 청원경찰은 청원경찰법 제3조에 따른 직무를 수행할 때에는 경비 목적을 위하여 필요한 최대한의 범위에서 하여야 한다.
② 청원경찰은 「경찰관직무집행법」에 따른 직무 외의 수사활동 등 사법경찰관리의 직무를 수행해서는 아니 된다.
③ 청원주는 헌신적인 봉사로 특별한 공적을 세운 청원경찰에게 공적상을 수여할 수 있다.
④ 관할 경찰서장은 교육훈련에서 교육성적이 우수한 청원경찰에게 우등상을 수여할 수 있다.

37

청원경찰법령상 청원경찰의 신분 및 직무수행에 관한 설명으로 옳지 않은 것은?

① 청원경찰은 파업, 태업 또는 그 밖에 업무의 정상적인 운영을 방해하는 일체의 쟁의행위를 하여서는 아니 된다.
② 청원경찰이 직무를 수행할 때 직권을 남용하여 국민에게 해를 끼친 경우에는 1년 이하의 징역이나 금고에 처한다.
③ 청원경찰 업무에 종사하는 사람은 「형법」이나 그 밖의 법령에 따른 벌칙을 적용할 때에는 공무원으로 본다.
④ 청원경찰(국가기관이나 지방자치단체에 근무하는 청원경찰은 제외)의 직무상 불법행위에 대한 배상책임에 관하여는 「민법」의 규정을 따른다.

38

청원경찰법령상 과태료에 관한 설명으로 옳지 않은 것은?(단, 가중·감경은 고려하지 않음)

① 시·도 경찰청장의 배치 결정을 받지 아니하고 청원경찰을 배치한 경우 1,000만원 이하의 과태료가 부과된다.
② 정당한 사유 없이 경찰청장이 고시한 최저부담기준액 이상의 보수를 지급하지 아니한 경우 500만원 이하의 과태료가 부과된다.
③ 감독상 필요한 명령을 정당한 사유 없이 이행하지 아니하였을 경우 500만원 이하의 과태료가 부과된다.
④ 경찰서장은 과태료처분을 하였을 때에는 과태료 부과 및 징수 사항을 과태료 수납부에 기록하고 정리하여야 한다.

39

청원경찰법령상 청원경찰의 감독에 관한 설명으로 옳지 않은 것은?

① 청원주는 항상 소속 청원경찰의 근무 상황을 감독하여야 한다.
② 청원주는 소속 청원경찰에게 근무 수행에 필요한 교육을 하여야 한다.
③ 관할 경찰서장은 매달 1회 이상 청원경찰을 배치한 경비구역에 대하여 복무규율과 근무 상황을 감독하여야 한다.
④ 2명 이상의 청원경찰을 배치한 사업장의 청원주는 청원경찰의 지휘·감독을 위하여 청원경찰 중에서 경력이 많은 사람을 선정하여 감독자로 지정하여야 한다.

40

청원경찰법령상 무기관리수칙에 관한 설명으로 옳지 않은 것은?

① 청원주가 무기와 탄약을 대여받았을 때에는 경찰청장이 정하는 무기·탄약 출납부 및 무기장비 운영카드를 갖춰 두고 기록하여야 한다.
② 청원주는 무기와 탄약이 분실되었을 때에는 경찰청장이 정하는 바에 따라 그 전액을 배상해야 하지만, 전시·사변·천재지변이나 그 밖의 불가항력적인 사유가 있다고 경찰청장이 인정하였을 때에는 그렇지 않다.
③ 청원주로부터 무기와 탄약을 지급받은 청원경찰은 무기를 지급받거나 반납할 때에는 반드시 "앞에 총" 자세에서 "검사 총"을 하여야 한다.
④ 청원주는 사직 의사를 밝힌 청원경찰에게 무기와 탄약을 지급해서는 안 되며, 지급한 무기와 탄약은 즉시 회수해야 한다.

2024년 경호학

✓ 2024.11.9. 시행
✓ 각 문항별로 난이도를 체크해 보세요. ☑△✗

Time 분 | 해설편 027p

41
CHECK O △ ✗

우리나라 구한말 경호조직의 변천에 관한 내용이다. 일어난 순서대로 나열된 것은?

> ㄱ. 훈련도감·용호영·호위청을 합쳐 무위영을 설립하였다.
> ㄴ. 관제개혁에 의하여 경위원이 황궁경위국으로 개편되었다.
> ㄷ. 훈련대를 폐지하고, 친위대를 경성에 주둔시켜 왕성수위를 전담하게 하였다.

① ㄱ - ㄴ - ㄷ
② ㄱ - ㄷ - ㄴ
③ ㄴ - ㄷ - ㄱ
④ ㄷ - ㄱ - ㄴ

42
CHECK O △ ✗

다음 경호기관 중에서 시대순(과거부터)으로 세 번째에 해당하는 경호기관의 명칭은?

① 청와대 경찰관파견대
② 대통령경호처
③ 경무대경찰서
④ 대통령경호실

43

대통령 등의 경호에 관한 법령상 밑줄 친 기구의 구성원을 모두 고른 것은?

> 경호·안전 대책기구의 장은 다자간 정상회의의 경호 및 안전관리를 위하여 필요하면 관계기관의 장과 협의하여 「통합방위법」 제2조 제13호에 따른 국가중요시설과 불특정 다수인이 이용하는 시설에 대한 안전관리를 위하여 필요한 인력을 배치하고 장비를 운용할 수 있다.

> ㄱ. 대통령경호처장
> ㄴ. 소속공무원
> ㄷ. 관계기관의 공무원

① ㄱ
② ㄱ, ㄴ
③ ㄴ, ㄷ
④ ㄱ, ㄴ, ㄷ

44

경호의 분류에 관한 설명으로 옳은 것은?

① 비공식경호는 출·퇴근 시 일상적으로 실시하는 경호이다.
② 장소에 따른 경호는 행사장경호, 숙소경호, 도보경호 등으로 분류된다.
③ 경호의 수준에 의한 분류에 따라 공식경호, 비공식경호, 약식경호 등으로 구분된다.
④ 약식경호는 일정한 규칙적인 방식에 의하지 아니하고 실시하는 경호를 말한다.

45

경호조직의 특성으로 옳지 않은 것은?

① 권력보다는 전문성이 요구되는 조직이다.
② 계층성에 따른 지휘·감독에 의해 목적을 달성한다.
③ 위해기도자에게 경호조직과 경호기법이 노출되지 않아야 한다.
④ 조직구조는 통일된 마름모형으로 구성하여 효율성을 극대화한다.

46

경호의 성문법원에 해당하는 것을 모두 고른 것은?

ㄱ. 헌법
ㄴ. 판례법
ㄷ. 대통령경호안전대책위원회규정
ㄹ. 대통령경호처와 그 소속기관 직제

① ㄱ, ㄴ, ㄷ
② ㄱ, ㄴ, ㄹ
③ ㄱ, ㄷ, ㄹ
④ ㄴ, ㄷ, ㄹ

47

경호의 원칙에 관한 설명이다. 〈보기 1〉과 〈보기 2〉의 내용이 옳게 연결된 것은?

〈보기 1〉
a. 경호대상자가 대중에게 노출되는 도보이동은 가급적 제한하여 위해를 가할 가능성이 있는 요소로부터 경호대상자를 보호하여야 한다.
b. 경호대상자를 중심으로 근접경호 - 중간경호 - 외곽경호로 나누어 경호업무를 수행한다.
c. 고도의 순간적인 판단력과 치밀한 사전계획이 중요하다.

〈보기 2〉
ㄱ. 목표물 보존의 원칙
ㄴ. 은밀경호의 원칙
ㄷ. 중첩경호의 원칙
ㄹ. 두뇌경호의 원칙

① a-ㄱ, b-ㄴ, c-ㄷ
② a-ㄱ, b-ㄷ, c-ㄹ
③ a-ㄷ, b-ㄱ, c-ㄴ
④ a-ㄹ, b-ㄷ, c-ㄱ

48

국민과 함께 하고, 경호에 우호적인 사회환경을 조성해야 한다는 경호조직의 원칙은?

① 경호지휘단일성의 원칙
② 경호협력성의 원칙
③ 경호기관단위작용의 원칙
④ 경호체계통일성의 원칙

49

다음 밑줄 친 경호대상에 해당되지 않는 자는?

> 미국 선거유세 도중 대통령 후보자가 괴한에 의해 저격을 당한 사건이 발생한 일이 있었다. 우리나라도 이러한 사건들에 대비해 대통령경호처의 <u>경호대상</u>을 규정한 법이 있다.

① 대통령의 아들
② 대통령의 누나
③ 대통령 당선인의 딸
④ 대통령 당선인의 할아버지

50

대통령 등의 경호에 관한 법률에 따른 대통령경호처의 경호대상은?

> ㄱ. 대통령권한대행과 그 배우자
> ㄴ. 대한민국을 방문하는 외국의 행정수반(行政首班)과 그 배우자
> ㄷ. 본인의 의사에 반하지 않은 전직 대통령(퇴임 후 7년)과 그 가족
> ㄹ. 대통령경호처 실장이 경호에 필요하다고 인정하는 국내외 요인(要人)

① ㄱ, ㄴ
② ㄷ, ㄹ
③ ㄱ, ㄴ, ㄷ
④ ㄴ, ㄷ, ㄹ

51

대통령경호처장이 경호등급을 구분하여 운영하고자 할 경우 협의 대상이 아닌 자는?

① 경찰청장
② 외교부장관
③ 국방부장관
④ 국가정보원장

52

경호임무 수행절차에 관한 설명으로 옳지 않은 것은?

① 학습단계 - 경호임무 수행 전에 경호환경을 분석하고 평가하여 문제점 등을 보완하는 단계
② 예방단계 - 우호적인 경호환경을 조성하고 경호위협을 평가해 경호계획을 수립하는 단계
③ 대비단계 - 행사보안 유지와 위해정보 수집을 위한 보안활동 단계
④ 대응단계 - 경호위기상황에 즉각적으로 대응하고 조치하는 단계

53

경호행사계획 수립 시 고려사항이 아닌 것은?

① 수행원 수
② 기동방법 및 수단
③ 위해기도자의 신상 및 도주로
④ 방문지역의 특성에 관한 사항

54

다음이 설명하는 경호작용의 기본 고려요소는?

- 경호 목적 달성에 부합되도록 경호임무를 명확하게 부여하여야 한다.
- 경호활동에 참여하는 기관 간 도맡아 해야 할 임무가 명확하게 배분되어야 한다.

① 보안유지
② 자원동원
③ 정보수집
④ 책임분배

55

선발경호의 목적으로 옳지 않은 것은?

① 행사지역의 안전 확보
② 위험요소를 제거하거나 최소화
③ 경호 관련 정·첩보 획득 및 공유
④ 도보경호 및 경호차량 대형 형성

56

경호원의 업무수행에 관한 설명으로 옳은 것은?

① 경호대상자의 사생활에 대해 가족에게만 말했다.
② 신속한 경호업무를 위해 수평적인 명령체계를 유지하였다.
③ 정확성과 완전성을 배제하고 적시성과 확실성을 고려한 정·첩보활동을 하였다.
④ 경호대상자를 중심으로 내부, 내곽, 외곽으로 구분하여 경호구역을 설정하였다.

57

기동시기, 기동대형 등의 변화를 통해 위해기도자의 오판을 유도하는 근접경호의 특성은?

① 기만성 ② 기동성
③ 대피성 ④ 방벽성

58

다음이 설명하는 선발경호의 특성은?

> 경호대상자에 대한 경호활동은 고유한 기능과 임무를 가지고 있는 다른 여러 기관이 참여하여 이루어지지만, 이들 각 기관들이 하나의 지휘체계 아래 보완적이고 협력적 관계에서 주어진 임무를 수행한다.

① 통합성 ② 예방성
③ 안전성 ④ 예비성

59

근접경호 수행방법에 관한 설명으로 옳은 것을 모두 고른 것은?

> ㄱ. 방호 및 대피보다 대적에 중점을 둔다.
> ㄴ. 신체로 방벽을 형성하여 공격선을 차단한다.
> ㄷ. 기만전술을 통해 위해기도자의 추적을 회피한다.
> ㄹ. 경호원의 대형과 위치는 수시로 변화를 주어야 한다.

① ㄱ, ㄷ ② ㄴ, ㄹ
③ ㄱ, ㄷ, ㄹ ④ ㄴ, ㄷ, ㄹ

60

사전예방경호에 관한 설명으로 옳지 않은 것은?

① 안전대책작용의 3대 원칙은 안전검측, 안전검사, 안전검식이다.
② 경호보안작용은 인원, 문서, 시설 등을 위해기도자로부터 보호하는 활동이다.
③ 경호정보작용은 경호대상자의 신변안전을 위협하는 취약요소 등을 사전에 수집 및 분석하는 것이다.
④ 경호대상자가 도착하기 전에 현장답사를 통해 경호협조와 경호준비를 하는 것을 말한다.

61

경호원의 주의력효과와 대응효과에 관한 설명으로 옳지 않은 것은?

① 대응력은 경호원이 위해기도에 반응하여 취하는 태도나 행동능력이다.
② 주의력은 경호원이 이상 징후를 포착하기 위하여 기울이는 힘이다.
③ 주의력효과 측면에서는 경호원과 경계대상과의 거리가 멀수록 유리하다.
④ 대응효과 측면에서는 경호원이 경호대상자와의 거리를 좁히는 것이 효과적이다.

62

방(room)에서의 안전검측활동 단계를 순서대로 옳게 나열한 것은?

① 눈높이 → 바닥 → 천장높이 → 천장 내부
② 눈높이 → 천장높이 → 바닥 → 천장 내부
③ 바닥 → 눈높이 → 천장높이 → 천장 내부
④ 천장 내부 → 천장높이 → 눈높이 → 바닥

63

우발상황 대응에 관한 설명으로 옳지 않은 것은?

① 폭발물 공격을 받았을 때는 방어적 원형 대형을 형성한다.
② 상황 발생을 인지한 경호원이 먼저 취해야 할 조치는 경고이다.
③ 경고 시 방향이나 위치 등에 대해 명확한 내용으로 전달한다.
④ 경고와 동시에 대적 여부는 촉수거리의 원칙에 따라 위해기도자와 가장 가까이에 있는 경호원이 판단·대응한다.

64

근접경호원의 임무원칙에 관한 설명으로 옳지 않은 것은?

① 도보이동 속도는 경호원의 건강상태, 보폭, 신장을 기준으로 정한다.
② 타 지역으로 이동 전에 경호대상자에게 이동로, 소요시간, 경호대형 등의 정보를 제공한다.
③ 출입문을 통과할 경우 경호원이 먼저 통과하여 안전을 확인한 후 경호대상자를 통과시킨다.
④ 위해기도자의 공격가능성을 줄이고, 경호대상자에 대한 피해를 최소화하기 위하여 이동속도는 가급적 빠르게 한다.

65

검식활동에 관한 설명으로 옳지 않은 것은?

① 안전검측활동에 포함되지 않는다.
② 음식물은 전문요원에 의한 검사를 실시한다.
③ 식재료의 구매, 운반과정에서의 안전성 확보활동을 포함한다.
④ 음식물의 조리 및 제공 과정에서 위해요소 제거활동을 포함한다.

66

근접도보경호에 관한 설명으로 옳은 것은?

① 도보대형 형성 시 고려사항에 행사성격은 포함되지 않는다.
② 선정된 도보이동 시기 및 이동로는 변경되지 않아야 한다.
③ 경호대상자가 군중 속을 통과하거나 대중 가운데 있을 때 경호에 취약하다.
④ 이동 시 위험에 노출되는 정도를 최소화하기 위하여 장거리 곡선통로를 이용한다.

67

차량경호에 관한 설명으로 옳은 것은?

① 선도경호차에 팀장이 조수석에 탑승하고, 기동 간 이동지휘소의 역할을 한다.
② 경호대상차와 경호차 모두 외부의 시선을 집중시키는 차종이나 색상은 지양한다.
③ 차선 변경 시 경호대상차가 먼저 차선을 바꾸어 차로를 확보한 이후에 후미경호차가 진입한다.
④ 후미경호차는 차량대형을 리드하여 계획된 시간에 목적지에 도착할 수 있도록 속도를 조절하고, 기동 간 전방 상황에 대처한다.

68

출입자 통제에 관한 설명으로 옳지 않은 것은?

① 지연 참석자에 대해서는 검색 후 별도 지정된 통로로 출입을 허용한다.
② 출입통로는 가능한 한 주통로와 예비통로 형태의 이중통로 운영을 원칙으로 한다.
③ 비표는 대상과 용도에 맞게 운용하고, 모양과 색상은 식별이 용이, 단순·선명하게 제작하여 사용한다.
④ 행사장 및 행사 규모에 따라 참석 대상별 주차지역을 구분하여 선정하고, 경호대상차의 주차지역은 별도로 확보하여 운영한다.

69

출입통제대책에 관한 설명으로 옳은 것은 모두 몇 개인가?

- 출입요소는 지정된 출입통로를 사용하여야 한다.
- 출입증은 모든 참가자에게 운용함을 원칙으로 한다.
- 참석 대상·좌석에 따라 출입통로 선정 및 시차입장 계획을 수립한다.
- 금속탐지기를 사용한 검색 시 모든 출입요소를 대상으로 실시하고 예외를 불허함을 원칙으로 한다.

① 1개 ② 2개
③ 3개 ④ 4개

70

우발상황의 특성으로 옳은 것은 모두 몇 개인가?

- 노출성
- 즉각조치의 요구
- 시간제약성
- 혼란 야기
- 발생여부의 불확실성
- 예측 불가능성
- 자기보호본능 발동
- 무질서

① 5개 ② 6개
③ 7개 ④ 8개

71

다음 행사의 출입통제에 관한 설명으로 옳은 것은?

어느 지역 행사장에 대통령이 참석할 예정이다. 이날 유명한 가수가 참석하기로 홍보되어 많은 인파가 모일 것으로 예상된다. 이와 관련하여 많은 인파를 통제하기 위해 3선 경호개념에 따른 경호조치를 계획 중이다.

① 1선인 경비구역은 행사참석자를 비롯한 모든 출입요소의 1차 통제점이다.
② 2선인 안전구역은 행사와 무관한 사람들의 행사장 출입을 통제 및 제한한다.
③ 3중의 경호막을 통해서 조기경보체제를 구축하고 위해기도자의 침투를 중첩되게 차단한다.
④ 구역별 통제의 범위 결정은 3중 경호구역의 설정과는 무관하다.

72

경호복제에 관한 설명으로 옳은 것은?

① 대통령경호처장은 필요하다고 인정하는 경우 대통령경호처 직원에게 제복을 지급할 수 있다.
② 대통령경호처 소속공무원의 복제에 관하여 필요한 사항은 차장이 정한다.
③ 행사성격과 주변 환경에 어울리는 경호원의 복장은 그 신분이 노출될 수 있기에 지양한다.
④ 경호원은 화려한 색상이나 눈에 띄는 스타일의 복장을 착용하여 주위의 시선을 빼앗아 경호대상자를 보호한다.

73

경호장비에 관한 설명으로 옳지 않은 것은?

① 호신장비는 자신의 생명과 신체를 보호하기 위하여 사용하는 장비로 권총, 소총, 분사기 등을 포함한다.
② 감시장비는 위해기도자의 침입이나 범죄행위를 감시하기 위한 장비로 쌍안경, 드론 등을 포함한다.
③ 경비업법상 경비원이 휴대할 수 있는 장비의 종류는 경적·단봉·분사기 등으로 항상 이를 휴대하여야 한다.
④ 대통령경호처장은 직무를 수행하기 위하여 필요하다고 인정할 때에는 대통령경호처에 파견된 사람에게 무기를 휴대하게 할 수 있다.

74

경호의전에 관한 설명으로 옳은 것은?

① 국기는 매일 24시간 게양할 수 있다.
② 학교 및 군부대의 주된 게양대는 교육적인 목적을 고려하여 낮에만 게양하되, 이 경우 3월~10월에는 17:00에 강하한다.
③ 정부행사 시 초청인사 집단별 좌석배치순서는 관행상 예우 기준, 즉 국회의장 – 헌법재판소장 – 대법원장의 순으로 한다.
④ 주요 정당의 대표를 초청하여 좌석을 배치하는 경우, 국회법에 따라 원내 의석수가 많은 정당 순으로 배치한다.

75

경호예절에 관한 설명으로 옳지 않은 것은?

① 선박을 타고 내리는 순서는 상급자가 마지막에 타고, 제일 먼저 내리는 것이 일반적이다.
② 비행기를 타고 내리는 순서는 상급자가 마지막에 타고, 제일 먼저 내리는 것이 일반적이다.
③ 기차 좌석은 통로 측에 상급자가 앉고, 하급자가 창 측에 앉는 것이 일반적이다.
④ 일반 승용차의 운전자가 있는 경우 조수석 뒷좌석이 상급자의 자리이고, 운전석 뒷좌석이 하급자의 자리이다.

76

응급처치 및 구급법에 관한 설명으로 옳은 것은?

① 심폐소생술의 순서는 기도개방 – 가슴압박 – 인공호흡이다.
② 자동심장충격기(AED)는 심정지 목격 시 심폐소생술 시행 후 사용하는 것을 원칙으로 한다.
③ 자동심장충격기 사용 시 요동 방지를 위해 환자를 붙잡은 상태에서 제세동을 실시한다.
④ 자동심장충격기는 패드부착 – 전원 켬 – 분석 및 제세동 시행 순으로 사용한다.

77

국민보호와 공공안전을 위한 테러방지법에 관한 설명으로 옳은 것은?

① 대테러활동에 관한 정책의 중요사항을 심의·의결하기 위하여 대테러센터를 두고, 이 센터는 대테러활동에 관한 국가의 정책 수립 및 평가의 사항을 심의·의결한다.
② 대테러활동과 관련하여 국가테러대책위원회를 두고, 이 위원회는 국가 대테러활동 관련 임무분담 및 협조사항 실무조정을 수행한다.
③ 국가 및 지방자치단체는 테러로부터 국민의 생명·신체 및 재산을 보호하기 위하여 테러의 예방과 대응에 필요한 제도와 여건을 조성하고 대책을 수립하여 이를 시행하여야 한다.
④ 국가정보원장은 정보 수집 및 분석의 결과 테러에 이용되었거나 이용될 가능성이 있는 금융거래에 대하여 지급정지 등의 조치를 취하도록 금융감독원장에게 요청할 수 있다.

78

국민보호와 공공안전을 위한 테러방지법령상 다음 내용에 해당하는 자는?

테러가 발생하거나 발생할 우려가 현저한 경우(국외테러의 경우는 대한민국 국민에게 중대한 피해가 발생하거나 발생할 우려가 있어 긴급한 조치가 필요한 경우에 한한다)에는 테러사건대책본부를 설치·운영하여야 한다.

① 행정안전부장관
② 국토교통부장관
③ 국가정보원장
④ 대테러센터장

79

경호 환경에 관한 설명으로 옳은 것을 모두 고른 것은?

ㄱ. 해외에서 우리 국민을 대상으로 한 테러위협은 일반적 환경요인이다.
ㄴ. 4차 산업의 발달에 따른 드론을 활용한 북한의 남한에 대한 위협은 특수적 환경요인이다.
ㄷ. 국민의식과 생활양식의 변화로 인한 이기주의 성향은 경호의 비협조적 경향으로 특수적 환경요인이다.

① ㄱ
② ㄴ
③ ㄱ, ㄷ
④ ㄴ, ㄷ

80

국민보호와 공공안전을 위한 테러방지법상 테러단체를 구성하거나 구성원으로 가입한 사람의 처벌과 관련하여 (　)에 들어갈 숫자의 합은?

- 수괴(首魁)는 사형·무기 또는 (　)년 이상의 징역
- 타국의 외국인테러전투원으로 가입한 사람은 (　)년 이상의 징역
- 테러를 기획 또는 지휘하는 등 중요한 역할을 맡은 사람은 무기 또는 (　)년 이상의 징역

① 20
② 22
③ 23
④ 24

2023
제25회 경비지도사
제2차 시험 기출문제

① 경비업법
② 경호학

2023년도 제25회 경비지도사 2차 국가자격시험

교 시	문제형별	시험시간	시험과목
1교시	A	80분	❶ 경비업법 ❷ 경호학

수험번호		성 명	

【 수 험 자 유 의 사 항 】

1. **시험문제지 표지**와 시험문제지 내 **문제형별**의 **동일여부** 및 시험문제지의 **총면수, 문제번호 일련순서, 인쇄상태** 등을 확인하시고, 문제지 표지에 수험번호와 성명을 기재하시기 바랍니다.

2. 답은 각 문제마다 요구하는 **가장 적합하거나 가까운 답 1개**만 선택하고, 답안카드 작성 시 시험문제지 **형별누락, 마킹착오**로 인한 불이익은 전적으로 **수험자에게 책임**이 있음을 알려드립니다.

3. 답안카드는 국가전문자격 공통 표준형으로 문제번호가 1번부터 125번까지 인쇄되어 있습니다. 답안 마킹 시에는 반드시 **시험문제지의 문제번호와 동일한 번호**에 마킹하여야 합니다.

4. **감독위원의 지시에 불응**하거나 시험시간 종료 후 답안카드를 제출하지 않을 경우 불이익이 발생할 수 있음을 알려 드립니다.

5. 시험문제지는 시험 종료 후 가져가시기 바랍니다.

안내사항

1. 수험자는 QR코드를 통해 가답안을 확인하시기 바랍니다.
   (※ 사전 설문조사 필수)
2. 시험 합격자에게 '**합격축하 SMS(알림톡) 알림 서비스**'를 제공하고 있습니다.

- 수험자 여러분의 합격을 기원합니다 -

2023년 경비업법

- 2023.11.11. 시행
- 각 문항별로 난이도를 체크해 보세요. ○△×

01

경비업법령상 용어의 정의이다. ( )에 들어갈 내용이 바르게 나열된 것은?

- 신변보호업무 : 사람의 생명이나 신체에 대한 (ㄱ)의 발생을 방지하고 그 신변을 보호하는 업무
- 특수경비업무 : 공항(항공기를 포함) 등 대통령령이 정하는 국가중요시설의 (ㄴ) 및 도난·화재 그 밖의 위험발생을 방지하는 업무
- 기계경비업무 : 경비대상시설에 설치한 기기에 의하여 감지·송신된 정보를 그 경비대상시설 외의 장소에 설치한 (ㄷ)의 기기로 수신하여 도난·화재 등 위험발생을 방지하는 업무

① ㄱ : 위 해, ㄴ : 경 비, ㄷ : 관제시설
② ㄱ : 위 해, ㄴ : 보 호, ㄷ : 관제시설
③ ㄱ : 침 해, ㄴ : 경 비, ㄷ : 감지시설
④ ㄱ : 침 해, ㄴ : 보 호, ㄷ : 감지시설

02

경비업법령상 특수경비업을 영위하는 법인 임원의 결격사유를 모두 고른 것은?

- ㄱ. 경비업법에 위반하여 벌금형의 선고를 받고 3년이 지나지 아니한 자
- ㄴ. 「대통령 등의 경호에 관한 법률」에 위반하여 벌금형의 선고를 받고 3년이 지나지 아니한 자
- ㄷ. 금고 이상의 형의 선고를 받고 그 형이 실효되지 아니한 자

① ㄷ
② ㄱ, ㄴ
③ ㄴ, ㄷ
④ ㄱ, ㄴ, ㄷ

03

경비업법령상 경비업 허가를 받으려는 자가 신청서에 첨부하여야 하는 서류를 모두 고른 것은?

> ㄱ. 법인의 정관 1부
> ㄴ. 법인 임원의 이력서 1부
> ㄷ. 법인 임원의 인감증명서 1부

① ㄱ, ㄴ ② ㄱ, ㄷ
③ ㄴ, ㄷ ④ ㄱ, ㄴ, ㄷ

04

경비업법령상 기계경비업자가 오경보의 방지를 위해 계약상대방에게 설명하여야 하는 사항이 아닌 것은?

① 당해 기계경비업무와 관련된 관제시설 및 출장소의 명칭·소재지
② 기계경비업무용 기기의 설치장소 및 종류와 그 밖의 기계장치의 개요
③ 기계경비지도사의 명단·배치일자·배치장소와 출동차량의 대수
④ 기계경비업자가 경비대상시설에서 발생한 경보를 수신한 경우에 취하는 조치

05

경비업법령상 특수경비원의 결격사유로 옳지 않은 것은?

① 심신미약자
② 마약·대마·향정신성의약품 또는 알코올 중독자
③ 경비업법에 따른 명령을 위반하여 벌금형을 선고받은 날부터 5년이 지나지 아니한 자
④ 인질강도죄(「형법」제336조)를 범하여 벌금형을 선고받은 날부터 5년이 지나지 아니한 자

06

경비업법령상 경비지도사 시험 등에 관한 설명으로 옳지 않은 것은?

① 경비업법에 따른 일반경비업무에 3년 이상 종사하고 행정안전부령으로 정하는 교육과정을 이수한 사람은 경비지도사 제1차 시험을 면제한다.
② 경비지도사 시험은 필기시험의 방법에 의하되 제1차 시험과 제2차 시험으로 구분하여 실시한다.
③ 경비지도사 시험의 공고는 관보게재와 각 시·도 경찰청 게시판 및 인터넷 홈페이지에 게시하는 방법에 의한다.
④ 「대통령 등의 경호에 관한 법률」에 따른 경호공무원 또는 별정직공무원으로 7년 이상 재직한 사람은 경비지도사 제1차 시험을 면제한다.

07

경비업법령상 경비지도사에 관한 설명으로 옳지 않은 것은?

① 경비지도사는 경비원의 지도·감독·교육에 관한 계획의 수립·실시 및 그 기록의 유지를 월 1회 이상 수행하여야 한다.
② 경비업자는 선임·배치된 경비지도사에 결원이 있는 경우에는 15일 이내에 경비지도사를 새로이 충원하여야 한다.
③ 경비지도사는 경비원에 대한 교육을 실시하고, 행정안전부령으로 정하는 경비원 직무교육 실시대장에 그 내용을 기록하여 1년간 보존하여야 한다.
④ 경비지도사가 선임·배치된 시·도 경찰청의 관할구역과 경계를 맞닿아 인접한 시·도 경찰청의 관할구역에 배치된 경비원이 30명 이하인 경우에는 경비지도사를 따로 선임·배치하지 않을 수 있다.

08

경비업법령상 경비원의 교육 등에 관한 설명으로 옳지 않은 것은? 기출수정

① 「경찰공무원법」에 따른 경찰공무원으로 근무한 경력이 있는 사람은 일반경비원 신임교육대상에서 제외할 수 있다.
② 「군인사법」에 따른 부사관 이상으로 근무한 경력이 있는 사람은 일반경비원 신임교육대상에서 제외할 수 있다.
③ 특수경비업자는 채용 전 5년 이내에 특수경비업무에 종사하였던 경력이 있는 사람을 특수경비원으로 채용한 경우에는 해당 특수경비원을 특수경비원 신임교육대상에서 제외할 수 있다.
④ 경비업자는 특수경비원이 신임교육을 받은 때에는 경비원의 명부에 그 사실을 기재하여야 한다.

09

경비업법령상 특수경비원의 직무 및 무기사용 등에 관한 설명으로 옳은 것을 모두 고른 것은?

> ㄱ. 시·도 경찰청장이 시설주의 신청에 의하여 무기를 구입한 경우, 시설주는 그 무기의 구입대금을 지불하고, 구입한 무기를 국가에 기부채납하여야 한다.
> ㄴ. 시설주는 관할 경찰관서장으로부터 대여받은 무기를 특수경비원에게 휴대하게 하는 경우에는 관할 경찰관서장의 사전승인을 얻어야 한다.
> ㄷ. 무기를 대여받은 시설주는 관할 경찰관서장이 정하는 바에 의하여 무기의 관리실태를 매월 파악하여 다음 달 5일까지 관할 경찰관서장에게 통보하여야 한다.
> ㄹ. 무기를 대여받은 시설주는 수리가 필요한 무기가 있는 때에는 그 목록과 무기장비운영카드를 첨부하여 특수경비업자에게 수리를 요청하여야 한다.

① ㄱ, ㄴ
② ㄱ, ㄷ
③ ㄴ, ㄹ
④ ㄷ, ㄹ

10

경비업법령상 특수경비원의 의무에 관한 설명으로 옳지 않은 것은?

① 특수경비원은 소속상사의 허가 또는 정당한 사유 없이 경비구역을 벗어나서는 아니 된다.
② 특수경비원은 쟁의행위 유형 중 태업은 할 수 있지만, 파업은 할 수 없다.
③ 특수경비원은 총기 또는 폭발물을 가지고 대항하는 경우를 제외하고는 14세 미만의 자 또는 임산부에 대하여는 권총 또는 소총을 발사하여서는 아니 된다.
④ 특수경비원은 사람을 향하여 권총 또는 소총을 발사하고자 하는 때에는 미리 구두 또는 공포탄에 의한 사격으로 상대방에게 경고하는 것이 원칙이다.

11

경비업법령상 경비업자 및 경비원의 의무에 관한 설명으로 옳지 않은 것은?

① 경비업자는 경비대상시설의 소유자 또는 관리자의 관리권의 범위 안에서 경비업무를 수행하여야 한다.
② 경비업자는 도급을 의뢰받은 경비업무가 위법 또는 부당한 것일 때에는 시·도 경찰청장에게 보고하여야 한다.
③ 경비업자의 임·직원이거나 임·직원이었던 자는 다른 법률에 특별한 규정이 있는 경우를 제외하고는 그 직무상 알게 된 비밀을 누설하거나 다른 사람에게 제공하여 이용하도록 하는 등 부당한 목적을 위하여 사용하여서는 아니 된다.
④ 경비원은 직무를 수행함에 있어 타인에게 위력을 과시하거나 물리력을 행사하는 등 경비업무의 범위를 벗어난 행위를 하여서는 아니 된다.

12

경비업법령상 경비원의 복장·장비 등에 관한 설명으로 옳지 않은 것은?

① 경비원은 근무 중 경비업무 수행에 필요한 것으로서 공격적인 용도로 제작된 장비를 휴대할 수 있다.
② 경비업자는 출동차량 등의 도색 및 표지를 정하고 이를 확인할 수 있는 사진을 첨부하여 주된 사무소를 관할하는 시·도 경찰청장에게 행정안전부령으로 정하는 바에 따라 신고하여야 한다.
③ 경비원이 휴대할 수 있는 장비의 종류는 경적·단봉·분사기 등 행정안전부령으로 정하되, 근무 중에만 이를 휴대할 수 있다.
④ 누구든지 장비를 임의로 개조하여 통상의 용법과 달리 사용함으로써 다른 사람의 생명·신체에 위해를 가하여서는 아니 된다.

13

경비업법령상 결격사유 확인을 위한 범죄경력조회 등에 관한 설명으로 옳지 않은 것은?

① 시·도 경찰청장 또는 관할 경찰관서장은 경비업자의 임원, 경비지도사 또는 경비원이 결격사유에 해당하는 사실을 알게 된 때에는 경비업자에게 그 사실을 통보하여야 한다.
② 범죄경력조회 요청을 받은 관할 경찰관서장은 경비업자에게 그 결과를 통보할 때에는 경비업자의 임원, 경비지도사 또는 경비원이 결격사유에 해당하는지 여부만을 통보하여야 한다.
③ 경비업자는 선출하려는 임원, 경비지도사 또는 경비원이 결격사유에 해당하는지를 확인하기 위하여 주된 사무소, 출장소 또는 배치장소를 관할하는 시·도 경찰청장 또는 경찰관서장에게 「형의 실효 등에 관한 법률」제6조에 따른 범죄경력조회를 요청할 수 있다.
④ 경비업자는 범죄경력조회를 요청하는 경우 취업자 또는 취업예정자 범죄경력조회 동의서와 주민등록초본을 첨부하여야 한다.

14

경비업법령상 관할 경찰관서장이 배치폐지를 명할 수 있는 경우가 아닌 것은?

① 경비원 명단 및 배치일시·배치장소 등 배치허가 신청의 내용을 거짓으로 한 때
② 70세인 일반경비원을 경비업무에 종사하게 한 때
③ 상해죄(「형법」제257조 제1항)로 벌금형을 선고받고 5년이 지나지 아니한 자를 집단민원현장에 일반경비원으로 배치한 때
④ 경비업자 또는 경비원이 위력이나 흉기 또는 그 밖의 위험한 물건을 사용하여 집단적 폭력사태를 일으킨 때

15

경비업법령상 경비업 허가를 취소하여야 하는 경우가 아닌 것은?

① 정당한 사유 없이 최종 도급계약 종료일의 다음 날부터 1년 이내에 경비 도급실적이 없을 때
② 정당한 사유 없이 허가를 받은 날부터 2년 이내에 경비 도급실적이 없거나 계속하여 1년 이상 휴업한 때
③ 영업정지처분을 받고 계속하여 영업을 한 때
④ 관할 경찰관서장의 배치폐지명령에 따르지 아니한 때

16

경비업법령상 2차 위반 시 행정처분의 기준이 가장 중한 행위는?

① 경비업자가 경비원의 복장 등에 관한 규정을 위반한 때
② 경비업자가 결격사유에 해당하는 일반경비원을 집단민원현장에 배치한 때
③ 경비업자가 경비원의 출동차량 등에 관한 규정을 위반한 때
④ 기계경비업자가 관련서류를 작성·비치하지 않은 때

17

경비업법령상 경비지도사자격의 취소사유를 모두 고른 것은?

> ㄱ. 경비지도사자격증을 다른 사람에게 양도한 때
> ㄴ. 자격정지 기간 중에 경비지도사로 선임되어 활동한 때
> ㄷ. 파산선고를 받고 복권되지 아니한 자
> ㄹ. 금고 이상의 형의 집행유예선고를 받고 그 유예기간 중에 있는 자

① ㄱ, ㄴ
② ㄱ, ㄷ, ㄹ
③ ㄴ, ㄷ, ㄹ
④ ㄱ, ㄴ, ㄷ, ㄹ

18

경비업법령상 경찰청장 또는 시·도 경찰청장이 행정처분을 하기 위하여 청문을 실시하여야 하는 경우를 모두 고른 것은?

ㄱ. 경비업자가 허위 그 밖의 부정한 방법으로 허가를 받아 그 허가를 취소하는 경우
ㄴ. 허위 그 밖의 부정한 방법으로 경비지도사자격증을 교부받아 그 자격을 취소하는 경우
ㄷ. 경비지도사가 경찰청장 또는 시·도 경찰청장의 명령을 위반하여 그 자격을 정지하는 경우

① ㄱ, ㄴ
② ㄱ, ㄷ
③ ㄴ, ㄷ
④ ㄱ, ㄴ, ㄷ

19

경비업법령상 경비협회의 공제사업에 관한 설명으로 옳지 않은 것은?

① 경비협회는 공제사업을 하는 경우 공제사업의 회계는 다른 사업의 회계와 통합하여 경리하여야 한다.
② 경비협회는 경비원의 복지향상과 업무상 재해로 인한 손실을 보상하는 공제사업을 할 수 있다.
③ 경비협회는 경비업자의 손해배상책임을 보장하기 위한 공제사업을 할 수 있다.
④ 경비협회는 경비업을 운영할 때 필요한 입찰보증, 계약보증(이행보증 포함), 하도급 보증을 위한 공제사업을 할 수 있다.

20

경비업법령상 경비협회에 관한 설명으로 옳은 것은?

① 경비업자는 행정안전부령이 정하는 바에 따라 경비협회를 설립할 수 있다.
② 경비협회는 경비업법에 특별한 규정이 있는 경우를 제외하고는 「민법」 중 사단법인에 관한 규정을 준용한다.
③ 경비협회는 회원으로부터 회비를 징수할 수 없다.
④ 경비진단에 관한 사항은 경비협회의 업무가 아니다.

21

경비업법령상 경찰청장이 3년마다 타당성을 검토하여 개선 등의 조치를 해야 하는 것을 모두 고른 것은?

> ㄱ. 경비업의 시설 등의 기준
> ㄴ. 집단민원현장 배치 불허가 기준
> ㄷ. 행정처분 기준
> ㄹ. 과태료 부과기준

① ㄱ, ㄴ
② ㄱ, ㄷ, ㄹ
③ ㄴ, ㄷ, ㄹ
④ ㄱ, ㄴ, ㄷ, ㄹ

22

경비업법령상 경찰청장 등이 불가피한 경우 민감정보 및 고유식별정보를 처리할 수 있는 사무가 아닌 것은?

① 경비지도사 시험 등에 관한 사무
② 특수경비원의 직무 및 무기사용 등에 관한 사무
③ 경비업자 및 경비지도사의 지도·감독에 관한 사무
④ 경비업자의 손해배상책임에 관한 사무

23

경비업법령상 경찰청장이 시·도 경찰청장에게 위임하는 권한은?

① 경비협회의 공제사업에 대한 금융감독원장의 검사요청권한
② 경비지도사자격증의 교부권한
③ 경비지도사자격의 취소에 관한 권한
④ 경비지도사 시험의 관리에 관한 권한

24

경비업법령상 허가증 등의 수수료에 관한 설명으로 옳지 않은 것은?

① 경비업 허가사항의 변경신고로 인한 허가증 재교부의 경우에는 1만원의 수수료를 납부하여야 한다.
② 경찰청장은 시험 시행기관의 귀책사유로 시험에 응시하지 못한 경우 납부한 응시수수료 전액을 반환하여야 한다.
③ 경찰청장 및 시·도 경찰청장은 정보통신망을 이용하여 전자화폐·전자결제 등의 방법으로 수수료를 납부하게 할 수 있다.
④ 경비지도사 시험에 응시하고자 하는 자는 경찰청장이 정하여 고시하는 수수료를 납부하여야 한다.

25

경비업법령상 2회 위반 시 과태료 부과기준의 금액이 다른 경우는?

① 기계경비업자가 계약상대방에게 설명의무를 이행하지 않은 경우
② 경비업자가 결격사유에 해당하는 경비지도사를 선임·배치한 경우
③ 경비업자가 경비원의 근무상황을 기록하여 보관하지 않은 경우
④ 경비업자가 경비원의 복장 등에 관한 신고규정을 위반하여 신고를 하지 않은 경우

26

경비업법령상 특수경비원이 무기를 휴대하고 경비업무 수행 중에 경비업법령의 규정에 의한 무기의 안전수칙을 위반하여 형법에 규정된 범죄를 범한 경우, 그 법정형의 2분의 1까지 가중처벌하는 범죄가 아닌 것은?

① 특수상해죄(「형법」제258조의2 제1항)
② 특수폭행죄(「형법」제261조)
③ 특수강요죄(「형법」제324조 제2항)
④ 특수공갈죄(「형법」제350조의2)

27

경비업법령상 양벌규정이 적용될 수 없는 자는?

① 법인의 대표자
② 법인의 대리인
③ 사용인
④ 사용인의 배우자

28

청원경찰법령에 관한 설명으로 옳지 않은 것은?

① 청원경찰법은 청원경찰의 직무·임용·배치·보수·사회보장 및 그 밖에 필요한 사항을 규정함으로써 청원경찰의 원활한 운영을 목적으로 한다.
② 청원경찰은 청원주가 경비(經費)를 부담할 것을 조건으로 사업장 등의 경비(警備)를 담당하게 하기 위하여 배치하는 경찰을 말한다.
③ 청원경찰의 직무상 불법행위에 대한 배상책임에 관하여는 「경찰관직무집행법」의 규정을 따른다.
④ 청원경찰은 형의 선고, 징계처분 또는 신체상·정신상의 이상으로 직무를 감당하지 못할 때를 제외하고는 그 의사에 반하여 면직되지 아니한다.

29

청원경찰법령상 청원경찰에 관한 설명으로 옳지 않은 것은?

① 청원경찰이 그 배치지의 특수성 등으로 특수복장을 착용할 필요가 있을 때에는 청원주는 시·도 경찰청장의 승인을 받아 특수복장을 착용하게 할 수 있다.
② 청원주는 배치폐지나 배치인원 감축으로 과원(過員)이 되는 청원경찰 인원을 그 기관·시설 또는 사업장 내의 유사 업무에 종사하게 하거나 다른 시설·사업장 등에 재배치하는 등 청원경찰의 고용이 보장될 수 있도록 노력하여야 한다.
③ 청원경찰이 배치된 사업장이 하나의 경찰서의 관할구역에 있는 경우에는 시·도 경찰청장은 청원주에 대한 지도 및 감독상 필요한 명령의 권한을 관할 경찰서장에게 위임한다.
④ 청원경찰이 직무를 수행할 때 직권을 남용하여 국민에게 해를 끼친 경우에는 1년 이하의 징역이나 금고에 처한다.

30

청원경찰법령상 청원경찰의 근무요령에 관한 설명으로 옳은 것은 모두 몇 개인가?

- 대기근무자는 소내근무에 협조하거나 휴식하면서 불의의 사고에 대비한다.
- 순찰근무자는 청원주가 지정한 일정한 구역을 순회하면서 경비 임무를 수행한다. 이 경우 순찰은 단독 또는 복수로 정선순찰을 하되, 청원주가 필요하다고 인정할 때에는 요점순찰 또는 난선순찰을 할 수 있다.
- 소내근무자는 근무 중 특이한 사항이 발생하였을 때에는 지체 없이 청원주 또는 관할 경찰서장에게 보고하고 그 지시에 따라야 한다.
- 입초근무자는 경비구역의 정문이나 그 밖의 지정된 장소에서 경비구역의 내부, 외부 및 출입자의 움직임을 감시한다.

① 1개
② 2개
③ 3개
④ 4개

31

청원경찰법령상 청원경찰의 직무에 관한 설명으로 옳지 않은 것은?

① 청원경찰은 청원주와 관할 경찰서장의 감독을 받아 그 경비구역만의 경비를 목적으로 필요한 범위에서 「경찰관직무집행법」에 따른 경찰관의 직무를 수행한다.
② 청원경찰이 직무를 수행할 때에 「경찰관직무집행법」 및 같은 법 시행령에 따라 하여야 할 모든 보고는 관할 경찰서장에게 서면으로 보고하기 전에 지체 없이 구두로 보고하고 그 지시에 따라야 한다.
③ 청원경찰은 「형법」이나 그 밖의 법령에 따른 벌칙을 적용하는 경우와 청원경찰법 및 같은 법 시행령에서 특별히 규정한 경우를 제외하고는 공무원으로 본다.
④ 청원경찰은 「경찰관직무집행법」에 따른 직무 외의 수사활동 등 사법경찰관리의 직무를 수행해서는 아니 된다.

32

청원경찰법령상 청원경찰의 배치 및 이동에 관한 설명으로 옳은 것은?

① 청원경찰 배치신청서 제출 시, 배치 장소가 둘 이상의 도(道)일 때에는 경찰청장에게 한꺼번에 신청할 수 있다.
② 청원경찰의 배치를 받으려는 자는 청원경찰 배치신청서에 경비구역 평면도 1부와 청원경찰 명부 1부를 첨부하여야 한다.
③ 청원경찰을 배치받으려는 자는 대통령령으로 정하는 바에 따라 경찰청장에게 청원경찰 배치를 신청하여야 한다.
④ 청원주는 청원경찰을 신규로 배치하거나 이동배치하였을 때에는 배치지(이동배치의 경우에는 종전의 배치지)를 관할하는 경찰서장에게 그 사실을 통보하여야 한다.

33

청원경찰법령상 청원경찰의 배치대상 기관·시설·사업장 등에 해당하는 것은 모두 몇 개인가?

- 학교 등 육영시설
- 언론, 통신, 방송 또는 인쇄를 업으로 하는 시설 또는 사업장
- 「의료법」에 따른 의료기관
- 선박, 항공기 등 수송시설
- 금융 또는 보험을 업(業)으로 하는 시설 또는 사업장

① 2개　　② 3개
③ 4개　　④ 5개

34

청원경찰법령상 청원경찰의 징계에 관한 설명으로 옳은 것은?

① 청원경찰에 대한 징계의 종류는 파면, 해임, 정직, 감봉 및 경고로 구분한다.
② 청원주는 청원경찰이 품위를 손상하는 행위를 한 때 행정안전부령으로 정하는 징계절차를 거쳐 징계처분을 할 수 있다.
③ 관할 경찰서장은 청원경찰이 직무를 태만히 한 것으로 인정되면 청원주에게 해당 청원경찰에 대하여 징계처분을 하도록 요청할 수 있다.
④ 청원주는 청원경찰 배치결정의 통지를 받았을 때에는 통지를 받은 날부터 30일 이내에 청원경찰에 대한 징계규정을 제정하여 관할 시·도 경찰청장에게 신고하여야 한다.

35

청원경찰법령상 청원경찰 임용승인신청서의 첨부서류에 해당하지 않는 것은?
① 이력서 1부
② 주민등록등본 1부
③ 가족관계등록부 중 기본증명서 1부
④ 최근 3개월 이내에 발행한 채용신체검사서 1부

36

청원경찰법령상 청원경찰의 보상금 지급사유가 아닌 것은?
① 청원경찰이 직무수행으로 인하여 부상을 입은 경우
② 청원경찰이 직무수행으로 인하여 질병에 걸린 경우
③ 청원경찰이 직무수행으로 인하여 사망한 경우
④ 청원경찰이 직무상의 부상으로 인하여 퇴직 후 3년 이내에 사망한 경우

37

청원경찰법령상 청원경찰의 감독에 관한 설명으로 옳지 않은 것은?
① 청원주는 항상 소속 청원경찰의 근무상황을 감독하고, 근무 수행에 필요한 교육을 하여야 한다.
② 시·도 경찰청장은 청원경찰의 효율적인 운영을 위하여 청원주를 지도하며 감독상 필요한 명령을 할 수 있다.
③ 관할 경찰서장은 매주 1회 이상 청원경찰을 배치한 경비구역에 대하여 복무규율과 근무상황, 무기의 관리 및 취급사항을 감독하여야 한다.
④ 2명 이상의 청원경찰을 배치한 사업장의 청원주는 청원경찰의 지휘·감독을 위하여 청원경찰 중에서 유능한 사람을 선정하여 감독자로 지정하여야 한다.

38

청원경찰법령상 과태료에 관한 설명으로 옳지 않은 것은?

① 과태료는 대통령령으로 정하는 바에 따라 시·도 경찰청장이 부과·징수한다.
② 정당한 사유 없이 경찰청장이 고시한 최저부담기준액 이상의 보수를 지급하지 아니한 자에게는 300만원 이하의 과태료를 부과한다.
③ 시·도 경찰청장의 배치결정을 받지 아니하고 청원경찰을 배치하거나 시·도 경찰청장의 승인을 받지 아니하고 청원경찰을 임용한 자에게는 500만원 이하의 과태료를 부과한다.
④ 시·도 경찰청장은 위반행위의 동기, 내용 및 위반의 정도 등을 고려하여 과태료 금액의 100분의 50의 범위에서 그 금액을 줄이거나 늘릴 수 있다.

39

청원경찰법령상 무기관리수칙에 관한 설명으로 옳지 않은 것은?

① 무기고와 탄약고에는 이중잠금장치를 하고, 열쇠는 관리책임자가 보관하되, 근무시간 이후에는 숙직책임자에게 인계하여 보관시켜야 한다.
② 소총의 탄약은 1정당 10발 이내, 권총의 탄약은 1정당 5발 이내로 출납하여야 한다.
③ 청원주는 무기와 탄약이 분실되거나 도난당하거나 빼앗기거나 훼손되었을 때에는 경찰청장이 정하는 바에 따라 그 전액을 배상하는 것이 원칙이다.
④ 청원경찰에게 지급한 무기와 탄약은 매주 1회 이상 손질하게 하여야 한다.

40

청원경찰법령상 청원주가 갖추어야 할 문서와 장부가 아닌 것은?

① 청원경찰 임용승인 관계철
② 청원경찰 명부
③ 경비구역 배치도
④ 무기·탄약 출납부

2023년 경호학

2023.11.11. 시행

41

대통령 등의 경호에 관한 법률에 명시된 '경호'에 관한 정의이다. ( )에 들어갈 내용으로 옳은 것은?

> 경호대상자의 생명과 재산을 보호하기 위하여 신체에 가하여지는 위해를 (ㄱ)하거나 (ㄴ)하고, 특정지역을 경계·순찰 및 방비하는 등의 모든 (ㄷ)활동을 말한다.

① ㄱ : 방어, ㄴ : 차단, ㄷ : 경비
② ㄱ : 방지, ㄴ : 차단, ㄷ : 경호
③ ㄱ : 방지, ㄴ : 제거, ㄷ : 안전
④ ㄱ : 방어, ㄴ : 제거, ㄷ : 경호

42

대통령 등의 경호에 관한 법령상 전직대통령과 그 배우자에 대한 경호의 조치로 옳은 것은?

① 요청이 있는 경우 헬리콥터를 제외한 대통령전용기 및 차량 등 기동수단의 지원
② 현거주지 및 별도주거지에 경호를 위한 인원의 배치
③ 요청이 있는 경우 대통령전용기를 제외한 헬리콥터 및 차량 등 기동수단의 지원
④ 대통령경호처장이 관계기관에 통보하여 정한 사항 수행

43

경호의 행동원칙에 해당하는 것은 몇 개인가?

- 다수의 지점을 통한 접근의 원칙
- 목표물 보존의 원칙
- 상황 발생구역 최우선의 원칙
- S(경고) - E(제압) - C(방어)의 원칙

① 1개　　　　　　　　　　② 2개
③ 3개　　　　　　　　　　④ 4개

44

경호·경비의 분류에 관한 설명으로 옳은 것은?

① 「경비업법」에 의한 경비의 분류에서 특수경비업무는 공경비로 구분된다.
② 경호의 성격에 따른 분류에 따라 1급, 2급, 3급으로 구분할 수 있다.
③ 연도경호는 경호행사의 장소에 의한 분류에 따라 구분할 수 있다.
④ 「경비업법」에 의한 경비의 분류에 드론경비업무가 추가되었다.

45

다음 중 우리나라의 경호기관에서 역사적으로 두 번째로 설치된 것은?

① 도 방　　　　　　　　　② 호위청
③ 시위부　　　　　　　　　④ 금위영

46

학습활동이 주요 활동이며 행사에 대한 결과보고서를 작성하는 경호업무 수행단계는?

① 예방단계
② 대응단계
③ 대비단계
④ 평가단계

47

경호조직의 특성에 관한 설명으로 옳은 것은?

① 기동성의 특성을 갖는다.
② 독립된 비협력성의 특성을 갖는다.
③ 폐쇄성보다는 개방성이 더욱 요구된다.
④ 가시적인 경호를 위해 보안성보다는 노출성이 더욱 요구된다.

48

다음에서 설명하는 경호조직의 원칙은?

> 경호조직은 명령과 지휘체계가 이원화되지 않아야 하며, 경호업무 자체가 긴급성을 요한다는 점에서 더욱 필요한 원칙이다.

① 경호지휘단일성의 원칙
② 경호체계통일성의 원칙
③ 경호기관단위작용의 원칙
④ 경호협력성의 원칙

49

대통령 등의 경호에 관한 법률상 다음(ㄱ~ㄷ)에 해당하는 숫자의 합은?

> ㄱ. 대통령경호처 차장의 인원 수
> ㄴ. 5급 이상 경호공무원의 정년연령
> ㄷ. 대통령경호안전대책위원회에서 위원장과 부위원장을 포함하여 최대 가능한 위원의 수

① 76 ② 77
③ 78 ④ 79

50

대통령 등의 경호에 관한 법령상 대통령경호처의 경호대상에 해당하는 것은?

① 대통령 당선인과 직계존비속
② 퇴임 후 7년이 된 전직대통령과 그 가족
③ 퇴임 후 10년이 된 전직대통령과 그 가족
④ 대통령권한대행과 직계존비속

51

각국 경호기관에 관한 설명으로 옳은 것은?

① 미국 - 비밀경호국의 경호대상은 부통령과 그 직계가족도 포함된다.
② 프랑스 - 대통령 경호를 담당하는 기관은 경찰청 경호안전과이다.
③ 독일 - 경찰국 요인경호과의 경호대상은 대통령과 수상을 포함한다.
④ 일본 - 황궁경찰본부의 경호대상은 내각총리 및 대신의 경호를 포함한다.

52

경호임무 수행절차에 관한 설명으로 옳지 않은 것은?

① 예방단계 - 안전활동단계로 발생 가능한 인적·물적 위해요소에 대한 대비책을 강구하는 단계이다.
② 대비단계 - 정보보안활동, 안전대책활동, 위험요소에 대한 거부작전을 실시하는 단계이다.
③ 대응단계 - 실시단계로 경호대상자에게 발생하는 위해요소에 대한 출입요소의 통제, 근접경호 등의 즉각조치 활동을 하는 단계이다.
④ 학습단계 - 행사결과에 대한 평가, 교육훈련 실시 및 평가, 새로운 이론의 성립과 행사에의 적용을 하는 단계이다.

53

경호원의 행동수칙으로 옳지 않은 것은?

① 신속하고 과감한 대처능력이 필요하다.
② 위해가해자에게 위압감을 줄 수 있어야 한다.
③ 예리하고 정확한 판단력을 갖춰야 한다.
④ 숙련된 사후적 방어조치는 사전예방경호보다 우선시한다.

54

경호작용의 기본요소에 관한 설명으로 옳은 것은 모두 몇 개인가?

- 경호환경을 극복하기 위한 예비 및 우발계획 준비
- 경호임무는 명확하게 부여하고 각각의 임무형태에 책임 부과
- 경호경비상황에 관한 보안 유출에 대한 엄격한 통제
- 대중 앞에서의 노출이나 제반 여건에 의해서 필연적으로 노출을 수반하는 행차의 지속시간과 사전 위해첩보 수집 간 획득된 내재적인 위협을 분석

① 1개
② 2개
③ 3개
④ 4개

55

경호임무의 활동수칙에 관한 설명으로 옳지 않은 것은?

① 개인보다는 전체의 능력을 우선적으로 한다.
② 경호원에게 가장 중요한 수칙은 자기희생과 살신성인이다.
③ 경호원을 중심으로 내부, 내곽, 외곽으로 구분하여 경호구역을 설정한다.
④ 경호대상자의 사생활 보호를 책임져야 한다.

56

선발경호의 특성에 관한 설명으로 옳지 않은 것은?

① 예비성 – 우발상황에 신속히 대처하고, 만약의 상황에 대비한 비상대책 수립이 있어야 한다.
② 예방성 – 선발경호의 임무이자 경호의 목표이다.
③ 안전성 – 행사장의 안전을 사전에 확보하는 일이다.
④ 통합성 – 현지 지형에 맞는 대응계획과 대피계획을 수립·대응하는 것이다.

57

선발경호에 관한 설명으로 옳은 것은 모두 몇 개인가?

- 행사 지역의 인적·물적·지리적 위해요소를 사전에 제거 및 감소를 통해 행사장에 대한 안전성을 확보한다.
- 경호대를 사전에 행사 지역에 파견하여 제반 위해요소에 대한 안전조치를 강구하는 모든 경호안전활동이다.
- 경호관련 정·첩보를 획득 및 전파함으로써 예방경호 실현을 통해 행사장의 안전을 확보하는 행사 직전까지의 업무이다.
- 위해가해자의 의도를 사전에 색출하여 그에 필요한 경호조치를 취함으로써 공격기회를 박탈하거나 공격의지를 무력화시키는 것이다.

① 1개
② 2개
③ 3개
④ 4개

58

근접경호의 원칙에 관한 설명으로 옳은 것은?

① 안전구역, 위험구역, 경계구역으로 3중 경호의 원칙을 적용한다.
② 경호대상자와 함께 이동하면서 변화하는 주변상황에 비주체적으로 대처해야 한다.
③ 복도, 도로, 계단 이동 시에는 경호대상자를 공간의 중앙 쪽으로 유도하여 위해 발생 시 여유 공간을 확보한다.
④ 위해가해자의 공격가능성을 줄이고, 위해 발생 시 경호대상자의 피해 정도를 최소화하기 위하여 이동속도는 가급적 느리게 하여야 한다.

59

근접경호 시 사주경계 요령으로 옳지 않은 것은?

① 시각의 한계를 염두에 두고 주위경계의 범위를 설정한다.
② 위해가해자는 군집된 인파 가운데 맨 앞 열에 서서 경호대상자를 주시하는 경우가 많다.
③ 전체적인 분위기와 조화되지 않는 부자연스럽고 불균형한 사항에 경계를 하여야 한다.
④ 경호대상자의 주변에 있는 모든 사람의 눈과 손을 감시하여야 한다.

60

차량경호를 맡고 있는 3명의 경호원 중에서 대응이 옳은 사람은?

- A경호원 : 경호대상 차량의 주차장소를 수시로 변경하고, 주차된 차량이나 차량대형을 감시할 때는 방호된 차 밖에서 사주경계를 실시하였다.
- B경호원 : 경호대상 차량을 안전점검 실시한 후 행사장에서 시동을 켠 상태에서 대기하였다가 경호대상자의 탑승과 동시에 출발하여 주행상태를 유지하도록 노력하였다.
- C경호원 : 후미경호차량은 교차로에서 좌회전 시에는 경호대상 차량의 좌측 안쪽에서, 우회전 시에는 우측 안쪽에서 후미차선을 이용하여 회전하면서 외부접근차량에 대한 방호임무를 수행했다.

① A
② A, B
③ B, C
④ A, B, C

61

다음에서 설명하는 근접경호의 특성은?

테러기도자가 경호대상자의 행차로 및 기타 경호대상자의 모든 활동을 알았을 것으로 판단하게 하여 기설정된 행차로 및 행사장 방문 예정시간을 이원화하여 경호계획을 수립·운영

① 기만성
② 방벽성
③ 노출성
④ 기동 및 유동성

62

근접경호에 관한 설명으로 옳지 않은 것은?

① 노출성과 유동성이라는 특성을 갖고 있다.
② 행사 성격이나 주변상황에 유연하게 대처할 수 있어야 한다.
③ 경호원들이 직접적으로 경호대상자에 대한 경호를 실시한다는 점에서 경호대비단계라고 한다.
④ 경호대상자의 신변을 보호하기 위하여 경호대상자 최근거리에서 실시하는 호위활동이다.

63

출입자 통제업무 수행에 관한 설명으로 옳은 것은?

① 혼잡방지대책의 취약요소는 출입자 통제에 따른 판단을 경호기관의 입장에서 대처할 수 있는 방안으로 강구한다.
② 출입통제대책의 강구 수단으로 구역별 주차장 운용으로 위해가해자의 발각, 색출될 수 있는 경호계획이 수립되어야 한다.
③ 행사장으로부터 연도경호의 안전거리를 벗어난 주차장일지라도 통제범위에 포함시켜 운영하는 것이 효율적이다.
④ 모든 출입요소의 1차 통제지점은 안전구역이다.

64

출입자 통제대책에 관한 설명으로 옳은 것은?

① 비표는 식별이 용이·선명해야 하고, 위조 또는 복제를 고려하여 복잡하게 제작한다.
② 모든 출입요소는 지정된 출입통로를 사용하여야 하며 기타 통로는 폐쇄하도록 한다.
③ 행사일 전에 배포된 초대장과 비표가 분실될 경우, 해당 초대장과 비표는 모두 무효화한다.
④ 보안성 강화를 위해 비표의 종류는 많을수록 좋다.

65

우발상황 시 근접경호원의 대응으로 옳은 사람은?

- A경호원 : 위해가해자와 가장 가까이에 있는 경호원은 경고와 동시에 경호대상자를 등지고 위험발생 방향으로 체위를 확장해 제2의 공격선을 차단한다.
- B경호원 : 총으로 공격하는 위해가해자를 제압할 경우, 위해가해자의 총구 방향을 고려하여 가능한 한 경호대상자로부터 멀리 유지하도록 신속히 제압한다.
- C경호원 : 수류탄과 같은 폭발성 화기에 의한 공격에는 주변 경호원들과 함께 원형 대형을 유지하여 경호대상자의 안전을 유지한다.

① A
② A, B
③ B, C
④ A, B, C

66

아래의 특성이 갖는 것은?

- 불확실성
- 심리적 불안정성
- 경호원 자신의 자기보호본능
- 예측불가능성

① 근접경호
② 우발상황
③ 선발경호
④ 3중 경호

67

우발상황 대응기법에 관한 설명으로 옳은 것은?

① 경호대상자의 방호보다 위해가해자의 제압을 최우선으로 하여 경호대상자의 안전을 확보한다.
② 체위확장의 원칙과 촉수거리의 원칙이 적용될 수 있다.
③ 우발상황에 대한 경호는 방어적·회유적 개념의 신변보호활동이다.
④ 우발상황의 즉각조치 과정은 경고 - 대피 - 방호의 순서로 전개된다.

68

안전검측의 원칙상 항목별(ㄱ~ㅌ) 검측 시 (   )에서 우선으로 중점 검측할 대상을 옳게 선택한 것은?

(ㄱ. 통로의 중앙, ㄴ. 통로의 양 측면),	(ㄷ. 높은 곳, ㄹ. 낮은 곳)
(ㅁ. 깨끗한 곳, ㅂ. 더러운 곳)	(ㅅ. 좌측, ㅇ. 우측)
(ㅈ. 가까운 곳, ㅊ. 먼 곳)	(ㅋ. 밝은 곳, ㅌ. 어두운 곳)

① ㄱ, ㄷ, ㅂ, ㅅ, ㅈ, ㅋ
② ㄱ, ㄹ, ㅁ, ㅇ, ㅊ, ㅋ
③ ㄴ, ㄷ, ㅁ, ㅇ, ㅊ, ㅌ
④ ㄴ, ㄹ, ㅂ, ㅅ, ㅈ, ㅌ

69

검식활동에 관한 설명으로 옳은 것은?

① 조리가 완료된 후에는 검식활동이 종료된다.
② 경호대상자에게 제공되는 식음료의 안전을 점검하는 활동이다.
③ 경호대상자에게 식음료 운반 시 원거리 감시를 실시한다.
④ 검식활동의 시작은 식재료의 조리과정 단계부터이다.

70

안전검측활동의 내용으로 옳지 않은 것은?

① 안전점검, 안전검사, 안전조치 등을 포함한 포괄적인 활동이다.
② 책임구역을 명확히 구분하고 세부실시계획을 세워 의심나는 곳은 반복해서 실시한다.
③ 경호대상자가 장시간보다 단시간 머물 곳을 먼저 실시한 후 경호대상자의 동선에 따라 순차적으로 실시한다.
④ 타 업무보다 우선하며 원칙에 예외를 불허하고, 원격조정형 폭발물은 전문검측장비를 이용한다.

71

안전검측 방법에 관한 설명으로 옳은 것은?

① 전기제품은 분해하지 않고 검측하고, 비금속물체는 장비를 활용하여 금속반응을 확인한다.
② 경호계획에 의거 공식행사에는 검측을 원칙으로 하나, 비공식행사에는 비노출 검측활동을 하지 아니한다.
③ 가용 인원의 최대 범위에서 서로 중복이 되지 않도록 검측하여 시간의 효율성을 높인다.
④ VIP 탑승차량 및 주변 지원차량의 경우, 운전요원 입회하에 외부와 내부의 장치를 철저히 검측한다.

72

경호장비에 관한 설명으로 옳지 않은 것은?

① 하부검색경으로 행사장 이동차량의 안전상태를 확인한다.
② 경호대상자에게 보내온 발신불명의 우편물을 X-RAY를 통해 안전하게 관리한다.
③ 대통령경호처장은 직무를 수행하기 위하여 필요하다고 인정할 때에는 소속공무원에게 무기를 휴대하게 할 수 있다.
④ 사람이 직접 확인할 수 없는 공간의 확인, 유해물질 존재 여부 등은 방호장비로 점검한다.

73

경호원의 복제에 관한 설명으로 옳은 것은?

① 대통령경호처에 파견된 경찰공무원의 복제는 경찰청장이 정한다.
② 주변의 시선을 끌 수 있는 복제를 착용한다.
③ 경호원은 경호대상자와 구분되는 복장을 착용한다.
④ 공식일정, 비공식일정 등 경호상황에 맞는 복장을 착용한다.

74

경호현장에서 응급상황 발생 시 경호원의 역할에 관한 설명으로 옳은 것은?

① 의약품을 사용하여 처치하는 것이 원칙이다.
② 응급처치의 기본요소에는 상처보호, 지혈, 기도확보, 전문치료이다.
③ 환자가 의식이 없을 때, 매스껍거나 토할 때, 배에 상처나 복통, 수술 전, 쇼크 상태에서는 마실 것을 주어서는 안 된다.
④ 심한 출혈 시 출혈 부위를 심장부위보다 낮게 하고 출혈부위에 더러운 것이 묻어 있을 때에는 물로 씻어낸다.

75

경호의전에 관한 설명으로 옳지 않은 것은?

① 국회의장은 국무총리에 우선한다.
② 공식적 국가 의전서열에서 헌법재판소장은 대법원장에 우선한다.
③ 안내원이 없는 승강기를 탈 때에는 상급자가 나중에, 안내원이 있는 승강기를 탈 때에는 상급자가 먼저 탄다.
④ 차량에 태극기를 게양하는 경우 차량 운전석에서 보았을 때 오른쪽에 게양하며, 외국기와 동시에 게양해야 할 경우에도 동일하다.

76

테러리즘의 '동일시 이론'에 관한 설명으로 옳게 짝지은 것은?

- (ㄱ) : 인질이 인질사건 과정에서 테러범을 이해하는 마음이 생겨 동화되는 것을 말한다.
- (ㄴ) : 인질사건의 협상단계에서 통역사나 협상자가 테러범 사이에서 생존 동일시 현상이 일어난 것에서 유래되었다.

① ㄱ : 스톡홀름 증후군,　ㄴ : 런던 증후군
② ㄱ : 스톡홀름 증후군,　ㄴ : 리마 증후군
③ ㄱ : 리마 증후군,　　　ㄴ : 런던 증후군
④ ㄱ : 리마 증후군,　　　ㄴ : 항공기피 증후군

77

암살에 관한 설명으로 옳지 않은 것은?

① 정치적, 사상적 입장의 차이에서도 비롯된다.
② 정신분열증, 편집증, 조울증 등은 암살의 심리적 동기에 해당된다.
③ 암살자가 극히 중요하다고 생각하는 사상을 암살대상자들이 위태롭게 하고 있다고 생각하는 것은 적대적 동기에 해당된다.
④ 혁명적 목적 달성을 위해 암살을 하는 경우도 있다.

78

국민보호와 공공안전을 위한 테러방지법령에 관한 설명으로 옳지 않은 것은?

① 관세청장은 국가테러대책위원회의 구성원이다.
② 국가정보원장은 테러위험인물에 대하여 출입국·금융거래 및 통신이용 등 관련 정보를 수집할 수 있다.
③ 타국의 외국인테러전투원으로 가입한 사람은 5년 이상의 징역에 처한다.
④ 테러경보는 테러위협의 정도에 따라 주의·경계·심각·대비의 4단계로 구분한다.

79

주요 국가별 대테러 특수부대로 옳지 않은 것은?

① 영국 : SAS
② 이스라엘 : 샤이렛 매트칼
③ 프랑스 : 델타포스와 SWAT
④ 독일 : GSG-9

80

뉴테러리즘에 관한 설명으로 옳지 않은 것은?

① 불특정 다수인을 상대로 한다.
② 테러조직의 다원화로 무력화가 어렵다.
③ 증거인멸이 쉬운 대량살상 무기가 사용될 가능성이 많다.
④ 전통적 테러에 비해 피해 규모가 작다.

무언가를 시작하는 방법은
말하는 것을 멈추고, 행동을 하는 것이다.

− 월트 디즈니 −

2022

제24회 경비지도사 제2차 시험 기출문제

1. 경비업법
2. 경호학

2022년도 제24회 경비지도사 2차 국가자격시험

교시	문제형별	시험시간	시험과목
1교시	A	80분	❶ 경비업법 ❷ 경호학

수험번호		성 명	

【수험자 유의사항】

1. **시험문제지 표지**와 시험문제지 내 **문제형별**의 **동일여부** 및 시험문제지의 **총면수, 문제번호 일련순서, 인쇄상태** 등을 확인하시고, 문제지 표지에 수험번호와 성명을 기재하시기 바랍니다.

2. 답은 각 문제마다 요구하는 **가장 적합하거나 가까운 답 1개**만 선택하고, 답안카드 작성 시 시험문제지 **형별누락, 마킹착오**로 인한 불이익은 전적으로 **수험자에게 책임**이 있음을 알려드립니다.

3. 답안카드는 국가전문자격 공통 표준형으로 문제번호가 1번부터 125번까지 인쇄되어 있습니다. 답안 마킹 시에는 반드시 **시험문제지의 문제번호와 동일한 번호**에 마킹하여야 합니다.

4. **감독위원의 지시에 불응하거나 시험시간 종료 후 답안카드를 제출하지 않을 경우** 불이익이 발생할 수 있음을 알려 드립니다.

5. 시험문제지는 시험 종료 후 가져가시기 바랍니다.

안내사항

1. 수험자는 QR코드를 통해 가답안을 확인하시기 바랍니다.
   (※ 사전 설문조사 필수)

2. 시험 합격자에게 '합격축하 SMS(알림톡) 알림 서비스'를 제공하고 있습니다.

– 수험자 여러분의 합격을 기원합니다 –

2022년 경비업법

2022.11.12. 시행

각 문항별로 난이도를 체크해 보세요. ⊙△×

Time   분 | 해설편 116p

01

경비업법령상 집단민원현장으로 옳지 않은 것은?

① 「노동조합 및 노동관계조정법」에 따라 노동관계 당사자가 노동쟁의 조정신청을 한 사업장 또는 쟁의행위가 발생한 사업장
② 「공유토지분할에 관한 특례법」에 따라 공유토지에 대한 소유권행사와 토지의 이용에 문제가 있는 장소
③ 「도시 및 주거환경정비법」에 따른 정비사업과 관련하여 이해대립이 있어 다툼이 있는 장소
④ 「행정대집행법」에 따라 대집행을 하는 장소

02

경비업법령상 경비업 허가사항 등의 변경신고서 제출 시 첨부서류로 허가증 원본을 필요로 하는 경우가 아닌 것은?

① 법인의 임원 변경
② 법인의 대표자 변경
③ 법인의 명칭 변경
④ 법인의 주사무소 또는 출장소 변경

03

경비업법령상 경비업을 영위하는 법인의 임원 결격사유에 해당하지 않는 것은?

① 피성년후견인
② 피한정후견인
③ 파산선고를 받고 복권되지 아니한 자
④ 금고 이상의 형의 선고를 받고 그 형이 실효되지 아니한 자

04

경비업법령상 기계경비업자가 오경보의 방지를 위해 계약상대방에게 설명하여야 할 사항으로 옳지 않은 것은?

① 당해 기계경비업무와 관련된 관제시설 및 출장소의 명칭·소재지
② 기계경비업자가 경비대상시설에서 발생한 경보를 수신한 경우에 취하는 조치
③ 기계경비업무용 기기의 설치장소 및 종류와 그 밖의 기계장치의 개요
④ 기계경비지도사의 명단·배치일자·배치장소와 출동차량의 대수

05

경비업법령상 경비지도사 및 경비원의 결격사유로 옳지 않은 것은?

① 「형법」 제114조(범죄단체 등의 조직)의 죄를 범하여 벌금형을 선고받은 날부터 10년이 지나지 아니하거나 금고 이상의 형을 선고받고 그 집행이 종료된(종료된 것으로 보는 경우를 포함한다) 날 또는 집행이 유예·면제된 날부터 10년이 지나지 아니한 자
② 「형법」 제330조(야간주거침입절도)의 죄를 범하여 벌금형을 선고받은 날부터 5년이 지나지 아니하거나 금고 이상의 형을 선고받고 그 집행이 유예된 날부터 5년이 지나지 아니한 자
③ 「아동·청소년의 성보호에 관한 법률」 제7조(아동·청소년에 대한 강간·강제추행 등)의 죄를 범하여 치료감호를 선고받고 그 집행이 종료된 날 또는 집행이 면제된 날부터 10년이 지나지 아니한 자
④ 「성폭력범죄의 처벌 등에 관한 특례법」 제3조(특수강도강간 등)의 죄를 범하여 벌금형을 선고받은 날부터 5년이 지나지 아니하거나 금고 이상의 형을 선고받고 그 집행이 유예된 날부터 5년이 지나지 아니한 자

06

경비업법령상 경비지도사 시험 등에 관한 설명으로 옳은 것은?

① 경비지도사 시험은 매년 1회 이상 시행한다.
② 경비지도사 시험에 관하여 필요한 사항은 행정안전부령으로 정한다.
③ 경찰청장은 경비지도사 시험의 실시계획에 따라 시험을 실시하고자 하는 때에는 응시자격·시험과목·시험일시·시험장소 및 선발예정인원 등을 시험 시행일 6개월 전까지 공고하여야 한다.
④ 「경비업법」에 따른 특수경비업무에 2년 이상 종사하고 행정안전부령으로 정하는 교육과정을 이수한 사람은 경비지도사 제1차 시험을 면제한다.

07

경비업법령상 경비지도사의 직무로 규정되지 않은 것은?

① 경비업체와의 연락방법에 대한 지도
② 경비현장에 배치된 경비원에 대한 순회점검 및 감독
③ 경비원의 지도·감독·교육에 관한 계획의 수립·실시 및 그 기록의 유지
④ 집단민원현장에 배치된 경비원에 대한 지도·감독

08

경비업법령상 일반경비원 신임교육의 제외대상이 아닌 사람은?

① 「경찰공무원법」에 따른 경찰공무원으로 근무한 경력이 있는 사람
② 「대통령 등의 경호에 관한 법률」에 따른 경호공무원 또는 별정직공무원으로 근무한 경력이 있는 사람
③ 「소방공무원법」에 따른 소방공무원으로 근무한 경력이 있는 사람
④ 「군인사법」에 따른 부사관 이상으로 근무한 경력이 있는 사람

09

경비업법령상 특수경비원의 무기관리수칙 등에 관한 설명으로 옳은 것은?

① 무기를 대여받은 국가중요시설의 시설주는 무기를 지급받은 특수경비원으로 하여금 무기를 매주 1회 이상 손질하게 하여야 한다.
② 무기를 대여받은 국가중요시설의 시설주는 특수경비원에게 무기를 출납하고자 하는 때에는 탄약의 출납은 권총에 있어서는 1정당 15발 이내, 소총에 있어서는 1정당 7발 이내로 하여야 한다.
③ 무기를 대여받은 국가중요시설의 시설주는 고의 또는 과실로 무기(부속품을 포함한다)를 빼앗기거나 무기가 분실·도난 또는 훼손되도록 한 특수경비원에 대하여 특수경비업자에게 교체 또는 징계 등의 조치를 요청하여야 한다.
④ 무기를 대여받은 국가중요시설의 시설주는 무기를 수송하는 때에는 출발하기 전에 관할 경찰서장에게 그 사실을 통보하여야 하며, 통보를 받은 관할 경찰서장은 2인 이상의 무장경찰관을 무기를 수송하는 자동차 등에 함께 타도록 하여야 한다.

10

경비업법령상 특수경비원의 의무에 관한 설명으로 옳은 것은?

① 특수경비원은 직무를 수행함에 있어 시설주·관할 경찰관서장 및 소속 상사의 직무상 명령에 복종하여야 한다.
② 특수경비원은 시설주의 허가 또는 정당한 사유 없이 경비구역을 벗어나서는 아니 된다.
③ 특수경비원은 경비업무의 정상적인 운영을 저해한다 하더라도 파업·태업이 아닌 다른 방법에 의한 쟁의행위는 가능하다.
④ 특수경비원은 14세 미만의 자 또는 임산부에 대하여는 어떠한 경우라도 소총을 발사하여서는 아니 된다.

11

경비업법령상 경비원의 복장과 장비에 관한 설명으로 옳지 않은 것은?

① 경비업자는 경찰공무원 또는 군인의 제복과 색상 및 디자인 등이 명확히 구별되는 소속 경비원의 복장을 정하여야 한다.
② 경비업자는 집단민원현장이 아닌 곳에서 신변보호업무를 수행하는 경비원에게도 소속 경비업체를 표시한 이름표를 부착하도록 해야 한다.
③ 누구든지 경비원이 휴대할 수 있는 장비를 임의로 개조하여 통상의 용법과 달리 사용함으로써 다른 사람의 생명·신체에 위해를 가하여서는 아니 된다.
④ 경비원은 경비업무를 위하여 필요하다고 인정되는 상당한 이유가 있을 때에는 필요한 최소한도에서 경비업법령에서 정한 장비를 사용할 수 있다.

12

경비업법령상 출동차량에 관한 내용이다. ( )에 들어갈 내용으로 옳은 것은?

> 경비업자는 출동차량 등의 도색 및 표지를 (ㄱ)차량 및 (ㄴ)차량과 명확히 구별될 수 있게 하여야 한다.

① ㄱ : 소 방, ㄴ : 군
② ㄱ : 소 방, ㄴ : 구 급
③ ㄱ : 경 찰, ㄴ : 군
④ ㄱ : 경 찰, ㄴ : 구 급

13

경비업법령상 결격사유 확인을 위한 범죄경력조회 등에 관한 설명으로 옳지 않은 것은?

① 관할 경찰관서장은 범죄경력조회 요청이 있는 경우에만 범죄경력조회를 할 수 있다.
② 경비업자는 선출하려는 임원이 결격사유에 해당하는지를 확인하기 위하여 범죄경력조회를 요청할 수 있다.
③ 범죄경력조회 요청을 받은 시·도 경찰청장 또는 관할 경찰관서장은 경비업자에게 그 결과를 통보할 때에는 결격사유에 해당하는지 여부만을 통보하여야 한다.
④ 시·도 경찰청장 또는 관할 경찰관서장은 경비업자의 임원, 경비지도사 또는 경비원이 결격사유에 해당하는 사실을 알게 된 때에는 경비업자에게 그 사실을 통보하여야 한다.

14

경비업법령상 경비원의 명부와 배치허가 등에 관한 설명으로 옳지 않은 것은?

① 경비업자는 시설경비업무 또는 신변보호업무 중 집단민원현장에 일반경비원을 배치하는 경우에는 경비원을 배치하기 24시간 전까지 행정안전부령으로 정하는 바에 따라 배치허가를 신청하여야 한다.
② 경비업자가 집단민원현장이 아닌 곳에서 신변보호업무를 수행하는 일반경비원을 배치하는 경우에는 경비원을 배치하기 전까지 관할 경찰관서장에게 신고하여야 한다.
③ 경비업자가 특수경비원을 배치하는 경우에는 경비원을 배치하기 전까지 관할 경찰관서장에게 신고하여야 한다.
④ 경비업자는 경비원을 배치하여 경비업무를 수행하게 하는 때에는 배치된 경비원의 인적 사항과 배치일시·배치장소 등 근무상황을 기록하여 보관하여야 한다.

15

경비업법령상 경비원의 배치신고에 관한 내용이다. (　)에 들어갈 숫자로 옳은 것은?

> 경비업자는 경비업무를 수행하기 위하여 (ㄱ)일 이상 경비원을 배치하거나 그 기간을 연장하려는 때에는 경비원을 배치한 후 (ㄴ)일 이내에 경비원 배치신고서를 배치지를 관할하는 경찰관서장에게 제출해야 한다.

① ㄱ : 10,　ㄴ : 7
② ㄱ : 15,　ㄴ : 10
③ ㄱ : 20,　ㄴ : 7
④ ㄱ : 30,　ㄴ : 10

16

경비업법령상 경비업 허가의 취소사유로 옳지 않은 것은?

① 경비업자가 허위 그 밖의 부정한 방법으로 허가를 받은 때
② 특수경비업자가 경비업 및 경비관련업 외의 영업을 한 때
③ 경비업자가 소속 경비원으로 하여금 경비업무의 범위를 벗어난 행위를 하게 한 때
④ 경비업자가 정당한 사유 없이 최종 도급계약 종료일의 다음 날부터 1년 이내에 경비 도급실적이 없을 때

17

경비업법령상 경비지도사자격의 취소 등에 관한 설명으로 옳지 않은 것은?

① 경찰청장은 기계경비지도사가 오경보방지 등을 위한 기기관리 감독의 직무를 위반하여 직무를 성실하게 수행하지 아니한 때에는 1년의 범위 내에서 그 자격을 정지시킬 수 있다.
② 경찰청장은 경비지도사의 자격을 정지한 때에는 그 정지기간 동안 경비지도사자격증을 회수하여 보관하여야 한다.
③ 경찰청장은 경비지도사가 경찰청장 또는 시·도 경찰청장의 명령을 위반한 때에는 1년의 범위 내에서 그 자격을 정지시킬 수 있다.
④ 경찰청장은 경비지도사가 자격정지 기간 중에 경비지도사로 선임되어 활동한 때에는 1년의 범위 내에서 그 자격을 정지시킬 수 있다.

18

경비업법령상 경찰청장 또는 시·도 경찰청장이 청문을 실시해야 하는 행정처분에 해당하는 것을 모두 고른 것은?

ㄱ. 경비업 허가의 취소
ㄴ. 경비업 영업정지
ㄷ. 경비지도사자격의 취소
ㄹ. 경비지도사자격의 정지

① ㄱ, ㄷ
② ㄴ, ㄹ
③ ㄱ, ㄴ, ㄷ
④ ㄱ, ㄴ, ㄷ, ㄹ

19

경비업법령상 경비협회에 관한 설명으로 옳지 않은 것은?

① 경비업자는 경비업무의 건전한 발전과 경비원의 자질향상 및 교육훈련 등을 위하여 대통령령이 정하는 바에 따라 경비협회를 설립할 수 있다.
② 경비협회에 관하여 경비업법에 특별한 규정이 있는 것을 제외하고는 민법 중 조합에 관한 규정을 준용한다.
③ 경비협회의 업무로는 경비원의 후생・복지에 관한 사항도 포함된다.
④ 경비협회는 법인으로 한다.

20

경비업법령상 경비협회의 공제사업에 관한 내용으로 옳지 않은 것은?

① 경비협회는 경비업자의 손해배상책임을 보장하기 위한 공제사업을 할 수 있다.
② 경비협회는 경비원의 복지향상을 위한 공제사업을 할 수 없다.
③ 경비협회는 공제사업을 하고자 하는 때에는 공제규정을 제정하여야 한다.
④ 경비협회는 경비업자가 경비업을 운영할 때 필요한 입찰보증, 계약보증(이행보증을 포함한다), 하도급보증을 위한 공제사업을 할 수 있다.

21

경비업법령상 감독 및 보안지도・점검에 관한 설명으로 옳지 않은 것은?

① 시・도 경찰청장 또는 관할 경찰관서장은 소속 경찰공무원으로 하여금 관할구역 안에 있는 경비업자의 주사무소 및 출장소와 경비원 배치장소에 출입하여 근무상황 및 교육훈련상황 등을 감독하며 필요한 명령을 하게 할 수 있다.
② 시・도 경찰청장 또는 관할 경찰관서장은 경비업자 또는 배치된 경비원이 「폭력행위 등 처벌에 관한 법률」을 위반하는 행위를 하는 경우 그 위반행위의 중지를 명할 수 있다.
③ 관할 경찰서장은 특수경비업자에 대하여 연 2회 이상의 보안지도・점검을 실시하여야 한다.
④ 경찰청장 또는 시・도 경찰청장은 경비업무의 적정한 수행을 위하여 경비업자 및 경비지도사를 지도・감독하며 필요한 명령을 할 수 있다.

22

경비업법령상 경비업자의 손해배상책임이 발생하는 것은?

① 경비원이 업무수행 중이 아닌 때에 고의로 경비대상에 손해가 발생하는 것을 방지하지 못한 경우
② 경비원이 업무수행 중 무과실로 경비대상에 손해가 발생하는 것을 방지하지 못한 경우
③ 경비원이 업무수행 중 고의로 제3자에게 손해를 입힌 경우
④ 경비원이 업무수행 중이 아닌 때에 과실로 제3자에게 손해를 입힌 경우

23

경비업법령상 경찰청장이 시·도 경찰청장에게 위임할 수 있는 사항에 해당하지 않는 것은?

기출수정

① 경비지도사의 자격의 취소 및 정지에 관한 청문
② 경비지도사의 시험에 관한 업무
③ 경비지도사의 자격의 취소
④ 경비지도사의 자격의 정지

24

경비업법령상 허가증 등의 수수료에 관한 설명으로 옳은 것은?

① 경비업 허가사항의 변경신고로 인한 허가증 재교부의 경우에는 1만원의 수수료를 납부하여야 한다.
② 경비지도사 시험 응시수수료를 과오납한 경우에는 경찰청장은 과오납한 금액의 100분의 50을 반환하여야 한다.
③ 경비업의 갱신허가를 받고자 하는 경우에는 2천원의 수수료를 납부하여야 한다.
④ 경비지도사 시험 시행일 20일 전까지 접수를 취소하는 경우에는 경찰청장은 응시수수료 전액을 반환하여야 한다.

25

CHECK ○ △ ×

경비업법령상 위반행위를 한 행위자에 대한 법정형이 다른 것은?

① 경비업무 도급인이 그 경비업무를 수급한 경비업자의 경비원 채용 시 무자격자나 부적격자 등을 채용하도록 관여하거나 영향력을 행사한 경우
② 경비원이 경비업법령에서 정한 장비 외에 흉기 또는 그 밖의 위험한 물건을 휴대하고 경비업무를 수행한 경우
③ 경비원이 직무를 수행함에 있어 타인에게 위력을 과시하는 등 경비업무의 범위를 벗어난 행위를 한 경우
④ 경비업자가 배치허가신청의 내용을 거짓으로 한 것이 발각되어 경찰관서장이 배치폐지명령을 하였으나 이에 따르지 아니한 경우

26

CHECK ○ △ ×

경비업법령상 과태료의 부과기준에 관한 설명으로 옳은 것은?

① 경비원의 복장에 관한 신고를 하지 않고 집단민원현장에 경비원을 배치한 경우에는 위반 횟수가 2회이면 부과되는 과태료 금액은 600만원이다.
② 관할 경찰관서장이 무기의 적정 관리를 위하여 무기를 대여받은 시설주에 대하여 감독상 필요한 명령을 하였으나 정당한 이유 없이 이행하지 않은 경우에는 위반 횟수에 관계없이 부과되는 과태료 금액은 500만원이다.
③ 이름표를 부착하게 하지 않거나, 신고된 동일 복장을 착용하게 하지 않고 집단민원현장에 경비원을 배치한 경우에는 위반 횟수가 1회이면 부과되는 과태료 금액은 300만원이다.
④ 집단민원현장에 배치되는 일반경비원의 명부를 그 배치 장소에 비치하지 않은 경우에는 위반 횟수가 3회 이상이면 부과되는 과태료 금액은 1200만원이다.

27

CHECK ○ △ ×

경비업법령상 경비원이 경비업무 수행 중에 경비업법령에서 정한 장비 외에 흉기 또는 그 밖의 위험한 물건을 휴대하고 죄를 범한 경우, 그 죄에 정한 형의 2분의 1까지 가중처벌되는 형법상의 범죄가 아닌 것은?

① 특수폭행죄(형법 제261조)
② 폭행치사상죄(형법 제262조)
③ 특수협박죄(형법 제284조)
④ 특수공갈죄(형법 제350조의2)

28

청원경찰법령상 청원경찰의 배치대상 기관·시설·사업장에 해당하는 것을 모두 고른 것은?

> ㄱ. 금융을 업으로 하는 시설 또는 사업장
> ㄴ. 국내 주재(駐在) 외국기관
> ㄷ. 인쇄를 업으로 하는 시설 또는 사업장
> ㄹ. 대통령령으로 정하는 중요시설, 사업장 또는 장소

① ㄱ, ㄴ
② ㄴ, ㄷ
③ ㄱ, ㄴ, ㄷ
④ ㄱ, ㄴ, ㄹ

29

청원경찰법령상 청원경찰의 직무에 관한 설명으로 옳지 않은 것은?

① 청원경찰은 청원경찰의 배치결정을 받은 자와 배치된 기관·시설 또는 사업장 등의 구역을 관할하는 시·도 경찰청장의 감독을 받는다.
② 청원경찰은 「경찰관직무집행법」에 따른 직무 외의 수사활동 등 사법경찰관리의 직무를 수행해서는 아니 된다.
③ 청원경찰은 그 경비구역만의 경비를 목적으로 필요한 범위에서 「경찰관직무집행법」에 따른 경찰관의 직무를 수행한다.
④ 청원경찰이 직무를 수행할 때에는 경비 목적을 위하여 필요한 최소한의 범위에서 하여야 한다.

30

청원경찰법령상 청원경찰의 근무요령에 관한 설명으로 옳은 것은?

① 소내근무자는 근무 중 특이한 사항이 발생하였을 때에는 지체 없이 청원주 또는 시·도 경찰청장에게 보고하고 그 지시에 따라야 한다.
② 대기근무자는 입초근무에 협조하거나 휴식하면서 불의의 사고에 대비한다.
③ 순찰근무자는 청원주가 지정한 일정한 구역을 단독 또는 복수로 난선순찰을 하되, 청원주가 필요하다고 인정할 때에는 정선순찰 또는 요점순찰을 할 수 있다.
④ 입초근무자는 경비구역의 정문이나 그 밖의 지정된 장소에서 경비구역의 내부, 외부 및 출입자의 움직임을 감시한다.

31

청원경찰법령상 청원경찰의 배치에 관한 설명으로 옳지 않은 것은?

① 청원경찰을 배치받으려는 자는 대통령령으로 정하는 바에 따라 관할 시·도 경찰청장에게 청원경찰 배치를 신청하여야 한다.
② 시·도 경찰청장은 청원경찰 배치신청을 받으면 지체 없이 그 배치 여부를 결정하여 신청인에게 알려야 한다.
③ 시·도 경찰청장은 청원경찰 배치가 필요하다고 인정하는 기관의 장 또는 시설·사업장의 경영자에게 청원경찰을 배치할 것을 요청할 수 있다.
④ 청원경찰의 배치를 받으려는 자는 청원경찰 배치신청서에 경비구역 평면도 1부 또는 배치계획서 1부를 첨부해야 한다.

32

청원경찰법령상 청원경찰의 임용권자로 옳은 것은?

① 청원주
② 경찰서장
③ 경찰청장
④ 시·도 경찰청장

33

청원경찰법령상 청원경찰에 대한 징계의 종류로 옳은 것은?

① 강 등
② 견 책
③ 면 직
④ 직위해제

34

청원경찰법령상 청원경찰의 퇴직에 관한 설명으로 옳지 않은 것은?

① 임용결격사유에 해당될 때 당연 퇴직된다.
② 청원경찰의 배치가 폐지되었을 때 당연 퇴직된다.
③ 나이가 60세가 되었을 때 당연 퇴직된다.
④ 국가기관이나 지방자치단체에 근무하는 청원경찰의 명예퇴직에 관하여는 「경찰공무원법」을 준용한다.

35

청원경찰법령상 청원경찰의 봉급 산정의 기준이 되는 경력에 산입되지 않는 것은?

① 청원경찰로 근무한 경력
② 군 또는 의무경찰에 복무한 경력
③ 수위·경비원·감시원 또는 그 밖에 청원경찰과 비슷한 직무에 종사하던 사람이 해당 사업장의 청원주에 의하여 청원경찰로 임용된 경우에는 그 직무에 종사한 경력
④ 국가기관 또는 공공단체에서 근무하는 청원경찰에 대해서는 국가기관 또는 공공단체에서 비상근(非常勤)으로 근무한 경력

36

청원경찰법령상 청원주가 부담하여야 하는 청원경찰경비에 해당하지 않는 것은?

① 청원경찰에게 지급할 봉급과 각종 수당
② 청원경찰의 피복비
③ 청원경찰의 교육비
④ 청원경찰의 업무추진비

37

청원경찰법령상 청원경찰의 효율적인 운영을 위하여 청원주를 지도하며 감독상 필요한 명령을 할 수 있는 자는?

① 경찰서장
② 시·도 경찰청장
③ 지구대장 또는 파출소장
④ 경찰청장

38

청원경찰법령상 벌칙과 과태료에 관한 설명으로 옳은 것은?

① 파업, 태업 또는 그 밖에 업무의 정상적인 운영을 방해하는 쟁의행위를 한 청원경찰은 1년 이하의 징역 또는 1천만원 이하의 벌금에 처한다.
② 시·도 경찰청장의 배치결정을 받지 아니하고 청원경찰을 배치하거나 시·도 경찰청장의 승인을 받지 아니하고 청원경찰을 임용한 청원주는 1년 이하의 징역 또는 1천만원 이하의 벌금에 처한다.
③ 정당한 사유 없이 경찰청장이 고시한 최저부담기준액 이상의 보수를 지급하지 아니한 청원주는 1년 이하의 징역 또는 1천만원 이하의 벌금에 처한다.
④ 시·도 경찰청장의 감독상 필요한 명령을 정당한 사유 없이 이행하지 아니한 청원주는 1년 이하의 징역 또는 1천만원 이하의 벌금에 처한다.

39

청원경찰법령상 청원주의 무기관리수칙에 관한 설명으로 옳지 않은 것은?

① 청원주가 무기와 탄약을 대여받았을 때에는 경찰청장이 정하는 무기·탄약 출납부 및 무기장비 운영카드를 갖춰 두고 기록하여야 한다.
② 청원주는 무기와 탄약의 관리를 위하여 관리책임자를 지정하고 관할 경찰서장에게 그 사실을 통보하여야 한다.
③ 무기고와 탄약고에는 이중잠금장치를 하고, 열쇠는 숙직책임자가 보관하되, 근무시간 이후에는 관리책임자에게 인계하여 보관시켜야 한다.
④ 청원주는 경찰청장이 정하는 바에 따라 매월 무기와 탄약의 관리 실태를 파악하여 다음 달 3일까지 관할 경찰서장에게 통보하여야 한다.

40

청원경찰법령상 청원주와 관할 경찰서장이 공통으로 갖춰 두어야 할 문서와 장부로 옳은 것은?

① 무기·탄약 출납부
② 교육훈련 실시부
③ 무기장비 운영카드
④ 무기·탄약 대여대장

2022년 경호학

- 2022.11.12. 시행
- 각 문항별로 난이도를 체크해 보세요.

41

대통령 등의 경호에 관한 법률상 '경호'에 관한 정의이다. ( )에 들어갈 내용으로 옳은 것은?

> 경호대상자의 생명과 재산을 보호하기 위하여 (ㄱ)에 가하여지는 (ㄴ)을/를 방지하거나 제거하고, (ㄷ)을 경계·순찰 및 방비하는 등의 모든 안전활동을 말한다.

① ㄱ : 신 체, ㄴ : 위 해, ㄷ : 특정 지역
② ㄱ : 신 체, ㄴ : 손 해, ㄷ : 모든 지역
③ ㄱ : 개 인, ㄴ : 위 해, ㄷ : 특정 지역
④ ㄱ : 개 인, ㄴ : 위 험, ㄷ : 모든 지역

42

우리나라 경호에 관한 설명으로 옳지 않은 것은?

① 소방청 119구조구급국장은 대통령경호안전대책위원회의 위원이다.
② 대통령경호처장은 대통령이 임명하고, 경호처의 업무를 총괄하며 소속 공무원을 지휘·감독한다.
③ 대통령 당선인은 경호의 대상이지만 대통령 당선인의 가족은 경호대상이 아니다.
④ 경호의 성문법원에는 헌법, 법률, 조약, 명령을 들 수 있다.

43

대통령 등의 경호에 관한 법률상 경호공무원에 대한 사법경찰권 지명권자는?

① 검찰총장
② 서울중앙지방검찰청 검사장
③ 경찰청장
④ 서울특별시경찰청장

44

다음에서 설명하는 경호의 원칙은?

> 경호대상자의 행차 코스는 원칙적으로 비공개되어야 하며, 행차 예정 장소도 일반 대중에게 비공개되어야 한다. 더불어 대중에게 노출되는 경호대상자의 보행 행차는 가급적 제한되어야 위해를 가할 가능성이 있는 위험으로부터 경호대상자를 보호할 수 있다.

① 목표물 보존의 원칙
② 자기담당구역 책임의 원칙
③ 하나로 통제된 지점을 통한 접근의 원칙
④ 자기희생의 원칙

45

다음 대한민국 경호역사에서 두 번째로 일어난 것은?

① 중앙정보부 경호대가 발족되었다.
② 경무대 경찰서가 신설되었다.
③ 치안본부 소속의 101경비대를 101경비단으로 변경하였다.
④ 대통령경호실을 대통령경호처로 변경하였다.

46

조선 후기 정조 때 설치한 경호기관은?

① 장용영
② 호위청
③ 내순검군
④ 삼별초

47

다음에서 설명하는 경호의 원칙은?

> 경호대상자가 위치한 지역에서 가장 근거리부터 엄중한 경호를 취하는 순서로 근접경호, 중간경호, 외곽경호로 나누고 그에 따른 요원의 배치와 임무가 부여된다.

① 3중 경호의 원칙
② 두뇌경호의 원칙
③ 방어경호의 원칙
④ 은밀경호의 원칙

48

국민보호와 공공안전을 위한 테러방지법령상 대테러특공대를 설치·운영하지 않는 기관은?

① 국방부
② 해양경찰청
③ 국가정보원
④ 경찰청

49

다음에서 설명하는 경호조직의 원칙은?

> 하나의 기관에는 반드시 한 사람의 지휘자만이 있어야 한다. 지휘자가 여러 명이 있을 경우 이들 사이의 의견의 합치는 어렵게 되고 행동도 통일되기가 쉽지 않다. 상급감독자나 하급보조자가 지휘자의 권한을 침해한다면 전체 경호기구는 혼란에 빠지게 되어 경호조직은 마비상태가 될 우려가 있다.

① 경호체계통일성의 원칙
② 경호지휘단일성의 원칙
③ 경호기관단위작용의 원칙
④ 경호협력성의 원칙

50

경호임무의 수행절차에 관한 설명으로 옳은 것은?

① 예방단계 : 평가단계로 경호 실시 결과 분석
② 대비단계 : 정보활동단계로 법제를 정비하여 우호적 경호환경 조성
③ 대응단계 : 경호활동단계로 경호인력을 배치하여 지속적인 경계활동 실시
④ 학습단계 : 안전활동단계로 위해정보 수집을 위한 보안활동 전개

51

대통령 등의 경호에 관한 법률상 '경호대상'에 관한 내용이다. ( )에 들어갈 숫자는?

> 본인의 의사에 반하지 아니하는 경우에 한정하여 퇴임 후 (ㄱ)년 이내의 전직대통령과 그 배우자. 다만, 대통령이 임기 만료 전에 퇴임한 경우와 재직 중 사망한 경우의 경호 기간은 그로부터 (ㄴ)년으로 하고, 퇴임 후 사망한 경우의 경호 기간은 퇴임일부터 기산(起算)하여 (ㄷ)년을 넘지 아니하는 범위에서 사망 후 (ㄹ)년으로 한다.

① ㄱ : 5, ㄴ : 5, ㄷ : 10, ㄹ : 5
② ㄱ : 5, ㄴ : 10, ㄷ : 10, ㄹ : 5
③ ㄱ : 10, ㄴ : 5, ㄷ : 5, ㄹ : 5
④ ㄱ : 10, ㄴ : 5, ㄷ : 10, ㄹ : 5

52

경호작용의 기본 고려요소에 관한 설명으로 옳지 않은 것은?

① 자원 - 기본적으로 고려되어야 할 사항에 포함된다.
② 계획수립 - 변화의 가능성 때문에 융통성 있게 한다.
③ 책임 - 경호임무는 명확하게 부여하고, 각각의 임무형태에 대한 책임이 부과된다.
④ 보안 - 수행원과 행사 세부일정은 공개하고, 경호경비상황은 보안을 유지한다.

53

경호원의 활동수칙에 관한 내용으로 옳지 않은 것은?

① 경호대상자에게 스스로 안전에 대처할 수 있도록 일상적 경호수칙을 만들어 경각심을 높이게 한다.
② 경호업무 효율성 향상을 위해 경호대상자의 종교, 병력, 복용하는 약물에 대해서도 파악한다.
③ 위해자와 타협적인 행동을 하지 않는다.
④ 최대한 비노출경호를 위해 권위주의적 자세를 가진다.

54

다음 (   )에 들어갈 경호의 안전대책은?

O (ㄱ) : 경호대상자가 이용하는 기구와 물품, 시설 등의 안전상태를 확인하는 활동
O (ㄴ) : 경호대상자에게 위해를 가할 수 있는 위해물질을 안전하게 관리하는 활동
O (ㄷ) : 폭발물 등 각종 유해물을 탐지, 제거하는 활동

① ㄱ : 안전검사, ㄴ : 안전조치, ㄷ : 안전점검
② ㄱ : 안전조치, ㄴ : 안전점검, ㄷ : 안전검사
③ ㄱ : 안전점검, ㄴ : 안전검사, ㄷ : 안전조치
④ ㄱ : 안전조치, ㄴ : 안전검사, ㄷ : 안전점검

55

경호의 특성을 올바르게 구분한 것은?

ㄱ. 예방성	ㄴ. 통합성
ㄷ. 노출성	ㄹ. 예비성
ㅁ. 안전성	ㅂ. 유동성

① 선발경호 : ㄱ, ㄴ, ㄹ, ㅁ, 근접경호 : ㄷ, ㅂ
② 선발경호 : ㄱ, ㄷ, ㅂ, 근접경호 : ㄴ, ㄹ, ㅁ
③ 선발경호 : ㄴ, ㄷ, ㅂ, 근접경호 : ㄱ, ㄹ, ㅁ
④ 선발경호 : ㄷ, ㅂ, 근접경호 : ㄱ, ㄴ, ㄹ, ㅁ

56

근접경호의 원칙에 관한 설명으로 옳지 않은 것은?

① 출입문 통과 시 경호원이 먼저 통과하여 안전을 확인한다.
② 이동 속도는 경호대상자의 보폭 등을 고려한다.
③ 복도, 계단, 보도를 이동할 때에는 경호대상자를 공간의 가장자리로 유도하여 위해 발생 시 여유공간을 확보한다.
④ 경호원은 경호대상자의 최근접에서 움직이도록 한다.

57

근접경호 업무가 아닌 것은?

① 차량대형 형성
② 우발상황 발생 시 대피
③ 행사장에 대한 현장답사
④ 돌발상황 발생 시 경호대상자 방호

58

도보대형 형성 시 고려사항은 모두 몇 개인가?

○ 행사장의 안전도
○ 선발경호의 수준
○ 행사의 성격
○ 참석자의 성향
○ 경호대상자의 취향
○ 근접경호원의 인원수

① 3개
② 4개
③ 5개
④ 6개

59

다음에서 설명하는 경호의 방호대형은?

○ 위해의 징후가 현저하거나 직접적인 위해가 가해졌을 때 형성하는 방어대형
○ 경호원들이 강력한 스크럼을 형성하여 경호대상자를 에워싸는 형태로 보호하면서 군중 속을 헤치고 나가기 위한 방법

① 개방 대형
② 함몰 대형
③ 일렬 세로 대형
④ 방어적 원형 대형

60

근접경호의 특성 중 기만성에 해당하는 것은?

① 경호대상자의 안전확보를 위해 경고 후 즉각 대피를 실시한다.
② 경호원의 체위를 통한 방벽을 구축하였다.
③ 차량대형, 기동시간 등을 변칙적으로 운영하여 위해기도자가 상황을 오판하도록 한다.
④ 기동수단, 도보대형이 노출되고, 매스컴에 의해 행사일정 등이 알려진다.

61

출입자 통제에 관한 설명으로 옳은 것은?

① 안전구역 설정권 내에 출입하는 인적·물적 제반 요소에 대한 안전활동을 말한다.
② 오관에 의한 검색은 지양하고, 문형 금속탐지기와 휴대용 금속탐지기 등 기계에 의한 검색을 실시한다.
③ 참석자들의 안전을 고려하여 모든 출입통로를 사용하여 출입통제를 실시한다.
④ 행사장으로부터 연도경호의 안전거리를 벗어난 주차장일지라도 통제범위에 포함시켜 운영한다.

62

출입자 통제업무에 관한 설명으로 옳지 않은 것은?

① 인적 출입관리는 행사장의 모든 출입구에 대한 검색이나 수상한 자의 색출을 목적으로 한다.
② 지연참석자에 대해서는 검색 후 별도 지정된 통로로 출입을 허용한다.
③ 참석자가 시차별로 지정된 출입통로를 통하여 입장하도록 한다.
④ 출입통로 지정은 구역별 통로를 다양화하여 통제의 범위를 넓혀 관리의 효율성을 높인다.

63

비표 운용에 관한 설명으로 옳은 것은?

① 보안성 강화를 위해 비표의 종류는 많을수록 좋으며 리본, 명찰 등이 있다.
② 구역별로 다른 색상으로 구분하여 비표를 운용하면 통제가 용이하다.
③ 비표는 식별이 용이하도록 선정하여야 하며, 복잡하게 제작되어야 한다.
④ 비표는 행사참석자에게 행사일 전에 미리 배포하여 출입혼잡을 예방하여야 한다.

64

사주경계에 관한 설명으로 옳지 않은 것은?

① 시각의 한계를 고려하여 주위경계의 범위를 선정하고, 인접한 경호원과의 경계범위를 중복되지 않게 실시한다.
② 돌발상황을 제외하고는 고개를 심하게 돌리거나 완전히 뒤돌아보는 등의 사주경계를 하지 않는다.
③ 경호대상자의 주위 사람들의 눈과 손, 표정, 행동에 주목하여 경계한다.
④ 사주경계의 대상은 인적·물적·지리적 취약요소들을 총망라해야 한다.

65

우발상황에 관한 설명으로 옳은 것을 모두 고른 것은?

> ㄱ. 사전예측이 불가능하므로 즉각조치가 어렵다.
> ㄴ. 극도의 혼란과 무질서가 발생한다.
> ㄷ. 자기보호본능으로 위해가해자에 대한 대적과 제압이 제한적이다.
> ㄹ. 즉각조치의 과정은 경고 – 대피 – 방호의 순서로 전개된다.

① ㄱ, ㄹ
② ㄱ, ㄴ, ㄷ
③ ㄴ, ㄷ, ㄹ
④ ㄱ, ㄴ, ㄷ, ㄹ

66

경호임무 수행 중 우발상황 발생 시 각 경호원의 대응으로 옳은 것을 모두 고른 것은?

- A경호원 : 경호원의 주의력효과 면에서 자신과 군중과의 거리가 가까울수록 유리하다고 판단하였다.
- B경호원 : 경호대상자를 대피시키기 위해 다소 신체적인 무리가 오더라도 예의를 무시하고 신속하고 과감하게 행동하였다.
- C경호원 : 수류탄과 같은 폭발성 화기에 의한 공격을 받았을 때 방어적 원형 대형으로 경호대상자를 방호하였다.

① A, B
② A, C
③ B, C
④ A, B, C

67

차량경호에 관한 일반적인 상황에 관한 내용이다. 다음 차량의 순서(앞-중간-뒤)로 옳은 것은?

- A차량 : 기동 간 경호대상자 차량의 방호업무와 경호 지휘업무를 수행하고 있다.
- B차량 : 비상사태 시 비상도로를 확보하고 전방에 나타나는 각종 상황에 대한 경계업무를 수행한다.
- C차량 : 선도차량과 일정한 간격을 유지하고 유사시 선도차량과 같은 방향으로 대피하며, 경호대상자의 최안전을 위해 문은 잠가 둔다.

① A - B - C
② A - C - B
③ B - C - A
④ C - A - B

68

검식활동에 관한 설명으로 옳지 않은 것은?

① 음식물은 전문요원에 의한 검사를 실시한다.
② 음식물 운반 시에도 근접감시를 실시한다.
③ 안전대책작용으로 사전예방경호이면서 근접경호에 해당된다.
④ 식재료의 구매, 운반, 저장과정, 조리 등 경호대상자에게 음식물이 제공될 때까지 모든 과정의 위해요소를 제거하는 것이다.

69

안전검측활동에 관한 설명으로 옳은 것은?

① 위해기도자의 입장보다는 경호대상자의 입장에서 검측을 실시한다.
② 가용 인원의 최대 범위에서 중복이 되지 않도록 철저히 실시한다.
③ 경호대상자가 짧은 시간 머물 곳을 실시한 후 장시간 머물 곳을 체계적으로 검측한다.
④ 비공식행사에서도 비노출 검측활동을 실시할 수 있다.

70

경호원의 복제에 관한 설명으로 옳지 않은 것을 모두 고른 것은?

ㄱ. 경호현장의 주변 환경과 조화를 이루는 복장을 선택한다.
ㄴ. 경호활동 시 필요한 장비 착용이 가능한 복장을 선택한다.
ㄷ. 대통령경호처에 파견된 경찰공무원의 복제는 경찰청장이 정한다.
ㄹ. 행사의 성격에 관계없이 경호대상자의 권위유지를 위한 복장을 선택한다.

① ㄱ, ㄴ
② ㄱ, ㄹ
③ ㄴ, ㄹ
④ ㄷ, ㄹ

71

경호장비에 관한 설명으로 옳지 않은 것은?

① 「대통령 등의 경호에 관한 법률」에서 호신장비와 관련하여 무기에 대한 규정을 두고 있다.
② 경비원이 사용하는 단봉, 분사기는 호신장비에 포함된다.
③ 경호업무에서 사용되는 드론은 감시장비에 포함된다.
④ 경호현장에서 설치되는 바리케이드나 차량 스파이크 트랩은 인적 방호장비이다.

72

다음에서 설명하는 경호장비는?

○ 유해물질 존재 여부의 검사
○ 시설물의 안전점검
○ 사람이 직접 확인할 수 없는 밀폐공간의 확인

① 호신장비
② 감시장비
③ 방호장비
④ 검측장비

73

심폐소생술에 관한 내용으로 옳지 않은 것은?

① 심정지 환자는 골든타임 내에 신속하게 심폐소생술을 실시한다.
② 심폐소생술의 흉부(가슴)압박은 분당 100~120회 속도로 실시한다.
③ 심폐소생술 실시 중 자발적인 호흡으로 회복되어도 계속 흉부(가슴)압박을 실시한다.
④ 인공호흡에 자신이 없는 경우 흉부(가슴)압박을 실시한다.

74

경호임무 수행 중 자동심장충격기(AED)를 사용하는 방법으로 옳지 않은 것은?

① 전원이 켜져 있는 상태에서 음성 안내에 따라 사용한다.
② 환자의 피부에 땀이나 물기가 있으면 수건 등으로 닦아내고 패드를 부착한다.
③ 제세동 후 소생 징후가 없는 경우 지체 없이 심폐소생술을 실시한다.
④ 긴박한 상황에서 정확한 심장충격을 위해 환자를 붙잡은 상태에서 제세동을 실시한다.

75

경호 환경에 관한 설명으로 옳지 않은 것은?

① 국제 관계와 정세로 인하여 해외에서 우리 국민을 대상으로 한 테러위협이 증가되는 것은 특수적 환경요인이다.
② 국민의식과 생활양식의 변화로 경호에 비협조적 경향이 나타나는 것은 특수적 환경요인이다.
③ 북한의 핵실험 등 도발위협은 특수적 환경요인이다.
④ 과학기술의 발전이 상대적으로 경호 환경을 악화시키는 것은 일반적 환경요인이다.

76

경호원의 직업윤리에 관한 내용으로 옳지 않은 것은?

① 경호원으로 준법정신의 자세가 필요하다.
② 경호원은 자율적 규제보다 타율적 규제가 우선시되어야 한다.
③ 경호대상자의 생명과 재산을 지키기 위한 올바른 가치관을 함양한다.
④ 경호대상자의 안전을 위하여 자기희생의 자세를 갖춘다.

77

경호의전에 관한 설명으로 옳지 않은 것은?

① 우리나라의 공식적 국가 의전서열은 대통령 - 국무총리 - 국회의장 - 대법원장 - 헌법재판소장 순이다.
② 공식적인 의전서열을 가지지 않은 사람의 좌석은 당사자의 개인적·사회적 지위 및 연령 등을 고려한다.
③ 우리나라가 주최하는 연회에서는 자국 측 빈객은 동급의 외국 측 빈객보다 하위에 둔다.
④ '상대에 대한 존중과 배려'는 의전의 중요한 원칙 중 하나이다.

78

국민보호와 공공안전을 위한 테러방지법상 용어의 정의로 옳지 않은 것은?

① 외국인테러전투원 : 테러를 실행・계획・준비하거나 테러에 참가할 목적으로 국적국이 아닌 국가의 테러단체에 가입하기 위하여 이동을 시도하는 외국인
② 테러단체 : 국제연합(UN)이 지정한 테러단체
③ 테러위험인물 : 테러단체의 조직원이거나 테러단체 선전, 테러자금 모금・기부, 그 밖에 테러 예비・음모・선전・선동을 하였거나 하였다고 의심할 상당한 이유가 있는 사람
④ 대테러조사 : 대테러활동에 필요한 정보나 자료를 수집하기 위하여 현장조사・문서열람・시료채취 등을 하거나 조사대상자에게 자료제출 및 진술을 요구하는 활동

79

국민보호와 공공안전을 위한 테러방지법상 테러피해에 관한 내용으로 옳지 않은 것은?

① 국가 또는 지방자치단체는 테러의 피해를 입은 사람에 대하여 치료 및 복구에 필요한 비용의 전부 또는 일부를 지원할 수 있다.
② 테러로 인하여 생명의 피해를 입은 사람의 유족에 대해서는 그 피해의 정도에 따라 등급을 정하여 특별위로금을 지급할 수 있다.
③ 외교부장관의 허가를 받지 아니하고 방문 및 체류가 금지된 국가 또는 지역을 방문・체류한 사람의 테러피해의 치료 및 복구에 필요한 비용도 예외 없이 지원하도록 하고 있다.
④ 테러로 인하여 신체 또는 재산의 피해를 입은 국민은 관계기관에 즉시 신고하여야 한다.

80

암살에 관한 설명으로 옳지 않은 것은?

① 암살범의 적개심과 과대망상적 사고는 개인적 동기에 해당된다.
② 뉴테러리즘의 일종으로 불특정 다수를 대상으로 한다.
③ 암살범은 자신을 학대하고 무능력을 비판하는 심리적 특징을 보이는 경우도 있다.
④ 암살범은 암살에 대한 동기가 확연해지면 빠른 수행방법을 모색하는 경향이 있다.

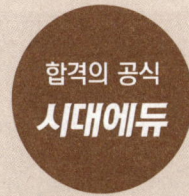

많은 실패자들은 포기하기 때문에,
성공이 얼마나 가까웠는지 깨닫지 못한다.

- 토머스 에디슨 -

2021

제23회 경비지도사
제2차 시험 기출문제

1. 경비업법
2. 경호학

2021년도 제23회 경비지도사 2차 국가자격시험

교 시	문제형별	시험시간	시 험 과 목
1교시	A	80분	❶ 경비업법 ❷ 경호학

| 수험번호 | | 성 명 | |

【 수 험 자 유 의 사 항 】

1. **시험문제지 표지**와 시험문제지 내 **문제형별**의 **동일여부** 및 시험문제지의 **총면수, 문제번호 일련순서, 인쇄상태** 등을 확인하시고, 문제지 표지에 수험번호와 성명을 기재하시기 바랍니다.

2. 답은 각 문제마다 요구하는 **가장 적합하거나 가까운 답 1개**만 선택하고, 답안카드 작성 시 시험문제지 **형별누락, 마킹착오**로 인한 불이익은 전적으로 **수험자에게 책임**이 있음을 알려드립니다.

3. 답안카드는 국가전문자격 공통 표준형으로 문제번호가 1번부터 125번까지 인쇄되어 있습니다. 답안 마킹 시에는 반드시 **시험문제지의 문제번호와 동일한 번호**에 마킹하여야 합니다.

4. 감독위원의 지시에 불응하거나 시험시간 종료 후 답안카드를 제출하지 않을 경우 불이익이 발생할 수 있음을 알려 드립니다.

5. 시험문제지는 시험 종료 후 가져가시기 바랍니다.

안내사항

1. 수험자는 QR코드를 통해 가답안을 확인하시기 바랍니다.
   (※ 사전 설문조사 필수)
2. 시험 합격자에게 '합격축하 SMS(알림톡) 알림 서비스'를 제공하고 있습니다.

― 수험자 여러분의 합격을 기원합니다 ―

2021년 경비업법

- 2021.11.6. 시행
- 각 문항별로 난이도를 체크해 보세요. O △ X

Time   분 | 해설편 177p

01

경비업법령상 특수경비원의 직무 및 무기사용 등에 관한 설명으로 옳은 것은?

① 시·도 경찰청장은 국가중요시설에 대한 경비업무의 수행을 위하여 필요하다고 인정하는 때에는 경비업자의 신청에 의하여 무기를 구입한다.
② 시설주가 대여받은 무기에 대하여 시설주 및 관할 경찰관서장은 무기의 관리책임을 지고, 관할 경찰관서장은 시설주 및 특수경비원의 무기관리상황을 대통령령이 정하는 바에 따라 지도·감독하여야 한다.
③ 시설주는 무기지급의 필요성이 해소되었다고 인정되는 때에는 특수경비원으로부터 24시간 이내에 무기를 회수하여야 한다.
④ 관할 경찰관서장은 시설주 및 특수경비원의 무기관리상황을 매주 1회 이상 점검하여야 한다.

02

경비업법령상 경비원의 교육 등에 관한 설명으로 옳은 것은? 〔기출수정〕

① 경비업자는 일반경비원 신임교육을 받은 사람으로서 채용 전 3년 이내에 경비업무에 종사한 경력이 있는 사람을 일반경비원 신임교육 대상에서 제외할 수 있다.
② 경비원이 되려는 사람은 대통령령으로 정하는 교육기관에서 미리 일반경비원 신임교육을 받을 수 없다.
③ 특수경비업자는 특수경비원으로 하여금 특수경비원 신임교육을 받게 하여서는 아니 된다.
④ 특수경비원의 교육 시 경비업자가 교육기관에 입회하여 행정안전부령이 정하는 바에 따라 지도·감독하여야 한다.

03

경비업법령상 특수경비업의 경비인력 및 자본금의 허가요건으로 옳은 것은?

① 특수경비원 10명 이상, 경비지도사 1명 이상, 자본금 1억원 이상
② 특수경비원 20명 이상, 경비지도사 1명 이상, 자본금 1억원 이상
③ 특수경비원 10명 이상, 경비지도사 1명 이상, 자본금 3억원 이상
④ 특수경비원 20명 이상, 경비지도사 1명 이상, 자본금 3억원 이상

04

경비업법령상 특수경비원의 의무에 관한 설명으로 옳은 것은?

① 소속 상사의 허가 또는 정당한 사유 없이 경비구역을 벗어나서는 아니 된다.
② 사람을 향하여 권총 또는 소총을 발사하고자 하는 때에는 인질사건에 있어서 은밀히 작전을 수행하는 경우로서 부득이한 때에도 공포탄에 의한 사격으로 상대방에게 경고하여야 한다.
③ 무기를 사용하지 아니하고는 타인의 생명·신체에 대한 중대한 위협을 방지할 수 없다고 인정되는 때에는 필요한 최대한의 범위 안에서 이를 사용하여야 한다.
④ 임산부가 총기 또는 폭발물을 가지고 대항하는 경우에도 임산부에 대하여 소총을 발사하여서는 아니 된다.

05

경비업법령상 경비업자가 시·도 경찰청장에게 신고하여야 하는 경우가 아닌 것은?

① 법인의 출장소를 신설·이전한 경우
② 정관의 목적을 변경한 경우
③ 영업을 폐업하거나 휴업한 경우
④ 시설경비업무를 개시하거나 종료한 경우

06

경비업법령상 경비업을 영위하는 법인의 임원이 될 수 없는 자는?

① 징역형의 선고를 받고 형이 실효된 자
② 파산선고를 받고 복권된 자
③ 허위의 방법으로 허가를 받아 허가가 취소된 법인의 허가취소 당시의 임원이었던 자로서 그 취소 후 3년이 지난 자
④ 허가받은 경비업무 외의 업무에 경비원을 종사하게 하여 허가가 취소된 법인의 허가취소 당시의 임원이었던 자로서 그 취소 후 3년이 지난 자

07

경비업법령상 경비지도사의 시험 등에 관한 설명으로 옳지 않은 것은? 기출수정

① 경비지도사는 경비지도사의 결격사유가 없는 자로서 경찰청장이 시행하는 경비지도사 시험에 합격하고 대통령령으로 정하는 바에 따라 경찰청장이 실시하는 기본교육을 받은 자이어야 한다.
②「군인사법」에 따른 각 군 전투병과 또는 군사경찰병과 부사관 이상 간부로 6년 재직한 사람은 경비지도사 제1차 시험을 면제한다.
③ 일반경비지도사의 자격을 취득한 후 기계경비지도사의 시험에 응시하는 사람은 경비지도사 제1차 시험을 면제한다.
④「고등교육법」에 따른 전문대학을 졸업한 사람으로서 재학 중 경비지도사 시험과목을 3과목 이상을 이수하고 졸업한 후 경비업무에 6년 종사한 사람은 경비지도사 제1차 시험을 면제한다.

08

경비업법령상 용어에 관한 설명으로 옳은 것은?

① "시설경비업무"란 경비대상시설에 설치한 기기에 의하여 감지·송신된 정보를 수신하여 도난·화재 등 위험발생을 방지하는 업무를 말한다.
② "경비지도사"란 경비원을 지도·감독 및 교육하는 자를 말하며 일반경비지도사와 특수경비지도사로 구분한다.
③ "특수경비원"은 공항(항공기 포함) 등 대통령령이 정하는 국가중요시설의 경비 및 도난·화재 그 밖의 위험발생을 방지하는 경비업무를 수행하는 자이다.
④ 110명의 사람이 모이는 문화 행사장은 "집단민원현장"이 아니다.

09

경비업법령상 경비지도사 및 경비원의 결격사유에 해당하지 않는 것은?

① 벌금형의 선고유예를 받고 그 유예기간이 끝난 날부터 5년이 지나지 아니한 자
② 징역 3년의 실형의 선고를 받고 그 집행이 면제된 날부터 5년이 지나지 아니한 자
③ 「형법」 제114조(범죄단체 등의 조직)의 죄를 범하여 벌금형을 선고받은 날부터 5년이 지나지 아니한 자
④ 「형법」 제297조(강간)의 죄를 범하여 치료감호를 선고받고 그 집행이 종료된 날 또는 집행이 면제된 날부터 5년이 지나지 아니한 자

10

경비업법령상 경비지도사의 선임 등에 관한 설명으로 옳지 않은 것은? 기출수정

① 경비현장에 배치된 경비원에 대한 순회점검 및 감독의 직무는 선임된 경비지도사의 직무에 해당한다.
② 경비업자는 선임·배치된 경비지도사가 자격정지의 사유로 그 직무를 수행할 수 없는 때에는 7일 이내에 경비지도사를 새로이 충원하여야 한다.
③ 경비지도사는 경비원에 대한 교육을 실시하고, 행정안전부령으로 정하는 경비원 직무교육 실시대장에 그 내용을 기록하여 2년간 보존하여야 한다.
④ 경비지도사가 선임·배치된 시·도 경찰청의 관할구역과 경계를 맞닿아 인접한 시·도 경찰청의 관할구역에 배치된 경비원이 30명 이하인 경우에는 경비지도사를 따로 선임·배치하지 않을 수 있다.

11

경비업법령상 기계경비업자의 출장소별 관리 서류에 관한 설명으로 옳지 않은 것은?

① 기계경비지도사의 명단·배치일자·배치장소와 출동차량의 대수를 기재한 서류를 갖추어 두어야 한다.
② 오경보인 경우 오경보가 발생한 경비대상시설 및 그 오경보에 대한 조치의 결과를 기재한 서류를 갖추어 두어야 한다.
③ 경보의 수신 및 현장도착 일시와 조치의 결과를 기재한 서류를 갖추어 두어야 한다.
④ 오경보에 대한 조치의 결과를 기재한 서류는 당해 경보를 수신한 날부터 2년간 이를 보관하여야 한다.

12

경비업법령상 경찰청장 등이 처리할 수 있는 민감정보 및 고유식별정보가 아닌 것은?

① 건강에 관한 정보
② 범죄경력자료에 해당하는 정보
③ 주민등록번호 또는 외국인등록번호가 포함된 자료
④ 신용카드사용내역이 포함된 자료

13

경비업법령상 경비원의 배치에 관한 설명으로 옳지 않은 것은?

① 시설경비업무 중 집단민원현장에 일반경비원을 배치하는 경우에는 배치하기 48시간 전까지 배치허가를 신청하여야 한다.
② 신변보호업무 중 집단민원현장에 일반경비원을 배치하는 경우에는 배치하기 전까지 배치허가를 신청하여야 한다.
③ 집단민원현장이 아닌 곳에서 신변보호업무를 수행하는 일반경비원을 배치하는 경우에는 경비원을 배치하기 전까지 신고하여야 한다.
④ 특수경비원을 배치하는 경우에는 경비원을 배치하기 전까지 신고하여야 한다.

14

경비업법령상 관할 경찰관서장이 집단민원현장에 일반경비원 배치허가 신청을 받은 경우에 배치허가를 하여서는 아니 되는 경우로 옳지 않은 것은?

① 경비업무의 범위를 벗어난 행위를 할 우려가 있는 경우
② 결격자가 100분의 21 이상 포함되어 있는 경우
③ 경비원의 복장·장비 등에 대하여 내려진 필요한 명령을 이행하지 아니하는 경우
④ 직무교육을 받지 아니한 사람이 대통령령으로 정하는 기준 이상으로 포함되어 있는 경우

15

경비업법령상 경비원의 복장, 장비, 출동차량 등에 관한 설명으로 옳지 않은 것은?

① 경비원은 근무 중 경적, 단봉, 분사기 등 장비를 휴대할 수 있다.
② 경비업자는 경비업무 수행 시 경비원에게 소속 경비업체를 표시한 이름표를 부착하도록 하여야 한다.
③ 집단민원현장에서 신변보호업무를 수행하는 경우에는 동일한 복장을 착용하지 아니할 수 있다.
④ 경비업자는 출동차량 등의 도색 및 표지를 경찰차량 및 군차량과 명확히 구별될 수 있게 하여야 한다.

16

경비업법령상 경비협회의 공제사업에 관한 설명으로 옳지 않은 것은?

① 경비협회는 경비업자가 경비업을 운영할 때 필요한 입찰보증을 위한 공제사업을 할 수 있다.
② 공제규정에는 공제사업의 범위, 공제계약의 내용 등 공제사업의 운영에 관하여 필요한 사항을 정하여야 한다.
③ 경찰청장은 공제규정을 승인하는 경우에는 미리 금융감독원과 협의하여야 한다.
④ 공제사업을 하는 경우 공제사업의 회계는 다른 사업의 회계와 구분하여 경리하여야 한다.

17

경비업법령상 행정처분의 일반기준에 관한 설명으로 옳은 것은?

① 행정처분이 영업정지인 경우에는 가중하거나 감경할 수 없다.
② 위반행위가 2 이상인 경우로서 그에 해당하는 각각의 처분기준이 다른 경우에는 그중 경한 처분기준에 따른다.
③ 위반행위의 횟수에 따른 행정처분 기준 적용일은 위반행위에 대한 행정처분일과 그 처분 후의 위반행위가 다시 적발된 날을 기준으로 한다.
④ 영업정지처분에 해당하는 위반행위가 적발된 날 이전 최근 2년간 같은 위반행위로 3회 이상 영업정지처분을 받은 경우에는 그 위반행위에 대한 행정처분 기준은 허가취소로 한다.

18

경비업법령상 행정처분의 기준이 3차 위반 시 영업정지 3개월인 위반행위에 해당하는 것은?

① 집단민원현장에 일반경비원 명부를 작성·비치하지 않은 때
② 경비원의 복장 등에 관한 규정을 위반한 때
③ 손해를 배상하지 않은 때
④ 경비대상시설에 관한 경보 대응체제를 갖추지 않은 때

19

경비업법령상 경비지도사자격의 취소사유에 해당하지 않는 것은?

① 허위 그 밖의 부정한 방법으로 경비지도사자격증을 교부받은 때
② 경비지도사자격증을 다른 사람에게 빌려주거나 양도한 때
③ 경찰청장 또는 시·도 경찰청장의 명령을 위반한 때
④ 자격정지 기간 중에 경비지도사로 선임되어 활동한 때

20

경비업법령상 허가관청이 의무적으로 경비업 허가를 취소해야 하는 사유가 아닌 것은?

① 도급을 의뢰받은 경비업무가 위법한 것임에도 이를 거부하지 아니한 때
② 정당한 사유 없이 허가를 받은 날부터 2년 이내에 경비 도급실적이 없거나 계속하여 1년 이상 휴업한 때
③ 소속 경비원으로 하여금 경비업무의 범위를 벗어난 행위를 하게 한 때
④ 관할 경찰관서장의 배치폐지명령에 따르지 아니한 때

21

경비업법령상 감독 및 보안지도·점검 등에 관한 설명으로 옳지 않은 것은?

① 시·도 경찰청장은 경비업무의 적정한 수행을 위하여 경비업자 및 경비지도사를 지도·감독하며 필요한 명령을 할 수 있다.
② 시·도 경찰청장은 경비업무 장소가 집단민원현장으로 판단되는 경우에는 그때부터 24시간 이내에 경비업자에게 경비원 배치허가를 받을 것을 고지하여야 한다.
③ 시·도 경찰청장은 특수경비업자에 대하여 연 2회 이상의 보안지도·점검을 실시하여야 한다.
④ 시·도 경찰청장은 배치된 경비원이 「폭력행위 등 처벌에 관한 법률」을 위반하는 행위를 하는 경우 그 위반행위의 중지를 명할 수 있다.

22

경비업법령상 경찰청장의 권한이 시·도 경찰청장에게 위임되어 있는 것을 모두 고른 것은?

> ㄱ. 경비지도사자격의 정지
> ㄴ. 경비지도사자격의 취소
> ㄷ. 경비지도사자격의 취소 및 정지에 관한 청문

① ㄱ
② ㄱ, ㄴ
③ ㄴ, ㄷ
④ ㄱ, ㄴ, ㄷ

23

경비업법령상 양벌규정이 적용되는 경우에 해당하지 않는 것은?(단, 법인 또는 개인이 그 위반행위를 방지하기 위하여 해당 업무에 관하여 상당한 주의와 감독을 게을리하지 아니한 경우는 고려하지 않음)

① 경비업자의 경비원 채용 시 부적격자 등을 채용하도록 관여한 도급인
② 배치허가를 받지 아니하고 경비원을 배치한 자
③ 허가를 받지 아니하고 경비업을 영위한 자
④ 경비업무의 범위를 벗어난 행위를 한 경비원

24

경비업법령상 법정형의 최고한도가 높은 것부터 순서대로 나열된 것은?(단, 가중처벌 등은 고려하지 않음)

> ㄱ. 경찰관서장의 배치폐지명령을 따르지 아니한 자
> ㄴ. 경비원에게 경비업무의 범위를 벗어난 행위를 하게 한 자
> ㄷ. 국가중요시설의 정상적인 운영을 해치는 장해를 일으킨 특수경비원

① ㄴ - ㄱ - ㄷ
② ㄴ - ㄷ - ㄱ
③ ㄷ - ㄱ - ㄴ
④ ㄷ - ㄴ - ㄱ

25

경비업법령상 과태료의 부과기준이 다른 것은?

① 경비업자가 경비원의 복장에 관한 신고를 하지 않고 집단민원현장에 경비원을 배치한 경우
② 경비업자가 집단민원현장에 배치되는 일반경비원의 명부를 그 배치장소에 비치하지 않은 경우
③ 경비업자가 신임교육을 이수하지 않은 자를 특수경비원으로 배치한 경우
④ 경비업자가 결격사유에 해당하는 경비지도사를 선임·배치한 경우

26

경비업법령상 특수경비원이 무기를 휴대하고 경비업무를 수행 중에 경비업법의 규정에 의한 무기의 안전수칙을 위반하여 범죄를 범한 경우 그 법정형의 2분의 1까지 가중처벌되는 형법상의 범죄가 아닌 것은?

① 형법 제261조(특수폭행죄)
② 형법 제268조(업무상과실·중과실치사상죄)
③ 형법 제350조의2(특수공갈죄)
④ 형법 제366조(재물손괴죄)

27

경비업법령상 경찰청장으로부터 경비지도사의 시험 및 교육에 관한 업무를 위탁받은 단체의 임직원이 공무원으로 의제되어 적용받는 형법상의 규정에 해당하지 않는 것은?

① 형법 제127조(공무상 비밀의 누설)
② 형법 제129조(수뢰, 사전수뢰)
③ 형법 제130조(제3자뇌물제공)
④ 형법 제132조(알선수뢰)

28

청원경찰법령상 청원경찰의 배치대상이 아닌 것은?

①「의료법」에 따른 의료기관
② 인쇄를 업으로 하는 사업장
③「사회복지사업법」에 따른 사회복지시설
④ 학교 등 육영시설

29

청원경찰법령상 청원경찰에 관한 설명으로 옳지 않은 것은?

① 청원주 등이 경비(經費)를 부담할 것을 조건으로 사업장 등의 경비(警備)를 담당하게 하기 위하여 배치하는 경찰이다.
② 청원주와 배치된 사업장 등의 구역을 관할하는 시·도지사 및 시·도 경찰청장의 감독을 받는다.
③ 선박, 항공기 등 수송시설에도 배치될 수 있다.
④ 배치된 경비구역만의 경비를 목적으로 필요한 범위에서 「경찰관직무집행법」에 따른 경찰관의 직무를 수행한다.

30

청원경찰법령상 청원경찰의 근무요령으로 옳지 않은 것은?

① 자체경비를 하는 입초근무자는 경비구역의 정문이나 그 밖의 지정된 장소에서 경비구역의 내부, 외부 및 출입자의 움직임을 감시한다.
② 업무처리 및 자체경비를 하는 소내근무자는 근무 중 특이한 사항이 발생하였을 때에는 지체 없이 청원주 또는 관할 경찰서장에게 보고하고 그 지시에 따라야 한다.
③ 대기근무자는 소내근무에 협조하거나 휴식하면서 불의의 사고에 대비한다.
④ 순찰근무자는 단독 또는 복수로 요점순찰을 하되, 청원주가 필요하다고 인정할 때에는 정선순찰 또는 난선순찰을 할 수 있다.

31

청원경찰법령상 청원경찰의 징계에 관한 설명으로 옳은 것은?

① 시·도 경찰청장은 청원경찰이 품위를 손상하는 행위를 한 때에는 대통령령으로 정하는 징계절차를 거쳐 징계처분을 할 수 있다.
② 청원경찰에 대한 징계의 종류는 파면, 해임, 강등, 정직, 감봉 및 견책으로 구분한다.
③ 청원주는 청원경찰 배치결정의 통지를 받았을 때에는 통지를 받은 날부터 15일 이내에 청원경찰에 대한 징계규정을 제정하여 관할 시·도 경찰청장에게 신고하여야 한다.
④ 정직은 1개월 이상 3개월 이하로 하고, 그 기간에 청원경찰의 신분은 보유하나 직무에 종사하지 못하며, 보수는 전액을 감한다.

32

다음 중 청원경찰법령상 청원주가 명시적으로 무기와 탄약을 지급해서는 안 되는 사람을 모두 고른 것은? 기출수정

ㄱ. 직무상 비위로 징계대상이 된 사람
ㄴ. 사직 의사를 밝힌 사람
ㄷ. 형사사건으로 조사대상이 된 사람
ㄹ. 변태적 성벽(性癖)이 있는 사람

① ㄱ, ㄷ
② ㄱ, ㄴ, ㄷ
③ ㄴ, ㄷ, ㄹ
④ ㄱ, ㄴ, ㄷ, ㄹ

33

청원경찰법령상 감독자 지정기준에 관한 내용으로 옳은 것은?

① 근무인원이 10명 이상 29명 이하 : 반장 1명, 조장 1명
② 근무인원이 30명 이상 40명 이하 : 반장 1명, 조장 3~4명
③ 근무인원이 41명 이상 60명 이하 : 대장 1명, 반장 2명, 조장 4~5명
④ 근무인원이 61명 이상 120명 이하 : 대장 1명, 반장 3명, 조장 10명

34

청원경찰법령상 청원주가 갖추어 두어야 할 문서와 장부에 해당하는 것을 모두 고른 것은?

ㄱ. 청원경찰 명부
ㄴ. 경비구역 배치도
ㄷ. 청원경찰 직무교육계획서
ㄹ. 전출입 관계철

① ㄱ, ㄷ
② ㄱ, ㄴ, ㄷ
③ ㄱ, ㄴ, ㄹ
④ ㄴ, ㄷ, ㄹ

35

청원경찰법령상 청원경찰의 임용자격에 관한 내용이다. (　)에 들어갈 숫자가 순서대로 옳은 것은?

> 청원경찰의 임용자격은 (　)세 이상으로 신체가 건강하고 팔다리가 완전하며 시력(교정시력을 포함한다)은 양쪽 눈이 각각 (　) 이상인 사람이다.

① 18, 0.5
② 18, 0.8
③ 19, 0.8
④ 19, 1.0

36

청원경찰법령상 청원경찰의 복제에 관한 설명으로 옳은 것은?
① 청원경찰의 기동모와 기동복의 색상은 진한 청색으로 한다.
② 청원경찰은 평상근무 중에는 정모, 근무복, 단화, 호루라기를 착용하거나 휴대하여야 하고, 경찰봉 및 포승은 휴대하지 아니할 수 있다.
③ 청원경찰이 그 배치지의 특수성 등으로 특수복장을 착용할 필요가 있을 때에는 청원주는 관할 경찰서장의 승인을 받아 특수복장을 착용하게 할 수 있다.
④ 청원경찰 장구의 종류는 경찰봉, 호루라기, 수갑 및 포승이다.

37

청원경찰법령상 과태료의 부과기준에서 과태료 금액이 다른 것은?
① 시·도 경찰청장의 배치결정을 받지 않고 국가중요시설(국가정보원장이 지정하는 국가보안목표시설을 말한다)에 청원경찰을 배치한 경우
② 시·도 경찰청장의 승인을 받지 않고 임용결격사유에 해당하는 청원경찰을 임용한 경우
③ 시·도 경찰청장의 감독상 필요한 복무규율과 근무상황에 관한 명령을 정당한 사유 없이 이행하지 않은 경우
④ 정당한 사유 없이 경찰청장이 고시한 최저부담기준액 이상의 보수를 지급하지 않은 경우

38

청원경찰법령상 청원경찰의 대여품에 해당하는 것은?

① 기동모
② 방한화
③ 허리띠
④ 근무복

39

청원경찰법령상 청원경찰의 경비에 관한 설명으로 옳은 것은?

① 국가기관 또는 지방자치단체에 근무하는 청원경찰의 보수는 재직기간 15년 이상 23년 미만인 경우 같은 재직기간에 해당하는 경찰공무원 '경장'의 보수를 감안하여 대통령령으로 정한다.
② 청원경찰의 피복비는 청원주가 부담하여야 하는 청원경찰경비에 해당하지 않는다.
③ 청원경찰이 직무상의 부상·질병으로 인하여 퇴직 후 3년 이내에 사망한 경우 청원주는 대통령령으로 정하는 바에 따라 그 유족에게 보상금을 지급하여야 한다.
④ 교육비는 청원주가 경찰교육기관 입교(入校) 3일 전에 해당 청원경찰에게 지급하여 납부하게 한다.

40

청원경찰법령상 청원경찰의 배치와 이동에 관한 설명으로 옳지 않은 것은?

① 청원경찰을 배치받으려는 자는 대통령령으로 정하는 바에 따라 관할 시·도 경찰청장에게 청원경찰 배치를 신청하여야 한다.
② 시·도 경찰청장은 청원경찰 배치가 필요하다고 인정하는 기관의 장 또는 시설·사업장의 경영자에게 청원경찰을 배치할 것을 요청할 수 있다.
③ 청원주는 청원경찰을 이동배치하였을 때에는 전입지를 관할하는 경찰서장에게 그 사실을 통보하여야 한다.
④ 청원주는 청원경찰이 배치된 기관·시설 또는 사업장 등이 배치인원의 변동사유 없이 다른 곳으로 이전하는 경우에는 청원경찰의 배치인원을 감축할 수 없다.

2021년 경호학

- 2021.11.6. 시행
- 각 문항별로 난이도를 체크해 보세요. ☑△☒
- Time   분 | 해설편 212p

41
경호의 개념에 관한 설명으로 옳은 것은 모두 몇 개인가?

○ 경호의 본질적·이론적인 입장에서 이해한 것은 실질적 의미의 경호개념이다.
○ 경호기관을 기준으로 하여 정립한 개념은 형식적 의미의 경호개념이다.
○ 경호대상자의 신변안전을 위하여 사용 가능한 모든 수단과 방법을 동원하는 것은 실질적 의미의 경호개념에 해당한다.

① 없음
② 1개
③ 2개
④ 3개

42
경호 및 경비의 분류에 관한 설명으로 옳지 않은 것은?

① 약식경호는 의전절차 없이 불시에 행사가 진행되고, 사전 경호조치도 없는 상태에서 최대한의 근접경호만으로 실시하는 경호활동을 말한다.
② 1(A)급 경호는 사전에 노출되어 경호위해가 증대된 상황하의 각종 행사와 대통령 등 국가원수급의 1등급 경호대상으로 결정된 국빈행사의 경호이다.
③ 경호관계자의 사전 통보에 의해 계획·준비되는 경호활동은 경호의 성격에 의한 분류 중에서 공식경호에 해당한다.
④ 장소에 따른 경호는 행사장경호, 숙소경호 등으로 분류되며 연도경호도 이에 해당한다.

43

경호의 법원(法源)에 관한 설명으로 옳지 않은 것은?

① 「대통령 등의 경호에 관한 법률」은 대통령 등에 대한 경호를 효율적으로 수행하기 위하여 경호의 조직·직무범위와 그 밖에 필요한 사항을 규정함을 목적으로 한다.
② 경호의 성문법원으로 헌법·법률·조약·명령·판례법 등을 들 수 있다.
③ 우리나라는 전직대통령의 예우에 관하여 「전직대통령 예우에 관한 법률」에서 규정하고 있다.
④ 대통령경호안전대책위원회의 구성 및 운영에 관하여 필요한 사항은 「대통령경호안전대책위원회규정」에서 명시하고 있다.

44

경호업무 수행절차에 관한 내용이다. 다음이 설명하는 관리단계는?

> 주요 활동은 정보활동이며, 정보의 수집 및 평가가 나타난다. 위협의 평가 및 대응방안을 강구하는 세부 활동이 수행된다.

① 예방단계
② 대비단계
③ 대응단계
④ 학습단계

45

3중 경호의 원칙에 관한 설명으로 옳지 않은 것은?

① 3중 경호의 기본 구조는 경호대상자가 위치한 장소로부터 내부, 외부, 외곽으로 구분하여 경호 행동반경을 거리 개념으로 설명한 것이다.
② 1선은 완벽한 통제가 이루어져야 하며, 경호원의 확인을 거치지 않은 인원의 출입은 금지한다.
③ 2선은 부분적 통제가 실시되지만 경호원의 확인을 거치지 않은 인원 및 물품은 감시의 영역을 벗어나서는 안 된다.
④ 3중의 경호막을 통해 조기경보체제를 확립하여 위해행위에 대비할 수 있다.

46

경호의 행동원칙에 관한 설명으로 옳지 않은 것은?

① '자기담당구역 책임의 원칙'에 의하면 경호원은 자신의 책임하에서 주어진 임무를 완수하고 담당구역을 지켜야 한다.
② '자기희생의 원칙'은 경호원 자신을 희생해서라도 경호대상자의 신변을 안전하게 보호해야 한다.
③ '하나의 통제된 지점을 통한 접근의 원칙'에 의하면 경호대상자에게 접근할 수 있는 출입구나 통로는 하나만 필요하고, 담당경호원의 허가절차가 요구되지 않는다.
④ '목표물 보존의 원칙'은 경호대상자를 위해요소로부터 분리하는 것을 말한다.

47

경호조직의 특성에 관한 설명으로 옳은 것은 모두 몇 개인가?

○ 경호조직은 기구단위, 권한과 책임 등이 경호업무의 목적 달성을 위해 분화되어야 한다.
○ 경호조직의 폐쇄성에는 경호기법의 비노출이 포함된다.
○ 경호조직은 과거에 비해 그 기구와 인원 면에서 다변화되고 있다.
○ 경호조직은 전문성보다는 권력에 기초를 두어야 한다.

① 1개 ② 2개
③ 3개 ④ 4개

48

경호조직의 원칙에서 협력성에 해당하지 않는 것은?

① 경호조직과 일반 국민과의 유기적인 상호작용을 의미한다.
② 국민이 경호업무에 협조하여 조직화가 필요할 경우 이런 조직은 임의성보다는 강제성이 수반되어야 한다.
③ 전국적으로 배치된 경비지도사를 통하여 경호정보를 신속하게 수집하는 것도 경호협력성과 관련된다.
④ 경호조직은 유관기관과의 상호협력을 통해 지속적인 정보 및 보안활동을 바탕으로 한 경호대응력을 강화해야 한다.

49

다음이 설명하는 경호조직의 구성원칙은?

경호기관의 구조는 전체의 다양한 조직수준을 통해 상하계급 간의 일정한 관계가 성립되어, 책임과 업무의 분담이 이루어져야 함을 의미한다.

① 경호지휘단일성의 원칙
② 경호체계통일성의 원칙
③ 경호기관단위작용의 원칙
④ 경호협력성의 원칙

50

각국의 경호조직으로 옳은 것은?

- A : 비밀경호국(SS)
- B : 연방범죄수사국(BKA)
- C : 공화국경비대(GSPR)

① A : 미 국, B : 독 일, C : 프랑스
② A : 미 국, B : 프랑스, C : 독 일
③ A : 독 일, B : 미 국, C : 프랑스
④ A : 프랑스, B : 미 국, C : 독 일

51

대통령 등의 경호에 관한 법률상 다음 (   )에 들어갈 내용은?

대통령이 임기 만료 전에 퇴임한 경우와 재직 중 사망한 경우의 경호 기간은 그로부터 (ㄱ)년으로 하고, 퇴임 후 사망한 경우의 경호 기간은 퇴임일부터 기산(起算)하여 (ㄴ)년을 넘지 아니하는 범위에서 사망 후 (ㄷ)년으로 한다.

① ㄱ : 5,   ㄴ : 5,   ㄷ : 5
② ㄱ : 5,   ㄴ : 10, ㄷ : 5
③ ㄱ : 10, ㄴ : 5,   ㄷ : 10
④ ㄱ : 10, ㄴ : 10, ㄷ : 10

52

3중 경호의 원칙에 해당하지 않는 구역은?

① 안전구역
② 경비구역
③ 경계구역
④ 방호구역

53

대통령 등의 경호에 관한 법률상 대통령경호처의 경호대상이 아닌 자는?(단, 단서조항은 고려하지 않음)

① 대통령 당선인의 아들
② 대통령권한대행의 배우자
③ 대통령 퇴임 후 5년이 지난 전직대통령
④ 대통령경호처 차장이 필요하다고 인정하는 국외 요인(要人)

54

다음 4명의 경호원 중 경호작용에 관하여 옳게 판단하고 있는 자는?

① A경호원 – 경호자원의 효율적인 이용을 위한 분석 자료를 토대로 사전에 경호계획을 수립한다.
② B경호원 – 경호임무는 사전에 신중하게 계획되어야 하며 융통성은 배제되어야 효과적이다.
③ C경호원 – 모든 경호임무는 예기치 않은 변화 가능성을 내포하고 있으므로 사전대응보다 신속한 사후대응이 더 중요하다.
④ D경호원 – 경호임무는 명확하게 부여하되 임무형태에 대한 책임은 경호책임자에게 국한되어야 한다.

55

경호임무 수행절차에 관한 설명으로 옳지 않은 것은?

① 계획단계는 경호임무 수령 후부터 선발대가 행사장에 도착하기 전까지의 경호활동이다.
② 행사단계는 경호대상자가 집무실을 출발해서 행사장에 도착하여 행사가 진행된 이후 복귀 시까지의 경호활동이다.
③ 평가단계에서는 경호실시 결과를 분석하고 평가하여 이를 보완한다.
④ 경호임무의 단계별 절차는 준비단계 – 계획단계 – 행사단계 – 평가단계이다.

56

사전예방경호에 관한 설명으로 옳지 않은 것은?

① 내부근무자는 출입자의 비표를 확인하고, 행사 진행 중 계획에 없는 움직임을 통제한다.
② 원활한 행사 준비를 위해 경호정보·보안·안전대책업무 수행을 지원한다.
③ 경호대상자가 도착하기 전에 현장답사를 실시하여 효과적인 경호를 준비한다.
④ 지휘체계는 외곽근무자와 내부근무자를 별도로 관리하는 것이 효율적이다.

57

선발경호업무 시 출입통제에 관한 설명으로 옳지 않은 것은?

① 경호능력에 부합한 비상대응계획을 수립한다.
② 위해요소를 사전에 발견 및 제거하여 위해요소의 침투가능성을 차단한다.
③ 통제의 범위는 촉수거리의 원칙을 적용하여 구역별 특성에 맞게 결정한다.
④ 행사와 무관한 사람들의 행사장 출입을 통제 또는 제한하는 구역을 설치·운영해야 한다.

58

근접경호 방법에 관한 설명으로 옳지 않은 것은?

① 신체에 의한 방호벽을 형성하되 경호대상자 행동의 성향을 고려해야 한다.
② 근접경호원의 신체조건을 충분히 활용하여 경호대상자의 시야를 제한하고 공격선을 차단한다.
③ 경호대상자를 따라 이동하여 변화하는 경호상황에 능동적으로 대처해야 한다.
④ 위해기도자의 추적을 회피하는 기만전술을 구사하여 경호 효과를 높일 수 있다.

59

다음은 근접경호를 의뢰받아 임무를 수행하고 있는 상황이다. 다음에서 나타나지 않는 근접경호의 특성은?

> 위드 코로나 시대를 맞아 다채로운 행사가 열렸다. A경호업체는 연예인 B양에 대한 경호의뢰를 받아 행사장에 근접경호를 하고 있었다. 운집된 팬들 사이에서 갑자기 위해기도자로 보이는 한 남성이 B양을 공격하려 하자 근접경호를 맡고 있던 P경호원은 자신의 몸으로 위해기도자를 막고 B양을 행사장 뒤로 신속히 이동시켰다.

① 노출성
② 방벽성
③ 대피성
④ 기만성

60

차량경호에 관한 설명으로 옳은 것은?

① 운전요원은 경호대상자의 위험지역 하차 후 즉시 그 지역을 신속히 벗어나야 한다.
② 같은 방향으로 2대의 경호차량이 교차로에 진입 시 방호차원에서 우측 경호차량이 우선 통과해야 한다.
③ 공격받을 위험성은 정차하고 있는 차량보다 주행하고 있는 차량이 더 높다.
④ 근접도보경호에 비해 차량경호는 위해자가 범행을 가할 수 있는 기회가 더욱 많다.

61

근접경호원의 기본 요건 및 임무에 관한 설명으로 옳은 것은?

① 도보이동 간 근접경호에서 단거리 직선통로를 이용하는 것은 이동 시 위험에 노출되는 정도를 최소화하기 위함이다.
② 계획에 없던 지역으로 이동하기 전 이동로, 경호대형, 특이사항은 경호대상자에게도 비밀로 해야 한다.
③ 경호원은 주변 모든 사람들이 위험한 무기를 소지할 수 있다는 가정하에 표정을 주의 깊게 관찰해야 한다.
④ 경호원은 위해 발생 시 경호대상자의 방호보다 위해기도자의 제압을 우선해야 한다.

62

행사장 내 경호대상자를 근접경호할 때 도보대형 형성에 관해 고려해야 할 사항으로 옳지 않은 것은?

① 행사의 형태와 종류
② 경찰관서의 수와 위치
③ 경호대상자의 노출시간
④ 인적 취약요소와의 갭(Gap)

63

비표 운용에 관한 설명으로 옳지 않은 것은?

① 비표는 혼잡방지를 위해 시간과 장소에 관계없이 미리 배포할수록 좋다.
② 구역별 다른 색상으로 구분하여 비표를 운용하면 통제가 용이하다.
③ 비표 운용은 대상과 용도에 맞게 운영해야 한다.
④ 비표는 쉽게 구별되고, 위조 또는 복제는 불가능하도록 한다.

64

행사경호 시 차량통제에 관한 설명으로 옳지 않은 것은?

① 입장계획과 연계하여 운영되어야 한다.
② 주차장별로 승차입장카드를 구분한다.
③ 금속탐지기를 이용하여 탑승한 출입자를 차내에서 검측한다.
④ 행사장 주변 주차장이 충분하지 않을 경우 중간집결지를 운영한다.

65

출입통제 담당자의 업무로 옳지 않은 것은?

① 참석대상의 입장계획을 세운다.
② 비상계획 및 일반예비대를 운영한다.
③ 출입구의 원활한 소통을 위해 출입통로를 지정한다.
④ 위해기도자와 위험물품 확인을 위한 검문검색을 한다.

66

경호 우발상황에 관한 설명으로 옳지 않은 것은?

① 우발상황이 예상되는 경호구역에 사주경계를 실시한다.
② 경호원 자신보다는 경호대상자의 안전을 우선으로 한다.
③ 사전예측이 대부분 가능하기 때문에 신속한 대처가 가능하다.
④ 불가항력적 상황에서도 경호원은 경호의 책임과 의무가 있다.

67

경호 우발상황의 대응기법에 관한 내용이다. 다음에서 설명하는 것은?

> 우발상황 발생 시 위해상황을 처음 인지한 경호원이 경호대상자 주변의 근접경호원과 동시에 신속히 경호대상자를 보호하기 위하여 방벽을 형성한다.

① 경 고   ② 방 호
③ 대 피   ④ 대 적

68

검측활동에 관한 설명으로 옳지 않은 것은?

① 위해물질의 존재 여부를 검사하거나 시설물의 안전점검에 사용되는 도구를 검측장비라고 한다.
② 검측인원의 책임구역을 명확하게 하여 중복되지 않게 계획적으로 검측한다.
③ 시설물의 불안전요소를 제거하는 것은 검측활동에 해당된다.
④ 검측활동은 행사장과 경호대상자의 이동로를 중심으로 구역을 나눠 실시한다.

69

검측장비에 해당하지 않는 것은?

① X-ray 검색기
② 전자충격기
③ 금속탐지기
④ 폭발물탐지기

70

입국하는 국빈, 장관급 이상의 관료 등에 대한 경호를 목적으로 총포를 소지하고 입국하려는 사람이 총포의 일시 반출입 및 일시 소지 허가를 신청할 경우 경찰청장에게 신고하여야 할 내용이 아닌 것은?

① 입국자의 국적 및 여권번호
② 입국이나 출국의 일시, 이용 항공 등 교통편명
③ 총포의 종류, 제품명, 일련번호
④ 총포의 이력추적관리 내역

71

경호장비에 관한 설명으로 옳지 않은 것은?

① 호신장비는 자신의 생명과 신체가 위험한 상태에 놓였을 때 스스로 보호하는 데 사용하는 도구이다.
② 방호장비는 경호대상자가 사용하는 시설물을 보호하기 위한 장치를 말한다.
③ 검측장비는 위해기도자의 침입이나 범죄행위를 감시하고, 거동수상자의 동태를 추적하는 장비를 말한다.
④ 기동장비는 경호대상자의 경호를 위하여 사용하는 기동수단을 말한다.

72

경호원의 복장에 관한 설명으로 옳은 것은?

① 경호원은 행사의 성격에 따라 주변 환경과 어울리는 복장을 착용한다.
② 경호원으로서의 신분이 노출되지 않도록 화려한 복장을 착용한다.
③ 잠재적 위해기도자의 범행동기를 사전에 제거하기 위해 장신구를 착용한다.
④ 행사의 성격과 관계없이 경호대상자 품위를 높이기 위해 검정색 계통의 정장을 착용한다.

73

경호원의 응급처치 사항으로 옳지 않은 것은?

① 가슴 및 복부 손상 시 지혈을 하고 음료를 마시지 않게 한다.
② 심한 출혈 시 출혈 부위를 심장보다 높게 하여 안정한 상태를 유지한다.
③ 맥박과 호흡이 없을 경우 빠른 시간에 보조호흡을 실시한다.
④ 환자의 생사판정을 하지 않는 것을 원칙으로 한다.

74

경호의전과 예절에 관한 설명으로 옳지 않은 것은?

① 비행기를 타고 내릴 때에는 상급자가 최우선하여 타고 내린다.
② 기차에서 두 사람이 나란히 앉는 좌석에서는 창가 쪽이 상석이다.
③ 여성과 남성이 승용차에 동승할 때에는 여성이 먼저 탄다.
④ 승강기를 타고 내릴 때에는 상급자가 나중에 타고, 먼저 내린다.

75

경호원의 자격과 윤리에 관한 설명으로 옳지 않은 것은?

① 성희롱 예방교육의 철저한 관리로 경호원의 직업윤리 강화 풍토를 조성한다.
② 경호위해요소에 대한 인지능력 향상 훈련으로 사전예방활동의 중요성을 부각시킨다.
③ 경호원 간 상하 지휘체계 확립을 위하여 권위주의적, 상호보완적 동료의식을 강조한다.
④ 워라밸 근무환경 조성을 위한 경비인력의 탄력적 운영으로 정부시책사업에 능동적으로 참여한다.

76

검식활동에 관한 설명으로 옳지 않은 것은?

① 조리가 완료된 후에도 검식활동은 지속되어야 한다.
② 검식활동은 식재료의 조리 단계부터 시작된다.
③ 행사장의 위생상태 점검, 전염병 및 식중독의 예방대책 등을 포함한다.
④ 경호대상자에게 제공하는 음식물에 대하여 구매, 운반, 저장, 조리 및 제공되는 일련의 과정을 포함한다.

77

국가대테러활동지침상 대테러특공대의 임무를 수행한 자를 모두 고른 것은?

- A : 테러사건에 대해 무력진압작전을 수행하였다.
- B : 요인경호행사 및 국가중요행사의 안전활동에 대한 지원을 하였다.
- C : 테러사건과 관련한 폭발물을 탐색하고 처리하였다.

① A
② A, C
③ B, C
④ A, B, C

78

우리나라 경호의 환경요인에 관한 설명으로 옳지 않은 것은?

① 경제와 과학기술의 발전으로 경호의 첨단화가 가속화되고 있다.
② 사회와 국민의식 구조의 변화로 인한 시대적 요구사항을 반영하여 경호의 수단과 방법이 변화되고 있다.
③ 사이버범죄 증가에 따라 경호방법 다변화의 일환으로 「개인정보보호법」은 적용하지 않는다.
④ 드론 사용 범죄 등과 같은 신종위해가 증가하고 있다.

79

뉴테러리즘에 관한 설명으로 옳지 않은 것은?

① '외로운 늑대(lone wolf)'와 같은 자생 테러가 증가하고 있다.
② 과학화 및 정보화의 특성으로 조직이 네트워크화되고 있다.
③ 공격대상이 특정화되어 있고, 언론매체의 활용으로 공포확산이 빠르다.
④ 전통적 테러에 비해 피해 규모가 큰 양상을 띤다.

80

국가대테러활동지침상 다음은 테러경보의 어느 단계인가?

> 테러취약요소에 대한 경비 등 예방활동의 강화, 테러취약시설에 대한 출입통제의 강화, 대테러 담당공무원의 비상근무 등의 조치를 한다.

① 관심단계
② 주의단계
③ 경계단계
④ 심각단계

더 많이 읽을수록 더 많은 것을 알게 될 것이고,
더 많이 배울수록 더 많은 곳을 가게 될 것이다.

- 닥터 수스 -

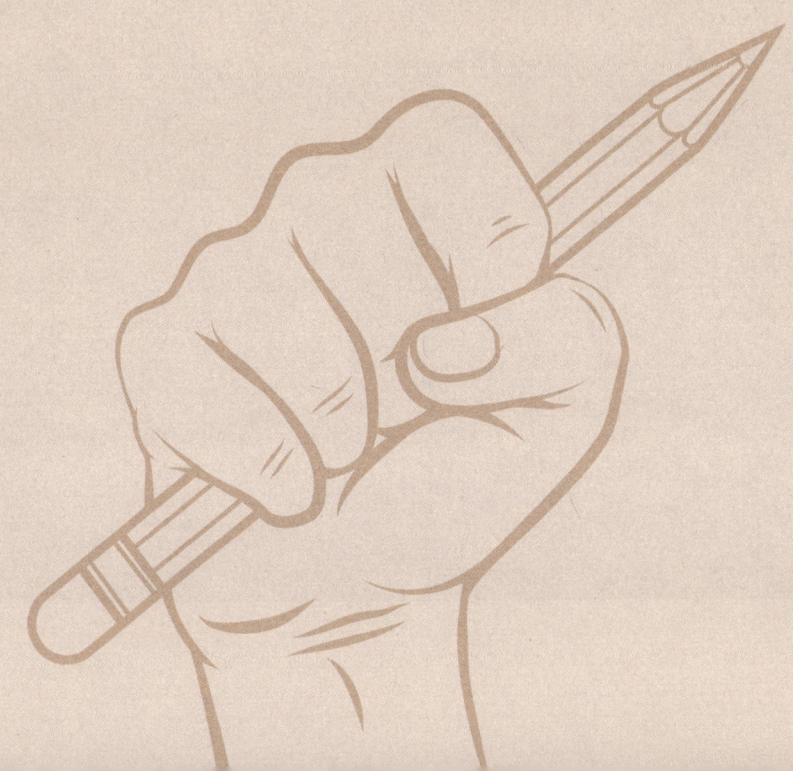

2020

제22회 경비지도사
제2차 시험 기출문제

1. 경비업법
2. 경호학

2020년도 제22회 경비지도사 2차 국가자격시험

교 시	문제형별	시험시간	시험과목
1교시	A	80분	❶ 경비업법 ❷ 경호학

수험번호		성 명	

【 수 험 자 유 의 사 항 】

1. **시험문제지 표지**와 시험문제지 내 **문제형별**의 **동일여부** 및 시험문제지의 **총면수, 문제번호 일련순서, 인쇄상태** 등을 확인하시고, 문제지 표지에 수험번호와 성명을 기재하시기 바랍니다.

2. 답은 각 문제마다 요구하는 **가장 적합하거나 가까운 답 1개**만 선택하고, 답안카드 작성 시 시험문제지 **형별누락, 마킹착오**로 인한 불이익은 전적으로 **수험자에게 책임**이 있음을 알려드립니다.

3. 답안카드는 국가전문자격 공통 표준형으로 문제번호가 1번부터 125번까지 인쇄되어 있습니다. 답안 마킹 시에는 반드시 **시험문제지의 문제번호와 동일한 번호**에 마킹하여야 합니다.

4. **감독위원의 지시에 불응**하거나 시험시간 종료 후 답안카드를 제출하지 않을 경우 불이익이 발생될 수 있음을 알려 드립니다.

5. 시험문제지는 시험 종료 후 가져가시기 바랍니다.

안내사항

1. 수험자는 QR코드를 통해 가답안을 확인하시기 바랍니다.
   (※ 사전 설문조사 필수)
2. 시험 합격자에게 '합격축하 SMS(알림톡) 알림 서비스'를 제공하고 있습니다.

– 수험자 여러분의 합격을 기원합니다 –

2020년 경비업법

2020.11.21. 시행

01

경비업법령상 경비업 허가신청 등에 관한 설명으로 옳은 것은?

① 경비업 허가신청 시 시설을 갖출 수 없는 경우에는 시설 확보계획서를 제출한 후 허가를 받은 날부터 1월 이내에 법령 규정에 의한 시설을 갖추고 시·도 경찰청장의 확인을 받아야 한다.
② 경비업의 허가를 받은 법인은 기계경비업무 수행을 위한 관제시설을 이전한 때에는 관할 경찰서장에게 신고하여야 한다.
③ 경비업 변경허가신청 시 자본금을 갖출 수 없는 경우에는 자본금 확보계획서를 제출한 후 변경허가를 받은 날부터 1월 이내에 자본금을 갖추고 시·도 경찰청장의 확인을 받아야 한다.
④ 경비업자가 허가받은 경비업무를 변경하려는 경우에는 변경허가 신청서를 경찰청장 또는 관할 시·도 경찰청장에게 제출하여야 한다.

02

경비업법령상 경비업 허가에 관한 설명으로 옳은 것은?

① 시·도 경찰청장은 경비업 변경허가를 한 경우 해당 법인의 주사무소를 관할하는 지구대장을 거쳐 신청인에게 허가증을 발급하여야 한다.
② 경비업자는 경비업 허가증이 못쓰게 된 경우에는 그 사유서를 첨부하여 해당 시·도 경찰청 소속의 경찰서장에게 재발급을 신청하여야 한다.
③ 시·도 경찰청장이 경비업 허가를 신청받아 허가 여부를 결정할 때, 임원의 신용은 검토대상이 아니다.
④ 누구든지 허가를 받은 경비업체와 동일한 명칭으로 경비업 허가를 받을 수 없다.

03

경비업법령상 경비업을 영위하는 법인의 임원 결격사유에 관한 설명으로 옳은 것은? 기출수정

① 성년후견인은 임원이 될 수 없다.
② 이 법에 위반하여 벌금형의 선고를 받고 5년이 지나지 아니한 자는 임원이 될 수 없다.
③ 「대통령 등의 경호에 관한 법률」에 위반하여 벌금형의 선고를 받고 3년이 지나지 아니한 자는 특수경비업무를 수행하는 법인의 임원이 될 수 없다.
④ 관할 경찰관서장의 배치폐지명령에 따르지 아니하여 허가가 취소된 법인의 허가취소 당시의 임원이었던 자로서 허가가 취소된 날부터 5년이 지나지 아니한 자는 특수경비업무를 수행하는 법인의 임원이 될 수 없다.

04

경비업법령상 기계경비업자가 오경보의 방지를 위하여 계약상대방에게 하여야 하는 설명은 서면등을 교부하는 방법에 의한다. 이때 서면등에 기재하는 사항을 모두 고른 것은?

ㄱ. 기계경비업무용 기기의 설치장소 및 종류
ㄴ. 오경보의 발생원인과 송신기기의 유지·관리방법
ㄷ. 당해 기계경비업무와 관련된 관제시설 및 출장소의 명칭·소재지

① ㄱ, ㄴ
② ㄱ, ㄷ
③ ㄴ, ㄷ
④ ㄱ, ㄴ, ㄷ

05

경비업법령상 경비지도사 시험의 일부를 면제하는 사람에 해당하지 않는 것은?

① 「대통령 등의 경호에 관한 법률」에 따른 경호공무원으로 7년 이상 재직한 사람
② 경비업무에 7년 이상 종사하고 경찰청장이 지정하는 기관에서 실시하는 44시간의 경비지도사 양성과정을 마치고 수료시험에 합격한 사람
③ 「공무원임용령」에 따른 행정직군 교정직렬 공무원으로 7년 이상 재직한 사람
④ 특수경비업무에 3년 이상 종사하고 「고등교육법」에 의한 전문대학 이상의 교육기관(경비지도사의 시험과목 3과목 이상이 개설된 교육기관)에서 1년 이상의 경비업무 관련과정을 마친 사람

06

경비업법령상 일반경비원의 교육에 관한 설명으로 옳지 않은 것은?

① 경비원이 되려는 사람은 대통령령으로 정하는 교육기관에서 미리 일반경비원 신임교육을 받을 수 있다.
② 경비업자는 소속 일반경비원에게 매월 2시간 이상의 직무교육을 받도록 하여야 한다.
③ 일반경비원의 교육 실시에 필요한 사항은 대통령령으로 정한다.
④ 일반경비원에 대한 직무교육의 과목은 일반경비원의 직무수행에 필요한 이론·실무과목 및 직업윤리 등으로 한다.

07

경비업법령상 특수경비원의 무기 휴대 및 관리에 관한 설명으로 옳은 것은?

① 시설주는 특수경비원이 휴대할 무기를 대여받고자 하는 때에는 무기대여신청서를 관할 경찰관서장을 거쳐 경찰청장에게 제출하여야 한다.
② 시설주는 무기의 관리를 위한 책임자를 지정하고 관할 경찰관서장에게 이를 통보하여야 한다.
③ 특수경비원이 휴대할 수 있는 무기 종류는 권총에 한한다.
④ 시설주는 자체계획을 수립하여 보관하고 있는 무기를 매월 1회 이상 손질할 수 있게 하여야 한다.

08

경비업법령상 특수경비원이 직무상 복종하여야 하는 명령권자로 명시되지 않은 자는?

① 시·도 경찰청장
② 관할 경찰관서장
③ 시설주
④ 소속상사

09

경비업법령상 경비원의 휴대장비의 구체적 기준으로 옳지 않은 것은?

① 경적 : 금속이나 플라스틱 재질의 호루라기
② 단봉 : 금속(합금 포함)이나 플라스틱 재질의 전장 700mm 이하의 호신용 봉
③ 분사기 : 「경찰관직무집행법」에 따른 분사기
④ 안전방패 : 플라스틱 재질의 폭 500mm 이하, 길이 1,000mm 이하의 방패로 경찰공무원이 사용하는 안전방패와 색상 및 디자인이 명확히 구분되어야 함

10

경비업법령상 경비원 등의 결격사유 확인을 위한 범죄경력조회 등에 관한 설명으로 옳지 않은 것은?

① 관할 경찰관서장은 직권으로 경비업자의 임원, 경비지도사 또는 경비원이 결격사유에 해당하는지를 확인하기 위하여 「형의 실효 등에 관한 법률」에 따른 범죄경력조회를 할 수 있다.
② 관할 경찰관서장은 경비업자의 임원, 경비지도사 또는 경비원이 결격사유에 해당하는 사실을 알게 된 때에는 경비업자의 요청이 있는 경우에만 그 사실을 통보하여야 한다.
③ 경비업자는 범죄경력조회를 요청하는 경우 경비업 허가증 사본과 취업자 또는 취업예정자 범죄경력조회 동의서를 첨부하여야 한다.
④ 범죄경력조회 요청을 받은 관할 경찰관서장은 경비업자에게 그 결과를 통보할 때에는 경비업자의 임원, 경비지도사 또는 경비원이 결격사유에 해당하는지 여부만을 통보하여야 한다.

11

경비업법령상 경비원 배치 등에 관한 설명으로 옳지 않은 것은?

① 시설경비업무에 배치되는 일반경비원은 경비원을 배치하기 48시간 전까지 관할 경찰관서장에게 배치허가를 받아야 한다.
② 경비업자는 시설경비업무를 수행하기 위하여 20일 이상 경비원을 배치하거나 그 기간을 연장하려는 때에는 경비원을 배치한 후 7일 이내에 배치지를 관할하는 경찰관서장에게 배치신고서를 제출해야 한다.
③ 특수경비원을 배치하는 경우에는 경비원을 배치하는 기간과 관계없이 경비원을 배치하기 전까지 배치지를 관할하는 경찰관서장에게 배치신고서를 제출해야 한다.
④ 경비업무범위 위반 및 신임교육 유무 등을 확인하기 위해 관할 경찰관서장은 그 배치장소를 방문하여 조사하여야 한다.

12

경비업법령상 경비원의 명부를 작성·비치하여 두어야 하는 장소가 아닌 것은?

① 집단민원현장
② 관할 경찰관서
③ 주된 사무소
④ 신설 출장소

13

경비업법령상 관할 경찰관서장이 경비업자에 대하여 경비원 배치폐지를 명할 수 있는 경우로서 명시되지 않은 것은?

① 경비원의 복장·장비 등에 대하여 내려진 필요한 명령을 이행하지 아니한 때
② 경비원 명단 및 배치일시·배치장소 등 배치허가 신청의 내용을 거짓으로 한 때
③ 결격사유에 해당하는 자를 집단민원현장에 일반경비원으로 배치한 때
④ 경비업자 또는 경비원이 위력이나 흉기 또는 그 밖의 위험한 물건을 사용하여 집단적 폭력사태를 일으킨 때

14

경비업법령상 경비지도사 기본교육과 특수경비원 신임교육의 공통적인 교육과목에 해당하는 것을 모두 고른 것은?

ㄱ. 범죄예방론	ㄴ. 화재대처법
ㄷ. 응급처치법	ㄹ. 체포·호신술
ㅁ. 사 격	

① ㄱ, ㄴ, ㄷ
② ㄱ, ㄴ, ㅁ
③ ㄴ, ㄷ, ㄹ
④ ㄷ, ㄹ, ㅁ

15

경비업법령상 경비업 허가의 취소사유에 해당하지 않는 것은?

① 관할 경찰관서장의 배치폐지명령을 따르지 아니한 때
② 정당한 사유 없이 계속하여 15개월 동안 휴업한 때
③ 정당한 사유 없이 최종 도급계약 체결일부터 2년 이내에 경비 도급실적이 없을 때
④ 영업정지처분을 받고 계속하여 영업한 때

16

경비업법령상 6개월 이내의 기간을 정하여 영업의 전부 또는 일부에 대하여 경비업자에게 영업정지를 명할 수 있는 사유로 명시되지 않은 것은?

① 경비원의 출동차량 등에 관한 규정을 위반한 때
② 배치경비원 인원 및 배치시간 등 배치허가 신청의 내용을 과실로 누락한 때
③ 경비원으로 하여금 교육을 받게 하지 아니한 때
④ 경비원의 복장·장비에 관한 규정을 위반한 때

17

경비업법령상 경비지도사자격의 취소와 정지에 관한 설명으로 옳지 않은 것은?

① 경찰청장은 경비지도사가 자격정지 기간 중에 경비지도사로 선임되어 활동한 때에는 1년의 범위 내에서 정지기간을 연장시킬 수 있다.
② 경찰청장은 경비지도사가 허위로 경비지도사자격증을 교부받은 때에는 그 자격을 취소하여야 한다.
③ 경찰청장은 경비지도사가 시·도 경찰청장의 명령을 위반한 때에는 1년의 범위 내에서 그 자격을 정지시킬 수 있다.
④ 경찰청장은 경비지도사의 자격을 정지한 때에는 그 정지기간 동안 경비지도사자격증을 회수하여 보관하여야 한다.

18

경비업법령상 경비지도사 자격정지처분 기준에 관한 설명으로 옳은 것은?

① 위반행위의 횟수에 따른 행정처분의 기준은 당해 위반행위가 있은 이전 최근 1년간 같은 위반행위로 행정처분을 받은 경우에 적용된다.
② 위반행위의 횟수에 따른 행정처분의 기준은 당해 위반행위가 있은 이전 최근 2년간 동일성 여부와 관계없이 위반행위로 행정처분을 받은 누적 횟수에 적용한다.
③ 경찰청장의 명령을 1차 위반한 때 행정처분 기준은 자격정지 6월이다.
④ 시·도 경찰청장의 명령을 2차 위반한 때 행정처분 기준은 자격정지 6월이다.

19

경비업법령상 경비협회가 할 수 있는 공제사업에 해당하지 않는 것은?

① 경비원의 손해배상책임을 보장하기 위한 사업
② 경비원의 복지향상과 업무상 재해로 인한 손실을 보상하는 사업
③ 경비원 교육·훈련에 관한 사업
④ 경비업자가 경비업을 운영할 때 필요한 하도급보증을 위한 사업

20

경비업법령상 경비협회의 공제사업 등에 관한 설명으로 옳지 않은 것은?

① 경비협회는 공제사업을 하고자 하는 때에는 공제계약의 내용 등 필요한 사항을 정한 공제규정을 제정하여야 한다.
② 행정안전부장관은 가입자의 보호를 위하여 공제사업의 감독에 관한 기준을 정할 수 있다.
③ 경찰청장은 공제규정을 승인하는 경우에는 미리 금융위원회와 협의하여야 한다.
④ 경찰청장은 공제사업에 대하여 금융감독원의 원장에게 검사를 요청할 수 있다.

21

경비업법령상 시·도 경찰청장 등의 감독과 보안지도점검에 관한 내용이다. (   )에 들어갈 숫자가 순서대로 옳은 것은?

○ 시·도 경찰청장 또는 관할 경찰관서장은 경비업무 장소가 집단민원현장으로 판단되는 경우에는 그때부터 (   )시간 이내에 경비업자에게 경비원 배치허가를 받을 것을 고지하여야 한다.
○ 시·도 경찰청장은 특수경비업자에 대하여 연 (   )회 이상의 보안지도·점검을 실시하여야 한다.

① 24, 2
② 24, 4
③ 48, 2
④ 48, 4

22

경비업법령상 경비업자의 책임에 관한 설명으로 옳지 않은 것은?

① 경비업자는 경비원이 업무수행 중 고의로 경비대상에 손해가 발생하는 것을 방지하지 못한 때에는 그 손해를 배상하여야 한다.
② 경비업자는 경비원이 업무수행 중 고의로 제3자에게 손해를 입힌 경우에는 이를 배상하여야 한다.
③ 경비업자는 경비원이 업무수행 중 과실로 제3자에게 손해를 입힌 경우에는 이를 배상할 책임이 없다.
④ 경비업자는 경비원이 업무수행 중 과실로 경비대상에 손해가 발생하는 것을 방지하지 못한 때에는 그 손해를 배상하여야 한다.

23

경비업법령상 경찰청장 권한의 위임사항에 해당하지 않는 것은?

① 경비지도사 시험
② 경비지도사자격의 취소
③ 경비지도사자격의 정지
④ 경비지도사자격의 취소 및 정지에 관한 청문

24

경비업법령상 허가증 등의 수수료에 관한 설명으로 옳지 않은 것은?

① 경비업의 허가사항의 변경신고로 인한 허가증을 재교부 받고자 하는 자는 2천원의 수수료를 납부하여야 한다.
② 경찰청장 및 시·도 경찰청장은 정보통신망을 이용하여 전자화폐·전자결제 등의 방법으로 수수료를 납부하게 할 수 있다.
③ 경비지도사 시험에 응시하고자 하는 자는 경찰청장이 정하여 고시하는 수수료를 납부하여야 한다.
④ 시·도 경찰청장은 경비지도사 시험 시행일 20일 전까지 접수를 취소하는 경우 응시수수료 전액을 반환하여야 한다.

25

경비업법령상 벌칙에 관한 설명으로 옳은 것을 모두 고른 것은?

> ㄱ. 과실로 인하여 국가중요시설의 정상적인 운영을 해치는 장해를 일으킨 특수경비원은 3년 이하의 징역 또는 3천만원 이하의 벌금에 처한다.
> ㄴ. 정당한 사유 없이 무기를 소지하고 배치된 경비구역을 벗어난 특수경비원은 2년 이하의 징역 또는 2천만원 이하의 벌금에 처한다.
> ㄷ. 허가를 받지 아니하고 경비업을 영위한 자는 2년 이하의 징역 또는 2천만원 이하의 벌금에 처한다.

① ㄱ, ㄴ
② ㄱ, ㄷ
③ ㄴ, ㄷ
④ ㄱ, ㄴ, ㄷ

26

경비업법령상 경비원이 경비업무 수행 중에 경비업법령에서 정한 장비 외에 흉기 또는 그 밖의 위험한 물건을 휴대하고 죄를 범한 경우, 그 죄에 정한 형의 2분의 1까지 가중처벌하는 형법상 범죄에 해당하지 않는 것은?

① 형법 제268조(업무상과실치사상죄)
② 형법 제276조 제1항(체포·감금죄)
③ 형법 제283조 제1항(협박죄)
④ 형법 제314조(업무방해죄)

27

경비업법령상 과태료 부과기준이 다른 하나는?

① 경비업자가 기계경비업자의 계약자에 대한 오경보를 막기 위한 기기설명의무를 위반하여 설명의무를 이행하지 않은 경우
② 경비업자가 신고된 동일 복장을 착용하게 하지 아니하고 집단민원현장에 경비원을 배치한 경우
③ 경비업자가 행정안전부령에 따라 경비원 명부를 비치하지 않은 경우
④ 경비업자가 대통령령이 정하는 바에 따라 경비지도사를 선임하지 않은 경우

28

청원경찰법령에 관한 설명으로 옳지 않은 것은?

① 청원경찰법은 1962년에 제정되었다.
② 청원경찰법은 청원경찰의 직무・임용・배치・보수・사회보장 및 그 밖의 필요한 사항을 규정함으로써 청원경찰의 원활한 운영을 목적으로 한다.
③ 청원경찰은 파업, 태업 또는 그 밖에 업무의 정상적인 운영을 방해하는 일체의 쟁의행위를 하여서는 아니 된다.
④ 지방자치단체에 근무하는 청원경찰의 직무상 불법행위에 대한 배상책임에 관하여는 「민법」의 규정을 따른다.

29

청원경찰법령상 청원경찰의 배치에 관한 설명으로 옳지 않은 것은?

① 청원경찰 배치신청서 제출 시 배치 장소가 둘 이상의 도(道)일 때에는 주된 사업장의 관할 경찰서장을 거쳐 시・도 경찰청장에게 한꺼번에 신청할 수 있다.
② 청원경찰을 배치받으려는 자는 대통령령으로 정하는 바에 따라 관할 시・도 경찰청장에게 청원경찰 배치를 신청하여야 한다.
③ 청원경찰 배치신청서에 첨부하여야 할 서류는 경비구역 평면도와 청원경찰 직무교육계획서이다.
④ 시・도 경찰청장은 청원경찰 배치가 필요하다고 인정하는 기관의 장 또는 시설・사업장의 경영자에게 청원경찰을 배치할 것을 요청할 수 있다.

30

청원경찰법령상 청원경찰의 배치대상으로 명시되지 않은 것은?

① 국가기관
② 공공단체
③ 국내 주재(駐在) 외국기관
④ 대통령령으로 정하는 중요시설

31

청원경찰법령상 청원경찰의 임용 등에 관한 설명으로 옳은 것은?

① 청원주는 청원경찰 배치결정의 통지를 받은 날로부터 10일 이내에 배치결정된 인원수의 임용예정자에 대하여 청원경찰 임용승인을 시·도 경찰청장에게 신청하여야 한다.
② 청원주가 청원경찰을 임용하였을 때에는 임용한 날부터 10일 이내에 그 임용사항을 관할 경찰서장을 거쳐 시·도 경찰청장에게 보고하여야 한다.
③ 청원경찰의 임용자격·임용방법·교육 및 보수에 관하여는 행정안전부령으로 정한다.
④ 청원경찰의 복무에 관하여는 「국가공무원법」 및 「경찰법」을 준용한다.

32

청원경찰법령상 청원경찰의 교육 등에 관한 설명으로 옳지 않은 것은?

① 청원주는 청원경찰로 임용된 사람으로 하여금 경비구역에 배치하기 전에 경찰교육기관에서 직무수행에 필요한 교육을 받게 하여야 한다. 다만, 경찰교육기관의 교육계획상 부득이하다고 인정할 때에는 우선 배치하고 임용 후 1년 이내에 교육을 받게 할 수 있다.
② 경비지도사자격증을 취득한 사람이 청원경찰로 임용되었을 때에는 경찰교육기관에서 직무수행에 필요한 교육을 면제할 수 있다.
③ 청원경찰의 직무수행에 필요한 교육과목 및 수업시간표는 행정안전부령으로 정한다.
④ 청원경찰의 직무수행에 필요한 교육의 교육과목 중 정신교육의 수업시간은 8시간이다.

33

청원경찰법령상 청원주가 부담하여야 하는 청원경찰경비에 해당하지 않는 것은?

① 청원경찰의 경조사비
② 청원경찰의 피복비
③ 청원경찰의 교육비
④ 청원경찰에게 지급할 봉급과 각종 수당

34

청원경찰법령상 청원경찰경비 등에 관한 설명으로 옳지 않은 것은?

① 국가기관 또는 지방자치단체에 근무하는 청원경찰의 보수는 청원경찰법에서 정한 구분에 따라 같은 재직기간에 해당하는 경찰공무원의 보수를 감안하여 대통령령으로 정한다.
② 청원주의 청원경찰에 대한 봉급·수당의 최저부담기준액(국가기관 또는 지방자치단체에 근무하는 청원경찰의 봉급·수당은 제외한다)은 경찰청장이 정하여 고시(告示)한다.
③ 청원주는 청원경찰이 직무수행으로 인하여 부상을 입거나, 질병에 걸리거나 또는 사망한 경우 대통령령으로 정하는 바에 따라 청원경찰 본인 또는 그 유족에게 보상금을 지급하여야 한다.
④ 국가기관이나 지방자치단체에 근무하는 청원경찰의 퇴직금에 관하여는 행정안전부령으로 정한다.

35

청원경찰법령상 청원경찰에게 지급하는 대여품에 해당하는 것은?

① 기동복
② 가슴표장
③ 호루라기
④ 정 모

36

청원경찰법령상 청원경찰을 배치하고 있는 사업장이 하나의 경찰서의 관할구역에 있는 경우, 시·도경찰청장이 관할 경찰서장에게 위임하는 권한으로 명시되지 않은 것은?

① 청원경찰 배치의 결정 및 요청에 관한 권한
② 청원경찰의 임용승인에 관한 권한
③ 무기의 관리 및 취급사항을 감독하는 권한
④ 청원주에 대한 지도 및 감독상 필요한 명령에 관한 권한

37

청원경찰법령상 표창에 관한 설명으로 옳지 않은 것은?

① 경찰청장은 성실히 직무를 수행하여 근무성적이 탁월하거나 헌신적인 봉사로 특별한 공적을 세운 청원경찰에게 공적상을 수여할 수 있다.
② 청원주는 성실히 직무를 수행하여 근무성적이 탁월한 청원경찰에게 공적상을 수여할 수 있다.
③ 관할 경찰서장은 헌신적인 봉사로 특별한 공적을 세운 청원경찰에게 공적상을 수여할 수 있다.
④ 시·도 경찰청장은 교육훈련에서 교육성적이 우수한 청원경찰에게 우등상을 수여할 수 있다.

38

청원경찰법령상 청원경찰의 배치 근무인원별 감독자 지정기준으로 옳지 않은 것은?

① 근무인원 7명 : 조장 1명
② 근무인원 37명 : 반장 1명, 조장 5명
③ 근무인원 57명 : 대장 1명, 반장 2명, 조장 6명
④ 근무인원 97명 : 대장 1명, 반장 4명, 조장 12명

39

청원경찰법령상 과태료에 관한 설명으로 옳지 않은 것은?

① 시·도 경찰청장의 배치결정을 받지 아니하고 청원경찰을 배치한 자에게는 500만원 이하의 과태료를 부과한다.
② 과태료는 대통령령으로 정하는 바에 따라 시·도 경찰청장이 부과·징수한다.
③ 경찰서장은 과태료처분을 하였을 때에는 과태료 부과 및 징수 사항을 과태료 수납부에 기록하고 정리하여야 한다.
④ 경찰서장은 위반행위의 동기, 내용 및 위반의 정도 등을 고려하여 과태료 금액의 3분의 1의 범위에서 그 금액을 줄이거나 늘릴 수 있다.

40

청원경찰법령상 청원경찰의 퇴직과 면직에 관한 설명으로 옳은 것은?

① 국가기관이나 지방자치단체에 근무하는 청원경찰의 휴직 및 명예퇴직에 관하여는 「국가공무원법」 관련규정을 준용한다.
② 청원경찰은 65세가 되었을 때 당연 퇴직된다.
③ 청원경찰의 배치폐지는 당연 퇴직사유에 해당하지 않는다.
④ 청원주가 청원경찰을 면직시켰을 때에는 그 사실을 관할 시·도 경찰청장을 거쳐 경찰청장에게 보고하여야 한다.

2020년 경호학

- 2020.11.21. 시행
- 각 문항별로 난이도를 체크해 보세요. ✓△✕

Time   분 | 해설편 273p

41
대통령 등의 경호에 관한 법률상 ( )에 들어갈 용어로 옳은 것은?

> "경호"란 (ㄱ)의 생명과 재산을 보호하기 위하여 신체에 가하여지는 (ㄴ)을 방지하거나 제거하고, (ㄷ)을 경계·순찰 및 방비하는 등의 모든 (ㄹ)활동을 말한다.

① ㄱ : 경호원
② ㄴ : 안 전
③ ㄷ : 특정 지역
④ ㄹ : 특 수

42
경호·경비의 분류에 관한 설명으로 옳지 않은 것은?

① 경호의 대상에 따라 갑(A)호, 을(B)호, 병(C)호 등으로 구분할 수 있다.
② 경호행사의 장소에 의한 분류에 따라 행사장경호, 숙소경호, 연도경호 등으로 구분할 수 있다.
③ 치안경비는 공공의 안녕과 질서를 문란하게 하는 경비사태에 대한 예방·경계·진압하는 작용이다.
④ 경호 수준에 따른 분류에 해당하는 비공식경호는 출·퇴근 시 일상적으로 실시하는 경호이다.

43

경호의 법원(法源)에 관한 설명으로 옳지 않은 것은?

① 「대통령경호안전대책위원회규정」은 「경찰관직무집행법」 제16조에 따른 대통령경호안전대책위원회의 구성 및 운영에 관하여 필요한 사항을 규정한다.
② 「대통령 등의 경호에 관한 법률」은 대통령 등에 대한 경호를 효율적으로 수행하기 위하여 경호의 조직·직무범위와 그 밖에 필요한 사항을 규정한다.
③ 「전직대통령 예우에 관한 법률」은 전직대통령의 예우에 관한 사항을 규정한다.
④ 「대통령경호처와 그 소속기관 직제」는 대통령경호처와 그 소속기관의 조직과 직무범위, 그 밖에 필요한 사항을 규정한다.

44

경호업무의 수행절차에 관한 설명이다. ( )에 들어갈 내용으로 옳은 것은?

> 정보활동은 (ㄱ)단계, 안전활동은 (ㄴ)단계, 경호활동은 (ㄷ)단계, 학습활동은 학습단계에 해당된다고 할 수 있다.

① ㄱ : 예방, ㄴ : 대비, ㄷ : 대응
② ㄱ : 예방, ㄴ : 대응, ㄷ : 대비
③ ㄱ : 대비, ㄴ : 예방, ㄷ : 대응
④ ㄱ : 대비, ㄴ : 대응, ㄷ : 예방

45

3중 경호에 관한 설명으로 옳은 것은?

① 1선은 경비구역으로 소구경 곡사화기의 유효사거리를 고려한 개념이다.
② 2선은 경계구역으로 권총 등의 유효사거리를 고려한 건물 내부구역으로 설정한다.
③ 경호대상자가 위치한 지역에서 경호를 취하는 순서로 근접경호 - 중간경호 - 외곽경호로 나눈다.
④ 위해자가 위치한 곳으로부터 내부 - 내곽 - 외곽으로 구분한다.

46

대한민국의 경호 관련 법제도에 관한 설명으로 옳지 않은 것은?

① 대통령경호처장은 대통령이 임명한다.
② 대통령경호처에 기획관리실·경호본부·경비안전본부 및 지원본부를 둔다.
③ 대통령경호안전대책활동에 관하여는 위원회 구성원 전원과 그 구성원이 속하는 기관의 장이 공동으로 책임을 진다.
④ 전직대통령이 벌금 이상의 형이 확정된 경우 '필요한 기간의 경호 및 경비'의 예우를 하지 아니한다.

47

경호조직의 특성에 관한 설명으로 옳은 것은?

① 기구 및 인원의 측면에서 소규모화되고 있다.
② 전체 구조가 통일적인 피라미드형을 구성하면서 그 속에 서로 상하의 계층을 이루고 지휘·감독 등의 방법에 의해 경호목적을 통일적으로 실현한다.
③ 경호조직의 공개, 경호기법 노출 등 개방성을 가진다.
④ 테러행위의 비전문성, 위해수법의 고도화에 따라 경호조직은 비전문성이 요구된다.

48

경호지휘단일성의 원칙에 관한 설명으로 옳지 않은 것은?

① 다수의 경호원이 있어도 지휘는 단일해야 한다.
② 하나의 기관에는 한 사람의 지휘자만 있어야 한다.
③ 경호조직은 지위와 역할의 체계가 통일되어야 한다.
④ 경호업무가 긴급성을 요한다는 점에서도 필요하다.

49

대통령경호안전대책위원회규정상 다음의 분장책임을 지는 구성원은?

○ 입수된 경호 관련 첩보 및 정보의 신속한 전파·보고
○ 방한 국빈의 국내 행사 지원
○ 대통령과 그 가족 및 대통령 당선인과 그 가족 등의 외국방문 행사 지원

① 국토교통부 항공안전정책관
② 외교부 의전기획관
③ 국가정보원 테러정보통합센터장
④ 해양경찰청 경비국장

50

대통령 등의 경호에 관한 법률상 경호의 주체와 객체에 관한 설명으로 옳지 않은 것은?

① 대통령 당선인의 직계존비속은 대통령경호처의 경호대상이다.
② 대한민국을 방문하는 외국 행정수반의 배우자는 대통령경호처의 경호대상이다.
③ 대통령경호처에 파견된 경찰공무원은 이 법에 규정된 임무 외의 경찰공무원의 직무를 수행할 수 없다.
④ 소속 공무원이 직무상 알게 된 비밀을 누설한 경우 7년 이하의 징역이나 금고 또는 5천만원 이하의 벌금에 처한다.

51

다음이 설명하는 경호조직의 원칙은?

○ 경호업무의 성격상 개인적 작용으로 이루어지지 않는다.
○ 하급자를 관리하기 위한 지휘권, 장비, 보급지원체제를 갖추고 있어야 한다.

① 경호협력성의 원칙
② 경호기관단위작용의 원칙
③ 경호체계통일성의 원칙
④ 조정의 원칙

52

근접경호의 특성 중 방벽성에 관한 설명으로 옳은 것은?

① 경호대상자와 경호행위에 대한 일거수일투족은 외부에 노출될 수 밖에 없다.
② 경호대상자를 따라 항상 이동하거나 움직이면서 변화하는 경호상황에 능동적으로 대처해야 한다.
③ 위해기도자에게 허위정보 제공이나 허위 상황 연출 등 기만전술을 구사하여 경호의 효과성을 높인다.
④ 경호원은 자신의 신체를 이용하여 외부의 공격으로부터 경호대상자를 근접에서 보호한다.

53

근접경호에 관한 설명으로 옳지 않은 것은?

① 완벽한 경호방패막은 근접경호원들이 형성하는 인적 방벽인 경호대형으로 완성된다.
② 위급상황 시 위해자와 경호대상자 사이를 차단하고, 경호대상자를 안전지대로 대피시켜야 한다.
③ 위급상황 시 경호대상자를 방호하여 공격방향으로 신속하게 현장을 이탈시켜야 한다.
④ 경호대형 형성에 허점이 생기지 않도록 인접근무자의 움직임과 상호 연결되어 있어야 한다.

54

사주경계에 관한 설명으로 옳은 것은 모두 몇 개인가?

○ 행사장이나 주변의 모든 시설물과 물체가 경계대상이다.
○ 위해기도자가 은폐하기 좋은 장소나 공격하기 용이한 장소가 경계대상이다.
○ 경호대상자 주변의 모든 인원 중 행사 상황에 어울리지 않는 행동을 하는 사람들이 중점 감시대상이다.
○ 경호행사 시 영향을 미칠 수 있는 간접적 위해요인도 경계대상이다.

① 1개　　　　　　　　　② 2개
③ 3개　　　　　　　　　④ 4개

55

근접경호원의 자세에 관한 설명으로 옳은 것은?

> ㄱ. 순간적인 경호상황을 정확히 판단하고 대응하기 위한 명석한 판단력을 갖춰야 한다.
> ㄴ. 행사의 성격 및 상황을 직시하여 그에 맞는 적절한 자세를 견지한다.
> ㄷ. 급박한 상황 외에는 경호대상자의 활동에 방해를 해서는 안 된다.
> ㄹ. 경호대상자와 경호환경에 어울리지 않는 복장을 착용한다.

① ㄱ, ㄴ, ㄷ
② ㄱ, ㄴ, ㄹ
③ ㄱ, ㄷ, ㄹ
④ ㄴ, ㄷ, ㄹ

56

근접경호대형에 관한 설명으로 옳지 않은 것은?

① 경호대상자의 성격이나 성향에 따라 경호대형이 결정될 수 있다.
② 도보대형은 장소나 상황에 따라 융통성 있게 변화시킨다.
③ 도보경호는 이동속도가 빠르기 때문에 외부 노출시간이 짧아 위해자가 위해를 가할 기회가 줄어들게 된다.
④ 경호대상자 주위에 경호방패막을 형성하여 동선을 따라 이동하는 선(線)개념이다.

57

차량경호에 관한 설명으로 옳지 않은 것은?

① 경호차량으로 방호대형을 형성하여 경호대상자 차량을 보호하기 위한 경호활동이다.
② 기동 간 경호대상자 차량과 경호차량 사이에 다른 차량이 끼어들지 못하도록 차량 간격을 유지한다.
③ 교차로, 곡각지 등을 기동할 때와 같이 속도를 줄여야 하는 상황은 경호원이 방어하기 가장 좋은 여건을 제공하게 된다.
④ 경호대상자 차량의 문은 급하게 열지 않도록 하고, 경호원이 정위치 상태에서 주변에 위험요소가 없는 것이 확인되고 난 후에 개방한다.

58

출입자 통제에 관한 설명으로 옳은 것은?

① 행사장의 허가되지 않은 출입요소를 발견하여 통제·관리하는 사전예방차원의 경호방법이다.
② 지연 참석자에 대해서는 검색 후 출입을 허용하지 않는다.
③ 금속탐지기 검색을 통하여 위해요소의 침투를 차단하고, 비표를 운용하여 인가자의 출입을 통제한다.
④ 행사와 무관한 사람들의 행사장 출입을 통제하고, 그 효과를 극대화하기 위해서 다양한 통로를 통해 출입자를 확인한다.

59

출입자 통제대책에 관한 설명으로 옳지 않은 것은?

① 출입자 통제업무 시 지정된 통로를 사용하고 기타 통로는 폐쇄한다.
② 주차계획은 입장계획과 연계하여 주차동선과 입장동선에 혼잡상황이 발생하지 않도록 한다.
③ 참석자 통제에 따른 취약요소를 판단함에 있어 경호기관의 입장에서 행사장의 혼잡을 방지할 수 있는 방안을 강구한다.
④ 비표 운용 시 명찰이나 리본은 모든 구역의 색상을 단일화하여 식별이 용이하도록 하면 효과적이다.

60

출입자 통제업무 수행에 관한 설명으로 옳은 것은?

① 3중 경호에 의거한 경호구역의 설정에 따라 각 구역별 통제의 범위를 결정한다.
② 안전구역은 행사 참석자를 비롯한 모든 출입요소의 1차 통제지점이 된다.
③ 대규모 행사 시 참석 대상과 좌석을 구분하지 않고 시차입장계획을 수립한다.
④ 행사장 및 행사 규모에 따라 참석 대상별 주차지역을 구분·운용하지 않는다.

61

자연방벽효과의 원리에 관한 내용이다. ( )에 공통으로 들어갈 내용으로 옳은 것은?

> ○ 위해기도자가 고층건물 등에서 공격을 시도할 경우 경호원의 신장 차이가 ( ) 방벽효과에 큰 영향을 미친다.
> ○ 경호원이 경호대상자에 대한 ( ) 방벽효과를 극대화하기 위해서는 항상 바른 자세로 똑바로 서서 몸을 움츠리거나 은폐시켜서는 안 된다.

① 공격적
② 수직적
③ 회피적
④ 함몰적

62

경호작용에 관한 설명으로 옳지 않은 것은?

① 모든 형태의 경호업무는 사전에 신중하게 계획되어야 하며 융통성은 배제되어야 한다.
② 경호대상자에 대한 완벽한 경호를 보장하기 위해서는 각각의 임무가 명확하게 부여되어야 한다.
③ 자원의 효율적인 이용을 위해서 사전에 위해분석 자료를 토대로 자원동원 체계를 구축하도록 한다.
④ 경호와 관련된 정보는 비인가된 자에게 제공해서는 안 된다.

63

경호임무 활동에 관한 설명으로 옳은 것은?

① 연례적이고 반복적인 행사장의 사전답사는 생략할 수 있다.
② 안전대책작용에는 행사장 내외부에 산재한 인적·물적·지리적 취약요소에 대한 안전대책을 포함한다.
③ 경호정보작용은 경호작용의 원천적 사전 지식을 생산, 제공하는 것으로 경호대상자의 신변안전을 위한 근접경호 임무이다.
④ 경호보안작용은 위해기도자의 인원, 문서, 시설, 지역, 자재, 통신 등의 정보를 정확하게 생산하는 활동이다.

64

안전대책작용에 관한 내용이다. ( )에 들어갈 용어로 옳은 것은?

경호행사 시 경호대상자에게 위해를 줄 수 있는 위해물질을 안전하게 관리하는 것을 (ㄱ)(이)라 하고, 경호대상자에게 위해를 가할 소지가 있는 사람의 접근을 차단하는 것을 (ㄴ)이라 하며, 경호대상자에게 위해여건을 제공할 수 있는 자연 및 인공물에 대하여 위해를 가할 수 없는 상태로 전환시키는 작용을 (ㄷ)(이)라 한다.

① ㄱ : 안전점검, ㄴ : 물적 취약요소 배제작용, ㄷ : 안전조치
② ㄱ : 안전조치, ㄴ : 물적 취약요소 배제작용, ㄷ : 안전검측
③ ㄱ : 안전점검, ㄴ : 인적 위해요소 배제작용, ㄷ : 안전조치
④ ㄱ : 안전조치, ㄴ : 인적 위해요소 배제작용, ㄷ : 안전검측

65

경호활동에 관한 설명으로 옳지 않은 것은?

① 3중 경호는 위해기도 시 시간 및 공간적으로 지연시키거나 피해의 범위를 최소화하기 위한 방어전략이다.
② 선발 및 근접경호의 구분 운용은 효과적으로 위해기도를 봉쇄하려는 예방경호와 방어경호의 작용이다.
③ 경호원은 위해발생 시 경호대상자의 방호 및 대피보다 위해기도자의 제압이 우선이다.
④ 경호임무의 단계별 절차는 계획단계 - 준비단계 - 행사단계 - 평가단계이다.

66

선발경호의 특성에 관한 설명으로 옳지 않은 것은?

① 예방성 : 선발경호의 임무로 위해요소를 사전에 발견하여 제거하고 거부함으로써 경호행사의 안전을 확보하는 것이다.
② 통합성 : 경호임무에 동원된 모든 부서는 각자의 기능을 완벽하게 발휘하면서, 하나의 지휘체계 아래에 통합되어 상호보완적 임무를 수행한다.
③ 안전성 : 확보한 행사장의 안전상태가 행사 종료 시까지 지속될 수 있도록 임무를 수행한다.
④ 예비성 : 경호임무는 최상의 상황을 염두에 두고 수행한다.

67

우발상황에 관한 내용으로 옳지 않은 것은?

① 우연히 또는 계획적으로 발생하여 경호행사를 방해하는 사태
② 상황이 직접적으로 발생하기 전까지는 위해기도가 발생되는 시간, 장소, 방법에 대한 사전예측의 불가능
③ 방법과 규모에 따라 차이가 생길 수 있으나 심리적인 공포와 불안의 조성에 따른 혼란의 야기와 무질서
④ 경호대상자의 방호 및 대피보다 경호원의 자기보호본능에 충실

68

우발상황 대응기법에 관한 설명으로 옳은 것을 모두 고른 것은?

ㄱ. 경호원의 주의력효과 면에서는 경호원과 군중의 거리가 가까울수록 유리하다.
ㄴ. 위험을 가장 먼저 인지한 경호원은 동료들에게 신속히 전파하여 공조체제를 유지하도록 한다.
ㄷ. 수류탄 혹은 폭발물과 같은 폭발성 화기에 의한 공격에는 방어적 원형 대형을 유지한다.

① ㄱ, ㄴ
② ㄱ, ㄷ
③ ㄴ, ㄷ
④ ㄱ, ㄴ, ㄷ

69

선발경호원의 기본임무에 관한 설명으로 옳지 않은 것은?

① 행사장의 보안상태 조사를 위해 내외부의 경호여건을 점검한다.
② 책임구역에 따라 사주경계를 실시하고 우발상황 발생 시 인적 방벽을 형성하여 경호대상자를 보호한다.
③ 경계구역은 행사장 주변의 취약요소를 봉쇄, 감시할 수 있는 위치를 선정하고 기동순찰조를 운영한다.
④ 출입자 통제관리를 위하여 초청장 발급, 출입증 착용 여부를 확인한다.

70

안전검측활동의 요령에 관한 설명으로 옳지 않은 것은?

① 검측은 책임구역을 명확하게 구분하여 계속적으로 반복 실시한다.
② 인간의 싫어하는 습성을 감안하여 사각지점이 없도록 철저한 검측을 실시한다.
③ 통로에서는 양 측면을 중점 검측하고, 높은 곳보다 아래를 중점적으로 실시한다.
④ 확인이 불가능한 물품은 원거리에 격리시킨다.

71

검식활동에 관한 설명으로 옳지 않은 것은?

① 경호대상자에게 제공되는 음식물의 이상 유무를 검사하고 확인하는 과정이다.
② 행사장의 위생상태 점검 및 수질검사, 전염병 및 식중독의 예방대책을 포함한다.
③ 검식활동은 근접경호의 임무이다.
④ 경호대상자에게 제공되는 음식물에 대하여 구매, 운반, 저장, 조리 및 제공되는 과정을 포함한다.

72

경호복장에 관한 설명으로 옳은 것은?

① 경호복장은 기능적이고 튼튼한 것이어야 한다.
② 위해기도자에게 주도면밀함과 자신감을 과시하기 위해 장신구의 착용을 지향한다.
③ 경호대상자 보호를 위해 경호대상자보다 튀는 복장을 선택하여 주위의 시선을 빼앗는다.
④ 대통령경호처에서 근무하는 경찰공무원의 복제에 관하여 필요한 사항은 경찰청장이 정한다.

73

경호장비에 관한 설명으로 옳지 않은 것은?

① 호신장비란 자신의 생명과 신체가 위험한 상태에 놓였을 때 스스로를 보호하는 데 사용하는 도구를 말한다.
② 검측장비는 가스분사기, 전기방벽, 금속탐지기, CCTV 등이다.
③ 대통령경호처장은 직무를 수행하기 위하여 필요하다고 인정할 때에는 소속 공무원에게 무기를 휴대하게 할 수 있다.
④ 경비업법상 경비원이 휴대할 수 있는 장비의 종류는 경적·단봉·분사기 등으로, 근무 중에만 이를 휴대할 수 있다.

74

경호원의 자격과 윤리에 관한 내용으로 옳은 것은?

① 경호환경 조성 및 탄력적 경호 운영을 위한 정치적 활동 지향
② 경호대상자의 생명과 재산을 지키기 위한 올바른 가치관 함양
③ 경호원의 권위주의 강화를 위한 일방적 주입식 교육의 확립
④ 경호원의 직업윤리 강화를 위한 성희롱 예방교육 배제

75

의전에 관한 내용으로 옳지 않은 것은?

① 의전의 원칙상 행사 주최자의 경우 손님에게 상석인 오른쪽을 양보한다.
② 차량용 국기 게양 시 차량의 본네트 앞에 서서 차량을 정면으로 바라볼 때 본네트의 왼쪽이나 왼쪽 유리창문에 단다.
③ 국기의 게양 위치는 옥외 게양 시 단독주택의 경우 집 밖에서 보아 대문의 오른쪽에 게양한다.
④ 실내에서는 출입문 쪽을 아랫자리로 하고 그 정반대 쪽을 윗자리로 한다.

76

응급처치의 기본 요소에 해당하지 않는 것은?

① 기도확보
② 지 혈
③ 상처보호
④ 전문치료

77

국민보호와 공공안전을 위한 테러방지법상 목적에 관한 내용이다. (　)에 들어갈 용어로 옳은 것은?

> 테러의 (ㄱ) 및 (ㄴ)활동 등에 관하여 필요한 사항과 테러로 인한 (ㄷ) 등을 규정함으로써 테러로부터 국민의 생명과 재산을 보호하고 국가 및 공공의 안전을 확보하는 것을 목적으로 한다.

① ㄱ : 예 방,　ㄴ : 대 비,　ㄷ : 피해보전
② ㄱ : 대 비,　ㄴ : 대 응,　ㄷ : 피해보상
③ ㄱ : 예 방,　ㄴ : 대 응,　ㄷ : 피해보전
④ ㄱ : 대 응,　ㄴ : 수 습,　ㄷ : 피해보상

78

국민보호와 공공안전을 위한 테러방지법상 외국인테러전투원에 대한 규제에 관한 내용이다. (　)에 들어갈 숫자로 옳은 것은?

> ① 관계기관의 장은 외국인테러전투원으로 출국하려 한다고 의심할 만한 상당한 이유가 있는 내국인·외국인에 대하여 일시 출국금지를 법무부장관에게 요청할 수 있다.
> ② 제항에 따른 일시 출국금지 기간은 (　)일로 한다. 다만, 출국금지를 계속할 필요가 있다고 판단할 상당한 이유가 있는 경우에 관계기관의 장은 그 사유를 명시하여 연장을 요청할 수 있다.

① 15
② 30
③ 60
④ 90

79

국민보호와 공공안전을 위한 테러방지법상 대테러활동에 해당하는 것으로 옳은 것은 모두 몇 개인가?

○ 테러위험인물의 관리
○ 인원·시설·장비의 보호
○ 국제행사의 안전확보
○ 테러위협에의 대응 및 무력진압

① 1개
② 2개
③ 3개
④ 4개

80

국민보호와 공공안전을 위한 테러방지법령상 국가테러대책위원회의 구성원인 자는? 기출수정

① 관세청장
② 검찰총장
③ 대통령비서실장
④ 합동참모의장

실패의 99%는

변명하는 습관이 있는 사람들에게서 온다.

— 조지 워싱턴 —

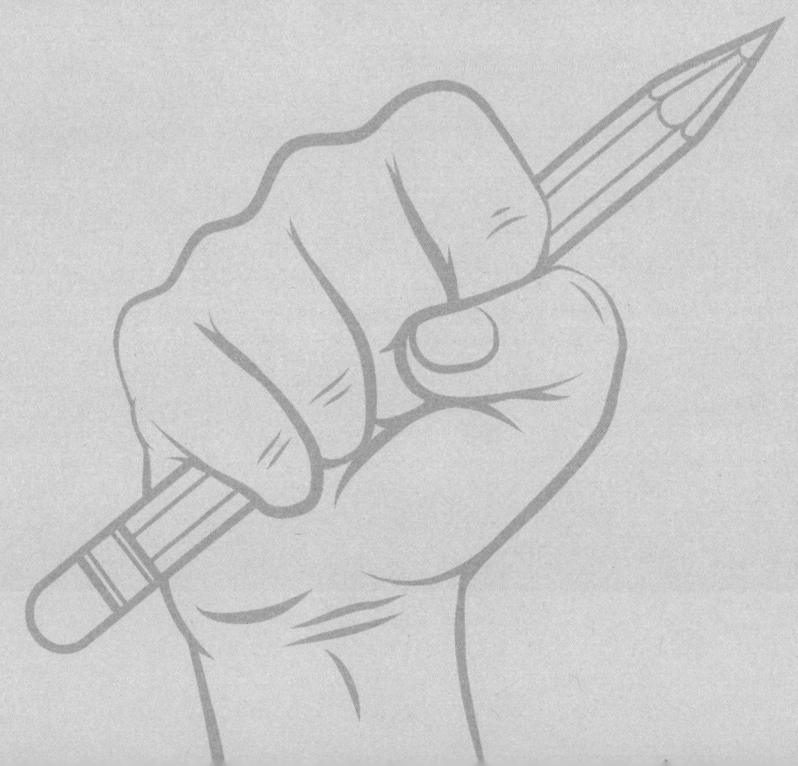

2019

제21회 경비지도사
제2차 시험 기출문제

① 경비업법
② 경호학

2019년도 제21회 경비지도사 2차 국가자격시험

교 시	문제형별	시험시간	시 험 과 목
1교시	A	80분	❶ 경비업법 ❷ 경호학

| 수험번호 | | 성 명 | |

【 수 험 자 유 의 사 항 】

1. **시험문제지 표지**와 시험문제지 내 **문제형별**의 **동일여부** 및 시험문제지의 **총면수, 문제번호 일련순서, 인쇄상태** 등을 확인하시고, 문제지 표지에 수험번호와 성명을 기재하시기 바랍니다.

2. 답은 각 문제마다 요구하는 **가장 적합하거나 가까운 답 1개**만 선택하고, 답안카드 작성 시 시험문제지 **형별누락, 마킹착오**로 인한 불이익은 전적으로 **수험자에게 책임**이 있음을 알려드립니다.

3. 답안카드는 국가전문자격 공통 표준형으로 문제번호가 1번부터 125번까지 인쇄되어 있습니다. 답안 마킹 시에는 반드시 **시험문제지의 문제번호와 동일한 번호**에 마킹하여야 합니다.

4. 감독위원의 지시에 불응하거나 시험시간 종료 후 답안카드를 제출하지 않을 경우 불이익이 발생할 수 있음을 알려 드립니다.

5. 시험문제지는 시험 종료 후 가져가시기 바랍니다.

안내사항

1. 수험자는 **QR코드**를 통해 가답안을 확인하시기 바랍니다.
   (※ 사전 설문조사 필수)
2. 시험 합격자에게 '**합격축하 SMS(알림톡) 알림 서비스**'를 제공하고 있습니다.
   - 수험자 여러분의 합격을 기원합니다 -

2019년 경비업법

● 2019.11.16. 시행
● 각 문항별로 난이도를 체크해 보세요. ⊙△×

01

경비업법령상 특수경비원이 경고하지 아니하고 사람을 향하여 권총을 발사할 수 있는 부득이한 때가 아닌 것은?

① 특수경비원이 급습을 받아 상황이 급박하여 경고할 시간적 여유가 없는 경우
② 타인의 생명·신체에 대한 중대한 위험을 야기하는 범행이 목전에 실행되고 있는 등 상황이 급박하여 경고할 시간적 여유가 없는 경우
③ 경비업무 수행 중 절도범과 마주친 경우
④ 테러사건에 있어서 은밀히 작전을 수행하는 경우

02

경비업법령상 경비지도사 자격취소처분의 사유가 아닌 것은?

① 허위 그 밖의 부정한 방법으로 경비지도사자격증을 교부받은 때
② 경비지도사자격증을 다른 사람에게 빌려주거나 양도한 때
③ 자격정지 기간 중에 경비지도사로 선임되어 활동한 때
④ 「경비업법」 제24조의 규정에 의한 경찰청장 또는 시·도 경찰청장의 명령을 위반한 때

03

경비업법령상 경비업 허가의 취소사유가 아닌 것은?

① 경비업자가 허위 그 밖의 부정한 방법으로 허가를 받은 때
② 경비업자가 정당한 사유 없이 최종 도급계약 종료일의 다음 날부터 1년 이내에 경비 도급실적이 없을 때
③ 경비업자 소속 경비원으로 하여금 경비업무의 범위를 벗어난 행위를 하게 한 때
④ 경비업자가 관할 경찰관서장의 배치폐지명령에 따르지 아니한 때

04

경비업법령상 경찰청장 또는 시·도 경찰청장이 청문을 실시해야 하는 행정처분이 아닌 것은?

① 경비업자에 대한 과태료 부과처분
② 경비업 영업정지처분
③ 경비지도사 자격취소처분
④ 경비지도사 자격정지처분

05

경비업법령상 경비업자가 경비원으로 하여금 직무를 수행하게 하는 경우, 총포·도검·화약류 등의 안전관리에 관한 법률(총포·도검·화약류 등 단속법)에 따라 미리 소지허가를 받아야 하는 것은?

① 경 적
② 단 봉
③ 분사기
④ 안전방패

06

경비업법령상 경비지도사가 직무를 성실하게 수행하지 아니한 경우, 1차 위반 시 행정처분 기준으로 옳은 것은?

① 경비지도사 자격정지 1월
② 경비지도사 자격정지 3월
③ 경비지도사 자격정지 6월
④ 경비지도사 자격정지 9월

07

경비업법령상 경비업자가 경비원 배치 48시간 전까지 행정안전부령에 따라 배치허가를 신청하고 관할 경찰관서장의 배치허가를 받은 후에 경비원을 배치하여야 하는 경우는?

① 시설경비업무 중 집단민원현장에 일반경비원을 배치하는 경우
② 특수경비업무 중 집단민원현장에 특수경비원을 배치하는 경우
③ 기계경비업무 중 집단민원현장에 일반경비원을 배치하는 경우
④ 호송경비업무 중 집단민원현장에 일반경비원을 배치하는 경우

08

경비업법령상 경비원의 복장에 관한 내용이다. ( )에 들어갈 내용이 바르게 연결된 것은?

> 경비업자는 경찰공무원 또는 군인의 제복과 색상 및 디자인 등이 명확히 구별되는 소속 경비원의 복장을 정하고 이를 확인할 수 있는 사진을 첨부하여 주된 사무소를 관할하는 (ㄱ)에게 행정안전부령으로 정하는 바에 따라 신고하여야 한다. (ㄱ)은 제출받은 사진을 검토한 후 경비업자에게 복장 변경 등에 대한 (ㄴ)을 할 수 있다.

① ㄱ : 경찰서장,   ㄴ : 시정명령
② ㄱ : 경찰서장,   ㄴ : 이행명령
③ ㄱ : 시·도 경찰청장, ㄴ : 이행명령
④ ㄱ : 시·도 경찰청장, ㄴ : 시정명령

09

경비업법령상 경비원 등의 의무에 관한 내용이다. ( )에 들어갈 내용이 옳은 것은?

> 경비원은 직무를 수행함에 있어 타인에게 ( )을 과시하거나 물리력을 행사하는 등 경비업무의 범위를 벗어난 행위를 하여서는 아니 된다.

① 위 력
② 권 력
③ 사술(詐術)
④ 공권력

10

경비업법령상 경비업을 영위하는 법인의 임원이 될 수 없는 자는?

① 파산선고를 받고 복권된 지 3년이 지나지 아니한 갑(甲)
② 금고 이상의 형의 선고를 받고 그 형이 실효된 후 3년이 지난 을(乙)
③ 「대통령 등의 경호에 관한 법률」에 위반하여 벌금형의 선고를 받은 후 1년이 지나지 않고 특수경비업무를 수행하는 법인의 임원이 되려는 병(丙)
④ 「경비업법」을 위반하여 벌금형의 선고를 받고 3년이 지난 후 특수경비업무를 수행하는 법인의 임원이 되려는 정(丁)

11

경비업법령상 경비업자의 의무에 관한 설명으로 옳은 것은?

① 경비업자는 허가받은 경비업무 외의 업무에 경비원을 종사하게 하는 경우 관할 경찰서장에게 보고하여야 한다.
② 경비업자는 도급을 의뢰받은 경비업무가 위법 또는 부당한 것일 때에는 이를 거부하여야 한다.
③ 경비업자는 경비대상시설의 소유자 또는 관리자의 관리권의 범위와 상관없이 독립적으로 경비업무를 수행하여야 한다.
④ 특수경비업자는 부동산 관리업을 할 수 없다.

12

경비업법령상 시설경비업의 허가를 받으려는 법인의 경비인력 요건으로 옳은 것은? [기출수정]

① 일반경비원 10명 이상 및 경비지도사 1명 이상
② 일반경비원 10명 이상 및 경비지도사 2명 이상
③ 무술유단자인 일반경비원 5명 이상 및 경비지도사 1명 이상
④ 무술유단자인 일반경비원 10명 이상 및 경비지도사 2명 이상

13

경비업법령상 경비지도사의 직무에 관한 설명으로 옳지 않은 것은?

① 경비지도사는 집단민원현장에 배치된 경비원에 대한 지도·감독을 성실하게 수행하여야 한다.
② 경비지도사는 소방기관과의 연락방법에 대한 지도를 월 1회 이상 수행하여야 한다.
③ 경비지도사는 경비원 직무교육 실시대장에 경비원 교육 내용을 기록하여 2년간 보존하여야 한다.
④ 기계경비지도사는 오경보방지 등을 위한 기기관리의 감독을 월 1회 이상 수행하여야 한다.

14

경비업법령상 특수경비원의 무기사용 및 무기관리수칙에 관한 설명으로 옳지 않은 것은?

① 관할 경찰관서장은 시설주 및 특수경비원의 무기관리상황을 매월 1회 이상 점검하여야 한다.
② 국가중요시설의 시설주는 자체계획을 수립하여 보관하고 있는 무기를 매주 1회 이상 손질할 수 있게 하여야 한다.
③ 국가중요시설에 침입한 무장간첩이 특수경비원으로부터 투항을 요구받고도 이에 불응한 때에는 무기를 사용하여 위해를 끼칠 수 있다.
④ 국가중요시설의 시설주는 수리가 필요한 무기가 있는 때에는 그 목록과 무기장비운영카드를 첨부하여 시·도경찰청장에게 수리를 요청하여야 한다.

15

경비업법령상 경비업의 폐업 또는 휴업 등의 신고에 관한 설명으로 옳지 않은 것은?

① 경비업자는 폐업을 한 경우에는 폐업을 한 날부터 7일 이내에 신고하여야 한다.
② 경비업자는 휴업을 한 경우에는 휴업한 날부터 7일 이내에 신고하여야 한다.
③ 휴업신고를 한 경비업자가 신고한 휴업기간이 끝나기 전에 영업을 다시 시작하려는 경우에는 영업을 다시 시작하기 전 7일 이내에 영업재개신고서를 제출하여야 한다.
④ 경비업자는 특수경비업무를 개시하거나 종료한 때에는 개시 또는 종료한 날부터 30일 이내에 신고하여야 한다.

16

경비업법령상 경비원의 교육에 관한 설명으로 옳은 것을 모두 고른 것은?

> ㄱ. 경비업자는 일반경비원을 채용한 경우 해당 일반경비원에게 경비업자의 부담으로 일반경비원 신임교육을 받도록 하여야 한다.
> ㄴ. 경비업자는 경비지도사자격이 있는 사람을 일반경비원으로 채용한 경우에는 해당 일반경비원을 일반경비원 신임교육대상에서 제외할 수 있다.
> ㄷ. 특수경비업자는 소속 특수경비원에게 관할 경찰관서장이 수립한 교육계획에 따라 매월 6시간 이상의 직무교육을 받도록 하여야 한다.
> ㄹ. 경비업자는 특수경비원 신임교육을 받은 사람이 요청하는 경우에는 신임교육 이수 확인증을 발급할 수 있다.

① ㄱ, ㄴ
② ㄱ, ㄷ
③ ㄴ, ㄹ
④ ㄷ, ㄹ

17

경비업법상 경비원의 결격사유에 관한 설명으로 옳지 않은 것은?

① 18세 미만이거나 60세 이상인 사람은 일반경비원이 될 수 없다.
② 금고 이상의 형의 선고유예를 받고 그 유예기간 중에 있는 자는 특수경비원이 될 수 없다.
③ 금고 이상의 형의 집행유예선고를 받고 그 유예기간 중에 있는 자는 일반경비원이 될 수 없다.
④ 형법 제297조(강간)의 죄로 금고 이상의 형을 선고받고 그 집행이 유예된 날부터 10년이 지나지 아니한 자는 일반경비원 및 특수경비원이 될 수 없다.

18

경비업법령상 기계경비업무에 관한 설명으로 옳은 것은?

① 기계경비업자는 기계경비지도사의 명단·배치일자·배치장소와 출동차량의 대수를 기재한 서류를 1년간 보관하여야 한다.
② 기계경비업자는 오경보가 발생한 경비대상시설 및 그 오경보에 대한 조치의 결과를 기재한 서류를 당해 경보를 수신한 날부터 1년간 보관하여야 한다.
③ 기계경비업자는 관제시설 등에서 경보를 수신한 때에는 경보를 수신한 때부터 늦어도 30분 이내에는 도착시킬 수 있는 대응체제를 갖추어야 한다.
④ 기계경비업자는 경비대상시설의 명칭·소재지 및 경비계약기간을 기재한 서류를 주사무소에 갖추어 두어야 한다.

19

경비업법령상 보안지도·점검의 내용이다. ( )에 들어갈 내용이 바르게 연결된 것은?

(ㄱ)은 특수경비업자에게 비밀취급인가를 하고자 하는 때에는 특수경비업자로 하여금 (ㄴ)을 거쳐 국가정보원장에게 보안측정을 요청하도록 하여야 한다.

① ㄱ : 관할 경찰서장,   ㄴ : 시·도 경찰청장
② ㄱ : 관할 경찰서장,   ㄴ : 경찰청장
③ ㄱ : 시·도 경찰청장, ㄴ : 경찰청장
④ ㄱ : 경찰청장,   ㄴ : 시·도 경찰청장

20

특수경비원 갑(甲)이 국가중요시설에 대한 경비업무 수행 중 국가중요시설의 정상적인 운영을 해치는 장해를 발생시킨 경우, 경비업법령상 벌칙규정에 관한 설명으로 옳은 것을 모두 고른 것은?

ㄱ. 갑(甲)이 고의로 위와 같은 행위를 했다면, 그 처벌기준은 5년 이하의 징역 또는 5천만원 이하의 벌금이다.
ㄴ. 갑(甲)이 과실로 위와 같은 행위를 했다면, 그 처벌기준은 1년 이하의 징역 또는 1천만원 이하의 벌금이다.
ㄷ. 양벌규정에 의하면 갑(甲)이 소속된 법인의 처벌기준은 1천만원 이하의 벌금이다.
ㄹ. 갑(甲)을 고용한 법인의 대표자에게는 3천만원 이하의 과태료가 부과된다.

① ㄱ
② ㄱ, ㄴ
③ ㄱ, ㄷ
④ ㄴ, ㄹ

21

경비업법령상 경찰청장으로부터 경비지도사의 시험 및 교육에 관한 업무를 위탁받은 단체의 임직원이 공무원으로 의제되어 적용받는 형법상의 규정은?

① 형법 제123조(직권남용)
② 형법 제127조(공무상 비밀의 누설)
③ 형법 제129조(수뢰, 사전수뢰)
④ 형법 제227조(허위공문서작성 등)

22

경비업법령상 1년 이하의 징역이나 1천만원 이하의 벌금형에 해당하는 행위를 한 사람을 모두 고른 것은?

ㄱ. 직무수행 중 경비업무의 범위를 벗어나 타인에게 물리력을 행사한 경비원
ㄴ. 정당한 사유 없이 무기를 소지하고 배치된 경비구역을 벗어난 특수경비원
ㄷ. 법률에 근거없이 직무상 알게 된 비밀을 누설한 경비업체의 임원
ㄹ. 「경비업법」에서 정한 장비 외에 흉기를 휴대하고 경비업무를 수행한 경비원

① ㄱ, ㄴ
② ㄱ, ㄹ
③ ㄴ, ㄷ
④ ㄷ, ㄹ

23

경비업법령상 경비협회에 관한 설명으로 옳지 않은 것은?

① 경비업자는 경비업무의 건전한 발전과 경비원의 자질향상 및 교육훈련 등을 위하여 대통령령이 정하는 바에 따라 경비협회를 설립할 수 있다.
② 경비협회는 정관이 정하는 바에 의하여 회원으로부터 회비를 징수할 수 있다.
③ 경비협회의 업무에는 경비업무의 연구도 포함된다.
④ 경비협회에 관하여「경비업법」에 특별한 규정이 있는 것을 제외하고는「민법」중 재단법인에 관한 규정을 준용한다.

24

경비업법령상 공제사업을 하려는 경비협회가 공제규정의 내용으로 정할 수 없는 것은?

① 공제사업의 범위
② 공제계약의 내용
③ 공제사업의 감독에 관한 기준
④ 공제금에 충당하기 위한 책임준비금

25

경비업법령상 2회 위반의 경우 과태료 부과기준이 다른 것은?

① 경비업자가 결격사유에 해당하는 경비원을 배치한 경우
② 경비업자가 경비지도사를 선임하지 않은 경우
③ 특수경비업무를 수행하는 경비업자가 경비대행업자 지정신고를 허위로 한 경우
④ 경비업자가 복장 등에 관한 신고규정을 위반하여 신고를 하지 않은 경우

26

경비업법령상 경찰청장이 3년마다 타당성을 검토하여 개선 등의 조치를 해야 하는 규제사항인 것은?

기출수정

① 벌금형 부과기준
② 행정처분 기준
③ 과태료 부과기준
④ 경비원이 휴대하는 장비

27

경비업법령상 위임에 관한 내용이다. ( )에 들어갈 내용이 바르게 연결된 것은?

> 경비업법에 의한 경찰청장의 권한은 대통령령이 정하는 바에 따라 그 일부를 (ㄱ)에게 위임할 수 있다고 하는데, 위임되는 권한에는 (ㄴ)에 관한 권한이 포함된다.

① ㄱ : 시·도 경찰청장,   ㄴ : 경비지도사 시험관리 및 경비지도사 교육업무
② ㄱ : 관할 경찰서장,   ㄴ : 경비지도사 시험관리 및 경비지도사 교육업무
③ ㄱ : 시·도 경찰청장,   ㄴ : 경비지도사자격의 취소 및 정지
④ ㄱ : 관할 경찰서장,   ㄴ : 경비지도사자격의 취소 및 정지

28

청원경찰법령상 관할 경찰서장이 갖춰 두어야 할 문서와 장부가 아닌 것은?

① 청원경찰 명부
② 전출입 관계철
③ 교육훈련 실시부
④ 청원경찰 임용승인 관계철

29

청원경찰법령상 급여품과 대여품에 관한 설명으로 옳지 않은 것은?

① 근무복과 기동화는 청원경찰에게 지급하는 급여품에 해당한다.
② 청원경찰에게 지급하는 대여품에는 허리띠, 경찰봉, 가슴표장, 분사기, 포승이 있다.
③ 급여품 중 호루라기, 방한화, 장갑의 사용기간은 2년이다.
④ 청원경찰이 퇴직할 때에는 급여품과 대여품을 청원주에게 반납하여야 한다.

30

청원경찰법령상 청원경찰의 배치에 관한 설명으로 옳은 것은?

① 청원경찰 배치신청서에 첨부할 서류는 경비구역 평면도와 청원경찰 명부이다.
② 시·도 경찰청장은 청원경찰 배치신청을 받으면 30일 이내에 그 배치 여부를 결정하여 신청인에게 알려야 한다.
③ 경찰청장은 청원경찰 배치가 필요하다고 인정하는 기관의 장에게 청원경찰을 배치할 것을 요청하여야 한다.
④ 청원경찰 배치신청서상 배치 장소가 둘 이상의 도(道)일 때에는 주된 사업장의 관할 경찰서장을 거쳐 시·도 경찰청장에게 한꺼번에 신청할 수 있다.

31

청원경찰법령상 벌칙과 과태료에 관한 설명으로 옳지 않은 것은? 기출수정

① 시·도 경찰청장의 승인을 받지 아니하고 청원경찰을 임용한 자에게는 500만원 이하의 과태료를 부과한다.
② 시·도 경찰청장은 위반행위의 동기, 내용 및 위반의 정도 등을 고려하여 대통령령에서 정한 과태료 금액의 100분의 50의 범위에서 그 금액을 줄일 수 있다.
③ 경찰청장은 과태료처분을 하였을 때에는 과태료 부과 및 징수 사항을 과태료 수납부에 기록하고 정리하여야 한다.
④ 파업 등 업무의 정상적인 운영을 방해하는 쟁의행위를 한 청원경찰은 1년 이하의 징역 또는 1천만원 이하의 벌금에 처한다.

32

청원경찰법령상 청원경찰의 임용과 교육에 관한 설명으로 옳은 것은?

① 청원경찰의 임용자격으로는 19세 이상인 사람으로 남자의 경우에는 군복무를 마친 사람으로 한다.
② 경찰공무원에서 퇴직한 사람이 퇴직한 날부터 3년 이내에 청원경찰로 임용되었을 때에는 직무수행에 필요한 교육을 면제할 수 있다.
③ 청원주가 청원경찰을 임용하였을 때에는 임용한 날부터 15일 이내에 그 임용사항을 관할 경찰서장을 거쳐 시·도 경찰청장에게 보고하여야 한다.
④ 경찰교육기관의 교육계획상 부득이하다고 인정할 때에는 청원주는 청원경찰로 임용된 사람을 경비구역에 우선 배치하고 임용 후 2년 이내에 교육을 받게 할 수 있다.

33

청원경찰법령상 청원경찰의 복제(服制)와 무기 휴대에 관한 설명으로 옳지 않은 것은?

① 시·도 경찰청장은 청원경찰이 직무를 수행하기 위하여 필요하다고 인정하면 청원주의 신청을 받아 관할 경찰서장으로 하여금 청원경찰에게 무기를 대여하여 지니게 할 수 있다.
② 청원경찰이 특수복장을 착용할 필요가 있을 때에는 청원주는 관할 경찰서장의 승인을 받아 특수복장을 착용하게 할 수 있다.
③ 청원주에게 무기를 대여하였을 때에는 관할 경찰서장은 청원경찰의 무기관리상황을 수시로 점검하여야 한다.
④ 청원경찰은 평상근무 중에는 정모, 근무복, 단화, 호루라기, 경찰봉 및 포승을 착용하거나 휴대하여야 한다.

34

청원경찰법령상 청원경찰의 배치와 이동 등에 관한 설명으로 옳지 않은 것은?

① 청원경찰이 배치된 사업장이 배치인원의 변동사유 없이 다른 곳으로 이전하는 경우 청원주는 청원경찰의 배치를 폐지하거나 배치인원을 감축할 수 없다.
② 청원주는 배치폐지나 배치인원 감축으로 과원(過員)이 되는 청원경찰의 고용이 보장될 수 있도록 노력하여야 한다.
③ 청원주는 청원경찰을 신규로 배치하였을 때에는 배치지를 관할하는 경찰서장에게 그 사실을 통보하여야 한다.
④ 청원경찰의 이동배치의 통보를 받은 경찰서장은 이동배치지가 다른 관할구역에 속할 때에는 전입지를 관할하는 시·도 경찰청장에게 이동배치한 사실을 통보하여야 한다.

35

청원경찰법령상 무기와 탄약을 지급받은 청원경찰의 준수사항으로 옳지 않은 것은?

① 무기를 지급받거나 반납할 때 또는 인계인수할 때에는 반드시 "앞에 총" 자세에서 "검사 총"을 하여야 한다.
② 무기와 탄약을 지급받았을 때에는 별도의 지시가 없으면 무기와 탄약을 분리하여 휴대하여야 한다.
③ 지급받은 무기는 다른 사람에게 보관 또는 휴대하게 할 수 없으며 손질을 의뢰할 수 없다.
④ 근무시간 이후에는 무기와 탄약을 관리책임자에게 반납하여야 한다.

36

청원경찰법령상 경비의 부담과 고시 등에 관한 설명으로 옳지 않은 것은?

① 청원경찰의 피복비 및 교육비의 부담기준액은 시·도 경찰청장이 정하여 고시한다.
② 부득이한 사유가 있는 경우를 제외하고, 청원경찰경비의 최저부담기준액 및 부담기준액은 순경의 것을 고려하여 다음 연도분을 매년 12월에 고시하여야 한다.
③ 청원경찰의 교육비는 청원주가 해당 청원경찰의 입교 3일 전에 해당 경찰교육기관에 낸다.
④ 청원주는 청원경찰이 직무상의 질병으로 인하여 퇴직하게 되면 청원경찰 본인에게 보상금을 지급하여야 한다.

37

청원경찰법령상 청원경찰의 징계에 관한 설명으로 옳지 않은 것은?

① 청원주는 청원경찰이 품위를 손상하는 행위를 한 때에는 징계절차를 거쳐 징계처분을 하여야 한다.
② 관할 경찰서장은 청원경찰이 「청원경찰법」상의 징계사유에 해당한다고 인정되면 청원주에게 해당 청원경찰에 대하여 징계처분을 하도록 요청할 수 있다.
③ 감봉은 1개월 이상 3개월 이하로 하고, 그 기간에 보수의 3분의 1을 줄인다.
④ 청원주는 청원경찰 배치결정의 통지를 받은 날부터 15일 이내에 청원경찰에 대한 징계규정을 제정하여 관할 경찰서장에게 신고하여야 한다.

38

청원경찰법령의 내용으로 옳은 것은?

① 청원주는 항상 소속 청원경찰의 근무 상황을 감독하고, 근무 수행에 필요한 교육을 하여야 한다.
② 청원경찰 업무에 종사하는 사람은 「형법」에 따른 벌칙을 적용할 때에도 공무원으로 보지 않는다.
③ 청원경찰(국가기관이나 지방자치단체에 근무하는 청원경찰은 제외)의 직무상 불법행위에 대한 배상책임에 관하여는 「국가배상법」의 규정을 따른다.
④ 청원경찰이 직무를 수행할 때 직권을 남용하여 국민에게 해를 끼친 경우에는 6개월 이하의 금고나 구류에 처한다.

39

청원경찰법령에 관한 내용이다. ( )에 들어갈 내용이 옳은 것은?

> 청원경찰은 형의 선고, 징계처분 또는 신체상·정신상의 이상으로 직무를 감당하지 못할 때를 제외하고는 그 의사에 반하여 ( )되지 아니한다.

① 파 면
② 강 등
③ 면 직
④ 견 책

40

청원경찰법령상 청원경찰의 근무요령에 관한 설명으로 옳지 않은 것은?

① 대기근무자는 소내근무에 협조하거나 휴식하면서 불의의 사고에 대비한다.
② 자체경비를 하는 입초근무자는 경비구역의 정문이나 그 밖의 지정된 장소에서 경비구역의 내부, 외부 및 출입자의 움직임을 감시한다.
③ 업무처리 및 자체경비를 하는 소내근무자는 근무 중 특이한 사항이 발생하였을 때에는 지체 없이 청원주 또는 관할 경찰서장에게 보고하고 그 지시에 따라야 한다.
④ 순찰근무자는 청원주가 지정한 일정한 구역을 요점순찰을 하되, 청원주가 필요하다고 인정할 때에는 정선순찰을 할 수 있다.

2019년 경호학

● 2019.11.16. 시행
● 각 문항별로 난이도를 체크해 보세요. ☑△✕

41

경호의 객체(A)와 주체(B)는?

> 퇴임한 지 8년 된 대한민국 전직대통령, 배우자 및 그 자녀가 생활하는 공간에서 경찰관과 대통령 경호원이 함께 경호임무를 수행하고 있다.

① A : 전직대통령, 배우자,　　　　B : 경찰관
② A : 전직대통령, 배우자, 자녀,　B : 대통령 경호원
③ A : 전직대통령, 배우자,　　　　B : 경찰관, 대통령 경호원
④ A : 전직대통령, 배우자, 자녀,　B : 경찰관, 대통령 경호원

42

경호조직의 운영에 관한 설명으로 옳은 것은?
① 위해수법의 고도화에 따라 현대의 경호조직은 경호의 전문성이 요구된다.
② 다수의 경호원이 운용될 경우에는 다수의 지휘체계를 운영해야 한다.
③ 현대의 경호조직은 과거에 비해 규모가 축소되고 있다.
④ 완벽한 방어 및 대응체계를 구축하기 위해서는 개인단위 작용으로 이루어져야 한다.

43

국가 - 경호기관 - 경호대상자의 연결이 옳지 않은 것은?

① 대한민국 - 대통령경호처 - 대통령과 국무총리 및 그 가족
② 미국 - 비밀경호국 - 대통령과 부통령 및 그 가족
③ 영국 - 수도경찰청 - 왕과 수상
④ 독일 - 연방범죄수사청 - 대통령과 수상

44

다음을 경호로 분류할 때 해당하지 않는 것은?

> 대한민국을 방문한 K국 대통령의 시장 방문 시 경호 관계기관에서는 주변에 알리지 않고 경호를 하였다. 이때 시장에서 쇼핑 중 위해자에 의한 피습사건이 발생하여 B경호원은 몸을 날려 위해행위를 차단하였고, 동료 경호관들이 대통령을 안전한 곳으로 대피시켰다(방어경호의 원칙).

① A급 경호
② 비공식경호
③ 직접경호
④ 약식경호

45

다음 경호활동에 나타나지 않는 원칙은?

> 평소 경호대상자는 어떠한 상황에서도 절대적으로 보호되어야 한다는 생각으로 근무하고 있는 K경호원은 경호대상자가 은행에 갈 때 차량과 이동로를 노출시키지 않고 근접경호활동을 하였다. 마침 은행강도 사건이 은행에서 발생하여 경호대상자를 우선 안전한 곳으로 대피시키고 강도 사건 발생을 관할 경찰서에 알려 조속히 사건을 마무리할 수 있었다.

① 은밀경호의 원칙
② 중첩경호의 원칙
③ 목표물 보존의 원칙
④ 방어경호의 원칙

46

경호의 원칙에 관한 설명으로 옳은 것을 모두 고른 것은?

> ㄱ. 경호행사장을 안전구역, 경비구역, 경계구역으로 설정한다.
> ㄴ. 고도의 순간 판단력과 치밀한 사전계획이 중요하다.
> ㄷ. 위해가능성이 있는 것으로부터 경호대상자를 격리시킨다.
> ㄹ. 위해행위 발생 시 방호 및 대피보다 위해자를 공격하여 무력화시키는 것이 우선이다.

① ㄱ, ㄹ
② ㄱ, ㄴ, ㄷ
③ ㄴ, ㄷ, ㄹ
④ ㄱ, ㄴ, ㄷ, ㄹ

47

대한민국 정부수립 이후 경호기관에 관한 설명으로 옳지 않은 것은?

① 경무대경찰서 : 1953년 경찰서 직제를 개정하여 관할구역을 경무대 구내로 제한하여 경호임무 담당
② 청와대 경찰관파견대 : 1960년 3차 개헌을 통해 내각책임제에서 대통령중심제로 바뀌면서 대통령의 경호와 경비 담당
③ 국가재건최고회의 의장경호대 : 1961년 중앙정보부 경호대로 정식 발족하여 최고회의의장 등의 신변보호 임무 수행
④ 대통령경호실 : 1963년 설립되어 대통령과 그 가족, 대통령으로 당선이 확정된 자 및 경호실장이 필요하다고 인정하는 요인에 대한 경호 담당

48

경호의 정의와 개념을 잘못 말한 자는?

> • A경호원 : 경호란 경호대상자의 생명과 재산을 보호하기 위하여 신체에 가하여지는 위해를 방지하거나 제거하고, 특정 지역을 경계·순찰 및 방비하는 등의 모든 안전활동을 말해.
> • B경호원 : 맞는데, 경호는 보안이 강조되므로 자신의 몸을 최대한 은폐, 엄폐하여 근무하는 습관이 필요해.
> • C경호원 : 경호는 경호대상자와 위해행위자 사이의 완충벽이라 볼 수 있어.

① A
② B
③ A, C
④ B, C

49

다음이 설명하는 자는?

> 대한민국에서 개최되는 다자간 정상회의에 참석하는 외국의 국가원수 또는 행정수반과 국제기구 대표의 신변보호 및 행사장의 안전관리 등을 효율적으로 수행하기 위하여 대통령 소속으로 설치하는 경호·안전 대책 기구의 장

① 국무총리
② 경찰청장
③ 국가정보원장
④ 대통령경호처장

50

대통령 등의 경호에 관한 법률상 다음 (　)에 들어갈 내용은?

> 소속 공무원과 관계기관의 공무원으로서 경호업무를 지원하는 사람은 경호 목적상 불가피하다고 인정되는 상당한 이유가 있는 경우에만 (　)에서 질서유지, 교통관리, 검문·검색, 출입통제, 위험물 탐지 및 안전조치 등 위해 방지에 필요한 안전활동을 할 수 있다.

① 안전구역
② 경계구역
③ 통제구역
④ 경호구역

51

경호조직의 특성과 원칙에 관한 설명으로 옳은 것은?

① 경호조직은 기구단위, 권한과 책임 등이 경호업무의 목적 달성을 위해 통합되어야 한다.
② 경호조직은 계층성, 개방성, 기동성의 특징을 가진다.
③ 경호업무는 지휘권, 장비, 보급지원체계 등이 갖춰진 기관단위의 작용으로 이루어진다.
④ 경호업무의 모순, 중복, 혼란 등을 방지하여 신뢰성을 높이기 위해 복합 지휘체제를 구성하여야 한다.

52
다음이 설명하는 것은?

> 문자메시지(SMS)와 피싱(phishing)의 합성어로, 인터넷 접속이 가능한 스마트폰의 문자메시지를 이용한 해킹 범죄

① APT
② 메신저피싱
③ 스미싱
④ 보이스피싱

53
선발경호의 특성이 아닌 것은?

① 예방성　　　　　　② 통합성
③ 안전성　　　　　　④ 유동성

54
경호업무 시 우발상황에 관한 설명으로 옳은 것은?

① 위험요소가 어디서 발생할지 예측하기 어렵다.
② 위험요소가 언제 발생할지 예측할 수 있다.
③ 위험요소의 피해 정도를 파악할 수 있다.
④ 위험요소가 어떤 방법으로 발생할지 파악할 수 있다.

55

근접경호 도보대형을 검토할 때 고려사항이 아닌 것은?

① 경호대상자의 성향
② 행사장의 취약요인
③ 비상시 최기병원 위치
④ 공식, 비공식행사 등 행사 성격

56

폭발물 처리장비가 아닌 것은?

① 금속탐지기
② 물포(water cannon)
③ 폭발물처리키트
④ X-Ray 촬영기

57

선발경호업무가 아닌 것은?

① 행사장 사전 답사
② 도보 및 차량대형 형성
③ 위해가능자 동향 파악
④ 출입증 확인 및 물품 검색

58

선발경호업무 시 출입통제에 관한 설명으로 옳지 않은 것은?

① 출입통제 효과를 극대화하기 위해 출입구를 다양화한다.
② 안전구역은 행사와 무관한 사람들의 행사장 출입을 통제 또는 제한해야 한다.
③ 경호구역 설정에 따라 각 통제의 범위를 결정한다.
④ 2선 경비구역은 모든 출입요소에 대한 실질적인 1차 통제점이 된다.

59

우발상황 조치에 관한 내용이다. 다음 ( )에 들어갈 내용을 순서대로 옳게 나열한 것은?

> 우발상황이 발생하였을 경우 경호대상자를 위험으로부터 보호하기 위한 일련의 순간적인 경호조치를 말하며, ( )의 결과에 따라 경호대상자를 살릴 수도 있고 죽일 수도 있다. 우발상황이 발생하면 최초에 정확하게 대응해야 한다는 데 핵심이 있다. 위험한 것을 ( ) 것으로 판단하면 자칫 ( )를 잃을 수도 있고, 위험하지 않은 것을 ( ) 것으로 판단하면 행사장을 혼란에 빠뜨리거나 행사를 망칠 수도 있다.

① 즉각조치, 위험한, 행사 참석자, 위험하지 않은
② 즉각조치, 위험하지 않은, 경호대상자, 위험한
③ 통제조치, 위험하지 않은, 경호대상자, 위험한
④ 통제조치, 위험한, 행사 참석자, 위험하지 않은

60

근접경호에서 사주경계에 관한 설명으로 옳지 않은 것은?

① 시각, 청각 등 오감과 육감을 활용한다.
② 위험 감지에 대한 단계와 구조를 이해해야 한다.
③ 인적 경계대상은 위해 가능한 인원으로 제한하며 사회적 권위와 지위를 고려한다.
④ 경호대상자를 중심으로 360도 전 방향을 감시해야 한다.

61

선발경호의 특성으로 옳지 않은 것은?

① 경호팀의 능력에 부합하는 비상대응계획을 수립한다.
② 3중 경호 원리에 입각해 구역별 특성에 맞는 경호조치를 한다.
③ 경호임무에 동원된 부서는 각각의 지휘체계하에 상호보완적으로 임무를 수행한다.
④ 위해요소를 사전에 발견해서 제거하고 위해요소의 침투가능성을 거부한다.

62

선도경호차량 – VIP차량 – 후미경호차량으로 구성된 차량대형에서 선도경호차량의 역할이 아닌 것은?

① 전방 교통 및 도로 상황을 전파한다.
② 행차코스 개척 및 차량대형을 선도한다.
③ 선도경호차량이 기동 간 이동지휘소 역할을 한다.
④ 계획된 시간에 목적지에 도착할 수 있도록 속도를 조절한다.

63

즉각조치에 관한 설명으로 옳지 않은 것은?

① 경고 : 공격받고 있다는 상황을 알려주고 대응행동을 하라는 신호이며, 일반인들에게는 위험상황을 알려주는 것이다.
② 방호 : 자신의 몸으로 방호벽을 형성하여 경호대상자를 엄폐시키는 행동에 우선순위를 두어야 한다.
③ 대피 : 방호와 동시에 위험지역을 이탈하기 위해 방호대형을 형성하여 공격방향으로 신속히 이동하여야 한다.
④ 대적 : 경호대상자를 등지고 위험발생지역으로 향한 후 몸을 최대한 확장하여 방호범위를 확대한다.

64

출입자 통제 방법에 관한 설명으로 옳지 않은 것은?

① 출입증은 모든 참가자에게 운용함을 원칙으로 한다.
② 모든 출입요소는 지정된 출입통로를 사용하며 기타 통로는 폐쇄한다.
③ 대규모 행사 시 참석 대상과 좌석을 구분하지 않고 시차입장계획을 수립한다.
④ 행사장 내 출입요소에 대해서는 인가된 인원 및 인가차량 여부를 확인한다.

65

안전검측의 원리에 관한 설명으로 옳지 않은 것은?

① 점검은 아래에서 위로, 좌에서 우로 일정한 방향으로 체계적으로 점검이 이루어져야 한다.
② 주변의 흩어져 있는 물건은 그대로 두고, 확인 불가능한 것은 먼 거리로 이격 제거한다.
③ 점검인원의 책임구역을 명확히 하며, 중복적 점검이 이루어져야 한다.
④ 범인의 입장에서 설치장소를 의심하며 추적한다.

66

경호업무 수행절차에 관한 설명으로 옳은 것은?

① 예방단계인 정보활동단계에서는 정·첩보를 수집하고 분석하여 경호위협을 평가한다.
② 학습단계인 안전활동단계에서는 행사장 취약요소에 대한 안전대책을 강구한다.
③ 대비단계인 경호활동단계에서는 경호인력을 배치하여 지속적인 경계활동을 실시한다.
④ 대응단계에서는 경호실시 결과를 분석하고 평가하여 보완한다.

67

근접경호의 특성으로 옳지 않은 것은?

① 위해기도자의 추적을 회피하는 기만전술을 적절히 구사하여 경호의 효과성을 높인다.
② 근접경호원의 신체로 방벽을 형성하여 경호대상자의 시야를 제한하고 공격선을 차단한다.
③ 근접경호원은 대적보다는 경호대상자의 안전한 방호 및 대피에 중점을 둔다.
④ 경호대상자를 따라 이동하거나 변화하는 경호상황에 능동적으로 대처해야 한다.

68

경호 현장답사 시 고려사항이 아닌 것은?

① 행사장의 기상, 특성, 시설 등에 대한 취약여건 판단
② 행사장 출입, 통제범위 및 경호인력 규모 판단
③ 행사장의 직시고지와 직시건물 등에 대한 경호환경 판단
④ 개인별 사전임무 및 비상상황 시 개인별 임무

69

경호차량에 관한 설명으로 옳지 않은 것은?

① 경호차량은 외부의 시선을 집중시키는 차종이나 색상은 지양한다.
② 경호차는 경호대상자 차량의 성능에 필적할 만한 차량을 선정해야 한다.
③ 승하차가 용이하며, 튼튼한 차체와 높은 가속력을 갖춘 차량을 선정한다.
④ 기만효과를 달성하기 위해 경호대상자 차량과 다른 차종을 선정한다.

70

비상대책의 내용으로 옳지 않은 것은?

① 행사장에는 비상대피소를 준비한다.
② 상황에 따른 대피계획은 사전에 결정한다.
③ 비상통로의 출구에는 예비차량을 대기시켜 놓는다.
④ 비상대피계획은 위험상황 발생 시 원인을 제거하기 위한 계획이다.

71

폭발과 총기공격 발생 시 우발상황 대처에 적용되지 않는 원칙은?

① SCE 원칙
② 체위확장의 원칙
③ 촉수거리의 원칙
④ 예방경호의 원칙

72

경호활동의 기본원칙으로 옳지 않은 것은?

① 경호대상자가 참석할 장소와 지역에 대한 정보를 분석하여 위험요인을 사전에 제거한다.
② 경호대상자의 이동시간, 이동경로, 이용차량 등에 변화를 주어 위해기도자가 다음 행동을 예측할 수 없도록 한다.
③ 경호대상자를 제외한 모든 사람이 검색대상이며 모든 인적·물적·지리적 위해요소에 대해 경호조치가 이루어져야 한다.
④ 일반인의 불편을 최소화하면서 경호대상자와 국민의 접촉을 차단하여 완벽한 임무를 수행한다.

73

민간경비원별 휴대 가능한 무기(장비)의 연결이 옳지 않은 것은?

① 호송경비원 - 권총, 경적, 단봉, 분사기
② 특수경비원 - 권총, 소총, 경적, 단봉, 분사기
③ 기계경비원 - 경적, 단봉, 출동차량, 분사기
④ 시설경비원 - 경적, 단봉, 분사기

74

범죄 발생에 따른 초동조치와 현장보존방법에 관한 설명으로 옳지 않은 것은?

① 범행현장에서 현행범으로 판단될 경우 경찰뿐 아니라 민간경호원 등 누구나 영장 없이 체포할 수 있다.
② 범행현장에서 가스 누출 발생 시 즉시 선풍기나 배기팬을 작동시켜 환기시킨다.
③ 범죄현장의 범위를 최초에는 광범위한 지역으로 설정한 후 점차 축소해간다.
④ 범죄 발생 건물 소유자 등 관리권을 가진 자라도 범죄현장에 대해 경찰관의 출입통제에 따라야 한다.

75

경호임무 수행 시 발생한 환자유형별 응급처치 방법으로 옳지 않은 것은?

① 얼굴이 붉은 인사불성환자의 경우 머리와 어깨를 낮게 하여 안정시킨다.
② 두부손상환자는 귀나 코를 통해 혈액과 함께 흘러나오는 액체를 막지 말고 그냥 흐르게 한다.
③ 화상환자는 화상부위를 심장보다 높게 올리도록 한다.
④ 골절환자의 경우 찬물 찜질을 하고 부상부위를 높여 준다.

76

경호행사 시 주의력효과와 대응효과에 관한 설명으로 옳지 않은 것은?

① 주의력은 위해자를 사전에 색출하기 위한 노력으로 예리한 사주경계가 요구된다.
② 주의력을 높이기 위해서는 경계대상과의 거리를 좁히는 것이 효과적이다.
③ 대응력은 경호대상자를 보호하고 대피시켜 신변을 보호하는 능력으로 경호대상자와의 거리를 넓히는 것이 효과적이다.
④ 주의력효과와 대응효과는 서로 상반된 개념이므로 위치 선정에 유의해야 한다.

77

탑승예절에 관한 설명으로 옳지 않은 것은?

① 승용차 탑승 시 운전기사가 있을 경우 좌석의 가장 상석은 조수석 뒷좌석, 다음이 운전석 뒷좌석, 마지막이 뒷좌석의 가운데이다.
② 기차 탑승 시 네 사람이 마주 앉을 경우 가장 상석은 진행 방향의 창가 좌석, 다음이 맞은편 좌석, 다음은 가장 상석의 옆좌석, 그리고 그 앞좌석이 말석이 된다.
③ 비행기 탑승 시 객석 창문 쪽이 상석이고, 통로 쪽이 차석, 상석과 차석의 사이가 하석이다.
④ 선박 탑승 시 일반 선박일 경우 상급자가 먼저 타고, 하선할 때는 나중에 내리며, 함정일 경우는 상급자가 나중에 타고 먼저 내린다.

78

경호복장 선택과 착용에 관한 설명으로 옳지 않은 것은?

① 주변의 시선을 끌 만한 색상이나 디자인은 지양한다.
② 행사의 성격과 장소와 무관하게 기능적이고 튼튼해야 한다.
③ 신발은 장시간 서 있는 근무상황을 고려해서 선택해야 한다.
④ 기상조건을 극복하기에 적절한 복장을 착용한다.

79

경호행사 시 쇼크환자의 일반적인 증상이 아닌 것은?

① 호흡이 얕고 빨라진다.
② 맥박이 강하고 때로는 늦어진다.
③ 메스꺼움이나 구토를 호소한다.
④ 지속적으로 혈압하강이 나타난다.

80

특수경비원의 무기관리수칙으로 옳지 않은 것은?

① 무기 관리실태를 매월 파악하여 다음 달 3일까지 관할 경찰관서장에게 통보하여야 한다.
② 무기고 및 탄약고는 단층으로 설치하고 환기, 방습, 방화 등의 시설을 한다.
③ 탄약의 출납은 소총은 1정당 7발 이내, 권총은 1정당 15발 이내로 한다.
④ 무기를 지급받은 경비원으로 하여금 매주 1회 이상 손질하게 한다.

"간절"하면 이루어지는 것이 아니라,
"하면" 이루어지는 것이다.

- 작가 이동영 -

2018

제20회 경비지도사
제2차 시험 기출문제

1. 경비업법
2. 경호학

2018년도 제20회 경비지도사 2차 국가자격시험

교 시	문제형별	시험시간	시 험 과 목
1교시	A	80분	❶ 경비업법 ❷ 경호학

수험번호		성 명	

【 수 험 자 유 의 사 항 】

1. **시험문제지 표지**와 시험문제지 내 **문제형별의 동일여부** 및 시험문제지의 **총면수, 문제번호 일련순서, 인쇄상태** 등을 확인하시고, 문제지 표지에 수험번호와 성명을 기재하시기 바랍니다.
2. 답은 각 문제마다 요구하는 **가장 적합하거나 가까운 답 1개**만 선택하고, 답안카드 작성 시 시험문제지 **형별누락, 마킹착오**로 인한 불이익은 전적으로 **수험자에게 책임**이 있음을 알려드립니다.
3. 답안카드는 국가전문자격 공통 표준형으로 문제번호가 1번부터 125번까지 인쇄되어 있습니다. 답안 마킹 시에는 반드시 **시험문제지의 문제번호와 동일한 번호**에 마킹하여야 합니다.
4. 감독위원의 지시에 불응하거나 시험시간 종료 후 답안카드를 제출하지 않을 경우 불이익이 발생할 수 있음을 알려 드립니다.
5. 시험문제지는 시험 종료 후 가져가시기 바랍니다.

안내사항

1. 수험자는 QR코드를 통해 가답안을 확인하시기 바랍니다.
   (※ 사전 설문조사 필수)
2. 시험 합격자에게 '**합격축하 SMS(알림톡) 알림 서비스**'를 제공하고 있습니다.

– 수험자 여러분의 합격을 기원합니다 –

2018년 경비업법

2018.11.17. 시행

Time   분 | 해설편 357p

각 문항별로 난이도를 체크해 보세요.

01

경비업법령상 과태료 부과기준이다. (   )에 들어갈 숫자의 연결이 옳은 것은?

위반행위	과태료 금액(단위 : 만원)		
	1회 위반	2회 위반	3회 이상
경비업자가 경비원의 복장 등에 관한 신고규정을 위반하여 신고를 하지 않은 경우	100	200	(ㄱ)
경비업자가 경비원의 복장에 관한 신고를 하지 않고 집단민원현장에 경비원을 배치한 경우	(ㄴ)	1,200	2,400

① ㄱ : 300,   ㄴ : 300
② ㄱ : 400,   ㄴ : 600
③ ㄱ : 500,   ㄴ : 800
④ ㄱ : 600,   ㄴ : 1,000

02

경비업법령상 경비원의 교육 등에 관한 설명으로 옳은 것은? [기출수정]

① 특수경비원이 되려는 사람은 대통령령으로 정하는 교육기관에서 미리 경비원 신임교육을 받을 수 있다.
② 시·도 경찰청장은 일반경비원에 대한 신임교육의 실시를 위하여 연도별 교육계획을 수립하고, 일반경비원 교육기관이 교육계획에 따라 교육을 실시하도록 하여야 한다.
③ 경비원에 대한 직무교육은 집합교육, 온라인교육 등 다양한 방법으로 실시할 수 있다.
④ 시·도 경찰청장 또는 경찰서장은 특수경비원 신임교육을 받은 사람이 요청하는 경우에는 신임교육 이수 확인증을 발급하여야 한다.

03

경비업법령상 경비원의 복장 및 장비 등에 관한 설명으로 옳은 것은?

① 경비원은 근무 중 경비업무 수행에 필요한 것으로서 공격적인 용도로 제작되지 아니하는 장비를 휴대할 수 있다.
② 경비업자는 경비업무 수행상 필요한 경우 경비원에게 소속 경비업체를 표시한 이름표를 부착하도록 할 수 있다.
③ 집단민원현장에서 신변보호업무를 수행하는 경우에 경비업자는 신고된 동일한 복장과 다른 복장을 경비원에게 착용하게 할 수 있다.
④ 경비업무 수행 시 경비원의 이름표는 경비업자가 지정한 부위에 부착하여야 한다.

04

경비업법령상 경비협회에 관한 설명으로 옳지 않은 것은?

① 경비업자가 경비협회를 설립하려는 경우에는 정관을 작성하여야 하며, 협회는 행정안전부령에 따라 회비를 징수할 수 있다.
② 경비업자는 경비업무의 건전한 발전과 경비원의 자질 향상 및 교육훈련 등을 위하여 대통령령이 정하는 바에 따라 경비협회를 설립할 수 있다.
③ 경비협회의 업무에는 경비원의 후생·복지·경비 진단에 관한 사항 등도 포함된다.
④ 경비업법에 특별한 규정이 있는 것을 제외하고는 「민법」 중 사단법인에 관한 규정을 준용한다.

05

경비업법령상 경비원이 경비업무 수행 중에 경비업법에서 정한 장비 외에 흉기 등을 휴대하고 범죄를 범한 경우 그 법정형의 2분의 1까지 가중처벌되는 형법상의 범죄가 아닌 것은?

① 폭행죄
② 재물손괴죄
③ 중체포 또는 중감금죄
④ 협박죄

06

경비업법령상 청문을 실시하여야 하는 경우로 옳지 않은 것은?

① 관할 경찰관서장의 배치폐지명령에 따르지 아니하여 경비업 허가의 취소처분을 하고자 하는 경우
② 경비업자가 집단민원현장에 특수경비원 명부를 작성·비치하지 않아 9개월 영업정지처분을 하고자 하는 경우
③ 경비지도사가 자격정지 기간 중에 경비지도사로 선임되어 활동하다가 적발되어 경비지도사 자격취소처분을 하고자 하는 경우
④ 경비현장에 배치된 경비원에 대한 순회점검 및 감독을 수행하지 않아 경비지도사 자격정지처분을 하고자 하는 경우

07

경비업법령상 양벌규정이 적용되는 행위자가 될 수 없는 자는?

① 법인의 대표자
② 개인의 대리인
③ 사용인
④ 직계비속

08

경비업법령상 경비업 허가의 필요적 취소사유에 해당하는 경우는?

① 정당한 사유 없이 허가를 받은 날부터 1년 이내에 경비 도급실적이 없거나 계속하여 1년간 휴업한 때
② 정당한 사유 없이 최종 도급계약 종료일의 다음 날부터 1년 이내에 경비 도급실적이 없을 때
③ 경비원 명단 및 배치 일시·장소 등 배치허가 신청의 내용을 거짓으로 한 때
④ 소속 경비원으로 하여금 경비업무의 범위를 벗어난 행위를 하게 한 때

09

경비업법령상 특수경비원의 권리와 의무에 관한 설명으로 옳은 것은?

① 특수경비원은 총기 또는 폭발물을 가지고 대항하는 경우를 제외하고는 18세 미만의 자에 대하여는 권총을 발사하여서는 아니 된다.
② 특수경비원은 단결권을 행사할 수 없다.
③ 시설주는 고의 또는 과실로 무기를 분실한 특수경비원에 대하여 특수경비업자에게 징계 등의 조치를 요청할 수 있다.
④ 테러사건에 있어서 은밀히 작전을 수행하는 경우에는 부득이한 때에도 미리 상대방에게 경고한 후 권총을 사용하여야 한다.

10

경비업법령상 경비업자의 손해배상책임이 발생하는 것을 모두 고른 것은?

> ㄱ. 경비원이 업무수행 중 고의로 경비대상에 손해가 발생하는 것을 방지하지 못한 경우
> ㄴ. 경비원이 업무수행 중 고의로 제3자에게 손해를 입힌 경우
> ㄷ. 경비원이 업무수행 중 과실로 경비대상에 손해가 발생하는 것을 방지하지 못한 경우
> ㄹ. 경비원이 업무수행 중 과실로 제3자에게 손해를 입힌 경우

① ㄱ, ㄴ
② ㄱ, ㄷ, ㄹ
③ ㄴ, ㄷ, ㄹ
④ ㄱ, ㄴ, ㄷ, ㄹ

11

경비업법령상 경비지도사가 경찰청장의 명령을 위반한 때 부과되는 자격정지처분 기준으로 옳은 것은?

① 1차 위반 : 1월, 2차 위반 : 3월
② 1차 위반 : 1월, 2차 위반 : 6월
③ 1차 위반 : 3월, 2차 위반 : 6월
④ 1차 위반 : 3월, 2차 위반 : 9월

12

경비업법령상 경비원 명부 등에 관한 설명으로 옳지 않은 것은?

① 경비업자는 배치되는 일반경비원의 명부를 그 경비원이 배치되는 모든 장소에 작성·비치하여야 한다.
② 경비업자는 경비원의 근무상황기록부를 1년 동안 보관하여야 한다.
③ 관할 경찰관서장은 시설주의 신청에 의하여 특수경비원이 배치된 국가중요시설 등에 경비전화를 가설할 수 있다.
④ 경비전화를 가설하는 경우의 소요경비는 시설주의 부담으로 한다.

13

경비업법령상 '집단민원현장'에 해당하지 않는 것은?

① 「노동조합 및 노동관계조정법」에 따라 노동관계 당사자가 노동쟁의 조정신청을 한 사업장
② 특정 시설물의 설치와 관련하여 민원이 있는 장소
③ 주주총회와 관련하여 이해대립이 있어 다툼이 있는 장소
④ 「행정절차법」에 따라 대집행을 하는 장소

14

경비업법령상 경비지도사 및 경비원의 결격사유에 관한 설명으로 옳은 것은?

① 경비지도사의 결격사유는 일반경비원의 결격사유와 구별된다.
② 19세인 사람은 특수경비원이 될 수 없다.
③ 금고 이상의 형의 선고유예를 받고 그 유예기간 중에 있는 자는 경비지도사가 될 수 있다.
④ 일반경비원이 되기 위해서는 팔과 다리가 완전하고 두 눈의 맨눈시력 각각 0.2 이상 또는 교정시력 각각 0.8 이상이어야 한다.

15

경비업법령상 경찰청장이 시·도 경찰청장에게 위임하는 권한에 해당하지 않는 것은?

① 경비지도사자격의 정지에 관한 권한
② 경비지도사자격의 취소에 관한 권한
③ 경비지도사자격증의 교부에 관한 권한
④ 경비지도사자격의 취소에 관한 청문의 권한

16

경비업법령상 기계경비업자의 기계경비업무에 관한 설명으로 옳지 않은 것은?

① 경비계약을 체결하는 때에는 오경보를 막기 위하여 계약상대방에게 기기사용요령 및 기계경비운영체계 등에 관하여 설명하여야 한다.
② 관제시설 등에서 경보를 수신한 때에는 경보를 수신한 때부터 늦어도 25분 이내에는 도착시킬 수 있는 대응체제를 갖추어야 한다.
③ 기계경비업무의 수행을 위한 관제시설의 이전에 관해서는 시·도 경찰청장의 허가를 받아야 한다.
④ 출장소별로 경보의 수신 및 현장도착 일시와 조치의 결과를 기재한 서류를 당해 경보를 수신한 날로부터 1년간 이를 보관하여야 한다.

17

경비업법령상 감독, 보안지도·점검 등에 관한 설명으로 옳지 않은 것은?

① 시·도 경찰청장은 경비업무의 적정한 수행을 위하여 경비업자 및 경비지도사를 지도·감독하며 필요한 명령을 할 수 있다.
② 시·도 경찰청장은 특수경비업자에 대하여 보안지도·점검을 연 1회 이상 실시하여야 한다.
③ 시·도 경찰청장은 경비업무 장소가 집단민원현장으로 판단되는 경우에 그때부터 48시간 이내에 경비업자에게 경비원 배치허가를 받을 것을 고지하여야 한다.
④ 시·도 경찰청장은 배치된 경비원이 「폭력행위 등 처벌에 관한 법률」을 위반하는 행위를 하는 경우 그 위반행위의 중지를 명할 수 있다.

18

경비업법령상 특수경비원의 직무 및 무기사용 등에 관한 설명으로 옳은 것은?

① 무기는 관리책임자가 직접 지급·회수하여야 한다.
② 시·도 경찰청장은 필요한 경우에 관할 경찰관서장의 신청에 의하여 시설주로부터 국가에 기부채납된 무기를 대여하게 할 수 있다.
③ 관할 경찰관서장은 무기지급의 필요성이 해소되었다고 인정되는 때에는 특수경비원으로부터 즉시 무기를 회수하여야 한다.
④ 국가중요시설에 대한 경비업무의 수행을 위하여 필요한 경우에 시설주는 경찰청장의 승인에 의하여 무기를 구입한다.

19

경비업법령상 경비협회의 공제사업에 관한 설명으로 옳은 것은?

① 경비협회는 경비원의 복지향상과 업무상 재해로 인한 손실을 보상하기 위한 공제사업을 할 수 있다.
② 경찰청장은 공제사업의 건전한 육성을 위하여 공제사업의 감독에 관한 기준을 경비협회와 협의하여 정한다.
③ 경찰청장은 공제규정을 승인하거나 공제사업의 감독에 관한 기준을 정하는 경우에는 미리 경찰공제회와 협의하여야 한다.
④ 경찰청장은 공제사업에 대하여 금융감독위원회 위원장에게 감사를 요청할 수 있다.

20

경비업법령상 경비지도사 시험 등에 관한 설명으로 옳은 것은? [기출수정]

① 경찰청장은 시험을 실시하고자 하는 때에는 시험일시 등을 시험 시행일 60일 전까지 공고하여야 한다.
② 경찰청장은 법 제11조 제1항에 따른 경비지도사 시험의 실시계획을 매년 수립해야 한다.
③ 「공무원임용령」에 따른 행정직군 소방직렬 공무원으로 7년 이상 재직한 사람은 1차 시험을 면제한다.
④ 경찰청장이 지정하는 기관 또는 단체에서 실시하는 44시간 이상의 경비지도사 양성과정을 마치고 수료시험에 합격하면 1차 시험을 면제한다.

21

경비업법령상 경비업의 허가에 관한 설명으로 옳지 않은 것은?

① 경비업 허가 신청서는 법인의 주사무소를 관할하는 시·도 경찰청장 또는 해당 시·도 경찰청 소속의 경찰서장에게 제출하여야 한다.
② 경비업 허가의 유효기간은 허가받은 날부터 5년으로 한다.
③ 법인의 명칭을 변경할 때에는 그 법인의 주사무소의 소재지를 관할하는 시·도 경찰청장의 허가를 받아야 한다.
④ 경비업 허가의 유효기간이 만료된 후 계속하여 경비업을 하고자 하는 법인은 행정안전부령이 정하는 바에 따라 갱신허가를 받아야 한다.

22

경비업법령상 국가중요시설에 대한 경비업무 중 정당한 사유 없이 무기를 소지하고 배치된 경비구역을 벗어난 특수경비원의 처벌기준은?

① 1년 이하의 징역 또는 1천만원 이하의 벌금
② 2년 이하의 징역 또는 2천만원 이하의 벌금
③ 3년 이하의 징역 또는 3천만원 이하의 벌금
④ 5년 이하의 징역 또는 5천만원 이하의 벌금

23

경비업법령상 범죄경력조회 등에 관한 설명으로 옳은 것은?

① 경찰청장은 범죄경력조회 요청이 있는 경우에만 경비업자의 임원에 대한 범죄경력조회를 할 수 있다.
② 시·도 경찰청장은 직권으로 경비지도사에 대한 범죄경력조회를 할 수 없다.
③ 경비업자는 선출하려는 임원이 결격사유에 해당하는지를 확인하기 위하여 범죄경력조회를 요청할 수 있다.
④ 관할 경찰관서장이 경비업자에게 범죄경력조회 결과를 통보할 때에는 결격사유에 해당하는 일정한 범죄사실을 통보하여야 한다.

24

경비업법령상 시설주 또는 관리책임자가 준수하여야 할 무기관리수칙에 관한 설명으로 옳지 않은 것은?

① 무기의 관리를 위한 책임자를 지정하고 관할 경찰관서장에게 이를 통보하여야 한다.
② 무기고 및 탄약고의 열쇠는 관리책임자가 보관하되, 근무시간 이후에는 당직책임자에게 인계하여 보관시킨다.
③ 무기의 관리실태를 매월 파악하여 다음 달 3일까지 관할 경찰관서장에게 통보하여야 한다.
④ 대여받은 무기를 빼앗긴 때에는 시·도 경찰청장이 정하는 바에 의하여 그 전액을 배상하여야 한다.

25

A회사는 다음과 같이 경비원을 배치하였다. 경비업법령상 선임·배치하여야 할 일반경비지도사의 인원은?

- 시설경비업무 : 서울 250명, 인천 35명, 대전 44명, 부산 150명
- 기계경비업무 : 제주 30명

① 3명
② 4명
③ 5명
④ 6명

26

경비업법령상 2018년 11월 16일을 기준으로 특수경비업무를 수행하는 법인의 임원이 될 수 없는 자는?(단, 경비업법 제19조 제1항 제2호 및 제7호는 제외)

① 2015년 11월 14일 파산선고를 받고 2018년 11월 14일 복권된 자
② 호송경비업무를 수행하던 법인이 경비업법에 의한 명령에 위반하여 2015년 11월 14일 허가가 취소된 경우 해당 법인의 허가취소 당시의 임원이었던 자
③ 「대통령 등의 경호에 관한 법률」을 위반하여 2015년 11월 14일에 벌금형의 선고를 받은 자
④ 2015년 11월 14일 상해죄로 징역 1년에 집행유예 3년의 형을 선고받고 그 형이 실효되지 아니한 자

27

경비업법령상 규정된 용어에 관한 설명으로 옳은 것은?

① 경비지도사는 일반경비지도사와 특수경비지도사로 구분한다.
② 국가중요시설에는 공항·항만, 원자력발전소 등의 시설 중 국가정보원장이 지정하는 국가보안목표시설도 해당된다.
③ 무기라 함은 인명을 살상할 수 있도록 제작·판매된 권총·소총·분사기를 말한다.
④ 특수경비원은 시설경비, 호송경비, 신변보안, 특수경비업무를 수행하는 자이다.

28

청원경찰법령상 명시된 청원경찰의 배치대상이 아닌 것은?

① 선박, 항공기 등 수송시설
② 보험을 업으로 하는 시설
③ 「의료법」에 따른 의료기관
④ 「사회복지사업법」에 따른 사회복지시설

29

청원경찰법령상 청원주의 무기관리수칙에 관한 설명으로 옳은 것은? 기출수정

① 탄약고는 무기고와 떨어진 곳에 설치하고, 그 위치는 사무실이나 그 밖에 여러 사람을 수용하거나 여러 사람이 오고 가는 시설로부터 인접해 있어야 한다.
② 무기와 탄약을 대여받았을 때에는 시·도 경찰청장이 정하는 무기·탄약 출납부 등을 갖춰 두고 기록하여야 한다.
③ 대여받은 무기와 탄약이 분실되거나 도난당하거나 빼앗기거나 훼손되는 등의 사고가 발생했을 때에는 지체 없이 그 사유를 관할 경찰서장에게 통보해야 한다.
④ 청원경찰에게 지급한 무기와 탄약은 매월 1회 이상 손질하게 하여야 한다.

30

청원경찰법령상 청원경찰의 배치에 관한 설명으로 옳은 것은?

① 시·도 경찰청장은 청원경찰 배치신청을 받으면 15일 이내에 그 배치 여부를 결정하여 신청인에게 알려야 한다.
② 청원경찰 배치신청서 제출 시, 배치 장소가 둘 이상의 도(道)일 때에는 주된 사업장의 관할 경찰서장을 거쳐 시·도 경찰청장에게 한꺼번에 신청할 수 있다.
③ 청원경찰의 배치를 받으려는 자는 청원경찰 배치신청서에 경비구역 배치도 1부를 첨부하여 사업장의 소재지를 관할하는 시·도 경찰청장에게 제출하여야 한다.
④ 관할 경찰서장은 청원경찰이 배치된 시설이 축소될 경우 배치인원을 감축할 수 있다.

31

청원경찰법령상 국가기관에 근무하는 청원경찰의 보수는 재직기간에 해당하는 경찰공무원 보수를 감안하여 정한다. 이에 관한 예시로 옳은 것은?

① 16년 : 경 장, 20년 : 경 장, 25년 : 경 사, 32년 : 경 사
② 16년 : 순 경, 20년 : 경 장, 25년 : 경 사, 32년 : 경 사
③ 16년 : 경 장, 20년 : 경 장, 25년 : 경 사, 32년 : 경 위
④ 16년 : 순 경, 20년 : 경 장, 25년 : 경 사, 32년 : 경 위

32

청원경찰법령상 청원경찰의 징계에 관한 설명으로 옳은 것은?

① 징계의 종류는 파면, 해임, 강등, 정직, 감봉 및 견책으로 구분한다.
② 시·도 경찰청장은 징계규정의 보완이 필요하다고 인정할 때에는 청원주에게 그 보완을 요구할 수 있다.
③ 정직은 1개월 이상 3개월 이하로 하고, 보수의 3분의 1을 줄인다.
④ 청원주는 청원경찰 배치결정의 통지를 받았을 때에는 통지를 받은 날부터 10일 이내에 청원경찰에 대한 징계규정을 제정하여야 한다.

33

청원경찰법령상 과태료 부과기준 금액이 500만원에 해당하지 않는 경우는?

① 임용결격사유에 해당하지 않는 청원경찰을 시·도 경찰청장의 승인을 받지 않고 임용한 경우
② 시·도 경찰청장의 배치결정을 받지 않고 국가정보원장이 지정하는 국가보안목표시설에 청원경찰을 배치한 경우
③ 정당한 사유 없이 경찰청장이 고시한 최저부담기준액 이상의 보수를 지급하지 않은 경우
④ 시·도 경찰청장의 감독상 필요한 총기·실탄 및 분사기에 관한 명령을 정당한 사유 없이 이행하지 않은 경우

34

청원경찰법령에 관한 설명으로 옳지 않은 것은?

① 청원경찰의 신분증명서는 청원주가 발행하며, 그 형식은 시·도 경찰청장이 결정한다.
② 청원주는 소속 청원경찰에게 그 직무집행에 필요한 교육을 매월 4시간 이상 하여야 한다.
③ 청원경찰이 퇴직할 때에는 대여품을 청원주에게 반납하여야 한다.
④ 청원경찰은 국내 주재 외국기관에도 배치될 수 있다.

35

청원경찰법령상 청원경찰의 분사기 및 무기 휴대에 관한 설명으로 옳은 것은?

① 관할 경찰서장은 대여한 청원경찰의 무기관리상황을 월 1회 이상 점검하여야 한다.
② 청원경찰은 평상근무 중에 총기를 휴대하지 아니할 때에는 분사기를 휴대하여야 한다.
③ 청원주는 「위험물안전관리법」에 따른 분사기의 소지허가를 받아 청원경찰로 하여금 그 분사기를 휴대하여 직무를 수행하게 할 수 있다.
④ 관할 경찰서장은 청원경찰이 직무를 수행하기 위하여 필요하다고 인정하면 직권으로 청원경찰에게 무기를 대여하여 지니게 할 수 있다.

36

청원경찰법령상 청원경찰경비(經費)에 관한 설명으로 옳지 않은 것은?

① 청원경찰경비는 봉급과 각종 수당, 피복비, 교육비, 보상금 및 퇴직금을 말한다.
② 봉급·수당의 최저부담기준액(국가기관 또는 지방자치단체에 근무하는 청원경찰의 봉급·수당은 제외)은 경찰청장이 정하여 고시한다.
③ 국가기관 또는 지방자치단체에 근무하는 청원경찰의 각종 수당은 「공무원수당 등에 관한 규정」에 따른 수당 중 가계보전수당, 실비변상 등으로 한다.
④ 교육비는 청원주가 해당 청원경찰의 입교 7일 전에 청원경찰에게 직접 지급한다.

37

청원경찰법령상 청원경찰의 직무 등에 관한 설명으로 옳지 않은 것은?

① 「경찰관직무집행법」에 따른 직무 외의 수사활동 등 사법경찰관리의 직무를 수행해서는 아니 된다.
② 청원경찰 업무에 종사하는 사람은 「형법」이나 그 밖의 법령에 따른 벌칙을 적용할 때에는 공무원으로 본다.
③ 청원경찰이 직무를 수행할 때 직권을 남용하여 국민에게 해를 끼친 경우에는 6개월 이하의 징역이나 금고에 처한다.
④ 관할 경찰서장은 매달 2회 이상 청원경찰의 복무규율과 근무상황을 감독하여야 한다.

38

청원경찰법령상 청원경찰의 임용 등에 관한 설명으로 옳은 것은?

① 청원경찰은 나이가 58세가 되었을 때 당연 퇴직된다.
② 청원경찰의 복무에 관하여는 「경찰관직무집행법」을 준용한다.
③ 청원경찰은 청원주가 임용하되, 임용을 할 때에는 「경찰공무원법」이 정하는 특별한 경우를 제외하고는 미리 경찰청장의 승인을 받아야 한다.
④ 청원주가 청원경찰을 임용하였을 때에는 임용한 날부터 10일 이내에 그 임용사항을 관할 경찰서장을 거쳐 시·도 경찰청장에게 보고하여야 한다.

39

청원경찰법령상 청원경찰의 신분 및 직무수행에 관한 설명으로 옳지 않은 것은?

① 청원경찰은 파업, 태업 또는 그 밖에 업무의 정상적인 운영을 방해하는 일체의 쟁의행위를 하여서는 아니 된다.
② 국가기관에 근무하는 청원경찰의 직무상 불법행위에 대한 배상책임은 「민법」의 규정을 따른다.
③ 청원경찰은 형의 선고, 징계처분 또는 신체상·정신상의 이상으로 직무를 감당하지 못할 때를 제외하고는 그 의사에 반하여 면직되지 아니한다.
④ 청원경찰의 근무구역 순찰은 단독 또는 복수로 정선순찰을 하되, 청원주가 필요하다고 인정할 때에는 요점순찰 또는 난선순찰을 할 수 있다.

40

청원경찰법령상 청원경찰의 복제(服制)에 관한 설명으로 옳은 것은? [기출수정]

① 청원경찰의 복제는 제복·장구 및 부속물로 구분하며, 이 가운데 모자표장, 계급장, 장갑 등은 부속물에 해당한다.
② 청원주는 청원경찰이 특수복장을 착용할 필요가 있을 때에는 관할 경찰서장에게 보고하고 특수복장을 착용하게 할 수 있다.
③ 청원경찰의 제복의 형태·규격 및 재질은 시·도 경찰청장이 결정하되, 사업장별로 통일해야 한다.
④ 청원경찰은 특수근무 중에는 정모, 근무복, 단화, 호루라기, 경찰봉 및 포승을 착용하거나 휴대하여야 한다.

2018년 경호학

2018.11.17. 시행

41

대한민국 정부수립 이후 경호기관 변천과정의 순서로 옳은 것은?

① 경무대경찰서 → 중앙정보부 경호대 → 청와대 경찰관파견대 → 대통령경호실
② 경무대경찰서 → 청와대 경찰관파견대 → 중앙정보부 경호대 → 대통령경호실
③ 대통령경호실 → 청와대 경찰관파견대 → 경무대경찰서 → 중앙정보부 경호대
④ 중앙정보부 경호대 → 청와대 경찰관파견대 → 대통령경호실 → 경무대경찰서

42

경호의 원칙에 관한 설명으로 옳은 것을 모두 고른 것은?

ㄱ. 위해가능성이 있는 모든 것에서 경호대상자를 격리시킨다.
ㄴ. 경호는 고도의 순간적인 판단력과 사전 치밀한 계획이 중요하다.
ㄷ. 경호는 위해기도자를 공격하는 것이 아니라, 위해요소로부터 경호대상자를 방어하는 것이다.
ㄹ. 행사장을 안전구역, 경비구역, 경계구역으로 설정한다.

① ㄱ, ㄷ
② ㄱ, ㄴ, ㄷ
③ ㄴ, ㄷ, ㄹ
④ ㄱ, ㄴ, ㄷ, ㄹ

43

경호조직의 특성과 원칙에 관한 설명으로 옳지 않은 것은?

① 경호조직은 경호기법 비노출 등 폐쇄성을 가진다.
② 경호업무의 성격상 기관단위작용으로 이루어진다.
③ 경호조직은 기구단위, 권한과 책임 등이 경호업무의 목적 달성에 기여할 수 있도록 통합되어야 한다.
④ 경호조직은 과거와 비교하여 그 기구와 인원 면에서 대규모화되고 있다.

44

경호경비 관련법의 제정 순서대로 옳게 나열한 것은?

> ㄱ. 청원경찰법
> ㄴ. 국민보호와 공공안전을 위한 테러방지법
> ㄷ. 경찰관직무집행법
> ㄹ. 대통령 등의 경호에 관한 법률

① ㄱ - ㄴ - ㄹ - ㄷ
② ㄱ - ㄷ - ㄴ - ㄹ
③ ㄷ - ㄱ - ㄹ - ㄴ
④ ㄷ - ㄹ - ㄱ - ㄴ

45

경호체계통일성의 원칙에 해당하는 것은?

① 테러의 수법이 지능화·고도화되어감에 따라 경호조직에 있어서도 기능의 전문화 내지 분화현상이 나타난다.
② 상하계급 간의 일정한 관계가 이루어져 책임과 업무의 분담이 이루어지고 명령과 복종의 지위와 역할의 체계가 통일되어야 한다.
③ 완벽한 경호를 위해서는 국민의 절대적인 협력을 통하여 총력경호를 추구한다.
④ 경호임무 수행 중 긴급사태에 대처하기 위해서는 지휘자의 신속한 판단력과 지휘명령이 요구된다.

46

신변보호의 예방작용 단계별 순서로 옳은 것은?

| ㄱ. 조사단계 | ㄴ. 무력화단계 |
| ㄷ. 인지단계 | ㄹ. 예견단계 |

① ㄷ - ㄱ - ㄹ - ㄴ
② ㄷ - ㄹ - ㄱ - ㄴ
③ ㄹ - ㄱ - ㄷ - ㄴ
④ ㄹ - ㄷ - ㄱ - ㄴ

47

경호의 분류에 관한 설명으로 옳지 않은 것은 모두 몇 개인가?

- 직접경호는 평상시에 이루어지는 치안 및 대공활동, 국제정세를 포함한 안전대책작용이다.
- 행사장경호는 경호대상자가 참석하거나 주관하는 행사에서의 경호업무를 말한다.
- 국왕 및 대통령 등 국가원수급의 경호는 1(A)급 경호에 해당된다.
- 숙소경호는 평소 거처하는 관저나 임시로 외지에서 머무는 장소에서의 경호업무를 말한다.
- 약식경호는 일정한 방식에 의하지 않고 출·퇴근과 같이 일상적인 경호업무를 말한다.

① 1개 ② 2개
③ 3개 ④ 4개

48

수업시간에 두 학생에게 경호의 개념에 대해 질문을 하였다. 각 학생이 대답한 경호의 개념은?

- A학생 : "대통령 등의 경호에 관한 법률에 의한 대통령경호처가 담당하는 모든 작용이 경호의 개념이라 생각합니다."
- B학생 : "본질적인 입장에서 모든 위해요소로부터 경호대상자를 안전하게 보호하기 위한 제반활동을 말합니다."

① A학생 : 형식적 의미,   B학생 : 형식적 의미
② A학생 : 실질적 의미,   B학생 : 형식적 의미
③ A학생 : 형식적 의미,   B학생 : 실질적 의미
④ A학생 : 실질적 의미,   B학생 : 실질적 의미

49

경호조직의 구성원칙 중 아래의 내용과 관계가 있는 원칙은?

> 국제행사의 안전한 진행을 위하여 전국적으로 배치된 경비지도사를 통하여 경호정보를 신속하게 수집하였다.

① 경호지휘단일성의 원칙
② 경호체계통일성의 원칙
③ 경호기관단위작용의 원칙
④ 경호협력성의 원칙

50

경호의 분류와 소속이 옳게 연결된 것은?

> (ㄱ) 국회의장과 (ㄴ) 헌법재판소장이 공식행사에 참석 차 이동 중 (ㄷ) 예정에 없던 고궁에 들러 (ㄹ) 경호원을 대동하여 시민들과 대화를 하였다.

① ㄱ : 갑호, ㄴ : 갑호, ㄷ : 공식, ㄹ : 대통령경호처
② ㄱ : 갑호, ㄴ : 을호, ㄷ : 공식, ㄹ : 경찰청
③ ㄱ : 갑호, ㄴ : 갑호, ㄷ : 비공식, ㄹ : 대통령경호처
④ ㄱ : 을호, ㄴ : 을호, ㄷ : 비공식, ㄹ : 경찰청

51

대통령경호안전대책위원회규정상 대통령경호안전대책위원회의 위원이 아닌 자는?

① 외교부 의전기획관
② 과학기술정보통신부 통신정책관
③ 소방청 119구조구급국장
④ 국무조정실 대테러센터장

52

경호의 객체에 관한 설명으로 옳지 않은 것은?

① 경호객체는 경호임무를 제공받는 경호대상자를 말한다.
② 대통령 당선인과 그 가족은 대통령 등의 경호에 관한 법률에 따라 대통령경호처의 경호대상이다.
③ 대통령 등의 경호에 관한 법률에 따라 대한민국을 방문하는 외국의 국가원수 또는 행정수반과 그 배우자는 대통령경호처의 경호대상이다.
④ 재직 중 탄핵결정을 받아 퇴임한 전직대통령의 경우 전직대통령 예우에 관한 법률에 따라 필요한 기간의 경호 및 경비의 예우를 하지 아니한다.

53

경호임무의 포함요소 중 행사일정 계획 시 고려되지 않는 사항은?

① 출발 및 도착 일시
② 기동방법 및 수단
③ 행사에 참석하는 공무원의 명단
④ 방문지역의 지리적 특성

54

다음 〈보기〉는 경호작용의 기본 고려요소에 관한 설명이다. 〈보기〉의 내용과 기본 고려요소와의 연결이 옳은 것은?

〈보기〉
a. 경호대상자와 수행원, 행사 세부일정, 적용되고 있는 경호경비상황에 관한 정보의 유출은 엄격히 통제되어야 한다.
b. 모든 형태의 경호임무는 사전에 신중하게 계획되어야 하며, 각각의 임무는 명확하게 부여되어야 한다.

〈기본 고려요소〉
ㄱ. 계획수립
ㄴ. 보 안
ㄷ. 책 임
ㄹ. 자 원

① a - ㄴ, ㄹ
② a - ㄹ
③ b - ㄱ, ㄷ
④ b - ㄱ, ㄴ, ㄹ

55

다음 (   )에 들어갈 알맞은 용어는?

- (ㄱ) : 폭발물 등 각종 유해물을 탐지하는 활동
- (ㄴ) : 경호대상자가 이용하는 물품과 시설 등의 안전상태를 확인하는 활동

① ㄱ : 안전검사,　ㄴ : 안전점검
② ㄱ : 안전점검,　ㄴ : 안전검사
③ ㄱ : 안전유지,　ㄴ : 안전검사
④ ㄱ : 안전검사,　ㄴ : 안전유지

56

경호임무의 활동수칙에 관한 설명으로 옳지 않은 것은?

① 경호원을 중심으로 내부, 내곽, 외곽으로 구분하여 경호구역을 설정한다.
② 위해상황이 발생하면 최초발견자에 의한 빠른 대응이 필요하다.
③ 경호원은 위해가해자와 타협적인 행동을 하지 않아야 한다.
④ 경호원은 경호대상자의 정상적인 업무 및 사생활을 침해하지 않는 범위에서 임무를 수행하여야 한다.

57

선발경호에 해당되지 않는 것은?

① 경호대상자가 도착하기 전에 효과적인 경호협조와 경호준비를 하는 사전예방경호활동이다.
② 행사장에 대한 인적·물적·지리적 정보를 수집하여 필요한 지원요소 소요 판단 후 세부계획을 수립한다.
③ 행사장 취약시설물과 최기병원 등 사실적 관계 확인은 안전대책 담당이다.
④ 사전에 점검하지 않은 지역이나 장소에 접근하지 않도록 경호대상자 측근에서 수행한다.

58

선발경호 단계의 활동으로 옳지 않은 것은?

① 비표를 운용한다.
② 현장을 사전 답사한다.
③ 비상대피로를 선정한다.
④ 경호대상자 중심으로 사주경계를 한다.

59

근접경호의 특성 중 기만성에 관한 설명으로 옳은 것은?

① 행사일정과 장소 및 시간이 대외적으로 알려진 상태에서 업무를 수행하여야 한다.
② 행사 성격이나 주변 여건, 장비의 특성에 따라 도보대형 및 기동수단에 있어서 유동성이 있어야 한다.
③ 허위정보를 제공하여 위해기도자로 하여금 행사 상황을 오판하도록 하기 위한 변칙적인 경호기법이다.
④ 기동수단, 기동로, 기동시기, 기동대형 등 노출의 취약성을 최대화하기 위하여 경호기법에 변화를 주어야 한다.

60

근접경호원의 임무수행에 관한 설명으로 옳지 않은 것은?

① 위해기도자의 공격가능성을 줄이고, 피해 정도를 최소화하기 위해서 이동속도를 가능한 천천히 해야 한다.
② 근접경호 시 경호원의 위치와 경호대형에 수시로 변화를 주어야 한다.
③ 경호대상자에게 위해를 가하지 않을 것이라는 확신이 있기 전까지는 누구도 경호대상자의 주위에 접근하게 해서는 안 된다.
④ 이동 시 이동속도는 경호대상자의 건강상태 등을 고려하여 정하여야 한다.

61

근접경호 수행방법에 관한 설명으로 옳지 않은 것은?

① 에스컬레이터를 이용하여 이동하는 것은 다른 이동수단으로 이동하는 것에 비해 상대적으로 취약하다.
② 주위경계 시 경호대상자로부터 먼 곳에서 가까운 곳으로 좌우 반복해서 실시하되 인접경호원과 중첩되지 않도록 한다.
③ 외부에 노출되어 있는 개방형 계단을 오르내릴 때는 경호대상자를 계단 중앙에 위치하도록 하여야 한다.
④ 건물 밖에서 안으로 문을 통과할 때는 미는 문일 경우 전방경호원이 안으로 들어가서 문을 잡아 경호대상자가 통과할 수 있도록 하여야 한다.

62

3명의 경호원이 의뢰자로부터 근접경호를 의뢰받아 임무를 수행하게 되었다. 다음 중 옳게 수행한 자는?(단, 각 경호대상자는 다르며, 경호원은 1인 단독 경호로 한다)

> A경호원은 시민의 불편을 초래하지 않는 범위 내에서 자신의 활동공간을 확보하며 근접경호를 수행하였고, B경호원은 엘리베이터 안에서 신속한 이동을 위하여 경호대상자를 자신 앞의 출입문 쪽에 위치하게 하였다. C경호원은 우발상황이 발생하여 자신의 대피보다 경호대상자의 대피를 최우선으로 실시하였다.

① A
② A, C
③ B, C
④ A, B, C

63

다음을 총칭하는 개념은?

> 출입통로 지정, 시차입장, 본인 여부 확인, 비표 운용, 검문검색, 주차관리

① 수행경호
② 안전검측
③ 출입통제
④ 안전조사

64

경호차량 운용에 관한 설명으로 옳지 않은 것은?
① 주차 장소는 자주 변경하는 것이 좋다.
② 야간에는 차량을 밝은 곳에 주차한다.
③ 규칙적인 출발 및 도착시간을 가능한 한 피한다.
④ 주차 차량의 후면부가 차량출입로를 향하게 주차한다.

65

출입자 통제대책에 관한 설명으로 옳지 않은 것은?

① 보안성 강화를 위해 리본, 조끼, 넥타이를 비표로 운용하지 않는다.
② 출입자의 위해 가능 물품의 보관을 위해 물품보관소를 운용한다.
③ 행사장 내 모든 출입요소에 대해서는 인가된 인원의 본인 여부를 확인해야 한다.
④ 주차관리는 참석자들의 불편 최소화, 입·퇴장 질서유지 등을 고려한다.

66

우발상황의 특성이 아닌 것은?

① 사전예측의 가능
② 무질서와 혼란 야기
③ 자기보호본능 기제의 발동
④ 즉각조치의 요구

67

근접경호의 도보대형 형성 시 고려사항이 아닌 것은?

① 인적 취약요소와의 이격도
② 행사장의 안전도
③ 경호행사의 성격
④ 경호원의 성향과 근접경호의 수준

68

출입자 통제업무 수행에 관한 설명으로 옳지 않은 것은?

① 출입통로는 가능한 단일화 또는 최소화하도록 한다.
② 지연 참석자에 대해서는 검색 후 출입을 허용하지 않도록 한다.
③ 참석자의 지위, 참석자 수 등을 고려하여 시차입장계획을 수립한다.
④ 행사장 및 행사규모에 따라 참석대상별 주차지역을 구분하여 설정한다.

69

검식활동에 관한 설명으로 옳지 않은 것은?

① 음식료 운반 시에도 근접감시를 실시한다.
② 경호대상자에게 제공되는 음식료의 이상 유무를 검사하는 검식활동은 근접경호의 임무이다.
③ 식재료의 구매·운반·저장과정에서의 안전성 확보, 조리과정의 위생상태 점검 등 경호대상자에게 음식료가 제공될 때까지의 안전상태를 지속적으로 확인한다.
④ 경호대상자에게 제공되는 음식료의 안전을 점검하는 검식활동은 검측활동에 포함된다.

70

우발상황에 적절하게 대응하지 못한 경호원은?(단, 경호원의 위치는 고려하지 않는다)

- A경호원 - 체위를 확장하여 경호대상자에 대한 방벽효과를 극대화한다.
- B경호원 - 간단명료하고 신속하게 경고한다.
- C경호원 - 폭발성 화기에 의한 공격 시에는 방어적 원형 대형을 형성한다.
- D경호원 - 경호대상자의 방호보다는 위해기도자의 제압을 우선으로 한다.

① A, B
② A, C
③ B, D
④ C, D

71

안전검측의 원칙상 항목별(ㄱ~ㄷ) 검측 시 우선으로 중점 검측할 대상을 옳게 선택한 것은?

ㄱ. 통로의 양 측면, 통로의 중앙
ㄴ. 높은 곳, 낮은 곳
ㄷ. 깨끗한 장소, 더러운 장소

① ㄱ : 통로의 양 측면,   ㄴ : 낮은 곳,   ㄷ : 깨끗한 장소
② ㄱ : 통로의 양 측면,   ㄴ : 높은 곳,   ㄷ : 더러운 장소
③ ㄱ : 통로의 중앙,   ㄴ : 낮은 곳,   ㄷ : 깨끗한 장소
④ ㄱ : 통로의 중앙,   ㄴ : 높은 곳,   ㄷ : 더러운 장소

72

경호장비에 관한 분류로 옳지 않은 것은?

① 호신장비 : 총기, 가스분사기
② 감시장비 : 금속탐지기, X-Ray 수화물 검색기
③ 방호장비 : 방폭담요, 방폭가방
④ 기동장비 : 차량, 항공기

73

경호복장에 관한 내용으로 옳은 것은?

① 일반적으로 경호원은 행사의 성격에 따라 주변 환경과 조화되도록 복장을 착용한다.
② 경호원은 경호대상자와 구분되는 색상이나 스타일의 복장을 착용한다.
③ 경호원으로서의 신분이 노출되지 않도록 화려한 복장을 착용한다.
④ 경호원은 주위의 시선을 빼앗는 색상이나 복장을 착용한다.

74

의전에 관한 설명으로 옳지 않은 것은?

① 3부(府)의 초청인사 집단별 좌석배치 순서는 관행상 행정·입법·사법의 순이다.
② 정부 의전행사에서 적용하고 있는 주요 참석인사에 대한 예우기준에 따라 공적 직위가 없는 인사 서열의 경우 직급, 기관장, 전직, 연령을 기준으로 한다.
③ 주한외교단은 신임장을 제정한 일자 순으로 배치한다.
④ 우리나라 정부인사가 외국정부의 같은 급의 인사를 초청한 경우에는 외빈인사를 상위의 좌석에 배치하는 것이 일반적인 관례이다.

75

의전의 원칙에 관한 설명으로 옳지 않은 것은?

① 의전의 바탕은 상대 생활양식 등의 문화와 상대방에 대한 존중 및 배려에 있다.
② 정부행사에서 의전행사 서열은 관례적으로는 정부수립 이후부터 시행해 온 정부의전행사를 통하여 확립된 선례와 관행을 기준으로 한다.
③ 정부행사에서 공식적으로는 헌법, 정부조직법, 국회법, 법원조직법 등 법령에서 정한 직위순서를 기준으로 한다.
④ 행사 주최자의 경우 손님에게 상석인 왼쪽을 양보한다.

76

경호원의 응급처치 사항으로 옳지 않은 것은?

① 가슴 및 복부 손상 시 지혈과 동시에 음료를 마시게 한다.
② 심한 출혈 시 출혈 부위를 심장보다 높게 하여 안정상태를 유지한다.
③ 의식과 호흡이 없을 경우 빠른 시간에 심폐소생술을 실시한다.
④ 원칙적으로 환자의 생사판정은 하지 않는다.

77

국민보호와 공공안전을 위한 테러방지법상 테러단체를 구성하거나 구성원으로 가입한 사람의 처벌에 관한 내용으로 옳은 것은?

① 수괴(首魁)는 사형·무기 또는 7년 이상의 징역
② 테러를 기획하는 등 중요한 역할을 맡은 사람은 무기 또는 5년 이상의 징역
③ 타국의 외국인테러전투원으로 가입한 사람은 5년 이상의 징역
④ 테러를 지휘하는 등 중요한 역할을 맡은 사람은 무기 또는 5년 이상의 징역

78

국기게양에 관한 설명으로 옳은 것은?

① 조의를 표하는 날은 현충일 및 국가장법 제6조에 따른 국가장 기간이다.
② 국경일은 3·1절, 제헌절, 광복절, 개천절 및 국군의 날이다.
③ 국기를 전국적으로 게양해야 하는 날은 국경일 및 기념일, 조의를 표하는 날이며, 국기는 일출부터 일몰까지만 게양해야 한다.
④ 국가, 지방자치단체 및 공공기관의 청사 등에는 목적을 고려하여 국기를 낮에만 게양할 수 있다.

79

국민보호와 공공안전을 위한 테러방지법상 테러위험인물에 대하여 출입국·금융거래 및 통신이용 등 관련 정보를 수집할 수 있는 자는?

① 대통령경호처장
② 국가정보원장
③ 대테러센터장
④ 금융감독원장

80

국민보호와 공공안전을 위한 테러방지법상 대테러활동과 관련하여 대테러센터의 수행사항으로 옳은 것은?

① 국가 대테러활동 관련 임무분담 및 협조사항 실무 조정
② 대테러활동에 관한 국가의 정책 수립 및 평가
③ 국가 대테러 기본계획 등 중요 중장기 대책 추진사항
④ 관계기관의 대테러활동 역할 분담·조정이 필요한 사항

2017

제19회 경비지도사
제2차 시험 기출문제

1 경비업법
2 경호학

2017년도 제19회 경비지도사 2차 국가자격시험

교 시	문제형별	시험시간	시 험 과 목
1교시	A	80분	❶ 경비업법 ❷ 경호학

수험번호		성 명	

【 수 험 자 유 의 사 항 】

1. **시험문제지 표지**와 시험문제지 내 **문제형별**의 동일여부 및 시험문제지의 **총면수, 문제번호 일련순서, 인쇄상태** 등을 확인하시고, 문제지 표지에 수험번호와 성명을 기재하시기 바랍니다.
2. 답은 각 문제마다 요구하는 **가장 적합하거나 가까운 답 1개**만 선택하고, 답안카드 작성 시 시험문제지 **형별누락, 마킹착오**로 인한 불이익은 전적으로 **수험자에게 책임**이 있음을 알려드립니다.
3. 답안카드는 국가전문자격 공통 표준형으로 문제번호가 1번부터 125번까지 인쇄되어 있습니다. 답안 마킹 시에는 반드시 **시험문제지의 문제번호와 동일한 번호**에 마킹하여야 합니다.
4. 감독위원의 지시에 불응하거나 시험시간 종료 후 답안카드를 제출하지 않을 경우 불이익이 발생할 수 있음을 알려 드립니다.
5. 시험문제지는 시험 종료 후 가져가시기 바랍니다.

안내사항

1. 수험자는 QR코드를 통해 가답안을 확인하시기 바랍니다.
   (※ 사전 설문조사 필수)
2. 시험 합격자에게 '**합격축하 SMS(알림톡) 알림 서비스**'를 제공하고 있습니다.
   - 수험자 여러분의 합격을 기원합니다 -

2017년 경비업법

2017.11.18. 시행

01

경비업법상 법인 임원의 결격사유에 해당하는 것은?

① 파산선고를 받고 복권된 자
② 금고 이상의 형의 선고를 받고 그 형이 실효된 자
③ 대통령 등의 경호에 관한 법률에 위반하여 벌금형의 선고를 받고 3년이 경과된 자
④ 경비업법에 의한 명령에 위반하여 허가가 취소된 법인의 허가취소 당시 임원이었던 자로서 그 허가취소 후 3년이 경과되지 아니한 자

02

경비업법령상 기계경비업자의 직무에 해당하지 않는 것은?

① 경비대상시설에 관한 경보를 수신한 때에는 신속하게 그 사실을 확인하는 등 필요한 대응조치를 취하여야 한다.
② 경비업과 경비장비의 제조·설비·판매업 등 대통령령이 정하는 경비관련업 외의 영업을 하여서는 안 된다.
③ 기계경비업무를 위한 기계장치의 운용·감독을 하여야 한다.
④ 대응조치 등 업무의 원활한 운영과 개선을 위하여 대통령령이 정하는 바에 따라 관련 서류를 작성·비치하여야 한다.

03

경비업법상 집단민원현장에 해당하지 않는 것은?

① 행정대집행법에 따라 대집행을 하는 장소
② 대기업의 주주총회가 개최되고 있는 장소
③ 100명 이상의 사람이 모이는 문화 행사장
④ 노동조합 및 노동관계조정법에 따라 노동관계 당사자가 노동쟁의 조정신청을 한 사업장

04

경비업법상 경비원이 경비업무 수행에 경비장비 외의 흉기를 휴대하고 형법상의 죄를 범한 경우 형의 가중처벌에 해당하지 않는 것은?

① 폭행죄(형법 제260조 제1항)
② 체포죄(형법 제276조 제1항)
③ 협박죄(형법 제283조 제1항)
④ 재물손괴죄(형법 제366조)

05

경비업법령상 경비업의 허가요건으로 옳은 것을 모두 고른 것은?

> ㄱ. 시설경비업무와 특수경비업무를 겸업하고자 하는 경우 자본금은 1억원 이상을 보유하여야 한다.
> ㄴ. 호송경비업무의 장비 등의 기준은 호송용 차량 1대 이상, 현금호송백 1개 이상, 기준 경비인력 수 이상의 경비원 복장 및 경적, 단봉, 분사기가 구비되어야 한다.
> ㄷ. 기계경비업무의 시설은 기준 경비인력 이상을 동시에 교육할 수 있는 교육장·관제시설이 있어야 한다.
> ㄹ. 기계경비업무의 경비인력은 전자·통신 분야 기술자격증소지자 3명을 포함한 일반경비원 10명 이상, 경비지도사 1명 이상이 있어야 한다.
> ㅁ. 특수경비업자 외의 자가 특수경비업무를 추가하려는 경우에는 이미 갖추고 있는 자본금을 포함하여 특수경비업무의 자본금 기준에 적합하여야 한다.

① ㄱ, ㄴ, ㄷ
② ㄱ, ㄹ, ㅁ
③ ㄴ, ㄷ, ㄹ
④ ㄴ, ㄷ, ㅁ

06

경비업법령상 경비업 허가취소처분 사유에 해당하지 않는 것은?

① 경비업자가 집단민원현장에 경비지도사를 선임·배치하여야 함에도 불구하고 이를 3차례 위반한 때
② 경비업자가 특수폭행죄를 범하여 벌금형을 선고받고 5년이 지나지 아니한 자를 일반경비원으로 집단민원현장에 배치해서는 아니 됨에도 불구하고 이를 2차례 위반한 때
③ 경비업자가 영업정지처분을 받고 계속하여 영업을 한 때
④ 경비업자가 관할 경찰관서장의 배치폐지명령에 따르지 아니한 때

07

경비업법령상 일반경비지도사의 직무에 관한 설명으로 옳은 것을 모두 고른 것은?

ㄱ. 경비원의 지도·감독·교육에 관한 계획의 수립
ㄴ. 경비현장에 배치된 경비원에 대한 순회점검 및 감독
ㄷ. 오경보방지 등을 위한 기기관리의 감독
ㄹ. 집단민원현장에 배치된 경비원에 대한 지도·감독

① ㄱ, ㄴ, ㄷ
② ㄱ, ㄴ, ㄹ
③ ㄱ, ㄷ, ㄹ
④ ㄴ, ㄷ, ㄹ

08

경비업법상 용어에 관한 설명으로 옳지 않은 것은?

① 시설경비업무는 경비를 필요로 하는 시설 및 장소에서의 도난 등으로 인한 위험발생을 방지하는 업무이다.
② 호송경비업무는 운반 중에 있는 현금 등 물건에 대하여 도난 등 위험발생을 방지하는 업무이다.
③ 신변보호업무는 사람의 생명이나 신체에 대한 위해발생을 방지하고 그 신변을 보호하는 업무이다.
④ 특수경비업무는 경비대상시설에 설치한 기기에 의하여 감지·송신된 정보를 그 경비대상시설 외의 장소에 설치한 관제시설의 기기로 수신하여 도난 등 위험발생을 방지하는 업무이다.

09

경비업법령상 경비협회에 관한 설명으로 옳지 않은 것은?

① 경비협회는 행정안전부령이 정하는 바에 의하여 회원으로부터 회비를 징수할 수 있다.
② 경비협회는 경비업자의 손해배상책임을 보장하기 위한 사업의 공제사업을 할 수 있다.
③ 경비협회에 관하여 경비업법에 특별한 규정이 있는 것을 제외하고는 민법상 사단법인에 관한 규정을 준용한다.
④ 경비협회가 공제사업을 하고자 하는 때는 공제규정을 제정하여야 하고, 경찰청장이 이 공제규정을 승인하는 경우는 미리 금융위원회와 협의를 하여야 한다.

10

경비업법령상 과태료 부과금액이 다른 것은?

① 기계경비업자가 경비계약을 체결하면서 계약상대방에게 기기사용요령 및 기계경비운영체계 등에 관한 설명의무를 이행하지 않은 경우
② 경비업자가 신임교육을 이수하지 않은 자를 집단민원현장이 아닌 곳에서 신변보호업무를 수행하는 일반경비원으로 배치한 경우
③ 경비업자가 결격사유에 해당하는 경비원을 배치하거나 결격사유에 해당하는 경비지도사를 선임·배치한 경우
④ 경비업자가 행정안전부령에 따라 경비원명부를 작성·비치하지 않고 경비원을 경비업무에 배치한 경우

11

경비업법상 경비원의 명부와 배치허가 등에 관한 설명으로 옳지 않은 것은?

① 경비업자는 행정안전부령으로 정하는 바에 따라 경비원의 명부를 작성·비치하여야 한다.
② 경비업자가 경비원의 배치를 폐지한 경우에는 관할 경찰관서장에게 신고하여야 한다.
③ 경비업자는 경비원을 배치하여 경비업무를 수행하게 하는 때에는 행정안전부령으로 정하는 바에 따라 배치된 경비원의 인적사항과 배치일시·배치장소 등 근무상황을 기록하여 보관하여야 한다.
④ 경비업자는 금고 이상의 형을 선고받고 그 집행이 유예된 날부터 5년이 지나지 아니한 자를 집단민원현장에 일반경비원으로 배치할 수 있다.

12

경비업법령상 A회사에서 선임·배치하여야 할 일반경비지도사의 인원으로 옳은 것은?

A회사는 부산지역에 소재하는 시설경비를 전문으로 하는 경비업체이다. 현재 A회사는 부산지역에만 경비원 400명을 배치하여 경비업무를 수행하고 있다.

① 1명
② 2명
③ 3명
④ 4명

13

경비업법령상 경비지도사에 관한 자격정지처분의 사유에 해당하는 것은?

① 경비지도사 갑(甲)은 자격정지 기간 중에 경비지도사로 선임되어 활동하였다.
② 경비지도사 을(乙)은 허위 그 밖의 부정한 방법으로 경비지도사자격증을 교부받았다.
③ 경비지도사 병(丙)은 시·도 경찰청장의 적정한 경비업무수행을 위하여 필요한 지도·감독상 명령을 위반하였다.
④ 경비지도사 정(丁)은 경비지도사자격증을 무(戊)에게 빌려주거나 양도하였다.

14

경비업법상 경비협회의 업무에 해당하지 않는 것은?

① 경비원의 후생·복지에 관한 사항
② 경비진단에 관한 사항
③ 경비지도사의 지도·감독
④ 경비원 교육·훈련 및 그 연구

15

경비업법령상 경찰청장이 시·도 경찰청장에게 위임한 권한에 해당하는 것은?

① 경비업의 허가권한
② 경비지도사자격증의 교부권한
③ 경비지도사자격의 취소·정지에 관한 청문의 권한
④ 경비협회의 공제사업에 대한 금융감독원장의 검사요청권한

16

다음은 경비업법령상 특수경비원 교육기관의 인력(강사) 지정 기준에 관한 규정 내용이다. ( ) 안의 ㄱ~ㅂ에 들어갈 숫자의 합은?

기출수정

> 특수경비원 교육기관은 다음의 어느 하나에 해당하는 강사를 1명 이상 갖추어야 한다.
> 1) 「고등교육법」 제2조 각호에 따른 학교 또는 이에 준하는 학교에서 교육과목 관련 학과의 조교수 이상의 직에 (ㄱ)년 이상 근무한 경력이 있는 사람
> 2) 교육과목 관련 박사학위를 취득한 후 관련 분야의 연구실적이 있는 사람
> 3) 교육과목 관련 석사 이상의 학위를 취득한 후 관련 분야에 (ㄴ)년 이상 근무한 경력이 있는 사람
> 4) 교육과목 관련 분야에서 공무원으로 (ㄷ)년 이상 근무한 경력이 있는 사람
> 5) 교육과목 관련 분야에 (ㄹ)년 이상 근무한 경력이 있는 사람. 다만 체포·호신술 과목 및 폭발물 처리요령 과목에 대해서는 다음의 구분에 따른다.
>   가) 체포·호신술 과목 : 무도 사범 자격을 취득한 후 관련 분야에 (ㅁ)년 이상 근무한 경력이 있는 사람
>   나) 폭발물 처리요령 과목 : 관련 분야에 (ㅂ)년 이상 근무한 경력이 있는 사람

① 21
② 25
③ 27
④ 30

17

경비업법령상 청문을 실시하여야 하는 행정처분에 해당하지 않는 것은?

① 경비업 허가취소처분
② 경비업 영업정지처분
③ 경비지도사 자격정지처분
④ 경비업자에 대한 과태료 부과처분

18

경비업법령상 경비지도사의 1차 시험면제에 관한 내용이다. ( ) 안에 알맞은 것은?

> ○ 고등교육법에 의한 전문대학 이상의 교육기관에서 (ㄱ)년 이상의 경비업무 관련 과정을 마친 사람
> ○ 경찰청장이 지정하는 기관 또는 단체에서 실시하는 (ㄴ)시간 이상의 경비지도사 양성과정을 마치고 수료시험에 합격한 사람

① ㄱ : 1, ㄴ : 64
② ㄱ : 2, ㄴ : 68
③ ㄱ : 1, ㄴ : 72
④ ㄱ : 2, ㄴ : 78

19

경비업법령상 벌칙 및 양벌규정에 관한 설명으로 옳지 않은 것은?

① 특수경비원이 국가중요시설의 정상적인 운영을 해치는 장해를 일으킨 경우에는 행위자뿐만 아니라 법인과 개인에게도 동일한 법정형을 과한다.
② 법인 또는 개인이 특수경비원의 위 ①과 같은 행위를 방지하기 위하여 해당 업무에 관한 상당한 주의와 감독을 게을리하지 아니하였다면 벌금형이 면책된다.
③ 경비업자의 경비원 채용 시 무자격자나 부적격자 등을 채용하도록 관여하거나 영향력을 행사한 도급인에게는 3년 이하의 징역 또는 3천만원 이하의 벌금에 처한다.
④ 경비업자가 집단민원현장에 일반경비원을 배치하면서 경비원의 명부를 배치장소에 작성·비치하지 않은 경우에 양벌규정이 적용되지 아니한다.

20

경비업법상 특수경비원의 무기사용 등에 관한 설명으로 옳지 않은 것은?

① 특수경비원은 경비업무 수행 중 국가중요시설의 정상적인 운영을 해치는 장해를 일으켜서는 안 된다.
② 특수경비원의 무기 휴대, 무기종류, 그 사용기준 등에 관하여 필요한 사항은 대통령령으로 정한다.
③ 시·도 경찰청장은 무기의 적정한 관리를 위하여 무기를 대여받은 시설주에 대하여 필요한 명령을 발할 수 있다.
④ 시·도 경찰청장은 국가중요시설에 대한 경비업무의 수행을 위하여 필요하다고 인정하는 때에는 시설주의 신청에 의하여 무기를 구입한다.

21

경비업법령상 경비업자의 신고 등에 관한 설명으로 옳지 않은 것은?

① 특수경비업무를 개시한 때에는 개시한 날부터 30일 이내에 시·도 경찰청장에게 신고하여야 한다.
② 법인의 대표자·임원을 변경한 때에는 변경한 날로부터 30일 이내에 시·도 경찰청장에게 신고하여야 한다.
③ 기계경비업무의 수행을 위한 관제시설을 이전한 때에는 이전한 날로부터 30일 이내에 관할 경찰서장에게 신고하여야 한다.
④ 경비업을 폐업한 경우에는 폐업을 한 날부터 7일 이내에 폐업신고서에 허가증을 첨부하여 법인의 주사무소를 관할하는 시·도 경찰청 소속의 경찰서장에게 제출하여야 한다.

22

경비업법령상 경비원과 경비지도사의 교육에 관한 설명으로 옳지 않은 것은?(단, 교육대상 제외자는 해당하지 않는다) `기출수정`

① 경비지도사의 기본교육에 소요되는 비용은 경비업자의 부담으로 한다.
② 일반경비원의 신임교육에서 이론교육은 4시간이고 실무교육은 19시간이다.
③ 경비업자는 일반경비원을 채용한 경우 해당 일반경비원에게 경비업자의 부담으로 일반경비원 교육기관에서 실시하는 일반경비원 신임교육을 받도록 해야 한다.
④ 일반경비지도사자격증 취득자가 자격증 취득일부터 3년 이내에 기계경비지도사 시험에 합격하여 교육을 받을 경우 공통교육은 면제된다.

23

경비업법상 허가와 관련된 내용이다. (　) 안에 들어갈 숫자의 합은?

> ○ 시설경비업무의 경비업을 영위하기 위해서는 경비원 (ㄱ)명 이상 및 경비지도사 (ㄴ)명 이상을 두어야 한다.
> ○ 경비업 허가의 유효기간은 허가받은 날부터 (ㄷ)년으로 한다.
> ○ 집단민원현장에 경비인력을 (ㄹ)명 이상 배치하려고 할 때에는 그 경비인력을 직접 고용하여서는 아니 되고, 경비업자에게 경비업무를 도급하여야 한다. 다만, 시설주 등이 집단민원현장 발생 (ㅁ)개월 전까지 직접 고용하여 경비업무를 수행하는 피고용인의 경우에는 그러하지 아니한다.

① 39
② 42
③ 45
④ 49

24

경비업법령상 특수경비원을 배치한 시설주가 갖추어 두어야 할 장부 및 서류로 옳지 않은 것은?

① 감독순시부
② 순찰표철
③ 근무상황카드
④ 무기장비운영카드

25

경비업법령상 허가증 등의 수수료에 관한 설명으로 옳지 않은 것은?

① 경비지도사 시험에 응시하고자 하는 자는 경찰청장이 정하여 고시하는 수수료를 납부하여야 한다.
② 경비업의 변경·추가허가의 경우에는 1만원의 수수료를 납부하여야 한다.
③ 경찰서장은 정보통신망을 이용하여 전자화폐·전자결제 등의 방법으로 수수료를 납부하게 할 수 있다.
④ 경비업의 허가를 받거나 허가증을 재교부 받고자 하는 자는 대통령령이 정하는 바에 따라 수수료를 납부하여야 한다.

26

경비업법령상 경찰청장 등의 지도·감독·점검에 관한 사항으로 옳지 않은 것은?

① 시·도 경찰청장은 특수경비업자에 대하여 보안지도·점검을 연 2회 이상 실시하여야 한다.
② 관할 경찰관서장은 경비업자가 경비업법을 위반하는 행위를 하는 경우 그 위반행위의 중지를 명할 수 있다.
③ 시·도 경찰청장은 경비업무 장소가 집단민원현장으로 판단되는 경우에는 그때부터 7일 이내에 경비업자에게 경비원 배치허가를 받을 것을 고지하여야 한다.
④ 관할 경찰관서장은 소속 경찰공무원으로 하여금 관할구역 안에 있는 경비업자의 주사무소 및 출장소와 경비원 배치장소에 출입하여 근무상황 및 교육훈련상황 등을 감독하며 필요한 명령을 하게 할 수 있다.

27

경비업법상 경비업자의 손해배상책임이 발생하지 않은 것은?

① 경비원 갑(甲)이 업무수행 중 무과실로 경비대상에 손해가 발생하는 것을 방지하지 못한 경우
② 경비원 을(乙)이 업무수행 중 고의로 제3자에게 손해를 입힌 경우
③ 경비원 병(丙)이 업무수행 중 과실로 제3자에게 손해를 입힌 경우
④ 경비원 정(丁)이 업무수행 중 고의로 경비대상에 손해가 발생하는 것을 방지하지 못한 경우

28

청원경찰법령상 시·도 경찰청장과 관할 경찰서장이 모두 비치해야 할 장부 등으로 옳은 것은?

① 전출입 관계철
② 교육훈련 실시부
③ 청원경찰 명부
④ 배치결정 관계철

29

청원경찰법령상 청원경찰의 배치폐지 등에 관한 설명으로 옳지 않은 것은?
① 청원주는 청원경찰을 대체할 목적으로 특수경비원을 배치하는 경우에 청원경찰의 배치를 폐지하거나 배치인원을 감축할 수 없다.
② 청원주가 청원경찰의 배치폐지하였을 때에는 청원경찰 배치결정을 한 경찰관서장에게 알려야 한다.
③ 청원주가 청원경찰의 배치폐지하는 경우에는 배치폐지로 과원(過員)이 되는 그 사업장 내의 유사업무에 종사하게 하는 등 청원경찰의 고용을 보장하여야 한다.
④ 청원주는 청원경찰이 배치된 사업장이 배치인원의 변동사유 없이 다른 곳으로 이전하는 경우에 배치인원을 감축할 수 없다.

30

청원경찰법상 청원경찰 등에 관한 설명으로 옳지 않은 것은?
① 청원경찰법은 청원경찰의 원활한 운영을 목적으로 제정되었다.
② 청원경찰은 국내 주재 외국기관에도 배치될 수 있다.
③ 청원경찰은 청원주 등이 경비(經費)를 부담할 것을 조건으로 사업장 등의 경비(警備)를 담당하게 하기 위하여 배치하는 경찰을 말한다.
④ 청원경찰은 청원주와 관할 시·도 경찰청장의 감독을 받아 그 경비구역만의 경비를 목적으로 필요한 범위에서 경찰공무원법에 따른 경찰관의 직무를 수행한다.

31

청원경찰법령상 청원경찰의 근무 등에 관한 설명으로 옳지 않은 것은?
① 청원경찰은 형법에 따른 벌칙을 적용할 때에는 공무원으로 간주하지 않는다.
② 청원경찰은 근무 중에는 행정안전부령이 정하는 제복을 착용하여야 한다.
③ 청원경찰이 직무수행 시에 직권을 남용하여 국민에게 해를 끼친 경우에는 6개월 이하의 징역이나 금고에 처한다.
④ 시·도 경찰청장은 직무수행에 필요하면 청원주의 신청을 받아 관할 경찰서장으로 하여금 청원경찰에게 무기를 대여하여 지니게 할 수 있다.

32

청원경찰법령상 청원경찰이 퇴직할 때 청원주에게 반납하여야 하는 것을 모두 고른 것은?

ㄱ. 허리띠	ㄴ. 근무복
ㄷ. 방한화	ㄹ. 호루라기
ㅁ. 가슴표장	ㅂ. 분사기
ㅅ. 포 승	ㅇ. 기동복

① ㄱ, ㄷ, ㅁ, ㅇ
② ㄱ, ㅁ, ㅂ, ㅅ
③ ㄴ, ㄷ, ㄹ, ㅇ
④ ㄴ, ㄹ, ㅂ, ㅅ

33

청원경찰법령상 청원경찰의 경비(經費)에 관한 설명으로 옳은 것은?

① 청원주는 대통령령이 정하는 바에 따라 청원경찰에게 봉급과 각종 수당 등을 지급하여야 한다.
② 청원주는 대통령령이 정하는 바에 따라 청원경찰이 직무수행 중 부상을 당한 경우에 본인에게 보상금을 지급하여야 한다.
③ 청원주는 청원경찰이 퇴직할 때에는 행정안전부령이 정하는 바에 따라 근로자퇴직급여보장법에 따른 퇴직금을 지급하여야 한다.
④ 지방자치단체에 근무하는 청원경찰의 각종 수당은 공무원수당 등에 관한 규정에 따른 수당 중 가계보전수당, 실비변상 등으로 하며, 그 세부 항목은 대통령령으로 정하여 고시한다.

34

청원경찰법령상 배상책임과 권한의 위임에 관한 설명으로 옳은 것은?

① 시·도 경찰청장은 청원경찰의 임용승인에 관한 권한을 대통령령으로 관할 경찰서장에게 위임할 수 있다.
② 경비업자가 중요시설의 경비를 도급받았을 때에는 청원주는 그 사업장에 배치된 청원경찰의 근무 배치 및 감독에 관한 권한을 해당 경비업자에게 위임할 수 없다.
③ 공기업에 근무하는 청원경찰의 직무상 불법행위로 인한 배상책임은 국가배상법에 의한다.
④ 국가기관에 근무하는 청원경찰의 직무상 불법행위로 인한 배상책임에 관해서는 민법의 규정에 의한다.

35

청원경찰법령상 청원경찰의 보수 산정에 관하여 그 배치된 사업장의 취업규칙에 특별한 규정이 없는 경우에 봉급 산정의 기준이 되는 경력에 불산입되는 것으로 옳은 것은?

① 군복무한 경력
② 의무경찰에 복무한 경력
③ 청원경찰로 임용되어 근무한 경력
④ 지방자치단체에서 근무하는 청원경찰에 대해서는 지방자치단체에 비상근으로 근무한 경력

36

청원경찰법령상 청원경찰을 배치하기 전에 직무수행에 필요한 교육의 내용으로 옳지 않은 것은?(단, 교육대상 제외자는 해당하지 않는다)

① 학술교육은 형사법 10시간, 청원경찰법 5시간을 이수하여야 한다.
② 정신교육은 정신교육과목을 8시간 이수하여야 한다.
③ 실무교육은 경범죄처벌법 및 사격 과목 등을 포함하여 40시간을 이수하여야 한다.
④ 술과는 체포술 및 호신술 과목 6시간이고, 기타로 입교·수료 및 평가 3시간을 이수하여야 한다.

37

청원경찰법령상 청원경찰의 복제(服制) 등에 관한 설명으로 옳지 않은 것은?

① 청원경찰의 복제는 제복·장구(裝具) 및 부속물로 구분하며 필요한 사항은 대통령령으로 정한다.
② 청원주 및 청원경찰은 행정안전부령으로 정하는 무기관리수칙을 준수하여야 한다.
③ 청원경찰이 특수복장을 착용할 필요가 있을 때 청원주는 시·도 경찰청장의 승인을 받아 착용하게 할 수 있다.
④ 시·도 경찰청장이 무기를 대여하여 휴대하게 하려는 경우에는 청원주로부터 국가에 기부채납된 무기에 한정하여 관할 경찰서장으로 하여금 청원경찰에게 무기를 대여하여 휴대하게 할 수 있다.

38

청원경찰법령상 사업장의 청원주가 감독자 지정기준에 의할 때 근무인원이 100명일 경우에 대장, 반장, 조장의 인원을 순서대로 나열한 것은?

① 0명, 1명, 4명
② 1명, 2명, 6명
③ 1명, 4명, 12명
④ 1명, 6명, 15명

39

청원경찰을 배치한 A은행은 서울 서초구 서초동에 소재하고 있다. 이 경우 청원경찰법령상 서울특별시경찰청장이 서초경찰서장에게 위임할 수 있는 권한으로 옳지 않은 것은?

① 청원경찰 배치의 결정 및 요청에 관한 권한
② 청원경찰의 임용승인에 관한 권한
③ 청원주에 대한 지도 및 감독상 필요한 명령에 관한 권한
④ 청원경찰의 무기 대여 및 휴대에 관한 권한

40

청원경찰법령상 청원주의 위반행위로 인한 과태료의 부과기준이 500만원에 해당하지 않는 것은?

기출수정

① 시·도 경찰청장의 승인을 받지 않고 임용결격사유에 해당하지 않는 사람을 청원경찰에 임용한 경우
② 시·도 경찰청장의 감독상 필요한 분사기에 관한 명령을 정당한 사유 없이 이행하지 않은 경우
③ 정당한 사유 없이 경찰청장이 고시한 최저부담기준액 이상의 보수를 지급하지 않은 경우
④ 시·도 경찰청장의 배치결정을 받지 않고 국가정보원장이 지정하는 국가보안목표시설에 청원경찰을 배치한 경우

2017년 경호학

- 2017.11.18. 시행
- 각 문항별로 난이도를 체크해 보세요. ☑△✕

41
경호의 개념에 관한 설명으로 옳지 않은 것은?

① 경호대상자의 생명과 재산을 보호하기 위하여 신체에 가하여지는 위해를 방지하거나 제거하고, 특정 지역을 경계·순찰 및 방비하는 등의 모든 안전활동을 말한다.
② 형식적 의미의 경호개념은 현실적인 경호기관을 기준으로 하여 정립된 개념이다.
③ 실질적 의미의 경호개념은 경호의 본질적·이론적인 입장에서 이해한 것이다.
④ 대통령 등의 경호에 관한 법률에서의 경호는 호위와 경비를 구분하여 새로운 경호개념으로 정의하고 있다.

42
경호 및 경비의 분류에 관한 설명으로 옳은 것을 모두 고른 것은?

> ㄱ. 2(B)급 경호는 행사준비 등의 시간적 여유 없이 갑자기 결정된 상황에서의 각종 행사와 수상급의 경호대상으로 결정된 국빈행사의 경호이다.
> ㄴ. 약식경호는 의전절차 없이 불시에 행사가 진행되고, 사전 경호조치도 없는 상태에서 최소한의 근접경호만으로 실시하는 경호활동을 말한다.
> ㄷ. 특수경비는 총포류, 도검류, 폭발물에 의한 중요 범죄 등의 사태로부터 발생할 위해를 예방하거나 경계하고 진압함으로써, 국민의 생명과 재산을 보호하고 공공의 안녕과 질서를 유지하는 경비활동이다.

① ㄱ
② ㄱ, ㄴ
③ ㄴ, ㄷ
④ ㄱ, ㄴ, ㄷ

43

로마 가톨릭 교황 방한 시 대통령경호처장이 경호등급을 결정할 경우, 사전협의해야 하는 자가 아닌 것은?

① 국가안보실장
② 외교부장관
③ 국가정보원장
④ 경찰청장

44

다음 설명의 경호활동 원칙은?

> 경호대상자가 위험한 상황에 처했을 경우에는 경호대상자의 머리를 숙이게 한다든지, 완력으로 안전한 곳으로 인도한다든지 하여 위험을 모면케 하는 경호활동으로 긴급상황 발생 시 경호대상자를 우선 안전한 곳으로 대피시키는 것이 바람직하다.

① 방어경호의 원칙
② 예방경호의 원칙
③ 두뇌경호의 원칙
④ 자기희생의 원칙

45

다음 중 고려시대의 경호기관은?

① 시위부
② 성중애마
③ 별시위
④ 호위청

46

경호의 행동원칙에 관한 설명으로 옳은 것을 모두 고른 것은?

> ㄱ. 자기담당구역 책임의 원칙 : 경호원은 자신의 책임하에서 주어진 임무를 완수하고 담당구역을 지켜내야 한다.
> ㄴ. 자기희생의 원칙 : 경호원 자신을 희생해서라도 경호대상자의 신변을 안전하게 보호해야 한다.
> ㄷ. 목표물 보존의 원칙 : 경호대상자를 위해요소로부터 떼어놓는 것이다.
> ㄹ. 은밀경호의 원칙 : 경호대상자의 얼굴을 닮은 경호원 또는 비서관을 임명하여 경호위해자로부터 경호대상자를 은밀하게 보호하는 방법이다.

① ㄱ
② ㄱ, ㄴ
③ ㄱ, ㄴ, ㄷ
④ ㄱ, ㄴ, ㄷ, ㄹ

47

대한민국 정부수립 이후 경호기관에 관한 설명으로 옳은 것은 모두 몇 개인가?

> ○ 경무대경찰서는 주로 대통령 경호임무를 수행하였으며, 1953년 경찰서 직제를 개정하여 관할구역을 경무대 구내로 제한하였다.
> ○ 청와대 경찰관파견대는 1960년 3차 개헌을 통해 내각책임제에서 대통령중심제로 정부형태가 변화되면서 종로경찰서 소속으로 대통령의 경호 및 대통령 관저의 경비를 담당하였다.
> ○ 국가재건최고회의 의장경호대는 1961년 중앙정보부 경호대로 정식 발족하여 국가원수, 최고회의의장 등의 신변보호 임무를 수행하였다.
> ○ 대통령경호실은 1981년 대통령경호실법 개정으로 "전직대통령과 그 배우자 및 자녀"가 경호대상으로 추가되었다.

① 1개
② 2개
③ 3개
④ 4개

48

경호의 주체 및 객체에 관한 설명으로 옳지 않은 것은?

① 경호주체는 경호목적을 달성하기 위해 적극적으로 일정한 경호작용을 주도적으로 실시하는 당사자를 말한다.
② 경호객체는 경호관계에서 경호주체의 상대방인 경호대상자를 말한다.
③ 경호대상자의 협조를 유도하기 위해서는 경호대상자의 심리적 성향을 이해하고 적합한 기법을 개발하여 신뢰감을 얻는 것이 중요하다.
④ 경호대상자가 경호에 협조적인 경우, 경호대상자 주위의 안전구역을 해제함으로써 유연한 경호임무를 완수해야 한다.

49

경호조직의 특성에 해당하지 않는 것은?

① 기동성
② 통합성
③ 개방성
④ 전문성

50

다음 설명하는 경호조직의 원칙은?

> 경호조직의 각 구성원은 오직 하나의 상급기관(지휘관)에게만 보고하고, 그의 명령지휘를 받고, 그에게만 책임을 진다는 것이다.

① 경호지휘단일성
② 경호체계통일성
③ 경호기관단위작용
④ 경호협력성

51

각국의 경호 유관기관에 관한 설명으로 옳지 않은 것은?

① 미국 중앙정보국(CIA) : 국제 테러조직, 적성국 동향에 대한 첩보 수집, 분석 전파, 외국 국빈방문에 따른 국내 각급 정보기관 조정을 통한 경호정보 제공
② 영국 보안국(SS) : 외무성 소속으로 MI6으로 불리기도 하며, 국외경호 관련 정보의 수집·분석·처리 업무 담당
③ 독일 국방보안국(MAD) : 국방성 산하 정보기관으로 군 관련 첩보 및 경호 관련 첩보 제공 임무 수행
④ 프랑스 해외안전총국(DGSE) : 국방성 소속으로 해외정보 수집 및 분석 업무 수행

52

경호업무 수행절차의 4단계에 관한 설명으로 옳지 않은 것은?

① 예방단계는 준비단계로서 발생할 수 있는 인적·물적 위해요소에 대한 예방책을 강구하는 단계이다.
② 대비단계는 안전활동단계로서 발생 가능한 인적·물적 위해요소에 대한 대비책을 강구하는 단계이다.
③ 평가단계는 위험분석단계로서 경호효과를 평가·분석하여 경호계획을 수립하기 위한 단계이다.
④ 대응단계는 실시단계로서 경호대상자에게 발생하는 위해요소에 대한 출입요소의 통제, 근접경호 등으로 즉각적인 조치를 취하는 단계이다.

53

행사장 비상대책 수립 시 우선적으로 고려해야 하는 요소가 아닌 것은?

① 비상장비
② 비상통로
③ 비상대피소
④ 비상대기차량

54

출입자 통제업무 내용으로 옳지 않은 것은?

① 인적 출입관리는 행사장의 모든 출입구에 대한 검색이나 수상한 자의 색출을 목적으로 한다.
② 비표는 식별이 어렵게 하여 보안성을 강화한다.
③ 참석자가 시차별로 지정된 출입통로를 통하여 입장토록 한다.
④ 모든 출입요소는 지정된 출입통로를 사용하여야 하며 기타 통로는 폐쇄한다.

55

선발경호의 특성에 관한 설명으로 옳지 않은 것은?

① 경호임무에 동원된 모든 부서는 각자의 기능을 발휘하면서 서로 다른 각각의 지휘체계 아래 상호보완적 임무를 수행해야 한다.
② 예방경호는 위해요소를 발견, 제거, 거부함으로써 경호행사의 안전을 확보하는 것이다.
③ 선발경호는 3중 경호의 원리에 입각해서 행사장을 구역별로 구분, 특성에 맞는 경호조치를 강구한다.
④ 선발경호 특성 중 예비성이란 현지 지형과 상황에 맞는 대응계획과 대피계획을 수립·대비함을 말한다.

56

선발경호활동의 내용으로 옳지 않은 것은?

① 출입통제대책 강구 후 안전검측활동과 안전유지가 이루어져야 한다.
② 출입자 통제대책으로 비표 운용, 주차장 지정, 검색대 운용 등을 할 수 있다.
③ 경호협조회의는 해당지역 경찰서 관계자 등 행사에 참여하는 다양한 부서와 합동으로 실시하며 보안유지를 위해 1회로 제한한다.
④ 선발경호안전활동의 주요 요소는 출입자 통제대책 강구, 검측 및 안전확보, 비상 안전대책의 강구 등이다.

57

근접경호의 도보대형 형성 시 고려사항이 아닌 것은?

① 주변 감제건물의 취약도
② 행사장 기후
③ 행사장 사전예방경호 수준
④ 인적 취약요소와의 이격도

58

근접경호 수행방법에 관한 설명으로 옳지 않은 것은?

① 근접도보대형은 장소와 상황 등 행사장 환경에 따라 유연하게 적용시켜야 한다.
② 근접경호는 신체에 의한 방호벽을 형성하되 경호대상자 행동의 자유와 프라이버시를 존중해야 한다.
③ 근접경호원은 종사요원, 경호대상자와 친숙한 방문객, 수행원을 신속하게 익혀야 한다.
④ 도보이동 간 근접경호원의 체위확장은 위기 시 방호효과를 극대화할 수 있으나 평시 노출 및 위력과시의 부정적 효과로 지양해야 한다.

59

기동 간 경호대책의 원칙에 관한 내용으로 옳은 것은?

① 적절한 차량대형을 형성하여 방어태세를 유지한다.
② 교통흐름에 맞게 자연스런 차량운행을 한다.
③ 저격에 대비하여 혼잡하거나 곡선인 도로를 이용한다.
④ 기동 간 경계력 분산을 방지하기 위해 전방 경계에 집중한다.

60

도보이동 간 근접경호의 원칙으로 옳지 않은 것은?

① 근접경호원은 상황변화에도 고정된 대형을 고수해야 한다.
② 근접경호원은 경호대상자에 이르는 모든 접근로를 차단하기 위하여 분산배치되어야 한다.
③ 위험노출 정도를 최소화하기 위해 최단거리 직선통로를 이용한다.
④ 근접경호대형은 전방위에 대한 사주경계와 신변안전을 담보할 수 있도록 행사장 여건을 고려하여 최소한의 인원으로 형성한다.

61

다음이 설명하는 근접경호대형은?

> 외부로부터 위협이 없다고 판단되며 안전이 확보된 행사장 입장 시와 대외적인 이미지를 중시하는 경호대상자에게 적합한 도보대형

① 마름모 대형
② V자(역쐐기) 대형
③ 원형 대형
④ 쐐기 대형

62

경호안전대책에 관한 설명으로 옳은 것은?

① 행사장의 인적·물적·지리적 위해요소에 대한 비표 운용을 통하여 행사장의 안전을 도모한다.
② 인적 위해요소에 대해서는 행사장 주변 수색 및 위해광고물 일제정비 등을 통해 경호 취약요소를 제거한다.
③ 물적 위해요소에 대해서는 금속탐지기 등을 이용한 검색을 통하여 위해물품이 행사장 내로 반입되지 못하도록 한다.
④ 지리적 위해요소에 대해서는 입장 및 주차계획, 본인 여부 확인을 통하여 불순분자의 행사장 내 침투 및 접근을 차단한다.

63

대한민국에서 개최되는 다자간 정상회의의 경호 및 안전관리 업무를 효율적으로 수행하기 위하여 대통령 등의 경호에 관한 법률에 따라 설치되는 경호·안전 대책기구의 명칭은?

① 경호안전종합본부
② 경호안전통제단
③ 경호안전대책본부
④ 경호처 특별본부

64

보안업무규정상 보호지역에 관한 설명으로 옳은 것을 모두 고른 것은?

> ㄱ. 보호지역은 제한지역, 제한구역, 통제지역, 통제구역으로 구분할 수 있다.
> ㄴ. 제한구역은 비밀 또는 국·공유재산의 보호를 위하여 울타리 또는 방호·경비인력에 의하여 승인을 받지 않은 사람의 접근이나 출입에 대한 감시가 필요한 지역을 말한다.
> ㄷ. 제한지역은 비인가자가 비밀, 주요시설 및 Ⅲ급 비밀 소통용 암호자재에 접근하는 것을 방지하기 위하여 안내를 받아 출입하여야 하는 지역을 말한다.
> ㄹ. 통제구역은 보안상 매우 중요한 구역으로서 비인가자의 출입이 금지되는 구역을 말한다.

① ㄹ
② ㄱ, ㄹ
③ ㄴ, ㄷ
④ ㄴ, ㄷ, ㄹ

65

대통령 등의 경호에 관한 법령상 경호구역에 관한 설명으로 옳지 않은 것은?

① 대통령경호처장은 경호업무의 수행에 필요하다고 판단되는 경우 경호구역을 지정할 수 있다.
② 대통령경호처장이 경호구역을 지정할 경우 경호 목적 달성을 위한 최대한의 범위로 설정되어야 한다.
③ 대통령경호처장은 경호구역을 지정할 때 경호업무 수행에 대한 위해요소와 구역이나 시설의 지리적·물리적 특성 등을 고려해 지정하여야 한다.
④ 대통령경호처 소속 공무원과 경호업무를 지원하는 사람은 경호 목적상 불가피하다고 인정되는 상당한 이유가 있는 경우에만 경호구역에서 안전활동을 할 수 있다.

66

선발경호의 특성이 아닌 것은?

① 예비성
② 안전성
③ 통합성
④ 기만성

67

위해기도자의 범행시도에 경호대상자 또는 위해기도자와 가장 가까이 위치한 경호원이 대응해야 한다는 경호원칙은?

① 체위확장의 원칙
② 주의력과 대응시간의 원리
③ 촉수거리의 원칙
④ 목표물 보존의 원칙

68

우발상황에 관한 설명으로 옳지 않은 것은?

① 우발상황은 어떠한 일이 예기치 못하게 발생하는 것을 의미하며, 사전예측 불가, 극도의 혼란사태 야기, 즉응적 대응 요구, 자기보호본능 발동 등의 특성을 갖는다.
② 우발상황 발생 시 대응은 '경고-방호-대피'가 거의 동시에 이루어져야 한다.
③ 우발상황 발생 시 경호원은 경호대상자를 신속하게 안전지대로 대피시키기 위해 경호대상자에게 신체적 무리가 있더라도 과감하게 행동하여야 한다.
④ 수류탄 또는 폭발물과 같은 폭발성 화기에 의해 공격받았을 때 사용되는 방호 대형은 강화된 사각 대형이다.

69

다음 중 경호기만 방법으로 옳지 않은 것은?

① 일관성 있는 차량 및 기동로
② 허위흔적 표시
③ 일반인처럼 자연스러운 옷차림과 행동
④ 연막차장

70

안전검측활동에 관한 설명으로 옳은 것은?

① 비공식행사에서는 실시하지 않는다.
② 오감을 배제하고, 장비를 이용하여 실시한다.
③ 경호대상자가 장시간 머물러 있는 곳을 먼저 실시한 후 경호대상자의 동선에 따라 순차적으로 실시한다.
④ 전자제품은 분해하여 확인하되 확인이 불가능한 것은 현장에 보존한다.

71

폭발물에 관한 설명으로 옳지 않은 것은?

① 폭약은 파괴적 폭발에 사용될 수 있는 것으로서 액체산소폭약, 다이너마이트 등이 있다.
② 급조폭발물은 다양한 형태로 제작 가능하며, 재사용이 가능한 장점이 있다.
③ 뇌관에 사용되는 기폭제는 폭발력은 약하나 작은 충격이나 마찰, 정전기 등에 폭발하는 특성이 있다.
④ 폭발물의 폭발 효과는 폭풍, 진동, 열, 파편 효과 등이 나타난다.

72

경호장비에 관한 설명으로 옳지 않은 것은?

① 검색장비란 위해도구나 위해물질을 찾아내는 데 사용하는 장비로 금속탐지기, X-Ray 수화물 검색기 등이 있다.
② 방호장비란 경호원이 자신의 생명·신체가 위험상태에 놓였을 때 스스로를 보호하는 장비로 가스분사기, 전자충격기 등이 있다.
③ 감시장비란 경호 취약점을 보완하는 수단으로 침입 또는 범죄행위를 사전에 알아내는 역할을 하는 장비로 쌍안경, 열선감지기 등이 있다.
④ 통신장비란 경호임무 수행에 있어 필요한 보고 또는 연락을 위한 장비로 차량용 무전기, 휴대용 무전기 등이 있다.

73

검측장비 중 탐지장비가 아닌 것은?

① 서치탭(search tap)
② 청진기
③ 검색경
④ 물포(water cannon)

74

탑승 시 경호예절에 관한 설명으로 옳은 것은?

① 기차의 경우 2인용 좌석일 때 창가 쪽이 상석이고 통로 쪽이 말석이다. 침대차에서는 위쪽의 침대가 상석이다.
② 비행기를 타고 내릴 때에는 상급자가 먼저 타고 먼저 내리는 것이 올바른 순서이다.
③ 일반 선박의 경우 상급자가 나중에 타고 하선할 때는 먼저 내리나, 함정의 경우에는 상급자가 먼저 타고 먼저 내린다.
④ 에스컬레이터 탑승 시 올라갈 때는 남성이 먼저 올라가고, 내려올 때는 여성이 먼저 내려온다.

75

태극기 게양일 중에 조기(弔旗)를 게양해야 하는 날은?

① 3·1절 ② 제헌절
③ 현충일 ④ 국군의 날

76

경호의 일반적 환경요인으로 옳지 않은 것은?

① 경제발전과 과학기술의 발전
② 사회구조와 국민의식 구조의 변화
③ 정보의 팽창과 범죄의 다양화
④ 우리나라에 대한 북한 테러 위협 증가

77

경호원의 기본응급처치 요령으로 옳지 않은 것은?

① 호흡이 없을 시 즉시 심폐소생술을 실시하고, 전문의료진에게 신속하게 인계한다.
② 의식이 없을 경우에는 경호대상자를 옆으로 눕혀 이물질에 의한 질식을 예방한다.
③ 가슴 및 복부 손상 시 지혈을 하고 물을 마시게 한다.
④ 목 부상 시 부목 등의 도구를 이용하여 고정시켜 목의 꺾임을 방지한다.

78

국민보호와 공공안전을 위한 테러방지법령상 테러위협의 정도에 따른 테러경보 4단계에 속하지 않는 것은?

① 주 의
② 경 계
③ 심 각
④ 대 비

79

국민보호와 공공안전을 위한 테러방지법령상 국가테러대책위원회의 심의·의결사항에 해당하지 않는 것은?

① 관계기관의 대테러활동 교육·훈련의 감독 및 평가
② 국가 대테러 기본계획 등 중요 중장기 대책 추진사항
③ 대테러활동에 관한 국가의 정책수립 및 평가
④ 위원장이 대책위원회에서 심의·의결할 필요가 있다고 제의하는 사항

80

국민보호와 공공안전을 위한 테러방지법의 내용으로 옳은 것은?

① 테러위험인물이란 테러를 실행·계획·준비하거나 테러에 참가할 목적으로 국적국이 아닌 국가의 테러단체에 가입하거나 가입하기 위하여 이동 또는 이동을 시도하는 내국인·외국인을 말한다.
② 테러수사란 대테러활동에 필요한 정보나 자료를 수집하기 위하여 현장조사·문서열람·시료채취 등을 하거나 조사대상자에게 자료제출 및 진술을 요구하는 활동을 말한다.
③ 관계기관의 대테러활동으로 인한 국민의 기본권 침해 방지를 위하여 대책위원회 소속으로 대테러 인권보호관 2명을 둔다.
④ 국가정보원장은 테러위험인물에 대하여 출입국·금융거래 및 통신이용 등 관련 정보를 수집할 수 있다.

2016

제18회 경비지도사 제2차 시험 기출문제

1. 경비업법
2. 경호학

2016년도 제18회 경비지도사 2차 국가자격시험

교시	문제형별	시험시간	시험과목
1교시	A	80분	❶ 경비업법 ❷ 경호학

수험번호		성명	

【 수 험 자 유 의 사 항 】

1. **시험문제지 표지**와 시험문제지 내 **문제형별**의 **동일여부** 및 시험문제지의 **총면수, 문제번호 일련순서, 인쇄상태** 등을 확인하시고, 문제지 표지에 수험번호와 성명을 기재하시기 바랍니다.
2. 답은 각 문제마다 요구하는 **가장 적합하거나 가까운 답 1개**만 선택하고, 답안카드 작성 시 시험문제지 **형별누락, 마킹착오**로 인한 불이익은 전적으로 **수험자에게 책임**이 있음을 알려드립니다.
3. 답안카드는 국가전문자격 공통 표준형으로 문제번호가 1번부터 125번까지 인쇄되어 있습니다. 답안 마킹 시에는 반드시 **시험문제지의 문제번호와 동일한 번호**에 마킹하여야 합니다.
4. **감독위원의 지시에 불응하거나 시험시간 종료 후 답안카드를 제출하지 않을 경우** 불이익이 발생할 수 있음을 알려 드립니다.
5. 시험문제지는 시험 종료 후 가져가시기 바랍니다.

안내사항

1. 수험자는 QR코드를 통해 가답안을 확인하시기 바랍니다.
   (※ 사전 설문조사 필수)
2. 시험 합격자에게 '**합격축하 SMS(알림톡) 알림 서비스**'를 제공하고 있습니다.

— 수험자 여러분의 합격을 기원합니다 —

2016년 경비업법

✓ 2016.11.19. 시행
✓ 각 문항별로 난이도를 체크해 보세요. ☑△✗

01

경비업법에 규정된 용어의 정의이다. ( ) 안에 들어갈 단어가 올바르게 짝지어진 것은?

> 시설경비업무란 경비를 필요로 하는 시설 및 장소에서의 (ㄱ)·화재 그 밖의 (ㄴ) 등으로 인한 위험발생을 방지하는 업무를 말한다.

① ㄱ : 위 해,   ㄴ : 소 란
② ㄱ : 도 난,   ㄴ : 혼 잡
③ ㄱ : 위 해,   ㄴ : 혼 잡
④ ㄱ : 도 난,   ㄴ : 소 란

02

경비업법상 집단민원현장에 해당하는 것은?

① 30명의 사람이 모이는 예술 행사장
② 50명의 사람이 모이는 문화 행사장
③ 90명의 사람이 모이는 체육 행사장
④ 120명의 사람이 모이는 국제 행사장

03

경비업법상 경비업을 영위하는 법인의 임원이 될 수 있는 자는?

① 60세인 사람
② 피성년후견인
③ 파산선고를 받고 복권되지 아니한 자
④ 금고 이상의 형의 선고를 받고 그 형이 실효되지 아니한 자

04

경비업법상 경비업 허가를 받은 법인이 시·도 경찰청장에게 신고해야 하는 경우가 아닌 것은?

① 영업을 폐업한 때
② 도급받아 행하고자 하는 경비업무를 변경하는 때
③ 법인의 주사무소를 이전한 때
④ 특수경비업무를 개시한 때

05

경비업법령상 기계경비업무 등에 관한 설명으로 옳지 않은 것은?

① 경비업 허가를 받기 위한 기계경비업무의 자본금 보유 기준은 1억원 이상이다.
② 경비업 허가를 받기 위한 기계경비업무의 경비인력 기준은 전자·통신 분야 기술자격증소지자 5명을 포함한 일반경비원 10명 이상과 경비지도사 1명 이상이다.
③ 기계경비업자는 관제시설 등에서 경보를 수신한 때에는 경보를 수신한 때부터 늦어도 25분 이내에는 도착시킬 수 있는 대응체제를 갖추어야 한다.
④ 오경보인 경우 오경보가 발생한 경비대상시설 및 그 오경보에 대한 조치의 결과를 기재한 서류는 당해 경보를 수신한 날부터 6개월간 이를 보관하여야 한다.

06

경비업법령상 경비지도사에 관한 설명으로 옳지 않은 것은?

① 경비지도사는 경비원에 대한 직무교육을 실시하고, 행정안전부령으로 정하는 경비원 직무교육 실시대장에 그 내용을 기록하여 2년간 보존하여야 한다.
② 일반경비지도사자격증 취득자가 자격증 취득일부터 3년 이내에 기계경비지도사 시험에 합격하여 교육을 받을 경우에는 공통교육은 면제한다.
③ 일반경비지도사란 시설경비업무, 호송경비업무, 신변보호업무, 특수경비업무, 혼잡·교통유도경비업무에 종사하는 경비원을 지도·감독 및 교육하는 경비지도사를 말한다.
④ 경비업자는 선임·배치된 경비지도사에 결원이 있거나 자격정지 등의 사유로 그 직무를 수행할 수 없는 때에는 30일 이내에 경비지도사를 새로이 충원하여야 한다.

07

경비업법령상 경비지도사 제1차 시험의 면제 대상으로 옳은 것은?

① 경찰공무원법에 따른 경찰공무원으로 5년 이상 재직한 사람
② 경비업법에 따른 특수경비업무에 3년 이상 종사하고 행정안전부령으로 정하는 교육과정을 이수한 사람
③ 고등교육법에 따른 전문대학을 졸업한 사람으로서 재학 중 경비지도사 시험과목을 3과목 이상을 이수하고 졸업한 후 경비업무에 종사한 경력이 3년 이상인 사람
④ 공무원임용령에 따른 행정직군 교정직렬 공무원으로 3년 이상 재직한 사람

08

경비업법령상 경비원 교육에 관한 설명으로 옳은 것은?

① 일반경비원의 신임교육에서 이론교육은 6시간이고 과목은 경비업법, 범죄예방론, 형사법이다.
② 특수경비업자는 채용 전 5년 이내에 특수경비업무에 종사하였던 경력이 있는 사람을 특수경비원으로 채용한 경우에는 신임교육을 면제할 수 있다.
③ 경비업자는 소속 일반경비원에게 매월 2시간 이상의 직무교육을 받도록 하여야 한다.
④ 특수경비업자는 소속 특수경비원에게 매월 6시간 이상의 직무교육을 받도록 하여야 한다.

09

경비업법령상 특수경비원에 관한 내용으로 옳지 않은 것은?

① 특수경비원은 소속 상사의 허가 또는 정당한 사유 없이 경비구역을 벗어나서는 아니 된다.
② 특수경비원의 교육 시 관할경찰서 소속 경찰공무원이 교육기관에 입회하여 대통령령이 정하는 바에 따라 지도·감독하여야 한다.
③ 특수경비원은 국가중요시설에 대한 경비업무 수행 중 국가중요시설의 정상적인 운영을 해치는 장해를 일으켜서는 아니 된다.
④ 특수경비원은 총기 또는 폭발물을 가지고 대항하는 경우를 제외하고는 18세 미만의 자에 대하여는 권총을 발사하여서는 아니 된다.

10

경비업법령상 시설주가 무기를 지급할 수 있는 특수경비원은?

① 민사재판에 증인으로 출석 예정인 특수경비원
② 형사사건으로 인하여 조사를 받고 있는 특수경비원
③ 사직 의사를 표명한 특수경비원
④ 정신질환자인 특수경비원

11

경비업법령상 경비원의 장비 등에 관한 설명으로 옳지 않은 것은?

① 경비원이 휴대할 수 있는 장비의 종류는 경적·단봉·분사기 등 대통령령으로 정하되, 근무시간 이외에도 이를 휴대할 수 있다.
② 경비업자가 경비원으로 하여금 분사기를 휴대하여 직무를 수행하게 하는 경우에는 총포·도검·화약류 등 단속법에 따라 미리 분사기의 소지허가를 받아야 한다.
③ 누구든지 경비원의 장비를 임의로 개조하여 통상의 용법과 달리 사용함으로써 다른 사람의 생명·신체에 위해를 가하여서는 아니 된다.
④ 경비원은 경비업무를 위하여 필요하다고 인정되는 상당한 이유가 있을 때에는 필요한 최소한도에서 경비원의 장비를 사용할 수 있다.

12

경비업법령상 경비원의 명부와 배치허가 등에 관한 설명으로 옳지 않은 것은?

① 관할 경찰관서장은 신임교육을 받지 아니한 경비원이 100분의 21 이상인 경우 배치허가를 하여서는 아니 된다.
② 경비업자가 특수경비원을 배치한 경우에는 대통령령이 정하는 바에 따라 경비원을 배치하기 48시간 전까지 관할 경찰관서장에게 신고하여야 한다.
③ 경비업자 또는 경비원이 위력이나 흉기 또는 그 밖의 위험한 물건을 사용하여 집단적 폭력사태를 일으킨 때에는 관할 경찰관서장은 배치폐지를 명할 수 있다.
④ 경비업자는 상해죄를 범하여 벌금형을 선고받고 5년이 지나지 아니한 자를 집단민원현장에 일반경비원으로 배치하여서는 아니 된다.

13

경비업법령상 경비원 등의 결격사유 확인을 위한 범죄경력조회 등에 관한 설명으로 옳지 않은 것은?

① 경찰청장, 시·도 경찰청장, 또는 관할 경찰관서장은 직권으로 또는 경비업자의 범죄경력조회 요청이 있는 경우 경비업자의 임원, 경비지도사 또는 경비원이 경비업법상 결격사유에 해당하는지를 확인하기 위하여 범죄경력조회를 할 수 있다.
② 범죄경력조회 요청을 받은 시·도 경찰청장 또는 관할 경찰관서장은 경비업자에게 그 결과를 통보할 때에는 경비업자의 임원, 경비지도사 또는 경비원이 경비업법상의 결격사유에 해당하는지 여부만을 통보하여야 한다.
③ 시·도 경찰청장 또는 관할 경찰관서장은 경비업자의 임원, 경비지도사 또는 경비원이 경비업법상의 결격사유에 해당하는 사실을 알게 된 때에는 경비업자에게 그 사실을 통보하여야 한다.
④ 범죄경력조회 요청은 범죄경력조회 신청서(전자문서 포함) 또는 구두로 한다.

14

경비업법령상 행정처분의 일반기준에 관한 설명으로 옳지 않은 것은?

① 행정처분이 영업정지인 경우에는 위반행위의 동기, 내용 및 위반의 정도 등을 고려하여 가중하거나 감경할 수 있다.
② 위반행위가 2 이상인 경우로서 그에 해당하는 각각의 처분기준이 다른 경우에는 그중 중한 처분기준에 따른다.
③ 위반행위가 2 이상인 경우로서 2 이상의 처분기준이 동일한 영업정지인 경우에는 각 처분기준을 합산한 기간으로 한다.
④ 영업정지처분에 해당하는 위반행위가 적발된 날 이전 최근 2년간 같은 위반행위로 2회 영업정지처분을 받은 경우에는 개별기준에도 불구하고 그 위반행위에 대한 행정처분 기준은 허가취소로 한다.

15

경비업법상 경비지도사자격을 정지시킬 수 있는 경우는?

① 집단민원현장에 배치된 경비원에 대한 지도·감독 직무를 성실하게 수행하지 아니한 때
② 자격정지 기간 중에 경비지도사로 선임되어 활동한 때
③ 허위 그 밖의 부정한 방법으로 경비지도사자격증을 교부받은 때
④ 경비지도사자격증을 다른 사람에게 빌려주거나 양도한 때

16

경비업법상 경비업의 영업정지를 명할 수 있는 사유가 아닌 것은?

① 특수경비업자가 시·도 경찰청장의 감독상 명령에 따르지 아니한 경우
② 특수경비업자가 경비관련업 외의 영업을 한 경우
③ 특수경비업자가 도급을 의뢰받은 경비업무가 위법한 것임에도 이를 거부하지 아니한 경우
④ 특수경비업자가 신임교육을 받지 않은 사람을 경비원으로 배치한 경우

17

경비업법령상 경비지도사가 경찰청장, 시·도 경찰청장의 명령을 1차 위반할 때의 행정처분 기준으로 옳은 것은?

① 자격정지 1월
② 자격정지 3월
③ 자격정지 6월
④ 자격취소

18

경비업법에 관한 설명으로 옳지 않은 것은?

① 시·도 경찰청장이 경비업 허가의 취소 또는 영업정지를 하고자 하는 경우에는 청문을 실시해야 한다.
② 시·도 경찰청장은 경비지도사의 자격을 정지하는 때에는 청문을 실시하지 않는다.
③ 경찰청장이 경비지도사의 자격을 정지한 때에는 그 정지기간 동안 경비지도사자격증을 회수하여 보관하여야 한다.
④ 허가관청은 경비업자가 영업정지처분을 받고 계속하여 영업을 한 때에는 그 허가를 취소하여야 한다.

19

경비업법령에 관한 설명으로 옳지 않은 것은?

① 시·도 경찰청장은 특수경비업자에 대하여 연 2회 이상의 보안지도·점검을 실시하여야 한다.
② 경찰청장은 경비업무의 적정한 수행을 위하여 경비업자 및 경비지도사를 지도·감독하며 필요한 명령을 할 수 있다.
③ 경찰청장은 집단민원현장 배치 불허가 기준에 대하여 5년마다 그 타당성을 검토하여 개선 등의 조치를 하여야 한다.
④ 관할 경찰관서장은 시설주의 신청에 의하여 특수경비원이 배치된 국가중요시설 등에 경비전화를 가설할 수 있다.

20

경비업법령상 경비협회의 업무 등에 관한 내용으로 옳지 않은 것은?

① 경비협회의 업무에는 경비원의 후생·복지에 관한 사항이 포함된다.
② 경비협회는 경비업자가 경비업을 운영할 때 필요한 이행보증을 포함한 계약보증을 위한 공제사업을 할 수 있다.
③ 경비업자는 경비업무의 건전한 발전과 경비원의 자질향상 및 교육훈련 등을 위하여 행정안전부령이 정하는 바에 따라 경비협회를 설립할 수 있다.
④ 경찰청장은 경비업법에 따른 공제사업의 건전한 육성과 가입자의 보호를 위하여 공제사업의 감독에 관한 기준을 정할 수 있다.

21

경비업법령상 경비협회, 공제사업에 관한 설명으로 옳지 않은 것은?

① 경비협회는 법인으로 한다.
② 경비협회는 정관이 정하는 바에 의하여 회원으로부터 회비를 징수할 수 있다.
③ 경찰청장은 경비협회의 공제규정을 승인하는 때에는 미리 금융위원회와 협의하여야 한다.
④ 경비협회에 관하여 경비업법에 특별한 규정이 있는 것을 제외하고는 민법 중 재단법인에 관한 규정을 준용한다.

22

경비업법상 시·도 경찰청장은 경비업무 장소가 집단민원현장으로 판단되는 경우에는 그때부터 몇 시간 이내에 경비업자에게 경비원 배치허가를 받을 것을 고지하여야 하는가?

① 48시간
② 60시간
③ 72시간
④ 84시간

23

경비업법에 관한 설명으로 옳지 않은 것은?

① 경비업자는 경비원이 업무수행 중 고의로 제3자에게 손해를 입힌 경우에는 이를 배상하여야 한다.
② 경비업자는 경비원이 업무수행 중 과실로 제3자에게 손해를 입힌 경우에는 배상책임이 면제된다.
③ 경비업자는 경비원이 업무수행 중 고의 또는 과실로 경비대상에 손해가 발생하는 것을 방지하지 못한 때에는 그 손해를 배상하여야 한다.
④ 기계경비업자는 대응조치 등 업무의 원활한 운영과 개선을 위하여 대통령령이 정하는 바에 따라 관련 서류를 작성·비치하여야 한다.

24

경비업법상 법정형 3년 이하의 징역 또는 3천만원 이하의 벌금에 처해지지 않는 자는?

① 경비업 허가를 받지 않고 경비업을 영위하는 자
② 집단민원현장에 경비원을 배치하면서 경비업 허가를 받지 아니한 자에게 경비업무를 도급한 자
③ 경비원으로 하여금 직무를 수행함에 있어 타인에게 위력을 과시하거나 물리력을 행사하는 등 경비업무의 범위를 벗어난 행위를 하게 한 자
④ 파업·태업 그 밖에 경비업무의 정상적인 운영을 저해하는 쟁의행위를 한 특수경비원

25

경비업법에 관한 규정이다. ( ) 안에 들어갈 내용으로 올바르게 짝지어진 것은? [기출수정]

- 경찰청장은 경비지도사의 시험에 관한 업무를 대통령령이 정하는 바에 따라 관계전문기관 또는 단체에 (ㄱ)할 수 있다.
- 경비업법에 의한 경찰청장의 권한은 대통령령이 정하는 바에 따라 그 일부를 시·도 경찰청장에게 (ㄴ)할 수 있다.

① ㄱ : 위탁, ㄴ : 위임
② ㄱ : 위임, ㄴ : 위임
③ ㄱ : 위임, ㄴ : 위탁
④ ㄱ : 위탁, ㄴ : 위탁

26

경비업법령상 기계경비업자가 출장소별로 갖추어 두어야 하는 서류가 아닌 것은?

① 경비대상시설의 명칭·소재지 및 경비계약기간을 기재한 서류
② 기계경비지도사의 명단·배치일자·배치장소와 출동차량의 대수를 기재한 서류
③ 가입고객의 주민등록번호 등 개인정보를 기재한 서류
④ 경보의 수신 및 현장도착 일시와 조치의 결과를 기재한 서류

27

경비업법령상 과태료의 부과기준에서 1회 위반 시 부과되는 과태료 금액이 다른 것은?

① 경비지도사를 선임하지 않은 경우
② 경비원 명부를 비치하지 않은 경우
③ 결격사유에 해당하는 경비지도사를 선임·배치한 경우
④ 경비원 명단 및 배치일시·배치장소 등 배치허가 신청의 내용을 거짓으로 한 경우

28

청원경찰법령상 청원경찰로 임용이 된 경우에 이수하여야 할 교육과목과 수업시간으로 옳지 않은 것은?(단, 교육면제자는 고려하지 않는다)

① 형사법 - 5시간
② 청원경찰법 - 5시간
③ 경찰관직무집행법 - 5시간
④ 시설경비 - 6시간

29

청원경찰법령상 청원경찰 배치에 관한 설명으로 옳은 것은?

① 청원경찰을 배치받으려는 자는 행정안전부령으로 정하는 바에 따라 경찰청장에게 청원경찰 배치를 신청하여야 한다.
② 청원경찰의 배치를 받으려는 자는 청원경찰 배치신청서에 경비구역 평면도 1부와 배치계획서 1부를 첨부하여야 한다.
③ 사회복지법에 따른 사회복지시설은 청원경찰 배치대상이다.
④ 금융 또는 보험을 업(業)으로 하는 시설 또는 사업장은 청원경찰 배치대상이 아니다.

30

청원경찰법령에 관한 설명으로 옳지 않은 것은?

① 청원경찰은 청원주가 임용하되, 임용을 할 때에는 미리 시·도 경찰청장의 승인을 받아야 한다.
② 청원경찰의 배치결정을 받은 자는 그 배치결정의 통지를 받은 날부터 30일 이내에 임용예정자에 대한 임용승인을 관할 경찰서장에게 신청하여야 한다.
③ 청원주가 청원경찰을 임용하였을 때에는 임용한 날부터 10일 이내에 그 임용사항을 관할 경찰서장을 거쳐 시·도 경찰청장에게 보고하여야 한다.
④ 청원주가 청원경찰을 면직시켰을 때에는 그 사실을 관할 경찰서장을 거쳐 시·도 경찰청장에게 보고하여야 한다.

31

청원경찰법령상 청원경찰의 교육에 관한 설명으로 옳지 않은 것은?

① 경찰공무원(의무경찰을 포함한다)에서 퇴직한 사람이 퇴직한 날부터 3년 이내에 청원경찰로 임용되었을 때에는 직무수행에 필요한 교육을 면제할 수 있다.
② 청원주는 청원경찰로 임용된 사람으로 하여금 경비구역에 배치하기 전에 경찰교육기관에서 직무수행에 필요한 교육을 받게 하여야 한다. 다만, 경찰교육기관의 교육계획상 부득이하다고 인정할 때에는 우선 배치하고 임용 후 1년 이내에 교육을 받게 할 수 있다.
③ 청원경찰의 교육과목에는 법학개론, 민사소송법, 민간경비론이 있다.
④ 청원주는 소속 청원경찰에게 그 직무집행에 필요한 교육을 매월 4시간 이상 하여야 한다.

32

청원경찰법령상 청원경찰경비 등에 관한 설명으로 옳지 않은 것은?

① 지방자치단체에 근무하는 청원경찰의 각종 수당에는 공무원수당 등에 관한 규정에 따른 수당 중 가계보전수당은 포함되지 않는다.
② 지방자치단체에 근무하는 재직기간이 22년인 청원경찰의 보수는 같은 재직기간에 해당하는 경찰공무원 중 경장의 보수를 감안하여 대통령령으로 정한다.
③ 국가기관 또는 지방자치단체에 근무하는 청원경찰 보수의 호봉 간 승급기간은 경찰공무원의 승급 기간에 관한 규정을 준용한다.
④ 청원경찰의 피복비의 지급방법은 행정안전부령으로 정한다.

33

청원경찰법상 청원주가 청원경찰 본인 또는 그 유족에게 보상금을 지급해야 하는 경우가 아닌 것은?

① 청원경찰이 직무상의 부상·질병으로 인하여 퇴직한 경우
② 청원경찰이 직무수행으로 인하여 부상을 입은 경우
③ 청원경찰이 고의·과실에 의한 위법행위로 타인에게 손해를 가한 경우
④ 청원경찰이 직무수행으로 인하여 사망한 경우

34

청원경찰법령상 청원주가 무기와 탄약을 지급할 수 있는 청원경찰은? 기출수정

① 직무상 비위(非違)로 징계대상이 된 사람
② 사직 의사를 밝힌 사람
③ 치매, 조현병, 조현정동장애, 양극성 정동장애(조울병), 재발성 우울장애 등의 정신질환으로 인하여 무기와 탄약의 휴대가 적합하지 않다고 해당 분야 전문의가 인정하는 사람
④ 근무 중 휴대전화를 자주 사용하는 사람

35

청원경찰법에 관한 설명으로 옳지 않은 것은?

① 청원경찰 업무에 종사하는 사람은 형법이나 그 밖의 법령에 따른 벌칙을 적용할 때에는 공무원으로 본다.
② 국가기관이나 지방자치단체에 근무하는 청원경찰의 직무상 불법행위에 대한 배상책임에 관하여는 민법의 규정을 따른다.
③ 청원경찰법에 따른 시·도 경찰청장의 권한은 그 일부를 대통령령으로 정하는 바에 따라 관할 경찰서장에게 위임할 수 있다.
④ 청원경찰이 직무를 수행할 때 직권을 남용하여 국민에게 해를 끼친 경우에는 6개월 이하의 징역이나 금고에 처한다.

36

청원경찰법 제12조(과태료) 제2항에 관한 규정이다. ( ) 안에 들어갈 내용으로 옳은 것은?

> 제1항에 따른 과태료는 대통령령으로 정하는 바에 따라 ( )이(가) 부과·징수한다.

① 경찰청장
② 시·도 경찰청장
③ 지방자치단체장
④ 청원주

37

청원경찰법령상 청원경찰의 복제에 관한 설명으로 옳지 않은 것은?

① 부속물에는 모자표장, 가슴표장, 휘장, 계급장, 넥타이핀, 단추 및 장갑이 있다.
② 제복의 형태·규격 및 재질은 청원주가 결정하되, 경찰공무원 또는 군인 제복의 색상과 명확하게 구별될 수 있어야 하며, 사업장별로 통일해야 한다.
③ 청원경찰이 그 배치지의 특수성 등으로 특수복장을 착용할 필요가 있을 때에는 청원주는 시·도 경찰청장의 승인을 받아 특수복장을 착용하게 할 수 있다.
④ 장구의 종류에는 허리띠, 경찰봉, 권총이 있다.

38

청원경찰법령상 무기관리수칙에 관한 설명으로 옳지 않은 것은?

① 청원주는 대여받은 무기와 탄약이 분실되거나 도난당하거나 빼앗기거나 훼손되는 등의 사고가 발생했을 때에는 지체 없이 그 사유를 지방자치단체장에게 통보해야 한다.
② 청원주가 무기와 탄약을 대여받았을 때에는 경찰청장이 정하는 무기·탄약 출납부 및 무기장비 운영카드를 갖춰 두고 기록하여야 한다.
③ 청원주는 수리가 필요한 무기가 있을 때에는 그 목록과 무기장비 운영카드를 첨부하여 관할 경찰서장에게 수리를 요청할 수 있다.
④ 청원주는 치매, 조현병, 조현정동장애, 양극성 정동장애(조울병), 재발성 우울장애 등의 정신질환으로 인하여 무기와 탄약의 휴대가 적합하지 않다고 해당 분야 전문의가 인정하는 청원경찰에게 무기와 탄약을 지급해서는 안 되며, 지급한 무기와 탄약은 즉시 회수해야 한다.

39

청원경찰법상 청원경찰에 대한 징계의 종류가 아닌 것은?

① 직위해제
② 해 임
③ 정 직
④ 감 봉

40

청원경찰법령상 청원주가 비치하여야 할 문서와 장부가 아닌 것은?

① 경비구역 배치도
② 징계 관계철
③ 감독 순시부
④ 교육훈련 실시부

2016년 경호학

41
경호의 개념에 관한 설명으로 옳지 않은 것은?

① 형식적 의미의 경호는 실정법상 경호기관이 수행하는 일체의 경호작용이다.
② 실질적 의미의 경호는 경호대상자를 여러 가지 위해로부터 보호하는 모든 활동이다.
③ 대통령 등의 경호에 관한 법률에서의 경호는 호위와 경비 중 호위만을 포함하고 있다.
④ 본질적·이론적 입장에서 접근하여 학문적 측면에서 고찰된 개념은 실질적 의미의 경호이다.

42
경호경비 관련법의 제정년도를 순서대로 옳게 나열한 것은?

ㄱ. 청원경찰법
ㄴ. 경찰관직무집행법
ㄷ. 경비업법
ㄹ. 대통령 등의 경호에 관한 법률

① ㄱ - ㄴ - ㄹ - ㄷ
② ㄱ - ㄷ - ㄴ - ㄹ
③ ㄴ - ㄱ - ㄹ - ㄷ
④ ㄴ - ㄹ - ㄷ - ㄱ

43

경호정보와 첩보에 관한 설명으로 옳지 않은 것은?

① 경호첩보는 가공되지 않은 정보의 자료가 되는 2차적인 지식을 의미한다.
② 경호정보의 분류에는 인적정보, 물적정보, 지리정보, 교통정보, 기상정보 등이 있다.
③ 경호정보는 사용자가 필요로 하는 시기에 제공되어야 하는 적시성이 있어야 한다.
④ 경호정보는 시간이 허용되는 범위에서 사용자가 의도한 대상과 관련한 모든 사항을 망라하여 작성해야 하는 완전성이 있어야 한다.

44

경호의 성격에 의한 분류 중 경호관계자의 사전 통보에 의해 계획·준비되는 경호활동은?

① 공식경호
② 직접경호
③ 약식경호
④ 비공식경호

45

경호조직의 원칙 중 체계통일성의 원칙에 관한 것은?

① 조직의 각 구성원은 오직 하나의 상급기관에게만 보고하고 명령지휘를 받고 그에게만 책임을 진다는 것이다.
② 임무수행에는 일반 국민의 협조가 필수적이며 국민의 협력을 얻지 못하면 경호 임무는 실패할 확률이 높다.
③ 업무의 성격상 개인적 작용으로 이루어지지 않고 기관단위작용으로 이루어진다는 것을 말한다.
④ 구조의 정점으로부터 말단에 이르는 무수한 수준을 통하여 상하계급 간의 일정한 관계가 이루어져야 한다.

46

경호의 원칙에 관한 설명으로 옳은 것은?

① 3중 경호의 원칙 : 경호대상자가 위치한 지역으로부터 경호 행동반경을 거리 개념으로 전개한 원칙
② 은밀경호의 원칙 : 경호대상자는 어떠한 상황하에서도 절대적으로 보호되어야 한다는 원칙
③ 두뇌경호의 원칙 : 위해기도자로부터 경호대상자를 떼어 놓는다는 원칙
④ 하나의 통제된 지점을 통한 접근의 원칙 : 자신의 책임구역에 대해서는 자신이 책임을 져야 한다는 원칙

47

대통령경호공무원에 관한 설명으로 옳지 않은 것은?

① 대통령경호처장은 경호공무원 및 별정직 국가공무원에 대하여 모든 임용권을 가진다.
② 대통령경호처장의 제청으로 서울중앙지방검찰청 검사장이 지명한 경호공무원은 사법경찰권을 가질 수 있는 경우가 있다.
③ 대통령경호처장은 경호업무의 수행에 필요하다고 판단되는 경우, 경호 목적 달성을 위한 최소한의 범위로 한정하여 경호구역을 지정할 수 있다.
④ 대통령경호처장은 정무직 공무원으로 대통령이 임명한다.

48

조선 후기의 경호기관에 관한 설명으로 옳지 않은 것은?

① 호위청 : 인조반정 후에 설립한 기관으로 왕의 호위를 담당하였다.
② 금군 : 국왕의 친위군으로 별시위, 겸사복, 충의위 등 내삼청으로 분리되었다.
③ 숙위소 : 정조 시대 존재하였던 궁궐 숙위기관이다.
④ 장용위 : 왕의 호위를 강화하기 위해 정조 때 설치한 전담부대이다.

49

다음에서 설명하는 경호작용의 기본 고려요소는?

> 경호대상자의 필연적인 노출을 수반하는 행차의 지속시간과 사전 위해첩보 수집 간 획득된 내재적인 위협분석에 따라 결정되어지는 요소

① 계획수립
② 책 임
③ 자 원
④ 보 안

50

대통령경호안전대책위원회규정상 다음의 업무분장에 해당하는 자는?

기출수정

> • 입수된 경호 관련 첩보 및 정보의 신속한 전파·보고
> • 위해요인의 제거
> • 정보 및 보안대상기관에 대한 조정
> • 행사참관 해외동포 입국자에 대한 동향파악 및 보안조치
> • 그 밖에 국내·외 경호행사의 지원

① 국군방첩사령부 소속 장성급 장교 또는 2급 이상의 군무원 중 위원장이 지명하는 1명
② 국가정보원 테러정보통합센터장
③ 외교부 의전기획관
④ 법무부 출입국·외국인정책본부장

51

각국 경호 유관기관의 역할에 관한 설명으로 옳지 않은 것은?

① 미국 중앙정보국(CIA) : 적성국 동향에 대한 정보수집·분석 전파
② 영국 비밀정보국(SIS) : 국내정보 수집 및 분석
③ 독일 연방정보부(BND) : 해외정보 수집·분석·관리
④ 프랑스 해외안전총국(DGSE) : 해외정보 수집·분석

52

대통령 등의 경호에 관한 법령상 경호대상 중 전직대통령과 그 배우자에 대한 경호 기간에 관한 설명으로 옳지 않은 것은?(단, 경호대상자의 의사에 반하지 않는 경우에 한정한다)

① 퇴임 후 10년 이내에서 제공한다.
② 대통령이 임기 만료 전에 퇴임한 경우와 재직 중 사망한 경우에는 그로부터 5년으로 한다.
③ 퇴임 후 사망한 경우에는 퇴임일부터 기산하여 5년을 넘지 아니하는 범위에서 사망 후 3년으로 한다.
④ 전직대통령 또는 그 배우자의 요청에 따라 대통령경호처장이 고령 등의 사유로 필요하다고 인정하는 경우에는 5년 범위에서 경호 기간을 연장할 수 있다.

53

경호임무 활동절차에 관한 설명으로 옳지 않은 것은?

① 계획수립은 행사에 관련된 정보를 획득하여 필요한 인원과 장비, 선발대 파견 일정 등을 결정하는 활동이다.
② 안전대책작용이란 행사지역 내·외부에 산재한 취약요소 안전대책 강구, 행사장 시설물, 폭발물 탐지·제거 등 통합적 안전작용을 말한다.
③ 보안활동은 경호대상자에 대한 위해기도의 기회를 최소화하여 신변안전을 도모하는 활동이다.
④ 안전대책의 3대 작용원리는 안전점검, 안전검사, 안전조치를 말한다.

54

경호임무 수행절차에 관한 설명으로 옳지 않은 것은?

① 계획단계는 경호임무 수령 후부터 선발대가 행사장에 도착하기 전까지의 경호활동 등을 말한다.
② 준비단계는 경호대상자가 행사장에 도착한 후부터 행사 시작 전까지의 경호활동을 말한다.
③ 행사단계는 경호대상자가 집무실을 출발해서 행사장에 도착하여 행사가 진행된 이후 복귀 시까지의 경호활동을 말한다.
④ 평가단계는 경호행사 종료 후 철수하여 결과를 보고하는 경호활동을 말한다.

55

선발경호활동에 해당하는 것은?

① 차량 경호대형 선정
② 기동 간 경호기만
③ 경호지휘소(C·P) 운용
④ 복제(複製) 경호원 운용

56

선발경호에 관한 설명으로 옳지 않은 것은?

① 사전예방경호활동이다.
② 행사장의 취약요소를 판단하여 필요한 안전조치를 강구한다.
③ 행사장을 안전하게 확보하고 유지하는 경호활동이다.
④ 예방적 경호조치는 위해자의 입장이 아닌 경호원의 입장에서 면밀히 분석되고 조치되어야 한다.

57

경호대상자가 완전히 경호원에 의해 둘러싸여 있는 인상을 주게 되어 대외적인 이미지는 안 좋을 수 있으나 경호효과가 높은 대형은?

① V자 대형
② 일렬 대형
③ 쐐기 대형
④ 원형 대형

58

선발경호원의 기본 임무에 해당하지 않는 것은?

① 경호원 각자 주어진 책임구역에 따라 사주경계를 실시하고 우발상황 발생 시 인적 방벽을 형성하여 경호대상자를 보호한다.
② 출입자 통제관리를 위하여 초청장 발급, 출입증 착용 여부를 확인한다.
③ 내부경비(안전구역) 근무자는 경호대상자의 입장이 완료되면 복도, 화장실, 로비, 휴게실 등을 통제한다.
④ 외곽경비(경계구역)는 행사장 주변의 취약요소를 봉쇄, 감시할 수 있는 위치를 선정하고 기동순찰조를 운용하여 불순분자 접근을 차단한다.

59

근접경호원의 임무에 해당하지 않는 것은?

① 경호대상자에게 위해를 가하지 않을 것이라는 확신이 있기 전까지는 누구도 경호대상자의 주위에 접근시켜서는 안 된다.
② 경호원은 항상 경호대상자의 최근접에서 움직여야 한다.
③ 위해자의 공격가능성을 줄이고, 공격 시 피해 정도를 최소화하기 위하여 이동속도를 가능한 한 빠르게 하여야 한다.
④ 행사장의 제반 취약요소에 대한 안전조치를 강구하고 가용한 모든 경호원을 운용하여 경호대상자의 신변안전을 도모한다.

60

차량경호에 관한 설명으로 옳지 않은 것은?

① 주차장소는 가능한 한 자주 변경하며 야간 주차 시 위해기도자로부터 은닉하기 위해 어두운 곳에 주차한다.
② 차량이 주행 중일 때보다 정차 시에 경호상 위험도가 증가한다.
③ 경호대상자 차량은 선도차량과 일정 간격을 유지하며 유사시 선도차량과 같은 방향으로 대피한다.
④ 주도로를 사용할 수 없는 우발상황에 대비하여 예비도로를 선정한다.

61

근접경호기법에 관한 설명으로 옳지 않은 것은?

① 근접경호원은 공격자가 경호대상자와 경호원 사이에 끼어들지 못하도록 위치를 계속 조정한다.
② 위해기도자가 위해기도를 포기하거나 실패하도록 유도하는, 계획적이고 변칙적인 경호기법을 육감경호라 한다.
③ 도보이동 간 근접경호에서 이동 시에는 위험에 노출되는 정도를 최소화하기 위하여 단거리 직선통로를 이용해야 한다.
④ 차량기동 간 근접경호에서는 차량, 행·환차로, 대형의 구성 및 간격, 속도 등의 사항을 고려하여야 한다.

62

근접경호의 특성이 아닌 것은?

① 노출성
② 방벽성
③ 예비성
④ 기동성

63

출입자 통제대책의 방침에 관한 설명으로 옳은 것은 모두 몇 개인가?

- 행사장 내 모든 인적·물적 요소의 인가 여부를 확인한다.
- 모든 출입요소는 지정된 출입통로를 사용하고 기타 통로는 폐쇄한다.
- 출입통로 선정 및 일괄입장계획을 수립하여 통제가 용이하도록 한다.
- 출입증은 전 참가자에게 운용함을 원칙으로 하되, 행사 성격을 고려하여 일부 제한된 행사에서는 지침에 의거 출입증을 운용하지 않을 수 있다.
- 검색은 육감에 의한 방법으로 출입요소를 대상으로 실시하고 경호대상자와 수행원은 예외로 한다.

① 2개
② 3개
③ 4개
④ 5개

64

경호차량 운전요원 준수사항으로 옳은 것은?

① 규칙적인 출발과 도착시간을 준수한다.
② 위기상황 시에는 대피를 위하여 창문과 문을 열어둔다.
③ 연료주입구는 항상 잠겨 있도록 해야 한다.
④ 차의 후면이 출입로를 향하게 하여 경호대상자가 바로 탑승할 수 있도록 한다.

65

출입통제 담당자의 책임 업무로 옳은 것은?

① 출입차량 검색 및 지정장소 안내
② 지하대피시설 점검 및 확보
③ 구역별 비표 구분
④ 병력 운용계획 수립

66

안전검측활동의 요령에 관한 설명으로 옳지 않은 것은?

① 실내 방에서 천장내부 – 천장높이 – 눈높이 – 바닥 검측 순으로 실시한다.
② 검측인원의 책임구역을 명확하게 하며 중복되게 점검이 이루어져야 한다.
③ 점검은 1, 2차 점검 후 경호인력이 배치 완료된 행사 직전에 최종검측을 실시한다.
④ 인간의 싫어하는 습성을 감안하여 사각지점이 없도록 철저한 검측을 실시한다.

67

행사장 출입통제에 관한 설명으로 옳은 것은?

① 각 구역별 출입통로를 다양화하여 통제의 범위를 정한다.
② 1선(안전구역)은 모든 출입요소의 1차 통제점이 되어야 한다.
③ 1선(안전구역)은 행사와 무관한 사람들의 행사장 출입을 통제 또는 제한한다.
④ 2선(경비구역)은 출입구에 금속탐지기 등을 설치하여 출입자와 반입물품을 확인한다.

68

우발상황 발생 시 경호원의 대응조치로 옳지 않은 것은?

① 경호대상자에 대한 공격을 최초로 인지한 경호원이 육성으로 경고한다.
② 경호원이 체위를 확장하여 경호대상자에 대한 위해자의 공격을 방어한다.
③ 공범 또는 제2의 공격을 차단하고 안전을 위하여 경호대상자를 신속히 대피시킨다.
④ 인적 방벽의 효과를 극대화하기 위하여 군중이 밀집한 지역으로 경호대상자를 대피시킨다.

69

우발상황의 특성으로 옳은 것은?

① 불확실성
② 심리적 안정성
③ 예측가능성
④ 시간여유성

70

총기공격에 대응하는 즉각조치로 옳은 것은?

① 방호는 위협 상황인식과 동시에 경호원의 신체로 범인을 제압하는 것을 우선으로 한다.
② 방호 시 경호원은 몸을 은폐하여 위해기도자로부터 표적이 작아지도록 한다.
③ 대피 시에는 경호대상자의 품위를 고려하여 조심스럽게 머리를 아래로 향하게 한 상태에서 이동한다.
④ 즉각조치는 경고 - 방호 - 대피 순으로 이루어지되 거의 동시에 실시되어야 한다.

71

경호 비표 운용에 관한 내용으로 옳은 것은?

① 행사장의 혼잡방지를 위해 비표는 행사일 전에 배포한다.
② 비표는 식별이 용이하도록 단순·선명하게 제작하여 재활용이 가능하도록 한다.
③ 행사구분별 별도의 비표 운용은 금지사항이다.
④ 비표에는 리본, 명찰, 완장, 모자, 배지(badge) 등이 있다.

72

경호복장과 용모에 관한 설명으로 옳지 않은 것은?

① 경호원은 항상 단정한 복장과 용모로 주도면밀함과 자신감을 보여야 한다.
② 행사의 성격과 관계없이 경호원의 품위가 느껴지는 검정색 계통의 정장을 입도록 한다.
③ 경호원의 이미지가 경호대상자의 이미지로 연결될 수 있음을 고려해 언행에 유의하여야 한다.
④ 행사의 성격에 따라 행사에 어울리는 적절한 표정으로 행사에 동화될 필요가 있다.

73

검측에 관한 내용으로 옳지 않은 것은?

① 검측장비란 위해물질의 존재 여부를 검사하거나 시설물의 안전점검에 사용되는 도구를 말한다.
② 검측장비에는 금속탐지기, 폭발물탐지기 등이 있다.
③ 검측활동은 사고로 이어질 수 있는 시설물의 불안전요소를 제거하기 위함이다.
④ 검측은 행사의 원활한 진행을 고려하여 최소한의 요원을 투입해서 한 번에 철저하게 실시한다.

74

검식활동에 관한 설명으로 옳은 것은?

① 검식활동은 식재료의 조리과정 단계부터 시작한다.
② 음식물 운반 시 원거리 감시를 실시한다.
③ 검식은 경호대상자에게 제공되는 음식물의 위생상태를 검사하는 과정을 포함한다.
④ 조리가 완료된 후에는 검식활동이 종료된다.

75

경호원 직원윤리 정립을 위한 내용으로 옳지 않은 것은?

① 안전사고예방을 위한 정신교육 강화
② 경호대상자와의 신뢰를 통한 정치적 활동 지향
③ 사전예방활동을 위한 경호위해요소 인지능력 배양
④ 지휘단일성의 원칙에 의한 위기관리 대응능력 함양

76

경호현장에서 응급상황 발생 시 최초반응자로서 경호원의 역할에 관한 내용으로 옳지 않은 것은?

① 심폐소생술 및 기본 외상처치술을 시행할 수 있어야 한다.
② 자동제세동기를 사용할 줄 알아야 하며 장비를 사용하는 구급요원을 지원할 수 있어야 한다.
③ 응급구조사의 업무를 도와줄 수 있어야 한다.
④ 교육받은 행위 외에 의료진과 같이 치료를 할 수 있어야 한다.

77

우리나라 정부 의전행사 시 적용하고 있는 주요 참석인사에 대한 예우에서 공적 직위가 있는 경우의 서열기준이 아닌 것은?

① 직급(계급) 순위
② 전직 순위
③ 헌법 및 정부조직법상의 기관순위
④ 기관장 선순위

78

경호의 환경에 관한 설명으로 옳지 않은 것은?

① 과학기술의 향상으로 인한 경호위해요소의 증가
② 개인주의 보편화로 경호작용의 협조적 경향 증가
③ 개방화로 인한 범죄조직의 국제화
④ '외로운 늑대(lone wolf)' 등 자생적 테러가능성 증가

79

국민보호와 공공안전을 위한 테러방지법의 내용으로 옳지 않은 것은?

① 테러단체란 국가정보원이 지정한 테러단체를 말한다.
② 국민보호와 공공안전을 위한 테러방지법은 대테러활동에 관한 다른 법률에 우선하여 적용한다.
③ 국가테러대책위원회는 국무총리 및 관계기관의 장 중 대통령령으로 정하는 사람으로 구성하고 위원장은 국무총리로 한다.
④ 대테러활동과 관련하여 국무총리 소속으로 관계기관 공무원으로 구성되는 대테러센터를 둔다.

80

국민보호와 공공안전을 위한 테러방지법령상 테러사건에 신속히 대응하기 위하여 대테러특공대를 설치·운영할 수 있는 자는? 기출수정

① 경찰청장 및 해양경찰청장
② 외교부장관
③ 대통령경호처장
④ 국가정보원장

미래는
현재 우리가 무엇을 하는가에 달려 있다.

- 마하트마 간디 -

2015

제17회 경비지도사 제2차 시험 기출문제

1. 경비업법
2. 경호학

2015년도 제17회 경비지도사 2차 국가자격시험

교시	문제형별	시험시간	시험과목
1교시	A	80분	❶ 경비업법 ❷ 경호학

| 수험번호 | | 성명 | |

【수험자 유의사항】

1. **시험문제지 표지**와 시험문제지 내 **문제형별의 동일여부** 및 시험문제지의 **총면수, 문제번호 일련순서, 인쇄상태** 등을 확인하시고, 문제지 표지에 수험번호와 성명을 기재하시기 바랍니다.
2. 답은 각 문제마다 요구하는 **가장 적합하거나 가까운 답 1개**만 선택하고, 답안카드 작성 시 시험문제지 **형별누락, 마킹착오**로 인한 불이익은 전적으로 **수험자에게 책임**이 있음을 알려드립니다.
3. 답안카드는 국가전문자격 공통 표준형으로 문제번호가 1번부터 125번까지 인쇄되어 있습니다. 답안 마킹 시에는 반드시 **시험문제지의 문제번호와 동일한 번호**에 마킹하여야 합니다.
4. **감독위원의 지시에 불응하거나 시험시간 종료 후 답안카드를 제출하지 않을 경우** 불이익이 발생할 수 있음을 알려 드립니다.
5. 시험문제지는 시험 종료 후 가져가시기 바랍니다.

안내사항

1. 수험자는 QR코드를 통해 가답안을 확인하시기 바랍니다.
   (※ 사전 설문조사 필수)
2. 시험 합격자에게 '**합격축하 SMS(알림톡) 알림 서비스**'를 제공하고 있습니다.

   － 수험자 여러분의 합격을 기원합니다 －

2015년 경비업법

2015.11.21. 시행

01
경비업법상 집단민원현장에 해당하지 않는 것은?
① 「행정대집행법」에 따라 대집행을 하는 장소
② 특정 시설물의 설치와 관련하여 민원이 있는 장소
③ 주주총회와 관련하여 이해대립이 있어 다툼이 있는 장소
④ 70명의 사람이 모여 있는 국제·문화·예술·체육 행사장

02
경비업법령상 경비업의 시설 등의 기준에 따라 기계경비업 허가 신청서를 제출하는 법인이 출장소를 서울, 인천, 대전의 3곳에 두려고 하는 경우에 최종적으로 갖추어야 할 출동차량은 최소 몇 대인가?
① 3대
② 6대
③ 9대
④ 12대

03
경비업법상 허가사항에 해당하는 것은?
① 경비업의 허가를 받은 법인이 영업을 폐업한 때
② 경비업의 허가를 받은 법인이 영업을 휴업한 때
③ 경비업의 허가를 받은 법인이 임원을 변경한 때
④ 경비업의 허가를 받은 법인이 경비업무를 변경하는 경우

04

경비업법령상 ( ) 안에 들어갈 내용으로 옳은 것은?

> 경비업의 허가를 받은 법인은 법인의 주사무소나 출장소를 신설·이전 또는 폐지한 때에는 그 사유가 발생한 날부터 ( )일 이내에 신고하여야 한다.

① 7
② 10
③ 15
④ 30

05

경비업법상 경비업을 영위하는 법인의 임원 결격사유에 해당하지 않는 것은?

① 피성년후견인
② 파산선고를 받고 복권되지 아니한 자
③ 금고 이상의 형의 선고를 받고 그 형이 실효되지 아니한 자
④ 시설경비업무를 수행하는 법인의 경우, 경비업법에 위반하여 벌금형의 선고를 받고 3년이 지나지 아니한 자

06

경비업법령상 기계경비업무에 관한 설명으로 옳지 않은 것은?

① 기계경비업무를 수행하는 경비원은 일반경비원에 해당한다.
② 기계경비업자는 관제시설 등에서 경보를 수신한 때에는 경보를 수신한 때부터 늦어도 25분 이내에는 도착시킬 수 있는 대응체제를 갖추어야 한다.
③ 기계경비업자는 경보의 수신 및 현장도착 일시와 조치의 결과를 기재한 서류를 당해 경보를 수신한 날부터 최소 2년간 이를 보관하여야 한다.
④ 기계경비지도사의 직무에는 기계경비업무를 위한 기계장치의 운용·감독 및 오경보 방지 등을 위한 기기관리의 감독이 포함된다.

07

경비업법령상 특수경비원은 될 수가 없으나 경비지도사가 될 수 있는 자는?(단, 다른 결격사유는 고려하지 않음)

① 팔과 다리가 완전하고 두 눈의 교정시력이 각각 0.8인 자
② 금고 이상의 형의 선고유예를 받고 그 유예기간 중에 있는 자
③ 금고 이상의 형의 집행유예선고를 받고 그 유예기간 중에 있는 자
④ 「형법」 제114조(범죄단체 등의 조직)의 죄를 범하여 벌금형을 선고받은 날부터 10년이 지나지 아니한 자

08

A 특수경비업체에서 5개월 동안 근무한 甲이 경비업법령상 특수경비원으로서 받았어야 할 신임교육과 직무교육의 시간을 합하면 최소 몇 시간인가?(단, 甲은 신임교육대상 제외자에 해당하지 않음)

① 69
② 88
③ 90
④ 95

09

경비업법령상 기계경비지도사자격증 취득자가 자격증 취득일부터 3년 이내에 일반경비지도사 시험에 합격하여 교육을 받을 경우, 받아야 하는 교육과목에 해당하지 않는 것은?

① 체포・호신술
② 신변보호
③ 특수경비
④ 교통안전 관리

10

경비업법령상 특수경비원의 직무 및 무기사용에 관한 설명으로 옳지 않은 것은?

① 관할 경찰서장은 경비업자 및 특수경비원의 무기관리상황을 수시로 점검하여야 한다.
② 관할 경찰관서장은 무기의 적정한 관리를 위하여 무기를 대여받은 시설주에 대하여 필요한 명령을 발할 수 있다.
③ 특수경비원은 국가중요시설의 경비를 위하여 무기를 사용하지 아니하고는 다른 수단이 없다고 인정되는 때에는 필요한 한도 안에서 무기를 사용할 수 있다.
④ 시·도 경찰청장은 국가중요시설에 대한 경비업무의 수행을 위하여 필요하다고 인정하는 때에는 관할 경찰관서장으로 하여금 시설주의 신청에 의하여 시설주로부터 국가에 기부채납된 무기를 대여하게 할 수 있다.

11

경비업법령상 특수경비원의 의무에 관한 설명으로 옳은 것은?

① 특수경비원은 시설주의 허가 또는 정당한 사유 없이 경비구역을 벗어나서는 아니 된다.
② 인질사건에 있어서 작전을 수행하는 경우라도 권총 또는 소총을 발사하고자 하는 때에는 반드시 미리 구두로 경고를 하여야 한다.
③ 특수경비원은 총기 또는 폭발물을 가지고 대항하는 경우에도 14세 미만의 자 또는 임산부에 대하여는 권총 또는 소총을 발사하여서는 아니 된다.
④ 특수경비원은 파업·태업 그 밖에 경비업무의 정상적인 운영을 저해하는 일체의 쟁의행위를 하여서는 아니 된다.

12

경비업법령상 경비원의 복장·장비 등에 관한 설명으로 옳지 않은 것은?

① 경비업자는 경찰공무원 또는 군인의 제복과 색상 및 디자인 등이 명확히 구별되는 소속 경비원의 복장을 정하여 주된 사무소를 관할하는 경찰서장에게 신고하여야 한다.
② 경비원은 근무 중 경적, 단봉, 분사기, 안전방패, 무전기 및 그 밖에 경비업무 수행에 필요한 것으로서 공격적인 용도로 제작되지 아니한 장비를 휴대할 수 있다.
③ 경비업자가 경비원으로 하여금 분사기를 휴대하여 직무를 수행하게 하는 경우에는 「총포·도검·화약류 등 단속법」에 따라 미리 분사기의 소지허가를 받아야 한다.
④ 장비를 임의로 개조하여 통상의 용법과 달리 사용함으로써 다른 사람의 생명·신체에 위해를 가하여서는 아니 된다.

13

경비업법령상 경비원의 배치에 관한 설명이다. (　) 안에 들어갈 내용을 순서대로 옳게 나열한 것은?

> 경비업자는 시설경비업무를 수행하기 위하여 (　)일 이상 경비원을 배치하거나 그 기간을 연장하려는 때에는 경비원을 배치한 후 (　)일 이내에 경비원 배치신고서를 배치지를 관할하는 경찰관서장에게 제출하여야 한다.

① 10, 5
② 10, 7
③ 20, 5
④ 20, 7

14

경비업법상 일반경비원의 결격사유에 해당하지 않는 경우는?

① 18세인 사람
② 피성년후견인
③ 금고 이상의 형의 집행유예선고를 받고 그 유예기간 중에 있는 자
④ 파산선고를 받고 복권되지 아니한 자

15

다음은 경비업법 시행령 별표에서 정한 행정처분의 개별기준이다. (　) 안에 들어갈 내용으로 옳은 것은?

위반행위	1차 위반	2차 위반	3차 이상 위반
가. 경비업법 제4조 제1항 후단을 위반하여 시·도 경찰청장의 허가 없이 경비업무를 변경한 때	(ㄱ)	(ㄴ)	(ㄷ)

① ㄱ : 경 고,　　　 ㄴ : 영업정지 1개월,　ㄷ : 영업정지 3개월
② ㄱ : 경 고,　　　 ㄴ : 영업정지 6개월,　ㄷ : 허가취소
③ ㄱ : 영업정지 1개월,　ㄴ : 영업정지 3개월,　ㄷ : 영업정지 6개월
④ ㄱ : 영업정지 1개월,　ㄴ : 영업정지 3개월,　ㄷ : 허가취소

16

경비업법상 경비업 허가 취소대상에 해당하는 것을 <보기>에서 모두 고른 것은?

ㄱ. 허위 그 밖의 부정한 방법으로 허가를 받은 때
ㄴ. 정당한 사유 없이 허가를 받은 날부터 2년 이내에 경비 도급실적이 없거나 계속하여 1년 이상 휴업한 때
ㄷ. 정당한 사유 없이 최종 도급계약 종료일의 다음 날부터 2년 이내에 경비 도급실적이 없을 때
ㄹ. 영업정지처분을 받고 계속하여 영업을 한 때

① ㄱ, ㄴ
② ㄷ, ㄹ
③ ㄱ, ㄴ, ㄹ
④ ㄱ, ㄴ, ㄷ, ㄹ

17

경비업법령상 경찰청장 또는 시·도 경찰청장이 해당 처분을 하기 위해 청문을 실시하여야 하는 경우가 아닌 것은?

① 특수경비원의 징계
② 경비지도사자격의 취소
③ 경비지도사자격의 정지
④ 경비업 허가의 취소 또는 영업정지

18

경비업법령상 경비협회에 관한 설명으로 옳은 것은?

① 경비협회를 설립하려면 경비업자 10인 이상으로 구성된 발기인을 필요로 한다.
② 경비협회의 업무에는 경비진단에 관한 사항도 포함된다.
③ 경비협회는 공익법인이므로 회원으로부터 회비를 징수하여서는 아니 된다.
④ 경비협회에 관하여 경비업법에 특별한 규정이 있는 것을 제외하고는 「민법」 중 재단법인에 관한 규정을 준용한다.

19

경비업법상 경비협회가 할 수 있는 공제사업에 해당하지 않는 것은?

① 경비지도사의 손해배상책임과 형사책임을 보장하기 위한 사업
② 경비원의 복지향상과 업무상 재해로 인한 손실을 보상하는 사업
③ 경비업무와 관련한 연구 및 경비원 교육·훈련에 관한 사업
④ 경비업자가 경비업을 운영할 때 필요한 입찰보증, 계약보증, 하도급보증을 위한 사업

20

경비업법상 경비업자 및 경비지도사에 대한 감독에 관한 설명으로 옳지 않은 것은?

① 경찰청장 또는 시·도 경찰청장은 경비업무의 적정한 수행을 위하여 경비업자 및 경비지도사를 지도·감독하며 필요한 명령을 할 수 있다.
② 관할 경찰관서장은 배치된 경비원이 경비업법을 위반하는 행위를 하는 경우 그를 지도·감독하는 경비지도사의 자격을 취소하여야 한다.
③ 시·도 경찰청장 또는 관할 경찰관서장은 경비업무장소가 집단민원현장으로 판단되는 경우에는 그때부터 48시간 이내에 경비업자에게 경비원 배치허가를 받을 것을 고지하여야 한다.
④ 시·도 경찰청장 또는 관할 경찰관서장은 소속 경찰공무원으로 하여금 관할구역 안에 있는 경비업자의 주사무소 및 출장소와 경비원 배치장소에 출입하여 근무상황 및 교육훈련상황 등을 감독하며 필요한 명령을 하게 할 수 있다.

21

경비업법령상 경비업자에 대한 보안지도·점검에 관한 내용이다. ( ) 안에 들어갈 내용을 순서대로 옳게 나열한 것은?

시·도 경찰청장은 ( )에 대하여 연 ( )회 이상의 보안지도·점검을 실시하여야 한다.

① 특수경비업자, 1
② 기계경비업자, 1
③ 특수경비업자, 2
④ 기계경비업자, 2

22

경비업법령상 경찰청장이 시·도 경찰청장에게 위임할 수 있는 권한에 해당하지 않는 것은?

① 경비지도사자격의 취소에 관한 권한
② 경비지도사자격의 정지에 관한 권한
③ 경비지도사자격의 정지에 관한 청문의 권한
④ 경비지도사 시험의 관리 및 자격증의 교부에 관한 권한

23

경비업법령상 수수료 납부에 관한 설명으로 옳은 것은?

① 경비업의 갱신허가를 받고자 하는 자는 2만원의 수수료를 납부하여야 한다.
② 허가사항의 변경신고로 인한 허가증 재교부의 경우에는 2천원의 수수료를 납부하여야 한다.
③ 시험에 응시하고자 하는 자의 귀책사유로 시험에 응시하지 못한 경우 납부한 응시수수료 전액을 반환받는다.
④ 경찰청장은 시험응시자가 시험 시행일 20일 전까지 접수를 취소하는 경우 응시수수료의 100분의 50을 반환하여야 한다.

24

경비업법상 위반행위를 한 행위자에 대한 법정형이 같은 것으로 묶인 것은?

ㄱ. 허가를 받지 아니하고 경비업을 영위한 자
ㄴ. 경비업법에서 정한 장비 외에 흉기를 휴대하고 경비업무를 수행한 경비원
ㄷ. 경비업무 수행 중 과실로 인하여 국가중요시설의 정상적인 운영을 해치는 장해를 일으킨 특수경비원
ㄹ. 국가중요시설에 대한 경비업무 중 정당한 사유 없이 무기를 소지하고 배치된 경비구역을 벗어난 특수경비원

① ㄱ, ㄷ
② ㄱ, ㄹ
③ ㄴ, ㄷ
④ ㄴ, ㄹ

25

경비업법상 경비원이 경비업무 수행 중에 경비업법에 규정된 장비 외에 흉기 또는 그 밖의 위험한 물건을 휴대하고 범죄를 범한 경우 그 법정형의 2분의 1까지 가중처벌되는 형법상의 범죄가 아닌 것은?

① 형법 제262조(폭행치사상죄)
② 형법 제268조(업무상과실치사상죄)
③ 형법 제319조(주거침입죄)
④ 형법 제324조 제2항(특수강요죄)

26

경비업법령상 과태료의 부과기준으로서 과태료 금액이 가장 많은 것은?(단, 최초 1회 위반을 기준으로 함)

① 집단민원현장에 일반경비원을 배치하면서 일반경비원 명부를 그 배치장소에 비치하지 아니한 경우
② 경비업법상 복장 등에 관한 신고규정을 위반하여 신고를 하지 않은 경우
③ 경비원 명단 및 배치일시·배치장소 등 배치허가 신청의 내용을 거짓으로 한 경우
④ 기계경비업자가 경비계약을 체결하면서, 오경보를 막기 위하여 계약상대방에게 기기사용요령 및 기계경비운영체계 등에 관한 설명의무를 이행하지 아니한 경우

27

경비업법령상 민감정보 및 고유식별정보를 처리할 수 있는 사무가 아닌 것은?

① 기계경비운영체계의 오작동 여부 확인에 관한 사무
② 경비업 허가의 취소에 따른 행정처분에 관한 사무
③ 임원, 경비지도사 및 경비원의 결격사유 확인에 관한 사무
④ 특수경비업자에 대한 보안지도·점검 및 보안측정에 관한 사무

28

청원경찰법령상 청원경찰에 관한 설명으로 옳지 않은 것은?

① 청원경찰은 「경찰관직무집행법」에 따른 직무 외의 수사활동 등 사법경찰관리의 직무를 수행해서는 아니 된다.
② 청원경찰은 「형법」이나 그 밖의 법령에 따른 벌칙을 적용하는 경우를 제외하고는 공무원으로 본다.
③ 청원경찰이 직무를 수행할 때에는 경비 목적을 위하여 필요한 최소한의 범위에서 하여야 한다.
④ 청원경찰이 직무를 수행할 때에 「경찰관직무집행법」 및 같은 법 시행령에 따라 하여야 할 모든 보고는 관할 경찰서장에게 서면으로 보고하기 전에 지체 없이 구두로 보고하고 그 지시에 따라야 한다.

29

청원경찰법상 청원경찰의 복무에 관하여 경찰공무원법 규정이 준용되는 것은?

① 거짓보고 등의 금지
② 비밀엄수의 의무
③ 집단행위의 금지
④ 복종의 의무

30

청원경찰법령상 근무요령 중 '업무처리 및 자체경비를 하며, 근무 중 특이한 사항이 발생하였을 때에는 지체 없이 청원주 또는 관할 경찰서장에게 보고하고 그 지시에 따라야 하는' 근무자는 누구인가?

① 입초근무자
② 순찰근무자
③ 소내근무자
④ 대기근무자

31

청원경찰법령상 임용방법 등에 관한 내용이다. ( ) 안에 들어갈 내용을 순서대로 옳게 나열한 것은?

- 청원주는 청원경찰의 배치결정의 통지를 받은 날부터 ( )일 이내에 배치결정된 인원수의 임용예정자에 대하여 청원경찰 임용승인을 시·도 경찰청장에게 신청하여야 한다.
- 청원주가 청원경찰을 임용하였을 때에는 임용한 날부터 ( )일 이내에 그 임용사항을 관할 경찰서장을 거쳐 시·도 경찰청장에게 보고하여야 한다.

① 10, 30
② 15, 30
③ 30, 10
④ 30, 15

32

청원경찰법령상 청원경찰의 교육에 관한 설명으로 옳지 않은 것은?

① 청원경찰의 교육과목에는 대공이론, 국가보안법, 통합방위법이 포함된다.
② 청원주는 소속 청원경찰에게 그 직무집행에 필요한 교육을 매월 4시간 이상 하여야 한다.
③ 의무경찰을 포함한 경찰공무원 또는 청원경찰에서 퇴직한 사람이 퇴직한 날부터 3년 이내에 청원경찰로 임용되었을 때에는 신임교육을 면제할 수 있다.
④ 청원경찰의 신임교육기간은 2주로 한다.

33

청원경찰법령상 청원경찰이 퇴직할 때 청원주에게 반납해야 하는 것은?

① 장 갑
② 허리띠
③ 방한화
④ 호루라기

34

청원경찰법령상 청원경찰경비 등에 관한 설명으로 옳지 않은 것은?

① 청원경찰의 교육비는 청원주가 해당 청원경찰의 입교 후 3일 이내에 해당 경찰교육기관에 낸다.
② 청원주는 보상금의 지급을 이행하기 위하여 「산업재해보상보험법」에 따른 산업재해보상보험에 가입하거나, 「근로기준법」에 따라 보상금을 지급하기 위한 재원을 따로 마련하여야 한다.
③ 봉급과 각종 수당은 청원주가 그 청원경찰이 배치된 기관·시설·사업장 또는 장소의 직원에 대한 보수 지급일에 청원경찰에게 직접 지급한다.
④ 청원주는 청원경찰이 직무상의 부상·질병으로 인하여 퇴직하거나, 퇴직 후 2년 이내에 사망한 경우 청원경찰 본인 또는 그 유족에게 보상금을 지급하여야 한다.

35

청원경찰법령상 청원경찰의 보수에 관한 설명으로 옳지 않은 것은?

① 국가기관 또는 지방자치단체에 근무하는 청원경찰 보수의 호봉 간 승급기간은 경찰공무원의 승급기간에 관한 규정을 준용한다.
② 국가기관에 근무하는 청원경찰의 보수는 그 재직기간이 25년인 경우, 경찰공무원 경사의 보수를 감안하여 대통령령으로 정한다.
③ 국가기관 또는 지방자치단체에 근무하는 청원경찰의 봉급·수당에 관한 청원주의 최저부담기준액은 경찰청장이 정하여 고시한다.
④ 국가기관 또는 지방자치단체에 근무하는 청원경찰의 각종 수당은 「공무원수당 등에 관한 규정」에 따른 수당 중 가계보전수당, 실비변상 등으로 하며, 그 세부 항목은 경찰청장이 정하여 고시한다.

36

청원경찰법령상 청원경찰의 지휘·감독을 위한 감독자 지정기준에 관한 설명으로 옳지 않은 것은?

① 근무인원이 9명인 경우 반장 1명을 지정하여야 한다.
② 근무인원이 30명인 경우 반장 1명, 조장 3~4명을 지정하여야 한다.
③ 근무인원이 60명인 경우 대장 1명, 반장 2명, 조장 6명을 지정하여야 한다.
④ 근무인원이 100명인 경우 대장 1명, 반장 4명, 조장 12명을 지정하여야 한다.

37

청원경찰법령상 청원경찰의 징계 및 불법행위책임에 관한 설명으로 옳지 않은 것은?

① 청원경찰이 직무를 수행할 때 직권을 남용하여 국민에게 해를 끼친 경우에는 6개월 이하의 징역이나 금고에 처한다.
② 국가기관이나 지방자치단체에 근무하는 청원경찰의 직무상 불법행위에 대한 배상책임에 관하여는 「민법」의 규정을 따른다.
③ 청원주는 청원경찰이 직무상의 의무를 위반하거나 직무를 태만히 한 때, 품위를 손상하는 행위를 한 때에는 대통령령으로 정하는 징계절차를 거쳐 징계처분을 하여야 한다.
④ 청원경찰에 대한 징계처분 중 정직(停職)은 1개월 이상 3개월 이하로 하고, 그 기간에 청원경찰의 신분은 보유하나 직무에 종사하지 못하며, 보수의 3분의 2를 줄인다.

38

청원경찰법령상 무기관리수칙에 관한 설명으로 옳지 않은 것은?

① 청원주는 청원경찰에게 지급한 무기와 탄약을 매주 1회 이상 손질하게 하여야 한다.
② 청원주는 사직 의사를 밝힌 청원경찰에게 무기와 탄약을 지급해서는 안 된다.
③ 청원주는 수리가 필요한 무기가 있을 때에는 그 목록과 무기장비 운영카드를 첨부하여 관할 시·도 경찰청장에게 수리를 요청할 수 있다.
④ 청원경찰은 무기를 지급받거나 반납할 때 또는 인계인수할 때에는 반드시 '앞에 총' 자세에서 '검사 총'을 하여야 한다.

39

청원경찰법상 500만원 이하의 과태료를 부과하는 대상이 아닌 자는?

① 시·도 경찰청장의 배치결정을 받지 아니하고 청원경찰을 배치한 자
② 정당한 사유 없이 경찰청장이 고시한 최저부담기준액 이상의 보수를 지급하지 아니한 자
③ 시·도 경찰청장의 감독상 필요한 명령을 정당한 사유 없이 이행하지 아니한 자
④ 청원경찰로서 직무에 관하여 허위로 보고한 자

40

청원경찰법령상 관할 경찰서장과 청원주가 공통으로 비치해야 할 문서와 장부에 해당하는 것은?

① 전출입 관계철
② 교육훈련 실시부
③ 신분증명서 발급대장
④ 경비구역 배치도

2015년 경호학

- 2015.11.21. 시행
- 각 문항별로 난이도를 체크해 보세요. ☑△☒

Time 분 | 해설편 537p

41

형식적 의미의 경호개념에 관한 설명으로 옳은 것은?

① 경호주체가 국가, 민간에 관계없이 경호대상자를 보호하는 모든 활동을 말한다.
② 경호의 개념을 본질적·이론적 입장에서 이해한 것이다.
③ 현실적인 경호기관을 기준으로 정립된 개념이다.
④ 학문적 측면에서 고찰된 개념이다.

42

장소에 의한 경호의 분류가 아닌 것은?

① 연도경호
② 숙소경호
③ 선발경호
④ 행사장경호

43

경호 수준에 의한 분류 중 사전 경호조치가 전무한 상황하의 각종 행사 시의 경호는?

① 1(A)급 경호
② 2(B)급 경호
③ 3(C)급 경호
④ 4(D)급 경호

44

공경호와 민간경호의 특성에 관한 설명으로 옳지 않은 것은?

① 공경호는 경호대상이 관련법규에 근거하고, 민간경호는 의뢰인과의 계약에 의해 정해진다.
② 경호조직의 운영에 있어 공경호는 폐쇄성·보안성·기동성의 특성을 가지나, 민간경호는 이러한 특성을 갖지 않는다.
③ 공경호는 국가기관에 의해 행해지는 경호활동이고, 민간경호는 민간에 의해 행해지는 경호활동이다.
④ 공경호는 국가요인의 신변보호를 통해 국가안전에 기여하며, 민간경호는 의뢰인에 대한 안전보장을 통해 영리를 추구한다.

45

3중 경호의 원리에 관한 설명으로 옳지 않은 것은?

① 경호영향권역을 공간적으로 구분한 3중의 경호막을 통해 구역별로 동등한 경호 조치로 위해요소에 대한 중첩확인이 이루어진다.
② 세계의 주요 경호기관이 3중 경호의 원리를 적용하고 있으나 적용범위와 방법 등에서는 차이가 존재한다.
③ 안전구역은 완벽한 통제가 이루어져야 하며, 경호원의 확인을 거치지 않은 인원의 출입은 금지한다.
④ 위해행위에 대한 조기경보체제를 확립하고 경호자원과 시간을 효율적으로 활용할 수 있는 여건을 제공한다.

46

다음에서 설명하고 있는 경호활동의 원칙은?

> 경호대상자에게 접근할 수 있는 출입구나 통로는 하나만 필요하고, 통제된 출입구나 통로라도 접근자는 경호원에게 허가절차 등을 거쳐야 한다.

① 3중 경호의 원칙
② 방어경호의 원칙
③ 은밀경호의 원칙
④ 하나의 통제된 지점을 통한 접근의 원칙

47

조선시대의 경호관련기관이 아닌 것은?

① 내금위
② 겸사복
③ 도 방
④ 호위청

48

경호의 기본원리 및 경호기법에 관한 설명으로 옳지 않은 것은?

① 위해기도자의 위치가 고정된 경우, 수평적 방벽효과는 경호원이 위해기도자와 가까이 위치할수록 감소한다.
② 위해기도 시 위해기도자와 가장 가까이 위치한 경호원이 위해기도자를 대적한다.
③ 위력경호는 위해기도자의 위해기도 의사를 제압할 수 있는 유형적·무형적 힘을 이용한다.
④ 위해기도 시 경호대상자를 방호해야 하는 경호원은 위해기도자의 공격선상에서 최대한 몸을 크게 벌려 공격을 막는다.

49

대한민국 정부수립 이후 경호제도의 변천에 관한 설명으로 옳지 않은 것은?

① 1949년에는 그동안 구왕궁을 관할하고 있던 경복궁경찰대가 폐지되고 경무대경찰서가 신설되었다.
② 1960년에는 청와대 경찰관파견대가 대통령 경호 및 대통령관저의 경비를 담당하였다.
③ 1961년에는 군사혁명위원회가 국가재건최고회의로 발족되면서 국가재건최고회의 의장경호대가 임시로 편성되었다.
④ 1963년에는 박정희 대통령이 취임하면서 대통령경호실이 출범하였다.

50

대통령 등의 경호에 관한 법률의 내용으로 옳지 않은 것은?

① 5급 이상 경호공무원은 대통령경호처장의 제청으로 대통령이 임용한다.
② 임용권자는 직원(별정직 국가공무원은 제외)이 신체적·정신적 이상으로 6개월 이상 직무를 수행하지 못할 만한 지장이 있으면 직권으로 면직할 수 있다.
③ 5급 이상 경호공무원의 정년은 58세이고, 6급 이하 경호공무원의 정년은 55세이다.
④ 대통령경호처장의 제청으로 서울중앙지방검찰청 검사장이 지명한 경호공무원은 일반범죄에 대하여 수사상 긴급을 요하는 한도 내에서 사법경찰관리의 직무를 수행할 수 있다.

51

대통령 등의 경호에 관한 법령상 다음에서 설명하는 구역은?

> 소속 공무원과 관계기관의 공무원으로서 경호업무를 지원하는 사람이 경호활동을 할 수 있는 구역으로, 대통령경호처장이 경호업무의 수행에 필요하다고 판단되는 경우 지정할 수 있는 구역

① 안전구역
② 경비구역
③ 경호구역
④ 통제구역

52

대통령 등의 경호에 관한 법령상 대통령경호안전대책위원회에 관한 설명으로 옳지 않은 것은?

① 대통령경호처의 경호대상에 대한 경호업무를 수행할 때에는 관계기관의 책임을 명확하게 하고, 협조를 원활하게 하기 위하여 비서실에 대통령경호안전대책위원회를 둔다.
② 대통령경호안전대책위원회는 위원장과 부위원장 각 1명을 포함한 20명 이내의 위원으로 구성한다.
③ 위원장은 처장이 되고, 부위원장은 차장이 되며, 위원은 대통령령으로 정하는 관계기관의 공무원이 된다.
④ 대통령경호안전대책위원회는 대통령 경호와 관련된 첩보·정보의 교환 및 분석업무를 관장한다.

53

대통령경호안전대책위원회규정상 대통령경호안전대책위원회의 위원이 아닌 자는?

① 법무부 출입국·외국인정책본부장
② 경찰청 보안국장
③ 국토교통부 항공안전정책관
④ 관세청 조사감시국장

54

대통령 등의 경호에 관한 법령상 다음 (   ) 안에 들어갈 내용으로 옳은 것은?

> 대통령경호처장은 「대통령 등의 경호에 관한 법률」에 따른 경호대상에 대한 경호를 위하여 필요한 경우 (   ), (   ) 및 경호·안전관리 업무를 지원하는 관계기관에 근무할 예정인 사람에게 신원진술서 및 「가족관계의 등록 등에 관한 법률」에서 정하는 증명서와 그 밖에 필요한 자료의 제출을 요구할 수 있다. 이 경우 대통령경호처장은 제출된 자료의 내용을 확인하기 위하여 관계기관에 조회 또는 그 밖에 필요한 협조를 요청할 수 있다.

① 대통령비서실, 국가안보실
② 대통령비서실, 국방부 조사본부실
③ 대검찰청 공안기획실, 국가안보실
④ 대검찰청 공안기획실, 국방부 조사본부실

55

경호조직의 조직구조와 운영에 관한 설명으로 옳은 것은?

① 경호조직은 모든 동원요소가 최상의 기능을 발휘할 수 있도록 수직적 구조가 아닌 수평적 구조를 이루어야 한다.
② 경호조직은 단위조직, 권한과 책임 등이 경호업무의 목적 달성에 잘 기여할 수 있도록 통합되어야 한다.
③ 경호조직의 권위는 권력의 힘에 의존하는 데에서 탈피하여 경호의 전문성에서 찾아야 한다.
④ 현대 경호조직은 과거와 비교하여 규모가 축소되고 있다.

56

하나의 경호조직이 단독으로 경호임무 수행에 필요한 모든 정보활동을 수행할 수 없다는 특성과 가장 관련있는 경호조직의 특성은?

① 기동성
② 보안성
③ 통합성
④ 협력성

57

다음 중 신분상 성격이 다른 것은?

① 대통령경호처 직원
② 신변보호업무를 수행하는 일반경비원
③ 헌 병
④ 경찰공무원

58

경호작용의 기본요소에 관한 설명으로 옳은 것은 모두 몇 개인가?

- 우발상황에 대처할 수 있는 계획이 수립되어야 한다.
- 경호임무는 명확하게 부여되어야 하며, 각각의 임무형태에 대한 책임이 부여되어야 한다.
- 인적 자원뿐만 아니라 다양한 물적 자원의 적절한 이용이 중요하다.
- 경호대상자와 수행원, 행사 세부일정에 대한 보안의 유출은 엄격히 통제되어야 한다.

① 1개
② 2개
③ 3개
④ 4개

59

경호작용 중 위협평가(위해평가)에 관한 설명으로 옳지 않은 것은?

① 모든 수준의 위협으로부터 경호대상자를 경호하려는 시도는 효과적이지도 않고 능률적이지도 않기 때문에 위협평가가 선행되어야 한다.
② 위협의 실체를 정확히 인식하고 가용자원의 효율적인 분배를 통하여 불필요한 인력과 자원의 낭비를 최소화하기 위함이다.
③ 경호대상자는 위협평가 후 경호대안 수립에 있어 자신이 경호업무의 일부분이 되어야 한다는 점을 인식할 필요는 없다.
④ 보이지 않는 적의 실체를 파악하여 그에 대한 경호방책을 강구하기 위한 첫걸음이다.

60

경호활동을 '예방-대비-대응-평가'의 4단계로 분류할 경우, 대응단계의 활동에 해당하지 않는 것은?

① 모든 출입요소에 대한 통제 및 경계
② 정보의 수집 및 생산
③ 기동경호
④ 근접경호

61

선발경호 시 다음의 업무를 수행하는 담당은?

> 주최 측의 행사진행계획을 면밀히 검토하여 참석대상, 성격분석, 시차별 입장계획 등을 작전 담당에게 전달

① 승·하차 및 정문 담당
② 안전대책 담당
③ 주행사장 담당
④ 출입통제 담당

62

선발경호의 목적으로 옳지 않은 것은?

① 발생한 위험에 대응하여 경호대상자를 보호한다.
② 우발상황에 대응하기 위한 비상대책을 강구한다.
③ 사전에 각종 위해요소를 제거하거나 최소화한다.
④ 행사 지역의 경호 관련 정보를 수집·제공한다.

63

차량경호업무 내용으로 옳지 않은 것은?

① 차량이동 시 속도를 평상시보다 빠르게 하는 것이 경호에 유리한 여건을 조성한다.
② 차량이 하차 지점에 도착하면 제일 먼저 차량 문을 개방하여 경호대상자가 하차하도록 해야 한다.
③ 경호책임자는 경호대상자 승·하차 시 차량 문의 개폐와 잠금장치를 통제한다.
④ 운전요원은 경호대상자가 하차 후 안전한 곳으로 이동 시까지 차량에 대기해야 한다.

64

사주경계에 관한 설명으로 옳지 않은 것은?

① 행사 상황이나 분위기에 어울리지 않는 복장을 착용하거나 수상한 행동을 하는 사람을 중점 감시한다.
② 사주경계의 대상은 인적·물적·지리적 취약요소를 망라한다.
③ 사람들의 손, 표정, 행동을 전체적으로 경계한다.
④ 육감에 의지하지 말고 직접 보고 들은 것에만 집중해서 관찰한다.

65

경호기법 중 기만경호에 관한 설명으로 옳지 않은 것은?

① 위해기도자에게 행사 상황을 오판하도록 허위 흔적을 제공한다.
② 위해기도자로부터 공격행위를 포기하게 하거나 실패하도록 유도하는 비계획적이고 정형적인 경호기법이다.
③ 경호대상자의 차량위치, 차량의 종류를 수시로 바꾼다.
④ 경호대상자와 용모가 닮은 사람을 경호요원이나 수행요원으로 선발하여 배치한다.

66

근접경호에서 경호대상자가 엘리베이터에 탑승할 경우의 경호기법에 관한 설명으로 옳지 않은 것은?

① 가능한 한 별도의 전용 엘리베이터를 이용한다.
② 경호대상자를 먼저 신속히 탑승시킨 후 경호원은 내부 안쪽에 방호벽을 형성하고 경호대상자를 엘리베이터 문 가까이 위치하도록 하여야 한다.
③ 전용 엘리베이터는 이동층 표시등, 문의 작동속도, 작동상 이상 유무를 점검해 두어야 한다.
④ 엘리베이터를 타고 내리는 지점과 경비구역을 사전에 철저히 점검해야 한다.

67

근접경호원의 임무에 관한 설명으로 옳지 않은 것은?

① 경호대상자가 심리적 안정감을 느낄 수 있도록 경호대상자가 볼 수 있는 지점에 위치한다.
② 이동속도는 경호대상자의 건강상태, 신장, 보폭 등을 고려하지 않고 최대한 빠르게 하여야 한다.
③ 경호대상자 주위의 모든 사람들의 손을 주의해서 관찰하고, 흉기를 소지하고 있다는 가정하에 대비책을 구상한다.
④ 타 지역으로 이동하기 전에 이동로, 경호대형, 특이상황, 주의사항 등을 경호대상자에게 알려 주어야 한다.

68

출입자 통제대책에 관한 설명으로 옳지 않은 것은?

① 경호구역을 설정하여 행사와 무관한 사람의 출입을 차단한다.
② 비표를 운용하여 모든 출입요소의 인가 여부를 확인한다.
③ 금속탐지기를 운용하여 위해요소의 반입을 차단한다.
④ 비표는 식별이 용이하도록 선명하여야 하고, 구역의 구분 없이 동일하게 제작·운용한다.

69

우발상황 발생 시 경호원의 대처 자세로 옳지 않은 것은?

① 근접경호원은 경호대상자의 주변에 방벽을 형성하여 방어한다.
② 위해기도자가 단독범이 아니고 공범이 있을 경우를 예상하여 다른 방향에서의 공격에 대비한다.
③ 위해기도자의 위치 파악과 대응 및 제압으로 사태가 안정된 후 경호대상자를 대피시킨다.
④ 위해기도자들의 계략이나 공격 여건을 조성하기 위해 유도하는 전술에 휘말려서는 안 된다.

70

우발상황 발생 시 경호원이 '경고, 방호, 대피'의 조치를 취할 때 '경고'에 해당하는 사항은?

① 육성이나 무전으로 전 경호원에게 상황 내용을 간단명료하게 전파하는 것
② 최단시간 내에 범인에게 총격으로 제압 및 보복공격을 하는 것
③ 위험지역에서 안전지역으로 신속히 경호대상자를 이동시키는 것
④ 경호원 자신의 체위를 확장하여 방벽효과를 높이는 것

71

우발상황의 특성에 관한 설명으로 옳은 것을 모두 고른 것은?

ㄱ. 그 발생 여부가 불확실하다.
ㄴ. 상황에 대처할 충분한 시간적 여유가 없다.
ㄷ. 경호대상자의 신변에 중대한 결과를 초래할 수 있다.

① ㄱ, ㄴ
② ㄱ, ㄷ
③ ㄴ, ㄷ
④ ㄱ, ㄴ, ㄷ

72

검측활동에 관한 설명으로 옳지 않은 것은?

① 화재나 정전 등을 이용한 행사 방해행위를 예방한다.
② 경호계획에 의거하여 공식행사에서 실시함을 원칙으로 하며, 비공식행사에서는 실시할 수 없다.
③ 폭발물 매설 등으로 인한 의도된 위해행위를 거부한다.
④ 행사장과 경호대상자의 이동로를 중심으로 구역을 명확히 구분하여 담당구역별로 실시한다.

73

안전검측의 원칙에 관한 설명으로 옳지 않은 것은?

① 주요 인사가 임석하는 장소를 중심으로 이동하는 통과지점의 상, 하, 좌, 우를 중점 점검한다.
② 위해기도자의 입장에서 설치장소를 의심하며 추적한다.
③ 주변에 흩어져 있는 물건은 완벽하게 정리 정돈하며, 확인 불가능한 것은 현장에서 제거한다.
④ 한 번 점검한 지역은 인간의 오관을 이용하지 않고, 장비에 의거하여 재점검한다.

74

경호의전과 예절에 관한 설명으로 옳지 않은 것은?

① 비행기를 타고 내릴 때는 상급자가 마지막에 타고 먼저 내린다.
② 기차에서 두 사람이 나란히 앉는 좌석에서는 창가 쪽이 상석이다.
③ 여성과 남성이 승용차에 동승할 때에는 여성이 먼저 타고, 하차 시에는 남성이 먼저 내려 차 문을 열어 준다.
④ 선박의 경우, 객실등급이 정해져 있지 않을 경우 선체의 오른쪽이 상석이 된다.

75

의전에 있어 태극기 게양방법으로 옳지 않은 것은?

① 국군의 날은 태극기를 전국적으로 게양하여야 하는 날이다.
② 현충일은 조기를 게양한다.
③ 공항·호텔 등 국제적인 교류장소는 태극기를 가능한 한 연중 게양하여야 한다.
④ 국제행사가 치러지는 건물 밖에 여러 개의 국기를 동시에 게양 시, 총 국기의 수가 짝수이고 게양대의 높이가 동일할 경우 건물 밖에서 바라볼 때를 기준으로 태극기를 가장 오른쪽에 게양한다.

76

다음 ( )에 알맞은 내용은?

> ( )(이)란 의식장애나 호흡, 순환기능이 정지되거나 현저히 저하된 상태로 인하여 사망의 위험이 있는 자에 대하여 즉시 기도를 개방하고 인공호흡과 심장압박을 실시해서 즉각적으로 생명유지를 도모하는 처치방법이다.

① 환자관찰
② 심폐소생술
③ 응급구조
④ 보조호흡

77

암살의 동기에 관한 설명으로 옳지 않은 것은?

① 이념적 동기 - 전쟁 중인 적국의 지도자를 제거함으로써 승전으로 이끌 수 있다고 판단하는 경우
② 개인적 동기 - 복수·증오·분노와 같은 개인의 감정으로 인한 경우
③ 정치적 동기 - 현존하는 정권이나 정부를 재구성하려는 욕망으로 인한 경우
④ 심리적 동기 - 정신분열증, 편집병, 조울증, 노인성 치매 등의 요소들 중 한 가지 또는 그 이상의 요소들이 복합적으로 작용하는 경우

78

뉴테러리즘(New Terrorism)의 특징에 관한 설명으로 옳지 않은 것은?

① 요구 조건이나 공격 주체가 구체적이고 분명하다.
② 과학화·정보화의 특성을 반영하여 조직이 고도로 네트워크화되어 있다.
③ 테러행위에 소요되는 시간이 짧아 대처할 시간이 부족하다.
④ 전통적 테러리즘에 비해 그 피해가 상상을 초월한다.

79

국민보호와 공공안전을 위한 테러방지법령상 국가테러대책위원회의 위원이 아닌 자는? [기출수정]

① 행정안전부장관
② 국무조정실장
③ 경찰청 경비국장
④ 국가정보원장

80

국민보호와 공공안전을 위한 테러방지법령상 테러사건 발생 시 초동조치 사항으로 옳지 않은 것은? [기출수정]

① 사건 현장의 신속한 정리 및 복구
② 그 밖에 사건 확산 방지를 위하여 필요한 사항
③ 긴급대피 및 구조·구급
④ 관계기관에 대한 지원 요청

시대에듀 경비지도사 독자지원 네이버카페

경비지도사 독자지원카페

https://cafe.naver.com/sdsi

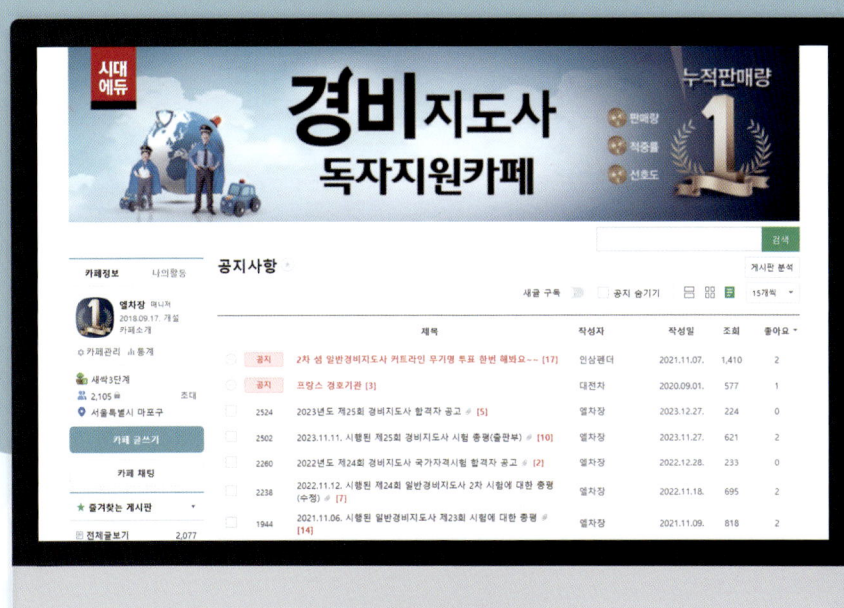

혜택 1
정상급 교수진의 명품강의!
시대에듀가 독자님의 학습을
지원해드립니다.

- 시험/자격정보
- 출제경향 및 합격전략
- 무료 기출문제 해설 특강(회원가입 필요)

혜택 2
시대에듀 경비지도사 편집팀이
독자님과 함께 소통하며 궁금증을
해결해드리겠습니다.

- 과목별 독자문의 Q&A
- 핵심요약/정리자료
- 과년도 기출문제
- 최신 법령정보
- 도서 정오표/추록
- DAILY TEST

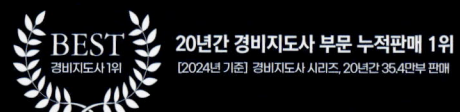

20년간 경비지도사 부문 누적판매 1위
[2024년 기준] 경비지도사 시리즈, 20년간 35.4만부 판매

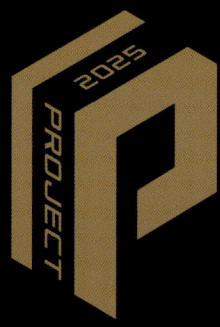

A SUCCESSFUL PROJECT

경비지도사
10개년 기출문제해설
2차 [일반경비]

2025
A SUCCESSFUL PROJECT

PROJECT

2025년 제27회 시험 대비
온라인 모의고사 무료 제공

최신 기출문제 무료 해설 강의

경비지도사
10개년 기출문제해설
2차 [일반경비]

정답 및 해설편

시대에듀

시대에듀 최강교수진!

합격에 최적화된 수험서와 최고 교수진의 名品 강의를 확인하세요!

시대에듀만의 경비지도사 수강혜택

1:1 맞춤 학습 제공 + 모바일강의 서비스 제공 + 기출문제 특강 제공

한눈에 보이는 경비지도사 동영상 합격 커리큘럼

1차		2차	
기본이론	과목별 필수개념 수립	기본이론	과목별 필수개념 수립
문제풀이	예상문제를 통한 실력 강화	문제풀이	예상문제를 통한 실력 강화
모의고사	동형 모의고사로 실력 점검	모의고사	동형 모의고사로 실력 점검
기출특강	기출문제를 통한 유형 파악	기출특강	기출문제를 통한 유형 파악
마무리특강	시험 전 최종 마무리	마무리특강	시험 전 최종 마무리

※ 과정별 커리큘럼 및 강사진은 내부사정에 따라 변경될 수 있습니다.

P/A/R/T/2

정답 및 해설

최근 10개년 기출문제

2024년 | 제26회 제2차 시험 정답 및 해설
2023년 | 제25회 제2차 시험 정답 및 해설
2022년 | 제24회 제2차 시험 정답 및 해설
2021년 | 제23회 제2차 시험 정답 및 해설
2020년 | 제22회 제2차 시험 정답 및 해설
2019년 | 제21회 제2차 시험 정답 및 해설
2018년 | 제20회 제2차 시험 정답 및 해설
2017년 | 제19회 제2차 시험 정답 및 해설
2016년 | 제18회 제2차 시험 정답 및 해설
2015년 | 제17회 제2차 시험 정답 및 해설

2024년 경비업법

문제편 004p

정답 CHECK

01	02	03	04	05	06	07	08	09	10	11	12	13	14	15	16	17	18	19	20
①	③	④	④	③	①	①	②	②	④	①	④	③	②	②	④	②	②	③	③
21	22	23	24	25	26	27	28	29	30	31	32	33	34	35	36	37	38	39	40
④	③	②	④	①	①	①	②	④	④	②	①	④	③	③	①	②	①	④	②

01 난이도 하 ▮경비업법 시행령 제4조 - 경비업 허가 여부 결정을 위한 검토사항

경비업법령상 경비업을 영위하고자 하는 법인의 허가 여부 결정을 위한 검토사항에 해당하지 않는 것은?

① 첫 업무개시의 신고에 따른 비밀취급인가 가능성 유무

> 이미 특수경비업의 허가를 받은 특수경비업자는 업무를 개시하거나 종료한 때에 시·도 경찰청장에게 신고하여야 하는 것(경비업법 제4조 제3항 제5호)이고 첫 업무개시의 신고를 하기 전에 시·도 경찰청장의 비밀취급인가를 받아야 한다(경비업법 시행령 제6조 제1항).

② 경비인력·시설 및 장비의 확보 또는 확보가능성 여부
③ 임원 중 경비업법에 의한 결격사유에 해당하는 자가 있는지의 유무
④ 대표자·임원의 경력 및 신용

관계법령

허가절차 등(경비업법 시행령 제4조)
① 시·도 경찰청장은 제3조 제1항의 규정에 의하여 허가 또는 변경허가의 신청을 받은 때에는 경비업을 영위하고자 하는 법인의 임원 중 법 제5조의 규정에 의한 결격사유에 해당하는 자가 있는지의 유무, 경비인력·시설 및 장비의 확보 또는 확보가능성의 여부, 자본금과 대표자·임원의 경력 및 신용 등을 검토하여 허가여부를 결정하여야 한다.

특수경비업자의 업무개시 전의 조치(경비업법 시행령 제6조)
① 법 제2조 제1호 마목의 규정에 의한 특수경비업무를 수행하는 경비업자(이하 "특수경비업자"라 한다)는 법 제4조 제3항 제5호의 규정에 의하여 첫 업무개시의 신고를 하기 전에 시·도 경찰청장의 비밀취급인가를 받아야 한다.

> **경비업의 허가(경비업법 제4조)**
> ③ 제1항의 규정에 의하여 경비업의 허가를 받은 법인은 다음 각호의 어느 하나에 해당하는 때에는 시·도 경찰청장에게 신고하여야 한다. 〈개정 2024.2.13.〉
> 1. 영업을 폐업하거나 휴업한 때
> 2. 법인의 명칭이나 대표자·임원을 변경한 때
> 3. 법인의 주사무소나 출장소를 신설·이전 또는 폐지한 때
> 4. 기계경비업무의 수행을 위한 관제시설을 신설·이전 또는 폐지한 때
> 5. 특수경비업무를 개시하거나 종료한 때
> 6. 그 밖에 대통령령이 정하는 중요사항을 변경한 때

02 난이도 하 ▮경비업법 제5조 - 법인 임원의 결격사유

경비업법령상 특수경비업을 영위하는 법인의 임원이 될 수 없는 자를 모두 고른 것은?

ㄱ. 파산선고를 받고 복권된 자
> (×) 파산선고를 받고 복권되지 아니한 자는 법인의 임원이 될 수 없는 자(경비업법 제5조 제2호)이므로 복권된 자는 특수경비업을 영위하는 법인의 임원이 될 수 있다.

ㄴ. 징역형의 선고를 받고 그 형이 실효되지 아니한 자
> (○) 금고 이상의 형의 선고를 받고 그 형이 실효되지 아니한 자는 법인의 임원이 될 수 없다(경비업법 제5조 제3호).

ㄷ. 「대통령 등의 경호에 관한 법률」에 위반하여 벌금형의 선고를 받고 3년이 지나지 아니한 자
> (○) 경비업법 또는 대통령 등의 경호에 관한 법률에 위반하여 벌금형의 선고를 받고 3년이 지나지 아니한 자는 특수경비업무를 수행하는 법인의 임원이 될 수 없다(경비업법 제5조 제4호). 경비업법 제5조 제4호에 해당하는 경우 특수경비업무를 수행하는 법인의 임원이 될 수 없을 뿐이고, 다른 경비업무를 수행하는 법인의 임원은 될 수 있다.

① ㄱ
② ㄱ, ㄴ
③ ㄴ, ㄷ
> 제시된 내용 중 특수경비업을 영위하는 법인의 임원이 될 수 없는 자는 ㄴ과 ㄷ이다.

④ ㄱ, ㄴ, ㄷ

03 난이도 하
경비업법 시행령 제9조 - 기계경비업자의 관리 서류

경비업법령상 기계경비업자의 출장소별 관리 서류에 관한 설명으로 옳지 않은 것은?

① 경비대상시설의 명칭·소재지 및 경비계약기간을 기재한 서류를 갖추어 두어야 한다.
② 기계경비지도사의 명단·배치일자·배치장소와 출동차량의 대수를 기재한 서류를 갖추어 두어야 한다.
③ 오경보가 발생한 경비대상시설을 기재한 서류를 갖추어 두어야 한다.
④ <u>경보의 수신 및 조치의 결과를 기재한 서류는 당해 경보를 수신한 날부터 3년간 보관하여야 한다.</u>

"<u>경보의 수신 및 현장도착 일시와 조치의 결과</u>"와 "오경보인 경우 오경보가 발생한 경비대상시설 및 그 오경보에 대한 조치의 결과"를 <u>기재한 서류는 당해 정보를 수신한 날부터 1년간 이를 보관하여야 한다</u>(경비업법 시행령 제9조 제2항).

관계법령 기계경비업자의 관리 서류(경비업법 시행령 제9조)

① <u>기계경비업자는</u> 법 제9조 제2항의 규정에 의하여 <u>출장소별로 다음 각호의 사항을 기재한 서류를 갖추어 두어야 한다.</u>
  1. 경비대상시설의 명칭·소재지 및 경비계약기간
  2. 기계경비지도사의 명단·배치일자·배치장소와 출동차량의 대수
  3. <u>경보의 수신 및 현장도착 일시와 조치의 결과</u>
  4. 오경보인 경우 오경보가 발생한 경비대상시설 및 그 오경보에 대한 조치의 결과
② 제1항 제3호 및 제4호의 <u>규정에 의한 사항을 기재한 서류는 당해 경보를 수신한 날부터 1년간 이를 보관하여야 한다.</u>

04 난이도 하
경비업법 제2조 - 정의

경비업법령상 운반 중에 있는 현금·유가증권·귀금속·상품 그 밖의 물건에 대하여 도난·화재 등 위험발생을 방지하는 업무는?

① 특수경비업무
② 신변보호업무
③ 기계경비업무
④ <u>호송경비업무</u>

경비업법 제2조 제1호 나목의 호송경비업무에 대한 설명이다.

관계법령 정의(경비업법 제2조)

이 법에서 사용하는 용어의 정의는 다음과 같다. 〈개정 2024.1.30.〉
1. "경비업"이라 함은 다음 각목의 1에 해당하는 업무(이하 "경비업무"라 한다)의 전부 또는 일부를 도급받아 행하는 영업을 말한다.
  가. 시설경비업무 : 경비를 필요로 하는 시설 및 장소(이하 "경비대상시설"이라 한다)에서의 도난·화재 그 밖의 혼잡 등으로 인한 위험발생을 방지하는 업무
  나. 호송경비업무 : <u>운반 중에 있는 현금·유가증권·귀금속·상품 그 밖의 물건에 대하여 도난·화재 등 위험발생을 방지하는 업무</u>

> 다. 신변보호업무 : 사람의 생명이나 신체에 대한 위해의 발생을 방지하고 그 신변을 보호하는 업무
> 라. 기계경비업무 : 경비대상시설에 설치한 기기에 의하여 감지·송신된 정보를 그 경비대상시설 외의 장소에 설치한 관제시설의 기기로 수신하여 도난·화재 등 위험발생을 방지하는 업무
> 마. 특수경비업무 : 공항(항공기를 포함한다) 등 대통령령이 정하는 국가중요시설(이하 "국가중요시설"이라 한다)의 경비 및 도난·화재 그 밖의 위험발생을 방지하는 업무
> 바. 혼잡·교통유도경비업무 : 도로에 접속한 공사현장 및 사람과 차량의 통행에 위험이 있는 장소 또는 도로를 점유하는 행사장 등에서 교통사고나 그 밖의 혼잡 등으로 인한 위험발생을 방지하는 업무

05 난이도 하 | 경비업법 제15조 - 특수경비원의 의무

경비업법령상 특수경비원의 의무에 관한 설명으로 옳지 않은 것은?

① 파업·태업을 하여서는 아니 된다.

> 특수경비원은 파업·태업 그 밖에 경비업무의 정상적인 운영을 저해하는 일체의 쟁의행위를 하여서는 아니 된다(경비업법 제15조 제3항).

② 소속상사의 허가 또는 정당한 사유 없이 경비구역을 벗어나서는 아니 된다.

> 경비업법 제15조 제2항

③ **어떠한 경우에도 14세 미만의 자에 대하여는 권총 또는 소총을 발사하여서는 아니 된다.**

> 특수경비원은 총기 또는 폭발물을 가지고 대항하는 경우를 제외하고는 14세 미만의 자 또는 임산부에 대하여는 권총 또는 소총을 발사하여서는 아니 된다(경비업법 제15조 제4항 제3호).

④ 직무를 수행함에 있어 시설주의 직무상 명령에 복종하여야 한다.

> 특수경비원은 직무를 수행함에 있어 시설주·관할 경찰관서장 및 소속상사의 직무상 명령에 복종하여야 한다(경비업법 제15조 제1항).

06 난이도 하
경비업법 시행령 제21조, 동법 시행규칙 제18조 – 특수경비원의 무기관리

경비업법령상 특수경비원의 직무 및 무기사용 등에 관한 내용이다. ( )에 들어갈 숫자로 옳은 것은?

- 관할 경찰관서장은 시설주 및 특수경비원의 무기관리상황을 매월 (ㄱ)회 이상 점검하여야 한다.

  관할 경찰관서장은 시설주 및 특수경비원의 무기관리상황을 매월 1회 이상 점검하여야 한다(경비업법 시행령 제21조).

- 무기를 대여받은 국가중요시설의 시설주 또는 관리책임자는 관할 경찰관서장이 정하는 바에 의하여 무기의 관리실태를 매월 파악하여 다음 달 (ㄴ)일까지 관할 경찰관서장에게 통보하여야 한다.

  무기를 대여받은 국가중요시설의 시설주 또는 관리책임자는 관할 경찰관서장이 정하는 바에 의하여 무기의 관리실태를 매월 파악하여 다음 달 3일까지 관할 경찰관서장에게 통보하여야 한다(경비업법 시행규칙 제18조 제1항 제5호).

① ㄱ : 1, ㄴ : 3

  제시된 내용의 ( )에 들어갈 숫자는 ㄱ : 1, ㄴ : 3이다.

② ㄱ : 1, ㄴ : 5
③ ㄱ : 2, ㄴ : 3
④ ㄱ : 2, ㄴ : 5

07 난이도 중
경비업법 제16조, 동법 시행규칙 제19조 – 경비원의 복장 등

경비업법령상 경비원의 복장 등에 관한 설명으로 옳지 않은 것은?

① 경비업자는 경찰공무원 또는 군인의 제복과 색상 및 디자인 등이 명확히 구별되는 소속 경비원의 복장을 정하고 이를 확인할 수 있는 사진을 첨부하여 주된 사무소를 관할하는 경찰서장을 거쳐 경찰청장에게 신고하여야 한다.

  경비업자는 경찰공무원 또는 군인의 제복과 색상 및 디자인 등이 명확히 구별되는 소속 경비원의 복장을 정하고 이를 확인할 수 있는 사진을 첨부하여 주된 사무소를 관할하는 시·도 경찰청장에게 행정안전부령으로 정하는 바에 따라 신고하여야 한다(경비업법 제16조 제1항).

② 경비원은 경비업무 수행 시 이름표를 경비원 복장의 상의 가슴 부위에 부착하여 경비원의 이름을 외부에서 알아볼 수 있도록 하여야 한다.

  경비업법 시행규칙 제19조 제4항

③ 경비업자는 집단민원현장이 아닌 곳에서 신변보호업무를 수행하는 경우에는 신고된 복장과 다른 복장을 경비원에게 착용하게 할 수 있다.

  경비업법 제16조 제2항 단서

④ 복장 변경 등에 대한 시정명령을 받은 경비업자는 이를 이행하여야 한다.

  경비업법 제16조 제4항

08 난이도 하   ▮경비업법 시행규칙 제22조 - 결격사유 확인을 위한 범죄경력조회 요청 시 첨부 서류

경비업법령상 경비원의 결격사유 확인을 위해 경비업자가 범죄경력조회를 요청하는 경우 첨부하여야 하는 서류로만 옳게 나열된 것은?

```
ㄱ. 경비업 허가증 사본
ㄴ. 주민등록초본
ㄷ. 취업자 또는 취업예정자 범죄경력조회 동의서
ㄹ. 신분증 사본
```

① ㄱ, ㄴ
② ㄱ, ㄷ

> 제시된 내용 중 ㄱ과 ㄷ이 경비업법령상 경비원의 결격사유 확인을 위해 경비업자가 범죄경력조회를 요청하는 경우 첨부하여야 하는 서류에 해당한다.

③ ㄱ, ㄴ, ㄷ
④ ㄴ, ㄷ, ㄹ

관계법령   **결격사유 확인을 위한 범죄경력조회 요청(경비업법 시행규칙 제22조)**

① 법 제17조 제2항에 따른 범죄경력조회 요청은 별지 제13호의5 서식의 범죄경력조회 신청서(전자문서로 된 신청서를 포함한다)에 따른다.
② 경비업자는 제1항에 따라 범죄경력조회를 요청하는 경우 다음 각호의 서류를 첨부하여야 한다.
   1. <u>경비업 허가증 사본</u>
   2. 별지 제13호의6 서식의 <u>취업자 또는 취업예정자 범죄경력조회 동의서</u>

09 난이도 하 ▎경비업법 시행령 제16조·제17조 - 경비지도사의 선임 및 경비지도사의 직무

경비업법령상 경비지도사의 선임 등에 관한 내용이다. ( )에 들어갈 숫자로 옳은 것은?

> - 경비업자는 경비업법령에 의하여 선임·배치된 경비지도사에 결원이 있거나 자격정지 등의 사유로 그 직무를 수행할 수 없는 때에는 (ㄱ)일 이내에 경비지도사를 새로이 충원하여야 한다.
>> 경비업자는 경비업법령에 의하여 선임·배치된 경비지도사에 결원이 있거나 자격정지 등의 사유로 그 직무를 수행할 수 없는 때에는 <u>15일</u> 이내에 경비지도사를 새로이 충원하여야 한다(경비업법 시행령 제16조 제2항).
> - 경비지도사는 경비업법에 따라 경비원에 대한 교육을 실시하고, 행정안전부령으로 정하는 경비원 직무교육 실시대장에 그 내용을 기록하여 (ㄴ)년간 보존하여야 한다.
>> 경비지도사는 경비업법에 따라 경비원에 대한 교육을 실시하고, 행정안전부령으로 정하는 경비원 직무교육 실시대장에 그 내용을 기록하여 <u>2년간</u> 보존하여야 한다(경비업법 시행령 제17조 제3항).

① ㄱ : 15, ㄴ : 1
② ㄱ : 15, ㄴ : 2

> 제시된 내용의 ( )에 들어갈 숫자는 ㄱ : 15, ㄴ : 2이다.

③ ㄱ : 30, ㄴ : 1
④ ㄱ : 30, ㄴ : 2

10 난이도 하 ▎경비업법 시행령 제18조·제19조, 동법 시행규칙 제13조·제16조 - 경비원의 교육

경비업법령상 경비원의 교육 등에 관한 설명으로 옳지 않은 것은?

① 경비업자는「군인사법」에 따른 부사관 이상으로 근무한 경력이 있는 사람을 일반경비원으로 채용한 경우에는 해당 일반경비원을 일반경비원 신임교육 대상에서 제외할 수 있다.

> 경비업법 시행령 제18조 제2항 제4호

② 경비업자는 소속 일반경비원에게 경비지도사가 수립한 교육계획에 따라 매월 2시간 이상의 직무교육을 받도록 하여야 한다.

> 경비업법 시행령 제18조 제3항, 동법 시행규칙 제13조 제1항

③ 특수경비업자는 채용 전 3년 이내에 특수경비업무에 종사하였던 경력이 있는 사람을 특수경비원으로 채용한 경우에는 해당 특수경비원을 특수경비원 신임교육 대상에서 제외할 수 있다.

> 경비업법 시행령 제19조 제2항

④ <u>특수경비업자는 소속 특수경비원에게 경비지도사가 수립한 교육계획에 따라 매월 2시간의 직무교육을 받도록 하여야 한다.</u>

> 특수경비업자는 소속 특수경비원에게 경비지도사가 수립한 교육계획에 따라 매월 <u>3시간</u>의 직무교육을 받도록 하여야 한다(경비업법 시행령 제19조 제3항, 동법 시행규칙 제16조 제1항).

11 난이도 하
경비업법 제18조, 동법 시행령 제22조 - 경비원의 배치허가

경비업법령상 관할 경찰관서장이 집단민원현장에 일반경비원 배치허가 신청을 받은 경우에 배치허가를 하여서는 아니 되는 경우로 옳지 않은 것은?

① 경비원 중 신임교육을 받지 아니한 사람이 100분의 15 포함되어 있는 경우

> 경비원 중 결격자나 신임교육을 받지 아니한 사람이 대통령령으로 정하는 기준(100분의 21) 이상으로 포함되어 있는 경우 관할 경찰관서장은 배치허가를 하여서는 아니 된다(경비업법 제18조 제3항 제2호, 동법 시행령 제22조). 따라서 관할 경찰관서장은 경비원 중 신임교육을 받지 아니한 사람이 100분의 15 포함되어 있는 경우에는 배치허가를 하여야 한다.

② 경비업무의 범위를 벗어난 행위를 할 우려가 있는 경우

> 경비업법 제18조 제3항 제1호

③ 경비원 중 결격자가 대통령령으로 정하는 기준 이상으로 포함되어 있는 경우

> 경비업법 제18조 제3항 제2호

④ 경비원의 복장·장비 등에 대하여 내려진 필요한 명령을 이행하지 아니하는 경우

> 경비업법 제18조 제3항 제3호

12 난이도 하
경비업법 제16조의2·제16조의3, 동법 시행규칙 제20조 - 경비원의 장비

경비업법령상 경비원의 장비 및 출동차량 등에 관한 설명으로 옳지 않은 것은?

① 경비업자가 경비원으로 하여금 분사기를 휴대하여 직무를 수행하게 하는 경우에는 「총포·도검·화약류 등 단속법」에 따라 미리 분사기의 소지허가를 받아야 한다.

> 경비업법 제16조의2 제2항

② 경비원은 근무 중 경적, 단봉, 분사기, 안전방패, 무전기 및 그 밖에 경비 업무 수행에 필요한 것으로서 공격적인 용도로 제작되지 아니하는 장비를 휴대할 수 있다.

> 경비업법 시행규칙 제20조 제1항

③ 경비업자는 출동차량 등의 도색 및 표지를 경찰차량 및 군차량과 명확히 구별될 수 있게 하여야 한다.

> 경비업법 제16조의3 제1항

④ 경비원이 휴대할 수 있는 장비의 종류는 경적·단봉·분사기 등 행정안전부령으로 정하되, 근무 중에는 물론 근무 후에도 이를 휴대할 수 있다.

> 경비원이 휴대할 수 있는 장비의 종류는 경적·단봉·분사기 등 행정안전부령으로 정하되, 근무 중에만 이를 휴대할 수 있다(경비업법 제16조의2 제1항).

13 난이도 하 ▌경비업법 제19조 - 경비업 허가의 취소

경비업법령상 경비업 허가취소 사유에 해당하지 않는 것은?

① 경비업 및 경비관련업 외의 영업을 한 때

> 경비업법 제19조 제1항 제3호

② 영업정지처분을 받고 계속하여 영업을 한 때

> 경비업법 제19조 제1항 제6호

③ <u>정당한 사유 없이 허가를 받은 날부터 1년 이내에 경비 도급실적이 없을 때</u>

> 허가관청은 정당한 사유 없이 허가를 받은 날부터 <u>2년</u> 이내에 경비 도급실적이 없거나 계속하여 1년 이상 휴업한 때에는 그 허가를 취소하여야 한다(경비업법 제19조 제1항 제4호).

④ 관할 경찰관서장의 배치폐지 명령에 따르지 아니한 때

> 경비업법 제19조 제1항 제8호

14 난이도 중 ▌경비업법 제18조, 동법 시행규칙 제24조 - 경비원의 명부와 배치허가

경비업법령상 경비원의 명부와 배치허가 등에 관한 설명으로 옳지 않은 것은?

① 경비업자가 경비원의 배치를 폐지한 경우에는 행정안전부령으로 정하는 바에 따라 관할 경찰관서장에게 신고하여야 한다.

> 경비업법 제18조 제2항 본문

② <u>집단민원현장에 배치되는 특수경비원의 명부는 그 경비원이 배치되는 장소에도 작성·비치하여야 한다.</u>

> 집단민원현장에 배치되는 <u>일반경비원</u>의 명부는 그 경비원이 배치되는 장소에도 작성·비치하여야 한다(경비업법 제18조 제1항 단서).

③ 경비업자는 특수경비원을 배치하는 경우에는 경비원을 배치하는 기간과 관계없이 경비원을 배치하기 전까지 경비원 배치신고서를 배치지를 관할하는 경찰관서장에게 제출해야 한다.

> 경비업법 시행규칙 제24조 제1항 단서

④ 일반경비원 배치허가를 받은 경비업자가 집단민원현장에 새로운 경비원을 배치하려는 경우에는 새로운 경비원을 배치하기 48시간 전까지 배치허가 신청서를 관할 경찰관서장에게 제출하여 허가를 받아야 한다.

> 경비업법 제18조 제2항 단서 제1호

15 난이도 하 ▌경비업법 제22조, 동법 시행령 제26조 - 경비협회

경비업법령상 경비협회에 관한 설명으로 옳은 것은?

① 경비지도사는 경비업무의 건전한 발전 등을 위하여 경비협회를 설립할 수 있다.

> 경비업자는 경비업무의 건전한 발전과 경비원의 자질향상 및 교육훈련 등을 위하여 대통령령이 정하는 바에 따라 경비협회를 설립할 수 있다(경비업법 제22조 제1항).

❷ 경비협회를 설립하려는 경우에는 정관을 작성하여야 한다.

> 경비업법 시행령 제26조 제1항

③ 경비업법에 특별한 규정이 있는 것을 제외하고는 「민법」 중 재단법인에 관한 규정을 준용한다.

> 경비협회에 관하여 경비업법에 특별한 규정이 있는 것을 제외하고는 「민법」 중 사단법인에 관한 규정을 준용한다(경비업법 제22조 제4항).

④ 경비협회는 관할 경찰관서장의 허가를 받아 회원으로부터 회비를 징수할 수 있다.

> 협회는 정관이 정하는 바에 의하여 회원으로부터 회비를 징수할 수 있다(경비업법 시행령 제26조 제2항).

16 난이도 하 ▌경비업법 시행령 [별표 5] - 경비지도사 자격정지처분 기준

경비업법령상 경비지도사 자격정지처분 기준으로 옳은 것은?

① 경비업법 제12조 제3항의 규정을 1차 위반하여 직무를 성실하게 수행하지 아니한 때 : 자격정지 1월

> 자격정지 3월(경비업법 시행령 [별표 5] 제1호)

② 경비업법 제12조 제3항의 규정을 2차 위반하여 직무를 성실하게 수행하지 아니한 때 : 자격정지 3월

> 자격정지 6월(경비업법 시행령 [별표 5] 제1호)

③ 경비업법 제24조의 규정에 의한 시·도 경찰청장의 명령을 2차 위반한 때 : 자격정지 3월

> 자격정지 6월(경비업법 시행령 [별표 5] 제2호)

❹ 경비업법 제24조의 규정에 의한 시·도 경찰청장의 명령을 3차 위반한 때 : 자격정지 9월

> 경비업법 시행령 [별표 5] 제2호

| 관계법령 | 경비지도사 자격정지처분 기준(경비업법 시행령 [별표 5]) |

위반행위	해당 법조문	행정처분 기준		
		1차 위반	2차 위반	3차 이상 위반
1. 법 제12조 제3항의 규정에 위반하여 직무를 성실하게 수행하지 아니한 때	법 제20조 제2항 제1호	자격정지 3월	자격정지 6월	자격정지 12월
2. 법 제24조의 규정에 의한 경찰청장, 시·도 경찰청장의 명령을 위반한 때	법 제20조 제2항 제2호	자격정지 1월	자격정지 6월	자격정지 9월

※ 비고 : 위반행위의 횟수에 따른 행정처분의 기준은 당해 위반행위가 있은 이전 최근 2년간 같은 위반행위로 행정처분을 받은 경우에 적용한다.

17 난이도 하 ┃경비업법 제11조의4 · 제13조의3 - 경비지도사 · 경비원 교육기관의 지정 취소 등

경비업법령상 청문을 실시하여야 하는 업무정지처분의 대상을 모두 고른 것은?

ㄱ. 경비지도사 교육기관이 교육지침을 위반하여 시정명령을 받고도 정당한 사유 없이 정하여진 기간 이내에 시정하지 아니한 경우

　(O) 경비업법 제11조의4 제1항 제3호, 제21조 제1호

ㄴ. 경비지도사 교육기관이 거짓으로 경비지도사 교육기관의 지정을 받은 경우

　(×) 경찰청장은 경비지도사 교육기관이 거짓이나 그 밖의 부정한 방법으로 경비지도사 교육기관의 지정을 받은 경우에는 그 지정을 취소하여야 한다(경비업법 제11조의4 제1항 제1호). 경비업법 제11조의4 제1항 제1호는 절대적 지정 취소 사유이므로 청문을 실시하여야 하는 업무정지처분의 대상에 해당하지 아니한다.

ㄷ. 경비원 교육기관이 지정 기준에 적합하지 아니하게 된 경우

　(O) 경비업법 제13조의3 제1항 제4호, 제21조 제2호

ㄹ. 경비원 교육기관이 지정받은 사항을 위반하여 업무를 행한 경우

　(O) 경비업법 제13조의3 제1항 제2호, 제21조 제2호

① ㄱ, ㄴ
② ㄱ, ㄷ, ㄹ

　제시된 내용 중 청문을 실시하여야 하는 업무정지처분의 대상은 ㄱ, ㄷ, ㄹ이다.

③ ㄴ, ㄷ, ㄹ
④ ㄱ, ㄴ, ㄷ, ㄹ

> **관계법령** 청문(경비업법 제21조)

경찰청장 또는 시·도 경찰청장은 다음 각호의 어느 하나에 해당하는 처분을 하고자 하는 경우에는 청문을 실시하여야 한다. 〈개정 2024.2.13.〉
1. 제11조의4에 따른 경비지도사 교육기관의 지정 취소 또는 업무의 정지

> **경비지도사 교육기관의 지정 취소 등(경비업법 제11조의4)**
> ① 경찰청장은 경비지도사 교육기관이 다음 각호의 어느 하나에 해당하는 경우에는 그 지정을 취소하거나 1년의 범위에서 기간을 정하여 업무의 전부 또는 일부를 정지할 수 있다. 다만, <u>제호의 경우에는 그 지정을 취소하여야 한다.</u>
> 1. <u>거짓이나 그 밖의 부정한 방법으로 경비지도사 교육기관의 지정을 받은 경우</u>
> 2. 지정받은 사항을 위반하여 업무를 행한 경우
> 3. 제11조의3 제3항에 따른 시정명령을 받고도 정당한 사유 없이 정하여진 기간 이내에 시정하지 아니한 경우
> 4. 제11조의3 제4항에 따른 지정 기준에 적합하지 아니하게 된 경우
> [본조신설 2024.2.13.]

2. 제13조의3에 따른 경비원 교육기관의 지정 취소 또는 업무의 정지

> **경비원 교육기관의 지정 취소 등(경비업법 제13조의3)**
> ① 경찰청장은 경비원 교육기관이 다음 각호의 어느 하나에 해당하는 경우에는 그 지정을 취소하거나 1년 이내의 기간을 정하여 업무의 전부 또는 일부를 정지할 수 있다. 다만, 제호의 경우에는 그 지정을 취소하여야 한다.
> 1. 거짓이나 그 밖의 부정한 방법으로 경비원 교육기관의 지정을 받은 경우
> 2. 지정받은 사항을 위반하여 업무를 행한 경우
> 3. 제13조의2 제3항에 따른 시정명령을 받고도 정당한 사유 없이 정하여진 기간 이내에 시정하지 아니한 경우
> 4. 제13조의2 제4항에 따른 지정 기준에 적합하지 아니하게 된 경우
> [본조신설 2024.2.13.]

3. 제19조의 규정에 의한 경비업 허가의 취소 또는 영업정지
4. 제20조 제1항 또는 제2항의 규정에 의한 경비지도사자격의 취소 또는 정지

18 난이도 하
경비업법 제4조, 동법 시행령 제5조 – 경비업의 허가(경비업자의 신고사항)

경비업법령상 경비업의 허가를 받은 법인이 시·도 경찰청장에게 신고하여야 하는 경우에 해당하는 것은?

① 법인의 정관 시행일을 변경한 때

> 법인의 정관의 목적을 변경한 때(경비업법 제4조 제3항 제6호, 동법 시행령 제5조 제4항)

② 법인의 주사무소를 이전한 때

> 법인의 주사무소나 출장소를 신설·이전 또는 폐지한 때(경비업법 제4조 제3항 제3호)

③ 기계경비업무를 개시하거나 종료한 때

> 특수경비업무를 개시하거나 종료한 때(경비업법 제4조 제3항 제5호)

④ 특수경비업무의 수행을 위한 관제시설을 신설한 때

> 기계경비업무의 수행을 위한 관제시설을 신설·이전 또는 폐지한 때(경비업법 제4조 제3항 제4호)

19 난이도 하
경비업법 제23조, 동법 시행령 제27조 – 공제사업

경비업법령상 경비협회의 공제사업에 관한 설명으로 옳지 않은 것은?

① 경비협회는 공제사업을 하고자 하는 때에는 공제사업의 운영에 관하여 필요한 사항에 대하여 공제규정을 제정하여야 한다.

> 경비업법 제23조 제2항

② 경비협회는 공제사업의 회계를 다른 사업의 회계와 구분하여 경리하여야 한다.

> 경비업법 시행령 제27조 제1항

③ 경찰청장은 공제사업에 대하여 금융위원회에게 검사를 요청할 수 있다.

> 경찰청장은 공제사업에 대하여 「금융위원회의 설치 등에 관한 법률」에 따른 금융감독원의 원장에게 검사를 요청할 수 있다(경비업법 제23조 제6항).

④ 경찰청장은 공제사업의 건전한 육성과 가입자의 보호를 위하여 공제사업의 감독에 관한 기준을 정할 수 있다.

> 경비업법 제23조 제4항

20 난이도 하 ▮경비업법 제26조 - 손해배상 등

경비업법령상 경비업자의 책임에 관한 설명으로 옳은 것은?

① 경비업자는 경비원이 업무수행 중 경비대상에 손해가 발생하는 것을 방지하여도 손해를 배상하여야 한다.

> 경비업자는 경비원이 업무수행 중 고의 또는 과실로 경비대상에 손해가 발생하는 것을 방지하지 못한 때에는 그 손해를 배상하여야 한다(경비업법 제26조 제1항).

② 경비업자는 경비원이 업무수행 중 고의로 제3자에게 손해를 입힌 경우에는 그 손해가 발생하는 것을 방지하지 못한 때에만 배상할 책임이 있다.

> 경비업자는 경비원이 업무수행 중 고의 또는 과실로 제3자에게 손해를 입힌 경우에는 이를 배상하여야 한다(경비업법 제26조 제2항). 경비업법 제26조 제1항의 경비대상에 대한 손해배상과 달리 제3자에 대한 손해배상의 경우 "손해가 발생하는 것을 방지하지 못한 때에는 손해를 배상하여야 한다"고 규정하고 있지 않다.

③ 경비업자는 경비원이 업무수행 중 과실로 제3자에게 손해를 입힌 경우에도 이를 배상하여야 한다.

> 경비업법 제26조 제2항

④ 경비업자는 경비원이 업무수행 중 과실로 경비대상에 손해가 발생하는 것을 방지하지 못한 때에는 그 손해를 배상할 책임이 없다.

> 경비업자는 경비원이 업무수행 중 고의 또는 과실로 경비대상에 손해가 발생하는 것을 방지하지 못한 때에는 그 손해를 배상하여야 한다(경비업법 제26조 제1항).

21 난이도 중　┃경비업법 제24조 - 경찰청장 등의 지도·감독

경비업법령상 감독 및 보안지도·점검에 관한 설명으로 옳지 않은 것은?

① 시·도 경찰청장은 경비업무의 적정한 수행을 위하여 경비지도사를 지도·감독하며 필요한 명령을 할 수 있다.

> 경찰청장 또는 시·도 경찰청장은 경비업무의 적정한 수행을 위하여 경비업자 및 경비지도사를 지도·감독하며 필요한 명령을 할 수 있다(경비업법 제24조 제1항).

② 관할 경찰관서장은 소속 경찰공무원으로 하여금 관할구역 안에 있는 경비업자의 주사무소에 출입하여 근무상황을 감독하며 필요한 명령을 하게 할 수 있다.

> 시·도 경찰청장 또는 관할 경찰관서장은 소속 경찰공무원으로 하여금 관할구역 안에 있는 경비업자의 주사무소 및 출장소와 경비원배치장소에 출입하여 근무상황 및 교육훈련상황 등을 감독하며 필요한 명령을 하게 할 수 있다(경비업법 제24조 제2항 전문).

③ 시·도 경찰청장은 배치된 경비원이 경비업법에 따른 명령을 위반하는 행위를 하는 경우 그 위반행위의 중지를 명할 수 있다.

> 시·도 경찰청장 또는 관할 경찰관서장은 경비업자 또는 배치된 경비원이 이 법이나 이 법에 따른 명령, 「폭력행위 등 처벌에 관한 법률」을 위반하는 행위를 하는 경우 그 위반행위의 중지를 명할 수 있다(경비업법 제24조 제3항).

④ **관할 경찰관서장은 경비업무 장소가 집단민원현장으로 판단되는 경우에는 그때부터 48시간 이내에 경비지도사에게 경비원 배치 허가를 받을 것을 고지하여야 한다.**

> 시·도 경찰청장 또는 관할 경찰관서장은 경비업무 장소가 집단민원현장으로 판단되는 경우에는 그때부터 48시간 이내에 **경비업자**에게 경비원 배치 허가를 받을 것을 고지하여야 한다(경비업법 제24조 제4항).

22 난이도 하　┃경비업법 시행령 제28조 - 경비지도사 시험 응시수수료 반환 기준

경비업법령상 시험에 응시하고자 하는 자가 납부한 응시수수료의 전부 또는 일부를 반환하는 기준으로 옳지 않은 것은?

① 응시수수료를 과오납한 경우 : 과오납한 금액 전액

> 경비업법 시행령 제28조 제4항 제1호

② 시험시행기관의 귀책사유로 시험에 응시하지 못한 경우 : 응시수수료 전액

> 경비업법 시행령 제28조 제4항 제2호

③ **시험시행일 20일 전까지 접수를 취소하는 경우 : 응시수수료의 100분의 80**

> 응시수수료 **전액**(경비업법 시행령 제28조 제4항 제3호)

④ 시험시행일 10일 전까지 접수를 취소하는 경우 : 응시수수료의 100분의 50

> 경비업법 시행령 제28조 제4항 제4호

23 난이도 하 | 경비업법 시행령 제31조 - 권한의 위임

경비업법령상 경찰청장의 권한이 시·도 경찰청장에게 위임되어 있는 것을 모두 고른 것은?

> ㄱ. 경비지도사 자격의 취소권한
>
>> (O) 경비지도사의 자격의 취소 및 정지에 관한 권한(경비업법 시행령 제31조 제1항 제1호)
>
> ㄴ. 경비지도사 자격증의 교부권한
>
>> (×) <u>경찰청장은</u> 경비지도사 결격사유에 해당하지 아니하는 자로서 경찰청장이 시행하는 경비지도사 시험에 합격하고 경찰청장이 실시하는 기본교육을 받은 자에게 행정안전부령으로 정하는 바에 따라 <u>경비지도사 자격증을 교부하여야 한다</u>(경비업법 제11조 제2항). <u>경비업법령상 경비지도사 자격증의 교부권한의 위임에 관한 규정은 존재하지 않는다.</u>
>
> ㄷ. 경비지도사 시험의 관리에 관한 권한
>
>> (×) 경찰청장 또는 경찰관서장은 법 제27조 제2항에 따라 법 제11조 제1항에 따른 <u>경비지도사 시험의 관리에 관한 업무를 경비업무에 관한 인력과 전문성을 갖춘 기관 또는 단체로서 경찰청장이 지정하여 고시하는 기관 또는 단체에 위탁한다</u>(경비업법 시행령 제31조 제2항). <u>경비지도사 시험의 관리에 관한 업무는 위임사항이 아닌 위탁사항에 해당한다.</u>
>
> ㄹ. 경비지도사 자격의 정지에 관한 청문권한
>
>> (O) 경비지도사 자격의 취소 및 정지에 관한 청문의 권한(경비업법 시행령 제31조 제1항 제2호)

① ㄱ, ㄴ
② <u>ㄱ, ㄹ</u>

> 제시된 내용 중 경찰청장의 권한이 시·도 경찰청장에게 위임되어 있는 것은 ㄱ과 ㄹ이다.

③ ㄴ, ㄷ
④ ㄷ, ㄹ

24 난이도 하 | 경비업법 제27조의3 - 벌칙 적용에서 공무원 의제

경비업법령상 경찰청장으로부터 경비지도사의 시험에 관한 업무를 위탁받은 단체의 임직원이 공무원으로 의제되어 적용받는 「형법」상의 규정에 해당하는 것은?

① 제122조(직무유기)
② 제126조(피의사실공표)
③ 제127조(공무상 비밀의 누설)
④ <u>제129조(수뢰, 사전수뢰)</u>

> 경찰청장으로부터 경비지도사의 시험에 관한 업무를 위탁받은 관계전문기관 또는 단체의 임직원은 <u>「형법」 제129조부터 제132조까지의 규정을 적용할 때에는 공무원으로 본다</u>(경비업법 제27조의3).

25 난이도 중 ▮경비업법 제28조 - 벌칙

경비업법령상 법정형이 "경비업의 허가를 받지 아니하고 경비업을 영위한 자"에 대한 법정형과 같은 것은?

① 다른 법률에 특별한 규정이 있는 경우가 아님에도 그 직무상 알게 된 비밀을 누설한 경비업자의 임·직원

> 경비업의 허가를 받지 아니하고 경비업을 영위한 자에 대한 법정형은 3년 이하의 징역 또는 3천만원 이하의 벌금(경비업법 제28조 제2항 제1호)이고, 다른 법률에 특별한 규정이 있는 경우가 아님에도 그 직무상 알게 된 비밀을 누설한 경비업자의 임·직원에 대한 법정형도 3년 이하의 징역 또는 3천만원 이하의 벌금이다(경비업법 제28조 제2항 제2호).

② 국가중요시설에 대한 경비업무 수행 중 국가중요시설의 정상적인 운영을 해치는 장해를 일으킨 특수경비원

> 5년 이하의 징역 또는 5천만원 이하의 벌금(경비업법 제28조 제1항)

③ 쟁의행위를 한 특수경비원

> 1년 이하의 징역 또는 1천만원 이하의 벌금(경비업법 제28조 제4항 제2호)

④ 경비업법에서 정한 장비 외에 흉기 또는 그 밖의 위험한 물건을 휴대하고 경비업무를 수행한 경비원

> 1년 이하의 징역 또는 1천만원 이하의 벌금(경비업법 제28조 제4항 제4호)

26 난이도 하 ▮경비업법 제29조 - 형의 가중처벌

경비업법령상 일반경비원이 경비업무 수행 중에 경비업법령에서 정한 장비 외에 흉기 또는 그 밖의 위험한 물건을 휴대하고 죄를 범한 경우, 그 죄에 정한 형의 2분의 1까지 가중처벌되는 「형법」상의 범죄가 아닌 것은?

① 폭행죄(「형법」 제260조 제1항)

> 폭행죄(「형법」 제260조 제1항)는 특수경비원이 무기를 휴대하고 경비업무를 수행 중에 무기의 안전수칙을 위반하여 죄를 범한 경우, 그 죄에 정한 형의 2분의 1까지 가중처벌되는 「형법」상의 범죄에 해당한다.

② 특수폭행죄(「형법」 제261조)
③ 폭행치사상죄(「형법」 제262조)
④ 업무상과실·중과실치사상죄(「형법」 제268조)

> **관계법령** 형의 가중처벌(경비업법 제29조) ★★
>
> ① 특수경비원이 무기를 휴대하고 경비업무를 수행 중에 제14조 제8항의 규정 및 제15조 제4항의 규정에 의한 무기의 안전수칙을 위반하여 형법 제258조의2(특수상해죄) 제1항(제257조 제1항의 상해죄로 한정, 존속상해죄는 제외)·제2항(제258조 제1항·제2항의 중상해죄로 한정, 존속중상해죄는 제외), 제259조 제1항(상해치사죄), 제260조 제1항(폭행죄), 제262조(폭행치사상죄), 제268조(업무상과실·중과실치사상죄), 제276조 제1항(체포 또는 감금죄), 제277조 제1항(중체포 또는 중감금죄), 제281조 제1항(체포·감금등의 치사상죄), 제283조 제1항(협박죄), 제324조 제2항(특수강요죄), 제350조의2(특수공갈죄) 및 제366조(재물손괴등죄)의 죄를 범한 때에는 그 죄에 정한 형의 2분의 1까지 가중처벌한다.
> ② 경비원이 경비업무 수행 중에 제16조의2 제1항에서 정한 장비 외에 흉기 또는 그 밖의 위험한 물건을 휴대하고 형법 제258조의2(특수상해죄) 제1항(제257조 제1항의 상해죄로 한정, 존속상해죄는 제외)·제2항(제258조 제1항·제2항의 중상해죄로 한정, 존속중상해죄는 제외), 제259조 제1항(상해치사죄), 제261조(특수폭행죄), 제262조(폭행치사상죄), 제268조(업무상과실·중과실치사상죄), 제276조 제1항(체포 또는 감금죄), 제277조 제1항(중체포 또는 중감금죄), 제281조 제1항(체포·감금등의 치사상죄), 제283조 제1항(협박죄), 제324조 제2항(특수강요죄), 제350조의2(특수공갈죄) 및 제366조(재물손괴등죄)의 죄를 범한 때에는 그 죄에 정한 형의 2분의 1까지 가중처벌한다.

27 난이도 중   경비업법 제31조 – 과태료

경비업법령에 위반한 다음의 경비업자 중 부과될 수 있는 과태료 최고액이 다른 사람은?(단, 가중·감경은 고려하지 않음)

① 경비업법의 규정에 위반하여 경비대행업자 지정신고를 하지 아니한 자

500만원 이하의 과태료 부과(경비업법 제31조 제2항 제2호)

② 경비업법의 규정에 위반하여 경비원의 복장에 관한 신고를 하지 아니하고 집단민원현장에 경비원을 배치한 자

3천만원 이하의 과태료 부과(경비업법 제31조 제1항 제1호)

③ 경비업법의 규정에 위반하여 이름표를 부착하게 하지 아니하고 집단민원현장에 경비원을 배치한 자

3천만원 이하의 과태료 부과(경비업법 제31조 제1항 제2호)

④ 경비업법의 규정에 위반하여 집단민원현장에 일반경비원을 배치하면서 경비원의 명부를 배치장소에 작성·비치하지 아니한 자

3천만원 이하의 과태료 부과(경비업법 제31조 제1항 제3호)

28 난이도 중 ▌청원경찰법 종합문제 – 용어의 정의, 청원경찰의 감독

청원경찰법령상 청원경찰에 관한 설명으로 옳은 것은?

① 청원경찰은 청원주 등의 경비(經費)의 부담을 면제할 것을 조건으로 사업장 등의 경비(警備)를 담당하게 하기 위하여 배치하는 경찰이다.

> 청원경찰은 청원주 등이 경비(經費)를 부담할 것을 조건으로 사업장 등의 경비(警備)를 담당하게 하기 위하여 배치하는 경찰이다(청원경찰법 제2조).

② 선박, 항공기 등 수송시설에는 청원경찰이 배치될 수 없다.

> 선박, 항공기 등 수송시설은 청원경찰 배치장소에 해당한다(청원경찰법 제2조 제3호, 동법 시행규칙 제2조 제1호).

③ **청원경찰은 청원경찰의 배치 결정을 받은 자의 감독을 받는다.**

> 청원경찰은 청원경찰의 배치 결정을 받은 자(청원주)와 배치된 기관·시설 또는 사업장 등의 구역을 관할하는 경찰서장의 감독을 받는다(청원경찰법 제3조). 청원주는 항상 소속 청원경찰의 근무 상황을 감독하고, 근무 수행에 필요한 교육을 하여야 한다(청원경찰법 제9조의3 제1항).

④ 청원경찰은 배치된 기관·시설 또는 사업장 등의 구역을 관할하는 시·도지사의 감독을 받는다.

> 청원경찰은 청원경찰의 배치 결정을 받은 자(청원주)와 배치된 기관·시설 또는 사업장 등의 구역을 관할하는 경찰서장의 감독을 받는다(청원경찰법 제3조).

29 난이도 하 ▌청원경찰법 시행규칙 제17조 – 문서와 장부의 비치

청원경찰법령상 관할 경찰서장이 갖춰 두어야 할 문서와 장부로 옳지 않은 것은?

① 청원경찰 명부
② 감독 순시부
③ 교육훈련 실시부
④ **배치결정 관계철**

> 배치결정 관계철은 시·도 경찰청장이 갖춰 두어야 하는 문서와 장부에 해당한다(청원경찰법 시행규칙 제17조 제3항 제1호).

핵심만콕 문서와 장부의 비치(청원경찰법 시행규칙 제17조) ★★

청원주(제1항)	관할 경찰서장(제2항)	시·도 경찰청장(제3항)
• 청원경찰 명부 • 근무일지 • 근무 상황카드 • 경비구역 배치도 • 순찰표철 • 무기·탄약 출납부 • 무기장비 운영카드 • 봉급지급 조서철 • 신분증서 발급대장 • 징계 관계철 • 교육훈련 실시부 • 청원경찰 직무교육계획서 • 급여품 및 대여품 대장 • 그 밖에 청원경찰의 운영에 필요한 문서와 장부	• 청원경찰 명부 • 감독 순시부 • 전출입 관계철 • 교육훈련 실시부 • 무기·탄약 대여대장 • 징계요구서철 • 그 밖에 청원경찰의 운영에 필요한 문서와 장부	• 배치결정 관계철 • 청원경찰 임용승인 관계철 • 전출입 관계철 • 그 밖에 청원경찰의 운영에 필요한 문서와 장부

30 난이도 하 ▮청원경찰법 제1조 - 목적

청원경찰의 원활한 운영을 목적으로 청원경찰법에서 규정하고 있는 것은 모두 몇 개인가?

ㄱ. 청원경찰의 보수
ㄴ. 청원경찰의 임용
ㄷ. 청원경찰의 직무
ㄹ. 청원경찰의 사회보장

① 1개
② 2개
③ 3개
④ **4개**

> 제시된 내용은 모두 청원경찰법에서 규정하고 있는 것이다. 이 법은 청원경찰의 직무·임용·배치·보수·사회보장 및 그 밖에 필요한 사항을 규정함으로써 청원경찰의 원활한 운영을 목적으로 한다(청원경찰법 제1조).

31 난이도 하 ┃청원경찰법 제4조, 동법 시행령 제2조 - 청원경찰의 배치

청원경찰법령상 청원경찰의 배치에 관한 설명으로 옳지 않은 것은?

① 청원경찰을 배치받으려는 자는 대통령령으로 정하는 바에 따라 관할 시·도 경찰청장에게 청원경찰 배치를 신청하여야 한다.

> 청원경찰법 제4조 제1항

② <u>시·도 경찰청장은 청원경찰 배치 신청을 받으면 7일 이내에 그 배치 여부를 결정하여 신청인에게 알려야 한다.</u>

> 시·도 경찰청장은 청원경찰 배치 신청을 받으면 <u>지체 없이</u> 그 배치 여부를 결정하여 신청인에게 알려야 한다(청원경찰법 제4조 제2항).

③ 청원경찰의 배치를 받으려는 자는 청원경찰 배치신청서에 경비구역 평면도 1부와 배치계획서 1부를 첨부하여야 한다.

> 청원경찰법 시행령 제2조 전문

④ 청원경찰 배치신청서 제출 시 배치 장소가 둘 이상의 도(특별시, 광역시, 특별자치시 및 특별자치도를 포함)일 때에는 주된 사업장의 관할 경찰서장을 거쳐 시·도 경찰청장에게 한꺼번에 신청할 수 있다.

> 청원경찰법 시행령 제2조 후문

32 난이도 하 ┃청원경찰법 제5조, 동법 시행령 제4조 - 청원경찰의 임용

청원경찰법령상 청원경찰의 임용에 관한 설명으로 옳은 것은?

① <u>청원경찰의 임용자격에 관하여는 대통령령으로 정한다.</u>

> 청원경찰의 임용자격·임용방법·교육 및 보수에 관하여는 대통령령으로 정한다(청원경찰법 제5조 제3항).

② 청원경찰은 관할 경찰서장이 임용한다.

> 청원경찰은 <u>청원주가 임용</u>하되, 임용을 할 때에는 미리 시·도 경찰청장의 승인을 받아야 한다(청원경찰법 제5조 제1항).

③ 청원주가 청원경찰을 임용하였을 때에는 임용한 날부터 30일 이내에 그 사항을 관할 경찰서장을 거쳐 시·도 경찰청장에게 보고하여야 한다.

> 청원주가 청원경찰을 임용하였을 때에는 임용한 날부터 <u>10일</u> 이내에 그 사항을 관할 경찰서장을 거쳐 시·도 경찰청장에게 보고하여야 한다(청원경찰법 시행령 제4조 제2항 전문).

④ 청원주는 청원경찰이 퇴직하였을 때에는 퇴직한 날부터 60일 이내에 그 사항을 관할 경찰서장을 거쳐 시·도 경찰청장에게 보고하여야 한다.

> 청원주는 청원경찰이 퇴직하였을 때에는 퇴직한 날부터 <u>10일</u> 이내에 그 사항을 관할 경찰서장을 거쳐 시·도 경찰청장에게 보고하여야 한다(청원경찰법 시행령 제4조 제2항 후문).

33 난이도 하
▎청원경찰법 제5조의2, 동법 시행령 제8조 - 청원경찰의 징계

청원경찰법령상 청원경찰의 징계에 관한 설명으로 옳은 것은?

① 관할 경찰서장은 청원경찰이 품위를 손상하는 행위를 한 때에는 징계절차를 거쳐 징계처분을 하여야 한다.

> <u>청원주</u>는 청원경찰이 품위를 손상하는 행위를 한 때에는 징계절차를 거쳐 징계처분을 하여야 한다(청원경찰법 제5조의2 제1항 제2호).

② 감봉은 1개월 이상 3개월 이하로 하고, 그 기간에 보수의 3분의 2를 줄인다.

> 감봉은 1개월 이상 3개월 이하로 하고, 그 기간에 보수의 <u>3분의 1</u>을 줄인다(청원경찰법 시행령 제8조 제3항).

③ 시·도 경찰청장은 징계규정의 보완이 필요하다고 인정할 때에는 관할 경찰서장에게 그 보완을 요구할 수 있다.

> 시·도 경찰청장은 징계규정의 보완이 필요하다고 인정할 때에는 <u>청원주</u>에게 그 보완을 요구할 수 있다(청원경찰법 시행령 제8조 제6항).

④ <u>견책(譴責)은 전과(前過)에 대하여 훈계하고 회개하게 한다.</u>

> 청원경찰법 시행령 제8조 제4항

34 난이도 하
▎청원경찰법 시행령 제11조 - 보수 산정 시의 경력 인정 등

청원경찰법령상 청원경찰의 보수산정 시의 경력 인정 등에 관한 규정이다. ( )에 들어갈 내용으로 옳은 것은?

> 국가기관 또는 지방자치단체에 근무하는 청원경찰 외의 청원경찰 보수의 호봉 간 승급기간 및 승급액은 그 배치된 사업장의 (ㄱ)에 따르며, 이에 관한 (ㄱ)이 없을 때에는 (ㄴ)의 승급에 관한 규정을 준용한다.

① ㄱ : 정관,   ㄴ : 순경
② ㄱ : 정관,   ㄴ : 경장
③ <u>ㄱ : 취업규칙,   ㄴ : 순경</u>

> 제시된 내용의 ( )에 들어갈 내용은 ㄱ : 취업규칙, ㄴ : 순경이다.

④ ㄱ : 취업규칙,   ㄴ : 경장

관계법령 보수 산정 시의 경력 인정 등(청원경찰법 시행령 제11조)

③ 국가기관 또는 지방자치단체에 근무하는 청원경찰 외의 청원경찰 보수의 호봉 간 승급기간 및 승급액은 <u>그 배치된 사업장의 취업규칙</u>에 따르며, 이에 관한 <u>취업규칙이 없을 때에는 순경의 승급에 관한 규정을 준용</u>한다.

35

■ 청원경찰법 제7조의2, 동법 시행령 제13조 - 청원경찰의 보상금과 퇴직금

청원경찰법령상 청원경찰의 보상금과 퇴직금에 관한 설명이다. ( )에 들어갈 내용으로 옳은 것은?

> • 청원주는 보상금 지급의 이행을 위하여 (ㄱ)에 따른 산업재해보상보험에 가입하거나, (ㄴ)에 따라 보상금을 지급하기 위한 재원(財源)을 따로 마련하여야 한다.
>
>> 청원주는 보상금 지급의 이행을 위하여 산업재해보상보험법에 따른 산업재해보상보험에 가입하거나, 근로기준법에 따라 보상금을 지급하기 위한 재원(財源)을 따로 마련하여야 한다(청원경찰법 시행령 제13조).
>
> • 청원주는 청원경찰이 퇴직할 때에는 (ㄷ)에 따른 퇴직금을 지급하여야 한다. 다만, 국가기관이나 지방자치단체에 근무하는 청원경찰의 퇴직금에 관하여는 따로 (ㄹ)으로 정한다.
>
>> 청원주는 청원경찰이 퇴직할 때에는 근로자퇴직급여 보장법에 따른 퇴직금을 지급하여야 한다. 다만, 국가기관이나 지방자치단체에 근무하는 청원경찰의 퇴직금에 관하여는 따로 대통령령으로 정한다(청원경찰법 제7조의2).

① ㄱ : 근로기준법
② ㄴ : 산업재해보상보험법
③ **ㄷ : 근로자퇴직급여 보장법**

> 제시된 내용의 ( )에 들어갈 내용은 ㄱ : 산업재해보상보험법, ㄴ : 근로기준법, ㄷ : 근로자퇴직급여 보장법, ㄹ : 대통령령이다.

④ ㄹ : 행정안전부령

36

■ 청원경찰법 시행규칙 제18조 · 제21조 - 청원경찰의 직무와 표창

청원경찰법령상 청원경찰의 직무와 표창에 관한 설명으로 옳지 않은 것은?

① 청원경찰은 청원경찰법 제3조에 따른 직무를 수행할 때에는 경비 목적을 위하여 필요한 최대한의 범위에서 하여야 한다.

> 청원경찰이 법 제3조에 따른 직무를 수행할 때에는 경비 목적을 위하여 필요한 최소한의 범위에서 하여야 한다(청원경찰법 시행규칙 제21조 제1항).

② 청원경찰은 「경찰관직무집행법」에 따른 직무 외의 수사활동 등 사법경찰관리의 직무를 수행해서는 아니 된다.

> 청원경찰법 시행규칙 제21조 제2항

③ 청원주는 헌신적인 봉사로 특별한 공적을 세운 청원경찰에게 공적상을 수여할 수 있다.

> 청원경찰법 시행규칙 제18조 제1호

④ 관할 경찰서장은 교육훈련에서 교육성적이 우수한 청원경찰에게 우등상을 수여할 수 있다.

> 청원경찰법 시행규칙 제18조 제2호

37 난이도 중
청원경찰법 종합문제 - 청원경찰의 신분 및 직무수행

청원경찰법령상 청원경찰의 신분 및 직무수행에 관한 설명으로 옳지 않은 것은?

① 청원경찰은 파업, 태업 또는 그 밖에 업무의 정상적인 운영을 방해하는 일체의 쟁의행위를 하여서는 아니 된다.

> 청원경찰법 제9조의4

② <u>청원경찰이 직무를 수행할 때 직권을 남용하여 국민에게 해를 끼친 경우에는 1년 이하의 징역이나 금고에 처한다.</u>

> 청원경찰이 직무를 수행할 때 직권을 남용하여 국민에게 해를 끼친 경우에는 <u>6개월</u> 이하의 징역이나 금고에 처한다(청원경찰법 제10조 제1항).

③ 청원경찰 업무에 종사하는 사람은 「형법」이나 그 밖의 법령에 따른 벌칙을 적용할 때에는 공무원으로 본다.

> 청원경찰법 제10조 제2항

④ 청원경찰(국가기관이나 지방자치단체에 근무하는 청원경찰은 제외)의 직무상 불법행위에 대한 배상책임에 관하여는 「민법」의 규정을 따른다.

> 청원경찰법 제10조의2

38 난이도 중
청원경찰법 제12조, 동법 시행규칙 제24조 - 과태료

청원경찰법령상 과태료에 관한 설명으로 옳지 않은 것은?(단, 가중·감경은 고려하지 않음)

① <u>시·도 경찰청장의 배치 결정을 받지 아니하고 청원경찰을 배치한 경우 1,000만원 이하의 과태료가 부과된다.</u>

> 시·도 경찰청장의 배치 결정을 받지 아니하고 청원경찰을 배치한 경우 <u>500만원</u> 이하의 과태료가 부과된다(청원경찰법 제12조 제1항 제1호 전단).

② 정당한 사유 없이 경찰청장이 고시한 최저부담기준액 이상의 보수를 지급하지 아니한 경우 500만원 이하의 과태료가 부과된다.

> 청원경찰법 제12조 제1항 제2호

③ 감독상 필요한 명령을 정당한 사유 없이 이행하지 아니하였을 경우 500만원 이하의 과태료가 부과된다.

> 청원경찰법 제12조 제1항 제3호

④ 경찰서장은 과태료처분을 하였을 때에는 과태료 부과 및 징수 사항을 과태료 수납부에 기록하고 정리하여야 한다.

> 청원경찰법 시행규칙 제24조 제3항

39 난이도 하 ■ 청원경찰법 제9조의3, 동법 시행령 제17조, 동법 시행규칙 제19조 – 청원경찰의 감독

청원경찰법령상 청원경찰의 감독에 관한 설명으로 옳지 않은 것은?

① 청원주는 항상 소속 청원경찰의 근무 상황을 감독하여야 한다.

> 청원경찰법 제9조의3 제1항 전단

② 청원주는 소속 청원경찰에게 근무 수행에 필요한 교육을 하여야 한다.

> 청원경찰법 제9조의3 제1항 후단

③ 관할 경찰서장은 매달 1회 이상 청원경찰을 배치한 경비구역에 대하여 복무규율과 근무 상황을 감독하여야 한다.

> 청원경찰법 시행령 제17조 제1호

④ **2명 이상의 청원경찰을 배치한 사업장의 청원주는 청원경찰의 지휘·감독을 위하여 청원경찰 중에서 경력이 많은 사람을 선정하여 감독자로 지정하여야 한다.**

> 2명 이상의 청원경찰을 배치한 사업장의 청원주는 청원경찰의 지휘·감독을 위하여 청원경찰 중에서 <u>유능한 사람</u>을 선정하여 감독자로 지정하여야 한다(청원경찰법 시행규칙 제19조 제1항).

40 난이도 하 ■ 청원경찰법 시행규칙 제16조 – 무기관리수칙

청원경찰법령상 무기관리수칙에 관한 설명으로 옳지 않은 것은?

① 청원주가 무기와 탄약을 대여받았을 때에는 경찰청장이 정하는 무기·탄약 출납부 및 무기장비 운영카드를 갖춰 두고 기록하여야 한다.

> 청원경찰법 시행규칙 제16조 제1항 제1호

② **청원주는 무기와 탄약이 분실되었을 때에는 경찰청장이 정하는 바에 따라 그 전액을 배상해야 하지만, 전시·사변·천재지변이나 그 밖의 불가항력적인 사유가 있다고 경찰청장이 인정하였을 때에는 그렇지 않다.**

> 청원주는 무기와 탄약이 분실되거나 도난당하거나 빼앗기거나 훼손되었을 때에는 경찰청장이 정하는 바에 따라 그 전액을 배상해야 한다. 다만, 전시·사변·천재지변이나 그 밖의 불가항력적인 사유가 있다고 <u>시·도 경찰청장</u>이 인정하였을 때에는 그렇지 않다(청원경찰법 시행규칙 제16조 제1항 제8호).

③ 청원주로부터 무기와 탄약을 지급받은 청원경찰은 무기를 지급받거나 반납할 때에는 반드시 "앞에 총" 자세에서 "검사 총"을 하여야 한다.

> 청원경찰법 시행규칙 제16조 제3항 제1호

④ 청원주는 사직 의사를 밝힌 청원경찰에게 무기와 탄약을 지급해서는 안 되며, 지급한 무기와 탄약은 즉시 회수해야 한다.

> 청원경찰법 시행규칙 제16조 제4항 제3호

2024년 경호학

문제편 018p

정답 CHECK

41	42	43	44	45	46	47	48	49	50	51	52	53	54	55	56	57	58	59	60
②	④	④	④	④	③	②	②	②	①	③	①	③	④	④	④	①	①	④	①
61	62	63	64	65	66	67	68	69	70	71	72	73	74	75	76	77	78	79	80
③	③	①	①	①	③	②	②	④	③	③	①	③	①	③	②	③	②	②	②

41 난이도 중

경호학과 경호 - 경호의 발달과정과 배경(한말의 경호제도)

우리나라 구한말 경호조직의 변천에 관한 내용이다. 일어난 순서대로 나열된 것은?

> ㄱ. 훈련도감·용호영·호위청을 합쳐 무위영을 설립하였다.
>
>> 무위영(武衛營) : 1881년(고종 18년), 종래 5군영 중 훈련도감·용호영·호위청을 합쳐 무위영을 설립하였다.
>
> ㄴ. 관제개혁에 의하여 경위원이 황궁경위국으로 개편되었다.
>
>> 황궁경위국(皇宮警衛局) : 1905년 경위원이 개편되어 조직된 황궁경위국은 궁궐의 경비, 치안사무를 담당하던 경찰기구이다.
>
> ㄷ. 훈련대를 폐지하고, 친위대를 경성에 주둔시켜 왕성수위를 전담하게 하였다.
>
>> 친위대(親衛隊) : 1895년 을미사변 후 김홍집 내각이 훈련대를 폐지하고 친위군과 진위군으로 양분, 친위군은 경성에 주둔시켜 왕성수위를 담당하였으며, 진위군은 지방수비를 담당하였다.

① ㄱ - ㄴ - ㄷ
② ㄱ - ㄷ - ㄴ

> 제시된 내용을 일어난 순서대로 나열하면 ㄱ - ㄷ - ㄴ이다.

③ ㄴ - ㄷ - ㄱ
④ ㄷ - ㄱ - ㄴ

42 난이도 중 ▌경호학과 경호 - 경호의 발달과정과 배경(대한민국의 경호제도)

다음 경호기관 중에서 시대순(과거부터)으로 세 번째에 해당하는 경호기관의 명칭은?

① 청와대 경찰관파견대

> 1960년 8월 13일 제2공화국이 수립되면서 서울시경 소속으로 청와대 경찰관파견대를 설치하여, 경비과에서 담당하던 대통령 경호 및 대통령관저의 경비를 담당케 하였다. 시대순으로 두 번째에 해당한다.

② 대통령경호처

> 2017년 7월 26일 정부조직법 개정으로 대통령경호실이 재개편되어 현재 차관급 대통령경호처가 되었다. 시대순으로 네 번째에 해당한다.

③ 경무대경찰서

> 1949년 2월 23일 왕궁을 관할하고 있던 창덕궁경찰서가 폐지되고 경무대경찰서가 신설되면서 경찰이 대통령 경호임무를 담당하게 되었다. 시대순으로 첫 번째에 해당한다.

④ **대통령경호실**

> 1963년 제3공화국이 출범하여 12월 14일 대통령경호실법과 같은 해 12월 16일 대통령경호실법 시행령을 각각 제정·공포하고, 박정희 대통령 취임과 동시에 대통령경호실을 출범시켰다. 시대순으로 세 번째에 해당한다.

43 난이도 하   ▎경호의 조직 - 경호의 주체(대통령 등의 경호에 관한 법률)

대통령 등의 경호에 관한 법령상 밑줄 친 기구의 구성원을 모두 고른 것은?

> <u>경호·안전 대책기구</u>의 장은 다자간 정상회의의 경호 및 안전관리를 위하여 필요하면 관계기관의 장과 협의하여 「통합방위법」 제2조 제13호에 따른 국가중요시설과 불특정 다수인이 이용하는 시설에 대한 안전관리를 위하여 필요한 인력을 배치하고 장비를 운용할 수 있다.

ㄱ. 대통령경호처장

    (○) 경호·안전 대책기구의 장은 대통령경호처장이 된다(대통령 등의 경호에 관한 법률 제5조의2 제2항).

ㄴ. 소속공무원

    (○) 경호·안전 대책기구는 소속공무원(대통령경호처 직원과 경호처에 파견된 사람)으로 구성한다(대통령 등의 경호에 관한 법률 제5조의2 제3항).

ㄷ. 관계기관의 공무원

    (○) 경호·안전 대책기구는 관계기관(대통령경호처가 업무를 수행함에 있어 필요한 지원과 협조를 요청하는 국가기관, 지방자치단체 등)의 공무원으로 구성한다(대통령 등의 경호에 관한 법률 제5조의2 제3항).

① ㄱ
② ㄱ, ㄴ
③ ㄴ, ㄷ
④ <u>ㄱ, ㄴ, ㄷ</u>

> 제시된 내용은 모두 경호·안전대책기구의 구성원에 해당한다.

44 난이도 하 ▮경호학과 경호 - 경호의 분류

경호의 분류에 관한 설명으로 옳은 것은?

① 비공식경호는 출·퇴근 시 일상적으로 실시하는 경호이다.

> 비공식경호(2호·B호)는 비공식행사 시 사전에 통보나 협의 없이 이루어지는 경호이다(예 공식 경호행사를 마치고 귀가 중 환차코스를 변경하여 예정에 없던 행사장에 방문할 경우에 실시하는 경호).

② 장소에 따른 경호는 행사장경호, 숙소경호, 도보경호 등으로 분류된다.

> 장소에 따른 경호는 행사장경호, 숙소경호, 연도경호(경호대상자가 이동하는 기동로에 대한 안전조치나 도로상에서 일시적인 행사가 이루어질 경우의 경호활동) 등으로 분류된다. 도보경호는 이동수단에 의한 분류에 해당한다.

③ 경호의 수준에 의한 분류에 따라 공식경호, 비공식경호, 약식경호 등으로 구분된다.

> 경호의 수준에 따른 경호는 1(A)급 경호, 2(B)급 경호, 3(C)급 경호로 분류된다. 공식경호, 비공식경호, 약식경호는 경호의 성격에 의한 분류에 해당한다.

④ **약식경호는 일정한 규칙적인 방식에 의하지 아니하고 실시하는 경호를 말한다.**

> 약식경호(3호·C호)는 일정한 규격적인 방식(의전절차)에 의하지 않고 실시하는 경호이다(예 출·퇴근 시 일상적으로 실시하는 경호).

45 난이도 하 ▮경호의 조직 - 경호조직의 특성

경호조직의 특성으로 옳지 않은 것은?

① 권력보다는 전문성이 요구되는 조직이다.

> 경호조직의 권위는 권력의 힘에 의존하는 데서 탈피하여 경호의 전문성에서 찾아야 한다.

② 계층성에 따른 지휘·감독에 의해 목적을 달성한다.

> 경호조직은 상하의 계층을 이루고 지휘·감독 등의 방법에 의해 경호목적을 통일적으로 실현하므로, 경호행사를 직접 담당하는 경호기관의 조직은 다른 부서에 비해 경호집행기관적 성격으로 계층성이 더욱 강조된다.

③ 위해기도자에게 경호조직과 경호기법이 노출되지 않아야 한다.

> 경호를 완전무결하게 수행하기 위해서는 경호조직의 비공개와 경호기법의 비노출 등 보안성을 높이는 폐쇄성의 특성을 가져야 한다.

④ **조직구조는 통일된 마름모형으로 구성하여 효율성을 극대화한다.**

> 경호조직은 전체 구조가 통일적인 피라미드형을 구성하면서 그 조직 내 계층을 이루고 지휘·감독 등을 통하여 경호목적을 실현한다.

46 난이도 하 | 경호학과 경호 - 경호의 법원(法源)

경호의 성문법원에 해당하는 것을 모두 고른 것은?

> ㄱ. 헌 법
>
> > (O) 가장 기본적인 경호의 법원으로, 한 나라의 법질서에 있어서 최고의 효력을 갖는 성문화된 법규범인 헌법은 국가의 통치조직과 통치작용의 기본원리 및 국민의 기본권을 보장하는 근본 규범이다.
>
> ㄴ. 판례법
>
> > (×) 우리나라의 경우 성문법 중심의 대륙법계 법체계를 따르고 있어 <u>판례법의 법원성을 인정하지 않는다</u>.
>
> ㄷ. 대통령경호안전대책위원회규정
>
> > (O) 이 영은 대통령 등의 경호에 관한 법률 제16조에 따른 대통령경호안전대책위원회의 구성 및 운영에 관하여 필요한 사항을 규정함을 목적으로 하고 있다(대통령경호안전대책위원회규정 제1조). 따라서 경호에 관한 성문법원인 대통령령에 해당한다.
>
> ㄹ. 대통령경호처와 그 소속기관 직제
>
> > (O) 이 영은 대통령경호처와 그 소속기관의 조직과 직무범위, 그 밖에 필요한 사항을 규정함을 목적으로 한다(대통령경호처와 그 소속기관 직제 제1조). 따라서 경호에 관한 성문법원인 대통령령에 해당한다.

① ㄱ, ㄴ, ㄷ
② ㄱ, ㄴ, ㄹ
③ **ㄱ, ㄷ, ㄹ**

> 제시된 내용 중 경호의 성문법원에 해당하는 것은 ㄱ, ㄷ, ㄹ이다.

④ ㄴ, ㄷ, ㄹ

47 난이도 하 ▮경호학과 경호 - 경호의 원칙

경호의 원칙에 관한 설명이다. 〈보기 1〉과 〈보기 2〉의 내용이 옳게 연결된 것은?

〈보기 1〉
a. 경호대상자가 대중에게 노출되는 도보이동은 가급적 제한하여 위해를 가할 가능성이 있는 요소로부터 경호대상자를 보호하여야 한다.
b. 경호대상자를 중심으로 근접경호 - 중간경호 - 외곽경호로 나누어 경호업무를 수행한다.
c. 고도의 순간적인 판단력과 치밀한 사전계획이 중요하다.

〈보기 2〉
ㄱ. 목표물 보존의 원칙
ㄴ. 은밀경호의 원칙
ㄷ. 중첩경호의 원칙
ㄹ. 두뇌경호의 원칙

① a - ㄱ, b - ㄴ, c - ㄷ
② a - ㄱ, b - ㄷ, c - ㄹ

> 제시된 내용을 바르게 연결한 것은 a - ㄱ, b - ㄷ, c - ㄹ이다.
> - a - ㄱ(목표물 보존의 원칙) : 경호대상자를 암살자 또는 위해를 가할 가능성이 있는 자로부터 떼어 놓아야 한다는 원칙으로서 목표물을 안전하게 보존하기 위해서는 행차 코스의 비공개, 행차 장소의 비공개, 대중에게 노출되는 보행 행차의 가급적 제한 등이 요구된다.
> - b - ㄷ(중첩경호의 원칙) : 경호대상자가 위치한 지역에서 가장 근거리부터 엄중한 경호를 취하는 순서로 근접경호, 중간경호, 외곽경호로 나누고 그에 따른 요원의 배치와 임무가 부여되는 원칙이다.
> - c - ㄹ(두뇌경호의 원칙) : 사전에 치밀한 계획을 세우고 준비를 철저히 하여 위험요소를 제거하는 데 중점을 두며, 경호임무 수행 중 긴급하고 위험한 상황이 발생하였을 때에는 고도의 예리하고 순간적인 판단력이 중요시된다는 원칙이다.

③ a - ㄷ, b - ㄱ, c - ㄴ
④ a - ㄹ, b - ㄷ, c - ㄱ

48 난이도 하 ▮경호의 조직 − 경호조직의 구성원칙

국민과 함께 하고, 경호에 우호적인 사회환경을 조성해야 한다는 경호조직의 원칙은?

① 경호지휘단일성의 원칙

> 경호지휘단일성의 원칙은 지휘 및 통제의 이원화로 인해 파생되는 문제들을 보완하기 위해 명령과 지휘체계는 반드시 하나의 계통으로 구성해야 한다는 원칙이다. 지휘의 단일성은 경호업무가 긴급성을 요한다는 점에서, 그리고 모순·중복·혼란 등을 피해야 한다는 점에서 요구된다.

② **경호협력성의 원칙**

> 경호협력성의 원칙은 경호조직이 국민 속에 깊이 뿌리를 내려 국민과 결합해야 한다는 원칙으로, 경호조직이 비록 완벽하고 경호요원의 수가 많다고 하더라도 모든 위해요소를 직접 인지할 수 없을 뿐 아니라 모든 사태에 대응하기가 여의치 못하므로 완벽한 경호를 위해서는 국민의 절대적인 협력이 필요하다.

③ 경호기관단위작용의 원칙

> 경호기관단위작용의 원칙은 경호의 업무는 성격상 개인이 아닌 기관단위의 작용으로 기관의 하명에 의해서 이루어진다는 원칙으로, 기관단위의 임무결정은 지휘자만이 할 수 있고 경호의 성패는 지휘자만이 책임을 진다. 경호기관단위가 확립되기 위해서는 관리하기 위한 지휘권, 장비, 보급지원체제가 이루어져 있어야 한다.

④ 경호체계통일성의 원칙

> 경호체계통일성의 원칙은 경호기관 구조의 정점으로부터 말단까지 상하계급 간에 일정한 관계가 형성되어 책임과 업무의 분담이 이루어지고, 명령(命令)과 복종(服從)의 지위와 역할의 체계가 통일되어야 한다는 의미로 일반기업의 책임과 분업원리와 연계되는 경호원칙이다.

49 난이도 하 ▮경호의 조직 - 경호의 객체(대통령 등의 경호에 관한 법률)

다음 밑줄 친 경호대상에 해당되지 않는 자는?

> 미국 선거유세 도중 대통령 후보자가 괴한에 의해 저격을 당한 사건이 발생한 일이 있었다. 우리나라도 이러한 사건들에 대비해 대통령경호처의 <u>경호대상</u>을 규정한 법이 있다.

① 대통령의 아들
② **대통령의 누나**

> 대통령 등의 경호에 관한 법률 제4조, 동법 시행령 제2조에 의하면 대통령과 그 배우자·직계존비속, 대통령 당선인과 그 배우자·직계존비속이 대통령경호처의 경호대상이다. 따라서 <u>대통령의 형제자매는 대통령경호처의 경호대상이 아니다</u>.

③ 대통령 당선인의 딸
④ 대통령 당선인의 할아버지

관계법령

경호대상(대통령 등의 경호에 관한 법률 제4조)
① 경호처의 경호대상은 다음과 같다.
  1. 대통령과 그 가족
  2. 대통령 당선인과 그 가족
  3. 본인의 의사에 반하지 아니하는 경우에 한정하여 퇴임 후 10년 이내의 전직대통령과 그 배우자. 다만, 대통령이 임기 만료 전에 퇴임한 경우와 재직 중 사망한 경우의 경호 기간은 그로부터 5년으로 하고, 퇴임 후 사망한 경우의 경호 기간은 퇴임일부터 기산하여 10년을 넘지 아니하는 범위에서 사망 후 5년으로 한다.
  4. 대통령권한대행과 그 배우자
  5. 대한민국을 방문하는 외국의 국가원수 또는 행정수반(行政首班)과 그 배우자
  6. 그 밖에 처장이 경호가 필요하다고 인정하는 국내외 요인(要人)
② 제1항 제1호 또는 제2호에 따른 가족의 범위는 대통령령으로 정한다.
③ 제1항 제3호에도 불구하고 전직대통령 또는 그 배우자의 요청에 따라 처장이 고령 등의 사유로 필요하다고 인정하는 경우에는 5년의 범위에서 같은 호에 규정된 기간을 넘어 경호할 수 있다.

가족의 범위(대통령 등의 경호에 관한 법률 시행령 제2조)
「대통령 등의 경호에 관한 법률」(이하 "법"이라 한다) 제4조 제1항 제1호 및 제2호에 따른 가족은 <u>대통령 및 대통령 당선인의 배우자와 직계존비속</u>으로 한다.

50 난이도 하

경호의 조직 – 경호의 객체(대통령 등의 경호에 관한 법률)

대통령 등의 경호에 관한 법률에 따른 대통령경호처의 경호대상은?

ㄱ. 대통령권한대행과 그 배우자

 (○) 대통령 등의 경호에 관한 법률 제4조 제1항 제4호

ㄴ. 대한민국을 방문하는 외국의 행정수반(行政首班)과 그 배우자

 (○) 대한민국을 방문하는 외국의 국가 원수 또는 행정수반(行政首班)과 그 배우자(대통령 등의 경호에 관한 법률 제4조 제1항 제5호)

ㄷ. 본인의 의사에 반하지 않은 전직 대통령(퇴임 후 7년)과 그 가족

 (×) 본인의 의사에 반하지 아니하는 경우에 한정하여 퇴임 후 10년 이내의 전직 대통령과 그 배우자(대통령 등의 경호에 관한 법률 제4조 제1항 제3호 본문)

ㄹ. 대통령경호처 실장이 경호에 필요하다고 인정하는 국내외 요인(要人)

 (×) 대통령경호처장이 경호가 필요하다고 인정하는 국내외 요인(要人)(대통령 등의 경호에 관한 법률 제4조 제1항 제6호)

① ㄱ, ㄴ

 제시된 내용 중 대통령경호처의 경호대상은 ㄱ과 ㄴ이다.

② ㄷ, ㄹ
③ ㄱ, ㄴ, ㄷ
④ ㄴ, ㄷ, ㄹ

51 난이도 하 ∎경호의 조직 - 경호등급(대통령 등의 경호에 관한 법률 시행령)

대통령경호처장이 경호등급을 구분하여 운영하고자 할 경우 협의 대상이 아닌 자는?

① 경찰청장
② 외교부장관
③ **국방부장관**

> 대통령경호처장은 경호등급을 구분하여 운영하는 경우에는 외교부장관, 국가정보원장 및 경찰청장과 미리 협의하여야 한다(대통령 등의 경호에 관한 법률 시행령 제3조의2 제2항).

④ 국가정보원장

관계법령 경호등급(대통령 등의 경호에 관한 법률 시행령 제3조의2)

① 처장은 법 제4조 제1항 제5호 및 제6호에 따른 경호대상자의 경호임무를 수행하기 위하여 해당 경호대상자의 지위와 경호위해요소, 해당 국가의 정치상황, 국제적 상징성, 상호주의 측면, 적대국가 유무 등 국제적 관계를 고려하여 경호등급을 구분하여 운영할 수 있다.
② 제1항에 따라 경호등급을 구분하여 운영하는 경우에는 외교부장관, 국가정보원장 및 경찰청장과 미리 협의하여야 한다.
③ 제1항의 경호등급과 관련하여 필요한 사항은 처장이 따로 정한다.

---

52 난이도 하 ∎경호업무 수행방법 - 경호업무 수행절차

경호임무 수행절차에 관한 설명으로 옳지 않은 것은?

① **학습단계 - 경호임무 수행 전에 경호환경을 분석하고 평가하여 문제점 등을 보완하는 단계**

> 경호 실시결과를 분석하고 평가하여 문제점을 보완하기 위한 교육훈련을 실시하며 평가결과를 차기 행사에 반영하기 위한 적용(Feedback)을 실시한다.

② 예방단계 - 우호적인 경호환경을 조성하고 경호위협을 평가해 경호계획을 수립하는 단계

> 법과 제도를 정비하여 우호적인 경호환경을 조성하고, 경호와 관련된 정보와 첩보를 수집·분석하여 경호위협을 평가하여 경호계획을 수립하는 경호준비과정이다.

③ 대비단계 - 행사보안 유지와 위해정보 수집을 위한 보안활동 단계

> 경호계획을 근거로 행사보안의 유지와 위해정보의 수집을 위한 보안활동을 전개하여 행사장의 취약요소에 대한 안전대책을 강구한다.

④ 대응단계 - 경호위기상황에 즉각적으로 대응하고 조치하는 단계

> 경호인력을 배치하여 지속적인 경계활동을 실시하고 경호위기상황에 즉각적으로 대응·조치하는 단계이다.

53 난이도 하 ▮경호업무 수행방법 - 경호행사계획 수립 시 고려사항

경호행사계획 수립 시 고려사항이 아닌 것은?

① 수행원 수

② 기동방법 및 수단

③ **위해기도자의 신상 및 도주로**

> 위해기도자의 신상 및 도주로는 경호행사계획 수립 시 고려사항에 해당하지 아니한다. 경호행사계획 수립 시 행사일정(방문일정)과 관련하여 (1) 출발 및 도착일시, (2) <u>수행원 수</u>, (3) <u>경호대상자에 관한 신상</u>, (4) 의전사항, (5) <u>방문지역의 지리적 특성</u>, (6) 각 방문지역에서의 수행원이 유숙할 호텔 또는 숙소의 명칭과 위치, (7) <u>기동방법 및 수단</u> 등을 고려하여야 한다.
>
> 〈출처〉 김두현, 「경호학개론」, 엑스퍼트, 2020, P. 260

④ 방문지역의 특성에 관한 사항

54 난이도 하 ▮경호업무 수행방법 - 경호작용의 기본 고려요소

다음이 설명하는 경호작용의 기본 고려요소는?

- 경호 목적 달성에 부합되도록 경호임무를 명확하게 부여하여야 한다.
- 경호활동에 참여하는 기관 간 도맡아 해야 할 임무가 명확하게 배분되어야 한다.

① 보안유지

> 경호대상자, 수행원, 행사 세부일정, 적용되고 있는 경호경비상황 등의 보안은 인가된 자 이외는 엄격하게 통제되어야 한다.

② 자원동원

> 성공적인 경호를 위해 다양한 자원을 효과적으로 이용하여 어떤 자원이 동원되고 어떻게 사용될지 결정하여야 한다. 경호에 소요되는 자원은 경호대상자의 대중에 대한 노출이나 제반 여건, 경호대상자가 참여하는 행사 지속시간과 첩보수집으로 획득된 내재적인 위협분석의 결과에 따라 결정된다.

③ 정보수집

> 경호와 관련된 정보와 첩보를 수집·분석하여 경호위협을 평가하고 이를 토대로 경호계획을 수립한다.

④ **책임분배**

> 경호활동은 단독기관의 작용이 아닌 다양한 기관 간의 유기적인 연계(경호기관단위작용의 원칙)가 필요하므로 경호임무는 명확하게 부여되어야 하며, 경호원들에게는 각각의 임무형태에 대한 책임이 분배되어야 한다.

55 난이도 하
■경호업무 수행방법 – 선발경호의 목적

선발경호의 목적으로 옳지 않은 것은?

① 행사지역의 안전 확보
② 위험요소를 제거하거나 최소화
③ 경호 관련 정·첩보 획득 및 공유
④ **도보경호 및 경호차량 대형 형성**

> **도보경호 및 경호차량 대형 형성**은 선발경호의 목적이 아닌 근접경호의 방법과 관련된 내용이다. 선발경호는 행사지역의 인적·물적·지리적 위험요소를 사전에 제거 또는 감소시킴으로써 행사장에 대한 안전성을 확보하고, 행사 종료 시까지 행사장의 안전을 유지하며, 선발활동을 통하여 경호 관련 정·첩보를 획득 및 전파함으로써 예방경호를 실현하는 것이다. 따라서 선발경호의 목적은 (1) 사전에 위험요소를 제거하거나 최소화하여, (2) 행사지역의 안전을 확보하고, (3) 사전 경호정보를 제공하는 데에 있다.
> 〈출처〉 이두석, 「경호학개론」, 진영사, 2018, P. 252~253

56 난이도 하
■경호업무 수행방법 – 경호원의 업무수행

경호원의 업무수행에 관한 설명으로 옳은 것은?

① 경호대상자의 사생활에 대해 가족에게만 말했다.

> 경호원은 경호대상자의 정상적인 업무 및 사생활을 침해하지 않는 범위에서 임무를 수행하여야 하고, 경호대상자의 사생활 보호를 책임져야 하므로 경호대상자의 사생활이나 비밀을 누설하여서는 아니 된다.

② 신속한 경호업무를 위해 수평적인 명령체계를 유지하였다.

> 경호조직은 전체구조가 통일적인 피라미드형을 구성하면서 그 속에 서로 상하의 계층을 이루고 지휘·감독 등의 방법에 의하여 경호목적을 통일적으로 실현하여야 한다. 따라서 수평적인 명령체계를 유지한다는 것은 옳지 않다.

③ 정확성과 완전성을 배제하고 적시성과 확실성을 고려한 정·첩보활동을 하였다.

> 경호정보작용은 정확성, 적시성, 완전성의 요건(3대 요건)을 구비해야 하며, 경호 관련 기본적 정보, 기획정보, 분석정보, 판단정보, 예고정보 등을 작성하고 경호지휘소로 집결하여 전파한다.

④ **경호대상자를 중심으로 내부, 내곽, 외곽으로 구분하여 경호구역을 설정하였다.**

> 3중 경호의 원칙은 경호대상자가 위치한 집무실이나 행사장으로부터 내부(근접경호), 내곽(중간경호), 외곽(외곽경호)으로 구분하여 경호 행동반경을 거리 개념으로 구분한 것으로, 위해요소에 대해 상대적으로 차등화된 경호조치와 중첩된 통제를 통하여 경호의 효율화를 기하고자 하는 경호방책이다.

57 난이도 하 ▎경호업무 수행방법 – 근접경호의 특성

기동시기, 기동대형 등의 변화를 통해 위해기도자의 오판을 유도하는 근접경호의 특성은?

① **기만성**

> 공식적이 아닌 변칙적인 경호기법으로 차량대형 기만, 기동시간 기만, 기동로 및 기동수단 기만, 승·하차지점 기만 등으로 위해기도자로 하여금 행사상황을 오판하도록 실제상황을 은폐하고 허위상황을 제공하여 행사의 효율성을 높이려는 특성이 있다.

② 기동성

> 근접경호는 주로 도보 또는 차량에 의해 기동 간에 이루어지며 행사 성격이나 주변 여건, 장비의 특성에 따라 유동성 있는 도보 또는 차량대형이 이루어지는 특성이 있다.

③ 대피성

> 비상사태의 발생 시 범인을 대적하여 제압하는 것보다 반사적이고 신속·과감한 행동으로 경호대상자를 방호 및 대피시키는 것을 우선해야 한다는 특성이 있다.

④ 방벽성

> 근접도보대형 시 근무자의 체위에 의한 인적 자연방벽 효과와 방탄복 및 각종 기동수단에 의해 외부의 공격으로부터 방벽을 구축해야 하는 특성이 있다.

58 난이도 하 ▎경호업무 수행방법 – 선발경호의 특성

다음이 설명하는 선발경호의 특성은?

> 경호대상자에 대한 경호활동은 고유한 기능과 임무를 가지고 있는 다른 여러 기관이 참여하여 이루어지지만, 이들 각 기관들이 하나의 지휘체계 아래 보완적이고 협력적 관계에서 주어진 임무를 수행한다.

① **통합성**

> 선발경호에 동원된 모든 부서는 각자의 기능을 100% 발휘하면서 하나의 지휘체계 아래에 통합되어 상호보완적으로 임무를 수행해야 한다.

② 예방성

> 선발경호의 임무이자 경호의 목표라 할 수 있는 예방경호는 위해요소를 사전에 발견해서 제거하고 침투가능성을 거부함으로써 경호행사의 안전을 확보하는 것이다.

③ 안전성

> 선발경호의 임무는 당연히 행사장의 안전을 행사가 종료될 때까지 확보·유지하는 일이다. 그러기 위해서는 3중 경호의 원리에 입각해서 행사장을 구역별로 구분하여 그 특성에 맞는 경호조치를 강구하여야 한다.

④ 예비성

> 경호행사가 항상 계획되고 예상된 대로만 진행되지는 않는다. 따라서 선발경호는 사전에 경호팀의 능력과 현지 지형과 상황에 맞는 비상대응계획과 비상대피계획을 수립하여 비상상황에 대비하여야 한다.

59 난이도 하

근접경호 수행방법에 관한 설명으로 옳은 것을 모두 고른 것은?

> ㄱ. 방호 및 대피보다 대적에 중점을 둔다.
>
>> (×) 돌발적인 위해 발생 시 대적 및 제압보다는 경호대상자를 방호하여 안전한 곳으로 대피시키는 것을 우선으로 해야 한다.
>
> ㄴ. 신체로 방벽을 형성하여 공격선을 차단한다.
>
>> (○) 경호원은 각자 주어진 책임구역에 따라 사주경계를 실시하고 우발상황 발생 시 인적방벽을 형성하여 경호대상자를 완벽하게 보호하여야 한다.
>
> ㄷ. 기만전술을 통해 위해기도자의 추적을 회피한다.
>
>> (○) 위해기도자의 추적을 회피하는 기만전술을 적절히 구사하여 경호의 효과성을 높인다.
>
> ㄹ. 경호원의 대형과 위치는 수시로 변화를 주어야 한다.
>
>> (○) 경호원 각각의 위치와 경호대형에 수시로 변화를 주고 근접도보대형은 장소와 상황, 행사장 환경 등에 따라 유연하게 적용시켜야 한다.

① ㄱ, ㄷ
② ㄴ, ㄹ
③ ㄱ, ㄷ, ㄹ
④ ㄴ, ㄷ, ㄹ

> 제시된 내용 중 근접경호 수행방법에 관한 설명으로 옳은 것은 ㄴ, ㄷ, ㄹ이다.

60 난이도 하 | 경호업무 수행방법 – 사전예방경호

사전예방경호에 관한 설명으로 옳지 않은 것은?

① **안전대책작용의 3대 원칙은 안전검측, 안전검사, 안전검식이다.**

> 안전대책작용의 3대 원칙은 <u>안전점검</u>(폭발물 등 각종 유해물을 탐지하여 제거하는 활동), <u>안전검사</u>(이용하는 기구, 시설 등의 안전상태를 검사하는 것), <u>안전유지</u>(안전점검 및 검사가 이루어진 상태를 계속 유지하기 위해 통제하는 것)이다.

② 경호보안작용은 인원, 문서, 시설 등을 위해기도자로부터 보호하는 활동이다.

> 경호보안작용은 경호대상자는 물론 경호와 관련된 인원, 문서, 시설, 지역 및 통신까지 모든 것에 대해 위해기도자로부터 완벽한 보호대책을 수립하여 보안을 유지해 나가는 것을 말한다.

③ 경호정보작용은 경호대상자의 신변안전을 위협하는 취약요소 등을 사전에 수집 및 분석하는 것이다.

> 경호정보작용은 경호작용의 원천적 사전지식을 생산·제공하는 것으로 경호대상자의 신변안전을 위협하는 인적·물적·지리적 취약요소를 사전에 수집·분석·예고함으로써 예방경호를 수행하는 업무이다.

④ 경호대상자가 도착하기 전에 현장답사를 통해 경호협조와 경호준비를 하는 것을 말한다.

> 사전예방경호란 임무 수령과 행사 일정에 의해 경호작용이 형성된 후 현장답사 실시, 경호협조 및 행사 당일 경호대상자가 행사장에 도착하기 전까지 행하는 모든 사실적인 안전활동을 말한다.

61 난이도 하 | 경호학과 경호 – 근접경호의 기본원리(주의력효과와 대응효과)

경호원의 주의력효과와 대응효과에 관한 설명으로 옳지 않은 것은?

① 대응력은 경호원이 위해기도에 반응하여 취하는 태도나 행동능력이다.

> 대응력은 경호원이 위해기도에 반응하여 경호대상자를 보호하고 대피시킬 수 있는 경호능력을 말한다.

② 주의력은 경호원이 이상 징후를 포착하기 위하여 기울이는 힘이다.

> 주의력은 경호원이 군중(경계대상)의 이상 징후를 포착할 수 있는 능력을 말한다.

③ **주의력효과 측면에서는 경호원과 경계대상과의 거리가 멀수록 유리하다.**

> 주의력효과는 <u>경호원이 군중(경계 대상)과 가까울수록 증가하고 멀수록 감소한다.</u>

④ 대응효과 측면에서는 경호원이 경호대상자와의 거리를 좁히는 것이 효과적이다.

> 대응효과는 경호원이 경호대상자와 가까울수록 증가하고 멀수록 감소한다. 주의력효과와 대응효과는 서로 역의 관계이다. 즉, 경호원이 군중(경계 대상)과 가까울수록 경호대상자와는 멀어지므로 주의력효과는 증가하나 대응효과는 감소하고, 반대로 경호원이 경호대상자와 가까울수록 군중(경계 대상)과는 멀어지므로 대응효과는 증가하나 주의력효과는 감소한다.

62 난이도 중　▍경호업무 수행방법 - 안전검측

방(room)에서의 안전검측활동 단계를 순서대로 옳게 나열한 것은?

① 눈높이 → 바닥 → 천장높이 → 천장 내부
② 눈높이 → 천장높이 → 바닥 → 천장 내부
③ **바닥 → 눈높이 → 천장높이 → 천장 내부**

> 방(room)에서의 안전검측은 일반적으로 방의 모든 표면을 촉각을 통해 점검해야 한다. 가청음 조사 및 전체 방을 훑어보는 검측을 한 후, 방의 크기에 따라 단계별 구획을 그어 바닥 → 벽(눈높이) → 천장면(천장높이) → 천장 내부 순서로 검측한다.

④ 천장 내부 → 천장높이 → 눈높이 → 바닥

63 난이도 하　▍경호업무 수행방법 - 우발상황 시 근접경호원의 대응

우발상황 대응에 관한 설명으로 옳지 않은 것은?

① <u>폭발물 공격을 받았을 때는 방어적 원형 대형을 형성한다.</u>

> 수류탄 또는 폭발물과 같은 폭발성 화기에 의한 공격을 받았을 때는 함몰형 대형을 형성하여 경호대상자를 지면에 완전히 밀착시키고 그 위에 근접경호원들이 밀착하며 포개어, 경호대상자의 신체가 외부에 노출되지 않도록 해야 한다. 방어적 원형 대형은 위해의 징후가 현저하거나 직접적인 위해가 가해졌을 때 형성하는 방어 대형이다.

② 상황 발생을 인지한 경호원이 먼저 취해야 할 조치는 경고이다.

> 우발상황 발생 시 즉각조치의 과정은 경고 - 방호 - 대피의 순서로 전개된다(동시에 이루어지는 일체적 개념이다).

③ 경고 시 방향이나 위치 등에 대해 명확한 내용으로 전달한다.

> 우발상황 발생을 인지한 경호원은 육성이나 무전기로 전 경호요원에게 우발상황의 위치나 위험의 종류, 성격 등의 상황 내용을 통보하여 경고한다.

④ 경고와 동시에 대적 여부는 촉수거리의 원칙에 따라 위해기도자와 가장 가까이에 있는 경호원이 판단·대응한다.

> 촉수거리의 원칙은 위해기도자에 대한 대응은 경호원 중 위해기도자와 가장 가까운 거리에 있는 경호원이 해야 한다는 원칙이다. 촉수거리의 원칙에 따르면 경호원이 위해기도자와의 거리보다 경호대상자와의 거리가 더 가깝다면 경호대상자를 방호해서 신속히 현장을 이탈하는 것이 효과적이고, 위해기도자와의 거리가 경호대상자와의 거리보다 더 가깝고 촉수거리에 있다면 과감하게 위해기도자를 제압하는 것이 효과적일 수 있다.

64 난이도 하
경호업무 수행방법 – 근접경호의 원칙

근접경호원의 임무원칙에 관한 설명으로 옳지 않은 것은?

① 도보이동 속도는 경호원의 건강상태, 보폭, 신장을 기준으로 정한다.

> 이동 속도는 경호대상자의 건강상태, 신장, 보폭 등을 고려하여 정하고, 상황에 따라 속도를 조절할 때는 경호원 상호 간에 연락하여 조절하도록 한다.

② 타 지역으로 이동 전에 경호대상자에게 이동로, 소요시간, 경호대형 등의 정보를 제공한다.

> 타 지역으로 이동 전에 경호원은 이동로, 소요시간, 경호대형, 주위의 특이상황, 주의사항 및 경호대상자의 이동 위치를 사전에 경호대상자에게 알려 주어야 한다.

③ 출입문을 통과할 경우 경호원이 먼저 통과하여 안전을 확인한 후 경호대상자를 통과시킨다.

> 문을 통과할 경우에는 항상 경호원이 먼저 통과하여 안전을 확인한 후 경호대상자를 통과시켜야 하고, 경호원이 사전에 점검하지 않은 지역이나 장소에는 경호대상자가 절대 접근하지 않도록 한다.

④ 위해기도자의 공격가능성을 줄이고, 경호대상자에 대한 피해를 최소화하기 위하여 이동속도는 가급적 빠르게 한다.

> 위해기도자의 공격가능성을 줄이고, 경호대상자에 대한 피해를 최소화하기 위하여 가급적이면 이동속도를 빠르게 하면서 단거리 직선통로를 이용하여 이동거리를 줄이고, 각각의 상황에 맞는 도보대형을 형성하여 방벽효과를 높일 필요가 있다.

65 난이도 하
경호업무 수행방법 – 검식활동

검식활동에 관한 설명으로 옳지 않은 것은?

① 안전검측활동에 포함되지 않는다.

> 검측활동에는 경호대상자에게 제공되는 음식료의 안전을 확인하고 점검하는 검식활동을 포함한다.
> 〈출처〉 이두석,「경호학개론」, 진영사, 2018, P. 272

② 음식물은 전문요원에 의한 검사를 실시한다.

> 음식물에 관한 검식활동의 내용으로 옳은 설명이다.

③ 식재료의 구매, 운반과정에서의 안전성 확보활동을 포함한다.

> 검식활동은 식재료의 구매・운반・저장과정에서의 안전성을 확보하고, 조리과정의 위생상태를 점검하며, 경호대상자에게 음식료가 제공될 때까지의 안전상태를 지속적으로 확인한다.

④ 음식물의 조리 및 제공 과정에서 위해요소 제거활동을 포함한다.

> 검식활동은 경호대상자에게 제공되는 음식물에 대하여 구매, 운반, 저장, 조리 및 제공되는 과정에서 위해요소를 제거하는 업무를 의미한다.

66 난이도 하　　　▌경호업무 수행방법 – 근접도보경호

근접도보경호에 관한 설명으로 옳은 것은?

① 도보대형 형성 시 고려사항에 행사성격은 포함되지 않는다.

> 도보대형 형성 시 고려사항에 행사의 성격(공식적·비공식적)이 포함된다.

② 선정된 도보이동 시기 및 이동로는 변경되지 않아야 한다.

> 선정된 도보이동 시기 및 이동로를 변경하여 위해기도자의 오판을 유도하는 기만전술을 구사하여 경호의 효과성을 높인다.

❸ 경호대상자가 군중 속을 통과하거나 대중 가운데 있을 때 경호에 취약하다.

> 근접경호원은 경호대상자가 대중의 가운데 있을 때, 군중 속을 통과하여 걸을 때, 건물 내로 들어갈 때, 공공행사에 참석할 때, 승·하차할 때 특히 위험하다는 것을 염두에 둔다.

④ 이동 시 위험에 노출되는 정도를 최소화하기 위하여 장거리 곡선통로를 이용한다.

> 위해기도자의 공격가능성을 줄이고, 경호대상자에 대한 피해를 최소화하기 위하여 가급적이면 이동속도를 빠르게 하면서 단거리 직선통로를 이용하여 이동거리를 줄인다.

67 난이도 하　　　▌경호업무 수행방법 – 차량경호

차량경호에 관한 설명으로 옳은 것은?

① 선도경호차에 팀장이 조수석에 탑승하고, 기동 간 이동지휘소의 역할을 한다.

> 기동 간 이동지휘소 역할은 후미경호차가 한다. 이 경우 팀장은 앞좌석 우측에 탑승해서 기동 간 차량대형의 운용이나 속도 등을 통제하고 지휘한다.

❷ 경호대상차와 경호차 모두 외부의 시선을 집중시키는 차종이나 색상은 지양한다.

> 경호차량의 일반적 선정기준으로 옳은 설명이다.

③ 차선 변경 시 경호대상차가 먼저 차선을 바꾸어 차로를 확보한 이후에 후미경호차가 진입한다.

> 차선 변경 시에는 후미경호차가 먼저 차선을 바꾸어 차선을 확보한 후에 경호대상자 차가 안전하게 진입한다.

④ 후미경호차는 차량대형을 리드하여 계획된 시간에 목적지에 도착할 수 있도록 속도를 조절하고, 기동 간 전방 상황에 대처한다.

> 선도경호차는 차량대형을 리드하여 계획된 시간에 목적지에 도착할 수 있도록 속도를 조절하고 기동 간 전방 상황에 대처한다.

68 난이도 하 ▮경호업무 수행방법 – 출입자 통제

출입자 통제에 관한 설명으로 옳지 않은 것은?

① 지연 참석자에 대해서는 검색 후 별도 지정된 통로로 출입을 허용한다.

> 모든 참석자는 행사 시작 15분 전까지 입장을 완료하도록 하며, 지연 참석자에 대해서는 검색 후 별도 지정된 통로로 출입을 허용한다.

② <u>출입통로는 가능한 한 주통로와 예비통로 형태의 이중통로 운영을 원칙으로 한다.</u>

> <u>출입자의 출입통로는</u> 가능한 한 단일 통로를 원칙으로 하나, 행사장 구조, 참가자 수, 참석자 성분 등을 고려하여 수개의 출입통로를 지정하여 불편요소를 최소화할 수 있다.

③ 비표는 대상과 용도에 맞게 운용하고, 모양과 색상은 식별이 용이, 단순·선명하게 제작하여 사용한다.

> 비표는 모양이나 색상이 원거리에서도 식별이 용이하도록 단순하고 선명하게 제작하여 대상과 용도에 맞게 적절하게 운용한다.

④ 행사장 및 행사 규모에 따라 참석 대상별 주차지역을 구분하여 선정하고, 경호대상차의 주차지역은 별도로 확보하여 운영한다.

> 주차관리통제에 관한 옳은 설명이다.

69 난이도 중 | 경호업무 수행방법 - 출입통제대책

출입통제대책에 관한 설명으로 옳은 것은 모두 몇 개인가?

> - 출입요소는 지정된 출입통로를 사용하여야 한다.
>   (○) 모든 출입요소는 지정된 출입통로를 사용하여야 하며 기타 통로는 폐쇄한다.
> - 출입증은 모든 참가자에게 운용함을 원칙으로 한다.
>   (○) 출입증은 전 참가자에게 운용함을 원칙으로 한다. 단, 행사 성격을 고려하여 일부 제한된 행사에 대해서는 지침에 의거, 운용하지 않을 수 있다.
> - 참석 대상·좌석에 따라 출입통로 선정 및 시차입장 계획을 수립한다.
>   (○) 대규모 행사 시에는 참석 대상별 또는 좌석별 구분에 따라 출입통로 선정 및 시차입장 계획을 수립하여 출입통제가 용이하도록 한다.
> - 금속탐지기를 사용한 검색 시 모든 출입요소를 대상으로 실시하고 예외를 불허함을 원칙으로 한다.
>   (○) 검색은 금속탐지기, 휴대용 금속탐지기, 육안 및 촉수, 냄새 등 오각에 의한 방법 등을 이용하여 모든 출입요소를 대상으로 실시하고 예외를 불허함을 원칙으로 한다.

① 1개
② 2개
③ 3개
④ **4개**

> 제시된 내용은 모두 출입통제대책에 관한 옳은 설명이다.

70 난이도 상 | 경호업무 수행방법 – 우발상황의 특성

우발상황의 특성으로 옳은 것은 모두 몇 개인가?

- 노출성
- 즉각조치의 요구
- 시간제약성
- 혼란 야기
- 발생여부의 불확실성
- 예측 불가능성
- 자기보호본능 발동
- 무질서

① 5개
② 6개
③ **7개**

> 제시된 내용 중 "노출성"을 제외한 7개가 우발상황의 특성에 해당한다.
> 우발상황이란 발생시기나 발생여부 및 그로 인한 피해정도를 모르는 우발적 위험이 발생한 상황으로서 불확실성(사전예측의 곤란성)과 돌발성을 특징으로 한다. 따라서 불확실성, 돌발성과 배치되는 개념이라 할 수 있는 노출성은 근접경호의 특성이지 우발상황의 특성으로 보기는 어렵다.

④ 8개

핵심만콕 우발상황의 특성

구분	내용
불확실성 (사전예측의 곤란성)	우발상황의 발생 여부가 불확실하고 사전예측이 곤란하여 대비가 어렵다.
돌발성	우발상황은 사전예고 없이 돌발적으로 발생한다.
시간제약성	돌발성으로 인해 우발상황에 대처할 충분한 시간적 여유가 없다.
중대성 (혼란 야기와 무질서, 심리적 불안정성)	우발상황은 경호대상자의 안전이나 행사에 치명적인 영향(무질서, 혼란, 충격, 공포 등)을 끼칠 수 있는 상황으로, 경호대상자의 신변에 중대한 결과를 초래할 수 있다.
현장성	우발상황은 현장에서 발생하고 이에 대한 경호조치도 현장에서 이루어져야 한다.
자기보호본능의 발동	• 우발상황 발생 시 일반인뿐만 아니라 경호원도 인간의 기본욕구인 자기자신을 보호하려는 보호본능이 발현된다. • 자기보호본능의 발현에도 불구하고 경호원으로서 본분을 망각하지 않기 위해 평소에 공격 방향으로 신속하고도 과감히 몸을 던지는 반복숙달 훈련과 심리적 훈련이 요구된다.

〈참고〉이두석, 「경호학개론」, 진영사, 2018, P. 344

71 난이도 하 ▮경호업무 수행방법 – 출입자 통제업무 수행

다음 행사의 출입통제에 관한 설명으로 옳은 것은?

> 어느 지역 행사장에 대통령이 참석할 예정이다. 이날 유명한 가수가 참석하기로 홍보되어 많은 인파가 모일 것으로 예상된다. 이와 관련하여 많은 인파를 통제하기 위해 3선 경호개념에 따른 경호조치를 계획 중이다.

① 1선인 경비구역은 행사참석자를 비롯한 모든 출입요소의 1차 통제점이다.

　2선인 경비구역은 행사참석자를 비롯한 모든 출입요소의 1차 통제점이다.

② 2선인 안전구역은 행사와 무관한 사람들의 행사장 출입을 통제 및 제한한다.

　1선인 안전구역은 행사와 무관한 사람들의 행사장 출입을 통제 및 제한한다.

③ 3중의 경호막을 통해서 조기경보체제를 구축하고 위해기도자의 침투를 중첩되게 차단한다.

　3중 경호는 경호영향권역을 공간적으로 구분한 3중의 경호막을 통해 조기경보체제를 확립하여 위해행위에 대비할 수 있다.

④ 구역별 통제의 범위 결정은 3중 경호구역의 설정과는 무관하다.

　3중 경호개념에 의거한 경호구역의 설정에 따라 각 구역별 통제의 범위를 결정한다.

72 난이도 하 ▮경호복장과 장비 – 경호원의 복제

경호복제에 관한 설명으로 옳은 것은?

① **대통령경호처장은 필요하다고 인정하는 경우 대통령경호처 직원에게 제복을 지급할 수 있다.**

　대통령 등의 경호에 관한 법률 시행령 제34조 제1항

② 대통령경호처 소속공무원의 복제에 관하여 필요한 사항은 차장이 정한다.

　직원의 복제에 관하여 필요한 사항은 처장이 정한다(대통령 등의 경호에 관한 법률 시행령 제34조 제2항).

③ 행사성격과 주변 환경에 어울리는 경호원의 복장은 그 신분이 노출될 수 있기에 지양한다.

　복장은 행사의 성격, 장소와 시간 등 주변상황과 조화를 이루도록 하여야 한다.

④ 경호원은 화려한 색상이나 눈에 띄는 스타일의 복장을 착용하여 주위의 시선을 빼앗아 경호대상자를 보호한다.

　복장은 행사 성격에 따라 주변환경과 조화되도록 착용해야 하며, 화려한 색상이나 새로운 패션의 스타일은 눈에 띄기 쉬우므로 보수적인 색상과 스타일의 복장이 적합하다.

73 난이도 중 ▎경호복장과 장비 – 경호장비

경호장비에 관한 설명으로 옳지 않은 것은?

① 호신장비는 자신의 생명과 신체를 보호하기 위하여 사용하는 장비로 권총, 소총, 분사기 등을 포함한다.

> 호신장비는 자신과 타인의 생명 및 신체를 보호하는 데 사용되는 도구로서 권총·소총과 같은 무기에서부터 분사기, 가스총, 전자충격기, 경봉, 삼단봉 등에 이르기까지 다양하다.

② 감시장비는 위해기도자의 침입이나 범죄행위를 감시하기 위한 장비로 쌍안경, 드론 등을 포함한다.

> 감시장비는 경호임무에 있어서 인력부족으로 인한 경호 취약점을 보완하는 수단으로 침입 또는 범죄행위를 사전에 알아내는 역할을 하는 장비이다. 포대경(M65), 다기능 쌍안경, 고성능 쌍안망원경, TOD(영상감시장비), 드론 등이 있다.

③ <u>경비업법상 경비원이 휴대할 수 있는 장비의 종류는 경적·단봉·분사기 등으로 항상 이를 휴대하여야 한다.</u>

> 경비원이 휴대할 수 있는 장비의 종류는 경적·단봉·분사기 등 행정안전부령으로 정하되, <u>근무 중에만 이를 휴대할 수 있다</u>(경비업법 제16조의2 제1항).

④ 대통령경호처장은 직무를 수행하기 위하여 필요하다고 인정할 때에는 대통령경호처에 파견된 사람에게 무기를 휴대하게 할 수 있다.

> 대통령경호처장은 직무를 수행하기 위하여 필요하다고 인정할 때에는 소속공무원(대통령경호처 직원과 대통령경호처에 파견된 사람)에게 무기를 휴대하게 할 수 있다(대통령 등의 경호에 관한 법률 제19조 제1항).

74 난이도 중 ▎경호의전과 구급법 – 국기게양

경호의전에 관한 설명으로 옳은 것은?

① <u>국기는 매일 24시간 게양할 수 있다.</u>

> 국기는 매일·24시간 게양할 수 있다(대한민국국기법 제8조 제2항).

② 학교 및 군부대의 주된 게양대는 교육적인 목적을 고려하여 낮에만 게양하되, 이 경우 3월~10월에는 17:00에 강하한다.

> 각급 학교 및 군부대의 주된 게양대에는 국기를 매일 낮에만 게양한다(대한민국국기법 제8조 제4항). 국기를 매일 게양·강하하는 경우, 강하시각은 <u>3월부터 10월까지는 오후 6시</u>, 11월부터 다음 해 2월까지는 오후 5시이다(대한민국국기법 시행령 제12조 제1항 제2호).

③ 정부행사 시 초청인사 집단별 좌석배치순서는 관행상 예우 기준, 즉 국회의장 – 헌법재판소장 – 대법원장의 순으로 한다.

> 대한민국은 국가 의전서열을 직접적으로 공식화하지는 않았다. 다만, 정부수립 이후부터 시행해 온 주요 국가행사를 통해 확립된 선례와 관행을 기준으로 한 공직자의 관례상의 서열은 있다. 외교부 의전실무편람상 의전서열은 '대통령 → <u>국회의장 → 대법원장 → 헌법재판소장</u> → 국무총리 → 중앙선거관리위원장' 순이다.

④ 주요 정당의 대표를 초청하여 좌석을 배치하는 경우, 국회법에 따라 원내 의석수가 많은 정당 순으로 배치한다.

> 주요 정당의 대표를 초청하여 좌석을 배치하는 경우 외교부 의전실무편람상 의전서열은 중앙선거관리위원장 다음이 '<u>여당 대표 → 야당 대표</u>(교섭단체 정당의 대표만 해당) → 국회부의장' 순이다.

75 난이도 하
■ 경호의전과 구급법 - 탑승 시 경호예절

경호예절에 관한 설명으로 옳지 않은 것은?

① 선박을 타고 내리는 순서는 상급자가 마지막에 타고, 제일 먼저 내리는 것이 일반적이다.

> 보통 상급자가 나중에 타고 먼저 내린다(함정의 경우에는 상급자가 먼저 타고 먼저 내린다).

② 비행기를 타고 내리는 순서는 상급자가 마지막에 타고, 제일 먼저 내리는 것이 일반적이다.

> 비행기 탑승 예절에 관한 옳은 설명이다.

③ **기차 좌석은 통로 측에 상급자가 앉고, 하급자가 창 측에 앉는 것이 일반적이다.**

> 두 사람이 나란히 앉는 좌석에서는 창가 쪽이 상석이다.

④ 일반 승용차의 운전자가 있는 경우 조수석 뒷좌석이 상급자의 자리이고, 운전석 뒷좌석이 하급자의 자리이다.

> 운전사가 있을 경우 일반 승용차 좌석의 서열은 뒷좌석 오른편(조수석 뒷좌석)이 상석이고 그 다음이 왼쪽(운전석 뒷좌석), 앞자리, 뒷좌석 가운데 순이다(뒷좌석 가운데와 앞자리의 서열은 바뀔 수 있다).

76 난이도 상
■ 경호의전과 구급법 - 심폐소생술 및 자동심장충격(AED) 사용방법

응급처치 및 구급법에 관한 설명으로 옳은 것은?

① 심폐소생술의 순서는 기도개방 - 가슴압박 - 인공호흡이다.

> 대한심폐소생협회의 심폐소생술 시행방법은 반응의 확인 - 119신고 - 호흡 확인 - 가슴압박 30회 시행 - 기도개방 - 인공호흡 2회 시행 - 가슴압박과 인공호흡의 반복 - 회복자세이다. 인공호흡 방법을 모르거나, 꺼려지는 경우에는 인공호흡을 제외하고 지속적으로 가슴압박만을 시행한다.

② **자동심장충격기(AED)는 심정지 목격 시 심폐소생술 시행 후 사용하는 것을 원칙으로 한다.**

> 자동심장충격기(AED)는 반응과 정상적인 호흡이 없는 심정지 환자에게만 사용해야 하며, 심폐소생술 시행 중에 자동심장충격기가 도착하면 지체 없이 적용해야 한다.

③ 자동심장충격기 사용 시 요동 방지를 위해 환자를 붙잡은 상태에서 제세동을 실시한다.

> 심장리듬을 분석하는 동안 환자에게 닿지 않도록 떨어져야 하고 심장충격을 실시하는 동안에도 환자에게서 떨어져야 한다.

④ 자동심장충격기는 패드부착 - 전원 켬 - 분석 및 제세동 시행 순으로 사용한다.

> 자동심장충격기는 전원 켬 - 패드부착 - 분석 및 제세동 시행 순으로 사용한다.

77

국민보호와 공공안전을 위한 테러방지법에 관한 설명으로 옳은 것은?

① 대테러활동에 관한 정책의 중요사항을 심의·의결하기 위하여 대테러센터를 두고, 이 센터는 대테러활동에 관한 국가의 정책 수립 및 평가의 사항을 심의·의결한다.

> 대테러활동에 관한 정책의 중요사항을 심의·의결하기 위하여 국가테러대책위원회를 두고, 이 대책위원회는 대테러활동에 관한 국가의 정책 수립 및 평가의 사항을 심의·의결한다(국민보호와 공공안전을 위한 테러방지법 제5조 제1항, 제3항 제1호).

② 대테러활동과 관련하여 국가테러대책위원회를 두고, 이 위원회는 국가 대테러활동 관련 임무분담 및 협조사항 실무조정을 수행한다.

> 대테러활동과 관련하여 국무총리 소속으로 관계기관 공무원으로 구성되는 대테러센터를 두고, 이 센터는 국가 대테러활동 관련 임무분담 및 협조사항 실무조정을 수행한다(국민보호와 공공안전을 위한 테러방지법 제6조 제1항 제1호).

③ **국가 및 지방자치단체는 테러로부터 국민의 생명·신체 및 재산을 보호하기 위하여 테러의 예방과 대응에 필요한 제도와 여건을 조성하고 대책을 수립하여 이를 시행하여야 한다.**

> 국민보호와 공공안전을 위한 테러방지법 제3조 제1항

④ 국가정보원장은 정보 수집 및 분석의 결과 테러에 이용되었거나 이용될 가능성이 있는 금융거래에 대하여 지급정지 등의 조치를 취하도록 금융감독원장에게 요청할 수 있다.

> 국가정보원장은 정보 수집 및 분석의 결과 테러에 이용되었거나 이용될 가능성이 있는 금융거래에 대하여 지급정지 등의 조치를 취하도록 금융위원회 위원장에게 요청할 수 있다(국민보호와 공공안전을 위한 테러방지법 제9조 제2항).

78

국민보호와 공공안전을 위한 테러방지법령상 다음 내용에 해당하는 자는?

> 테러가 발생하거나 발생할 우려가 현저한 경우(국외테러의 경우는 대한민국 국민에게 중대한 피해가 발생하거나 발생할 우려가 있어 긴급한 조치가 필요한 경우에 한한다)에는 테러사건대책본부를 설치·운영하여야 한다.

① 행정안전부장관
② **국토교통부장관**

> 국민보호와 공공안전을 위한 테러방지법 시행령 제14조 제1항 제3호에 의하면 국토교통부장관은 항공테러사건대책본부를 설치·운영하여야 한다.

③ 국가정보원장
④ 대테러센터장

| 관계법령 | 테러사건대책본부(국민보호와 공공안전을 위한 테러방지법 시행령 제14조) |

① 외교부장관, 국방부장관, 국토교통부장관, 경찰청장 및 해양경찰청장은 테러가 발생하거나 발생할 우려가 현저한 경우(국외테러의 경우는 대한민국 국민에게 중대한 피해가 발생하거나 발생할 우려가 있어 긴급한 조치가 필요한 경우에 한한다)에는 다음 각호의 구분에 따라 테러사건대책본부(이하 "대책본부"라 한다)를 설치·운영하여야 한다.
  1. 외교부장관 : 국외테러사건대책본부
  2. 국방부장관 : 군사시설테러사건대책본부
  3. 국토교통부장관 : 항공테러사건대책본부
  4. 삭제 〈2017.7.26.〉
  5. 경찰청장 : 국내일반 테러사건대책본부
  6. 해양경찰청장 : 해양테러사건대책본부

79 난이도 하 ▎경호의 환경 – 경호의 환경요인

경호 환경에 관한 설명으로 옳은 것을 모두 고른 것은?

ㄱ. 해외에서 우리 국민을 대상으로 한 테러위협은 일반적 환경요인이다.

　(×) 우리나라의 국제적 지위 향상과 더불어 해외에서의 한국인 대상 납치·살해 등 테러 위협이 증가하는 것은 특수적 환경요인에 해당한다.

ㄴ. 4차 산업의 발달에 따른 드론을 활용한 북한의 남한에 대한 위협은 특수적 환경요인이다.

　(○) 4차 산업혁명이란 로봇이나 인공지능 그리고 생명과학이 주도하여 실제와 가상이 통합되는 가상물리시스템이 구축되는 것이라고 볼 수 있는데, 4차 산업의 발달로 인한 로봇이나 인공지능 등을 이용한 범죄에 대응한 기술발달이 필요하다는 것은 일반적 환경요인에 해당한다고 할 수 있다. 다만, 드론을 활용한 북한의 남한에 대한 위협은 특수적 환경요인에 해당한다.

ㄷ. 국민의식과 생활양식의 변화로 인한 이기주의 성향은 경호의 비협조적 경향으로 특수적 환경요인이다.

　(×) 개인 중심의 생활양식 및 이기주의에 빠져 경호작용에 대한 비협조적 경향으로 나타날 우려는 일반적 환경요인에 해당한다.

① ㄱ
② ㄴ

　제시된 내용 중 경호 환경에 관한 설명으로 옳은 것은 ㄴ이다.

③ ㄱ, ㄷ
④ ㄴ, ㄷ

80 난이도 하 | 경호의 환경 - 국민보호와 공공안전을 위한 테러방지법

국민보호와 공공안전을 위한 테러방지법상 테러단체를 구성하거나 구성원으로 가입한 사람의 처벌과 관련하여 ( )에 들어갈 숫자의 합은?

- 수괴(首魁)는 사형·무기 또는 ( )년 이상의 징역
- 타국의 외국인테러전투원으로 가입한 사람은 ( )년 이상의 징역
- 테러를 기획 또는 지휘하는 등 중요한 역할을 맡은 사람은 무기 또는 ( )년 이상의 징역

① 20
② **22**

> 제시된 내용의 ( )에 들어갈 숫자는 순서대로 10, 5, 7이므로 그 합은 22이다.

③ 23
④ 24

관계법령 테러단체 구성죄 등(국민보호와 공공안전을 위한 테러방지법 제17조)

① 테러단체를 구성하거나 구성원으로 가입한 사람은 다음 각호의 구분에 따라 처벌한다.
1. 수괴(首魁)는 사형·무기 또는 10년 이상의 징역
2. 테러를 기획 또는 지휘하는 등 중요한 역할을 맡은 사람은 무기 또는 7년 이상의 징역
3. 타국의 외국인테러전투원으로 가입한 사람은 5년 이상의 징역
4. 그 밖의 사람은 3년 이상의 징역

2023년 경비업법

문제편 034p

정답 CHECK

01	02	03	04	05	06	07	08	09	10	11	12	13	14	15	16	17	18	19	20
①	④	①	③	①	①	③	③	①	②	②	①	④	②	①	②	④	④	①	②
21	22	23	24	25	26	27	28	29	30	31	32	33	34	35	36	37	38	39	40
①	④	③	①	③	②	④	③	④	④	④	④	③	②	④	③	②	②	②	①

01 난이도 하

경비업법 제2조 - 정의

경비업법령상 용어의 정의이다. ( )에 들어갈 내용이 바르게 나열된 것은?

- 신변보호업무 : 사람의 생명이나 신체에 대한 (ㄱ)의 발생을 방지하고 그 신변을 보호하는 업무
- 특수경비업무 : 공항(항공기를 포함) 등 대통령령이 정하는 국가중요시설의 (ㄴ) 및 도난·화재 그 밖의 위험발생을 방지하는 업무
- 기계경비업무 : 경비대상시설에 설치한 기기에 의하여 감지·송신된 정보를 그 경비대상시설 외의 장소에 설치한 (ㄷ)의 기기로 수신하여 도난·화재 등 위험발생을 방지하는 업무

① ㄱ : 위 해, ㄴ : 경 비, ㄷ : 관제시설

> ( )에 들어갈 내용은 ㄱ : 위해, ㄴ : 경비, ㄷ : 관제시설이다(경비업법 제2조 제1호).

② ㄱ : 위 해, ㄴ : 보 호, ㄷ : 관제시설
③ ㄱ : 침 해, ㄴ : 경 비, ㄷ : 감지시설
④ ㄱ : 침 해, ㄴ : 보 호, ㄷ : 감지시설

관계법령 정의(경비업법 제2조)

이 법에서 사용하는 용어의 정의는 다음과 같다. 〈개정 2024.1.30.〉
1. "경비업"이라 함은 다음 각목의 1에 해당하는 업무(이하 "경비업무"라 한다)의 전부 또는 일부를 도급받아 행하는 영업을 말한다.
    가. 시설경비업무 : 경비를 필요로 하는 시설 및 장소(이하 "경비대상시설"이라 한다)에서의 도난·화재 그 밖의 혼잡 등으로 인한 위험발생을 방지하는 업무
    나. 호송경비업무 : 운반 중에 있는 현금·유가증권·귀금속·상품 그 밖의 물건에 대하여 도난·화재 등 위험발생을 방지하는 업무

다. 신변보호업무 : 사람의 생명이나 신체에 대한 위해의 발생을 방지하고 그 신변을 보호하는 업무
라. 기계경비업무 : 경비대상시설에 설치한 기기에 의하여 감지·송신된 정보를 그 경비대상시설 외의 장소에 설치한 관제시설의 기기로 수신하여 도난·화재 등 위험발생을 방지하는 업무
마. 특수경비업무 : 공항(항공기를 포함한다) 등 대통령령이 정하는 국가중요시설(이하 "국가중요시설"이라 한다)의 경비 및 도난·화재 그 밖의 위험발생을 방지하는 업무
바. 혼잡·교통유도경비업무 : 도로에 접속한 공사현장 및 사람과 차량의 통행에 위험이 있는 장소 또는 도로를 점유하는 행사장 등에서 교통사고나 그 밖의 혼잡 등으로 인한 위험발생을 방지하는 업무

02 난이도 하 ▎경비업법 제5조 - 법인 임원의 결격사유

경비업법령상 특수경비업을 영위하는 법인 임원의 결격사유를 모두 고른 것은?

ㄱ. 경비업법에 위반하여 벌금형의 선고를 받고 3년이 지나지 아니한 자
ㄴ. 「대통령 등의 경호에 관한 법률」에 위반하여 벌금형의 선고를 받고 3년이 지나지 아니한 자
ㄷ. 금고 이상의 형의 선고를 받고 그 형이 실효되지 아니한 자

① ㄷ
② ㄱ, ㄴ
③ ㄴ, ㄷ
④ ㄱ, ㄴ, ㄷ

제시된 내용은 모두 특수경비업을 영위하는 법인 임원의 결격사유에 해당한다(경비업법 제5조 제3호·제4호).

관계법령 임원의 결격사유(경비업법 제5조) ★

다음 각호의 어느 하나에 해당하는 자는 경비업을 영위하는 법인(제4호에 해당하는 자의 경우에는 특수경비업무를 수행하는 법인, 제5호에 해당하는 자의 경우에는 허가취소사유에 해당하는 경비업무와 동종의 경비업무를 수행하는 법인)의 임원이 될 수 없다.
1. 피성년후견인
2. 파산선고를 받고 복권되지 아니한 자
3. 금고 이상의 형의 선고를 받고 그 형이 실효되지 아니한 자
4. 이 법 또는 「대통령 등의 경호에 관한 법률」에 위반하여 벌금형의 선고를 받고 3년이 지나지 아니한 자
5. 이 법(제19조 제1항 제2호 및 제7호는 제외) 또는 이 법에 의한 명령에 위반하여 허가가 취소된 법인의 허가취소 당시의 임원이었던 자로서 그 취소 후 3년이 지나지 아니한 자
6. 제19조 제1항 제2호(허가받은 경비업무 외의 업무에 경비원을 종사하게 한 때) 및 제7호(소속 경비원으로 하여금 경비업무의 범위를 벗어난 행위를 하게 한 때)의 사유로 허가가 취소된 법인의 허가취소 당시의 임원이었던 자로서 허가가 취소된 날부터 5년이 지나지 아니한 자

03 난이도 하   ▎경비업법 시행규칙 제3조 - 경비업 허가신청 시 허가신청서에 첨부해야 할 서류

경비업법령상 경비업 허가를 받으려는 자가 신청서에 첨부하여야 하는 서류를 모두 고른 것은?

> ㄱ. 법인의 정관 1부
> ㄴ. 법인 임원의 이력서 1부
> ㄷ. 법인 임원의 인감증명서 1부

① ㄱ, ㄴ

> ㄷ(법인 임원의 인감증명서 1부)은 ㄱ(법인의 정관 1부), ㄴ(법인 임원의 이력서 1부)과 달리 경비업법령상 경비업 허가를 받으려는 자가 신청서에 첨부하여야 할 서류에 해당하지 않는다.

② ㄱ, ㄷ
③ ㄴ, ㄷ
④ ㄱ, ㄴ, ㄷ

관계법령 | **허가신청 등(경비업법 시행규칙 제3조)**

① 법 제4조 제1항 및 「경비업법 시행령」(이하 "영"이라 한다) 제3조 제1항에 따라 경비업의 허가를 받으려는 경우 또는 경비업자가 허가를 받은 경비업무를 변경하거나 새로운 경비업무를 추가하려는 경우에는 별지 제2호 서식의 경비업 허가신청서 또는 변경허가신청서(전자문서로 된 신청서를 포함한다)에 다음 각호의 서류(전자문서를 포함한다)를 첨부하여 법인의 주사무소를 관할하는 시·도 경찰청장 또는 해당 시·도 경찰청 소속의 경찰서장에게 제출하여야 한다. 이 경우 신청서를 제출받은 경찰서장은 지체 없이 관할 시·도 경찰청장에게 보내야 한다.
1. 법인의 정관 1부
2. 법인 임원의 이력서 1부
3. 경비인력·시설 및 장비의 확보계획서 1부(경비업 허가의 신청 시 이를 갖출 수 없는 경우에 한한다)

04 난이도 하 경비업법 시행령 제8조·제9조 - 오경보의 방지를 위한 설명 등

경비업법령상 기계경비업자가 오경보의 방지를 위해 계약상대방에게 설명하여야 하는 사항이 아닌 것은?

① 당해 기계경비업무와 관련된 관제시설 및 출장소의 명칭·소재지

> 경비업법 시행령 제8조 제1항 제1호

② 기계경비업무용 기기의 설치장소 및 종류와 그 밖의 기계장치의 개요

> 경비업법 시행령 제8조 제1항 제3호

③ **기계경비지도사의 명단·배치일자·배치장소와 출동차량의 대수**

> 기계경비업자가 출장소별로 갖추어 두어야 하는 서류의 기재사항에 해당한다(경비업법 시행령 제9조 제1항 제2호).

④ 기계경비업자가 경비대상시설에서 발생한 경보를 수신한 경우에 취하는 조치

> 경비업법 시행령 제8조 제1항 제2호

관계법령

오경보의 방지를 위한 설명 등(경비업법 시행령 제8조)

① 법 제9조 제1항의 규정에 의하여 기계경비업자가 계약상대방에게 하여야 하는 설명은 다음 각호의 사항을 기재한 서면 또는 전자문서(이하 "서면등"이라 하며, 이 조에서 전자문서는 계약상대방이 원하는 경우에 한한다)를 교부하는 방법에 의한다.
  1. 당해 기계경비업무와 관련된 관제시설 및 출장소(제5조 제3항의 규정에 의한 출장소를 말한다. 이하 같다)의 명칭·소재지
  2. 기계경비업자가 경비대상시설에서 발생한 경보를 수신한 경우에 취하는 조치
  3. 기계경비업무용 기기의 설치장소 및 종류와 그 밖의 기계장치의 개요
  4. 오경보의 발생원인과 송신기기의 유지·관리방법
② 기계경비업자는 제1항 각호의 사항을 기재한 서면등과 함께 법 제26조의 규정에 의한 손해배상의 범위와 손해배상액에 관한 사항을 기재한 서면등을 계약상대방에게 교부하여야 한다.

기계경비업자의 관리 서류(경비업법 시행령 제9조)

① 기계경비업자는 법 제9조 제2항의 규정에 의하여 출장소별로 다음 각호의 사항을 기재한 서류를 갖추어 두어야 한다.
  1. 경비대상시설의 명칭·소재지 및 경비계약기간
  2. 기계경비지도사의 명단·배치일자·배치장소와 출동차량의 대수
  3. 경보의 수신 및 현장도착 일시와 조치의 결과
  4. 오경보인 경우 오경보가 발생한 경비대상시설 및 그 오경보에 대한 조치의 결과
② 제1항 제3호 및 제4호의 규정에 의한 사항을 기재한 서류는 당해 경보를 수신한 날부터 1년간 이를 보관하여야 한다.

05 난이도 하 ▎경비업법 제10조 - 특수경비원의 결격사유

경비업법령상 특수경비원의 결격사유로 옳지 않은 것은?

① 심신미약자

> 심신미약자가 아닌 심신상실자가 특수경비원의 결격사유에 해당한다(경비업법 제10조 제2항 제2호, 동법 시행령 제10조의2 제1호).

② 마약·대마·향정신성의약품 또는 알코올 중독자

> 경비업법 시행령 제10조의2 제2호

③ 경비업법에 따른 명령을 위반하여 벌금형을 선고받은 날부터 5년이 지나지 아니한 자

> 경비업법 제10조 제2항 제3호 - 제1항 제8호

④ 인질강도죄(「형법」 제336조)를 범하여 벌금형을 선고받은 날부터 5년이 지나지 아니한 자

> 경비업법 제10조 제2항 제3호 - 제1항 제6호 가목

관계법령 　경비지도사 및 경비원의 결격사유(경비업법 제10조) ★★

① 다음 각호의 어느 하나에 해당하는 자는 경비지도사 또는 일반경비원이 될 수 없다.
  1. 18세 미만인 사람, 피성년후견인
  2. 파산선고를 받고 복권되지 아니한 자
  3. 금고 이상의 실형의 선고를 받고 그 집행이 종료(집행이 종료된 것으로 보는 경우를 포함한다)되거나 집행이 면제된 날부터 5년이 지나지 아니한 자
  4. 금고 이상의 형의 집행유예선고를 받고 그 유예기간 중에 있는 자
  5. 다음 각목의 어느 하나에 해당하는 죄를 범하여 벌금형을 선고받은 날부터 10년이 지나지 아니하거나 금고 이상의 형을 선고받고 그 집행이 종료된(종료된 것으로 보는 경우를 포함한다) 날 또는 집행이 유예·면제된 날부터 10년이 지나지 아니한 자
     가. 「형법」 제114조의 죄
     나. 「폭력행위 등 처벌에 관한 법률」 제4조의 죄
     다. 「형법」 제297조, 제297조의2, 제298조부터 제301조까지, 제301조의2, 제302조, 제303조, 제305조, 제305조의2의 죄
     라. 「성폭력범죄의 처벌 등에 관한 특례법」 제3조부터 제11조까지 및 제15조(제3조부터 제9조까지의 미수범만 해당한다)의 죄
     마. 「아동·청소년의 성보호에 관한 법률」 제7조 및 제8조의 죄
     바. 다목부터 마목까지의 죄로서 다른 법률에 따라 가중처벌되는 죄
  6. 다음 각목의 어느 하나에 해당하는 죄를 범하여 벌금형을 선고받은 날부터 5년이 지나지 아니하거나 금고 이상의 형을 선고받고 그 집행이 유예된 날부터 5년이 지나지 아니한 자
     가. 「형법」 제329조부터 제331조까지, 제331조의2 및 제332조부터 제343조까지의 죄
     나. 가목의 죄로서 다른 법률에 따라 가중처벌되는 죄
     다. 삭제 〈2014.12.30.〉
     라. 삭제 〈2014.12.30.〉
  7. 제5호 다목부터 바목까지의 어느 하나에 해당하는 죄를 범하여 치료감호를 선고받고 그 집행이 종료된 날 또는 집행이 면제된 날부터 10년이 지나지 아니한 자 또는 제6호 각목의 어느 하나에 해당하는 죄를 범하여 치료감호를 선고받고 그 집행이 면제된 날부터 5년이 지나지 아니한 자
  8. 이 법이나 이 법에 따른 명령을 위반하여 벌금형을 선고받은 날부터 5년이 지나지 아니하거나 금고 이상의 형을 선고받고 그 집행이 유예된 날부터 5년이 지나지 아니한 자

② 다음 각호의 어느 하나에 해당하는 자는 특수경비원이 될 수 없다.★
   1. 18세 미만이거나 60세 이상인 사람, 피성년후견인
   2. 심신상실자, 알코올 중독자 등 대통령령으로 정하는 정신적 제약이 있는 자

   > **특수경비원의 결격사유(경비업법 시행령 제10조의2)**
   > 법 제10조 제2항 제2호에서 "심신상실자, 알코올 중독자 등 대통령령으로 정하는 정신적 제약이 있는 자"란 다음 각호의 사람을 말한다.
   >   1. 심신상실자
   >   2. 마약·대마·향정신성의약품 또는 알코올 중독자
   >   3. 「치매관리법」 제2조 제1호에 따른 치매, 조현병·조현정동장애·양극성정동장애(조울병)·재발성우울장애 등의 정신질환이나 정신 발육지연, 뇌전증 등이 있는 사람. 다만, 해당 분야 전문의가 특수경비원으로서 적합하다고 인정하는 사람은 제외한다.

   3. 제1항 제2호부터 제8호까지의 어느 하나에 해당하는 자
   4. 금고 이상의 형의 선고유예를 받고 그 유예기간 중에 있는 자
   5. 행정안전부령이 정하는 신체조건에 미달되는 자

   > **특수경비원의 신체조건(경비업법 시행규칙 제7조)**
   > 법 제10조 제2항 제5호에서 "행정안전부령이 정하는 신체조건"이라 함은 팔과 다리가 완전하고 두 눈의 맨눈시력 각각 0.2 이상 또는 교정시력 각각 0.8 이상을 말한다.

06 난이도 하 | 경비업법 시행령 제11조~제13조 - 경비지도사 시험 등

경비업법령상 경비지도사 시험 등에 관한 설명으로 옳지 않은 것은?

① 경비업법에 따른 일반경비업무에 3년 이상 종사하고 행정안전부령으로 정하는 교육과정을 이수한 사람은 경비지도사 제1차 시험을 면제한다.

> 경비업무에 3년 이상 종사하고 행정안전부령으로 정하는 교육과정을 이수한 경우 경비지도사 제1차 시험이 면제되는 업무는 **특수경비업무**이다(경비업법 시행령 제13조 제4호).

② 경비지도사 시험은 필기시험의 방법에 의하되 제1차 시험과 제2차 시험으로 구분하여 실시한다.

> 경비업법 시행령 제12조 제1항 전문

③ 경비지도사 시험의 공고는 관보게재와 각 시·도 경찰청 게시판 및 인터넷 홈페이지에 게시하는 방법에 의한다.

> 경비업법 시행령 제11조 제3항

④ 「대통령 등의 경호에 관한 법률」에 따른 경호공무원 또는 별정직공무원으로 7년 이상 재직한 사람은 경비지도사 제1차 시험을 면제한다.

> 경비업법 시행령 제13조 제2호

07 난이도 하 ■ 경비업법 시행령 제16조·제17조, [별표 3] - 경비지도사

경비업법령상 경비지도사에 관한 설명으로 옳지 않은 것은?

① 경비지도사는 경비원의 지도·감독·교육에 관한 계획의 수립·실시 및 그 기록의 유지를 월 1회 이상 수행하여야 한다.

> 경비업법 시행령 제17조 제2항

② 경비업자는 선임·배치된 경비지도사에 결원이 있는 경우에는 15일 이내에 경비지도사를 새로이 충원하여야 한다.

> 경비업자는 제1항의 규정에 의하여 선임·배치된 경비지도사에 결원이 있거나 자격정지 등의 사유로 그 직무를 수행할 수 없는 때에는 15일 이내에 경비지도사를 새로이 충원하여야 한다(경비업법 시행령 제16조 제2항).

③ 경비지도사는 경비원에 대한 교육을 실시하고, 행정안전부령으로 정하는 경비원 직무교육 실시대장에 그 내용을 기록하여 1년간 보존하여야 한다.

> 경비지도사는 법 제12조 제2항 제1호에 따라 경비원에 대한 교육을 실시하고, 행정안전부령으로 정하는 경비원 직무교육 실시대장에 그 내용을 기록하여 2년간 보존하여야 한다(경비업법 시행령 제17조 제3항).

④ 경비지도사가 선임·배치된 시·도 경찰청의 관할구역과 경계를 맞닿아 인접한 시·도 경찰청의 관할구역에 배치된 경비원이 30명 이하인 경우에는 경비지도사를 따로 선임·배치하지 않을 수 있다.

> 경비업법 시행령 [별표 3] 제2호 전문

08 난이도 하 ■ 경비업법 시행령 제18조·제19조, 동법 시행규칙 제15조 - 경비원의 교육 등

경비업법령상 경비원의 교육 등에 관한 설명으로 옳지 않은 것은? [기출수정]

① 「경찰공무원법」에 따른 경찰공무원으로 근무한 경력이 있는 사람은 일반경비원 신임교육대상에서 제외할 수 있다.

> 경비업법 시행령 제18조 제2항 제2호

② 「군인사법」에 따른 부사관 이상으로 근무한 경력이 있는 사람은 일반경비원 신임교육대상에서 제외할 수 있다.

> 경비업법 시행령 제18조 제2항 제4호

③ 특수경비업자는 채용 전 5년 이내에 특수경비업무에 종사하였던 경력이 있는 사람을 특수경비원으로 채용한 경우에는 해당 특수경비원을 특수경비원 신임교육대상에서 제외할 수 있다.

> 특수경비업자는 채용 전 3년 이내에 특수경비업무에 종사하였던 경력이 있는 사람을 특수경비원으로 채용한 경우에는 해당 특수경비원을 특수경비원 신임교육대상에서 제외할 수 있다(경비업법 시행령 제19조 제2항).

④ 경비업자는 특수경비원이 신임교육을 받은 때에는 경비원의 명부에 그 사실을 기재하여야 한다.

> 경비업법 시행규칙 제15조 제3항

09   난이도 하   경비업법 제14조, 동법 시행령 제20조, 동법 시행규칙 제18조 - 특수경비원의 직무 및 무기사용 등

경비업법령상 특수경비원의 직무 및 무기사용 등에 관한 설명으로 옳은 것을 모두 고른 것은?

> ㄱ. 시·도 경찰청장이 시설주의 신청에 의하여 무기를 구입한 경우, 시설주는 그 무기의 구입대금을 지불하고, 구입한 무기를 국가에 기부채납하여야 한다.
>
>   (○) 경비업법 제14조 제3항
>
> ㄴ. 시설주는 관할 경찰관서장으로부터 대여받은 무기를 특수경비원에게 휴대하게 하는 경우에는 관할 경찰관서장의 사전승인을 얻어야 한다.
>
>   (○) 경비업법 시행령 제20조 제2항
>
> ㄷ. 무기를 대여받은 시설주는 관할 경찰관서장이 정하는 바에 의하여 무기의 관리실태를 매월 파악하여 다음 달 5일까지 관할 경찰관서장에게 통보하여야 한다.
>
>   (×) 무기를 대여받은 국가중요시설의 시설주 또는 관리책임자는 관할 경찰관서장이 정하는 바에 의하여 무기의 관리실태를 매월 파악하여 <u>다음 달 3일까지</u> 관할 경찰관서장에게 통보하여야 한다(경비업법 시행규칙 제18조 제1항 제5호).
>
> ㄹ. 무기를 대여받은 시설주는 수리가 필요한 무기가 있는 때에는 그 목록과 무기장비운영카드를 첨부하여 특수경비업자에게 수리를 요청하여야 한다.
>
>   (×) 무기를 대여받은 국가중요시설의 시설주 또는 관리책임자는 수리가 필요한 무기가 있는 때에는 그 목록과 무기장비운영카드를 첨부하여 <u>관할 경찰관서장에게</u> 수리를 요청하여야 한다(경비업법 시행규칙 제18조 제3항 제4호).

① ㄱ, ㄴ

> 제시된 내용 중 경비업법령상 특수경비원의 직무 및 무기사용 등에 관한 설명으로 옳은 것은 ㄱ, ㄴ이다.

② ㄱ, ㄷ
③ ㄴ, ㄹ
④ ㄷ, ㄹ

10 난이도 하 ▮경비업법 제15조 - 특수경비원의 의무

경비업법령상 특수경비원의 의무에 관한 설명으로 옳지 않은 것은?

① 특수경비원은 소속상사의 허가 또는 정당한 사유 없이 경비구역을 벗어나서는 아니 된다.

> 경비업법 제15조 제2항

② **특수경비원은 쟁의행위 유형 중 태업은 할 수 있지만, 파업은 할 수 없다.**

> 특수경비원은 파업·태업 그 밖에 경비업무의 정상적인 운영을 저해하는 일체의 쟁의행위를 하여서는 아니 된다(경비업법 제15조 제3항).

③ 특수경비원은 총기 또는 폭발물을 가지고 대항하는 경우를 제외하고는 14세 미만의 자 또는 임산부에 대하여는 권총 또는 소총을 발사하여서는 아니 된다.

> 경비업법 제15조 제4항 제3호

④ 특수경비원은 사람을 향하여 권총 또는 소총을 발사하고자 하는 때에는 미리 구두 또는 공포탄에 의한 사격으로 상대방에게 경고하는 것이 원칙이다.

> 경비업법 제15조 제4항 제1호 본문

11 난이도 하 ▮경비업법 제7조·제15조의2 - 경비업자 및 경비원의 의무

경비업법령상 경비업자 및 경비원의 의무에 관한 설명으로 옳지 않은 것은?

① 경비업자는 경비대상시설의 소유자 또는 관리자의 관리권의 범위 안에서 경비업무를 수행하여야 한다.

> 경비업법 제7조 제1항 전단

② **경비업자는 도급을 의뢰받은 경비업무가 위법 또는 부당한 것일 때에는 시·도 경찰청장에게 보고하여야 한다.**

> 경비업자는 경비업무를 성실하게 수행하여야 하고, 도급을 의뢰받은 경비업무가 위법 또는 부당한 것일 때에는 이를 거부하여야 한다(경비업법 제7조 제2항).

③ 경비업자의 임·직원이거나 임·직원이었던 자는 다른 법률에 특별한 규정이 있는 경우를 제외하고는 그 직무상 알게 된 비밀을 누설하거나 다른 사람에게 제공하여 이용하도록 하는 등 부당한 목적을 위하여 사용하여서는 아니 된다.

> 경비업법 제7조 제4항

④ 경비원은 직무를 수행함에 있어 타인에게 위력을 과시하거나 물리력을 행사하는 등 경비업무의 범위를 벗어난 행위를 하여서는 아니 된다.

> 경비업법 제15조의2 제1항

12 난이도 하   경비업법 제16조의2·제16조의3, 동법 시행규칙 제20조 – 경비원의 복장·장비 등

경비업법령상 경비원의 복장·장비 등에 관한 설명으로 옳지 않은 것은?

① 경비원은 근무 중 경비업무 수행에 필요한 것으로서 공격적인 용도로 제작된 장비를 휴대할 수 있다.

> 경비원은 근무 중 경적, 단봉, 분사기, 안전방패, 무전기 및 그 밖에 경비업무 수행에 필요한 것으로서 공격적인 용도로 제작되지 아니하는 장비를 휴대할 수 있으며, 안전모 및 방검복 등 안전장비를 착용할 수 있다(경비업법 시행규칙 제20조 제1항).

② 경비업자는 출동차량 등의 도색 및 표지를 정하고 이를 확인할 수 있는 사진을 첨부하여 주된 사무소를 관할하는 시·도 경찰청장에게 행정안전부령으로 정하는 바에 따라 신고하여야 한다.

> 경비업법 제16조의3 제2항

③ 경비원이 휴대할 수 있는 장비의 종류는 경적·단봉·분사기 등 행정안전부령으로 정하되, 근무 중에만 이를 휴대할 수 있다.

> 경비업법 제16조의2 제1항

④ 누구든지 장비를 임의로 개조하여 통상의 용법과 달리 사용함으로써 다른 사람의 생명·신체에 위해를 가하여서는 아니 된다.

> 경비업법 제16조의2 제3항

13 난이도 하   경비업법 제17조, 동법 시행규칙 제22조 – 결격사유 확인을 위한 범죄경력조회 등

경비업법령상 결격사유 확인을 위한 범죄경력조회 등에 관한 설명으로 옳지 않은 것은?

① 시·도 경찰청장 또는 관할 경찰관서장은 경비업자의 임원, 경비지도사 또는 경비원이 결격사유에 해당하는 사실을 알게 된 때에는 경비업자에게 그 사실을 통보하여야 한다.

> 경비업법 제17조 제4항

② 범죄경력조회 요청을 받은 관할 경찰관서장은 경비업자에게 그 결과를 통보할 때에는 경비업자의 임원, 경비지도사 또는 경비원이 결격사유에 해당하는지 여부만을 통보하여야 한다.

> 경비업법 제17조 제3항

③ 경비업자는 선출하려는 임원, 경비지도사 또는 경비원이 결격사유에 해당하는지를 확인하기 위하여 주된 사무소, 출장소 또는 배치장소를 관할하는 시·도 경찰청장 또는 경찰관서장에게 「형의 실효 등에 관한 법률」 제6조에 따른 범죄경력조회를 요청할 수 있다.

> 경비업법 제17조 제2항

④ 경비업자는 범죄경력조회를 요청하는 경우 취업자 또는 취업예정자 범죄경력조회 동의서와 주민등록초본을 첨부하여야 한다.

> 경비업자가 법 제17조 제2항에 따른 범죄경력조회 요청 시 범죄경력조회 신청서에 첨부하여야 할 서류는 경비업 허가증 사본과 취업자 또는 취업예정자 범죄경력조회 동의서이다(경비업법 시행규칙 제22조 제2항).

> **관계법령** 결격사유 확인을 위한 범죄경력조회 등(경비업법 제17조)
>
> ① 경찰청장, 시·도 경찰청장 또는 관할 경찰관서장은 직권으로 또는 제2항에 따른 범죄경력조회 요청이 있는 경우에는 경비업자의 임원, 경비지도사 또는 경비원이 제5조 제3호·제4호, 제10조 제1항 제3호부터 제8호까지 또는 같은 조 제2항 제3호·제4호에 따른 결격사유에 해당하는지를 확인하기 위하여 「형의 실효 등에 관한 법률」 제6조에 따른 범죄경력조회를 할 수 있다.
> ② 경비업자는 선출·선임·채용 또는 배치하려는 임원, 경비지도사 또는 경비원이 제5조 제3호·제4호, 제10조 제1항 제3호부터 제8호까지 또는 같은 조 제2항 제3호·제4호에 따른 결격사유에 해당하는지를 확인하기 위하여 주된 사무소, 출장소 또는 배치장소를 관할하는 시·도 경찰청장 또는 경찰관서장에게 「형의 실효 등에 관한 법률」 제6조에 따른 범죄경력조회를 요청할 수 있다.
> ③ 제2항에 따른 범죄경력조회 요청을 받은 시·도 경찰청장 또는 관할 경찰관서장은 경비업자에게 그 결과를 통보할 때에는 경비업자의 임원, 경비지도사 또는 경비원이 제5조 제3호·제4호, 제10조 제1항 제3호부터 제8호까지 또는 같은 조 제2항 제3호·제4호에 따른 결격사유에 해당하는지 여부만을 통보하여야 한다.
> ④ 시·도 경찰청장 또는 관할 경찰관서장은 경비업자의 임원, 경비지도사 또는 경비원이 제5조 각호, 제10조 제1항 각호 또는 제2항 각호의 결격사유에 해당하는 사실을 알게 되거나 이 법 또는 이 법에 따른 명령을 위반한 때에는 경비업자에게 그 사실을 통보하여야 한다.

14 난이도 하   ▮경비업법 제18조 제8항 - 경비원 배치폐지명령

경비업법령상 관할 경찰관서장이 배치폐지를 명할 수 있는 경우가 아닌 것은?

① 경비원 명단 및 배치일시·배치장소 등 배치허가 신청의 내용을 거짓으로 한 때

> 경비업법 제18조 제8항 제1호

② **70세인 일반경비원을 경비업무에 종사하게 한 때**

> 관할 경찰관서장이 배치폐지를 명할 수 있는 사유에 해당하지 않는다. 참고로 경비업법령상 일반경비원은 특수경비원과 달리 '60세 이상'이라는 나이 상한의 결격사유가 존재하지 않는다(경비업법 제10조 제1항 제1호·제2항 제1호 참조).

③ 상해죄(「형법」 제257조 제1항)로 벌금형을 선고받고 5년이 지나지 아니한 자를 집단민원현장에 일반경비원으로 배치한 때

> 경비업법 제18조 제8항 제2호

④ 경비업자 또는 경비원이 위력이나 흉기 또는 그 밖의 위험한 물건을 사용하여 집단적 폭력사태를 일으킨 때

> 경비업법 제18조 제8항 제4호

| 관계법령 | 경비원의 명부와 배치허가 등(경비업법 제18조) ★★ |

⑥ 경비업자는 다음 각호의 어느 하나에 해당하는 죄를 범하여 벌금형을 선고받고 5년이 지나지 아니하거나 금고 이상의 형을 선고받고 그 집행이 유예된 날부터 5년이 지나지 아니한 자를 집단민원현장에 일반경비원으로 배치하여서는 아니 된다.
  1. 「형법」 제257조부터 제262조까지, 제264조, 제276조부터 제281조까지의 죄, 제284조의 죄, 제285조의 죄, 제320조의 죄, 제324조 제2항의 죄, 제350조의2의 죄, 제351조의 죄(제350조, 제350조의2의 상습범으로 한정한다), 제369조 제1항의 죄
  2. 「폭력행위 등 처벌에 관한 법률」 제2조 또는 제3조의 죄
⑧ 관할 경찰관서장은 경비업자가 다음 각호의 어느 하나에 해당하는 때에는 배치폐지를 명할 수 있다.
  1. 제2항 각호 외의 부분 단서를 위반하여 배치허가를 받지 아니하고 경비원을 배치하거나 경비원 명단 및 배치일시 · 배치장소 등 배치허가 신청의 내용을 거짓으로 한 때
  2. 제6항의 결격사유에 해당하는 자를 집단민원현장에 일반경비원으로 배치한 때
  3. 제7항을 위반하여 신임교육을 이수하지 아니한 자를 제2항 각호의 경비원으로 배치한 때
  4. 경비업자 또는 경비원이 위력이나 흉기 또는 그 밖의 위험한 물건을 사용하여 집단적 폭력사태를 일으킨 때
  5. 경비업자가 제2항 각호 외의 부분 본문을 위반하여 신고하지 아니하고 일반경비원을 배치한 때

15 난이도 하　　　　경비업법 제19조 - 경비업 허가의 취소 등

경비업법령상 경비업 허가를 취소하여야 하는 경우가 아닌 것은?

① 정당한 사유 없이 최종 도급계약 종료일의 다음 날부터 1년 이내에 경비 도급실적이 없을 때

> 허가관청은 경비업자가 정당한 사유 없이 **최종 도급계약 종료일의 다음 날부터 2년 이내에 경비 도급실적이 없을 때** 그 허가를 취소하여야 한다(경비업법 제19조 제1항 제5호).

② 정당한 사유 없이 허가를 받은 날부터 2년 이내에 경비 도급실적이 없거나 계속하여 1년 이상 휴업한 때

> 경비업법 제19조 제1항 제4호

③ 영업정지처분을 받고 계속하여 영업을 한 때

> 경비업법 제19조 제1항 제6호

④ 관할 경찰관서장의 배치폐지명령에 따르지 아니한 때

> 경비업법 제19조 제1항 제8호

핵심만콕	경비업 허가의 취소 등(경비업법 제19조)
절대적(필요적) 허가취소사유 (제1항)	허가관청은 경비업자가 다음의 어느 하나에 해당하는 때에는 그 허가를 취소하여야 한다. 1. 허위 그 밖의 부정한 방법으로 허가를 받은 때 2. 경비업자가 허가받은 경비업무 외의 업무에 경비원을 종사하게 한 때 – 적용중지 헌법불합치 결정(2020헌가19) 3. 특수경비업자가 경비업 및 경비관련업 외의 영업을 한 때 4. 정당한 사유 없이 허가를 받은 날부터 2년 이내에 경비 도급실적이 없거나 계속하여 1년 이상 휴업한 때 5. 정당한 사유 없이 최종 도급계약 종료일의 다음 날부터 2년 이내에 경비 도급실적이 없을 때 6. 영업정지처분을 받고 계속하여 영업을 한 때 7. 소속 경비원으로 하여금 경비업무의 범위를 벗어난 행위를 하게 한 때 8. 관할 경찰관서장의 배치폐지명령에 따르지 아니한 때

※ 국회는 2025.1.7. 법률 제20645호에 의하여 경비업자가 허가받은 경비업무 외의 업무에 경비원을 종사시키는 것을 금지하고 이를 위반하는 경우 경비업 허가를 필요적으로 취소하는 것은 과잉금지원칙에 위반하여 경비업자의 직업의 자유를 침해한다는 헌법재판소의 헌법불합치 결정(헌재결[전] 2023.3.23. 2020헌가19) 취지를 반영하여, 경비업자가 경비업무 외의 업무에 경비원을 종사시키는 것을 원칙적으로 금지하되, 경비업무의 목적 달성을 침해하지 않는 범위에서 대통령령으로 정하는 업무는 예외적으로 허용하도록 하였다. 이에 따라 경비업법 제19조도 제1항 제2호를 삭제하면서 제19조 제2항 제2호의2(제7조 제5항을 위반하여 경비업무 또는 경비업무의 목적 달성을 침해하지 아니하는 범위에서 대통령령으로 정하는 업무 외의 업무에 경비원을 종사하게 한 때)를 상대적 허가취소·영업정지사유로 신설하고, 제19조 제3항을 "허가관청은 제1항 및 제2항에 의하여 허가취소 또는 영업정지처분을 하는 때에는 경비업자가 허가받은 경비업무 중 허가취소 또는 영업정지사유에 해당되는 경비업무에 한하여 처분을 하여야 한다. 다만, 제1항 제7호에 해당하여 허가취소를 하는 때에는 그러하지 아니하다"로 개정하였다. 이러한 개정 규정은 2026.1.8.부터 시행된다.

16 난이도 중 | 경비업법 시행령 [별표 4] – 행정처분 기준(개별기준)

경비업법령상 2차 위반 시 행정처분의 기준이 가장 중한 행위는?

① 경비업자가 경비원의 복장 등에 관한 규정을 위반한 때

> 2차 위반 시 행정처분은 '1개월 영업정지'이다(경비업법 시행령 [별표 4] 제2호 자목). 경·1·3

② **경비업자가 결격사유에 해당하는 일반경비원을 집단민원현장에 배치한 때**

> 2차 위반 시 행정처분은 '3개월 영업정지'이다(경비업법 시행령 [별표 4] 제2호 하목). 1·3·취

③ 경비업자가 경비원의 출동차량 등에 관한 규정을 위반한 때

> 2차 위반 시 행정처분은 '1개월 영업정지'이다(경비업법 시행령 [별표 4] 제2호 카목). 경·1·3

④ 기계경비업자가 관련서류를 작성·비치하지 않은 때

> 2차 위반 시 행정처분은 '경고'이다(경비업법 시행령 [별표 4] 제2호 마목). 경·경·1

| 관계법령 | 행정처분 기준(경비업법 시행령 [별표 4]) |

2. 개별기준

위반행위	해당 법조문	행정처분 기준		
		1차 위반	2차 위반	3차 이상 위반
가. 법 제4조 제1항 후단을 위반하여 시·도 경찰청장의 허가 없이 경비업무를 변경한 때	법 제19조 제2항 제1호	경고	영업정지 6개월	허가취소
나. 법 제7조 제2항을 위반하여 도급을 의뢰받은 경비업무가 위법한 것임에도 이를 거부하지 않은 때	법 제19조 제2항 제2호	영업정지 1개월	영업정지 3개월	허가취소
다. 법 제7조 제6항을 위반하여 경비지도사를 집단민원현장에 선임·배치하지 않은 때	법 제19조 제2항 제3호	영업정지 1개월	영업정지 3개월	허가취소
라. 법 제8조를 위반하여 경비대상시설에 관한 경보 대응체제를 갖추지 않은 때	법 제19조 제2항 제4호	경고	경고	영업정지 1개월
마. 법 제9조 제2항을 위반하여 관련 서류를 작성·비치하지 않은 때	법 제19조 제2항 제5호	경고	경고	영업정지 1개월
바. 법 제10조 제3항을 위반하여 결격사유에 해당하는 경비원을 배치하거나 결격사유에 해당하는 경비지도사를 선임·배치한 때	법 제19조 제2항 제6호	영업정지 1개월	영업정지 3개월	허가취소
사. 법 제12조 제1항을 위반하여 경비지도사를 선임한 때	법 제19조 제2항 제7호	영업정지 1개월	영업정지 3개월	허가취소
아. 법 제13조를 위반하여 경비원으로 하여금 교육을 받게 하지 않은 때	법 제19조 제2항 제8호	경고	경고	영업정지 1개월
자. 법 제16조에 따른 경비원의 복장 등에 관한 규정을 위반한 때	법 제19조 제2항 제9호	경고	영업정지 1개월	영업정지 3개월
차. 법 제16조의2에 따른 경비원의 장비 등에 관한 규정을 위반한 때	법 제19조 제2항 제10호	경고	영업정지 1개월	영업정지 3개월
카. 법 제16조의3에 따른 경비원의 출동차량 등에 관한 규정을 위반한 때	법 제19조 제2항 제11호	경고	영업정지 1개월	영업정지 3개월
타. 법 제18조 제1항 단서를 위반하여 집단민원현장에 일반경비원 명부를 작성·비치하지 않은 때	법 제19조 제2항 제12호	영업정지 1개월	영업정지 3개월	허가취소
파. 법 제18조 제2항 각호 외의 부분 단서를 위반하여 배치허가를 받지 아니하고 경비원을 배치하거나 경비원 명단 및 배치일시·배치장소 등 배치허가 신청의 내용을 거짓으로 한 때	법 제19조 제2항 제13호	영업정지 1개월	영업정지 3개월	허가취소
하. 법 제18조 제6항을 위반하여 결격사유에 해당하는 일반경비원을 집단민원현장에 배치한 때	법 제19조 제2항 제14호	영업정지 1개월	영업정지 3개월	허가취소
거. 법 제24조에 따른 감독상 명령에 따르지 않은 때	법 제19조 제2항 제15호	경고	영업정지 3개월	허가취소
너. 법 제26조를 위반하여 손해를 배상하지 않은 때	법 제19조 제2항 제16호	경고	영업정지 3개월	영업정지 6개월

17 난이도 하

■ 경비업법 제20조 - 경비지도사자격의 취소 등

경비업법령상 경비지도사자격의 취소사유를 모두 고른 것은?

> ㄱ. 경비지도사자격증을 다른 사람에게 양도한 때
> ㄴ. 자격정지 기간 중에 경비지도사로 선임되어 활동한 때
> ㄷ. 파산선고를 받고 복권되지 아니한 자
> ㄹ. 금고 이상의 형의 집행유예선고를 받고 그 유예기간 중에 있는 자

① ㄱ, ㄴ
② ㄱ, ㄷ, ㄹ
③ ㄴ, ㄷ, ㄹ
④ ㄱ, ㄴ, ㄷ, ㄹ

제시된 내용은 모두 경비업법령상 경비지도사자격의 취소사유에 해당한다(경비업법 제20조 제1항). 참고로 ㄷ은 경비업법 제10조 제1항 제2호, ㄹ은 경비업법 제10조 제1항 제4호 사유에 해당한다.

관계법령 경비지도사자격의 취소 등(경비업법 제20조)

① 경찰청장은 경비지도사가 다음 각호의 어느 하나에 해당하는 때에는 그 자격을 취소하여야 한다. 〈개정 2024.2.13.〉
  1. 제10조 제1항 각호의 결격사유에 해당하게 된 때
  2. 허위 그 밖의 부정한 방법으로 경비지도사자격증을 교부받은 때
  3. 경비지도사자격증을 다른 사람에게 빌려주거나 양도한 때
  4. 자격정지 기간 중에 경비지도사로 선임되어 활동한 때

② 경찰청장은 경비지도사가 다음 각호의 어느 하나에 해당하는 때에는 대통령령이 정하는 바에 따라 1년의 범위 내에서 그 자격을 정지시킬 수 있다. 〈개정 2024.2.13.〉
  1. 제12조 제3항의 규정에 위반하여 직무를 성실하게 수행하지 아니한 때
  2. 제24조의 규정에 의한 경찰청장 또는 시·도 경찰청장의 명령을 위반한 때

18 난이도 하 ▮경비업법 제21조 - 청문

경비업법령상 경찰청장 또는 시·도 경찰청장이 행정처분을 하기 위하여 청문을 실시하여야 하는 경우를 모두 고른 것은?

> ㄱ. 경비업자가 허위 그 밖의 부정한 방법으로 허가를 받아 그 허가를 취소하는 경우
> ㄴ. 허위 그 밖의 부정한 방법으로 경비지도사자격증을 교부받아 그 자격을 취소하는 경우
> ㄷ. 경비지도사가 경찰청장 또는 시·도 경찰청장의 명령을 위반하여 그 자격을 정지하는 경우

① ㄱ, ㄴ
② ㄱ, ㄷ
③ ㄴ, ㄷ
④ ㄱ, ㄴ, ㄷ

경찰청장 또는 시·도 경찰청장은 경비업 허가의 취소(ㄱ) 또는 영업정지, 경비지도사자격의 취소(ㄴ) 또는 정지(ㄷ) 처분을 하려는 경우 반드시 청문을 실시하여야 한다(경비업법 제21조).

관계법령 청문(경비업법 제21조)

경찰청장 또는 시·도 경찰청장은 다음 각호의 어느 하나에 해당하는 처분을 하고자 하는 경우에는 청문을 실시하여야 한다. 〈개정 2024.2.13.〉
1. 제11조의4에 따른 경비지도사 교육기관의 지정 취소 또는 업무의 정지
2. 제13조의3에 따른 경비원 교육기관의 지정 취소 또는 업무의 정지
3. 제19조의 규정에 의한 경비업 허가의 취소 또는 영업정지
4. 제20조 제1항 또는 제2항의 규정에 의한 경비지도사자격의 취소 또는 정지

19 난이도 하

경비업법 제23조, 동법 시행령 제27조 - 공제사업

경비업법령상 경비협회의 공제사업에 관한 설명으로 옳지 않은 것은?

① 경비협회는 공제사업을 하는 경우 공제사업의 회계는 다른 사업의 회계와 통합하여 경리하여야 한다.

> 협회는 법 제23조 제1항의 규정에 의하여 공제사업을 하는 경우 공제사업의 회계는 다른 사업의 회계와 구분하여 경리하여야 한다(경비업법 시행령 제27조 제1항).

② 경비협회는 경비원의 복지향상과 업무상 재해로 인한 손실을 보상하는 공제사업을 할 수 있다.

> 경비업법 제23조 제1항 제3호

③ 경비협회는 경비업자의 손해배상책임을 보장하기 위한 공제사업을 할 수 있다.

> 경비업법 제23조 제1항 제1호

④ 경비협회는 경비업을 운영할 때 필요한 입찰보증, 계약보증(이행보증 포함), 하도급 보증을 위한 공제사업을 할 수 있다.

> 경비업법 제23조 제1항 제2호

관계법령 공제사업(경비업법 제23조)

① 경비협회는 다음 각호의 공제사업을 할 수 있다.
  1. 제26조에 따른 경비업자의 손해배상책임을 보장하기 위한 사업
  2. 경비업자가 경비업을 운영할 때 필요한 입찰보증, 계약보증(이행보증을 포함한다), 하도급보증을 위한 사업
  3. 경비원의 복지향상과 업무상 재해로 인한 손실을 보상하는 사업
  4. 경비업무와 관련한 연구 및 경비원 교육·훈련에 관한 사업

20 난이도 하

경비업법 제22조, 동법 시행령 제26조 - 경비협회

경비업법령상 경비협회에 관한 설명으로 옳은 것은?

① 경비업자는 행정안전부령이 정하는 바에 따라 경비협회를 설립할 수 있다.

> 경비업자는 경비업무의 건전한 발전과 경비원의 자질향상 및 교육훈련 등을 위하여 대통령령이 정하는 바에 따라 경비협회를 설립할 수 있다(경비업법 제22조 제1항).

② **경비협회는 경비업법에 특별한 규정이 있는 경우를 제외하고는 「민법」 중 사단법인에 관한 규정을 준용한다.**

> 경비업법 제22조 제4항

③ 경비협회는 회원으로부터 회비를 징수할 수 없다.

> 협회는 정관이 정하는 바에 의하여 회원으로부터 회비를 징수할 수 있다(경비업법 시행령 제26조 제2항).

④ 경비진단에 관한 사항은 경비협회의 업무가 아니다.

> 경비진단에 관한 사항도 경비협회의 업무에 해당한다(경비업법 제22조 제3항 제4호).

관계법령 | **경비협회(경비업법 제22조)**

① 경비업자는 경비업무의 건전한 발전과 경비원의 자질향상 및 교육훈련 등을 위하여 대통령령이 정하는 바에 따라 경비협회를 설립할 수 있다.
② 경비협회는 법인으로 한다.
③ 경비협회의 업무는 다음과 같다.
  1. 경비업무의 연구
  2. 경비원 교육·훈련 및 그 연구
  3. 경비원의 후생·복지에 관한 사항
  4. 경비진단에 관한 사항
  5. 그 밖에 경비업무의 건전한 운영과 육성에 관하여 필요한 사항
④ 경비협회에 관하여 이 법에 특별한 규정이 있는 것을 제외하고는 민법 중 사단법인에 관한 규정을 준용한다.

21 난이도 하
경비업법 시행령 제31조의3 – 규제의 재검토

경비업법령상 경찰청장이 3년마다 타당성을 검토하여 개선 등의 조치를 해야 하는 것을 모두 고른 것은?

> ㄱ. 경비업의 시설 등의 기준
> ㄴ. 집단민원현장 배치 불허가 기준
> ㄷ. 행정처분 기준
> ㄹ. 과태료 부과기준

① ㄱ, ㄴ

> 제시된 내용 중 경비업법령상 경찰청장이 3년마다 타당성을 검토하여 개선 등의 조치를 해야 하는 것은 ㄱ과 ㄴ이다(경비업법 시행령 제31조의3). ㄷ과 ㄹ은 2021.3.2. 동조 개정 시 규제의 재검토 사항에서 삭제되었다.

② ㄱ, ㄷ, ㄹ
③ ㄴ, ㄷ, ㄹ
④ ㄱ, ㄴ, ㄷ, ㄹ

관계법령 | 규제의 재검토(경비업법 시행령 제31조의3)

경찰청장은 다음 각호의 사항에 대하여 다음 각호의 기준일을 기준으로 3년마다(매 3년이 되는 해의 기준일과 같은 날 전까지를 말한다) 그 타당성을 검토하여 개선 등의 조치를 해야 한다. 〈개정 2024.8.13.〉
1. 제3조 제2항 및 [별표 1]에 따른 경비업의 시설 등의 기준 : 2014년 6월 8일
1의2. 제15조의2 제1항 및 제15조의3 제1항에 따른 경비지도사의 기본교육 및 보수교육의 시간 : 2025년 1월 1일
2. 제22조에 따른 집단민원현장 배치 불허가 기준 : 2014년 6월 8일
3. 제24조 및 [별표 4]에 따른 행정처분 기준 : 2014년 6월 8일 → 삭제 〈2021.3.2.〉
4. 제32조 제1항 및 [별표 6]에 따른 과태료의 부과기준 : 2014년 6월 8일 → 삭제 〈2021.3.2.〉

22 난이도 하 | 경비업법 시행령 제31조의2 - 민감정보 및 고유식별정보의 처리

경비업법령상 경찰청장 등이 불가피한 경우 민감정보 및 고유식별정보를 처리할 수 있는 사무가 아닌 것은?

① 경비지도사 시험 등에 관한 사무

> 경비업법 시행령 제31조의2 제2호

② 특수경비원의 직무 및 무기사용 등에 관한 사무

> 경비업법 시행령 제31조의2 제4호

③ 경비업자 및 경비지도사의 지도·감독에 관한 사무

> 경비업법 시행령 제31조의2 제8호

④ **경비업자의 손해배상책임에 관한 사무**

> 경비업자의 손해배상책임에 관한 사무는 경찰청장 등이 불가피하게 민감정보 및 고유식별정보를 처리할 수 있는 사무에 해당하지 않는다(경비업법 시행령 제31조의2 참조).

관계법령 민감정보 및 고유식별정보의 처리(경비업법 시행령 제31조의2)

경찰청장, 시·도 경찰청장, 경찰서장 및 경찰관서장(제31조에 따라 경찰청장 및 경찰관서장의 권한을 위임·위탁받은 자를 포함한다)은 다음 각호의 사무를 수행하기 위하여 불가피한 경우 「개인정보보호법」 제23조에 따른 건강에 관한 정보(제1호의2 및 제4호의 사무로 한정한다), 같은 법 시행령 제18조 제2호에 따른 범죄경력자료에 해당하는 정보(제1호의2 및 제9호의 사무로 한정한다), 같은 영 제19조 제1호 또는 제4호에 따른 주민등록번호 또는 외국인등록번호가 포함된 자료를 처리할 수 있다. 〈개정 2024.8.13.〉

1. 법 제4조 및 제6조에 따른 경비업의 허가 및 갱신허가 등에 관한 사무
1의2. 법 제5조 및 제10조에 따른 임원, 경비지도사 및 경비원의 결격사유 확인에 관한 사무
2. 법 제11조에 따른 경비지도사 시험 등에 관한 사무
2의2. 법 제12조의2에 따른 경비지도사의 선임·해임 신고에 관한 사무
3. 법 제13조에 따른 경비원의 교육 등에 관한 사무
4. 법 제14조에 따른 특수경비원의 직무 및 무기사용 등에 관한 사무
5. 삭제 〈2021.7.13.〉
6. 법 제18조에 따른 경비원 배치허가 등에 관한 사무
7. 법 제19조 및 제20조에 따른 행정처분에 관한 사무
8. 법 제24조에 따른 경비업자 및 경비지도사의 지도·감독에 관한 사무
9. 법 제25조에 따른 보안지도·점검 및 보안측정에 관한 사무
10. 삭제 〈2022.12.20.〉

23 난이도 하 | 경비업법 제27조, 동법 시행령 제31조 - 위임 및 위탁

경비업법령상 경찰청장이 시·도 경찰청장에게 위임하는 권한은?

① 경비협회의 공제사업에 대한 금융감독원장의 검사요청권한

> 경비협회의 공제사업에 대한 금융감독원장의 검사요청권한은 위임사항이 아니다. 경찰청장은 제1항에 따른 공제사업에 대하여「금융위원회의 설치 등에 관한 법률」에 따른 금융감독원의 원장에게 검사를 요청할 수 있다(경비업법 제23조 제6항).

② 경비지도사자격증의 교부권한

> 경비지도사자격증의 교부권한은 위임사항이 아니다. 경찰청장은 법 제11조에 따른 경비지도사 시험에 합격하고 기본교육을 받은 사람에게는 별지 제9호 서식의 경비지도사자격증 교부대장에 정해진 사항을 기재한 후, 별지 제10호 서식의 경비지도사자격증을 교부해야 한다(경비업법 시행규칙 제11조).

③ **경비지도사자격의 취소에 관한 권한**

> 경비업법 제27조 제1항, 동법 시행령 제31조 제1항 제1호

④ 경비지도사 시험의 관리에 관한 권한

> 경비지도사 시험의 관리에 관한 권한은 위탁사항에 해당한다(경비업법 제27조 제2항, 동법 시행령 제31조 제2항).

관계법령 위임 및 위탁(경비업법 제27조)

① 이 법에 의한 경찰청장의 권한은 대통령령이 정하는 바에 따라 그 일부를 시·도 경찰청장에게 위임할 수 있다.

> **권한의 위임 및 위탁(경비업법 시행령 제31조)**
> ① 경찰청장은 법 제27조 제1항의 규정에 의하여 다음 각호의 권한을 시·도 경찰청장에게 위임한다.
>   1. 법 제20조의 규정에 의한 경비지도사자격의 취소 및 정지에 관한 권한
>   2. 법 제21조 제2호의 규정에 의한 경비지도사자격의 취소 및 정지에 관한 청문의 권한

② 경찰청장은 제11조의 규정에 의한 경비지도사의 시험에 관한 업무를 대통령령이 정하는 바에 따라 관계전문기관 또는 단체에 위탁할 수 있다. 〈개정 2024.2.13.〉

> **권한의 위임 및 위탁(경비업법 시행령 제31조)** ★
> ② 경찰청장 또는 경찰관서장은 법 제27조 제2항에 따라 법 제11조 제1항에 따른 경비지도사 시험의 관리에 관한 업무를 경비업무에 관한 인력과 전문성을 갖춘 기관 또는 단체로서 경찰청장이 지정하여 고시하는 기관 또는 단체에 위탁한다. 〈개정 2024.8.13.〉

24 난이도 하

경비업법 시행령 제28조 - 허가증 등의 수수료

경비업법령상 허가증 등의 수수료에 관한 설명으로 옳지 않은 것은?

① 경비업 허가사항의 변경신고로 인한 허가증 재교부의 경우에는 1만원의 수수료를 납부하여야 한다.

> 경비업 허가사항의 변경신고로 인한 허가증 재교부의 경우에는 <u>2천원의 수수료</u>를 납부하여야 한다(경비업법 시행령 제28조 제1항 제2호).

② 경찰청장은 시험 시행기관의 귀책사유로 시험에 응시하지 못한 경우 납부한 응시수수료 전액을 반환하여야 한다.

> 경비업법 시행령 제28조 제4항 제2호

③ 경찰청장 및 시·도 경찰청장은 정보통신망을 이용하여 전자화폐·전자결제 등의 방법으로 수수료를 납부하게 할 수 있다.

> 경비업법 시행령 제28조 제5항

④ 경비지도사 시험에 응시하고자 하는 자는 경찰청장이 정하여 고시하는 수수료를 납부하여야 한다.

> 경비업법 시행령 제28조 제3항

관계법령 허가증 등의 수수료(경비업법 시행령 제28조)

① 법에 의한 경비업의 허가를 받거나 허가증을 재교부받고자 하는 자는 다음 각호의 수수료를 납부하여야 한다.
  1. 법 제4조 제1항 및 법 제6조 제2항의 규정에 의한 <u>경비업의 허가(추가·변경·갱신허가를 포함한다)의 경우에는 1만원</u>
  2. <u>허가사항의 변경신고로 인한 허가증 재교부의 경우에는 2천원</u>

② 제1항의 규정에 의한 수수료는 허가 등의 신청서에 수입인지를 첨부하여 납부한다.

③ <u>시험에 응시하고자 하는 자는 경찰청장이 정하여 고시하는 수수료를 납부하여야 한다.</u>

④ 경찰청장은 다음 각호의 어느 하나에 해당하는 경우에는 제3항에 따라 받은 응시수수료의 전부 또는 일부를 다음 각호의 구분에 따라 반환하여야 한다.
  1. 응시수수료를 과오납한 경우 : 과오납한 금액 전액
  2. <u>시험 시행기관의 귀책사유로 시험에 응시하지 못한 경우 : 응시수수료 전액</u>
  3. 시험 시행일 20일 전까지 접수를 취소하는 경우 : 응시수수료 전액
  4. 시험 시행일 10일 전까지 접수를 취소하는 경우 : 응시수수료의 100분의 50

⑤ <u>경찰청장 및 시·도 경찰청장은 제2항 및 제3항의 규정에 불구하고 정보통신망을 이용하여 전자화폐·전자결제 등의 방법으로 수수료를 납부하게 할 수 있다.</u>

25 난이도 중
경비업법 시행령 [별표 6] – 과태료 부과기준

경비업법령상 2회 위반 시 과태료 부과기준의 금액이 다른 경우는?

① 기계경비업자가 계약상대방에게 설명의무를 이행하지 않은 경우

> 2회 위반 시 부과되는 과태료는 200만원이다(경비업법 시행령 [별표 6] 제3호).

② 경비업자가 결격사유에 해당하는 경비지도사를 선임·배치한 경우

> 2회 위반 시 부과되는 과태료는 200만원이다(경비업법 시행령 [별표 6] 제4호).

③ **경비업자가 경비원의 근무상황을 기록하여 보관하지 않은 경우**

> 2회 위반 시 부과되는 과태료는 100만원이다(경비업법 시행령 [별표 6] 제14호).

④ 경비업자가 경비원의 복장 등에 관한 신고규정을 위반하여 신고를 하지 않은 경우

> 2회 위반 시 부과되는 과태료는 200만원이다(경비업법 시행령 [별표 6] 제7호).

관계법령 과태료 부과기준(경비업법 시행령 [별표 6]) ★★★

위반행위	해당 법조문	행정처분 기준		
		1차 위반	2차 위반	3차 이상 위반
3. 법 제9조 제1항을 위반하여 설명의무를 이행하지 않은 경우	법 제31조 제2항 제3호	100	200	400
4. 법 제10조 제3항을 위반하여 결격사유에 해당하는 경비원을 배치하거나 결격사유에 해당하는 경비지도사를 선임·배치한 경우	법 제31조 제2항 제6호	100	200	400
7. 법 제16조 제1항을 위반하여 복장 등에 관한 신고규정을 위반하여 신고를 하지 않은 경우	법 제31조 제2항 제7호	100	200	400
14. 법 제18조 제5항을 위반하여 경비원의 근무상황을 기록하여 보관하지 않은 경우	법 제31조 제2항 제10호	50	100	200

26   난이도 하   ▌경비업법 제29조 - 형의 가중처벌

경비업법령상 특수경비원이 무기를 휴대하고 경비업무 수행 중에 경비업법령의 규정에 의한 무기의 안전수칙을 위반하여 형법에 규정된 범죄를 범한 경우, 그 법정형의 2분의 1까지 가중처벌하는 범죄가 아닌 것은?

① 특수상해죄(「형법」 제258조의2 제1항)
② **특수폭행죄(「형법」 제261조)**

> 특수폭행죄(「형법」 제261조)는 경비업법 제29조 제1항이 아닌 제2항에 의하여 가중처벌되는 형법상 대상범죄에 해당한다(경비업법 제29조 제2항).

③ 특수강요죄(「형법」 제324조 제2항)
④ 특수공갈죄(「형법」 제350조의2)

관계법령   **형의 가중처벌(경비업법 제29조)** ★

① 특수경비원이 무기를 휴대하고 경비업무를 수행 중에 제14조 제8항의 규정 및 제15조 제4항의 규정에 의한 무기의 안전수칙을 위반하여 형법 제258조의2(특수상해죄) 제1항(제257조 제1항의 상해죄로 한정, 존속상해죄는 제외)·제2항(제258조 제1항·제2항의 중상해죄로 한정, 존속중상해죄는 제외), 제259조 제1항(상해치사죄), 제260조 제1항(폭행죄), 제262조(폭행치사상죄), 제268조(업무상과실·중과실치사상죄), 제276조 제1항(체포 또는 감금죄), 제277조 제1항(중체포 또는 중감금죄), 제281조 제1항(체포·감금등의 치사상죄), 제283조 제1항(협박죄), 제324조 제2항(특수강요죄), 제350조의2(특수공갈죄) 및 제366조(재물손괴등죄)의 죄를 범한 때에는 그 죄에 정한 형의 2분의 1까지 가중처벌한다.

② 경비원이 경비업무 수행 중에 제16조의2 제1항에서 정한 장비 외에 흉기 또는 그 밖의 위험한 물건을 휴대하고 형법 제258조의2(특수상해죄) 제1항(제257조 제1항의 상해죄로 한정, 존속상해죄는 제외)·제2항(제258조 제1항·제2항의 중상해죄로 한정, 존속중상해죄는 제외), 제259조 제1항(상해치사죄), 제261조(특수폭행죄), 제262조(폭행치사상죄), 제268조(업무상과실·중과실치사상죄), 제276조 제1항(체포 또는 감금죄), 제277조 제1항(중체포 또는 중감금죄), 제281조 제1항(체포·감금등의 치사상죄), 제283조 제1항(협박죄), 제324조 제2항(특수강요죄), 제350조의2(특수공갈죄) 및 제366조(재물손괴등죄)의 죄를 범한 때에는 그 죄에 정한 형의 2분의 1까지 가중처벌한다.

27 난이도 하 ■경비업법 제30조 - 양벌규정

경비업법령상 양벌규정이 적용될 수 없는 자는?

① 법인의 대표자
② 법인의 대리인
③ 사용인
④ 사용인의 배우자

> 사용인의 배우자는 경비업법령상 양벌규정이 적용될 수 없다(경비업법 제30조).

관계법령 **양벌규정(경비업법 제30조)★**

법인의 대표자나 법인 또는 개인의 대리인, 사용인, 그 밖의 종업원이 그 법인 또는 개인의 업무에 관하여 법 제28조(벌칙)의 위반행위를 하면 그 행위자를 벌하는 외에 그 법인 또는 개인에게도 해당 조문의 벌금형을 과(科)한다. 다만, 법인 또는 개인이 그 위반행위를 방지하기 위하여 해당 업무에 관하여 상당한 주의와 감독을 게을리하지 아니한 경우에는 그러하지 아니하다.

28 난이도 하 ■청원경찰법 - 종합문제

청원경찰법령에 관한 설명으로 옳지 않은 것은?

① 청원경찰법은 청원경찰의 직무·임용·배치·보수·사회보장 및 그 밖에 필요한 사항을 규정함으로써 청원경찰의 원활한 운영을 목적으로 한다.

> 청원경찰법 제1조

② 청원경찰은 청원주가 경비(經費)를 부담할 것을 조건으로 사업장 등의 경비(警備)를 담당하게 하기 위하여 배치하는 경찰을 말한다.

> 청원경찰법 제2조

③ 청원경찰의 직무상 불법행위에 대한 배상책임에 관하여는 「경찰관직무집행법」의 규정을 따른다.

> 청원경찰(국가기관이나 지방자치단체에 근무하는 청원경찰은 제외한다)의 직무상 불법행위에 대한 배상책임에 관하여는 「민법」의 규정을 따른다(청원경찰법 제10조의2).

④ 청원경찰은 형의 선고, 징계처분 또는 신체상·정신상의 이상으로 직무를 감당하지 못할 때를 제외하고는 그 의사에 반하여 면직되지 아니한다.

> 청원경찰법 제10조의4 제1항

29 난이도 하 ▌청원경찰법 – 종합문제

청원경찰법령상 청원경찰에 관한 설명으로 옳지 않은 것은?

① 청원경찰이 그 배치지의 특수성 등으로 특수복장을 착용할 필요가 있을 때에는 청원주는 시·도 경찰청장의 승인을 받아 특수복장을 착용하게 할 수 있다.

> 청원경찰법 시행령 제14조 제3항

② 청원주는 배치폐지나 배치인원 감축으로 과원(過員)이 되는 청원경찰 인원을 그 기관·시설 또는 사업장 내의 유사 업무에 종사하게 하거나 다른 시설·사업장 등에 재배치하는 등 청원경찰의 고용이 보장될 수 있도록 노력하여야 한다.

> 청원경찰법 제10조의5 제3항

③ 청원경찰이 배치된 사업장이 하나의 경찰서의 관할구역에 있는 경우에는 시·도 경찰청장은 청원주에 대한 지도 및 감독상 필요한 명령의 권한을 관할 경찰서장에게 위임한다.

> 청원경찰법 시행령 제20조 제3호

④ **청원경찰이 직무를 수행할 때 직권을 남용하여 국민에게 해를 끼친 경우에는 1년 이하의 징역이나 금고에 처한다.**

> 청원경찰이 직무를 수행할 때 직권을 남용하여 국민에게 해를 끼친 경우에는 <u>6개월 이하의 징역이나 금고에 처한다</u>(청원경찰법 제10조 제1항).

30 난이도 하 ┃청원경찰법 시행규칙 제14조 - 근무요령

청원경찰법령상 청원경찰의 근무요령에 관한 설명으로 옳은 것은 모두 몇 개인가?

- 대기근무자는 소내근무에 협조하거나 휴식하면서 불의의 사고에 대비한다.
  - (○) 청원경찰법 시행규칙 제14조 제4항
- 순찰근무자는 청원주가 지정한 일정한 구역을 순회하면서 경비 임무를 수행한다. 이 경우 순찰은 단독 또는 복수로 정선순찰을 하되, 청원주가 필요하다고 인정할 때에는 요점순찰 또는 난선순찰을 할 수 있다.
  - (○) 청원경찰법 시행규칙 제14조 제3항
- 소내근무자는 근무 중 특이한 사항이 발생하였을 때에는 지체 없이 청원주 또는 관할 경찰서장에게 보고하고 그 지시에 따라야 한다.
  - (○) 청원경찰법 시행규칙 제14조 제2항
- 입초근무자는 경비구역의 정문이나 그 밖의 지정된 장소에서 경비구역의 내부, 외부 및 출입자의 움직임을 감시한다.
  - (○) 청원경찰법 시행규칙 제14조 제1항

① 1개
② 2개
③ 3개
④ **4개**

제시된 내용은 모두 청원경찰법령상 청원경찰의 근무요령에 관한 설명으로 옳다.

관계법령 근무요령(청원경찰법 시행규칙 제14조) ★★★

① 자체경비를 하는 입초근무자는 경비구역의 정문이나 그 밖의 지정된 장소에서 경비구역의 내부, 외부 및 출입자의 움직임을 감시한다.
② 업무처리 및 자체경비를 하는 소내근무자는 근무 중 특이한 사항이 발생하였을 때에는 지체 없이 청원주 또는 관할 경찰서장에게 보고하고 그 지시에 따라야 한다.
③ 순찰근무자는 청원주가 지정한 일정한 구역을 순회하면서 경비 임무를 수행한다. 이 경우 순찰은 단독 또는 복수로 정선순찰(정해진 노선을 규칙적으로 순찰하는 것을 말한다)을 하되, 청원주가 필요하다고 인정할 때에는 요점순찰(순찰구역 내 지정된 중요지점을 순찰하는 것을 말한다) 또는 난선순찰(임의로 순찰지역이나 노선을 선정하여 불규칙적으로 순찰하는 것을 말한다)을 할 수 있다.
④ 대기근무자는 소내근무에 협조하거나 휴식하면서 불의의 사고에 대비한다.

31 난이도 하 ▍청원경찰법 제3조, 동법 시행령 제18조, 동법 시행규칙 제21조·제22조 - 청원경찰의 직무

청원경찰법령상 청원경찰의 직무에 관한 설명으로 옳지 않은 것은?

① 청원경찰은 청원주와 관할 경찰서장의 감독을 받아 그 경비구역만의 경비를 목적으로 필요한 범위에서 「경찰관 직무집행법」에 따른 경찰관의 직무를 수행한다.

> 청원경찰법 제3조

② 청원경찰이 직무를 수행할 때에 「경찰관직무집행법」 및 같은 법 시행령에 따라 하여야 할 모든 보고는 관할 경찰서장에게 서면으로 보고하기 전에 지체 없이 구두로 보고하고 그 지시에 따라야 한다.

> 청원경찰법 시행규칙 제22조

③ 청원경찰은 「형법」이나 그 밖의 법령에 따른 벌칙을 적용하는 경우와 청원경찰법 및 같은 법 시행령에서 특별히 규정한 경우를 제외하고는 공무원으로 본다.

> 청원경찰은 「형법」이나 그 밖의 법령에 따른 벌칙을 적용하는 경우와 법 및 이 영에서 특별히 규정한 경우를 제외하고는 공무원으로 보지 아니한다(청원경찰법 시행령 제18조).

④ 청원경찰은 「경찰관직무집행법」에 따른 직무 외의 수사활동 등 사법경찰관리의 직무를 수행해서는 아니 된다.

> 청원경찰법 시행규칙 제21조 제2항

32 난이도 하   청원경찰법 제4조, 동법 시행령 제2조·제6조 - 청원경찰의 배치 및 이동 등

청원경찰법령상 청원경찰의 배치 및 이동에 관한 설명으로 옳은 것은?

① 청원경찰 배치신청서 제출 시, 배치 장소가 둘 이상의 도(道)일 때에는 경찰청장에게 한꺼번에 신청할 수 있다.

> 청원경찰 배치신청서 제출 시, 배치 장소가 둘 이상의 도(道)일 때에는 <u>주된 사업장의 관할 경찰서장을 거쳐 시·도 경찰청장에게</u> 한꺼번에 신청할 수 있다(청원경찰법 시행령 제2조 후문).

② 청원경찰의 배치를 받으려는 자는 청원경찰 배치신청서에 경비구역 평면도 1부와 청원경찰 명부 1부를 첨부하여야 한다.

> 청원경찰의 배치를 받으려는 자는 <u>청원경찰 배치신청서에 경비구역 평면도 1부와 배치계획서 1부를 첨부하여야 한다</u>(청원경찰법 시행령 제2조 전문).

③ 청원경찰을 배치받으려는 자는 대통령령으로 정하는 바에 따라 경찰청장에게 청원경찰 배치를 신청하여야 한다.

> 청원경찰을 배치받으려는 자는 대통령령으로 정하는 바에 따라 <u>관할 시·도 경찰청장에게</u> 청원경찰 배치를 신청하여야 한다(청원경찰법 제4조 제1항).

❹ **청원주는 청원경찰을 신규로 배치하거나 이동배치하였을 때에는 배치지(이동배치의 경우에는 종전의 배치지)를 관할하는 경찰서장에게 그 사실을 통보하여야 한다.**

> 청원경찰법 시행령 제6조 제1항

관계법령 | **청원경찰의 배치(청원경찰법 제4조)**

① 청원경찰을 배치받으려는 자는 <u>대통령령으로 정하는 바에 따라 관할 시·도 경찰청장에게</u> 청원경찰 배치를 신청하여야 한다.

> **청원경찰의 배치신청 등(청원경찰법 시행령 제2조)**
> 「청원경찰법」제4조 제1항에 따라 <u>청원경찰의 배치를 받으려는 자는</u> 청원경찰 배치신청서에 다음 각호의 서류를 <u>첨부하여</u> 법 제2조 각호의 기관·시설·사업장 또는 장소(이하 "사업장"이라 한다)의 소재지를 관할하는 경찰서장(이하 "관할 경찰서장"이라 한다)을 거쳐 시·도 경찰청장에게 제출하여야 한다. 이 경우 배치 장소가 둘 이상의 도(특별시, 광역시, 특별자치시 및 특별자치도를 포함한다. 이하 같다)일 때에는 <u>주된 사업장의 관할 경찰서장을 거쳐 시·도 경찰청장에게 한꺼번에 신청할 수 있다.</u>
> 1. <u>경비구역 평면도 1부</u>
> 2. <u>배치계획서 1부</u>

33 난이도 하 | 청원경찰법 시행규칙 제2조 - 배치대상

청원경찰법령상 청원경찰의 배치대상 기관·시설·사업장 등에 해당하는 것은 모두 몇 개인가?

- 학교 등 육영시설
- 언론, 통신, 방송 또는 인쇄를 업으로 하는 시설 또는 사업장
- 「의료법」에 따른 의료기관
- 선박, 항공기 등 수송시설
- 금융 또는 보험을 업(業)으로 하는 시설 또는 사업장

① 2개
② 3개
③ 4개
④ **5개**

제시된 내용은 모두 청원경찰법령상 청원경찰이 배치되는 기관·시설·사업장 등에 해당한다(청원경찰법 시행규칙 제2조).

관계법령 정의(청원경찰법 제2조)

이 법에서 "청원경찰"이란 다음 각호의 어느 하나에 해당하는 기관의 장 또는 시설·사업장 등의 경영자가 경비(이하 "청원경찰경비"(請願警察經費)라 한다)를 부담할 것을 조건으로 경찰의 배치를 신청하는 경우 그 기관·시설 또는 사업장 등의 경비(警備)를 담당하게 하기 위하여 배치하는 경찰을 말한다.
1. 국가기관 또는 공공단체와 그 관리하에 있는 중요시설 또는 사업장
2. 국내 주재(駐在) 외국기관
3. 그 밖에 행정안전부령으로 정하는 중요시설, 사업장 또는 장소

배치대상(청원경찰법 시행규칙 제2조) ★
「청원경찰법」 제2조 제3호에서 "그 밖에 행정안전부령으로 정하는 중요시설, 사업장 또는 장소"란 다음 각호의 시설, 사업장 또는 장소를 말한다.
1. 선박, 항공기 등 수송시설
2. 금융 또는 보험을 업(業)으로 하는 시설 또는 사업장
3. 언론, 통신, 방송 또는 인쇄를 업으로 하는 시설 또는 사업장
4. 학교 등 육영시설
5. 「의료법」에 따른 의료기관(의원급 의료기관, 조산원, 병원급 의료기관)
6. 그 밖에 공공의 안녕질서 유지와 국민경제를 위하여 고도의 경비(警備)가 필요한 중요시설, 사업체 또는 장소

34 난이도 하 ■ 청원경찰법 제5조의2, 동법 시행령 제8조 - 청원경찰의 징계

청원경찰법령상 청원경찰의 징계에 관한 설명으로 옳은 것은?

① 청원경찰에 대한 징계의 종류는 파면, 해임, 정직, 감봉 및 경고로 구분한다.

> 청원경찰에 대한 징계의 종류는 파면, 해임, 정직, 감봉 및 견책으로 구분한다(청원경찰법 제5조의2 제2항).

② 청원주는 청원경찰이 품위를 손상하는 행위를 한 때 행정안전부령으로 정하는 징계절차를 거쳐 징계처분을 할 수 있다.

> 청원주는 청원경찰이 품위를 손상하는 행위를 한 때에는 대통령령으로 정하는 징계절차를 거쳐 징계처분을 하여야 한다(청원경찰법 제5조의2 제1항 제2호).

③ 관할 경찰서장은 청원경찰이 직무를 태만히 한 것으로 인정되면 청원주에게 해당 청원경찰에 대하여 징계처분을 하도록 요청할 수 있다.

> 청원경찰법 시행령 제8조 제1항

④ 청원주는 청원경찰 배치결정의 통지를 받았을 때에는 통지를 받은 날부터 30일 이내에 청원경찰에 대한 징계규정을 제정하여 관할 시·도 경찰청장에게 신고하여야 한다.

> 청원주는 청원경찰 배치결정의 통지를 받았을 때에는 통지를 받은 날부터 15일 이내에 청원경찰에 대한 징계규정을 제정하여 관할 시·도 경찰청장에게 신고하여야 한다(청원경찰법 시행령 제8조 제5항 전문).

관계법령 | **청원경찰의 징계(청원경찰법 제5조의2)** ★

① 청원주는 청원경찰이 다음 각호의 어느 하나에 해당하는 때에는 대통령령으로 정하는 징계절차를 거쳐 징계처분을 하여야 한다.
  1. 직무상의 의무를 위반하거나 직무를 태만히 한 때
  2. 품위를 손상하는 행위를 한 때
② 청원경찰에 대한 징계의 종류는 파면, 해임, 정직, 감봉 및 견책으로 구분한다.
③ 청원경찰의 징계에 관하여 그 밖에 필요한 사항은 대통령령으로 정한다.

징계(청원경찰법 시행령 제8조)
① 관할 경찰서장은 청원경찰이 법 제5조의2 제1항 각호의 어느 하나에 해당한다고 인정되면 청원주에게 해당 청원경찰에 대하여 징계처분을 하도록 요청할 수 있다.
② 법 제5조의2 제2항의 정직(停職)은 1개월 이상 3개월 이하로 하고, 그 기간에 청원경찰의 신분은 보유하나 직무에 종사하지 못하며, 보수의 3분의 2를 줄인다.
③ 법 제5조의2 제2항의 감봉은 1개월 이상 3개월 이하로 하고, 그 기간에 보수의 3분의 1을 줄인다.
④ 법 제5조의2 제2항의 견책(譴責)은 전과(前過)에 대하여 훈계하고 회개하게 한다.
⑤ 청원주는 청원경찰 배치결정의 통지를 받았을 때에는 통지를 받은 날부터 15일 이내에 청원경찰에 대한 징계규정을 제정하여 관할 시·도 경찰청장에게 신고하여야 한다. 징계규정을 변경할 때에도 또한 같다.
⑥ 시·도 경찰청장은 제5항에 따른 징계규정의 보완이 필요하다고 인정할 때에는 청원주에게 그 보완을 요구할 수 있다.

35 난이도 하
■ 청원경찰법 시행규칙 제5조 - 임용승인신청서 등

청원경찰법령상 청원경찰 임용승인신청서의 첨부서류에 해당하지 않는 것은?

① 이력서 1부
② **주민등록등본 1부**

> 주민등록등본이 아닌 주민등록증 사본 1부가 청원경찰법령상 청원경찰 임용승인신청서의 첨부서류에 해당한다(청원경찰법 시행규칙 제5조 제1항 제2호).

③ 가족관계등록부 중 기본증명서 1부
④ 최근 3개월 이내에 발행한 채용신체검사서 1부

> **관계법령** **임용승인신청서 등(청원경찰법 시행규칙 제5조)**
> ① 법 제4조 제2항에 따라 청원경찰의 배치결정을 받은 자(이하 "청원주(請願主)"라 한다)가 영 제4조 제1항에 따라 시·도경찰청장에게 청원경찰 임용승인을 신청할 때에는 별지 제3호 서식의 청원경찰 임용승인신청서에 그 해당자에 관한 다음 각호의 서류를 첨부해야 한다.
> 1. 이력서 1부
> 2. 주민등록증 사본 1부
> 3. 민간인 신원진술서(「보안업무규정」 제36조에 따른 신원조사가 필요한 경우만 해당한다) 1부
> 4. 최근 3개월 이내에 발행한 채용신체검사서 또는 취업용 건강진단서 1부
> 5. 가족관계등록부 중 기본증명서 1부

36 난이도 하
■ 청원경찰법 제7조 - 보상금

청원경찰법령상 청원경찰의 보상금 지급사유가 아닌 것은?

① 청원경찰이 직무수행으로 인하여 부상을 입은 경우
② 청원경찰이 직무수행으로 인하여 질병에 걸린 경우
③ 청원경찰이 직무수행으로 인하여 사망한 경우
④ **청원경찰이 직무상의 부상으로 인하여 퇴직 후 3년 이내에 사망한 경우**

> 청원경찰이 직무상의 부상으로 인하여 퇴직 후 2년 이내에 사망한 경우가 청원경찰의 보상금 지급사유에 해당한다(청원경찰법 제7조 제2호).

> **관계법령** **보상금(청원경찰법 제7조)**
> 청원주는 청원경찰이 다음 각호의 어느 하나에 해당하게 되면 대통령령으로 정하는 바에 따라 청원경찰 본인 또는 그 유족에게 보상금을 지급하여야 한다.
> 1. 직무수행으로 인하여 부상을 입거나, 질병에 걸리거나 또는 사망한 경우
> 2. 직무상의 부상·질병으로 인하여 퇴직하거나, 퇴직 후 2년 이내에 사망한 경우

37 난이도 하 ▌청원경찰법 제9조의3, 동법 시행령 제17조, 동법 시행규칙 제19조 - 청원경찰의 감독 등

청원경찰법령상 청원경찰의 감독에 관한 설명으로 옳지 않은 것은?

① 청원주는 항상 소속 청원경찰의 근무상황을 감독하고, 근무 수행에 필요한 교육을 하여야 한다.

> 청원경찰법 제9조의3 제1항

② 시·도 경찰청장은 청원경찰의 효율적인 운영을 위하여 청원주를 지도하며 감독상 필요한 명령을 할 수 있다.

> 청원경찰법 제9조의3 제2항

③ 관할 경찰서장은 매주 1회 이상 청원경찰을 배치한 경비구역에 대하여 복무규율과 근무상황, 무기의 관리 및 취급사항을 감독하여야 한다.

> 관할 경찰서장은 매달 1회 이상 청원경찰을 배치한 경비구역에 대하여 복무규율과 근무상황, 무기의 관리 및 취급사항을 감독하여야 한다(청원경찰법 시행령 제17조).

④ 2명 이상의 청원경찰을 배치한 사업장의 청원주는 청원경찰의 지휘·감독을 위하여 청원경찰 중에서 유능한 사람을 선정하여 감독자로 지정하여야 한다.

> 청원경찰법 시행규칙 제19조 제1항

38 난이도 하 ▌청원경찰법 제12조, 동법 시행령 제21조 - 과태료 등

청원경찰법령상 과태료에 관한 설명으로 옳지 않은 것은?

① 과태료는 대통령령으로 정하는 바에 따라 시·도 경찰청장이 부과·징수한다.

> 청원경찰법 제12조 제2항

② 정당한 사유 없이 경찰청장이 고시한 최저부담기준액 이상의 보수를 지급하지 아니한 자에게는 300만원 이하의 과태료를 부과한다.

> 정당한 사유 없이 경찰청장이 고시한 최저부담기준액 이상의 보수를 지급하지 아니한 자에게는 500만원 이하의 과태료를 부과한다(청원경찰법 제12조 제1항 제2호).

③ 시·도 경찰청장의 배치결정을 받지 아니하고 청원경찰을 배치하거나 시·도 경찰청장의 승인을 받지 아니하고 청원경찰을 임용한 자에게는 500만원 이하의 과태료를 부과한다.

> 청원경찰법 제12조 제1항 제1호

④ 시·도 경찰청장은 위반행위의 동기, 내용 및 위반의 정도 등을 고려하여 과태료 금액의 100분의 50의 범위에서 그 금액을 줄이거나 늘릴 수 있다.

> 청원경찰법 시행령 제21조 제2항 본문

39 난이도 하 ▎청원경찰법 시행규칙 제16조 - 무기관리수칙

청원경찰법령상 무기관리수칙에 관한 설명으로 옳지 않은 것은?

① 무기고와 탄약고에는 이중잠금장치를 하고, 열쇠는 관리책임자가 보관하되, 근무시간 이후에는 숙직책임자에게 인계하여 보관시켜야 한다.

> 청원경찰법 시행규칙 제16조 제1항 제5호

② 소총의 탄약은 1정당 10발 이내, 권총의 탄약은 1정당 5발 이내로 출납하여야 한다.

> 소총의 탄약은 1정당 15발 이내, 권총의 탄약은 1정당 7발 이내로 출납하여야 한대(청원경찰법 시행규칙 제16조 제2항 제2호 전문).

③ 청원주는 무기와 탄약이 분실되거나 도난당하거나 빼앗기거나 훼손되었을 때에는 경찰청장이 정하는 바에 따라 그 전액을 배상하는 것이 원칙이다.

> 청원경찰법 시행규칙 제16조 제1항 제8호 본문

④ 청원경찰에게 지급한 무기와 탄약은 매주 1회 이상 손질하게 하여야 한다.

> 청원경찰법 시행규칙 제16조 제2항 제3호

40 난이도 하 ▮청원경찰법 시행규칙 제17조 - 문서와 장부의 비치

청원경찰법령상 청원주가 갖추어야 할 문서와 장부가 아닌 것은?

① 청원경찰 임용승인 관계철

> 청원경찰 임용승인 관계철은 시·도 경찰청장이 갖춰 두어야 할 문서와 장부에 해당한다(청원경찰법 시행규칙 제17조 제3항 제2호).

② 청원경찰 명부
③ 경비구역 배치도
④ 무기·탄약 출납부

핵심만콕 문서와 장부의 비치(청원경찰법 시행규칙 제17조) ★★

청원주(제1항)	관할 경찰서장(제2항)	시·도 경찰청장(제3항)
• 청원경찰 명부 • 근무일지 • 근무 상황카드 • 경비구역 배치도 • 순찰표철 • 무기·탄약 출납부 • 무기장비 운영카드 • 봉급지급 조서철 • 신분증명서 발급대장 • 징계 관계철 • 교육훈련 실시부 • 청원경찰 직무교육계획서 • 급여품 및 대여품 대장 • 그 밖에 청원경찰의 운영에 필요한 문서와 장부	• 청원경찰 명부 • 감독 순시부 • 전출입 관계철 • 교육훈련 실시부 • 무기·탄약 대여대장 • 징계요구서철 • 그 밖에 청원경찰의 운영에 필요한 문서와 장부	• 배치결정 관계철 • 청원경찰 임용승인 관계철 • 전출입 관계철 • 그 밖에 청원경찰의 운영에 필요한 문서와 장부

2023년 경호학

문제편 048p

정답 CHECK

41	42	43	44	45	46	47	48	49	50	51	52	53	54	55	56	57	58	59	60
③	②	①	③	①	④	①	①	④	①	①	①	④	④	③	④	③	③	②	②
61	62	63	64	65	66	67	68	69	70	71	72	73	74	75	76	77	78	79	80
①	③	②	②	②	②	④	②	③	④	④	④	④	③	②	①	③	④	③	④

41　난이도 하　　　경호학과 경호 - 경호의 정의

대통령 등의 경호에 관한 법률에 명시된 '경호'에 관한 정의이다. ( )에 들어갈 내용으로 옳은 것은?

> 경호대상자의 생명과 재산을 보호하기 위하여 신체에 가하여지는 위해를 (ㄱ)하거나 (ㄴ)하고, 특정지역을 경계·순찰 및 방비하는 등의 모든 (ㄷ)활동을 말한다.

① ㄱ : 방어, ㄴ : 차단, ㄷ : 경비
② ㄱ : 방지, ㄴ : 차단, ㄷ : 경호
③ ㄱ : 방지, ㄴ : 제거, ㄷ : 안전

　제시문의 ( )에 들어갈 내용은 ㄱ : 방지, ㄴ : 제거, ㄷ : 안전이다(대통령 등의 경호에 관한 법률 제2조 제1호).

④ ㄱ : 방어, ㄴ : 제거, ㄷ : 경호

관계법령　정의(대통령 등의 경호에 관한 법률 제2조)★

이 법에서 사용하는 용어의 뜻은 다음과 같다.
1. "경호"란 경호대상자의 생명과 재산을 보호하기 위하여 신체에 가하여지는 위해(危害)를 방지하거나 제거하고, 특정 지역을 경계·순찰 및 방비하는 등의 모든 안전활동을 말한다.
2. "경호구역"이란 소속 공무원과 관계기관의 공무원으로서 경호업무를 지원하는 사람이 경호활동을 할 수 있는 구역을 말한다.
3. "소속 공무원"이란 대통령경호처(이하 "경호처"라 한다) 직원과 경호처에 파견된 사람을 말한다.
4. "관계기관"이란 경호처가 경호업무를 수행함에 있어 필요한 지원과 협조를 요청하는 국가기관, 지방자치단체 등을 말한다.

42 난이도 하 ▮경호학과 경호 - 경호의 법원(대통령 등의 경호에 관한 법률 시행령)

대통령 등의 경호에 관한 법령상 전직대통령과 그 배우자에 대한 경호의 조치로 옳은 것은?

① 요청이 있는 경우 헬리콥터를 제외한 대통령전용기 및 차량 등 기동수단의 지원

> 요청이 있는 경우 헬리콥터를 포함한 대통령전용기 및 차량 등 기동수단을 지원한다(대통령 등의 경호에 관한 법률 시행령 제3조 제3호).

② **현거주지 및 별도주거지에 경호를 위한 인원의 배치**

> 대통령 등의 경호에 관한 법률 시행령 제3조 제2호

③ 요청이 있는 경우 대통령전용기를 제외한 헬리콥터 및 차량 등 기동수단의 지원

> 요청이 있는 경우 대통령전용기를 포함한 헬리콥터 및 차량 등 기동수단을 지원한다(대통령 등의 경호에 관한 법률 시행령 제3조 제3호).

④ 대통령경호처장이 관계기관에 통보하여 정한 사항 수행

> 대통령경호처장이 관계기관과 협의하여 정한 사항의 조치를 포함한다(대통령 등의 경호에 관한 법률 시행령 제3조 제4호).

관계법령 전직대통령 등의 경호(대통령 등의 경호에 관한 법률 시행령 제3조)

법 제4조 제1항 제3호에 따라 전직대통령과 그 배우자의 경호에는 다음 각호의 조치를 포함한다.
1. 경호안전상 별도주거지 제공(별도주거지는 본인이 마련할 수 있다)
2. 현거주지 및 별도주거지에 경호를 위한 인원의 배치, 필요한 경호의 담당
3. 요청이 있는 경우 대통령전용기, 헬리콥터 및 차량 등 기동수단의 지원
4. 그 밖에 대통령경호처장(이하 "처장"이라 한다)이 관계기관과 협의하여 정한 사항

43 난이도 하
경호학과 경호 – 경호의 행동원칙

경호의 행동원칙에 해당하는 것은 몇 개인가?

- 다수의 지점을 통한 접근의 원칙
- 목표물 보존의 원칙
- 상황 발생구역 최우선의 원칙
- S(경고) – E(제압) – C(방어)의 원칙

① 1개

> 제시된 내용 중 경호의 행동원칙에 해당하는 것은 1개(목표물 보존의 원칙)이다. 일반적으로 경호의 행동원칙(특별원칙)에 해당하는 것은 자기담당구역 책임의 원칙, 목표물 보존의 원칙, 하나의 통제된 지점을 통한 접근의 원칙, 자기희생의 원칙이다.

② 2개
③ 3개
④ 4개

44 난이도 하
경호학과 경호 – 경호 및 경비의 분류

경호ㆍ경비의 분류에 관한 설명으로 옳은 것은?

① 「경비업법」에 의한 경비의 분류에서 특수경비업무는 공경비로 구분된다.

> 경비업법령은 공경비가 아닌 사경비의 법원에 해당하므로, 경비업법령상 특수경비업무는 사경비에 해당한다.

② 경호의 성격에 따른 분류에 따라 1급, 2급, 3급으로 구분할 수 있다.

> 1급, 2급, 3급은 경호의 수준에 따른 분류이며, 경호의 성격에 따른 분류는 공식경호, 비공식경호, 약식경호이다.

③ 연도경호는 경호행사의 장소에 의한 분류에 따라 구분할 수 있다.

> 경호를 장소에 따라 분류하면 행사장경호, 숙소경호, 연도경호로 구분할 수 있다.

④ 「경비업법」에 의한 경비의 분류에 드론경비업무가 추가되었다.

> 드론경비업무는 현행 경비업법상 경비업무로 규정되어 있지 않다.

45 난이도 하　▎경호학과 경호 - 경호의 발달과정과 배경

다음 중 우리나라의 경호기관에서 역사적으로 두 번째로 설치된 것은?

① **도 방**

> 도방, 호위청, 시위부, 금위영 중 설치 시기가 두 번째로 빠른 경호기관은 도방이다.
> *시위부(신라) - 도방(고려 무신집권기) - 호위청(조선 후기, 1623년) - 금위영(조선 후기, 1674년)

② 호위청
③ 시위부
④ 금위영

46 난이도 하　▎경호업무 수행방법 - 경호업무의 수행절차

학습활동이 주요 활동이며 행사에 대한 결과보고서를 작성하는 경호업무 수행단계는?

① 예방단계
② 대응단계
③ 대비단계
④ **평가단계**

> 평가단계에 관한 설명이다.

핵심 만콕 경호위기관리단계 및 세부 경호업무 수행절차 ★★

관리단계	주요 활동	활동 내용	세부 활동
1단계 예방단계 (준비단계)	정보활동	경호환경 조성	법과 제도의 정비, 경호지원시스템 구축, 우호적인 공중(公衆)의 확보 (홍보활동)
		정보 수집 및 평가	정보네트워크 구축, 정보의 수집 및 생산, 위협의 평가 및 대응방안 강구
		경호계획의 수립	관계부서와의 협조, 경호계획서의 작성, 경호계획 브리핑
2단계 대비단계 (안전활동단계)	안전활동	정보보안활동	보안대책 강구, 위해동향 파악 및 대책 강구, 취약시설 확인 및 조치
		안전대책활동	행사장 안전확보, 취약요소 판단 및 조치, 검측활동 및 통제대책 강구
		거부작전	주요 감제고지 및 취약지 수색, 주요 접근로 차단, 경호 영향요소 확인 및 조치
3단계 대응단계 (실시단계)	경호활동	경호작전	모든 출입요소 통제 및 경계활동, 근접경호, 기동경호
		비상대책활동	비상대책, 구급대책, 비상시 협조체제 확립
		즉각조치활동	경고, 대적 및 방호, 대피
4단계 학습단계 (평가단계)	학습활동	평가 및 자료 존안	행사결과 평가(평가회의), 행사결과보고서 작성, 자료 존안
		교육훈련	새로운 교육프로그램 준비, 교육훈련 실시, 교육훈련의 평가
		적용(피드백)	새로운 이론의 정립, 전파, 행사에의 적용

〈출처〉 이두석, 「경호학개론」, 진영사, 2018, P. 157

47 난이도 하 | 경호의 조직 – 경호조직의 특성

경호조직의 특성에 관한 설명으로 옳은 것은?

① <u>기동성의 특성을 갖는다.</u>

> 경호조직의 특성에는 기동성, 통합성과 계층성, 폐쇄성(보안성), 전문성 및 대규모성 등이 있다.

② 독립된 비협력성의 특성을 갖는다.

> <u>하나의 경호조직이 단독으로 경호임무 수행에 필요한 모든 정보활동을 수행할 수는 없으므로, 효율적인 경호임무 수행과 조직관리를 위해 경호 유관기관과의 유기적인 협조(협력성)가 필수적이다.</u>

③ 폐쇄성보다는 개방성이 더욱 요구된다.

> <u>경호조직은 보안성을 높이는 폐쇄성의 특성이 요구된다.</u>

④ 가시적인 경호를 위해 보안성보다는 노출성이 더욱 요구된다.

> 경호를 완전무결하게 수행하기 위해서는 <u>경호조직의 비공개와 경호기법의 비노출 등 보안의 중요성이 강조될 수밖에 없다.</u>

핵심만콕 경호조직의 특성 ★

기동성	• 교통수단의 발달과 인구집중현상·환경보호, 더 나아가 세계공동체를 향한 외교활동 증대로 고도의 유동성을 띠게 되어 경호조직도 그에 대응하여 높은 기동성을 띤 조직으로 변해가고 있다. • 암살 및 테러의 고도화에 따라 경호장비의 과학화와 이를 지원하기 위한 행정업무의 자동화, 컴퓨터화 등 기동성이 요구되고 있다.
통합성과 계층성	• 경호조직은 전체 구조가 통일적인 피라미드형을 구성하면서 그 조직 내 계층을 이루고 지휘·감독 등을 통하여 경호목적을 실현하므로, 경호행사를 직접 담당하는 경호기관의 조직은 다른 부서에 비해 경호집행기관적 성격으로 계층성이 더욱 강조된다. • 경호조직은 기구단위 및 권한과 책임이 분화되어야 하며, 경호조직 내의 중추세력은 권한의 계층을 통하여 분화된 노력을 상호 조정하고 통제함으로써 경호의 목적을 달성할 수 있다.
폐쇄성 (보안성)	• 경호를 완전무결하게 수행하기 위해서는 경호조직의 비공개와 경호기법의 비노출 등 보안성을 높이는 폐쇄성의 특성을 가져야 한다. • 일반적인 공개주의 원칙에도 불구하고 암살자나 테러집단에 알려지지 않도록 기밀성을 유지한다. • 일반적으로 정부소식은 법령주의와 공개주의 원칙에 따르지만, 경호조직에서는 비밀문서로 관리하거나 배포의 일부제한으로 비공개로 할 수 있다.
전문성	• 테러행위의 수법이 지능화·고도화되고 있으므로 경호조직에 있어서도 기능의 전문화 내지 분화현상이 광범위하게 나타나고 있다. • 경호조직의 권위는 권력의 힘에 의존하는 데서 탈피하여 경호의 전문성에서 찾아야 한다. • 고도로 전문화된 경호전문가의 양성을 통해 경호조직의 권위를 확립하고, 국민의 이해와 협조 속에서 국민과 함께 하는 경호가 요구된다.
대규모성	• 경호조직은 과거에 비해서 그 기구 및 인원면에서 점차 대규모화·다변화되고 있다. • 과학기술의 진보와 더불어 거대정부의 양상은 경호기능의 간접적인 대규모화의 계기가 되었다.

48 난이도 하 ▎경호의 조직 - 경호조직의 구성원칙

다음에서 설명하는 경호조직의 원칙은?

> 경호조직은 명령과 지휘체계가 이원화되지 않아야 하며, 경호업무 자체가 긴급성을 요한다는 점에서 더욱 필요한 원칙이다.

① **경호지휘단일성의 원칙**

　　제시된 내용은 경호지휘단일성의 원칙에 관한 설명이다.

② 경호체계통일성의 원칙
③ 경호기관단위작용의 원칙
④ 경호협력성의 원칙

핵심만콕　경호조직의 (구성)원칙 ★

경호지휘단일성의 원칙	• 지휘 및 통제의 이원화로 인해 파생되는 문제들을 보완하기 위해 명령과 지휘체계는 반드시 하나의 계통으로 구성해야 한다는 원칙으로, 경호업무가 긴급성을 요한다는 점에서도 요청된다. • 지휘가 단일해야 한다고 하는 것은 경호기관(요원)은 한 사람의 지휘를 받아야 한다는 뜻이다. 한 걸음 더 나아가서 지휘의 단일이란 「하나의 지휘자」라는 의미 외에 하급경호요원은 하나의 상급기관에 대해서만 책임을 진다는 의미가 포함된다.
경호체계통일성의 원칙	경호기관 구조의 정점으로부터 말단까지 상하계급 간에 일정한 관계가 이루어져 책임과 업무의 분담이 이루어지고, 명령(命令)과 복종(服從)의 지위와 역할의 체계가 통일되어야 한다는 원칙이다.
경호기관단위작용의 원칙	• 경호의 업무는 성격상 개인적 작용으로 이루어지지 않고 기관단위의 작용으로 기관의 하명에 의해서 이루어진다는 원칙이다. • 기관단위라는 것은 그 경호기관을 지휘하는 지휘자가 있고, 지휘를 받는 하급자가 있으며, 하급자를 관리하기 위한 지휘권과 장비가 편성되며 임무수행을 위한 보급지원체계를 갖추고 있어야 한다는 의미이다. • 기관단위의 관리와 임무의 수행을 위한 결정은 지휘자만이 할 수 있고, 경호의 성패는 지휘자만이 책임을 지는 것이다.
경호협력성의 원칙	경호협력성의 원칙은 경호조직과 국민과의 협력을 의미하며 완벽한 경호를 위해서는 국민의 절대적인 협력이 필요하다는 원칙이다.

〈참고〉 이두석, 「경호학개론」, 2018, P. 114~116 / 김두현, 「경호학개론」, 엑스퍼트, 2020, P. 184~187

49 난이도 상 ▮경호의 조직 - 경호의 주체

대통령 등의 경호에 관한 법률상 다음(ㄱ~ㄷ)에 해당하는 숫자의 합은?

> ㄱ. 대통령경호처 차장의 인원 수
>
> 　　대통령경호처에 <u>차장 1명</u>을 둔다(대통령 등의 경호에 관한 법률 제3조 제2항).
>
> ㄴ. 5급 이상 경호공무원의 정년연령
>
> 　　<u>5급 이상 경호공무원의 정년연령은 58세</u>이다(대통령 등의 경호에 관한 법률 제11조 제1항 제1호 가목).
>
> ㄷ. 대통령경호안전대책위원회에서 위원장과 부위원장을 포함하여 최대 가능한 위원의 수
>
> 　　대통령경호안전대책위원회는 <u>위원장과 부위원장 각 1명을 포함한 20명 이내의 위원으로 구성</u>한다(대통령 등의 경호에 관한 법률 제16조 제2항).

① 76
② 77
③ 78
④ <u>79</u>

　　제시된 내용에 해당하는 숫자의 합은 79이다[ㄱ(1) + ㄴ(58) + ㄷ(20) = 79].

50 난이도 하 ▮경호의 조직 - 경호의 객체(대통령 등의 경호에 관한 법률)

대통령 등의 경호에 관한 법령상 대통령경호처의 경호대상에 해당하는 것은?

① 대통령 당선인과 직계존비속

> 대통령 당선인과 그 가족(배우자와 직계존비속)은 대통령 등의 경호에 관한 법령상 대통령경호처의 경호대상에 해당한다(대통령 등의 경호에 관한 법률 제4조 제1항 제2호·제2항, 동법 시행령 제2조).

② 퇴임 후 7년이 된 전직대통령과 그 가족

> 본인의 의사에 반하지 아니하는 경우에 한정하여 퇴임 후 10년 이내의 전직대통령과 그 배우자가 대통령경호처의 경호대상이다(대통령 등의 경호에 관한 법률 제4조 제1항 제3호 본문). 즉, 전직대통령의 직계존비속은 대통령경호처의 경호대상이 아니다.

③ 퇴임 후 10년이 된 전직대통령과 그 가족

> 대통령 등의 경호에 관한 법률 제4조 제3항의 경우를 제외하면, 퇴임 후 10년이 된 전직대통령과 그 배우자는 원칙적으로 대통령경호처의 경호대상에 해당하지 아니한다. 또한 전직대통령의 직계존비속도 대통령경호처의 경호대상이 아니다.

④ 대통령권한대행과 직계존비속

> 대통령권한대행의 경우 대통령경호처의 경호대상은 대통령권한대행과 그 배우자에 한정된다(대통령 등의 경호에 관한 법률 제4조 제1항 제4호).

관계법령 경호대상(대통령 등의 경호에 관한 법률 제4조)★

① 경호처의 경호대상은 다음과 같다.
1. 대통령과 그 가족
2. 대통령 당선인과 그 가족
3. 본인의 의사에 반하지 아니하는 경우에 한정하여 퇴임 후 10년 이내의 전직대통령과 그 배우자. 다만, 대통령이 임기만료 전에 퇴임한 경우와 재직 중 사망한 경우의 경호 기간은 그로부터 5년으로 하고, 퇴임 후 사망한 경우의 경호 기간은 퇴임일부터 기산(起算)하여 10년을 넘지 아니하는 범위에서 사망 후 5년으로 한다.
4. 대통령권한대행과 그 배우자
5. 대한민국을 방문하는 외국의 국가원수 또는 행정수반(行政首班)과 그 배우자
6. 그 밖에 처장이 경호가 필요하다고 인정하는 국내외 요인(要人)

② 제1항 제1호 또는 제2호에 따른 가족의 범위는 대통령령으로 정한다.

> **가족의 범위(대통령 등의 경호에 관한 법률 시행령 제2조)**
> 「대통령 등의 경호에 관한 법률」(이하 "법"이라 한다) 제4조 제1항 제1호 및 제2호에 따른 가족은 대통령 및 대통령 당선인의 배우자와 직계존비속으로 한다.

③ 제1항 제3호에도 불구하고 전직대통령 또는 그 배우자의 요청에 따라 처장이 고령 등의 사유로 필요하다고 인정하는 경우에는 5년의 범위에서 같은 호에 규정된 기간을 넘어 경호할 수 있다.

51 난이도 중 | 경호의 조직 – 각국의 경호조직

각국 경호기관에 관한 설명으로 옳은 것은?

① 미국 – 비밀경호국의 경호대상은 부통령과 그 직계가족도 포함된다.

  비밀경호국(SS)의 경호대상에는 부통령 및 부통령 당선자와 그 직계가족이 포함된다.

② 프랑스 – 대통령 경호를 담당하는 기관은 경찰청 경호안전과이다.

  프랑스의 경우 대통령 경호를 담당하는 기관은 내무부 산하 국립경찰청 소속의 요인경호국(SPHP, 구 V.O)이다.

③ 독일 – 경찰국 요인경호과의 경호대상은 대통령과 수상을 포함한다.

  독일의 경우 연방범죄수사국(BKA) 경호안전과에서 대통령과 수상의 경호를 담당한다.

④ 일본 – 황궁경찰본부의 경호대상은 내각총리 및 대신의 경호를 포함한다.

  일본의 경우 내각총리대신(수상) 및 국무대신의 경호는 황궁경찰본부의 경호대상이 아니다. '황궁경찰본부'는 경찰청의 부속기관으로서 황궁 내에 위치하며, 천황·황후 및 황태자 기타 황족의 호위, 황궁 및 어소(御所)의 경비, 기타 황궁경찰에 관한 사무를 관장한다. 반면 '경찰청 경비국 공안 제2과'에서 내각총리대신(수상) 및 요인경호에 대한 지휘감독·조정, 연락 협조, 안전대책작용 등을 관장하고, '동경도 경시청 공안부 공안 제3과(경호과)'에서 요인경호대(SP ; Security Police)로서 내각총리대신(수상) 및 국무대신 등의 실질적인 경호업무(구체적인 경호계획의 수립 및 근접경호)를 수행한다.

52 난이도 하 | 경호업무 수행방법 – 경호업무 수행절차

경호임무 수행절차에 관한 설명으로 옳지 않은 것은?

① 예방단계 – 안전활동단계로 발생 가능한 인적·물적 위해요소에 대한 대비책을 강구하는 단계이다.

  안전활동단계로 발생 가능한 인적·물적 위해요소에 대한 대비책을 강구하는 단계는 대비단계이다.
  참고 2023년 경호학 46번 핵심만 콕

② 대비단계 – 정보보안활동, 안전대책활동, 위험요소에 대한 거부작전을 실시하는 단계이다.

③ 대응단계 – 실시단계로 경호대상자에게 발생하는 위해요소에 대한 출입요소의 통제, 근접경호 등의 즉각조치 활동을 하는 단계이다.

④ 학습단계 – 행사결과에 대한 평가, 교육훈련 실시 및 평가, 새로운 이론의 정립과 행사에의 적용을 하는 단계이다.

53 난이도 하 ▌경호업무 수행방법 – 경호원의 행동수칙

경호원의 행동수칙으로 옳지 않은 것은?

① 신속하고 과감한 대처능력이 필요하다.
② 위해가해자에게 위압감을 줄 수 있어야 한다.
③ 예리하고 정확한 판단력을 갖춰야 한다.
④ **숙련된 사후적 방어조치는 사전예방경호보다 우선시한다.**

> 경호활동은 기본적으로 공격이 아닌 방어적 개념이므로, 효과적인 방어는 숙련된 사후적 방어조치보다는 사전적 예방 경호활동이 우선시된다.

54 난이도 하 ▌경호업무 수행방법 – 경호작용의 기본요소

경호작용의 기본요소에 관한 설명으로 옳은 것은 모두 몇 개인가?

- 경호환경을 극복하기 위한 예비 및 우발계획 준비
- 경호임무는 명확하게 부여하고 각각의 임무형태에 책임 부과
- 경호경비상황에 관한 보안 유출에 대한 엄격한 통제
- 대중 앞에서의 노출이나 제반 여건에 의해서 필연적으로 노출을 수반하는 행차의 지속시간과 사전 위해첩보 수집 간 획득된 내재적인 위협을 분석

① 1개
② 2개
③ 3개
④ **4개**

> 제시된 내용은 모두 경호작용의 기본요소에 관한 설명으로 옳다.

핵심만콕 경호작용의 기본 고려요소

경호작용의 기본 고려요소로는 다음과 같다. 🔑 계·책·자·보

계획수립	모든 형태의 경호임무는 사전에 신중하게 계획되어야 하며, 예기치 않은 변화의 가능성 때문에 경호임무를 계획함에 있어 융통성 있게 수립되어야 한다.
책 임	경호임무는 명확하게 부여되어야 하며, 경호요원들은 각각의 임무형태에 대한 책임이 부과되어야 한다.
자 원	경호대상자를 경호하는 데 소요되는 자원은 경호대상자의 행차, 즉 경호대상자의 대중 앞에서의 노출이나 제반여건에 의해서 필연적으로 노출을 수반하는 행차의 지속시간과 사전 위해첩보 수집 간 획득된 내재적인 위협분석에 따라 결정된다.
보 안	경호대상자와 수행원, 행사 세부일정, 경호경비상황에 관한 보안[정보(註)]의 유출은 엄격히 통제되어야 한다. 경호요원은 이러한 정보를 인가된 자 이외의 사람에게 유출하거나 언급해서는 안 된다.

〈참고〉 김두현, 「경호학개론」, 엑스퍼트, 2020, P. 258~259

55 난이도 하   ▮경호업무 수행방법 – 경호임무의 활동수칙

경호임무의 활동수칙에 관한 설명으로 옳지 않은 것은?

① 개인보다는 전체의 능력을 우선적으로 한다.
② 경호원에게 가장 중요한 수칙은 자기희생과 살신성인이다.
③ **경호원을 중심으로 내부, 내곽, 외곽으로 구분하여 경호구역을 설정한다.**

> '경호대상자를 중심으로' 경호대상자가 위치한 집무실이나 행사장으로부터 내부, 내곽, 외곽으로 구분하여 경호구역을 설정하여야 한다.

④ 경호대상자의 사생활 보호를 책임져야 한다.

56 난이도 하   ▮경호업무 수행방법 – 선발경호의 특성

선발경호의 특성에 관한 설명으로 옳지 않은 것은?

① 예비성 – 우발상황에 신속히 대처하고, 만약의 상황에 대비한 비상대책 수립이 있어야 한다.
② 예방성 – 선발경호의 임무이자 경호의 목표이다.
③ 안전성 – 행사장의 안전을 사전에 확보하는 일이다.
④ **통합성 – 현지 지형에 맞는 대응계획과 대피계획을 수립·대응하는 것이다.**

> 예비성에 관한 설명이다.

핵심만콕	선발경호의 특성
예방성	• 선발경호의 임무이자 경호의 목표라 할 수 있는 예방경호는 위해요소를 사전에 발견해서 제거하고 침투가능성을 거부함으로써 경호행사의 안전을 확보하는 것이다. • 직접적인 위해행위의 가능성뿐만 아니라 간접적인 시설물의 불안전성 및 많은 참석자로 인한 혼잡과 사고의 개연성에 대비한다.
통합성	선발경호에 동원된 모든 부서는 각자의 기능을 100% 발휘하면서 하나의 지휘체계 아래에 통합되어 상호보완적으로 임무를 수행해야 한다.
안전성	• 선발경호의 임무는 당연히 행사장의 안전을 확보하는 일이다. 그러기 위해서는 3중 경호의 원리에 입각해서 행사장을 구역별로 구분하여 그 특성에 맞는 경호조치를 강구하여야 한다. • 행사장의 안전상태는 행사가 종료될 때까지 지속될 수 있어야 한다.
예비성	경호행사가 항상 계획되고 예상된 대로만 진행되지는 않는다. 따라서 선발경호는 사전에 경호팀의 능력과 현지 지형과 상황에 맞는 비상대응계획과 비상대피계획을 수립하여 비상상황에 대비하여야 한다.

〈출처〉 이두석,「경호학개론」, 진영사, 2018, P. 254~255

57 난이도 상 | 경호업무 수행방법 - 선발경호

선발경호에 관한 설명으로 옳은 것은 모두 몇 개인가?

> - 행사 지역의 인적·물적·지리적 위해요소를 사전에 제거 및 감소를 통해 행사장에 대한 안전성을 확보한다.
> - 경호대를 사전에 행사 지역에 파견하여 제반 위해요소에 대한 안전조치를 강구하는 모든 경호안전활동이다.
> - 경호관련 정·첩보를 획득 및 전파함으로써 예방경호 실현을 통해 행사장의 안전을 확보하는 행사 직전까지의 업무이다.
> - 위해가해자의 의도를 사전에 색출하여 그에 필요한 경호조치를 취함으로써 공격기회를 박탈하거나 공격의지를 무력화시키는 것이다.

① 1개
② 2개
③ **3개**

> 제시된 내용 중 선발경호에 관한 설명으로 옳은 것은 모두 3개이다. 세 번째 내용이 옳지 않다.

④ 4개

핵심만콕 선발경호의 의의

- "예방이 최선의 방어"라는 격언을 구체화시키기 위한 작업이 선발경호이다.
- '1:10:100의 원리'라는 경영이론은 선발경호의 중요성을 시사하는 이론이다.
- 선발경호는 경호대를 사전에 행사 지역에 파견하여 제반 위해요소에 대한 안전조치를 강구하는 모든 경호안전활동을 말한다.
- 예방경호는 위해기도자의 의도를 사전에 색출하여 그에 필요한 경호조치를 취함으로써 공격의 기회를 박탈하거나 공격의지를 무력화시키는 데에 그 의의가 있다.
- 선발경호는 행사 지역의 인적·물적·지리적 위험요소를 사전에 제거 또는 감소시킴으로써 행사장에 대한 안전성을 확보하고, 행사 종료 시까지 행사장의 안전을 유지하며, 선발활동을 통하여 경호 관련 정·첩보를 획득 및 전파함으로써 예방경호를 실현하는 것이다. 따라서 선발경호의 목적은 ① 사전에 위험요소를 제거하거나 최소화하여, ② 행사지역의 안전을 확보하고, ③ 사전 경호정보를 제공하는 데에 있다.

〈출처〉 이두석, 「경호학개론」, 진영사, 2018, P. 252~253

58 난이도 하   ▮경호업무 수행방법 – 근접경호의 원칙

근접경호의 원칙에 관한 설명으로 옳은 것은?

① 안전구역, 위험구역, 경계구역으로 3중 경호의 원칙을 적용한다.

> 경호대상자의 위치를 중심으로 <u>안전구역(내부) – 경비구역(내곽) – 경계구역(외곽)</u>으로 구분하여 3중 경호의 원칙이 적용된다.

② 경호대상자와 함께 이동하면서 변화하는 주변상황에 비주체적으로 대처해야 한다.

> 근접경호원은 경호대상자와 함께 이동하면서 <u>변화하는 주변상황에 주체적으로 대처해야 한다.</u>

③ <u>복도, 도로, 계단 이동 시에는 경호대상자를 공간의 중앙 쪽으로 유도하여 위해 발생 시 여유 공간을 확보한다.</u>

> 복도, 도로, 계단 등으로 경호대상자를 수행할 때에는 공간의 중간으로 유도하여 위해 발생 시 피난공간을 여유 있게 확보하도록 하여야 한다.

④ 위해가해자의 공격가능성을 줄이고, 위해 발생 시 경호대상자의 피해 정도를 최소화하기 위하여 이동속도는 가급적 느리게 하여야 한다.

> 위해가해자의 공격가능성을 줄이고, 위해 발생 시 경호대상자의 피해 정도를 최소화하기 위하여 <u>이동속도를 가능한 한 빠르게 하여야 한다.</u>

59 난이도 하 ▮경호업무 수행방법 – 근접경호 시 사주경계 요령

근접경호 시 사주경계 요령으로 옳지 않은 것은?

① 시각의 한계를 염두에 두고 주위경계의 범위를 설정한다.
② **위해가해자는 군집된 인파 가운데 맨 앞 열에 서서 경호대상자를 주시하는 경우가 많다.**

> 위해가해자는 심리적으로 첫째 줄보다 둘째 줄이나 셋째 줄에 서려는 경향이 있다.

③ 전체적인 분위기와 조화되지 않는 부자연스럽고 불균형한 사항에 경계를 하여야 한다.
④ 경호대상자의 주변에 있는 모든 사람의 눈과 손을 감시하여야 한다.

60 난이도 하 ▮경호업무 수행방법 – 차량 이동 간 경호 요령

차량경호를 맡고 있는 3명의 경호원 중에서 대응이 옳은 사람은?

- A경호원 : 경호대상 차량의 주차장소를 수시로 변경하고, 주차된 차량이나 차량대형을 감시할 때는 방호된 차 밖에서 사주경계를 실시하였다.

  > (O) 주차장소는 가능한 한 자주 변경하여 계획된 위해상황과 불순분자의 관찰로부터 벗어나게 하여야 한다. 또한 주차된 차량이나 차량대형을 감시할 때는 방호된 차 안이 아닌 차 밖에서 감시해야 한다.

- B경호원 : 경호대상 차량을 안전점검 실시한 후 행사장에서 시동을 켠 상태에서 대기하였다가 경호대상자의 탑승과 동시에 출발하여 주행상태를 유지하도록 노력하였다.

  > (O) 경호대상자 차량에 대한 안전점검을 실시한 후 시동이 걸린 상태로 대기하여야 하며, 경호대상자가 차량에 탑승하면 문을 시건한 후, 안전하고 빠르게 운행하여야 한다.

- C경호원 : 후미경호차량은 교차로에서 좌회전 시에는 경호대상 차량의 좌측 안쪽에서, 우회전 시에는 우측 안쪽에서 후미차선을 이용하여 회전하면서 외부접근차량에 대한 방호임무를 수행했다.

  > (X) 후미경호차량은 교차로에서 좌회전 시에는 경호대상자 차량의 우측 후미차선을, 우회전 시에는 좌측 후미차선을 이용하여 회전하면서 접근 차량에 대한 방호임무를 수행하여야 한다.

① A
② **A, B**

> 제시된 내용에서 차량경호를 맡고 있는 경호원 중 옳은 대응을 한 경호원은 A경호원과 B경호원이다.

③ B, C
④ A, B, C

61 난이도 하 ┃경호업무 수행방법 - 근접경호의 특성

다음에서 설명하는 근접경호의 특성은?

> 테러기도자가 경호대상자의 행차로 및 기타 경호대상자의 모든 활동을 알았을 것으로 판단하게 하여 기설정된 행차로 및 행사장 방문 예정시간을 이원화하여 경호계획을 수립·운영

① **기만성**

　제시된 내용은 근접경호의 특성 중 기만성에 관한 설명이다.

② 방벽성
③ 노출성
④ 기동 및 유동성

핵심만콕　근접경호의 특성

노출성	다양한 기동수단과 도보대형에 따라 경호대상자의 행차가 시각적으로 외부에 노출될 뿐만 아니라, 각종 매스컴에 의하여 행사 일정과 장소 및 시간이 대외적으로 알려진 상태에서 업무를 수행해야 하는 특성을 의미
방벽성	근접 도보대형 시 근무자의 체위에 의한 인적 자연방벽 효과와 방탄복 및 각종 방호장비를 이용하여 외부의 공격으로부터 방벽을 구축해야 하는 특성을 의미
기동 및 유동성	근접경호는 주로 도보 또는 차량에 의해 기동 간에 이루어지며 행사 성격이나 주변 여건, 장비의 특성에 따라 능동적(유동적)으로 대처해야 하는 특성을 의미
기만성	변칙적인 경호기법으로 차량대형 기만, 기동시간 기만, 기동로 및 기동수단 기만, 승·하차 지점 기만 등으로 위해기도자로 하여금 행사 상황을 오판하도록 실제 상황을 은폐하고 허위 상황을 제공하여 경호의 효율성을 높이려는 특성을 의미
방호 및 대피성	비상사태 발생 시 범인을 대적하여 제압하는 것보다 반사적이고 신속·과감한 행동으로 경호대상자의 방호 및 대피를 우선해야 한다는 특성을 의미

62 난이도 하 ▮경호업무 수행방법 - 근접경호

근접경호에 관한 설명으로 옳지 않은 것은?

① 노출성과 유동성이라는 특성을 갖고 있다.
② 행사 성격이나 주변상황에 유연하게 대처할 수 있어야 한다.
③ **경호원들이 직접적으로 경호대상자에 대한 경호를 실시한다는 점에서 경호대비단계라고 한다.**

> 근접경호는 경호원들이 직접적으로 경호대상자에 대한 경호를 실시한다는 점에서 경호실시단계에 해당한다.

④ 경호대상자의 신변을 보호하기 위하여 경호대상자 최근거리에서 실시하는 호위활동이다.

63 난이도 중 ▮경호업무 수행방법 - 출입자 통제업무 수행

출입자 통제업무 수행에 관한 설명으로 옳은 것은?

① 혼잡방지대책의 취약요소는 출입자 통제에 따른 판단을 경호기관의 입장에서 대처할 수 있는 방안으로 강구한다.

> 참석자 통제에 따른 취약요소를 판단함에 있어서는, 경호 측[경호기관(註)] 입장에서 행사장에서의 혼잡을 방지할 수 있는 방안을 강구하고, 행사 참석자의 입장에서 동선의 원활성을 검토할 필요가 있다.
> 〈출처〉 이두석, 「경호학개론」, 진영사, 2018, P. 266
> *2020년도 경호학(A형) 59번 출입자 통제대책에 관한 문제에서는 '③ 참석자 통제에 따른 취약요소를 판단함에 있어 경호기관의 입장에서 행사장의 혼잡을 방지할 수 있는 방안을 강구한다'가 옳은 내용으로 출제되었다. 이에 따라 문항 ①도 옳은 내용으로 보는 것이 타당해 보이나, 한국산업인력공단의 최종정답은 ②로 확정되었다.

② **출입통제대책의 강구 수단으로 구역별 주차장 운용으로 위해가해자의 발각, 색출될 수 있는 경호계획이 수립되어야 한다.**

> 경호계획서 작성 시 효율적인 참석자 통제를 위해 구역별 주차장 운영으로 위해가해자의 발각, 색출이 가능한 주차장 운영계획(차량통제계획)이 포함되어야 한다.

③ 행사장으로부터 연도경호의 안전거리를 벗어난 주차장일지라도 통제범위에 포함시켜 운영하는 것이 효율적이다.

> 출입자 통제업무는 안전구역 설정권 내에 출입하는 인적·물적 제반 요소에 대한 안전활동이므로, 행사장으로부터 연도경호(노상경호)의 안전거리를 벗어난 주차장이라면 통제범위에 포함되지 않는다고 보아야 한다.

④ 모든 출입요소의 1차 통제지점은 안전구역이다.

> 행사 참석자를 비롯한 모든 출입요소의 1차 통제점은 2선인 경비구역이다.

64 난이도 하 ▮경호업무 수행방법 – 출입자 통제대책

출입자 통제대책에 관한 설명으로 옳은 것은?

① 비표는 식별이 용이·선명해야 하고, 위조 또는 복제를 고려하여 복잡하게 제작한다.

> 비표는 모양이나 색상이 원거리에서도 식별이 용이하도록 단순하고 선명하게 제작하여 사용함으로써 경호조치의 효율성을 증대시키고, 재생이나 복제가 되어서는 안 된다.
> 〈출처〉 이두석, 「경호학개론」, 진영사, 2018, P. 268

② 모든 출입요소는 지정된 출입통로를 사용하여야 하며 기타 통로는 폐쇄하도록 한다.

> 효율적인 출입통제를 위하여 모든 출입요소는 지정된 출입통로를 사용하여야 하며, 기타 통로는 폐쇄한다.

③ 행사일 전에 배포된 초대장과 비표가 분실될 경우, 해당 초대장과 비표는 모두 무효화한다.

> 분실사고 발생 시 즉각 보고하고 전체를 무효화하며, 전원에게 새로 비표를 지급해야 한다. 초청장을 배부한 경우 행사장 입구에서 본인확인 과정을 거쳐 초청장과 비표를 교환하게 함으로써 비표운용의 신뢰도를 높일 수 있다.

④ 보안성 강화를 위해 비표의 종류는 많을수록 좋다.

> 비표의 종류는 적을수록 좋고, 행사 참석자를 위한 비표는 구역별로 그 색상을 달리하면 식별 및 통제가 용이하다.

65 난이도 하 ▮경호업무 수행방법 – 우발상황 시 근접경호원의 대응

우발상황 시 근접경호원의 대응으로 옳은 사람은?

- A경호원 : 위해가해자와 가장 가까이에 있는 경호원은 경고와 동시에 경호대상자를 등지고 위험발생 방향으로 체위를 확장해 제2의 공격선을 차단한다.

  > (○) 우발상황 발생 시 위해가해자와 가장 가까이에 있는 경호원은 경고와 동시에 경호대상자를 등지고 위험발생 방향으로 체위를 확장하여 경호대상자의 노출을 최소화하고 최대의 방벽을 형성하여야 한다.

- B경호원 : 총으로 공격하는 위해가해자를 제압할 경우, 위해가해자의 총구 방향을 고려하여 가능한 한 경호대상자로부터 멀리 유지하도록 신속히 제압한다.

  > (○) 총으로 공격하는 위해가해자를 제압할 경우, 위해가해자의 총구 방향에 주의하여 경호대상자 방향으로 향하지 않도록 하면서, 신속히 제압한다.

- C경호원 : 수류탄과 같은 폭발성 화기에 의한 공격에는 주변 경호원들과 함께 원형 대형을 유지하여 경호대상자의 안전을 유지한다.

  > (×) 수류탄과 같은 폭발성 화기에 의한 공격을 받았을 때에는 함몰형 대형을 형성해야 한다.

① A
② **A, B**

> 우발상황 시 올바른 대응을 한 경호원은 A경호원과 B경호원이다.

③ B, C
④ A, B, C

66 난이도 하   ▮경호업무 수행방법 – 우발상황의 특성

아래의 특성이 갖는 것은?

- 불확실성
- 심리적 불안정성
- 경호원 자신의 자기보호본능
- 예측불가능성

① 근접경호
② **우발상황**

> 제시된 내용은 우발상황의 특성에 관한 설명이다.

③ 선발경호
④ 3중 경호

핵심만콕 우발상황의 특성

구분	내용
불확실성 (사전예측의 곤란성)	우발상황의 발생 여부가 불확실하고 사전예측이 곤란하여 대비가 어렵다.
돌발성	우발상황은 사전예고 없이 돌발적으로 발생한다.
시간제약성	돌발성으로 인해 우발상황에 대처할 충분한 시간적 여유가 없다.
중대성 (혼란 야기와 무질서, 심리적 불안정성)	우발상황은 경호대상자의 안전이나 행사에 치명적인 영향(무질서, 혼란, 충격, 공포 등)을 끼칠 수 있는 상황으로, 경호대상자의 신변에 중대한 결과를 초래할 수 있다.
현장성	우발상황은 현장에서 발생하고 이에 대한 경호조치도 현장에서 이루어져야 한다.
자기보호본능의 발동	• 우발상황 발생 시 일반인뿐만 아니라 경호원도 인간의 기본욕구인 자기자신을 보호하려는 보호본능이 발현된다. • 자기보호본능의 발현에도 불구하고 경호원으로서 본분을 망각하지 않기 위해 평소에 공격 방향으로 신속하고도 과감히 몸을 던지는 반복숙달 훈련과 심리적 훈련이 요구된다.

〈참고〉이두석, 「경호학개론」, 진영사, 2018, P. 344

67 난이도 하 | 경호업무 수행방법 – 우발상황 대응기법

우발상황 대응기법에 관한 설명으로 옳은 것은?

① 경호대상자의 방호보다 위해가해자의 제압을 최우선으로 하여 경호대상자의 안전을 확보한다.

> 우발상황 발생 시 경호원의 최우선적인 대응방법은 위해가해자에 대한 공격 및 제압이 아닌 육성 경고와 동시에 비상조치계획에 따라 경호대상자를 신속히 방호·대피시킴으로써 피해를 최소화하는 것이다.

❷ 체위확장의 원칙과 촉수거리의 원칙이 적용될 수 있다.

> 우발상황 발생 시 체위확장의 원칙은 경호대상자를 방호하는 측면에서, 촉수거리의 원칙은 위해기도자를 대적 및 제압하는 측면에서 적용될 수 있다.

③ 우발상황에 대한 경호는 방어적·회유적 개념의 신변보호활동이다.

> 우발상황에 대한 경호는 방어적·회피적 개념의 신변보호활동이다.

④ 우발상황의 즉각조치 과정은 경고 – 대피 – 방호의 순서로 전개된다.

> 우발상황의 즉각조치 과정은 경고 – 방호 – 대피 순으로 전개된다.

68 난이도 중 | 경호업무 수행방법 – 안전검측

안전검측의 원칙상 항목별(ㄱ~ㅌ) 검측 시 (　)에서 우선으로 중점 검측할 대상을 옳게 선택한 것은?

(ㄱ. 통로의 중앙, ㄴ. 통로의 양 측면),	(ㄷ. 높은 곳, ㄹ. 낮은 곳)
(ㅁ. 깨끗한 곳, ㅂ. 더러운 곳)	(ㅅ. 좌측, ㅇ. 우측)
(ㅈ. 가까운 곳, ㅊ. 먼 곳)	(ㅋ. 밝은 곳, ㅌ. 어두운 곳)

① ㄱ, ㄷ, ㅂ, ㅅ, ㅈ, ㅋ
② ㄱ, ㄹ, ㅁ, ㅇ, ㅊ, ㅋ
③ ㄴ, ㄷ, ㅁ, ㅇ, ㅊ, ㅌ
❹ ㄴ, ㄷ, ㅂ, ㅅ, ㅈ, ㅌ

> ㄱ. (×), ㄴ. (O) 통로에서는 통로의 중앙보다는 양 측면을 중점 검측한다.
> 〈출처〉 김두현, 「경호학개론」, 엑스퍼트, 2020, P. 270
>
> ㄷ. (O), ㄹ. (×) 아래보다는 높은 곳을 중점 검측한다.
> 〈출처〉 김두현, 「경호학개론」, 엑스퍼트, 2020, P. 270
>
> ㅁ. (×), ㅂ. (O) 깨끗한 곳보다는 더러운 곳을 중점 검측한다. 검측활동 시 위해분자는 인간의 습성(위를 보지 않는 습성, 더러운 곳을 싫어하는 습성, 공기가 탁한 곳을 싫어하는 습성)을 최대한 활용한다는 점을 명심하고, 상하좌우 빠지는 부분이 없도록 반복 중첩되게 실시한다.
> 〈출처〉 이두석, 「경호학개론」, 진영사, 2018, P. 270
>
> ㅅ. (O), ㅇ. (×) 검측의 순서가 좌에서 우로 실시되므로, 우측보다는 좌측을 중점 검측한다.
>
> ㅈ. (O), ㅊ. (×) 건물 외부에서 검측은 가까운 곳부터 확산하여 실시하므로, 먼 곳보다는 가까운 곳을 중점 검측한다.
>
> ㅋ. (×), ㅌ. (O) 밝은 곳보다는 어두운 곳을 중점 검측한다.

> **핵심만콕**
>
> 2020년도 A형 70번 문제의 경우 '통로에서는 양 측면을 중점 검측하고, 높은 곳보다는 아래를 중점적으로 실시한다'는 내용이 옳지 않은 것으로 출제되었고, 2018년도 A형 71번 문제의 경우에도 '높은 곳을 낮은 곳보다 중점 검측한다'는 내용이 옳은 내용으로 출제되었음에도 불구하고 2023년도 제25회 시험에서는 '높은 곳보다는 낮은 곳을 중점 검측한다'고 보아 최종정답을 ④로 확정한 것은 신뢰보호의 원칙에도 어긋나는, 일관성이 없는 결정이라고 할 수 있다. 다만, 이 문제에 대한 행정심판에서 청구인의 전항정답 주장에 대하여 행정심판위원회는 기각결정을 하였다.

69 난이도 하   ▌경호업무 수행방법 - 검식활동

검식활동에 관한 설명으로 옳은 것은?

① 조리가 완료된 후에는 검식활동이 종료된다.
> 검식활동은 경호대상자에게 제공되는 음식물에 대하여 구매, 운반, 저장, 조리 및 제공되는 일련의 과정을 포함한다. 따라서 조리가 완료된 후에도 검식활동은 종료되지 않는다.

② **경호대상자에게 제공되는 식음료의 안전을 점검하는 활동이다.**
> 경호대상자에게 제공되는 음식물의 이상 유무를 검사하고 확인하는 과정이다.

③ 경호대상자에게 식음료 운반 시 원거리 감시를 실시한다.
> 경호대상자에게 식음료 운반 시에도 근접감시를 실시한다.

④ 검식활동의 시작은 식재료의 조리과정 단계부터이다.
> 검식활동은 식재료의 구매 단계부터 시작된다.

70 난이도 하   ▌경호업무 수행방법 - 안전검측활동

안전검측활동의 내용으로 옳지 않은 것은?

① 안전점검, 안전검사, 안전조치 등을 포함한 포괄적인 활동이다.
② 책임구역을 명확히 구분하고 세부실시계획을 세워 의심나는 곳은 반복해서 실시한다.
③ **경호대상자가 장시간보다 단시간 머물 곳을 먼저 실시한 후 경호대상자의 동선에 따라 순차적으로 실시한다.**
> 검측의 순서는 회의실, 오찬장, 휴게실 등 경호대상자가 장시간 머물러 있는 곳을 먼저 실시하고, 통로, 현관 등 경호대상자가 움직이는 경로를 순차적으로 실시한다.

④ 타 업무보다 우선하며 원칙에 예외를 불허하고, 원격조정형 폭발물은 전문검측장비를 이용한다.

71 난이도 하 | 경호업무 수행방법 – 안전검측 방법

안전검측 방법에 관한 설명으로 옳은 것은?

① 전기제품은 분해하지 않고 검측하고, 비금속물체는 장비를 활용하여 금속반응을 확인한다.

> 전기제품은 분해하여 확인하고, 확인이 불가능한 것은 현장에서 제거한다. 비금속물체는 장비를 활용하여 금속반응을 확인한다.

② 경호계획에 의거 공식행사에는 검측을 원칙으로 하나, 비공식행사에는 비노출 검측활동을 하지 아니한다.

> 검측은 경호계획에 의거하여 공식행사에서 실시함을 원칙으로 하되, 비공식행사에서는 비노출 검측활동을 실시할 수 있다.

③ 가용 인원의 최대 범위에서 서로 중복이 되지 않도록 검측하여 시간의 효율성을 높인다.

> 검측은 가용 인원을 최대한 지원받아 실시하며, 검측 인원의 책임구역은 명확하게 구분하되, 중복되게 점검이 이루어져야 한다.

④ VIP 탑승차량 및 주변 지원차량의 경우, 운전요원 입회하에 외부와 내부의 장치를 철저히 검측한다.

> VIP 탑승차량 및 주변 지원차량을 검측하는 경우, 운전요원 입회하에 차량 외부와 내부의 장치를 철저히 검측하여야 한다.

72 난이도 하 | 경호복장과 장비 – 경호장비

경호장비에 관한 설명으로 옳지 않은 것은?

① 하부검색경으로 행사장 이동차량의 안전상태를 확인한다.

> 하부검색경은 검측장비를 세분하는 경우 탐지장비에 해당하며, 반사경을 이용하여 사각지역이나 차량 하부 등의 이상 유무를 확인하는 장비이다.

② 경호대상자에게 보내온 발신불명의 우편물을 X-RAY를 통해 안전하게 관리한다.

> 발신불명의 우편물을 X-RAY를 통해 안전하게 관리하는 것은 위해물질의 존재 여부를 검사하는 검측(검색)장비에 관한 설명이다.

③ 대통령경호처장은 직무를 수행하기 위하여 필요하다고 인정할 때에는 소속공무원에게 무기를 휴대하게 할 수 있다.

> 대통령 등의 경호에 관한 법률 제19조 제1항

④ 사람이 직접 확인할 수 없는 공간의 확인, 유해물질 존재 여부 등은 방호장비로 점검한다.

> 사람이 직접 확인할 수 없는 공간의 확인, 유해물질 존재 여부 등은 검측장비로 점검한다.

핵심만콕	경호장비의 기능에 따른 분류
호신장비	일반적으로 자신의 생명이나 신체가 위험상태에 놓였을 때 스스로를 보호하는 데 사용하는 장비를 말한다. 여기에는 총기, 경봉, 가스분사기, 전자충격기 등이 있다.
방호장비	경호대상자나 경호대상자가 사용하는 시설물을 보호하기 위한 장치를 말한다. 적의 침입 예상경로를 차단하기 위하여 방벽을 설치·이용하는 것으로 경호방법 중 최후의 예방경호방법이라 할 수 있다. 방호장비는 크게 자연적 방벽과 물리적 방벽으로 나뉜다(단순히 방폭담요, 방폭가방 등을 방호장비로 분류하는 견해도 있다).
기동장비	경호대상자의 경호를 위하여 운용하는 차량·항공기·선박·열차 등의 이동수단을 말한다.
검색·검측장비	검색장비는 위해도구나 위해물질을 찾아내는 데 사용하는 장비를 말하고, 검측장비는 위해물질의 존재 여부를 검사하거나 시설물의 안전점검에 사용하는 도구를 말한다. 일반적으로 검측장비로 통칭하며, 검측장비는 탐지장비, 처리장비, 검측공구로 구분하여 사용한다.
감시장비	위해기도자의 침입이나 범죄행위를 사전에 감시하기 위한 장비(전자파, 초음파, 적외선 등을 이용한 기계장비)를 말한다. 경호임무에 있어 인력부족으로 인한 경호 취약점을 보완하는 수단으로, 감시장비에는 드론, CCTV, 열선감지기, 쌍안경, 망원경, 포대경(M65), TOD(영상감시장비) 등이 있다.
통신장비	경호업무를 수행하는 데 필요한 보고 또는 연락을 위한 통신장비(유선·무선)를 말한다. 경호통신은 신뢰성, 신속성, 정확성, 안전성이 고려되어야 한다. 유선통신장비에는 전화기, 교환기, FAX망, 컴퓨터통신, CCTV 등의 장비가 있으며, 무선통신장비에는 휴대용 무전기(FM-1), 페이징, 차량용 무전기(MR-40V, KSM-2510A, FM-5), 무선전화기, 인공위성 등이 있다.

73 난이도 하 경호복장과 장비 – 경호원의 복제

경호원의 복제에 관한 설명으로 옳은 것은?

① 대통령경호처에 파견된 경찰공무원의 복제는 경찰청장이 정한다.

　　대통령경호처에 파견근무하는 경찰공무원의 복제에 관하여는 경호처장이 정한다(경찰복제에 관한 규칙 제11조, 대통령 등의 경호에 관한 법률 시행령 제34조 제2항).

② 주변의 시선을 끌 수 있는 복제를 착용한다.

　　주위의 시선을 끌 만한 색상이나 디자인은 지양한다.

③ 경호원은 경호대상자와 구분되는 복장을 착용한다.

　　경호원의 복장은 경호대상자의 복장에 맞추어 정장이나 캐주얼 복장을 상황에 따라 착용하여야 한다.

❹ **공식일정, 비공식일정 등 경호상황에 맞는 복장을 착용한다.**

　　경호복장은 행사의 성격과 장소에 어울리는 복장을 착용하여야 한다.

핵심만콕	경호복장 선택 시 고려사항

- 경호복장은 기능적이고 튼튼한 것이어야 한다.
- 행사의 성격과 장소에 어울리는 복장을 착용한다.
- 경호대상자보다 튀지 않아야 한다.
- 어두운 색상일수록 위엄과 권위가 있어 보인다. 주위의 시선을 끌 만한 색상이나 디자인은 지양한다.
- 셔츠는 흰색 계통이 무난하며, 면소재의 제품이 활동하기에 편하다.
- 양말은 어두운 색으로, 발목 위로 올라오는 것을 착용한다.
- 장신구의 착용은 지양한다. 여자 경호원의 경우 장신구를 착용한다면 평범하고 단순한 것으로 선택한다.
- 신발은 장시간 서 있는 근무상황을 고려하여 편하고 잘 벗겨지지 않는 것을 선택한다.

〈출처〉 이두석, 「경호학개론」, 진영사, 2018, P. 247

74 　난이도 하　　　　경호의전과 구급법 – 경호현장에서 응급상황 발생 시 경호원의 역할

경호현장에서 응급상황 발생 시 경호원의 역할에 관한 설명으로 옳은 것은?

① 의약품을 사용하여 처치하는 것이 원칙이다.

> 원칙적으로 의약품의 사용은 피하여야 한다.

② 응급처치의 기본요소에는 상처보호, 지혈, 기도확보, 전문치료이다.

> 응급처치는 전문적인 치료를 받기 전까지의 임시적인 처치이므로, 전문치료는 응급처치의 기본요소에 해당하지 않는다. 응급처치의 구명 3요소는 지혈, 기도유지, 쇼크방지 및 치료이며, 응급처치의 구명 4요소는 여기에 상처보호가 포함된다.

③ 환자가 의식이 없을 때, 매스껍거나 토할 때, 배에 상처나 복통, 수술 전, 쇼크 상태에서는 마실 것을 주어서는 안 된다.

> 환자가 의식불명인 경우, 수술을 요하는 경우, 쇼크 상태인 경우, 매스껍거나 토하는 경우, 배에 상처나 복통이 있는 경우 음료를 주어서는 안 된다.

④ 심한 출혈 시 출혈 부위를 심장부위보다 낮게 하고 출혈부위에 더러운 것이 묻어 있을 때에는 물로 씻어낸다.

> 심한 출혈 시 출혈 부위는 심장부위보다 높게 하여야 하고, 출혈부위에 더러운 것이 묻어 있을 때에 물로 씻어내는 것은 심하지 않은 출혈 시 처치이다.

75 난이도 하 경호의전과 구급법 - 경호의전

경호의전에 관한 설명으로 옳지 않은 것은?

① 국회의장은 국무총리에 우선한다.

> 외교부 의전실무편람 등에 의하면 국회의장의 의전서열(2순위)은 국무총리(5순위)에 우선한다.

② 공식적 국가 의전서열에서 헌법재판소장은 대법원장에 우선한다.

> 대한민국은 국가 의전서열을 직접적으로 공식화하지는 않았다. 다만, 정부수립 이후부터 시행해 온 주요 국가행사를 통해 확립된 선례와 관행을 기준으로 한 공직자의 관례상의 서열은 있다. 외교부 의전실무편람상 의전서열은 '대통령 → 국회의장 → 대법원장 → 헌법재판소장 → 국무총리 → 중앙선거관리위원장' 순이다.

③ 안내원이 없는 승강기를 탈 때에는 상급자가 나중에, 안내원이 있는 승강기를 탈 때에는 상급자가 먼저 탄다.

> 안내원이 없는 승강기[엘리베이터(註)]를 탈 때에는 하급자가 먼저 타서 승강기를 조작하고 그 후에 상급자가 타게 되나, 안내원이 있는 승강기를 탈 때에는 상급자가 먼저 탄다.

④ 차량에 태극기를 게양하는 경우 차량 운전석에서 보았을 때 오른쪽에 게양하며, 외국기와 동시에 게양해야 할 경우에도 동일하다.

> 차량에 태극기를 게양하는 경우 차량 운전석에서 볼 때 오른쪽에 게양하며, 외국기와 동시에 게양하여 총 2개의 국기를 게양할 경우에도 태극기를 오른쪽에 게양한다.

76 난이도 하 경호의 환경 - 테러리즘의 동일시 이론

테러리즘의 '동일시 이론'에 관한 설명으로 옳게 짝지은 것은?

- (ㄱ) : 인질이 인질사건 과정에서 테러범을 이해하는 마음이 생겨 동화되는 것을 말한다.
- (ㄴ) : 인질사건의 협상단계에서 통역사나 협상자가 테러범 사이에서 생존 동일시 현상이 일어난 것에서 유래되었다.

① ㄱ : 스톡홀름 증후군,   ㄴ : 런던 증후군

> ( )에 들어갈 내용은 ㄱ : 스톡홀름 증후군, ㄴ : 런던 증후군이다.

② ㄱ : 스톡홀름 증후군,   ㄴ : 리마 증후군
③ ㄱ : 리마 증후군,   ㄴ : 런던 증후군
④ ㄱ : 리마 증후군,   ㄴ : 항공기피 증후군

핵심만콕	테러리즘의 증후군	
스톡홀름 증후군		인질사건에서 인질이 인질범에게 정신적으로 동화되어 자신을 인질범과 동일시하는 현상을 말한다.
리마 증후군		인질사건에서 인질범이 인질의 문화에 익숙해지고 정신적으로 동화되면서 자신을 인질과 동일시하고 결과적으로 공격적인 태도가 완화되는 현상으로, 1996년 12월 페루 리마(Lima)에서 발생한 일본대사관저 점거 인질사건에서 유래되었다.
런던 증후군		인질사건의 협상단계에서 통역이나 협상자와 인질범 사이에 생존 동일시 현상이 일어나는 것을 말한다.
항공교통기피 증후군		9·11 테러 이후 사람들이 항공기의 이용을 기피하는 사회적 현상을 말한다.

77 난이도 하   ▌경호의 환경 - 암살

암살에 관한 설명으로 옳지 않은 것은?

① 정치적, 사상적 입장의 차이에서도 비롯된다.
② 정신분열증, 편집증, 조울증 등은 암살의 심리적 동기에 해당된다.
③ 암살자가 극히 중요하다고 생각하는 사상을 암살대상자들이 위태롭게 하고 있다고 생각하는 것은 적대적 동기에 해당된다.

> 암살의 이념적 동기에 관한 설명이다. 적대적 동기는 전쟁 중이거나 적대관계에 있는 지도자를 제거하여 승전을 유도하거나 사회혼란을 조성하기 위해 암살이 이루어진다.

④ 혁명적 목적 달성을 위해 암살을 하는 경우도 있다.

핵심만콕	암살의 동기
개인적 동기	분노, 복수, 원한, 증오 등 극히 개인적 동기에 의해 암살이 이루어진다.
경제적 동기	금전적 보상 혹은 경제적 어려움을 해소하기 위하여 피암살자의 희생이 필요하다는 신념에 의해 암살이 이루어진다.
적대적 동기	전쟁 중이거나 적대관계에 있는 지도자를 제거하여 승전을 유도하거나 사회혼란을 조성하기 위해 암살이 이루어진다.
정치적 동기	정권을 바꾸거나 교체하려는 욕망으로 암살이 이루어진다.
심리적 동기	정신분열증, 조울증, 편집증, 노인성 치매 등 정신병력 증세를 갖고 있는 사람들에 의해 암살이 이루어진다.
이념적 동기	어떠한 개인 혹은 집단이 주장·신봉하는 이념이나 사상을 탄압하거나 방해한다고 여겨지는 때 그 대상을 제거하기 위한 목표로 암살이 이루어진다.

78 난이도 하
경호의 환경 – 국민보호와 공공안전을 위한 테러방지법

국민보호와 공공안전을 위한 테러방지법령에 관한 설명으로 옳지 않은 것은?

① 관세청장은 국가테러대책위원회의 구성원이다.

> 관세청장은 테러방지법령상 국가테러대책위원회의 구성원에 해당한다(테러방지법 시행령 제3조 제1항).

② 국가정보원장은 테러위험인물에 대하여 출입국·금융거래 및 통신이용 등 관련 정보를 수집할 수 있다.

> 테러방지법 제9조 제1항 전문

③ 타국의 외국인테러전투원으로 가입한 사람은 5년 이상의 징역에 처한다.

> 테러방지법 제17조 제1항 제3호

④ 테러경보는 테러위협의 정도에 따라 주의·경계·심각·대비의 4단계로 구분한다.

> 테러경보는 테러위협의 정도에 따라 관심·주의·경계·심각의 4단계로 구분한다(테러방지법 시행령 제22조 제2항).

79 난이도 하
경호의 환경 – 각국의 대테러부대

주요 국가별 대테러 특수부대로 옳지 않은 것은?

① 영국 : SAS

> SAS(Special Air Service)는 영국 육군 소속의 대테러 특수부대이다.

② 이스라엘 : 샤이렛 매트칼

> 샤이렛 매트칼(Sayeret Mat'kal)은 이스라엘 육군의 특수부대로, 해군의 특수부대인 샤이렛(Sayeret)13과 더불어 이스라엘의 대테러 특수부대이다.

③ 프랑스 : 델타포스와 SWAT

> 델타포스는 미국 육군 소속의 대테러 특수부대이며, SWAT는 대테러 임무를 수행하는 미국의 경찰 특수기동대이다. 프랑스의 대테러 특수부대로는 국가 헌병대 소속의 GIGN과 국가경찰 소속의 지방도시를 관할하는 GIPN이 있었으나 GIPN은 2019.3.1. 국가경찰 소속의 전국을 관할하는 RAID[Recherche(수색), Assistance(지원), Intervention(개입), Dissuasion(억제)](프랑스 경찰특공대)로 통합되어 해산되었다.

④ 독일 : GSG-9

> GSG-9은 독일 연방경찰 소속의 특수부대이다.

80 난이도 하

■경호의 환경 – 뉴테러리즘

뉴테러리즘에 관한 설명으로 옳지 않은 것은?

① 불특정 다수인을 상대로 한다.
② 테러조직의 다원화로 무력화가 어렵다.
③ 증거인멸이 쉬운 대량살상 무기가 사용될 가능성이 많다.
④ **전통적 테러에 비해 피해 규모가 작다.**

전통적 테러에 비해 피해 규모가 큰 양상을 띤다.

핵심만콕 뉴테러리즘★

정의	미국의 뉴욕 세계무역센터 테러사건처럼 공격 주체와 목적이 없으며, 테러의 대상이 무차별적인 새로운 개념의 테러리즘을 가리키는 용어이다.
주요 특징	• 불특정 다수를 공격대상으로 한다. • 동시다발적 공격이 가능하다. • 주체가 없고('얼굴 없는 테러') 요구조건과 공격조건이 없다. • 경제적·물질적 피해 규모가 천문학적인 수준이다. • 과학화·정보화의 특성을 반영하여 조직이 고도로 네트워크화되어 있다. 이에 따라 조직 중심이 다원화되어 조직의 무력화가 어렵다. • 테러행위에 소요되는 시간이 짧아 예방대책 수립이 어렵다. • 언론매체를 이용하여 공포가 쉽게 확산된다. • 사회적으로 지식층과 엘리트층이 테러리스트로 활동하여 테러가 보다 지능화되고 성공률이 높아지고 있다. • 증거인멸이 쉬운 대량살상 무기가 사용될 가능성이 많다.

2022년 경비업법

문제편 064p

정답 CHECK

01	02	03	04	05	06	07	08	09	10	11	12	13	14	15	16	17	18	19	20
②	①	②	④	④	①	①	③	①	①	②	③	①	①	③	④	④	④	②	②
21	22	23	24	25	26	27	28	29	30	31	32	33	34	35	36	37	38	39	40
③	③	③	④	①	②	③	③	①	④	①	④	①	②	①·④	④	④	①·②	①	③	②

01 난이도 하

경비업법 제2조 제5호 - 집단민원현장

경비업법령상 집단민원현장으로 옳지 않은 것은?

① 「노동조합 및 노동관계조정법」에 따라 노동관계 당사자가 노동쟁의 조정신청을 한 사업장 또는 쟁의행위가 발생한 사업장

> 경비업법 제2조 제5호 가목의 집단민원현장이다.

② 「공유토지분할에 관한 특례법」에 따라 공유토지에 대한 소유권행사와 토지의 이용에 문제가 있는 장소

> 경비업법 제2조 제5호의 집단민원현장에 해당하지 않는다.

③ 「도시 및 주거환경정비법」에 따른 정비사업과 관련하여 이해대립이 있어 다툼이 있는 장소

> 경비업법 제2조 제5호 나목의 집단민원현장이다.

④ 「행정대집행법」에 따라 대집행을 하는 장소

> 경비업법 제2조 제5호 사목의 집단민원현장이다.

관계법령 정의(경비업법 제2조)

이 법에서 사용하는 용어의 정의는 다음과 같다.
5. "집단민원현장"이란 다음 각목의 장소를 말한다.
   가. 「노동조합 및 노동관계조정법」에 따라 노동관계 당사자가 노동쟁의 조정신청을 한 사업장 또는 쟁의행위가 발생한 사업장
   나. 「도시 및 주거환경정비법」에 따른 정비사업과 관련하여 이해대립이 있어 다툼이 있는 장소
   다. 특정 시설물의 설치와 관련하여 민원이 있는 장소

라. 주주총회와 관련하여 이해대립이 있어 다툼이 있는 장소
마. 건물·토지 등 부동산 및 동산에 대한 소유권·운영권·관리권·점유권 등 법적 권리에 대한 이해대립이 있어 다툼이 있는 장소
바. 100명 이상의 사람이 모이는 국제·문화·예술·체육 행사장
사. 「행정대집행법」에 따라 대집행을 하는 장소

02 난이도 하 | 경비업법 시행규칙 제5조 제2항 - 경비업 허가사항 등의 변경신고서 제출 시 첨부서류

경비업법령상 경비업 허가사항 등의 변경신고서 제출 시 첨부서류로 허가증 원본을 필요로 하는 경우가 아닌 것은?

① 법인의 임원 변경

> 법인의 임원이 변경되어 신고를 하는 경우에는 경비업 허가사항 등의 변경신고서에 법인 임원의 이력서 1부를 첨부하여 법인의 주사무소를 관할하는 시·도 경찰청장 또는 해당 시·도 경찰청 소속의 경찰서장에게 제출하여야 한다(경비업법 시행규칙 제5조 제2항 전문). 이와 달리 법인의 대표자 변경, 법인의 명칭 변경, 법인의 주사무소 또는 출장소 변경의 경우에는 허가증 원본을 첨부하여야 한다.

② 법인의 대표자 변경
③ 법인의 명칭 변경
④ 법인의 주사무소 또는 출장소 변경

관계법령 | 폐업 또는 휴업 등의 신고(경비업법 시행규칙 제5조)

② 법 제4조 제3항 제2호에 따른 법인의 명칭·대표자·임원, 같은 항 제3호에 따른 주사무소·출장소나 영 제5조 제4항에 따른 정관의 목적이 변경되어 법 제4조 제3항에 따른 신고를 하는 경우에는 별지 제6호 서식의 경비업 허가사항 등의 변경신고서(전자문서로 된 신고서를 포함한다)에 다음 각호의 서류(전자문서를 포함한다)를 첨부하여 법인의 주사무소를 관할하는 시·도 경찰청장 또는 해당 시·도 경찰청 소속의 경찰서장에게 제출하여야 한다. 변경신고서를 제출받은 경찰서장은 이를 지체 없이 관할 시·도 경찰청장에게 보내야 한다.
1. 명칭 변경의 경우 : 허가증 원본
2. 대표자 변경의 경우
  가. 삭제 〈2006.9.7.〉
  나. 법인 대표자의 이력서 1부
  다. 허가증 원본
3. 임원 변경의 경우 : 법인 임원의 이력서 1부
4. 주사무소 또는 출장소 변경의 경우 : 허가증 원본
5. 정관의 목적 변경의 경우 : 법인의 정관 1부

03 난이도 하 | 경비업법 제5조 - 임원의 결격사유

경비업법령상 경비업을 영위하는 법인의 임원 결격사유에 해당하지 않는 것은?

① 피성년후견인
② **피한정후견인**

> 피한정후견인은 2021.1.12. 경비업법 개정 시 법인의 임원 결격사유에서 삭제되어 현행법상 법인의 임원이 될 수 있다.

③ 파산선고를 받고 복권되지 아니한 자
④ 금고 이상의 형의 선고를 받고 그 형이 실효되지 아니한 자

관계법령 　임원의 결격사유(경비업법 제5조)★

다음 각호의 어느 하나에 해당하는 자는 경비업을 영위하는 법인(제4호에 해당하는 자의 경우에는 특수경비업무를 수행하는 법인, 제5호에 해당하는 자의 경우에는 허가취소사유에 해당하는 경비업무와 동종의 경비업무를 수행하는 법인)의 임원이 될 수 없다.

1. 피성년후견인
2. 파산선고를 받고 복권되지 아니한 자
3. 금고 이상의 형의 선고를 받고 그 형이 실효되지 아니한 자
4. 이 법 또는 「대통령 등의 경호에 관한 법률」에 위반하여 벌금형의 선고를 받고 3년이 지나지 아니한 자
5. 이 법(제19조 제1항 제2호 및 제7호는 제외) 또는 이 법에 의한 명령에 위반하여 허가가 취소된 법인의 허가취소 당시의 임원이었던 자로서 그 취소 후 3년이 지나지 아니한 자
6. 제19조 제1항 제2호(허가받은 경비업무 외의 업무에 경비원을 종사하게 한 때) 및 제7호(소속 경비원으로 하여금 경비업무의 범위를 벗어난 행위를 하게 한 때)의 사유로 허가가 취소된 법인의 허가취소 당시의 임원이었던 자로서 허가가 취소된 날부터 5년이 지나지 아니한 자

04 난이도 하 | 경비업법 시행령 제8조·제9조 – 오경보의 방지를 위한 설명 등

경비업법령상 기계경비업자가 오경보의 방지를 위해 계약상대방에게 설명하여야 할 사항으로 옳지 않은 것은?

① 당해 기계경비업무와 관련된 관제시설 및 출장소의 명칭·소재지

> 경비업법 시행령 제8조 제1항 제1호

② 기계경비업자가 경비대상시설에서 발생한 경보를 수신한 경우에 취하는 조치

> 경비업법 시행령 제8조 제1항 제2호

③ 기계경비업무용 기기의 설치장소 및 종류와 그 밖의 기계장치의 개요

> 경비업법 시행령 제8조 제1항 제3호

④ <u>기계경비지도사의 명단·배치일자·배치장소와 출동차량의 대수</u>

> ④는 기계경비업자가 출장소별로 갖추어 두어야 하는 서류의 기재사항에 해당한다(경비업법 시행령 제9조 제1항 제2호).

관계법령

오경보의 방지를 위한 설명 등(경비업법 시행령 제8조)
① 법 제9조 제1항의 규정에 의하여 기계경비업자가 계약상대방에게 하여야 하는 설명은 다음 각호의 사항을 기재한 서면 또는 전자문서(이하 "서면등"이라 하며, 이 조에서 전자문서는 계약상대방이 원하는 경우에 한한다)를 교부하는 방법에 의한다.
  1. 당해 기계경비업무와 관련된 관제시설 및 출장소(제5조 제3항의 규정에 의한 출장소를 말한다. 이하 같다)의 명칭·소재지
  2. 기계경비업자가 경비대상시설에서 발생한 경보를 수신한 경우에 취하는 조치
  3. 기계경비업무용 기기의 설치장소 및 종류와 그 밖의 기계장치의 개요
  4. 오경보의 발생원인과 송신기기의 유지·관리방법
② 기계경비업자는 제1항 각호의 사항을 기재한 서면등과 함께 법 제26조의 규정에 의한 손해배상의 범위와 손해배상액에 관한 사항을 기재한 서면등을 계약상대방에게 교부하여야 한다.

기계경비업자의 관리 서류(경비업법 시행령 제9조)
① 기계경비업자는 법 제9조 제2항의 규정에 의하여 출장소별로 다음 각호의 사항을 기재한 서류를 갖추어 두어야 한다.
  1. 경비대상시설의 명칭·소재지 및 경비계약기간
  2. 기계경비지도사의 명단·배치일자·배치장소와 출동차량의 대수
  3. 경보의 수신 및 현장도착 일시와 조치의 결과
  4. 오경보인 경우 오경보가 발생한 경비대상시설 및 그 오경보에 대한 조치의 결과
② 제1항 제3호 및 제4호의 규정에 의한 사항을 기재한 서류는 당해 경보를 수신한 날부터 1년간 이를 보관하여야 한다.

05 난이도 중 ┃경비업법 제10조 제1항 - 경비지도사 또는 일반경비원의 결격사유

경비업법령상 경비지도사 및 경비원의 결격사유로 옳지 않은 것은?

① 「형법」제114조(범죄단체 등의 조직)의 죄를 범하여 벌금형을 선고받은 날부터 10년이 지나지 아니하거나 금고 이상의 형을 선고받고 그 집행이 종료된(종료된 것으로 보는 경우를 포함한다) 날 또는 집행이 유예·면제된 날부터 10년이 지나지 아니한 자

> 경비업법 제10조 제1항 제5호 가목의 결격사유에 해당한다.

② 「형법」제330조(야간주거침입절도)의 죄를 범하여 벌금형을 선고받은 날부터 5년이 지나지 아니하거나 금고 이상의 형을 선고받고 그 집행이 유예된 날부터 5년이 지나지 아니한 자

> 경비업법 제10조 제1항 제6호 가목의 결격사유에 해당한다.

③ 「아동·청소년의 성보호에 관한 법률」제7조(아동·청소년에 대한 강간·강제추행 등)의 죄를 범하여 치료감호를 선고받고 그 집행이 종료된 날 또는 집행이 면제된 날부터 10년이 지나지 아니한 자

> 경비업법 제10조 제1항 제7호 전단의 결격사유에 해당한다.

④ <u>「성폭력범죄의 처벌 등에 관한 특례법」제3조(특수강도강간 등)의 죄를 범하여 벌금형을 선고받은 날부터 5년이 지나지 아니하거나 금고 이상의 형을 선고받고 그 집행이 유예된 날부터 5년이 지나지 아니한 자</u>

> 「성폭력범죄의 처벌 등에 관한 특례법」제3조(특수강도강간 등)의 죄를 범하여 벌금형을 선고받은 날부터 <u>10년</u>이 지나지 아니하거나 금고 이상의 형을 선고받고 그 집행이 유예된 날부터 <u>10년</u>이 지나지 아니한 자가 경비업법 제10조 제1항 제5호 라목의 결격사유에 해당한다.

관계법령 경비지도사 및 경비원의 결격사유(경비업법 제10조)★★

① 다음 각호의 어느 하나에 해당하는 자는 경비지도사 또는 일반경비원이 될 수 없다.
  1. 18세 미만인 사람, 피성년후견인
  2. 파산선고를 받고 복권되지 아니한 자
  3. 금고 이상의 실형의 선고를 받고 그 집행이 종료(집행이 종료된 것으로 보는 경우를 포함)되거나 집행이 면제된 날부터 5년이 지나지 아니한 자
  4. 금고 이상의 형의 집행유예선고를 받고 그 유예기간 중에 있는 자
  5. 다음 각목의 어느 하나에 해당하는 죄를 범하여 벌금형을 선고받은 날부터 10년이 지나지 아니하거나 금고 이상의 형을 선고받고 그 집행이 종료된(종료된 것으로 보는 경우를 포함) 날 또는 집행이 유예·면제된 날부터 10년이 지나지 아니한 자
     가. 「형법」제114조의 죄
     나. 「폭력행위 등 처벌에 관한 법률」제4조의 죄
     다. 「형법」제297조, 제297조의2, 제298조부터 제301조까지, 제301조의2, 제302조, 제303조, 제305조, 제305조의2의 죄
     라. 「성폭력범죄의 처벌 등에 관한 특례법」제3조부터 제11조까지 및 제15조(제3조부터 제9조까지의 미수범만 해당)의 죄
     마. 「아동·청소년의 성보호에 관한 법률」제7조 및 제8조의 죄
     바. 다목부터 마목까지의 죄로서 다른 법률에 따라 가중처벌되는 죄

6. 다음 각목의 어느 하나에 해당하는 죄를 범하여 벌금형을 선고받은 날부터 5년이 지나지 아니하거나 금고 이상의 형을 선고받고 그 집행이 유예된 날부터 5년이 지나지 아니한 자
   가. 「형법」 제329조부터 제331조까지, 제331조의2 및 제332조부터 제343조까지의 죄
   나. 가목의 죄로서 다른 법률에 따라 가중처벌되는 죄
   다. 삭제 〈2014.12.30.〉
   라. 삭제 〈2014.12.30.〉
7. 제5호 다목부터 바목까지의 어느 하나에 해당하는 죄를 범하여 치료감호를 선고받고 그 집행이 종료된 날 또는 집행이 면제된 날부터 10년이 지나지 아니한 자 또는 제6호 각목의 어느 하나에 해당하는 죄를 범하여 치료감호를 선고받고 그 집행이 면제된 날부터 5년이 지나지 아니한 자
8. 이 법이나 이 법에 따른 명령을 위반하여 벌금형을 선고받은 날부터 5년이 지나지 아니하거나 금고 이상의 형을 선고받고 그 집행이 유예된 날부터 5년이 지나지 아니한 자

06 난이도 하 ┃경비업법 제11조, 동법 시행령 제11조·제13조 - 경비지도사 시험 등

경비업법령상 경비지도사 시험 등에 관한 설명으로 옳은 것은?

① 경비지도사 시험은 매년 1회 이상 시행한다.

> 경비업법 제11조 제3항 전단

② 경비지도사 시험에 관하여 필요한 사항은 행정안전부령으로 정한다.

> 경비지도사 시험에 관하여 필요한 사항은 대통령령으로 정한다(경비업법 제11조 제3항 후단).

③ 경찰청장은 경비지도사 시험의 실시계획에 따라 시험을 실시하고자 하는 때에는 응시자격·시험과목·시험일시·시험장소 및 선발예정인원 등을 시험 시행일 6개월 전까지 공고하여야 한다.

> 경찰청장은 경비지도사 시험의 실시계획에 따라 시험을 실시하고자 하는 때에는 응시자격·시험과목·시험일시·시험장소 및 선발예정인원 등을 시험 시행일 90일 전까지 공고하여야 한다(경비업법 시행령 제11조 제2항).

④ 「경비업법」에 따른 특수경비업무에 2년 이상 종사하고 행정안전부령으로 정하는 교육과정을 이수한 사람은 경비지도사 제1차 시험을 면제한다.

> 「경비업법」에 따른 특수경비업무에 3년 이상 종사하고 행정안전부령으로 정하는 교육과정을 이수한 사람이 경비지도사 제1차 시험 면제대상이다(경비업법 시행령 제13조 제4호).

07 난이도 하
경비업법 제12조 제2항, 동법 시행령 제17조 제1항 - 경비지도사의 직무

경비업법령상 경비지도사의 직무로 규정되지 않은 것은?

① 경비업체와의 연락방법에 대한 지도

> 경비업체와의 연락방법에 대한 지도가 아닌 경찰기관 및 소방기관과의 연락방법에 대한 지도가 경비업법령상 경비지도사의 직무이다(경비업법 제12조 제2항 제3호).

② 경비현장에 배치된 경비원에 대한 순회점검 및 감독

> 경비업법 제12조 제2항 제2호

③ 경비원의 지도·감독·교육에 관한 계획의 수립·실시 및 그 기록의 유지

> 경비업법 제12조 제2항 제1호

④ 집단민원현장에 배치된 경비원에 대한 지도·감독

> 경비업법 제12조 제2항 제4호

관계법령 **경비지도사의 선임 등(경비업법 제12조)**

① 경비업자는 대통령령이 정하는 바에 따라 경비지도사를 선임하여야 한다.
② 제1항의 규정에 의하여 선임된 경비지도사의 직무는 다음과 같다.
  1. 경비원의 지도·감독·교육에 관한 계획의 수립·실시 및 그 기록의 유지
  2. 경비현장에 배치된 경비원에 대한 순회점검 및 감독
  3. 경찰기관 및 소방기관과의 연락방법에 대한 지도
  4. 집단민원현장에 배치된 경비원에 대한 지도·감독
  5. 그 밖에 대통령령이 정하는 직무

> **경비지도사의 직무 및 준수사항(경비업법 시행령 제17조)**
> ① 법 제12조 제2항 제5호에서 "대통령령이 정하는 직무"란 다음 각호의 직무를 말한다.
>   1. 기계경비업무를 위한 기계장치의 운용·감독(기계경비지도사의 경우에 한한다)
>   2. 오경보방지 등을 위한 기기관리의 감독(기계경비지도사의 경우에 한한다)

③ 선임된 경비지도사는 제2항 각호의 규정에 의한 직무를 대통령령이 정하는 바에 따라 성실하게 수행하여야 한다.

08 난이도 하 ┃경비업법 시행령 제18조 제2항 - 일반경비원 신임교육의 제외대상

경비업법령상 일반경비원 신임교육의 제외대상이 아닌 사람은?

① 「경찰공무원법」에 따른 경찰공무원으로 근무한 경력이 있는 사람

> 경비업법 시행령 제18조 제2항 제2호

② 「대통령 등의 경호에 관한 법률」에 따른 경호공무원 또는 별정직공무원으로 근무한 경력이 있는 사람

> 경비업법 시행령 제18조 제2항 제3호

③ 「소방공무원법」에 따른 소방공무원으로 근무한 경력이 있는 사람

> 경비업법령상 일반경비원 신임교육의 제외대상에 해당하지 않는다(경비업법 시행령 제18조 제2항 참조).

④ 「군인사법」에 따른 부사관 이상으로 근무한 경력이 있는 사람

> 경비업법 시행령 제18조 제2항 제4호

관계법령 일반경비원에 대한 교육(경비업법 시행령 제18조)

② 경비업자는 법 제13조 제1항 단서에 따라 다음 각호의 어느 하나에 해당하는 사람을 일반경비원으로 채용한 경우에는 해당 일반경비원을 일반경비원 신임교육 대상에서 제외할 수 있다.
1. 법 제13조 제1항 본문 및 같은 조 제3항에 따른 일반경비원 또는 특수경비원 신임교육을 받은 사람으로서 채용 전 3년 이내에 경비업무에 종사한 경력이 있는 사람
2. 「경찰공무원법」에 따른 경찰공무원으로 근무한 경력이 있는 사람
3. 「대통령 등의 경호에 관한 법률」에 따른 경호공무원 또는 별정직공무원으로 근무한 경력이 있는 사람
4. 「군인사법」에 따른 부사관 이상으로 근무한 경력이 있는 사람
5. 경비지도사자격이 있는 사람
6. 채용 당시 법 제13조 제2항에 따른 일반경비원 신임교육을 받은 지 3년이 지나지 아니한 사람

09 난이도 하 ▮경비업법 시행규칙 제18조 - 무기의 관리수칙 등

경비업법령상 특수경비원의 무기관리수칙 등에 관한 설명으로 옳은 것은?

① 무기를 대여받은 국가중요시설의 시설주는 무기를 지급받은 특수경비원으로 하여금 무기를 매주 1회 이상 손질하게 하여야 한다.

> 경비업법 시행규칙 제18조 제3항 제3호

② 무기를 대여받은 국가중요시설의 시설주는 특수경비원에게 무기를 출납하고자 하는 때에는 탄약의 출납은 권총에 있어서는 1정당 15발 이내, 소총에 있어서는 1정당 7발 이내로 하여야 한다.

> 무기를 대여받은 국가중요시설의 시설주가 특수경비원에게 무기를 출납하고자 하는 때에는 탄약의 출납은 소총에 있어서는 1정당 15발 이내, 권총에 있어서는 1정당 7발 이내로 하여야 한다(경비업법 시행규칙 제18조 제3항 제2호 전단).

③ 무기를 대여받은 국가중요시설의 시설주는 고의 또는 과실로 무기(부속품을 포함한다)를 빼앗기거나 무기가 분실·도난 또는 훼손되도록 한 특수경비원에 대하여 특수경비업자에게 교체 또는 징계 등의 조치를 요청하여야 한다.

> 무기를 대여받은 국가중요시설의 시설주는 고의 또는 과실로 무기(부속품을 포함한다)를 빼앗기거나 무기가 분실·도난 또는 훼손되도록 한 특수경비원에 대하여 특수경비업자에게 교체 또는 징계 등의 조치를 요청할 수 있다(경비업법 시행규칙 제18조 제2항 전문).

④ 무기를 대여받은 국가중요시설의 시설주는 무기를 수송하는 때에는 출발하기 전에 관할 경찰서장에게 그 사실을 통보하여야 하며, 통보를 받은 관할 경찰서장은 2인 이상의 무장경찰관을 무기를 수송하는 자동차 등에 함께 타도록 하여야 한다.

> 무기를 대여받은 국가중요시설의 시설주는 무기를 수송하는 때에는 출발하기 전에 관할 경찰서장에게 그 사실을 통보하여야 하며, 통보를 받은 관할 경찰서장은 1인 이상의 무장경찰관을 무기를 수송하는 자동차 등에 함께 타도록 하여야 한다(경비업법 시행규칙 제18조 제6항).

10 난이도 하 ▮경비업법 제15조 - 특수경비원의 의무

경비업법령상 특수경비원의 의무에 관한 설명으로 옳은 것은?

① **특수경비원은 직무를 수행함에 있어 시설주·관할 경찰관서장 및 소속 상사의 직무상 명령에 복종하여야 한다.**

> 경비업법 제15조 제1항

② 특수경비원은 시설주의 허가 또는 정당한 사유 없이 경비구역을 벗어나서는 아니 된다.

> 특수경비원은 소속 상사의 허가 또는 정당한 사유 없이 경비구역을 벗어나서는 아니 된다(경비업법 제15조 제2항).

③ 특수경비원은 경비업무의 정상적인 운영을 저해한다 하더라도 파업·태업이 아닌 다른 방법에 의한 쟁의행위는 가능하다.

> 특수경비원은 파업·태업 그 밖에 경비업무의 정상적인 운영을 저해하는 일체의 쟁의행위를 하여서는 아니 된다(경비업법 제15조 제3항).

④ 특수경비원은 14세 미만의 자 또는 임산부에 대하여는 어떠한 경우라도 소총을 발사하여서는 아니 된다.

> 특수경비원은 총기 또는 폭발물을 가지고 대항하는 경우를 제외하고는 14세 미만의 자 또는 임산부에 대하여는 권총 또는 소총을 발사하여서는 아니 된다(경비업법 제15조 제4항 제3호).

11 난이도 하 ▮경비업법 제16조·제16조의2 - 경비원의 복장과 장비

경비업법령상 경비원의 복장과 장비에 관한 설명으로 옳지 않은 것은?

① 경비업자는 경찰공무원 또는 군인의 제복과 색상 및 디자인 등이 명확히 구별되는 소속 경비원의 복장을 정하여야 한다.

> 경비업법 제16조 제1항

② **경비업자는 집단민원현장이 아닌 곳에서 신변보호업무를 수행하는 경비원에게도 소속 경비업체를 표시한 이름표를 부착하도록 해야 한다.**

> 집단민원현장이 아닌 곳에서 신변보호업무를 수행하는 경우 또는 경비업무의 성격상 부득이한 사유가 있어 관할 경찰관서장이 허용하는 경우에는 소속 경비업체를 표시한 이름표를 부착하지 아니할 수 있다(경비업법 제16조 제2항 단서).

③ 누구든지 경비원이 휴대할 수 있는 장비를 임의로 개조하여 통상의 용법과 달리 사용함으로써 다른 사람의 생명·신체에 위해를 가하여서는 아니 된다.

> 경비업법 제16조의2 제3항

④ 경비원은 경비업무를 위하여 필요하다고 인정되는 상당한 이유가 있을 때에는 필요한 최소한도에서 경비업법령에서 정한 장비를 사용할 수 있다.

> 경비업법 제16조의2 제4항

12 난이도 하   ▮경비업법 제16조의3 - 출동차량 등

경비업법령상 출동차량에 관한 내용이다. (　)에 들어갈 내용으로 옳은 것은?

> 경비업자는 출동차량 등의 도색 및 표지를 (ㄱ)차량 및 (ㄴ)차량과 명확히 구별될 수 있게 하여야 한다.

① ㄱ : 소방, ㄴ : 군
② ㄱ : 소방, ㄴ : 구급
③ ㄱ : 경찰, ㄴ : 군

> 제시문의 (　)에 들어갈 내용은 ㄱ : 경찰, ㄴ : 군이다(경비업법 제16조의3 제1항).

④ ㄱ : 경찰, ㄴ : 구급

13 난이도 하   ▮경비업법 제17조 - 결격사유 확인을 위한 범죄경력조회 등

경비업법령상 결격사유 확인을 위한 범죄경력조회 등에 관한 설명으로 옳지 않은 것은?

① 관할 경찰관서장은 범죄경력조회 요청이 있는 경우에만 범죄경력조회를 할 수 있다.

> 경찰청장, 시·도 경찰청장 또는 관할 경찰관서장은 직권으로 또는 제2항에 따른 범죄경력조회 요청이 있는 경우에는 경비업자의 임원, 경비지도사 또는 경비원이 제5조 제3호·제4호, 제10조 제1항 제3호부터 제8호까지 또는 같은 조 제2항 제3호·제4호에 따른 결격사유에 해당하는지를 확인하기 위하여 「형의 실효 등에 관한 법률」제6조에 따른 범죄경력조회를 할 수 있다(경비업법 제17조 제1항).

② 경비업자는 선출하려는 임원이 결격사유에 해당하는지를 확인하기 위하여 범죄경력조회를 요청할 수 있다.

> 경비업법 제17조 제2항

③ 범죄경력조회 요청을 받은 시·도 경찰청장 또는 관할 경찰관서장은 경비업자에게 그 결과를 통보할 때에는 결격사유에 해당하는지 여부만을 통보하여야 한다.

> 경비업법 제17조 제3항

④ 시·도 경찰청장 또는 관할 경찰관서장은 경비업자의 임원, 경비지도사 또는 경비원이 결격사유에 해당하는 사실을 알게 된 때에는 경비업자에게 그 사실을 통보하여야 한다.

> 경비업법 제17조 제4항

| 관계법령 | 결격사유 확인을 위한 범죄경력조회 등(경비업법 제17조) |

① 경찰청장, 시·도 경찰청장 또는 관할 경찰관서장은 직권으로 또는 제2항에 따른 범죄경력조회 요청이 있는 경우에는 경비업자의 임원, 경비지도사 또는 경비원이 제5조 제3호·제4호, 제10조 제1항 제3호부터 제8호까지 또는 같은 조 제2항 제3호·제4호에 따른 결격사유에 해당하는지를 확인하기 위하여 「형의 실효 등에 관한 법률」 제6조에 따른 범죄경력조회를 할 수 있다.
② 경비업자는 선출·선임·채용 또는 배치하려는 임원, 경비지도사 또는 경비원이 제5조 제3호·제4호, 제10조 제1항 제3호부터 제8호까지 또는 같은 조 제2항 제3호·제4호에 따른 결격사유에 해당하는지를 확인하기 위하여 주된 사무소, 출장소 또는 배치장소를 관할하는 시·도 경찰청장 또는 경찰관서장에게 「형의 실효 등에 관한 법률」 제6조에 따른 범죄경력조회를 요청할 수 있다.
③ 제2항에 따른 범죄경력조회 요청을 받은 시·도 경찰청장 또는 관할 경찰관서장은 경비업자에게 그 결과를 통보할 때에는 경비업자의 임원, 경비지도사 또는 경비원이 제5조 제3호·제4호, 제10조 제1항 제3호부터 제8호까지 또는 같은 조 제2항 제3호·제4호에 따른 결격사유에 해당하는지 여부만을 통보하여야 한다. 〈개정 2021.1.12.〉
④ 시·도 경찰청장 또는 관할 경찰관서장은 경비업자의 임원, 경비지도사 또는 경비원이 제5조 각호, 제10조 제1항 각호 또는 제2항 각호의 결격사유에 해당하는 사실을 알게 되거나 이 법 또는 이 법에 따른 명령을 위반한 때에는 경비업자에게 그 사실을 통보하여야 한다.

14 난이도 하 경비업법 제18조 – 경비원의 명부와 배치허가 등

경비업법령상 경비원의 명부와 배치허가 등에 관한 설명으로 옳지 않은 것은?

① 경비업자는 시설경비업무 또는 신변보호업무 중 집단민원현장에 일반경비원을 배치하는 경우에는 경비원을 배치하기 24시간 전까지 행정안전부령으로 정하는 바에 따라 배치허가를 신청하여야 한다.

> 경비업자가 시설경비업무, 신변보호업무 또는 혼잡·교통유도경비업무 중 집단민원현장에 일반경비원을 배치하는 경우에는 경비원을 배치하기 48시간 전까지 행정안전부령으로 정하는 바에 따라 배치허가를 신청하고, 관할 경찰관서장의 배치허가를 받은 후에 경비원을 배치하여야 한다(경비업법 제18조 제2항 단서 제1호).

② 경비업자가 집단민원현장이 아닌 곳에서 신변보호업무를 수행하는 일반경비원을 배치하는 경우에는 경비원을 배치하기 전까지 관할 경찰관서장에게 신고하여야 한다.

> 경비업법 제18조 제2항 단서 제2호

③ 경비업자가 특수경비원을 배치하는 경우에는 경비원을 배치하기 전까지 관할 경찰관서장에게 신고하여야 한다.

> 경비업법 제18조 제2항 단서 제3호

④ 경비업자는 경비원을 배치하여 경비업무를 수행하게 하는 때에는 배치된 경비원의 인적 사항과 배치일시·배치장소 등 근무상황을 기록하여 보관하여야 한다.

> 경비업법 제18조 제5항

> **관계법령** 경비원의 명부와 배치허가 등(경비업법 제18조)
>
> ② 경비업자가 경비원을 배치하거나 배치를 폐지한 경우에는 행정안전부령으로 정하는 바에 따라 관할 경찰관서장에게 신고하여야 한다. 다만, 다음 제1호의 경우에는 경비원을 배치하기 48시간 전까지 행정안전부령으로 정하는 바에 따라 배치허가를 신청하고, 관할 경찰관서장의 배치허가를 받은 후에 경비원을 배치하여야 하며(제2호 및 제3호의 경우에는 경비원을 배치하기 전까지 신고하여야 한다), 이 경우 관할 경찰관서장은 배치허가를 함에 있어 필요한 조건을 붙일 수 있다. 〈개정 2025.1.7.〉
>   1. 제2조 제1호에 따른 시설경비업무, 신변보호업무 또는 혼잡·교통유도경비업무 중 집단민원현장에 배치된 일반경비원
>   2. 집단민원현장이 아닌 곳에서 제2조 제1호 다목의 규정에 의한 신변보호업무를 수행하는 일반경비원
>   3. 특수경비원

15 난이도 하 ▎경비업법 시행규칙 제24조 - 경비원의 배치 및 배치폐지의 신고

경비업법령상 경비원의 배치신고에 관한 내용이다. ( )에 들어갈 숫자로 옳은 것은?

> 경비업자는 경비업무를 수행하기 위하여 (ㄱ)일 이상 경비원을 배치하거나 그 기간을 연장하려는 때에는 경비원을 배치한 후 (ㄴ)일 이내에 경비원 배치신고서를 배치지를 관할하는 경찰관서장에게 제출해야 한다.

① ㄱ : 10, ㄴ : 7
② ㄱ : 15, ㄴ : 10
③ ㄱ : 20, ㄴ : 7

> 제시문의 ( )에 들어갈 숫자는 ㄱ : 20, ㄴ : 7이다(경비업법 시행규칙 제24조 제1항 본문).

④ ㄱ : 30, ㄴ : 10

> **관계법령** 경비원의 배치 및 배치폐지의 신고(경비업법 시행규칙 제24조)
>
> ① 경비업자는 법 제18조 제2항에 따라 경비업무를 수행하기 위하여 20일 이상 경비원을 배치하거나 그 기간을 연장하려는 때에는 경비원을 배치한 후 7일 이내에 별지 제15호 서식의 경비원 배치신고서(전자문서로 된 신고서를 포함하며, 이하 "배치신고서"라 한다)를 배치지를 관할하는 경찰관서장에게 제출해야 한다. 다만, 법 제18조 제2항 제2호 및 제3호에 해당하는 경비원을 배치하는 경우에는 경비원을 배치하는 기간과 관계없이 경비원을 배치하기 전까지 제출해야 한다.

16 난이도 하 경비업법 제19조 - 경비업 허가의 취소 등

경비업법령상 경비업 허가의 취소사유로 옳지 않은 것은? 기출수정

① 경비업자가 허위 그 밖의 부정한 방법으로 허가를 받은 때

> 경비업법 제19조 제1항 제1호

② 특수경비업자가 경비업 및 경비관련업 외의 영업을 한 때

> 경비업법 제19조 제1항 제3호

③ 경비업자가 소속 경비원으로 하여금 경비업무의 범위를 벗어난 행위를 하게 한 때

> 경비업법 제19조 제1항 제7호

❹ 경비업자가 정당한 사유 없이 최종 도급계약 종료일의 다음 날부터 1년 이내에 경비 도급실적이 없을 때

> 허가관청은 경비업자가 정당한 사유 없이 최종 도급계약 종료일의 다음 날부터 2년 이내에 경비 도급실적이 없을 때 그 허가를 취소하여야 한다(경비업법 제19조 제1항 제5호).

핵심만콕 경비업 허가의 취소 등(경비업법 제19조) ★★

| 절대적(필요적) 허가취소사유 (제1항) | 허가관청은 경비업자가 다음의 어느 하나에 해당하는 때에는 그 허가를 취소하여야 한다.
1. 허위 그 밖의 부정한 방법으로 허가를 받은 때
2. 경비업자가 허가받은 경비업무 외의 업무에 경비원을 종사하게 한 때 - 적용중지 헌법불합치 결정(2020헌가19)
3. 특수경비업자가 경비업 및 경비관련업 외의 영업을 한 때
4. 정당한 사유 없이 허가를 받은 날부터 2년 이내에 경비 도급실적이 없거나 계속하여 1년 이상 휴업한 때
5. 정당한 사유 없이 최종 도급계약 종료일의 다음 날부터 2년 이내에 경비 도급실적이 없을 때
6. 영업정지처분을 받고 계속하여 영업을 한 때
7. 소속 경비원으로 하여금 경비업무의 범위를 벗어난 행위를 하게 한 때
8. 관할 경찰관서장의 배치폐지명령에 따르지 아니한 때 |

17 난이도 하 ▮경비업법 제20조 - 경비지도사자격의 취소 등

경비업법령상 경비지도사자격의 취소 등에 관한 설명으로 옳지 않은 것은?

① 경찰청장은 기계경비지도사가 오경보방지 등을 위한 기기관리 감독의 직무를 위반하여 직무를 성실하게 수행하지 아니한 때에는 1년의 범위 내에서 그 자격을 정지시킬 수 있다.

> 경비업법 제20조 제2항 제1호

② 경찰청장은 경비지도사의 자격을 정지한 때에는 그 정지기간 동안 경비지도사자격증을 회수하여 보관하여야 한다.

> 경비업법 제20조 제3항 후단

③ 경찰청장은 경비지도사가 경찰청장 또는 시·도 경찰청장의 명령을 위반한 때에는 1년의 범위 내에서 그 자격을 정지시킬 수 있다.

> 경비업법 제20조 제2항 제2호

④ <u>경찰청장은 경비지도사가 자격정지 기간 중에 경비지도사로 선임되어 활동한 때에는 1년의 범위 내에서 그 자격을 정지시킬 수 있다.</u>

> 경찰청장은 경비지도사가 자격정지 기간 중에 경비지도사로 선임되어 활동한 때에는 <u>그 자격을 취소하여야 한다</u>(경비업법 제20조 제1항 제4호).

관계법령 **경비지도사자격의 취소 등(경비업법 제20조)**

① 경찰청장은 경비지도사가 다음 각호의 어느 하나에 해당하는 때에는 <u>그 자격을 취소하여야 한다</u>. 〈개정 2024.2.13.〉
  1. 제10조 제1항 각호의 결격사유에 해당하게 된 때
  2. 허위 그 밖의 부정한 방법으로 경비지도사자격증을 교부받은 때
  3. 경비지도사자격증을 다른 사람에게 빌려주거나 양도한 때
  4. 자격정지 기간 중에 경비지도사로 선임되어 활동한 때
② 경찰청장은 경비지도사가 다음 각호의 어느 하나에 해당하는 때에는 <u>대통령령이 정하는 바에 따라 1년의 범위 내에서 그 자격을 정지시킬 수 있다</u>. 〈개정 2024.2.13.〉
  1. 제12조 제3항의 규정에 위반하여 직무를 성실하게 수행하지 아니한 때
  2. 제24조의 규정에 의한 <u>경찰청장 또는 시·도 경찰청장의 명령을 위반한 때</u>
③ 경찰청장은 제1항의 규정에 의하여 <u>경비지도사의 자격을 취소한 때에는 경비지도사자격증을 회수하여야 하고</u>, 제2항의 규정에 의하여 <u>경비지도사의 자격을 정지한 때에는 그 정지기간 동안 경비지도사자격증을 회수하여 보관하여야 한다</u>.

18 난이도 하
경비업법 제21조 - 청문

경비업법령상 경찰청장 또는 시·도 경찰청장이 청문을 실시해야 하는 행정처분에 해당하는 것을 모두 고른 것은?

> ㄱ. 경비업 허가의 취소
> ㄴ. 경비업 영업정지
> ㄷ. 경비지도사자격의 취소
> ㄹ. 경비지도사자격의 정지

① ㄱ, ㄷ
② ㄴ, ㄹ
③ ㄱ, ㄴ, ㄷ
④ ㄱ, ㄴ, ㄷ, ㄹ

제시된 내용은 모두 경비업법령상 경찰청장 또는 시·도 경찰청장이 청문을 실시해야 하는 행정처분에 해당한다(경비업법 제21조).

관계법령 청문(경비업법 제21조)

경찰청장 또는 시·도 경찰청장은 다음 각호의 어느 하나에 해당하는 처분을 하고자 하는 경우에는 청문을 실시하여야 한다. 〈개정 2024.2.13.〉
1. 제11조의4에 따른 경비지도사 교육기관의 지정 취소 또는 업무의 정지
2. 제13조의3에 따른 경비원 교육기관의 지정 취소 또는 업무의 정지
3. 제19조의 규정에 의한 경비업 허가의 취소 또는 영업정지
4. 제20조 제1항 또는 제2항의 규정에 의한 경비지도사자격의 취소 또는 정지

19 난이도 하 | 경비업법 제22조 - 경비협회

경비업법령상 경비협회에 관한 설명으로 옳지 않은 것은?

① 경비업자는 경비업무의 건전한 발전과 경비원의 자질향상 및 교육훈련 등을 위하여 대통령령이 정하는 바에 따라 경비협회를 설립할 수 있다.

> 경비업법 제22조 제1항

② **경비협회에 관하여 경비업법에 특별한 규정이 있는 것을 제외하고는 민법 중 조합에 관한 규정을 준용한다.**

> 경비협회에 관하여 경비업법에 특별한 규정이 있는 것을 제외하고는 민법 중 사단법인에 관한 규정을 준용한다(경비업법 제22조 제4항).

③ 경비협회의 업무로는 경비원의 후생·복지에 관한 사항도 포함된다.

> 경비업법 제22조 제3항 제3호

④ 경비협회는 법인으로 한다.

> 경비업법 제22조 제2항

관계법령 　경비협회(경비업법 제22조)

① 경비업자는 경비업무의 건전한 발전과 경비원의 자질향상 및 교육훈련 등을 위하여 대통령령이 정하는 바에 따라 경비협회를 설립할 수 있다.
② 경비협회는 법인으로 한다.
③ 경비협회의 업무는 다음과 같다.
　1. 경비업무의 연구
　2. 경비원 교육·훈련 및 그 연구
　3. 경비원의 후생·복지에 관한 사항
　4. 경비진단에 관한 사항
　5. 그 밖에 경비업무의 건전한 운영과 육성에 관하여 필요한 사항
④ 경비협회에 관하여 이 법에 특별한 규정이 있는 것을 제외하고는 민법 중 사단법인에 관한 규정을 준용한다.

20 난이도 하 ▮경비업법 제23조 - 공제사업

경비업법령상 경비협회의 공제사업에 관한 내용으로 옳지 않은 것은?

① 경비협회는 경비업자의 손해배상책임을 보장하기 위한 공제사업을 할 수 있다.

> 경비업법 제23조 제1항 제1호

② **경비협회는 경비원의 복지향상을 위한 공제사업을 할 수 없다.**

> 경비협회는 경비원의 복지향상을 위한 공제사업을 할 수 있다(경비업법 제23조 제1항 제3호).

③ 경비협회는 공제사업을 하고자 하는 때에는 공제규정을 제정하여야 한다.

> 경비업법 제23조 제2항

④ 경비협회는 경비업자가 경비업을 운영할 때 필요한 입찰보증, 계약보증(이행보증을 포함한다), 하도급보증을 위한 공제사업을 할 수 있다.

> 경비업법 제23조 제1항 제2호

관계법령 　**공제사업(경비업법 제23조)**

① 경비협회는 다음 각호의 공제사업을 할 수 있다.
1. 제26조에 따른 경비업자의 손해배상책임을 보장하기 위한 사업
2. 경비업자가 경비업을 운영할 때 필요한 입찰보증, 계약보증(이행보증을 포함한다), 하도급보증을 위한 사업
3. 경비원의 복지향상과 업무상 재해로 인한 손실을 보상하는 사업
4. 경비업무와 관련한 연구 및 경비원 교육·훈련에 관한 사업

② 경비협회는 제1항의 규정에 의한 공제사업을 하고자 하는 때에는 공제규정을 제정하여야 한다.

③ 제2항의 공제규정에는 공제사업의 범위, 공제계약의 내용, 공제금, 공제료 및 공제금에 충당하기 위한 책임준비금 등 공제사업의 운영에 관하여 필요한 사항을 정하여야 한다.

④ 경찰청장은 제1항에 따른 공제사업의 건전한 육성과 가입자의 보호를 위하여 공제사업의 감독에 관한 기준을 정할 수 있다.

⑤ 경찰청장은 제2항에 따른 공제규정을 승인하거나 제4항에 따라 공제사업의 감독에 관한 기준을 정하는 경우에는 미리 금융위원회와 협의하여야 한다.

⑥ 경찰청장은 제1항에 따른 공제사업에 대하여 「금융위원회의 설치 등에 관한 법률」에 따른 금융감독원의 원장에게 검사를 요청할 수 있다.

21 난이도 하 ▎경비업법 제24조·제25조, 동법 시행령 제29조 - 감독 및 보안지도·점검 등

경비업법령상 감독 및 보안지도·점검에 관한 설명으로 옳지 않은 것은?

① 시·도 경찰청장 또는 관할 경찰관서장은 소속 경찰공무원으로 하여금 관할구역 안에 있는 경비업자의 주사무소 및 출장소와 경비원 배치장소에 출입하여 근무상황 및 교육훈련상황 등을 감독하며 필요한 명령을 하게 할 수 있다.

> 경비업법 제24조 제2항 전문

② 시·도 경찰청장 또는 관할 경찰관서장은 경비업자 또는 배치된 경비원이 「폭력행위 등 처벌에 관한 법률」을 위반하는 행위를 하는 경우 그 위반행위의 중지를 명할 수 있다.

> 경비업법 제24조 제3항

③ <u>관할 경찰서장은 특수경비업자에 대하여 연 2회 이상의 보안지도·점검을 실시하여야 한다.</u>

> <u>시·도 경찰청장</u>은 법 제25조의 규정에 의하여 특수경비업자에 대하여 연 2회 이상의 보안지도·점검을 실시하여야 한다(경비업법 시행령 제29조).

④ 경찰청장 또는 시·도 경찰청장은 경비업무의 적정한 수행을 위하여 경비업자 및 경비지도사를 지도·감독하며 필요한 명령을 할 수 있다.

> 경비업법 제24조 제1항

관계법령

감독(경비업법 제24조)
① <u>경찰청장 또는 시·도 경찰청장</u>은 경비업무의 적정한 수행을 위하여 <u>경비업자 및 경비지도사를 지도·감독하며 필요한 명령을 할 수 있다.</u>
② <u>시·도 경찰청장 또는 관할 경찰관서장</u>은 소속 경찰공무원으로 하여금 관할구역 안에 있는 경비업자의 주사무소 및 출장소와 경비원 배치장소에 출입하여 근무상황 및 교육훈련상황 등을 감독하며 필요한 명령을 하게 할 수 있다. 이 경우 출입하는 경찰공무원은 그 권한을 표시하는 증표를 관계인에게 내보여야 한다.
③ <u>시·도 경찰청장 또는 관할 경찰관서장</u>은 경비업자 또는 배치된 경비원이 이 법이나 이 법에 따른 명령, <u>「폭력행위 등 처벌에 관한 법률」</u>을 위반하는 행위를 하는 경우 그 위반행위의 중지를 명할 수 있다.
④ 시·도 경찰청장 또는 관할 경찰관서장은 경비업무 장소가 집단민원현장으로 판단되는 경우에는 그때부터 48시간 이내에 경비업자에게 경비원 배치 허가를 받을 것을 고지하여야 한다.

보안지도·점검 등(경비업법 제25조)
<u>시·도 경찰청장은 대통령령이 정하는 바에 따라 특수경비업자에 대하여 보안지도·점검을 실시하여야 하고, 필요한 경우 관계기관에 보안측정을 요청하여야 한다.</u>

> **보안지도점검(경비업법 시행령 제29조)**
> 시·도 경찰청장은 법 제25조의 규정에 의하여 <u>특수경비업자에 대하여 연 2회 이상의 보안지도·점검을 실시하여야 한다.</u>

22 난이도 하 ▮경비업법 제26조 - 손해배상 등

경비업법령상 경비업자의 손해배상책임이 발생하는 것은?

① 경비원이 업무수행 중이 아닌 때에 고의로 경비대상에 손해가 발생하는 것을 방지하지 못한 경우

> 경비업자의 손해배상책임은 경비원이 업무수행 중 고의 또는 과실로 경비대상에 손해가 발생하는 것을 방지하지 못한 때 발생한다(경비업법 제26조 제1항).

② 경비원이 업무수행 중 무과실로 경비대상에 손해가 발생하는 것을 방지하지 못한 경우

> 경비업자의 손해배상책임은 경비원이 업무수행 중 고의 또는 과실로 경비대상에 손해가 발생하는 것을 방지하지 못한 때 발생하며(경비업법 제26조 제1항), 무과실책임이 아니다.

③ 경비원이 업무수행 중 고의로 제3자에게 손해를 입힌 경우

> 경비업자는 경비원이 업무수행 중 고의 또는 과실로 제3자에게 손해를 입힌 경우에는 이를 배상하여야 한다(경비업법 제26조 제2항).

④ 경비원이 업무수행 중이 아닌 때에 과실로 제3자에게 손해를 입힌 경우

> 경비업자의 손해배상책임은 경비원이 업무수행 중 고의 또는 과실로 제3자에게 손해를 입힌 경우에 발생한다(경비업법 제26조 제2항).

23 난이도 하 ▮경비업법 제27조, 동법 시행령 제31조 - 위임 및 위탁

경비업법령상 경찰청장이 시·도 경찰청장에게 위임할 수 있는 사항에 해당하지 않는 것은? 기출수정

① 경비지도사의 자격의 취소 및 정지에 관한 청문
② **경비지도사의 시험에 관한 업무**

> 경비지도사의 시험에 관한 업무는 경찰청장이 위임할 수 있는 사항이 아닌 대통령령이 정하는 바에 따라 관계전문기관 또는 단체에 위탁할 수 있는 사항이다(경비업법 제27조 제2항).

③ 경비지도사의 자격의 취소
④ 경비지도사의 자격의 정지

| 관계법령 | 위임 및 위탁(경비업법 제27조) |

① 이 법에 의한 경찰청장의 권한은 대통령령이 정하는 바에 따라 그 일부를 시·도 경찰청장에게 위임할 수 있다.

권한의 위임 및 위탁(경비업법 시행령 제31조)
① 경찰청장은 법 제27조 제1항의 규정에 의하여 다음 각호의 권한을 시·도 경찰청장에게 위임한다.
  1. 법 제20조의 규정에 의한 경비지도사의 자격의 취소 및 정지에 관한 권한
  2. 법 제21조 제2호의 규정에 의한 경비지도사자격의 취소 및 정지에 관한 청문의 권한

② 경찰청장은 제11조의 규정에 의한 경비지도사의 시험에 관한 업무를 대통령령이 정하는 바에 따라 관계전문기관 또는 단체에 위탁할 수 있다. 〈개정 2024.2.13.〉

권한의 위임 및 위탁(경비업법 시행령 제31조) ★
② 경찰청장 또는 경찰관서장은 법 제27조 제2항에 따라 법 제11조 제1항에 따른 경비지도사 시험의 관리에 관한 업무를 경비업무에 관한 인력과 전문성을 갖춘 기관 또는 단체로서 경찰청장이 지정하여 고시하는 기관 또는 단체에 위탁한다. 〈개정 2024.8.13.〉

24 난이도 하   경비업법 시행령 제28조 - 허가증 등의 수수료

경비업법령상 허가증 등의 수수료에 관한 설명으로 옳은 것은?

① 경비업 허가사항의 변경신고로 인한 허가증 재교부의 경우에는 1만원의 수수료를 납부하여야 한다.

> 경비업 허가사항의 변경신고로 인한 허가증 재교부의 경우에는 2천원의 수수료를 납부하여야 한다(경비업법 시행령 제28조 제1항 제2호).

② 경비지도사 시험 응시수수료를 과오납한 경우에는 경찰청장은 과오납한 금액의 100분의 50을 반환하여야 한다.

> 응시수수료를 과오납한 경우에는 경찰청장은 과오납한 금액 전부를 반환하여야 한다(경비업법 시행령 제28조 제4항 제1호).

③ 경비업의 갱신허가를 받고자 하는 경우에는 2천원의 수수료를 납부하여야 한다.

> 경비업의 갱신허가를 받고자 하는 경우에는 1만원의 수수료를 납부하여야 한다(경비업법 시행령 제28조 제1항 제1호).

④ 경비지도사 시험 시행일 20일 전까지 접수를 취소하는 경우에는 경찰청장은 응시수수료 전액을 반환하여야 한다.

> 경비업법 시행령 제28조 제4항 제3호

| 관계법령 | 허가증 등의 수수료(경비업법 시행령 제28조) |

① 법에 의한 경비업의 허가를 받거나 허가증을 재교부받고자 하는 자는 다음 각호의 수수료를 납부하여야 한다.
  1. 법 제4조 제1항 및 법 제6조 제2항의 규정에 의한 경비업의 허가(추가·변경·갱신허가를 포함한다)의 경우에는 1만원
  2. 허가사항의 변경신고로 인한 허가증 재교부의 경우에는 2천원
② 제1항의 규정에 의한 수수료는 허가 등의 신청서에 수입인지를 첨부하여 납부한다.
③ 시험에 응시하고자 하는 자는 경찰청장이 정하여 고시하는 수수료를 납부하여야 한다.
④ 경찰청장은 다음 각호의 어느 하나에 해당하는 경우에는 제3항에 따라 받은 응시수수료의 전부 또는 일부를 다음 각호의 구분에 따라 반환하여야 한다.
  1. 응시수수료를 과오납한 경우 : 과오납한 금액 전액
  2. 시험 시행기관의 귀책사유로 시험에 응시하지 못한 경우 : 응시수수료 전액
  3. 시험 시행일 20일 전까지 접수를 취소하는 경우 : 응시수수료 전액
  4. 시험 시행일 10일 전까지 접수를 취소하는 경우 : 응시수수료의 100분의 50
⑤ 경찰청장 및 시·도 경찰청장은 제2항 및 제3항의 규정에 불구하고 정보통신망을 이용하여 전자화폐·전자결제 등의 방법으로 수수료를 납부하게 할 수 있다.

25 난이도 중 경비업법 제28조 – 벌칙

경비업법령상 위반행위를 한 행위자에 대한 법정형이 다른 것은?

① 경비업무 도급인이 그 경비업무를 수급한 경비업자의 경비원 채용 시 무자격자나 부적격자 등을 채용하도록 관여하거나 영향력을 행사한 경우

　3년 이하의 징역 또는 3천만원 이하의 벌금에 처한다(경비업법 제28조 제2항 제6호).

② 경비원이 경비업법령에서 정한 장비 외에 흉기 또는 그 밖의 위험한 물건을 휴대하고 경비업무를 수행한 경우

　1년 이하의 징역 또는 1천만원 이하의 벌금에 처한다(경비업법 제28조 제4항 제4호).

③ 경비원이 직무를 수행함에 있어 타인에게 위력을 과시하는 등 경비업무의 범위를 벗어난 행위를 한 경우

　1년 이하의 징역 또는 1천만원 이하의 벌금에 처한다(경비업법 제28조 제4항 제3호).

④ 경비업자가 배치허가신청의 내용을 거짓으로 한 것이 발각되어 경찰관서장이 배치폐지명령을 하였으나 이에 따르지 아니한 경우

　1년 이하의 징역 또는 1천만원 이하의 벌금에 처한다(경비업법 제28조 제4항 제5호).

핵심만콕 벌칙(경비업법 제28조) ★★

5년 이하의 징역 또는 5천만원 이하의 벌금 (제1항)	국가중요시설의 정상적인 운영을 해치는 장해를 일으킨 특수경비원
3년 이하의 징역 또는 3천만원 이하의 벌금 (제2항)	1. 허가를 받지 아니하고 경비업을 영위한 자 2. 직무상 알게 된 비밀을 누설하거나 부당한 목적을 위하여 사용한 자 3. 경비업무의 중단을 통보하지 아니하거나 경비업무를 즉시 인수하지 아니한 특수경비업자 또는 경비대행업자 4. 집단민원현장에 경비원을 배치하면서 허가를 받지 아니한 자에게 경비업무를 도급한 자 5. 집단민원현장에 20명 이상의 경비인력을 배치하면서 그 경비인력을 직접 고용한 자 6. 경비업자의 경비원 채용 시 무자격자나 부적격자 등을 채용하도록 관여하거나 영향력을 행사한 도급인 7. 과실로 인하여 국가중요시설의 정상적인 운영을 해치는 장해를 일으킨 특수경비원 8. 특수경비원으로서 경비구역 안에서 시설물의 절도, 손괴, 위험물의 폭발 등의 사유로 인한 위급사태가 발생한 때에 명령에 불복종한 자 또는 경비구역을 벗어난 자 9. 경비원에게 경비업무의 범위를 벗어난 행위를 하게 한 자
2년 이하의 징역 또는 2천만원 이하의 벌금 (제3항)	정당한 사유 없이 무기를 소지하고 배치된 경비구역을 벗어난 특수경비원
1년 이하의 징역 또는 1천만원 이하의 벌금 (제4항)	1. 시설주로부터 무기의 관리를 위하여 지정받은 관리책임자가 법이 정한 의무를 위반한 경우 2. 파업·태업 그 밖에 경비업무의 정상적인 운영을 저해하는 일체의 쟁의행위를 한 특수경비원 3. 직무를 수행함에 있어 타인에게 위력을 과시하거나 물리력을 행사하는 등 경비업무의 범위를 벗어난 행위를 한 경비원 4. 제16조의2 제1항에서 정한 장비 외에 흉기 또는 그 밖의 위험한 물건을 휴대하고 경비업무를 수행한 경비원 또는 경비원에게 이를 휴대하고 경비업무를 수행하게 한 자 5. 경찰관서장의 배치폐지명령을 따르지 아니한 자 6. 시·도 경찰청장 또는 관할 경찰관서장의 중지명령에 따르지 아니한 자

26 난이도 중 ▍경비업법 시행령 제32조・[별표 6] - 과태료

경비업법령상 과태료의 부과기준에 관한 설명으로 옳은 것은?

① 경비원의 복장에 관한 신고를 하지 않고 집단민원현장에 경비원을 배치한 경우에는 위반 횟수가 2회이면 부과되는 과태료 금액은 600만원이다.

> 1,200만원의 과태료가 부과된다(경비업법 시행령 [별표 6] 제8호).

② **관할 경찰관서장이 무기의 적정 관리를 위하여 무기를 대여받은 시설주에 대하여 감독상 필요한 명령을 하였으나 정당한 이유 없이 이행하지 않은 경우에는 위반 횟수에 관계없이 부과되는 과태료 금액은 500만원이다.**

> 경비업법 시행령 [별표 6] 제6호

③ 이름표를 부착하게 하지 않거나, 신고된 동일 복장을 착용하게 하지 않고 집단민원현장에 경비원을 배치한 경우에는 위반 횟수가 1회이면 부과되는 과태료 금액은 300만원이다.

> 600만원의 과태료가 부과된다(경비업법 시행령 [별표 6] 제10호).

④ 집단민원현장에 배치되는 일반경비원의 명부를 그 배치 장소에 비치하지 않은 경우에는 위반 횟수가 3회 이상이면 부과되는 과태료 금액은 1,200만원이다.

> 2,400만원의 과태료가 부과된다(경비업법 시행령 [별표 6] 제12호 가목).

관계법령 과태료 부과기준(경비업법 시행령 [별표 6]) ★★★

위반행위	해당 법조문	과태료 금액(단위 : 만원)		
		1회 위반	2회 위반	3회 이상 위반
6. 법 제14조 제6항에 따른 감독상 필요한 명령을 정당한 이유 없이 이행하지 않은 경우	법 제31조 제2항 제5호	500		
8. 법 제16조 제1항을 위반하여 경비원의 복장에 관한 신고를 하지 않고 집단민원현장에 경비원을 배치한 경우	법 제31조 제1항 제1호	600	1,200	2,400
10. 법 제16조 제2항을 위반하여 이름표를 부착하게 하지 않거나, 신고된 동일 복장을 착용하게 하지 않고 집단민원현장에 경비원을 배치한 경우	법 제31조 제1항 제2호	600	1,200	2,400
12. 법 제18조 제1항 단서를 위반하여 집단민원현장에 배치되는 일반경비원의 명부를 그 배치 장소에 작성・비치하지 않은 경우 가. 경비원 명부를 비치하지 않은 경우 나. 경비원 명부를 작성하지 않은 경우	법 제31조 제1항 제3호	600 300	1,200 600	2,400 1,200

27 난이도 하 | 경비업법 제29조 - 형의 가중처벌

경비업법령상 경비원이 경비업무 수행 중에 경비업법령에서 정한 장비 외에 흉기 또는 그 밖의 위험한 물건을 휴대하고 죄를 범한 경우, 그 죄에 정한 형의 2분의 1까지 가중처벌되는 형법상의 범죄가 아닌 것은?

① 특수폭행죄(형법 제261조)
② 폭행치사상죄(형법 제262조)
③ **특수협박죄(형법 제284조)**

> 특수협박죄(형법 제284조)가 아닌 협박죄(형법 제283조 제1항)가 경비업법 제29조 제2항의 가중처벌되는 형법상 대상 범죄에 해당한다(경비업법 제29조 제2항).

④ 특수공갈죄(형법 제350조의2)

관계법령 형의 가중처벌(경비업법 제29조) ★

① 특수경비원이 무기를 휴대하고 경비업무를 수행 중에 제14조 제8항의 규정 및 제15조 제4항의 규정에 의한 무기의 안전수칙을 위반하여 형법 제258조의2(특수상해죄) 제1항(제257조 제1항의 상해죄로 한정, 존속상해죄는 제외)·제2항(제258조 제1항·제2항의 중상해죄로 한정, 존속중상해죄는 제외), 제259조 제1항(상해치사죄), 제260조 제1항(폭행죄), 제262조(폭행치사상죄), 제268조(업무상과실·중과실치사상죄), 제276조 제1항(체포 또는 감금죄), 제277조 제1항(중체포 또는 중감금죄), 제281조 제1항(체포·감금등의 치사상죄), 제283조 제1항(협박죄), 제324조 제2항(특수강요죄), 제350조의2(특수공갈죄) 및 제366조(재물손괴등죄)의 죄를 범한 때에는 그 죄에 정한 형의 2분의 1까지 가중처벌한다.

② 경비원이 경비업무 수행 중에 제16조의2 제1항에서 정한 장비 외에 흉기 또는 그 밖의 위험한 물건을 휴대하고 형법 제258조의2(특수상해죄) 제1항(제257조 제1항의 상해죄로 한정, 존속상해죄는 제외)·제2항(제258조 제1항·제2항의 중상해죄로 한정, 존속중상해죄는 제외), 제259조 제1항(상해치사죄), <u>제261조(특수폭행죄)</u>, <u>제262조(폭행치사상죄)</u>, 제268조(업무상과실·중과실치사상죄), 제276조 제1항(체포 또는 감금죄), 제277조 제1항(중체포 또는 중감금죄), 제281조 제1항(체포·감금등의 치사상죄), <u>제283조 제1항(협박죄)</u>, 제324조 제2항(특수강요죄), <u>제350조의2(특수공갈죄)</u> 및 제366조(재물손괴등죄)의 <u>죄를 범한 때에는 그 죄에 정한 형의 2분의 1까지 가중처벌한다</u>.

28 난이도 하

청원경찰법 제2조, 동법 시행규칙 제2조 - 배치대상

청원경찰법령상 청원경찰의 배치대상 기관·시설·사업장에 해당하는 것을 모두 고른 것은?

> ㄱ. 금융을 업으로 하는 시설 또는 사업장
> ㄴ. 국내 주재(駐在) 외국기관
> ㄷ. 인쇄를 업으로 하는 시설 또는 사업장
> ㄹ. 대통령령으로 정하는 중요시설, 사업장 또는 장소

① ㄱ, ㄴ
② ㄴ, ㄷ
③ ㄱ, ㄴ, ㄷ

> ㄹ은 대통령령이 아닌 행정안전부령으로 정하는 중요시설, 사업장 또는 장소가 청원경찰의 배치대상에 해당한다(청원경찰법 제2조 제3호).

④ ㄱ, ㄴ, ㄹ

관계법령 정의(청원경찰법 제2조)

이 법에서 "청원경찰"이란 다음 각호의 어느 하나에 해당하는 기관의 장 또는 시설·사업장 등의 경영자가 경비(이하 "청원경찰경비"(請願警察經費)라 한다)를 부담할 것을 조건으로 경찰의 배치를 신청하는 경우 그 기관·시설 또는 사업장 등의 경비(警備)를 담당하게 하기 위하여 배치하는 경찰을 말한다.
1. 국가기관 또는 공공단체와 그 관리하에 있는 중요시설 또는 사업장
2. 국내 주재(駐在) 외국기관
3. 그 밖에 행정안전부령으로 정하는 중요시설, 사업장 또는 장소

> **배치대상(청원경찰법 시행규칙 제2조)** ★
> 「청원경찰법」 제2조 제3호에서 "그 밖에 행정안전부령으로 정하는 중요시설, 사업장 또는 장소"란 다음 각호의 시설, 사업장 또는 장소를 말한다.
> 1. 선박, 항공기 등 수송시설
> 2. 금융 또는 보험을 업(業)으로 하는 시설 또는 사업장
> 3. 언론, 통신, 방송 또는 인쇄를 업으로 하는 시설 또는 사업장
> 4. 학교 등 육영시설
> 5. 「의료법」에 따른 의료기관(의원급 의료기관, 조산원, 병원급 의료기관)
> 6. 그 밖에 공공의 안녕질서 유지와 국민경제를 위하여 고도의 경비(警備)가 필요한 중요시설, 사업체 또는 장소

29 난이도 하 ▌청원경찰법 제3조, 동법 시행규칙 제21조 - 청원경찰의 직무 등

청원경찰법령상 청원경찰의 직무에 관한 설명으로 옳지 않은 것은?

① 청원경찰은 청원경찰의 배치결정을 받은 자와 배치된 기관·시설 또는 사업장 등의 구역을 관할하는 시·도 경찰청장의 감독을 받는다.

> 청원경찰은 청원경찰의 배치결정을 받은 자(청원주)와 배치된 기관·시설 또는 사업장 등의 구역을 관할하는 경찰서장의 감독을 받아 그 경비구역만의 경비를 목적으로 필요한 범위에서 「경찰관직무집행법」에 따른 경찰관의 직무를 수행한다(청원경찰법 제3조).

② 청원경찰은 「경찰관직무집행법」에 따른 직무 외의 수사활동 등 사법경찰관리의 직무를 수행해서는 아니 된다.

> 청원경찰법 시행규칙 제21조 제2항

③ 청원경찰은 그 경비구역만의 경비를 목적으로 필요한 범위에서 「경찰관직무집행법」에 따른 경찰관의 직무를 수행한다.

> 청원경찰법 제3조

④ 청원경찰이 직무를 수행할 때에는 경비 목적을 위하여 필요한 최소한의 범위에서 하여야 한다.

> 청원경찰법 시행규칙 제21조 제1항

30 난이도 하 ▌청원경찰법 시행규칙 제14조 - 근무요령

청원경찰법령상 청원경찰의 근무요령에 관한 설명으로 옳은 것은?

① 소내근무자는 근무 중 특이한 사항이 발생하였을 때에는 지체 없이 청원주 또는 시·도 경찰청장에게 보고하고 그 지시에 따라야 한다.

> 업무처리 및 자체경비를 하는 소내근무자는 근무 중 특이한 사항이 발생하였을 때에는 지체 없이 청원주 또는 관할 경찰서장에게 보고하고 그 지시에 따라야 한다(청원경찰법 시행규칙 제14조 제2항).

② 대기근무자는 입초근무에 협조하거나 휴식하면서 불의의 사고에 대비한다.

> 대기근무자는 소내근무에 협조하거나 휴식하면서 불의의 사고에 대비한다(청원경찰법 시행규칙 제14조 제4항).

③ 순찰근무자는 청원주가 지정한 일정한 구역을 단독 또는 복수로 난선순찰을 하되, 청원주가 필요하다고 인정할 때에는 정선순찰 또는 요점순찰을 할 수 있다.

> 순찰근무자는 청원주가 지정한 일정한 구역을 단독 또는 복수로 정선순찰을 하되, 청원주가 필요하다고 인정할 때에는 요점순찰 또는 난선순찰을 할 수 있다(청원경찰법 시행규칙 제14조 제3항).

④ 입초근무자는 경비구역의 정문이나 그 밖의 지정된 장소에서 경비구역의 내부, 외부 및 출입자의 움직임을 감시한다.

> 청원경찰법 시행규칙 제14조 제1항

| 관계법령 | 근무요령(청원경찰법 시행규칙 제14조) |

① 자체경비를 하는 입초근무자는 경비구역의 정문이나 그 밖의 지정된 장소에서 경비구역의 내부, 외부 및 출입자의 움직임을 감시한다.
② 업무처리 및 자체경비를 하는 소내근무자는 근무 중 특이한 사항이 발생하였을 때에는 지체 없이 청원주 또는 관할 경찰서장에게 보고하고 그 지시에 따라야 한다.
③ 순찰근무자는 청원주가 지정한 일정한 구역을 순회하면서 경비 임무를 수행한다. 이 경우 순찰은 단독 또는 복수로 정선순찰(정해진 노선을 규칙적으로 순찰하는 것을 말한다)을 하되, 청원주가 필요하다고 인정할 때에는 요점순찰(순찰구역 내 지정된 중요지점을 순찰하는 것을 말한다) 또는 난선순찰(임의로 순찰지역이나 노선을 선정하여 불규칙적으로 순찰하는 것을 말한다)을 할 수 있다.
④ 대기근무자는 소내근무에 협조하거나 휴식하면서 불의의 사고에 대비한다.

31 난이도 하   청원경찰법 제4조, 동법 시행령 제2조 - 청원경찰의 배치

청원경찰법령상 청원경찰의 배치에 관한 설명으로 옳지 않은 것은?

① 청원경찰을 배치받으려는 자는 대통령령으로 정하는 바에 따라 관할 시·도 경찰청장에게 청원경찰 배치를 신청하여야 한다.

청원경찰법 제4조 제1항

② 시·도 경찰청장은 청원경찰 배치신청을 받으면 지체 없이 그 배치 여부를 결정하여 신청인에게 알려야 한다.

청원경찰법 제4조 제2항

③ 시·도 경찰청장은 청원경찰 배치가 필요하다고 인정하는 기관의 장 또는 시설·사업장의 경영자에게 청원경찰을 배치할 것을 요청할 수 있다.

청원경찰법 제4조 제3항

④ 청원경찰의 배치를 받으려는 자는 청원경찰 배치신청서에 경비구역 평면도 1부 또는 배치계획서 1부를 첨부해야 한다.

청원경찰의 배치를 받으려는 자는 청원경찰 배치신청서에 경비구역 평면도 1부와 배치계획서 1부를 첨부하여 사업장의 소재지를 관할하는 경찰서장을 거쳐 시·도 경찰청장에게 제출하여야 한다(청원경찰법 시행령 제2조 전문).

32 난이도 하   ▌청원경찰법 제5조 - 청원경찰의 임용 등

청원경찰법령상 청원경찰의 임용권자로 옳은 것은?

① 청원주

> 청원경찰법령상 청원경찰의 임용권자는 청원주이다. 다만, 임용할 때 미리 시·도 경찰청장의 승인을 받아야 한다는 제한이 있을 뿐이다(청원경찰법 제5조 제1항 참고).

② 경찰서장
③ 경찰청장
④ 시·도 경찰청장

33 난이도 하   ▌청원경찰법 제5조의2 - 청원경찰의 징계

청원경찰법령상 청원경찰에 대한 징계의 종류로 옳은 것은?

① 강 등
② 견 책

> 청원경찰법령상 청원경찰에 대한 징계의 종류는 파면, 해임, 정직, 감봉 및 견책으로 구분한다(청원경찰법 제5조의2 제2항).

③ 면 직
④ 직위해제

34 난이도 하 | 청원경찰법 제10조의6·제10조의7 - 당연 퇴직, 휴직 및 명예퇴직

청원경찰법령상 청원경찰의 퇴직에 관한 설명으로 옳지 않은 것은?

① 임용결격사유에 해당될 때 당연 퇴직된다.

> 청원경찰은 제5조 제2항에 따른 임용결격사유에 해당될 때 당연 퇴직된다(청원경찰법 제10조의6 제1호 본문). 그러나, 제5조 제2항에 의한 국가공무원법 제33조 제5호(금고 이상의 형의 선고유예를 받은 경우에 그 선고유예 기간 중에 있는 자)에 관한 부분은 헌법에 위반(헌재결 2018.1.25. 2017헌가26)되므로 2022.11.12. 시험 시행일을 기준으로 답항 ①이 옳은 내용이 되려면 임용결격사유에 해당될 때 원칙적으로 당연 퇴직된다고 표현하거나 헌법재판소 단순위헌 결정의 내용이 추가되어야 한다.
> *출제자는 답항 ①의 용어 표현이 미흡하거나 부정확하여 평균 수준의 응시자에게 답항의 종합·분석을 통해서도 진정한 출제의도의 파악과 정답 선택에 있어 장애를 주었다고 판단하여 복수정답을 인정한 것으로 보인다(대판 2009.9.10. 2008두2675 참고).

② 청원경찰의 배치가 폐지되었을 때 당연 퇴직된다.

> 청원경찰법 제10조의6 제2호

③ 나이가 60세가 되었을 때 당연 퇴직된다.

> 청원경찰법 제10조의6 제3호 본문

④ 국가기관이나 지방자치단체에 근무하는 청원경찰의 명예퇴직에 관하여는 「경찰공무원법」을 준용한다.

> 국가기관이나 지방자치단체에 근무하는 청원경찰의 휴직 및 명예퇴직에 관하여는 「국가공무원법」 제71조부터 제73조까지 및 제74조의2를 준용한다(청원경찰법 제10조의7).

관계법령 당연 퇴직(청원경찰법 제10조의6)

청원경찰이 다음 각호의 어느 하나에 해당할 때에는 당연 퇴직된다.
1. 제5조 제2항에 따른 임용결격사유에 해당될 때. 다만, 「국가공무원법」 제33조 제2호는 파산선고를 받은 사람으로서 「채무자 회생 및 파산에 관한 법률」에 따라 신청기한 내에 면책신청을 하지 아니하였거나 면책불허가 결정 또는 면책 취소가 확정된 경우만 해당하고, 「국가공무원법」 제33조 제5호는 「형법」 제129조부터 제132조까지, 「성폭력범죄의 처벌 등에 관한 특례법」 제2조, 「아동·청소년의 성보호에 관한 법률」 제2조 제2호 및 직무와 관련하여 「형법」 제355조 또는 제356조에 규정된 죄를 범한 사람으로서 금고 이상의 형의 선고유예를 받은 경우만 해당한다.
2. 제10조의5에 따라 청원경찰의 배치가 폐지되었을 때
3. 나이가 60세가 되었을 때. 다만, 그날이 1월부터 6월 사이에 있으면 6월 30일에, 7월부터 12월 사이에 있으면 12월 31일에 각각 당연 퇴직된다.

[단순위헌, 2017헌가26, 2018.1.25., 청원경찰법(2010.2.4. 법률 제10013호로 개정된 것) 제10조의6 제1호 중 제5조 제2항에 의한 국가공무원법 제33조 제5호에 관한 부분은 헌법에 위반된다]

35 난이도 하 ┃청원경찰법 시행령 제11조 - 보수 산정 시의 경력 인정 등

청원경찰법령상 청원경찰의 봉급 산정의 기준이 되는 경력에 산입되지 않는 것은?

① 청원경찰로 근무한 경력

> 청원경찰법 시행령 제11조 제1항 제1호

② 군 또는 의무경찰에 복무한 경력

> 청원경찰법 시행령 제11조 제1항 제2호

③ 수위·경비원·감시원 또는 그 밖에 청원경찰과 비슷한 직무에 종사하던 사람이 해당 사업장의 청원주에 의하여 청원경찰로 임용된 경우에는 그 직무에 종사한 경력

> 청원경찰법 시행령 제11조 제1항 제3호

④ 국가기관 또는 공공단체에서 근무하는 청원경찰에 대해서는 국가기관 또는 공공단체에서 비상근(非常勤)으로 근무한 경력

> 국가기관 또는 지방자치단체에서 근무하는 청원경찰에 대해서는 국가기관 또는 지방자치단체에서 상근(常勤)으로 근무한 경력이 봉급 산정의 기준이 되는 경력에 산입된다(청원경찰법 시행령 제11조 제1항 제4호).

관계법령 보수 산정 시의 경력 인정 등(청원경찰법 시행령 제11조)

① 청원경찰의 보수 산정에 관하여 그 배치된 사업장의 취업규칙에 특별한 규정이 없는 경우에는 다음 각호의 경력을 봉급 산정의 기준이 되는 경력에 산입(算入)하여야 한다.
 1. 청원경찰로 근무한 경력
 2. 군 또는 의무경찰에 복무한 경력
 3. 수위·경비원·감시원 또는 그 밖에 청원경찰과 비슷한 직무에 종사하던 사람이 해당 사업장의 청원주에 의하여 청원경찰로 임용된 경우에는 그 직무에 종사한 경력
 4. 국가기관 또는 지방자치단체에서 근무하는 청원경찰에 대해서는 국가기관 또는 지방자치단체에서 상근(常勤)으로 근무한 경력

36 난이도 하
■ 청원경찰법 제6조 - 청원경찰경비

청원경찰법령상 청원주가 부담하여야 하는 청원경찰경비에 해당하지 않는 것은?

① 청원경찰에게 지급할 봉급과 각종 수당
② 청원경찰의 피복비
③ 청원경찰의 교육비
④ **청원경찰의 업무추진비**

> 청원경찰의 업무추진비는 청원경찰법령상 청원주가 부담하여야 하는 청원경찰경비에 해당하지 않는다(청원경찰법 제6조 제1항 참조).

관계법령 청원경찰경비(청원경찰법 제6조)

① 청원주는 다음 각호의 청원경찰경비를 부담하여야 한다.
 1. 청원경찰에게 지급할 봉급과 각종 수당
 2. 청원경찰의 피복비
 3. 청원경찰의 교육비
 4. 제7조에 따른 보상금 및 제7조의2에 따른 퇴직금

37 난이도 하
■ 청원경찰법 제9조의3 - 감독

청원경찰법령상 청원경찰의 효율적인 운영을 위하여 청원주를 지도하며 감독상 필요한 명령을 할 수 있는 자는?

① 경찰서장
② 시·도 경찰청장

> 시·도 경찰청장은 청원경찰의 효율적인 운영을 위하여 청원주를 지도하며 감독상 필요한 명령을 할 수 있으며(청원경찰법 제9조의3 제2항), 관할 경찰서장은 청원경찰을 배치하고 있는 사업장이 하나의 경찰서의 관할구역에 있는 경우 청원경찰법 제9조의3 제2항에 따른 청원주에 대한 지도 및 감독상 필요한 명령에 관한 권한을 시·도 경찰청장의 위임을 받아 행사할 수 있다(청원경찰법 시행령 제20조 제3호). 따라서 「청원경찰법령상」 청원경찰의 효율적인 운영을 위하여 청원주를 지도하며 감독상 필요한 명령을 할 수 있는 자는 시·도 경찰청장 또는 관할 경찰서장이다.

③ 지구대장 또는 파출소장
④ 경찰청장

38 난이도 하 | 청원경찰법 제11조, 제12조 - 벌칙과 과태료

청원경찰법령상 벌칙과 과태료에 관한 설명으로 옳은 것은?

① 파업, 태업 또는 그 밖에 업무의 정상적인 운영을 방해하는 쟁의행위를 한 청원경찰은 1년 이하의 징역 또는 1천만원 이하의 벌금에 처한다.

> 청원경찰법 제11조

② 시·도 경찰청장의 배치결정을 받지 아니하고 청원경찰을 배치하거나 시·도 경찰청장의 승인을 받지 아니하고 청원경찰을 임용한 청원주는 1년 이하의 징역 또는 1천만원 이하의 벌금에 처한다.

> 500만원 이하의 과태료가 부과된다(청원경찰법 제12조 제1항 제1호).

③ 정당한 사유 없이 경찰청장이 고시한 최저부담기준액 이상의 보수를 지급하지 아니한 청원주는 1년 이하의 징역 또는 1천만원 이하의 벌금에 처한다.

> 500만원 이하의 과태료가 부과된다(청원경찰법 제12조 제1항 제2호).

④ 시·도 경찰청장의 감독상 필요한 명령을 정당한 사유 없이 이행하지 아니한 청원주는 1년 이하의 징역 또는 1천만원 이하의 벌금에 처한다.

> 500만원 이하의 과태료가 부과된다(청원경찰법 제12조 제1항 제3호).

관계법령

벌칙(청원경찰법 제11조)
제9조의4를 위반하여 파업, 태업 또는 그 밖에 업무의 정상적인 운영을 방해하는 쟁의행위를 한 사람은 1년 이하의 징역 또는 1천만원 이하의 벌금에 처한다.

과태료(청원경찰법 제12조)
① 다음 각호의 어느 하나에 해당하는 자에게는 500만원 이하의 과태료를 부과한다.
  1. 제4조 제2항에 따른 시·도 경찰청장의 배치결정을 받지 아니하고 청원경찰을 배치하거나 제5조 제1항에 따른 시·도 경찰청장의 승인을 받지 아니하고 청원경찰을 임용한 자
  2. 정당한 사유 없이 제6조 제3항에 따라 경찰청장이 고시한 최저부담기준액 이상의 보수를 지급하지 아니한 자
  3. 제9조의3 제2항에 따른 감독상 필요한 명령을 정당한 사유 없이 이행하지 아니한 자
② 제1항에 따른 과태료는 대통령령으로 정하는 바에 따라 시·도 경찰청장이 부과·징수한다.

39 난이도 하 청원경찰법 시행규칙 제16조 - 무기관리수칙

청원경찰법령상 청원주의 무기관리수칙에 관한 설명으로 옳지 않은 것은?

① 청원주가 무기와 탄약을 대여받았을 때에는 경찰청장이 정하는 무기·탄약 출납부 및 무기장비 운영카드를 갖춰 두고 기록하여야 한다.

> 청원경찰법 시행규칙 제16조 제1항 제1호

② 청원주는 무기와 탄약의 관리를 위하여 관리책임자를 지정하고 관할 경찰서장에게 그 사실을 통보하여야 한다.

> 청원경찰법 시행규칙 제16조 제1항 제2호

③ **무기고와 탄약고에는 이중잠금장치를 하고, 열쇠는 숙직책임자가 보관하되, 근무시간 이후에는 관리책임자에게 인계하여 보관시켜야 한다.**

> 무기고와 탄약고에는 이중잠금장치를 하고, 열쇠는 관리책임자가 보관하되, 근무시간 이후에는 숙직책임자에게 인계하여 보관시켜야 한다(청원경찰법 시행규칙 제16조 제1항 제5호).

④ 청원주는 경찰청장이 정하는 바에 따라 매월 무기와 탄약의 관리 실태를 파악하여 다음 달 3일까지 관할 경찰서장에게 통보하여야 한다.

> 청원경찰법 시행규칙 제16조 제1항 제6호

관계법령 | 무기관리수칙(청원경찰법 시행규칙 제16조)

① 영 제16조에 따라 무기와 탄약을 대여받은 청원주는 다음 각호에 따라 무기와 탄약을 관리해야 한다.
1. 청원주가 무기와 탄약을 대여받았을 때에는 경찰청장이 정하는 무기·탄약 출납부 및 무기장비 운영카드를 갖춰 두고 기록하여야 한다.
2. 청원주는 무기와 탄약의 관리를 위하여 관리책임자를 지정하고 관할 경찰서장에게 그 사실을 통보하여야 한다.
3. 무기고 및 탄약고는 단층에 설치하고 환기·방습·방화 및 총받침대 등의 시설을 갖추어야 한다.
4. 탄약고는 무기고와 떨어진 곳에 설치하고, 그 위치는 사무실이나 그 밖에 여러 사람을 수용하거나 여러 사람이 오고 가는 시설로부터 격리되어야 한다.
5. 무기고와 탄약고에는 이중잠금장치를 하고, 열쇠는 관리책임자가 보관하되, 근무시간 이후에는 숙직책임자에게 인계하여 보관시켜야 한다.
6. 청원주는 경찰청장이 정하는 바에 따라 매월 무기와 탄약의 관리 실태를 파악하여 다음 달 3일까지 관할 경찰서장에게 통보하여야 한다.
7. 청원주는 대여받은 무기와 탄약이 분실되거나 도난당하거나 빼앗기거나 훼손되는 등의 사고가 발생했을 때에는 지체 없이 그 사유를 관할 경찰서장에게 통보해야 한다.
8. 청원주는 무기와 탄약이 분실되거나 도난당하거나 빼앗기거나 훼손되었을 때에는 경찰청장이 정하는 바에 따라 그 전액을 배상해야 한다. 다만, 전시·사변·천재지변이나 그 밖의 불가항력적인 사유가 있다고 시·도 경찰청장이 인정하였을 때에는 그렇지 않다.

40 난이도 중 ▮청원경찰법 시행규칙 제17조 – 문서와 장부의 비치

청원경찰법령상 청원주와 관할 경찰서장이 공통으로 갖춰 두어야 할 문서와 장부로 옳은 것은?

① 무기·탄약 출납부
② **교육훈련 실시부**

> 청원경찰 명부와 교육훈련 실시부가 청원경찰법령상 청원주와 관할 경찰서장이 공통으로 갖춰 두어야 할 문서와 장부에 해당한다(청원경찰법 시행규칙 제17조 제1항·제2항 참조).

③ 무기장비 운영카드
④ 무기·탄약 대여대장

핵심만콕 문서와 장부의 비치(청원경찰법 시행규칙 제17조) ★★

청원주(제1항)	관할 경찰서장(제2항)	시·도 경찰청장(제3항)
• 청원경찰 명부 • 근무일지 • 근무 상황카드 • 경비구역 배치도 • 순찰표철 • 무기·탄약 출납부 • 무기장비 운영카드 • 봉급지급 조서철 • 신분증명서 발급대장 • 징계 관계철 • 교육훈련 실시부 • 청원경찰 직무교육계획서 • 급여품 및 대여품 대장 • 그 밖에 청원경찰의 운영에 필요한 문서와 장부	• 청원경찰 명부 • 감독 순시부 • 전출입 관계철 • 교육훈련 실시부 • 무기·탄약 대여대장 • 징계요구서철 • 그 밖에 청원경찰의 운영에 필요한 문서와 장부	• 배치결정 관계철 • 청원경찰 임용승인 관계철 • 전출입 관계철 • 그 밖에 청원경찰의 운영에 필요한 문서와 장부

2022년 경호학

> 문제편 077p

정답 CHECK

41	42	43	44	45	46	47	48	49	50	51	52	53	54	55	56	57	58	59	60
①	③	②	①	①	①	①	③	②	③	④	④	④	④	①	①	③	③	④	④	③

61	62	63	64	65	66	67	68	69	70	71	72	73	74	75	76	77	78	79	80
①	④	②	①	②	①	③	③	③	④	④	④	③	④	②	②	①	①	③	②

41 난이도 하   ▌경호학과 경호 – 경호의 정의

대통령 등의 경호에 관한 법률상 '경호'에 관한 정의이다. (   )에 들어갈 내용으로 옳은 것은?

> 경호대상자의 생명과 재산을 보호하기 위하여 (ㄱ)에 가하여지는 (ㄴ)을/를 방지하거나 제거하고, (ㄷ)을 경계·순찰 및 방비하는 등의 모든 안전활동을 말한다.

① ㄱ : 신 체, ㄴ : 위 해, ㄷ : 특정 지역

> 제시문의 (   )에 들어갈 내용은 ㄱ : 신체, ㄴ : 위해, ㄷ : 특정 지역이다(대통령 등의 경호에 관한 법률 제2조 제1호).

② ㄱ : 신 체, ㄴ : 손 해, ㄷ : 모든 지역
③ ㄱ : 개 인, ㄴ : 위 해, ㄷ : 특정 지역
④ ㄱ : 개 인, ㄴ : 위 험, ㄷ : 모든 지역

관계법령 정의(대통령 등의 경호에 관한 법률 제2조)

이 법에서 사용하는 용어의 뜻은 다음과 같다.
1. "경호"란 경호대상자의 생명과 재산을 보호하기 위하여 신체에 가하여지는 위해(危害)를 방지하거나 제거하고, 특정 지역을 경계·순찰 및 방비하는 등의 모든 안전활동을 말한다.
2. "경호구역"이란 소속 공무원과 관계기관의 공무원으로서 경호업무를 지원하는 사람이 경호활동을 할 수 있는 구역을 말한다.
3. "소속 공무원"이란 대통령경호처(이하 "경호처"라 한다) 직원과 경호처에 파견된 사람을 말한다.
4. "관계기관"이란 경호처가 경호업무를 수행함에 있어 필요한 지원과 협조를 요청하는 국가기관, 지방자치단체 등을 말한다.

42 난이도 하
경호학과 경호 – 경호의 법원(法源)

우리나라 경호에 관한 설명으로 옳지 않은 것은?

① 소방청 119구조구급국장은 대통령경호안전대책위원회의 위원이다.

> 대통령경호안전대책위원회규정 제2조

② 대통령경호처장은 대통령이 임명하고, 경호처의 업무를 총괄하며 소속 공무원을 지휘·감독한다.

> 대통령 등의 경호에 관한 법률 제3조 제1항

③ **대통령 당선인은 경호의 대상이지만 대통령 당선인의 가족은 경호대상이 아니다.**

> 대통령 당선인과 그 가족은 모두 대통령경호처의 경호대상이다(대통령 등의 경호에 관한 법률 제4조 제1항 제2호).

④ 경호의 성문법원에는 헌법, 법률, 조약, 명령을 들 수 있다.

> 경호의 성문법원에는 헌법, 법률, 조약 및 국제법규, 명령·규칙 등이 있다.

43 난이도 하
경호의 조직 – 경호의 주체

대통령 등의 경호에 관한 법률상 경호공무원에 대한 사법경찰권 지명권자는?

① 검찰총장
② **서울중앙지방검찰청 검사장**

> 경호대상에 대한 경호업무 수행 중 인지한 그 소관에 속하는 범죄에 대하여 직무상 또는 수사상 긴급을 요하는 한도 내에서 사법경찰관리의 직무를 수행할 수 있는 경호공무원은 경호처장의 제청으로 서울중앙지방검찰청 검사장이 지명한다(대통령 등의 경호에 관한 법률 제17조 제1항).

③ 경찰청장
④ 서울특별시경찰청장

> **관계법령** 경호공무원의 사법경찰권(대통령 등의 경호에 관한 법률 제17조)
> ① 경호공무원(처장의 제청으로 서울중앙지방검찰청 검사장이 지명한 경호공무원을 말한다. 이하 이 조에서 같다)은 제4조 제1항 각호의 경호대상에 대한 경호업무 수행 중 인지한 그 소관에 속하는 범죄에 대하여 직무상 또는 수사상 긴급을 요하는 한도 내에서 사법경찰관리(司法警察官吏)의 직무를 수행할 수 있다.
> ② 제1항의 경우 7급 이상 경호공무원은 사법경찰관의 직무를 수행하고, 8급 이하 경호공무원은 사법경찰리(司法警察吏)의 직무를 수행한다.

44 난이도 하 | 경호학과 경호 - 경호의 원칙(특별원칙)

다음에서 설명하는 경호의 원칙은?

> 경호대상자의 행차 코스는 원칙적으로 비공개되어야 하며, 행차 예정 장소도 일반 대중에게 비공개되어야 한다. 더불어 대중에게 노출되는 경호대상자의 보행 행차는 가급적 제한되어야 위해를 가할 가능성이 있는 위험으로부터 경호대상자를 보호할 수 있다.

① **목표물 보존의 원칙**

제시문이 설명하는 경호의 원칙은 목표물 보존의 원칙이다.

② 자기담당구역 책임의 원칙
③ 하나로 통제된 지점을 통한 접근의 원칙
④ 자기희생의 원칙

핵심만콕 경호의 특별원칙 ★

자기담당구역 책임의 원칙	경호원이 배치된 자기담당구역 내에서 일어나는 사태에 대해서는 자신만이 책임을 지고 해결해야 한다는 원칙
목표물 보존의 원칙	• 경호대상자를 암살자 또는 위해를 가할 가능성이 있는 자로부터 떼어 놓아야 한다는 원칙 • 목표물을 안전하게 보존하기 위해서는 행차 코스의 비공개, 행차 장소의 비공개, 대중에게 노출되는 보행 행차의 가급적 제한 등이 요구됨
하나의 통제된 지점을 통한 접근의 원칙	• 경호대상자에게 접근할 수 있는 출입구나 통로는 하나만 필요하다는 원칙 • 하나의 통제된 출입구나 통로라 하더라도 접근자는 경호요원에 의하여 인지되고 확인되어야 하며 허가절차를 거쳐 접근토록 해야 함
자기희생의 원칙	• 경호대상자가 위기에 처했을 때 자기 몸을 희생하여 경호대상자를 보호해야 한다는 원칙 • 경호대상자는 어떠한 상황하에서도 절대적으로 보호되어야 한다는 의미

〈참고〉 김두현, 「경호학개론」, 엑스퍼트, 2020, P. 67~69

45 난이도 중 | 경호학과 경호 - 경호의 발달과정과 배경(대한민국의 경호제도)

다음 대한민국 경호역사에서 두 번째로 일어난 것은?

① **중앙정보부 경호대가 발족되었다.**

> 답항의 대한민국의 경호역사를 순서대로 연결하면 ② 경무대 경찰서 신설(1949.2.23.) → ① 중앙정보부 경호대 발족(1961.11.8.) → ③ 치안본부 소속의 101경비대를 101경비단으로 변경(1976.3.29.) → ④ 대통령경호실을 대통령경호처로 변경(2008.2.29.) 순이다.

② 경무대 경찰서가 신설되었다.
③ 치안본부 소속의 101경비대를 101경비단으로 변경하였다.
④ 대통령경호실을 대통령경호처로 변경하였다.

46 난이도 하
■ 경호학과 경호 - 경호의 발달과정과 배경(조선시대의 경호제도)

조선 후기 정조 때 설치한 경호기관은?

① 장용영

> 장용영은 조선 후기 정조 17년에 장용위를 크게 확대하여 설치된 경호기관이다.

② 호위청

> 조선 후기 인조 때 설치된 경호기관이다.

③ 내순검군

> 고려 전기에 설치된 경호기관이다.

④ 삼별초

> 고려 무신집권기에 설치된 경호기관이다.

47 난이도 하
■ 경호학과 경호 - 경호의 원칙(일반원칙)

다음에서 설명하는 경호의 원칙은?

> 경호대상자가 위치한 지역에서 가장 근거리부터 엄중한 경호를 취하는 순서로 근접경호, 중간경호, 외곽경호로 나누고 그에 따른 요원의 배치와 임무가 부여된다.

① 3중 경호의 원칙

> 제시문이 설명하는 경호의 원칙은 3중 경호의 원칙이다.

② 두뇌경호의 원칙
③ 방어경호의 원칙
④ 은밀경호의 원칙

핵심만콕 경호의 일반원칙 ★

3중 경호의 원칙	• 경호대상자가 위치한 집무실이나 행사장으로부터 제1선(내부 - 안전구역), 제2선(내곽 - 경비구역), 제3선(외곽 - 경계구역)으로 구분하여 경호의 행동반경을 거리개념으로 논리전개하는 구조 • 경호대상자가 위치한 지역에서 가장 근거리부터 엄중한 경호를 취하는 순서로 근접경호, 중간경호, 외곽경호로 나누고 그에 따른 요원의 배치와 임무가 부여되는 원칙
두뇌경호의 원칙	사전에 치밀한 계획을 세우고 준비를 철저히 하여 위험요소를 제거하는 데 중점을 두며, 경호임무 수행 중 긴급하고 위험한 상황이 발생하였을 때에는 고도의 예리하고 순간적인 판단력이 중요시된다는 원칙
은밀경호의 원칙	경호요원은 은밀하고 침묵 속에서 행동하며 항상 경호대상자의 신변을 보호할 수 있는 곳에 행동반경을 두고 경호에 임해야 한다는 원칙
방어경호의 원칙	경호란 공격자의 위해요소를 방어하는 행위이지 공격하는 것이 아니라는 원칙

〈참고〉 김두현, 「경호학개론」, 엑스퍼트, 2020, P. 64~67

48 난이도 하   경호의 환경 – 대테러특공대 설치·운영기관

국민보호와 공공안전을 위한 테러방지법령상 대테러특공대를 설치·운영하지 않는 기관은?

① 국방부
② 해양경찰청
③ **국가정보원**

> 국가정보원은 테러방지법령상 대테러특공대를 설치·운영할 수 없는 기관이나, 국방부, 경찰청 및 해양경찰청은 대테러특공대를 설치·운영하는 기관이다(테러방지법 시행령 제18조 제1항).

④ 경찰청

관계법령 대테러특공대 등(국민보호와 공공안전을 위한 테러방지법 시행령 제18조)

① 국방부장관, 경찰청장 및 해양경찰청장은 테러사건에 신속히 대응하기 위하여 대테러특공대를 설치·운영한다.
② 국방부장관, 경찰청장 및 해양경찰청장은 제1항에 따른 대테러특공대를 설치·운영하려는 경우에는 대책위원회의 심의·의결을 거쳐야 한다.
③ 대테러특공대는 다음 각호의 임무를 수행한다.
   1. 대한민국 또는 국민과 관련된 국내외 테러사건 진압
   2. 테러사건과 관련된 폭발물의 탐색 및 처리
   3. 주요 요인 경호 및 국가 중요행사의 안전한 진행 지원
   4. 그 밖에 테러사건의 예방 및 저지활동

49 난이도 하 | 경호의 조직 - 경호조직의 원칙

다음에서 설명하는 경호조직의 원칙은?

> 하나의 기관에는 반드시 한 사람의 지휘자만이 있어야 한다. 지휘자가 여러 명이 있을 경우 이들 사이의 의견의 합치는 어렵게 되고 행동도 통일되기가 쉽지 않다. 상급감독자나 하급보조자가 지휘자의 권한을 침해한다면 전체 경호기구는 혼란에 빠지게 되어 경호조직은 마비상태가 될 우려가 있다.

① 경호체계통일성의 원칙
② **경호지휘단일성의 원칙**

　　제시문은 경호지휘단일성의 원칙에 관한 설명이다.

③ 경호기관단위작용의 원칙
④ 경호협력성의 원칙

핵심만콕 경호조직의 (구성)원칙 ★

경호지휘단일성의 원칙	• 지휘 및 통제의 이원화로 인해 파생되는 문제들을 보완하기 위해 명령과 지휘체계는 반드시 하나의 계통으로 구성해야 한다는 원칙으로, 경호업무가 긴급성을 요한다는 점에서도 요청된다. • 지휘가 단일해야 한다고 하는 것은 경호기관(요원)은 한 사람의 지휘를 받아야 한다는 뜻이다. 한 걸음 더 나아가서 지휘의 단일이란「하나의 지휘자」라는 의미 외에 하급경호요원은 하나의 상급기관에 대해서만 책임을 진다는 의미가 포함된다.
경호체계통일성의 원칙	경호기관 구조의 정점으로부터 말단까지 상하계급 간에 일정한 관계가 이루어져 책임과 업무의 분담이 이루어지고, 명령(命令)과 복종(服從)의 지위와 역할의 체계가 통일되어야 한다는 원칙이다.
경호기관단위작용의 원칙	• 경호의 업무는 성격상 개인적 작용으로 이루어지지 않고 기관단위의 작용으로 기관의 하명에 의해서 이루어진다는 원칙이다. • 기관단위라는 것은 그 경호기관을 지휘하는 지휘자가 있고, 지휘를 받는 하급자가 있으며, 하급자를 관리하기 위한 지휘권과 장비가 편성되며 임무수행을 위한 보급지원체계를 갖추고 있어야 한다는 의미이다. • 기관단위의 관리와 임무의 수행을 위한 결정은 지휘자만이 할 수 있고, 경호의 성패는 지휘자만이 책임을 지는 것이다.
경호협력성의 원칙	경호조직과 국민과의 협력을 의미하며 완벽한 경호를 위해서는 국민의 절대적인 협력이 필요하다는 원칙이다.

〈참고〉이두석,「경호학개론」, 2018, P. 114~116 / 김두현,「경호학개론」, 엑스퍼트, 2020, P. 184~187

50 난이도 중 ▍경호업무 수행방법 - 경호임무(업무)의 수행절차

경호임무의 수행절차에 관한 설명으로 옳은 것은?

① 예방단계 : 평가단계로 경호 실시 결과 분석

　평가단계로 경호 실시 결과를 분석하는 단계는 1단계 예방단계(준비단계)가 아닌 4단계 학습단계이다.

② 대비단계 : 정보활동단계로 법제를 정비하여 우호적 경호환경 조성

　정보활동단계로 법제를 정비하여 우호적 경호환경을 조성하는 단계는 2단계 대비단계(안전활동단계)가 아닌 1단계 예방단계(준비단계)이다.

③ **대응단계 : 경호활동단계로 경호인력을 배치하여 지속적인 경계활동 실시**

　3단계 대응단계(실시단계)는 경호활동단계로 경호작전(경호인력을 배치하여 지속인 경계활동 실시)을 내용으로 한다.

④ 학습단계 : 안전활동단계로 위해정보 수집을 위한 보안활동 전개

　안전활동단계로 위해정보 수집을 위한 보안활동을 전개하는 단계는 4단계 학습단계(평가단계)가 아닌 2단계 대비단계(안전활동단계)이다.

핵심만 콕   경호위기관리단계 및 세부 경호업무 수행절차 ★★

관리단계	주요 활동	활동 내용	세부 활동
1단계 예방단계 (준비단계)	정보활동	경호환경 조성	법과 제도의 정비, 경호지원시스템 구축, 우호적인 공중(公衆)의 확보 (홍보활동)
		정보 수집 및 평가	정보네트워크 구축, 정보의 수집 및 생산, 위협의 평가 및 대응방안 강구
		경호계획의 수립	관계부서와의 협조, 경호계획서의 작성, 경호계획 브리핑
2단계 대비단계 (안전활동단계)	안전활동	정보보안활동	보안대책 강구, 위해동향 파악 및 대책 강구, 취약시설 확인 및 조치
		안전대책활동	행사장 안전확보, 취약요소 판단 및 조치, 검측활동 및 통제대책 강구
		거부작전	주요 감제고지 및 취약지 수색, 주요 접근로 차단, 경호 영향요소 확인 및 조치
3단계 대응단계 (실시단계)	경호활동	경호작전	모든 출입요소 통제 및 경계활동, 근접경호, 기동경호
		비상대책활동	비상대책, 구급대책, 비상시 협조체제 확립
		즉각조치활동	경고, 대적 및 방호, 대피
4단계 학습단계 (평가단계)	학습활동	평가 및 자료 존안	행사결과 평가(평가회의), 행사결과보고서 작성, 자료 존안
		교육훈련	새로운 교육프로그램 준비, 교육훈련 실시, 교육훈련의 평가
		적용(피드백)	새로운 이론의 정립, 전파, 행사에의 적용

〈출처〉 이두석, 「경호학개론」, 진영사, 2018, P. 157

51 난이도 하

경호의 조직 − 경호의 객체

대통령 등의 경호에 관한 법률상 '경호대상'에 관한 내용이다. ( )에 들어갈 숫자는?

> 본인의 의사에 반하지 아니하는 경우에 한정하여 퇴임 후 (ㄱ)년 이내의 전직대통령과 그 배우자. 다만, 대통령이 임기 만료 전에 퇴임한 경우와 재직 중 사망한 경우의 경호 기간은 그로부터 (ㄴ)년으로 하고, 퇴임 후 사망한 경우의 경호 기간은 퇴임일부터 기산(起算)하여 (ㄷ)년을 넘지 아니하는 범위에서 사망 후 (ㄹ)년으로 한다.

① ㄱ : 5, ㄴ : 5, ㄷ : 10, ㄹ : 5
② ㄱ : 5, ㄴ : 10, ㄷ : 10, ㄹ : 5
③ ㄱ : 10, ㄴ : 5, ㄷ : 5, ㄹ : 5
④ ㄱ : 10, ㄴ : 5, ㄷ : 10, ㄹ : 5

제시문의 ( )에 들어갈 숫자는 ㄱ : 10, ㄴ : 5, ㄷ : 10, ㄹ : 5이다(대통령 등의 경호에 관한 법률 제4조 제1항 제3호).

관계법령 경호대상(대통령 등의 경호에 관한 법률 제4조)

① 경호처의 경호대상은 다음과 같다.
  1. 대통령과 그 가족
  2. 대통령 당선인과 그 가족
  3. 본인의 의사에 반하지 아니하는 경우에 한정하여 퇴임 후 10년 이내의 전직대통령과 그 배우자. 다만, 대통령이 임기 만료 전에 퇴임한 경우와 재직 중 사망한 경우의 경호 기간은 그로부터 5년으로 하고, 퇴임 후 사망한 경우의 경호 기간은 퇴임일부터 기산(起算)하여 10년을 넘지 아니하는 범위에서 사망 후 5년으로 한다.
  4. 대통령권한대행과 그 배우자
  5. 대한민국을 방문하는 외국의 국가원수 또는 행정수반(行政首班)과 그 배우자
  6. 그 밖에 처장이 경호가 필요하다고 인정하는 국내외 요인(要人)
② 제1항 제1호 또는 제2호에 따른 가족의 범위는 대통령령으로 정한다.
③ 제1항 제3호에도 불구하고 전직대통령 또는 그 배우자의 요청에 따라 처장이 고령 등의 사유로 필요하다고 인정하는 경우에는 5년의 범위에서 같은 호에 규정된 기간을 넘어 경호할 수 있다.

52 난이도 하 |경호업무 수행방법 - 경호작용의 기본 고려요소

경호작용의 기본 고려요소에 관한 설명으로 옳지 않은 것은?

① 자원 - 기본적으로 고려되어야 할 사항에 포함된다.
② 계획수립 - 변화의 가능성 때문에 융통성 있게 한다.
③ 책임 - 경호임무는 명확하게 부여하고, 각각의 임무형태에 대한 책임이 부과된다.
④ **보안 - 수행원과 행사 세부일정은 공개하고, 경호경비상황은 보안을 유지한다.**

> 경호대상자와 수행원, 행사 세부일정, 적용되고 있는 경호경비상황에 관한 정보의 유출은 엄격히 통제되어야 한다.

핵심만콕 경호작용의 기본 고려요소

경호작용의 기본 고려요소로는 다음과 같다. 🗝️ 계·책·자·보

계획수립	모든 형태의 경호임무는 사전에 신중하게 계획되어야 하며, 예기치 않은 변화의 가능성 때문에 경호임무를 계획함에 있어 융통성 있게 수립되어야 한다.
책 임	경호임무는 명확하게 부여되어야 하며, 경호요원들은 각각의 임무형태에 대한 책임이 부과되어야 한다.
자 원	경호대상자를 경호하는 데 소요되는 자원은 경호대상자의 행차, 즉 경호대상자의 대중 앞에서의 노출이나 제반여건에 의해서 필연적으로 노출을 수반하는 행차의 지속시간과 사전 위해첩보 수집 간 획득된 내재적인 위협분석에 따라 결정된다.
보 안	경호대상자와 수행원, 행사 세부일정, 경호경비상황에 관한 보안[정보(註)]의 유출은 엄격히 통제되어야 한다. 경호요원은 이러한 정보를 인가된 자 이외의 사람에게 유출하거나 언급해서는 안 된다.

〈참고〉 김두현,「경호학개론」, 엑스퍼트, 2020, P. 258~259

53 난이도 하 |경호업무 수행방법 - 경호원의 활동수칙

경호원의 활동수칙에 관한 내용으로 옳지 않은 것은?

① 경호대상자에게 스스로 안전에 대처할 수 있도록 일상적 경호수칙을 만들어 경각심을 높이게 한다.
② 경호업무 효율성 향상을 위해 경호대상자의 종교, 병력, 복용하는 약물에 대해서도 파악한다.
③ 위해자와 타협적인 행동을 하지 않는다.
④ **최대한 비노출경호를 위해 권위주의적 자세를 가진다.**

> 경호원은 권위주의적 자세를 배제하고 의전과 예절에 입각한 친절하고 겸손한 자세를 견지해야 한다.

54 난이도 하 ▮경호업무 수행방법 – 경호안전대책

다음 ( )에 들어갈 경호의 안전대책은?

> ○ (ㄱ) : 경호대상자가 이용하는 기구와 물품, 시설 등의 안전상태를 확인하는 활동
> ○ (ㄴ) : 경호대상자에게 위해를 가할 수 있는 위해물질을 안전하게 관리하는 활동
> ○ (ㄷ) : 폭발물 등 각종 유해물을 탐지, 제거하는 활동

① ㄱ : 안전검사, ㄴ : 안전조치, ㄷ : 안전점검

　　제시문의 ( )에 들어갈 경호안전대책작용은 ㄱ : 안전검사, ㄴ : 안전조치, ㄷ : 안전점검이다.

② ㄱ : 안전조치, ㄴ : 안전점검, ㄷ : 안전검사
③ ㄱ : 안전점검, ㄴ : 안전검사, ㄷ : 안전조치
④ ㄱ : 안전조치, ㄴ : 안전검사, ㄷ : 안전점검

핵심만콕　안전대책작용

- 의의 : 행사장 내·외부에 산재한 인적·물적·지리적 취약요소에 대한 안전대책 강구, 행사장 내·외곽 시설물에 대한 폭발물 탐지·제거 및 안전점검, 경호대상자에게 제공되는 각종 음식물에 대한 검식작용 등 통합적 안전작용을 말한다.
- 안전대책의 3대 작용원칙
  - 안전점검 : 폭발물 등 각종 유해물을 탐지·제거하는 활동
  - 안전검사 : 이용하는 기구, 시설 등의 안전상태를 검사하는 것
  - 안전유지 : 안전점검 및 검사가 이루어진 상태를 계속 유지하기 위해 통제하는 것
- 위해요소
  - 인적 위해요소 : 경호대상자에게 위해를 가할 소지가 있는 사람
  - 물적 취약요소 : 경호대상지역 주변에 위치하면서 경호대상자에게 직접 위해를 가할 수 있는 인공물이나, 경호대상자에게 위해를 가할 수 있도록 여건을 제공할 수 있는 자연물
- 안전조치 : 경호행사 시 경호대상자에게 위해를 줄 수 있는 위해물질을 안전하게 관리하는 것
- 안전검측 : 경호대상자에게 위해여건을 제공할 수 있는 자연 및 인공물에 대하여 위해를 가할 수 없는 상태로 전환시키는 작용

〈출처〉김두현, 「경호학개론」, 엑스퍼트, 2020, P. 269~270

55 난이도 하

경호업무 수행방법 - 경호의 특성(선발경호/근접경호)

경호의 특성을 올바르게 구분한 것은?

ㄱ. 예방성	ㄴ. 통합성
ㄷ. 노출성	ㄹ. 예비성
ㅁ. 안전성	ㅂ. 유동성

① 선발경호 : ㄱ, ㄴ, ㄹ, ㅁ, 근접경호 : ㄷ, ㅂ

> 선발경호의 특성은 예방성, 통합성, 안전성, 예비성 등이고, 근접경호의 특성은 노출성, 방벽성, 기동 및 유동성, 기만성, 방호 및 대피성 등이다. 이에 따라 ㄱ, ㄴ, ㄹ, ㅁ은 선발경호의 특성, ㄷ, ㅂ은 근접경호의 특성에 해당한다.

② 선발경호 : ㄱ, ㄷ, ㅂ,   근접경호 : ㄴ, ㄹ, ㅁ
③ 선발경호 : ㄴ, ㄷ, ㅂ,   근접경호 : ㄱ, ㄹ, ㅁ
④ 선발경호 : ㄷ, ㅂ,   근접경호 : ㄱ, ㄴ, ㄹ, ㅁ

56 난이도 하

경호업무 수행방법 - 근접경호의 원칙

근접경호의 원칙에 관한 설명으로 옳지 않은 것은?

① 출입문 통과 시 경호원이 먼저 통과하여 안전을 확인한다.
② 이동 속도는 경호대상자의 보폭 등을 고려한다.
③ 복도, 계단, 보도를 이동할 때에는 경호대상자를 공간의 가장자리로 유도하여 위해 발생 시 여유공간을 확보한다.

> 근접경호원은 복도, 계단, 보도를 이동할 때에는 경호대상자를 공간의 중간으로 유도하여 위해 발생 시 여유공간을 확보해야 한다.

④ 경호원은 경호대상자의 최근접에서 움직이도록 한다.

57 난이도 하 ▮경호업무 수행방법 - 근접경호 업무

근접경호 업무가 아닌 것은?

① 차량대형 형성
② 우발상황 발생 시 대피
③ **행사장에 대한 현장답사**

> 행사장에 대한 현장답사는 사전예방경호활동(선발경호활동)의 내용이다.

④ 돌발상황 발생 시 경호대상자 방호

58 난이도 중 ▮경호업무 수행방법 - 도보대형 형성 시 고려사항

도보대형 형성 시 고려사항은 모두 몇 개인가?

○ 행사장의 안전도
○ 선발경호의 수준
○ 행사의 성격
○ 참석자의 성향
○ 경호대상자의 취향
○ 근접경호원의 인원수

① 3개
② 4개
③ 5개
④ **6개**

> 제시된 내용은 모두 도보대형 형성 시 고려사항에 해당한다.

핵심만콕 근접경호에서 도보대형 형성 시 고려사항★

- **경호대상자의 취향**(내성적·외향적·은둔형·과시형)
- 행사장 주변 감제건물의 취약성
- **행사장 사전예방경호 수준**(행사장의 안전도 및 취약성)
- **행사의 성격**(공식적·비공식적)
- **행사 참석자의 수 및 성향**(우호적 또는 배타적)
- **근접경호원의 수**
- 인적 취약요소와의 이격도
- 물적 취약요소의 위치

〈참고〉 이두석, 「경호학개론」, 진영사, 2018, P. 298 / 김두현, 「경호학개론」, 엑스퍼트, 2020, P. 273

59 난이도 중 　　　　경호업무 수행방법 – 근접경호대형

다음에서 설명하는 경호의 방호대형은?

> ○ 위해의 징후가 현저하거나 직접적인 위해가 가해졌을 때 형성하는 방어대형
> ○ 경호원들이 강력한 스크럼을 형성하여 경호대상자를 에워싸는 형태로 보호하면서 군중 속을 헤치고 나가기 위한 방법

① 개방 대형

　전방에 아무런 위협이 없다는 가정하에 경호대상자와의 간격을 충분히 유지한 채 경호대상자를 노출시키는 대형이다.

② 함몰 대형

　수류탄 혹은 폭발물과 같은 폭발성 화기에 의한 공격을 받았을 때 사용되는 방호대형으로 경호대상자를 지면에 완전히 밀착시키고 그 위에 근접경호원들이 밀착하며 포개어, 경호대상자의 신체가 외부에 노출되지 않도록 이중 삼중으로 방호한다.

③ 일렬 세로 대형

　복도나 통로 등의 좁은 곳에서 이동 시 유리한 대형으로 정면 방향의 공격에 대해 방어가 유리하다는 장점이 있으나, 전방 시야 확보와 대응 화력 면에서 불리하다는 단점이 있다.

④ **방어적 원형 대형**

　제시된 내용은 방어적 원형 대형에 관한 설명이다.

60 난이도 하 　　　　경호업무 수행방법 – 근접경호의 특성

근접경호의 특성 중 기만성에 해당하는 것은?

① 경호대상자의 안전확보를 위해 경고 후 즉각 대피를 실시한다.

　근접경호의 특성 중 대피성에 해당한다.

② 경호원의 체위를 통한 방벽을 구축하였다.

　근접경호의 특성 중 방벽성에 해당한다.

③ **차량대형, 기동시간 등을 변칙적으로 운영하여 위해기도자가 상황을 오판하도록 한다.**

　근접경호의 특성 중 변칙적인 경호기법인 기만성에 관한 설명에 해당한다.

④ 기동수단, 도보대형이 노출되고, 매스컴에 의해 행사일정 등이 알려진다.

　근접경호의 특성 중 노출성에 해당한다.

핵심만콕 근접경호의 특성

노출성	다양한 기동수단과 도보대형에 따라 경호대상자의 행차가 시각적으로 외부에 노출될 뿐만 아니라, 각종 매스컴에 의하여 행사 일정과 장소 및 시간이 대외적으로 알려진 상태에서 업무를 수행해야 하는 특성을 의미
방벽성	근접 도보대형 시 근무자의 체위에 의한 인적 자연방벽 효과와 방탄복 및 각종 방호장비를 이용하여 외부의 공격으로부터 방벽을 구축해야 하는 특성을 의미
기동 및 유동성	근접경호는 주로 도보 또는 차량에 의해 기동 간에 이루어지며 행사 성격이나 주변 여건, 장비의 특성에 따라 능동적(유동적)으로 대처해야 하는 특성을 의미
기만성	변칙적인 경호기법으로 차량대형 기만, 기동시간 기만, 기동로 및 기동수단 기만, 승·하차 지점 기만 등으로 위해기도자로 하여금 행사 상황을 오판하도록 실제 상황을 은폐하고 허위 상황을 제공하여 경호의 효율성을 높이려는 특성을 의미
방호 및 대피성	비상사태 발생 시 범인을 대적하여 제압하는 것보다 반사적이고 신속·과감한 행동으로 경호대상자의 방호 및 대피를 우선해야 한다는 특성을 의미

61 난이도 하 ▎경호업무 수행방법 – 출입자 통제

출입자 통제에 관한 설명으로 옳은 것은?

① 안전구역 설정권 내에 출입하는 인적·물적 제반 요소에 대한 안전활동을 말한다.

> 안전구역 설정권 내에 출입하는 인적·물적 제반 요소에 대한 안전활동을 출입자 통제라고 한다.

② 오관에 의한 검색은 지양하고, 문형 금속탐지기와 휴대용 금속탐지기 등 기계에 의한 검색을 실시한다.

> 검색은 각종 장비와 오관과 육감 등을 이용하여 실시한다.

③ 참석자들의 안전을 고려하여 모든 출입통로를 사용하여 출입통제를 실시한다.

> 행사와 무관한 사람들의 행사장 출입을 통제하고, 그 효과를 극대화하기 위하여 가능한 한 출입구를 단일화하거나 최소화하여 출입자들을 확인·통제하여야 한다.

④ 행사장으로부터 연도경호의 안전거리를 벗어난 주차장일지라도 통제범위에 포함시켜 운영한다.

> 출입자 통제업무는 안전구역 설정권 내에 출입하는 인적·물적 제반 요소에 대한 안전활동이므로, 행사장으로부터 연도경호(노상경호)의 안전거리를 벗어난 주차장이라면 통제범위에 포함되지 않는다고 보아야 한다.

62 난이도 하

경호업무 수행방법 – 출입자 통제업무

출입자 통제업무에 관한 설명으로 옳지 않은 것은?

① 인적 출입관리는 행사장의 모든 출입구에 대한 검색이나 수상한 자의 색출을 목적으로 한다.
② 지연참석자에 대해서는 검색 후 별도 지정된 통로로 출입을 허용한다.
③ 참석자가 시차별로 지정된 출입통로를 통하여 입장하도록 한다.
④ **출입통로 지정은 구역별 통로를 다양화하여 통제의 범위를 넓혀 관리의 효율성을 높인다.**

> 출입통로는 가능한 한 단일 통로를 원칙으로 하나, 행사장 구조, 참가자 수, 참석자 성분 등을 고려하여 수 개의 출입통로를 지정하여 불편요소를 최소화할 수 있다.

63 난이도 하

경호업무 수행방법 – 비표 운용

비표 운용에 관한 설명으로 옳은 것은?

① 보안성 강화를 위해 비표의 종류는 많을수록 좋으며 리본, 명찰 등이 있다.

> 비표의 종류는 적을수록 좋고, 비표의 종류에는 리본, 명찰, 완장, 모자, 배지 등이 있다.

② **구역별로 다른 색상으로 구분하여 비표를 운용하면 통제가 용이하다.**

> 행사 참석자를 위한 비표는 구역별로 그 색상을 달리하면 식별 및 통제가 용이하다.

③ 비표는 식별이 용이하도록 선정하여야 하며, 복잡하게 제작되어야 한다.

> 비표는 모양이나 색상이 원거리에서도 식별이 용이하도록 단순하고 선명하게 제작되어야 한다.

④ 비표는 행사참석자에게 행사일 전에 미리 배포하여 출입혼잡을 예방하여야 한다.

> 비표 관리는 인적 위해요소의 배제를 목표로 하므로 행사 참석자에게도 행사 당일 출입구에서 신원확인 후 비표를 배포하여야 한다.

64 난이도 하
경호업무 수행방법 – 사주경계

사주경계에 관한 설명으로 옳지 않은 것은?

① 시각의 한계를 고려하여 주위경계의 범위를 선정하고, 인접한 경호원과의 경계범위를 중복되지 않게 실시한다.

> 시각의 한계를 고려하여 사주경계(주위경계)의 범위를 선정해야 하고, 인접해 있는 경호원과의 경계범위를 중첩되게 설정하여야 한다.

② 돌발상황을 제외하고는 고개를 심하게 돌리거나 완전히 뒤돌아보는 등의 사주경계를 하지 않는다.
③ 경호대상자의 주위 사람들의 눈과 손, 표정, 행동에 주목하여 경계한다.
④ 사주경계의 대상은 인적·물적·지리적 취약요소들을 총망라해야 한다.

65 난이도 하
경호업무 수행방법 – 우발상황

우발상황에 관한 설명으로 옳은 것을 모두 고른 것은?

> ㄱ. 사전예측이 불가능하므로 즉각조치가 어렵다.
>
> > (O) 사전예측의 불가능(곤란성)은 우발상황의 특성에 해당하며, 이에 따라 즉각조치가 어렵다.
>
> ㄴ. 극도의 혼란과 무질서가 발생한다.
>
> > (O) 무질서와 극도의 혼란 야기는 우발상황의 특성에 해당한다.
>
> ㄷ. 자기보호본능으로 위해가해자에 대한 대적과 제압이 제한적이다.
>
> > (O) 우발상황 발생 시 자기보호본능이 발현되어 위해가해자에 대한 대적과 제압에 영향을 미친다.
>
> ㄹ. 즉각조치의 과정은 경고 – 대피 – 방호의 순서로 전개된다.
>
> > (X) 즉각조치의 과정은 경고 – 방호 – 대피의 순서로 전개된다.

① ㄱ, ㄹ
② ㄱ, ㄴ, ㄷ

> 제시된 내용 중 우발상황에 관한 설명으로 옳은 것은 ㄱ, ㄴ, ㄷ이다.

③ ㄴ, ㄷ, ㄹ
④ ㄱ, ㄴ, ㄷ, ㄹ

66 난이도 하 ▮경호업무 수행방법 – 우발상황 발생 시 대응요령

경호임무 수행 중 우발상황 발생 시 각 경호원의 대응으로 옳은 것을 모두 고른 것은?

- A경호원 : 경호원의 주의력효과 면에서 자신과 군중과의 거리가 가까울수록 유리하다고 판단하였다.

  (○) 경호원의 주의력효과 면에서 군중(경계대상자)과의 거리가 가까울수록 유리하고, 대응효과 면에서 군중과의 거리가 멀수록 유리하다.

  〈참고〉 이두석, 「경호학개론」, 진영사, 2018, P. 165

- B경호원 : 경호대상자를 대피시키기 위해 다소 신체적인 무리가 오더라도 예의를 무시하고 신속하고 과감하게 행동하였다.

  (○) 신속한 대피를 위하여 다소 예의를 무시하더라도 과감하게 행동하여야 한다.

- C경호원 : 수류탄과 같은 폭발성 화기에 의한 공격을 받았을 때 방어적 원형 대형으로 경호대상자를 방호하였다.

  (×) 수류탄 또는 폭발물과 같은 폭발성 화기에 의한 공격을 받았을 때 사용하는 방호대형은 함몰형 대형이다.

① A, B

　제시된 내용 중 우발상황 발생 시 올바른 대응을 한 경호원은 A경호원과 B경호원이다.

② A, C
③ B, C
④ A, B, C

67 난이도 하 ▮경호업무 수행방법 - 차량경호기법

차량경호에 관한 일반적인 상황에 관한 내용이다. 다음 차량의 순서(앞-중간-뒤)로 옳은 것은?

> • A차량 : 기동 간 경호대상자 차량의 방호업무와 경호 지휘업무를 수행하고 있다.
>   <u>A차량은 후미경호차량으로 대형의 뒤에 위치한다.</u>
> • B차량 : 비상사태 시 비상도로를 확보하고 전방에 나타나는 각종 상황에 대한 경계업무를 수행한다.
>   <u>B차량은 선도경호차량으로 대형의 앞에 위치한다.</u>
> • C차량 : 선도차량과 일정한 간격을 유지하고 유사시 선도차량과 같은 방향으로 대피하며, 경호대상자의 최안전을 위해 문은 잠가 둔다.
>   <u>C차량은 경호대상자 차량으로 중간에 위치한다.</u>

① A - B - C
② A - C - B
③ **B - C - A**
   기동경호 대형 시 차량의 순서는 B차량(선도경호차량) - C차량(경호대상자 차량) - A차량(후미경호차량) 순이다.
④ C - A - B

68 난이도 하 ▮경호업무 수행방법 - 검식활동

검식활동에 관한 설명으로 옳지 않은 것은?

① 음식물은 전문요원에 의한 검사를 실시한다.
② 음식물 운반 시에도 근접감시를 실시한다.
③ **안전대책작용으로 사전예방경호이면서 근접경호에 해당된다.**
   검식활동은 안전대책작용으로서 사전예방경호에 해당하나, 경호실시단계에서 이루어지는 근접경호에는 해당하지 않는다.
④ 식재료의 구매, 운반, 저장과정, 조리 등 경호대상자에게 음식물이 제공될 때까지 모든 과정의 위해요소를 제거하는 것이다.

69 난이도 하 | 경호업무 수행방법 - 안전검측활동

안전검측활동에 관한 설명으로 옳은 것은?

① 위해기도자의 입장보다는 경호대상자의 입장에서 검측을 실시한다.

위해기도자의 입장에서 설치장소를 의심하여 검측을 실시해야 한다.

② 가용 인원의 최대 범위에서 중복이 되지 않도록 철저히 실시한다.

검측은 인원 및 장소를 최대한 지원받아 실시하며, 중복되게 점검이 이루어져야 한다.

③ 경호대상자가 짧은 시간 머물 곳을 실시한 후 장시간 머물 곳을 체계적으로 검측한다.

회의실, 오찬장, 휴게실 등 경호대상자가 장시간 머물러 있는 곳을 대상으로 검측을 먼저 실시하고, 통로, 현관 등 경호대상자가 움직이는 경로는 순차적으로 실시한다.

④ 비공식행사에서도 비노출 검측활동을 실시할 수 있다.

검측은 경호계획에 의거하여 공식행사에서 실시함을 원칙으로 하되, 비공식행사에서는 비노출 검측활동을 실시할 수 있다.

핵심만콕 안전검측의 원칙

- 검측은 타 업무보다 우선하며, 예외를 불허하고 선 선발개념으로 실시한다.
- 가용 인원 및 장소는 최대한 지원받아 활용한다.★
- 범인(적)의 입장에서 설치장소를 의심하며 추적한다.★
- 점검은 아래에서 위로, 좌에서 우로 등 일정한 방향으로 체계적으로 점검한다.
- 점과 선에서 실시하되 가까운 곳에서 먼 곳으로, 밖에서 안으로 끝까지 추적한다.★★
- 통로보다는 양 측면을 점검하고 책임구역을 명확히 구분하여 의심나는 곳은 반복하여 실시한다.★
- 검측대상은 외부, 내부, 공중지역, 연도로 구분 실시한다.
- 장비를 이용하되 오감(오관)을 최대한 활용한다.★
- 전자제품은 분해하여 확인하고, 확인이 불가능한 것은 현장에서 제거한다.
- 검측인원의 책임구역을 명확하게 하며, 중복되게 점검이 이루어져야 한다.★
- 검측은 경호계획에 의거하여 공식행사에서 실시함을 원칙으로 하되, 비공식행사에서는 비노출 검측활동을 실시할 수 있다.★
- 회의실, 오찬장, 휴게실 등 경호대상자가 장시간 머물러 있는 곳을 먼저 실시하고, 통로, 현관 등 경호대상자가 움직이는 경로를 순차적으로 실시한다.★★
- 검측실시 후 현장 확보상태에서 지속적인 안전유지를 한다.
- 행사 직전 반입되는 물품 등은 쉽게 소형 폭발물의 은폐가 가능하므로 계속적인 검측을 실시한다.

70 난이도 하 ┃경호복장과 장비 - 경호원의 복제

경호원의 복제에 관한 설명으로 옳지 않은 것을 모두 고른 것은?

> ㄱ. 경호현장의 주변 환경과 조화를 이루는 복장을 선택한다.
>
>> (O) 경호원은 행사의 성격에 따라 주변 환경과 어울리는 복장을 착용하여야 한다.
>
> ㄴ. 경호활동 시 필요한 장비 착용이 가능한 복장을 선택한다.
>
>> (O) 경호복장은 기능적이고 튼튼한 것이어야 한다.
>
> ㄷ. 대통령경호처에 파견된 경찰공무원의 복제는 경찰청장이 정한다.
>
>> (×) 대통령경호처에 파견근무하는 경찰공무원의 복제에 관하여는 <u>경호처장이 정한다</u>(경찰복제에 관한 규칙 제11조, 대통령 등의 경호에 관한 법률 시행령 제34조 제2항).
>
> ㄹ. 행사의 성격에 관계없이 경호대상자의 권위유지를 위한 복장을 선택한다.
>
>> (×) 경호원은 <u>행사의 성격과 장소에 어울리는 복장을 착용하여야</u> 하며, 경호대상자의 권위(품위)유지를 위한 복장(어두운 색상)을 선택하여야 한다.

① ㄱ, ㄴ
② ㄱ, ㄹ
③ ㄴ, ㄹ
④ <u>ㄷ, ㄹ</u>

> 제시된 내용 중 경호원의 복제에 관한 설명으로 옳지 않은 것은 ㄷ과 ㄹ이다.

핵심만콕 경호복장 선택 시 고려사항

- 경호복장은 기능적이고 튼튼한 것이어야 한다.
- 행사의 성격과 장소에 어울리는 복장을 착용한다.
- 경호대상자보다 튀지 않아야 한다.
- <u>어두운 색상일수록 위엄과 권위가 있어 보인다. 주위의 시선을 끌 만한 색상이나 디자인은 지양한다.</u>
- 셔츠는 흰색 계통이 무난하며, 면소재의 제품이 활동하기에 편하다.
- 양말은 어두운 색으로, 발목 위로 올라오는 것을 착용한다.
- 장신구의 착용은 지양한다. 여자 경호원의 경우 장신구를 착용한다면 평범하고 단순한 것으로 선택한다.
- 신발은 장시간 서 있는 근무상황을 고려하여 편하고 잘 벗겨지지 않는 것을 선택한다.

〈출처〉 이두석, 「경호학개론」, 진영사, 2018, P. 247

71 난이도 하 ▌경호복장과 장비 - 경호장비

경호장비에 관한 설명으로 옳지 않은 것은?

① 「대통령 등의 경호에 관한 법률」에서 호신장비와 관련하여 무기에 대한 규정을 두고 있다.

> 대통령 등의 경호에 관한 법률 제19조(무기의 휴대 및 사용)

② 경비원이 사용하는 단봉, 분사기는 호신장비에 포함된다.

> 일반적으로 호신장비는 자신의 생명・신체가 위험상태에 놓였을 때 스스로를 보호하는 데 사용하는 장비를 말하므로, 경비원이 사용하는 단봉, 분사기는 호신장비에 포함된다.

③ 경호업무에서 사용되는 드론은 감시장비에 포함된다.

> 감시장비는 경호임무에 있어 인력부족으로 인한 경호 취약점을 보완하는 수단으로 위해기도자의 침입이나 범죄행위를 사전에 감시하기 위한 장비를 말하며, 감시장비에는 드론, CCTV 등이 포함된다.

❹ 경호현장에서 설치되는 바리케이드나 차량 스파이크 트랩은 인적 방호장비이다.

> 경호현장에서 설치되는 바리케이드나 차량 스파이크 트랩은 인적 방호장비가 아닌 물적, 즉 차량용 방호장비라 평가할 수 있다.

72 난이도 하 ▌경호복장과 장비 - 경호장비

다음에서 설명하는 경호장비는?

○ 유해물질 존재 여부의 검사
○ 시설물의 안전점검
○ 사람이 직접 확인할 수 없는 밀폐공간의 확인

① 호신장비
② 감시장비
③ 방호장비
❹ 검측장비

> 제시문이 설명하는 경호장비는 검측장비이다.

핵심만콕	경호장비의 기능에 따른 분류
호신장비	일반적으로 자신의 생명이나 신체가 위험상태에 놓였을 때 스스로를 보호하는 데 사용하는 장비를 말한다. 여기에는 총기, 경봉, 가스분사기, 전자충격기 등이 있다.
방호장비	경호대상자나 경호대상자가 사용하는 시설물을 보호하기 위한 장치를 말한다. 적의 침입 예상경로를 차단하기 위하여 방벽을 설치·이용하는 것으로 경호방법 중 최후의 예방경호방법이라 할 수 있다. 방호장비는 크게 자연적 방벽과 물리적 방벽으로 나뉜다(단순히 방폭담요, 방폭가방 등을 방호장비로 분류하는 견해도 있다).
기동장비	경호대상자의 경호를 위하여 운용하는 차량·항공기·선박·열차 등의 이동수단을 말한다.
검색·검측장비	검색장비는 위해도구나 위해물질을 찾아내는 데 사용하는 장비를 말하고, 검측장비는 위해물질의 존재 여부를 검사하거나 시설물의 안전점검에 사용하는 도구를 말한다. 일반적으로 검측장비로 통칭하며, 검측장비는 탐지장비, 처리장비, 검측공구로 구분하여 사용한다.
감시장비	위해기도자의 침입이나 범죄행위를 사전에 감시하기 위한 장비(전자파, 초음파, 적외선 등을 이용한 기계장비)를 말한다. 경호임무에 있어 인력부족으로 인한 경호 취약점을 보완하는 수단으로, 감시장비에는 드론, CCTV, 열선감지기, 쌍안경, 망원경, 포대경(M65), TOD(영상감시장비) 등이 있다.
통신장비	경호업무를 수행하는 데 필요한 보고 또는 연락을 위한 통신장비(유선·무선)를 말한다. 경호통신은 신뢰성, 신속성, 정확성, 안전성이 고려되어야 한다. 유선통신장비에는 전화기, 교환기, FAX망, 컴퓨터통신, CCTV 등의 장비가 있으며, 무선통신장비에는 휴대용 무전기(FM-1), 페이징, 차량용 무전기(MR-40V, KSM-2510A, FM-5), 무선전화기, 인공위성 등이 있다.

73 난이도 하
경호의전과 구급법 – 심폐소생술(CPR)

심폐소생술에 관한 내용으로 옳지 않은 것은?

① 심정지 환자는 골든타임 내에 신속하게 심폐소생술을 실시한다.

> 심정지 환자의 경우 기본 인명구조술이 심정지 후 4분 이내 시작되고, 전문 인명구조술이 8분 이내에 시작되어야 높은 소생률을 기대할 수 있다.

② 심폐소생술의 흉부(가슴)압박은 분당 100~120회 속도로 실시한다.

> 심폐소생술의 흉부(가슴)압박은 분당 100~120회 속도로, 5~6cm 깊이로 시행하여야 한다.

❸ 심폐소생술 실시 중 자발적인 호흡으로 회복되어도 계속 흉부(가슴)압박을 실시한다.

> 심폐소생술 실시 중 환자의 맥박과 호흡이 회복된 경우에는 심폐소생술을 종료한다.

④ 인공호흡에 자신이 없는 경우 흉부(가슴)압박을 실시한다.

> 심폐소생술 교육을 받은 적이 없거나, 받았더라도 자신이 없는 경우, 혹은 인공호흡에 대해 거부감을 가진 경우에는 심폐소생술을 시도조차 하지 않는 경우가 많다. 그러나 인공호흡을 하지 않고 가슴압박만 하더라도 아무것도 하지 않을 때보다 심장정지 환자의 생존율을 높일 수 있으므로 2011년 가이드라인부터 '가슴압박소생술(Compression-Only CPR)'을 권장하였다.
>
> 〈출처〉 2020년 한국심폐소생술 가이드라인, 질병관리청·대한심폐소생협회, P. 67

74 난이도 하
▮경호의전과 구급법 – 자동심장충격기(AED)를 사용하는 방법

경호임무 수행 중 자동심장충격기(AED)를 사용하는 방법으로 옳지 않은 것은?

① 전원이 켜져 있는 상태에서 음성 안내에 따라 사용한다.
② 환자의 피부에 땀이나 물기가 있으면 수건 등으로 닦아내고 패드를 부착한다.
③ 제세동 후 소생 징후가 없는 경우 지체 없이 심폐소생술을 실시한다.
④ **긴박한 상황에서 정확한 심장충격을 위해 환자를 붙잡은 상태에서 제세동을 실시한다.**

> 제세동 버튼(쇼크 버튼)을 누르기 전에는 반드시 다른 사람이 환자에게서 떨어져 있는지 확인하여야 하므로, 환자를 붙잡은 상태에서 제세동을 실시해서는 안 된다.

75 난이도 하
▮경호의 환경 – 경호의 환경요인

경호 환경에 관한 설명으로 옳지 않은 것은?

① 국제 관계와 정세로 인하여 해외에서 우리 국민을 대상으로 한 테러위협이 증가되는 것은 특수적 환경요인이다.
② **국민의식과 생활양식의 변화로 경호에 비협조적 경향이 나타나는 것은 특수적 환경요인이다.**

> 국민의식과 생활양식의 변화로 경호에 비협조석 경향이 나타나는 것은 일반적 환경요인이다.

③ 북한의 핵실험 등 도발위협은 특수적 환경요인이다.
④ 과학기술의 발전이 상대적으로 경호 환경을 악화시키는 것은 일반적 환경요인이다.

핵심만콕 경호의 환경

일반적 환경요인	특수적 환경요인
• 국제화 및 개방화 • 경제발전 및 과학기술의 발전 • 정보화 및 범죄의 광역화 • 생활양식과 국민의식의 변화 • 범죄의 다양화와 증가	• 경제전쟁 • 한국의 국제적 지위 향상 등 • 북한의 위협 • 증오범죄의 등장

76 난이도 하 ┃경호의전과 구급법 – 경호원의 직업윤리

경호원의 직업윤리에 관한 내용으로 옳지 않은 것은?

① 경호원으로 준법정신의 자세가 필요하다.
② **경호원은 자율적 규제보다 타율적 규제가 우선시되어야 한다.**

> 경호원의 직업윤리 측면에서 경호원은 법률 등에 의한 타율적 규제보다 자율적 규제가 보다 활성화되어야 한다.

③ 경호대상자의 생명과 재산을 지키기 위한 올바른 가치관을 함양한다.
④ 경호대상자의 안전을 위하여 자기희생의 자세를 갖춘다.

77 난이도 하 ┃경호의전과 구급법 – 경호의전

경호의전에 관한 설명으로 옳지 않은 것은?

① 우리나라의 공식적 국가 의전서열은 대통령 – 국무총리 – 국회의장 – 대법원장 – 헌법재판소장 순이다.

> 우리나라의 비공식적 국가 의전서열은 대통령 – 국회의장 – 대법원장 – 헌법재판소장 – 국무총리 순이다.
> 〈출처〉 김두현, 「경호학개론」, 엑스퍼트, 2020, P. 320

② 공식적인 의전서열을 가지지 않은 사람의 좌석은 당사자의 개인적·사회적 지위 및 연령 등을 고려한다.
③ 우리나라가 주최하는 연회에서는 자국 측 빈객은 동급의 외국 측 빈객보다 하위에 둔다.
④ '상대에 대한 존중과 배려'는 의전의 중요한 원칙 중 하나이다.

78 난이도 중 ┃경호의 환경 – 테러방지법상 용어의 정의

국민보호와 공공안전을 위한 테러방지법상 용어의 정의로 옳지 않은 것은?

① 외국인테러전투원 : 테러를 실행·계획·준비하거나 테러에 참가할 목적으로 국적국인 국가의 테러단체에 가입하기 위하여 이동을 시도하는 외국인

> 외국인테러전투원이란 테러를 실행·계획·준비하거나 테러에 참가할 목적으로 국적국이 아닌 국가의 테러단체에 가입하거나 가입하기 위하여 이동 또는 이동을 시도하는 내국인·외국인을 말한다(테러방지법 제2조 제4호).

② 테러단체 : 국제연합(UN)이 지정한 테러단체

> 테러방지법 제2조 제2호

③ 테러위험인물 : 테러단체의 조직원이거나 테러단체 선전, 테러자금 모금·기부, 그 밖에 테러 예비·음모·선전·선동을 하였거나 하였다고 의심할 상당한 이유가 있는 사람

> 테러방지법 제2조 제3호

④ 대테러조사 : 대테러활동에 필요한 정보나 자료를 수집하기 위하여 현장조사·문서열람·시료채취 등을 하거나 조사대상자에게 자료제출 및 진술을 요구하는 활동

> 테러방지법 제2조 제8호

| 관계법령 | 정의(국민보호와 공공안전을 위한 테러방지법 제2조) |

이 법에서 사용하는 용어의 뜻은 다음과 같다.
1. "테러"란 국가·지방자치단체 또는 외국 정부(외국 지방자치단체와 조약 또는 그 밖의 국제적인 협약에 따라 설립된 국제기구를 포함한다)의 권한행사를 방해하거나 의무 없는 일을 하게 할 목적 또는 공중을 협박할 목적으로 하는 다음 각목의 행위를 말한다.
   [각목 생략]
2. "테러단체"란 국제연합(UN)이 지정한 테러단체를 말한다.
3. "테러위험인물"이란 테러단체의 조직원이거나 테러단체 선전, 테러자금 모금·기부, 그 밖에 테러 예비·음모·선전·선동을 하였거나 하였다고 의심할 상당한 이유가 있는 사람을 말한다.
4. "외국인테러전투원"이란 테러를 실행·계획·준비하거나 테러에 참가할 목적으로 국적국이 아닌 국가의 테러단체에 가입하거나 가입하기 위하여 이동 또는 이동을 시도하는 내국인·외국인을 말한다.
5. "테러자금"이란 「공중 등 협박목적 및 대량살상무기확산을 위한 자금조달행위의 금지에 관한 법률」 제2조 제1호에 따른 공중 등 협박목적을 위한 자금을 말한다.
6. "대테러활동"이란 제1호의 테러 관련 정보의 수집, 테러위험인물의 관리, 테러에 이용될 수 있는 위험물질 등 테러수단의 안전관리, 인원·시설·장비의 보호, 국제행사의 안전확보, 테러위협에의 대응 및 무력진압 등 테러 예방과 대응에 관한 제반 활동을 말한다.
7. "관계기관"이란 대테러활동을 수행하는 국가기관, 지방자치단체, 그 밖에 대통령령으로 정하는 기관을 말한다.
8. "대테러조사"란 대테러활동에 필요한 정보나 자료를 수집하기 위하여 현장조사·문서열람·시료채취 등을 하거나 조사대상자에게 자료제출 및 진술을 요구하는 활동을 말한다.

79 난이도 하   경호의 환경 - 테러방지법상 테러피해에 관한 내용

국민보호와 공공안전을 위한 테러방지법상 테러피해에 관한 내용으로 옳지 않은 것은?

① 국가 또는 지방자치단체는 테러의 피해를 입은 사람에 대하여 치료 및 복구에 필요한 비용의 전부 또는 일부를 지원할 수 있다.

테러방지법 제15조 제2항 본문

② 테러로 인하여 생명의 피해를 입은 사람의 유족에 대해서는 그 피해의 정도에 따라 등급을 정하여 특별위로금을 지급할 수 있다.

테러방지법 제16조 제1항 본문

③ <u>외교부장관의 허가를 받지 아니하고 방문 및 체류가 금지된 국가 또는 지역을 방문·체류한 사람의 테러피해의 치료 및 복구에 필요한 비용도 예외 없이 지원하도록 하고 있다.</u>

<u>「여권법」제17조 제1항 단서에 따른 외교부장관의 허가를 받지 아니하고 방문 및 체류가 금지된 국가 또는 지역을 방문·체류한 사람에 대해서는 치료 및 복구에 필요한 비용의 전부 또는 일부를 지원하지 아니할 수 있다(테러방지법 제15조 제2항 단서).</u>

④ 테러로 인하여 신체 또는 재산의 피해를 입은 국민은 관계기관에 즉시 신고하여야 한다.

테러방지법 제15조 제1항 본문

80 난이도 하 ▮경호의 환경 – 암살

암살에 관한 설명으로 옳지 않은 것은?

① 암살범의 적개심과 과대망상적 사고는 개인적 동기에 해당된다.

> 암살범의 적개심과 과대망상적 사고는 암살범의 심리적 특징 중 하나인데, 암살범의 적개심과 과대망상적 사고가 암살의 동기와 관련하여 개인적 동기에 해당하는지 여부와 과대망상적 사고가 심리적 동기에도 해당하는지 여부가 조현병(정신분열증), 편집병, 조울증 등의 정신병력 문제와 관련하여 문제된다. 일반적으로 암살은 복수, 증오, 분노 또는 지극히 개인적인 동기 등에 의하여 이루어지며, 그 동기는 실제적이거나 또는 상상적일 수 있다. 이에 따라 적개심과 과대망상적 사고를 개인적 동기에 해당한다고 할 수 있다. 그리고 과대망상적 사고는 조현병(정신분열증) 등의 정신병력 문제와 일정한 관계가 있다고 평가할 수 있다. 즉, 조현병의 대표적인 증상은 환각과 망상이며, 망상의 내용은 피해망상, 과대망상부터 신체적 망상에 이르기까지 다양하다. 그러므로 과대망상적 사고를 심리적 동기로 볼 수 있는 측면이 존재한다. 정리하면, 암살범의 '적개심'은 개인적 동기로 볼 수 있으나, '과대망상적 사고'는 개인적 동기 또는 심리적 동기에 해당한다고 볼 수 있으므로 답항 ①의 용어 표현이 비록 정확한 표현인 것은 아니지만, 옳지 않다고 볼 수는 없다.
> 〈참고〉 김두현, 「경호학개론」, 엑스퍼트, 2020, P. 464~471

② <u>뉴테러리즘의 일종으로 불특정 다수를 대상으로 한다.</u>

> 암살은 일반적으로 근대적 테러리즘의 전형이라 할 수 있으며, 특정한 지위에 있는 사람을 대상으로 한다. 학자에 따라 암살의 개념이 다양하지만, "정치적·종교적, 기타 각종 동기에 의해 법에 구애됨이 없이 공적인 지위에 있는 사람을 죽이는 것"이라고 하거나 "정치적·사상적 입장의 상이, 대립에 유래되는 동기에서 일정한 정치적 지위에 있는 사람을 살해하는 일"이라고 정의하기도 한다.
> 〈참고〉 김두현, 「경호학개론」, 엑스퍼트, 2020, P. 464

③ 암살범은 자신을 학대하고 무능력을 비판하는 심리적 특징을 보이는 경우도 있다.

> 암살범의 심리적 특징 중 하나는 자기 자신을 학대하고 대개가 무능력자로서 자신의 무능력을 비판한다는 점이다.
> 〈참고〉 김두현, 「경호학개론」, 엑스퍼트, 2020, P. 469~470

④ 암살범은 암살에 대한 동기가 확연해지면 빠른 수행방법을 모색하는 경향이 있다.

> 암살에 대한 동기가 확연해지면 암살기도자는 암살을 가장 쉽고, 빠르게 수행할 수 있는 방법을 모색하는 경향이 있다.
> 〈참고〉 김두현, 「경호학개론」, 엑스퍼트, 2020, P. 471

2021년 경비업법

문제편 094p

정답 CHECK

01	02	03	04	05	06	07	08	09	10	11	12	13	14	15	16	17	18	19	20
②	①	④	①	④	④	②	③	①	②	④	④	②	④	③	③	③	②	③	①
21	22	23	24	25	26	27	28	29	30	31	32	33	34	35	36	37	38	39	40
②	④	②	④	④	①	①	③	②	④	②	②	②	②	②	①	③	③	①	③

01 난이도 하   ▌경비업법 제14조, 동법 시행령 제20조·제21조 - 특수경비원의 직무 및 무기사용 등

경비업법령상 특수경비원의 직무 및 무기사용 등에 관한 설명으로 옳은 것은?

① 시·도 경찰청장은 국가중요시설에 대한 경비업무의 수행을 위하여 필요하다고 인정하는 때에는 경비업자의 신청에 의하여 무기를 구입한다.

> 시·도 경찰청장은 국가중요시설에 대한 경비업무의 수행을 위하여 필요하다고 인정하는 때에는 <u>시설주의 신청</u>에 의하여 무기를 구입한다(경비업법 제14조 제3항 전문).

② 시설주가 대여받은 무기에 대하여 시설주 및 관할 경찰관서장은 무기의 관리책임을 지고, 관할 경찰관서장은 시설주 및 특수경비원의 무기관리상황을 대통령령이 정하는 바에 따라 지도·감독하여야 한다.

> 시설주가 제4항의 규정에 의하여 대여받은 무기에 대하여 <u>시설주 및 관할 경찰관서장</u>은 무기의 관리책임을 지고, <u>관할 경찰관서장</u>은 시설주 및 특수경비원의 무기관리상황을 대통령령이 정하는 바에 따라 지도·감독하여야 한다(경비업법 제14조 제5항).

③ 시설주는 무기지급의 필요성이 해소되었다고 인정되는 때에는 특수경비원으로부터 24시간 이내에 무기를 회수하여야 한다.

> <u>시설주</u>는 제3항의 규정에 의한 무기지급의 필요성이 해소되었다고 인정되는 때에는 특수경비원으로부터 <u>즉시</u> 무기를 회수하여야 한다(경비업법 시행령 제20조 제4항).

④ 관할 경찰관서장은 시설주 및 특수경비원의 무기관리상황을 매주 1회 이상 점검하여야 한다.

> <u>관할 경찰관서장</u>은 법 제14조 제5항의 규정에 의하여 시설주 및 특수경비원의 무기관리상황을 <u>매월 1회 이상</u> 점검하여야 한다(경비업법 시행령 제21조).

02 난이도 하
경비업법 제13조, 동법 시행령 제18조·제19조 - 경비원의 교육 등

경비업법령상 경비원의 교육 등에 관한 설명으로 옳은 것은? 기출수정

① 경비업자는 일반경비원 신임교육을 받은 사람으로서 채용 전 3년 이내에 경비업무에 종사한 경력이 있는 사람을 일반경비원 신임교육 대상에서 제외할 수 있다.

> 경비업법 시행령 제18조 제2항 제1호

② 경비원이 되려는 사람은 대통령령으로 정하는 교육기관에서 미리 일반경비원 신임교육을 받을 수 없다.

> 경비원이 되려는 사람은 대통령령으로 정하는 교육기관에서 미리 일반경비원 신임교육을 받을 수 있다(경비업법 제13조 제2항).

③ 특수경비업자는 특수경비원으로 하여금 특수경비원 신임교육을 받게 하여서는 아니 된다.

> 특수경비업자는 특수경비원을 채용한 경우 법 제13조 제3항에 따라 해당 특수경비원에게 **특수경비업자의 부담으로** 경비원 교육기관 중 제19조의2 제1항에 따른 특수경비원 교육기관에서 실시하는 **특수경비원 신임교육을 받도록 하여야 한다**(경비업법 시행령 제19조 제1항).

④ 특수경비원의 교육 시 경비업자가 교육기관에 입회하여 행정안전부령이 정하는 바에 따라 지도·감독하여야 한다.

> 특수경비원의 교육 시 관할 경찰서 소속 경찰공무원이 교육기관에 입회하여 대통령령이 정하는 바에 따라 지도·감독하여야 한다(경비업법 제13조 제4항).

03 난이도 하 ┃경비업법 시행령 [별표 1] – 경비업의 시설 등의 기준

경비업법령상 특수경비업의 경비인력 및 자본금의 허가요건으로 옳은 것은?

① 특수경비원 10명 이상, 경비지도사 1명 이상, 자본금 1억원 이상
② 특수경비원 20명 이상, 경비지도사 1명 이상, 자본금 1억원 이상
③ 특수경비원 10명 이상, 경비지도사 1명 이상, 자본금 3억원 이상
④ **특수경비원 20명 이상, 경비지도사 1명 이상, 자본금 3억원 이상**

> 특수경비업은 경비인력으로 특수경비원 20명 이상과 경비지도사 1명 이상, 자본금으로 3억원 이상이 요구된다(경비업법 시행령 [별표 1] 제5호).

관계법령   경비업의 시설 등의 기준(경비업법 시행령 [별표 1]) ★ <개정 2024.12.31.>

시설 등 기준 업무별	경비인력	자본금	시 설	장비 등
1. 시설경비업무	• 일반경비원 10명 이상 • 경비지도사 1명 이상	1억원 이상	기준 경비인력 수 이상을 동시에 교육할 수 있는 교육장	기준 경비인력 수 이상의 경비원 복장 및 경적, 단봉, 분사기
2. 호송경비업무	• 무술유단자인 일반경비원 5명 이상 • 경비지도사 1명 이상	1억원 이상	기준 경비인력 수 이상을 동시에 교육할 수 있는 교육장	• 호송용 차량 1대 이상 • 현금호송백 1개 이상 • 기준 경비인력 수 이상의 경비원 복장 및 경적, 단봉, 분사기
3. 신변보호업무	• 무술유단자인 일반경비원 5명 이상 • 경비지도사 1명 이상	1억원 이상	기준 경비인력 수 이상을 동시에 교육할 수 있는 교육장	• 기준 경비인력 수 이상의 무전기 등 통신장비 • 기준 경비인력 수 이상의 경적, 단봉, 분사기
4. 기계경비업무	• 전자·통신 분야 기술자격증 소지자 5명을 포함한 일반경비원 10명 이상 • 경비지도사 1명 이상	1억원 이상	• 기준 경비인력 수 이상을 동시에 교육할 수 있는 교육장 • 관제시설	• 감지장치·송신장치 및 수신장치 • 출장소별로 출동차량 2대 이상 • 기준 경비인력 수 이상의 경비원 복장 및 경적, 단봉, 분사기
5. 특수경비업무	• 특수경비원 20명 이상 • 경비지도사 1명 이상	3억원 이상	기준 경비인력 수 이상을 동시에 교육할 수 있는 교육장	기준 경비인력 수 이상의 경비원 복장 및 경적, 단봉, 분사기
6. 혼잡·교통유도 경비업무	• 일반경비원 10명 이상 • 경비지도사 1명 이상	1억원 이상	기준 경비인력 수 이상을 동시에 교육할 수 있는 교육장	기준 경비인력 수 이상의 경비원 복장 및 경적, 단봉, 분사기, 무전기, 경광봉

04 난이도 하 | 경비업법 제15조 - 특수경비원의 의무

경비업법령상 특수경비원의 의무에 관한 설명으로 옳은 것은?

① **소속 상사의 허가 또는 정당한 사유 없이 경비구역을 벗어나서는 아니 된다.**

> 특수경비원은 소속 상사의 허가 또는 정당한 사유 없이 경비구역을 벗어나서는 아니 된다(경비업법 제15조 제2항).

② 사람을 향하여 권총 또는 소총을 발사하고자 하는 때에는 인질사건에 있어서 은밀히 작전을 수행하는 경우로서 부득이한 때에도 공포탄에 의한 사격으로 상대방에게 경고하여야 한다.

> 특수경비원은 사람을 향하여 권총 또는 소총을 발사하고자 하는 때에는 미리 구두 또는 공포탄에 의한 사격으로 상대방에게 경고하여야 한다. 다만, 특수경비원을 급습하거나 타인의 생명·신체에 대한 중대한 위험을 야기하는 범행이 목전에 실행되고 있는 등 상황이 급박하여 경고할 시간적 여유가 없는 경우, 인질·간첩 또는 테러사건에 있어서 은밀히 작전을 수행하는 경우로서 부득이한 경우에는 경고하지 아니할 수 있다(경비업법 제15조 제4항 제1호).

③ 무기를 사용하지 아니하고는 타인의 생명·신체에 대한 중대한 위협을 방지할 수 없다고 인정되는 때에는 필요한 최대한의 범위 안에서 이를 사용하여야 한다.

> 특수경비원은 무기를 사용하는 경우에 있어서 범죄와 무관한 다중의 생명·신체에 위해를 가할 우려가 있는 때에는 이를 사용하여서는 아니 된다. 다만, 무기를 사용하지 아니하고는 타인 또는 특수경비원의 생명·신체에 대한 중대한 위협을 방지할 수 없다고 인정되는 때에는 필요한 최소한의 범위 안에서 이를 사용할 수 있다(경비업법 제15조 제4항 제2호).

④ 임산부가 총기 또는 폭발물을 가지고 대항하는 경우에도 임산부에 대하여 소총을 발사하여서는 아니 된다.

> 특수경비원은 임산부가 총기 또는 폭발물을 가지고 대항하는 경우에는 임산부에 대하여 권총 또는 소총을 발사할 수 있다(경비업법 제15조 제4항 제3호 반대해석).

05 난이도 하 | 경비업법 제4조 제3항, 동법 시행령 제5조 제4항 - 경비업의 허가(경비업자의 신고사항)

경비업법령상 경비업자가 시·도 경찰청장에게 신고하여야 하는 경우가 아닌 것은?

① 법인의 출장소를 신설·이전한 경우

> 경비업법 제4조 제3항 제3호

② 정관의 목적을 변경한 경우

> 경비업법 제4조 제3항 제6호, 동법 시행령 제5조 제4항

③ 영업을 폐업하거나 휴업한 경우

> 경비업법 제4조 제3항 제1호

④ **시설경비업무를 개시하거나 종료한 경우**

> 시설경비업무가 아닌 특수경비업무를 개시하거나 종료한 때가 경비업자(경비업의 허가를 받은 법인)가 시·도 경찰청장에게 신고하여야 할 경우에 해당한다(경비업법 제4조 제3항 제5호).

> **관계법령** 경비업의 허가(경비업법 제4조)
>
> ③ 제1항의 규정에 의하여 경비업의 허가를 받은 법인은 다음 각호의 어느 하나에 해당하는 때에는 시·도 경찰청장에게 신고하여야 한다. 〈개정 2024.2.13.〉
>   1. 영업을 폐업하거나 휴업한 때
>   2. 법인의 명칭이나 대표자·임원을 변경한 때
>   3. 법인의 주사무소나 출장소를 신설·이전 또는 폐지한 때
>   4. 기계경비업무의 수행을 위한 관제시설을 신설·이전 또는 폐지한 때
>   5. 특수경비업무를 개시하거나 종료한 때
>   6. 그 밖에 대통령령이 정하는 중요사항을 변경한 때
>
>> **폐업 또는 휴업 등의 신고(경비업법 시행령 제5조)**
>> ④ 법 제4조 제3항 제6호에서 "그 밖에 대통령령이 정하는 중요사항"이라 함은 정관의 목적을 말한다.

06 난이도 하 | 경비업법 제5조 – 임원의 결격사유

경비업법령상 경비업을 영위하는 법인의 임원이 될 수 없는 자는?

① 징역형의 선고를 받고 형이 실효된 자
② 파산선고를 받고 복권된 자
③ 허위의 방법으로 허가를 받아 허가가 취소된 법인의 허가취소 당시의 임원이었던 자로서 그 취소 후 3년이 지난 자
④ 허가받은 경비업무 외의 업무에 경비원을 종사하게 하여 허가가 취소된 법인의 허가취소 당시의 임원이었던 자로서 그 취소 후 3년이 지난 자

> 허가받은 경비업무 외의 업무에 경비원을 종사하게 하여(경비업법 제19조 제1항 제2호) 허가가 취소된 법인의 허가취소 당시의 임원이었던 자로서 허가가 취소된 날부터 5년이 지나지 아니한 자는 경비업을 영위하는 법인의 임원이 될 수 없다(경비업법 제5조 제6호).

> **관계법령** 임원의 결격사유(경비업법 제5조) ★
>
> 다음 각호의 어느 하나에 해당하는 자는 경비업을 영위하는 법인(제4호에 해당하는 자의 경우에는 특수경비업무를 수행하는 법인, 제5호에 해당하는 자의 경우에는 허가취소사유에 해당하는 경비업무와 동종의 경비업무를 수행하는 법인)의 임원이 될 수 없다.
>   1. 피성년후견인
>   2. 파산선고를 받고 복권되지 아니한 자
>   3. 금고 이상의 형의 선고를 받고 그 형이 실효되지 아니한 자
>   4. 이 법 또는 「대통령 등의 경호에 관한 법률」에 위반하여 벌금형의 선고를 받고 3년이 지나지 아니한 자
>   5. 이 법(제19조 제1항 제2호 및 제7호는 제외) 또는 이 법에 의한 명령에 위반하여 허가가 취소된 법인의 허가취소 당시의 임원이었던 자로서 그 취소 후 3년이 지나지 아니한 자
>   6. 제19조 제1항 제2호(허가받은 경비업무 외의 업무에 경비원을 종사하게 한 때) 및 제7호(소속 경비원으로 하여금 경비업무의 범위를 벗어난 행위를 하게 한 때)의 사유로 허가가 취소된 법인의 허가취소 당시의 임원이었던 자로서 허가가 취소된 날부터 5년이 지나지 아니한 자

07 난이도 하 ▮경비업법 제11조, 동법 시행령 제13조 - 경비지도사의 시험 등

경비업법령상 경비지도사의 시험 등에 관한 설명으로 옳지 않은 것은? 기출수정

① 경비지도사는 경비지도사의 결격사유가 없는 자로서 경찰청장이 시행하는 경비지도사 시험에 합격하고 대통령령으로 정하는 바에 따라 경찰청장이 실시하는 기본교육을 받은 자이어야 한다.

> 경비업법 제11조 제1항

② 「군인사법」에 따른 각 군 전투병과 또는 군사경찰병과 부사관 이상 간부로 6년 재직한 사람은 경비지도사 제1차 시험을 면제한다.

> 「군인사법」에 따른 각 군 전투병과 또는 군사경찰병과 부사관 이상 간부로 7년 이상 재직한 사람은 경비지도사 제1차 시험을 면제한다(경비업법 시행령 제13조 제3호).

③ 일반경비지도사의 자격을 취득한 후 기계경비지도사의 시험에 응시하는 사람은 경비지도사 제1차 시험을 면제한다.

> 경비업법 시행령 제13조 제7호

④ 「고등교육법」에 따른 전문대학을 졸업한 사람으로서 재학 중 경비지도사 시험과목을 3과목 이상을 이수하고 졸업한 후 경비업무에 6년 종사한 사람은 경비지도사 제1차 시험을 면제한다.

> 「고등교육법」에 따른 전문대학을 졸업한 사람으로서 재학 중 제12조 제3항에 따른 경비지도사 시험과목을 3과목 이상을 이수하고 졸업한 후 경비업무에 종사한 경력이 5년 이상인 사람은 경비지도사 제1차 시험을 면제한다(경비업법 시행령 제13조 제6호).

관계법령 | 시험의 일부면제(경비업법 시행령 제13조)★

법 제11조(경비지도사의 시험 등) 제3항에 따라 다음 각호의 어느 하나에 해당하는 사람은 경비지도사 제1차 시험을 면제한다.
1. 「경찰공무원법」에 따른 경찰공무원으로 7년 이상 재직한 사람
2. 「대통령 등의 경호에 관한 법률」에 따른 경호공무원 또는 별정직공무원으로 7년 이상 재직한 사람
3. 「군인사법」에 따른 각 군 전투병과 또는 군사경찰병과 부사관 이상 간부로 7년 이상 재직한 사람
4. 「경비업법」에 따른 경비업무에 7년 이상(특수경비업무의 경우에는 3년 이상) 종사하고 행정안전부령으로 정하는 교육과정을 이수한 사람

> **경비지도사 시험의 일부면제(경비업법 시행규칙 제10조)★**
> 영 제13조 제4호에서 "행정안전부령으로 정하는 교육과정을 이수한 사람"이란 다음 각호의 하나에 해당하는 사람을 말한다.
> 1. 고등교육법에 의한 전문대학 이상의 교육기관(경비지도사의 시험과목 3과목 이상이 개설된 교육기관에 한한다)에서 1년 이상의 경비업무관련 과정을 마친 사람
> 2. 경찰청장이 지정하는 기관 또는 단체에서 실시하는 64시간 이상의 경비지도사 양성과정을 마치고 수료시험에 합격한 사람

5. 「고등교육법」에 따른 대학 이상의 학교를 졸업한 사람으로서 재학 중 제12조 제3항에 따른 경비지도사 시험과목을 3과목 이상을 이수하고 졸업한 후 경비업무에 종사한 경력이 3년 이상인 사람
6. 「고등교육법」에 따른 전문대학을 졸업한 사람으로서 재학 중 제12조 제3항에 따른 경비지도사 시험과목을 3과목 이상을 이수하고 졸업한 후 경비업무에 종사한 경력이 5년 이상인 사람

7. 일반경비지도사의 자격을 취득한 후 기계경비지도사의 시험에 응시하는 사람 또는 기계경비지도사의 자격을 취득한 후 일반경비지도사의 시험에 응시하는 사람
8. 「공무원임용령」에 따른 행정직군 교정직렬 공무원으로 7년 이상 재직한 사람

08 난이도 하 ▎경비업법 제2조 - 정의

경비업법령상 용어에 관한 설명으로 옳은 것은?

① "시설경비업무"란 경비대상시설에 설치한 기기에 의하여 감지·송신된 정보를 수신하여 도난·화재 등 위험발생을 방지하는 업무를 말한다.

> 시설경비업무는 경비를 필요로 하는 시설 및 장소(경비대상시설)에서의 도난·화재 그 밖의 혼잡 등으로 인한 위험발생을 방지하는 업무이다(경비업법 제2조 제1호 가목).

② "경비지도사"란 경비원을 지도·감독 및 교육하는 자를 말하며 일반경비지도사와 특수경비지도사로 구분한다.

> "경비지도사"라 함은 경비원을 지도·감독 및 교육하는 자를 말하며 일반경비지도사와 기계경비지도사로 구분한다(경비업법 제2조 제2호).

③ **"특수경비원"은 공항(항공기 포함) 등 대통령령이 정하는 국가중요시설의 경비 및 도난·화재 그 밖의 위험발생을 방지하는 경비업무를 수행하는 자이다.**

> 경비업법 제2조 제3호 나목

④ 110명의 사람이 모이는 문화 행사장은 "집단민원현장"이 아니다.

> 100명 이상의 사람이 모이는 국제·문화·예술·체육 행사장은 집단민원현장에 해당한다(경비업법 제2조 제5호 바목).

관계법령 **정의(경비업법 제2조)★**

이 법에서 사용하는 용어의 정의는 다음과 같다. 〈개정 2024.1.30.〉
1. "경비업"이라 함은 다음 각목의 1에 해당하는 업무(경비업무)의 전부 또는 일부를 도급받아 행하는 영업을 말한다.
   가. 시설경비업무 : 경비를 필요로 하는 시설 및 장소(경비대상시설)에서의 도난·화재 그 밖의 혼잡 등으로 인한 위험발생을 방지하는 업무
   나. 호송경비업무 : 운반 중에 있는 현금·유가증권·귀금속·상품 그 밖의 물건에 대하여 도난·화재 등 위험발생을 방지하는 업무
   다. 신변보호업무 : 사람의 생명이나 신체에 대한 위해의 발생을 방지하고 그 신변을 보호하는 업무
   라. 기계경비업무 : 경비대상시설에 설치한 기기에 의하여 감지·송신된 정보를 그 경비대상시설 외의 장소에 설치한 관제시설의 기기로 수신하여 도난·화재 등 위험발생을 방지하는 업무
   마. 특수경비업무 : 공항(항공기를 포함) 등 대통령령이 정하는 국가중요시설의 경비 및 도난·화재 그 밖의 위험발생을 방지하는 업무
   바. 혼잡·교통유도경비업무 : 도로에 접속한 공사현장 및 사람과 차량의 통행에 위험이 있는 장소 또는 도로를 점유하는 행사장 등에서 교통사고나 그 밖의 혼잡 등으로 인한 위험발생을 방지하는 업무

2. "경비지도사"라 함은 경비원을 지도·감독 및 교육하는 자를 말하며 일반경비지도사와 기계경비지도사로 구분한다.
3. "경비원"이라 함은 제4조 제1항의 규정에 의하여 경비업의 허가를 받은 법인(경비업자)이 채용한 고용인으로서 다음 각목의 1에 해당하는 자를 말한다.
   가. 일반경비원 : 제1호 가목부터 라목까지 및 바목의 경비업무를 수행하는 자
   나. 특수경비원 : 제1호 마목의 경비업무를 수행하는 자
4. "무기"라 함은 인명 또는 신체에 위해를 가할 수 있도록 제작된 권총·소총 등을 말한다.
5. "집단민원현장"이란 다음 각목의 장소를 말한다.
   가. 「노동조합 및 노동관계조정법」에 따라 노동관계 당사자가 노동쟁의 조정신청을 한 사업장 또는 쟁의행위가 발생한 사업장
   나. 「도시 및 주거환경정비법」에 따른 정비사업과 관련하여 이해대립이 있어 다툼이 있는 장소
   다. 특정 시설물의 설치와 관련하여 민원이 있는 장소
   라. 주주총회와 관련하여 이해대립이 있어 다툼이 있는 장소
   마. 건물·토지 등 부동산 및 동산에 대한 소유권·운영권·관리권·점유권 등 법적 권리에 대한 이해대립이 있어 다툼이 있는 장소
   바. 100명 이상의 사람이 모이는 국제·문화·예술·체육 행사장
   사. 「행정대집행법」에 따라 대집행을 하는 장소

09 난이도 중   ▎경비업법 제10조 - 경비지도사 및 경비원의 결격사유

경비업법령상 경비지도사 및 경비원의 결격사유에 해당하지 않는 것은?

① 벌금형의 선고유예를 받고 그 유예기간이 끝난 날부터 5년이 지나지 아니한 자

> 금고 이상의 형의 집행유예선고를 받고 그 유예기간 중에 있는 자가 경비지도사 및 경비원의 결격사유이고, 금고 이상의 형의 선고유예를 받고 그 유예기간 중에 있는 자는 특수경비원의 결격사유에 해당한다(경비업법 제10조 제1항 제4호, 제2항 제3호·제4호).

② 징역 3년의 실형의 선고를 받고 그 집행이 면제된 날부터 5년이 지나지 아니한 자

> 금고 이상의 실형의 선고를 받고 그 집행이 면제된 날부터 5년이 지나지 아니한 자는 경비지도사 또는 경비원이 될 수 없다(경비업법 제10조 제1항 제3호·제2항 제3호).

③ 「형법」제114조(범죄단체 등의 조직)의 죄를 범하여 벌금형을 선고받은 날부터 5년이 지나지 아니한 자

> 「형법」제114조의 죄를 범하여 벌금형을 선고받은 날부터 10년이 지나지 아니한 자는 경비지도사 또는 경비원이 될 수 없다(경비업법 제10조 제1항 제5호 가목·제2항 제3호).

④ 「형법」제297조(강간)의 죄를 범하여 치료감호를 선고받고 그 집행이 종료된 날 또는 집행이 면제된 날부터 5년이 지나지 아니한 자

> 「형법」제297조의 죄를 범하여 치료감호를 선고받고 그 집행이 종료된 날 또는 집행이 면제된 날부터 10년이 지나지 아니한 자는 경비지도사 또는 경비원이 될 수 없다(경비업법 제10조 제1항 제7호·제2항 제3호).

| 관계법령 | 경비지도사 및 경비원의 결격사유(경비업법 제10조) ★★ |

① 다음 각호의 어느 하나에 해당하는 자는 경비지도사 또는 일반경비원이 될 수 없다.
  1. 18세 미만인 사람, 피성년후견인
  2. 파산선고를 받고 복권되지 아니한 자
  3. 금고 이상의 실형의 선고를 받고 그 집행이 종료(집행이 종료된 것으로 보는 경우를 포함)되거나 집행이 면제된 날부터 5년이 지나지 아니한 자
  4. 금고 이상의 형의 집행유예선고를 받고 그 유예기간 중에 있는 자
  5. 다음 각목의 어느 하나에 해당하는 죄를 범하여 벌금형을 선고받은 날부터 10년이 지나지 아니하거나 금고 이상의 형을 선고받고 그 집행이 종료된(종료된 것으로 보는 경우를 포함) 날 또는 집행이 유예·면제된 날부터 10년이 지나지 아니한 자
    가. 「형법」 제114조의 죄
    나. 「폭력행위 등 처벌에 관한 법률」 제4조의 죄
    다. 「형법」 제297조, 제297조의2, 제298조부터 제301조까지, 제301조의2, 제302조, 제303조, 제305조, 제305조의2의 죄
    라. 「성폭력범죄의 처벌 등에 관한 특례법」 제3조부터 제11조까지 및 제15조(제3조부터 제9조까지의 미수범만 해당)의 죄
    마. 「아동·청소년의 성보호에 관한 법률」 제7조 및 제8조의 죄
    바. 다목부터 마목까지의 죄로서 다른 법률에 따라 가중처벌되는 죄
  6. 다음 각목의 어느 하나에 해당하는 죄를 범하여 벌금형을 선고받은 날부터 5년이 지나지 아니하거나 금고 이상의 형을 선고받고 그 집행이 유예된 날부터 5년이 지나지 아니한 자
    가. 「형법」 제329조부터 제331조까지, 제331조의2 및 제332조부터 제343조까지의 죄
    나. 가목의 죄로서 다른 법률에 따라 가중처벌되는 죄
    다. 삭제 〈2014.12.30.〉
    라. 삭제 〈2014.12.30.〉
  7. 제5호 다목부터 바목까지의 어느 하나에 해당하는 죄를 범하여 치료감호를 선고받고 그 집행이 종료된 날 또는 집행이 면제된 날부터 10년이 지나지 아니한 자 또는 제6호 각목의 어느 하나에 해당하는 죄를 범하여 치료감호를 선고받고 그 집행이 면제된 날부터 5년이 지나지 아니한 자
  8. 이 법이나 이 법에 따른 명령을 위반하여 벌금형을 선고받은 날부터 5년이 지나지 아니하거나 금고 이상의 형을 선고받고 그 집행이 유예된 날부터 5년이 지나지 아니한 자
② 다음 각호의 어느 하나에 해당하는 자는 특수경비원이 될 수 없다.
  1. 18세 미만이거나 60세 이상인 사람 또는 피성년후견인
  2. 심신상실자, 알코올 중독자 등 대통령령으로 정하는 정신적 제약이 있는 자
  3. 제1항 제2호부터 제8호까지의 어느 하나에 해당하는 자
  4. 금고 이상의 형의 선고유예를 받고 그 유예기간 중에 있는 자
  5. 행정안전부령으로 정하는 신체조건에 미달되는 자

10 난이도 하 ▌경비업법 제12조, 동법 시행령 제16조·제17조·[별표 3] – 경비지도사의 선임 등

경비업법령상 경비지도사의 선임 등에 관한 설명으로 옳지 않은 것은? 기출수정

① 경비현장에 배치된 경비원에 대한 순회점검 및 감독의 직무는 선임된 경비지도사의 직무에 해당한다.

> 경비업법 제12조 제2항 제2호

② <u>경비업자는 선임·배치된 경비지도사가 자격정지의 사유로 그 직무를 수행할 수 없는 때에는 7일 이내에 경비지도사를 새로이 충원하여야 한다.</u>

> 경비업자는 선임·배치된 경비지도사에 결원이 있거나 자격정지 등의 사유로 그 직무를 수행할 수 없는 때에는 15일 이내에 경비지도사를 새로이 충원하여야 한다(경비업법 시행령 제16조 제2항).

③ 경비지도사는 경비원에 대한 교육을 실시하고, 행정안전부령으로 정하는 경비원 직무교육 실시대장에 그 내용을 기록하여 2년간 보존하여야 한다.

> 경비업법 시행령 제17조 제3항

④ 경비지도사가 선임·배치된 시·도 경찰청의 관할구역과 경계를 맞닿아 인접한 시·도 경찰청의 관할구역에 배치된 경비원이 30명 이하인 경우에는 경비지도사를 따로 선임·배치하지 않을 수 있다.

> 경비업법 시행령 [별표 3] 제2호 전문

11 난이도 하 ▌경비업법 시행령 제9조 – 기계경비업자의 관리 서류

경비업법령상 기계경비업자의 출장소별 관리 서류에 관한 설명으로 옳지 않은 것은?

① 기계경비지도사의 명단·배치일자·배치장소와 출동차량의 대수를 기재한 서류를 갖추어 두어야 한다.

> 경비업법 시행령 제9조 제1항 제2호

② 오경보인 경우 오경보가 발생한 경비대상시설 및 그 오경보에 대한 조치의 결과를 기재한 서류를 갖추어 두어야 한다.

> 경비업법 시행령 제9조 제1항 제4호

③ 경보의 수신 및 현장도착 일시와 조치의 결과를 기재한 서류를 갖추어 두어야 한다.

> 경비업법 시행령 제9조 제1항 제3호

④ <u>오경보에 대한 조치의 결과를 기재한 서류는 당해 경보를 수신한 날부터 2년간 이를 보관하여야 한다.</u>

> 제1항 제3호(경보의 수신 및 현장도착 일시와 조치의 결과) 및 제4호(오경보인 경우 오경보가 발생한 경비대상시설 및 그 오경보에 대한 조치의 결과)의 규정에 의한 사항을 기재한 서류는 당해 경보를 수신한 날부터 1년간 이를 보관하여야 한다(경비업법 시행령 제9조 제2항).

> **관계법령** 기계경비업자의 관리 서류(경비업법 시행령 제9조)
>
> ① 기계경비업자는 출장소별로 다음 각호의 사항을 기재한 서류를 갖추어 두어야 한다.
>   1. 경비대상시설의 명칭·소재지 및 경비계약기간
>   2. 기계경비지도사의 명단·배치일자·배치장소와 출동차량의 대수
>   3. 경보의 수신 및 현장도착 일시와 조치의 결과(1년)
>   4. 오경보인 경우 오경보가 발생한 경비대상시설 및 그 오경보에 대한 조치의 결과(1년)
> ② 제1항 제3호 및 제4호의 규정에 의한 사항을 기재한 서류는 당해 경보를 수신한 날부터 1년간 이를 보관하여야 한다.

12 난이도 하   ▎경비업법 시행령 제31조의2 - 민감정보 및 고유식별정보의 처리

경비업법령상 경찰청장 등이 처리할 수 있는 민감정보 및 고유식별정보가 아닌 것은?

① 건강에 관한 정보
② 범죄경력자료에 해당하는 정보
③ 주민등록번호 또는 외국인등록번호가 포함된 자료
④ 신용카드사용내역이 포함된 자료

> 신용카드사용내역이 포함된 자료는 경비업법령상 경찰청장 등이 처리할 수 있는 민감정보 및 고유식별정보에 해당하지 않는다(경비업법 시행령 제31조의2).

> **관계법령** 민감정보 및 고유식별정보의 처리(경비업법 시행령 제31조의2)
>
> 경찰청장, 시·도 경찰청장, 경찰서장 및 경찰관서장(제31조에 따라 경찰청장 및 경찰관서장의 권한을 위임·위탁받은 자를 포함한다)은 다음 각호의 사무를 수행하기 위하여 불가피한 경우「개인정보보호법」제23조에 따른 건강에 관한 정보(제1호의2 및 제4호의 사무로 한정한다), 같은 법 시행령 제18조 제2호에 따른 범죄경력자료에 해당하는 정보(제1호의2 및 제9호의 사무로 한정한다), 같은 영 제19조 제1호 또는 제4호에 따른 주민등록번호 또는 외국인등록번호가 포함된 자료를 처리할 수 있다. 〈개정 2024.8.13.〉
>   1. 법 제4조 및 제6조에 따른 경비업의 허가 및 갱신허가 등에 관한 사무
>   1의2. 법 제5조 및 제10조에 따른 임원, 경비지도사 및 경비원의 결격사유 확인에 관한 사무
>   2. 법 제11조에 따른 경비지도사 시험 등에 관한 사무
>   2의2. 법 제12조의2에 따른 경비지도사의 선임·해임 신고에 관한 사무
>   3. 법 제13조에 따른 경비원의 교육 등에 관한 사무
>   4. 법 제14조에 따른 특수경비원의 직무 및 무기사용 등에 관한 사무
>   5. 삭제 〈2021.7.13.〉
>   6. 법 제18조에 따른 경비원 배치허가 등에 관한 사무
>   7. 법 제19조 및 제20조에 따른 행정처분에 관한 사무
>   8. 법 제24조에 따른 경비업자 및 경비지도사의 지도·감독에 관한 사무
>   9. 법 제25조에 따른 보안지도·점검 및 보안측정에 관한 사무
>   10. 삭제 〈2022.12.20.〉

13 난이도 하 | 경비업법 제18조 제2항 – 경비원의 명부와 배치허가 등(경비원의 배치허가)

경비업법령상 경비원의 배치에 관한 설명으로 옳지 않은 것은?

① 시설경비업무 중 집단민원현장에 일반경비원을 배치하는 경우에는 배치하기 48시간 전까지 배치허가를 신청하여야 한다.

> 경비업법 제18조 제2항 단서 제1호

② **신변보호업무 중 집단민원현장에 일반경비원을 배치하는 경우에는 배치하기 전까지 배치허가를 신청하여야 한다.**

> 신변보호업무 중 집단민원현장에 일반경비원을 배치하는 경우에는 배치하기 48시간 전까지 행정안전부령으로 정하는 바에 따라 배치허가를 신청하여야 한다(경비업법 제18조 제2항 단서 제1호).

③ 집단민원현장이 아닌 곳에서 신변보호업무를 수행하는 일반경비원을 배치하는 경우에는 경비원을 배치하기 전까지 신고하여야 한다.

> 경비업법 제18조 제2항 단서 제2호

④ 특수경비원을 배치하는 경우에는 경비원을 배치하기 전까지 신고하여야 한다.

> 경비업법 제18조 제2항 단서 제3호

관계법령 　**경비원의 명부와 배치허가 등(경비업법 제18조)**

② 경비업자가 경비원을 배치하거나 배치를 폐지한 경우에는 행정안전부령으로 정하는 바에 따라 관할 경찰관서장에게 신고하여야 한다. 다만, 다음 제1호의 경우에는 경비원을 배치하기 48시간 전까지 행정안전부령으로 정하는 바에 따라 배치허가를 신청하고, 관할 경찰관서장의 배치허가를 받은 후에 경비원을 배치하여야 하며(제2호 및 제3호의 경우에는 경비원을 배치하기 전까지 신고하여야 한다), 이 경우 관할 경찰관서장은 배치허가를 함에 있어 필요한 조건을 붙일 수 있다. 〈개정 2025.1.7.〉
1. 제2조 제1호에 따른 시설경비업무, 신변보호업무 또는 혼잡·교통유도경비업무 중 집단민원현장에 배치된 일반경비원
2. 집단민원현장이 아닌 곳에서 제2조 제1호 다목의 규정에 의한 신변보호업무를 수행하는 일반경비원
3. 특수경비원

14 난이도 하 | 경비업법 제18조 제3항, 동법 시행령 제22조 - 경비원의 명부와 배치허가 등(배치 불허가 기준)

경비업법령상 관할 경찰관서장이 집단민원현장에 일반경비원 배치허가 신청을 받은 경우에 배치허가를 하여서는 아니 되는 경우로 옳지 않은 것은?

① 경비업무의 범위를 벗어난 행위를 할 우려가 있는 경우

> 경비업법 제18조 제3항 제1호

② 결격자가 100분의 21 이상 포함되어 있는 경우

> 경비업법 제18조 제3항 제2호, 동법 시행령 제22조

③ 경비원의 복장·장비 등에 대하여 내려진 필요한 명령을 이행하지 아니하는 경우

> 경비업법 제18조 제3항 제3호

④ <u>직무교육</u>을 받지 아니한 사람이 대통령령으로 정하는 기준 이상으로 포함되어 있는 경우

> 직무교육이 아닌 <u>신입교육을 받지 아니한 사람</u>이 대통령령으로 정하는 기준 이상으로 포함되어 있는 경우가 배치 불허가 기준에 해당한다(경비업법 제18조 제3항 제2호).

관계법령 　**경비원의 명부와 배치허가 등(경비업법 제18조)★**

③ 관할 경찰관서장은 제2항 각호 외의 부분 단서에 따른 배치허가 신청을 받은 경우 다음 각호의 사유에 해당하는 때에는 배치허가를 하여서는 아니 된다. 이 경우 관할 경찰관서장은 다음 각호의 사유를 확인하기 위하여 소속 경찰관으로 하여금 그 배치장소를 방문하여 조사하게 할 수 있다.
1. 제15조의2 제1항 및 제2항을 위반하여 경비업무의 범위를 벗어난 행위를 할 우려가 있는 경우
2. 경비원 중 제10조 제1항 또는 제2항에 해당하는 결격자나 제13조에 따른 신임교육을 받지 아니한 사람이 대통령령으로 정하는 기준 이상으로 포함되어 있는 경우

> **집단민원현장 배치 불허가 기준(경비업법 시행령 제22조)**
> 법 제18조 제3항 제2호에서 "대통령령으로 정하는 기준"이란 100분의 21을 말한다.

3. 제24조에 따라 경비원의 복장·장비 등에 대하여 내려진 필요한 명령을 이행하지 아니하는 경우

15 난이도 하 경비업법 제16조 내지 제16조의3 - 경비원의 복장, 장비, 출동차량 등

경비업법령상 경비원의 복장, 장비, 출동차량 등에 관한 설명으로 옳지 않은 것은?

① 경비원은 근무 중 경적, 단봉, 분사기 등 장비를 휴대할 수 있다.

> 경비원이 휴대할 수 있는 장비의 종류는 경적·단봉·분사기 등 행정안전부령으로 정하되, 근무 중에만 이를 휴대할 수 있다(경비업법 제16조의2 제1항).

② 경비업자는 경비업무 수행 시 경비원에게 소속 경비업체를 표시한 이름표를 부착하도록 하여야 한다.

> 경비업자는 경비업무 수행 시 경비원에게 소속 경비업체를 표시한 이름표를 부착하도록 하고, 제1항에 따라 신고된 동일한 복장을 착용하게 하여야 하며, 복장에 소속 회사를 오인할 수 있는 표시를 하거나 다른 회사의 복장을 착용하게 하여서는 아니 된다(경비업법 제16조 제2항 본문).

③ 집단민원현장에서 신변보호업무를 수행하는 경우에는 동일한 복장을 착용하지 아니할 수 있다.

> 경비업법 제16조 제2항 단서(집단민원현장이 아닌 곳에서 신변보호업무를 수행하는 경우 또는 경비업무의 성격상 부득이한 사유가 있어 관할 경찰관서장이 허용하는 경우에는 그러하지 아니하다)의 반대해석상 경비업자는 경비원이 집단민원현장에서 신변보호업무를 수행하는 경우에는 동일한 복장을 착용하게 하여야 한다.

④ 경비업자는 출동차량 등의 도색 및 표지를 경찰차량 및 군차량과 명확히 구별될 수 있게 하여야 한다.

> 경비업법 제16조의3 제1항

16 난이도 하 경비업법 제23조, 동법 시행령 제27조 - 공제사업

경비업법령상 경비협회의 공제사업에 관한 설명으로 옳지 않은 것은?

① 경비협회는 경비업자가 경비업을 운영할 때 필요한 입찰보증을 위한 공제사업을 할 수 있다.

> 경비업법 제23조 제1항 제2호

② 공제규정에는 공제사업의 범위, 공제계약의 내용 등 공제사업의 운영에 관하여 필요한 사항을 정하여야 한다.

> 경비업법 제23조 제3항

③ 경찰청장은 공제규정을 승인하는 경우에는 미리 금융감독원과 협의하여야 한다.

> 경찰청장은 공제규정을 승인하거나 공제사업의 감독에 관한 기준을 정하는 경우에는 미리 금융위원회와 협의하여야 한다(경비업법 제23조 제5항).

④ 공제사업을 하는 경우 공제사업의 회계는 다른 사업의 회계와 구분하여 경리하여야 한다.

> 협회는 법 제23조 제1항의 규정에 의하여 공제사업을 하는 경우 공제사업의 회계는 다른 사업의 회계와 구분하여 경리하여야 한다(경비업법 시행령 제27조 제1항).

관계법령 공제사업(경비업법 제23조) ★

① 경비협회는 다음 각호의 공제사업을 할 수 있다.
  1. 제26조에 따른 경비업자의 손해배상책임을 보장하기 위한 사업
  2. 경비업자가 경비업을 운영할 때 필요한 입찰보증, 계약보증(이행보증을 포함), 하도급보증을 위한 사업
  3. 경비원의 복지향상과 업무상 재해로 인한 손실을 보상하는 사업
  4. 경비업무와 관련한 연구 및 경비원 교육·훈련에 관한 사업
② 경비협회는 제1항의 규정에 의한 공제사업을 하고자 하는 때에는 공제규정을 제정하여야 한다.
③ 제2항의 공제규정에는 공제사업의 범위, 공제계약의 내용, 공제금, 공제료 및 공제금에 충당하기 위한 책임준비금 등 공제사업의 운영에 관하여 필요한 사항을 정하여야 한다.
④ 경찰청장은 제1항에 따른 공제사업의 건전한 육성과 가입자의 보호를 위하여 공제사업의 감독에 관한 기준을 정할 수 있다.
⑤ 경찰청장은 제2항에 따른 공제규정을 승인하거나 제4항에 따라 공제사업의 감독에 관한 기준을 정하는 경우에는 미리 금융위원회와 협의하여야 한다.
⑥ 경찰청장은 제1항에 따른 공제사업에 대하여 「금융위원회의 설치 등에 관한 법률」에 따른 금융감독원의 원장에게 검사를 요청할 수 있다.

17 난이도 하   경비업법 시행령 [별표 4] - 행정처분 기준(일반기준)

경비업법령상 행정처분의 일반기준에 관한 설명으로 옳은 것은?

① 행정처분이 영업정지인 경우에는 가중하거나 감경할 수 없다.

> 제2호(개별기준)에 따른 행정처분이 영업정지인 경우에는 위반행위의 동기, 내용 및 위반의 정도 등을 고려하여 가중하거나 감경할 수 있다(경비업법 시행령 [별표 4] 제1호 가목).

② 위반행위가 2 이상인 경우로서 그에 해당하는 각각의 처분기준이 다른 경우에는 그중 경한 처분기준에 따른다.

> 위반행위가 2 이상인 경우로서 그에 해당하는 각각의 처분기준이 다른 경우에는 그중 중한 처분기준에 따른다(경비업법 시행령 [별표 4] 제1호 나목 본문 전단).

③ 위반행위의 횟수에 따른 행정처분 기준 적용일은 위반행위에 대한 행정처분일과 그 처분 후의 위반행위가 다시 적발된 날을 기준으로 한다.

> 경비업법 시행령 [별표 4] 제1호 다목 후문

④ 영업정지처분에 해당하는 위반행위가 적발된 날 이전 최근 2년간 같은 위반행위로 3회 이상 영업정지처분을 받은 경우에는 그 위반행위에 대한 행정처분 기준은 허가취소로 한다.

> 영업정지처분에 해당하는 위반행위가 적발된 날 이전 최근 2년간 같은 위반행위로 2회 영업정지처분을 받은 경우에는 제2호(개별기준)의 기준에도 불구하고 그 위반행위에 대한 행정처분 기준은 허가취소로 한다(경비업법 시행령 [별표 4] 제1호 라목).

18 난이도 중 | 경비업법 시행령 [별표 4] - 행정처분 기준(개별기준)

경비업법령상 행정처분의 기준이 3차 위반 시 영업정지 3개월인 위반행위에 해당하는 것은?

① 집단민원현장에 일반경비원 명부를 작성·비치하지 않은 때

  3차 위반 시 행정처분은 허가취소이다(경비업법 시행령 [별표 4] 제2호 타목). ▶ 1·3·취

② **경비원의 복장 등에 관한 규정을 위반한 때**

  3차 위반 시 행정처분은 영업정지 3개월이다(경비업법 시행령 [별표 4] 제2호 자목). ▶ 경·1·3

③ 손해를 배상하지 않은 때

  3차 위반 시 행정처분은 영업정지 6개월이다(경비업법 시행령 [별표 4] 제2호 너목). ▶ 경·3·6

④ 경비대상시설에 관한 경보 대응체제를 갖추지 않은 때

  3차 위반 시 행정처분은 영업정지 1개월이다(경비업법 시행령 [별표 4] 제2호 라목). ▶ 경·경·1

관계법령 행정처분 기준(경비업법 시행령 [별표 4]) ★

2. 개별기준

위반행위	해당 법조문	행정처분 기준		
		1차 위반	2차 위반	3차 이상 위반
가. 법 제4조 제1항 후단을 위반하여 시·도 경찰청장의 허가 없이 경비업무를 변경한 때	법 제19조 제2항 제1호	경고	영업정지 6개월	허가취소
나. 법 제7조 제2항을 위반하여 도급을 의뢰받은 경비업무가 위법한 것임에도 이를 거부하지 않은 때	법 제19조 제2항 제2호	영업정지 1개월	영업정지 3개월	허가취소
다. 법 제7조 제6항을 위반하여 경비지도사를 집단민원현장에 선임·배치하지 않은 때	법 제19조 제2항 제3호	영업정지 1개월	영업정지 3개월	허가취소
라. 법 제8조를 위반하여 경비대상시설에 관한 경보 대응체제를 갖추지 않은 때	법 제19조 제2항 제4호	경고	경고	영업정지 1개월
마. 법 제9조 제2항을 위반하여 관련 서류를 작성·비치하지 않은 때	법 제19조 제2항 제5호	경고	경고	영업정지 1개월
바. 법 제10조 제3항을 위반하여 결격사유에 해당하는 경비원을 배치하거나 결격사유에 해당하는 경비지도사를 선임·배치한 때	법 제19조 제2항 제6호	영업정지 1개월	영업정지 3개월	허가취소
사. 법 제12조 제1항을 위반하여 경비지도사를 선임한 때	법 제19조 제2항 제7호	영업정지 1개월	영업정지 3개월	허가취소
아. 법 제13조를 위반하여 경비원으로 하여금 교육을 받게 하지 않은 때	법 제19조 제2항 제8호	경고	경고	영업정지 1개월
자. 법 제16조에 따른 경비원의 복장 등에 관한 규정을 위반한 때	법 제19조 제2항 제9호	경고	영업정지 1개월	**영업정지 3개월**
차. 법 제16조의2에 따른 경비원의 장비 등에 관한 규정을 위반한 때	법 제19조 제2항 제10호	경고	영업정지 1개월	영업정지 3개월

카. 법 제16조의3에 따른 경비원의 출동차량 등에 관한 규정을 위반한 때	법 제19조 제2항 제11호	경고	영업정지 1개월	영업정지 3개월	
타. 법 제18조 제1항 단서를 위반하여 <u>집단민원현장에 일반경비원 명부를 작성·비치하지 않은 때</u>	법 제19조 제2항 제12호	영업정지 1개월	영업정지 3개월	허가취소	
파. 법 제18조 제2항 각호 외의 부분 단서를 위반하여 배치허가를 받지 아니하고 경비원을 배치하거나 경비원 명단 및 배치일시·배치장소 등 배치허가 신청의 내용을 거짓으로 한 때	법 제19조 제2항 제13호	영업정지 1개월	영업정지 3개월	허가취소	
하. 법 제18조 제6항을 위반하여 결격사유에 해당하는 일반경비원을 집단민원현장에 배치한 때	법 제19조 제2항 제14호	영업정지 1개월	영업정지 3개월	허가취소	
거. 법 제24조에 따른 감독상 명령에 따르지 않은 때	법 제19조 제2항 제15호	경고	영업정지 3개월	허가취소	
너. 법 제26조를 위반하여 손해를 배상하지 않은 때	법 제19조 제2항 제16호	경고	영업정지 3개월	영업정지 6개월	

19 난이도 하 ▮경비업법 제20조 - 경비지도사자격의 취소 등

경비업법령상 경비지도사자격의 취소사유에 해당하지 않는 것은?

① 허위 그 밖의 부정한 방법으로 경비지도사자격증을 교부받은 때
② 경비지도사자격증을 다른 사람에게 빌려주거나 양도한 때
③ **경찰청장 또는 시·도 경찰청장의 명령을 위반한 때**

> 경찰청장 또는 시·도 경찰청장의 명령을 위반한 때는 <u>경비지도사자격의 정지사유에 해당한다</u>(경비업법 제20조 제2항 제2호).

④ 자격정지 기간 중에 경비지도사로 선임되어 활동한 때

관계법령 경비지도사자격의 취소 등(경비업법 제20조)

① 경찰청장은 경비지도사가 다음 각호의 어느 하나에 해당하는 때에는 그 자격을 취소하여야 한다. 〈개정 2024.2.13.〉
　1. 제10조 제1항 각호의 결격사유에 해당하게 된 때
　2. 허위 그 밖의 부정한 방법으로 경비지도사자격증을 교부받은 때
　3. 경비지도사자격증을 다른 사람에게 빌려주거나 양도한 때
　4. 자격정지 기간 중에 경비지도사로 선임되어 활동한 때
② 경찰청장은 경비지도사가 다음 각호의 어느 하나에 해당하는 때에는 대통령령이 정하는 바에 따라 1년의 범위 내에서 그 자격을 정지시킬 수 있다. 〈개정 2024.2.13.〉
　1. 제12조 제3항의 규정에 위반하여 직무를 성실하게 수행하지 아니한 때
　2. 제24조의 규정에 의한 경찰청장 또는 시·도 경찰청장의 명령을 위반한 때

20 난이도 하 | 경비업법 제19조 - 경비업 허가의 취소 등

경비업법령상 허가관청이 의무적으로 경비업 허가를 취소해야 하는 사유가 아닌 것은?

① 도급을 의뢰받은 경비업무가 위법한 것임에도 이를 거부하지 아니한 때

> 상대적 허가취소·영업정지사유이다(경비업법 제19조 제2항 제2호).

② 정당한 사유 없이 허가를 받은 날부터 2년 이내에 경비 도급실적이 없거나 계속하여 1년 이상 휴업한 때

> 절대적 허가취소사유이다(경비업법 제19조 제1항 제4호).

③ 소속 경비원으로 하여금 경비업무의 범위를 벗어난 행위를 하게 한 때

> 절대적 허가취소사유이다(경비업법 제19조 제1항 제7호).

④ 관할 경찰관서장의 배치폐지명령에 따르지 아니한 때

> 절대적 허가취소사유이다(경비업법 제19조 제1항 제8호).

핵심만콕 경비업 허가의 취소 등(경비업법 제19조) ★★★

절대적(필요적) 허가취소사유 (제1항)	허가관청은 경비업자가 다음의 어느 하나에 해당하는 때에는 그 허가를 취소하여야 한다. 1. 허위 그 밖의 부정한 방법으로 허가를 받은 때 2. 경비업자가 허가받은 경비업무 외의 업무에 경비원을 종사하게 한 때 - 적용중지 헌법불합치 결정(2020헌가19) 3. 특수경비업자가 경비업 및 경비관련업 외의 영업을 한 때 4. 정당한 사유 없이 허가를 받은 날부터 2년 이내에 경비 도급실적이 없거나 계속하여 1년 이상 휴업한 때 5. 정당한 사유 없이 최종 도급계약 종료일의 다음 날부터 2년 이내에 경비 도급실적이 없을 때 6. 영업정지처분을 받고 계속하여 영업을 한 때 7. 소속 경비원으로 하여금 경비업무의 범위를 벗어난 행위를 하게 한 때 8. 관할 경찰관서장의 배치폐지명령에 따르지 아니한 때
상대적(임의적) 허가취소· 영업정지사유 (제2항)	허가관청은 경비업자가 다음의 어느 하나에 해당하는 때에는 대통령령으로 정하는 행정처분의 기준에 따라 그 허가를 취소하거나 6개월 이내의 기간을 정하여 영업의 전부 또는 일부에 대하여 영업정지를 명할 수 있다. 1. 시·도 경찰청장의 허가 없이 경비업무를 변경한 때 2. 도급을 의뢰받은 경비업무가 위법한 것임에도 이를 거부하지 아니한 때 3. 경비지도사를 집단민원현장에 선임·배치하지 아니한 때 4. 경비대상시설에 관한 경보 대응체제를 갖추지 아니한 때 5. 관련 서류를 작성·비치하지 아니한 때 6. 결격사유에 해당하는 경비원을 배치하거나 결격사유에 해당하는 경비지도사를 선임·배치한 때 7. 대통령령이 정하는 바에 따르지 아니하고 이를 위반하여 경비지도사를 선임한 때 8. 경비원으로 하여금 교육을 받게 하지 아니한 때 9. 경비원의 복장 등에 관한 규정을 위반한 때 10. 경비원의 장비 등에 관한 규정을 위반한 때 11. 경비원의 출동차량 등에 관한 규정을 위반한 때 12. 집단민원현장에 일반경비원 명부를 작성·비치하지 아니한 때 13. 배치허가를 받지 아니하고 경비원을 배치하거나 경비원 명단 및 배치일시·배치장소 등 배치허가 신청의 내용을 거짓으로 한 때 14. 결격사유에 해당하는 일반경비원을 집단민원현장에 배치한 때 15. 경찰청장, 시·도 경찰청장, 관할 경찰관서장의 감독상 명령에 따르지 아니한 때 16. 업무수행 중 고의 또는 과실로 발생한 경비대상 및 제3자의 손해를 배상하지 아니한 때

21 난이도 하 ■ 경비업법 제24조·제25조, 동법 시행령 제29조 - 감독 및 보안지도·점검 등

경비업법령상 감독 및 보안지도·점검 등에 관한 설명으로 옳지 않은 것은?

① 시·도 경찰청장은 경비업무의 적정한 수행을 위하여 경비업자 및 경비지도사를 지도·감독하며 필요한 명령을 할 수 있다.

> 경비업법 제24조 제1항

② 시·도 경찰청장은 경비업무 장소가 집단민원현장으로 판단되는 경우에는 그때부터 24시간 이내에 경비업자에게 경비원 배치허가를 받을 것을 고지하여야 한다.

> 시·도 경찰청장 또는 관할 경찰관서장은 경비업무 장소가 집단민원현장으로 판단되는 경우에는 그때부터 48시간 이내에 경비업자에게 경비원 배치허가를 받을 것을 고지하여야 한다(경비업법 제24조 제4항).

③ 시·도 경찰청장은 특수경비업자에 대하여 연 2회 이상의 보안지도·점검을 실시하여야 한다.

> 경비업법 제25조, 동법 시행령 제29조

④ 시·도 경찰청장은 배치된 경비원이 「폭력행위 등 처벌에 관한 법률」을 위반하는 행위를 하는 경우 그 위반행위의 중지를 명할 수 있다.

> 경비업법 제24조 제3항

관계법령

감독(경비업법 제24조)★
① 경찰청장 또는 시·도 경찰청장은 경비업무의 적정한 수행을 위하여 경비업자 및 경비지도사를 지도·감독하며 필요한 명령을 할 수 있다.
② 시·도 경찰청장 또는 관할 경찰관서장은 소속 경찰공무원으로 하여금 관할구역 안에 있는 경비업자의 주사무소 및 출장소와 경비원배치장소에 출입하여 근무상황 및 교육훈련상황 등을 감독하며 필요한 명령을 하게 할 수 있다. 이 경우 출입하는 경찰공무원은 그 권한을 표시하는 증표를 관계인에게 내보여야 한다.
③ 시·도 경찰청장 또는 관할 경찰관서장은 경비업자 또는 배치된 경비원이 이 법이나 이 법에 따른 명령, 「폭력행위 등 처벌에 관한 법률」을 위반하는 행위를 하는 경우 그 위반행위의 중지를 명할 수 있다.
④ 시·도 경찰청장 또는 관할 경찰관서장은 경비업무 장소가 집단민원현장으로 판단되는 경우에는 그때부터 48시간 이내에 경비업자에게 경비원 배치허가를 받을 것을 고지하여야 한다.

보안지도·점검 등(경비업법 제25조)
시·도 경찰청장은 대통령이 정하는 바에 따라 특수경비업자에 대하여 보안지도·점검을 실시하여야 하고, 필요한 경우 관계기관에 보안측정을 요청하여야 한다.

> **보안지도점검(경비업법 시행령 제29조)**
> 시·도 경찰청장은 법 제25조의 규정에 의하여 특수경비업자에 대하여 연 2회 이상의 보안지도·점검을 실시하여야 한다.

22 난이도 하
경비업법 제27조, 동법 시행령 제31조 - 위임 및 위탁

경비업법령상 경찰청장의 권한이 시·도 경찰청장에게 위임되어 있는 것을 모두 고른 것은?

> ㄱ. 경비지도사자격의 정지
> ㄴ. 경비지도사자격의 취소
> ㄷ. 경비지도사자격의 취소 및 정지에 관한 청문

① ㄱ
② ㄱ, ㄴ
③ ㄴ, ㄷ
④ ㄱ, ㄴ, ㄷ

> 제시된 내용은 모두 경비업법령상 시·도 경찰청장에게 위임되어 있는 경찰청장의 권한에 해당한다(경비업법 시행령 제31조 제1항).

관계법령 위임 및 위탁(경비업법 제27조)

① 이 법에 의한 경찰청장의 권한은 대통령령이 정하는 바에 따라 그 일부를 시·도 경찰청장에게 위임할 수 있다.

> **권한의 위임 및 위탁(경비업법 시행령 제31조)** ★
> ① 경찰청장은 법 제27조 제1항의 규정에 의하여 다음 각호의 권한을 시·도 경찰청장에게 위임한다.
>   1. 법 제20조의 규정에 의한 경비지도사자격의 취소 및 정지에 관한 권한
>   2. 법 제21조 제2호의 규정에 의한 경비지도사자격의 취소 및 정지에 관한 청문의 권한

② 경찰청장은 제11조의 규정에 의한 경비지도사의 시험에 관한 업무를 대통령령이 정하는 바에 따라 관계전문기관 또는 단체에 위탁할 수 있다. 〈개정 2024.2.13.〉

23 난이도 중 | 경비업법 제30조 - 양벌규정

경비업법령상 양벌규정이 적용되는 경우에 해당하지 않는 것은?(단, 법인 또는 개인이 그 위반행위를 방지하기 위하여 해당 업무에 관하여 상당한 주의와 감독을 게을리하지 아니한 경우는 고려하지 않음)

① 경비업자의 경비원 채용 시 부적격자 등을 채용하도록 관여한 도급인

> 경비업법 제28조 제2항 제6호 위반

② 배치허가를 받지 아니하고 경비원을 배치한 자

> 배치허가를 받지 아니하고 경비원을 배치한 자는 과태료 부과대상(경비업법 제31조 제1항 제4호)이므로, 경비업법령상 양벌규정이 적용되는 경우에 해당하지 않는다. 양벌규정은 경비업법 제28조(벌칙) 위반행위를 전제로 적용된다.

③ 허가를 받지 아니하고 경비업을 영위한 자

> 경비업법 제28조 제2항 제1호 위반

④ 경비업무의 범위를 벗어난 행위를 한 경비원

> 경비업법 제28조 제4항 제3호 위반

관계법령 **양벌규정(경비업법 제30조)** ★

법인의 대표자나 법인 또는 개인의 대리인, 사용인, 그 밖의 종업원이 그 법인 또는 개인의 업무에 관하여 법 제28조(벌칙)의 위반행위를 하면 그 행위자를 벌하는 외에 그 법인 또는 개인에게도 해당 조문의 벌금형을 과(科)한다. 다만, 법인 또는 개인이 그 위반행위를 방지하기 위하여 해당 업무에 관하여 상당한 주의와 감독을 게을리하지 아니한 경우에는 그러하지 아니하다.

24 난이도 중　　경비업법 제28조 - 벌칙

경비업법령상 법정형의 최고한도가 높은 것부터 순서대로 나열된 것은?(단, 가중처벌 등은 고려하지 않음)

> ㄱ. 경찰관서장의 배치폐지명령을 따르지 아니한 자
> ㄴ. 경비원에게 경비업무의 범위를 벗어난 행위를 하게 한 자
> ㄷ. 국가중요시설의 정상적인 운영을 해치는 장해를 일으킨 특수경비원

① ㄴ - ㄱ - ㄷ
② ㄴ - ㄷ - ㄱ
③ ㄷ - ㄱ - ㄴ
④ ㄷ - ㄴ - ㄱ

> 경비업법령상 법정형의 최고한도가 높은 것부터 순서대로 나열하면 ㄷ(5년 이하의 징역 또는 5천만원 이하의 벌금) - ㄴ(3년 이하의 징역 또는 3천만원 이하의 벌금) - ㄱ(1년 이하의 징역 또는 1천만원 이하의 벌금) 순이다.

핵심만콕　벌칙(경비업법 제28조) ★★

5년 이하의 징역 또는 5천만원 이하의 벌금 (제1항)	국가중요시설의 정상적인 운영을 해치는 장해를 일으킨 특수경비원
3년 이하의 징역 또는 3천만원 이하의 벌금 (제2항)	1. 허가를 받지 아니하고 경비업을 영위한 자 2. 직무상 알게 된 비밀을 누설하거나 부당한 목적을 위하여 사용한 자 3. 경비업무의 중단을 통보하지 아니하거나 경비업무를 즉시 인수하지 아니한 특수경비업자 또는 경비대행업자 4. 집단민원현장에 경비원을 배치하면서 허가를 받지 아니한 자에게 경비업무를 도급한 자 5. 집단민원현장에 20명 이상의 경비인력을 배치하면서 그 경비인력을 직접 고용한 자 6. 경비업자의 경비원 채용 시 무자격자나 부적격자 등을 채용하도록 관여하거나 영향력을 행사한 도급인 7. 과실로 인하여 국가중요시설의 정상적인 운영을 해치는 장해를 일으킨 특수경비원 8. 특수경비원으로서 경비구역 안에서 시설물의 절도, 손괴, 위험물의 폭발 등의 사유로 인한 위급사태가 발생한 때에 명령에 불복종한 자 또는 경비구역을 벗어난 자 9. 경비원에게 경비업무의 범위를 벗어난 행위를 하게 한 자
2년 이하의 징역 또는 2천만원 이하의 벌금 (제3항)	정당한 사유 없이 무기를 소지하고 배치된 경비구역을 벗어난 특수경비원
1년 이하의 징역 또는 1천만원 이하의 벌금 (제4항)	1. 시설주로부터 무기의 관리를 위하여 지정받은 관리책임자가 법이 정한 의무를 위반한 경우 2. 파업·태업 그 밖에 경비업무의 정상적인 운영을 저해하는 일체의 쟁의행위를 한 특수경비원 3. 직무를 수행함에 있어 타인에게 위력을 과시하거나 물리력을 행사하는 등 경비업무의 범위를 벗어난 행위를 한 경비원 4. 제16조의2 제1항에서 정한 장비 외에 흉기 또는 그 밖의 위험한 물건을 휴대하고 경비업무를 수행한 경비원 또는 경비원에게 이를 휴대하고 경비업무를 수행하게 한 자 5. 경찰관서장의 배치폐지명령을 따르지 아니한 자 6. 시·도 경찰청장 또는 관할 경찰관서장의 중지명령에 따르지 아니한 자

25 난이도 하 | 경비업법 제31조 – 과태료

경비업법령상 과태료의 부과기준이 다른 것은?

① 경비업자가 경비원의 복장에 관한 신고를 하지 않고 집단민원현장에 경비원을 배치한 경우
② 경비업자가 집단민원현장에 배치되는 일반경비원의 명부를 그 배치장소에 비치하지 않은 경우
③ 경비업자가 신임교육을 이수하지 않은 자를 특수경비원으로 배치한 경우
④ **경비업자가 결격사유에 해당하는 경비지도사를 선임·배치한 경우**

> 경비업자가 결격사유에 해당하는 경비지도사를 선임·배치한 경우는 500만원 이하의 과태료 부과대상(경비업법 제31조 제2항 제6호)이고, 나머지는 모두 3천만원 이하의 과태료 부과대상에 해당한다(경비업법 제31조 제1항 제1호·제3호·제5호).

관계법령 과태료(경비업법 제31조) ★★★

① 다음 각호의 어느 하나에 해당하는 경비업자에게는 3천만원 이하의 과태료를 부과한다.
  1. 제16조 제1항을 위반하여 경비원의 복장에 관한 신고를 하지 아니하고 집단민원현장에 경비원을 배치한 자
  2. 제16조 제2항을 위반하여 이름표를 부착하게 하지 아니하거나, 신고된 동일 복장을 착용하게 하지 아니하고 집단민원현장에 경비원을 배치한 자
  3. 제18조 제1항 단서를 위반하여 집단민원현장에 일반경비원을 배치하면서 경비원의 명부를 배치장소에 작성·비치하지 아니한 자
  4. 제18조 제2항 각호 외의 부분 단서를 위반하여 배치허가를 받지 아니하고 경비원을 배치하거나 경비원 명단 및 배치일시·배치장소 등 배치허가 신청의 내용을 거짓으로 한 자
  5. 제18조 제7항을 위반하여 제13조에 따른 신임교육을 이수하지 아니한 자를 제18조 제2항 각호의 경비원으로 배치한 자

② 다음 각호의 어느 하나에 해당하는 경비업자, 경비지도사 또는 시설주에게는 500만원 이하의 과태료를 부과한다. 〈개정 2024.2.13.〉
  1. 법 제4조 제3항(시·도 경찰청장에게 신고의무) 또는 제18조 제2항(관할 경찰관서장에게 배치신고의무)의 규정에 위반하여 신고를 하지 아니한 자
  2. 법 제7조 제7항(특수경비업자의 경비대행업자 지정신고의무)의 규정에 위반하여 경비대행업자 지정신고를 하지 아니한 자
  3. 법 제9조 제1항(기계경비업자의 계약자에 대한 오경보를 막기 위한 기기설명의무)의 규정에 위반하여 설명의무를 이행하지 아니한 자
  3의2. 제11조의2를 위반하여 정당한 사유 없이 보수교육을 받지 아니한 경비지도사
  4. 법 제12조 제1항(경비지도사의 선임 등)의 규정에 위반하여 경비지도사를 선임하지 아니한 자
  4의2. 제12조의2를 위반하여 경비지도사의 선임 또는 해임의 신고를 하지 아니한 자
  5. 법 제14조 제6항(관할 경찰관서장이 무기의 적정한 관리를 위하여 무기를 대여받은 시설주에 대하여 필요한 명령을 발할 수 있다)의 규정에 의한 감독상 필요한 명령을 정당한 이유 없이 이행하지 아니한 자
  6. 법 제10조 제3항을 위반하여 결격사유에 해당하는 경비원을 배치하거나 결격사유에 해당하는 경비지도사를 선임·배치한 자
  7. 법 제16조 제1항의 복장 등에 관한 신고규정을 위반하여 신고를 하지 아니한 자
  8. 법 제16조 제2항을 위반하여 이름표를 부착하게 하지 아니하거나, 신고된 동일 복장을 착용하게 하지 아니하고 경비원을 경비업무에 배치한 자
  9. 법 제18조 제1항 본문을 위반하여 명부를 작성·비치하지 아니한 자
  10. 법 제18조 제5항을 위반하여 경비원의 근무상황을 기록하여 보관하지 아니한 자

③ 제1항 및 제2항의 규정에 의한 과태료는 대통령령이 정하는 바에 의하여 시·도 경찰청장 또는 경찰관서장이 부과·징수한다.

26 난이도 하 | 경비업법 제29조 - 형의 가중처벌

경비업법령상 특수경비원이 무기를 휴대하고 경비업무를 수행 중에 경비업법의 규정에 의한 무기의 안전수칙을 위반하여 범죄를 범한 경우 그 법정형의 2분의 1까지 가중처벌되는 형법상의 범죄가 아닌 것은?

① 형법 제261조(특수폭행죄)

> 형법 제261조(특수폭행죄)는 경비업법 제29조 제1항이 아닌 경비업법 제29조 제2항에 의해 가중처벌되는 형법상 대상범죄에 해당한다.

② 형법 제268조(업무상과실·중과실치사상죄)
③ 형법 제350조의2(특수공갈죄)
④ 형법 제366조(재물손괴죄)

관계법령 **형의 가중처벌(경비업법 제29조)** ★

① 특수경비원이 무기를 휴대하고 경비업무를 수행 중에 제14조 제8항의 규정 및 제15조 제4항의 규정에 의한 무기의 안전수칙을 위반하여 형법 제258조의2(특수상해죄) 제1항(제257조 제1항의 상해죄로 한정, 존속상해죄는 제외)·제2항(제258조 제1항·제2항의 중상해죄로 한정, 존속중상해죄는 제외), 제259조 제1항(상해치사죄), 제260조 제1항(폭행죄), 제262조(폭행치사상죄), 제268조(업무상과실·중과실치사상죄), 제276조 제1항(체포 또는 감금죄), 제277조 제1항(중체포 또는 중감금죄), 제281조 제1항(체포·감금등의 치사상죄), 제283조 제1항(협박죄), 제324조 제2항(특수강요죄), 제350조의2(특수공갈죄) 및 제366조(재물손괴등죄)의 죄를 범한 때에는 그 죄에 정한 형의 2분의 1까지 가중처벌한다.

② 경비원이 경비업무 수행 중에 제16조의2 제1항에서 정한 장비 외에 흉기 또는 그 밖의 위험한 물건을 휴대하고 형법 제258조의2(특수상해죄) 제1항(제257조 제1항의 상해죄로 한정, 존속상해죄는 제외)·제2항(제258조 제1항·제2항의 중상해죄로 한정, 존속중상해죄는 제외), 제259조 제1항(상해치사죄), 제261조(특수폭행죄), 제262조(폭행치사상죄), 제268조(업무상과실·중과실치사상죄), 제276조 제1항(체포 또는 감금죄), 제277조 제1항(중체포 또는 중감금죄), 제281조 제1항(체포·감금등의 치사상죄), 제283조 제1항(협박죄), 제324조 제2항(특수강요죄), 제350조의2(특수공갈죄) 및 제366조(재물손괴등죄)의 죄를 범한 때에는 그 죄에 정한 형의 2분의 1까지 가중처벌한다.

---

27 난이도 중 | 경비업법 제27조의3 - 벌칙 적용에서 공무원 의제

경비업법령상 경찰청장으로부터 경비지도사의 시험 및 교육에 관한 업무를 위탁받은 단체의 임직원이 공무원으로 의제되어 적용받는 형법상의 규정에 해당하지 않는 것은?

① 형법 제127조(공무상 비밀의 누설)

> 형법 제127조는 벌칙 적용에서 공무원으로 의제되는 형법상 대상범죄에 해당하지 않는다(경비업법 제27조의3).

② 형법 제129조(수뢰, 사전수뢰)
③ 형법 제130조(제3자뇌물제공)
④ 형법 제132조(알선수뢰)

> **관계법령** 벌칙 적용에서 공무원 의제(경비업법 제27조의3) ★
>
> 제27조 제2항에 따라 위탁받은 업무에 종사하는 관계전문기관 또는 단체의 임직원은 「형법」 제129조부터 제132조(수뢰·사전수뢰, 제3자뇌물제공, 수뢰후부정처사·사후수뢰, 알선수뢰)까지의 규정을 적용할 때에는 공무원으로 본다.

28 난이도 하 ┃청원경찰법 제2조, 동법 시행규칙 제2조 - 배치대상

청원경찰법령상 청원경찰의 배치대상이 아닌 것은?

① 「의료법」에 따른 의료기관
② 인쇄를 업으로 하는 사업장
③ 「사회복지사업법」에 따른 사회복지시설

> 「사회복지사업법」에 따른 사회복지시설은 청원경찰법령상 청원경찰의 배치대상에 해당하지 않는다(청원경찰법 제2조, 동법 시행규칙 제2조).

④ 학교 등 육영시설

> **관계법령** 정의(청원경찰법 제2조)
>
> 이 법에서 "청원경찰"이란 다음 각호의 어느 하나에 해당하는 기관의 장 또는 시설·사업장 등의 경영자가 경비(이하 "청원경찰경비"(請願警察經費)라 한다)를 부담할 것을 조건으로 경찰의 배치를 신청하는 경우 그 기관·시설 또는 사업장 등의 경비(警備)를 담당하게 하기 위하여 배치하는 경찰을 말한다.
> 1. 국가기관 또는 공공단체와 그 관리하에 있는 중요시설 또는 사업장
> 2. 국내 주재(駐在) 외국기관
> 3. 그 밖에 행정안전부령으로 정하는 중요시설, 사업장 또는 장소
>
> > **배치대상(청원경찰법 시행규칙 제2조) ★**
> > 「청원경찰법」 제2조 제3호에서 "그 밖에 행정안전부령으로 정하는 중요시설, 사업장 또는 장소"란 다음 각호의 시설, 사업장 또는 장소를 말한다.
> > 1. 선박, 항공기 등 수송시설
> > 2. 금융 또는 보험을 업(業)으로 하는 시설 또는 사업장
> > 3. 언론, 통신, 방송 또는 인쇄를 업으로 하는 시설 또는 사업장
> > 4. 학교 등 육영시설
> > 5. 「의료법」에 따른 의료기관(의원급 의료기관, 조산원, 병원급 의료기관)
> > 6. 그 밖에 공공의 안녕질서 유지와 국민경제를 위하여 고도의 경비(警備)가 필요한 중요시설, 사업체 또는 장소

29 난이도 하　　　　　　　　　　　　　　　　　　　　　　　청원경찰법 종합문제

청원경찰법령상 청원경찰에 관한 설명으로 옳지 않은 것은?

① 청원주 등이 경비(經費)를 부담할 것을 조건으로 사업장 등의 경비(警備)를 담당하게 하기 위하여 배치하는 경찰이다.

> 청원경찰법 제2조

② <u>청원주와 배치된 사업장 등의 구역을 관할하는 시·도지사 및 시·도 경찰청장의 감독을 받는다.</u>

> <u>청원경찰</u>은 제4조 제2항에 따라 <u>청원경찰의 배치결정을 받은 자[청원주(請願主)]</u>와 배치된 기관·시설 또는 사업장 등의 구역을 관할하는 경찰서장의 감독을 받아 그 경비구역만의 경비를 목적으로 필요한 범위에서「경찰관직무집행법」에 따른 경찰관의 직무를 수행한다(청원경찰법 제3조).

③ 선박, 항공기 등 수송시설에도 배치될 수 있다.

> 청원경찰법 시행규칙 제2조 제1호

④ 배치된 경비구역만의 경비를 목적으로 필요한 범위에서「경찰관직무집행법」에 따른 경찰관의 직무를 수행한다.

> 청원경찰법 제3조

30 난이도 하　　　　　　　　　　　　　　　　　청원경찰법 시행규칙 제14조 - 근무요령

청원경찰법령상 청원경찰의 근무요령으로 옳지 않은 것은?

① 자체경비를 하는 입초근무자는 경비구역의 정문이나 그 밖의 지정된 장소에서 경비구역의 내부, 외부 및 출입자의 움직임을 감시한다.

> 청원경찰법 시행규칙 제14조 제1항

② 업무처리 및 자체경비를 하는 소내근무자는 근무 중 특이한 사항이 발생하였을 때에는 지체 없이 청원주 또는 관할 경찰서장에게 보고하고 그 지시에 따라야 한다.

> 청원경찰법 시행규칙 제14조 제2항

③ 대기근무자는 소내근무에 협조하거나 휴식하면서 불의의 사고에 대비한다.

> 청원경찰법 시행규칙 제14조 제4항

④ <u>순찰근무자는 단독 또는 복수로 요점순찰을 하되, 청원주가 필요하다고 인정할 때에는 정선순찰 또는 난선순찰을 할 수 있다.</u>

> <u>순찰근무자는 단독 또는 복수로 정선순찰을 하되, 청원주가 필요하다고 인정할 때에는 요점순찰 또는 난선순찰을 할 수 있다</u>(청원경찰법 시행규칙 제14조 제3항 후문).

31 난이도 하
청원경찰법 제5조의2, 동법 시행령 제8조 - 청원경찰의 징계

청원경찰법령상 청원경찰의 징계에 관한 설명으로 옳은 것은?

① 시·도 경찰청장은 청원경찰이 품위를 손상하는 행위를 한 때에는 대통령령으로 정하는 징계절차를 거쳐 징계처분을 할 수 있다.

> 청원주는 청원경찰이 품위를 손상하는 행위를 한 때에는 대통령령으로 정하는 징계절차를 거쳐 징계처분을 하여야 한다(청원경찰법 제5조의2 제1항 제2호).

② 청원경찰에 대한 징계의 종류는 파면, 해임, 강등, 정직, 감봉 및 견책으로 구분한다.

> 청원경찰에 대한 징계의 종류는 파면, 해임, 정직, 감봉 및 견책으로 구분한다(청원경찰법 제5조의2 제2항).

③ 청원주는 청원경찰 배치결정의 통지를 받았을 때에는 통지를 받은 날부터 15일 이내에 청원경찰에 대한 징계규정을 제정하여 관할 시·도 경찰청장에게 신고하여야 한다.

> 청원경찰법 시행령 제8조 제5항 전문

④ 정직은 1개월 이상 3개월 이하로 하고, 그 기간에 청원경찰의 신분은 보유하나 직무에 종사하지 못하며, 보수는 전액을 감한다.

> 정직(停職)은 1개월 이상 3개월 이하로 하고, 그 기간에 청원경찰의 신분은 보유하나 직무에 종사하지 못하며, 보수의 3분의 2를 줄인다(청원경찰법 시행령 제8조 제2항).

관계법령 | 청원경찰의 징계(청원경찰법 제5조의2)★

① 청원주는 청원경찰이 다음 각호의 어느 하나에 해당하는 때에는 대통령령으로 정하는 징계절차를 거쳐 징계처분을 하여야 한다.
  1. 직무상의 의무를 위반하거나 직무를 태만히 한 때
  2. 품위를 손상하는 행위를 한 때
② 청원경찰에 대한 징계의 종류는 파면, 해임, 정직, 감봉 및 견책으로 구분한다.
③ 청원경찰의 징계에 관하여 그 밖에 필요한 사항은 대통령령으로 정한다.

징계(청원경찰법 시행령 제8조)
① 관할 경찰서장은 청원경찰이 법 제5조의2 제1항 각호의 어느 하나에 해당한다고 인정되면 청원주에게 해당 청원경찰에 대하여 징계처분을 하도록 요청할 수 있다.
② 법 제5조의2 제2항의 정직(停職)은 1개월 이상 3개월 이하로 하고, 그 기간에 청원경찰의 신분은 보유하나 직무에 종사하지 못하며, 보수의 3분의 2를 줄인다.
③ 법 제5조의2 제2항의 감봉은 1개월 이상 3개월 이하로 하고, 그 기간에 보수의 3분의 1을 줄인다.
④ 법 제5조의2 제2항의 견책(譴責)은 전과(前過)에 대하여 훈계하고 회개하게 한다.
⑤ 청원주는 청원경찰 배치결정의 통지를 받았을 때에는 통지를 받은 날부터 15일 이내에 청원경찰에 대한 징계규정을 제정하여 관할 시·도 경찰청장에게 신고하여야 한다. 징계규정을 변경할 때에도 또한 같다.
⑥ 시·도 경찰청장은 제5항에 따른 징계규정의 보완이 필요하다고 인정할 때에는 청원주에게 그 보완을 요구할 수 있다.

32 난이도 하
청원경찰법 시행규칙 제16조 - 무기관리수칙

다음 중 청원경찰법령상 청원주가 명시적으로 무기와 탄약을 지급해서는 안 되는 사람을 모두 고른 것은?

기출수정

> ㄱ. 직무상 비위로 징계대상이 된 사람
> ㄴ. 사직 의사를 밝힌 사람
> ㄷ. 형사사건으로 조사대상이 된 사람
> ㄹ. 변태적 성벽(性癖)이 있는 사람

① ㄱ, ㄷ
② ㄱ, ㄴ, ㄷ

> 제시된 내용 중 청원경찰법령상 청원주가 명시적으로 무기와 탄약을 지급해서는 안 되는 사람은 ㄱ, ㄴ, ㄷ이다(청원경찰법 시행규칙 제16조 제4항).

③ ㄴ, ㄷ, ㄹ
④ ㄱ, ㄴ, ㄷ, ㄹ

관계법령 **무기관리수칙(청원경찰법 시행규칙 제16조)** ★

④ 청원주는 다음 각호의 어느 하나에 해당하는 청원경찰에게 무기와 탄약을 지급해서는 안 되며, 지급한 무기와 탄약은 즉시 회수해야 한다.
1. 직무상 비위(非違)로 징계대상이 된 사람
2. 형사사건으로 조사대상이 된 사람
3. 사직 의사를 밝힌 사람
4. 치매, 조현병, 조현정동장애, 양극성 정동장애(조울병), 재발성 우울장애 등의 정신질환으로 인하여 무기와 탄약의 휴대가 적합하지 않다고 해당 분야 전문의가 인정하는 사람
5. 제1호부터 제4호까지의 규정 중 어느 하나에 준하는 사유로 청원주가 무기와 탄약을 지급하기에 적절하지 않다고 인정하는 사람
6. 삭제 〈2022.11.10.〉

33 난이도 하 ▮청원경찰법 시행규칙 [별표 4] – 감독자 지정기준

청원경찰법령상 감독자 지정기준에 관한 내용으로 옳은 것은?

① 근무인원이 10명 이상 29명 이하 : 반장 1명, 조장 1명

　근무인원이 10명 이상 29명 이하인 경우, 감독자로서 반장 1명, 조장 2~3명이 지정된다.

② **근무인원이 30명 이상 40명 이하 : 반장 1명, 조장 3~4명**

　근무인원이 30명 이상 40명 이하인 경우, 감독자로서 반장 1명, 조장 3~4명이 지정된다.

③ 근무인원이 41명 이상 60명 이하 : 대장 1명, 반장 2명, 조장 4~5명

　근무인원이 41명 이상 60명 이하인 경우, 감독자로서 대장 1명, 반장 2명, 조장 6명이 지정된다.

④ 근무인원이 61명 이상 120명 이하 : 대장 1명, 반장 3명, 조장 10명

　근무인원이 61명 이상 120명 이하인 경우, 감독자로서 대장 1명, 반장 4명, 조장 12명이 지정된다.

관계법령 감독자 지정기준(청원경찰법 시행규칙 [별표 4]) ★

근무인원	직급별 지정기준		
	대 장	반 장	조 장
9명까지	-	-	1명
10명 이상 29명 이하	-	1명	2~3명
30명 이상 40명 이하	-	1명	3~4명
41명 이상 60명 이하	1명	2명	6명
61명 이상 120명 이하	1명	4명	12명

34 난이도 하   청원경찰법 시행규칙 제17조 – 문서와 장부의 비치

청원경찰법령상 청원주가 갖추어 두어야 할 문서와 장부에 해당하는 것을 모두 고른 것은?

> ㄱ. 청원경찰 명부
> ㄴ. 경비구역 배치도
> ㄷ. 청원경찰 직무교육계획서
> ㄹ. 전출입 관계철

① ㄱ, ㄷ
② ㄱ, ㄴ, ㄷ

> 전출입 관계철은 청원경찰법령상 관할 경찰서장 또는 시·도 경찰청장이 갖추어 두어야 할 문서와 장부에 해당한다(청원경찰법 시행규칙 제17조 제2항 제3호·제3항 제3호).

③ ㄱ, ㄴ, ㄹ
④ ㄴ, ㄷ, ㄹ

핵심만콕 문서와 장부의 비치(청원경찰법 시행규칙 제17조) ★★

청원주(제1항)	관할 경찰서장(제2항)	시·도 경찰청장(제3항)
• 청원경찰 명부 • 근무일지 • 근무 상황카드 • 경비구역 배치도 • 순찰표철 • 무기·탄약 출납부 • 무기장비 운영카드 • 봉급지급 조서철 • 신분증명서 발급대장 • 징계 관계철 • 교육훈련 실시부 • 청원경찰 직무교육계획서 • 급여품 및 대여품 대장 • 그 밖에 청원경찰의 운영에 필요한 문서와 장부	• 청원경찰 명부 • 감독 순시부 • 전출입 관계철 • 교육훈련 실시부 • 무기·탄약 대여대장 • 징계요구서철 • 그 밖에 청원경찰의 운영에 필요한 문서와 장부	• 배치결정 관계철 • 청원경찰 임용승인 관계철 • 전출입 관계철 • 그 밖에 청원경찰의 운영에 필요한 문서와 장부

35 난이도 하 ▎청원경찰법 시행령 제3조, 동법 시행규칙 제4조 - 임용자격

청원경찰법령상 청원경찰의 임용자격에 관한 내용이다. ( )에 들어갈 숫자가 순서대로 옳은 것은?

> 청원경찰의 임용자격은 ( )세 이상으로 신체가 건강하고 팔다리가 완전하며 시력(교정시력을 포함한다)은 양쪽 눈이 각각 ( ) 이상인 사람이다.

① 18, 0.5
② **18, 0.8**

( )에 들어갈 숫자는 순서대로 18, 0.8이다(청원경찰법 시행령 제3조, 동법 시행규칙 제4조).

③ 19, 0.8
④ 19, 1.0

관계법령 | **임용자격(청원경찰법 시행령 제3조)★**

법 제5조 제3항에 따른 청원경찰의 임용자격은 다음 각호와 같다.
1. 18세 이상인 사람
2. 행정안전부령으로 정하는 신체조건에 해당하는 사람

> **임용의 신체조건(청원경찰법 시행규칙 제4조)**
> 영 제3조 제2호에 따른 신체조건은 다음 각호와 같다.
> 1. 신체가 건강하고 팔다리가 완전할 것
> 2. 시력(교정시력을 포함)은 양쪽 눈이 각각 0.8 이상일 것

36 난이도 중 ■ 청원경찰법 시행령 제14조, 동법 시행규칙 제9조 - 복제

청원경찰법령상 청원경찰의 복제에 관한 설명으로 옳은 것은?

① 청원경찰의 기동모와 기동복의 색상은 진한 청색으로 한다.

> 청원경찰법 시행규칙 제9조 제2항 제1호 단서

② 청원경찰은 평상근무 중에는 정모, 근무복, 단화, 호루라기를 착용하거나 휴대하여야 하고, 경찰봉 및 포승은 휴대하지 아니할 수 있다.

> 청원경찰은 평상근무 중에는 정모, 근무복, 단화, 호루라기, 경찰봉 및 포승을 착용하거나 휴대하여야 하고, 총기를 휴대하지 아니할 때에는 분사기를 휴대하여야 하며, 교육훈련이나 그 밖의 특수근무 중에는 기동모, 기동복, 기동화 및 휘장을 착용하거나 부착하되, 허리띠와 경찰봉은 착용하거나 휴대하지 아니할 수 있다(청원경찰법 시행규칙 제9조 제3항).

③ 청원경찰이 그 배치지의 특수성 등으로 특수복장을 착용할 필요가 있을 때에는 청원주는 관할 경찰서장의 승인을 받아 특수복장을 착용하게 할 수 있다.

> 청원경찰이 그 배치지의 특수성 등으로 특수복장을 착용할 필요가 있을 때에는 청원주는 시·도 경찰청장의 승인을 받아 특수복장을 착용하게 할 수 있다(청원경찰법 시행령 제14조 제3항).

④ 청원경찰 장구의 종류는 경찰봉, 호루라기, 수갑 및 포승이다.

> 청원경찰 장구의 종류는 허리띠, 경찰봉, 호루라기 및 포승(捕繩)이다(청원경찰법 시행규칙 제9조 제1항 제2호).

37 난이도 하 ■ 청원경찰법 시행령 [별표 2] - 과태료의 부과기준

청원경찰법령상 과태료의 부과기준에서 과태료 금액이 다른 것은?

① 시·도 경찰청장의 배치결정을 받지 않고 국가중요시설(국가정보원장이 지정하는 국가보안목표시설을 말한다)에 청원경찰을 배치한 경우

> 500만원의 과태료 부과대상이다(청원경찰법 시행령 [별표 2] 제1호 가목).

② 시·도 경찰청장의 승인을 받지 않고 임용결격사유에 해당하는 청원경찰을 임용한 경우

> 500만원의 과태료 부과대상이다(청원경찰법 시행령 [별표 2] 제2호 가목).

③ 시·도 경찰청장의 감독상 필요한 복무규율과 근무상황에 관한 명령을 정당한 사유 없이 이행하지 않은 경우

> 300만원의 과태료 부과대상이다(청원경찰법 시행령 [별표 2] 제4호 나목).

④ 정당한 사유 없이 경찰청장이 고시한 최저부담기준액 이상의 보수를 지급하지 않은 경우

> 500만원의 과태료 부과대상이다(청원경찰법 시행령 [별표 2] 제3호).

관계법령 과태료의 부과기준(청원경찰법 시행령 [별표 2]) ★

위반행위	해당 법조문	과태료 금액
1. 법 제4조 제2항에 따른 시·도 경찰청장의 배치결정을 받지 않고 다음 각목의 시설에 청원경찰을 배치한 경우 　가. 국가중요시설(국가정보원장이 지정하는 국가보안목표시설)인 경우 　나. 가목에 따른 국가중요시설 외의 시설인 경우	법 제12조 제1항 제1호	 500만원 400만원
2. 법 제5조 제1항에 따른 시·도 경찰청장의 승인을 받지 않고 다음 각목의 청원경찰을 임용한 경우 　가. 법 제5조 제2항에 따른 임용결격사유에 해당하는 청원경찰 　나. 법 제5조 제2항에 따른 임용결격사유에 해당하지 않는 청원경찰	법 제12조 제1항 제1호	 500만원 300만원
3. 정당한 사유 없이 법 제6조 제3항에 따라 경찰청장이 고시한 최저부담기준액 이상의 보수를 지급하지 않은 경우	법 제12조 제1항 제2호	500만원
4. 법 제9조의3 제2항에 따른 시·도 경찰청장의 감독상 필요한 다음 각목의 명령을 정당한 사유 없이 이행하지 않은 경우 　가. 총기·실탄 및 분사기에 관한 명령 　나. 가목에 따른 명령 외의 명령	법 제12조 제1항 제3호	 500만원 300만원

38 난이도 하 ▮청원경찰법 시행규칙 [별표 2]·[별표 3] - 청원경찰의 급여품 및 대여품

청원경찰법령상 청원경찰의 대여품에 해당하는 것은?

① 기동모
② 방한화
③ 허리띠

> 기동모, 방한화, 근무복은 급여품(청원경찰법 시행규칙 [별표 2]), 허리띠는 대여품(청원경찰법 시행규칙 [별표 3])에 해당한다.

④ 근무복

관계법령

청원경찰 급여품표(청원경찰법 시행규칙 [별표 2])

품 명	수 량	사용기간	정기지급일
근무복(하복)	1	1년	5월 5일
근무복(동복)	1	1년	9월 25일
한여름 옷	1	1년	6월 5일
외투・방한복 또는 점퍼	1	2~3년	9월 25일
기동화 또는 단화	1	단화 1년 기동화 2년	9월 25일
비 옷	1	3년	5월 5일
정 모	1	3년	9월 25일
기동모	1	3년	필요할 때
기동복	1	2년	필요할 때
방한화	1	2년	9월 25일
장 갑	1	2년	9월 25일
호루라기	1	2년	9월 25일

청원경찰 대여품표(청원경찰법 시행규칙 [별표 3])

품 명	수 량
허리띠	1
경찰봉	1
가슴표장★	1
분사기	1
포 승	1

39 난이도 하 ▮청원경찰법 제6조・제7조, 동법 시행규칙 제8조 – 청원경찰경비 및 보상금

청원경찰법령상 청원경찰의 경비에 관한 설명으로 옳은 것은?

① 국가기관 또는 지방자치단체에 근무하는 청원경찰의 보수는 재직기간 15년 이상 23년 미만인 경우 같은 재직기간에 해당하는 경찰공무원 '경장'의 보수를 감안하여 대통령령으로 정한다.

　청원경찰법 제6조 제2항 제2호

② 청원경찰의 피복비는 청원주가 부담하여야 하는 청원경찰경비에 해당하지 않는다.

　청원경찰의 피복비는 청원주가 부담하여야 하는 청원경찰경비에 해당한다(청원경찰법 제6조 제1항 제2호).

③ 청원경찰이 직무상의 부상・질병으로 인하여 퇴직 후 3년 이내에 사망한 경우 청원주는 대통령령으로 정하는 바에 따라 그 유족에게 보상금을 지급하여야 한다.

　청원경찰이 직무상의 부상・질병으로 인하여 퇴직하거나, 퇴직 후 2년 이내에 사망한 경우 청원주는 대통령령으로 정하는 바에 따라 그 유족에게 보상금을 지급하여야 한다(청원경찰법 제7조 제2호).

④ 교육비는 청원주가 경찰교육기관 입교(入校) 3일 전에 해당 청원경찰에게 지급하여 납부하게 한다.

　교육비는 청원주가 해당 청원경찰의 입교(入校) 3일 전에 해당 경찰교육기관에 낸다(청원경찰법 시행규칙 제8조 제3호).

40 난이도 하 ▌청원경찰법 제4조·제10조의5, 동법 시행령 제6조 - 배치 및 이동, 배치의 폐지 등

청원경찰법령상 청원경찰의 배치와 이동에 관한 설명으로 옳지 않은 것은?

① 청원경찰을 배치받으려는 자는 대통령령으로 정하는 바에 따라 관할 시·도 경찰청장에게 청원경찰 배치를 신청하여야 한다.

> 청원경찰법 제4조 제1항

② 시·도 경찰청장은 청원경찰 배치가 필요하다고 인정하는 기관의 장 또는 시설·사업장의 경영자에게 청원경찰을 배치할 것을 요청할 수 있다.

> 청원경찰법 제4조 제3항

③ **청원주는 청원경찰을 이동배치하였을 때에는 전입지를 관할하는 경찰서장에게 그 사실을 통보하여야 한다.**

> 청원주는 청원경찰을 이동배치하였을 때에는 종전의 배치지를 관할하는 경찰서장에게 그 사실을 통보하여야 한다(청원경찰법 시행령 제6조 제1항).

④ 청원주는 청원경찰이 배치된 기관·시설 또는 사업장 등이 배치인원의 변동사유 없이 다른 곳으로 이전하는 경우에는 청원경찰의 배치인원을 감축할 수 없다.

> 청원경찰법 제10조의5 제1항 단서 제2호

관계법령

청원경찰의 배치(청원경찰법 제4조)
① 청원경찰을 배치받으려는 자는 대통령령으로 정하는 바에 따라 관할 시·도 경찰청장에게 청원경찰 배치를 신청하여야 한다.
② 시·도 경찰청장은 제1항의 청원경찰 배치신청을 받으면 지체 없이 그 배치 여부를 결정하여 신청인에게 알려야 한다.
③ 시·도 경찰청장은 청원경찰 배치가 필요하다고 인정하는 기관의 장 또는 시설·사업장의 경영자에게 청원경찰을 배치할 것을 요청할 수 있다.

배치 및 이동(청원경찰법 시행령 제6조)
① 청원주는 청원경찰을 신규로 배치하거나 이동배치하였을 때에는 배치지(이동배치의 경우에는 종전의 배치지)를 관할하는 경찰서장에게 그 사실을 통보하여야 한다.
② 제1항의 통보를 받은 경찰서장은 이동배치지가 다른 관할구역에 속할 때에는 전입지를 관할하는 경찰서장에게 이동배치한 사실을 통보하여야 한다.

배치의 폐지 등(청원경찰법 제10조의5)
① 청원주는 청원경찰이 배치된 시설이 폐쇄되거나 축소되어 청원경찰의 배치를 폐지하거나 배치인원을 감축할 필요가 있다고 인정하면 청원경찰의 배치를 폐지하거나 배치인원을 감축할 수 있다. 다만, 청원주는 다음 각호의 어느 하나에 해당하는 경우에는 청원경찰의 배치를 폐지하거나 배치인원을 감축할 수 없다.
  1. 청원경찰을 대체할 목적으로 「경비업법」에 따른 특수경비원을 배치하는 경우
  2. 청원경찰이 배치된 기관·시설 또는 사업장 등이 배치인원의 변동사유 없이 다른 곳으로 이전하는 경우

2021년 경호학

문제편 108p

정답 CHECK

41	42	43	44	45	46	47	48	49	50	51	52	53	54	55	56	57	58	59	60
④	①	②	①	①	③	③	②	②	①	②	④	④	①	④	④	③	②	④	②
61	62	63	64	65	66	67	68	69	70	71	72	73	74	75	76	77	78	79	80
①	②	①	③	②	③	②	②	②	④	③	①	③	①	③	②	전항정답	③	③	전항정답

41 난이도 하
경호학과 경호 - 경호의 개념

경호의 개념에 관한 설명으로 옳은 것은 모두 몇 개인가?

○ 경호의 본질적·이론적인 입장에서 이해한 것은 실질적 의미의 경호개념이다.
○ 경호기관을 기준으로 하여 정립한 개념은 형식적 의미의 경호개념이다.
○ 경호대상자의 신변안전을 위하여 사용 가능한 모든 수단과 방법을 동원하는 것은 실질적 의미의 경호개념에 해당한다.

① 없음
② 1개
③ 2개
④ **3개**

제시된 내용은 모두 경호의 개념에 관한 설명으로 옳다.

핵심만콕	경호의 개념	
형식적 의미의 경호		• 경호관계법규에 규정된 현실적인 경호기관을 기준으로 하여 정립된 개념이다. • 실정법상 경호기관의 권한에 속하는 일체의 경호작용을 의미한다. • 실정법·제도·기관 중심적 관점에서 이해한 것이다. • 「대통령 등의 경호에 관한 법률」에서의 경호는 형식적 의미의 경호개념이다.
실질적 의미의 경호		• 경호 활동의 본질·성질·이론적인 입장에서 이해한 것으로, 학문적인 측면에서 고찰된 개념이다. • 수많은 경호작용 중에서 공통적인 특성을 추상화한 개념이다. • 경호대상자의 절대적 신변안전을 보호하기 위하여 모든 사용 가능한 수단과 방법을 동원한다. • 경호대상자(피경호자)에 대한 신변 위해요인을 사전에 방지 또는 제거하기 위한 제반활동이다. • 경호주체(국가기관, 민간기관, 개인, 단체 불문)가 경호대상자를 보호하는 모든 활동을 말한다. • 모든 위험과 곤경(인위적·자연적 위해)으로부터 경호대상자를 안전하게 보호하기 위한 제반활동이다.

42 난이도 하 ▮경호학과 경호 - 경호 및 경비의 분류

경호 및 경비의 분류에 관한 설명으로 옳지 않은 것은?

① 약식경호는 의전절차 없이 불시에 행사가 진행되고, 사전 경호조치도 없는 상태에서 최대한의 근접경호만으로 실시하는 경호활동을 말한다.

> 약식경호는 의전절차 없이 불시에 행사가 진행되고, 사전 경호조치도 없는 상태에서 최소한의 근접경호만으로 실시하는 경호활동이다.

② 1(A)급 경호는 사전에 노출되어 경호위해가 증대된 상황하의 각종 행사와 대통령 등 국가원수급의 1등급 경호대상으로 결정된 국빈행사의 경호이다.
③ 경호관계자의 사전 통보에 의해 계획·준비되는 경호활동은 경호의 성격에 의한 분류 중에서 공식경호에 해당한다.
④ 장소에 따른 경호는 행사장경호, 숙소경호 등으로 분류되며 연도경호도 이에 해당한다.

핵심만콕	경호의 분류(대상·장소·성격·경호 수준) ★	
대 상	甲(A)호 경호	국왕 및 대통령과 그 가족, 외국의 원수 등
	乙(B)호 경호	수상, 국회의장, 대법원장, 헌법재판소장, 이와 대등한 지위에 있는 외국인사 등
	丙(C)호 경호	경찰청장 또는 경호기관의 장이 필요하다고 인정하는 주요 인사
장 소	행사장경호	행사장은 일반군중과 가까우므로 완벽한 경호가 필요
	숙소경호	체류기간이 길고, 야간경호를 해야 함
	연도경호(노상경호)	연도경호는 세부적으로 교통수단에 의해 분류됨(육로경호·철도경호)

성격	공식경호(1호 · A호)	경호관계자의 사전 통보에 의해 계획·준비되는 공식행사 때에 실시하는 경호
	비공식경호(2호 · B호)	경호관계자 간의 사전 통보나 협의절차 없이 이루어지는 비공식행사 때의 경호
	약식경호(3호 · C호)	일정한 방식에 의하지 않고 실시하는 경호(출·퇴근 시 일상적으로 실시하는 경우)
경호 수준	1(A)급 경호	행차보안이 사전에 노출되어 경호위해가 증대된 상황하의 각종 행사와 국왕 및 대통령 등 국가원수급의 1등급 경호대상으로 결정된 국빈행사의 경호
	2(B)급 경호	행사 준비 등의 시간적 여유 없이 갑자기 결정된 상황하의 각종 행사와 수상급의 경호대상으로 결정된 국빈행사의 경호
	3(C)급 경호	사전에 행사준비 등 경호조치가 거의 전무한 상황하에서 이루어지는 것으로서 장관급의 경호대상으로 결정된 국빈행사의 경호

〈출처〉 김두현,「경호학개론」, 엑스퍼트, 2020, P. 57~61

43 난이도 하 ▎경호학과 경호 – 경호의 법원

경호의 법원(法源)에 관한 설명으로 옳지 않은 것은?

① 「대통령 등의 경호에 관한 법률」은 대통령 등에 대한 경호를 효율적으로 수행하기 위하여 경호의 조직·직무범위와 그 밖에 필요한 사항을 규정함을 목적으로 한다.

대통령 등의 경호에 관한 법률 제1조

② **경호의 성문법원으로 헌법·법률·조약·명령·판례법 등을 들 수 있다.**

판례법은 관습법과 더불어 대표적인 경호의 불문법원에 해당한다.

③ 우리나라는 전직대통령의 예우에 관하여 「전직대통령 예우에 관한 법률」에서 규정하고 있다.

전직대통령 예우에 관한 법률은 전직대통령(前職大統領)의 예우에 관한 사항을 규정함을 목적으로 한다(전직대통령 예우에 관한 법률 제1조).

④ 대통령경호안전대책위원회의 구성 및 운영에 관하여 필요한 사항은 「대통령경호안전대책위원회규정」에서 명시하고 있다.

이 영은 「대통령 등의 경호에 관한 법률」 제16조에 따른 대통령경호안전대책위원회의 구성 및 운영에 관하여 필요한 사항을 규정함을 목적으로 한다(대통령경호안전대책위원회규정 제1조).

44 난이도 중 ▮경호업무 수행방법 - 경호업무 수행절차

경호업무 수행절차에 관한 내용이다. 다음이 설명하는 관리단계는?

> 주요 활동은 정보활동이며, 정보의 수집 및 평가가 나타난다. 위협의 평가 및 대응방안을 강구하는 세부 활동이 수행된다.

① **예방단계**

   제시된 내용은 경호위기관리단계 중 예방단계에 관한 설명에 해당한다.

② 대비단계
③ 대응단계
④ 학습단계

핵심만콕 경호위기관리단계 및 세부 경호업무 수행절차★★

관리단계	주요 활동	활동 내용	세부 활동
1단계 예방단계 (준비단계)	정보활동	경호환경 조성	법과 제도의 정비, 경호지원시스템 구축, 우호적인 공중(公衆)의 확보 (홍보활동)
		정보 수집 및 평가	정보네트워크 구축, 정보의 수집 및 생산, 위협의 평가 및 대응방안 강구
		경호계획의 수립	관계부서와의 협조, 경호계획서의 작성, 경호계획 브리핑
2단계 대비단계 (안전활동단계)	안전활동	정보보안활동	보안대책 강구, 위해동향 파악 및 대책 강구, 취약시설 확인 및 조치
		안전대책활동	행사장 안전확보, 취약요소 판단 및 조치, 검측활동 및 통제대책 강구
		거부작전	주요 감제고지 및 취약지 수색, 주요 접근로 차단, 경호 영향요소 확인 및 조치
3단계 대응단계 (실시단계)	경호활동	경호작전	모든 출입요소 통제 및 경계활동, 근접경호, 기동경호
		비상대책활동	비상대책, 구급대책, 비상시 협조체제 확립
		즉각조치활동	경고, 대적 및 방호, 대피
4단계 학습단계 (평가단계)	학습활동	평가 및 자료 존안	행사결과 평가(평가회의), 행사결과보고서 작성, 자료 존안
		교육훈련	새로운 교육프로그램 준비, 교육훈련 실시, 교육훈련의 평가
		적용(피드백)	새로운 이론의 정립, 전파, 행사에의 적용

〈출처〉 이두석, 「경호학개론」, 진영사, 2018, P. 157

45 난이도 하

경호학과 경호 - 경호의 원칙(3중 경호)

3중 경호의 원칙에 관한 설명으로 옳지 않은 것은?

① 3중 경호의 기본 구조는 경호대상자가 위치한 장소로부터 내부, 외부, 외곽으로 구분하여 경호 행동반경을 거리 개념으로 설명한 것이다.

> 3중 경호의 기본 구조는 경호대상자가 위치한 집무실이나 행사장으로부터 내부(근접경호), 내곽(중간경호), 외곽(외곽경호)으로 구분하여 경호 행동반경을 거리 개념으로 설명한 것이다.

② 1선은 완벽한 통제가 이루어져야 하며, 경호원의 확인을 거치지 않은 인원의 출입은 금지한다.

> 1선은 근접경호원에 의한 완벽한 통제가 이루어져야 한다(비인가자에 대한 절대적 출입통제).

③ 2선은 부분적 통제가 실시되지만 경호원의 확인을 거치지 않은 인원 및 물품은 감시의 영역을 벗어나서는 안 된다.

> 2선은 경비구역으로서 부분적 통제가 실시되나, 경호원의 확인을 거치지 않은 인원이나 물품도 감시의 영역을 벗어나서는 안 된다.

④ 3중의 경호막을 통해 조기경보체제를 확립하여 위해행위에 대비할 수 있다.

> 3중 경호는 경호영향권역을 공간적으로 구분한 3중의 경호막을 통해 조기경보체제를 확립하여 위해행위에 대비할 수 있다.

핵심만콕 3중 경호의 원칙

경호대상자의 위치를 중심으로 3선 개념에 따라 체계적으로 실시되어야 한다.

1선	내부	안전구역	근접경호원에 의한 완벽한 통제, 권총 등의 유효사거리를 고려한 건물 내부구역
2선	내곽	경비구역	근접경호원 및 경비경찰에 의한 부분적 통제, 소총 등의 유효사거리를 고려한 울타리 내곽구역
3선	외곽	경계구역	인적·물적·자연적 취약요소에 대한 첩보·경계, 소구경 곡사화기의 유효사거리를 고려한 외곽구역

〈참고〉이두석, 「경호학개론」, 진영사, 2018, P. 159~161

46 난이도 하 　경호학과 경호 - 경호의 행동원칙

경호의 행동원칙에 관한 설명으로 옳지 않은 것은?

① '자기담당구역 책임의 원칙'에 의하면 경호원은 자신의 책임하에서 주어진 임무를 완수하고 담당구역을 지켜야 한다.
② '자기희생의 원칙'은 경호원 자신을 희생해서라도 경호대상자의 신변을 안전하게 보호해야 한다.
③ <u>'하나의 통제된 지점을 통한 접근의 원칙'에 의하면 경호대상자에게 접근할 수 있는 출입구나 통로는 하나만 필요하고, 담당경호원의 허가절차가 요구되지 않는다.</u>

> '하나의 통제된 지점을 통한 접근의 원칙'은 경호대상자와 일반인을 분리하여, 경호대상자에게 접근할 수 있는 출입구나 통로는 하나만 필요하고 여러 개를 두어서 위해요소가 분산되도록 하여서는 안 된다는 원칙으로, <u>통제된 출입구나 통로라도 접근자는 경호요원에게 확인될 수 있어야 하고, 허가절차 등을 거쳐 접근이 이루어지도록 해야 한다.</u>

④ '목표물 보존의 원칙'은 경호대상자를 위해요소로부터 분리하는 것을 말한다.

47 난이도 하 　경호의 조직 - 경호조직의 특성

경호조직의 특성에 관한 설명으로 옳은 것은 모두 몇 개인가?

> ○ 경호조직은 기구단위, 권한과 책임 등이 경호업무의 목적 달성을 위해 분화되어야 한다.
> ○ 경호조직의 폐쇄성에는 경호기법의 비노출이 포함된다.
> ○ 경호조직은 과거에 비해 그 기구와 인원 면에서 다변화되고 있다.
> ○ 경호조직은 전문성보다는 권력에 기초를 두어야 한다.

① 1개
② 2개
③ **3개**

> 제시된 내용 중 경호조직의 특성에 관한 설명으로 옳은 것은 3개이다. <u>경호조직은 권력보다는 전문성에 기초를 두어야 한다.</u>

④ 4개

핵심만콕 　경호조직의 특성 ★

기동성	• 교통수단의 발달과 인구집중현상·환경보호, 더 나아가 세계공동체를 향한 외교활동 증대로 고도의 유동성을 띠게 되어 경호조직도 그에 대응하여 높은 기동성을 띤 조직으로 변해가고 있다. • 암살 및 테러의 고도화에 따라 경호장비의 과학화와 이를 지원하기 위한 행정업무의 자동화, 컴퓨터화 등 기동성이 요구되고 있다.
통합성과 계층성	• 경호조직은 전체 구조가 통일적인 피라미드형을 구성하면서 그 조직 내 계층을 이루고 지휘·감독 등을 통하여 경호목적을 실현하므로, 경호행사를 직접 담당하는 경호기관의 조직은 다른 부서에 비해 경호집행기관적 성격으로 계층성이 더욱 강조된다. • 경호조직은 기구단위 및 권한과 책임이 분화되어야 하며, 경호조직 내의 중추세력은 권한의 계층을 통하여 분화된 노력을 상호 조정하고 통제함으로써 경호의 목적을 달성할 수 있다.
폐쇄성 (보안성)	• 경호를 완전무결하게 수행하기 위해서는 경호조직의 비공개와 경호기법의 비노출 등 보안성을 높이는 폐쇄성의 특성을 가져야 한다. • 일반적인 공개주의 원칙에도 불구하고 암살자나 테러집단에 알려지지 않도록 기밀성을 유지한다. • 일반적으로 정부조직은 법령주의와 공개주의 원칙에 따르지만, 경호조직에서는 비밀문서로 관리하거나 배포의 일부제한으로 비공개로 할 수 있다.
전문성	• 테러행위의 수법이 지능화·고도화되고 있으므로 경호조직에 있어서도 기능의 전문화 내지 분화현상이 광범위하게 나타나고 있다. • 경호조직의 권위는 권력의 힘에 의존하는 데서 탈피하여 경호의 전문성에서 찾아야 한다. • 고도로 전문화된 경호전문가의 양성을 통해 경호조직의 권위를 확립하고, 국민의 이해와 협조 속에서 국민과 함께 하는 경호가 요구된다.
대규모성	• 경호조직은 과거에 비해서 그 기구 및 인원면에서 점차 대규모화·다변화되고 있다. • 과학기술의 진보와 더불어 거대정부의 양상은 경호기능의 간접적인 대규모화의 계기가 되었다.

48 　난이도 하　　　　　　　　　　　　　　　　　　　　경호의 조직 – 경호조직의 (구성)원칙

경호조직의 원칙에서 협력성에 해당하지 않는 것은?

① 경호조직과 일반 국민과의 유기적인 상호작용을 의미한다.
② 국민이 경호업무에 협조하여 조직화가 필요할 경우 이런 조직은 임의성보다는 강제성이 수반되어야 한다.

> 국민이 경호업무에 협조하여 조직화가 필요할 경우 이런 조직은 어디까지나 임의적이어야 하고 강제성을 띠어서는 아니 된다.
> 〈참고〉 김두현, 「경호학개론」, 엑스퍼트, P. 186

③ 전국적으로 배치된 경비지도사를 통하여 경호정보를 신속하게 수집하는 것도 경호협력성과 관련된다.
④ 경호조직은 유관기관과의 상호협력을 통해 지속적인 정보 및 보안활동을 바탕으로 한 경호대응력을 강화해야 한다.

49 난이도 중 | 경호의 조직 – 경호조직의 구성원칙

다음이 설명하는 경호조직의 구성원칙은?

> 경호기관의 구조는 전체의 다양한 조직수준을 통해 상하계급 간의 일정한 관계가 성립되어, 책임과 업무의 분담이 이루어져야 함을 의미한다.

① 경호지휘단일성의 원칙
② **경호체계통일성의 원칙**

　　제시된 내용은 경호체계통일성의 원칙에 관한 설명에 해당한다.

③ 경호기관단위작용의 원칙
④ 경호협력성의 원칙

핵심만콕 경호조직의 (구성)원칙 ★

경호지휘단일성의 원칙	• 지휘 및 통제의 이원화로 인해 파생되는 문제들을 보완하기 위해 명령과 지휘체계는 반드시 하나의 계통으로 구성해야 한다는 원칙으로, 경호업무가 긴급성을 요한다는 점에서도 요청된다. • 지휘가 단일해야 한다고 하는 것은 경호기관(요원)은 한 사람의 지휘를 받아야 한다는 뜻이다. 한 걸음 더 나아가서 지휘의 단일이란 「하나의 지휘자」라는 의미 외에 하급경호요원은 하나의 상급기관에 대해서만 책임을 진다는 의미가 포함된다.
경호체계통일성의 원칙	경호기관 구조의 정점으로부터 말단까지 상하계급 간에 일정한 관계가 이루어져 책임과 업무의 분담이 이루어지고, 명령(命令)과 복종(服從)의 지위와 역할의 체계가 통일되어야 한다는 원칙이다.
경호기관단위작용의 원칙	• 경호의 업무는 성격상 개인적 작용으로 이루어지지 않고 기관단위의 작용으로 기관의 하명에 의해서 이루어진다는 원칙이다. • 기관단위라는 것은 그 경호기관을 지휘하는 지휘자가 있고, 지휘를 받는 하급자가 있으며, 하급자를 관리하기 위한 지휘권과 장비가 편성되며 임무수행을 위한 보급지원체계를 갖추고 있어야 한다는 의미이다. • 기관단위의 관리와 임무의 수행을 위한 결정은 지휘자만이 할 수 있고, 경호의 성패는 지휘자만이 책임을 지는 것이다.
경호협력성의 원칙	경호조직과 국민과의 협력을 의미하며 완벽한 경호를 위해서는 국민의 절대적인 협력이 필요하다는 원칙이다.

〈참고〉이두석,「경호학개론」, 2018, P. 114~116 / 김두현,「경호학개론」, 엑스퍼트, 2020, P. 184~187

50 난이도 하 ▎경호의 조직 - 각국의 경호조직

각국의 경호조직으로 옳은 것은?

- A : 비밀경호국(SS)
- B : 연방범죄수사국(BKA)
- C : 공화국경비대(GSPR)

① A : 미 국, B : 독 일, C : 프랑스

　　비밀경호국(SS)은 미국, 연방범죄수사국(BKA)은 독일, 공화국경비대(GSPR)는 프랑스의 경호조직이다.

② A : 미 국, B : 프랑스, C : 독 일
③ A : 독 일, B : 미 국, C : 프랑스
④ A : 프랑스, B : 미 국, C : 독 일

핵심만콕 각국의 경호조직★

구분	경호객체(대상자)	경호주체		유관기관(조직)
		경호기관	경호요원의 신분	
미국	전·현직 대통령과 부통령 및 그 직계가족	국토안보부 산하 비밀경호국(SS)	특별수사관	• 연방수사국(FBI) • 중앙정보국(CIA) • 연방이민국(USCIS) • 국가안전보장국(NSA) • 국방정보국(DIA) 등
	영부인 및 그 가족 (대통령과 동행 시 SS가 경호), 국무부 장·차관, 외국대사, 기타 요인	국무부 산하 요인경호과	경호요원	
	미국 내 외국정부 관료	국방부 육군성	미육군 경호요원	
	민간인	경찰국, 사설 경호용역업체	경찰관, 사설 경호요원	
영국	• (여)왕 등 왕실가족 • 총리, 각부의 장관 등	경호국 내 왕실 및 특별요인 경호과	런던수도 경찰청 소속 요인경호본부 (경호국·안전국·대테러작전국)	경찰관	• 내무부 보안국(SS, MI5) • 외무부 비밀정보국(부) (SIS, MI6) • 정부통신본부(GCHQ) • 국방정보부(DIS) 등
	영국 내 외교관과 사절단, 의회(국회의사당)	경호국 내 의회 및 외교관 경호과		
독일	대통령, 수상, 장관, 외국의 원수 등 국빈, 외교사절	연방범죄수사국(청)(BKA) 내 경호안전과	경찰관	• 연방경찰청(BPOL) • 연방정보국(BND) • 연방헌법보호청(BFV) • 군정보국(군방첩대, MAD) 등

프랑스	대통령과 그 가족, 수상, 각부 장관, 기타 국내외 요인	내무부 산하 국립경찰청 소속 요인경호국(SPHP, 구 V.O)	별정직 국가공무원	• 대테러조정통제실(UCLAT) • 경찰특공대(RAID) • 내무부 일반정보국(RG)
	대통령과 그 가족, 특정 중요 인물(전직대통령, 대통령 후보 등)	국방부 산하 국립헌병대 소속 공화국경비대(GSPR, 관저경비)	국가헌병경찰 (군인)	• 국방부 해외안전총국(DGSE) • 군사정보국(DRM) 등
일 본	일본천황 및 황족	황궁경찰본부	경찰관	• 공안조사청 • 내각정보조사실
	내각총리대신 등	경찰청 경비국 공안 제2과	경호요원	• 외무성 조사기획국 • 방위청 정보본부 등
	민간인	경찰청, 사설 경비업체	경찰관, 사설 경호요원	

51 난이도 하 ▌경호학과 경호 - 경호의 법원(대통령 등의 경호에 관한 법률)

대통령 등의 경호에 관한 법률상 다음 ( )에 들어갈 내용은?

> 대통령이 임기 만료 전에 퇴임한 경우와 재직 중 사망한 경우의 경호 기간은 그로부터 (ㄱ)년으로 하고, 퇴임 후 사망한 경우의 경호 기간은 퇴임일부터 기산(起算)하여 (ㄴ)년을 넘지 아니하는 범위에서 사망 후 (ㄷ)년으로 한다.

① ㄱ : 5, ㄴ : 5, ㄷ : 5
② ㄱ : 5, ㄴ : 10, ㄷ : 5

( )에 들어갈 내용은 순서대로 5, 10, 5이다.

③ ㄱ : 10, ㄴ : 5, ㄷ : 10
④ ㄱ : 10, ㄴ : 10, ㄷ : 10

관계법령 경호대상(대통령 등의 경호에 관한 법률 제4조)★

① 경호처의 경호대상은 다음과 같다.
 1. 대통령과 그 가족
 2. 대통령 당선인과 그 가족
 3. 본인의 의사에 반하지 아니하는 경우에 한정하여 퇴임 후 10년 이내의 전직대통령과 그 배우자. 다만, 대통령이 임기 만료 전에 퇴임한 경우와 재직 중 사망한 경우의 경호 기간은 그로부터 5년으로 하고, 퇴임 후 사망한 경우의 경호 기간은 퇴임일부터 기산(起算)하여 10년을 넘지 아니하는 범위에서 사망 후 5년으로 한다.
 4. 대통령권한대행과 그 배우자
 5. 대한민국을 방문하는 외국의 국가원수 또는 행정수반(行政首班)과 그 배우자
 6. 그 밖에 처장이 경호가 필요하다고 인정하는 국내외 요인(要人)

52 난이도 하 | 경호학과 경호 - 3중 경호의 원칙

3중 경호의 원칙에 해당하지 않는 구역은?

① 안전구역
② 경비구역
③ 경계구역
④ **방호구역**

> 3중 경호의 원칙은 행사장을 안전구역, 경비구역, 경계구역으로 설정하므로, 방호구역은 이에 해당하지 않는다.

53 난이도 하 | 경호의 조직 - 경호의 객체(대통령 등의 경호에 관한 법률)

대통령 등의 경호에 관한 법률상 대통령경호처의 경호대상이 아닌 자는?(단, 단서조항은 고려하지 않음)

① 대통령 당선인의 아들
② 대통령권한대행의 배우자
③ 대통령 퇴임 후 5년이 지난 전직대통령
④ **대통령경호처 차장이 필요하다고 인정하는 국외 요인(要人)**

> 대통령경호처 처장이 경호가 필요하다고 인정하는 국내외 요인(要人)이 대통령경호처의 경호대상에 해당한다(대통령 등의 경호에 관한 법률 제4조 제1항 제6호).

관계법령 경호대상(대통령 등의 경호에 관한 법률 제4조)★

① 경호처의 경호대상은 다음과 같다.
  1. 대통령과 그 가족
  2. <u>대통령 당선인과 그 가족</u>
  3. <u>본인의 의사에 반하지 아니하는 경우에 한정하여 퇴임 후 10년 이내의 전직대통령과 그 배우자</u>. 다만, 대통령이 임기 만료 전에 퇴임한 경우와 재직 중 사망한 경우의 경호 기간은 그로부터 5년으로 하고, 퇴임 후 사망한 경우의 경호 기간은 퇴임일부터 기산(起算)하여 10년을 넘지 아니하는 범위에서 사망 후 5년으로 한다.
  4. <u>대통령권한대행과 그 배우자</u>
  5. 대한민국을 방문하는 외국의 국가원수 또는 행정수반(行政首班)과 그 배우자
  6. 그 밖에 <u>처장이 경호가 필요하다고 인정하는 국내외 요인(要人)</u>

54 난이도 하 ▮경호업무 수행방법 – 경호작용의 기본적 고려요소

다음 4명의 경호원 중 경호작용에 관하여 옳게 판단하고 있는 자는?

① A경호원 – 경호자원의 효율적인 이용을 위한 분석 자료를 토대로 사전에 경호계획을 수립한다.

> 경호계획은 사전에 수립되어야 하는데, 이때 자원의 효율적인 이용을 위해서는 위해분석 자료를 토대로 자원동원 체계가 구축되어야 한다.

② B경호원 – 경호임무는 사전에 신중하게 계획되어야 하며 융통성은 배제되어야 효과적이다.

> 모든 형태의 경호임무는 사전에 신중하게 계획되어야 하나, 예기치 않은 변화 가능성을 고려하여 융통성 있게 수립되어야 한다.

③ C경호원 – 모든 경호임무는 예기치 않은 변화 가능성을 내포하고 있으므로 사전대응보다 신속한 사후대응이 더 중요하다.

> 모든 경호임무는 예기치 않은 변화 가능성을 내포하고 있으므로 신중하면서도 융통성 있는 사전계획이 이루어져야 한다. 즉, 신속한 사후대응만큼이나 사전대응도 중요하다.

④ D경호원 – 경호임무는 명확하게 부여하되 임무형태에 대한 책임은 경호책임자에게 국한되어야 한다.

> 경호임무는 명확하게 부여되어야 하며, 경호원들에게도 각각의 임무형태에 대한 책임이 부과되어야 한다.

55 난이도 하 ▮경호업무 수행방법 – 경호임무 수행절차

경호임무 수행절차에 관한 설명으로 옳지 않은 것은?

① 계획단계는 경호임무 수령 후부터 선발대가 행사장에 도착하기 전까지의 경호활동이다.
② 행사단계는 경호대상자가 집무실을 출발해서 행사장에 도착하여 행사가 진행된 이후 복귀 시까지의 경호활동이다.
③ 평가단계에서는 경호실시 결과를 분석하고 평가하여 이를 보완한다.
④ **경호임무의 단계별 절차는 준비단계 – 계획단계 – 행사단계 – 평가단계이다.**

> 경호임무의 단계별 절차는 계획단계 – 준비단계 – 행사단계 – 평가단계이다.

56 난이도 하 ▎경호업무 수행방법 - 사전예방경호

사전예방경호에 관한 설명으로 옳지 않은 것은?

① 내부근무자는 출입자의 비표를 확인하고, 행사 진행 중 계획에 없는 움직임을 통제한다.
② 원활한 행사 준비를 위해 경호정보·보안·안전대책업무 수행을 지원한다.
③ 경호대상자가 도착하기 전에 현장답사를 실시하여 효과적인 경호를 준비한다.
④ **지휘체계는 외곽근무자와 내부근무자를 별도로 관리하는 것이 효율적이다.**

> 경호지휘단일성의 원칙상 명령과 지휘체계는 반드시 하나의 계통으로 구성해야 한다. 따라서 외곽근무자와 내부근무자를 별도로 관리하는 것은 지휘 및 통제의 이원화로 인해 비효율적이다.

57 난이도 하 ▎경호업무 수행방법 - 출입자 통제대책

선발경호업무 시 출입통제에 관한 설명으로 옳지 않은 것은?

① 경호능력에 부합한 비상대응계획을 수립한다.
② 위해요소를 사전에 발견 및 제거하여 위해요소의 침투가능성을 차단한다.
③ **통제의 범위는 촉수거리의 원칙을 적용하여 구역별 특성에 맞게 결정한다.**

> 촉수거리의 원칙은 우발상황 발생 시 위해기도자의 범행시도에 경호대상자 또는 위해기도자와 가장 가까이 위치한 경호원이 대응해야 한다는 근접경호원의 경호원칙이다.

④ 행사와 무관한 사람들의 행사장 출입을 통제 또는 제한하는 구역을 설치·운영해야 한다.

58 난이도 하 ▎경호업무 수행방법 - 근접경호의 방법

근접경호 방법에 관한 설명으로 옳지 않은 것은?

① 신체에 의한 방호벽을 형성하되 경호대상자 행동의 성향을 고려해야 한다.
② **근접경호원의 신체조건을 충분히 활용하여 경호대상자의 시야를 제한하고 공격선을 차단한다.**

> 근접경호원의 신체조건을 충분히 활용하여 위해기도자의 시야를 제한하고 공격선을 차단한다.

③ 경호대상자를 따라 이동하여 변화하는 경호상황에 능동적으로 대처해야 한다.
④ 위해기도자의 추적을 회피하는 기만전술을 구사하여 경호 효과를 높일 수 있다.

59 난이도 하

경호업무 수행방법 – 근접경호의 특성

다음은 근접경호를 의뢰받아 임무를 수행하고 있는 상황이다. 다음에서 나타나지 않는 근접경호의 특성은?

> 위드 코로나 시대를 맞아 다채로운 행사가 열렸다. A경호업체는 연예인 B양에 대한 경호의뢰를 받아 행사장에 근접경호를 하고 있었다. 운집된 팬들 사이에서 갑자기 위해기도자로 보이는 한 남성이 B양을 공격하려 하자 근접경호를 맡고 있던 P경호원은 자신의 몸으로 위해기도자를 막고 B양을 행사장 뒤로 신속히 이동시켰다.

① 노출성
② 방벽성
③ 대피성
④ **기만성**

제시문에서 나타난 근접경호의 특성은 노출성, 방벽성, 대피성이다.

핵심만콕 근접경호의 특성 ★

노출성	다양한 기동수단과 도보대형에 따라 경호대상자의 행차가 시각적으로 외부에 노출될 뿐만 아니라, 각종 매스컴에 의하여 행사 일정과 장소 및 시간이 대외적으로 알려진 상태에서 업무를 수행해야 하는 특성을 의미
방벽성	근접 도보대형 시 근무자의 체위에 의한 인적 자연방벽 효과와 방탄복 및 각종 방호장비를 이용하여 외부의 공격으로부터 방벽을 구축해야 하는 특성을 의미
기동 및 유동성	근접경호는 주로 도보 또는 차량에 의해 기동 간에 이루어지며 행사 성격이나 주변 여건, 장비의 특성에 따라 능동적(유동적)으로 대처해야 하는 특성을 의미
기만성	변칙적인 경호기법으로 차량대형 기만, 기동시간 기만, 기동로 및 기동수단 기만, 승·하차 지점 기만 등으로 위해기도자로 하여금 행사 상황을 오판하도록 실제 상황을 은폐하고 허위 상황을 제공하여 경호의 효율성을 높이려는 특성을 의미
방호 및 대피성	비상사태 발생 시 범인을 대적하여 제압하는 것보다 반사적이고 신속·과감한 행동으로 경호대상자의 방호 및 대피를 우선해야 한다는 특성을 의미

60 난이도 하 ▮경호업무 수행방법 - 차량경호

차량경호에 관한 설명으로 옳은 것은?

① 운전요원은 경호대상자의 위험지역 하차 후 즉시 그 지역을 신속히 벗어나야 한다.

> 운전요원은 경호대상자가 하차 후 안전한 곳으로 이동할 때까지 차량에서 대기해야 한다.

② **같은 방향으로 2대의 경호차량이 교차로에 진입 시 방호차원에서 우측 경호차량이 우선 통과해야 한다.**

> 같은 방향으로 2대의 경호차량이 교차로에 진입하는 경우, 방호차원에서 우측 경호차량이 우선적으로 교차로를 통과해야 한다.

③ 공격받을 위험성은 정차하고 있는 차량보다 주행하고 있는 차량이 더 높다.

> 정차하고 있는 차량이 주행하고 있는 차량보다 공격받을 위험성이 더 높다.

④ 근접도보경호에 비해 차량경호는 위해자가 범행을 가할 수 있는 기회가 더욱 많다.

> 근접도보경호는 차량경호에 비해 위해자가 범행을 가할 수 있는 기회가 많다.

61 난이도 하 ▮경호업무 수행방법 - 근접경호원의 임무

근접경호원의 기본 요건 및 임무에 관한 설명으로 옳은 것은?

① **도보이동 간 근접경호에서 단거리 직선통로를 이용하는 것은 이동 시 위험에 노출되는 정도를 최소화하기 위함이다.**

> 도보이동 간 근접경호원은 위험에 노출되는 정도를 최소화하기 위해 단거리 직선통로를 이용한다.

② 계획에 없던 지역으로 이동하기 전 이동로, 경호대형, 특이사항은 경호대상자에게도 비밀로 해야 한다.

> 계획에 없던 지역으로 이동 전에 경호원은 이동로, 소요시간, 경호대형, 주위의 특이상황, 주의사항 및 경호대상자의 이동 위치 등을 사전에 경호대상자에게 알려 주어야 한다.

③ 경호원은 주변 모든 사람들이 위험한 무기를 소지할 수 있다는 가정하에 표정을 주의 깊게 관찰해야 한다.

> 경호원은 주변 모든 사람들이 위험한 무기를 소지할 수 있다는 가정하에 경호대상자 주위 모든 사람들의 손을 주의 깊게 관찰해야 한다.

④ 경호원은 위해 발생 시 경호대상자의 방호보다 위해기도자의 제압을 우선해야 한다.

> 경호원은 위해 발생 시 위해기도자의 제압보다는 경호대상자를 방호하여 안전한 곳으로 대피시키는 것을 우선해야 한다.

62 난이도 하 ▮경호업무 수행방법 – 근접경호에서 도보대형 형성 시 고려사항

행사장 내 경호대상자를 근접경호할 때 도보대형 형성에 관해 고려해야 할 사항으로 옳지 않은 것은?

① 행사의 형태와 종류
② **경찰관서의 수와 위치**

> 경찰관서의 수와 위치는 근접경호에서 도보대형 형성 시 고려사항에 해당하지 않는다.

③ 경호대상자의 노출시간
④ 인적 취약요소와의 갭(Gap)

핵심만콕 근접경호에서 도보대형 형성 시 고려사항 ★

- 경호대상자의 취향(내성적·외향적·은둔형·과시형)
- 행사장 주변 감제건물의 취약성
- 행사장 사전예방경호 수준(행사장의 안전도 및 취약성)
- 행사의 성격(공식적·비공식적)
- 행사 참석자의 수 및 성향(우호적 또는 배타적)
- 근접경호원의 수
- 인적 취약요소와의 이격도
- 물적 취약요소의 위치

〈참고〉 이두석, 「경호학개론」, 진영사, 2018, P. 298 / 김두현, 「경호학개론」, 엑스피트, 2020, P. 273

---

63 난이도 하 ▮경호업무 수행방법 – 비표 운용

비표 운용에 관한 설명으로 옳지 않은 것은?

① **비표는 혼잡방지를 위해 시간과 장소에 관계없이 미리 배포할수록 좋다.**

> 비표 관리는 인적 위해요소의 배제를 목표로 하므로 행사 참석자에게도 행사 당일 출입구에서 신원확인 후 비표를 배포하여야 한다.

② 구역별 다른 색상으로 구분하여 비표를 운용하면 통제가 용이하다.
③ 비표 운용은 대상과 용도에 맞게 운영해야 한다.
④ 비표는 쉽게 구별되고, 위조 또는 복제는 불가능하도록 한다.

> **핵심만콕** 비표
>
> - 비표의 종류 : 리본, 명찰, 완장, 모자, 배지 등이 있으며, 대상과 용도에 맞게 적절히 운용한다.
> - 비표의 관리 : 경호대상자에게 위해를 가할 소지가 있는 사람으로서 시국불만자, 신원이 특이한 교포 및 외국인, 일반 요시찰인, 피보안처분자, 공격형 정신분자 등 인적 위해요소를 배제하기 위하여 비표 관리를 한다.
> - 비표의 운용
>   - 비표를 제작할 때부터 보안에 힘쓰도록 해야 하는데, 비표 분실사고 발생 시에는 즉각 보고하고 전체 비표를 무효화하며 새로운 비표를 해당자 전원에게 지급한다.
>   - 비표의 종류는 적을수록 좋고 행사 참석자를 위한 비표는 구역별로 그 색상을 달리하면 식별 및 통제가 용이하다.
>   - 비표는 모양이나 색상이 원거리에서도 식별이 용이하도록 단순하고 선명하게 제작하여 사용한다.
>   - 비표는 재생이나 복제가 되어서는 안 된다.
>   - 경호근무자의 경호안전활동 시에도 비표를 운영해야 한다.
>   - 행사장 근무자의 비표는 경호 배치 전·교양 시작 후 지급하며, 행사 참석자에게도 행사 당일 배포하여야 한다.

64 난이도 중   경호업무 수행방법 – 차량통제

행사경호 시 차량통제에 관한 설명으로 옳지 않은 것은?

① 입장계획과 연계하여 운영되어야 한다.
② 주차장별로 승차입장카드를 구분한다.
③ **금속탐지기를 이용하여 탑승한 출입자를 차내에서 검측한다.**

> 금속탐지기(문형, 휴대용)를 이용하여 탑승한 출입자를 검측하는 경우에는 차량에서 하차시킨 후 검측 절차를 진행하여야 한다.

④ 행사장 주변 주차장이 충분하지 않을 경우 중간집결지를 운영한다.

핵심만콕 통제대책

출입통제	행사장에 대한 출입통제는 3선 경호개념에 의거한 경호구역의 설정에 따라 각 구역별 통제의 범위를 결정한다. 특히 1선인 안전구역은 행사와 무관한 사람들의 행사장 출입을 통제 또는 제한하고, 그 효과를 극대화하기 위해서 가능한 한 출입구를 단일화하거나 최소화한다. 출입구에는 금속탐지기 등을 설치하여 출입자와 반입물품을 확인한다. 2선인 경비구역은 행사 참석자를 비롯한 모든 출입요소의 1차 통제점이 되어, 상근자 이외에 용무가 없는 사람들의 출입을 가급적 제한한다. 안전구역에 대한 출입통제대책은 다음의 조치를 수반한다. • 모든 출입요소에 대한 인가 여부를 확인한다. • 참석자가 시차별로 지정된 출입통로를 통하여 입장토록 한다. • 비표 운용을 통하여 비인가자의 출입을 통제한다. • MD(금속탐지기) 검색을 통하여 위해요소의 침투를 차단한다.
입장계획	• 현장에서의 혼잡 예방을 위해서는 중간집결지를 운영하여 단체로 입장토록 하는 방법이나 시차별 입장을 통하여 인원을 분산시킨다. • 차량출입문과 행사 참석자의 도보출입문을 구분하여 운영한다. • 참석자 입장계획은 철저한 신분확인 및 검색과 직결된 문제로 시차별 입장계획과 출입구별 인원 배분계획을 수립하여, 참석자가 일시에 몰리거나 특정 출입구로 몰리는 혼란을 미연에 방지한다.
주차계획	• 입장계획과 연계하여, 주차장별로 승차입장카드를 구분 운영하고, 참석자들이 하차하는 지점과 주차장소에 대한 안내표지판을 설치하고 안내한다. • 행사장에서의 혼잡상황을 예방하거나 행사장 주변에 주차장이 충분치 않을 경우에는 중간집결지를 운용하여 단체버스로 이동시키고, 개별 승용차의 행사장 입장을 가급적 억제한다.
비표 운용계획	• 비표의 종류에는 리본, 배지, 명찰, 완장, 모자, 조끼 등이 있으며, 비표는 대상과 용도에 맞게 적절히 운용한다. • 행사 참석자를 위한 명찰이나 리본은 구역별로 그 색상을 달리하여 식별 및 통제가 용이하도록 하면 효과적이다.
금속탐지 운용계획	• 행사장의 배치, 행사 참석자의 규모 및 성향 등을 고려하여 통제가 용이하고 공간이 확보된 장소에 설치 운용한다. • 금속탐지기를 통한 검색능력은 대략 초당 1명 정도인 점을 감안하여 금속탐지기의 설치장소 및 대수를 판단하고, 행사의 성격에 따라 X-RAY나 물품보관소를 같이 운용한다.
통제수단	**비표**: • 모든 인적·물적 출입요소의 인가 및 확인 여부를 표시하기 위하여 사용되는 중요한 수단이다. • 비표는 모양이나 색상이 원거리에서도 식별이 용이하도록 단순하고 선명하게 제작하여 사용함으로써 경호조치의 효율성을 증대시키고, 재생이나 복제가 되어서는 안 된다. **금속탐지기**: • 크게 문형 금속탐지기와 휴대용 금속탐지기로 구분할 수 있다. • 인적·물적 출입요소의 이상 유무와 위해물품 반입 여부를 확인하기 위한 금속탐지기는 금속성 물질에만 제한적으로 반응하는 특징이 있다.

〈출처〉이두석, 「경호학개론」, 진영사, 2018, P. 265~267

65 난이도 하 | 경호업무 수행방법 - 출입통제 담당자의 업무(임무)

출입통제 담당자의 업무로 옳지 않은 것은?

① 참석대상의 입장계획을 세운다.
② **비상계획 및 일반예비대를 운용한다.**

> 비상계획 및 일반예비대의 운용은 안전대책 담당자의 업무에 해당한다.

③ 출입구의 원활한 소통을 위해 출입통로를 지정한다.
④ 위해기도자와 위험물품 확인을 위한 검문검색을 한다.

핵심만콕 경호원의 분야별 업무담당

- 작전 담당 : 정보수집 및 분석을 통하여 작전구역별 특성에 맞는 인원 운용계획 작성, 비상대책체제 구축에 주력하며 부가적으로 시간사용계획 작성, 관계관 회의 시 주요 지침사항·예상문제점·참고사항(기상, 정보·첩보) 등을 계획하고 임무별 진행사항을 점검하여 통합 세부계획서 작성 등
- 출입통제 담당 : 행사 참석대상 및 성격분석, 출입통로 지정, 본인 여부 확인, 검문검색, 주차장 운용계획, 중간집결지 운용, 구역별 비표 구분, 안전 및 질서를 고려한 시차별 입장계획, 상주자 및 민원인 대책, 야간근무자 등의 통제계획을 작전 담당에게 전달 등
- 안전대책 담당 : 안전구역 확보계획 검토, 건물의 안전성 여부 확인, 상황별 비상대피로 구상, 행사장 취약시설물 파악, 비상 및 일반예비대 운용방법 확인, 최기병원(적정병원) 확인, 직시건물(고지)·공중 감시대책 검토 등
- 행정 담당 : 출장여비 신청 및 수령, 각 대의 숙소 및 식사장소 선정, 비상연락망 구성 등
- 차량 담당 : 출동인원에 근거하여 선발대 및 본대 사용차량 배정, 이동수단별 인원, 코스, 휴게실 등을 계획하여 작전 담당에게 전달 등
- 승·하차 및 정문 담당 : 진입로 취약요소 파악 및 확보계획 수립 후 주요 위치에 근무자 배치, 통행인 순간통제방법 강구, 비상 및 일반예비대 대기장소 확인, 안전구역 접근자 차단 및 위해요소 제거, 출입차량 검색 및 주차지역 안내 등
- 보도 담당 : 배치결정된 보도요원 확인, 보도요원 위장침투 차단, 행사장별 취재계획 수립 전파 등
- 주행사장 내부 담당 : 경호대상자 동선 및 좌석위치에 따른 비상대책 강구, 행사장 내의 인적·물적 접근 통제 및 차단계획 수립, 정전 등 우발상황에 대비한 각 근무자 예행연습, 행사장의 단일 출입 및 단상·천장·경호대상자 동선 등에 대한 안전도의 확인, 각종 집기류 최종 점검 등
- 주행사장 외부 담당 : 안전구역 내 단일 출입로 설정, 외곽 감제고지 및 직시건물에 대한 안전조치, 취약요소 및 직시지점을 고려한 단상 설치, 경호대상자 좌석과 참석자 간 거리 유지, 방탄막 설치 및 비상차량 운용계획 수립, 지하대피시설 점검 및 확보, 경비 및 경계구역 내에 대한 안전조치 강화, 차량 및 공중강습에 대한 대비책 강구 등

66 난이도 하 경호업무 수행방법 - 우발상황

경호 우발상황에 관한 설명으로 옳지 않은 것은?

① 우발상황이 예상되는 경호구역에 사주경계를 실시한다.
② 경호원 자신보다는 경호대상자의 안전을 우선으로 한다.
③ **사전예측이 대부분 가능하기 때문에 신속한 대처가 가능하다.**

> 우발상황은 그 발생 여부가 불확실하고 사전예측이 곤란하여 대비가 어렵다는 특성을 갖는다.

④ 불가항력적 상황에서도 경호원은 경호의 책임과 의무가 있다.

핵심만콕 우발상황의 특성

구분	내용
불확실성 (사전예측의 곤란성)	우발상황의 발생 여부가 불확실하고 사전예측이 곤란하여 대비가 어렵다.
돌발성	우발상황은 사전예고 없이 돌발적으로 발생한다.
시간제약성	돌발성으로 인해 우발상황에 대처할 충분한 시간적 여유가 없다.
중대성 (혼란 야기와 무질서, 심리적 불안정성)	우발상황은 경호대상자의 안전이나 행사에 치명적인 영향(무질서, 혼란, 충격, 공포 등)을 끼칠 수 있는 상황으로, 경호대상자의 신변에 중대한 결과를 초래할 수 있다.
현장성	우발상황은 현장에서 발생하고 이에 대한 경호조치도 현장에서 이루어져야 한다.
자기보호본능의 발동	• 우발상황 발생 시 일반인뿐만 아니라 경호원도 인간의 기본욕구인 자기자신을 보호하려는 보호본능이 발현된다. • 자기보호본능의 발현에도 불구하고 경호원으로서 본분을 망각하지 않기 위해 평소에 공격 방향으로 신속하고도 과감히 몸을 던지는 반복숙달 훈련과 심리적 훈련이 요구된다.

〈참고〉이두석,「경호학개론」, 진영사, 2018, P. 344

67 난이도 하 경호업무 수행방법 - 경호 우발상황의 대응기법(즉각조치)

경호 우발상황의 대응기법에 관한 내용이다. 다음에서 설명하는 것은?

> 우발상황 발생 시 위해상황을 처음 인지한 경호원이 경호대상자 주변의 근접경호원과 동시에 신속히 경호대상자를 보호하기 위하여 방벽을 형성한다.

① 경 고
② **방 호**

> 제시된 내용은 경호 우발상황의 대응기법(즉각조치) 중 방호에 관한 설명에 해당한다.

③ 대 피
④ 대 적

> **핵심만콕** 즉각조치의 개념 및 단계
>
> 즉각조치는 경호활동 중 위해기도나 행사 방해책동과 관련하여 발생 시기나 발생 여부 및 피해 정도를 모르는 우발적 상황에서의 즉각적 행동원칙을 말한다.
> - 즉각조치의 과정은 경고와 방호 및 대피, 대적이 포함되며, 이는 순차적인 개념이라기보다 우선순위 없이 동시에 이루어지는 일체적 개념이다.
> - 경고(Sound off)는 위해상황을 가장 먼저 인지한 사람이 주변 근무자에게 상황을 간단명료하게 전파하는 것으로, 상황 발생을 인지한 경호원이 가장 먼저 취해야 할 조치이다.
> - 방호(Cover)는 위협상황을 알리는 경고를 인지하는 즉시, 경호대상자 주변 근무자가 자신의 신체로 방벽을 형성하여 경호대상자의 노출을 최소화함으로써 직접적인 위해를 방지하는 행위를 말한다.
> - 대피(Evacuate)는 우발상황 발생 시 위해자의 표적이 되는 경호대상자를 안전지역으로 이동시키는 행위를 말한다. 대피는 방호와 동시에 공격자의 반대 방향으로 신속히 이동하여야 하며, 방호대형을 형성하여 비상대피소나 비상대기차량이 있는 안전지역으로 이동한다.
> - 즉각조치과정은 일단 경고 – 방호 – 대피의 순으로 전개된다. 대적 여부는 촉수거리의 원칙에 따라 판단한다. 대적의 목적은 위해자의 공격선을 차단하여 경호대상자를 보호하는 것이다. 대적 시에는 우선 경호대상자를 등지고 위험발생지역으로 향한 다음, 몸을 최대한 크게 벌려 방호범위를 확대하고, 경호대상자와 위해기도자 사이의 일직선상에 위치하여 위해자의 공격을 차단한다.
>
> 〈출처〉이두석, 「경호학개론」, 진영사, 2018, P. 350~354

68 난이도 하 ┃경호업무 수행방법 – 검측활동

검측활동에 관한 설명으로 옳지 않은 것은?

① 위해물질의 존재 여부를 검사하거나 시설물의 안전점검에 사용되는 도구를 검측장비라고 한다.
② **검측인원의 책임구역을 명확하게 하여 중복되지 않게 계획적으로 검측한다.**

> 검측인원의 책임구역을 명확하게 하며, 중복되게 점검이 이루어져야 한다.

③ 시설물의 불안전요소를 제거하는 것은 검측활동에 해당된다.
④ 검측활동은 행사장과 경호대상자의 이동로를 중심으로 구역을 나눠 실시한다.

69 난이도 하
경호복장과 장비 - 검측장비

검측장비에 해당하지 않는 것은?

① X-ray 검색기
② **전자충격기**
> **전자충격기**는 자신의 생명이나 신체가 위험상태에 놓였을 때 스스로를 보호하는 데 사용하는 **호신장비**에 해당한다.

③ 금속탐지기
④ 폭발물탐지기

핵심만콕 검측장비의 세분

검측장비의 구분	내 용
탐지장비	금속탐지기(문형, 봉형, 휴대용), X-RAY(X-RAY 검색기, 전신 검색기), 폭약탐지기, 액체폭발물 탐지기, 방사능탐지기, 독가스탐지기, 독극물탐지기, 청진기, 화이버스코프, 서치탭, 검색경, 폭발물탐지견, 소방점검장비 등
처리장비	폭발물처리키트, 물포(water cannon), X-RAY 촬영기 등
검측공구	탐침, 손전등, 거울, 개방공구, 다용도칼 등

〈출처〉이두석, 「경호학개론」, 진영사, 2018, P. 241~243

70 난이도 중
경호복장과 장비 - 경호 목적 총포의 일시 반출입 등

입국하는 국빈, 장관급 이상의 관료 등에 대한 경호를 목적으로 총포를 소지하고 입국하려는 사람이 총포의 일시 반출입 및 일시 소지 허가를 신청할 경우 경찰청장에게 신고하여야 할 내용이 아닌 것은?

① 입국자의 국적 및 여권번호
② 입국이나 출국의 일시, 이용 항공 등 교통편명
③ 총포의 종류, 제품명, 일련번호
④ **총포의 이력추적관리 내역**

> 총포의 이력추적관리 내역은 위와 같은 경우 경찰청장에게 신고하여야 할 내용에 해당하지 않는다(총포·도검·화약류 등의 안전관리에 관한 법률 시행령 제14조의3 제1항 참고).

관계법령	경호 목적 총포의 일시 반출입 등(총포·도검·화약류 등의 안전관리에 관한 법률 시행령 제14조의3)

① 법 제14조 제3항에 따라 국내에 입국하는 국빈, 장관급 이상의 관료 및 이에 준하는 외국 요인(要人)·외교관 등에 대한 경호를 목적으로 총포를 소지하고 입국하려는 사람은 다음 각호의 사항을 기재하여 미리 경찰청장에게 총포의 일시 반출입 및 일시 소지 허가를 신청하여야 한다.
  1. 입국자의 성명, 생년월일, 국적 및 여권번호
  2. 총포의 종류, 제품명, 일련번호, 수량 및 실탄 수량
  3. 입국이나 출국의 일시, 이용 항공 등 교통편명, 출발지 및 도착지
② 경찰청장은 법 제14조 제3항에 따른 경호용 총포 반출입 및 일시 소지 허가를 하기 전에 대통령경호처장과 미리 협의하여야 한다.
③ 제1항에 따라 총포의 일시 반출입 및 일시 소지 허가를 받은 사람은 국내에 입국하거나 출국하는 경우 해당 총기의 반출입 사항을 경찰청장에게 통보하여야 한다.

71 난이도 하   ▮경호복장과 장비 - 경호장비(감시장비)

경호장비에 관한 설명으로 옳지 않은 것은?

① 호신장비는 자신의 생명과 신체가 위험한 상태에 놓였을 때 스스로 보호하는 데 사용하는 도구이다.
② 방호장비는 경호대상자가 사용하는 시설물을 보호하기 위한 장치를 말한다.
③ **검측장비는 위해기도자의 침입이나 범죄행위를 감시하고, 거동수상자의 동태를 추적하는 장비를 말한다.**

> 경호장비 중 감시장비에 관한 설명이다.

④ 기동장비는 경호대상자의 경호를 위하여 사용하는 기동수단을 말한다.

핵심만콕	경호장비의 기능에 따른 분류
호신장비	일반적으로 자신의 생명이나 신체가 위험상태에 놓였을 때 스스로를 보호하는 데 사용하는 장비를 말한다. 여기에는 총기, 경봉, 가스분사기, 전자충격기 등이 있다.
방호장비	경호대상자나 경호대상자가 사용하는 시설물을 보호하기 위한 장치를 말한다. 적의 침입 예상경로를 차단하기 위하여 방벽을 설치·이용하는 것으로 경호방법 중 최후의 예방경호방법이라 할 수 있다. 방호장비는 크게 자연적 방벽과 물리적 방벽으로 나뉜다(단순히 방폭담요, 방폭가방 등을 방호장비로 분류하는 견해도 있다).
기동장비	경호대상자의 경호를 위하여 운용하는 차량·항공기·선박·열차 등의 이동수단을 말한다.
검색·검측장비	검색장비는 위해도구나 위해물질을 찾아내는 데 사용하는 장비를 말하고, 검측장비는 위해물질의 존재 여부를 검사하거나 시설물의 안전점검에 사용하는 도구를 말한다. 일반적으로 검측장비로 통칭하며, 검측장비는 탐지장비, 처리장비, 검측공구로 구분하여 사용한다.
감시장비	위해기도자의 침입이나 범죄행위를 사전에 감시하기 위한 장비(전자파, 초음파, 적외선 등을 이용한 기계장비)를 말한다. 경호임무에 있어 인력부족으로 인한 경호 취약점을 보완하는 수단으로, 감시장비에는 드론, CCTV, 열선감지기, 쌍안경, 망원경, 포대경(M65), TOD(영상감시장비) 등이 있다.
통신장비	경호업무를 수행하는 데 필요한 보고 또는 연락을 위한 통신장비(유선·무선)를 말한다. 경호통신은 신뢰성, 신속성, 정확성, 안전성이 고려되어야 한다. 유선통신장비에는 전화기, 교환기, FAX망, 컴퓨터통신, CCTV 등의 장비가 있으며, 무선통신장비에는 휴대용 무전기(FM-1), 페이징, 차량용 무전기(MR-40V, KSM-2510A, FM-5), 무선전화기, 인공위성 등이 있다.

72 난이도 하 경호복장과 장비 - 경호원의 복장

경호원의 복장에 관한 설명으로 옳은 것은?

① 경호원은 행사의 성격에 따라 주변 환경과 어울리는 복장을 착용한다.

> 일반적으로 경호원은 행사의 성격에 따라 주변 환경과 조화되도록 복장을 착용하여야 한다.

② 경호원으로서의 신분이 노출되지 않도록 화려한 복장을 착용한다.

> 주위의 시선을 끌 만한 색상이나 디자인은 지양하며, 보수적인 색상과 스타일의 복장이 적합하다.

③ 잠재적 위해기도자의 범행동기를 사전에 제거하기 위해 장신구를 착용한다.

> 장신구의 착용과 잠재적 위해기도자의 범행동기의 사전 제거와는 인과성이 없다.

④ 행사의 성격과 관계없이 경호대상자 품위를 높이기 위해 검정색 계통의 정장을 착용한다.

> 행사의 성격과 장소에 어울리는 복장을 착용하여야 하며, 어두운 색상일수록 위엄과 권위가 있다.

핵심만콕 경호복장 선택 시 고려사항

- 경호복장은 기능적이고 튼튼한 것이어야 한다.
- 행사의 성격과 장소에 어울리는 복장을 착용한다.
- 경호대상자보다 튀지 않아야 한다.
- 어두운 색상일수록 위엄과 권위가 있어 보인다. 주위의 시선을 끌 만한 색상이나 디자인은 지양한다.
- 셔츠는 흰색 계통이 무난하며, 면소재의 제품이 활동하기에 편하다.
- 양말은 어두운 색으로, 발목 위로 올라오는 것을 착용한다.
- 장신구의 착용은 지양한다. 여자 경호원의 경우 장신구를 착용한다면 평범하고 단순한 것으로 선택한다.
- 신발은 장시간 서 있는 근무상황을 고려하여 편하고 잘 벗겨지지 않는 것을 선택한다.

〈출처〉 이두석, 「경호학개론」, 진영사, 2018, P. 247

73 난이도 하 경호의전과 구급법 - 응급처치

경호원의 응급처치 사항으로 옳지 않은 것은?

① 가슴 및 복부 손상 시 지혈을 하고 음료를 마시지 않게 한다.
② 심한 출혈 시 출혈 부위를 심장보다 높게 하여 안정한 상태를 유지한다.
③ **맥박과 호흡이 없을 경우 빠른 시간에 보조호흡을 실시한다.**

> 맥박과 호흡이 없을 경우 빠른 시간에 심폐소생술(CPR)을 실시하여야 한다. 보조호흡(assisted respiration)은 보조환기요법이라고도 하며 기계적 또는 수동적으로 양압을 발생시켜 공기를 폐로 주입시키거나 흡기 동안에 폐로 들어가는 공기의 양을 증가시키는 것을 말한다.

④ 환자의 생사판정을 하지 않는 것을 원칙으로 한다.

74 난이도 하

경호의전과 구급법 – 경호의전과 예절

경호의전과 예절에 관한 설명으로 옳지 않은 것은?

① 비행기를 타고 내릴 때에는 상급자가 최우선하여 타고 내린다.

> 비행기를 타고 내릴 때에는 상급자가 나중에 타고 먼저 내린다.

② 기차에서 두 사람이 나란히 앉는 좌석에서는 창가 쪽이 상석이다.

> 기차에서 두 사람이 나란히 앉는 좌석에서는 창가 쪽이 상석이고 통로 쪽이 말석이다.

③ 여성과 남성이 승용차에 동승할 때에는 여성이 먼저 탄다.

> 일반적으로 여성이 남성보다 상급자로 취급되므로, 승용차에 동승할 때에는 여성이 먼저 타고, 나중에 내린다.

④ 승강기를 타고 내릴 때에는 상급자가 나중에 타고, 먼저 내린다.

> 승강기는 엘리베이터, 에스컬레이터, 휠체어리프트로 구분되는데(승강기 안전관리법 시행령 제3조 제1항), 상급자가 나중에 타고, 먼저 내린다는 표현은 일반적으로 엘리베이터 탑승 시 안내하는 사람이 없을 때의 경호예절에 해당한다. 따라서 지문의 경우, ①과의 관계상 상대적으로 옳은 내용으로 판단되나, 논란의 여지가 있다.

핵심만콕 탑승 시 경호예절 ★

항공기	• 상급자가 나중에 타고 먼저 내린다. • 창문가 좌석이 상석, 통로 쪽 좌석이 차석, 상석과 차석 사이가 말석이다.
선박	• 객실의 등급이 정해져 있을 때는 지정된 좌석에 앉고, 지정된 좌석이 없는 경우 선체의 중심부가 상석이 된다. • 일반적 선박의 경우 승선 시 상급자가 나중에 타고 하선 시에는 먼저 내린다. • 함정의 경우 승선 시 상급자가 먼저 타고 하선 시에도 먼저 내린다.
기차	• 두 사람이 나란히 앉는 좌석에서는 창가 쪽이 상석이고 통로 쪽이 말석이다. • 네 사람이 마주 앉는 자리에서는 기차 진행 방향의 창가 좌석이 가장 상석이고 그 맞은편, 상석의 옆좌석, 그 앞좌석 순이다. • 침대차에서는 아래쪽 침대가 상석이고 위쪽 침대가 말석이다.
승용차	• 운전기사가 있을 경우 자동차 좌석의 서열은 뒷좌석 오른편이 상석이고 왼쪽과 앞자리, 가운데 순이다(뒷좌석 가운데와 앞자리의 서열은 바뀔 수 있다). • 자가운전자의 경우 자진해서 운전석 옆자리에 앉는 것이 통례이며 그곳이 상석이다. 그리고 뒷좌석 오른편, 왼쪽, 가운데 순이다.
엘리베이터	• 안내하는 사람이 있을 때에는 상급자가 먼저 타고 먼저 내린다. • 안내하는 사람이 없을 때에는 하급자가 먼저 타서 엘리베이터를 조작하고 내릴 때에는 상급자가 먼저 내린다.
에스컬레이터	• 올라갈 때는 상급자가 먼저 올라가고 내려올 때는 하급자가 먼저 내려온다. • 남녀가 올라갈 때는 여성이 먼저 올라가고, 내려올 때는 남성이 먼저 내려온다.

75 난이도 하 ▮경호의전과 구급법 – 경호원의 자격과 윤리

경호원의 자격과 윤리에 관한 설명으로 옳지 않은 것은?

① 성희롱 예방교육의 철저한 관리로 경호원의 직업윤리 강화 풍토를 조성한다.
② 경호위해요소에 대한 인지능력 향상 훈련으로 사전예방활동의 중요성을 부각시킨다.
③ **경호원 간 상하 지휘체계 확립을 위하여 권위주의적, 상호보완적 동료의식을 강조한다.**

> 경호원 간 상하 지휘체계 확립을 위해서는 책임과 업무의 분담, 명령과 복종의 지위·역할체계의 통일 등이 이루어져야 한다.

④ 워라밸 근무환경 조성을 위한 경비인력의 탄력적 운영으로 정부시책사업에 능동적으로 참여한다.

핵심만콕 경호·경비원의 직원윤리 정립

경호윤리에 대한 문제점을 해결하기 위해서 다음과 같은 경호·경비원 및 경비지도사의 직업윤리 방안이 정립되어야 한다.

- 성희롱 유발요인 분석 철저 및 예방교육 강화
- 총기안전관리 및 정신교육 강화
- 정치적 논리지양 등 경호환경 조성 및 탄력적 경호력 운영
- 사전예방경호활동을 위한 경호위해 인지능력 배양
- 경호 교육기관 및 경호 관련학과의 '경호윤리' 과목 개설 운영
- 경호지휘단일성의 원칙에 의한 경호 임무수행과 위기관리 대응력 구비
- 집단지성 네트워크 사이버폴리스 자원봉사시스템 구축
  ※ 사이버 및 경호위해 범죄에 실시간 대응할 수 있도록 각 사회분야의 집단지성이 자발적으로 참여할 수 있는 사회적 시스템을 구축하여 사이버공간에서의 범죄를 예방하고 사회적 공감대를 형성할 수 있는 대책방안이 강구되어야 한다.
- 경호원 채용 시 인성평가 방법 강화 및 자원봉사 활성화

〈참고〉 김두현, 「경호학개론」, 엑스퍼트, 2020, P. 430~442

76 난이도 하
■ 경호업무 수행방법 - 검식활동

검식활동에 관한 설명으로 옳지 않은 것은?

① 조리가 완료된 후에도 검식활동은 지속되어야 한다.
② **검식활동은 식재료의 조리 단계부터 시작된다.**

> 검식활동은 경호대상자에게 제공되는 음식물에 대하여 구매, 운반, 저장, 조리 및 제공되는 일련의 과정을 포함하므로, 식재료의 구매 단계부터 시작된다.

③ 행사장의 위생상태 점검, 전염병 및 식중독의 예방대책 등을 포함한다.
④ 경호대상자에게 제공하는 음식물에 대하여 구매, 운반, 저장, 조리 및 제공되는 일련의 과정을 포함한다.

> **핵심만콕** 검식활동의 내용
> - 사전에 조리담당 종사자에 대한 신원조사를 실시하여 신원특이자는 배제한다.
> - 음식물은 전문요원에 의한 검사를 실시한다.
> - 행사 당일에는 경호원이 주방에 입회하여 조리사의 동향을 감시한다.
> - 음식물 운반 시에도 철저하게 근접감시를 실시한다.
> - 식재료는 신선도와 안전 여부를 확인 및 점검한다.
> - 각종 기물은 철저하게 검색하고 사용하기 전에는 열탕소독을 실시한다.
> - 주방종사자는 위생검사를 실시하고, 질병이 있는 자는 미리 제외시킨다.
>
> 〈출처〉 김계원, 「경호학」, 백산출판사, 2008, P. 211

77 난이도 중
■ 경호의 환경 - 대테러특공대

국가대테러활동지침상 대테러특공대의 임무를 수행한 자를 모두 고른 것은?

- A : 테러사건에 대해 무력진압작전을 수행하였다.
- B : 요인경호행사 및 국가중요행사의 안전활동에 대한 지원을 하였다.
- C : 테러사건과 관련한 폭발물을 탐색하고 처리하였다.

① A
② A, C
③ B, C
④ A, B, C

> 제시된 내용은 모두 대테러특공대의 임무에 해당하나, 지금은 폐지된 국가대테러활동지침(대통령훈령)에 근거하여 출제한 것으로 보이므로, 이는 출제오류이다. 결국 전항정답으로 처리되었다.

관계법령

임무(국가대테러활동지침 제25조) <시행 2016.6.20.> [대통령훈령 제354호, 2016.6.20. 폐지]
대테러특공대는 다음 각호의 임무를 수행한다.
1. 테러사건에 대한 무력진압작전
2. 테러사건과 관련한 폭발물의 탐색 및 처리
3. 요인경호행사 및 국가중요행사의 안전활동에 대한 지원
4. 그 밖에 테러사건의 예방 및 저지활동

임무(국가대테러활동 세부운영 규칙 제19조) <발령 2017.9.12.> [해양경찰청훈령, 2017.9.12. 폐지제정]
해경 특공대는 다음 각호의 임무를 수행한다.
1. 해양 테러사건에 대한 무력진압 작전
2. 해양 테러사건과 관련한 폭발물의 탐색 및 처리
3. 해양에서 요인경호 및 국가중요행사의 안전활동에 대한 지원
4. 그 밖에 해양 테러사건의 예방 및 저지활동

대테러특공대 등(테러방지법 시행령 제18조) <시행 2016.6.4.> [대통령령 제27203호, 2016.5.31. 제정]
③ 대테러특공대는 다음 각호의 임무를 수행한다.
1. 대한민국 또는 국민과 관련된 국내외 테러사건 진압
2. 테러사건과 관련된 폭발물의 탐색 및 처리
3. 주요 요인경호 및 국가중요행사의 안전한 진행 지원
4. 그 밖에 테러사건의 예방 및 저지활동

78 ▌경호의 환경 – 경호의 환경요인

우리나라 경호의 환경요인에 관한 설명으로 옳지 않은 것은?

① 경제와 과학기술의 발전으로 경호의 첨단화가 가속화되고 있다.
② 사회와 국민의식 구조의 변화로 인한 시대적 요구사항을 반영하여 경호의 수단과 방법이 변화되고 있다.
③ 사이버범죄 증가에 따라 경호방법 다변화의 일환으로 「개인정보보호법」은 적용하지 않는다.

> 현재 사이버범죄와 관련된 우리나라의 법률체계는 「정보통신망 이용촉진 및 정보보호 등에 관한 법률(약칭 : 정보통신망법)」이 사이버범죄의 기본법적인 역할을 하고 있으나, 이외에도 「정보통신기반 보호법」, 「전기통신사업법」, 「위치정보의 보호 및 이용 등에 관한 법률(약칭 : 위치정보법)」, 「개인정보보호법」 등 다양한 법률이 적용되고 있다.

④ 드론 사용 범죄 등과 같은 신종위해가 증가하고 있다.

79 　난이도 하　　　　　　　　　　　　　　　　　　　경호의 환경 – 뉴테러리즘

뉴테러리즘에 관한 설명으로 옳지 않은 것은?

① '외로운 늑대(lone wolf)'와 같은 자생 테러가 증가하고 있다.
② 과학화 및 정보화의 특성으로 조직이 네트워크화되고 있다.
③ **공격대상이 특정화되어 있고, 언론매체의 활용으로 공포확산이 빠르다.**

　　뉴테러리즘은 불특정 다수에 대한 공격을 특징으로 한다.

④ 전통적 테러에 비해 피해 규모가 큰 양상을 띤다.

핵심만콕　뉴테러리즘 ★

정 의	미국의 뉴욕 세계무역센터 테러사건처럼 공격 주체와 목적이 없으며, 테러의 대상이 무차별적인 새로운 개념의 테러리즘을 가리키는 용어이다.
주요 특징	• 불특정 다수를 공격대상으로 한다. • 동시다발적 공격이 가능하다. • 주체가 없고('얼굴 없는 테러') 요구조건과 공격조건이 없다. • 경제적·물질적 피해 규모가 천문학적인 수준이다. • 과학화·정보화의 특성을 반영하여 조직이 고도로 네트워크화되어 있다. 이에 따라 조직 중심이 다원화되어 조직의 무력화가 어렵다. • 테러행위에 소요되는 시간이 짧아 예방대책 수립이 어렵다. • 언론매체를 이용하여 공포가 쉽게 확산된다. • 사회적으로 지식층과 엘리트층이 테러리스트로 활동하여 테러가 보다 지능화되고 성공률이 높아지고 있다. • 증거인멸이 쉬운 대량살상 무기가 사용될 가능성이 많다.

80 난이도 중 | 경호의 환경 – 테러경보의 단계별 조치

국가대테러활동지침상 다음은 테러경보의 어느 단계인가?

> 테러취약요소에 대한 경비 등 예방활동의 강화, 테러취약시설에 대한 출입통제의 강화, 대테러 담당공무원의 비상근무 등의 조치를 한다.

① 관심단계
② 주의단계
③ 경계단계

> 경비지도사 시험의 경우, 시험 시행일 현재 시행 중인 법률 등을 적용하여 정답을 구하여야 하므로, 국가대테러활동지침(대통령훈령)에 근거하여 출제한 것은 출제오류이다. 결국 전항정답으로 처리되었다.

④ 심각단계

관계법령

테러경보의 단계별 조치(국가대테러활동지침 제36조) <시행 2016.6.20.> [대통령훈령 제354호, 2016.6.20. 폐지]
① 관계기관의 장은 테러경보가 발령된 경우에는 다음 각호의 기준을 고려하여 단계별 조치를 취하여야 한다.
  1. 관심단계 : 테러 관련 상황의 전파, 관계기관 상호 간 연락체계의 확인, 비상연락망의 점검 등
  2. 주의단계 : 테러대상 시설 및 테러에 이용될 수 있는 위험물질에 대한 안전관리의 강화, 국가중요시설에 대한 경비의 강화, 관계기관별 자체 대비태세의 점검 등
  3. 경계단계 : 테러취약요소에 대한 경비 등 예방활동의 강화, 테러취약시설에 대한 출입통제의 강화, 대테러 담당공무원의 비상근무 등
  4. 심각단계 : 대테러 관계기관 공무원의 비상근무, 테러유형별 테러사건대책본부 등 사건대응조직의 운영준비, 필요장비·인원의 동원태세 유지 등

목적(국가대테러활동 세부운영 규칙 제1조) <발령 2015.10.5.> [국민안전처훈령 제129호, 2015.10.5. 일부개정]
이 규칙은 「국가대테러활동지침」에서 위임된 사항과 그 시행에 관하여 필요한 사항을 규정함을 목적으로 한다.

목적(국가대테러활동 세부운영 규칙 제1조) <발령 2017.9.12.> [해양경찰청훈령, 2017.9.12. 폐지제정]
이 규칙은 「국민보호와 공공안전을 위한 테러방지법」 및 그 시행령에서 해양테러의 예방 및 대응활동 등에 대해 위임된 사항과 그 시행에 관하여 필요한 사항을 규정함을 목적으로 한다.

테러경보의 단계별 조치(국가대테러활동 세부운영 규칙 제27조) <발령 2017.9.12.> [해양경찰청훈령, 2017.9.12. 폐지제정]
① 해양경찰청장은 테러경보가 발령된 경우에는 다음 각호의 기준을 고려하여 단계별 조치를 취하여야 한다.
  1. 관심단계 : 테러 관련 상황의 전파, 관계기관 상호 간 연락체계의 확인, 비상연락망의 점검 등
  2. 주의단계 : 테러대상 시설 및 테러에 이용될 수 있는 위험물질에 대한 안전관리의 강화, 자체 대비태세의 점검 등
  3. 경계단계 : 테러취약요소에 대한 경비 등 예방활동의 강화, 테러취약시설에 대한 출입통제의 강화, 대테러담당 비상근무 등
  4. 심각단계 : 대테러 관계 공무원의 비상근무, 해양테러사건대책본부 등 사건대응조직의 운영준비, 필요 장비·인원의 동원태세 유지 등

2020년 경비업법

문제편 124p

정답 CHECK

01	02	03	04	05	06	07	08	09	10	11	12	13	14	15	16	17	18	19	20
①	④	③	④	②	③	②	①	③	②	①·④	②	①	③	③	②	①	④	①	②
21	22	23	24	25	26	27	28	29	30	31	32	33	34	35	36	37	38	39	40
③	③	①	④	①	④	②	④	③	④	②	②	①	④	②	③	①	②	④	①

01 난이도 하
▌경비업법 제4조, 동법 시행령 제3조 - 경비업의 허가신청 등

경비업법령상 경비업 허가신청 등에 관한 설명으로 옳은 것은?

① 경비업 허가신청 시 시설을 갖출 수 없는 경우에는 시설 확보계획서를 제출한 후 허가를 받은 날부터 1월 이내에 법령 규정에 의한 시설을 갖추고 시·도 경찰청장의 확인을 받아야 한다.

　경비업법 시행령 제3조 제2항 단서

② 경비업의 허가를 받은 법인은 기계경비업무 수행을 위한 관제시설을 이전한 때에는 관할 경찰서장에게 신고하여야 한다.

　경비업의 허가를 받은 법인이 기계경비업무의 수행을 위한 관제시설을 신설·이전 또는 폐지한 때에는 시·도 경찰청장에게 신고하여야 한다(경비업법 제4조 제3항 제4호).

③ 경비업 변경허가신청 시 자본금을 갖출 수 없는 경우에는 자본금 확보계획서를 제출한 후 변경허가를 받은 날부터 1월 이내에 자본금을 갖추고 시·도 경찰청장의 확인을 받아야 한다.

　자본금은 경비업의 변경허가신청 시 반드시 갖추고 있어야 한다(경비업법 시행령 제3조 제2항 단서 반대해석).

④ 경비업자가 허가받은 경비업무를 변경하려는 경우에는 변경허가 신청서를 경찰청장 또는 관할 시·도 경찰청장에게 제출하여야 한다.

　경비업의 허가를 받은 법인이 허가를 받은 경비업무를 변경하거나 새로운 경비업무를 추가하려는 경우에는 변경허가 신청서에 행정안전부령으로 정하는 서류를 첨부하여 법인의 주사무소를 관할하는 시·도 경찰청장 또는 해당 시·도 경찰청 소속의 경찰서장에게 제출하여야 한다(경비업법 시행령 제3조 제1항 전문).

| 관계법령 | 허가신청 등(경비업법 시행령 제3조) ★ |

② 제1항의 규정에 의하여 허가 또는 변경허가 신청서를 제출하는 법인은 [별표 1]의 규정에 의한 경비인력·자본금·시설 및 장비를 갖추어야 한다. 다만, 경비업의 허가 또는 변경허가를 신청하는 때에 [별표 1]의 규정에 의한 시설 등(자본금을 제외한다)을 갖출 수 없는 경우에는 허가 또는 변경허가의 신청 시 시설 등의 확보계획서를 제출한 후 허가 또는 변경허가를 받은 날부터 1월 이내에 [별표 1]의 규정에 의한 시설 등을 갖추고 시·도 경찰청장의 확인을 받아야 한다.

02 난이도 하 경비업법 제4조의2, 동법 시행령 제4조 - 허가의 제한 및 허가절차 등

경비업법령상 경비업 허가에 관한 설명으로 옳은 것은?

① 시·도 경찰청장은 경비업 변경허가를 한 경우 해당 법인의 주사무소를 관할하는 지구대장을 거쳐 신청인에게 허가증을 발급하여야 한다.

시·도 경찰청장은 경비업을 허가하거나 변경허가를 한 경우에는 해당 법인의 주사무소를 관할하는 경찰서장을 거쳐 신청인에게 허가증을 발급하여야 한다(경비업법 시행령 제4조 제2항).

② 경비업자는 경비업 허가증이 못쓰게 된 경우에는 그 사유서를 첨부하여 해당 시·도 경찰청 소속의 경찰서장에게 재발급을 신청하여야 한다.

경비업자는 경비업의 허가증을 잃어버리거나 경비업 허가증이 못쓰게 된 경우에는 허가증 재교부 신청서에 다음 서류(허가증을 잃어버린 경우에는 그 사유서, 허가증이 못쓰게 된 경우에는 그 허가증)를 첨부하여 법인의 주사무소를 관할하는 시·도 경찰청장 또는 해당 시·도 경찰청 소속의 경찰서장에게 재발급을 신청하여야 하고, 신청서를 제출받은 경찰서장은 지체 없이 시·도 경찰청장에게 보내야 한다(경비업법 시행령 제4조 제3항).

③ 시·도 경찰청장이 경비업 허가를 신청받아 허가 여부를 결정할 때, 임원의 신용은 검토대상이 아니다.

임원의 신용은 시·도 경찰청장이 경비업 허가를 신청받아 허가 여부를 결정할 때 검토할 대상에 해당한다(경비업법 시행령 제4조 제1항).

❹ 누구든지 허가를 받은 경비업체와 동일한 명칭으로 경비업 허가를 받을 수 없다.

누구든지 제4조 제1항에 따른 허가를 받은 경비업체와 동일한 명칭으로 경비업 허가를 받을 수 없다(경비업법 제4조의2 제1항).

03 난이도 하 경비업법 제5조 - 임원의 결격사유

경비업법령상 경비업을 영위하는 법인의 임원 결격사유에 관한 설명으로 옳은 것은? 기출수정

① 성년후견인은 임원이 될 수 없다.

> 피성년후견인이 경비업을 영위하는 법인의 임원 결격사유에 해당한다(경비업법 제5조 제1호).

② 이 법에 위반하여 벌금형의 선고를 받고 5년이 지나지 아니한 자는 임원이 될 수 없다.

> 경비업법을 위반하여 벌금형의 선고를 받고 3년이 지나지 아니한 자는 특수경비업무를 수행하는 법인의 임원이 될 수 없다(경비업법 제5조 제4호).

③ 「대통령 등의 경호에 관한 법률」에 위반하여 벌금형의 선고를 받고 3년이 지나지 아니한 자는 특수경비업무를 수행하는 법인의 임원이 될 수 없다.

> 「대통령 등의 경호에 관한 법률」에 위반하여 벌금형의 선고를 받고 3년이 지나지 아니한 자는 특수경비업무를 수행하는 법인의 임원이 될 수 없다(경비업법 제5조 제4호).

④ 관할 경찰관서장의 배치폐지명령에 따르지 아니하여 허가가 취소된 법인의 허가취소 당시의 임원이었던 자로서 허가가 취소된 날부터 5년이 지나지 아니한 자는 특수경비업무를 수행하는 법인의 임원이 될 수 없다.

> 관할 경찰관서장의 배치폐지명령에 따르지 아니하여(경비업법 제19조 제1항 제8호 위반) 허가가 취소된 법인의 허가취소 당시의 임원이었던 자로서 허가가 취소된 날부터 3년이 지나지 아니한 자는 허가취소된 경비업무와 동종의 경비업무를 수행하는 법인의 임원이 될 수 없다(경비업법 제5조 제5호).

관계법령 **임원의 결격사유(경비업법 제5조)** ★

다음 각호의 어느 하나에 해당하는 자는 경비업을 영위하는 법인(제4호에 해당하는 자의 경우에는 특수경비업무를 수행하는 법인, 제5호에 해당하는 자의 경우에는 허가취소사유에 해당하는 경비업무와 동종의 경비업무를 수행하는 법인)의 임원이 될 수 없다.
1. 피성년후견인
2. 파산선고를 받고 복권되지 아니한 자
3. 금고 이상의 형의 선고를 받고 그 형이 실효되지 아니한 자
4. 이 법 또는 「대통령 등의 경호에 관한 법률」에 위반하여 벌금형의 선고를 받고 3년이 지나지 아니한 자
5. 이 법(제19조 제1항 제2호 및 제7호는 제외) 또는 이 법에 의한 명령에 위반하여 허가가 취소된 법인의 허가취소 당시의 임원이었던 자로서 그 취소 후 3년이 지나지 아니한 자
6. 제19조 제1항 제2호(허가받은 경비업무 외의 업무에 경비원을 종사하게 한 때) 및 제7호(소속 경비원으로 하여금 경비업무의 범위를 벗어난 행위를 하게 한 때)의 사유로 허가가 취소된 법인의 허가취소 당시의 임원이었던 자로서 허가가 취소된 날부터 5년이 지나지 아니한 자

04 난이도 중 ┃경비업법 시행령 제8조 - 오경보의 방지를 위한 설명 등

경비업법령상 기계경비업자가 오경보의 방지를 위하여 계약상대방에게 하여야 하는 설명은 서면등을 교부하는 방법에 의한다. 이때 서면등에 기재하는 사항을 모두 고른 것은?

> ㄱ. 기계경비업무용 기기의 설치장소 및 종류
> ㄴ. 오경보의 발생원인과 송신기기의 유지·관리방법
> ㄷ. 당해 기계경비업무와 관련된 관제시설 및 출장소의 명칭·소재지

① ㄱ, ㄴ
② ㄱ, ㄷ
③ ㄴ, ㄷ
④ ㄱ, ㄴ, ㄷ

해당 내용은 모두 기계경비업자가 오경보의 방지를 위하여 계약상대방에게 서면등을 교부하는 방법에 의한 설명 시 서면등에 기재하는 사항에 해당한다(경비업법 시행령 제8조 제1항).

관계법령 | **오경보의 방지를 위한 설명 등(경비업법 시행령 제8조)**

① 법 제9조 제1항의 규정에 의하여 기계경비업자가 계약상대방에게 하여야 하는 설명은 <u>다음 각호의 사항을 기재한</u> 서면 또는 전자문서(이하 "서면등"이라 하며, 이 조에서 전자문서는 계약상대방이 원하는 경우에 한한다)를 교부하는 방법에 의한다.
  1. <u>당해 기계경비업무와 관련된 관제시설 및 출장소</u>(제5조 제3항의 규정에 의한 출장소를 말한다. 이하 같다)<u>의 명칭·소재지</u>
  2. <u>기계경비업자가 경비대상시설에서 발생한 경보를 수신한 경우에 취하는 조치</u>
  3. <u>기계경비업무용 기기의 설치장소 및 종류</u>와 그 밖의 기계장치의 개요
  4. <u>오경보의 발생원인과 송신기기의 유지·관리방법</u>
② 기계경비업자는 제1항 각호의 사항을 기재한 서면등과 함께 법 제26조의 규정에 의한 손해배상의 범위와 손해배상액에 관한 사항을 기재한 서면등을 계약상대방에게 교부하여야 한다.

05 난이도 하 ┃경비업법 시행령 제13조, 동법 시행규칙 제10조 - 시험의 일부면제

경비업법령상 경비지도사 시험의 일부를 면제하는 사람에 해당하지 않는 것은?

① 「대통령 등의 경호에 관한 법률」에 따른 경호공무원으로 7년 이상 재직한 사람

> 경비업법 시행령 제13조 제2호

② 경비업무에 7년 이상 종사하고 경찰청장이 지정하는 기관에서 실시하는 44시간의 경비지도사 양성과정을 마치고 수료시험에 합격한 사람

> 경비업무에 7년 이상 종사하고 경찰청장이 지정하는 기관에서 실시하는 64시간 이상의 경비지도사 양성과정을 마치고 수료시험에 합격한 사람이 경비지도사 시험의 제1차 시험 면제자에 해당한다(경비업법 시행령 제13조 제4호, 동법 시행규칙 제10조 제2호).

③ 「공무원임용령」에 따른 행정직군 교정직렬 공무원으로 7년 이상 재직한 사람

> 경비업법 시행령 제13조 제8호

④ 특수경비업무에 3년 이상 종사하고 「고등교육법」에 의한 전문대학 이상의 교육기관(경비지도사의 시험과목 3과목 이상이 개설된 교육기관)에서 1년 이상의 경비업무 관련과정을 마친 사람

> 경비업법 시행령 제13조 제4호, 동법 시행규칙 제10조 제1호

관계법령 시험의 일부면제(경비업법 시행령 제13조)★

법 제11조(경비지도사의 시험 등) 제3항에 따라 다음 각호의 어느 하나에 해당하는 사람은 경비지도사 제1차 시험을 면제한다.

1. 「경찰공무원법」에 따른 경찰공무원으로 7년 이상 재직한 사람
2. 「대통령 등의 경호에 관한 법률」에 따른 경호공무원 또는 별정직공무원으로 7년 이상 재직한 사람
3. 「군인사법」에 따른 각 군 전투병과 또는 군사경찰과 부사관 이상 간부로 7년 이상 재직한 사람
4. 「경비업법」에 따른 경비업무에 7년 이상(특수경비업무의 경우에는 3년 이상) 종사하고 행정안전부령으로 정하는 교육과정을 이수한 사람

> **경비지도사 시험의 일부면제(경비업법 시행규칙 제10조)★**
> 영 제13조 제4호에서 "행정안전부령으로 정하는 교육과정을 이수한 사람"이란 다음 각호의 하나에 해당하는 사람을 말한다.
> 1. 고등교육법에 의한 전문대학 이상의 교육기관(경비지도사의 시험과목 3과목 이상이 개설된 교육기관에 한한다)에서 1년 이상의 경비업무 관련과정을 마친 사람
> 2. 경찰청장이 지정하는 기관 또는 단체에서 실시하는 64시간 이상의 경비지도사 양성과정을 마치고 수료시험에 합격한 사람

5. 「고등교육법」에 따른 대학 이상의 학교를 졸업한 사람으로서 재학 중 제12조 제3항에 따른 경비지도사 시험과목을 3과목 이상을 이수하고 졸업한 후 경비업무에 종사한 경력이 3년 이상인 사람
6. 「고등교육법」에 따른 전문대학을 졸업한 사람으로서 재학 중 제12조 제3항에 따른 경비지도사 시험과목을 3과목 이상을 이수하고 졸업한 후 경비업무에 종사한 경력이 5년 이상인 사람
7. 일반경비지도사의 자격을 취득한 후 기계경비지도사의 시험에 응시하는 사람 또는 기계경비지도사의 자격을 취득한 후 일반경비지도사의 시험에 응시하는 사람
8. 「공무원임용령」에 따른 행정직군 교정직렬 공무원으로 7년 이상 재직한 사람

06 난이도 하 ▮경비업법 제13조, 동법 시행령 제18조 및 동법 시행규칙 제13조 – 일반경비원의 교육

경비업법령상 일반경비원의 교육에 관한 설명으로 옳지 않은 것은? 기출수정

① 경비원이 되려는 사람은 대통령령으로 정하는 교육기관에서 미리 일반경비원 신임교육을 받을 수 있다.

> 경비업법 제13조 제2항

② 경비업자는 소속 일반경비원에게 매월 2시간 이상의 직무교육을 받도록 하여야 한다.

> 경비업법 시행령 제18조 제3항, 동법 시행규칙 제13조 제1항

③ <u>일반경비원의 교육 실시에 필요한 사항은 대통령령으로 정한다.</u>

> 신임교육의 과목 및 시간, 직무교육의 과목 등 <u>일반경비원의 교육 실시에 필요한 사항은 행정안전부령으로 정한다</u>(경비업법 시행령 제18조 제5항).

④ 일반경비원에 대한 직무교육의 과목은 일반경비원의 직무수행에 필요한 이론·실무과목 및 직업윤리 등으로 한다.

> 경비업법 시행규칙 제13조 제2항

07 난이도 하 ▮경비업법 시행령 제20조, 동법 시행규칙 제18조 – 특수경비원의 무기 휴대와 관리

경비업법령상 특수경비원의 무기 휴대 및 관리에 관한 설명으로 옳은 것은?

① 시설주는 특수경비원이 휴대할 무기를 대여받고자 하는 때에는 무기대여신청서를 관할 경찰관서장을 거쳐 경찰청장에게 제출하여야 한다.

> <u>시설주는 특수경비원이 휴대할 무기를 대여받고자 하는 때에는 무기대여신청서를 관할 경찰서장 및 공항경찰대장 등 국가중요시설의 경비책임자(이하 "관할 경찰관서장"이라 한다)를 거쳐 시·도 경찰청장에게 제출하여야 한다</u>(경비업법 시행령 제20조 제1항).

② <u>시설주는 무기의 관리를 위한 책임자를 지정하고 관할 경찰관서장에게 이를 통보하여야 한다.</u>

> 경비업법 시행규칙 제18조 제1항 제1호

③ 특수경비원이 휴대할 수 있는 무기 종류는 권총에 한한다.

> 특수경비원이 휴대할 수 있는 무기 종류는 <u>권총 및 소총으로 한다</u>(경비업법 시행령 제20조 제5항).

④ 시설주는 자체계획을 수립하여 보관하고 있는 무기를 매월 1회 이상 손질할 수 있게 하여야 한다.

> 시설주는 자체계획을 수립하여 보관하고 있는 무기를 <u>매주 1회 이상</u> 손질할 수 있게 하여야 한다(경비업법 시행규칙 제18조 제1항 제8호).

08 난이도 하
경비업법 제15조 - 특수경비원의 의무

경비업법령상 특수경비원이 직무상 복종하여야 하는 명령권자로 명시되지 않은 자는?

① **시·도 경찰청장**

> 특수경비원은 직무를 수행함에 있어 **시설주·관할 경찰관서장 및 소속 상사의 직무상 명령에 복종하여야 한다**(경비업법 제15조 제1항). 따라서 시·도 경찰청장은 경비업법 제15조 제1항의 명시적인 명령권자에 해당하지 않는다.

② 관할 경찰관서장
③ 시설주
④ 소속상사

09 난이도 하
경비업법 시행규칙 [별표 5] - 경비원 휴대장비의 구체적인 기준

경비업법령상 경비원의 휴대장비의 구체적 기준으로 옳지 않은 것은?

① 경적 : 금속이나 플라스틱 재질의 호루라기
② 단봉 : 금속(합금 포함)이나 플라스틱 재질의 전장 700mm 이하의 호신용 봉
③ **분사기 : 「경찰관직무집행법」에 따른 분사기**

> 분사기는 「총포·도검·화약류 등의 안전관리에 관한 법률」에 따른 분사기를 기준으로 한다(경비업법 시행규칙 [별표 5] 제3호).

④ 안전방패 : 플라스틱 재질의 폭 500mm 이하, 길이 1,000mm 이하의 방패로 경찰공무원이 사용하는 안전방패와 색상 및 디자인이 명확히 구분되어야 함

관계법령 경비원 휴대장비의 구체적인 기준(경비업법 시행규칙 [별표 5])

장 비	장비기준
1. 경 적	금속이나 플라스틱 재질의 호루라기
2. 단 봉	금속(합금 포함)이나 플라스틱 재질의 전장 700mm 이하의 호신용 봉
3. 분사기	「총포·도검·화약류 등의 안전관리에 관한 법률」에 따른 분사기
4. 안전방패	플라스틱 재질의 폭 500mm 이하, 길이 1,000mm 이하의 방패로 경찰공무원이 사용하는 안전방패와 색상 및 디자인이 명확히 구분되어야 함
5. 무전기	무전기 송신 시 실시간으로 수신이 가능한 것
6. 안전모	얼굴을 가리지 아니하면서, 머리를 보호하는 장비로 경찰공무원이 사용하는 방석모와 색상 및 디자인이 명확히 구분되어야 함
7. 방검복	경찰공무원이 사용하는 방검복과 색상 및 디자인이 명확히 구분되어야 함

10 난이도 하 ▎경비업법 제17조, 동법 시행규칙 제22조 - 결격사유 확인을 위한 범죄경력조회 등

경비업법령상 경비원 등의 결격사유 확인을 위한 범죄경력조회 등에 관한 설명으로 옳지 않은 것은?

① 관할 경찰관서장은 직권으로 경비업자의 임원, 경비지도사 또는 경비원이 결격사유에 해당하는지를 확인하기 위하여 「형의 실효 등에 관한 법률」에 따른 범죄경력조회를 할 수 있다.

> 경비업법 제17조 제1항

② 관할 경찰관서장은 경비업자의 임원, 경비지도사 또는 경비원이 결격사유에 해당하는 사실을 알게 된 때에는 경비업자의 요청이 있는 경우에만 그 사실을 통보하여야 한다.

> 시·도 경찰청장 또는 관할 경찰관서장은 경비업자의 임원, 경비지도사 또는 경비원이 제5조 각호, 제10조 제1항 각호 또는 제2항 각호의 결격사유에 해당하는 사실을 알게 되거나 이 법 또는 이 법에 따른 명령을 위반한 때에는 경비업자에게 그 사실을 통보하여야 한다(경비업법 제17조 제4항).

③ 경비업자는 범죄경력조회를 요청하는 경우 경비업 허가증 사본과 취업자 또는 취업예정자 범죄경력조회 동의서를 첨부하여야 한다.

> 경비업법 시행규칙 제22조 제2항

④ 범죄경력조회 요청을 받은 관할 경찰관서장은 경비업자에게 그 결과를 통보할 때에는 경비업자의 임원, 경비지도사 또는 경비원이 결격사유에 해당하는지 여부만을 통보하여야 한다.

> 경비업법 제17조 제3항

관계법령 결격사유 확인을 위한 범죄경력조회 등(경비업법 제17조)

① 경찰청장, 시·도 경찰청장 또는 관할 경찰관서장은 직권으로 또는 제2항에 따른 범죄경력조회 요청이 있는 경우에는 경비업자의 임원, 경비지도사 또는 경비원이 제5조 제3호·제4호, 제10조 제1항 제3호부터 제8호까지 또는 같은 조 제2항 제3호·제4호에 따른 결격사유에 해당하는지를 확인하기 위하여 「형의 실효 등에 관한 법률」 제6조에 따른 범죄경력조회를 할 수 있다.

② 경비업자는 선출·선임·채용 또는 배치하려는 임원, 경비지도사 또는 경비원이 제5조 제3호·제4호, 제10조 제1항 제3호부터 제8호까지 또는 같은 조 제2항 제3호·제4호에 따른 결격사유에 해당하는지를 확인하기 위하여 주된 사무소, 출장소 또는 배치장소를 관할하는 시·도 경찰청장 또는 경찰관서장에게 「형의 실효 등에 관한 법률」 제6조에 따른 범죄경력조회를 요청할 수 있다.

③ 제2항에 따른 범죄경력조회 요청을 받은 시·도 경찰청장 또는 관할 경찰관서장은 경비업자에게 그 결과를 통보할 때에는 경비업자의 임원, 경비지도사 또는 경비원이 제5조 제3호·제4호, 제10조 제1항 제3호부터 제8호까지 또는 같은 조 제2항 제3호·제4호에 따른 결격사유에 해당하는지 여부만을 통보하여야 한다.

④ 시·도 경찰청장 또는 관할 경찰관서장은 경비업자의 임원, 경비지도사 또는 경비원이 제5조 각호, 제10조 제1항 각호 또는 제2항 각호의 결격사유에 해당하는 사실을 알게 되거나 이 법 또는 이 법에 따른 명령을 위반한 때에는 경비업자에게 그 사실을 통보하여야 한다.

11 난이도 중 ▌경비업법 제18조, 동법 시행규칙 제24조 – 경비원 배치 등

경비업법령상 경비원 배치 등에 관한 설명으로 옳지 않은 것은?

① 시설경비업무에 배치되는 일반경비원은 경비원을 배치하기 48시간 전까지 관할 경찰관서장에게 배치허가를 받아야 한다.

> 경비원을 배치하기 48시간 전까지 관할 경찰관서장에게 배치허가를 신청해야 하는 경비업무는 시설경비업무, 신변보호업무 또는 혼잡·교통유도경비업무 중 집단민원현장에 일반경비원을 배치하는 경우이다(경비업법 제18조 제2항 단서 제1호). 따라서 해당 지문은 옳지 않다.

② 경비업자는 시설경비업무를 수행하기 위하여 20일 이상 경비원을 배치하거나 그 기간을 연장하려는 때에는 경비원을 배치한 후 7일 이내에 배치지를 관할하는 경찰관서장에게 배치신고서를 제출해야 한다.

> 경비업법 제18조 제2항 및 동법 시행규칙 제24조 제1항 본문

③ 특수경비원을 배치하는 경우에는 경비원을 배치하는 기간과 관계없이 경비원을 배치하기 전까지 배치지를 관할하는 경찰관서장에게 배치신고서를 제출해야 한다.

> 경비업법 시행규칙 제24조 제1항 단서

④ 경비업무범위 위반 및 신임교육 유무 등을 확인하기 위해 관할 경찰관서장은 그 배치장소를 방문하여 조사하여야 한다.

> 경비업무범위 위반 및 신임교육 유무 등을 확인하기 위하여 관할 경찰관서장은 소속 경찰관으로 하여금 그 배치장소를 방문하여 조사하게 할 수 있다(경비업법 제18조 제3항 후문 제1호·제2호).

관계법령 경비원의 명부와 배치허가 등(경비업법 제18조)

② 경비업자가 경비원을 배치하거나 배치를 폐지한 경우에는 행정안전부령으로 정하는 바에 따라 관할 경찰관서장에게 신고하여야 한다. 다만, 다음 제1호의 경우에는 경비원을 배치하기 48시간 전까지 행정안전부령으로 정하는 바에 따라 배치허가를 신청하고, 관할 경찰관서장의 배치허가를 받은 후에 경비원을 배치하여야 하며(제2호 및 제3호의 경우에는 경비원을 배치하기 전까지 신고하여야 한다), 이 경우 관할 경찰관서장은 배치허가를 함에 있어 필요한 조건을 붙일 수 있다. 〈개정 2025.1.7.〉
1. 제2조 제1호에 따른 시설경비업무, 신변보호업무 또는 혼잡·교통유도경비업무 중 집단민원현장에 배치된 일반경비원
2. 집단민원현장이 아닌 곳에서 제2조 제1호 다목의 규정에 의한 신변보호업무를 수행하는 일반경비원
3. 특수경비원

> **경비원의 배치 및 배치폐지의 신고(경비업법 시행규칙 제24조)** ★
> ① 경비업자는 법 제18조 제2항에 따라 경비업무를 수행하기 위하여 20일 이상 경비원을 배치하거나 그 기간을 연장하려는 때에는 경비원을 배치한 후 7일 이내에 별지 제15호 서식의 경비원 배치신고서(전자문서로 된 신고서를 포함하며, 이하 "배치신고서"라 한다)를 배치지를 관할하는 경찰관서장에게 제출해야 한다. 다만, 법 제18조 제2항 제2호 및 제3호에 해당하는 경비원을 배치하는 경우에는 경비원을 배치하는 기간과 관계없이 경비원을 배치하기 전까지 제출해야 한다.

12 난이도 하
경비업법 시행규칙 제23조, 동법 시행령 제5조 - 경비원의 명부

경비업법령상 경비원의 명부를 작성·비치하여 두어야 하는 장소가 아닌 것은?

① 집단민원현장
② **관할 경찰관서**

> 관할 경찰관서는 경비업법령상 경비원 명부를 작성·비치하여 두어야 하는 장소에 해당하지 않는다(경비업법 시행규칙 제23조).

③ 주된 사무소
④ 신설 출장소

관계법령 | 경비원의 명부(경비업법 시행규칙 제23조)

경비업자는 법 제18조 제1항에 따라 다음 각호의 장소에 별지 제14호 서식의 경비원 명부(제2호 및 제3호의 경우에는 해당 장소에 배치된 경비원의 명부를 말한다)를 작성·비치하여 두고, 이를 항상 정리하여야 한다.
1. 주된 사무소
2. 영 제5조 제3항에 따른 출장소

> **폐업 또는 휴업 등의 신고(경비업법 시행령 제5조)**
> ③ 법 제4조 제3항 제3호의 규정에 의하여 신설·이전 또는 폐지한 때에 신고를 하여야 하는 출장소는 주사무소 외의 장소로서 일상적으로 일정 지역안의 경비업무를 지휘·총괄하는 영업거점인 지점·지사 또는 사업소 등의 장소로 한다.

3. 집단민원현장

13 난이도 하
경비업법 제18조 제8항 - 관할 경찰관서장의 배치폐지명령

경비업법령상 관할 경찰관서장이 경비업자에 대하여 경비원 배치폐지를 명할 수 있는 경우로서 명시되지 않은 것은?

① **경비원의 복장·장비 등에 대하여 내려진 필요한 명령을 이행하지 아니한 때**

> '경비원의 복장·장비 등에 대하여 내려진 필요한 명령을 이행하지 아니한 때'는 경비업법 제18조 제8항의 배치폐지사유에 해당하지 않는다.

② 경비원 명단 및 배치일시·배치장소 등 배치허가 신청의 내용을 거짓으로 한 때
③ 결격사유에 해당하는 자를 집단민원현장에 일반경비원으로 배치한 때
④ 경비업자 또는 경비원이 위력이나 흉기 또는 그 밖의 위험한 물건을 사용하여 집단적 폭력사태를 일으킨 때

관계법령 | 경비원의 명부와 배치허가 등(경비업법 제18조)★★

⑧ 관할 경찰관서장은 경비업자가 다음 각호의 어느 하나에 해당하는 때에는 배치폐지를 명할 수 있다.
1. 제2항 각호 외의 부분 단서를 위반하여 배치허가를 받지 아니하고 경비원을 배치하거나 경비원 명단 및 배치일시·배치장소 등 배치허가 신청의 내용을 거짓으로 한 때
2. 제6항의 결격사유에 해당하는 자를 집단민원현장에 일반경비원으로 배치한 때

3. 제7항을 위반하여 <u>신임교육을 이수하지 아니한 자</u>를 제2항 각호의 경비원으로 배치한 때
4. <u>경비업자 또는 경비원이 위력이나 흉기 또는 그 밖의 위험한 물건을 사용하여 집단적 폭력사태를 일으킨 때</u>
5. 경비업자가 제2항 각호 외의 부분 본문을 위반하여 <u>신고하지 아니하고 일반경비원을 배치한 때</u>

14 [난이도 상] ▎경비업법 시행규칙 [별표 1]·[별표 4] - 경비지도사 기본교육과 특수경비원 신임교육의 비교

경비업법령상 경비지도사 기본교육과 특수경비원 신임교육의 공통적인 교육과목에 해당하는 것을 모두 고른 것은? [기출수정]

ㄱ. 범죄예방론	ㄴ. 화재대처법
ㄷ. 응급처치법	ㄹ. 체포·호신술
ㅁ. 사 격	

① ㄱ, ㄴ, ㄷ
② ㄱ, ㄴ, ㅁ
③ **ㄴ, ㄷ, ㄹ**
④ ㄷ, ㄹ, ㅁ

> 범죄예방론(ㄱ)과 사격(ㅁ)은 특수경비원 신임교육과목에 해당한다(경비업법 시행규칙 [별표 1]·[별표 4] 참조).

핵심만콕 경비지도사 기본교육의 과목 및 시간과 특수경비원 신임교육의 과목 및 시간의 비교★★ <개정 2024.8.14.>

구분	경비지도사 기본교육의 과목 및 시간 (경비업법 시행규칙 [별표 1])		구분	특수경비원 신임교육의 과목 및 시간 (경비업법 시행규칙 [별표 4])
공통교육 (22h)	「경비업법」, 「경찰관직무집행법」, 「도로교통법」 등 관계법령 및 「개인정보보호법」에 따른 개인정보 보호지침 등(4h), 실무Ⅰ(4h), 실무Ⅱ(3h), 범죄·테러·재난 대응요령 및 화재대처법(2h), <u>응급처치법(2h)</u>, 직업윤리 및 인권보호(2h), <u>체포·호신술(2h)</u>, 입교식, 평가 및 수료식(3h)		이론교육 (15h)	「경비업법」 및 「경찰관직무집행법」 등 관계법령(8h), 「헌법」 및 형사법(4h), 범죄예방론(3h)
자격의 종류별 교육 (18h)	일반 경비지도사	시설경비(3h), 호송경비(2h), 신변보호(2h), 특수경비(2h), 혼잡·다중운집 인파 관리(2h), 교통안전관리(2h), 일반경비 현장실습(5h)	실무교육 (61h)	테러 및 재난대응요령(4h), 폭발물 처리요령(6h), <u>화재대처법(3h)</u>, <u>응급처치법(3h)</u>, 장비사용법(3h), 출입통제 요령(3h), 직업윤리 및 인권보호(2h), 기계경비실무(3h), 혼잡·교통유도경비 업무(4h), 정보보호 및 보안업무(6h), 시설경비 요령(4h), 민방공(4h), 총기조작(3h), 사격(6h), <u>체포·호신술(4h)</u>, 관찰·기록기법(3h)
	기계 경비지도사	기계경비 운용관리(4h), 기계경비 기획 및 설계(4h), 인력경비개론(5h), 기계경비 현장실습(5h)	기타(4h)	입교식, 평가 및 수료식
계		40h	계	80h

15 난이도 하
경비업법 제19조 제1항 – 경비업 허가의 절대적 취소사유
기출수정

경비업법령상 경비업 허가의 취소사유에 해당하지 않는 것은?

① 관할 경찰관서장의 배치폐지명령을 따르지 아니한 때
② 정당한 사유 없이 계속하여 15개월 동안 휴업한 때
③ **정당한 사유 없이 최종 도급계약 체결일부터 2년 이내에 경비 도급실적이 없을 때**

> 정당한 사유 없이 최종 도급계약 종료일의 다음 날부터 2년 이내에 경비 도급실적이 없을 때가 경비업 허가의 절대적 취소사유에 해당한다(경비업법 제19조 제1항 제5호).

④ 영업정지처분을 받고 계속하여 영업한 때

핵심만콕 경비업 허가의 취소 등(경비업법 제19조)

절대적(필요적) 허가취소사유 (제1항)	허가관청은 경비업자가 다음 각호의 어느 하나에 해당하는 때에는 그 허가를 취소하여야 한다. 1. 허위 그 밖의 부정한 방법으로 허가를 받은 때 2. 경비업자가 허가받은 경비업무 외의 업무에 경비원을 종사하게 한 때 – 적용중지 헌법불합치 결정(2020헌가19) 3. 특수경비업자가 경비업 및 경비관련업 외의 영업을 한 때 4. 정당한 사유 없이 허가를 받은 날부터 2년 이내에 경비 도급실적이 없거나 계속하여 1년 이상 휴업한 때 5. 정당한 사유 없이 최종 도급계약 종료일의 다음 날부터 2년 이내에 경비 도급실적이 없을 때 6. 영업정지처분을 받고 계속하여 영업을 한 때 7. 소속 경비원으로 하여금 경비업무의 범위를 벗어난 행위를 하게 한 때 8. 관할 경찰관서장의 배치폐지명령에 따르지 아니한 때

16 난이도 하
경비업법 제19조 제2항 – 경비업 허가의 상대적 취소·영업정지사유

경비업법령상 6개월 이내의 기간을 정하여 영업의 전부 또는 일부에 대하여 경비업자에게 영업정지를 명할 수 있는 사유로 명시되지 않은 것은?

① 경비원의 출동차량 등에 관한 규정을 위반한 때
② **배치경비원 인원 및 배치시간 등 배치허가 신청의 내용을 과실로 누락한 때**

> 경비원 명단 및 배치일시·배치장소 등 배치허가 신청의 내용을 거짓으로 한 때가 상대적 허가취소·영업정지사유에 해당한다(경비업법 제19조 제2항 제13호).

③ 경비원으로 하여금 교육을 받게 하지 아니한 때
④ 경비원의 복장·장비에 관한 규정을 위반한 때

핵심만콕	경비업 허가의 취소 등(경비업법 제19조)
상대적(임의적) 허가취소 · 영업정지사유 (제2항)	허가관청은 경비업자가 다음 각호의 어느 하나에 해당하는 때에는 대통령령으로 정하는 행정처분의 기준에 따라 그 허가를 취소하거나 6개월 이내의 기간을 정하여 영업의 전부 또는 일부에 대하여 영업정지를 명할 수 있다. 1. 시·도 경찰청장의 허가 없이 경비업무를 변경한 때 2. 도급을 의뢰받은 경비업무가 위법한 것임에도 이를 거부하지 아니한 때 3. 경비지도사를 집단민원현장에 선임·배치하지 아니한 때 4. 경비대상시설에 관한 경보 대응체제를 갖추지 아니한 때 5. 관련 서류를 작성·비치하지 아니한 때 6. 결격사유에 해당하는 경비원을 배치하거나 결격사유에 해당하는 경비지도사를 선임·배치한 때 7. 대통령령이 정하는 바에 따르지 아니하고 이를 위반하여 경비지도사를 선임한 때 8. 경비원으로 하여금 교육을 받게 하지 아니한 때 9. 경비원의 복장 등에 관한 규정을 위반한 때 10. 경비원의 장비 등에 관한 규정을 위반한 때 11. 경비원의 출동차량 등에 관한 규정을 위반한 때 12. 집단민원현장에 일반경비원 명부를 작성·비치하지 아니한 때 13. 배치허가를 받지 아니하고 경비원을 배치하거나 경비원 명단 및 배치일시·배치장소 등 배치허가 신청의 내용을 거짓으로 한 때 14. 결격사유에 해당하는 일반경비원을 집단민원현장에 배치한 때 15. 경찰청장, 시·도 경찰청장, 관할 경찰관서장의 감독상 명령에 따르지 아니한 때 16. 업무수행 중 고의 또는 과실로 발생한 경비대상 및 제3자의 손해를 배상하지 아니한 때

17 난이도 하

경비업법 제20조 - 경비지도사자격의 취소 등

경비업법령상 경비지도사자격의 취소와 정지에 관한 설명으로 옳지 않은 것은?

① 경찰청장은 경비지도사가 자격정지 기간 중에 경비지도사로 선임되어 활동한 때에는 1년의 범위 내에서 정지기간을 연장시킬 수 있다.

> 경찰청장은 경비지도사가 자격정지 기간 중에 경비지도사로 선임되어 활동한 때에는 그 자격을 취소하여야 한다(경비업법 제20조 제1항 제4호).

② 경찰청장은 경비지도사가 허위로 경비지도사자격증을 교부받은 때에는 그 자격을 취소하여야 한다.

> 경비업법 제20조 제1항 제2호

③ 경찰청장은 경비지도사가 시·도 경찰청장의 명령을 위반한 때에는 1년의 범위 내에서 그 자격을 정지시킬 수 있다.

> 경비업법 제20조 제2항 제2호

④ 경찰청장은 경비지도사의 자격을 정지한 때에는 그 정지기간 동안 경비지도사자격증을 회수하여 보관하여야 한다.

> 경비업법 제20조 제3항 후단

> **관계법령** 경비지도사자격의 취소 등(경비업법 제20조)
>
> ① 경찰청장은 경비지도사가 다음 각호의 어느 하나에 해당하는 때에는 그 자격을 취소하여야 한다. 〈개정 2024.2.13.〉
>   1. 제10조 제1항 각호의 결격사유에 해당하게 된 때
>   2. 허위 그 밖의 부정한 방법으로 경비지도사자격증을 교부받은 때
>   3. 경비지도사자격증을 다른 사람에게 빌려주거나 양도한 때
>   4. 자격정지 기간 중에 경비지도사로 선임되어 활동한 때
> ② 경찰청장은 경비지도사가 다음 각호의 어느 하나에 해당하는 때에는 대통령령이 정하는 바에 따라 1년의 범위 내에서 그 자격을 정지시킬 수 있다. 〈개정 2024.2.13.〉
>   1. 제12조 제3항의 규정에 위반하여 직무를 성실하게 수행하지 아니한 때
>   2. 제24조의 규정에 의한 경찰청장 또는 시·도 경찰청장의 명령을 위반한 때
> ③ 경찰청장은 제1항의 규정에 의하여 경비지도사의 자격을 취소한 때에는 경비지도사자격증을 회수하여야 하고, 제2항의 규정에 의하여 경비지도사의 자격을 정지한 때에는 그 정지기간 동안 경비지도사자격증을 회수하여 보관하여야 한다.

18 난이도 하 · 경비업법 시행령 [별표 5] – 경비지도사 자격정지처분 기준

경비업법령상 경비지도사 자격정지처분 기준에 관한 설명으로 옳은 것은?

① 위반행위의 횟수에 따른 행정처분의 기준은 당해 위반행위가 있은 이전 최근 1년간 같은 위반행위로 행정처분을 받은 경우에 적용된다.
② 위반행위의 횟수에 따른 행정처분의 기준은 당해 위반행위가 있은 이전 최근 2년간 동일성 여부와 관계없이 위반행위로 행정처분을 받은 누적 횟수에 적용한다.
③ 경찰청장의 명령을 1차 위반한 때 행정처분 기준은 자격정지 6월이다.
④ **시·도 경찰청장의 명령을 2차 위반한 때 행정처분 기준은 자격정지 6월이다.**

경비업법 시행령 [별표 5] 제2호

> **관계법령** 경비지도사 자격정지처분 기준(경비업법 시행령 [별표 5])
>
> | 위반행위 | 해당 법조문 | 행정처분 기준 | | |
> |---|---|---|---|---|
> | | | 1차 위반 | 2차 위반 | 3차 이상 위반 |
> | 1. 법 제12조 제3항의 규정에 위반하여 직무를 성실하게 수행하지 아니한 때 | 법 제20조 제2항 제1호 | 자격정지 3월 | 자격정지 6월 | 자격정지 12월 |
> | 2. 법 제24조의 규정에 의한 경찰청장, 시·도 경찰청장의 명령을 위반한 때 | 법 제20조 제2항 제2호 | 자격정지 1월 | 자격정지 6월 | 자격정지 9월 |
>
> ※ 비고 : 위반행위의 횟수에 따른 행정처분의 기준은 당해 위반행위가 있은 이전 최근 2년간 같은 위반행위로 행정처분을 받은 경우에 적용한다.

19 난이도 하
경비업법 제23조 - 공제사업

경비업법령상 경비협회가 할 수 있는 공제사업에 해당하지 않는 것은?

① 경비원의 손해배상책임을 보장하기 위한 사업

> 경비원이 아닌 경비업자의 손해배상책임을 보장하기 위한 사업이 경비협회가 할 수 있는 공제사업에 해당한다(경비업법 제23조 제1항 제1호).

② 경비원의 복지향상과 업무상 재해로 인한 손실을 보상하는 사업
③ 경비원 교육·훈련에 관한 사업
④ 경비업자가 경비업을 운영할 때 필요한 하도급보증을 위한 사업

> **관계법령** 공제사업(경비업법 제23조)
> ① 경비협회는 다음 각호의 공제사업을 할 수 있다.
>   1. 제26조에 따른 경비업자의 손해배상책임을 보장하기 위한 사업
>   2. 경비업자가 경비업을 운영할 때 필요한 입찰보증, 계약보증(이행보증을 포함한다), 하도급보증을 위한 사업
>   3. 경비원의 복지향상과 업무상 재해로 인한 손실을 보상하는 사업
>   4. 경비업무와 관련한 연구 및 경비원 교육·훈련에 관한 사업

20 난이도 하
경비업법 제23조 - 경비협회의 공제사업 등

경비업법령상 경비협회의 공제사업 등에 관한 설명으로 옳지 않은 것은?

① 경비협회는 공제사업을 하고자 하는 때에는 공제계약의 내용 등 필요한 사항을 정한 공제규정을 제정하여야 한다.

> 경비업법 제23조 제2항

② **행정안전부장관은 가입자의 보호를 위하여 공제사업의 감독에 관한 기준을 정할 수 있다.**

> 경찰청장은 가입자의 보호를 위하여 공제사업의 감독에 관한 기준을 정할 수 있다(경비업법 제23조 제4항).

③ 경찰청장은 공제규정을 승인하는 경우에는 미리 금융위원회와 협의하여야 한다.

> 경비업법 제23조 제5항

④ 경찰청장은 공제사업에 대하여 금융감독원의 원장에게 검사를 요청할 수 있다.

> 경비업법 제23조 제6항

> **관계법령** 공제사업(경비업법 제23조)
>
> ② 경비협회는 제1항의 규정에 의한 공제사업을 하고자 하는 때에는 공제규정을 제정하여야 한다.
> ③ 제2항의 공제규정에는 공제사업의 범위, 공제계약의 내용, 공제금, 공제료 및 공제금에 충당하기 위한 책임준비금 등 공제사업의 운영에 관하여 필요한 사항을 정하여야 한다.
> ④ 경찰청장은 제1항에 따른 공제사업의 건전한 육성과 가입자의 보호를 위하여 공제사업의 감독에 관한 기준을 정할 수 있다.
> ⑤ 경찰청장은 제2항에 따른 공제규정을 승인하거나 제4항에 따라 공제사업의 감독에 관한 기준을 정하는 경우에는 미리 금융위원회와 협의하여야 한다.
> ⑥ 경찰청장은 제1항에 따른 공제사업에 대하여 「금융위원회의 설치 등에 관한 법률」에 따른 금융감독원의 원장에게 검사를 요청할 수 있다.

21 　난이도 하　┃경비업법 제24조, 제25조 및 동법 시행령 제29조 - 시·도 경찰청장 등의 감독과 보안지도점검

경비업법령상 시·도 경찰청장 등의 감독과 보안지도점검에 관한 내용이다. (　)에 들어갈 숫자가 순서대로 옳은 것은?

> ○ 시·도 경찰청장 또는 관할 경찰관서장은 경비업무 장소가 집단민원현장으로 판단되는 경우에는 그때부터 (　)시간 이내에 경비업자에게 경비원 배치허가를 받을 것을 고지하여야 한다.
> ○ 시·도 경찰청장은 특수경비업자에 대하여 연 (　)회 이상의 보안지도·점검을 실시하여야 한다.

① 24, 2
② 24, 4
③ **48, 2**

　　(　)에 들어갈 숫자는 순서대로 48, 2이다.

④ 48, 4

> **관계법령**
>
> **감독(경비업법 제24조)**
> ④ 시·도 경찰청장 또는 관할 경찰관서장은 경비업무 장소가 집단민원현장으로 판단되는 경우에는 그때부터 48시간 이내에 경비업자에게 경비원 배치허가를 받을 것을 고지하여야 한다.
>
> **보안지도·점검 등(경비업법 제25조)**
> 시·도 경찰청장은 대통령령이 정하는 바에 따라 특수경비업자에 대하여 보안지도·점검을 실시하여야 하고, 필요한 경우 관계기관에 보안측정을 요청하여야 한다.
>
> > **보안지도점검(경비업법 시행령 제29조)**
> > 시·도 경찰청장은 법 제25조의 규정에 의하여 특수경비업자에 대하여 연 2회 이상의 보안지도·점검을 실시하여야 한다.

22 난이도 하 ▍경비업법 제26조 - 손해배상 등

경비업법령상 경비업자의 책임에 관한 설명으로 옳지 않은 것은?

① 경비업자는 경비원이 업무수행 중 고의로 경비대상에 손해가 발생하는 것을 방지하지 못한 때에는 그 손해를 배상하여야 한다.
② 경비업자는 경비원이 업무수행 중 고의로 제3자에게 손해를 입힌 경우에는 이를 배상하여야 한다.
③ **경비업자는 경비원이 업무수행 중 과실로 제3자에게 손해를 입힌 경우에는 이를 배상할 책임이 없다.**

> 경비업자는 경비원이 업무수행 중 과실로 제3자에게 손해를 입힌 경우에도 이를 배상하여야 한다(경비업법 제26조 제2항).

④ 경비업자는 경비원이 업무수행 중 과실로 경비대상에 손해가 발생하는 것을 방지하지 못한 때에는 그 손해를 배상하여야 한다.

관계법령 손해배상 등(경비업법 제26조)

① 경비업자는 경비원이 업무수행 중 고의 또는 과실로 경비대상에 손해가 발생하는 것을 방지하지 못한 때에는 그 손해를 배상하여야 한다.
② 경비업자는 경비원이 업무수행 중 고의 또는 과실로 제3자에게 손해를 입힌 경우에는 이를 배상하여야 한다.

---

23 난이도 하 ▍경비업법 제27조, 동법 시행령 제31조 - 위임 및 위탁

경비업법령상 경찰청장 권한의 위임사항에 해당하지 않는 것은? 〈기출수정〉

① **경비지도사 시험**

> 경비지도사 시험은 경비업법 제27조 제2항의 관계전문기관 또는 단체에 위탁할 수 있는 사항이다.

② 경비지도사자격의 취소
③ 경비지도사자격의 정지
④ 경비지도사자격의 취소 및 정지에 관한 청문

관계법령 위임 및 위탁(경비업법 제27조)

① 이 법에 의한 경찰청장의 권한은 대통령령이 정하는 바에 따라 그 일부를 시·도 경찰청장에게 위임할 수 있다.

> **권한의 위임 및 위탁(경비업법 시행령 제31조)★**
> ① 경찰청장은 법 제27조 제1항의 규정에 의하여 다음 각호의 권한을 시·도 경찰청장에게 위임한다.
>   1. 법 제20조의 규정에 의한 경비지도사자격의 취소 및 정지에 관한 권한
>   2. 법 제21조 제2호의 규정에 의한 경비지도사자격의 취소 및 정지에 관한 청문의 권한

② 경찰청장은 제11조의 규정에 의한 경비지도사의 시험에 관한 업무를 대통령령이 정하는 바에 따라 관계전문기관 또는 단체에 위탁할 수 있다. 〈개정 2024.2.13.〉

24 난이도 하
경비업법 제27조의2, 동법 시행령 제28조 - 허가증 등의 수수료

경비업법령상 허가증 등의 수수료에 관한 설명으로 옳지 않은 것은?

① 경비업의 허가사항의 변경신고로 인한 허가증을 재교부 받고자 하는 자는 2천원의 수수료를 납부하여야 한다.

> 경비업법 시행령 제28조 제1항 제2호

② 경찰청장 및 시·도 경찰청장은 정보통신망을 이용하여 전자화폐·전자결제 등의 방법으로 수수료를 납부하게 할 수 있다.

> 경비업법 시행령 제28조 제5항

③ 경비지도사 시험에 응시하고자 하는 자는 경찰청장이 정하여 고시하는 수수료를 납부하여야 한다.

> 경비업법 시행령 제28조 제3항

④ <u>시·도 경찰청장</u>은 경비지도사 시험 시행일 20일 전까지 접수를 취소하는 경우 응시수수료 전액을 반환하여야 한다.

> <u>경찰청장</u>은 경비지도사 시험 시행일 20일 전까지 접수를 취소하는 경우 <u>응시수수료 전액을 반환하여야 한다</u>(경비업법 시행령 제28조 제4항 제3호).

25 난이도 하
경비업법 제28조 - 벌칙

경비업법령상 벌칙에 관한 설명으로 옳은 것을 모두 고른 것은?

> ㄱ. 과실로 인하여 국가중요시설의 정상적인 운영을 해치는 장해를 일으킨 특수경비원은 3년 이하의 징역 또는 3천만원 이하의 벌금에 처한다.
> ㄴ. 정당한 사유 없이 무기를 소지하고 배치된 경비구역을 벗어난 특수경비원은 2년 이하의 징역 또는 2천만원 이하의 벌금에 처한다.
> ㄷ. 허가를 받지 아니하고 경비업을 영위한 자는 2년 이하의 징역 또는 2천만원 이하의 벌금에 처한다.

① ㄱ, ㄴ

> ㄱ은 경비업법 제28조 제2항 제7호, ㄷ은 경비업법 제28조 제2항 제1호 사유에 각각 해당하여 3년 이하의 징역 또는 3천만원 이하의 벌금에 처한다. 반면 ㄴ은 경비업법 제28조 제3항에 해당하여 2년 이하의 징역 또는 2천만원 이하의 벌금에 처한다.

② ㄱ, ㄷ
③ ㄴ, ㄷ
④ ㄱ, ㄴ, ㄷ

핵심만콕 벌칙(경비업법 제28조) ★★

5년 이하의 징역 또는 5천만원 이하의 벌금 (제1항)	국가중요시설의 정상적인 운영을 해치는 장해를 일으킨 특수경비원
3년 이하의 징역 또는 3천만원 이하의 벌금 (제2항)	1. 허가를 받지 아니하고 경비업을 영위한 자 2. 직무상 알게 된 비밀을 누설하거나 부당한 목적을 위하여 사용한 자 3. 경비업무의 중단을 통보하지 아니하거나 경비업무를 즉시 인수하지 아니한 특수경비업자 또는 경비대행업자 4. 집단민원현장에 경비원을 배치하면서 허가를 받지 아니한 자에게 경비업무를 도급한 자 5. 집단민원현장에 20명 이상의 경비인력을 배치하면서 그 경비인력을 직접 고용한 자 6. 경비업자의 경비원 채용 시 무자격자나 부적격자 등을 채용하도록 관여하거나 영향력을 행사한 도급인 7. 과실로 인하여 국가중요시설의 정상적인 운영을 해치는 장해를 일으킨 특수경비원 8. 특수경비원으로서 경비구역 안에서 시설물의 절도, 손괴, 위험물의 폭발 등의 사유로 인한 위급사태가 발생한 때에 명령에 불복종한 자 또는 경비구역을 벗어난 자 9. 경비원에게 경비업무의 범위를 벗어난 행위를 하게 한 자
2년 이하의 징역 또는 2천만원 이하의 벌금 (제3항)	정당한 사유 없이 무기를 소지하고 배치된 경비구역을 벗어난 특수경비원
1년 이하의 징역 또는 1천만원 이하의 벌금 (제4항)	1. 시설주로부터 무기의 관리를 위하여 지정받은 관리책임자가 법이 정한 의무를 위반한 경우 2. 파업·태업 그 밖에 경비업무의 정상적인 운영을 저해하는 일체의 쟁의행위를 한 특수경비원 3. 직무를 수행함에 있어 타인에게 위력을 과시하거나 물리력을 행사하는 등 경비업무의 범위를 벗어난 행위를 한 경비원 4. 제16조의2 제1항에서 정한 장비 외에 흉기 또는 그 밖의 위험한 물건을 휴대하고 경비업무를 수행한 경비원 또는 경비원에게 이를 휴대하고 경비업무를 수행하게 한 자 5. 경찰관서장의 배치폐지명령을 따르지 아니한 자 6. 시·도 경찰청장 또는 관할 경찰관서장의 중지명령에 따르지 아니한 자

26 난이도 하 경비업법 제29조 – 형의 가중처벌

경비업법령상 경비원이 경비업무 수행 중에 경비업법령에서 정한 장비 외에 흉기 또는 그 밖의 위험한 물건을 휴대하고 죄를 범한 경우, 그 죄에 정한 형의 2분의 1까지 가중처벌하는 형법상 범죄에 해당하지 않는 것은?

① 형법 제268조(업무상과실치사상죄)
② 형법 제276조 제1항(체포·감금죄)
③ 형법 제283조 제1항(협박죄)
④ **형법 제314조(업무방해죄)**

형법 제314조(업무방해죄)는 경비업법 제29조 제2항의 가중처벌 대상범죄에 해당하지 않는다.

| 관계법령 | 형의 가중처벌(경비업법 제29조) ★ |

① 특수경비원이 무기를 휴대하고 경비업무를 수행 중에 제14조 제8항의 규정 및 제15조 제4항의 규정에 의한 무기의 안전수칙을 위반하여 형법 제258조의2(특수상해죄) 제1항(제257조 제1항의 상해죄로 한정, 존속상해죄는 제외)·제2항(제258조 제1항·제2항의 중상해죄로 한정, 존속중상해죄는 제외), 제259조 제1항(상해치사죄), 제260조 제1항(폭행죄), 제262조(폭행치사상죄), 제268조(업무상과실·중과실치사상죄), 제276조 제1항(체포 또는 감금죄), 제277조 제1항(중체포 또는 중감금죄), 제281조 제1항(체포·감금등의 치사상죄), 제283조 제1항(협박죄), 제324조 제2항(특수강요죄), 제350조의2(특수공갈죄) 및 제366조(재물손괴등죄)의 죄를 범한 때에는 그 죄에 정한 형의 2분의 1까지 가중처벌한다.
② 경비원이 경비업무 수행 중에 제16조의2 제1항에서 정한 장비 외에 흉기 또는 그 밖의 위험한 물건을 휴대하고 형법 제258조의2(특수상해죄) 제1항(제257조 제1항의 상해죄로 한정, 존속상해죄는 제외)·제2항(제258조 제1항·제2항의 중상해죄로 한정, 존속중상해죄는 제외), 제259조 제1항(상해치사죄), 제261조(특수폭행죄), 제262조(폭행치사상죄), 제268조(업무상과실·중과실치사상죄), 제276조 제1항(체포 또는 감금죄), 제277조 제1항(중체포 또는 중감금죄), 제281조 제1항(체포·감금등의 치사상죄), 제283조 제1항(협박죄), 제324조 제2항(특수강요죄), 제350조의2(특수공갈죄) 및 제366조(재물손괴등죄)의 죄를 범한 때에는 그 죄에 정한 형의 2분의 1까지 가중처벌한다.

27 난이도 중 | 경비업법 제31조 - 과태료 부과기준

경비업법령상 과태료 부과기준이 다른 하나는?

① 경비업자가 기계경비업자의 계약자에 대한 오경보를 막기 위한 기기설명의무를 위반하여 설명의무를 이행하지 않은 경우

> 경비업법 제31조 제2항 제3호 사유로 경비업자에게는 500만원 이하의 과태료가 부과된다.

② **경비업자가 신고된 동일 복장을 착용하게 하지 아니하고 집단민원현장에 경비원을 배치한 경우**

> 경비업법 제31조 제1항 제2호 사유로 경비업자에게는 3천만원 이하의 과태료가 부과된다.

③ 경비업자가 행정안전부령에 따라 경비원 명부를 비치하지 않은 경우

> 경비업법 제31조 제2항 제9호 사유로 경비업자에게는 500만원 이하의 과태료가 부과된다.

④ 경비업자가 대통령령이 정하는 바에 따라 경비지도사를 선임하지 않은 경우

> 경비업법 제31조 제2항 제4호 사유로 경비업자에게는 500만원 이하의 과태료가 부과된다.

관계법령 　과태료(경비업법 제31조)★★★

① 다음 각호의 어느 하나에 해당하는 경비업자에게는 3천만원 이하의 과태료를 부과한다.
1. 제16조 제1항을 위반하여 경비원의 복장에 관한 신고를 하지 아니하고 집단민원현장에 경비원을 배치한 자
2. 제16조 제2항을 위반하여 이름표를 부착하게 하지 아니하거나, 신고된 동일 복장을 착용하게 하지 아니하고 집단민원현장에 경비원을 배치한 자
3. 제18조 제1항 단서를 위반하여 집단민원현장에 일반경비원을 배치하면서 경비원의 명부를 배치장소에 작성·비치하지 아니한 자
4. 제18조 제2항 각호 외의 부분 단서를 위반하여 배치허가를 받지 아니하고 경비원을 배치하거나 경비원 명단 및 배치일시·배치장소 등 배치허가 신청의 내용을 거짓으로 한 자
5. 제18조 제7항을 위반하여 제13조에 따른 신임교육을 이수하지 아니한 자를 제18조 제2항 각호의 경비원으로 배치한 자

② 다음 각호의 어느 하나에 해당하는 경비업자, 경비지도사 또는 시설주에게는 500만원 이하의 과태료를 부과한다. 〈개정 2024.2.13.〉
1. 법 제4조 제3항(시·도 경찰청장에게 신고의무) 또는 제18조 제2항(관할 경찰관서장에게 배치신고의무)의 규정에 위반하여 신고를 하지 아니한 자
2. 법 제7조 제7항(특수경비업자의 경비대행업자 지정신고의무)의 규정에 위반하여 경비대행업자 지정신고를 하지 아니한 자
3. 법 제9조 제1항(기계경비업자의 계약자에 대한 오경보를 막기 위한 기기설명의무)의 규정에 위반하여 설명의무를 이행하지 아니한 자
3의2. 제11조의2를 위반하여 정당한 사유 없이 보수교육을 받지 아니한 경비지도사
4. 법 제12조 제1항(경비지도사의 선임 등)의 규정에 위반하여 경비지도사를 선임하지 아니한 자
4의2. 제12조의2를 위반하여 경비지도사의 선임 또는 해임의 신고를 하지 아니한 자
5. 법 제14조 제6항(관할 경찰관서장이 무기의 적정한 관리를 위하여 무기를 대여받은 시설주에 대하여 필요한 명령을 발할 수 있다)의 규정에 의한 감독상 필요한 명령을 정당한 이유 없이 이행하지 아니한 자
6. 법 제10조 제3항을 위반하여 결격사유에 해당하는 경비원을 배치하거나 결격사유에 해당하는 경비지도사를 선임·배치한 자
7. 법 제16조 제1항의 복장 등에 관한 신고규정을 위반하여 신고를 하지 아니한 자
8. 법 제16조 제2항을 위반하여 이름표를 부착하게 하지 아니하거나, 신고된 동일 복장을 착용하게 하지 아니하고 경비원을 경비업무에 배치한 자
9. 법 제18조 제1항 본문을 위반하여 명부를 작성·비치하지 아니한 자
10. 법 제18조 제5항을 위반하여 경비원의 근무상황을 기록하여 보관하지 아니한 자

③ 제1항 및 제2항의 규정에 의한 과태료는 대통령령이 정하는 바에 의하여 시·도 경찰청장 또는 경찰관서장이 부과·징수한다.

28 난이도 하 ■청원경찰법 종합문제

청원경찰법령에 관한 설명으로 옳지 않은 것은?

① 청원경찰법은 1962년에 제정되었다.

> 청원경찰법은 1962.4.3. 제정·시행되었다.

② 청원경찰법은 청원경찰의 직무·임용·배치·보수·사회보장 및 그 밖의 필요한 사항을 규정함으로써 청원경찰의 원활한 운영을 목적으로 한다.

> 이 법은 청원경찰의 직무·임용·배치·보수·사회보장 및 그 밖에 필요한 사항을 규정함으로써 청원경찰의 원활한 운영을 목적으로 한다(청원경찰법 제1조).

③ 청원경찰은 파업, 태업 또는 그 밖에 업무의 정상적인 운영을 방해하는 일체의 쟁의행위를 하여서는 아니 된다.

> 청원경찰은 파업, 태업 또는 그 밖에 업무의 정상적인 운영을 방해하는 일체의 쟁의행위를 하여서는 아니 된다(청원경찰법 제9조의4).

④ **지방자치단체에 근무하는 청원경찰의 직무상 불법행위에 대한 배상책임에 관하여는「민법」의 규정을 따른다.**

> 청원경찰(국가기관이나 지방자치단체에 근무하는 청원경찰은 제외한다)의 직무상 불법행위에 대한 배상책임에 관하여는「민법」의 규정에 따른다(청원경찰법 제10조의2). 이 규정에서 제외하고 있는 국가기관이나 지방자치단체에 근무하는 청원경찰의 직무상 불법행위에 대한 배상책임에 관하여는 국가배상법이 적용된다(청원경찰법 제10조의2 반대해석, 국가배상법 제2조 및 대판 92다47564 참조).

29 난이도 하 ■청원경찰법 제4조, 동법 시행령 제2조 - 청원경찰의 배치

청원경찰법령상 청원경찰의 배치에 관한 설명으로 옳지 않은 것은?

① 청원경찰 배치신청서 제출 시 배치 장소가 둘 이상의 도(道)일 때에는 주된 사업장의 관할 경찰서장을 거쳐 시·도 경찰청장에게 한꺼번에 신청할 수 있다.

> 청원경찰법 시행령 제2조 후문

② 청원경찰을 배치받으려는 자는 대통령령으로 정하는 바에 따라 관할 시·도 경찰청장에게 청원경찰 배치를 신청하여야 한다.

> 청원경찰법 제4조 제1항

③ **청원경찰 배치신청서에 첨부하여야 할 서류는 경비구역 평면도와 청원경찰 직무교육계획서이다.**

> 청원경찰 배치신청서에 첨부할 서류는 경비구역 평면도 1부와 배치계획서 1부이다(청원경찰법 시행령 제2조 전문 각호).

④ 시·도 경찰청장은 청원경찰 배치가 필요하다고 인정하는 기관의 장 또는 시설·사업장의 경영자에게 청원경찰을 배치할 것을 요청할 수 있다.

> 청원경찰법 제4조 제3항

> **관계법령** 청원경찰의 배치(청원경찰법 제4조)

① 청원경찰을 배치받으려는 자는 대통령령으로 정하는 바에 따라 관할 시·도 경찰청장에게 청원경찰 배치를 신청하여야 한다.

> **청원경찰의 배치신청 등(청원경찰법 시행령 제2조)**
> 「청원경찰법」 제4조 제1항에 따라 청원경찰의 배치를 받으려는 자는 청원경찰 배치신청서에 다음 각호의 서류를 첨부하여 법 제2조 각호의 기관·시설·사업장 또는 장소(이하 "사업장"이라 한다)의 소재지를 관할하는 경찰서장(이하 "관할 경찰서장"이라 한다)을 거쳐 시·도 경찰청장에게 제출하여야 한다. 이 경우 배치 장소가 둘 이상의 도(특별시, 광역시, 특별자치시 및 특별자치도를 포함한다. 이하 같다)일 때에는 주된 사업장의 관할 경찰서장을 거쳐 시·도 경찰청장에게 한꺼번에 신청할 수 있다.
> 1. 경비구역 평면도 1부
> 2. 배치계획서 1부

② 시·도 경찰청장은 제1항의 청원경찰 배치신청을 받으면 지체 없이 그 배치 여부를 결정하여 신청인에게 알려야 한다.
③ 시·도 경찰청장은 청원경찰 배치가 필요하다고 인정하는 기관의 장 또는 시설·사업장의 경영자에게 청원경찰을 배치할 것을 요청할 수 있다.

30 난이도 하 ┃청원경찰법 제2조, 동법 시행규칙 제2조 - 청원경찰의 배치대상

청원경찰법령상 청원경찰의 배치대상으로 명시되지 않은 것은?

① 국가기관
② 공공단체
③ 국내 주재(駐在) 외국기관
④ **대통령령으로 정하는 중요시설**

> 행정안전부령으로 정하는 중요시설, 사업장 또는 장소가 청원경찰의 배치대상에 해당한다(청원경찰법 제2조 제3호).

> **관계법령** 정의(청원경찰법 제2조)
>
> 이 법에서 "청원경찰"이란 다음 각호의 어느 하나에 해당하는 기관의 장 또는 시설·사업장 등의 경영자가 경비{이하 "청원경찰경비"(請願警察經費)라 한다}를 부담할 것을 조건으로 경찰의 배치를 신청하는 경우 그 기관·시설 또는 사업장 등의 경비(警備)를 담당하게 하기 위하여 배치하는 경찰을 말한다.
> 1. 국가기관 또는 공공단체와 그 관리하에 있는 중요시설 또는 사업장
> 2. 국내 주재(駐在) 외국기관

3. 그 밖에 행정안전부령으로 정하는 중요시설, 사업장 또는 장소

> **배치대상(청원경찰법 시행규칙 제2조)** ★
> 「청원경찰법」제2조 제3호에서 "그 밖에 행정안전부령으로 정하는 중요시설, 사업장 또는 장소"란 다음 각호의 시설, 사업장 또는 장소를 말한다.
> 1. 선박, 항공기 등 수송시설
> 2. 금융 또는 보험을 업(業)으로 하는 시설 또는 사업장
> 3. 언론, 통신, 방송 또는 인쇄를 업으로 하는 시설 또는 사업장
> 4. 학교 등 육영시설
> 5. 「의료법」에 따른 의료기관(의원급 의료기관, 조산원, 병원급 의료기관)
> 6. 그 밖에 공공의 안녕질서 유지와 국민경제를 위하여 고도의 경비(警備)가 필요한 중요시설, 사업체 또는 장소

31 난이도 하 ▌청원경찰법 종합문제 – 청원경찰의 임용 등

청원경찰법령상 청원경찰의 임용 등에 관한 설명으로 옳은 것은?

① 청원주는 청원경찰 배치결정의 통지를 받은 날로부터 10일 이내에 배치결정된 인원수의 임용예정자에 대하여 청원경찰 임용승인을 시·도 경찰청장에게 신청하여야 한다.

> 청원주는 배치결정의 통지를 받은 날부터 30일 이내에 배치결정된 인원수의 임용예정자에 대하여 청원경찰 임용승인을 시·도 경찰청장에게 신청하여야 한다(청원경찰법 시행령 제4조 제1항).

② **청원주가 청원경찰을 임용하였을 때에는 임용한 날부터 10일 이내에 그 임용사항을 관할 경찰서장을 거쳐 시·도 경찰청장에게 보고하여야 한다.**

> 청원경찰법 시행령 제4조 제2항 전문

③ 청원경찰의 임용자격·임용방법·교육 및 보수에 관하여는 행정안전부령으로 정한다.

> 청원경찰의 임용자격·임용방법·교육 및 보수에 관하여는 대통령령으로 정한다(청원경찰법 제5조 제3항).

④ 청원경찰의 복무에 관하여는 「국가공무원법」 및 「경찰법」을 준용한다.

> 청원경찰의 복무에 관하여는 「국가공무원법」 제57조(복종의 의무), 제58조 제1항(직장이탈금지), 제60조(비밀엄수의 의무) 및 「경찰공무원법」 제24조(거짓보고 등의 금지)를 준용한다(청원경찰법 제5조 제4항).

32 난이도 하
■ 청원경찰법 시행령 제5조, 동법 시행규칙 [별표 1] - 청원경찰의 교육 등

청원경찰법령상 청원경찰의 교육 등에 관한 설명으로 옳지 않은 것은?

① 청원주는 청원경찰로 임용된 사람으로 하여금 경비구역에 배치하기 전에 경찰교육기관에서 직무수행에 필요한 교육을 받게 하여야 한다. 다만, 경찰교육기관의 교육계획상 부득이하다고 인정할 때에는 우선 배치하고 임용 후 1년 이내에 교육을 받게 할 수 있다.

> 청원경찰법 시행령 제5조 제1항

② 경비지도사자격증을 취득한 사람이 청원경찰로 임용되었을 때에는 경찰교육기관에서 직무수행에 필요한 교육을 면제할 수 있다.

> 청원경찰법령은 직무수행에 필요한 교육을 면제할 수 있는 경우로 '경찰공무원(의무경찰을 포함한다) 또는 청원경찰에서 퇴직한 사람이 퇴직한 날부터 3년 이내에 청원경찰로 임용되었을 때'만을 규정하고 있다(청원경찰법 시행령 제5조 제2항).

③ 청원경찰의 직무수행에 필요한 교육과목 및 수업시간표는 행정안전부령으로 정한다.

> 청원경찰법 시행령 제5조 제3항, 동법 시행규칙 [별표 1]

④ 청원경찰의 직무수행에 필요한 교육의 교육과목 중 정신교육의 수업시간은 8시간이다.

> 청원경찰법 시행규칙 [별표 1] 참고

33 난이도 하
■ 청원경찰법 제6조 - 청원경찰경비

청원경찰법령상 청원주가 부담하여야 하는 청원경찰경비에 해당하지 않는 것은?

① 청원경찰의 경조사비

> 경조사비는 청원경찰법령상 청원주가 부담하여야 할 경비에 해당하지 않는다(청원경찰법 제6조 제1항).

② 청원경찰의 피복비
③ 청원경찰의 교육비
④ 청원경찰에게 지급할 봉급과 각종 수당

> **관계법령** 청원경찰경비(청원경찰법 제6조) ★
> ① 청원주는 다음 각호의 청원경찰경비를 부담하여야 한다.
>   1. 청원경찰에게 지급할 봉급과 각종 수당
>   2. 청원경찰의 피복비
>   3. 청원경찰의 교육비
>   4. 제7조에 따른 보상금 및 제7조의2에 따른 퇴직금

34 난이도 하 ■청원경찰법 제6조, 제7조 및 제7조의2 - 청원경찰경비, 보상금 및 퇴직금

청원경찰법령상 청원경찰경비 등에 관한 설명으로 옳지 않은 것은?

① 국가기관 또는 지방자치단체에 근무하는 청원경찰의 보수는 청원경찰법에서 정한 구분에 따라 같은 재직기간에 해당하는 경찰공무원의 보수를 감안하여 대통령령으로 정한다.

> 청원경찰법 제6조 제2항

② 청원주의 청원경찰에 대한 봉급·수당의 최저부담기준액(국가기관 또는 지방자치단체에 근무하는 청원경찰의 봉급·수당은 제외한다)은 경찰청장이 정하여 고시(告示)한다.

> 청원경찰법 제6조 제3항

③ 청원주는 청원경찰이 직무수행으로 인하여 부상을 입거나, 질병에 걸리거나 또는 사망한 경우 대통령령으로 정하는 바에 따라 청원경찰 본인 또는 그 유족에게 보상금을 지급하여야 한다.

> 청원경찰법 제7조 제1호

④ 국가기관이나 지방자치단체에 근무하는 청원경찰의 퇴직금에 관하여는 행정안전부령으로 정한다.

> 국가기관이나 지방자치단체에 근무하는 청원경찰의 퇴직금에 관하여는 따로 대통령령으로 정한다(청원경찰법 제7조의2).

관계법령

청원경찰경비(청원경찰법 제6조)★

② 국가기관 또는 지방자치단체에 근무하는 청원경찰의 보수는 다음 각호의 구분에 따라 같은 재직기간에 해당하는 경찰공무원의 보수를 감안하여 대통령령으로 정한다.
  1. 재직기간 15년 미만 : 순경
  2. 재직기간 15년 이상 23년 미만 : 경장
  3. 재직기간 23년 이상 30년 미만 : 경사
  4. 재직기간 30년 이상 : 경위

③ 청원주의 제1항 제1호에 따른 봉급·수당의 최저부담기준액(국가기관 또는 지방자치단체에 근무하는 청원경찰의 봉급·수당은 제외한다)과 같은 항 제2호 및 제3호에 따른 비용의 부담기준액은 경찰청장이 정하여 고시(告示)한다.

보상금(청원경찰법 제7조)★

청원주는 청원경찰이 다음 각호의 어느 하나에 해당하게 되면 대통령령으로 정하는 바에 따라 청원경찰 본인 또는 그 유족에게 보상금을 지급하여야 한다.
  1. 직무수행으로 인하여 부상을 입거나, 질병에 걸리거나 또는 사망한 경우
  2. 직무상의 부상·질병으로 인하여 퇴직하거나, 퇴직 후 2년 이내에 사망한 경우

퇴직금(청원경찰법 제7조의2)

청원주는 청원경찰이 퇴직할 때에는 「근로자퇴직급여보장법」에 따른 퇴직금을 지급하여야 한다. 다만, 국가기관이나 지방자치단체에 근무하는 청원경찰의 퇴직금에 관하여는 따로 대통령령으로 정한다.

35 난이도 하

청원경찰법 시행규칙 [별표 2]·[별표 3] - 청원경찰 급여품, 대여품

청원경찰법령상 청원경찰에게 지급하는 대여품에 해당하는 것은?

① 기동복
② **가슴표장**

> 기동복, 호루라기, 정모는 급여품에 해당하나, 가슴표장은 대여품에 해당한다(청원경찰법 시행규칙 [별표 2]·[별표 3] 참조).

③ 호루라기
④ 정 모

관계법령

청원경찰 급여품표(청원경찰법 시행규칙 [별표 2])

품 명	수 량	사용기간	정기지급일
근무복(하복)	1	1년	5월 5일
근무복(동복)	1	1년	9월 25일
한여름 옷	1	1년	6월 5일
외투·방한복 또는 점퍼	1	2~3년	9월 25일
기동화 또는 단화	1	단화 1년 기동화 2년	9월 25일
비 옷	1	3년	5월 5일
정 모	1	3년	9월 25일
기동모	1	3년	필요할 때
기동복	1	2년	필요할 때
방한화	1	2년	9월 25일
장 갑	1	2년	9월 25일
호루라기	1	2년	9월 25일

청원경찰 대여품표(청원경찰법 시행규칙 [별표 3])

품 명	수 량
허리띠	1
경찰봉	1
가슴표장★	1
분사기	1
포 승	1

36 난이도 중 ▎청원경찰법 제10조의3, 동법 시행령 제20조 - 권한의 위임

청원경찰법령상 청원경찰을 배치하고 있는 사업장이 하나의 경찰서의 관할구역에 있는 경우, 시·도 경찰청장이 관할 경찰서장에게 위임하는 권한으로 명시되지 않은 것은?

① 청원경찰 배치의 결정 및 요청에 관한 권한
② 청원경찰의 임용승인에 관한 권한
③ <u>무기의 관리 및 취급사항을 감독하는 권한</u>

> 무기의 관리 및 취급사항을 감독하는 권한은 청원경찰법령상 관할 경찰서장의 고유권한에 해당한다(청원경찰법 시행령 제17조 제2호).

④ 청원주에 대한 지도 및 감독상 필요한 명령에 관한 권한

관계법령   **권한의 위임(청원경찰법 제10조의3)**

이 법에 따른 시·도 경찰청장의 권한은 그 일부를 대통령령으로 정하는 바에 따라 관할 경찰서장에게 위임할 수 있다.

권한의 위임(청원경찰법 시행령 제20조)

시·도 경찰청장은 법 제10조의3에 따라 다음 각호의 권한을 관할 경찰서장에게 위임한다. 다만, 청원경찰을 배치하고 있는 사업장이 하나의 경찰서의 관할구역에 있는 경우로 한정한다.
1. 법 제4조 제2항 및 제3항에 따른 청원경찰 배치의 결정 및 요청에 관한 권한
2. 법 제5조 제1항에 따른 청원경찰의 임용승인에 관한 권한
3. 법 제9조의3 제2항에 따른 청원주에 대한 지도 및 감독상 필요한 명령에 관한 권한
4. 법 제12조에 따른 과태료 부과·징수에 관한 권한

37 난이도 하
■ 청원경찰법 시행규칙 제18조 - 표창

청원경찰법령상 표창에 관한 설명으로 옳지 않은 것은?

① 경찰청장은 성실히 직무를 수행하여 근무성적이 탁월하거나 헌신적인 봉사로 특별한 공적을 세운 청원경찰에게 공적상을 수여할 수 있다.

> 청원경찰법령상 청원경찰에게 표창을 수여할 수 있는 자는 시·도 경찰청장, 관할 경찰서장 또는 청원주이다(청원경찰법 시행규칙 제18조).

② 청원주는 성실히 직무를 수행하여 근무성적이 탁월한 청원경찰에게 공적상을 수여할 수 있다.
③ 관할 경찰서장은 헌신적인 봉사로 특별한 공적을 세운 청원경찰에게 공적상을 수여할 수 있다.
④ 시·도 경찰청장은 교육훈련에서 교육성적이 우수한 청원경찰에게 우등상을 수여할 수 있다.

> **관계법령** 표창(청원경찰법 시행규칙 제18조)
> 시·도 경찰청장, 관할 경찰서장 또는 청원주는 청원경찰에게 다음 각호의 구분에 따라 표창을 수여할 수 있다.
> 1. 공적상 : 성실히 직무를 수행하여 근무성적이 탁월하거나 헌신적인 봉사로 특별한 공적을 세운 경우
> 2. 우등상 : 교육훈련에서 교육성적이 우수한 경우

38 난이도 하
■ 청원경찰법 시행규칙 [별표 4] - 감독자 지정기준

청원경찰법령상 청원경찰의 배치 근무인원별 감독자 지정기준으로 옳지 않은 것은?

① 근무인원 7명 : 조장 1명
② **근무인원 37명 : 반장 1명, 조장 5명**

> 청원경찰이 37명 배치된 경우 감독자는 반장 1명, 조장 3~4명을 지정하여야 한다(청원경찰법 시행규칙 [별표 4]).

③ 근무인원 57명 : 대장 1명, 반장 2명, 조장 6명
④ 근무인원 97명 : 대장 1명, 반장 4명, 조장 12명

관계법령 감독자 지정기준(청원경찰법 시행규칙 [별표 4]) ★★

근무인원	직급별 지정기준		
	대 장	반 장	조 장
9명까지	-	-	1명
10명 이상 29명 이하	-	1명	2~3명
30명 이상 40명 이하	-	1명	3~4명
41명 이상 60명 이하	1명	2명	6명
61명 이상 120명 이하	1명	4명	12명

39 난이도 하 | 청원경찰법 제12조, 동법 시행령 제21조 및 동법 시행규칙 제24조 - 과태료

청원경찰법령상 과태료에 관한 설명으로 옳지 않은 것은?

① 시·도 경찰청장의 배치결정을 받지 아니하고 청원경찰을 배치한 자에게는 500만원 이하의 과태료를 부과한다.

> 청원경찰법 제12조 제1항

② 과태료는 대통령령으로 정하는 바에 따라 시·도 경찰청장이 부과·징수한다.

> 청원경찰법 제12조 제2항

③ 경찰서장은 과태료처분을 하였을 때에는 과태료 부과 및 징수 사항을 과태료 수납부에 기록하고 정리하여야 한다.

> 청원경찰법 시행규칙 제24조 제3항

④ <u>경찰서장은 위반행위의 동기, 내용 및 위반의 정도 등을 고려하여 과태료 금액의 3분의 1의 범위에서 그 금액을 줄이거나 늘릴 수 있다.</u>

> <u>시·도 경찰청장</u>은 위반행위의 동기, 내용 및 위반의 정도 등을 고려하여 [별표 2]에 따른 <u>과태료 금액의 100분의 50의 범위에서 그 금액을 줄이거나 늘릴 수 있다</u>(청원경찰법 시행령 제21조 제2항 본문).

관계법령

과태료(청원경찰법 제12조)
① 다음 각호의 어느 하나에 해당하는 자에게는 <u>500만원 이하의 과태료를 부과</u>한다.
  1. 제4조 제2항에 따른 시·도 경찰청장의 배치결정을 받지 아니하고 청원경찰을 배치하거나 제5조 제1항에 따른 <u>시·도 경찰청장의 승인을 받지 아니하고 청원경찰을 임용한 자</u>
  2. 정당한 사유 없이 제6조 제3항에 따라 <u>경찰청장이 고시한 최저부담기준액 이상의 보수를 지급하지 아니한 자</u>
  3. 제9조의3 제2항에 따른 <u>감독상 필요한 명령을 정당한 사유 없이 이행하지 아니한 자</u>
② 제1항에 따른 <u>과태료는 대통령령으로 정하는 바에 따라 시·도 경찰청장이 부과·징수한다</u>.

과태료의 부과기준 등(청원경찰법 시행령 제21조)
① 법 제12조 제1항에 따른 과태료의 부과기준은 [별표 2]와 같다.
② <u>시·도 경찰청장은 위반행위의 동기, 내용 및 위반의 정도 등을 고려하여 [별표 2]에 따른 과태료 금액의 100분의 50의 범위에서 그 금액을 줄이거나 늘릴 수 있다</u>. 다만, 늘리는 경우에는 법 제12조 제1항에 따른 과태료 금액의 상한을 초과할 수 없다.

과태료 부과 고지서 등(청원경찰법 시행규칙 제24조)
① 법 제12조 제1항에 따른 과태료 부과의 사전통지는 별지 제7호 서식의 과태료 부과 사전통지서에 따른다.
② 법 제12조 제1항에 따른 과태료의 부과는 별지 제8호 서식의 과태료 부과 고지서에 따른다.
③ <u>경찰서장은 과태료처분을 하였을 때에는 과태료 부과 및 징수 사항을 별지 제9호 서식의 과태료 수납부에 기록하고 정리하여야 한다</u>.

40 난이도 하 ■ 청원경찰법 제10조의4, 제10조의6 및 제10조의7 - 청원경찰의 퇴직과 면직

청원경찰법령상 청원경찰의 퇴직과 면직에 관한 설명으로 옳은 것은?

① 국가기관이나 지방자치단체에 근무하는 청원경찰의 휴직 및 명예퇴직에 관하여는 「국가공무원법」 관련규정을 준용한다.

> 청원경찰법 제10조의7

② 청원경찰은 65세가 되었을 때 당연 퇴직된다.

> 65세가 아닌 60세가 되었을 때가 청원경찰의 당연 퇴직사유에 해당한다(청원경찰법 제10조의6 제3호).

③ 청원경찰의 배치폐지는 당연 퇴직사유에 해당하지 않는다.

> 청원경찰의 배치폐지는 당연 퇴직사유에 해당한다(청원경찰법 제10조의6 제2호).

④ 청원주가 청원경찰을 면직시켰을 때에는 그 사실을 관할 시·도 경찰청장을 거쳐 경찰청장에게 보고하여야 한다.

> 청원주가 청원경찰을 면직시켰을 때에는 그 사실을 관할 경찰서장을 거쳐 시·도 경찰청장에게 보고하여야 한다(청원경찰법 제10조의4 제2항).

2020년 경호학

정답 CHECK

41	42	43	44	45	46	47	48	49	50	51	52	53	54	55	56	57	58	59	60
③	④	①	①	③	④	②	③	②	④	②	④	③	④	①	③	③	①	④	①
61	62	63	64	65	66	67	68	69	70	71	72	73	74	75	76	77	78	79	80
②	①	②	④	③	④	④	①	②	③	①	②	②	③	④	③	④	④	④	①

41 난이도 하   경호학과 경호 – 경호의 정의(대통령 등의 경호에 관한 법률)

대통령 등의 경호에 관한 법률상 ( )에 들어갈 용어로 옳은 것은?

"경호"란 (ㄱ)의 생명과 재산을 보호하기 위하여 신체에 가하여지는 (ㄴ)을 방지하거나 제거하고, (ㄷ)을 경계·순찰 및 방비하는 등의 모든 (ㄹ)활동을 말한다.

① ㄱ : 경호원
② ㄴ : 안 전
③ ㄷ : 특정 지역

> 대통령 등의 경호에 관한 법률 제2조 제1호에 따르면 ( )에 들어갈 내용은 ㄱ : 경호대상자, ㄴ : 위해, ㄷ : 특정 지역, ㄹ : 안전이다.

④ ㄹ : 특 수

관계법령 정의(대통령 등의 경호에 관한 법률 제2조)

이 법에서 사용하는 용어의 뜻은 다음과 같다.
1. "경호"란 경호대상자의 생명과 재산을 보호하기 위하여 신체에 가하여지는 위해(危害)를 방지하거나 제거하고, 특정 지역을 경계·순찰 및 방비하는 등의 모든 안전활동을 말한다.
2. "경호구역"이란 소속 공무원과 관계기관의 공무원으로서 경호업무를 지원하는 사람이 경호활동을 할 수 있는 구역을 말한다.
3. "소속 공무원"이란 대통령경호처(이하 "경호처"라 한다) 직원과 경호처에 파견된 사람을 말한다.
4. "관계기관"이란 경호처가 경호업무를 수행함에 있어 필요한 지원과 협조를 요청하는 국가기관, 지방자치단체 등을 말한다.

42 난이도 하 ▮경호학과 경호 - 경호 및 경비의 분류

경호·경비의 분류에 관한 설명으로 옳지 않은 것은?

① 경호의 대상에 따라 갑(A)호, 을(B)호, 병(C)호 등으로 구분할 수 있다.
② 경호행사의 장소에 의한 분류에 따라 행사장경호, 숙소경호, 연도경호 등으로 구분할 수 있다.
③ 치안경비는 공공의 안녕과 질서를 문란하게 하는 경비사태에 대한 예방·경계·진압하는 작용이다.
④ **경호 수준에 따른 분류에 해당하는 비공식경호는 출·퇴근 시 일상적으로 실시하는 경호이다.**

> 비공식경호는 경호의 성격에 의한 분류에 해당하며, 사전 통보나 협의 없이 이루어지는 경호를 의미한다. 출·퇴근 시 일상적으로 실시하는 경호는 약식경호이다.

핵심만콕 경호의 분류(대상·장소·성격·경호 수준)

구분		내용
대상	甲(A)호 경호	국왕 및 대통령과 그 가족, 외국의 원수 등
	乙(B)호 경호	수상, 국회의장, 대법원장, 헌법재판소장, 이와 대등한 지위에 있는 외국인사 등
	丙(C)호 경호	경찰청장 또는 경호기관의 장이 필요하다고 인정하는 주요 인사
장소	행사장경호	행사장은 일반군중과 가까우므로 완벽한 경호가 필요
	숙소경호	체류기간이 길고, 야간경호를 해야 함
	연도경호(노상경호)	연도경호는 세부적으로 교통수단에 의해 분류됨(육로경호·철도경호)
성격	공식경호(1호·A호)	경호관계자의 사전 통보에 의해 계획·준비되는 공식행사 때에 실시하는 경호
	비공식경호(2호·B호)	경호관계자 간의 사전 통보나 협의절차 없이 이루어지는 비공식행사 때의 경호
	약식경호(3호·C호)	일정한 방식에 의하지 않고 실시하는 경호(출·퇴근 시 일상적으로 실시하는 경우)
경호 수준	1(A)급 경호	행차보안이 사전에 노출되어 경호위해가 증대된 상황하의 각종 행사와 국왕 및 대통령 등 국가원수급의 1등급 경호대상으로 결정된 국빈행사의 경호
	2(B)급 경호	행사 준비 등의 시간적 여유 없이 갑자기 결정된 상황하의 각종 행사와 수상급의 경호대상으로 결정된 국빈행사의 경호
	3(C)급 경호	사전에 행사준비 등 경호조치가 거의 전무한 상황하에서 이루어지는 것으로서 장관급의 경호대상으로 결정된 국빈행사의 경호

〈출처〉 김두현, 「경호학개론」, 엑스퍼트, 2020, P. 57~61

43 난이도 하 | 경호학과 경호 - 경호의 법원(法源)

경호의 법원(法源)에 관한 설명으로 옳지 않은 것은?

① 「대통령경호안전대책위원회규정」은 「경찰관직무집행법」 제16조에 따른 대통령경호안전대책위원회의 구성 및 운영에 관하여 필요한 사항을 규정한다.

> 대통령경호안전대책위원회규정은 「대통령 등의 경호에 관한 법률」 제16조에 따른 대통령경호안전대책위원회의 구성 및 운영에 관하여 필요한 사항을 규정함을 목적으로 한다(대통령경호안전대책위원회규정 제1조).

② 「대통령 등의 경호에 관한 법률」은 대통령 등에 대한 경호를 효율적으로 수행하기 위하여 경호의 조직·직무범위와 그 밖에 필요한 사항을 규정한다.

> 대통령 등의 경호에 관한 법률 제1조

③ 「전직대통령 예우에 관한 법률」은 전직대통령의 예우에 관한 사항을 규정한다.

> 전직대통령 예우에 관한 법률 제1조

④ 「대통령경호처와 그 소속기관 직제」는 대통령경호처와 그 소속기관의 조직과 직무범위, 그 밖에 필요한 사항을 규정한다.

> 대통령경호처와 그 소속기관 직제 제1조

44 난이도 하 | 경호업무 수행방법 - 경호업무의 수행절차

경호업무의 수행절차에 관한 설명이다. ( )에 들어갈 내용으로 옳은 것은?

> 정보활동은 (ㄱ)단계, 안전활동은 (ㄴ)단계, 경호활동은 (ㄷ)단계, 학습활동은 학습단계에 해당된다고 할 수 있다.

① ㄱ : 예방, ㄴ : 대비, ㄷ : 대응

> 경호업무 수행절차 중 ( )에 들어갈 내용은 ㄱ : 예방, ㄴ : 대비, ㄷ : 대응이다.

② ㄱ : 예방, ㄴ : 대응, ㄷ : 대비
③ ㄱ : 대비, ㄴ : 예방, ㄷ : 대응
④ ㄱ : 대비, ㄴ : 대응, ㄷ : 예방

핵심만콕 경호위기관리단계 및 세부 경호업무 수행절차★★

관리단계	주요 활동	활동 내용	세부 활동
1단계 예방단계 (준비단계)	정보활동	경호환경 조성	법과 제도의 정비, 경호지원시스템 구축, 우호적인 공중(公衆)의 확보 (홍보활동)
		정보 수집 및 평가	정보네트워크 구축, 정보의 수집 및 생산, 위협의 평가 및 대응방안 강구
		경호계획의 수립	관계부서와의 협조, 경호계획서의 작성, 경호계획 브리핑
2단계 대비단계 (안전활동단계)	안전활동	정보보안활동	보안대책 강구, 위해동향 파악 및 대책 강구, 취약시설 확인 및 조치
		안전대책활동	행사장 안전확보, 취약요소 판단 및 조치, 검측활동 및 통제대책 강구
		거부작전	주요 감제고지 및 취약지 수색, 주요 접근로 차단, 경호 영향요소 확인 및 조치
3단계 대응단계 (실시단계)	경호활동	경호작전	모든 출입요소 통제 및 경계활동, 근접경호, 기동경호
		비상대책활동	비상대책, 구급대책, 비상시 협조체제 확립
		즉각조치활동	경고, 대적 및 방호, 대피
4단계 학습단계 (평가단계)	학습활동	평가 및 자료 존안	행사결과 평가(평가회의), 행사결과보고서 작성, 자료 존안
		교육훈련	새로운 교육프로그램 준비, 교육훈련 실시, 교육훈련의 평가
		적용(피드백)	새로운 이론의 정립, 전파, 행사에의 적용

〈출처〉 이두석, 「경호학개론」, 진영사, 2018, P. 157

45 난이도 하 | 경호학과 경호 – 경호의 원칙(3중 경호)

3중 경호에 관한 설명으로 옳은 것은?

① 1선은 경비구역으로 소구경 곡사화기의 유효사거리를 고려한 개념이다.

　소구경 곡사화기의 유효사거리를 고려한 개념은 3선 경계구역이다.

② 2선은 경계구역으로 권총 등의 유효사거리를 고려한 건물 내부구역으로 설정한다.

　권총 등의 유효사거리를 고려하여 건물 내부구역으로 설정되는 지역은 1선 안전구역이다.

❸ 경호대상자가 위치한 지역에서 경호를 취하는 순서로 근접경호 – 중간경호 – 외곽경호로 나눈다.

　3중 경호는 경호대상자가 위치한 지역에서 가장 근거리부터 엄중한 경호를 취하는 순서를 따져 근접경호, 중간경호, 외곽경호로 나누고 그에 따른 요원의 배치와 임무가 부여되어 있는 것이다.
　〈출처〉 김두현, 「경호학개론」, 엑스퍼트, 2020, P. 65

④ 위해자가 위치한 곳으로부터 내부 – 내곽 – 외곽으로 구분한다.

　위해자가 아닌 경호대상자의 위치를 중심으로 내부 – 내곽 – 외곽으로 구분한다.

핵심만콕 3중 경호의 원칙

경호대상자의 위치를 중심으로 3선 개념에 따라 체계적으로 실시되어야 한다.

1선	내부	안전구역	근접경호원에 의한 완벽한 통제, 권총 등의 유효사거리를 고려한 건물 내부구역
2선	내곽	경비구역	근접경호원 및 경비경찰에 의한 부분적 통제, 소총 등의 유효사거리를 고려한 울타리 내곽구역
3선	외곽	경계구역	인적·물적·자연적 취약요소에 대한 첩보·경계, 소구경 곡사화기의 유효사거리를 고려한 외곽구역

〈참고〉 이두석, 「경호학개론」, 진영사, 2018, P. 159~161

46 난이도 중   경호학과 경호 - 경호의 법원

대한민국의 경호 관련 법제도에 관한 설명으로 옳지 않은 것은?   기출수정

① 대통령경호처장은 대통령이 임명한다.

　대통령 등의 경호에 관한 법률 제3조 제1항 전단

② 대통령경호처에 기획관리실·경호본부·경비안전본부 및 지원본부를 둔다.

　대통령경호처와 그 소속기관 직제 제5조 제1항

③ 대통령경호안전대책활동에 관하여는 위원회 구성원 전원과 그 구성원이 속하는 기관의 장이 공동으로 책임을 진다.

　대통령경호안전대책위원회규정 제4조 제1항 전단

④ <u>전직대통령이 벌금 이상의 형이 확정된 경우 '필요한 기간의 경호 및 경비'의 예우를 하지 아니한다.</u>

　전직대통령 예우에 관한 법률 제7조 제2항에 따르면 전직대통령이 금고 이상의 형이 확정된 경우에도 필요한 기간의 경호 및 경비는 계속할 수 있다.

관계법령 권리의 정지 및 제외 등(전직대통령 예우에 관한 법률 제7조)

② 전직대통령이 다음 각호의 어느 하나에 해당하는 경우에는 제6조 제4항 제1호(필요한 기간의 경호 및 경비)에 따른 예우를 제외하고는 이 법에 따른 전직대통령으로서의 예우를 하지 아니한다.
  1. 재직 중 탄핵결정을 받아 퇴임한 경우
  2. 금고 이상의 형이 확정된 경우
  3. 형사처분을 회피할 목적으로 외국정부에 도피처 또는 보호를 요청한 경우
  4. 대한민국의 국적을 상실한 경우

47 난이도 하 ▮경호의 조직 – 경호조직의 특성

경호조직의 특성에 관한 설명으로 옳은 것은?

① 기구 및 인원의 측면에서 소규모화되고 있다.

> 경호조직은 과거와 비교하여 기구 및 인원의 측면에서 대규모화되고 있다.

② **전체 구조가 통일적인 피라미드형을 구성하면서 그 속에 서로 상하의 계층을 이루고 지휘·감독 등의 방법에 의해 경호목적을 통일적으로 실현한다.**

> 경호조직의 통합성과 계층성에 관한 설명으로 옳다.

③ 경호조직의 공개, 경호기법 노출 등 개방성을 가진다.

> 경호조직은 조직의 비공개, 경호기법 비노출 등 폐쇄성을 가진다.

④ 테러행위의 비전문성, 위해수법의 고도화에 따라 경호조직은 비전문성이 요구된다.

> 테러의 수법이 지능화·고도화되어감에 따라 경호조직에 있어서도 기능의 전문화 내지 분화현상이 나타난다.

48 난이도 하 ▮경호의 조직 – 경호조직의 (구성)원칙

경호지휘단일성의 원칙에 관한 설명으로 옳지 않은 것은?

① 다수의 경호원이 있어도 지휘는 단일해야 한다.
② 하나의 기관에는 한 사람의 지휘자만 있어야 한다.
③ **경호조직은 지위와 역할의 체계가 통일되어야 한다.**

> 경호체계통일성의 원칙에 관한 설명이다.

④ 경호업무가 긴급성을 요한다는 점에서도 필요하다.

핵심만콕	경호조직의 (구성)원칙★
경호지휘단일성의 원칙	• 지휘 및 통제의 이원화로 인해 파생되는 문제들을 보완하기 위해 명령과 지휘체계는 반드시 하나의 계통으로 구성해야 한다는 원칙으로, 경호업무가 긴급성을 요한다는 점에서도 요청된다. • 지휘가 단일해야 한다고 하는 것은 경호기관(요원)은 한 사람의 지휘를 받아야 한다는 뜻이다. 한 걸음 더 나아가서 지휘의 단일이란 「하나의 지휘자」라는 의미 외에 하급경호요원은 하나의 상급기관에 대해서만 책임을 진다는 의미가 포함된다.
경호체계통일성의 원칙	경호기관 구조의 정점으로부터 말단까지 상하계급 간에 일정한 관계가 이루어져 책임과 업무의 분담이 이루어지고, 명령(命令)과 복종(服從)의 지위와 역할의 체계가 통일되어야 한다는 원칙이다.

경호기관단위작용의 원칙	• 경호의 업무는 성격상 개인적 작용으로 이루어지지 않고 기관단위의 작용으로 기관의 하명에 의해서 이루어진다는 원칙이다. • 기관단위라는 것은 그 경호기관을 지휘하는 지휘자가 있고, 지휘를 받는 하급자가 있으며, 하급자를 관리하기 위한 지휘권과 장비가 편성되며 임무수행을 위한 보급지원체계를 갖추고 있어야 한다는 의미이다. • 기관단위의 관리와 임무의 수행을 위한 결정은 지휘자만이 할 수 있고, 경호의 성패는 지휘자만이 책임을 지는 것이다.
경호협력성의 원칙	경호조직과 국민과의 협력을 의미하며 완벽한 경호를 위해서는 국민의 절대적인 협력이 필요하다는 원칙이다.

〈참고〉 이두석,「경호학개론」, 2018, P. 114~116 / 김두현,「경호학개론」, 엑스퍼트, 2020, P. 184~187

49 난이도 중   ▮경호의 조직 – 대통령경호안전대책위원회 각 구성원의 분장책임

대통령경호안전대책위원회규정상 다음의 분장책임을 지는 구성원은?

○ 입수된 경호 관련 첩보 및 정보의 신속한 전파·보고
○ 방한 국빈의 국내 행사 지원
○ 대통령과 그 가족 및 대통령 당선인과 그 가족 등의 외국방문 행사 지원

① 국토교통부 항공안전정책관
② **외교부 의전기획관**

　　제시된 내용은 모두 외교부 의전기획관의 분장책임에 해당한다(대통령경호안전대책위원회규정 제4조 제2항 제3호).

③ 국가정보원 테러정보통합센터장
④ 해양경찰청 경비국장

> **핵심만 콕** 각 구성원의 분장책임(대통령경호안전대책위원회규정 제4조 제2항)

2. 국가정보원 테러정보통합센터장	• 입수된 경호 관련 첩보 및 정보의 신속한 전파·보고 • 위해요인의 제거 • 정보 및 보안대상기관에 대한 조정 • 행사참관 해외동포 입국자에 대한 동향파악 및 보안조치 • 그 밖에 국내·외 경호행사의 지원
3. 외교부 의전기획관	• 입수된 경호 관련 첩보 및 정보의 신속한 전파·보고 • 방한 국빈의 국내 행사 지원 • 대통령과 그 가족 및 대통령 당선인과 그 가족 등의 외국방문 행사 지원 • 다자간 국제행사의 외교의전 시 경호와 관련된 협조 • 그 밖에 국내·외 경호행사의 지원
8. 국토교통부 항공안전정책관	• 입수된 경호 관련 첩보 및 정보의 신속한 전파·보고 • 민간항공기의 행사장 상공비행 관련 업무 지원 및 협조 • 육로 및 철로와 공중기동수단 관련 업무 지원 및 협조 • 그 밖에 국내·외 경호행사의 지원
12. 해양경찰청 경비국장	• 입수된 경호 관련 첩보 및 정보의 신속한 전파·보고 • 해상에서의 경호·테러예방 및 안전조치 • 그 밖에 국내·외 경호행사의 지원

50 난이도 하 　　　　경호의 조직 - 경호의 주체와 객체(대통령 등의 경호에 관한 법률)

대통령 등의 경호에 관한 법률상 경호의 주체와 객체에 관한 설명으로 옳지 않은 것은?

① 대통령 당선인의 직계존비속은 대통령경호처의 경호대상이다.

> 대통령 등의 경호에 관한 법률 제4조 제1항 제2호

② 대한민국을 방문하는 외국 행정수반의 배우자는 대통령경호처의 경호대상이다.

> 대통령 등의 경호에 관한 법률 제4조 제1항 제5호

③ 대통령경호처에 파견된 경찰공무원은 이 법에 규정된 임무 외의 경찰공무원의 직무를 수행할 수 없다.

> 경호처에 파견된 경찰공무원은 이 법에 규정된 임무 외의 경찰공무원의 직무를 수행할 수 없다(대통령 등의 경호에 관한 법률 제18조 제2항).

④ <u>소속 공무원이 직무상 알게 된 비밀을 누설한 경우 7년 이하의 징역이나 금고 또는 5천만원 이하의 벌금에 처한다.</u>

> 대통령 등의 경호에 관한 법률 제9조(비밀의 엄수) 제1항을 위반한 경우 5년 이하의 징역이나 금고 또는 1천만원 이하의 벌금에 처한다(대통령 등의 경호에 관한 법률 제21조 제1항).

관계법령

경호대상(대통령 등의 경호에 관한 법률 제4조)★

① 경호처의 경호대상은 다음과 같다.
1. 대통령과 그 가족
2. 대통령 당선인과 그 가족
3. 본인의 의사에 반하지 아니하는 경우에 한정하여 퇴임 후 10년 이내의 전직대통령과 그 배우자. 다만, 대통령이 임기 만료 전에 퇴임한 경우와 재직 중 사망한 경우의 경호 기간은 그로부터 5년으로 하고, 퇴임 후 사망한 경우의 경호 기간은 퇴임일부터 기산(起算)하여 10년을 넘지 아니하는 범위에서 사망 후 5년으로 한다.
4. 대통령권한대행과 그 배우자
5. 대한민국을 방문하는 외국의 국가원수 또는 행정수반(行政首班)과 그 배우자
6. 그 밖에 처장이 경호가 필요하다고 인정하는 국내외 요인(要人)

벌칙(대통령 등의 경호에 관한 법률 제21조)

① 제9조(비밀의 엄수) 제1항, 제18조(직권남용금지 등) 또는 제19조(무기의 휴대 및 사용) 제2항을 위반한 사람은 5년 이하의 징역이나 금고 또는 1천만원 이하의 벌금에 처한다.
② 제9조(비밀의 엄수) 제2항을 위반한 사람은 2년 이하의 징역·금고 또는 500만원 이하의 벌금에 처한다.

비밀의 엄수(대통령 등의 경호에 관한 법률 제9조)

① 소속 공무원[퇴직한 사람과 원(原) 소속 기관에 복귀한 사람을 포함한다. 이하 이 조에서 같다]은 직무상 알게 된 비밀을 누설하여서는 아니 된다.
② 소속 공무원은 경호처의 직무와 관련된 사항을 발간하거나 그 밖의 방법으로 공표하려면 미리 처장의 허가를 받아야 한다.

51 난이도 하 경호의 조직 - 경호조직의 (구성)원칙

다음이 설명하는 경호조직의 원칙은?

○ 경호업무의 성격상 개인적 작용으로 이루어지지 않는다.
○ 하급자를 관리하기 위한 지휘권, 장비, 보급지원체제를 갖추고 있어야 한다.

① 경호협력성의 원칙

완벽한 경호를 위해서는 국민의 절대적인 협력이 필요하다는 원칙이다.

② **경호기관단위작용의 원칙**

제시문의 내용은 경호기관단위작용의 원칙에 해당한다.

③ 경호체계통일성의 원칙

경호기관 구조의 정점으로부터 말단까지 상하계급 간에 일정한 관계가 이루어져 책임과 업무의 분담이 이루어지고, 명령(命令)과 복종(服從)의 지위와 역할의 체계가 통일되어야 한다는 원칙이다.

④ 조정의 원칙

분업화된 각 업무 사이의 마찰을 해결함으로써 조직의 효율성을 높여야 한다는 경영의 원칙이다.

52 난이도 하　　　┃경호업무 수행방법 – 근접경호의 특성(방벽성)

근접경호의 특성 중 방벽성에 관한 설명으로 옳은 것은?

① 경호대상자와 경호행위에 대한 일거수일투족은 외부에 노출될 수 밖에 없다.
② 경호대상자를 따라 항상 이동하거나 움직이면서 변화하는 경호상황에 능동적으로 대처해야 한다.
③ 위해기도자에게 허위정보 제공이나 허위 상황 연출 등 기만전술을 구사하여 경호의 효과성을 높인다.
④ **경호원은 자신의 신체를 이용하여 외부의 공격으로부터 경호대상자를 근접에서 보호한다.**

> 근접경호의 특성 중 ①은 노출성, ②는 기동 및 유동성, ③은 기만성, ④는 방벽성에 관한 설명이다.

53 난이도 하　　　┃경호업무 수행방법 – 근접경호(수행경호)

근접경호에 관한 설명으로 옳지 않은 것은?

① 완벽한 경호방패막은 근접경호원들이 형성하는 인적 방벽인 경호대형으로 완성된다.
② 위급상황 시 위해자와 경호대상자 사이를 차단하고, 경호대상자를 안전지대로 대피시켜야 한다.
③ **위급상황 시 경호대상자를 방호하여 공격방향으로 신속하게 현장을 이탈시켜야 한다.**

> 위급상황 시 경호대상자를 방호하여 적 공격의 반대 방향이나 비상구 쪽으로 대피하여야 한다.

④ 경호대형 형성에 허점이 생기지 않도록 인접근무자의 움직임과 상호 연결되어 있어야 한다.

핵심만콕　우발상황 시 근접경호원의 대응요령

- 자기희생의 원칙에 따라 체위를 확장하여 경호대상자의 노출을 최소화하고 최대의 방호벽을 형성한다.
- 경호원은 자신의 생명을 보호하기 위하여 자세를 낮추거나 은폐 또는 은신해서는 안 되며, 자신보다 경호대상자를 먼저 육탄방어할 수 있는 자세로 임해야 한다.
- 육성 경고와 동시에 비상조치계획에 따라 경호대상자를 우선 대피시킨다.
- 대피 시 적 공격의 반대 방향이나 비상구 쪽으로 대피한다.
- 공범에 의한 양동작전에 유념해야 하고, 경호원의 주의를 다른 곳으로 전환하도록 하기 위한 위해기도자의 전술에 휘말려서는 안 된다.
- 근접경호요원 이외의 경호요원들은 자기담당구역 책임의 원칙에 따라 맡은 지역에서 계속 임무를 수행하며 대적은 불가피한 경우에만 하고 보복공격을 하지 말아야 한다.

54 난이도 하   ▌경호업무 수행방법 – 사주경계

사주경계에 관한 설명으로 옳은 것은 모두 몇 개인가?

> ○ 행사장이나 주변의 모든 시설물과 물체가 경계대상이다.
> ○ 위해기도자가 은폐하기 좋은 장소나 공격하기 용이한 장소가 경계대상이다.
> ○ 경호대상자 주변의 모든 인원 중 행사 상황에 어울리지 않는 행동을 하는 사람들이 중점 감시대상이다.
> ○ 경호행사 시 영향을 미칠 수 있는 간접적 위해요인도 경계대상이다.

① 1개
② 2개
③ 3개
④ **4개**

> 사주경계란 경호대상자를 중심으로 한 전 방향에 대한 감시로 직접적인 위해나 자연발생적인 위해요인을 사전에 인지하기 위한 경계활동을 말한다. 사주경계의 대상은 흔히 말하는 인원(인적 취약요소), 물건(물적 취약요소), 장소(지리적 취약요소)를 불문한다. 제시된 내용은 모두 사주경계에 관한 설명으로 옳다.

핵심만콕

인적 경계대상은 경호대상자 주변의 모든 인원이 그 지위나 차림새 등에 상관없이 포함되어야 하고, 특히 행사 상황이나 분위기에 어울리지 않는 행동이나 복장을 착용한 사람들을 중점적으로 감시한다. 물적 경계대상은 행사장이나 주변의 모든 시설물과 물체가 그 대상이다. 또한 지리적 경계대상은 위해기도자가 은폐하기 좋은 장소나 공격하기 용이한 장소가 해당된다.

〈출처〉이두석, 「경호학개론」, 진영사, 2018, P. 180

55 난이도 하   ▌경호업무 수행방법 – 근접경호원의 자세

근접경호원의 자세에 관한 설명으로 옳은 것은?

> ㄱ. 순간적인 경호상황을 정확히 판단하고 대응하기 위한 명석한 판단력을 갖춰야 한다.
> ㄴ. 행사의 성격 및 상황을 직시하여 그에 맞는 적절한 자세를 견지한다.
> ㄷ. 급박한 상황 외에는 경호대상자의 활동에 방해를 해서는 안 된다.
> ㄹ. 경호대상자와 경호환경에 어울리지 않는 복장을 착용한다.

① **ㄱ, ㄴ, ㄷ**

> ㄱ, ㄴ, ㄷ은 근접경호원의 자세에 관한 설명으로 옳으나, ㄹ은 옳지 않다. 근접경호원은 경호대상자 및 경호환경과 조화되는 복장을 착용하여 신분이 노출되지 않도록 하여야 한다.

② ㄱ, ㄴ, ㄹ
③ ㄱ, ㄷ, ㄹ
④ ㄴ, ㄷ, ㄹ

> **핵심만콕** 경호복장
>
> - 경호요원은 행사의 성격에 따라 보호색원리에 의한 경호현장의 주변환경과 조화되는 복장을 착용하여 신분이 노출되지 않도록 한다.
> - 경호원의 복장은 경호대상자의 복장에 맞추어 정장이나 캐주얼 복장을 상황에 따라 입고, 두발상태도 경호대상자의 두발상태와 비슷하게 관리한다.
> - 경호원의 복장은 <u>주위의 시선을 빼앗는 화려한 색상이나 새로운 패션의 스타일은 눈에 띄기 쉬우므로 착용해서는 안 되고, 보수적인 색상과 스타일의 복장이 적합하다.</u>
>
> 〈출처〉 이두석, 「경호학개론」, 진영사, 2018, P. 246~247

56 난이도 하   ▎경호업무 수행방법 – 근접경호대형

근접경호대형에 관한 설명으로 옳지 않은 것은?

① 경호대상자의 성격이나 성향에 따라 경호대형이 결정될 수 있다.

> 경호대형의 결정 시 경호대상자의 성격이나 성향이 고려될 수 있다.

② 도보대형은 장소나 상황에 따라 융통성 있게 변화시킨다.

> 장소나 상황에 따라 융통성 있게 적절한 도보대형을 형성하여 방벽효과를 높일 수 있도록 하여야 한다.

③ <u>도보경호는 이동속도가 **빠르기** 때문에 외부 노출시간이 짧아 위해자가 위해를 가할 기회가 줄어들게 된다</u>.

> 도보경호는 차량이동 등에 비하여 이동속도가 느리기 때문에 외부 노출시간이 길어지게 되고, 결국 위해자가 위해를 가할 기회가 많아지게 된다.

④ 경호대상자 주위에 경호방패막을 형성하여 동선을 따라 이동하는 선(線)개념이다.

> <u>선발경호가</u> 일정한 지역의 안전을 확보하는 <u>공간개념이라면</u>, <u>근접경호는 경호대상자 주위에 경호막을 형성하여 동선을 따라 이동하는 선개념이라고 할 수 있다.</u>

〈출처〉 이두석, 「경호학개론」, 진영사, 2018, P. 299

57 난이도 하 ▮경호업무 수행방법 - 차량경호

차량경호에 관한 설명으로 옳지 않은 것은?

① 경호차량으로 방호대형을 형성하여 경호대상자 차량을 보호하기 위한 경호활동이다.
② 기동 간 경호대상자 차량과 경호차량 사이에 다른 차량이 끼어들지 못하도록 차량 간격을 유지한다.
③ 교차로, 곡각지 등을 기동할 때와 같이 속도를 줄여야 하는 상황은 경호원이 방어하기 가장 좋은 여건을 제공하게 된다.

> 교차로, 곡각지 등을 기동할 때와 같이 속도를 줄여야 하는 상황은 위해기도자가 공격하기에 좋은 여건을 제공하게 된다.

④ 경호대상자 차량의 문은 급하게 열지 않도록 하고, 경호원이 정위치 상태에서 주변에 위험요소가 없는 것이 확인되고 난 후에 개방한다.

58 난이도 하 ▮경호업무 수행방법 - 출입자 통제

출입자 통제에 관한 설명으로 옳은 것은?

① 행사장의 허가되지 않은 출입요소를 발견하여 통제·관리하는 사전예방차원의 경호방법이다.

> 출입자 통제는 행사장의 허가되지 않은 출입요소를 발견하여 통제·관리하는 사전예방차원의 경호방법이다.

② 지연 참석자에 대해서는 검색 후 출입을 허용하지 않는다.

> 지연 참석자에 대해서는 검색 후 별도로 지정된 통로를 통해 출입을 허용할 수 있다.

③ 금속탐지기 검색을 통하여 위해요소의 침투를 차단하고, 비표를 운용하여 인가자의 출입을 통제한다.

> 비표 운용을 통하여 비인가자의 출입을 통제하여야 한다.
> 〈출처〉 이두석, 「경호학개론」, 진영사, 2018, P. 266

④ 행사와 무관한 사람들의 행사장 출입을 통제하고, 그 효과를 극대화하기 위해서 다양한 통로를 통해 출입자를 확인한다.

> 행사와 무관한 사람들의 행사장 출입을 통제하고, 그 효과를 극대화하기 위하여 가능한 한 출입구를 단일화하거나 최소화하여 출입자들을 확인·통제하여야 한다.

59 난이도 하 ▮경호업무 수행방법 - 출입자 통제대책

출입자 통제대책에 관한 설명으로 옳지 않은 것은?

① 출입자 통제업무 시 지정된 통로를 사용하고 기타 통로는 폐쇄한다.
② 주차계획은 입장계획과 연계하여 주차동선과 입장동선에 혼잡상황이 발생하지 않도록 한다.
③ 참석자 통제에 따른 취약요소를 판단함에 있어 경호기관의 입장에서 행사장의 혼잡을 방지할 수 있는 방안을 강구한다.
④ <u>비표 운용 시 명찰이나 리본은 모든 구역의 색상을 단일화하여 식별이 용이하도록 하면 효과적이다.</u>

> 행사 참석자를 위한 <u>명찰이나 리본은 구역별로 그 색상을 달리 하여 식별 및 통제가 용이하도록 하면 효과적이다.</u>

60 난이도 하 ▮경호업무 수행방법 - 출입자 통제업무 수행

출입자 통제업무 수행에 관한 설명으로 옳은 것은?

① <u>3중 경호에 의거한 경호구역의 설정에 따라 각 구역별 통제의 범위를 결정한다.</u>

> 행사장에 대한 출입통제는 3선 경호개념에 의거한 경호구역의 설정에 따라 각 구역별 통제의 범위를 결정하여야 한다.

② 안전구역은 행사 참석자를 비롯한 모든 출입요소의 1차 통제지점이 된다.

> <u>2선 경비구역은</u> 행사 참석자를 비롯한 <u>모든 출입요소의 1차 통제점이 되어,</u> 상근자 이외에 용무가 없는 사람들의 출입을 가급적 제한한다.
> 〈출처〉 이두석, 「경호학개론」, 진영사, 2018, P. 266

③ 대규모 행사 시 참석 대상과 좌석을 구분하지 않고 시차입장계획을 수립한다.

> <u>대규모 행사 시에는 참석 대상별 또는 좌석별 구분에 따라 출입통로 선정 및 시차입장계획을 수립하여 출입통제가 용이하도록 한다.</u>

④ 행사장 및 행사 규모에 따라 참석 대상별 주차지역을 구분·운용하지 않는다.

> 행사장 및 행사 규모에 따라 참석 대상별 주차지역을 구분하여 선정하고 경호대상자 주차지역은 별도로 확보하여 운용하여야 한다.

61 난이도 하

경호학과 경호 – 근접경호의 기본원리(자연방벽효과의 원리)

자연방벽효과의 원리에 관한 내용이다. (　)에 공통으로 들어갈 내용으로 옳은 것은?

> ○ 위해기도자가 고층건물 등에서 공격을 시도할 경우 경호원의 신장 차이가 (　) 방벽효과에 큰 영향을 미친다.
> ○ 경호원이 경호대상자에 대한 (　) 방벽효과를 극대화하기 위해서는 항상 바른 자세로 똑바로 서서 몸을 움츠리거나 은폐시켜서는 안 된다.

① 공격적
② 수직적

> (　)에 공통적으로 들어갈 내용은 수직적이다.

③ 회피적
④ 함몰적

핵심만콕 경호의 기본원리 – 자연방벽효과의 원리★

수평적 방벽효과	• 근접경호원이 경호대상자와 위해기도자의 중간에 위치하여 위해기도자의 공격을 차단할 때, 근접경호원의 위치에 따라 경호대상자의 보호범위와 위해기도자의 이동거리가 달라지는 효과를 말한다. • 위해기도자의 위치가 고정된 경우, 즉 위해기도자의 위치를 아는 경우 수평적 방벽효과는 근접경호원이 위해기도자와 가까이 위치할수록 증가한다. • 경호대상자의 위치가 고정된 경우 수평적 방벽효과는 근접경호원이 경호대상자와 가까이 위치할수록 증가한다.
수직적 방벽효과	• 위해기도자가 고층건물과 같이 높은 위치에서 공격한다고 가정할 경우, 수직적 방벽효과는 근접경호원이 경호대상자와 가까이 위치할수록 증가한다. • 경호원의 신장의 차이가 수직적 방벽효과에 큰 영향을 미치는 것이다. • 경호원이 경호대상자에 대한 수직적 방벽효과를 극대화하기 위해서는 항상 바른 자세로 똑바로 서서 근무에 임해야 하며, 결코 몸을 움츠리거나 어정쩡한 자세를 취해서는 안 된다.

〈참고〉 이두석, 「경호학개론」, 진영사, 2018, P. 162~164

62 난이도 하 ▮경호업무 수행방법 - 경호작용

경호작용에 관한 설명으로 옳지 않은 것은?

① 모든 형태의 경호업무는 사전에 신중하게 계획되어야 하며 융통성은 배제되어야 한다.

> 모든 형태의 경호임무는 사전에 신중하게 계획되어야 하며, 예기치 않은 변화의 가능성 때문에 융통성 있게 수립되어야 한다.

② 경호대상자에 대한 완벽한 경호를 보장하기 위해서는 각각의 임무가 명확하게 부여되어야 한다.
③ 자원의 효율적인 이용을 위해서 사전에 위해분석 자료를 토대로 자원동원 체계를 구축하도록 한다.
④ 경호와 관련된 정보는 비인가된 자에게 제공해서는 안 된다.

63 난이도 하 ▮경호업무 수행방법 - 경호임무 활동

경호임무 활동에 관한 설명으로 옳은 것은?

① 연례적이고 반복적인 행사장의 사전답사는 생략할 수 있다.

> 행사장 사전답사(현장답사)는 미리 행사장을 돌아보고 의전계획을 확인한 뒤 취약요소를 분석하여 대책을 강구하고 비상 및 안전대책을 수립하는 등 제반경호조치를 판단하고 보완하는 활동이므로 비록 연례적이고 반복적이더라도 생략할 수는 없고 반드시 실시해야 한다.

② 안전대책작용에는 행사장 내외부에 산재한 인적·물적·지리적 취약요소에 대한 안전대책을 포함한다.

> 안전대책작용이란 경호임무를 수행하면서 경호대상자 신변의 위해요소를 사전에 제거하는 활동으로, 행사장 내·외부에 산재한 인적·물적·지리적 취약요소에 대한 안전대책 강구, 행사장 내·외곽 시설물에 대한 폭발물 탐지·제거 및 안전점검, 검측작용, 경호대상자에게 제공되는 각종 음식물에 대한 검식작용 등 통합적 안전작용을 말한다.

③ 경호정보작용은 경호작용의 원천적 사전 지식을 생산, 제공하는 것으로 경호대상자의 신변안전을 위한 근접경호 임무이다.

> 경호정보작용은 경호작용의 원천적 사전 지식을 생산·제공하는 것으로, 경호대상자의 신변안전을 위협하는 인적·물적·지리적 취약요소를 사전에 수집·분석·예고함으로써 예방경호를 수행하는 업무이다.

④ 경호보안작용은 위해기도자의 인원, 문서, 시설, 지역, 자재, 통신 등의 정보를 정확하게 생산하는 활동이다.

> 경호보안작용은 경호와 관련된 인원, 문서, 시설, 지역, 자재, 통신 등에 대하여 불순분자로부터 완벽한 보호대책을 수립하여 지속적으로 보안을 유지하는 활동을 말한다.

64 난이도 중   경호업무 수행방법 – 안전대책작용

안전대책작용에 관한 내용이다. (   )에 들어갈 용어로 옳은 것은?

> 경호행사 시 경호대상자에게 위해를 줄 수 있는 위해물질을 안전하게 관리하는 것을 (ㄱ)(이)라 하고, 경호대상자에게 위해를 가할 소지가 있는 사람의 접근을 차단하는 것을 (ㄴ)이라 하며, 경호대상자에게 위해여건을 제공할 수 있는 자연 및 인공물에 대하여 위해를 가할 수 없는 상태로 전환시키는 작용을 (ㄷ)(이)라 한다.

① ㄱ : 안전점검,   ㄴ : 물적 취약요소 배제작용,   ㄷ : 안전조치
② ㄱ : 안전조치,   ㄴ : 물적 취약요소 배제작용,   ㄷ : 안전검측
③ ㄱ : 안전점검,   ㄴ : 인적 위해요소 배제작용,   ㄷ : 안전조치
④ **ㄱ : 안전조치,   ㄴ : 인적 위해요소 배제작용,   ㄷ : 안전검측**

(   )에 들어갈 용어는 순서대로 ㄱ : 안전조치, ㄴ : 인적 위해요소 배제작용, ㄷ : 안전검측이다.

핵심만콕 안전대책작용

- 의의 : 행사장 내·외부에 산재한 인적·물적·지리적 취약요소에 대한 안전대책 강구, 행사장 내·외곽 시설물에 대한 폭발물 탐지·제거 및 안전점검, 경호대상자에게 제공되는 각종 음식물에 대한 검식작용 등 통합적 안전작용을 말한다.
- 안전대책의 3대 작용원칙
  - 안전점검 : 폭발물 등 각종 유해물을 탐지·제거하는 활동
  - 안전검사 : 이용하는 기구, 시설 등의 안전상태를 검사하는 것
  - 안전유지 : 안전점검 및 검사가 이루어진 상태를 계속 유지하기 위해 통제하는 것
- 위해요소
  - 인적 위해요소 : 경호대상자에게 위해를 가할 소지가 있는 사람
  - 물적 취약요소 : 경호대상지역 주변에 위치하면서 경호대상자에게 직접 위해를 가할 수 있는 인공물이나, 경호대상자에게 위해를 가할 수 있도록 여건을 제공할 수 있는 자연물
- 안전조치 : 경호행사 시 경호대상자에게 위해를 줄 수 있는 위해물질을 안전하게 관리하는 것
- 안전검측 : 경호대상자에게 위해여건을 제공할 수 있는 자연 및 인공물에 대하여 위해를 가할 수 없는 상태로 전환시키는 작용

〈출처〉 김두현, 「경호학개론」, 엑스퍼트, 2020, P. 269~270

65 난이도 하
경호업무 수행방법 - 경호활동

경호활동에 관한 설명으로 옳지 않은 것은?

① 3중 경호는 위해기도 시 시간 및 공간적으로 지연시키거나 피해의 범위를 최소화하기 위한 방어전략이다.
② 선발 및 근접경호의 구분 운용은 효과적으로 위해기도를 봉쇄하려는 예방경호와 방어경호의 작용이다.
③ **경호원은 위해발생 시 경호대상자의 방호 및 대피보다 위해기도자의 제압이 우선이다.**

> 경호원은 위해발생 시 경호대상자의 방호 및 대피가 위해기도자의 제압보다 우선이다.

④ 경호임무의 단계별 절차는 계획단계 - 준비단계 - 행사단계 - 평가단계이다.

66 난이도 하
경호업무 수행방법 - 선발경호의 특성

선발경호의 특성에 관한 설명으로 옳지 않은 것은?

① 예방성 : 선발경호의 임무로 위해요소를 사전에 발견하여 제거하고 거부함으로써 경호행사의 안전을 확보하는 것이다.
② 통합성 : 경호임무에 동원된 모든 부서는 각자의 기능을 완벽하게 발휘하면서, 하나의 지휘체계 아래에 통합되어 상호보완적 임무를 수행한다.
③ 안전성 : 확보한 행사장의 안전상태가 행사 종료 시까지 지속될 수 있도록 임무를 수행한다.
④ **예비성 : 경호임무는 최상의 상황을 염두에 두고 수행한다.**

> 경호임무는 경호행사가 항상 계획되고 예상된 대로만 진행되지는 않는다는 점을 고려하여야 한다. 즉, 최악의 비상상황을 염두에 두고 수행되어야 한다.

핵심만콕 선발경호의 특성

예방성	• 선발경호의 임무이자 경호의 목표라 할 수 있는 예방경호는 위해요소를 사전에 발견해서 제거하고 침투가능성을 거부함으로써 경호행사의 안전을 확보하는 것이다. • 직접적인 위해행위의 가능성뿐만 아니라 간접적인 시설물의 불안전성 및 많은 참석자로 인한 혼잡과 사고의 개연성에 대비한다.
통합성	선발경호에 동원된 모든 부서는 각자의 기능을 100% 발휘하면서 하나의 지휘체계 아래에 통합되어 상호보완적으로 임무를 수행해야 한다.
안전성	• 선발경호의 임무는 당연히 행사장의 안전을 확보하는 일이다. 그러기 위해서는 3중 경호의 원리에 입각해서 행사장을 구역별로 구분하여 그 특성에 맞는 경호조치를 강구하여야 한다. • 행사장의 안전상태는 행사가 종료될 때까지 지속될 수 있어야 한다.
예비성	경호행사가 항상 계획되고 예상된 대로만 진행되지는 않는다. 따라서 선발경호는 사전에 경호팀의 능력과 현지 지형과 상황에 맞는 비상대응계획과 비상대피계획을 수립하여 비상상황에 대비하여야 한다.

〈출처〉 이두석, 「경호학개론」, 진영사, 2018, P. 254~255

67 난이도 하　　　경호업무 수행방법 – 우발상황

우발상황에 관한 내용으로 옳지 않은 것은?

① 우연히 또는 계획적으로 발생하여 경호행사를 방해하는 사태

> 우발상황이란 위해기도나 행사 방해책동과 관련하여 발생 시기나 발생 여부 및 그로 인한 피해 정도를 모르는 우발적 위험이 발생한 상황을 의미한다. 우발상황의 유형은 크게 계획적 우발상황, 부주의에 의한 우발상황, 자연발생적 우발상황, 천재지변에 의한 우발상황으로 분류할 수 있으며, 계획적 우발상황이란 위해기도자에 의해 의도되고 계획된 우발상황을 말한다.
> 〈참고〉 이두석, 「경호학개론」, 진영사, 2018, P. 343~344

② 상황이 직접적으로 발생하기 전까지는 위해기도가 발생되는 시간, 장소, 방법에 대한 사전예측의 불가능

> 위해기도가 발생되는 시간, 장소, 방법에 대한 사전예측의 불가능(곤란성)은 우발상황의 특성에 해당한다.

③ 방법과 규모에 따라 차이가 생길 수 있으나 심리적인 공포와 불안의 조성에 따른 혼란의 야기와 무질서

> 무질서와 혼란 야기는 우발상황의 특성에 해당한다.

④ <u>경호대상자의 방호 및 대피보다 경호원의 자기보호본능에 충실</u>

> 경호대상자의 방호 및 대피가 경호원의 자기보호본능보다 우선이다. 비록 우발상황 발생 시 자기보호본능 기제가 발동하더라도 경호원은 이를 거부하고 자기희생의 원칙에 따라 체위를 확장하여 경호대상자의 노출을 최소화하고 최대의 방호벽을 형성하여야 한다. 특히 자신의 생명을 보호하기 위하여 자세를 낮추거나 은폐 또는 은신을 해서는 안 된다.

68 난이도 하 ┃경호업무 수행방법 – 우발상황(돌발사태) 대응방법(기법)

우발상황 대응기법에 관한 설명으로 옳은 것을 모두 고른 것은?

> ㄱ. 경호원의 주의력효과 면에서는 경호원과 군중의 거리가 가까울수록 유리하다.
>
> > (O) 경호원의 주의력효과 면에서 군중(경계대상자)과의 거리가 가까울수록 유리하고, 대응효과 면에서 군중과의 거리가 멀수록 유리하다.
> > 〈참고〉 이두석, 「경호학개론」, 진영사, 2018, P. 165
>
> ㄴ. 위험을 가장 먼저 인지한 경호원은 동료들에게 신속히 전파하여 공조체제를 유지하도록 한다.
>
> > (O) 최초 목격자가 육성 또는 무전으로 전파하고, 간단명료한 지향성 용어를 사용하며, 가능하면 방향이나 위치를 제시하는 등 공격의 내용을 전파한다.
>
> ㄷ. 수류탄 혹은 폭발물과 같은 폭발성 화기에 의한 공격에는 방어적 원형 대형을 유지한다.
>
> > (X) 수류탄 또는 폭발물과 같은 폭발성 화기에 의한 공격을 받았을 때 사용하는 방호대형은 함몰형 대형이다. 방어적 원형 대형은 경호행사 시 최소안전구역의 확보에 실패하여 경호대상자가 군중 속에 갇혀있는 상황에서 현장이탈을 시도할 때 사용하는 대형이다.

① ㄱ, ㄴ

> 제시된 내용 중 우발상황 대응기법으로 옳은 것은 ㄱ과 ㄴ이다.

② ㄱ, ㄷ
③ ㄴ, ㄷ
④ ㄱ, ㄴ, ㄷ

69 난이도 하 ┃경호업무 수행방법 – 선발경호원의 기본임무

선발경호원의 기본임무에 관한 설명으로 옳지 않은 것은?

① 행사장의 보안상태 조사를 위해 내외부의 경호여건을 점검한다.
② **책임구역에 따라 사주경계를 실시하고 우발상황 발생 시 인적 방벽을 형성하여 경호대상자를 보호한다.**

> 주어진 책임구역에 따라 사주경계를 실시하고 우발상황에 대응하여 인적 방벽을 형성하여 경호대상자를 보호하는 것은 선발경호가 아니라 근접경호의 기본임무이다.

③ 경계구역은 행사장 주변의 취약요소를 봉쇄, 감시할 수 있는 위치를 선정하고 기동순찰조를 운영한다.
④ 출입자 통제관리를 위하여 초청장 발급, 출입증 착용 여부를 확인한다.

70 난이도 하 ▮경호업무 수행방법 - 안전대책작용(안전검측활동의 요령)

안전검측활동의 요령에 관한 설명으로 옳지 않은 것은?

① 검측은 책임구역을 명확하게 구분하여 계속적으로 반복 실시한다.
② 인간의 싫어하는 습성을 감안하여 사각지점이 없도록 철저한 검측을 실시한다.
③ **통로에서는 양 측면을 중점 검측하고, 높은 곳보다 아래를 중점적으로 실시한다.**

> 통로의 중앙보다는 양 측면을 중점 검측하고, 아래보다는 높은 곳을 중점 검측한다.
> 〈출처〉 김두현, 「경호학개론」, 엑스퍼트, 2020, P. 270

④ 확인이 불가능한 물품은 원거리에 격리시킨다.

핵심만콕

검측은 책임구역을 명확하게 구분하여 계속적으로 반복 실시하되, 중복해서 실시하여 통로에서는 양측을 중점 검측하고 아래보다는 높은 곳을, 능선이나 곡각지 등 의심나는 곳은 반복해서 검측한다. 그리고 전기선은 끝까지 추적해서 확인하고 전기제품 같은 물품은 분해해서 확인하며, 확인이 불가능한 물품은 원거리에 격리시키며 쓰레기통 같은 무질서한 분위기는 청소를 실시하여 정돈한다.

〈출처〉 김두현, 「경호학개론」, 엑스퍼트, 2020, P. 270

71 난이도 하 ▮경호업무 수행방법 - 검식활동

검식활동에 관한 설명으로 옳지 않은 것은?

① 경호대상자에게 제공되는 음식물의 이상 유무를 검사하고 확인하는 과정이다.
② 행사장의 위생상태 점검 및 수질검사, 전염병 및 식중독의 예방대책을 포함한다.
③ **검식활동은 근접경호의 임무이다.**

> 검식활동은 경호대비단계 중 경호안전대책에 해당한다. 즉, 사전예방경호방법이다. 근접경호는 경호실시단계에서 이루어진다.

④ 경호대상자에게 제공되는 음식물에 대하여 구매, 운반, 저장, 조리 및 제공되는 과정을 포함한다.

72 난이도 하 | 경호복장과 장비 - 경호복장

경호복장에 관한 설명으로 옳은 것은?

① 경호복장은 기능적이고 튼튼한 것이어야 한다.

> 경호복장 선택 시 고려사항으로 옳다.

② 위해기도자에게 주도면밀함과 자신감을 과시하기 위해 장신구의 착용을 지향한다.

> 장신구의 착용은 지양한다. 단, 여자 경호원의 경우 평범하고 단순한 것으로 선택하여 착용할 수 있다.

③ 경호대상자 보호를 위해 경호대상자보다 튀는 복장을 선택하여 주위의 시선을 빼앗는다.

> 경호원은 경호대상자보다 튀지 않아야 한다. 특히 주위의 시선을 끌 만한 색상이나 디자인은 지양한다.

④ 대통령경호처에서 근무하는 경찰공무원의 복제에 관하여 필요한 사항은 경찰청장이 정한다.

> 대통령경호처에서 근무하는 경찰공무원의 복식에 관하여는 「대통령 등의 경호에 관한 법률 시행령」제34조 제2항(직원의 복제에 관하여 필요한 사항은 처장이 정한다)에 따른다(경찰복제에 관한 규칙 제11조).

핵심만콕 경호복장 선택 시 고려사항

- 경호복장은 기능적이고 튼튼한 것이어야 한다.
- 행사의 성격과 장소에 어울리는 복장을 착용한다.
- 경호대상자보다 튀지 않아야 한다.
- 어두운 색상일수록 위엄과 권위가 있어 보인다. 주위의 시선을 끌 만한 색상이나 디자인은 지양한다.
- 셔츠는 흰색 계통이 무난하며, 면소재의 제품이 활동하기에 편하다.
- 양말은 어두운 색으로, 발목 위로 올라오는 것을 착용한다.
- 장신구의 착용은 지양한다. 여자 경호원의 경우 장신구를 착용한다면 평범하고 단순한 것으로 선택한다.
- 신발은 장시간 서 있는 근무상황을 고려하여 편하고 잘 벗겨지지 않는 것을 선택한다.

〈출처〉이두석, 「경호학개론」, 진영사, 2018, P. 247

73 난이도 하 | 경호복장과 장비 - 경호장비

경호장비에 관한 설명으로 옳지 않은 것은?

① 호신장비란 자신의 생명과 신체가 위험한 상태에 놓였을 때 스스로를 보호하는 데 사용하는 도구를 말한다.

> 호신장비는 자신의 생명이나 신체가 위험상태에 놓였을 때 스스로를 보호하는 데 사용하는 장비로, 총기·경봉·가스분사기·전자충격기 등이 이에 해당한다.

② 검측장비는 가스분사기, 전기방벽, 금속탐지기, CCTV 등이다.

> 일반적으로 검측장비는 위해물질의 존재 여부를 검사하거나 시설물의 안전점검에 사용하는 도구를 말하는데, 금속탐지기가 이에 해당한다. 가스분사기는 호신장비, 전기방벽은 방호장비, CCTV는 감시장비에 해당한다.

③ 대통령경호처장은 직무를 수행하기 위하여 필요하다고 인정할 때에는 소속 공무원에게 무기를 휴대하게 할 수 있다.

> 대통령 등의 경호에 관한 법률 제19조 제1항

④ 경비업법상 경비원이 휴대할 수 있는 장비의 종류는 경적·단봉·분사기 등으로, 근무 중에만 이를 휴대할 수 있다.

> 경비업법 제16조의2 제1항

74 난이도 하 | 경호의전과 구급법 - 경호원의 자격과 윤리

경호원의 자격과 윤리에 관한 내용으로 옳은 것은?

① 경호환경 조성 및 탄력적 경호 운영을 위한 정치적 활동 지향

> 정치적 논리에 따라 경호의 경중을 따질 것이 아니라 경호의 환경(경호 취약성, 행사 성격 및 규모 등)에 따라 경호력 배치를 탄력적으로 고려하여야 한다.

② 경호대상자의 생명과 재산을 지키기 위한 올바른 가치관 함양

> 경호원은 경호대상자의 생명과 재산을 지키기 위한 올바른 가치관을 함양하여야 한다.

③ 경호원의 권위주의 강화를 위한 일방적 주입식 교육의 확립

> 경호원의 권위주의 강화를 위한 일방적 주입식 교육은 지양되어야 한다.

④ 경호원의 직업윤리 강화를 위한 성희롱 예방교육 배제

> 성희롱 유발요인에 대한 분석을 철저히 하고 그 예방교육을 강화하여야 한다.

| 핵심만콕 | 경호·경비원의 직원윤리 정립 |

경호윤리에 대한 문제점을 해결하기 위해서 다음과 같은 경호·경비원 및 경비지도사의 직업윤리 방안이 정립되어야 한다.
- 성희롱 유발요인 분석 철저 및 예방교육 강화
- 총기안전관리 및 정신교육 강화
- 정치적 논리지양 등 경호환경 조성 및 탄력적 경호력 운영
- 사전예방경호활동을 위한 경호위해 인지능력 배양
- 경호 교육기관 및 경호 관련학과의 '경호윤리' 과목 개설 운영
- 경호지휘단일성의 원칙에 의한 경호 임무수행과 위기관리 대응력 구비
- 집단지성 네트워크 사이버폴리스 자원봉사시스템 구축
  ※ 사이버 및 경호위해 범죄에 실시간 대응할 수 있도록 각 사회분야의 집단지성이 자발적으로 참여할 수 있는 사회적 시스템을 구축하여 사이버공간에서의 범죄를 예방하고 사회적 공감대를 형성할 수 있는 대책방안이 강구되어야 한다.
- 경호원 채용 시 인성평가 방법 강화 및 자원봉사 활성화

〈참고〉 김두현, 「경호학개론」, 엑스퍼트, 2020, P. 430~442

75 난이도 하 ▌경호의전과 구급법 – 의전

의전에 관한 내용으로 옳지 않은 것은?

① 의전의 원칙상 행사 주최자의 경우 손님에게 상석인 오른쪽을 양보한다.
② 차량용 국기 게양 시 차량의 본네트 앞에 서서 차량을 정면으로 바라볼 때 본네트의 왼쪽이나 왼쪽 유리창문에 단다.
③ 국기의 게양 위치는 옥외 게양 시 단독주택의 경우 집 밖에서 보아 대문의 오른쪽에 게양한다.

> 단독주택의 대문과 공동주택의 각 세대 난간에 국기를 게양하려는 경우 밖에서 바라보아 중앙이나 왼쪽에 국기를 게양하는 것을 원칙으로 하되, 부득이한 경우에는 그 위치를 달리할 수 있다(국기의 게양·관리 및 선양에 관한 규정 제10조 제1항).

④ 실내에서는 출입문 쪽을 아랫자리로 하고 그 정반대 쪽을 윗자리로 한다.

76 난이도 하
경호의전과 구급법 – 응급처치의 기본 요소

응급처치의 기본 요소에 해당하지 않는 것은?

① 기도확보
② 지 혈
③ 상처보호
④ **전문치료**

> 응급처치는 전문 의료진의 조치가 불가능한 상황에서 경호원이 시행하는 일시적인 구급행위를 말한다.

핵심만콕 응급처치 순서

- 손상환자 발견 시 응급처치 순서★ : 'RICE'는 Rest, Ice, Compression, Elevation의 첫 번째 철자를 딴 것으로 뼈가 삐거나 골절을 당했을 때 유용한 대처 방법이다. 다치면 우선 안정을 하고(Rest), 얼음찜질을 하며(Ice), 상처를 압박 (Compression)하여 부종을 감소시키고, 환자를 눕히고 심장보다 높게 상처를 들어올려(Elevation) 피하 출혈과 부종을 감소시키는 순서로, 사고 발생 시 당황하지 않고 침착하게 대응한다.
- 상해자를 발견했을 때의 응급조치 순서★ : 기도유지 → 생명력유지 → 지혈 → 운반(119구급대 응급처치) 순으로 해야 한다.

77 난이도 중
경호의 환경 – 테러방지법의 목적

국민보호와 공공안전을 위한 테러방지법상 목적에 관한 내용이다. ( )에 들어갈 용어로 옳은 것은?

> 테러의 (ㄱ) 및 (ㄴ)활동 등에 관하여 필요한 사항과 테러로 인한 (ㄷ) 등을 규정함으로써 테러로부터 국민의 생명과 재산을 보호하고 국가 및 공공의 안전을 확보하는 것을 목적으로 한다.

① ㄱ : 예방, ㄴ : 대비, ㄷ : 피해보전
② ㄱ : 대비, ㄴ : 대응, ㄷ : 피해보상
③ **ㄱ : 예방, ㄴ : 대응, ㄷ : 피해보전**

> ( )에 들어갈 내용은 순서대로 ㄱ : 예방, ㄴ : 대응, ㄷ : 피해보전이다.

④ ㄱ : 대응, ㄴ : 수습, ㄷ : 피해보상

관계법령 목적(테러방지법 제1조)

이 법은 테러의 예방 및 대응활동 등에 관하여 필요한 사항과 테러로 인한 피해보전 등을 규정함으로써 테러로부터 국민의 생명과 재산을 보호하고 국가 및 공공의 안전을 확보하는 것을 목적으로 한다.

78 난이도 하 ▌경호의 환경 - 외국인테러전투원에 대한 규제

국민보호와 공공안전을 위한 테러방지법상 외국인테러전투원에 대한 규제에 관한 내용이다. ( )에 들어갈 숫자로 옳은 것은?

> ① 관계기관의 장은 외국인테러전투원으로 출국하려 한다고 의심할 만한 상당한 이유가 있는 내국인·외국인에 대하여 일시 출국금지를 법무부장관에게 요청할 수 있다.
> ② 제1항에 따른 일시 출국금지 기간은 ( )일로 한다. 다만, 출국금지를 계속할 필요가 있다고 판단할 상당한 이유가 있는 경우에 관계기관의 장은 그 사유를 명시하여 연장을 요청할 수 있다.

① 15
② 30
③ 60
④ 90

( )에 들어갈 숫자는 90이다(테러방지법 제13조 제2항 본문).

관계법령 외국인테러전투원에 대한 규제(테러방지법 제13조)

① 관계기관의 장은 외국인테러전투원으로 출국하려 한다고 의심할 만한 상당한 이유가 있는 내국인·외국인에 대하여 일시 출국금지를 법무부장관에게 요청할 수 있다.
② 제1항에 따른 일시 출국금지 기간은 90일로 한다. 다만, 출국금지를 계속할 필요가 있다고 판단할 상당한 이유가 있는 경우에 관계기관의 장은 그 사유를 명시하여 연장을 요청할 수 있다.
③ 관계기관의 장은 외국인테러전투원으로 가담한 사람에 대하여 「여권법」 제13조에 따른 여권의 효력정지 및 같은 법 제12조의2에 따른 재발급 제한을 외교부장관에게 요청할 수 있다.

79 난이도 중 | 경호의 환경 – 대테러활동

국민보호와 공공안전을 위한 테러방지법상 대테러활동에 해당하는 것으로 옳은 것은 모두 몇 개인가?

- ○ 테러위험인물의 관리
- ○ 인원·시설·장비의 보호
- ○ 국제행사의 안전확보
- ○ 테러위협에의 대응 및 무력진압

① 1개
② 2개
③ 3개
④ **4개**

제시된 내용은 모두 테러방지법 제2조 제6호의 대테러활동에 해당한다.

관계법령 정의(테러방지법 제2조)

이 법에서 사용하는 용어의 뜻은 다음과 같다.
1. "테러"란 국가·지방자치단체 또는 외국 정부(외국 지방자치단체와 조약 또는 그 밖의 국제적인 협약에 따라 설립된 국제기구를 포함한다)의 권한행사를 방해하거나 의무 없는 일을 하게 할 목적 또는 공중을 협박할 목적으로 하는 다음 각목의 행위를 말한다.
   [각목 생략]
2. "테러단체"란 국제연합(UN)이 지정한 테러단체를 말한다.
3. "테러위험인물"이란 테러단체의 조직원이거나 테러단체 선전, 테러자금 모금·기부, 그 밖에 테러 예비·음모·선전·선동을 하였거나 하였다고 의심할 상당한 이유가 있는 사람을 말한다.
4. "외국인테러전투원"이란 테러를 실행·계획·준비하거나 테러에 참가할 목적으로 국적국이 아닌 국가의 테러단체에 가입하거나 가입하기 위하여 이동 또는 이동을 시도하는 내국인·외국인을 말한다.
5. "테러자금"이란 「공중 등 협박목적 및 대량살상무기확산을 위한 자금조달행위의 금지에 관한 법률」 제2조 제1호에 따른 공중 등 협박목적을 위한 자금을 말한다.
6. "대테러활동"이란 제1호의 테러 관련 정보의 수집, 테러위험인물의 관리, 테러에 이용될 수 있는 위험물질 등 테러수단의 안전관리, 인원·시설·장비의 보호, 국제행사의 안전확보, 테러위협에의 대응 및 무력진압 등 테러 예방과 대응에 관한 제반 활동을 말한다.
7. "관계기관"이란 대테러활동을 수행하는 국가기관, 지방자치단체, 그 밖에 대통령령으로 정하는 기관을 말한다.
8. "대테러조사"란 대테러활동에 필요한 정보나 자료를 수집하기 위하여 현장조사·문서열람·시료채취 등을 하거나 조사대상자에게 자료제출 및 진술을 요구하는 활동을 말한다.

80 난이도 하 경호의 환경 - 국가테러대책위원회 구성원

국민보호와 공공안전을 위한 테러방지법령상 국가테러대책위원회의 구성원인 자는? 기출수정

① 관세청장

> 관세청장은 테러방지법상 국가테러대책위원회의 구성원에 해당한다.

② 검찰총장
③ 대통령비서실장

> ③번 지문이었던 질병관리청장은 2020.12.22. 개정된 테러방지법 시행령 제3조 제1항에 따라 국가테러대책위원회의 구성원에 해당하므로, 대통령비서실장으로 지문을 수정하였다.

④ 합동참모의장

관계법령 국가테러대책위원회(테러방지법 제5조)

② 대책위원회는 국무총리 및 관계기관의 장 중 대통령령으로 정하는 사람으로 구성하고 위원장은 국무총리로 한다.

국가테러대책위원회 구성(테러방지법 시행령 제3조)

① 법 제5조 제2항에서 "대통령령으로 정하는 사람"이란 기획재정부장관, 외교부장관, 통일부장관, 법무부장관, 국방부장관, 행정안전부장관, 산업통상자원부장관, 환경부장관, 국토교통부장관, 해양수산부장관, 국가정보원장, 국무조정실장, 금융위원회 위원장, 원자력안전위원회 위원장, 대통령경호처장, 관세청장, 경찰청장, 소방청장, 질병관리청장 및 해양경찰청장을 말한다.

2019년 경비업법

> 문제편 154p

정답 CHECK

01	02	03	04	05	06	07	08	09	10	11	12	13	14	15	16	17	18	19	20
③	④	②	①	③	②	①	④	①	③	②	①	②	④	③	①	①	②	③	①
21	22	23	24	25	26	27	28	29	30	31	32	33	34	35	36	37	38	39	40
③	②	④	③	③	④	③	④	④	④	③	②	②	④	④	①	④	①	③	④

01 난이도 하

경비업법 제15조 - 특수경비원의 의무

경비업법령상 특수경비원이 경고하지 아니하고 사람을 향하여 권총을 발사할 수 있는 부득이한 때가 아닌 것은?

① 특수경비원이 급습을 받아 상황이 급박하여 경고할 시간적 여유가 없는 경우

> 경비업법 제15조 제4항 제1호 단서 가목

② 타인의 생명·신체에 대한 중대한 위험을 야기하는 범행이 목전에 실행되고 있는 등 상황이 급박하여 경고할 시간적 여유가 없는 경우

> 경비업법 제15조 제4항 제1호 단서 가목

③ **경비업무 수행 중 절도범과 마주친 경우**

> 특수경비원이 절도범에게 미리 구두 또는 공포탄에 의한 사격으로 경고하여야 한다.

④ 테러사건에 있어서 은밀히 작전을 수행하는 경우

> 경비업법 제15조 제4항 제1호 나목

| 관계법령 | 특수경비원의 의무(경비업법 제15조) |

④ 특수경비원이 무기를 휴대하고 경비업무를 수행하는 때에는 다음 각호의 어느 하나에서 정하는 무기의 안전사용수칙을 지켜야 한다. 〈개정 2024.2.13.〉
　1. 특수경비원은 사람을 향하여 권총 또는 소총을 발사하고자 하는 때에는 미리 구두 또는 공포탄에 의한 사격으로 상대방에게 경고하여야 한다. 다만, 다음 각목의 1에 해당하는 경우로서 부득이한 때에는 경고하지 아니할 수 있다.
　　가. 특수경비원을 급습하거나 타인의 생명·신체에 대한 중대한 위험을 야기하는 범행이 목전에 실행되고 있는 등 상황이 급박하여 경고할 시간적 여유가 없는 경우
　　나. 인질·간첩 또는 테러사건에 있어서 은밀히 작전을 수행하는 경우
　2. 특수경비원은 무기를 사용하는 경우에 있어서 범죄와 무관한 다중의 생명·신체에 위해를 가할 우려가 있는 때에는 이를 사용하여서는 아니 된다. 다만, 무기를 사용하지 아니하고는 타인 또는 특수경비원의 생명·신체에 대한 중대한 위협을 방지할 수 없다고 인정되는 때에는 필요한 최소한의 범위 안에서 이를 사용할 수 있다.
　3. 특수경비원은 총기 또는 폭발물을 가지고 대항하는 경우를 제외하고는 14세 미만의 자 또는 임산부에 대하여는 권총 또는 소총을 발사하여서는 아니 된다.

02 난이도 하　　　　　　　　　　　　　　　　　경비업법 제20조 - 경비지도사자격의 취소 등

경비업법령상 경비지도사 자격취소처분의 사유가 아닌 것은?

① 허위 그 밖의 부정한 방법으로 경비지도사자격증을 교부받은 때
② 경비지도사자격증을 다른 사람에게 빌려주거나 양도한 때
③ 자격정지 기간 중에 경비지도사로 선임되어 활동한 때
④ 「경비업법」 제24조의 규정에 의한 경찰청장 또는 시·도 경찰청장의 명령을 위반한 때

> ④는 경비업법 제20조 제2항 제2호의 자격정지사유이다. 반면, ①·②·③은 경비업법 제20조 제1항 제2호 내지 제4호의 자격취소사유이다.

| 관계법령 | 경비지도사자격의 취소 등(경비업법 제20조) |

① 경찰청장은 경비지도사가 다음 각호의 어느 하나에 해당하는 때에는 그 자격을 취소하여야 한다. 〈개정 2024.2.13.〉
　1. 제10조 제1항 각호의 결격사유에 해당하게 된 때
　2. 허위 그 밖의 부정한 방법으로 경비지도사자격증을 교부받은 때
　3. 경비지도사자격증을 다른 사람에게 빌려주거나 양도한 때
　4. 자격정지 기간 중에 경비지도사로 선임되어 활동한 때
② 경찰청장은 경비지도사가 다음 각호의 어느 하나에 해당하는 때에는 대통령령이 정하는 바에 따라 1년의 범위 내에서 그 자격을 정지시킬 수 있다. 〈개정 2024.2.13.〉
　1. 제12조 제3항의 규정에 위반하여 직무를 성실하게 수행하지 아니한 때
　2. 제24조의 규정에 의한 경찰청장 또는 시·도 경찰청장의 명령을 위반한 때

03 난이도 하

■ 경비업법 제19조 - 경비업 허가의 취소 등

기출수정

경비업법령상 경비업 허가의 취소사유가 아닌 것은?

① 경비업자가 허위 그 밖의 부정한 방법으로 허가를 받은 때

> 경비업법 제19조 제1항 제1호

② 경비업자가 정당한 사유 없이 최종 도급계약 종료일의 다음 날부터 1년 이내에 경비 도급실적이 없을 때

> 정당한 사유 없이 최종 도급계약 종료일의 다음 날부터 2년 이내에 경비 도급실적이 없을 때가 경비업 허가의 취소사유에 해당한다(경비업법 제19조 제1항 제5호).

③ 경비업자가 소속 경비원으로 하여금 경비업무의 범위를 벗어난 행위를 하게 한 때

> 경비업법 제19조 제1항 제7호

④ 경비업자가 관할 경찰관서장의 배치폐지명령에 따르지 아니한 때

> 경비업법 제19조 제1항 제8호

04 난이도 하

■ 경비업법 제21조 - 청문

경비업법령상 경찰청장 또는 시·도 경찰청장이 청문을 실시해야 하는 행정처분이 아닌 것은?

① 경비업자에 대한 과태료 부과처분

> 경비업법 제21조의 청문을 실시해야 하는 행정처분에 해당하지 않는다.

② 경비업 영업정지처분
③ 경비지도사 자격취소처분
④ 경비지도사 자격정지처분

관계법령 청문(경비업법 제21조)

경찰청장 또는 시·도 경찰청장은 다음 각호의 어느 하나에 해당하는 처분을 하고자 하는 경우에는 청문을 실시하여야 한다. 〈개정 2024.2.13.〉
1. 제11조의4에 따른 경비지도사 교육기관의 지정 취소 또는 업무의 정지
2. 제13조의3에 따른 경비원 교육기관의 지정 취소 또는 업무의 정지
3. 제19조의 규정에 의한 경비업 허가의 취소 또는 영업정지
4. 제20조 제1항 또는 제2항의 규정에 의한 경비지도사자격의 취소 또는 정지

05 난이도 하
경비업법 제16조의2 - 경비원의 장비 등

경비업법령상 경비업자가 경비원으로 하여금 직무를 수행하게 하는 경우, 총포·도검·화약류 등의 안전관리에 관한 법률(총포·도검·화약류 등 단속법)에 따라 미리 소지허가를 받아야 하는 것은?

① 경 적
② 단 봉
③ **분사기**

> 경비업법 제16조의2 제2항

④ 안전방패

관계법령 경비원의 장비 등(경비업법 제16조의2)

② 경비업자가 경비원으로 하여금 분사기를 휴대하여 직무를 수행하게 하는 경우에는 「총포·도검·화약류 등 단속법」에 따라 미리 분사기의 소지허가를 받아야 한다.

> 「총포·도검·화약류 등의 안전관리에 관한 법률」 부칙 제6조(다른 법률과의 관계) <개정 2015.1.6.>
> 이 법 시행 당시 다른 법률에서 종전의 「총포·도검·화약류 등 단속법」 또는 그 규정을 인용한 경우 이 법 또는 이 법의 해당 규정을 각각 인용한 것으로 본다.

---

06 난이도 하
경비업법 시행령 [별표 5] - 경비지도사 자격정지처분 기준

경비업법령상 경비지도사가 직무를 성실하게 수행하지 아니한 경우, 1차 위반 시 행정처분 기준으로 옳은 것은?

① 경비지도사 자격정지 1월
② **경비지도사 자격정지 3월**

> 경비업법 시행령 [별표 5] 제1호

③ 경비지도사 자격정지 6월
④ 경비지도사 자격정지 9월

| 관계법령 | 경비지도사 자격정지처분 기준(경비업법 시행령 [별표 5]) |

위반행위	해당 법조문	행정처분 기준		
		1차 위반	2차 위반	3차 이상 위반
1. 법 제12조 제3항의 규정에 위반하여 직무를 성실하게 수행하지 아니한 때	법 제20조 제2항 제1호	자격정지 3월	자격정지 6월	자격정지 12월
2. 법 제24조의 규정에 의한 경찰청장, 시·도 경찰청장의 명령을 위반한 때	법 제20조 제2항 제2호	자격정지 1월	자격정지 6월	자격정지 9월

※ 비고 : 위반행위의 횟수에 따른 행정처분의 기준은 당해 위반행위가 있은 이전 최근 2년간 같은 위반행위로 행정처분을 받은 경우에 적용한다.

07 난이도 하   경비업법 제18조 – 경비원의 명부와 배치허가 등

경비업법령상 경비업자가 경비원 배치 48시간 전까지 행정안전부령에 따라 배치허가를 신청하고 관할 경찰관서장의 배치허가를 받은 후에 경비원을 배치하여야 하는 경우는?

① 시설경비업무 중 집단민원현장에 일반경비원을 배치하는 경우

> 경비업법 제18조 제2항 단서 제1호

② 특수경비업무 중 집단민원현장에 특수경비원을 배치하는 경우
③ 기계경비업무 중 집단민원현장에 일반경비원을 배치하는 경우
④ 호송경비업무 중 집단민원현장에 일반경비원을 배치하는 경우

| 관계법령 | 경비원의 명부와 배치허가 등(경비업법 제18조) |

② 경비업자가 경비원을 배치하거나 배치를 폐지한 경우에는 행정안전부령으로 정하는 바에 따라 관할 경찰관서장에게 신고하여야 한다. 다만, 다음 각 호의 경우에는 경비원을 배치하기 48시간 전까지 행정안전부령으로 정하는 바에 따라 배치허가를 신청하고, 관할 경찰관서장의 배치허가를 받은 후에 경비원을 배치하여야 하며(제2호 및 제3호의 경우에는 경비원을 배치하기 전까지 신고하여야 한다), 이 경우 관할 경찰관서장은 배치허가를 함에 있어 필요한 조건을 붙일 수 있다. 〈개정 2025.1.7.〉
  1. 제2조 제1호에 따른 시설경비업무, 신변보호업무 또는 혼잡·교통유도경비업무 중 집단민원현장에 배치된 일반경비원
  2. 집단민원현장이 아닌 곳에서 제2조 제1호 다목의 규정에 의한 신변보호업무를 수행하는 일반경비원
  3. 특수경비원

08 난이도 하 ■경비업법 제16조 - 경비원의 복장 등

경비업법령상 경비원의 복장에 관한 내용이다. ( )에 들어갈 내용이 바르게 연결된 것은?

> 경비업자는 경찰공무원 또는 군인의 제복과 색상 및 디자인 등이 명확히 구별되는 소속 경비원의 복장을 정하고 이를 확인할 수 있는 사진을 첨부하여 주된 사무소를 관할하는 (ㄱ)에게 행정안전부령으로 정하는 바에 따라 신고하여야 한다. (ㄱ)은 제출받은 사진을 검토한 후 경비업자에게 복장 변경 등에 대한 (ㄴ)을 할 수 있다.

① ㄱ : 경찰서장,   ㄴ : 시정명령
② ㄱ : 경찰서장,   ㄴ : 이행명령
③ ㄱ : 시·도 경찰청장, ㄴ : 이행명령
❹ ㄱ : **시·도 경찰청장**, ㄴ : **시정명령**

( )에는 순서대로 ㄱ : 시·도 경찰청장, ㄴ : 시정명령이 들어간다(경비업법 제16조 제1항·제3항).

관계법령 경비원의 복장 등(경비업법 제16조)

① 경비업자는 경찰공무원 또는 군인의 제복과 색상 및 디자인 등이 명확히 구별되는 소속 경비원의 복장을 정하고 이를 확인할 수 있는 사진을 첨부하여 주된 사무소를 관할하는 시·도 경찰청장에게 행정안전부령으로 정하는 바에 따라 신고하여야 한다.
② 경비업자는 경비업무 수행 시 경비원에게 소속 경비업체를 표시한 이름표를 부착하도록 하고, 제1항에 따라 신고된 동일한 복장을 착용하게 하여야 하며, 복장에 소속 회사를 오인할 수 있는 표시를 하거나 다른 회사의 복장을 착용하게 하여서는 아니 된다. 다만, 집단민원현장이 아닌 곳에서 신변보호업무를 수행하는 경우 또는 경비업무의 성격상 부득이한 사유가 있어 관할 경찰관서장이 허용하는 경우에는 그러하지 아니하다.
③ 시·도 경찰청장은 제1항에 따라 제출받은 사진을 검토한 후 경비업자에게 복장 변경 등에 대한 시정명령을 할 수 있다.
④ 제3항에 따른 시정명령을 받은 경비업자는 이를 이행하여야 하고, 시·도 경찰청장에게 행정안전부령으로 정하는 바에 따라 이행보고를 하여야 한다.
⑤ 그 밖에 경비원의 복장 등에 필요한 사항은 행정안전부령으로 정한다.

09 난이도 하 | 경비업법 제15조의2 – 경비원 등의 의무

경비업법령상 경비원 등의 의무에 관한 내용이다. ( )에 들어갈 내용이 옳은 것은?

> 경비원은 직무를 수행함에 있어 타인에게 ( )을 과시하거나 물리력을 행사하는 등 경비업무의 범위를 벗어난 행위를 하여서는 아니 된다.

① 위 력

> 제시된 내용은 경비업법 제15조의2 제1항의 내용으로 ( )에는 위력이 들어간다.

② 권 력
③ 사술(詐術)
④ 공권력

관계법령 경비원 등의 의무(경비업법 제15조의2)
① 경비원은 직무를 수행함에 있어 타인에게 위력을 과시하거나 물리력을 행사하는 등 경비업무의 범위를 벗어난 행위를 하여서는 아니 된다.
② 누구든지 경비원으로 하여금 경비업무의 범위를 벗어난 행위를 하게 하여서는 아니 된다.

10 난이도 중 | 경비업법 제5조 – 임원의 결격사유

경비업법령상 경비업을 영위하는 법인의 임원이 될 수 없는 자는?

① 파산선고를 받고 복권된 지 3년이 지나지 아니한 갑(甲)
② 금고 이상의 형의 선고를 받고 그 형이 실효된 후 3년이 지난 을(乙)
③ 「대통령 등의 경호에 관한 법률」에 위반하여 벌금형의 선고를 받은 후 1년이 지나지 않고 특수경비업무를 수행하는 법인의 임원이 되려는 병(丙)

> 대통령 등의 경호에 관한 법률에 위반하여 벌금형의 선고를 받은 후에 1년이 지나지 않고 특수경비업무를 수행하는 법인의 임원이 되려는 병(丙)은 해당 법인의 임원이 될 수 없다(경비업법 제5조 제4호).

④ 「경비업법」을 위반하여 벌금형의 선고를 받고 3년이 지난 후 특수경비업무를 수행하는 법인의 임원이 되려는 정(丁)

| 관계법령 | 임원의 결격사유(경비업법 제5조) ★ |

다음 각호의 어느 하나에 해당하는 자는 경비업을 영위하는 법인(제4호에 해당하는 자의 경우에는 특수경비업무를 수행하는 법인, 제5호에 해당하는 자의 경우에는 허가취소사유에 해당하는 경비업무와 동종의 경비업무를 수행하는 법인)의 임원이 될 수 없다.
1. 피성년후견인
2. 파산선고를 받고 복권되지 아니한 자
3. 금고 이상의 형의 선고를 받고 그 형이 실효되지 아니한 자
4. 이 법 또는 「대통령 등의 경호에 관한 법률」에 위반하여 벌금형의 선고를 받고 3년이 지나지 아니한 자
5. 이 법(제19조 제1항 제2호 및 제7호는 제외) 또는 이 법에 의한 명령에 위반하여 허가가 취소된 법인의 허가취소 당시의 임원이었던 자로서 그 취소 후 3년이 지나지 아니한 자
6. 제19조 제1항 제2호(허가받은 경비업무 외의 업무에 경비원을 종사하게 한 때) 및 제7호(소속 경비원으로 하여금 경비업무의 범위를 벗어난 행위를 하게 한 때)의 사유로 허가가 취소된 법인의 허가취소 당시의 임원이었던 자로서 허가가 취소된 날부터 5년이 지나지 아니한 자

11 난이도 하 ┃종합문제 – 경비업자의 의무

경비업법령상 경비업자의 의무에 관한 설명으로 옳은 것은?

① 경비업자는 허가받은 경비업무 외의 업무에 경비원을 종사하게 하는 경우 관할 경찰서장에게 보고하여야 한다.

> 경비업자가 허가받은 경비업무 외의 업무에 경비원을 종사하게 하는 경우 경비업법 제19조 제1항 제2호의 경비업 허가의 필요적 취소사유였으나, 헌법재판소는 2023.3.23. 해당 법률조항에 대하여 적용중지 헌법불합치 결정을 선고하였다. 국회는 2025.1.7. 법률 제20645호에 의하여 경비업자가 허가받은 경비업무 외의 업무에 경비원을 종사시키는 것을 금지하고 이를 위반하는 경우 경비업 허가를 필요적으로 취소하는 것은 과잉금지원칙에 위반하여 경비업자의 직업의 자유를 침해한다는 헌법재판소의 헌법불합치 결정(헌재결[전] 2023.3.23. 2020헌가19) 취지를 반영하여, 경비업자가 경비업무 외의 업무에 경비원을 종사시키는 것을 원칙적으로 금지하되, 경비업무의 목적 달성을 침해하지 않는 범위에서 대통령령으로 정하는 업무는 예외적으로 허용하도록 하였다. 이에 따라 경비업법 제19조도 제1항 제2호를 삭제하면서 제19조 제2항 제2호의2(제7조 제5항을 위반하여 경비업무 또는 경비업무의 목적 달성을 침해하지 아니하는 범위에서 대통령령으로 정하는 업무 외의 업무에 경비원을 종사하게 한 때)를 상대적 허가취소·영업정지사유로 신설하고, 제19조 제3항을 "허가관청은 제1항 및 제2항에 의하여 허가취소 또는 영업정지처분을 하는 때에는 경비업자가 허가받은 경비업무 중 허가취소 또는 영업정지사유에 해당되는 경비업무에 한하여 처분을 하여야 한다. 다만, 제1항 제7호에 해당하여 허가취소를 하는 때에는 그러하지 아니하다"로 개정하였다. 이러한 개정 규정은 2026.1.8.부터 시행된다.

② **경비업자는 도급을 의뢰받은 경비업무가 위법 또는 부당한 것일 때에는 이를 거부하여야 한다.**

> 경비업법 제7조 제2항 후단

③ 경비업자는 경비대상시설의 소유자 또는 관리자의 관리권의 범위와 상관없이 독립적으로 경비업무를 수행하여야 한다.

> 경비업법 제7조 제1항 전단에 반한다. 즉, 경비업자는 경비대상시설의 소유자 또는 관리자의 관리권의 범위 안에서 경비업무를 수행하여야 한다.

④ 특수경비업자는 부동산 관리업을 할 수 없다.

> 부동산 관리업은 특수경비업자가 할 수 있는 영업에 해당한다(경비업법 시행령 [별표 1의2]).

12 난이도 하 | 경비업법 시행령 [별표 1] - 법인의 경비인력 요건

경비업법령상 시설경비업의 허가를 받으려는 법인의 경비인력 요건으로 옳은 것은? 기출수정

① **일반경비원 10명 이상 및 경비지도사 1명 이상**

> 경비업법령상 시설경비업무의 경비인력 기준은 일반경비원 10명 이상, 경비지도사 1명 이상이다(경비업법 시행령 [별표 1] 제1호).

② 일반경비원 10명 이상 및 경비지도사 2명 이상
③ 무술유단자인 일반경비원 5명 이상 및 경비지도사 1명 이상

> 경비업법 시행령 [별표 1] 제2호 호송경비업무·제3호 신변보호업무의 경비인력에 해당한다.

④ 무술유단자인 일반경비원 10명 이상 및 경비지도사 2명 이상

13 난이도 하 | 경비업법 제12조, 동법 시행령 제17조 - 경비지도사의 직무

경비업법령상 경비지도사의 직무에 관한 설명으로 옳지 않은 것은?

① 경비지도사는 집단민원현장에 배치된 경비원에 대한 지도·감독을 성실하게 수행하여야 한다.

> 경비업법 제12조 제3항·동조 제2항 제4호

② **경비지도사는 소방기관과의 연락방법에 대한 지도를 월 1회 이상 수행하여야 한다.**

> 소방기관과의 연락방법에 대한 지도는 법령상 횟수 제한이 없다.

③ 경비지도사는 경비원 직무교육 실시대장에 경비원 교육 내용을 기록하여 2년간 보존하여야 한다.

> 경비업법 시행령 제17조 제3항

④ 기계경비지도사는 오경보방지 등을 위한 기기관리의 감독을 월 1회 이상 수행하여야 한다.

> 경비업법 시행령 제17조 제2항·동조 제1항 제2호

14 난이도 하 ▮종합문제 - 특수경비원의 무기사용 및 무기관리수칙

경비업법령상 특수경비원의 무기사용 및 무기관리수칙에 관한 설명으로 옳지 않은 것은?

① 관할 경찰관서장은 시설주 및 특수경비원의 무기관리상황을 매월 1회 이상 점검하여야 한다.

> 경비업법 시행령 제21조

② 국가중요시설의 시설주는 자체계획을 수립하여 보관하고 있는 무기를 매주 1회 이상 손질할 수 있게 하여야 한다.

> 경비업법 시행규칙 제18조 제1항 제8호

③ 국가중요시설에 침입한 무장간첩이 특수경비원으로부터 투항을 요구받고도 이에 불응한 때에는 무기를 사용하여 위해를 끼칠 수 있다.

> 경비업법 제14조 제8항 단서 제2호

④ **국가중요시설의 시설주는 수리가 필요한 무기가 있는 때에는 그 목록과 무기장비운영카드를 첨부하여 시·도경찰청장에게 수리를 요청하여야 한다.**

> 국가중요시설의 시설주는 수리가 필요한 무기가 있는 때에는 그 목록과 무기장비운영카드를 첨부하여 관할 경찰관서장에게 수리를 요청하여야 한다(경비업법 시행규칙 제18조 제3항 제4호).

15 난이도 하 ▮경비업법 시행령 제5조 - 경비업의 폐업 또는 휴업 등의 신고

경비업법령상 경비업의 폐업 또는 휴업 등의 신고에 관한 설명으로 옳지 않은 것은?

① 경비업자는 폐업을 한 경우에는 폐업을 한 날부터 7일 이내에 신고하여야 한다.

> 경비업법 시행령 제5조 제1항 전문

② 경비업자는 휴업을 한 경우에는 휴업한 날부터 7일 이내에 신고하여야 한다.

> 경비업법 시행령 제5조 제2항 전문

③ **휴업신고를 한 경비업자가 신고한 휴업기간이 끝나기 전에 영업을 다시 시작하려는 경우에는 영업을 다시 시작하기 전 7일 이내에 영업재개신고서를 제출하여야 한다.**

> 휴업신고를 한 경비업자가 신고한 휴업기간이 끝나기 전에 영업을 다시 시작하려는 경우에는 영업을 다시 시작한 후 7일 이내에 영업재개신고서를 제출하여야 한다(경비업법 시행령 제5조 제2항 후문).

④ 경비업자는 특수경비업무를 개시하거나 종료한 때에는 개시 또는 종료한 날부터 30일 이내에 신고하여야 한다.

> 경비업법 시행령 제5조 제5항, 경비업법 제4조 제3항 제5호

16 난이도 하 ▎종합문제 – 경비원의 교육

경비업법령상 경비원의 교육에 관한 설명으로 옳은 것을 모두 고른 것은?

> ㄱ. 경비업자는 일반경비원을 채용한 경우 해당 일반경비원에게 경비업자의 부담으로 일반경비원 신임교육을 받도록 하여야 한다.
>
>   (○) 경비업법 시행령 제18조 제1항
>
> ㄴ. 경비업자는 경비지도사자격이 있는 사람을 일반경비원으로 채용한 경우에는 해당 일반경비원을 일반경비원 신임교육대상에서 제외할 수 있다.
>
>   (○) 경비업법 시행령 제18조 제2항 제5호
>
> ㄷ. 특수경비업자는 소속 특수경비원에게 관할 경찰관서장이 수립한 교육계획에 따라 매월 6시간 이상의 직무교육을 받도록 하여야 한다.
>
>   (×) 특수경비업자는 소속 특수경비원에게 경비지도사가 수립한 교육계획에 따라 매월 행정안전부령으로 정하는 시간(3시간) 이상의 직무교육을 받도록 하여야 한다(경비업법 시행령 제19조 제3항).
>
> ㄹ. 경비업자는 특수경비원 신임교육을 받은 사람이 요청하는 경우에는 신임교육 이수 확인증을 발급할 수 있다.
>
>   (×) 시·도 경찰청장 또는 경찰서장은 특수경비원 신임교육을 받은 사람이 요청하는 경우에는 신임교육 이수 확인증을 발급할 수 있다(경비업법 시행규칙 제15조 제4항).

① ㄱ, ㄴ

　제시된 내용 중 옳은 설명은 ㄱ과 ㄴ이다.

② ㄱ, ㄷ
③ ㄴ, ㄹ
④ ㄷ, ㄹ

17 난이도 하 ▮경비업법 제10조 - 경비지도사 및 경비원의 결격사유

경비업법상 경비원의 결격사유에 관한 설명으로 옳지 않은 것은?

① 18세 미만이거나 60세 이상인 사람은 일반경비원이 될 수 없다.

> 18세 미만인 사람은 일반경비원·특수경비원에 공통된 결격사유이나(경비업법 제10조 제1항 제1호·동조 제2항 제1호), 60세 이상인 사람은 특수경비원에게만 해당하는 결격사유이다(경비업법 제10조 제2항 제1호).

② 금고 이상의 형의 선고유예를 받고 그 유예기간 중에 있는 자는 특수경비원이 될 수 없다.

> 금고 이상의 형이 선고유예를 받고 그 유예기간 중에 있는 자는 특수경비원에게만 해당하는 결격사유이다(경비업법 제10조 제2항 제4호).

③ 금고 이상의 형의 집행유예선고를 받고 그 유예기간 중에 있는 자는 일반경비원이 될 수 없다.

> 금고 이상의 형의 집행유예선고를 받고 그 유예기간 중에 있는 자는 일반경비원·특수경비원에 공통된 결격사유에 해당한다(경비업법 제10조 제1항 제4호·동조 제2항 제3호).

④ 형법 제297조(강간)의 죄로 금고 이상의 형을 선고받고 그 집행이 유예된 날부터 10년이 지나지 아니한 자는 일반경비원 및 특수경비원이 될 수 없다.

> 형법 제297조(강간)죄는 경비업법 제10조 제1항 제5호 다목의 형사범죄로 금고 이상의 형을 선고받고 그 집행이 유예된 날부터 10년이 지나지 아니한 자는 일반경비원·특수경비원에 공통된 결격사유이다(경비업법 제10조 제1항 제5호 다목·동조 제2항 제3호).

18 난이도 하 ▮경비업법 시행령 제7조·제9조 - 기계경비업무

경비업법령상 기계경비업무에 관한 설명으로 옳은 것은?

① 기계경비업자는 기계경비지도사의 명단·배치일자·배치장소와 출동차량의 대수를 기재한 서류를 1년간 보관하여야 한다.

> 경비업법 시행령 제9조 제1항 제2호는 제2항의 당해 경보를 수신한 날부터 1년간 보관하여야 하는 사항을 기재한 서류에 해당하지 않는다(경비업법 시행령 제9조 제2항 반대해석).

② 기계경비업자는 오경보가 발생한 경비대상시설 및 그 오경보에 대한 조치의 결과를 기재한 서류를 당해 경보를 수신한 날부터 1년간 보관하여야 한다.

> 경비업법 시행령 제9조 제2항·동조 제1항 제4호

③ 기계경비업자는 관제시설 등에서 경보를 수신한 때에는 경보를 수신한 때부터 늦어도 30분 이내에는 도착시킬 수 있는 대응체제를 갖추어야 한다.

> 기계경비업무를 수행하는 경비업자는 관제시설 등에서 경보를 수신한 때에는 경보를 수신한 때부터 늦어도 25분 이내에는 도착시킬 수 있는 대응체제를 갖추어야 한다(경비업법 시행령 제7조).

④ 기계경비업자는 경비대상시설의 명칭·소재지 및 경비계약기간을 기재한 서류를 주사무소에 갖추어 두어야 한다.

> 기계경비업자는 출장소별로 경비대상시설의 명칭·소재지 및 경비계약기간을 기재한 서류를 갖추어 두어야 한다(경비업법 시행령 제9조 제1항 제1호).

19 난이도 하
경비업법 제25조, 동법 시행령 제6조 - 보안지도·점검

경비업법령상 보안지도·점검의 내용이다. ( )에 들어갈 내용이 바르게 연결된 것은?

> (ㄱ)은 특수경비업자에게 비밀취급인가를 하고자 하는 때에는 특수경비업자로 하여금 (ㄴ)을 거쳐 국가정보원장에게 보안측정을 요청하도록 하여야 한다.

① ㄱ : 관할 경찰서장, ㄴ : 시·도 경찰청장
② ㄱ : 관할 경찰서장, ㄴ : 경찰청장
③ **ㄱ : 시·도 경찰청장, ㄴ : 경찰청장**

> 제시문은 경비업법 제25조, 동법 시행령 제6조와 관련된 내용으로 ( )에는 순서대로 ㄱ : 시·도 경찰청장, ㄴ : 경찰청장이 들어간다.

④ ㄱ : 경찰청장, ㄴ : 시·도 경찰청장

20 난이도 중
경비업법 제28조·제30조 - 벌칙 및 양벌규정

특수경비원 갑(甲)이 국가중요시설에 대한 경비업무 수행 중 국가중요시설의 정상적인 운영을 해치는 장해를 발생시킨 경우, 경비업법령상 벌칙규정에 관한 설명으로 옳은 것을 모두 고른 것은?

> ㄱ. 갑(甲)이 고의로 위와 같은 행위를 했다면, 그 처벌기준은 5년 이하의 징역 또는 5천만원 이하의 벌금이다.
>> (○) 특수경비원 갑(甲)이 고의로 국가중요시설에 대한 경비업무 수행 중 국가중요시설의 정상적인 운영을 해치는 장해를 발생시킨 경우에는 5년 이하의 징역 또는 5천만원 이하의 벌금에 처한다(경비업법 제28조 제1항).
>
> ㄴ. 갑(甲)이 과실로 위와 같은 행위를 했다면, 그 처벌기준은 1년 이하의 징역 또는 1천만원 이하의 벌금이다.
>> (×) 과실로 동일한 행위를 한 경우에는 3년 이하의 징역 또는 3천만원 이하의 벌금에 처한다(경비업법 제28조 제2항 제7호).
>
> ㄷ. 양벌규정에 의하면 갑(甲)이 소속된 법인의 처벌기준은 1천만원 이하의 벌금이다.
>> (×) 양벌규정에 의하면 갑(甲)이 소속된 법인에게는 해당 조문의 벌금형이 부과된다(경비업법 제30조 본문). 따라서 갑이 고의인 경우 5천만원 이하의 벌금이, 갑이 과실인 경우에는 3천만원 이하의 벌금이 부과된다.
>
> ㄹ. 갑(甲)을 고용한 법인의 대표자에게는 3천만원 이하의 과태료가 부과된다.
>> (×) 양벌규정에 의하여 행위자를 벌하는 외에 그 법인 또는 개인에게도 벌금이 부과되는 것이지 과태료가 부과되는 것은 아니다.

① **ㄱ**
> 제시된 내용 중 옳은 것은 ㄱ뿐이다.

② ㄱ, ㄴ
③ ㄱ, ㄷ
④ ㄴ, ㄹ

21 난이도 하
■ 경비업법 제27조의3 - 벌칙 적용에서 공무원 의제

경비업법령상 경찰청장으로부터 경비지도사의 시험 및 교육에 관한 업무를 위탁받은 단체의 임직원이 공무원으로 의제되어 적용받는 형법상의 규정은?

① 형법 제123조(직권남용)
② 형법 제127조(공무상 비밀의 누설)
③ **형법 제129조(수뢰, 사전수뢰)**

> 제27조 제2항에 따라 위탁받은 업무에 종사하는 관계전문기관 또는 단체의 임직원은 형법 제129조부터 제132조까지의 규정(뇌물범죄)을 적용할 때에는 공무원으로 본다(경비업법 제27조의3).

④ 형법 제227조(허위공문서작성 등)

관계법령 벌칙 적용에서 공무원 의제(경비업법 제27조의3) ★

제27조 제2항에 따라 위탁받은 업무에 종사하는 관계전문기관 또는 단체의 임직원은 「형법」 제129조부터 제132조(수뢰·사전수뢰, 제3자뇌물제공, 수뢰후부정처사·사후수뢰, 알선수뢰)까지의 규정을 적용할 때에는 공무원으로 본다.

22 난이도 하
■ 경비업법 제28조 - 벌칙

경비업법령상 1년 이하의 징역이나 1천만원 이하의 벌금형에 해당하는 행위를 한 사람을 모두 고른 것은?

> ㄱ. 직무수행 중 경비업무의 범위를 벗어나 타인에게 물리력을 행사한 경비원
>   (○) 경비업법 제28조 제4항 제3호 사유로 1년 이하의 징역 또는 1천만원 이하의 벌금에 처해진다.
> ㄴ. 정당한 사유 없이 무기를 소지하고 배치된 경비구역을 벗어난 특수경비원
>   (×) 경비업법 제28조 제3항의 사유로 2년 이하의 징역 또는 2천만원 이하의 벌금에 처해진다.
> ㄷ. 법률에 근거없이 직무상 알게 된 비밀을 누설한 경비업체의 임원
>   (×) 경비업법 제28조 제2항 제2호 사유로 3년 이하의 징역 또는 3천만원 이하의 벌금에 처해진다.
> ㄹ. 「경비업법」에서 정한 장비 외에 흉기를 휴대하고 경비업무를 수행한 경비원
>   (○) 경비업법 제28조 제4항 제4호 사유로 1년 이하의 징역 또는 1천만원 이하의 벌금에 처해진다.

① ㄱ, ㄴ
② **ㄱ, ㄹ**

> 제시된 내용 중 옳은 것은 ㄱ과 ㄹ이다.

③ ㄴ, ㄷ
④ ㄷ, ㄹ

핵심만콕	벌칙(경비업법 제28조) ★★

5년 이하의 징역 또는 5천만원 이하의 벌금 (제1항)	국가중요시설의 정상적인 운영을 해치는 장해를 일으킨 특수경비원
3년 이하의 징역 또는 3천만원 이하의 벌금 (제2항)	1. 허가를 받지 아니하고 경비업을 영위한 자 2. 직무상 알게 된 비밀을 누설하거나 부당한 목적을 위하여 사용한 자 3. 경비업무의 중단을 통보하지 아니하거나 경비업무를 즉시 인수하지 아니한 특수경비업자 또는 경비대행업자 4. 집단민원현장에 경비원을 배치하면서 허가를 받지 아니한 자에게 경비업무를 도급한 자 5. 집단민원현장에 20명 이상의 경비인력을 배치하면서 그 경비인력을 직접 고용한 자 6. 경비업자의 경비원 채용 시 무자격자나 부적격자 등을 채용하도록 관여하거나 영향력을 행사한 도급인 7. 과실로 인하여 국가중요시설의 정상적인 운영을 해치는 장해를 일으킨 특수경비원 8. 특수경비원으로서 경비구역 안에서 시설물의 절도, 손괴, 위험물의 폭발 등의 사유로 인한 위급사태가 발생한 때에 명령에 불복종한 자 또는 경비구역을 벗어난 자 9. 경비원에게 경비업무의 범위를 벗어난 행위를 하게 한 자
2년 이하의 징역 또는 2천만원 이하의 벌금 (제3항)	정당한 사유 없이 무기를 소지하고 배치된 경비구역을 벗어난 특수경비원
1년 이하의 징역 또는 1천만원 이하의 벌금 (제4항)	1. 시설주로부터 무기의 관리를 위하여 지정받은 관리책임자가 법이 정한 의무를 위반한 경우 2. 파업·태업 그 밖에 경비업무의 정상적인 운영을 저해하는 일체의 쟁의행위를 한 특수경비원 3. 직무를 수행함에 있어 타인에게 위력을 과시하거나 물리력을 행사하는 등 경비업무의 범위를 벗어난 행위를 한 경비원 4. 제16조의2 제1항에서 정한 장비 외에 흉기 또는 그 밖의 위험한 물건을 휴대하고 경비업무를 수행한 경비원 또는 경비원에게 이를 휴대하고 경비업무를 수행하게 한 자 5. 경찰관서장의 배치폐지명령을 따르지 아니한 자 6. 시·도 경찰청장 또는 관할 경찰관서장의 중지명령에 따르지 아니한 자

23 난이도 하 | 경비업법 제22조, 동법 시행령 제26조 – 경비협회

경비업법령상 경비협회에 관한 설명으로 옳지 않은 것은?

① 경비업자는 경비업무의 건전한 발전과 경비원의 자질향상 및 교육훈련 등을 위하여 대통령령이 정하는 바에 따라 경비협회를 설립할 수 있다.

> 경비업법 제22조 제1항

② 경비협회는 정관이 정하는 바에 의하여 회원으로부터 회비를 징수할 수 있다.

> 경비업법 시행령 제26조 제2항

③ 경비협회의 업무에는 경비업무의 연구도 포함된다.

> 경비업법 제22조 제3항 제1호

④ <u>경비협회에 관하여 「경비업법」에 특별한 규정이 있는 것을 제외하고는 「민법」 중 재단법인에 관한 규정을 준용한다.</u>

> 경비협회에 관하여 경비업법에 특별한 규정이 있는 것을 제외하고는 민법 중 사단법인에 관한 규정을 준용한다(경비업법 제22조 제4항).

관계법령 경비협회(경비업법 제22조)

① 경비업자는 경비업무의 건전한 발전과 경비원의 자질향상 및 교육훈련 등을 위하여 대통령령이 정하는 바에 따라 경비협회를 설립할 수 있다.

> **경비협회(경비업법 시행령 제26조)**
> ① 경비업자가 법 제22조 제1항에 따라 경비협회(이하 "협회"라 한다)를 설립하려는 경우에는 정관을 작성하여야 한다.
> ② 협회는 정관이 정하는 바에 의하여 회원으로부터 회비를 징수할 수 있다.

② 경비협회는 법인으로 한다.
③ 경비협회의 업무는 다음과 같다.
  1. 경비업무의 연구
  2. 경비원 교육·훈련 및 그 연구
  3. 경비원의 후생·복지에 관한 사항
  4. 경비진단에 관한 사항
  5. 그 밖에 경비업무의 건전한 운영과 육성에 관하여 필요한 사항
④ 경비협회에 관하여 이 법에 특별한 규정이 있는 것을 제외하고는 민법 중 사단법인에 관한 규정을 준용한다.

24 난이도 하 | 경비업법 제23조 - 공제규정의 내용

경비업법령상 공제사업을 하려는 경비협회가 공제규정의 내용으로 정할 수 없는 것은?

① 공제사업의 범위
② 공제계약의 내용
③ **공제사업의 감독에 관한 기준**

> 공제사업의 감독에 관한 기준은 <u>경찰청장이</u> 공제사업의 건전한 육성과 가입자 보호를 위하여 정할 수 있다(경비업법 제23조 제4항).

④ 공제금에 충당하기 위한 책임준비금

관계법령 공제사업(경비업법 제23조)

① 경비협회는 다음 각호의 공제사업을 할 수 있다.
  1. 제26조에 따른 경비업자의 손해배상책임을 보장하기 위한 사업
  2. 경비업자가 경비업을 운영할 때 필요한 입찰보증, 계약보증(이행보증을 포함한다), 하도급보증을 위한 사업
  3. 경비원의 복지향상과 업무상 재해로 인한 손실을 보상하는 사업
  4. 경비업무와 관련한 연구 및 경비원 교육·훈련에 관한 사업
② 경비협회는 제1항의 규정에 의한 공제사업을 하고자 하는 때에는 공제규정을 제정하여야 한다.
③ 제2항의 공제규정에는 공제사업의 범위, 공제계약의 내용, 공제금, 공제료 및 공제금에 충당하기 위한 책임준비금 등 공제사업의 운영에 관하여 필요한 사항을 정하여야 한다.
④ 경찰청장은 제1항에 따른 공제사업의 건전한 육성과 가입자의 보호를 위하여 공제사업의 감독에 관한 기준을 정할 수 있다.
⑤ 경찰청장은 제2항에 따른 공제규정을 승인하거나 제4항에 따라 공제사업의 감독에 관한 기준을 정하는 경우에는 미리 금융위원회와 협의하여야 한다.
⑥ 경찰청장은 제1항에 따른 공제사업에 대하여 「금융위원회의 설치 등에 관한 법률」에 따른 금융감독원의 원장에게 검사를 요청할 수 있다.

25 난이도 중 | 경비업법 시행령 [별표 6] - 과태료 부과기준

경비업법령상 2회 위반의 경우 과태료 부과기준이 다른 것은?

① 경비업자가 결격사유에 해당하는 경비원을 배치한 경우

> 경비업법 시행령 [별표 6] 제4호 - 100/200/400

② 경비업자가 경비지도사를 선임하지 않은 경우

> 경비업법 시행령 [별표 6] 제5호 - 100/200/400

③ 특수경비업무를 수행하는 경비업자가 경비대행업자 지정신고를 허위로 한 경우

> 경비업법 시행령 [별표 6] 제2호 가목 - 400

④ 경비업자가 복장 등에 관한 신고규정을 위반하여 신고를 하지 않은 경우

> 경비업법 시행령 [별표 6] 제7호 - 100/200/400

관계법령 과태료 부과기준(경비업법 시행령 [별표 6])

위반행위	해당 법조문	과태료 금액(단위 : 만원)		
		1회 위반	2회 위반	3회 이상 위반
2. 법 제7조 제7항을 위반하여 경비대행업자 지정신고를 하지 않은 경우★★ 가. 허위로 신고한 경우 나. 그 밖의 사유로 신고하지 않은 경우	법 제31조 제2항 제2호	400 300		
4. 법 제10조 제3항을 위반하여 결격사유에 해당하는 경비원을 배치하거나 결격사유에 해당하는 경비지도사를 선임·배치한 경우	법 제31조 제2항 제6호	100	200	400
5. 법 제12조 제1항(선임규정)을 위반하여 경비지도사를 선임하지 않은 경우	법 제31조 제2항 제4호	100	200	400
7. 법 제16조 제1항을 위반하여 복장 등에 관한 신고규정을 위반하여 신고를 하지 않은 경우	법 제31조 제2항 제7호	100	200	400

26 난이도 중 ▮경비업법 시행령 제27조의2·제31조의3 – 규제의 재검토

경비업법령상 경찰청장이 3년마다 타당성을 검토하여 개선 등의 조치를 해야 하는 규제사항인 것은?

기출수정

① 벌금형 부과기준
② 행정처분 기준
③ 과태료 부과기준
④ **경비원이 휴대하는 장비**

> 경비업법 시행규칙 제27조의2, 2021.3.2. 경비업법 시행령 개정으로 인하여 본 설문 등을 수정하였다.

관계법령

규제의 재검토(경비업법 시행령 제31조의3)

경찰청장은 다음 각호의 사항에 대하여 다음 각호의 기준일을 기준으로 <u>3년마다</u>(매 3년이 되는 해의 기준일과 같은 날 전까지를 말한다) 그 타당성을 검토하여 개선 등의 조치를 해야 한다. 〈개정 2024.8.13.〉
1. 제3조 제2항 및 [별표 1]에 따른 <u>경비업의 시설 등의 기준</u> : 2014년 6월 8일
1의2. 제15조의2 제1항 및 제15조의3 제1항에 따른 <u>경비지도사의 기본교육 및 보수교육의 시간</u> : 2025년 1월 1일
2. 제22조에 따른 <u>집단민원현장 배치 불허가 기준</u> : 2014년 6월 8일
3. 제24조 및 [별표 4]에 따른 <u>행정처분 기준</u> : 2014년 6월 8일 → 삭제 〈2021.3.2.〉
4. 제32조 제1항 및 [별표 6]에 따른 <u>과태료의 부과기준</u> : 2014년 6월 8일 → 삭제 〈2021.3.2.〉

규제의 재검토(경비업법 시행규칙 제27조의2)

경찰청장은 제20조에 따른 <u>경비원이 휴대하는 장비</u> 등에 대하여 2014년 6월 8일을 기준으로 3년마다(매 3년이 되는 해의 6월 8일 전까지를 말한다) 그 타당성을 검토하여 개선 등의 조치를 하여야 한다.

27 난이도 하 ▮경비업법 제27조, 동법 시행령 제31조 – 위임 및 위탁

경비업법령상 위임에 관한 내용이다. ( )에 들어갈 내용이 바르게 연결된 것은?

> 경비업법에 의한 경찰청장의 권한은 대통령령이 정하는 바에 따라 그 일부를 (ㄱ)에게 위임할 수 있다고 하는데, 위임되는 권한에는 (ㄴ)에 관한 권한이 포함된다.

① ㄱ : 시·도 경찰청장,   ㄴ : 경비지도사 시험관리 및 경비지도사 교육업무
② ㄱ : 관할 경찰서장,   ㄴ : 경비지도사 시험관리 및 경비지도사 교육업무
③ **ㄱ : 시·도 경찰청장,   ㄴ : 경비지도사자격의 취소 및 정지**

> 제시문은 경비업법 제27조의 내용으로 ( )에는 순서대로 ㄱ : 시·도 경찰청장, ㄴ : 경비지도사자격의 취소 및 정지 가 들어간다.

④ ㄱ : 관할 경찰서장,   ㄴ : 경비지도사자격의 취소 및 정지

관계법령 │ 위임 및 위탁(경비업법 제27조)

① 이 법에 의한 경찰청장의 권한은 대통령령이 정하는 바에 따라 그 일부를 시·도 경찰청장에게 위임할 수 있다.

권한의 위임 및 위탁(경비업법 시행령 제31조)
① 경찰청장은 법 제27조 제1항의 규정에 의하여 다음 각호의 권한을 시·도 경찰청장에게 위임한다.
  1. 법 제20조의 규정에 의한 경비지도사자격의 취소 및 정지에 관한 권한
  2. 법 제21조 제2호의 규정에 의한 경비지도사자격의 취소 및 정지에 관한 청문의 권한

② 경찰청장은 제11조의 규정에 의한 경비지도사의 시험에 관한 업무를 대통령령이 정하는 바에 따라 관계전문기관 또는 단체에 위탁할 수 있다. 〈개정 2024.2.13.〉

28 난이도 중 │ 청원경찰법 시행규칙 제17조 - 문서와 장부의 비치

청원경찰법령상 관할 경찰서장이 갖춰 두어야 할 문서와 장부가 아닌 것은?

① 청원경찰 명부
② 전출입 관계철
③ 교육훈련 실시부
④ **청원경찰 임용승인 관계철**

> 청원경찰 임용승인 관계철은 시·도 경찰청장이 갖춰 두어야 할 문서와 장부에 해당한다.

핵심만콕 │ 문서와 장부의 비치(청원경찰법 시행규칙 제17조) ★★★

청원주(제1항)	관할 경찰서장(제2항)	시·도 경찰청장(제3항)
• 청원경찰 명부 • 근무일지 • 근무 상황카드 • 경비구역 배치도 • 순찰표철 • 무기·탄약 출납부 • 무기장비 운영카드 • 봉급지급 조서철 • 신분증명서 발급대장 • 징계 관계철 • 교육훈련 실시부 • 청원경찰 직무교육계획서 • 급여품 및 대여품 대장 • 그 밖에 청원경찰의 운영에 필요한 문서와 장부	• 청원경찰 명부 • 감독 순시부 • 전출입 관계철 • 교육훈련 실시부 • 무기·탄약 대여대장 • 징계요구서철 • 그 밖에 청원경찰의 운영에 필요한 문서와 장부	• 배치결정 관계철 • 청원경찰 임용승인 관계철 • 전출입 관계철 • 그 밖에 청원경찰의 운영에 필요한 문서와 장부

29 난이도 중 ┃청원경찰법 시행규칙 [별표 2]·[별표 3], 동 시행규칙 제12조 - 급여품과 대여품

청원경찰법령상 급여품과 대여품에 관한 설명으로 옳지 않은 것은?

① 근무복과 기동화는 청원경찰에게 지급하는 급여품에 해당한다.

청원경찰법 시행규칙 [별표 2]

② 청원경찰에게 지급하는 대여품에는 허리띠, 경찰봉, 가슴표장, 분사기, 포승이 있다.

청원경찰법 시행규칙 [별표 3]

③ 급여품 중 호루라기, 방한화, 장갑의 사용기간은 2년이다.

청원경찰법 시행규칙 [별표 2]

④ <u>청원경찰이 퇴직할 때에는 급여품과 대여품을 청원주에게 반납하여야 한다.</u>

청원경찰이 퇴직할 때에는 대여품을 청원주에게 반납하여야 한다(청원경찰법 시행규칙 제12조 제2항).

관계법령

청원경찰 급여품표(청원경찰법 시행규칙 [별표 2])

품 명	수 량	사용기간	정기지급일
근무복(하복)	1	1년	5월 5일
근무복(동복)	1	1년	9월 25일
한여름 옷	1	1년	6월 5일
외투·방한복 또는 점퍼	1	2~3년	9월 25일
기동화 또는 단화	1	단화 1년 기동화 2년	9월 25일
비 옷	1	3년	5월 5일
정 모	1	3년	9월 25일
기동모	1	3년	필요할 때
기동복	1	2년	필요할 때
방한화	1	2년	9월 25일
장 갑	1	2년	9월 25일
호루라기	1	2년	9월 25일

청원경찰 대여품표(청원경찰법 시행규칙 [별표 3])

품 명	수 량
허리띠	1
경찰봉	1
가슴표장★	1
분사기	1
포 승	1

30 난이도 하 ▎청원경찰법 제4조, 동법 시행령 제2조 - 청원경찰의 배치

청원경찰법령상 청원경찰의 배치에 관한 설명으로 옳은 것은?

① 청원경찰 배치신청서에 첨부할 서류는 경비구역 평면도와 청원경찰 명부이다.

> 청원경찰 배치신청서에 첨부할 서류는 경비구역 평면도 1부와 배치계획서 1부이다(청원경찰법 시행령 제2조 전문 각호).

② 시·도 경찰청장은 청원경찰 배치신청을 받으면 30일 이내에 그 배치 여부를 결정하여 신청인에게 알려야 한다.

> 시·도 경찰청장은 청원경찰 배치신청을 받으면 지체 없이 그 배치 여부를 결정하여 신청인에게 알려야 한다(청원경찰법 제4조 제2항).

③ 경찰청장은 청원경찰 배치가 필요하다고 인정하는 기관의 장에게 청원경찰을 배치할 것을 요청하여야 한다.

> 시·도 경찰청장은 청원경찰 배치가 필요하다고 인정하는 기관의 장 또는 시설·사업장의 경영자에게 청원경찰을 배치할 것을 요청할 수 있다(청원경찰법 제4조 제3항).

④ 청원경찰 배치신청서상 배치 장소가 둘 이상의 도(道)일 때에는 주된 사업장의 관할 경찰서장을 거쳐 시·도 경찰청장에게 한꺼번에 신청할 수 있다.

> 청원경찰법 시행령 제2조 후문

31 난이도 하 ▎종합문제 - 벌칙과 과태료

청원경찰법령상 벌칙과 과태료에 관한 설명으로 옳지 않은 것은? 기출수정

① 시·도 경찰청장의 승인을 받지 아니하고 청원경찰을 임용한 자에게는 500만원 이하의 과태료를 부과한다.

> 청원경찰법 제12조 제1항 제1호

② 시·도 경찰청장은 위반행위의 동기, 내용 및 위반의 정도 등을 고려하여 대통령령에서 정한 과태료 금액의 100분의 50의 범위에서 그 금액을 줄일 수 있다.

> 청원경찰법 시행령 제21조 제2항 본문

③ 경찰청장은 과태료처분을 하였을 때에는 과태료 부과 및 징수 사항을 과태료 수납부에 기록하고 정리하여야 한다.

> 경찰서장은 과태료처분을 하였을 때에는 과태료 부과 및 징수 사항을 별지 제9호 서식의 과태료 수납부에 기록하고 정리하여야 한다(청원경찰법 시행규칙 제24조 제3항).

④ 파업 등 업무의 정상적인 운영을 방해하는 쟁의행위를 한 청원경찰은 1년 이하의 징역 또는 1천만원 이하의 벌금에 처한다.

> 청원경찰법 제11조

32   난이도 하   ▮청원경찰법 시행령 제3조 내지 제5조 – 청원경찰의 임용과 교육

청원경찰법령상 청원경찰의 임용과 교육에 관한 설명으로 옳은 것은?

① 청원경찰의 임용자격으로는 19세 이상인 사람으로 남자의 경우에는 군복무를 마친 사람으로 한다.

  청원경찰의 임용자격은 18세 이상인 사람이다(청원경찰법 시행령 제3조 제1호).

② **경찰공무원에서 퇴직한 사람이 퇴직한 날부터 3년 이내에 청원경찰로 임용되었을 때에는 직무수행에 필요한 교육을 면제할 수 있다.**

  청원경찰법 시행령 제5조 제2항

③ 청원주가 청원경찰을 임용하였을 때에는 임용한 날부터 15일 이내에 그 임용사항을 관할 경찰서장을 거쳐 시·도 경찰청장에게 보고하여야 한다.

  청원주가 청원경찰을 임용하였을 때에는 임용한 날부터 10일 이내에 그 임용사항을 관할 경찰서장을 거쳐 시·도 경찰청장에게 보고하여야 한다(청원경찰법 시행령 제4조 제2항 전문).

④ 경찰교육기관의 교육계획상 부득이하다고 인정할 때에는 청원주는 청원경찰로 임용된 사람을 경비구역에 우선 배치하고 임용 후 2년 이내에 교육을 받게 할 수 있다.

  경찰교육기관의 교육계획상 부득이하다고 인정할 때에는 우선 배치하고 임용 후 1년 이내에 교육을 받게 할 수 있다(청원경찰법 시행령 제5조 제1항 단서).

33   난이도 하   ▮종합문제 – 청원경찰의 복제와 무기 휴대

청원경찰법령상 청원경찰의 복제(服制)와 무기 휴대에 관한 설명으로 옳지 않은 것은?

① 시·도 경찰청장은 청원경찰이 직무를 수행하기 위하여 필요하다고 인정하면 청원주의 신청을 받아 관할 경찰서장으로 하여금 청원경찰에게 무기를 대여하여 지니게 할 수 있다.

  청원경찰법 제8조 제2항

② **청원경찰이 특수복장을 착용할 필요가 있을 때에는 청원주는 관할 경찰서장의 승인을 받아 특수복장을 착용하게 할 수 있다.**

  청원경찰이 특수복장을 착용할 필요가 있을 때에는 청원주는 시·도 경찰청장의 승인을 받아 특수복장을 착용하게 할 수 있다(청원경찰법 시행령 제14조 제3항).

③ 청원주에게 무기를 대여하였을 때에는 관할 경찰서장은 청원경찰의 무기관리상황을 수시로 점검하여야 한다.

  청원경찰법 시행령 제16조 제3항

④ 청원경찰은 평상근무 중에는 정모, 근무복, 단화, 호루라기, 경찰봉 및 포승을 착용하거나 휴대하여야 한다.

  청원경찰법 시행규칙 제9조 제3항

34 난이도 중
청원경찰법 제10조의5, 동법 시행령 제6조 - 청원경찰의 배치와 이동 등

청원경찰법령상 청원경찰의 배치와 이동 등에 관한 설명으로 옳지 않은 것은?

① 청원경찰이 배치된 사업장이 배치인원의 변동사유 없이 다른 곳으로 이전하는 경우 청원주는 청원경찰의 배치를 폐지하거나 배치인원을 감축할 수 없다.

> 청원경찰법 제10조의5 제1항 단서 제2호

② 청원주는 배치폐지나 배치인원 감축으로 과원(過員)이 되는 청원경찰의 고용이 보장될 수 있도록 노력하여야 한다.

> 청원경찰법 제10조의5 제3항

③ 청원주는 청원경찰을 신규로 배치하였을 때에는 배치지를 관할하는 경찰서장에게 그 사실을 통보하여야 한다.

> 청원경찰법 시행령 제6조 제1항

④ **청원경찰의 이동배치의 통보를 받은 경찰서장은 이동배치지가 다른 관할구역에 속할 때에는 전입지를 관할하는 시·도 경찰청장에게 이동배치한 사실을 통보하여야 한다.**

> 청원경찰의 이동배치의 통보를 받은 경찰서장은 이동배치지가 다른 관할구역에 속할 때에는 전입지를 관할하는 경찰서장에게 이동배치한 사실을 통보하여야 한다(청원경찰법 시행령 제6조 제2항).

35 난이도 하
청원경찰법 시행규칙 제16조 - 무기관리수칙

청원경찰법령상 무기와 탄약을 지급받은 청원경찰의 준수사항으로 옳지 않은 것은?

① 무기를 지급받거나 반납할 때 또는 인계인수할 때에는 반드시 "앞에 총" 자세에서 "검사 총"을 하여야 한다.

> 청원경찰법 시행규칙 제16조 제3항 제1호

② 무기와 탄약을 지급받았을 때에는 별도의 지시가 없으면 무기와 탄약을 분리하여 휴대하여야 한다.

> 청원경찰법 시행규칙 제16조 제3항 제2호 전단

③ 지급받은 무기는 다른 사람에게 보관 또는 휴대하게 할 수 없으며 손질을 의뢰할 수 없다.

> 청원경찰법 시행규칙 제16조 제3항 제3호

④ 근무시간 이후에는 무기와 탄약을 관리책임자에게 반납하여야 한다.

> 근무시간 이후에는 무기와 탄약을 청원주에게 반납하거나 교대근무자에게 인계하여야 한다(청원경찰법 시행규칙 제16조 제3항 제6호).

| 관계법령 | 무기관리수칙(청원경찰법 시행규칙 제16조) |

③ 청원주로부터 무기와 탄약을 지급받은 청원경찰은 다음 각호의 사항을 준수하여야 한다.
1. 무기를 지급받거나 반납할 때 또는 인계인수할 때에는 반드시 "앞에 총" 자세에서 "검사 총"을 하여야 한다.
2. 무기와 탄약을 지급받았을 때에는 별도의 지시가 없으면 무기와 탄약을 분리하여 휴대하여야 하며, 소총은 "우로 어깨 걸어 총"의 자세를 유지하고, 권총은 "권총집에 넣어 총"의 자세를 유지하여야 한다.
3. 지급받은 무기는 다른 사람에게 보관 또는 휴대하게 할 수 없으며 손질을 의뢰할 수 없다.
4. 무기를 손질하거나 조작할 때에는 반드시 총구를 공중으로 향하게 하여야 한다.
5. 무기와 탄약을 반납할 때에는 손질을 철저히 하여야 한다.
6. 근무시간 이후에는 무기와 탄약을 청원주에게 반납하거나 교대근무자에게 인계하여야 한다.

36 난이도 하 ▮종합문제 - 경비의 부담과 고시 등

청원경찰법령상 경비의 부담과 고시 등에 관한 설명으로 옳지 않은 것은?

① 청원경찰의 피복비 및 교육비의 부담기준액은 시·도 경찰청장이 정하여 고시한다.

청원경찰의 피복비 및 교육비의 부담기준액은 경찰청장이 정하여 고시한다(청원경찰법 제6조 제3항).

② 부득이한 사유가 있는 경우를 제외하고, 청원경찰경비의 최저부담기준액 및 부담기준액은 순경의 것을 고려하여 다음 연도분을 매년 12월에 고시하여야 한다.

청원경찰법 시행령 제12조 제2항

③ 청원경찰의 교육비는 청원주가 해당 청원경찰의 입교 3일 전에 해당 경찰교육기관에 낸다.

청원경찰법 시행규칙 제8조 제3호

④ 청원주는 청원경찰이 직무상의 질병으로 인하여 퇴직하게 되면 청원경찰 본인에게 보상금을 지급하여야 한다.

청원경찰법 제7조 제2호

37 난이도 하 ■청원경찰법 제5조의2, 동법 시행령 제8조 - 청원경찰의 징계

청원경찰법령상 청원경찰의 징계에 관한 설명으로 옳지 않은 것은?

① 청원주는 청원경찰이 품위를 손상하는 행위를 한 때에는 징계절차를 거쳐 징계처분을 하여야 한다.

> 청원경찰법 제5조의2 제1항 제2호

② 관할 경찰서장은 청원경찰이 「청원경찰법」상의 징계사유에 해당한다고 인정되면 청원주에게 해당 청원경찰에 대하여 징계처분을 하도록 요청할 수 있다.

> 청원경찰법 시행령 제8조 제1항

③ 감봉은 1개월 이상 3개월 이하로 하고, 그 기간에 보수의 3분의 1을 줄인다.

> 청원경찰법 시행령 제8조 제3항

❹ 청원주는 청원경찰 배치결정의 통지를 받은 날부터 15일 이내에 청원경찰에 대한 징계규정을 제정하여 관할 경찰서장에게 신고하여야 한다.

> 청원주는 청원경찰 배치결정의 통지를 받았을 때에는 통지를 받은 날부터 15일 이내에 청원경찰에 대한 징계규정을 제정하여 관할 시·도 경찰청장에게 신고하여야 한다(청원경찰법 시행령 제8조 제5항).

관계법령 청원경찰의 징계(청원경찰법 제5조의2)

① 청원주는 청원경찰이 다음 각호의 어느 하나에 해당하는 때에는 대통령령으로 정하는 징계절차를 거쳐 징계처분을 하여야 한다.
  1. 직무상의 의무를 위반하거나 직무를 태만히 한 때
  2. 품위를 손상하는 행위를 한 때
② 청원경찰에 대한 징계의 종류는 파면, 해임, 정직, 감봉 및 견책으로 구분한다.
③ 청원경찰의 징계에 관하여 그 밖에 필요한 사항은 대통령령으로 정한다.

> **징계(청원경찰법 시행령 제8조)**
> ① 관할 경찰서장은 청원경찰이 법 제5조의2 제1항 각호의 어느 하나에 해당한다고 인정되면 청원주에게 해당 청원경찰에 대하여 징계처분을 하도록 요청할 수 있다.
> ② 법 제5조의2 제2항의 정직(停職)은 1개월 이상 3개월 이하로 하고, 그 기간에 청원경찰의 신분은 보유하나 직무에 종사하지 못하며, 보수의 3분의 2를 줄인다.
> ③ 법 제5조의2 제2항의 감봉은 1개월 이상 3개월 이하로 하고, 그 기간에 보수의 3분의 1을 줄인다.
> ④ 법 제5조의2 제2항의 견책(譴責)은 전과(前過)에 대하여 훈계하고 회개하게 한다.
> ⑤ 청원주는 청원경찰 배치결정의 통지를 받았을 때에는 통지를 받은 날부터 15일 이내에 청원경찰에 대한 징계규정을 제정하여 관할 시·도 경찰청장에게 신고하여야 한다. 징계규정을 변경할 때에도 또한 같다.
> ⑥ 시·도 경찰청장은 제5항에 따른 징계규정의 보완이 필요하다고 인정할 때에는 청원주에게 그 보완을 요구할 수 있다.

38 난이도 하   ▌청원경찰법 제9조의3·제10조·제10조의2 – 종합문제

청원경찰법령의 내용으로 옳은 것은?

① <u>청원주는 항상 소속 청원경찰의 근무 상황을 감독하고, 근무 수행에 필요한 교육을 하여야 한다.</u>

> 청원경찰법 제9조의3 제1항

② 청원경찰 업무에 종사하는 사람은 「형법」에 따른 벌칙을 적용할 때에도 공무원으로 보지 않는다.

> 청원경찰 업무에 종사하는 사람은 「형법」이나 그 밖의 법령에 따른 벌칙을 적용할 때에는 **공무원으로 본다**(청원경찰법 제10조 제2항).

③ 청원경찰(국가기관이나 지방자치단체에 근무하는 청원경찰은 제외)의 직무상 불법행위에 대한 배상책임에 관하여는 「국가배상법」의 규정을 따른다.

> 청원경찰(국가기관이나 지방자치단체에 근무하는 청원경찰은 제외한다)의 직무상 불법행위에 대한 배상책임에 관하여는 「민법」의 규정을 따른다(청원경찰법 제10조의2).

④ 청원경찰이 직무를 수행할 때 직권을 남용하여 국민에게 해를 끼친 경우에는 6개월 이하의 금고나 구류에 처한다.

> 청원경찰이 직무를 수행할 때 직권을 남용하여 국민에게 해를 끼친 경우에는 **6개월 이하의 징역이나 금고에 처한다**(청원경찰법 제10조 제1항).

39 난이도 하   ▌청원경찰법 제10조의4 – 의사에 반한 면직

청원경찰법령에 관한 내용이다. (   )에 들어갈 내용이 옳은 것은?

> 청원경찰은 형의 선고, 징계처분 또는 신체상·정신상의 이상으로 직무를 감당하지 못할 때를 제외하고는 그 의사에 반하여 (   )되지 아니한다.

① 파 면
② 강 등
③ **면 직**

> 제시된 내용은 청원경찰법 제10조의4(의사에 반한 면직)와 관련된 법규정으로 (   )에는 면직이 들어간다.

④ 견 책

관계법령 의사에 반한 면직(청원경찰법 제10조의4)
① 청원경찰은 형의 선고, 징계처분 또는 신체상·정신상의 이상으로 직무를 감당하지 못할 때를 제외하고는 그 의사(意思)에 반하여 면직(免職)되지 아니한다.
② 청원주가 청원경찰을 면직시켰을 때에는 그 사실을 관할 경찰서장을 거쳐 시·도 경찰청장에게 보고하여야 한다.

40 난이도 하 ▎청원경찰법 시행규칙 제14조 - 청원경찰의 근무요령

청원경찰법령상 청원경찰의 근무요령에 관한 설명으로 옳지 않은 것은?

① 대기근무자는 소내근무에 협조하거나 휴식하면서 불의의 사고에 대비한다.

> 청원경찰법 시행규칙 제14조 제4항

② 자체경비를 하는 입초근무자는 경비구역의 정문이나 그 밖의 지정된 장소에서 경비구역의 내부, 외부 및 출입자의 움직임을 감시한다.

> 청원경찰법 시행규칙 제14조 제1항

③ 업무처리 및 자체경비를 하는 소내근무자는 근무 중 특이한 사항이 발생하였을 때에는 지체 없이 청원주 또는 관할 경찰서장에게 보고하고 그 지시에 따라야 한다.

> 청원경찰법 시행규칙 제14조 제2항

④ 순찰근무자는 청원주가 지정한 일정한 구역을 요점순찰을 하되, 청원주가 필요하다고 인정할 때에는 정선순찰을 할 수 있다.

> 순찰근무자는 청원주가 지정한 일정한 구역을 순회하면서 경비 임무를 수행한다. 이 경우 순찰은 단독 또는 복수로 정선순찰을 하되, 청원주가 필요하다고 인정할 때에는 요점순찰 또는 난선순찰을 할 수 있다(청원경찰법 시행규칙 제14조 제3항).

관계법령 근무요령(청원경찰법 시행규칙 제14조)★★★

① 자체경비를 하는 입초근무자는 경비구역의 정문이나 그 밖의 지정된 장소에서 경비구역의 내부, 외부 및 출입자의 움직임을 감시한다.
② 업무처리 및 자체경비를 하는 소내근무자는 근무 중 특이한 사항이 발생하였을 때에는 지체 없이 청원주 또는 관할 경찰서장에게 보고하고 그 지시에 따라야 한다.
③ 순찰근무자는 청원주가 지정한 일정한 구역을 순회하면서 경비 임무를 수행한다. 이 경우 순찰은 단독 또는 복수로 정선순찰(정해진 노선을 규칙적으로 순찰하는 것을 말한다)을 하되, 청원주가 필요하다고 인정할 때에는 요점순찰(순찰구역 내 지정된 중요지점을 순찰하는 것을 말한다) 또는 난선순찰(임의로 순찰지역이나 노선을 선정하여 불규칙적으로 순찰하는 것을 말한다)을 할 수 있다.
④ 대기근무자는 소내근무에 협조하거나 휴식하면서 불의의 사고에 대비한다.

2019년 경호학

문제편 168p

정답 CHECK

41	42	43	44	45	46	47	48	49	50	51	52	53	54	55	56	57	58	59	60
③	①	①	④	②	②	②	②	④	④	③	③	④	①	③	전항정답	②	①	②	③
61	62	63	64	65	66	67	68	69	70	71	72	73	74	75	76	77	78	79	80
③	③	③	③	②	①	②	④	④	④	④	④	④	①	②	①	③	④	②	②	③

41 난이도 중

경호의 조직 – 경호의 주체와 객체

경호의 객체(A)와 주체(B)는?

> 퇴임한 지 8년 된 대한민국 전직대통령, 배우자 및 그 자녀가 생활하는 공간에서 경찰관과 대통령 경호원이 함께 경호임무를 수행하고 있다.

① A : 전직대통령, 배우자,　　　B : 경찰관
② A : 전직대통령, 배우자, 자녀,　B : 대통령 경호원
③ **A : 전직대통령, 배우자,　　　B : 경찰관, 대통령 경호원**

- 경호의 객체 - 퇴임한 전직대통령이므로 자녀는 경호의 대상이 아니다. 따라서 경호의 객체는 전직대통령, 배우자이다.
- 경호의 주체 - 퇴임한 지 8년이 된 경우를 전제로 하는 경호처의 경호는 본인의 의사에 반하지 않는 경우에 한정된다. 시안의 경우 본인의 의사에 반하지 않는지 여부를 확인힐 수 없기에 원직적으로 경찰관이 경호의 주체이나, 본인의 의사에 반하지 않는 경우에는 대통령 경호원도 경호의 주체가 될 수 있다. 따라서 경호의 주체는 경찰관, 대통령 경호원이다.

④ A : 전직대통령, 배우자, 자녀,　B : 경찰관, 대통령 경호원

42 난이도 하 ▮경호의 조직 - 경호조직의 운영(특성)

경호조직의 운영에 관한 설명으로 옳은 것은?

① 위해수법의 고도화에 따라 현대의 경호조직은 경호의 전문성이 요구된다.

> 위해수법의 고도화에 따라 현대의 경호조직은 경호의 전문성이 요구된다.

② 다수의 경호원이 운용될 경우에는 다수의 지휘체계를 운영해야 한다.

> 다수의 경호원이 운용될 경우에는 지휘 및 통제의 이원화로 인해 파생되는 문제들을 보완하기 위하여 명령과 지휘체계는 반드시 하나의 계통으로 구성해야 한다.

③ 현대의 경호조직은 과거에 비해 규모가 축소되고 있다.

> 현대의 경호조직은 과거에 비해 규모가 확대되고 있다.

④ 완벽한 방어 및 대응체계를 구축하기 위해서는 개인단위 작용으로 이루어져야 한다.

> 완벽한 방어 및 대응체계를 구축하기 위해서는 경호기관단위 작용으로 이루어져야 한다.

43 난이도 하 ▮경호의 조직 - 각국의 경호조직

국가 - 경호기관 - 경호대상자의 연결이 옳지 않은 것은?

① 대한민국 - 대통령경호처 - 대통령과 국무총리 및 그 가족

> 대통령경호처의 경호대상에 국무총리는 포함되지 않는다(대통령 등의 경호에 관한 법률 제4조 제1항).
> 참고 2021년 경호학 50번 핵심만 콕

② 미국 - 비밀경호국 - 대통령과 부통령 및 그 가족
③ 영국 - 수도경찰청 - 왕과 수상
④ 독일 - 연방범죄수사청 - 대통령과 수상

44 [난이도 하] 경호학과 경호 - 경호의 분류

다음을 경호로 분류할 때 해당하지 않는 것은?

> 대한민국을 방문한 K국 대통령의 시장 방문 시 경호 관계기관에서는 주변에 알리지 않고 경호를 하였다. 이때 시장에서 쇼핑 중 위해자에 의한 피습사건이 발생하여 B경호원은 몸을 날려 위해행위를 차단하였고, 동료 경호관들이 대통령을 안전한 곳으로 대피시켰다(방어경호의 원칙).

① A급 경호
② 비공식경호
③ 직접경호
④ **약식경호**

> 대한민국을 방문한 K국 대통령(A급 경호)의 시장 방문 시 경호 관계기관에서는 주변에 알리지 않고 경호를 하였다(비공식경호). 이때 시장에서 쇼핑 중 위해자에 의한 피습사건이 발생하여 B경호원은 몸을 날려 위해행위를 차단하였고(직접경호), 동료 경호관들이 대통령을 안전한 곳으로 대피시켰다(방어경호의 원칙).

핵심만콕 경호의 분류(성격 · 경호 수준 · 직간접 · 대상)

구분	종류	내용
성격	공식경호(1호 · A호)	경호관계자의 사전 통보에 의해 계획 · 준비되는 공식행사 때에 실시하는 경호
	비공식경호(2호 · B호)	경호관계자 간의 사전 통보나 협의절차 없이 이루어지는 비공식행사 때의 경호
	약식경호(3호 · C호)	일정한 방식에 의하지 않고 실시하는 경호(출 · 퇴근 시 일상적으로 실시하는 경우)
경호 수준	1(A)급 경호	행차보안이 사전에 노출되어 경호위해가 증대된 상황하의 각종 행사와 국왕 및 대통령 등 국가원수급의 1등급 경호대상으로 결정된 국빈행사의 경호
	2(B)급 경호	행사 준비 등의 시간적 여유 없이 갑자기 결정된 상황하의 각종 행사와 수상급의 경호대상으로 결정된 국빈행사의 경호
	3(C)급 경호	사전에 행사준비 등 경호조치가 거의 전무한 상황하에서 이루어지는 것으로서 장관급의 경호대상으로 결정된 국빈행사의 경호
직접 · 간접	직접경호	행사장에 인원과 장비를 배치하여 물적 · 인적 · 자연적 위해요소를 배제하기 위한 경호
	간접경호	평상시의 치안 및 대공활동, 국제정세를 포함한 안전대책작용 등의 경호
대상	갑(A)호 경호	국왕 및 대통령과 그 가족, 외국의 원수 등
	을(B)호 경호	수상, 국회의장, 대법원장, 헌법재판소장, 이와 대등한 지위에 있는 외국인사 등
	병(C)호 경호	경찰청장 또는 경호기관의 장이 필요하다고 인정하는 주요 인사

〈출처〉 김두현, 「경호학개론」, 엑스퍼트, 2020, P. 57~61

45 난이도 하

경호학과 경호 – 경호의 원칙

다음 경호활동에 나타나지 않는 원칙은?

> 평소 경호대상자는 어떠한 상황에서도 절대적으로 보호되어야 한다는 생각으로 근무하고 있는 K경호원은 경호대상자가 은행에 갈 때 차량과 이동로를 노출시키지 않고 근접경호활동을 하였다. 마침 은행강도 사건이 은행에서 발생하여 경호대상자를 우선 안전한 곳으로 대피시키고 강도 사건 발생을 관할 경찰서에 알려 조속히 사건을 마무리할 수 있었다.

① 은밀경호의 원칙

경호요원은 타인의 눈에 잘 띄지 않게 은밀하게 침묵 속에서 행동하며, 항상 경호대상자의 공적·사적 업무활동에 방해를 주지 않고 신변을 보호할 수 있는 곳에 행동반경을 두고 경호에 임해야 한다는 원칙이다.

② **중첩경호의 원칙**

경호대상자에 대한 위해요소를 최소화하기 위하여 행사장을 중심으로 일정 간격을 유지하여 중첩보호막 또는 경계선을 설치·운용하는 것으로 지역방어개념이 반영된 경호원칙이다.

③ 목표물 보존의 원칙

경호대상자를 위해기도자 또는 위해를 가할 가능성이 있는 자들로부터 격리시켜야 한다는 원칙이다.

④ 방어경호의 원칙

경호란 공격자의 위해요소를 방어하는 행위이지 공격하는 것이 아니기 때문에 긴급상황 발생 시 무기 등의 공격적인 행위보다는 방어위주의 엄호행동이 요구된다는 원칙이다.

46 난이도 하 | 경호학과 경호 - 경호의 원칙

경호의 원칙에 관한 설명으로 옳은 것을 모두 고른 것은?

> ㄱ. 경호행사장을 안전구역, 경비구역, 경계구역으로 설정한다.
>
>   (O) 3중 경호의 원칙에 관한 설명이다.
>
> ㄴ. 고도의 순간 판단력과 치밀한 사전계획이 중요하다.
>
>   (O) 두뇌경호의 원칙에 관한 설명이다.
>
> ㄷ. 위해가능성이 있는 것으로부터 경호대상자를 격리시킨다.
>
>   (O) 목표물 보존의 원칙에 관한 설명이다.
>
> ㄹ. 위해행위 발생 시 방호 및 대피보다 위해자를 공격하여 무력화시키는 것이 우선이다.
>
>   (×) 위해행위 발생 시 방호 및 대피가 위해자를 공격하여 무력화시키는 것보다 우선이다(방어경호의 원칙).

① ㄱ, ㄹ
② ㄱ, ㄴ, ㄷ

> 제시된 내용 중 옳은 것은 ㄱ, ㄴ, ㄷ이다.

③ ㄴ, ㄷ, ㄹ
④ ㄱ, ㄴ, ㄷ, ㄹ

47 난이도 중 | 경호학과 경호 - 대한민국 정부수립 이후의 경호기관

대한민국 정부수립 이후 경호기관에 관한 설명으로 옳지 않은 것은?

① 경무대경찰서 : 1953년 경찰서 직제를 개정하여 관할구역을 경무대 구내로 제한하여 경호임무 담당
② **청와대 경찰관파견대 : 1960년 3차 개헌을 통해 내각책임제에서 대통령중심제로 바뀌면서 대통령의 경호와 경비 담당**

> 1960년 4·19 혁명으로 제1공화국이 끝나고 3차 개헌을 통해 정부형태가 대통령중심제에서 내각책임제로 바뀌면서 국무총리의 지위가 크게 강화됨에 따라 대통령 경호를 담당하던 경무대경찰서가 폐지되고 경무대 지역의 경비업무는 서울시 경찰국 경비과에서 담당하게 되었다.

③ 국가재건최고회의 의장경호대 : 1961년 중앙정보부 경호대로 정식 발족하여 최고회의의장 등의 신변보호 임무 수행
④ 대통령경호실 : 1963년 설립되어 대통령과 그 가족, 대통령으로 당선이 확정된 자 및 경호실장이 필요하다고 인정하는 요인에 대한 경호 담당

핵심만콕 대한민국 정부수립 이후의 경호기관 ★★

경무대경찰서 (1949)	• 1949년 2월 왕궁을 관할하고 있던 창덕궁경찰서가 폐지되고 경무대경찰서가 신설되면서 경찰이 대통령 경호임무를 담당하게 되었다. 이때, 종로경찰서 관할인 중앙청 및 경무대 구내가 경무대경찰서의 관할구역이 되었다. ★ • 1949년 12월 내무부훈령 제25호에 의하여 경호규정이 제정되면서 최초로 경호라는 용어의 사용과 경호업무의 체제가 정비되었다. ★ • 경무대경찰서는 신설 당시에는 종로경찰서 관할인 중앙청 및 경무대 구내가 관할구역이었으나, 1953년 3월 30일 경찰서 직제의 개정으로 그 관할구역을 경무대 구내로 제한하였다. ★
청와대 경찰관파견대 (1960)	• 1960년 4·19 혁명으로 제1공화국이 끝나고 3차 개헌을 통해 정부형태가 대통령중심제에서 내각책임제로 바뀌면서 국무총리의 지위가 크게 강화됨에 따라 대통령 경호를 담당하던 경무대경찰서가 폐지되고 경무대 지역의 경비업무는 서울시 경찰국 경비과에서 담당하게 되었다. ★ • 1960년 6월 제2공화국이 수립되면서 서울시경 소속으로 청와대 경찰관파견대를 설치하여 경비과에서 담당하던 대통령 경호 및 대통령관저의 경비를 담당케 하였다. ★
국가재건최고회의 의장경호대 ↓ 중앙정보부 경호대(1961)	• 1961년 5월 군사혁명위원회가 국가재건최고회의로 발족되면서 국가재건최고회의 의장경호대가 임시로 편성되었다가 중앙정보부로 예속되고, 그 해 9월 중앙정보부 내훈 제2호로 경호규정이 제정 시행되면서 11월 정식으로 중앙정보부 경호대가 발족되었다. ★ • 중앙정보부 경호대의 주요 임무는 국가원수, 최고회의의장, 부의장, 내각수반, 국빈의 신변보호, 기타 경호대장이 지명하는 주요 인사의 신변보호 등이었다.
대통령경호실(1963) ↓ 대통령실장 소속 경호처 (2008, 차관급) ↓ 대통령경호실 (2013, 장관급) ↓ 대통령경호처 (2017~, 차관급)	• 1963년 제3공화국이 출범하여 대통령경호실법을 제정·공포하고 박정희 대통령 취임과 동시에 대통령경호실을 출범시켰다. ★ • 1974년 8·15사건을 계기로 '대통령경호경비안전대책위원회'가 설치되고, 청와대 외각경비가 경찰에서 군(55경비대대)으로 이양되었으며, 22특별경호대와 666특공대가 창설되고, 경호행사 시 3중 경호의 원칙이 도입되는 등 조직과 제도가 대폭 보강되었다. • 1981년 '대통령 당선 확정자의 가족의 호위'와 '전직대통령과 그 배우자 및 자녀의 호위'가 임무에 추가되었다. ★ • 2004년 대통령 탄핵안이 가결됨에 따라 대통령 권한대행과 그 배우자에 대한 경호임무를 추가로 수행하였다. ★ • 2008년 2월 29일 '대통령경호실법'은 '대통령 등의 경호에 관한 법률'로 개칭되고 소속도 대통령 직속기관인 대통령경호실에서 대통령실장 소속 경호처로 변경되었다. • 2013년 2월 25일 경호처는 다시 대통령비서실과 독립된 대통령경호실로 환원되고, 지위도 장관급으로 격상되었다. • 2017년 7월 26일 정부조직법 개정으로 대통령경호실은 재개편되어 현재 차관급 대통령경호처가 되었다.

48 난이도 하 ▍경호학과 경호 - 경호의 정의

경호의 정의와 개념을 잘못 말한 자는?

- A경호원 : 경호란 경호대상자의 생명과 재산을 보호하기 위하여 신체에 가하여지는 위해를 방지하거나 제거하고, 특정 지역을 경계·순찰 및 방비하는 등의 모든 안전활동을 말해.
  - (○) 대통령 등의 경호에 관한 법률 제2조 제1호의 경호개념은 호위와 경비가 포함되는 개념이다.
- B경호원 : 맞는데, 경호는 보안이 강조되므로 자신의 몸을 최대한 은폐, 엄폐하여 근무하는 습관이 필요해.
  - (×) 우발상황 발생 시 경호원 자신의 체위를 최대한 확장·노출시켜 방어공간을 넓힘으로써 경호대상자에 대한 방호효과를 극대화해야 한다.
- C경호원 : 경호는 경호대상자와 위해행위자 사이의 완충벽이라 볼 수 있어.
  - (○) 경호는 경호대상자와 위해행위자 사이의 완충벽이라 볼 수 있다.

① A
② **B**
  제시된 내용 중 경호의 정의와 개념을 잘못 말한 자는 B이다.
③ A, C
④ B, C

49 난이도 하 ▍경호의 조직 - 경호의 주체(대통령 등의 경호에 관한 법률)

다음이 설명하는 자는?

대한민국에서 개최되는 다자간 정상회의에 참석하는 외국의 국가원수 또는 행정수반과 국제기구 대표의 신변보호 및 행사장의 안전관리 등을 효율적으로 수행하기 위하여 대통령 소속으로 설치하는 경호·안전 대책 기구의 장

① 국무총리
② 경찰청장
③ 국가정보원장
④ **대통령경호처장**
  제시문이 설명하는 자는 대통령 등의 경호에 관한 법률 제5조의2 제2항의 경호처장이다.

> **관계법령** 다자간 정상회의의 경호 및 안전관리(대통령 등의 경호에 관한 법률 제5조의2)
>
> ① 대한민국에서 개최되는 다자간 정상회의에 참석하는 외국의 국가원수 또는 행정수반과 국제기구 대표의 신변(身邊)보호 및 행사장의 안전관리 등을 효율적으로 수행하기 위하여 대통령 소속으로 경호·안전 대책기구를 둘 수 있다.
> ② 경호·안전 대책기구의 장은 처장이 된다.
> ③ 경호·안전 대책기구는 소속 공무원 및 관계기관의 공무원으로 구성한다.
> ④ 제1항에 따른 경호·안전 대책기구의 구성 시기, 구성 및 운영 절차, 그 밖에 필요한 사항은 대통령령으로 정한다.
> ⑤ 경호·안전 대책기구의 장은 다자간 정상회의의 경호 및 안전관리를 위하여 필요하면 관계기관의 장과 협의하여 「통합방위법」 제2조 제13호에 따른 국가중요시설과 불특정 다수인이 이용하는 시설에 대한 안전관리를 위하여 필요한 인력을 배치하고 장비를 운용할 수 있다.

50 난이도 하 ┃경호의 조직 – 경호구역(대통령 등의 경호에 관한 법률)

대통령 등의 경호에 관한 법률상 다음 (   )에 들어갈 내용은?

> 소속 공무원과 관계기관의 공무원으로서 경호업무를 지원하는 사람은 경호 목적상 불가피하다고 인정되는 상당한 이유가 있는 경우에만 (   )에서 질서유지, 교통관리, 검문·검색, 출입통제, 위험물 탐지 및 안전조치 등 위해 방지에 필요한 안전활동을 할 수 있다.

① 안전구역

> 안전구역은 3중 경호의 원칙에 따른 구분으로, 행사장에 참석하는 경호대상자를 중심으로 가장 가까운 1선을 의미한다. 권총의 평균 유효사거리 및 수류탄 투척거리를 기준으로 50m 반경 이내에 설정되고, 비인가자의 절대적 출입통제가 실시된다.

② 경계구역

> 경계구역은 안전구역과 마찬가지로 3중 경호의 원칙에 따른 구분으로, 행사에 직·간접적으로 영향을 미칠 수 있어 경찰·군 등 각 분야의 다양한 경호지원기관이나 인력들이 인적·물적·자연적 취약요소에 대한 첩보수집, 위험인물 파악 등을 실시하는 지역이다. 소구경 곡사화기의 유효사거리를 기준으로 하며, 수색 및 사찰활동이 중점 실시된다.

③ 통제구역

> 보호지역의 구분 중 하나로 보안상 매우 중요한 구역이므로 비인가자의 출입이 금지되는 구역이다.

④ **경호구역**

> (   )에 들어갈 내용은 경호구역이다(대통령 등의 경호에 관한 법률 제2조 제2호).

> **관계법령** 정의(대통령 등의 경호에 관한 법률 제2조)
>
> 이 법에서 사용하는 용어의 뜻은 다음과 같다.
>   2. "경호구역"이란 소속 공무원과 관계기관의 공무원으로서 경호업무를 지원하는 사람이 경호활동을 할 수 있는 구역을 말한다.

51 난이도 하 ▌경호의 조직 - 경호조직의 특성과 경호조직의 (구성)원칙

경호조직의 특성과 원칙에 관한 설명으로 옳은 것은?

① 경호조직은 기구단위, 권한과 책임 등이 경호업무의 목적 달성을 위해 통합되어야 한다.

> 경호조직의 특성 중 통합성과 계층성에 따라 경호조직은 기구단위, 권한과 책임 등이 경호업무의 목적 달성에 기여할 수 있도록 분화되어야 한다.

② 경호조직은 계층성, 개방성, 기동성의 특징을 가진다.

> 개방성이 아니라 폐쇄성이 경호조직의 특성으로 옳다.

③ **경호업무는 지휘권, 장비, 보급지원체계 등이 갖춰진 기관단위의 작용으로 이루어진다.**

> 경호조직의 구성원칙 중 경호기관단위작용의 원칙에 관한 설명이다.

④ 경호업무의 모순, 중복, 혼란 등을 방지하여 신뢰성을 높이기 위해 복합 지휘체제를 구성하여야 한다.

> 지휘 및 통제의 이원화로 인해 파생되는 문제들을 보완하기 위해 명령과 지휘체계는 반드시 하나의 계통으로 구성해야 한다는 경호지휘단일성의 원칙에 관한 설명이다.

핵심만콕 경호조직의 특성과 (구성)원칙★

경호조직의 특성	경호조직의 (구성)원칙
• 경호조직의 기동성 • 경호조직의 통합성과 계층성 • 경호조직의 폐쇄성 ↔ 개방성(×) • 경호조직의 전문성 • 경호조직의 대규모성 ↔ 소규모성(×)	• 경호지휘단일성의 원칙 ↔ 경호지휘다양성의 원칙(×) • 경호체계통일성의 원칙 • 경호기관단위작용의 원칙 ↔ 개인단위작용의 원칙(×) • 경호협력성의 원칙

〈참고〉 김두현, 「경호학개론」, 엑스퍼트, 2020, P. 182~186

52 난이도 하 ▎경호의 환경 - 신종금융범죄

다음이 설명하는 것은?

> 문자메시지(SMS)와 피싱(phishing)의 합성어로, 인터넷 접속이 가능한 스마트폰의 문자메시지를 이용한 해킹범죄

① APT

> APT(Advanced persistent Threat)는 국내 유명 기업 표적 공격형 수법으로 이른바 지능형 지속 위협의 대표적인 사례이다. APT의 특징은 지속성과 은밀함으로, APT의 공격 기간은 평균 1년에서 길게는 5년 가까이 공격을 하는 경우도 있다.

② 메신저피싱

> 메신저피싱은 개인정보 유출이나 인터넷 주소록 탈취를 통해 얻은 개인정보로 타인의 메신저 프로필을 도용해 지인에게 금전을 요구하는 사기범죄를 말한다.

③ <u>스미싱</u>

> 스미싱은 문자메시지(SMS)와 피싱(Phishing)의 합성어로, '무료쿠폰 제공', '돌잔치 초대장' 등을 내용으로 하는 악성앱 주소가 포함된 문자메시지를 대량으로 전송 후 문자메시지 내 인터넷주소(url)를 클릭하면 악성코드가 설치되어 피해자가 모르는 사이에 소액결제피해가 발생하거나 개인·금융정보를 탈취하는 수법을 말한다.

④ 보이스피싱

> 보이스피싱은 전화를 통해 피해자를 기망하여 금전 또는 개인정보를 탈취하는 사기 수법을 말한다.

핵심만 콕

- 피싱(Phishing) : 개인정보(private)와 낚시(fishing)의 합성어로, 불특정 다수에게 메일이나 게시글 등으로 위장된 홈페이지에 정보를 입력하도록 유도하여 개인정보나 금융정보를 빼내는 기법이다. 피싱의 기법으로는 보이스피싱, 메신저피싱, 스미싱 등 다양하다.
- 파밍이란 합법적인 사용자의 도메인을 탈취하거나 도메인 네임 시스템(DNS) 또는 프록시 서버의 주소를 변조함으로써 이용자가 인터넷 '즐겨찾기', 포털사이트 검색, 주소입력 등을 통하여 금융회사 등의 정상적인 홈페이지 주소로 접속하여도 피싱(가짜)사이트로 유도되어 범죄자가 금전 및 개인·금융정보 등을 몰래 빼가는 사기 수법이다.

〈참고〉이두석, 「경호학개론」, 진영사, 2018, P. 386~390

53 난이도 하 | 경호업무 수행방법 – 선발경호의 특성

선발경호의 특성이 아닌 것은?

① 예방성
② 통합성
③ 안전성
④ <u>유동성</u>

> 유동성(기동성)은 노출성, 방벽성, 기만성, 방호 및 대피성 등과 더불어 근접경호의 특성에 해당한다.

54 난이도 하 | 경호업무 수행방법 – 우발상황의 특성

경호업무 시 우발상황에 관한 설명으로 옳은 것은?

① <u>위험요소가 어디서 발생할지 예측하기 어렵다.</u>

> 불확실성(사전예측의 곤란성)에 관한 설명으로 옳다.

② 위험요소가 언제 발생할지 예측할 수 있다.
③ 위험요소의 피해 정도를 파악할 수 있다.
④ 위험요소가 어떤 방법으로 발생할지 파악할 수 있다.

핵심만콕 우발상황의 특성

구분	내용
불확실성 (사전예측의 곤란성)	우발상황의 발생 여부가 불확실하고 사전예측이 곤란하여 대비가 어렵다.
돌발성	우발상황은 사전예고 없이 돌발적으로 발생한다.
시간제약성	돌발성으로 인해 우발상황에 대처할 충분한 시간적 여유가 없다.
중대성 (혼란 야기와 무질서, 심리적 불안정성)	우발상황은 경호대상자의 안전이나 행사에 치명적인 영향(무질서, 혼란, 충격, 공포 등)을 끼칠 수 있는 상황으로, 경호대상자의 신변에 중대한 결과를 초래할 수 있다.
현장성	우발상황은 현장에서 발생하고 이에 대한 경호조치도 현장에서 이루어져야 한다.
자기보호본능의 발동	• 우발상황 발생 시 일반인뿐만 아니라 경호원도 인간의 기본욕구인 자기자신을 보호하려는 보호본능이 발현된다. • 자기보호본능의 발현에도 불구하고 경호원으로서 본분을 망각하지 않기 위해 평소에 공격 방향으로 신속하고도 과감히 몸을 던지는 반복숙달 훈련과 심리적 훈련이 요구된다.

〈참고〉이두석,「경호학개론」, 진영사, 2018, P. 344

55 난이도 하　　　경호업무 수행방법 – 근접경호 도보대형 형성 시 고려사항

근접경호 도보대형을 검토할 때 고려사항이 아닌 것은?

① 경호대상자의 성향
② 행사장의 취약요인
③ **비상시 최기병원 위치**

> 비상시 최기병원의 위치는 차량기동 간 사전준비 및 검토할 사항에 해당한다.

④ 공식, 비공식행사 등 행사 성격

핵심만콕

도보대형 형성 시 우선적으로 고려할 사항	차량기동 간 사전준비 및 검토할 사항
• 주변 감시통제 건물의 취약도 • 인적 취약요소의 이격도 • 물적 취약요소의 위치 • 행사장 사전예방경호의 수준 • 행사장 참석자 인원수 및 성향 • 행사 성격 등을 우선적으로 고려해야 한다.	• 행차로와 환차로 등 주변 도로망 파악 • 대피소 및 최기병원 선정 등 주변 구호시설의 파악 • 주도로 및 예비도로의 선정 • 차량대형 및 차종의 선택 • 의뢰자 및 관계자의 차량번호 숙지 • 현지에서 합류되는 차량번호 숙지 등 • 경호대상자의 성향 및 행사 성격 등을 고려해야 한다.

56 난이도 상　　　경호복장과 장비

폭발물 처리장비가 아닌 것은?

① 금속탐지기

> 금속탐지기를 폭발물 탐지장비로 분류한 학계의 이론을 토대로 하여 출제된 문제(가답안 ①)이나, 타 법령의 내용과 부합하지 않는다는 취지의 이의제기가 받아들여져 모두 정답 처리된 것으로 판단된다. 명시적으로 폭발물 처리장비의 종류를 규정하고 있는 공항에서의 폭발물 등에 관한 처리기준 제8조 제1항에 의하면 금속탐지기는 폭발물 처리장비의 종류에 포함되나, 물포는 규정하고 있지 않다. 하지만 경찰장비관리규칙 제123조 제1항 제6호 가목에 의하면 물발사분쇄기의 경우에는 폭발물처리 목적에 사용할 수 있다고 규정하고 있어 지문의 물포가 물발사분쇄기와 동일한 의미라면 본 문제의 정답은 없어 보인다.

② 물포(water cannon)
③ 폭발물처리키트
④ X-Ray 촬영기

핵심만콕	검측장비의 세분

검측장비의 구분	내 용
탐지장비	금속탐지기(문형, 봉형, 휴대용), X-RAY(X-RAY 검색기, 전신 검색기), 폭약탐지기, 액체폭발물 탐지기, 방사능탐지기, 독가스탐지기, 독극물탐지기, 청진기, 화이버스코프, 서치탭, 검색경, 폭발물탐지견, 소방점검장비 등
처리장비	폭발물처리키트, 물포(water cannon), X-RAY 촬영기
검측공구	탐침, 손전등, 거울, 개방공구, 다용도칼 등

〈출처〉 이두석, 「경호학개론」, 진영사, 2018, P. 241~243

관계법령

폭발물 처리장비의 종류(공항에서의 폭발물 등에 관한 처리기준 제8조)
① 공항운영자가 갖추어야 할 폭발물 처리장비는 다음 각호와 같다.
  1. 검색경, 탐침(봉), 금속탐지기, 휴대용 폭약탐지기 등 폭발물 탐지장비
  2. 엑스레이 촬영기 및 현상기, 관측내시경, 청진기 등 폭발물 확인장비
  3. 방폭담요, 방폭가방, 방폭복, 원격이동장비 등 폭발물 취급장비
  4. 폭발물분쇄기, 수처리 공구 세트 등 폭발물 분쇄장비
  5. 폭발물운반트레일러, 출동차량 등 폭발물 운반장비
  6. 세균·가스 불침투보호 세트, 제독기, 탐지킷 및 수집 세트 등 생화학 물질 처리장비

무기·탄약 취급상의 안전관리(경찰장비관리규칙 제123조)
① 경찰관은 권총·소총 등 총기를 휴대·사용하는 경우 다음의 안전수칙을 준수하여야 한다.
  6. 물발사분쇄기
    가. 특별한 경우를 제외하고는 폭발물처리 목적에만 사용하여야 한다.
    나. 보호벽을 설치하고 사용하여야 한다.

위해성 경찰장비의 종류(위해성 경찰장비의 사용기준 등에 관한 규정 제2조)
「경찰관직무집행법」 제10조 제1항 단서에 따른 사람의 생명이나 신체에 위해를 끼칠 수 있는 경찰장비(이하 "위해성 경찰장비"라 한다)의 종류는 다음 각호와 같다.
  4. 기타장비 : 가스차·살수차·특수진압차·물포·석궁·다목적발사기 및 도주차량차단장비

57 난이도 하 | 경호업무 수행방법 - 선발경호업무

선발경호업무가 아닌 것은?

① 행사장 사전 답사
② **도보 및 차량대형 형성**

　도보 및 차량대형 형성은 근접경호의 방법과 관련된 논의이다.

③ 위해가능자 동향 파악
④ 출입증 확인 및 물품 검색

58 난이도 하 　　　　　경호업무 수행방법 – 출입통제

선발경호업무 시 출입통제에 관한 설명으로 옳지 않은 것은?

① **출입통제 효과를 극대화하기 위해 출입구를 다양화한다.**

　출입통제 효과를 극대화하기 위해서는 출입구를 가능한 한 단일화하거나 최소화하여야 한다.

② 안전구역은 행사와 무관한 사람들의 행사장 출입을 통제 또는 제한해야 한다.

　1선인 안전구역은 행사와 무관한 사람들의 행사장 출입을 통제 또는 제한해야 한다.

③ 경호구역 설정에 따라 각 통제의 범위를 결정한다.

　3선 경호개념에 의거한 경호구역의 설정에 따라 각 구역별 통제의 범위를 결정한다.

④ 2선 경비구역은 모든 출입요소에 대한 실질적인 1차 통제점이 된다.

　2선 경비구역은 행사 참석자를 비롯한 모든 출입요소의 1차 통제점이 되어, 상근자 이외에 용무가 없는 사람들의 출입을 가급적 제한한다.

〈출처〉 이두석, 「경호학개론」, 진영사, 2018, P. 266

59 난이도 하 　　　　　경호업무 수행방법 – 우발상황 대응방법

우발상황 조치에 관한 내용이다. 다음 (　)에 들어갈 내용을 순서대로 옳게 나열한 것은?

　우발상황이 발생하였을 경우 경호대상자를 위험으로부터 보호하기 위한 일련의 순간적인 경호조치를 말하며, (　)의 결과에 따라 경호대상자를 살릴 수도 있고 죽일 수도 있다. 우발상황이 발생하면 최초에 정확하게 대응해야 한다는 데 핵심이 있다. 위험한 것을 (　) 것으로 판단하면 자칫 (　)를 잃을 수도 있고, 위험하지 않은 것을 (　) 것으로 판단하면 행사장을 혼란에 빠뜨리거나 행사를 망칠 수도 있다.

① 즉각조치, 위험한, 행사 참석자, 위험하지 않은
② **즉각조치, 위험하지 않은, 경호대상자, 위험한**

　(　)에 들어갈 내용은 순서대로 즉각조치, 위험하지 않은, 경호대상자, 위험한이다.

③ 통제조치, 위험하지 않은, 경호대상자, 위험한
④ 통제조치, 위험한, 행사 참석자, 위험하지 않은

60 난이도 하
경호업무 수행방법 - 근접경호(사주경계)

근접경호에서 사주경계에 관한 설명으로 옳지 않은 것은?

① 시각, 청각 등 오감과 육감을 활용한다.
② 위험 감지에 대한 단계와 구조를 이해해야 한다.
③ **인적 경계대상은 위해 가능한 인원으로 제한하며 사회적 권위와 지위를 고려한다.**

> 인적 경계대상은 경호대상자 주변의 모든 인원들이 그 지위나 차림새 등에 상관없이 포함되어야 한다.
> 〈출처〉 이두석, 「경호학개론」, 진영사, 2018, P. 180

④ 경호대상자를 중심으로 360도 전 방향을 감시해야 한다.

61 난이도 하
경호업무 수행방법 - 선발경호의 특성

선발경호의 특성으로 옳지 않은 것은?

① 경호팀의 능력에 부합하는 비상대응계획을 수립한다.
② 3중 경호 원리에 입각해 구역별 특성에 맞는 경호조치를 한다.
③ **경호임무에 동원된 부서는 각각의 지휘체계하에 상호보완적으로 임무를 수행한다.**

> 경호임무에 동원된 부서는 각자의 기능을 100% 발휘하면서 하나의 지휘체계 아래에 통합하여 상호보완적으로 임무를 수행해야 한다(통합성).

④ 위해요소를 사전에 발견해서 제거하고 위해요소의 침투가능성을 거부한다.

62 난이도 하
경호업무 수행방법 - 기동경호대형

선도경호차량 - VIP차량 - 후미경호차량으로 구성된 차량대형에서 선도경호차량의 역할이 아닌 것은?

① 전방 교통 및 도로 상황을 전파한다.
② 행차코스 개척 및 차량대형을 선도한다.
③ **선도경호차량이 기동 간 이동지휘소 역할을 한다.**

> 기동 간 이동지휘소 역할은 후미경호차량이 한다. 이 경우 팀장은 앞좌석 우측에 탑승해서 기동 간 차량대형의 운용이나 속도 등을 통제하고 지휘한다.
> 〈출처〉 이두석, 「경호학개론」, 진영사, 2018, P. 335

④ 계획된 시간에 목적지에 도착할 수 있도록 속도를 조절한다.

63 난이도 하 ▮경호업무 수행방법 - 우발상황 대응방법(즉각조치)

즉각조치에 관한 설명으로 옳지 않은 것은?

① 경고 : 공격받고 있다는 상황을 알려주고 대응행동을 하라는 신호이며, 일반인들에게는 위험상황을 알려주는 것이다.
② 방호 : 자신의 몸으로 방호벽을 형성하여 경호대상자를 엄폐시키는 행동에 우선순위를 두어야 한다.
③ 대피 : 방호와 동시에 위험지역을 이탈하기 위해 방호대형을 형성하여 공격방향으로 신속히 이동하여야 한다.

> 대피는 적 공격의 반대 방향이나 비상구 쪽으로 하여야 한다.

④ 대적 : 경호대상자를 등지고 위험발생지역으로 향한 후 몸을 최대한 확장하여 방호범위를 확대한다.

핵심만콕 즉각조치의 개념 및 단계

즉각조치는 경호활동 중 위해기도나 행사 방해책동과 관련하여 발생 시기나 발생 여부 및 피해 정도를 모르는 우발적 상황에서의 즉각적 행동원칙을 말한다.

- 즉각조치의 과정은 경고와 방호 및 대피, 대적이 포함되며, 이는 순차적인 개념이라기보다 우선순위 없이 동시에 이루어지는 일체적 개념이다.
- 경고(Sound off)는 위해상황을 가장 먼저 인지한 사람이 주변 근무자에게 상황을 간단명료하게 전파하는 것으로, 상황 발생을 인지한 경호원이 가장 먼저 취해야 할 조치이다.
- 방호(Cover)는 위협상황을 알리는 경고를 인지하는 즉시, 경호대상자 주변 근무자가 자신의 신체로 방벽을 형성하여 경호대상자의 노출을 최소화함으로써 직접적인 위해를 방지하는 행위를 말한다.
- 대피(Evacuate)는 우발상황 발생 시 위해자의 표적이 되는 경호대상자를 안전지역으로 이동시키는 행위를 말한다. 대피는 방호와 동시에 공격자의 반대 방향으로 신속히 이동하여야 하며, 방호대형을 형성하여 비상대피소나 비상대기차량이 있는 안전지역으로 이동한다.
- 즉각조치과정은 일단 경고 - 방호 - 대피의 순으로 전개된다. 대적 여부는 촉수거리의 원칙에 따라 판단한다. 대적의 목적은 위해자의 공격선을 차단하여 경호대상자를 보호하는 것이다. 대적 시에는 우선 경호대상자를 등지고 위험발생지역으로 향한 다음, 몸을 최대한 크게 벌려 방호범위를 확대하고, 경호대상자와 위해기도자 사이의 일직선상에 위치하여 위해자의 공격을 차단한다.

〈출처〉이두석, 「경호학개론」, 진영사, 2018, P. 350~354

---

64 난이도 하 ▮경호업무 수행방법 - 출입자 통제 방법

출입자 통제 방법에 관한 설명으로 옳지 않은 것은?

① 출입증은 모든 참가자에게 운용함을 원칙으로 한다.
② 모든 출입요소는 지정된 출입통로를 사용하며 기타 통로는 폐쇄한다.
③ 대규모 행사 시 참석 대상과 좌석을 구분하지 않고 시차입장계획을 수립한다.

> 대규모 행사 시에는 참석 대상별 또는 좌석별 구분에 따라 출입통로 선정 및 시차입장계획을 수립하여 출입통제가 용이하도록 한다.

④ 행사장 내 출입요소에 대해서는 인가된 인원 및 인가차량 여부를 확인한다.

핵심만콕	통제대책	
출입통제	행사장에 대한 출입통제는 3선 경호개념에 의거한 경호구역의 설정에 따라 각 구역별 통제의 범위를 결정한다. 특히 1선인 안전구역은 행사와 무관한 사람들의 행사장 출입을 통제 또는 제한하고, 그 효과를 극대화하기 위해서 가능한 한 출입구를 단일화하거나 최소화한다. 출입구에는 금속탐지기 등을 설치하여 출입자와 반입물품을 확인한다. 2선인 경비구역은 행사 참석자를 비롯한 모든 출입요소의 1차 통제점이 되어, 상근자 이외에 용무가 없는 사람들의 출입을 가급적 제한한다.	
	안전구역에 대한 출입통제대책은 다음의 조치를 수반한다. • 모든 출입요소에 대한 인가 여부를 확인한다. • 참석자가 시차별로 지정된 출입통로를 통하여 입장토록 한다. • 비표 운용을 통하여 비인가자의 출입을 통제한다. • MD(금속탐지기) 검색을 통하여 위해요소의 침투를 차단한다.	
입장계획	• 현장에서의 혼잡 예방을 위해서는 중간집결지를 운영하여 단체로 입장토록 하는 방법이나 시차별 입장을 통하여 인원을 분산시킨다. • 차량출입문과 행사 참석자의 도보출입문을 구분하여 운영한다. • 참석자 입장계획은 철저한 신분확인 및 검색과 직결된 문제로 시차별 입장계획과 출입구별 인원 배분계획을 수립하여, 참석자가 일시에 몰리거나 특정 출입구로 몰리는 혼란을 미연에 방지한다.	
주차계획	• 입장계획과 연계하여, 주차장별로 승차입장카드를 구분 운영하고, 참석자들이 하차하는 지점과 주차장소에 대한 안내표지판을 설치하고 안내한다. • 행사장에서의 혼잡상황을 예방하거나 행사장 주변에 주차장이 충분치 않을 경우에는 중간집결지를 운용하여 단체버스로 이동시키고, 개별 승용차의 행사장 입장을 가급적 억제한다.	
비표 운용계획	• 비표의 종류에는 리본, 배지, 명찰, 완장, 모자, 조끼 등이 있으며, 비표는 대상과 용도에 맞게 적절히 운용한다. • 행사 참석자를 위한 명찰이나 리본은 구역별로 그 색상을 달리하여 식별 및 통제가 용이하도록 하면 효과적이다.	
금속탐지 운용계획	• 행사장의 배치, 행사 참석자의 규모 및 성향 등을 고려하여 통제가 용이하고 공간이 확보된 장소에 설치 운용한다. • 금속탐지기를 통한 검색능력은 대략 초당 1명 정도인 점을 감안하여 금속탐지기의 설치장소 및 대수를 판단하고, 행사의 성격에 따라 X-RAY나 물품보관소를 같이 운용한다.	
통제수단	비표	• 모든 인적·물적 출입요소의 인가 및 확인 여부를 표시하기 위하여 사용되는 중요한 수단이다. • 비표는 모양이나 색상이 원거리에서도 식별이 용이하도록 단순하고 선명하게 제작하여 사용함으로써 경호조치의 효율성을 증대시키고, 재생이나 복제가 되어서는 안 된다.
	금속탐지기	• 크게 문형 금속탐지기와 휴대용 금속탐지기로 구분할 수 있다. • 인적·물적 출입요소의 이상 유무와 위해물품 반입 여부를 확인하기 위한 금속탐지기는 금속성 물질에만 제한적으로 반응하는 특징이 있다.

〈출처〉 이두석, 「경호학개론」, 진영사, 2018, P. 265~267

65 난이도 하
경호업무 수행방법 – 안전검측의 원리

안전검측의 원리에 관한 설명으로 옳지 않은 것은?
① 점검은 아래에서 위로, 좌에서 우로 일정한 방향으로 체계적으로 점검이 이루어져야 한다.
② **주변의 흩어져 있는 물건은 그대로 두고, 확인 불가능한 것은 먼 거리로 이격 제거한다.**

> 주변에 흩어져 있는 물건은 완벽하게 정리 정돈하며, 확인 불가능한 것은 현장에서 제거한다.

③ 점검인원의 책임구역을 명확히 하며, 중복적 점검이 이루어져야 한다.
④ 범인의 입장에서 설치장소를 의심하며 추적한다.

66 난이도 하
경호업무 수행방법 – 경호업무 수행절차

경호업무 수행절차에 관한 설명으로 옳은 것은?
① **예방단계인 정보활동단계에서는 정·첩보를 수집하고 분석하여 경호위협을 평가한다.**

> 경호와 관련된 정보와 첩보를 수집·분석하여 경호위협을 평가하는 단계는 예방단계이다.

② 학습단계인 안전활동단계에서는 행사장 취약요소에 대한 안전대책을 강구한다.

> 안전활동단계는 학습단계가 아니라 대비단계이다.

③ 대비단계인 경호활동단계에서는 경호인력을 배치하여 지속적인 경계활동을 실시한다.

> 경호활동단계는 대비단계가 아니라 대응단계에 해당한다.

④ 대응단계에서는 경호실시 결과를 분석하고 평가하여 보완한다.

> 경호실시 결과를 분석하고 평가하여 보완하는 단계는 학습단계이다.

핵심만콕 경호업무 수행절차★★

단계	내용
예방단계	법과 제도를 정비하여 우호적인 경호환경을 조성하고, 경호와 관련된 정보와 첩보를 수집·분석하여 경호위협을 평가하고 이를 통하여 경호계획을 수립하는 경호 준비과정이다.
대비단계	발생가능성이 있는 위해요소에 대비하기 위해 사전에 준비하는 단계이다. 이 단계에서는 정보보안활동, 안전대책활동, 거부작전을 수행한다.
대응단계	경호대상자의 신변에 문제가 닥치거나 위해요소가 현실화되었을 때 즉각적으로 조치를 취하는 단계이다. 이 단계에서는 경호작전, 즉각조치 활동을 수행한다.
학습(평가)단계	경호활동의 종결 이후 각 단계에 대한 분석과 반성을 하고 그 결과를 향후에 있을 경호활동에 반영하기 위한 단계이다. 이 단계에서는 평가 및 자료존안, 교육훈련, 피드백을 실시한다.

〈참고〉 이두석, 「경호학개론」, 진영사, 2018, P. 156~158

67 난이도 하 | 경호업무 수행방법 – 근접경호의 특성

근접경호의 특성으로 옳지 않은 것은?

① 위해기도자의 추적을 회피하는 기만전술을 적절히 구사하여 경호의 효과성을 높인다.
② **근접경호원의 신체로 방벽을 형성하여 경호대상자의 시야를 제한하고 공격선을 차단한다.**

> 경호대상자의 시야가 아니라 경호위해자의 시야를 제한하고 공격선을 차단한다.

③ 근접경호원은 대적보다는 경호대상자의 안전한 방호 및 대피에 중점을 둔다.
④ 경호대상자를 따라 이동하거나 변화하는 경호상황에 능동적으로 대처해야 한다.

핵심만콕 근접경호의 특성★

노출성	다양한 기동수단과 도보대형에 따라 경호대상자의 행차가 시각적으로 외부에 노출될 뿐만 아니라, 각종 매스컴에 의하여 행사 일정과 장소 및 시간이 대외적으로 알려진 상태에서 업무를 수행해야 하는 특성을 의미
방벽성	근접 도보대형 시 근무자의 체위에 의한 인적 자연방벽 효과와 방탄복 및 각종 방호장비를 이용하여 외부의 공격으로부터 방벽을 구축해야 하는 특성을 의미
기동 및 유동성	근접경호는 주로 도보 또는 차량에 의해 기동 간에 이루어지며 행사 성격이나 주변 여건, 장비의 특성에 따라 능동적(유동적)으로 대처해야 하는 특성을 의미
기만성	변칙적인 경호기법으로 차량대형 기만, 기동시간 기만, 기동로 및 기동수단 기만, 승·하차 지점 기만 등으로 위해기도자로 하여금 행사 상황을 오판하도록 실제 상황을 은폐하고 허위 상황을 제공하여 경호의 효율성을 높이려는 특성을 의미
방호 및 대피성	비상사태 발생 시 범인을 대적하여 제압하는 것보다 반사적이고 신속·과감한 행동으로 경호대상자의 방호 및 대피를 우선해야 한다는 특성을 의미

68 난이도 하
경호업무 수행방법 – 경호 현장답사 시 고려사항

경호 현장답사 시 고려사항이 아닌 것은?

① 행사장의 기상, 특성, 시설 등에 대한 취약여건 판단
② 행사장 출입, 통제범위 및 경호인력 규모 판단
③ 행사장의 직시고지와 직시건물 등에 대한 경호환경 판단
④ **개인별 사전임무 및 비상상황 시 개인별 임무**

④는 경호 현장답사 시 고려사항이 아니다.

> **핵심만콕** 현장답사 시 고려사항
> - 주최측과 협조하여 행사의전계획서를 확보★
> - 행사장의 기상, 특성, 구조, 시설 등에 대한 여건 판단
> - 취약요소를 분석하고 안전대책에 대한 판단기준 설정
> - 출입과 통제범위 및 병력동원 범위 판단
> - 헬기장 선정(안전공간, 주변 여건)
> - 진입로, 주통로, 주차장 등을 고려하여 기동수단 및 승·하차 지점 판단★

69 난이도 하
경호복장과 장비 – 경호차량

경호차량에 관한 설명으로 옳지 않은 것은?

① 경호차량은 외부의 시선을 집중시키는 차종이나 색상은 지양한다.
② 경호차는 경호대상자 차량의 성능에 필적할 만한 차량을 선정해야 한다.
③ 승하차가 용이하며, 튼튼한 차체와 높은 가속력을 갖춘 차량을 선정한다.
④ **기만효과를 달성하기 위해 경호대상자 차량과 다른 차종을 선정한다.**

기만효과를 거두기 위해서는 경호대상자의 차량과 색상 및 외형이 동일하고 유리는 착색하는 것이 좋다.

> **핵심만콕** 경호차량의 일반적 선정기준(선정방법)
> - 경호차는 경호대상자 차량의 성능에 필적할 만한 차량을 선정해야 한다.
> - 경호대상자 차량은 물론이고, 경호차량도 외부의 시선을 집중시키는 차종이나 색상은 지양한다.
> - 튼튼한 차체와 가속력을 갖춘 차량이어야 한다.
> - 방향전환이 쉽고 엔진의 성능과 가속장치가 좋은 고성능 차량을 선정한다.
> - 차체가 강하고 방탄능력이 있는 차량을 선정한다.
> - 기만효과를 거두기 위해서는 경호대상자의 차량과 색상 및 외형이 동일하고 유리는 착색하는 것이 좋다.

70 난이도 하 ▮경호업무 수행방법 – 비상대책의 내용

비상대책의 내용으로 옳지 않은 것은?

① 행사장에는 비상대피소를 준비한다.
② 상황에 따른 대피계획은 사전에 결정한다.
③ 비상통로의 출구에는 예비차량을 대기시켜 놓는다.
④ **비상대피계획은 위험상황 발생 시 원인을 제거하기 위한 계획이다.**

> 비상상황 발생 시 가장 이상적인 즉각조치의 방법은 경호대상자를 안전지대로 얼마나 신속하게 대피시키느냐에 달려 있다 할 것이다.

71 난이도 하 ▮경호학과 경호 – 경호의 목적과 원칙(우발상황 발생 시 기본원칙)

폭발과 총기공격 발생 시 우발상황 대처에 적용되지 않는 원칙은?

① SCE 원칙

> SCE원칙은 우발상황 발생 시 경호원의 행동절차로서 경고(Sound Off) → 방호(Cover) → 대피(Evacuate) → 계속 임무 수행(Go On) 순으로 진행된다.

② 체위확장의 원칙

> 상황 발생 시 경호원 자신의 몸을 최대한 확장시켜 경호대상자에 대한 방호효과를 최대화하면서 공격 방향으로 대응해야 한다는 원칙이다.

③ 촉수거리의 원칙

> 위해기도자가 범행시도 시 범인과 가장 가까이에 위치하고 있는 경호원이 대적해야 한다는 원칙이다.

④ **예방경호의 원칙**

> 경호대상자가 행사 현장에 도착하기 전에 미리 현장답사를 실시하고 효과적인 경호협조와 경호준비를 하는 원칙을 말하는데, 이는 우발상황의 대처와 어울리지 않는다.

72 난이도 하 ┃경호업무 수행방법 - 경호활동의 기본원칙

경호활동의 기본원칙으로 옳지 않은 것은?

① 경호대상자가 참석할 장소와 지역에 대한 정보를 분석하여 위험요인을 사전에 제거한다.

> 예방경호에 대한 내용이다.

② 경호대상자의 이동시간, 이동경로, 이용차량 등에 변화를 주어 위해기도자가 다음 행동을 예측할 수 없도록 한다.

> 경호대상자의 시간, 장소, 차량, 습관화된 행동을 변화시켜 위해기도자가 다음 행동을 예측할 수 없도록 변화를 주어야 한다.

③ 경호대상자를 제외한 모든 사람이 검색대상이며 모든 인적·물적·지리적 위해요소에 대해 경호조치가 이루어져야 한다.

> 원칙적으로 경호대상자를 제외한 모든 사람이 검색대상이고, 경호구역 내 모든 물품과 시설물이 철저히 검측되어야 한다.

④ <u>일반인의 불편을 최소화하면서 경호대상자와 국민의 접촉을 차단하여 완벽한 임무를 수행한다.</u>

> 일반인의 불편을 최소화하고 경호대상자와 국민과의 접촉을 보장할 수 있는 경호를 수행해야 한다.

핵심만콕

경호의 기본원칙에는 예방경호, 경호 원리에 입각한 경호, 우발상황에 대비한 경호, 예외 없는 경호 및 경호보안의 유지 등이 있다.

73 난이도 하 | 경호복장과 장비 - 경호장비

민간경비원별 휴대 가능한 무기(장비)의 연결이 옳지 않은 것은?

① <u>호송경비원 - 권총, 경적, 단봉, 분사기</u>

> 호송경비원은 권총을 휴대할 수 없다. 반면, 경비업법 시행령 제20조 제5항에 의하면 특수경비원이 휴대할 수 있는 무기종류는 권총 및 소총이다.

② 특수경비원 - 권총, 소총, 경적, 단봉, 분사기
③ 기계경비원 - 경적, 단봉, 출동차량, 분사기
④ 시설경비원 - 경적, 단봉, 분사기

관계법령 경비업의 시설 등의 기준(경비업법 시행령 [별표 1])★ <개정 2024.12.31.>

시설 등 기준 업무별	경비인력	자본금	시 설	장비 등
1. 시설경비업무	• 일반경비원 10명 이상 • 경비지도사 1명 이상	1억원 이상	기준 경비인력 수 이상을 동시에 교육할 수 있는 교육장	기준 경비인력 수 이상의 경비원 복장 및 경적, 단봉, 분사기
2. 호송경비업무	• 무술유단자인 일반경비원 5명 이상 • 경비지도사 1명 이상	1억원 이상	기준 경비인력 수 이상을 동시에 교육할 수 있는 교육장	• 호송용 차량 1대 이상 • 현금호송백 1개 이상 • 기준 경비인력 수 이상의 경비원 복장 및 경적, 단봉, 분사기
3. 신변보호업무	• 무술유단자인 일반경비원 5명 이상 • 경비지도사 1명 이상	1억원 이상	기준 경비인력 수 이상을 동시에 교육할 수 있는 교육장	• 기준 경비인력 수 이상의 무전기 등 통신장비 • 기준 경비인력 수 이상의 경적, 단봉, 분사기
4. 기계경비업무	• 전자·통신 분야 기술자격증 소지자 5명을 포함한 일반경비원 10명 이상 • 경비지도사 1명 이상	1억원 이상	• 기준 경비인력 수 이상을 동시에 교육할 수 있는 교육장 • 관제시설	• 감지장치·송신장치 및 수신장치 • 출장소별로 출동차량 2대 이상 • 기준 경비인력 수 이상의 경비원 복장 및 경적, 단봉, 분사기
5. 특수경비업무	• 특수경비원 20명 이상 • 경비지도사 1명 이상	3억원 이상	기준 경비인력 수 이상을 동시에 교육할 수 있는 교육장	기준 경비인력 수 이상의 경비원 복장 및 경적, 단봉, 분사기
6. 혼잡·교통유도 경비업무	• 일반경비원 10명 이상 • 경비지도사 1명 이상	1억원 이상	기준 경비인력 수 이상을 동시에 교육할 수 있는 교육장	기준 경비인력 수 이상의 경비원 복장 및 경적, 단봉, 분사기, 무전기, 경광봉

74 난이도 중 | 경호업무 수행방법 - 범죄 발생에 따른 초동조치와 현장보존방법

범죄 발생에 따른 초동조치와 현장보존방법에 관한 설명으로 옳지 않은 것은?

① 범행현장에서 현행범으로 판단될 경우 경찰뿐 아니라 민간경호원 등 누구나 영장 없이 체포할 수 있다.

> 형사소송법 제212조에 의하면 현행범인은 누구든지 영장 없이 체포할 수 있다.

② **범행현장에서 가스 누출 발생 시 즉시 선풍기나 배기팬을 작동시켜 환기시킨다.**

> 가스 누출 발생 시 환기를 위해 선풍기나 배기팬을 작동시켜서는 안 된다. 누설된 가스는 작은 전기스파크도 발열원이 되어 불이 붙어 폭발할 수 있기 때문이다.

③ 범죄현장의 범위를 최초에는 광범위한 지역으로 설정한 후 점차 축소해간다.

> 범죄현장의 범위를 최초에는 광범위한 지역으로 설정한 후 점차 축소해가는 것이 효율적이다.

④ 범죄 발생 건물 소유자 등 관리권을 가진 자라도 범죄현장에 대해 경찰관의 출입통제에 따라야 한다.

> 비록 범죄 발생 건물의 소유자 등 관리권을 가진 자라도 범죄현장에 대해 '재산권행사의 공공적합성 의무'에 따라 경찰관의 출입통제에 따라야 한다.

75 난이도 중 | 경호의전과 구급법 - 환자유형별 응급처치 방법

경호임무 수행 시 발생한 환자유형별 응급처치 방법으로 옳지 않은 것은?

① 얼굴이 붉은 인사불성환자의 경우 머리와 어깨를 낮게 하여 안정시킨다.

> 얼굴이 붉은 인사불성환자의 경우 머리와 어깨를 약간 높여 안정시킨다.

② 두부손상환자는 귀나 코를 통해 혈액과 함께 흘러나오는 액체를 막지 말고 그냥 흐르게 한다.

> 두부손상환자의 응급처치 방법으로 옳은 내용이다.

③ 화상환자는 화상부위를 심장보다 높게 올리도록 한다.

> 화상환자는 화상부위를 심장보다 높게 올려 화상부위에 다량의 혈액이 공급되지 않도록 한다.

④ 골절환자의 경우 찬물 찜질을 하고 부상부위를 높여 준다.

> 인대가 늘어났을 때, 근육손상, 관절의 부상, 골절 등의 응급처치는 거의 모든 경우에 'RICE'로 약칭되는 처치가 필요하다.
> *Rest(안정) - Ice(얼음찜질) - Compression(압박) - Elevation(올리기)

| 핵심만콕 | 원인불명의 인사불성환자에 대한 응급처치 |

- 얼굴이 붉은 인사불성환자
  - 주요 증상은 얼굴이 붉고 맥박이 강한 것이다.
  - 환자를 바로 눕히고 머리와 어깨를 약간 높여 안정시킨다.
  - 목의 옷깃을 늦추어(풀어) 주고 머리에 찬 물수건을 대어 열을 식혀 주어야 한다.
  - 환자를 옮길 필요가 있으면 눕힌 상태로 주의해서 운반한다.
  - 운반 중 환자가 구토를 하면 얼굴을 옆으로 돌려준다.
- 얼굴이 창백한 인사불성환자
  - 주요 증상은 얼굴이 창백하고 맥박이 약한 것이다.
  - 충격에 대한 응급처치를 한다.
  - 환자는 머리를 수평이 되게 하거나 다리를 높여 안정되게 하고 보온조치를 한다.
  - 환자를 옮길 필요가 있으면 눕힌 상태로 주의해서 조용히 운반한다.
- 얼굴이 푸른 인사불성환자
  - 얼굴이 창백한 인사불성환자의 증상 외에 호흡이 부전되어 얼굴색이 파래진 것이다.
  - 인공호흡(구조호흡)과 충격에 대한 처치를 실시한다.

〈출처〉 이상철, 「경호현장운용론」, 진영사, 2008, P. 598 / 김계원, 「경호학」, 백산출판사, 2008, P. 401

76 난이도 하
■ 경호학과 경호 - 근접경호의 기본원리(주의력효과와 대응효과)

경호행사 시 주의력효과와 대응효과에 관한 설명으로 옳지 않은 것은?

① 주의력은 위해자를 사전에 색출하기 위한 노력으로 예리한 사주경계가 요구된다.
② 주의력을 높이기 위해서는 경계대상과의 거리를 좁히는 것이 효과적이다.
③ <u>대응력은 경호대상자를 보호하고 대피시켜 신변을 보호하는 능력으로 경호대상자와의 거리를 넓히는 것이 효과적이다.</u>

> 경호원의 주의력효과 면에서 군중(경계대상자)과의 거리가 가까울수록 유리하고, 대응효과 면에서 군중과의 거리가 멀수록 유리하다.
> 〈참고〉 이두석, 「경호학개론」, 진영사, 2018, P. 165

④ 주의력효과와 대응효과는 서로 상반된 개념이므로 위치 선정에 유의해야 한다.

77 난이도 하 ■경호의전과 구급법 – 탑승예절

탑승예절에 관한 설명으로 옳지 않은 것은?

① 승용차 탑승 시 운전기사가 있을 경우 좌석의 가장 상석은 조수석 뒷좌석, 다음이 운전석 뒷좌석, 마지막이 뒷좌석의 가운데이다.
② 기차 탑승 시 네 사람이 마주 앉을 경우 가장 상석은 진행 방향의 창가 좌석, 다음이 맞은편 좌석, 다음은 가장 상석의 옆좌석, 그리고 그 앞좌석이 말석이 된다.
③ 비행기 탑승 시 객석 창문 쪽이 상석이고, 통로 쪽이 차석, 상석과 차석의 사이가 하석이다.
④ **선박 탑승 시 일반 선박일 경우 상급자가 먼저 타고, 하선할 때는 나중에 내리며, 함정일 경우는 상급자가 나중에 타고 먼저 내린다.**

보통 상급자가 나중에 타고 먼저 내린다. 그러나 함정의 경우에는 상급자가 먼저 타고 먼저 내린다.

핵심만콕	탑승 시 경호예절 ★★
항공기	• 상급자가 나중에 타고 먼저 내린다. • 창문가 좌석이 상석, 통로 쪽 좌석이 차석, 상석과 차석 사이가 말석이다.
선 박	• 일반적 선박 : 상급자가 나중에 타고 먼저 내린다.★ • 함정 : 상급자가 먼저 타고 먼저 내린다.★
기 차	• 두 사람이 나란히 앉는 좌석에서는 창가 쪽이 상석이고 통로 쪽이 말석이다. • 네 사람이 마주 앉는 자리에서는 기차 진행 방향의 창가 좌석이 가장 상석이고 그 맞은편, 상석의 옆좌석, 그 앞좌석 순이다. • 침대차에서는 아래쪽 침대가 상석이고 위쪽 침대가 말석이다.
승용차	• 운전기사가 있을 경우 자동차 좌석의 서열은 뒷좌석 오른편이 상석이고 왼쪽과 앞자리, 가운데 순이다(뒷좌석 가운데와 앞자리의 서열은 바뀔 수 있다).★ • 자가운전자의 경우 자진해서 운전석 옆자리에 앉는 것이 통례이며 그곳이 상석이다. 그리고 뒷좌석 오른편, 왼쪽, 가운데 순이다.★
엘리베이터	• 안내하는 사람이 있을 때에는 상급자가 먼저 타고 먼저 내린다. • 안내하는 사람이 없을 때에는 하급자가 먼저 타서 엘리베이터를 조작하고 내릴 때에는 상급자가 먼저 내린다.
에스컬레이터	올라갈 때는 상급자가 먼저 올라가고 내려올 때는 하급자가 먼저 내려온다.★

78 난이도 하
경호복장과 장비 – 경호복장 선택과 착용

경호복장 선택과 착용에 관한 설명으로 옳지 않은 것은?

① 주변의 시선을 끌 만한 색상이나 디자인은 지양한다.
② **행사의 성격과 장소와 무관하게 기능적이고 튼튼해야 한다.**

> 경호요원은 행사의 성격에 따라 보호색원리에 의한 경호현장의 주변환경과 조화되는 복장을 착용하여 신분이 노출되지 않도록 한다.

③ 신발은 장시간 서 있는 근무상황을 고려해서 선택해야 한다.
④ 기상조건을 극복하기에 적절한 복장을 착용한다.

핵심만콕   경호복장

- 경호요원은 행사의 성격에 따라 보호색원리에 의한 경호현장의 주변환경과 조화되는 복장을 착용하여 신분이 노출되지 않도록 한다.
- 경호원의 복장은 경호대상자의 복장에 맞추어 정장이나 캐주얼 복장을 상황에 따라 입고, 두발상태도 경호대상자의 두발상태와 비슷하게 관리한다.
- 경호원의 복장은 주위의 시선을 빼앗는 화려한 색상이나 새로운 패션의 스타일은 눈에 띄기 쉬우므로 착용해서는 안 되고, 보수적인 색상과 스타일의 복장이 적합하다.

〈출처〉 이두석, 「경호학개론」, 진영사, 2018, P. 246~247

79 난이도 중
경호의전과 구급법 – 쇼크환자의 일반적인 증상

경호행사 시 쇼크환자의 일반적인 증상이 아닌 것은?

① 호흡이 얕고 빨라진다.
② **맥박이 강하고 때로는 늦어진다.**

> 얼굴이 붉은 인사불성환자의 증상이다. 쇼크환자는 맥박이 약하고 빠르다. 쇼크는 의식을 잃는 경우도 있지만 의식이 있는 상태로도 발생할 수 있는데, 의식이 없는 경우를 실신이라고 한다.

③ 메스꺼움이나 구토를 호소한다.
④ 지속적으로 혈압하강이 나타난다.

| 핵심만콕 | 쇼크와 관계된 증상 및 징후 |

- 불안감
- 약하고 빠른 맥박
- 차고 축축한 피부
- 발 한
- 창백한 얼굴
- 빠르고 깊이가 얕으며 힘들어 보이는 호흡
- 초점 없는 눈과 확장된 동공
- 심한 갈증
- 오심 또는 구토
- 점차적인 혈압하강
- 졸 도
- 말초혈관 재충혈 시간의 지연 등

〈출처〉 김두현, 「경호학개론」, 엑스퍼트, 2020, P. 299

80 난이도 하 ▮경호복장과 장비 – 특수경비원의 무기관리수칙

특수경비원의 무기관리수칙으로 옳지 않은 것은?

① 무기 관리실태를 매월 파악하여 다음 달 3일까지 관할 경찰관서장에게 통보하여야 한다.

> 경비업법 시행규칙 제18조 제1항 제5호

② 무기고 및 탄약고는 단층으로 설치하고 환기, 방습, 방화 등의 시설을 한다.

> 경비업법 시행규칙 제18조 제1항 제2호

③ **탄약의 출납은 소총은 1정당 7발 이내, 권총은 1정당 15발 이내로 한다.**

> 무기를 대여받은 시설주 또는 관리책임자는 특수경비원에게 무기를 출납하고자 하는 때에는 탄약의 출납은 소총에 있어서는 1정당 15발 이내, 권총에 있어서는 1정당 7발 이내로 하되, 생산된 후 오래된 탄약을 우선적으로 출납하여야 한다(경비업법 시행규칙 제18조 제3항 제2호).

④ 무기를 지급받은 경비원으로 하여금 매주 1회 이상 손질하게 한다.

> 경비업법 시행규칙 제18조 제3항 제3호

2018년 경비업법

> 문제편 184p

정답 CHECK

01	02	03	04	05	06	07	08	09	10	11	12	13	14	15	16	17	18	19	20
②	③	①	①	①	②	④	④	③	④	②	①	④	③	③	③	②	①	①	②
21	22	23	24	25	26	27	28	29	30	31	32	33	34	35	36	37	38	39	40
③	②	③	④	③	④	②	④	③	③	②	①	①	②	④	④	④	②	①

01 난이도 하

■ 경비업법 시행령 [별표 6] - 과태료 부과기준

경비업법령상 과태료 부과기준이다. ( )에 들어갈 숫자의 연결이 옳은 것은?

위반행위	과태료 금액(단위 : 만원)		
	1회 위반	2회 위반	3회 이상
경비업자가 경비원의 복장 등에 관한 신고규정을 위반하여 신고를 하지 않은 경우	100	200	(ㄱ)
경비업자가 경비원의 복장에 관한 신고를 하지 않고 집단민원현장에 경비원을 배치한 경우	(ㄴ)	1,200	2,400

① ㄱ : 300,   ㄴ : 300
② ㄱ : 400,   ㄴ : 600

> ㄱ : 3회 이상 위반 시 과태료 400만원 부과대상이다(경비업법 시행령 [별표 6] 제7호).
> ㄴ : 1회 위반 시 과태료 600만원 부과대상이다(경비업법 시행령 [별표 6] 제8호).

③ ㄱ : 500,   ㄴ : 800
④ ㄱ : 600,   ㄴ : 1,000

관계법령 과태료의 부과기준(경비업법 시행령 [별표 6])

위반행위	해당 법조문	과태료 금액(단위 : 만원)		
		1회 위반	2회 위반	3회 이상 위반
7. 법 제16조 제1항을 위반하여 복장 등에 관한 신고규정을 위반하여 신고를 하지 않은 경우	법 제31조 제2항 제7호	100	200	400
8. 법 제16조 제1항을 위반하여 경비원의 복장에 관한 신고를 하지 않고 집단민원현장에 경비원을 배치한 경우	법 제31조 제1항 제1호	600	1,200	2,400

02 난이도 중　　경비업법 제13조, 동법 시행규칙 제12조 내지 제16조 - 경비원의 교육 등

경비업법령상 경비원의 교육 등에 관한 설명으로 옳은 것은? 기출수정

① 특수경비원이 되려는 사람은 대통령령으로 정하는 교육기관에서 미리 경비원 신임교육을 받을 수 있다.

> 경비업법상 대통령령으로 정하는 교육기관에서 미리 신임교육을 받을 수 있는 사람은 일반경비원이다(경비업법 제13조 제2항).

② 시·도 경찰청장은 일반경비원에 대한 신임교육의 실시를 위하여 연도별 교육계획을 수립하고, 일반경비원 교육기관이 교육계획에 따라 교육을 실시하도록 하여야 한다.

> 경찰청장은 일반경비원에 대한 신임교육의 실시를 위하여 연도별 교육계획을 수립하고, 영 제19조의2 제1항에 따른 일반경비원 교육기관이 교육계획에 따라 교육을 실시하도록 하여야 한다(경비업법 시행규칙 제12조 제2항).

❸ 경비원에 대한 직무교육은 집합교육, 온라인교육 등 다양한 방법으로 실시할 수 있다.

> 경비업법 시행규칙 제13조 제3항·제16조 제4항

④ 시·도 경찰청장 또는 경찰서장은 특수경비원 신임교육을 받은 사람이 요청하는 경우에는 신임교육 이수 확인증을 발급하여야 한다.

> 시·도 경찰청장 또는 경찰서장은 특수경비원 신임교육을 받은 사람이 요청하는 경우에는 별지 제12호의2 서식의 신임교육 이수 확인증을 발급할 수 있다(경비업법 시행규칙 제15조 제4항).

03 난이도 중　　경비업법 제16조·제16조의2, 동법 시행규칙 제20조 - 경비원의 복장 및 장비 등

경비업법령상 경비원의 복장 및 장비 등에 관한 설명으로 옳은 것은?

❶ 경비원은 근무 중 경비업무 수행에 필요한 것으로서 공격적인 용도로 제작되지 아니하는 장비를 휴대할 수 있다.

> 경비업법 시행규칙 제20조 제1항

② 경비업자는 경비업무 수행상 필요한 경우 경비원에게 소속 경비업체를 표시한 이름표를 부착하도록 할 수 있다.

> 경비업자는 경비업무 수행 시 경비원에게 소속 경비업체를 표시한 이름표를 부착하도록 하여야 한다(경비업법 제16조 제2항 본문).

③ 집단민원현장에서 신변보호업무를 수행하는 경우에 경비업자는 신고된 동일한 복장과 다른 복장을 경비원에게 착용하게 할 수 있다.

> 경비업법 제16조 제2항 단서(다만, 집단민원현장이 아닌 곳에서 신변보호업무를 수행하는 경우 또는 경비업무의 성격상 부득이한 사유가 있어 관할 경찰관서장이 허용하는 경우에는 그러하지 아니하다)의 반대해석상 경비업자는 집단민원현장에서 신변보호업무를 수행하는 경우에 신고된 복장과 다른 복장을 경비원에게 착용하게 할 수 없다.

④ 경비업무 수행 시 경비원의 이름표는 경비업자가 지정한 부위에 부착하여야 한다.

> 경비원은 경비업무 수행 시 이름표를 경비원 복장의 상의 가슴 부위에 부착하여 경비원의 이름을 외부에서 알아볼 수 있도록 하여야 한다(경비업법 시행규칙 제19조 제4항). 경비업자가 지정한 부위에 이름표를 부착하여야 한다는 규정은 없다.

04 난이도 하
경비업법 제22조, 동법 시행령 제26조 - 경비협회

경비업법령상 경비협회에 관한 설명으로 옳지 않은 것은?

① 경비업자가 경비협회를 설립하려는 경우에는 정관을 작성하여야 하며, 협회는 행정안전부령에 따라 회비를 징수할 수 있다.

> 경비업자가 경비협회를 설립하려는 경우에는 정관을 작성하여야 하며(경비업법 시행령 제26조 제1항), 협회는 정관이 정하는 바에 따라 회원으로부터 회비를 징수할 수 있다(동령 제26조 제2항).

② 경비업자는 경비업무의 건전한 발전과 경비원의 자질 향상 및 교육훈련 등을 위하여 대통령령이 정하는 바에 따라 경비협회를 설립할 수 있다.

> 경비업법 제22조 제1항

③ 경비협회의 업무에는 경비원의 후생·복지·경비 진단에 관한 사항 등도 포함된다.

> 경비업법 제22조 제3항 제3호·제4호

④ 경비업법에 특별한 규정이 있는 것을 제외하고는 「민법」 중 사단법인에 관한 규정을 준용한다.

> 경비업법 제22조 제4항

05 난이도 하
경비업법 제29조 - 형의 가중처벌

경비업법령상 경비원이 경비업무 수행 중에 경비업법에서 정한 장비 외에 흉기 등을 휴대하고 범죄를 범한 경우 그 법정형의 2분의 1까지 가중처벌되는 형법상의 범죄가 아닌 것은?

① 폭행죄

> 폭행죄(형법 제260조 제1항)는 특수경비원이 무기를 휴대하고 경비업무 수행 중에 무기의 안전수칙을 위반하여 죄를 범한 경우 그 법정형의 2분의 1까지 가중처벌되는 경비업법 제29조 제1항의 형법상 대상범죄이다. 재물손괴죄(형법 제366조), 중체포 또는 중감금죄(형법 제277조 제1항), 협박죄(형법 제283조 제1항)는 모두 경비업법 제29조 제1항·제2항에 의해 가중처벌되는 형법상 대상범죄에 해당된다.

② 재물손괴죄
③ 중체포 또는 중감금죄
④ 협박죄

| 관계법령 | 형의 가중처벌(경비업법 제29조)★ |

① 특수경비원이 무기를 휴대하고 경비업무를 수행 중에 제14조 제8항의 규정 및 제15조 제4항의 규정에 의한 무기의 안전수칙을 위반하여 형법 제258조의2(특수상해죄) 제1항(제257조 제1항의 상해죄로 한정, 존속상해죄는 제외)·제2항(제258조 제1항·제2항의 중상해죄로 한정, 존속중상해죄는 제외), 제259조 제1항(상해치사죄), 제260조 제1항(폭행죄), 제262조(폭행치사상죄), 제268조(업무상과실·중과실치사상죄), 제276조 제1항(체포 또는 감금죄), 제277조 제1항(중체포 또는 중감금죄), 제281조 제1항(체포·감금등의 치사상죄), 제283조 제1항(협박죄), 제324조 제2항(특수강요죄), 제350조의2(특수공갈죄) 및 제366조(재물손괴등죄)의 죄를 범한 때에는 그 죄에 정한 형의 2분의 1까지 가중처벌한다.

② 경비원이 경비업무 수행 중에 제16조의2 제1항에서 정한 장비 외에 흉기 또는 그 밖의 위험한 물건을 휴대하고 형법 제258조의2(특수상해죄) 제1항(제257조 제1항의 상해죄로 한정, 존속상해죄는 제외)·제2항(제258조 제1항·제2항의 중상해죄로 한정, 존속중상해죄는 제외), 제259조 제1항(상해치사죄), 제261조(특수폭행죄), 제262조(폭행치사상죄), 제268조(업무상과실·중과실치사상죄), 제276조 제1항(체포 또는 감금죄), 제277조 제1항(중체포 또는 중감금죄), 제281조 제1항(체포·감금등의 치사상죄), 제283조 제1항(협박죄), 제324조 제2항(특수강요죄), 제350조의2(특수공갈죄) 및 제366조(재물손괴등죄)의 죄를 범한 때에는 그 죄에 정한 형의 2분의 1까지 가중처벌한다.

06 난이도 중 ▌경비업법 제21조 - 청문

경비업법령상 청문을 실시하여야 하는 경우로 옳지 않은 것은?

① 관할 경찰관서장의 배치폐지명령에 따르지 아니하여 경비업 허가의 취소처분을 하고자 하는 경우

> 경비업법 제21조 제3호(경비업법 제19조 제1항 제8호 사유)

② 경비업자가 집단민원현장에 특수경비원 명부를 작성·비치하지 않아 9개월 영업정지처분을 하고자 하는 경우

> 경비업법 제21조 제3호가 적용되는 경비업법 제19조 제2항 제12호 사유는 집단민원현장에 일반경비원 명부를 작성·비치하지 않는 경우를 전제하는 규정이다. 또한 영업정지처분의 기간은 6개월을 한도로 한다(경비업법 제19조 제2항). 따라서 본 지문은 2가지 내용이 잘못된 경우이다.

③ 경비지도사가 자격정지 기간 중에 경비지도사로 선임되어 활동하다가 적발되어 경비지도사 자격취소처분을 하고자 하는 경우

> 경비업법 제21조 제4호(경비업법 제20조 제1항 제4호 사유)

④ 경비현장에 배치된 경비원에 대한 순회점검 및 감독을 수행하지 않아 경비지도사 자격정지처분을 하고자 하는 경우

> 경비업법 제21조 제4호(경비업법 제20조 제2항 제1호 사유)

07 난이도 하
경비업법 제30조 - 양벌규정

경비업법령상 양벌규정이 적용되는 행위자가 될 수 없는 자는?

① 법인의 대표자
② 개인의 대리인
③ 사용인
④ **직계비속**

> 직계비속은 경비업법 제30조 양벌규정의 적용대상이 아니다.

관계법령 | **양벌규정(경비업법 제30조)** ★

법인의 대표자나 법인 또는 개인의 대리인, 사용인, 그 밖의 종업원이 그 법인 또는 개인의 업무에 관하여 법 제28조(벌칙)의 위반행위를 하면 그 행위자를 벌하는 외에 그 법인 또는 개인에게도 해당 조문의 벌금형을 과(科)한다. 다만, 법인 또는 개인이 그 위반행위를 방지하기 위하여 해당 업무에 관하여 상당한 주의와 감독을 게을리하지 아니한 경우에는 그러하지 아니하다.

08 난이도 중
경비업법 제19조 제1항 - 경비업 허가의 필요적 취소사유

경비업법령상 경비업 허가의 필요적 취소사유에 해당하는 경우는?

① 정당한 사유 없이 허가를 받은 날부터 1년 이내에 경비 도급실적이 없거나 계속하여 1년간 휴업한 때

> 정당한 사유 없이 허가를 받은 날부터 2년 이내에 경비 도급실적이 없거나 계속하여 1년간 휴업한 때가 경비업법 제19조 제1항 제4호의 필요적 취소사유에 해당한다.

② 정당한 사유 없이 최종 도급계약 종료일의 다음 날부터 1년 이내에 경비 도급실적이 없을 때

> 정당한 사유 없이 최종 도급계약 종료일의 다음 날부터 2년 이내에 경비 도급실적이 없을 때가 경비업법 제19조 제1항 제5호의 필요적 취소사유에 해당한다.

③ 경비원 명단 및 배치 일시·장소 등 배치허가 신청의 내용을 거짓으로 한 때

> 경비업법 제19조 제2항 제13호의 상대적 취소·영업정지사유에 해당한다.

④ **소속 경비원으로 하여금 경비업무의 범위를 벗어난 행위를 하게 한 때**

> 경비업법 제19조 제1항 제7호의 필요적 취소사유에 해당한다.

핵심만콕 경비업 허가의 취소 등(경비업법 제19조) ★★★

절대적(필요적) 허가취소사유 (제1항)	허가관청은 경비업자가 다음의 어느 하나에 해당하는 때에는 그 허가를 취소하여야 한다. 1. 허위 그 밖의 부정한 방법으로 허가를 받은 때 2. 경비업자가 허가받은 경비업무 외의 업무에 경비원을 종사하게 한 때 - 적용중지 헌법불합치 결정(2020헌가19) 3. 특수경비업자가 경비업 및 경비관련업 외의 영업을 한 때 4. 정당한 사유 없이 허가를 받은 날부터 2년 이내에 경비 도급실적이 없거나 계속하여 1년 이상 휴업한 때 5. 정당한 사유 없이 최종 도급계약 종료일의 다음 날부터 2년 이내에 경비 도급실적이 없을 때 6. 영업정지처분을 받고 계속하여 영업을 한 때 7. 소속 경비원으로 하여금 경비업무의 범위를 벗어난 행위를 하게 한 때 8. 관할 경찰관서장의 배치폐지명령에 따르지 아니한 때
상대적(임의적) 허가취소 · 영업정지사유 (제2항)	허가관청은 경비업자가 다음의 어느 하나에 해당하는 때에는 대통령령으로 정하는 행정처분의 기준에 따라 그 허가를 취소하거나 6개월 이내의 기간을 정하여 영업의 전부 또는 일부에 대하여 영업정지를 명할 수 있다. 1. 시·도 경찰청장의 허가 없이 경비업무를 변경한 때 2. 도급을 의뢰받은 경비업무가 위법한 것임에도 이를 거부하지 아니한 때 3. 경비지도사를 집단민원현장에 선임·배치하지 아니한 때 4. 경비대상시설에 관한 경보 대응체제를 갖추지 아니한 때 5. 관련 서류를 작성·비치하지 아니한 때 6. 결격사유에 해당하는 경비원을 배치하거나 결격사유에 해당하는 경비지도사를 선임·배치한 때 7. 대통령령이 정하는 바에 따르지 아니하고 이를 위반하여 경비지도사를 선임한 때 8. 경비원으로 하여금 교육을 받게 하지 아니한 때 9. 경비원의 복장 등에 관한 규정을 위반한 때 10. 경비원의 장비 등에 관한 규정을 위반한 때 11. 경비원의 출동차량 등에 관한 규정을 위반한 때 12. 집단민원현장에 일반경비원 명부를 작성·비치하지 아니한 때 13. 배치허가를 받지 아니하고 경비원을 배치하거나 경비원 명단 및 배치일시·배치장소 등 배치허가 신청의 내용을 거짓으로 한 때 14. 결격사유에 해당하는 일반경비원을 집단민원현장에 배치한 때 15. 경찰청장, 시·도 경찰청장, 관할 경찰관서장의 감독상 명령에 따르지 아니한 때 16. 업무수행 중 고의 또는 과실로 발생한 경비대상 및 제3자의 손해를 배상하지 아니한 때

09 난이도 하 | 경비업법 제15조, 동법 시행령 제20조 및 동법 시행규칙 제18조 - 특수경비원의 권리와 의무

경비업법령상 특수경비원의 권리와 의무에 관한 설명으로 옳은 것은?

① 특수경비원은 총기 또는 폭발물을 가지고 대항하는 경우를 제외하고는 18세 미만의 자에 대하여는 권총을 발사하여서는 아니 된다.

> 특수경비원은 총기 또는 폭발물을 가지고 대항하는 경우를 제외하고는 <u>14세 미만의 자 또는 임산부에 대해서는 권총 또는 소총을 발사하여서는 아니 된다</u>(경비업법 제15조 제4항 제3호).

② 특수경비원은 단결권을 행사할 수 없다.

> 특수경비원은 파업·태업 그 밖에 경비업무의 정상적인 운영을 저해하는 일체의 쟁의행위를 하여서는 아니 된다(경비업법 제15조 제3항)는 조문에 대하여, 헌법재판소는 "청원경찰과 같이 무기를 휴대하고 국가중요시설의 경비 업무를 수행하는 특수경비원의 경우에도, 쟁의행위가 금지될 뿐 단결권과 단체교섭권은 제한되지 않는다."라고 판단하였다(헌재결 2017.9.28. 2015헌마653). <u>특별한 사정이 없는 한 단결권이라는 의미는 노동3권(단결권, 단체교섭권, 단체행동권) 중 단결권을 의미한다.</u>

③ <u>시설주는 고의 또는 과실로 무기를 분실한 특수경비원에 대하여 특수경비업자에게 징계 등의 조치를 요청할 수 있다.</u>

> 시설주 또는 관리책임자는 고의 또는 과실로 무기(부속품을 포함한다)를 빼앗기거나 무기가 분실·도난·훼손되도록 한 특수경비원에 대하여 특수경비업자에게 교체 또는 징계 등의 조치를 요청할 수 있다(경비업법 시행규칙 제18조 제2항 전문).
> *문제의 주제(특수경비원의 권리와 의무)와 선택지의 주제(시설주의 권리)가 관련이 없는 것으로 해석될 수 있어 수험생들 사이에서 많은 논란이 있었던 문제이다. 어느 정도 타당한 주장이긴 하나, 출제자 측은 문리해석을 통해 해당 조문이 "특수경비원의 무기관리수칙에 대한 의무 위반"을 전제로 한 것이라 해석한 것으로 판단된다.

④ 테러사건에 있어서 은밀히 작전을 수행하는 경우에는 부득이한 때에도 미리 상대방에게 경고한 후 권총을 사용하여야 한다.

> 특수경비원은 사람을 향하여 권총 또는 소총을 발사하고자 하는 때에는 미리 구두 또는 공포탄에 의한 사격으로 상대방에게 경고하여야 한다. 다만 부득이한 경우에는 경고하지 아니할 수 있는데, 테러사건에 있어서 은밀히 작전을 수행하는 등의 경우가 이에 해당한다(경비업법 제15조 제4항 제1호 나목).

10 난이도 하 ▎경비업법 제26조 - 손해배상 등

경비업법령상 경비업자의 손해배상책임이 발생하는 것을 모두 고른 것은?

> ㄱ. 경비원이 업무수행 중 고의로 경비대상에 손해가 발생하는 것을 방지하지 못한 경우
>
>   (O) 경비업법 제26조 제1항 사유
>
> ㄴ. 경비원이 업무수행 중 고의로 제3자에게 손해를 입힌 경우
>
>   (O) 경비업법 제26조 제2항 사유
>
> ㄷ. 경비원이 업무수행 중 과실로 경비대상에 손해가 발생하는 것을 방지하지 못한 경우
>
>   (O) 경비업법 제26조 제1항 사유
>
> ㄹ. 경비원이 업무수행 중 과실로 제3자에게 손해를 입힌 경우
>
>   (O) 경비업법 제26조 제2항 사유

① ㄱ, ㄴ
② ㄱ, ㄷ, ㄹ
③ ㄴ, ㄷ, ㄹ
④ ㄱ, ㄴ, ㄷ, ㄹ

제시된 내용은 모두 경비업자에게 손해배상책임이 발생하는 경우이다.

관계법령 손해배상 등(경비업법 제26조)

① 경비업자는 경비원이 업무수행 중 고의 또는 과실로 경비대상에 손해가 발생하는 것을 방지하지 못한 때에는 그 손해를 배상하여야 한다.
② 경비업자는 경비원이 업무수행 중 고의 또는 과실로 제3자에게 손해를 입힌 경우에는 이를 배상하여야 한다.

11 난이도 하
경비업법 제20조 제2항, 동법 시행령 [별표 5] - 자격정지처분 기준

경비업법령상 경비지도사가 경찰청장의 명령을 위반한 때 부과되는 자격정지처분 기준으로 옳은 것은?

① 1차 위반 : 1월,   2차 위반 : 3월
② **1차 위반 : 1월,   2차 위반 : 6월**

> 경비업법 시행령 [별표 5] 제2호에 의하면 1차 위반 시 행정처분은 자격정지 1월, 2차 위반 시 행정처분은 자격정지 6월이다.

③ 1차 위반 : 3월,   2차 위반 : 6월
④ 1차 위반 : 3월,   2차 위반 : 9월

관계법령 경비지도사 자격정지처분 기준(경비업법 시행령 [별표 5]) ★

위반행위	해당 법조문	행정처분 기준		
		1차 위반	2차 위반	3차 이상 위반
1. 법 제12조 제3항의 규정에 위반하여 <u>직무를 성실하게 수행하지 아니한 때</u>	법 제20조 제2항 제1호	자격정지 3월	자격정지 6월	자격정지 12월
2. 법 제24조의 규정에 의한 경찰청장, 시·도 경찰청장의 <u>명령을 위반한 때</u>	법 제20조 제2항 제2호	자격정지 1월	자격정지 6월	자격정지 9월

※ 비고 : 위반행위의 횟수에 따른 행정처분의 기준은 당해 위반행위가 있은 이전 <u>최근 2년간 같은 위반행위로</u> 행정처분을 받은 경우에 적용한다.

12 난이도 하
경비업법 제18조, 동법 시행규칙 제24조의3·제25조 - 경비원 명부 등

경비업법령상 경비원 명부 등에 관한 설명으로 옳지 않은 것은?

① 경비업자는 배치되는 일반경비원의 명부를 그 경비원이 배치되는 모든 장소에 작성·비치하여야 한다.

> 경비업자는 행정안전부령으로 정하는 바에 따라 주된 사무소, 출장소, 집단민원현장에 경비원의 명부를 작성·비치하여야 한다(경비업법 제18조 제1항 본문).

② 경비업자는 경비원의 근무상황기록부를 1년 동안 보관하여야 한다.

> 경비업법 시행규칙 제24조의3 제2항

③ 관할 경찰관서장은 시설주의 신청에 의하여 특수경비원이 배치된 국가중요시설 등에 경비전화를 가설할 수 있다.

> 경비업법 시행규칙 제25조 제1항

④ 경비전화를 가설하는 경우의 소요경비는 시설주의 부담으로 한다.

> 경비업법 시행규칙 제25조 제2항

13 난이도 하
경비업법 제2조 제5호 - 집단민원현장

경비업법령상 '집단민원현장'에 해당하지 않는 것은?

① 「노동조합 및 노동관계조정법」에 따라 노동관계 당사자가 노동쟁의 조정신청을 한 사업장
② 특정 시설물의 설치와 관련하여 민원이 있는 장소
③ 주주총회와 관련하여 이해대립이 있어 다툼이 있는 장소
④ 「행정절차법」에 따라 대집행을 하는 장소

> 「행정대집행법」에 따라 대집행을 하는 장소가 집단민원현장이다(경비업법 제2조 제5호 사목).

관계법령 정의(경비업법 제2조) ★★

이 법에서 사용하는 용어의 정의는 다음과 같다.
5. "집단민원현장"이란 다음 각목의 장소를 말한다.
   가. 「노동조합 및 노동관계조정법」에 따라 노동관계 당사자가 노동쟁의 조정신청을 한 사업장 또는 쟁의행위가 발생한 사업장
   나. 「도시 및 주거환경정비법」에 따른 정비사업과 관련하여 이해대립이 있어 다툼이 있는 장소
   다. 특정 시설물의 설치와 관련하여 민원이 있는 장소
   라. 주주총회와 관련하여 이해대립이 있어 다툼이 있는 장소
   마. 건물·토지 등 부동산 및 동산에 대한 소유권·운영권·관리권·점유권 등 법적 권리에 대한 이해대립이 있어 다툼이 있는 장소
   바. 100명 이상의 사람이 모이는 국제·문화·예술·체육 행사장
   사. 「행정대집행법」에 따라 대집행을 하는 장소

14 난이도 하
경비업법 제10조, 동법 시행규칙 제7조 - 경비지도사 및 경비원의 결격사유

경비업법령상 경비지도사 및 경비원의 결격사유에 관한 설명으로 옳은 것은?

① 경비지도사의 결격사유는 일반경비원의 결격사유와 구별된다.

> 경비지도사의 결격사유와 일반경비원의 결격사유는 동일하다(경비업법 제10조 제1항).

② 19세인 사람은 특수경비원이 될 수 없다.

> 18세 미만인 사람이 특수경비원 결격사유이다(경비업법 제10조 제2항 제1호).

③ 금고 이상의 형의 선고유예를 받고 그 유예기간 중에 있는 자는 경비지도사가 될 수 있다.

> 금고 이상의 형의 선고유예를 받고 그 유예기간 중에 있는 자는 특수경비원 결격사유일 뿐이고 일반경비원이나 경비지도사의 결격사유는 아니다(경비업법 제10조 제2항 제4호). ★

④ 일반경비원이 되기 위해서는 팔과 다리가 완전하고 두 눈의 맨눈시력 각각 0.2 이상 또는 교정시력 각각 0.8 이상이어야 한다.

> 특수경비원이 되기 위해서는 팔과 다리가 완전하고 두 눈의 맨눈시력이 각각 0.2 이상 또는 교정시력이 각각 0.8 이상이어야 한다(경비업법 시행규칙 제7조).

> **관계법령** 경비지도사 및 경비원의 결격사유(경비업법 제10조) ★★

① 다음 각호의 어느 하나에 해당하는 자는 경비지도사 또는 일반경비원이 될 수 없다.
  1. 18세 미만인 사람, 피성년후견인
  2. 파산선고를 받고 복권되지 아니한 자
  3. 금고 이상의 실형의 선고를 받고 그 집행이 종료(집행이 종료된 것으로 보는 경우를 포함한다)되거나 집행이 면제된 날부터 5년이 지나지 아니한 자
  4. 금고 이상의 형의 집행유예선고를 받고 그 유예기간 중에 있는 자
  5. 다음 각목의 어느 하나에 해당하는 죄를 범하여 벌금형을 선고받은 날부터 10년이 지나지 아니하거나 금고 이상의 형을 선고받고 그 집행이 종료된(종료된 것으로 보는 경우를 포함한다) 날 또는 집행이 유예·면제된 날부터 10년이 지나지 아니한 자
     가. 「형법」 제114조의 죄
     나. 「폭력행위 등 처벌에 관한 법률」 제4조의 죄
     다. 「형법」 제297조, 제297조의2, 제298조부터 제301조까지, 제301조의2, 제302조, 제303조, 제305조, 제305조의2의 죄
     라. 「성폭력범죄의 처벌 등에 관한 특례법」 제3조부터 제11조까지 및 제15조(제3조부터 제9조까지의 미수범만 해당한다)의 죄
     마. 「아동·청소년의 성보호에 관한 법률」 제7조 및 제8조의 죄
     바. 다목부터 마목까지의 죄로서 다른 법률에 따라 가중처벌되는 죄
  6. 다음 각목의 어느 하나에 해당하는 죄를 범하여 벌금형을 선고받은 날부터 5년이 지나지 아니하거나 금고 이상의 형을 선고받고 그 집행이 유예된 날부터 5년이 지나지 아니한 자
     가. 「형법」 제329조부터 제331조까지, 제331조의2 및 제332조부터 제343조까지의 죄
     나. 가목의 죄로서 다른 법률에 따라 가중처벌되는 죄
     다. 삭제 〈2014.12.30.〉
     라. 삭제 〈2014.12.30.〉
  7. 제5호 다목부터 바목까지의 어느 하나에 해당하는 죄를 범하여 치료감호를 선고받고 그 집행이 종료된 날 또는 집행이 면제된 날부터 10년이 지나지 아니한 자 또는 제6호 각목의 어느 하나에 해당하는 죄를 범하여 치료감호를 선고받고 그 집행이 면제된 날부터 5년이 지나지 아니한 자
  8. 이 법이나 이 법에 따른 명령을 위반하여 벌금형을 선고받은 날부터 5년이 지나지 아니하거나 금고 이상의 형을 선고받고 그 집행이 유예된 날부터 5년이 지나지 아니한 자
② 다음 각호의 어느 하나에 해당하는 자는 특수경비원이 될 수 없다. ★
  1. 18세 미만이거나 60세 이상인 사람, 피성년후견인
  2. 심신상실자, 알코올 중독자 등 대통령령으로 정하는 정신적 제약이 있는 자
  3. 제1항 제2호부터 제8호까지의 어느 하나에 해당하는 자
  4. 금고 이상의 형의 선고유예를 받고 그 유예기간 중에 있는 자
  5. 행정안전부령이 정하는 신체조건(팔과 다리가 완전하고 두 눈의 맨눈시력 각각 0.2 이상 또는 교정시력 각각 0.8 이상)에 미달되는 자
③ 경비업자는 제1항 각호 또는 제2항 각호의 결격사유에 해당하는 자를 경비지도사 또는 경비원으로 채용 또는 근무하게 하여서는 아니 된다.

15 난이도 하
경비업법 제27조 제1항, 동법 시행령 제31조 제1항 - 권한의 위임

경비업법령상 경찰청장이 시·도 경찰청장에게 위임하는 권한에 해당하지 않는 것은?

① 경비지도사자격의 정지에 관한 권한
② 경비지도사자격의 취소에 관한 권한
③ **경비지도사자격증의 교부에 관한 권한**

> 경비지도사자격증의 교부는 위임사항이 아니다. 경찰청장은 법 제11조에 따른 경비지도사 시험에 합격하고 기본교육을 받은 사람에게는 별지 제9호 서식의 경비지도사자격증 교부대장에 정해진 사항을 기재한 후, 별지 제10호 서식의 경비지도사자격증을 교부해야 한다(경비업법 시행규칙 제11조).

④ 경비지도사자격의 취소에 관한 청문의 권한

관계법령 | 위임 및 위탁(경비업법 제27조)

① 이 법에 의한 경찰청장의 권한은 대통령령이 정하는 바에 따라 그 일부를 시·도 경찰청장에게 위임할 수 있다.

권한의 위임 및 위탁(경비업법 시행령 제31조)★
① 경찰청장은 법 제27조 제1항의 규정에 의하여 다음 각호의 권한을 시·도 경찰청장에게 위임한다.
 1. 법 제20조의 규정에 의한 경비지도사자격의 취소 및 정지에 관한 권한
 2. 법 제21조 제2호의 규정에 의한 경비지도사자격의 취소 및 정지에 관한 청문의 권한

---

16 난이도 하
경비업법 제4조·제9조, 동법 시행령 제7조·제9조 - 기계경비업자의 기계경비업무

경비업법령상 기계경비업자의 기계경비업무에 관한 설명으로 옳지 않은 것은?

① 경비계약을 체결하는 때에는 오경보를 막기 위하여 계약상대방에게 기기사용요령 및 기계경비운영체계 등에 관하여 설명하여야 한다.

> 경비업법 제9조 제1항 전단

② 관제시설 등에서 경보를 수신한 때에는 경보를 수신한 때부터 늦어도 25분 이내에는 도착시킬 수 있는 대응체제를 갖추어야 한다.

> 경비업법 시행령 제7조

③ **기계경비업무의 수행을 위한 관제시설의 이전에 관해서는 시·도 경찰청장의 허가를 받아야 한다.**

> 기계경비업무의 수행을 위한 관제시설의 이전에 관해서는 시·도 경찰청장에게 신고하여야 한다(경비업법 제4조 제3항 제4호).

④ 출장소별로 경보의 수신 및 현장도착 일시와 조치의 결과를 기재한 서류를 당해 경보를 수신한 날로부터 1년간 이를 보관하여야 한다.

> 경비업법 시행령 제9조 제2항·제1항 제3호

관계법령

경비업의 허가(경비업법 제4조)

③ 제1항의 규정에 의하여 경비업의 허가를 받은 법인은 다음 각호의 어느 하나에 해당하는 때에는 시·도 경찰청장에게 신고하여야 한다. 〈개정 2024.2.13.〉
1. 영업을 폐업하거나 휴업한 때
2. 법인의 명칭이나 대표자·임원을 변경한 때
3. 법인의 주사무소나 출장소를 신설·이전 또는 폐지한 때
4. 기계경비업무의 수행을 위한 관제시설을 신설·이전 또는 폐지한 때
5. 특수경비업무를 개시하거나 종료한 때
6. 그 밖에 대통령령이 정하는 중요사항을 변경한 때

> **폐업 또는 휴업 등의 신고(경비업법 시행령 제5조)**
> ④ 법 제4조 제3항 제6호에서 "그 밖에 대통령령이 정하는 중요사항"이라 함은 정관의 목적을 말한다.

기계경비업자의 관리 서류(경비업법 시행령 제9조) ★
① 기계경비업자는 출장소별로 다음 각호의 사항을 기재한 서류를 갖추어 두어야 한다.
1. 경비대상시설의 명칭·소재지 및 경비계약기간
2. 기계경비지도사의 명단·배치일자·배치장소와 출동차량의 대수
3. 경보의 수신 및 현장도착 일시와 조치의 결과
4. 오경보인 경우 오경보가 발생한 경비대상시설 및 그 오경보에 대한 조치의 결과
② 제1항 제3호 및 제4호의 규정에 의한 사항을 기재한 서류는 당해 경보를 수신한 날부터 1년간 이를 보관하여야 한다.

---

17 난이도 하 ▮경비업법 제24조·제25조, 동법 시행령 제29조 – 감독, 보안지도·점검 등

경비업법령상 감독, 보안지도·점검 등에 관한 설명으로 옳지 않은 것은? 기출수정

① 시·도 경찰청장은 경비업무의 적정한 수행을 위하여 경비업자 및 경비지도사를 지도·감독하며 필요한 명령을 할 수 있다.

> 경비업법 제24조 제1항

② 시·도 경찰청장은 특수경비업자에 대하여 보안지도·점검을 연 1회 이상 실시하여야 한다.

> 시·도 경찰청장은 특수경비업자에 대하여 연 2회 이상의 보안지도·점검을 실시하여야 한다(경비업법 시행령 제29조).

③ 시·도 경찰청장은 경비업무 장소가 집단민원현장으로 판단되는 경우에 그때부터 48시간 이내에 경비업자에게 경비원 배치허가를 받을 것을 고지하여야 한다.

> 경비업법 제24조 제4항

④ 시·도 경찰청장은 배치된 경비원이 「폭력행위 등 처벌에 관한 법률」을 위반하는 행위를 하는 경우 그 위반행위의 중지를 명할 수 있다.

> 경비업법 제24조 제3항

18 난이도 하　　경비업법 제14조, 동법 시행령 제20조 - 특수경비원의 직무 및 무기사용 등

경비업법령상 특수경비원의 직무 및 무기사용 등에 관한 설명으로 옳은 것은?

① 무기는 관리책임자가 직접 지급·회수하여야 한다.

> 경비업법 제14조 제7항 제2호

② 시·도 경찰청장은 필요한 경우에 관할 경찰관서장의 신청에 의하여 시설주로부터 국가에 기부채납된 무기를 대여하게 할 수 있다.

> 시·도 경찰청장은 국가중요시설에 대한 경비업무의 수행을 위하여 필요하다고 인정하는 때에는 관할 경찰관서장으로 하여금 시설주의 신청에 의하여 시설주로부터 국가에 기부채납된 무기를 대여하게 하고, 시설주는 이를 특수경비원으로 하여금 휴대하게 할 수 있다(경비업법 제14조 제4항).★

③ 관할 경찰관서장은 무기지급의 필요성이 해소되었다고 인정되는 때에는 특수경비원으로부터 즉시 무기를 회수하여야 한다.

> 시설주는 무기지급의 필요성이 해소되었다고 인정되는 때에는 특수경비원으로부터 즉시 무기를 회수하여야 한다(경비업법 시행령 제20조 제4항).★

④ 국가중요시설에 대한 경비업무의 수행을 위하여 필요한 경우에 시설주는 경찰청장의 승인에 의하여 무기를 구입한다.

> 시·도 경찰청장은 국가중요시설에 대한 경비업무의 수행을 위하여 필요하다고 인정하는 때에는 시설주의 신청에 의하여 무기를 구입한다. 이 경우 시설주는 그 무기의 구입대금을 지불하고, 구입한 무기를 국가에 기부채납하여야 한다(경비업법 제14조 제3항).★

19 난이도 하　　경비업법 제23조 - 경비협회의 공제사업

경비업법령상 경비협회의 공제사업에 관한 설명으로 옳은 것은?

① 경비협회는 경비원의 복지향상과 업무상 재해로 인한 손실을 보상하기 위한 공제사업을 할 수 있다.

> 경비업법 제23조 제1항 제3호

② 경찰청장은 공제사업의 건전한 육성을 위하여 공제사업의 감독에 관한 기준을 경비협회와 협의하여 정한다.

> 경찰청장은 공제사업의 건전한 육성과 가입자 보호를 위하여 공제사업의 감독에 관한 기준을 정할 수 있다(경비업법 제23조 제4항). 이 경우 미리 금융위원회와 협의하여야 한다(경비업법 제23조 제5항).★

③ 경찰청장은 공제규정을 승인하거나 공제사업의 감독에 관한 기준을 정하는 경우에는 미리 경찰공제회와 협의하여야 한다.

> 미리 금융위원회와 협의하여야 한다(경비업법 제23조 제5항).

④ 경찰청장은 공제사업에 대하여 금융감독위원회 위원장에게 감사를 요청할 수 있다.

> 경찰청장은 공제사업에 대하여 「금융위원회의 설치 등에 관한 법률」에 따른 금융감독원의 원장에게 검사를 요청할 수 있다(경비업법 제23조 제6항).★

20 난이도 하 ┃경비업법 제11조, 동법 시행령 제11조·제13조 및 동법 시행규칙 제10조 - 경비지도사 시험 등

경비업법령상 경비지도사 시험 등에 관한 설명으로 옳은 것은? 기출수정

① 경찰청장은 시험을 실시하고자 하는 때에는 시험일시 등을 시험 시행일 60일 전까지 공고하여야 한다.

> 경찰청장은 시험을 실시하고자 하는 때에는 시험일시 등을 시험 시행일 90일 전까지 공고하여야 한다(경비업법 시행령 제11조 제2항). ★

❷ **경찰청장은 법 제11조 제1항에 따른 경비지도사 시험의 실시계획을 매년 수립해야 한다.**

> 경비업법 시행령 제11조 제1항

③ 「공무원임용령」에 따른 행정직군 소방직렬 공무원으로 7년 이상 재직한 사람은 1차 시험을 면제한다.

> 「공무원임용령」에 따른 행정직군 교정직렬 공무원으로 7년 이상 재직한 사람은 1차 시험을 면제한다(경비업법 시행령 제13조 제8호). ★

④ 경찰청장이 지정하는 기관 또는 단체에서 실시하는 44시간 이상의 경비지도사 양성과정을 마치고 수료시험에 합격하면 1차 시험을 면제한다.

> 경찰청장이 지정하는 기관 또는 단체에서 실시하는 64시간 이상의 경비지도사 양성과정을 마치고 수료시험에 합격하면 1차 시험을 면제한다(경비업법 시행규칙 제10조 제2호). ★

21 난이도 하 ┃경비업법 제4조·제6조, 동법 시행령 제3조 - 경비업의 허가

경비업법령상 경비업의 허가에 관한 설명으로 옳지 않은 것은?

① 경비업 허가 신청서는 법인의 주사무소를 관할하는 시·도 경찰청장 또는 해당 시·도 경찰청 소속의 경찰서장에게 제출하여야 한다.

> 경비업법 제4조 제1항, 동법 시행령 제3조 제1항 전문

② 경비업 허가의 유효기간은 허가받은 날부터 5년으로 한다.

> 경비업법 제6조 제1항

❸ **법인의 명칭을 변경할 때에는 그 법인의 주사무소의 소재지를 관할하는 시·도 경찰청장의 허가를 받아야 한다.**

> 법인의 명칭을 변경할 때에는 그 법인의 주사무소의 소재지를 관할하는 시·도 경찰청장에게 신고하여야 한다(경비업법 제4조 제3항 제2호). ★

④ 경비업 허가의 유효기간이 만료된 후 계속하여 경비업을 하고자 하는 법인은 행정안전부령이 정하는 바에 따라 갱신허가를 받아야 한다.

> 경비업법 제6조 제2항

22 난이도 중 ▌경비업법 제28조 - 벌칙

경비업법령상 국가중요시설에 대한 경비업무 중 정당한 사유 없이 무기를 소지하고 배치된 경비구역을 벗어난 특수경비원의 처벌기준은?

① 1년 이하의 징역 또는 1천만원 이하의 벌금
② **2년 이하의 징역 또는 2천만원 이하의 벌금**

> 경비업법 제28조 제3항

③ 3년 이하의 징역 또는 3천만원 이하의 벌금
④ 5년 이하의 징역 또는 5천만원 이하의 벌금

핵심만콕 벌칙(경비업법 제28조) ★★

구분	내용
5년 이하의 징역 또는 5천만원 이하의 벌금 (제1항)	국가중요시설의 정상적인 운영을 해치는 장해를 일으킨 특수경비원
3년 이하의 징역 또는 3천만원 이하의 벌금 (제2항)	1. 허가를 받지 아니하고 경비업을 영위한 자 2. 직무상 알게 된 비밀을 누설하거나 부당한 목적을 위하여 사용한 자 3. 경비업무의 중단을 통보하지 아니하거나 경비업무를 즉시 인수하지 아니한 특수경비업자 또는 경비대행업자 4. 집단민원현장에 경비원을 배치하면서 허가를 받지 아니한 자에게 경비업무를 도급한 자 5. 집단민원현장에 20명 이상의 경비인력을 배치하면서 그 경비인력을 직접 고용한 자 6. 경비업자의 경비원 채용 시 무자격자나 부적격자 등을 채용하도록 관여하거나 영향력을 행사한 도급인 7. 과실로 인하여 국가중요시설의 정상적인 운영을 해치는 장해를 일으킨 특수경비원 8. 특수경비원으로서 경비구역 안에서 시설물의 절도, 손괴, 위험물의 폭발 등의 사유로 인한 위급사태가 발생한 때에 명령에 불복종한 자 또는 경비구역을 벗어난 자 9. 경비원에게 경비업무의 범위를 벗어난 행위를 하게 한 자
2년 이하의 징역 또는 2천만원 이하의 벌금 (제3항)	<u>정당한 사유 없이 무기를 소지하고 배치된 경비구역을 벗어난 특수경비원</u>
1년 이하의 징역 또는 1천만원 이하의 벌금 (제4항)	1. 시설주로부터 무기의 관리를 위하여 지정받은 관리책임자가 법이 정한 의무를 위반한 경우 2. 파업·태업 그 밖에 경비업무의 정상적인 운영을 저해하는 일체의 쟁의행위를 한 특수경비원 3. 직무를 수행함에 있어 타인에게 위력을 과시하거나 물리력을 행사하는 등 경비업무의 범위를 벗어난 행위를 한 경비원 4. 제16조의2 제1항에서 정한 장비 외에 흉기 또는 그 밖의 위험한 물건을 휴대하고 경비업무를 수행한 경비원 또는 경비원에게 이를 휴대하고 경비업무를 수행하게 한 자 5. 경찰관서장의 배치폐지명령을 따르지 아니한 자 6. 시·도 경찰청장 또는 관할 경찰관서장의 중지명령에 따르지 아니한 자

23 난이도 하 | 경비업법 제17조 - 범죄경력조회 등

경비업법령상 범죄경력조회 등에 관한 설명으로 옳은 것은?

① 경찰청장은 범죄경력조회 요청이 있는 경우에만 경비업자의 임원에 대한 범죄경력조회를 할 수 있다.

> 경찰청장, 시·도 경찰청장 또는 관할 경찰관서장은 직권으로 또는 제2항에 따른 범죄경력조회 요청이 있는 경우에는 경비업자의 임원, 경비지도사 또는 경비원이 제5조 제3호·제4호, 제10조 제1항 제3호부터 제8호까지 또는 같은 조 제2항 제3호·제4호에 따른 결격사유에 해당하는지를 확인하기 위하여 「형의 실효 등에 관한 법률」 제6조에 따른 범죄경력조회를 할 수 있다(경비업법 제17조 제1항). ★

② 시·도 경찰청장은 직권으로 경비지도사에 대한 범죄경력조회를 할 수 없다.

> 시·도 경찰청장은 직권으로 경비지도사에 대한 범죄경력조회를 할 수 있다(경비업법 제17조 제1항).

③ **경비업자는 선출하려는 임원이 결격사유에 해당하는지를 확인하기 위하여 범죄경력조회를 요청할 수 있다.**

> 경비업법 제17조 제2항

④ 관할 경찰관서장이 경비업자에게 범죄경력조회 결과를 통보할 때에는 결격사유에 해당하는 일정한 범죄사실을 통보하여야 한다.

> 범죄경력조회 요청을 받은 시·도 경찰청장 또는 관할 경찰관서장은 경비업자에게 그 결과를 통보할 때에는 경비업자의 임원, 경비지도사 또는 경비원이 제5조 제3호·제4호, 제10조 제1항 제3호부터 제8호까지 또는 같은 조 제2항 제3호·제4호에 따른 결격사유에 해당하는지 여부만을 통보하여야 한다(경비업법 제17조 제3항).

24 난이도 하 | 경비업법 시행규칙 제18조 - 무기의 관리수칙 등

경비업법령상 시설주 또는 관리책임자가 준수하여야 할 무기관리수칙에 관한 설명으로 옳지 않은 것은?

① 무기의 관리를 위한 책임자를 지정하고 관할 경찰관서장에게 이를 통보하여야 한다.

> 경비업법 시행규칙 제18조 제1항 제1호

② 무기고 및 탄약고의 열쇠는 관리책임자가 보관하되, 근무시간 이후에는 당직책임자에게 인계하여 보관시킨다.

> 경비업법 시행규칙 제18조 제1항 제4호 후단

③ 무기의 관리실태를 매월 파악하여 다음 달 3일까지 관할 경찰관서장에게 통보하여야 한다.

> 경비업법 시행규칙 제18조 제1항 제5호

④ **대여받은 무기를 빼앗긴 때에는 시·도 경찰청장이 정하는 바에 의하여 그 전액을 배상하여야 한다.**

> 대여받은 무기를 빼앗기거나 대여받은 무기가 분실·도난 또는 훼손된 때에는 경찰청장이 정하는 바에 의하여 그 전액을 배상할 것. 다만, 전시·사변, 천재·지변 그 밖의 불가항력의 사유가 있다고 시·도 경찰청장이 인정한 때에는 그러하지 아니하다(경비업법 시행규칙 제18조 제1항 제7호). ★

25 난이도 중 | 경비업법 시행령 [별표 3] – 경비지도사의 선임·배치기준

A회사는 다음과 같이 경비원을 배치하였다. 경비업법령상 선임·배치하여야 할 일반경비지도사의 인원은?

- 시설경비업무 : 서울 250명, 인천 35명, 대전 44명, 부산 150명
- 기계경비업무 : 제주 30명

① 3명
② 4명
③ **5명**

> 선임·배치하여야 할 일반경비지도사의 인원을 묻고 있으므로 우선 기계경비업무를 제외한 시설경비업무만을 기준으로 필요한 일반경비지도사의 인원을 산정하여야 한다. 다음으로 관할 시·도 경찰청의 관할구역별로 경비원 200명까지는 일반경비지도사 1명을 선임·배치하고, 경비원이 200명을 초과하는 경우 200명을 초과하는 경비원 100명 단위로 일반경비지도사 1명씩을 추가로 선임·배치해야 하므로 서울의 경우 최소 2명, 대전의 경우 최소 1명, 부산의 경우 최소 1명을 선임하고, 인천은 서울의 인접 관할구역이나 배치된 경비원이 30명을 초과하고 있으므로 인천도 최소 1명의 일반경비지도사를 선임해야 한다. 따라서 A회사가 선임·배치해야 하는 일반경비지도사 인원은 최소 5명 이상이어야 한다.

④ 6명

관계법령 경비지도사의 선임·배치기준(경비업법 시행령 [별표 3]) <개정 2024.8.13.>

1. 경비업자는 경비원을 배치하여 영업활동을 하고 있는 지역을 관할하는 시·도 경찰청의 관할구역별로 경비원 200명까지는 경비지도사 1명을 선임·배치하고, 경비원이 200명을 초과하는 경우 200명을 초과하는 경비원 100명 단위로 경비지도사 1명씩을 추가로 선임·배치해야 한다.
2. 제1호에 따라 경비지도사가 선임·배치된 시·도 경찰청의 관할구역과 경계를 맞닿아 인접한 시·도 경찰청의 관할구역에 배치된 경비원이 30명 이하인 경우에는 제1호에도 불구하고 경비지도사를 따로 선임·배치하지 않을 수 있다. 이 경우 제주특별자치도경찰청과 전라남도경찰청은 경계를 맞닿아 인접한 것으로 본다.★
3. 제2호에 따라 경비지도사를 따로 선임·배치하지 않는 경우 경비지도사 1명이 지도·감독 및 교육할 수 있는 경비원의 총수(경계를 맞닿아 인접한 시·도 경찰청의 관할구역에 배치된 경비원의 수를 합산한다)는 200명을 초과할 수 없다.★★

※ 비 고
1. 시설경비업무·호송경비업무·신변보호업무, 특수경비업무 또는 혼잡·교통유도경비업무를 하는 경비업자는 일반경비지도사를 선임·배치하고, 시설경비업무·호송경비업무·신변보호업무, 특수경비업무 또는 혼잡·교통유도경비업무 중 둘 이상의 경비업무를 하는 경우에는 각 경비업무에 종사하는 경비원의 수를 합산한 인원을 기준으로 경비지도사를 선임·배치해야 한다. 다만, 특수경비업무를 수행하는 경비업자는 제19조 제1항에 따른 특수경비원 신임교육을 이수한 일반경비지도사를 선임·배치해야 한다.
2. 기계경비업무를 하는 경비업자는 기계경비지도사를 선임·배치해야 한다.

26 난이도 상 | 경비업법 제5조 - 임원의 결격사유

경비업법령상 2018년 11월 16일을 기준으로 특수경비업무를 수행하는 법인의 임원이 될 수 없는 자는?(단, 경비업법 제19조 제1항 제2호 및 제7호는 제외)

① 2015년 11월 14일 파산선고를 받고 2018년 11월 14일 복권된 자

> 경비업법 제5조 제2호에 해당하지 않아 법인의 임원이 될 수 있다.

② 호송경비업무를 수행하던 법인이 경비업법에 의한 명령에 위반하여 2015년 11월 14일 허가가 취소된 경우 해당 법인의 허가취소 당시의 임원이었던 자

> 경비업법 제5조 제5호의 결격사유는 허가취소사유에 해당하는 경비업무와 동종의 경비업무를 수행하는 법인의 경우를 전제로 한다. 따라서 허가취소 당시 법인이 수행하던 업무(호송경비업무)가 아닌 특수경비업무를 수행하는 경우에는 3년이 경과하였는지를 불문하고 임원의 결격사유에 해당하지 않는다. ★

③ 「대통령 등의 경호에 관한 법률」을 위반하여 2015년 11월 14일에 벌금형의 선고를 받은 자

> 벌금형의 선고를 받은 후 3년이 경과하였기 때문에 경비업법 제5조 제4호의 결격사유에 해당하지 않는다.

④ **2015년 11월 14일 상해죄로 징역 1년에 집행유예 3년의 형을 선고받고 그 형이 실효되지 아니한 자**

> 경비업법 제5조 제3호의 결격사유에 해당한다. 참고로 집행유예 기간의 기산점은 집행유예 판결 선고일이 아닌 집행유예 판결이 확정된 날이다.

관계법령 임원의 결격사유(경비업법 제5조) ★

다음 각호의 어느 하나에 해당하는 자는 경비업을 영위하는 법인(제4호에 해당하는 자의 경우에는 특수경비업무를 수행하는 법인, 제5호에 해당하는 자의 경우에는 허가취소사유에 해당하는 경비업무와 동종의 경비업무를 수행하는 법인)의 임원이 될 수 없다.

1. 피성년후견인
2. 파산선고를 받고 복권되지 아니한 자
3. 금고 이상의 형의 선고를 받고 그 형이 실효되지 아니한 자
4. 이 법 또는 「대통령 등의 경호에 관한 법률」에 위반하여 벌금형의 선고를 받고 3년이 지나지 아니한 자
5. 이 법(제19조 제1항 제2호 및 제7호는 제외) 또는 이 법에 의한 명령에 위반하여 허가가 취소된 법인의 허가취소 당시의 임원이었던 자로서 그 취소 후 3년이 지나지 아니한 자
6. 제19조 제1항 제2호(허가받은 경비업무 외의 업무에 경비원을 종사하게 한 때) 및 제7호(소속 경비원으로 하여금 경비업무의 범위를 벗어난 행위를 하게 한 때)의 사유로 허가가 취소된 법인의 허가취소 당시의 임원이었던 자로서 허가가 취소된 날부터 5년이 지나지 아니한 자

27 난이도 하
경비업법 제2조, 동법 시행령 제2조 - 경비업법령상 용어

경비업법령상 규정된 용어에 관한 설명으로 옳은 것은?

① 경비지도사는 일반경비지도사와 특수경비지도사로 구분한다.
> 경비지도사는 일반경비지도사와 기계경비지도사로 구분한다(경비업법 제2조 제2호).

② **국가중요시설에는 공항·항만, 원자력발전소 등의 시설 중 국가정보원장이 지정하는 국가보안목표시설도 해당된다.**
> 경비업법 시행령 제2조

③ 무기라 함은 인명을 살상할 수 있도록 제작·판매된 권총·소총·분사기를 말한다.
> 무기라 함은 인명 또는 신체에 위해를 가할 수 있도록 제작된 권총·소총 등을 말한다(경비업법 제2조 제4호).

④ 특수경비원은 시설경비, 호송경비, 신변보안, 특수경비업무를 수행하는 자이다.
> 특수경비원은 공항(항공기를 포함한다) 등 대통령령이 정하는 국가중요시설(이하 "국가중요시설"이라 한다)의 경비 및 도난·화재 그 밖의 위험발생을 방지하는 업무를 수행하는 경비원을 말한다(경비업법 제2조 제3호 나목).

28 난이도 하
청원경찰법 제2조, 동법 시행규칙 제2조 - 청원경찰의 배치대상

청원경찰법령상 명시된 청원경찰의 배치대상이 아닌 것은?

① 선박, 항공기 등 수송시설
② 보험을 업으로 하는 시설
③ 「의료법」에 따른 의료기관
④ **「사회복지사업법」에 따른 사회복지시설**
> 「사회복지사업법」에 따른 사회복지시설은 청원경찰의 배치대상이 아니다(청원경찰법 제2조, 동법 시행규칙 제2조). ★

관계법령 정의(청원경찰법 제2조)

이 법에서 "청원경찰"이란 다음 각호의 어느 하나에 해당하는 기관의 장 또는 시설·사업장 등의 경영자가 경비(이하 "청원경찰경비"(請願警察經費)라 한다)를 부담할 것을 조건으로 경찰의 배치를 신청하는 경우 그 기관·시설 또는 사업장 등의 경비(警備)를 담당하게 하기 위하여 배치하는 경찰을 말한다.
1. 국가기관 또는 공공단체와 그 관리하에 있는 중요시설 또는 사업장
2. 국내 주재(駐在) 외국기관
3. 그 밖에 행정안전부령으로 정하는 중요시설, 사업장 또는 장소

> **배치대상(청원경찰법 시행규칙 제2조)** ★
> 「청원경찰법」 제2조 제3호에서 "그 밖에 행정안전부령으로 정하는 중요시설, 사업장 또는 장소"란 다음 각호의 시설, 사업장 또는 장소를 말한다.
> 1. 선박, 항공기 등 수송시설
> 2. 금융 또는 보험을 업(業)으로 하는 시설 또는 사업장
> 3. 언론, 통신, 방송 또는 인쇄를 업으로 하는 시설 또는 사업장
> 4. 학교 등 육영시설
> 5. 「의료법」에 따른 의료기관(의원급 의료기관, 조산원, 병원급 의료기관)
> 6. 그 밖에 공공의 안녕질서 유지와 국민경제를 위하여 고도의 경비(警備)가 필요한 중요시설, 사업체 또는 장소

29 난이도 하   청원경찰법 시행규칙 제16조 - 무기관리수칙

청원경찰법령상 청원주의 무기관리수칙에 관한 설명으로 옳은 것은? 기출수정

① 탄약고는 무기고와 떨어진 곳에 설치하고, 그 위치는 사무실이나 그 밖에 여러 사람을 수용하거나 여러 사람이 오고 가는 시설로부터 인접해 있어야 한다.

> 탄약고는 무기고와 떨어진 곳에 설치하고, 그 위치는 사무실이나 그 밖에 여러 사람을 수용하거나 여러 사람이 오고 가는 시설로부터 격리되어야 한다(청원경찰법 시행규칙 제16조 제1항 제4호).

② 무기와 탄약을 대여받았을 때에는 시·도 경찰청장이 정하는 무기·탄약 출납부 등을 갖춰 두고 기록하여야 한다.

> 청원주가 무기와 탄약을 대여받았을 때에는 경찰청장이 정하는 무기·탄약 출납부 및 무기장비 운영카드를 갖춰 두고 기록하여야 한다(청원경찰법 시행규칙 제16조 제1항 제1호). ★

③ **대여받은 무기와 탄약이 분실되거나 도난당하거나 빼앗기거나 훼손되는 등의 사고가 발생했을 때에는 지체없이 그 사유를 관할 경찰서장에게 통보해야 한다.**

> 청원경찰법 시행규칙 제16조 제1항 제7호

④ 청원경찰에게 지급한 무기와 탄약은 매월 1회 이상 손질하게 하여야 한다.

> 청원경찰에게 지급한 무기와 탄약은 매주 1회 이상 손질하게 하여야 한다(청원경찰법 시행규칙 제16조 제2항 제3호).

30 난이도 하
청원경찰법 제4조·제10조의5, 동법 시행령 제2조 - 청원경찰의 배치

청원경찰법령상 청원경찰의 배치에 관한 설명으로 옳은 것은?

① 시·도 경찰청장은 청원경찰 배치신청을 받으면 15일 이내에 그 배치 여부를 결정하여 신청인에게 알려야 한다.

> 시·도 경찰청장은 청원경찰 배치신청을 받으면 지체 없이 그 배치 여부를 결정하여 신청인에게 알려야 한다(청원경찰법 제4조 제2항).

② **청원경찰 배치신청서 제출 시, 배치 장소가 둘 이상의 도(道)일 때에는 주된 사업장의 관할 경찰서장을 거쳐 시·도 경찰청장에게 한꺼번에 신청할 수 있다.**

> 청원경찰법 시행령 제2조 후문

③ 청원경찰의 배치를 받으려는 자는 청원경찰 배치신청서에 경비구역 배치도 1부를 첨부하여 사업장의 소재지를 관할하는 시·도 경찰청장에게 제출하여야 한다.

> 청원경찰의 배치를 받으려는 자는 청원경찰 배치신청서에 경비구역 평면도 1부, 배치계획서 1부를 첨부하여 사업장의 소재지를 관할하는 경찰서장을 거쳐 시·도 경찰청장에게 제출하여야 한다(청원경찰법 시행령 제2조 전문).★

④ 관할 경찰서장은 청원경찰이 배치된 시설이 축소될 경우 배치인원을 감축할 수 있다.

> 청원주는 청원경찰이 배치된 시설이 폐쇄되거나 축소되어 청원경찰의 배치를 폐지하거나 배치인원을 감축할 필요가 있다고 인정하면 청원경찰의 배치를 폐지하거나 배치인원을 감축할 수 있다(청원경찰법 제10조의5 제1항 본문).★

31 난이도 하
청원경찰법 제6조 - 청원경찰경비

청원경찰법령상 국가기관에 근무하는 청원경찰의 보수는 재직기간에 해당하는 경찰공무원 보수를 감안하여 정한다. 이에 관한 예시로 옳은 것은?

① 16년 : 경 장, 20년 : 경 장, 25년 : 경 사, 32년 : 경 사
② 16년 : 순 경, 20년 : 경 장, 25년 : 경 사, 32년 : 경 사
③ **16년 : 경 장, 20년 : 경 장, 25년 : 경 사, 32년 : 경 위**

> 청원경찰법령상 국가기관 또는 지방자치단체에 근무하는 청원경찰의 보수는 재직기간 15년 미만의 경우에는 순경, 15년 이상 23년 미만인 경우에는 경장, 23년 이상 30년 미만인 경우에는 경사, 30년 이상인 경우에는 경위의 보수를 감안하여 대통령령으로 정한다(청원경찰법 제6조 제2항).

④ 16년 : 순 경, 20년 : 경 장, 25년 : 경 사, 32년 : 경 위

| 관계법령 | 청원경찰경비(청원경찰법 제6조) ★ |

② 국가기관 또는 지방자치단체에 근무하는 청원경찰의 보수는 다음 각호의 구분에 따라 같은 재직기간에 해당하는 경찰공무원의 보수를 감안하여 대통령령으로 정한다.
  1. 재직기간 15년 미만 : 순경
  2. 재직기간 15년 이상 23년 미만 : 경장
  3. 재직기간 23년 이상 30년 미만 : 경사
  4. 재직기간 30년 이상 : 경위

32 난이도 하 ▌청원경찰법 제5조의2, 동법 시행령 제8조 – 청원경찰의 징계

청원경찰법령상 청원경찰의 징계에 관한 설명으로 옳은 것은?

① 징계의 종류는 파면, 해임, 강등, 정직, 감봉 및 견책으로 구분한다.

> 징계의 종류는 파면, 해임, 정직, 감봉 및 견책으로 구분한다(청원경찰법 제5조의2 제2항).

② 시·도 경찰청장은 징계규정의 보완이 필요하다고 인정할 때에는 청원주에게 그 보완을 요구할 수 있다.

> 청원경찰법 시행령 제8조 제6항

③ 정직은 1개월 이상 3개월 이하로 하고, 보수의 3분의 1을 줄인다.

> 정직(停職)은 1개월 이상 3개월 이하로 하고, 그 기간에 청원경찰의 신분은 보유하나 직무에 종사하지 못하며, 보수의 3분의 2를 줄인다(청원경찰법 시행령 제8조 제2항). ★

④ 청원주는 청원경찰 배치결정의 통지를 받았을 때에는 통지를 받은 날부터 10일 이내에 청원경찰에 대한 징계규정을 제정하여야 한다.

> 청원주는 청원경찰 배치결정의 통지를 받았을 때에는 통지를 받은 날부터 15일 이내에 청원경찰에 대한 징계규정을 제정하여 관할 시·도 경찰청장에게 신고하여야 한다. 징계규정을 변경할 때에도 또한 같다(청원경찰법 시행령 제8조 제5항). ★

33 난이도 하 ▮청원경찰법 시행령 [별표 2] - 과태료 부과기준

청원경찰법령상 과태료 부과기준 금액이 500만원에 해당하지 않는 경우는?

① 임용결격사유에 해당하지 않는 청원경찰을 시·도 경찰청장의 승인을 받지 않고 임용한 경우

> 300만원의 과태료에 해당한다(청원경찰법 시행령 [별표 2] 제2호 나목).

② 시·도 경찰청장의 배치결정을 받지 않고 국가정보원장이 지정하는 국가보안목표시설에 청원경찰을 배치한 경우

> 청원경찰법 시행령 [별표 2] 제1호 가목

③ 정당한 사유 없이 경찰청장이 고시한 최저부담기준액 이상의 보수를 지급하지 않은 경우

> 청원경찰법 시행령 [별표 2] 제3호

④ 시·도 경찰청장의 감독상 필요한 총기·실탄 및 분사기에 관한 명령을 정당한 사유 없이 이행하지 않은 경우

> 청원경찰법 시행령 [별표 2] 제4호 가목

관계법령 과태료 부과기준(청원경찰법 시행령 [별표 2]) ★

위반행위	해당 법조문	과태료 금액
1. 법 제4조 제2항에 따른 시·도 경찰청장의 배치결정을 받지 않고 다음 각목의 시설에 청원경찰을 배치한 경우 가. 국가중요시설(국가정보원장이 지정하는 국가보안목표시설을 말한다)인 경우 나. 가목에 따른 국가중요시설 외의 시설인 경우	법 제12조 제1항 제1호	500만원 400만원
2. 법 제5조 제1항에 따른 시·도 경찰청장의 승인을 받지 않고 다음 각목의 청원경찰을 임용한 경우 가. 법 제5조 제2항에 따른 임용결격사유에 해당하는 청원경찰 나. 법 제5조 제2항에 따른 임용결격사유에 해당하지 않는 청원경찰	법 제12조 제1항 제1호	500만원 300만원
3. 정당한 사유 없이 법 제6조 제3항에 따라 경찰청장이 고시한 최저부담기준액 이상의 보수를 지급하지 않은 경우	법 제12조 제1항 제2호	500만원
4. 법 제9조의3 제2항에 따른 시·도 경찰청장의 감독상 필요한 다음 각목의 명령을 정당한 사유 없이 이행하지 않은 경우 가. 총기·실탄 및 분사기에 관한 명령 나. 가목에 따른 명령 외의 명령	법 제12조 제1항 제3호	500만원 300만원

34 난이도 하 ▮청원경찰법령 종합문제

청원경찰법령에 관한 설명으로 옳지 않은 것은?

① 청원경찰의 신분증명서는 청원주가 발행하며, 그 형식은 시·도 경찰청장이 결정한다.

> 청원경찰의 신분증명서는 청원주가 발행하며, 그 형식은 청원주가 결정하되 사업장별로 통일하여야 한다(청원경찰법 시행규칙 제11조 제1항).

② 청원주는 소속 청원경찰에게 그 직무집행에 필요한 교육을 매월 4시간 이상 하여야 한다.

> 청원경찰법 시행규칙 제13조 제1항

③ 청원경찰이 퇴직할 때에는 대여품을 청원주에게 반납하여야 한다.

> 청원경찰법 시행규칙 제12조 제2항

④ 청원경찰은 국내 주재 외국기관에도 배치될 수 있다.

> 청원경찰법 제2조 제2호

35 난이도 중 ▮청원경찰법 시행령 제15조·제16조, 동법 시행규칙 제9조 - 청원경찰의 분사기 및 무기 휴대

청원경찰법령상 청원경찰의 분사기 및 무기 휴대에 관한 설명으로 옳은 것은?

① 관할 경찰서장은 대여한 청원경찰의 무기관리상황을 월 1회 이상 점검하여야 한다.

> 관할 경찰서장은 대여한 청원경찰의 무기관리상황을 수시로 점검하여야 한다(청원경찰법 시행령 제16조 제3항). ★★

② 청원경찰은 평상근무 중에 총기를 휴대하지 아니할 때에는 분사기를 휴대하여야 한다.

> 청원경찰은 평상근무 중에는 정모, 근무복, 단화, 호루라기, 경찰봉 및 포승을 착용하거나 휴대하여야 하고, 총기를 휴대하지 아니할 때에는 분사기를 휴대하여야 하며, 교육훈련이나 그 밖의 특수근무 중에는 기동모, 기동복, 기동화 및 휘장을 착용하거나 부착하되, 허리띠와 경찰봉은 착용하거나 휴대하지 아니할 수 있다(청원경찰법 시행규칙 제9조 제3항). ★

③ 청원주는 「위험물안전관리법」에 따른 분사기의 소지허가를 받아 청원경찰로 하여금 그 분사기를 휴대하여 직무를 수행하게 할 수 있다.

> 청원주는 「총포·도검·화약류 등의 안전관리에 관한 법률」에 따른 분사기의 소지허가를 받아 청원경찰로 하여금 그 분사기를 휴대하여 직무를 수행하게 할 수 있다(청원경찰법 시행령 제15조). ★

④ 관할 경찰서장은 청원경찰이 직무를 수행하기 위하여 필요하다고 인정하면 직권으로 청원경찰에게 무기를 대여하여 지니게 할 수 있다.

> 무기대여 신청을 받은 시·도 경찰청장은 (청원주에게) 무기를 대여하여 (청원경찰에게) 휴대하게 하려는 경우에는 청원주로부터 국가에 기부채납된 무기에 한정하여 관할 경찰서장으로 하여금 무기를 대여하여 휴대하게 할 수 있다(청원경찰법 시행령 제16조 제2항). ★ 따라서 관할 경찰서장이 직권으로 청원경찰에게 무기를 대여하여 지니게 할 수는 없다.

36 난이도 하 ▮청원경찰법 제6조, 동법 시행령 제9조 및 동법 시행규칙 제8조 - 청원경찰경비

청원경찰법령상 청원경찰경비(經費)에 관한 설명으로 옳지 않은 것은?

① 청원경찰경비는 봉급과 각종 수당, 피복비, 교육비, 보상금 및 퇴직금을 말한다.

> 청원경찰법 제6조 제1항

② 봉급·수당의 최저부담기준액(국가기관 또는 지방자치단체에 근무하는 청원경찰의 봉급·수당은 제외)은 경찰청장이 정하여 고시한다.

> 청원주의 봉급·수당의 최저부담기준액(국가기관 또는 지방자치단체에 근무하는 청원경찰의 봉급·수당은 제외한다)은 경찰청장이 정하여 고시(告示)한다(청원경찰법 제6조 제3항).★

③ 국가기관 또는 지방자치단체에 근무하는 청원경찰의 각종 수당은「공무원수당 등에 관한 규정」에 따른 수당 중 가계보전수당, 실비변상 등으로 한다.

> 국가기관 또는 지방자치단체에 근무하는 청원경찰의 각종 수당은「공무원수당 등에 관한 규정」에 따른 수당 중 가계보전수당, 실비변상 등으로 하며, 그 세부 항목은 경찰청장이 정하여 고시한다(청원경찰법 시행령 제9조 제2항).★

④ **교육비는 청원주가 해당 청원경찰의 입교 7일 전에 청원경찰에게 직접 지급한다.**

> 교육비는 청원주가 해당 청원경찰의 입교(入校) 3일 전에 해당 경찰교육기관에 낸다(청원경찰법 시행규칙 제8조 제3호).

37 난이도 하 ▮청원경찰법 제10조, 동법 시행령 제17조 및 동법 시행규칙 제21조 - 청원경찰의 직무 등

청원경찰법령상 청원경찰의 직무 등에 관한 설명으로 옳지 않은 것은?

①「경찰관직무집행법」에 따른 직무 외의 수사활동 등 사법경찰관리의 직무를 수행해서는 아니 된다.

> 청원경찰법 시행규칙 제21조 제2항

② 청원경찰 업무에 종사하는 사람은「형법」이나 그 밖의 법령에 따른 벌칙을 적용할 때에는 공무원으로 본다.

> 청원경찰법 제10조 제2항

③ 청원경찰이 직무를 수행할 때 직권을 남용하여 국민에게 해를 끼친 경우에는 6개월 이하의 징역이나 금고에 처한다.

> 청원경찰법 제10조 제1항

④ **관할 경찰서장은 매달 2회 이상 청원경찰의 복무규율과 근무상황을 감독하여야 한다.**

> 관할 경찰서장은 매달 1회 이상 청원경찰을 배치한 경비구역에 대하여 복무규율과 근무상황을 감독하여야 한다(청원경찰법 시행령 제17조 제1호).

38 난이도 하 ▎청원경찰법 제5조·제10조의6, 동법 시행령 제4조 - 청원경찰의 임용 등

청원경찰법령상 청원경찰의 임용 등에 관한 설명으로 옳은 것은?

① 청원경찰은 나이가 58세가 되었을 때 당연 퇴직된다.

> 청원경찰은 나이가 60세가 되었을 때 당연 퇴직된다. 다만, 그날이 1월부터 6월 사이에 있으면 6월 30일에, 7월부터 12월 사이에 있으면 12월 31일에 각각 당연 퇴직된다(청원경찰법 제10조의6 제3호).

② 청원경찰의 복무에 관하여는 「경찰관직무집행법」을 준용한다.

> 청원경찰의 복무에 관하여는 「국가공무원법」 제57조, 제58조 제1항, 제60조 및 「경찰공무원법」 제24조를 준용한다(청원경찰법 제5조 제4항).

③ 청원경찰은 청원주가 임용하되, 임용을 할 때에는 「경찰공무원법」이 정하는 특별한 경우를 제외하고는 미리 경찰청장의 승인을 받아야 한다.

> 청원경찰은 청원주가 임용하되, 임용을 할 때에는 미리 시·도 경찰청장의 승인을 받아야 한다(청원경찰법 제5조 제1항).

④ **청원주가 청원경찰을 임용하였을 때에는 임용한 날부터 10일 이내에 그 임용사항을 관할 경찰서장을 거쳐 시·도 경찰청장에게 보고하여야 한다.**

> 청원경찰법 시행령 제4조 제2항 전문

핵심만콕 청원경찰의 복무에 관한 준용 규정(청원경찰법 제5조 제4항)과 비준용 규정 ★

준용 규정	비준용 규정
• 국가공무원법 제57조(복종의무) • 국가공무원법 제58조 제1항(직장이탈금지) • 국가공무원법 제60조(비밀엄수의무) • 경찰공무원법 제24조(거짓보고 등의 금지)	• 국가공무원법 제56조(성실의무) • 국가공무원법 제59조(친절·공정의 의무) • 국가공무원법 제59조의2(종교중립의무) • 국가공무원법 제61조(청렴의무) • 국가공무원법 제62조(외국정부의 영예 등을 받을 경우 허가의무) • 국가공무원법 제63조(품위유지의무) • 국가공무원법 제64조(영리업무 및 겸직금지) • 국가공무원법 제65조(정치운동금지) • 국가공무원법 제66조 제1항(집단행위금지)

39 난이도 하 ▎청원경찰법 종합문제 - 청원경찰의 신분 및 직무수행

청원경찰법령상 청원경찰의 신분 및 직무수행에 관한 설명으로 옳지 않은 것은?

① 청원경찰은 파업, 태업 또는 그 밖에 업무의 정상적인 운영을 방해하는 일체의 쟁의행위를 하여서는 아니 된다.

> 청원경찰법 제9조의4

② 국가기관에 근무하는 청원경찰의 직무상 불법행위에 대한 배상책임은 「민법」의 규정을 따른다.

> 청원경찰(국가기관이나 지방자치단체에 근무하는 청원경찰은 제외한다)의 직무상 불법행위에 대한 배상책임에 관하여는 「민법」의 규정을 따른다(청원경찰법 제10조의2)는 규정의 반대해석, 국가배상법 제2조 및 대판 92다47564에 의하면, 국가기관이나 지방자치단체에 근무하는 청원경찰의 직무상 불법행위에 대한 배상책임에 관하여는 「국가배상법」의 규정을 따른다.★

③ 청원경찰은 형의 선고, 징계처분 또는 신체상·정신상의 이상으로 직무를 감당하지 못할 때를 제외하고는 그 의사에 반하여 면직되지 아니한다.

> 청원경찰법 제10조의4 제1항

④ 청원경찰의 근무구역 순찰은 단독 또는 복수로 정선순찰을 하되, 청원주가 필요하다고 인정할 때에는 요점순찰 또는 난선순찰을 할 수 있다.

> 청원경찰법 시행규칙 제14조 제3항 후문

40 난이도 중 ▎청원경찰법 시행령 제14조, 동법 시행규칙 제9조 - 청원경찰의 복제

청원경찰법령상 청원경찰의 복제(服制)에 관한 설명으로 옳은 것은? 기출수정

① **청원경찰의 복제는 제복·장구 및 부속물로 구분하며, 이 가운데 모자표장, 계급장, 장갑 등은 부속물에 해당한다.**

> 청원경찰법 시행령 제14조 제1항, 동법 시행규칙 제9조 제1항 제3호★

② 청원주는 청원경찰이 특수복장을 착용할 필요가 있을 때에는 관할 경찰서장에게 보고하고 특수복장을 착용하게 할 수 있다.

> 청원경찰이 그 배치지의 특수성 등으로 특수복장을 착용할 필요가 있을 때에는 청원주는 시·도 경찰청장의 승인을 받아 특수복장을 착용하게 할 수 있다(청원경찰법 시행령 제14조 제3항).★

③ 청원경찰의 제복의 형태·규격 및 재질은 시·도 경찰청장이 결정하되, 사업장별로 통일해야 한다.

> 청원경찰의 제복의 형태·규격 및 재질은 청원주가 결정하되, 사업장별로 통일해야 한다(청원경찰법 시행규칙 제9조 제2항 제1호 본문).

④ 청원경찰은 특수근무 중에는 정모, 근무복, 단화, 호루라기, 경찰봉 및 포승을 착용하거나 휴대하여야 한다.

> 청원경찰은 평상근무 중에는 정모, 근무복, 단화, 호루라기, 경찰봉 및 포승을 착용하거나 휴대하여야 한다(청원경찰법 시행규칙 제9조 제3항 전단).★

2018년 경호학

문제편 198p

정답 CHECK

41	42	43	44	45	46	47	48	49	50	51	52	53	54	55	56	57	58	59	60
②	④	③	③	②	④	①	③	④	④	④	④	③	③	②	①	④	④	③	①
61	62	63	64	65	66	67	68	69	70	71	72	73	74	75	76	77	78	79	80
②	②	③	④	①	①	④	②	②	④	②	②	①	②	④	①	③	①	②	①

41 난이도 하

경호학과 경호 – 정부수립 이후 경호기관의 변천과정

대한민국 정부수립 이후 경호기관 변천과정의 순서로 옳은 것은?

① 경무대경찰서 → 중앙정보부 경호대 → 청와대 경찰관파견대 → 대통령경호실
② **경무대경찰서 → 청와대 경찰관파견대 → 중앙정보부 경호대 → 대통령경호실**
③ 대통령경호실 → 청와대 경찰관파견대 → 경무대경찰서 → 중앙정보부 경호대
④ 중앙정보부 경호대 → 청와대 경찰관파견대 → 대통령경호실 → 경무대경찰서

핵심만콕 대한민국 정부수립 이후의 경호기관★★

경무대경찰서 (1949)	• 1949년 2월 왕궁을 관할하고 있던 창덕궁경찰서가 폐지되고 경무대경찰서가 신설되면서 경찰이 대통령 경호임무를 담당하게 되었다. 이때, 종로경찰서 관할인 중앙청 및 경무대 구내가 경무대경찰서의 관할구역이 되었다.★ • 1949년 12월 내무부훈령 제25호에 의하여 경호규정이 제정되면서 최초로 경호라는 용어의 사용과 경호업무의 체제가 정비되었다.★ • 경무대경찰서는 신설 당시에는 종로경찰서 관할인 중앙청 및 경무대 구내가 관할구역이었으나, 1953년 3월 30일 경찰서 직제의 개정으로 그 관할구역을 경무대 구내로 제한하였다.★
청와대 경찰관파견대 (1960)	• 1960년 4·19 혁명으로 제1공화국이 끝나고 3차 개헌을 통해 정부형태가 대통령중심제에서 내각책임제로 바뀌면서 국무총리의 지위가 크게 강화됨에 따라 대통령 경호를 담당하던 경무대 경찰서가 폐지되고 경무대 지역의 경비업무는 서울시 경찰국 경비과에서 담당하게 되었다.★ • 1960년 6월 제2공화국이 수립되면서 서울시경 소속으로 청와대 경찰관파견대를 설치하여 경비과에서 담당하던 대통령 경호 및 대통령관저의 경비를 담당케 하였다.★

국가재건최고회의 의장경호대 ↓ 중앙정보부 경호대(1961)	• 1961년 5월 군사혁명위원회가 국가재건최고회의로 발족되면서 <u>국가재건최고회의 의장경호대</u>가 임시로 편성되었다가 중앙정보부로 예속되고, 그 해 9월 중앙정보부 내훈 제2호로 경호규정이 제정 시행되면서 <u>11월 정식으로 중앙정보부 경호대가 발족</u>되었다. ★ • 중앙정보부 경호대의 주요 임무는 국가원수, 최고회의의장, 부의장, 내각수반, 국빈의 신변보호, 기타 경호대장이 지명하는 주요 인사의 신변보호 등이었다.
대통령경호실(1963) ↓ 대통령실장 소속 경호처 (2008, 차관급) ↓ 대통령경호실 (2013, 장관급) ↓ 대통령경호처 (2017~, 차관급)	• <u>1963년 제3공화국이 출범하여 대통령경호실법을 제정·공포하고 박정희 대통령 취임과 동시에 대통령경호실을 출범</u>시켰다. ★ • 1974년 8·15사건을 계기로 '대통령경호경비안전대책위원회'가 설치되고, 청와대 외각경비가 경찰에서 군(55경비대대)으로 이양되었으며, 22특별경호대와 666특공대가 창설되고, 경호행사 시 3중 경호의 원칙이 도입되는 등 조직과 제도가 대폭 보강되었다. • <u>1981년 '대통령 당선 확정자의 가족의 호위'와 '전직대통령과 그 배우자 및 자녀의 호위'가 임무에 추가</u>되었다. ★ • 2004년 대통령 탄핵안이 가결됨에 따라 <u>대통령 권한대행과 그 배우자에 대한 경호임무를 추가로 수행</u>하였다. ★ • <u>2008년</u> 2월 29일 '대통령경호실법'은 '대통령 등의 경호에 관한 법률'로 개칭되고 소속도 대통령 직속기관인 <u>대통령경호실에서 대통령실장 소속 경호처로 변경</u>되었다. • <u>2013년</u> 2월 25일 <u>경호처는 다시 대통령비서실과 독립된 대통령경호실로 환원되고, 지위도 장관급으로 격상</u>되었다. • <u>2017년 7월 26일 정부조직법 개정으로 대통령경호실은 재개편되어 현재 차관급 대통령경호처</u>가 되었다.

42 난이도 하 ▎경호학과 경호 - 경호의 원칙

경호의 원칙에 관한 설명으로 옳은 것을 모두 고른 것은?

> ㄱ. 위해가능성이 있는 모든 것에서 경호대상자를 격리시킨다.
>
>   (○) 목표물 보존의 원칙에 관한 설명이다.
>
> ㄴ. 경호는 고도의 순간적인 판단력과 사전 치밀한 계획이 중요하다.
>
>   (○) 두뇌경호의 원칙에 관한 설명이다.
>
> ㄷ. 경호는 위해기도자를 공격하는 것이 아니라, 위해요소로부터 경호대상자를 방어하는 것이다.
>
>   (○) 방어경호의 원칙에 관한 설명이다.
>
> ㄹ. 행사장을 안전구역, 경비구역, 경계구역으로 설정한다.
>
>   (○) 3중 경호의 원칙에 관한 설명이다.

① ㄱ, ㄷ
② ㄱ, ㄴ, ㄷ
③ ㄴ, ㄷ, ㄹ
④ **ㄱ, ㄴ, ㄷ, ㄹ**

제시된 내용은 모두 옳은 내용이다.

핵심만콕	경호의 일반원칙과 특별원칙 ★	
일반원칙	3중 경호의 원칙	• 경호대상자가 위치한 집무실이나 행사장으로부터 제1선(내부 – 안전구역), 제2선(내곽 – 경비구역), 제3선(외곽 – 경계구역)으로 구분하여 경호의 행동반경을 거리개념으로 논리전개하는 구조 • 경호대상자가 위치한 지역에서 가장 근거리부터 엄중한 경호를 취하는 순서로 근접경호, 중간경호, 외곽경호로 나누고 그에 따른 요원의 배치와 임무가 부여되는 원칙
	두뇌경호의 원칙	사전에 치밀한 계획을 세우고 준비를 철저히 하여 위험요소를 제거하는 데 중점을 두며, 경호임무 수행 중 긴급하고 위험한 상황이 발생하였을 때에는 고도의 예리하고 순간적인 판단력이 중요시된다는 원칙
	은밀경호의 원칙	경호요원은 은밀하고 침묵 속에서 행동하며 항상 경호대상자의 신변을 보호할 수 있는 곳에 행동반경을 두고 경호에 임해야 한다는 원칙
	방어경호의 원칙	경호란 공격자의 위해요소를 방어하는 행위이지 공격하는 것이 아니라는 원칙
특별원칙	자기담당구역 책임의 원칙	경호원이 배치된 자기담당구역 내에서 일어나는 사태에 대해서는 자신만이 책임을 지고 해결해야 한다는 원칙
	목표물 보존의 원칙	• 경호대상자를 암살자 또는 위해를 가할 가능성이 있는 자로부터 떼어 놓아야 한다는 원칙 • 목표물을 안전하게 보존하기 위해서는 행차 코스의 비공개, 행차 장소의 비공개, 대중에게 노출되는 보행 행차의 가급적 제한 등이 요구됨
	하나의 통제된 지점을 통한 접근의 원칙	• 경호대상자에게 접근할 수 있는 출입구나 통로는 하나만 필요하다는 원칙 • 하나의 통제된 출입구나 통로라 하더라도 접근자는 경호요원에 의하여 인지되고 확인되어야 하며 허가절차를 거쳐 접근토록 해야 함
	자기희생의 원칙	• 경호대상자가 위기에 처했을 때 자기 몸을 희생하여 경호대상자를 보호해야 한다는 원칙 • 경호대상자는 어떠한 상황하에서도 절대적으로 보호되어야 한다는 의미

〈참고〉김두현, 「경호학개론」, 엑스퍼트, 2020, P. 64~69

43 난이도 하
■경호의 조직 - 경호조직의 특성과 원칙

경호조직의 특성과 원칙에 관한 설명으로 옳지 않은 것은?

① 경호조직은 경호기법 비노출 등 폐쇄성을 가진다.
> 경호조직의 특성 중 폐쇄성에 관한 설명이다.

② 경호업무의 성격상 기관단위작용으로 이루어진다.
> 경호조직의 원칙 중 경호기관단위작용의 원칙에 관한 설명이다.

③ <u>경호조직은 기구단위, 권한과 책임 등이 경호업무의 목적 달성에 기여할 수 있도록 통합되어야 한다.</u>
> 경호조직의 특성 중 통합성과 계층성에 따라 경호조직은 기구단위, 권한과 책임 등이 경호업무의 목적 달성에 기여할 수 있도록 <u>분화되어야 한다</u>. 그러나 조직 안에 있는 세력중추는 권한의 계층을 통하여 분화된 노력을 조정·통제함으로써 경호의 만전을 기할 수 있도록 통합 활동을 하여야 한다.★
> 〈출처〉 김두현, 「경호학개론」, 엑스퍼트, 2020, P. 183

④ 경호조직은 과거와 비교하여 그 기구와 인원 면에서 대규모화되고 있다.
> 경호조직의 특성 중 경호조직의 대규모성에 관한 설명이다.

44 난이도 중
■경호학과 경호 - 경호의 법원

경호경비 관련법의 제정 순서대로 옳게 나열한 것은?

> ㄱ. 청원경찰법
> ㄴ. 국민보호와 공공안전을 위한 테러방지법
> ㄷ. 경찰관직무집행법
> ㄹ. 대통령 등의 경호에 관한 법률

① ㄱ - ㄴ - ㄹ - ㄷ
② ㄱ - ㄷ - ㄴ - ㄹ
③ <u>ㄷ - ㄱ - ㄹ - ㄴ</u>
> 제시된 내용의 연혁은 ㄷ. 경찰관직무집행법(1953년 12월 14일) → ㄱ. 청원경찰법(1962년 4월 3일) → ㄹ. 대통령 등의 경호에 관한 법률(1963년 12월 14일 '대통령경호실법' 제정, 2008년 2월 29일 '대통령 등의 경호에 관한 법률'로 명칭 변경) → ㄴ. 국민보호와 공공안전을 위한 테러방지법(2016년) 순이다.

④ ㄷ - ㄹ - ㄱ - ㄴ

45 난이도 하 ┃경호의 조직 - 경호조직의 원칙(경호체계통일성의 원칙)

경호체계통일성의 원칙에 해당하는 것은?

① 테러의 수법이 지능화·고도화되어감에 따라 경호조직에 있어서도 기능의 전문화 내지 분화현상이 나타난다.

> 경호조직의 특성 중 전문성에 관한 내용이다.

② <u>상하계급 간의 일정한 관계가 이루어져 책임과 업무의 분담이 이루어지고 명령과 복종의 지위와 역할의 체계가 통일되어야 한다.</u>

> 경호체계통일성의 원칙에 관한 내용에 해당한다.

③ 완벽한 경호를 위해서는 국민의 절대적인 협력을 통하여 총력경호를 추구한다.

> 경호협력성의 원칙에 관한 내용이다.

④ 경호임무 수행 중 긴급사태에 대처하기 위해서는 지휘자의 신속한 판단력과 지휘명령이 요구된다.

> 경호지휘단일성의 원칙에 대한 내용이다. 즉, <u>지휘의 단일성은 경호업무가 긴급성을 요한다는 점에서도 요청되는바</u>, 긴급사태에 신속히 대처하고 조직을 효율적으로 운영하기 위해서는 지휘자의 적극적이고 신속한 결단과 지휘명령이 요구된다는 원칙이다. ★

〈출처〉 김두현, 「경호학개론」, 엑스퍼트, 2020, P. 184

핵심만콕 경호조직의 (구성)원칙 ★

경호지휘단일성의 원칙	• 지휘 및 통제의 이원화로 인해 파생되는 문제들을 보완하기 위해 명령과 지휘체계는 반드시 하나의 계통으로 구성해야 한다는 원칙으로, 경호업무가 긴급성을 요한다는 점에서도 요청된다. • 지휘가 단일해야 한다고 하는 것은 경호기관(요원)은 한 사람의 지휘를 받아야 한다는 뜻이다. 한 걸음 더 나아가서 <u>지휘의 단일이란 「하나의 지휘자」</u>라는 의미 외에 하급경호요원은 하나의 상급기관에 대해서만 책임을 진다는 의미가 포함된다.
경호체계통일성의 원칙	경호기관 구조의 정점으로부터 말단까지 상하계급 간에 일정한 관계가 이루어져 책임과 업무의 분담이 이루어지고, 명령(命令)과 복종(服從)의 지위와 역할의 체계가 통일되어야 한다는 원칙이다.
경호기관단위작용의 원칙	• 경호의 업무는 성격상 개인적 작용으로 이루어지지 않고 기관단위의 작용으로 기관의 하명에 의해서 이루어진다는 원칙이다. • 기관단위라는 것은 그 경호기관을 지휘하는 지휘자가 있고, 지휘를 받는 하급자가 있으며, 하급자를 관리하기 위한 지휘권과 장비가 편성되며 임무수행을 위한 보급지원체계를 갖추고 있어야 한다는 의미이다. • <u>기관단위의 관리와 임무의 수행을 위한 결정은 지휘자만이 할 수 있고, 경호의 성패는 지휘자만이 책임을 지는 것이다.</u>
경호협력성의 원칙	경호조직과 국민과의 협력을 의미하며 완벽한 경호를 위해서는 국민의 절대적인 협력이 필요하다는 원칙이다.

〈참고〉 이두석, 「경호학개론」, 2018, P. 114~116 / 김두현, 「경호학개론」, 엑스퍼트, 2020, P. 184~187

46 난이도 하   경호업무 수행방법 – 예방경호작용 수행단계

신변보호의 예방작용 단계별 순서로 옳은 것은?

> ㄱ. 조사단계　　　　　　　　　ㄴ. 무력화단계
> ㄷ. 인지단계　　　　　　　　　ㄹ. 예견단계

① ㄷ - ㄱ - ㄹ - ㄴ
② ㄷ - ㄹ - ㄱ - ㄴ
③ ㄹ - ㄱ - ㄷ - ㄴ
④ ㄹ - ㄷ - ㄱ - ㄴ

예방경호작용 수행단계는 예견단계(ㄹ) - 인지단계(ㄷ) - 조사단계(ㄱ) - 무력화단계(ㄴ) 순이다.

핵심만콕　예방경호작용 수행단계

- **예견(예측)단계**: 신변보호대상자에게 영향을 줄 수 있는 각종 장애요소 또는 위해요소에 대하여 정·첩보를 수집하고 분석하는 단계
- **인식(인지)단계**: 수집된 정·첩보 중에서 위해가능성이 있는지를 확인하고 판단하는 과정으로서 정확하고 신속하며 종합적인 고도의 판단력을 필요로 하는 단계★
- **조사(분석)단계**: 위해가능성이 있다고 판단된 위해요소를 추적하고 사실 여부를 확인하는 단계로, 과학적이고 신중한 행동이 요구되는 단계★
- **무력화(억제) 단계**: 예방경호작용의 마지막 단계로서, 이전 단계에서 확인된 실제 위해요소를 차단하거나 무력화하는 단계

47 난이도 하 경호학과 경호 – 경호의 분류

경호의 분류에 관한 설명으로 옳지 않은 것은 모두 몇 개인가?

- 직접경호는 평상시에 이루어지는 치안 및 대공활동, 국제정세를 포함한 안전대책작용이다.
  > (×) 직접경호는 행사장 주변에 인원과 장비를 배치하여 인적·물적·자연적 위해요소를 배제하기 위한 경호작용이며, 간접경호는 평상시의 치안 및 대공활동, 국제정세를 포함한 안전대책작용 등의 경호작용이다.★

- 행사장경호는 경호대상자가 참석하거나 주관하는 행사에서의 경호업무를 말한다.
  > (O) 행사장경호는 장소에 의한 경호의 분류 중 하나로 경호대상자가 참석하거나 주관하는 행사에서의 경호업무이며, 행사장은 일반 군중들과 경호대상자의 거리가 가까우므로 완벽한 경호가 필요하다. 구체적인 활동으로는 출입자 통제, 교통상황 및 주차장 관리, 내곽경비, 외곽경비 등이 있다.

- 국왕 및 대통령 등 국가원수급의 경호는 1(A)급 경호에 해당된다.
  > (O) 경호 수준에 의한 분류에 따라 국왕 및 대통령 등 국가원수급의 경호는 1(A)급 경호에 해당된다.

- 숙소경호는 평소 거처하는 관저나 임시로 외지에서 머무는 장소에서의 경호업무를 말한다.
  > (O) 숙소경호란 경호대상자가 평소에 거처하는 관저뿐만 아니라 임시로 외지에서 머무는 장소를 경호하는 것을 말한다.★

- 약식경호는 일정한 방식에 의하지 않고 출·퇴근과 같이 일상적인 경호업무를 말한다.
  > (O) 약식경호는 경호의 성격에 의한 분류에 해당하며, 일정한 방식에 의하지 않는 경호(출·퇴근 시 일상적으로 실시하는 경호)로 의전절차 없이 불시에 행사가 진행되고, 사전 경호조치도 없는 상태에서 최소한의 근접경호만으로 실시하는 경호를 말한다.★

① 1개
> 제시된 내용 중 옳지 않은 것은 직접경호에 관한 설명이다.

② 2개
③ 3개
④ 4개

48 난이도 하
경호학과 경호 – 경호의 개념

수업시간에 두 학생에게 경호의 개념에 대해 질문을 하였다. 각 학생이 대답한 경호의 개념은?

- A학생 : "대통령 등의 경호에 관한 법률에 의한 대통령경호처가 담당하는 모든 작용이 경호의 개념이라 생각합니다."

  형식적 의미의 경호에 해당한다.

- B학생 : "본질적인 입장에서 모든 위해요소로부터 경호대상자를 안전하게 보호하기 위한 제반활동을 말합니다."

  실질적 의미의 경호에 해당한다.

① A학생 : 형식적 의미, B학생 : 형식적 의미
② A학생 : 실질적 의미, B학생 : 형식적 의미
③ **A학생 : 형식적 의미, B학생 : 실질적 의미**
④ A학생 : 실질적 의미, B학생 : 실질적 의미

핵심만콕 경호의 개념

형식적 의미의 경호	• 경호관계법규에 규정된 현실적인 경호기관을 기준으로 하여 정립된 개념이다. • 실정법상 경호기관의 권한에 속하는 일체의 경호작용을 의미한다. • 실정법·제도·기관 중심적 관점에서 이해한 것이다. • 「대통령 등의 경호에 관한 법률」에서의 경호는 형식적 의미의 경호개념이다.
실질적 의미의 경호	• 경호 활동의 본질·성질·이론적인 입장에서 이해한 것으로, 학문적인 측면에서 고찰된 개념이다. • 수많은 경호작용 중에서 공통적인 특성을 추상화한 개념이다. • 경호대상자의 절대적 신변안전을 보호하기 위하여 모든 사용 가능한 수단과 방법을 동원한다. • 경호대상자(피경호자)에 대한 신변 위해요인을 사전에 방지 또는 제거하기 위한 제반활동이다. • 경호주체(국가기관, 민간기관, 개인, 단체 불문)가 경호대상자를 보호하는 모든 활동을 말한다. • 모든 위험과 곤경(인위적·자연적 위해)으로부터 경호대상자를 안전하게 보호하기 위한 제반활동이다.

49 난이도 하 ▮경호의 조직 – 경호조직의 (구성)원칙

경호조직의 구성원칙 중 아래의 내용과 관계가 있는 원칙은?

> 국제행사의 안전한 진행을 위하여 전국적으로 배치된 경비지도사를 통하여 경호정보를 신속하게 수집하였다.

① 경호지휘단일성의 원칙
② 경호체계통일성의 원칙
③ 경호기관단위작용의 원칙
④ **경호협력성의 원칙**

> 제시문은 경호협력성의 원칙에 관한 내용이다.

50 난이도 하 ▮경호학과 경호 – 경호의 분류

경호의 분류와 소속이 옳게 연결된 것은?

> (ㄱ) 국회의장과 (ㄴ) 헌법재판소장이 공식행사에 참석 차 이동 중 (ㄷ) 예정에 없던 고궁에 들러 (ㄹ) 경호원을 대동하여 시민들과 대화를 하였다.

① ㄱ : 갑 호, ㄴ : 갑 호, ㄷ : 공 식, ㄹ : 대통령경호처
② ㄱ : 갑 호, ㄴ : 을 호, ㄷ : 공 식, ㄹ : 경찰청
③ ㄱ : 갑 호, ㄴ : 갑 호, ㄷ : 비공식, ㄹ : 대통령경호처
④ **ㄱ : 을 호, ㄴ : 을 호, ㄷ : 비공식, ㄹ : 경찰청**

> 국회의장(ㄱ)과 헌법재판소장(ㄴ)은 경호대상에 의한 경호의 분류에 의하면 乙(B)호 경호에 해당하고, 예정에 없던 고궁에 들른 것(ㄷ)은 경호 성격에 의한 분류에 따를 때 비공식경호(2호·B호)에 해당한다. 그리고 국회의장과 헌법재판소장의 경호원은 경찰청 소속이다.

핵심만콕 경호의 분류(대상·성격)

대상	甲(A)호 경호	국왕 및 대통령과 그 가족, 외국의 원수 등
	乙(B)호 경호	수상, 국회의장, 대법원장, 헌법재판소장, 이와 대등한 지위에 있는 외국인사 등
	丙(C)호 경호	경찰청장 또는 경호기관의 장이 필요하다고 인정하는 주요 인사
성격	공식경호(1호·A호)	경호관계자의 사전 통보에 의해 계획·준비되는 공식행사 때에 실시하는 경호
	비공식경호(2호·B호)	경호관계자 간의 사전 통보나 협의절차 없이 이루어지는 비공식행사 때의 경호
	약식경호(3호·C호)	일정한 방식에 의하지 않고 실시하는 경호(출·퇴근 시 일상적으로 실시하는 경우)

〈출처〉 김두현, 「경호학개론」, 엑스퍼트, 2020, P. 57~61

51 난이도 하 경호의 조직 - 대통령경호안전대책위원회 구성원

대통령경호안전대책위원회규정상 대통령경호안전대책위원회의 위원이 아닌 자는? 기출수정

① 외교부 의전기획관
② 과학기술정보통신부 통신정책관
③ 소방청 119구조구급국장
④ <u>국무조정실 대테러센터장</u>

> 국가정보원 테러정보통합센터장이 위원회 위원이다.

관계법령 구성(대통령경호안전대책위원회규정 제2조)

> 대통령경호안전대책위원회(이하 "위원회"라 한다)의 위원은 국가정보원 테러정보통합센터장, 외교부 의전기획관, 법무부 출입국·외국인정책본부장, 과학기술정보통신부 통신정책관, 국토교통부 항공안전정책관, 식품의약품안전처 식품안전정책국장, 관세청 조사감시국장, 대검찰청 공공수사정책관, 경찰청 경비국장, 소방청 119구조구급국장, 해양경찰청 경비국장, 합동참모본부 작전본부 소속 장성급 장교 중 위원장이 지명하는 1명, 국군방첩사령부 소속 장성급 장교 또는 2급 이상의 군무원 중 위원장이 지명하는 1명, 수도방위사령부 참모장과 위원장이 임명 또는 위촉하는 자로 구성한다.

52 난이도 하 경호의 조직 - 경호의 객체

경호의 객체에 관한 설명으로 옳지 않은 것은?

① 경호객체는 경호임무를 제공받는 경호대상자를 말한다.

> 경호관계에서 경호주체의 상대방 즉, 경호대상자를 경호객체라고 말한다. 경호를 받는 사람이라는 의미의 '피경호인'이라고 표현하기도 한다.

② 대통령 당선인과 그 가족은 대통령 등의 경호에 관한 법률에 따라 대통령경호처의 경호대상이다.

> 대통령 등의 경호에 관한 법률 제4조 제1항 제2호

③ 대통령 등의 경호에 관한 법률에 따라 대한민국을 방문하는 외국의 국가원수 또는 행정수반과 그 배우자는 대통령경호처의 경호대상이다.

> 대통령 등의 경호에 관한 법률 제4조 제1항 제5호

④ <u>재직 중 탄핵결정을 받아 퇴임한 전직대통령의 경우 전직대통령 예우에 관한 법률에 따라 필요한 기간의 경호 및 경비의 예우를 하지 아니한다.</u>

> 재직 중 탄핵결정을 받아 퇴임한 전직대통령의 경우에는 필요한 기간의 경호 및 경비에 대한 예우를 제외하고 이 법에 따른 전직대통령으로서의 예우를 하지 아니한다(전직대통령 예우에 관한 법률 제7조 제2항 제1호).★

53 난이도 하   경호업무 수행방법 – 행사일정 계획 시 고려사항

경호임무의 포함요소 중 행사일정 계획 시 고려되지 않는 사항은?

① 출발 및 도착 일시
② 기동방법 및 수단
③ **행사에 참석하는 공무원의 명단**
   연락 및 협조체제 구축 시 고려사항이다.
④ 방문지역의 지리적 특성

핵심만콕

행사일정 및 임무 수령에 포함될 사항	• 출발 및 도착 일시, 지역(도착 공항 등)에 관한 사항 • 공식 및 비공식 수행원에 관한 사항 • 경호대상자의 신상에 관한 사항 • 의전에 관한 사항 및 관련 소요비용에 관한 사항 • 방문지역이나 국가의 특성(기후, 지리, 치안 등)에 관한 사항 • 방문지역에서 수행원 등이 숙박할 숙박시설의 명칭과 위치 등에 관한 사항 • 이동수단 및 방법에 관한 사항 • 경호대상자가 참석해야 할 모든 행사와 활동범위에 관한 사항 • 방문지에서 경호대상자와 접촉하게 되는 의전관련자, 관료, 기업인 등에 관한 사항 • 방문단과 함께 움직이는 취재진에 관한 사항 • 경호안전에 영향을 줄 수 있는 행사주최나 방문국의 요구사항
연락 및 협조체제 구축 시 고려사항	• 기후변화 등의 악천후 시를 고려한 행사스케줄과 행사관계자의 시간계획에 관한 사항 • 모든 행사장소와 행사에 참석하는 손님, 진행요원, 관련 공무원, 행사위원 등의 명단 • 경호대상자의 행사 참석 범위, 행사의 구체적인 성격 등 • 경호대상자와 수행원의 편의시설(휴게실, 화장실, 분장실 등) • 행사 시 경호대상자가 관여하는 선물증정식 등 • 취재진의 인가 및 통제 상황 • 기타 행사 참석에 영향을 줄 수 있는 요인

54 난이도 하 | 경호업무 수행방법 – 경호작용의 기본 고려요소

다음 〈보기〉는 경호작용의 기본 고려요소에 관한 설명이다. 〈보기〉의 내용과 기본 고려요소와의 연결이 옳은 것은?

〈보기〉
a. 경호대상자와 수행원, 행사 세부일정, 적용되고 있는 경호경비상황에 관한 정보의 유출은 엄격히 통제되어야 한다.

> 보안유지와 관련된 설명이다.

b. 모든 형태의 경호임무는 사전에 신중하게 계획되어야 하며, 각각의 임무는 명확하게 부여되어야 한다.

> 「모든 형태의 경호임무는 사전에 신중하게 계획되어야 하며」 부분은 계획수립과 관련된 설명이며, 「각각의 임무는 명확하게 부여되어야 한다」는 부분은 책임분배와 관련된 설명이다.

〈기본 고려요소〉
ㄱ. 계획수립
ㄴ. 보 안
ㄷ. 책 임
ㄹ. 자 원

① a – ㄴ, ㄹ
② a – ㄹ
③ **b – ㄱ, ㄷ**
④ b – ㄱ, ㄴ, ㄹ

핵심만콕 경호작용의 기본 고려요소

경호작용의 기본 고려요소로는 다음과 같다. 두 계·책·자·보

계획수립	모든 형태의 경호임무는 사전에 신중하게 계획되어야 하며, 예기치 않은 변화의 가능성 때문에 경호임무를 계획함에 있어 융통성 있게 수립되어야 한다.
책 임	경호임무는 명확하게 부여되어야 하며, 경호요원들은 각각의 임무형태에 대한 책임이 부과되어야 한다.
자 원	경호대상자를 경호하는 데 소요되는 자원은 경호대상자의 행차, 즉 경호대상자의 대중 앞에서의 노출이나 제반여건에 의해서 필연적으로 노출을 수반하는 행차의 지속시간과 사전 위해첩보 수집 간 획득된 내재적인 위협분석에 따라 결정된다.
보 안	경호대상자와 수행원, 행사 세부일정, 경호경비상황에 관한 보안[정보(註)]의 유출은 엄격히 통제되어야 한다. 경호요원은 이러한 정보를 인가된 자 이외의 사람에게 유출하거나 언급해서는 안 된다.

〈참고〉 김두현, 「경호학개론」, 엑스퍼트, 2020, P. 258~259

55 난이도 중   경호업무 수행방법 – 경호안전대책작용

다음 ( )에 들어갈 알맞은 용어는?

- (ㄱ) : 폭발물 등 각종 유해물을 탐지하는 활동
- (ㄴ) : 경호대상자가 이용하는 물품과 시설 등의 안전상태를 확인하는 활동

① ㄱ : 안전검사, ㄴ : 안전점검
② **ㄱ : 안전점검, ㄴ : 안전검사**

> 안전대책의 3대 작용 원리는 안전점검, 안전검사, 안전유지이다. 안전점검은 폭발물 등 각종 유해물을 탐지하여 제거하는 활동이고, 안전검사는 이용하는 기구, 시설 등의 안전상태를 검사하는 것이며, 안전유지는 안전점검 및 검사가 이루어진 상태를 유지하는 것이다.★ 따라서 ( )에는 ㄱ : 안전점검, ㄴ : 안전검사가 들어간다.
> 〈참고〉 김두현, 「경호학개론」, 엑스퍼트, 2020, P. 269~270

③ ㄱ : 안전유지, ㄴ : 안전검사
④ ㄱ : 안전검사, ㄴ : 안전유지

56 난이도 하   경호업무 수행방법 – 경호임무의 활동수칙

경호임무의 활동수칙에 관한 설명으로 옳지 않은 것은?

① 경호원을 중심으로 내부, 내곽, 외곽으로 구분하여 경호구역을 설정한다.

> 경호대상자가 위치한 집무실이나 행사장으로부터 내부, 내곽, 외곽으로 구분하여 경호구역을 설정한다.

② 위해상황이 발생하면 최초발견자에 의한 빠른 대응이 필요하다.
③ 경호원은 위해가해자와 타협적인 행동을 하지 않아야 한다.
④ 경호원은 경호대상자의 정상적인 업무 및 사생활을 침해하지 않는 범위에서 임무를 수행하여야 한다.

57 난이도 하   경호업무 수행방법 – 선발경호

선발경호에 해당되지 않는 것은?

① 경호대상자가 도착하기 전에 효과적인 경호협조와 경호준비를 하는 사전예방경호활동이다.
② 행사장에 대한 인적·물적·지리적 정보를 수집하여 필요한 지원요소 소요 판단 후 세부계획을 수립한다.
③ 행사장 취약시설물과 최기병원 등 사실적 관계 확인은 안전대책 담당이다.

> 건물의 안전성 여부 확인, 상황별 비상대피로 구상, 행사장 취약시설물 파악, 최기병원(구급병원) 확인 등 사실적 관계 확인은 안전대책 담당의 수행업무이다.★

④ 사전에 점검하지 않은 지역이나 장소에 접근하지 않도록 경호대상자 측근에서 수행한다.

> 경호대상자 측근에서 실시되는 근접호위작용은 사전예방경호작용인 선발경호에 해당하지 않는다.

58
선발경호 단계의 활동으로 옳지 않은 것은?

① 비표를 운용한다.
② 현장을 사전 답사한다.
③ 비상대피로를 선정한다.
④ **경호대상자 중심으로 사주경계를 한다.**

> 경호대상자를 중심으로 사주경계를 하는 것은 근접호위작용이며, 근접경호에 해당한다.

59
근접경호의 특성 중 기만성에 관한 설명으로 옳은 것은?

① 행사일정과 장소 및 시간이 대외적으로 알려진 상태에서 업무를 수행하여야 한다.

> 노출성에 관한 설명이다.

② 행사 성격이나 주변 여건, 장비의 특성에 따라 도보대형 및 기동수단에 있어서 유동성이 있어야 한다.

> 도보대형 및 기동수단에 대한 유동성에 관한 설명이다.

③ **허위정보를 제공하여 위해기도자로 하여금 행사 상황을 오판하도록 하기 위한 변칙적인 경호기법이다.**
④ 기동수단, 기동로, 기동시기, 기동대형 등 노출의 취약성을 최대화하기 위하여 경호기법에 변화를 주어야 한다.

> 기동수단, 기동로, 기동시기, 기동대형 등 노출의 취약성을 최소화하기 위하여 경호기법에 변화를 주어야 한다.

60
근접경호원의 임무수행에 관한 설명으로 옳지 않은 것은?

① **위해기도자의 공격가능성을 줄이고, 피해 정도를 최소화하기 위해서 이동속도를 가능한 천천히 해야 한다.**

> 위해자의 공격가능성을 줄이고, 공격 시 피해 정도를 최소화하기 위하여 이동속도를 가능한 한 빠르게 하여야 한다.

② 근접경호 시 경호원의 위치와 경호대형에 수시로 변화를 주어야 한다.
③ 경호대상자에게 위해를 가하지 않을 것이라는 확신이 있기 전까지는 누구도 경호대상자의 주위에 접근하게 해서는 안 된다.
④ 이동 시 이동속도는 경호대상자의 건강상태 등을 고려하여 정하여야 한다.

61 난이도 하 경호업무 수행방법 – 근접경호 수행방법

근접경호 수행방법에 관한 설명으로 옳지 않은 것은?

① 에스컬레이터를 이용하여 이동하는 것은 다른 이동수단으로 이동하는 것에 비해 상대적으로 취약하다.
② 주위경계 시 경호대상자로부터 먼 곳에서 가까운 곳으로 좌우 반복해서 실시하되 인접경호원과 중첩되지 않도록 한다.

> 주위경계 시 경호대상자로부터 가까운 곳에서 먼 곳 순으로 좌우 반복하여 경계를 실시하고, 인접해 있는 경호원과 경계범위를 중첩되게 설정한다. ★

③ 외부에 노출되어 있는 개방형 계단을 오르내릴 때는 경호대상자를 계단 중앙에 위치하도록 하여야 한다.
④ 건물 밖에서 안으로 문을 통과할 때는 미는 문일 경우 전방경호원이 안으로 들어가서 문을 잡아 경호대상자가 통과할 수 있도록 하여야 한다.

62 난이도 하 경호업무 수행방법 – 근접경호 수행방법

3명의 경호원이 의뢰자로부터 근접경호를 의뢰받아 임무를 수행하게 되었다. 다음 중 옳게 수행한 자는?(단, 각 경호대상자는 다르며, 경호원은 1인 단독 경호로 한다)

> A경호원은 시민의 불편을 초래하지 않는 범위 내에서 자신의 활동공간을 확보하며 근접경호를 수행하였고, B경호원은 엘리베이터 안에서 신속한 이동을 위하여 경호대상자를 자신 앞의 출입문 쪽에 위치하게 하였다. C경호원은 우발상황이 발생하여 자신의 대피보다 경호대상자의 대피를 최우선으로 실시하였다.

① A
② A, C

> 제시된 내용 중 경호업무를 옳게 수행한 자는 A와 C이다.
> B경호원 (×) : 엘리베이터의 문이 열렸을 때 경호대상자가 외부인의 시야에 바로 노출되지 않는 지역에 위치하도록 하여야 한다.

③ B, C
④ A, B, C

63 난이도 하 ▮경호업무 수행방법 - 경호원의 분야별 업무담당

다음을 총칭하는 개념은?

> 출입통로 지정, 시차입장, 본인 여부 확인, 비표 운용, 검문검색, 주차관리

① 수행경호
② 안전검측
③ **출입통제**

> 제시된 내용은 출입통제 담당자의 업무에 해당한다.

④ 안전조사

핵심만콕 경호원의 분야별 업무담당

- 작전 담당 : 정보수집 및 분석을 통하여 작전구역별 특성에 맞는 인원 운용계획 작성, 비상대책체제 구축에 주력하며 부가적으로 시간사용계획 작성, 관계관 회의 시 주요 지침사항·예상문제점·참고사항(기상, 정보·첩보) 등을 계획하고 임무별 진행사항을 점검하여 통합 세부계획서 작성 등
- 출입통제 담당 : 행사 참석대상 및 성격분석, 출입통로 지정, 본인 여부 확인, 검문검색, 주차장 운용계획, 중간집결지 운용, 구역별 비표 구분, 안전 및 질서를 고려한 시차별 입장계획, 상주자 및 민원인 대책, 야간근무자 등의 통제계획을 작전 담당에게 전달 등
- 안전대책 담당 : 안전구역 확보계획 검토, 건물의 안전성 여부 확인, 상황별 비상대피로 구상, 행사장 취약시설물 파악, 비상 및 일반예비대 운용방법 확인, 최기병원(적정병원) 확인, 직시건물(고지)·공중 감시대책 검토 등
- 행정 담당 : 출장여비 신청 및 수령, 각 대의 숙소 및 식사장소 선정, 비상연락망 구성 등
- 차량 담당 : 출동인원에 근거하여 선발대 및 본대 사용차량 배정, 이동수단별 인원, 코스, 휴게실 등을 계획하여 작전 담당에게 전달 등
- 승·하차 및 정문 담당 : 진입로 취약요소 파악 및 확보계획 수립 후 주요 위치에 근무자 배치, 통행인 순간통제방법 강구, 비상 및 일반예비대 대기장소 확인, 안전구역 접근자 차단 및 위해요소 제거, 출입차량 검색 및 주차지역 안내 등
- 보도 담당 : 배치결정된 보도요원 확인, 보도요원 위장침투 차단, 행사장별 취재계획 수립 전파 등
- 주행사장 내부 담당 : 경호대상자 동선 및 좌석위치에 따른 비상대책 강구, 행사장 내의 인적·물적 접근 통제 및 차단 계획 수립, 정전 등 우발상황에 대비한 각 근무자 예행연습, 행사장의 단일 출입 및 단상·천장·경호대상자 동선 등에 대한 안전도의 확인, 각종 집기류 최종 점검 등
- 주행사장 외부 담당 : 안전구역 내 단일 출입로 설정, 외곽 감제고지 및 직시건물에 대한 안전조치, 취약요소 및 직시지점을 고려한 단상 설치, 경호대상자 좌석과 참석자 간 거리 유지, 방탄막 설치 및 비상차량 운용계획 수립, 지하대피시설 점검 및 확보, 경비 및 경계구역 내에 대한 안전조치 강화, 차량 및 공중강습에 대한 대비책 강구 등

64 난이도 하

경호업무 수행방법 - 경호차량 운용

경호차량 운용에 관한 설명으로 옳지 않은 것은?

① 주차 장소는 자주 변경하는 것이 좋다.

> 주차 장소는 가능한 한 자주 변경하여 계획된 위해상황과 불심문자의 관찰로부터 벗어나게 하여야 한다.

② 야간에는 차량을 밝은 곳에 주차한다.

> 야간 주차 시에는 시야확보를 위해서 밝은 곳에 주차를 하여야 한다.

③ 규칙적인 출발 및 도착시간을 가능한 한 피한다.

> 출발 및 도착시간을 변칙적으로 하여 예측이 가능하지 않도록 한다.

④ 주차 차량의 후면부가 차량출입로를 향하게 주차한다.

> 주차 시에는 차량의 전면부가 차량출입로를 향하게 주차한다.

65 난이도 하

경호업무 수행방법 - 출입자 통제대책

출입자 통제대책에 관한 설명으로 옳지 않은 것은?

① 보안성 강화를 위해 리본, 조끼, 넥타이를 비표로 운용하지 않는다.

> 보안성 강화를 위해 사용하는 비표의 종류는 리본, 명찰, 완장, 모자, 배지, 조끼, 승차입장카드 및 스티커 등이 있으며, 비표는 대상과 용도에 맞게 적절히 운용한다.

② 출입자의 위해 가능 물품의 보관을 위해 물품보관소를 운용한다.
③ 행사장 내 모든 출입요소에 대해서는 인가된 인원의 본인 여부를 확인해야 한다.
④ 주차관리는 참석자들의 불편 최소화, 입·퇴장 질서유지 등을 고려한다.

66 난이도 하
경호업무 수행방법 – 우발상황의 특성

우발상황의 특성이 아닌 것은?

① 사전예측의 가능
> 우발상황은 사전예측이 곤란하다는 특성이 있다.

② 무질서와 혼란 야기
③ 자기보호본능 기제의 발동
④ 즉각조치의 요구

67 난이도 하
경호업무 수행방법 – 근접경호의 도보대형 형성 시 고려사항

근접경호의 도보대형 형성 시 고려사항이 아닌 것은?

① 인적 취약요소와의 이격도
② 행사장의 안전도
③ 경호행사의 성격
④ 경호원의 성향과 근접경호의 수준

> 행사장 참석자의 성향과 경호대상자의 취향, 선발경호의 수준이 근접경호의 도보대형 형성 시 고려사항에 해당한다.

핵심만콕 근접경호에서 도보대형 형성 시 고려사항

- 행사장 주변 감제건물의 취약성
- 인적 취약요소와의 이격도
- 물적 취약요소의 위치
- 행사장 사전예방경호의 수준(선발경호의 수준)
- 행사장 참석자의 인원수 및 성향
- 경호행사의 성격
- 경호대상자의 취향·행사장의 취약요소
- 근접경호원의 수

〈참고〉 김두현, 「경호학개론」, 엑스퍼트, 2020, P. 273 / 이상철, 「경호현장운용론」, 진영사, 2008, P. 133 / 김계원, 「경호학」, 백산출판사, 2008, P. 217

68 난이도 하
경호업무 수행방법 - 출입자 통제업무 수행

출입자 통제업무 수행에 관한 설명으로 옳지 않은 것은?

① 출입통로는 가능한 단일화 또는 최소화하도록 한다.
② 지연 참석자에 대해서는 검색 후 출입을 허용하지 않도록 한다.

> 지연 참석자에 대해서는 검색 후 별도 지정된 통로로 출입을 허용한다.

③ 참석자의 지위, 참석자 수 등을 고려하여 시차입장계획을 수립한다.
④ 행사장 및 행사규모에 따라 참석대상별 주차지역을 구분하여 설정한다.

69 난이도 하
경호업무 수행방법 - 검식활동

검식활동에 관한 설명으로 옳지 않은 것은?

① 음식료 운반 시에도 근접감시를 실시한다.
② 경호대상자에게 제공되는 음식료의 이상 유무를 검사하는 검식활동은 근접경호의 임무이다.

> 검식활동은 경호안전대책에 해당하는 사전예방경호작용으로 경호실시단계에서 이루어지는 근접경호작용에 해당하지 않는다.

③ 식재료의 구매·운반·저장과정에서의 안전성 확보, 조리과정의 위생상태 점검 등 경호대상자에게 음식료가 제공될 때까지의 안전상태를 지속적으로 확인한다.
④ 경호대상자에게 제공되는 음식료의 안전을 점검하는 검식활동은 검측활동에 포함된다.

핵심만콕 검식활동의 내용

- 사전에 조리담당 종사자에 대한 신원조사를 실시하여 신원특이자는 배제한다.
- 음식물은 전문요원에 의한 검사를 실시한다.
- 행사 당일에는 경호원이 주방에 입회하여 조리사의 동향을 감시한다.
- 음식물 운반 시에도 철저하게 근접감시를 실시한다.
- 식재료는 신선도와 안전 여부를 확인 및 점검한다.
- 각종 기물은 철저하게 검색하고 사용하기 전에는 열탕소독을 실시한다.
- 주방종사자는 위생검사를 실시하고, 질병이 있는 자는 미리 제외시킨다.

〈출처〉 김계원, 「경호학」, 백산출판사, 2008, P. 211

70 난이도 하 ▌경호업무 수행방법 - 우발상황 대응방법

우발상황에 적절하게 대응하지 못한 경호원은?(단, 경호원의 위치는 고려하지 않는다)

- A경호원 - 체위를 확장하여 경호대상자에 대한 방벽효과를 극대화한다.

  (O) 우발상황 시 근접경호원의 대응요령으로 자기희생의 원칙에 따라 체위를 확장하여 경호대상자의 노출을 최소화하고 최대의 방호벽을 형성한다. 따라서 A경호원의 대응은 적절하다.

- B경호원 - 간단명료하고 신속하게 경고한다.

  (O) 우발상황 발생 시 대응 순서는 우발상황을 인지 → 경고 → 방벽 형성 → 방호 및 대피 → 대적 및 제압의 순서이다. 따라서 B경호원이 간단명료하고 신속하게 경고한 행위는 적절하다.

- C경호원 - 폭발성 화기에 의한 공격 시에는 방어적 원형 대형을 형성한다.

  (×) 수류탄 또는 폭발물과 같은 폭발성 화기에 의한 공격을 받았을 때 사용되는 방호 대형은 함몰형 대형으로, 경호대상자를 지면에 완전히 밀착시키고 그 위에 근접경호원들이 밀착하며 포개어 경호대상자의 신체가 외부에 노출되지 않도록 해야 한다. 방어적 원형 대형은 위해의 징후가 현저하거나 직접적인 위해가 가해졌을 때 형성하는 방어 대형이다.

- D경호원 - 경호대상자의 방호보다는 위해기도자의 제압을 우선으로 한다.

  (×) 우발상황이 발생했을 경우 신속한 대적행위보다 방호 및 대피가 우선되어야 하므로, D경호원이 경호대상자의 방호보다 위해기도자의 제압을 우선으로 한 행위는 부적절하다.

① A, B
② A, C
③ B, D
④ **C, D**

제시된 내용 중 우발상황에 맞게 적절하게 대응하지 못한 경호원은 C와 D이다.

71 난이도 하 ▎경호업무 수행방법 – 안전검측의 원칙

안전검측의 원칙상 항목별(ㄱ~ㄷ) 검측 시 우선으로 중점 검측할 대상을 옳게 선택한 것은?

> ㄱ. 통로의 양 측면, 통로의 중앙
>
> > 통로에서는 통로의 중앙보다는 양 측면을 중점 검측한다.
> > 〈출처〉김두현, 「경호학개론」, 엑스퍼트, 2020, P. 270
>
> ㄴ. 높은 곳, 낮은 곳
>
> > 아래보다는 높은 곳을 중점 검측한다.
> > 〈출처〉김두현, 「경호학개론」, 엑스퍼트, 2020, P. 270
>
> ㄷ. 깨끗한 장소, 더러운 장소
>
> > 검측활동 시에는 위해분자는 인간의 습성(위를 보지 않는 습성, 더러운 곳을 싫어하는 습성, 공기가 탁한 곳을 싫어하는 습성)을 최대한 활용한다는 점을 명심하고, 상하좌우 빠지는 부분이 없도록 반복 중첩되게 실시한다.
> > 〈출처〉이두석, 「경호학개론」, 진영사, 2018, P. 270

① ㄱ : 통로의 양 측면,   ㄴ : 낮은 곳,   ㄷ : 깨끗한 장소
② **ㄱ : 통로의 양 측면,   ㄴ : 높은 곳,   ㄷ : 더러운 장소**
③ ㄱ : 통로의 중앙,   ㄴ : 낮은 곳,   ㄷ : 깨끗한 장소
④ ㄱ : 통로의 중앙,   ㄴ : 높은 곳,   ㄷ : 더러운 장소

핵심만콕

검측은 책임구역을 명확하게 구분하여 계속적으로 반복 실시하되, 중복해서 실시하여 통로에서는 양측을 중점 검측하고 아래보다는 높은 곳을, 능선이나 곡각지 등 의심나는 곳은 반복해서 검측한다. 그리고 전기선은 끝까지 추적해서 확인하고 전기제품 같은 물품은 분해해서 확인하며, 확인이 불가능한 물품은 원거리에 격리시키며 쓰레기통 같은 무질서한 분위기는 청소를 실시하여 정돈한다.

〈출처〉김두현, 「경호학개론」, 엑스퍼트, 2020, P. 270

72 난이도 하

경호복장과 장비 – 경호장비

경호장비에 관한 분류로 옳지 않은 것은?

① 호신장비 : 총기, 가스분사기
② **감시장비 : 금속탐지기, X-Ray 수화물 검색기**

> 금속탐지기, X-Ray 수화물 검색기는 검측장비이다.

③ 방호장비 : 방폭담요, 방폭가방

> 방폭담요, 방폭가방은 폭발물로부터 경호대상자를 보호하거나 폭발물 파편의 비산을 방지하여 폭발로 인한 피해를 감소시키고, 다중 이용시설 등에서 폭발물 여부가 의심스러운 물체를 덮거나 둘러놓아 폭발물처리팀이 도착할 때까지 안전을 확보하는 데 효과적인 방호장비이다.
>
> 〈출처〉 이두석, 「경호학개론」, 진영사, 2018, P. 240

④ 기동장비 : 차량, 항공기

핵심만콕 경호장비의 기능에 따른 분류

호신장비	일반적으로 자신의 생명이나 신체가 위험상태에 놓였을 때 스스로를 보호하는 데 사용하는 장비를 말한다. 여기에는 총기, 경봉, 가스분사기, 전자충격기 등이 있다.
방호장비	경호대상자나 경호대상자가 사용하는 시설물을 보호하기 위한 장치를 말한다. 적의 침입 예상경로를 차단하기 위하여 방벽을 설치·이용하는 것으로 경호방법 중 최후의 예방경호방법이라 할 수 있다. 방호장비는 크게 자연적 방벽과 물리적 방벽으로 나뉜다(단순히 방폭담요, 방폭가방 등을 방호장비로 분류하는 견해도 있다).
기동장비	경호대상자의 경호를 위하여 운용하는 차량·항공기·선박·열차 등의 이동수단을 말한다.
검색·검측장비	검색장비는 위해도구나 위해물질을 찾아내는 데 사용하는 장비를 말하고, 검측장비는 위해물질의 존재 여부를 검사하거나 시설물의 안전점검에 사용하는 도구를 말한다. 일반적으로 검측장비로 통칭하며, 검측장비는 탐지장비, 처리장비, 검측공구로 구분하여 사용한다.
감시장비	위해기도자의 침입이나 범죄행위를 사전에 감시하기 위한 장비(전자파, 초음파, 적외선 등을 이용한 기계장비)를 말한다. 경호임무에 있어 인력부족으로 인한 경호 취약점을 보완하는 수단으로, 감시장비에는 드론, CCTV, 열선감지기, 쌍안경, 망원경, 포대경(M65), TOD(영상감시장비) 등이 있다.
통신장비	경호업무를 수행하는 데 필요한 보고 또는 연락을 위한 통신장비(유선·무선)를 말한다. 경호통신은 신뢰성, 신속성, 정확성, 안전성이 고려되어야 한다. 유선통신장비에는 전화기, 교환기, FAX망, 컴퓨터통신, CCTV 등의 장비가 있으며, 무선통신장비에는 휴대용 무전기(FM-1), 페이징, 차량용 무전기(MR-40V, KSM-2510A, FM-5), 무선전화기, 인공위성 등이 있다.

73 난이도 하
경호복장과 장비 - 경호복장

경호복장에 관한 내용으로 옳은 것은?

① <u>일반적으로 경호원은 행사의 성격에 따라 주변 환경과 조화되도록 복장을 착용한다.</u>
② 경호원은 경호대상자와 구분되는 색상이나 스타일의 복장을 착용한다.
③ 경호원으로서의 신분이 노출되지 않도록 화려한 복장을 착용한다.
④ 경호원은 주위의 시선을 빼앗는 색상이나 복장을 착용한다.

핵심만콕 경호복장

- 경호요원은 행사의 성격에 따라 보호색원리에 의한 경호현장의 주변환경과 조화되는 복장을 착용하여 신분이 노출되지 않도록 한다.
- 경호원의 복장은 <u>경호대상자의 복장에 맞추어 정장이나 캐주얼 복장을 상황에 따라 입고, 두발상태도 경호대상자의 두발상태와 비슷하게 관리한다.</u>
- 경호원의 복장은 <u>주위의 시선을 빼앗는 화려한 색상이나 새로운 패션의 스타일은 눈에 띄기 쉬우므로 착용해서는 안 되고, 보수적인 색상과 스타일의 복장이 적합하다.</u>

〈출처〉이두석, 「경호학개론」, 진영사, 2018, P. 246~247

74 난이도 하
경호의전과 구급법 - 의전

의전에 관한 설명으로 옳지 않은 것은?

① 3부(府)의 초청인사 집단별 좌석배치 순서는 관행상 행정·입법·사법의 순이다.
② <u>정부 의전행사에서 적용하고 있는 주요 참석인사에 대한 예우기준에 따라 공적 직위가 없는 인사 서열의 경우 직급, 기관장, 전직, 연령을 기준으로 한다.</u>

　직급, 기관장 순위는 직위에 의한 서열기준이다.

③ 주한외교단은 신임장을 제정한 일자 순으로 배치한다.
④ 우리나라 정부인사가 외국정부의 같은 급의 인사를 초청한 경우에는 외빈인사를 상위의 좌석에 배치하는 것이 일반적인 관례이다.

핵심만콕 정부 의전 시 일반적 예우 기준★

현재 정부 의전행사에서 적용하고 있는 주요 참석인사에 대한 예우 기준은 다음과 같으나, 실제 공식행사의 적용에 있어서는 그 행사의 성격, 경과보고, 기념사 등 참석인사의 행사의 역할과 당해 행사와의 관련성 등을 감안하여 결정하여야 한다.

직위에 의한 예우 기준	공적 직위가 없는 인사의 예우 기준
• 직급(계급) 순위 • 헌법 및 정부조직법상의 기관순위 • 상급기관 • 국가기관	• 전 직 • 연 령 • 행사 관련성 • 정부 산하단체, 공익단체 협회장, 관련 민간단체장

〈출처〉행정안전부, 2024, 정부의전편람, P. 72

75 난이도 하
■ 경호의전과 구급법 – 의전의 원칙

의전의 원칙에 관한 설명으로 옳지 않은 것은?

① 의전의 바탕은 상대 생활양식 등의 문화와 상대방에 대한 존중 및 배려에 있다.
② 정부행사에서 의전행사 서열은 관례적으로는 정부수립 이후부터 시행해 온 정부의전행사를 통하여 확립된 선례와 관행을 기준으로 한다.
③ 정부행사에서 공식적으로는 헌법, 정부조직법, 국회법, 법원조직법 등 법령에서 정한 직위순서를 기준으로 한다.
④ <u>행사 주최자의 경우 손님에게 상석인 왼쪽을 양보한다.</u>

> 우리나라에서는 일반적으로 오른편을 상위석으로 하는 것이 관례인바, 이 관례는 많은 나라에서 통용되고 있다.★
> 〈출처〉김두현,「경호학개론」, 엑스퍼트, 2020, P. 321

76 난이도 하
■ 경호의전과 구급법 – 경호원의 응급처치 사항

경호원의 응급처치 사항으로 옳지 않은 것은?

① 가슴 및 복부 손상 시 지혈과 동시에 음료를 마시게 한다.

> 출혈이 멎기 전에는 음료를 주지 않는다.

② 심한 출혈 시 출혈 부위를 심장보다 높게 하여 안정상태를 유지한다.
③ 의식과 호흡이 없을 경우 빠른 시간에 심폐소생술을 실시한다.
④ 원칙적으로 환자의 생사판정은 하지 않는다.

핵심만콕 출혈 시 응급처치 요령

출혈이 심한 경우	• 출혈이 심하면 즉시 지혈을 하고 <u>출혈 부위를 심장부위보다 높게 하여 안정되게 눕힌다.</u> • <u>출혈이 멎기 전에는 음료를 주지 않는다.</u> • <u>지혈방법은 직접 압박, 지압점 압박, 지혈대 사용</u> 등의 방법이 있다. • <u>소독된 거즈나 헝겊으로 세게 직접 압박한다.</u> • 환자를 편안하게 눕히고 보온한다.
출혈이 심하지 않은 경우	• 출혈이 심하지 않은 상처에 대한 처치는 병균의 침입을 막아 감염을 예방하는 것이다. • 상처를 손이나 깨끗하지 않은 헝겊으로 건드리지 말고, 엉키어 뭉친 핏덩어리를 떼어내지 말아야 한다. • 더러운 것이 묻었을 때는 깨끗한 물로 상처를 씻어 준다. • <u>소독한 거즈를 상처에 대고 드레싱을 한다.</u> • 의사의 치료를 받게 한다.

77 난이도 중 경호의 환경 - 테러단체 구성죄 등

국민보호와 공공안전을 위한 테러방지법상 테러단체를 구성하거나 구성원으로 가입한 사람의 처벌에 관한 내용으로 옳은 것은?

① 수괴(首魁)는 사형·무기 또는 7년 이상의 징역

> 수괴의 법정형은 사형·무기 또는 10년 이상의 징역이다(테러방지법 제17조 제1항 제1호).

② 테러를 기획하는 등 중요한 역할을 맡은 사람은 무기 또는 5년 이상의 징역

> 테러를 기획하는 등 중요한 역할을 맡은 사람의 법정형은 무기 또는 7년 이상의 징역이다(테러방지법 제17조 제1항 제2호).

③ 타국의 외국인테러전투원으로 가입한 사람은 5년 이상의 징역

④ 테러를 지휘하는 등 중요한 역할을 맡은 사람은 무기 또는 5년 이상의 징역

> 테러를 지휘하는 등 중요한 역할을 맡은 사람의 법정형은 무기 또는 7년 이상의 징역이다(테러방지법 제17조 제1항 제2호).

관계법령 테러단체 구성죄 등(국민보호와 공공안전을 위한 테러방지법 제17조)

① 테러단체를 구성하거나 구성원으로 가입한 사람은 다음 각호의 구분에 따라 처벌한다.★
  1. 수괴(首魁)는 사형·무기 또는 10년 이상의 징역
  2. 테러를 기획 또는 지휘하는 등 중요한 역할을 맡은 사람은 무기 또는 7년 이상의 징역
  3. 타국의 외국인테러전투원으로 가입한 사람은 5년 이상의 징역
  4. 그 밖의 사람은 3년 이상의 징역

78 난이도 하 경호의전과 구급법 - 국기게양

국기게양에 관한 설명으로 옳은 것은?

① 조의를 표하는 날은 현충일 및 국가장법 제6조에 따른 국가장 기간이다.

> 대한민국국기법 제9조 제1항 제2호

② 국경일은 3·1절, 제헌절, 광복절, 개천절 및 국군의 날이다.

> 국군의 날은 기념일이다(대한민국국기법 제8조 제1항 제1호·제2호).

③ 국기를 전국적으로 게양해야 하는 날은 국경일 및 기념일, 조의를 표하는 날이며, 국기는 일출부터 일몰까지만 게양해야 한다.

> 태극기 게양일은 3월 1일, 6월 6일(기념일 : 조기를 게양한다), 7월 17일, 8월 15일, 10월 1일(기념일), 10월 3일, 10월 9일 등이며, 국기는 매일·24시간 게양할 수 있다(대한민국국기법 제8조 제2항).

④ 국가, 지방자치단체 및 공공기관의 청사 등에는 목적을 고려하여 국기를 낮에만 게양할 수 있다.

> 국가, 지방자치단체 및 공공기관의 청사 등에는 국기를 연중 게양하여야 한다(대한민국국기법 제8조 제3항 전문 전단).

관계법령

국경일의 종류(국경일에 관한 법률 제2조)
국경일은 다음 각호와 같다.
1. 3·1절 : 3월 1일
2. 제헌절 : 7월 17일
3. 광복절 : 8월 15일
4. 개천절 : 10월 3일
5. 한글날 : 10월 9일

국기의 게양일 등(대한민국국기법 제8조)
① 국기를 게양하여야 하는 날은 다음 각호와 같다.
  1. 「국경일에 관한 법률」 제2조의 규정에 따른 국경일
  2. 「각종 기념일 등에 관한 규정」 제2조의 규정에 따른 기념일 중 현충일 및 국군의 날
  3. 「국가장법」 제6조에 따른 국가장기간
  4. 정부가 따로 지정한 날
  5. 지방자치단체가 조례 또는 지방의회의 의결로 정하는 날
② 제1항의 규정에 불구하고 국기는 매일·24시간 게양할 수 있다.
③ 국가, 지방자치단체 및 공공기관의 청사 등에는 국기를 연중 게양하여야 하며, 다음 각호의 장소에는 가능한 한 연중 국기를 게양하여야 한다. 이 경우 야간에는 적절한 조명을 하여야 한다.
  1. 공항·호텔 등 국제적인 교류장소
  2. 대형건물·공원·경기장 등 많은 사람이 출입하는 장소
  3. 주요 정부청사의 울타리
  4. 많은 깃대가 함께 설치된 장소
  5. 그 밖에 대통령령이 정하는 장소
④ 각급 학교 및 군부대의 주된 게양대에는 국기를 매일 낮에만 게양한다.
⑤ 국기가 심한 눈·비와 바람 등으로 그 훼손이 우려되는 경우에는 이를 게양하지 아니한다.
⑥ 국기의 게양 및 강하 시각, 시각의 변경 등에 관하여 필요한 사항은 대통령령으로 정한다.

국기의 게양방법 등(대한민국국기법 제9조)
① 국기는 다음 각호의 방법으로 게양하여야 한다.
  1. 경축일 또는 평일 : 깃봉과 깃면의 사이를 떼지 아니하고 게양함
  2. 현충일·국가장기간 등 조의를 표하는 날 : 깃봉과 깃면의 사이를 깃면의 너비만큼 떼어 조기(弔旗)를 게양함
② 국기의 게양 및 강하 방법, 국기와 다른 기의 게양 및 강하 방법, 국기의 게양위치, 게양식·강하식 등 그 밖에 필요한 사항은 대통령령으로 정한다.

79 난이도 하 | 경호의 환경 - 국가정보원장의 업무

국민보호와 공공안전을 위한 테러방지법상 테러위험인물에 대하여 출입국·금융거래 및 통신이용 등 관련 정보를 수집할 수 있는 자는?

① 대통령경호처장
② **국가정보원장**

> 국가정보원장은 테러위험인물에 대하여 출입국·금융거래 및 통신이용 등 관련 정보를 수집할 수 있다(테러방지법 제9조 제1항 전문).

③ 대테러센터장
④ 금융감독원장

80 난이도 상 | 경호의 환경 - 대테러센터의 주요 기능

국민보호와 공공안전을 위한 테러방지법상 대테러활동과 관련하여 대테러센터의 수행사항으로 옳은 것은?

① 국가 대테러활동 관련 임무분담 및 협조사항 실무 조정

> ①은 대테러활동과 관련하여 대테러센터의 수행사항이나(테러방지법 제6조 제1항), ②~④는 국가테러대책위원회의 심의·의결사항에 해당한다(테러방지법 제5조 제3항).

② 대테러활동에 관한 국가의 정책 수립 및 평가
③ 국가 대테러 기본계획 등 중요 중장기 대책 추진사항
④ 관계기관의 대테러활동 역할 분담·조정이 필요한 사항

핵심만콕 국가테러대책기구의 주요 기능 ★★

국가테러대책위원회	대테러센터
테러대책위원회는 다음의 사항을 심의·의결한다(테러방지법 제5조 제3항). 1. 대테러활동에 관한 국가의 정책 수립 및 평가 2. 국가 대테러 기본계획 등 중요 중장기 대책 추진사항 3. 관계기관의 대테러활동 역할 분담·조정이 필요한 사항 4. 그 밖에 위원장 또는 위원이 대책위원회에서 심의·의결할 필요가 있다고 제의하는 사항	대테러활동과 관련하여 다음 각호의 사항을 수행하기 위하여 국무총리 소속으로 관계기관 공무원으로 구성되는 대테러센터를 둔다(테러방지법 제6조 제1항). 1. 국가 대테러활동 관련 임무분담 및 협조사항 실무 조정 2. 장단기 국가대테러활동 지침 작성·배포 3. 테러경보 발령 4. 국가 중요행사 대테러안전대책 수립 5. 대책위원회의 회의 및 운영에 필요한 사무의 처리 6. 그 밖에 대책위원회에서 심의·의결한 사항

2017년 경비업법

문제편 214p

정답 CHECK

01	02	03	04	05	06	07	08	09	10	11	12	13	14	15	16	17	18	19	20
④	②	②	①	④	②	②	④	①	②	④	③	③	③	③	②	④	①	①	③
21	22	23	24	25	26	27	28	29	30	31	32	33	34	35	36	37	38	39	40
③	①	①	①	③	③	①	①	③	④	①	②	②	①	④	③	①	③	④	①

01 난이도 하

경비업법 제5조 – 임원의 결격사유

경비업법상 법인 임원의 결격사유에 해당하는 것은?

① 파산선고를 받고 복권된 자

> 파산선고를 받고 복권되지 아니한 자가 결격자이다(경비업법 제5조 제2호).

② 금고 이상의 형의 선고를 받고 그 형이 실효된 자

> 금고 이상의 형의 선고를 받고 그 형이 실효되지 아니한 자가 결격자이다(경비업법 제5조 제3호).

③ 대통령 등의 경호에 관한 법률에 위반하여 벌금형의 선고를 받고 3년이 경과된 자

> 경비업법 또는 「대통령 등의 경호에 관한 법률」에 위반하여 벌금형의 선고를 받고 3년이 지나지 아니한 자가 결격자이다(경비업법 제5조 제4호).

④ **경비업법에 의한 명령에 위반하여 허가가 취소된 법인의 허가취소 당시 임원이었던 자로서 그 허가취소 후 3년이 경과되지 아니한 자**

> 경비업법 제5조 제5호

| 관계법령 | 임원의 결격사유(경비업법 제5조) ★ |

다음 각호의 어느 하나에 해당하는 자는 경비업을 영위하는 법인(제4호에 해당하는 자의 경우에는 특수경비업무를 수행하는 법인, 제5호에 해당하는 자의 경우에는 허가취소사유에 해당하는 경비업무와 동종의 경비업무를 수행하는 법인)의 임원이 될 수 없다.
1. 피성년후견인
2. 파산선고를 받고 복권되지 아니한 자
3. 금고 이상의 형의 선고를 받고 그 형이 실효되지 아니한 자
4. 이 법 또는 「대통령 등의 경호에 관한 법률」에 위반하여 벌금형의 선고를 받고 3년이 지나지 아니한 자
5. 이 법(제19조 제1항 제2호 및 제7호는 제외) 또는 이 법에 의한 명령에 위반하여 허가가 취소된 법인의 허가취소 당시의 임원이었던 자로서 그 취소 후 3년이 지나지 아니한 자
6. 제19조 제1항 제2호(허가받은 경비업무 외의 업무에 경비원을 종사하게 한 때) 및 제7호(소속 경비원으로 하여금 경비업무의 범위를 벗어난 행위를 하게 한 때)의 사유로 허가가 취소된 법인의 허가취소 당시의 임원이었던 자로서 허가가 취소된 날부터 5년이 지나지 아니한 자

02 난이도 하 | 경비업법 제8조 · 제9조 – 기계경비업무

경비업법령상 기계경비업자의 직무에 해당하지 않는 것은?

① 경비대상시설에 관한 경보를 수신한 때에는 신속하게 그 사실을 확인하는 등 필요한 대응조치를 취하여야 한다.

경비업법 제8조 전단

② **경비업과 경비장비의 제조·설비·판매업 등 대통령령이 정하는 경비관련업 외의 영업을 하여서는 안 된다.**

특수경비업자는 이 법에 의한 경비업과 경비장비의 제조·설비·판매업, 네트워크를 활용한 정보산업, 시설물 유지관리업 및 경비원 교육업 등 대통령령이 정하는 경비관련업 외의 영업을 하여서는 아니 된다(경비업법 제7조 제9항). ★

③ 기계경비업무를 위한 기계장치의 운용·감독을 하여야 한다.

경비업법 시행령 제17조 제1항 제1호

④ 대응조치 등 업무의 원활한 운영과 개선을 위하여 대통령령이 정하는 바에 따라 관련 서류를 작성·비치하여야 한다.

경비업법 제9조 제2항

03 난이도 하
경비업법 제2조 제5호 - 집단민원현장

경비업법상 집단민원현장에 해당하지 않는 것은?

① 행정대집행법에 따라 대집행을 하는 장소
② **대기업의 주주총회가 개최되고 있는 장소**

> 주주총회와 관련하여 이해대립이 있어 다툼이 있는 장소가 집단민원현장이다(경비업법 제2조 제5호 라목).

③ 100명 이상의 사람이 모이는 문화 행사장
④ 노동조합 및 노동관계조정법에 따라 노동관계 당사자가 노동쟁의 조정신청을 한 사업장

관계법령 정의(경비업법 제2조) ★★

이 법에서 사용하는 용어의 정의는 다음과 같다.
5. "집단민원현장"이란 다음 각목의 장소를 말한다.
   가. 「노동조합 및 노동관계조정법」에 따라 노동관계 당사자가 노동쟁의 조정신청을 한 사업장 또는 쟁의행위가 발생한 사업장
   나. 「도시 및 주거환경정비법」에 따른 정비사업과 관련하여 이해대립이 있어 다툼이 있는 장소
   다. 특정 시설물의 설치와 관련하여 민원이 있는 장소
   라. 주주총회와 관련하여 이해대립이 있어 다툼이 있는 장소
   마. 건물·토지 등 부동산 및 동산에 대한 소유권·운영권·관리권·점유권 등 법적 권리에 대한 이해대립이 있어 다툼이 있는 장소
   바. 100명 이상의 사람이 모이는 국제·문화·예술·체육 행사장
   사. 「행정대집행법」에 따라 대집행을 하는 장소

---

04 난이도 중
경비업법 제29조 - 형의 가중처벌

경비업법상 경비원이 경비업무 수행에 경비장비 외의 흉기를 휴대하고 형법상의 죄를 범한 경우 형의 가중처벌에 해당하지 않는 것은?

① **폭행죄(형법 제260조 제1항)**

> 폭행죄(형법 제260조 제1항)는 특수경비원이 무기를 휴대하고 경비업무 수행 중에 무기의 안전수칙을 위반하여 죄를 범한 경우 그 법정형의 2분의 1까지 가중처벌되는 경비업법 제29조 제1항의 형법상 대상범죄이다. 체포죄(형법 제276조 제1항), 협박죄(형법 제283조 제1항), 재물손괴죄(형법 제366조)는 모두 경비업법 제29조 제1항·제2항에 의해 가중처벌되는 형법상 대상범죄에 해당된다.

② 체포죄(형법 제276조 제1항)
③ 협박죄(형법 제283조 제1항)
④ 재물손괴죄(형법 제366조)

05 난이도 중   ▮경비업법 시행령 [별표 1] – 경비업의 시설 등의 기준(경비업의 허가요건)

경비업법령상 경비업의 허가요건으로 옳은 것을 모두 고른 것은?

> ㄱ. 시설경비업무와 특수경비업무를 겸업하고자 하는 경우 자본금은 1억원 이상을 보유하여야 한다.
>
> > (×) 특수경비업무는 <u>특수경비원 20명 이상의 경비인력 및 경비지도사 1명과 3억원 이상의 자본금을 갖추어야 한다</u>. 따라서 <u>시설경비업자가 특수경비업무를 추가로 하려는 경우에는 이미 갖추고 있는 자본금(1억원)을 포함하여 특수경비업무의 자본금(3억원) 기준에 적합하여야 한다</u>(경비업법 시행령 [별표 1] 비고 제1호).
>
> ㄴ. 호송경비업무의 장비 등의 기준은 호송용 차량 1대 이상, 현금호송백 1개 이상, 기준 경비인력 수 이상의 경비원 복장 및 경적, 단봉, 분사기가 구비되어야 한다.
>
> ㄷ. 기계경비업무의 시설은 기준 경비인력 이상을 동시에 교육할 수 있는 교육장·관제시설이 있어야 한다.
>
> ㄹ. 기계경비업무의 경비인력은 전자·통신 분야 기술자격증소지자 3명을 포함한 일반경비원 10명 이상, 경비지도사 1명 이상이 있어야 한다.
>
> > (×) <u>기계경비업무는 전자·통신분야 기술자격증소지자 5명을 포함한 일반경비원 10명 이상의 경비인력 및 경비지도사 1명 이상과 1억원 이상의 자본금을 갖추어야 한다</u>.
>
> ㅁ. 특수경비업자 외의 자가 특수경비업무를 추가하려는 경우에는 이미 갖추고 있는 자본금을 포함하여 특수경비업무의 자본금 기준에 적합하여야 한다.

① ㄱ, ㄴ, ㄷ
② ㄱ, ㄹ, ㅁ
③ ㄴ, ㄷ, ㄹ
④ <u>ㄴ, ㄷ, ㅁ</u>

> 제시된 내용 중 경비업법령상 경비업의 허가요건으로 옳은 것은 ㄴ, ㄷ, ㅁ이다(경비업법 시행령 [별표 1]).

관계법령 경비업의 시설 등의 기준(경비업법 시행령 [별표 1])★ <개정 2024.12.31.>

시설 등 기준 업무별	경비인력	자본금	시 설	장비 등
1. 시설경비업무	• 일반경비원 10명 이상 • 경비지도사 1명 이상	1억원 이상	기준 경비인력 수 이상을 동시에 교육할 수 있는 교육장	기준 경비인력 수 이상의 경비원 복장 및 경적, 단봉, 분사기
2. 호송경비업무	• 무술유단자인 일반경비원 5명 이상 • 경비지도사 1명 이상	1억원 이상	기준 경비인력 수 이상을 동시에 교육할 수 있는 교육장	• 호송용 차량 1대 이상 • 현금호송백 1개 이상 • 기준 경비인력 수 이상의 경비원 복장 및 경적, 단봉, 분사기
3. 신변보호업무	• 무술유단자인 일반경비원 5명 이상 • 경비지도사 1명 이상	1억원 이상	기준 경비인력 수 이상을 동시에 교육할 수 있는 교육장	• 기준 경비인력 수 이상의 무전기 등 통신장비 • 기준 경비인력 수 이상의 경적, 단봉, 분사기

4. 기계경비업무	• 전자·통신 분야 기술자격증 소지자 5명을 포함한 일반경비원 10명 이상 • 경비지도사 1명 이상	1억원 이상	• 기준 경비인력 수 이상을 동시에 교육할 수 있는 교육장 • 관제시설	• 감지장치·송신장치 및 수신장치 • 출장소별로 출동차량 2대 이상 • 기준 경비인력 수 이상의 경비원 복장 및 경적, 단봉, 분사기
5. 특수경비업무	• 특수경비원 20명 이상 • 경비지도사 1명 이상	3억원 이상	기준 경비인력 수 이상을 동시에 교육할 수 있는 교육장	기준 경비인력 수 이상의 경비원 복장 및 경적, 단봉, 분사기
6. 혼잡·교통유도 경비업무	• 일반경비원 10명 이상 • 경비지도사 1명 이상	1억원 이상	기준 경비인력 수 이상을 동시에 교육할 수 있는 교육장	기준 경비인력 수 이상의 경비원 복장 및 경적, 단봉, 분사기, 무전기, 경광봉

※ 비 고
1. 자본금의 경우 납입자본금을 말하고, 하나의 경비업무에 대한 자본금을 갖춘 경비업자가 그 외의 경비업무를 추가로 하려는 경우 자본금을 갖춘 것으로 본다. 다만, 특수경비자 외의 자가 특수경비업무를 추가로 하려는 경우에는 이미 갖추고 있는 자본금을 포함하여 특수경비업무의 자본금 기준에 적합하여야 한다.
[이하 생략]

06 난이도 중　　경비업법 제19조, 동법 시행령 [별표 4] - 행정처분 기준(허가취소)

경비업법령상 경비업 허가취소처분 사유에 해당하지 않는 것은?

① 경비업자가 집단민원현장에 경비지도사를 선임·배치하여야 함에도 불구하고 이를 3차례 위반한 때

> 경비업법 시행령 [별표 4] 제2호 다목에 의하면 1차 위반 시 영업정지 1개월, 2차 위반 시 영업정지 3개월, 3차 이상 위반 시 허가취소이다.

② 경비업자가 특수폭행죄를 범하여 벌금형을 선고받고 5년이 지나지 아니한 자를 일반경비원으로 집단민원현장에 배치해서는 아니 됨에도 불구하고 이를 2차례 위반한 때

> 경비업법 제18조 제6항을 위반하여 결격사유에 해당하는 일반경비원을 집단민원현장에 배치한 때 행정처분 기준은 1차 위반 시 영업정지 1개월, <u>2차 위반 시 영업정지 3개월</u>, 3차 이상 위반 시 허가취소이다(경비업법 시행령 [별표 4] 제2호 하목).

③ 경비업자가 영업정지처분을 받고 계속하여 영업을 한 때

> 경비업법 제19조 제1항 제6호의 절대적 허가취소사유이다.

④ 경비업자가 관할 경찰관서장의 배치폐지명령에 따르지 아니한 때

> 경비업법 제19조 제1항 제8호의 절대적 허가취소사유이다.

07 난이도 하
경비업법 제12조, 동법 시행령 제17조 – 일반경비지도사의 직무

경비업법령상 일반경비지도사의 직무에 관한 설명으로 옳은 것을 모두 고른 것은?

> ㄱ. 경비원의 지도·감독·교육에 관한 계획의 수립
> ㄴ. 경비현장에 배치된 경비원에 대한 순회점검 및 감독
> ㄷ. 오경보방지 등을 위한 기기관리의 감독
> ㄹ. 집단민원현장에 배치된 경비원에 대한 지도·감독

① ㄱ, ㄴ, ㄷ
② ㄱ, ㄴ, ㄹ

> ㄷ의 오경보방지 등을 위한 기기관리의 감독은 일반경비지도사가 아닌 기계경비지도사가 할 수 있는 고유 직무로 월 1회 이상 수행하여야 한다(경비업법 시행령 제17조 제1항 제2호·제2항).

③ ㄱ, ㄷ, ㄹ
④ ㄴ, ㄷ, ㄹ

08 난이도 하
경비업법 제2조 – 용어의 정의

경비업법상 용어에 관한 설명으로 옳지 않은 것은?

① 시설경비업무는 경비를 필요로 하는 시설 및 장소에서의 도난 등으로 인한 위험발생을 방지하는 업무이다.
> 경비업법 제2조 제1호 가목

② 호송경비업무는 운반 중에 있는 현금 등 물건에 대하여 도난 등 위험발생을 방지하는 업무이다.
> 경비업법 제2조 제1호 나목

③ 신변보호업무는 사람의 생명이나 신체에 대한 위해발생을 방지하고 그 신변을 보호하는 업무이다.
> 경비업법 제2조 제1호 다목

④ 특수경비업무는 경비대상시설에 설치한 기기에 의하여 감지·송신된 정보를 그 경비대상시설 외의 장소에 설치한 관제시설의 기기로 수신하여 도난 등 위험발생을 방지하는 업무이다.
> 기계경비업무에 관한 설명이다.

> **관계법령** 정의(경비업법 제2조) ★
>
> 이 법에서 사용하는 용어의 정의는 다음과 같다. 〈개정 2024.1.30.〉
> 1. "경비업"이라 함은 다음 각목의 1에 해당하는 업무(경비업무)의 전부 또는 일부를 도급받아 행하는 영업을 말한다.
>   가. 시설경비업무 : 경비를 필요로 하는 시설 및 장소(경비대상시설)에서의 도난·화재 그 밖의 혼잡 등으로 인한 위험발생을 방지하는 업무
>   나. 호송경비업무 : 운반 중에 있는 현금·유가증권·귀금속·상품 그 밖의 물건에 대하여 도난·화재 등 위험발생을 방지하는 업무
>   다. 신변보호업무 : 사람의 생명이나 신체에 대한 위해의 발생을 방지하고 그 신변을 보호하는 업무
>   라. 기계경비업무 : 경비대상시설에 설치한 기기에 의하여 감지·송신된 정보를 그 경비대상시설 외의 장소에 설치한 관제시설의 기기로 수신하여 도난·화재 등 위험발생을 방지하는 업무
>   마. 특수경비업무 : 공항(항공기를 포함) 등 대통령령이 정하는 국가중요시설의 경비 및 도난·화재 그 밖의 위험발생을 방지하는 업무
>   바. 혼잡·교통유도경비업무 : 도로에 접속한 공사현장 및 사람과 차량의 통행에 위험이 있는 장소 또는 도로를 점유하는 행사장 등에서 교통사고나 그 밖의 혼잡 등으로 인한 위험발생을 방지하는 업무

09 난이도 하 | 경비업법 제22조 - 경비협회

경비업법령상 경비협회에 관한 설명으로 옳지 않은 것은? 기출수정

① 경비협회는 행정안전부령이 정하는 바에 의하여 회원으로부터 회비를 징수할 수 있다.

> 경비협회는 정관이 정하는 바에 의하여 회원으로부터 회비를 징수할 수 있다(경비업법 시행령 제26조 제2항).

② 경비협회는 경비업자의 손해배상책임을 보장하기 위한 사업의 공제사업을 할 수 있다.

> 경비업법 제23조 제1항 제1호

③ 경비협회에 관하여 경비업법에 특별한 규정이 있는 것을 제외하고는 민법상 사단법인에 관한 규정을 준용한다.

> 경비업법 제22조 제4항

④ 경비협회가 공제사업을 하고자 하는 때는 공제규정을 제정하여야 하고, 경찰청장이 이 공제규정을 승인하는 경우는 미리 금융위원회와 협의를 하여야 한다.

> 경비업법 제23조 제2항·제5항

10 난이도 상 | 경비업법 제31조 – 과태료

경비업법령상 과태료 부과금액이 다른 것은?

① 기계경비업자가 경비계약을 체결하면서 계약상대방에게 기기사용요령 및 기계경비운영체계 등에 관한 설명의무를 이행하지 않은 경우

② **경비업자가 신임교육을 이수하지 않은 자를 집단민원현장이 아닌 곳에서 신변보호업무를 수행하는 일반경비원으로 배치한 경우**

> ①·③·④는 경비업법 제31조 제2항의 500만원 이하의 과태료 부과대상이다. 반면 ②는 경비업법 제31조 제1항 제5호 규정을 위반하여 3천만원 이하의 과태료 부과대상이 된다.

③ 경비업자가 결격사유에 해당하는 경비원을 배치하거나 결격사유에 해당하는 경비지도사를 선임·배치한 경우
④ 경비업자가 행정안전부령에 따라 경비원명부를 작성·비치하지 않고 경비원을 경비업무에 배치한 경우

관계법령 과태료(경비업법 제31조) ★★★

① 다음 각호의 어느 하나에 해당하는 경비업자에게는 3천만원 이하의 과태료를 부과한다.
 1. 제16조 제1항을 위반하여 경비원의 복장에 관한 신고를 하지 아니하고 집단민원현장에 경비원을 배치한 자
 2. 제16조 제2항을 위반하여 이름표를 부착하게 하지 아니하거나, 신고된 동일 복장을 착용하게 하지 아니하고 집단민원현장에 경비원을 배치한 자
 3. 제18조 제1항 단서를 위반하여 집단민원현장에 일반경비원을 배치하면서 경비원의 명부를 배치장소에 작성·비치하지 아니한 자
 4. 제18조 제2항 각호 외의 부분 단서를 위반하여 배치허가를 받지 아니하고 경비원을 배치하거나 경비원 명단 및 배치일시·배치장소 등 배치허가 신청의 내용을 거짓으로 한 자
 5. 제18조 제7항을 위반하여 제13조에 따른 신임교육을 이수하지 아니한 자를 제18조 제2항 각호의 경비원으로 배치한 자

② 다음 각호의 어느 하나에 해당하는 경비업자, 경비지도사 또는 시설주에게는 500만원 이하의 과태료를 부과한다. 〈개정 2024.2.13.〉
 1. 법 제4조 제3항(시·도 경찰청장에게 신고의무) 또는 제18조 제2항(관할 경찰관서장에게 배치신고의무)의 규정에 위반하여 신고를 하지 아니한 자
 2. 법 제7조 제7항(특수경비업자의 경비대행업자 지정신고의무)의 규정에 위반하여 경비대행업자 지정신고를 하지 아니한 자
 3. 법 제9조 제1항(기계경비업자의 계약자에 대한 오경보를 막기 위한 기기설명의무)의 규정에 위반하여 설명의무를 이행하지 아니한 자
 3의2. 제11조의2를 위반하여 정당한 사유 없이 보수교육을 받지 아니한 경비지도사
 4. 법 제12조 제1항(경비지도사의 선임 등)의 규정에 위반하여 경비지도사를 선임하지 아니한 자
 4의2. 제12조의2를 위반하여 경비지도사의 선임 또는 해임의 신고를 하지 아니한 자
 5. 법 제14조 제6항(관할 경찰관서장이 무기의 적정한 관리를 위하여 무기를 대여받은 시설주에 대하여 필요한 명령을 발할 수 있다)의 규정에 의한 감독상 필요한 명령을 정당한 이유 없이 이행하지 아니한 자
 6. 법 제10조 제3항을 위반하여 결격사유에 해당하는 경비원을 배치하거나 결격사유에 해당하는 경비지도사를 선임·배치한 자
 7. 법 제16조 제1항의 복장 등에 관한 신고규정을 위반하여 신고를 하지 아니한 자
 8. 법 제16조 제2항을 위반하여 이름표를 부착하게 하지 아니하거나, 신고된 동일 복장을 착용하게 하지 아니하고 경비원을 경비업무에 배치한 자

> 9. 법 제18조 제1항 본문을 위반하여 명부를 작성·비치하지 아니한 자
> 10. 법 제18조 제5항을 위반하여 경비원의 근무상황을 기록하여 보관하지 아니한 자
> ③ 제1항 및 제2항의 규정에 의한 과태료는 대통령령이 정하는 바에 의하여 시·도 경찰청장 또는 경찰관서장이 부과·징수한다.

11 난이도 중 ▌경비업법 제18조 - 경비원의 명부와 배치허가 등

경비업법상 경비원의 명부와 배치허가 등에 관한 설명으로 옳지 않은 것은?

① 경비업자는 행정안전부령으로 정하는 바에 따라 경비원의 명부를 작성·비치하여야 한다.

> 경비업법 제18조 제1항 본문

② 경비업자가 경비원의 배치를 폐지한 경우에는 관할 경찰관서장에게 신고하여야 한다.

> 경비업법 제18조 제2항 본문

③ 경비업자는 경비원을 배치하여 경비업무를 수행하게 하는 때에는 행정안전부령으로 정하는 바에 따라 배치된 경비원의 인적사항과 배치일시·배치장소 등 근무상황을 기록하여 보관하여야 한다.

> 경비업법 제18조 제5항

④ <u>경비업자는 금고 이상의 형을 선고받고 그 집행이 유예된 날부터 5년이 지나지 아니한 자를 집단민원현장에 일반경비원으로 배치할 수 있다.</u>

> 경비업자는 일정한 범죄를 범하여 금고 이상의 형을 선고받고 그 집행이 유예된 날부터 5년이 지나지 아니한 자를 집단민원현장에 일반경비원으로 배치하여서는 아니 된다(경비업법 제18조 제6항).

12 난이도 하

■ 경비업법 시행령 [별표 3] – 경비지도사의 선임·배치기준

경비업법령상 A회사에서 선임·배치하여야 할 일반경비지도사의 인원으로 옳은 것은?

> A회사는 부산지역에 소재하는 시설경비를 전문으로 하는 경비업체이다. 현재 A회사는 부산지역에만 경비원 400명을 배치하여 경비업무를 수행하고 있다.

① 1명
② 2명
③ **3명**

> 시설경비를 전문으로 하는 A경비업체의 경비원 수가 400명이므로, A경비업체가 선임·배치해야 하는 최소 일반경비지도사는 3명이다(경비업법 시행령 [별표 3] 제1호).

④ 4명

핵심만콕 경비지도사의 선임·배치 ★★

경비지도사의 선임·배치 인원을 구할 때는 다음 순서에 따라 구하면 된다.
1. 일반경비지도사와 기계경비지도사를 구별하여 인원을 구해야 한다.
2. 시·도 경찰청 단위로 별산한다. 여기서 인접지역을 감안하여야 한다.
3. 각 시·도 경찰청 내에서 복수의 경비업무를 합산한다.
4. 경비원 200명까지는 1명, 그 이상 100명마다 1명씩 추가한다.

---

13 난이도 중

■ 경비업법 제20조 – 경비지도사의 자격취소와 자격정지

경비업법령상 경비지도사에 관한 자격정지처분의 사유에 해당하는 것은?

① 경비지도사 갑(甲)은 자격정지 기간 중에 경비지도사로 선임되어 활동하였다.
  자격취소처분 사유

② 경비지도사 을(乙)은 허위 그 밖의 부정한 방법으로 경비지도사자격증을 교부받았다.
  자격취소처분 사유

③ **경비지도사 병(丙)은 시·도 경찰청장의 적정한 경비업무수행을 위하여 필요한 지도·감독상 명령을 위반하였다.**
  자격정지처분 사유

④ 경비지도사 정(丁)은 경비지도사자격증을 무(戊)에게 빌려주거나 양도하였다.
  자격취소처분 사유

핵심만콕 경비지도사의 자격취소와 자격정지(경비업법 제20조 제1항·제2항) ★★

자격취소사유 (제1항)	경찰청장은 경비지도사가 다음의 어느 하나에 해당하는 때에는 그 자격을 취소하여야 한다. 1. 제10조(경비지도사 및 경비원의 결격사유) 제1항 각호의 결격사유에 해당하게 된 때 2. 허위 그 밖의 부정한 방법으로 경비지도사자격증을 교부받은 때 3. 경비지도사자격증을 다른 사람에게 빌려주거나 양도한 때 4. 자격정지 기간 중에 경비지도사로 선임되어 활동한 때
자격정지사유 (제2항)	경찰청장은 경비지도사가 다음의 어느 하나에 해당하는 때에는 대통령령이 정하는 바에 따라 1년의 범위 내에서 그 자격을 정지시킬 수 있다. 1. 선임된 경비지도사가 법 규정을 위반하여 직무를 성실하게 수행하지 아니한 때 　**선임된 경비지도사의 직무(법 제12조 제2항)** 　1. 경비원의 지도·감독·교육에 관한 계획의 수립·실시 및 그 기록의 유지 　2. 경비현장에 배치된 경비원에 대한 순회점검 및 감독 　3. 경찰기관 및 소방기관과의 연락방법에 대한 지도 　4. 집단민원현장에 배치된 경비원에 대한 지도·감독 　5. 그 밖에 대통령령(영 제17조)이 정하는 직무 2. 선임된 경비지도사가 법 제24조(감독)의 규정에 의한 경찰청장 또는 시·도 경찰청장의 명령을 위반한 때

14 난이도 하 ▮경비업법 제22조 제3항 – 경비협회의 업무

경비업법상 경비협회의 업무에 해당하지 않는 것은?

① 경비원의 후생·복지에 관한 사항
② 경비진단에 관한 사항
③ **경비지도사의 지도·감독**

> 경비업법에 규정된 경비협회의 업무로는 ①·②·④ 외에도 경비업무의 연구(경비업법 제22조 제3항 제1호)와 그 밖에 경비업무의 건전한 운영과 육성에 관하여 필요한 사항(동항 제5호)이 있다. 경비지도사의 지도·감독은 경비협회의 업무에 해당하지 않는다.

④ 경비원 교육·훈련 및 그 연구

15 난이도 하 ▮경비업법 제27조, 동법 시행령 제31조 – 권한의 위임 및 위탁

경비업법령상 경찰청장이 시·도 경찰청장에게 위임한 권한에 해당하는 것은?

① 경비업의 허가권한
② 경비지도사자격증의 교부권한
③ **경비지도사자격의 취소·정지에 관한 청문의 권한**

> 경찰청장은 경비지도사자격의 취소 및 정지에 관한 권한, 경비지도사자격의 취소 및 정지에 관한 청문의 권한을 시·도 경찰청장에게 위임한다(경비업법 시행령 제31조 제1항).

④ 경비협회의 공제사업에 대한 금융감독원장의 검사요청권한

16 난이도 중 | 경비업법 시행령 [별표 3의2] - 특수경비원 교육기관 강사 지정 기준

다음은 경비업법령상 특수경비원 교육기관의 인력(강사) 지정 기준에 관한 규정 내용이다. (   ) 안의 ㄱ~ㅂ에 들어갈 숫자의 합은?   기출수정

특수경비원 교육기관은 다음의 어느 하나에 해당하는 강사를 1명 이상 갖추어야 한다.

1) 「고등교육법」 제2조 각호에 따른 학교 또는 이에 준하는 학교에서 교육과목 관련 학과의 조교수 이상의 직에 (ㄱ)년 이상 근무한 경력이 있는 사람

   교육과목 관련 학과의 조교수 이상의 직에 <u>1년</u> 이상 근무한 경력이 있는 사람

2) 교육과목 관련 박사학위를 취득한 후 관련 분야의 연구실적이 있는 사람

3) 교육과목 관련 석사 이상의 학위를 취득한 후 관련 분야에 (ㄴ)년 이상 근무한 경력이 있는 사람

   교육과목 관련 석사 이상의 학위를 취득한 후 관련 분야에 <u>3년</u> 이상 근무한 경력이 있는 사람

4) 교육과목 관련 분야에서 공무원으로 (ㄷ)년 이상 근무한 경력이 있는 사람

   교육과목 관련 분야에서 공무원으로 <u>7년</u> 이상 근무한 경력이 있는 사람

5) 교육과목 관련 분야에 (ㄹ)년 이상 근무한 경력이 있는 사람. 다만 체포・호신술 과목 및 폭발물 처리요령 과목에 대해서는 다음의 구분에 따른다.

   교육과목 관련 분야에 <u>10년</u> 이상 근무한 경력이 있는 사람

   가) 체포・호신술 과목 : 무도 사범 자격을 취득한 후 관련 분야에 (ㅁ)년 이상 근무한 경력이 있는 사람

   무도 사범 자격을 취득한 후 관련 분야에 <u>2년</u> 이상 근무한 경력이 있는 사람

   나) 폭발물 처리요령 과목 : 관련 분야에 (ㅂ)년 이상 근무한 경력이 있는 사람

   관련 분야에 <u>2년</u> 이상 근무한 경력이 있는 사람

---

① 21

② **25**

> 2024.8.14. 개정으로 경비업법 시행규칙 [별표 3]이 삭제되어 본 문제를 수정하였다. (   ) 안의 ㄱ~ㅂ에 들어갈 숫자는 순서대로 1, 3, 7, 10, 2, 2로 그 합은 <u>25</u>이다(경비업법 시행령 [별표 3의2] 제2호 가목).

③ 27

④ 30

| 관계법령 | 경비원 교육기관의 지정 기준(경비업법 시행령 [별표 3의2]) <신설 2024.8.13.> |

구 분		지정 기준
2. 특수경비원 교육기관	가. 인력	다음의 어느 하나에 해당하는 강사를 1명 이상 갖출 것 1) 「고등교육법」 제2조 각호에 따른 학교 또는 이에 준하는 학교에서 교육과목 관련 학과의 조교수 이상의 직에 1년 이상 근무한 경력이 있는 사람 2) 교육과목 관련 박사학위를 취득한 후 관련 분야의 연구실적이 있는 사람 3) 교육과목 관련 석사 이상의 학위를 취득한 후 관련 분야에 3년 이상 근무한 경력이 있는 사람 4) 교육과목 관련 분야에서 공무원으로 7년 이상 근무한 경력이 있는 사람 5) 교육과목 관련 분야에 10년 이상 근무한 경력이 있는 사람. 다만, 체포·호신술 과목 및 폭발물 처리요령 과목에 대해서는 다음의 구분에 따른다. 　가) 체포·호신술 과목 : 무도 사범 자격을 취득한 후 관련 분야에 2년 이상 근무한 경력이 있는 사람 　나) 폭발물 처리요령 과목 : 관련 분야에 2년 이상 근무한 경력이 있는 사람

17 난이도 하

경비업법 제21조 – 청문

경비업법령상 청문을 실시하여야 하는 행정처분에 해당하지 않는 것은?

① 경비업 허가취소처분
② 경비업 영업정지처분
③ 경비지도사 자격정지처분
④ **경비업자에 대한 과태료 부과처분**

> 법에 명시된 청문 사유는 딱 4가지뿐이라는 것을 명심하자. ① 경비지도사 교육기관의 지정 취소 또는 업무의 정지, ② 경비원 교육기관의 지정 취소 또는 업무의 정지, ③ 경비업에 대한 허가취소 또는 영업정지, ④ 경비지도사에 대한 자격취소 또는 자격정지가 청문 사유에 해당한다. 벌칙에 있는 징역, 벌금, 과태료는 청문을 실시하지 않더라도 그 과벌절차가 법정되어 있기 때문에 굳이 청문규정을 둘 필요가 없다.

| 관계법령 | 청문(경비업법 제21조) |

경찰청장 또는 시·도 경찰청장은 다음 각호의 어느 하나에 해당하는 처분을 하고자 하는 경우에는 청문을 실시하여야 한다. <개정 2024.2.13.>
1. 제11조의4에 따른 경비지도사 교육기관의 지정 취소 또는 업무의 정지
2. 제13조의3에 따른 경비원 교육기관의 지정 취소 또는 업무의 정지
3. 제19조의 규정에 의한 경비업 허가의 취소 또는 영업정지
4. 제20조 제1항 또는 제2항의 규정에 의한 경비지도사자격의 취소 또는 정지

18 난이도 하

경비업법 시행규칙 제10조 - 시험의 일부면제

경비업법령상 경비지도사의 1차 시험면제에 관한 내용이다. ( ) 안에 알맞은 것은?

○ 고등교육법에 의한 전문대학 이상의 교육기관에서 (ㄱ)년 이상의 경비업무 관련 과정을 마친 사람
○ 경찰청장이 지정하는 기관 또는 단체에서 실시하는 (ㄴ)시간 이상의 경비지도사 양성과정을 마치고 수료시험에 합격한 사람

① ㄱ : 1, ㄴ : 64

> 제시문의 ㄱ에는 1이, ㄴ에는 64가 각각 들어가야 한다. 경비업법 시행규칙 제10조의 내용을 학습할 때에는 경비지도사의 교육시간(40시간)과 시험의 일부면제 규정을 반드시 비교·학습하여 혼동하지 않도록 하여야 한다.

② ㄱ : 2, ㄴ : 68
③ ㄱ : 1, ㄴ : 72
④ ㄱ : 2, ㄴ : 78

관계법령 | 시험의 일부면제(경비업법 시행령 제13조) ★

법 제11조(경비지도사의 시험 등) 제3항에 따라 다음 각호의 어느 하나에 해당하는 사람은 경비지도사 제1차 시험을 면제한다.

1. 「경찰공무원법」에 따른 경찰공무원으로 7년 이상 재직한 사람
2. 「대통령 등의 경호에 관한 법률」에 따른 경호공무원 또는 별정직공무원으로 7년 이상 재직한 사람
3. 「군인사법」에 따른 각 군 전투병과 또는 군사경찰병과 부사관 이상 간부로 7년 이상 재직한 사람
4. 「경비업법」에 따른 경비업무에 7년 이상(특수경비업무의 경우에는 3년 이상) 종사하고 행정안전부령으로 정하는 교육과정을 이수한 사람

> #### 경비지도사 시험의 일부면제(경비업법 시행규칙 제10조) ★
> 영 제13조 제4호에서 "행정안전부령으로 정하는 교육과정을 이수한 사람"이란 다음 각호의 하나에 해당하는 사람을 말한다.
> 1. 고등교육법에 의한 전문대학 이상의 교육기관(경비지도사의 시험과목 3과목 이상이 개설된 교육기관에 한한다)에서 1년 이상의 경비업무 관련 과정을 마친 사람
> 2. 경찰청장이 지정하는 기관 또는 단체에서 실시하는 64시간 이상의 경비지도사 양성과정을 마치고 수료시험에 합격한 사람

5. 「고등교육법」에 따른 대학 이상의 학교를 졸업한 사람으로서 재학 중 제12조 제3항에 따른 경비지도사 시험과목을 3과목 이상을 이수하고 졸업한 후 경비업무에 종사한 경력이 3년 이상인 사람
6. 「고등교육법」에 따른 전문대학을 졸업한 사람으로서 재학 중 제12조 제3항에 따른 경비지도사 시험과목을 3과목 이상을 이수하고 졸업한 후 경비업무에 종사한 경력이 5년 이상인 사람
7. 일반경비지도사의 자격을 취득한 후 기계경비지도사의 시험에 응시하는 사람 또는 기계경비지도사의 자격을 취득한 후 일반경비지도사의 시험에 응시하는 사람
8. 「공무원임용령」에 따른 행정직군 교정직렬 공무원으로 7년 이상 재직한 사람

19 난이도 하　　경비업법 제28조 · 제30조 - 벌칙 및 양벌규정

경비업법령상 벌칙 및 양벌규정에 관한 설명으로 옳지 않은 것은?　기출수정

① 특수경비원이 국가중요시설의 정상적인 운영을 해치는 장해를 일으킨 경우에는 행위자뿐만 아니라 법인과 개인에게도 동일한 법정형을 과한다.

> 양벌규정은 직접적인 위반행위를 한 행위자를 벌하는 외의 해당 업무에 관하여 주의 · 감독의 책임이 있는 법인 또는 개인에게도 벌을 과하도록 하는 규정으로 이때, 법인 또는 개인에게 과해질 수 있는 법정형은 해당 조문의 벌금형만을 의미하고, 징역형까지 과할 수 있게 돼 있는 것은 아니다(경비업법 제30조).

② 법인 또는 개인이 특수경비원의 위 ①과 같은 행위를 방지하기 위하여 해당 업무에 관한 상당한 주의와 감독을 게을리하지 아니하였다면 벌금형이 면책된다.

> 경비업법 제30조 단서

③ 경비업자의 경비원 채용 시 무자격자나 부적격자 등을 채용하도록 관여하거나 영향력을 행사한 도급인에게는 3년 이하의 징역 또는 3천만원 이하의 벌금에 처한다.

> 경비업법 제28조 제2항 제6호

④ 경비업자가 집단민원현장에 일반경비원을 배치하면서 경비원의 명부를 배치장소에 작성 · 비치하지 않은 경우에 양벌규정이 적용되지 아니한다.

> 법 제30조의 양벌규정은 동법 제28조의 위반행위에 한하여서만 적용한다. ④는 경비업법 제31조 제1항 제3호 사유로 과태료 부과대상이다.

관계법령　양벌규정(경비업법 제30조)

법인의 대표자나 법인 또는 개인의 대리인, 사용인, 그 밖의 종업원이 그 법인 또는 개인의 업무에 관하여 법 제28조(벌칙)의 위반행위를 하면 그 행위자를 벌하는 외에 그 법인 또는 개인에게도 해당 조문의 벌금형을 과(科)한다. 다만, 법인 또는 개인이 그 위반행위를 방지하기 위하여 해당 업무에 관하여 상당한 주의와 감독을 게을리하지 아니한 경우에는 그러하지 아니하다.

20 난이도 중 |경비업법 제14조 - 특수경비원의 직무 및 무기사용 등

경비업법상 특수경비원의 무기사용 등에 관한 설명으로 옳지 않은 것은?

① 특수경비원은 경비업무 수행 중 국가중요시설의 정상적인 운영을 해치는 장해를 일으켜서는 안 된다.

> 경비업법 제14조 제2항

② 특수경비원의 무기 휴대, 무기종류, 그 사용기준 등에 관하여 필요한 사항은 대통령령으로 정한다.

> 경비업법 제14조 제9항

③ 시·도 경찰청장은 무기의 적정한 관리를 위하여 무기를 대여받은 시설주에 대하여 필요한 명령을 발할 수 있다.

> 관할 경찰관서장은 무기의 적정한 관리를 위하여 무기를 대여받은 시설주에 대하여 필요한 명령을 발할 수 있다(경비업법 제14조 제6항). ★

④ 시·도 경찰청장은 국가중요시설에 대한 경비업무의 수행을 위하여 필요하다고 인정하는 때에는 시설주의 신청에 의하여 무기를 구입한다.

> 경비업법 제14조 제3항 전문

21 난이도 하 |경비업법 제4조, 동법 시행령 제5조 - 경비업자의 신고 등

경비업법령상 경비업자의 신고 등에 관한 설명으로 옳지 않은 것은?

① 특수경비업무를 개시한 때에는 개시한 날부터 30일 이내에 시·도 경찰청장에게 신고하여야 한다.

> 경비업법 제4조 제3항 제5호, 동법 시행령 제5조 제5항

② 법인의 대표자·임원을 변경한 때에는 변경한 날로부터 30일 이내에 시·도 경찰청장에게 신고하여야 한다.

> 경비업법 제4조 제3항 제2호, 동법 시행령 제5조 제5항

③ 기계경비업무의 수행을 위한 관제시설을 이전한 때에는 이전한 날로부터 30일 이내에 관할 경찰서장에게 신고하여야 한다.

> 기계경비업무의 수행을 위한 관제시설을 신설·이전 또는 폐지한 때에는 그날로부터 30일 이내에 시·도 경찰청장에게 신고하여야 한다(경비업법 제4조 제3항 제4호, 동법 시행령 제5조 제5항). ★

④ 경비업을 폐업한 경우에는 폐업을 한 날부터 7일 이내에 폐업신고서에 허가증을 첨부하여 법인의 주사무소를 관할하는 시·도 경찰청 소속의 경찰서장에게 제출하여야 한다.

> 경비업법 시행령 제5조 제1항 전문

22 난이도 하 ▮종합문제 - 경비지도사 및 경비원의 교육

경비업법령상 경비원과 경비지도사의 교육에 관한 설명으로 옳지 않은 것은?(단, 교육대상 제외자는 해당하지 않는다)

기출수정

① 경비지도사의 기본교육에 소요되는 비용은 경비업자의 부담으로 한다.

> 경비지도사의 기본교육에 소요되는 비용은 기본교육을 받는 사람의 부담으로 한다(경비업법 시행규칙 제9조 제2항).

② 일반경비원의 신임교육에서 이론교육은 4시간이고 실무교육은 19시간이다.

> 경비업법 시행규칙 [별표 2]★

③ 경비업자는 일반경비원을 채용한 경우 해당 일반경비원에게 경비업자의 부담으로 일반경비원 교육기관에서 실시하는 일반경비원 신임교육을 받도록 해야 한다.

> 경비업법 시행령 제18조 제1항

④ 일반경비지도사자격증 취득자가 자격증 취득일부터 3년 이내에 기계경비지도사 시험에 합격하여 교육을 받을 경우 공통교육은 면제된다.

> 경비업법 시행규칙 [별표 1] 비고 제1호

23 난이도 중 ▮종합문제 - 경비업의 허가 등

경비업법상 허가와 관련된 내용이다. ( ) 안에 들어갈 숫자의 합은? 기출수정

> ○ 시설경비업무의 경비업을 영위하기 위해서는 경비원 (ㄱ)명 이상 및 경비지도사 (ㄴ)명 이상을 두어야 한다.
>
>> 시설경비업무의 경비업을 영위하기 위해서는 경비원 (10)명 이상 및 경비지도사 (1)명 이상을 두어야 한다(경비업법 제4조 제2항 제2호 가목).
>
> ○ 경비업 허가의 유효기간은 허가받은 날부터 (ㄷ)년으로 한다.
>
>> 경비업 허가의 유효기간은 허가받은 날부터 (5)년으로 한다(경비업법 제6조 제1항).
>
> ○ 집단민원현장에 경비인력을 (ㄹ)명 이상 배치하려고 할 때에는 그 경비인력을 직접 고용하여서는 아니 되고, 경비업자에게 경비업무를 도급하여야 한다. 다만, 시설주 등이 집단민원현장 발생 (ㅁ)개월 전까지 직접 고용하여 경비업무를 수행하는 피고용인의 경우에는 그러하지 아니한다.
>
>> 누구든지 집단민원현장에 경비인력을 (20)명 이상 배치하려고 할 때에는 그 경비인력을 직접 고용하여서는 아니 되고, 경비업자에게 경비업무를 도급하여야 한다. 다만, 시설주 등이 집단민원현장 발생 (3)개월 전까지 직접 고용하여 경비업무를 수행하는 피고용인의 경우에는 그러하지 아니하다(경비업법 제7조의2 제2항).★

① 39

> 제시된 내용의 ( ) 안에 들어갈 숫자의 합은 ㄱ(10) + ㄴ(1) + ㄷ(5) + ㄹ(20) + ㅁ(3) = 39이다.

② 42
③ 45
④ 49

24 난이도 중 ▮경비업법 시행규칙 제26조 - 특수경비원을 배치한 시설주가 갖추어야 할 장부 및 서류

경비업법령상 특수경비원을 배치한 시설주가 갖추어 두어야 할 장부 및 서류로 옳지 않은 것은?

① 감독순시부

> 감독순시부는 특수경비원을 배치한 국가중요시설의 관할 경찰관서장이 갖추어 두어야 하는 장부 및 서류에 해당한다 (경비업법 시행규칙 제26조 제2항).

② 순찰표철
③ 근무상황카드
④ 무기장비운영카드

핵심만콕	갖추어 두어야 하는 장부 또는 서류(경비업법 시행규칙 제26조)★★
시설주	관할 경찰관서장
특수경비원을 배치한 시설주는 다음의 장부 및 서류를 갖추어 두어야 한다(제1항). 1. 근무일지 2. 근무상황카드 3. 경비구역배치도 4. 순찰표철 5. 무기탄약출납부 6. 무기장비운영카드	특수경비원을 배치한 국가중요시설의 관할 경찰관서장은 다음의 장부 및 서류를 갖추어 두어야 한다(제2항). 1. 감독순시부 2. 특수경비원 전·출입관계철 3. 특수경비원 교육훈련실시부 4. 무기·탄약 대여대장 5. 그 밖에 특수경비원의 관리 등을 위하여 필요한 장부 또는 서류
제1항 및 제2항의 규정에 의한 장부 또는 서류의 서식은 경찰관서에서 사용하는 서식을 준용한다(제3항).	

25 난이도 중 ▎경비업법 시행령 제28조 - 허가증 등의 수수료

경비업법령상 허가증 등의 수수료에 관한 설명으로 옳지 않은 것은?

① 경비지도사 시험에 응시하고자 하는 자는 경찰청장이 정하여 고시하는 수수료를 납부하여야 한다.

> 경비업법 시행령 제28조 제3항

② 경비업의 변경·추가허가의 경우에는 1만원의 수수료를 납부하여야 한다.

> 경비업법 시행령 제28조 제1항 제1호

③ **경찰서장은 정보통신망을 이용하여 전자화폐·전자결제 등의 방법으로 수수료를 납부하게 할 수 있다.**

> 경찰청장 및 시·도 경찰청장은 정보통신망을 이용하여 전자화폐·전자결제 등의 방법으로 수수료를 납부하게 할 수 있다(경비업법 시행령 제28조 제5항).

④ 경비업의 허가를 받거나 허가증을 재교부 받고자 하는 자는 대통령령이 정하는 바에 따라 수수료를 납부하여야 한다.

> 경비업법 제27조의2

26 난이도 중 ▌경비업법 제24조, 동법 시행령 제29조 - 경찰청장 등의 지도·감독·점검

경비업법령상 경찰청장 등의 지도·감독·점검에 관한 사항으로 옳지 않은 것은?

① 시·도 경찰청장은 특수경비업자에 대하여 보안지도·점검을 연 2회 이상 실시하여야 한다.

> 경비업법 시행령 제29조

② 관할 경찰관서장은 경비업자가 경비업법을 위반하는 행위를 하는 경우 그 위반행위의 중지를 명할 수 있다.

> 경비업법 제24조 제3항

③ 시·도 경찰청장은 경비업무 장소가 집단민원현장으로 판단되는 경우에는 그때부터 7일 이내에 경비업자에게 경비원 배치허가를 받을 것을 고지하여야 한다.

> 시·도 경찰청장 또는 관할 경찰관서장은 경비업무 장소가 집단민원현장으로 판단되는 경우에는 그때부터 48시간 이내에 경비업자에게 경비원 배치허가를 받을 것을 고지하여야 한다(경비업법 제24조 제4항).★

④ 관할 경찰관서장은 소속 경찰공무원으로 하여금 관할구역 안에 있는 경비업자의 주사무소 및 출장소와 경비원 배치장소에 출입하여 근무상황 및 교육훈련상황 등을 감독하며 필요한 명령을 하게 할 수 있다.

> 경비업법 제24조 제2항 전문

27 난이도 하 ▌경비업법 제26조 - 손해배상 등

경비업법상 경비업자의 손해배상책임이 발생하지 않은 것은?

① 경비원 갑(甲)이 업무수행 중 무과실로 경비대상에 손해가 발생하는 것을 방지하지 못한 경우

> 경비업법 제26조 경비업자의 손해배상책임은 경비원의 고의 또는 과실을 전제로 한다. 즉, 무과실책임을 규정하고 있는 것이 아니다.

② 경비원 을(乙)이 업무수행 중 고의로 제3자에게 손해를 입힌 경우
③ 경비원 병(丙)이 업무수행 중 과실로 제3자에게 손해를 입힌 경우
④ 경비원 정(丁)이 업무수행 중 고의로 경비대상에 손해가 발생하는 것을 방지하지 못한 경우

28 난이도 중 ▌청원경찰법 시행규칙 제17조 - 문서와 장부의 비치

청원경찰법령상 시·도 경찰청장과 관할 경찰서장이 모두 비치해야 할 장부 등으로 옳은 것은?

① <u>전출입 관계철</u>

> 청원경찰법령상 시·도 경찰청장과 관할 경찰서장이 모두 공통적으로 비치해야 할 장부는 전출입 관계철 하나뿐이다(청원경찰법 시행규칙 제17조). 이러한 유형은 몇 년을 주기로 꾸준히 반복 출제되고 있다. 앞으로도 다양한 형태로 출제될 가능성이 높은 영역이므로 확실히 정리해야 한다.

② 교육훈련 실시부
③ 청원경찰 명부
④ 배치결정 관계철

핵심만콕 문서와 장부의 비치(청원경찰법 시행규칙 제17조) ★★★

청원주(제1항)	관할 경찰서장(제2항)	시·도 경찰청장(제3항)
• <u>청원경찰 명부</u> • 근무일지 • 근무 상황카드 • 경비구역 배치도 • 순찰표철 • 무기·탄약 출납부 • 무기장비 운영카드 • 봉급지급 조서철 • 신분증명서 발급대장 • 징계 관계철 • <u>교육훈련 실시부</u> • 청원경찰 직무교육계획서 • 급여품 및 대여품 대장 • 그 밖에 청원경찰의 운영에 필요한 문서와 장부	• <u>청원경찰 명부</u> • 감독 순시부 • <u>전출입 관계철</u> • <u>교육훈련 실시부</u> • 무기·탄약 대여대장 • 징계요구서철 • 그 밖에 청원경찰의 운영에 필요한 문서와 장부	• <u>배치결정 관계철</u> • 청원경찰 임용승인 관계철 • <u>전출입 관계철</u> • 그 밖에 청원경찰의 운영에 필요한 문서와 장부

29 난이도 하 청원경찰법 제10조의5 - 청원경찰의 배치폐지 등

청원경찰법령상 청원경찰의 배치폐지 등에 관한 설명으로 옳지 않은 것은?

① 청원주는 청원경찰을 대체할 목적으로 특수경비원을 배치하는 경우에 청원경찰의 배치를 폐지하거나 배치인원을 감축할 수 없다.

> 청원경찰법 제10조의5 제1항 단서 제1호

② 청원주가 청원경찰의 배치폐지하였을 때에는 청원경찰 배치결정을 한 경찰관서장에게 알려야 한다.

> 청원경찰법 제10조의5 제2항 전단

③ <u>청원주가 청원경찰의 배치폐지하는 경우에는 배치폐지로 과원(過員)이 되는 그 사업장 내의 유사업무에 종사하게 하는 등 청원경찰의 고용을 보장하여야 한다.</u>

> 청원경찰의 배치를 폐지하거나 배치인원을 감축하는 경우 해당 청원주는 배치폐지나 배치인원 감축으로 과원(過員)이 되는 청원경찰 인원을 그 기관·시설 또는 사업장 내 유사업무에 종사하게 하거나 다른 시설·사업장 등에 재배치하는 등 청원경찰의 <u>고용이 보장될 수 있도록 노력하여야 한다</u>(청원경찰법 제10조의5 제3항). 즉, ③에서 청원경찰의 고용보장은 청원주에게 부과된 강제 의무규정이 아님에 주의한다.

④ 청원주는 청원경찰이 배치된 사업장이 배치인원의 변동사유 없이 다른 곳으로 이전하는 경우에 배치인원을 감축할 수 없다.

> 청원경찰법 제10조의5 제1항 단서 제2호

30 난이도 중 종합문제 - 청원경찰 등

청원경찰법상 청원경찰 등에 관한 설명으로 옳지 않은 것은?

① 청원경찰법은 청원경찰의 원활한 운영을 목적으로 제정되었다.

> 청원경찰법 제1조

② 청원경찰은 국내 주재 외국기관에도 배치될 수 있다.

> 청원경찰법 제2조 제2호

③ 청원경찰은 청원주 등이 경비(經費)를 부담할 것을 조건으로 사업장 등의 경비(警備)를 담당하게 하기 위하여 배치하는 경찰을 말한다.

> 청원경찰법 제2조

④ <u>청원경찰은 청원주와 관할 시·도 경찰청장의 감독을 받아 그 경비구역만의 경비를 목적으로 필요한 범위에서 경찰공무원법에 따른 경찰관의 직무를 수행한다.</u>

> 청원경찰은 <u>청원주</u>와 배치된 기관·시설 또는 사업장 등의 구역을 <u>관할하는 경찰서장의 감독</u>을 받아 그 경비구역만의 경비를 목적으로 필요한 범위에서 「경찰관직무집행법」에 따른 경찰관의 직무를 수행한다(청원경찰법 제3조).★

31 난이도 하
■ 종합문제 - 청원경찰의 근무 등

청원경찰법령상 청원경찰의 근무 등에 관한 설명으로 옳지 않은 것은?

① 청원경찰은 형법에 따른 벌칙을 적용할 때에는 공무원으로 간주하지 않는다.

> 청원경찰 업무에 종사하는 사람은「형법」이나 그 밖의 법령에 따른 벌칙을 적용할 때에는 공무원으로 본다(청원경찰법 제10조 제2항).

② 청원경찰은 근무 중에는 행정안전부령이 정하는 제복을 착용하여야 한다.

> 청원경찰법 제8조 제1항, 동법 시행령 제14조 제2항

③ 청원경찰이 직무수행 시에 직권을 남용하여 국민에게 해를 끼친 경우에는 6개월 이하의 징역이나 금고에 처한다.

> 청원경찰법 제10조 제1항★

④ 시·도 경찰청장은 직무수행에 필요하면 청원주의 신청을 받아 관할 경찰서장으로 하여금 청원경찰에게 무기를 대여하여 지니게 할 수 있다.

> 청원경찰법 제8조 제2항

32 난이도 상
■ 청원경찰법 시행규칙 제12조 - 급여품 및 대여품

청원경찰법령상 청원경찰이 퇴직할 때 청원주에게 반납하여야 하는 것을 모두 고른 것은?

ㄱ. 허리띠	ㄴ. 근무복
ㄷ. 방한화	ㄹ. 호루라기
ㅁ. 가슴표장	ㅂ. 분사기
ㅅ. 포승	ㅇ. 기동복

① ㄱ, ㄷ, ㅁ, ㅇ
② ㄱ, ㅁ, ㅂ, ㅅ

> 청원경찰이 퇴직할 때에는 대여품(허리띠, 경찰봉, 가슴표장, 분사기, 포승)을 청원주에게 반납하여야 한다(청원경찰법 시행규칙 제12조 제2항, [별표 3]). 참고로 급여품(동 규칙 [별표 2])은 반납대상이 아니다.

③ ㄴ, ㄷ, ㄹ, ㅇ
④ ㄴ, ㄹ, ㅂ, ㅅ

관계법령 **급여품 및 대여품(청원경찰법 시행규칙 제12조)**

① 청원경찰에게 지급하는 급여품은 [별표 2]와 같고, 대여품은 [별표 3]과 같다.

[별표 2] 급여품표

품 명	수 량	품 명	수 량
근무복(하복)	1	정 모	1
근무복(동복)	1	기동모	1
한여름 옷	1	기동복	1
외투·방한복 또는 점퍼	1	방한화	1
기동화 또는 단화	1	장 갑	1
비 옷	1	호루라기	1

[별표 3] 대여품표★

품 명	수 량
허리띠	1
경찰봉	1
가슴표장	1
분사기	1
포 승	1

② 청원경찰이 퇴직할 때에는 <u>대여품</u>을 청원주에게 <u>반납하여야</u> 한다.★

33 난이도 중 ▮청원경찰법 제6조 - 청원경찰의 경비

청원경찰법령상 청원경찰의 경비(經費)에 관한 설명으로 옳은 것은?

① 청원주는 대통령령이 정하는 바에 따라 청원경찰에게 봉급과 각종 수당 등을 지급하여야 한다.

> 청원주는 청원경찰에게 봉급과 각종 수당을 지급하여야 하며, 그 <u>최저부담기준액</u>(국가기관 또는 지방자치단체에 근무하는 청원경찰의 봉급·수당은 제외한다)은 <u>경찰청장이 정하여 고시</u>(告示)한다(청원경찰법 제6조 제1항 및 제3항). <u>국가기관 또는 지방자치단체에 근무하는 청원경찰의 보수</u>는 재직기간에 따른 구분에 따라 같은 재직기간에 해당하는 경찰공무원의 보수를 감안하여 <u>대통령령</u>으로 정한다(동법 제6조 제2항).★★

② **청원주는 대통령령이 정하는 바에 따라 청원경찰이 직무수행 중 부상을 당한 경우에 본인에게 보상금을 지급하여야 한다.**

> 청원경찰법 제7조 제1호★

③ 청원주는 청원경찰이 퇴직할 때에는 행정안전부령이 정하는 바에 따라 근로자퇴직급여보장법에 따른 퇴직금을 지급하여야 한다.

> 청원주는 청원경찰이 퇴직할 때에는 「<u>근로자퇴직급여보장법</u>」에 따른 퇴직금을 지급하여야 한다. 다만, 국가기관이나 지방자치단체에 근무하는 청원경찰의 퇴직금에 관하여는 따로 <u>대통령령</u>으로 정한다(청원경찰법 제7조의2).★

④ 지방자치단체에 근무하는 청원경찰의 각종 수당은 공무원수당 등에 관한 규정에 따른 수당 중 가계보전수당, 실비변상 등으로 하며, 그 세부 항목은 대통령령으로 정하여 고시한다.

> 국가기관 또는 지방자치단체에 근무하는 청원경찰의 각종 수당은 「공무원수당 등에 관한 규정」에 따른 수당 중 가계보전수당, 실비변상 등으로 하며, 그 <u>세부 항목은 경찰청장이 정하여 고시한다</u>(청원경찰법 시행령 제9조 제2항).★

34

청원경찰법령상 배상책임과 권한의 위임에 관한 설명으로 옳은 것은?

① 시·도 경찰청장은 청원경찰의 임용승인에 관한 권한을 대통령령으로 관할 경찰서장에게 위임할 수 있다.

> 청원경찰법 제10조의3, 동법 시행령 제20조 제2호

② 경비업자가 중요시설의 경비를 도급받았을 때에는 청원주는 그 사업장에 배치된 청원경찰의 근무 배치 및 감독에 관한 권한을 해당 경비업자에게 위임할 수 없다.

> 「경비업법」에 따른 경비업자가 중요시설의 경비를 도급받았을 때에는 청원주의 그 사업장에 배치된 청원경찰의 근무 배치 및 감독에 관한 권한을 해당 경비업자에게 위임할 수 있다(청원경찰법 시행령 제19조 제1항).★

③ 공기업에 근무하는 청원경찰의 직무상 불법행위로 인한 배상책임은 국가배상법에 의한다.

> 공기업은 국가기관이나 지방자치단체에 해당하지 않는다. 따라서 공기업에 근무하는 청원경찰의 직무상 불법행위에 대한 배상책임은 민법의 규정에 의한다(청원경찰법 제10조의2).

④ 국가기관에 근무하는 청원경찰의 직무상 불법행위로 인한 배상책임에 관해서는 민법의 규정에 의한다.

> 청원경찰법 제10조의2 반대해석, 국가배상법 제2조 및 대법원 판례(대판 92다47564)에 따르면 국가기관이나 지방자치단체에 근무하는 청원경찰의 직무상 불법행위에 관하여는 국가배상법에 의한다.★

35

청원경찰법령상 청원경찰의 보수 산정에 관하여 그 배치된 사업장의 취업규칙에 특별한 규정이 없는 경우에 봉급 산정의 기준이 되는 경력에 불산입되는 것으로 옳은 것은?

① 군복무한 경력
② 의무경찰에 복무한 경력
③ 청원경찰로 임용되어 근무한 경력
④ 지방자치단체에서 근무하는 청원경찰에 대해서는 지방자치단체에 비상근으로 근무한 경력

> 청원경찰법 시행령 제11조 제1항의 기준에 따를 때, 지방자치단체에서 근무하는 경우는 지방자치단체에서 상근(常勤)으로 근무한 경력을 말한다. 따라서 비상근으로 근무한 경력은 불산입한다.

36 난이도 상 ▮청원경찰법 시행규칙 [별표 1] - 청원경찰의 교육과목 및 수업시간표

청원경찰법령상 청원경찰을 배치하기 전에 직무수행에 필요한 교육의 내용으로 옳지 않은 것은?(단, 교육대상 제외자는 해당하지 않는다) 기출수정

① 학술교육은 형사법 10시간, 청원경찰법 5시간을 이수하여야 한다.
② 정신교육은 정신교육과목을 8시간 이수하여야 한다.
③ **실무교육은 경범죄처벌법 및 사격 과목 등을 포함하여 40시간을 이수하여야 한다.**

> 실무교육시간은 경범죄처벌법 및 사격 과목 등을 포함하여 총 44시간이다(청원경찰법 시행규칙 [별표 1]).

④ 술과는 체포술 및 호신술 과목 6시간이고, 기타로 입교·수료 및 평가 3시간을 이수하여야 한다.

관계법령 청원경찰의 교육과목 및 수업시간표(청원경찰법 시행규칙 [별표 1])

학과별	과목		시간
정신교육(8H)	정신교육		8
학술교육(15H)	형사법		10
	청원경찰법		5
실무교육(44H)	경무	경찰관직무집행법	5
	방범	방범업무	3
		경범죄처벌법	2
	경비	시설경비	6
		소방	4
	정보	대공이론	2
		불심검문	2
	민방위	민방공	3
		화생방	2
	기본훈련		5
	총기조작		2
	총검술		2
	사격		6
술 과(6H)	체포술 및 호신술		6
기 타(3H)	입교·수료 및 평가		3
계	-		76

37 난이도 중 ▎청원경찰법 제8조, 동법 시행령 제14조·제16조 – 청원경찰의 제복 착용과 무기 휴대

청원경찰법령상 청원경찰의 복제(服制)·등에 관한 설명으로 옳지 않은 것은?

① 청원경찰의 복제는 제복·장구(裝具) 및 부속물로 구분하며 필요한 사항은 대통령령으로 정한다.

> 청원경찰의 복제(服制)는 제복·장구(裝具) 및 부속물로 구분을 하며, 필요한 사항은 행정안전부령으로 정한다(청원경찰법 시행령 제14조 제1항·제2항).★

② 청원주 및 청원경찰은 행정안전부령으로 정하는 무기관리수칙을 준수하여야 한다.

> 청원경찰법 시행령 제16조 제4항★

③ 청원경찰이 특수복장을 착용할 필요가 있을 때 청원주는 시·도 경찰청장의 승인을 받아 착용하게 할 수 있다.

> 청원경찰법 시행령 제14조 제3항

④ 시·도 경찰청장이 무기를 대여하여 휴대하게 하려는 경우에는 청원주로부터 국가에 기부채납된 무기에 한정하여 관할 경찰서장으로 하여금 청원경찰에게 무기를 대여하여 휴대하게 할 수 있다.

> 청원경찰법 시행령 제16조 제2항

38 난이도 중 ▎청원경찰법 시행규칙 [별표 4] – 감독자 지정기준

청원경찰법령상 사업장의 청원주가 감독자 지정기준에 의할 때 근무인원이 100명일 경우에 대장, 반장, 조장의 인원을 순서대로 나열한 것은?

① 0명, 1명, 4명
② 1명, 2명, 6명
③ **1명, 4명, 12명**

> 근무인원이 100명일 경우에는 대장 1명, 반장 4명, 조장 12명을 지정해야 한다(청원경찰법 시행규칙 [별표 4]).

④ 1명, 6명, 15명

관계법령 감독자 지정기준(청원경찰법 시행규칙 [별표 4])★

근무인원	직급별 지정기준		
	대 장	반 장	조 장
9명까지	–	–	1명
10명 이상 29명 이하	–	1명	2~3명
30명 이상 40명 이하	–	1명	3~4명
41명 이상 60명 이하	1명	2명	6명
61명 이상 120명 이하	1명	4명	12명

39 난이도 하 ▮청원경찰법 제10조의3 - 권한의 위임

청원경찰을 배치한 A은행은 서울 서초구 서초동에 소재하고 있다. 이 경우 청원경찰법령상 서울특별시경찰청장이 서초경찰서장에게 위임할 수 있는 권한으로 옳지 않은 것은?

① 청원경찰 배치의 결정 및 요청에 관한 권한
② 청원경찰의 임용승인에 관한 권한
③ 청원주에 대한 지도 및 감독상 필요한 명령에 관한 권한
④ **청원경찰의 무기 대여 및 휴대에 관한 권한**

> 시·도 경찰청장이 관할을 같이 하는 경찰서장에게 위임할 수 있는 권한에는 ①·②·③과 과태료 부과·징수에 관한 권한이 있다(청원경찰법 시행령 제20조).

관계법령 권한의 위임(청원경찰법 시행령 제20조)

시·도 경찰청장은 다음 각호의 권한을 관할 경찰서장에게 위임한다. 다만, 청원경찰을 배치하고 있는 사업장이 하나의 경찰서의 관할구역에 있는 경우로 한정한다.
1. 법 제4조 제2항 및 제3항에 따른 청원경찰 배치의 결정 및 요청에 관한 권한
2. 법 제5조 제1항에 따른 청원경찰의 임용승인에 관한 권한
3. 법 제9조의3 제2항에 따른 청원주에 대한 지도 및 감독상 필요한 명령에 관한 권한★
4. 법 제12조에 따른 과태료 부과·징수에 관한 권한★

40 난이도 하
청원경찰법 시행령 [별표 2] – 과태료 부과기준

청원경찰법령상 청원주의 위반행위로 인한 과태료의 부과기준이 500만원에 해당하지 않는 것은?

기출수정

① 시·도 경찰청장의 승인을 받지 않고 임용결격사유에 해당하지 않는 사람을 청원경찰에 임용한 경우

> 출제 오류로 '전항정답'처리되어 문제를 수정하였다. 제시된 지문 중 ①만 300만원의 과태료 부과대상에 해당하고 나머지 ②·③·④의 경우에는 모두 500만원의 과태료 부과대상이다.

② 시·도 경찰청장의 감독상 필요한 분사기에 관한 명령을 정당한 사유 없이 이행하지 않은 경우
③ 정당한 사유 없이 경찰청장이 고시한 최저부담기준액 이상의 보수를 지급하지 않은 경우
④ 시·도 경찰청장의 배치결정을 받지 않고 국가정보원장이 지정하는 국가보안목표시설에 청원경찰을 배치한 경우

관계법령   과태료 부과기준(청원경찰법 시행령 [별표 2]) ★

위반행위	해당 법조문	과태료 금액
1. 법 제4조 제2항에 따른 시·도 경찰청장의 배치결정을 받지 않고 다음 각목의 시설에 청원경찰을 배치한 경우 가. 국가중요시설(국가정보원장이 지정하는 국가보안목표시설을 말한다)인 경우 나. 가목에 따른 국가중요시설 외의 시설인 경우	법 제12조 제1항 제1호	 500만원 400만원
2. 법 제5조 제1항에 따른 시·도 경찰청장의 승인을 받지 않고 다음 각목의 청원경찰을 임용한 경우 가. 법 제5조 제2항에 따른 임용결격사유에 해당하는 청원경찰 나. 법 제5조 제2항에 따른 임용결격사유에 해당하지 않는 청원경찰	법 제12조 제1항 제1호	 500만원 300만원
3. 정당한 사유 없이 법 제6조 제3항에 따라 경찰청장이 고시한 최저부담기준액 이상의 보수를 지급하지 않은 경우	법 제12조 제1항 제2호	500만원
4. 법 제9조의3 제2항에 따른 시·도 경찰청장의 감독상 필요한 다음 각목의 명령을 정당한 사유 없이 이행하지 않은 경우 가. 총기·실탄 및 분사기에 관한 명령 나. 가목에 따른 명령 외의 명령	법 제12조 제1항 제3호	 500만원 300만원

2017년 경호학

문제편 228p

정답 CHECK

41	42	43	44	45	46	47	48	49	50	51	52	53	54	55	56	57	58	59	60
④	④	①	①	②	③	③	④	③	①	②	③	①	②	①	③	②	④	①	①
61	62	63	64	65	66	67	68	69	70	71	72	73	74	75	76	77	78	79	80
②	③	②	①	②	④	③	①	①	③	②	②	④	③	③	④	③	④	①	④

41 난이도 하   경호학과 경호 – 경호의 개념

경호의 개념에 관한 설명으로 옳지 않은 것은?

① 경호대상자의 생명과 재산을 보호하기 위하여 신체에 가하여지는 위해를 방지하거나 제거하고, 특정 지역을 경계·순찰 및 방비하는 등의 모든 안전활동을 말한다.
② 형식적 의미의 경호개념은 현실적인 경호기관을 기준으로 하여 정립된 개념이다.
③ 실질적 의미의 경호개념은 경호의 본질적·이론적인 입장에서 이해한 것이다.
④ **대통령 등의 경호에 관한 법률에서의 경호는 호위와 경비를 구분하여 새로운 경호개념으로 정의하고 있다.**

> 2005.3.10. 이전의 종전「대통령경호실법」에서는 그 대상에 따른 적용범위 제한의 필요에 의해 경호를 '호위'와 '경비'로 구분하여 별도 항으로 규정하였으나 현재의「대통령 등의 경호에 관한 법률」에서는 두 요소 간의 구분을 두지 않고 '경호'라는 정의에 함께 규정하였다. 또한 이러한 경호의 개념은 새로운 것이라기보다 현실적인 경호기관을 기준으로 하여 정립된 개념으로서, 형식적 의미의 경호개념에 속한다고 볼 수 있다.

핵심만콕 경호의 개념

형식적 의미의 경호	• 경호관계법규에 규정된 현실적인 경호기관을 기준으로 하여 정립된 개념이다. • 실정법상 경호기관의 권한에 속하는 일체의 경호작용을 의미한다. • 실정법·제도·기관 중심적 관점에서 이해한 것이다. •「대통령 등의 경호에 관한 법률」에서의 경호는 형식적 의미의 경호개념이다.
실질적 의미의 경호	• 경호 활동의 본질·성질·이론적인 입장에서 이해한 것으로, 학문적인 측면에서 고찰된 개념이다. • 수많은 경호작용 중에서 공통적인 특성을 추상화한 개념이다. • 경호대상자의 절대적 신변안전을 보호하기 위하여 모든 사용 가능한 수단과 방법을 동원한다. • 경호대상자(피경호자)에 대한 신변 위해요인을 사전에 방지 또는 제거하기 위한 제반활동이다. • 경호주체(국가기관, 민간기관, 개인, 단체 불문)가 경호대상자를 보호하는 모든 활동을 말한다. • 모든 위험과 곤경(인위적·자연적 위해)으로부터 경호대상자를 안전하게 보호하기 위한 제반활동이다.

42 난이도 중 ▍경호학과 경호 - 경호 및 경비의 분류

경호 및 경비의 분류에 관한 설명으로 옳은 것을 모두 고른 것은?

> ㄱ. 2(B)급 경호는 행사준비 등의 시간적 여유 없이 갑자기 결정된 상황에서의 각종 행사와 수상급의 경호대상으로 결정된 국빈행사의 경호이다.
> ㄴ. 약식경호는 의전절차 없이 불시에 행사가 진행되고, 사전 경호조치도 없는 상태에서 최소한의 근접경호만으로 실시하는 경호활동을 말한다.
> ㄷ. 특수경비는 총포류, 도검류, 폭발물에 의한 중요 범죄 등의 사태로부터 발생할 위해를 예방하거나 경계하고 진압함으로써, 국민의 생명과 재산을 보호하고 공공의 안녕과 질서를 유지하는 경비활동이다.

① ㄱ
② ㄱ, ㄴ
③ ㄴ, ㄷ
④ ㄱ, ㄴ, ㄷ

> 제시된 내용은 모두 경호 및 경비 분류에 관하여 옳은 설명들이다. ㄱ은 경호 수준에 의한 경호의 분류이고, ㄴ은 경호 성격에 의한 경호의 분류이며, ㄷ은 경계대상에 의한 경비 분류에 해당한다.

핵심만콕 경호의 분류(성격·경호 수준)

성격	공식경호(1호·A호)	경호관계자의 사전 통보에 의해 계획·준비되는 공식행사 때에 실시하는 경호
	비공식경호(2호·B호)	경호관계자 간의 사전 통보나 협의절차 없이 이루어지는 비공식행사 때의 경호
	약식경호(3호·C호)	일정한 방식에 의하지 않고 실시하는 경호(출·퇴근 시 일상적으로 실시하는 경우)
경호 수준	1(A)급 경호	행차보안이 사전에 노출되어 경호위해가 증대된 상황하의 각종 행사와 국왕 및 대통령 등 국가원수급의 1등급 경호대상으로 결정된 국빈행사의 경호
	2(B)급 경호	행사 준비 등의 시간적 여유 없이 갑자기 결정된 상황하의 각종 행사와 수상급의 경호대상으로 결정된 국빈행사의 경호
	3(C)급 경호	사전에 행사준비 등 경호조치가 거의 전무한 상황하에서 이루어지는 것으로서 장관급의 경호대상으로 결정된 국빈행사의 경호

〈출처〉 김두현, 「경호학개론」, 엑스퍼트, 2020, P. 57~61

43 난이도 하 ▮경호의 조직 – 경호등급(대통령 등의 경호에 관한 법률 시행령)

로마 가톨릭 교황 방한 시 대통령경호처장이 경호등급을 결정할 경우, 사전협의해야 하는 자가 아닌 것은?

① 국가안보실장

> 경호처장은 경호등급을 구분하여 운영하는 경우에는 외교부장관, 국가정보원장 및 경찰청장과 미리 협의하여야 한다(대통령 등의 경호에 관한 법률 시행령 제3조의2 제2항).

② 외교부장관
③ 국가정보원장
④ 경찰청장

관계법령 경호등급(대통령 등의 경호에 관한 법률 시행령 제3조의2) ★

① 처장은 법률에 따른 경호대상자의 경호임무를 수행하기 위하여 해당 경호대상자의 지위와 경호위해요소, 해당 국가의 정치상황, 국제적 상징성, 상호주의 측면, 적대국가 유무 등 국제적 관계를 고려하여 경호등급을 구분하여 운영할 수 있다.
② 제1항에 따라 경호등급을 구분하여 운영하는 경우에는 외교부장관, 국가정보원장 및 경찰청장과 미리 협의하여야 한다.
③ 제1항의 경호등급과 관련하여 필요한 사항은 처장이 따로 정한다.

44 난이도 하 ▮경호학과 경호 – 경호활동의 원칙

다음 설명의 경호활동 원칙은?

> 경호대상자가 위험한 상황에 처했을 경우에는 경호대상자의 머리를 숙이게 한다든지, 완력으로 안전한 곳으로 인도한다든지 하여 위험을 모면케 하는 경호활동으로 긴급상황 발생 시 경호대상자를 우선 안전한 곳으로 대피시키는 것이 바람직하다.

① 방어경호의 원칙

> 경호의 원칙은 일반원칙과 특별원칙으로 구분된다. 그러나 시험에서는 이 두 개념을 구분하지 않고도 출제가 가능하다. 제시문의 "긴급상황 시 경호대상자를 우선 안전한 곳으로 대피시키 것이 바람직하다."라는 내용을 통해 힌트를 얻는다면 정답을 고르는 데 큰 어려움은 없다.

② 예방경호의 원칙

> 경호대상자가 행사 현장에 도착하기 전에 미리 현장답사를 실시하고 효과적인 경호협조와 경호준비를 하는 것을 말한다.

③ 두뇌경호의 원칙

> 경호임무 수행 중 긴급하고 위험한 상황이 발생하였을 때는 고도의 예리하고 순간적인 판단력이 중요하다는 것을 말한다.

④ 자기희생의 원칙

> 경호대상자는 어떠한 상황에서도 절대적으로 보호되어야 한다는 것을 말한다. 이를 위해 경호요원은 자신의 몸을 희생하여서라도 경호대상자의 안전을 확보해야 한다.

45 난이도 하

경호학과 경호 – 시대별 경호기관의 변천

다음 중 고려시대의 경호기관은?

① 시위부
② **성중애마**

> 성중애마가 고려시대의 경호기관에 해당한다. 시위부는 신라, 별시위는 조선 전기, 호위청은 조선 후기의 경호기관이다.

③ 별시위
④ 호위청

핵심만콕 우리나라의 시대별 경호기관 ★★

구 분		경호기관
삼 국	고구려	대모달, 말객
	백 제	5부(部), 5방(坊), 위사좌평(경호처장), 병관좌평(국방부장관), 달률, 내관(궁궐 내부)
	신라(통일신라)	시위부, 9서당, 10정, 금군(시위부 소속)
발 해		• 왕실과 궁중을 지키는 중앙 군사조직 10위(十衛)[남좌우위, 북좌우위를 각각 하나로 보고 8위제로 보는 견해도 있다], 각 위(衛)마다 대장군과 장군을 두어 통솔 • 좌우맹분위(左右猛賁衛), 좌우웅위(左右熊衛), 좌우비위(左右羆衛) : 궁성의 숙위(宿衛)를 담당 • 남좌우위(南左右衛), 북좌우위(北左右衛) : 각각 남위금병(南衛禁兵)과 북위금병(北衛禁兵)의 역할을 담당(추측)
고 려★	전 기	중앙군, 순군부, 내군부, 장위부・사위사・위사사, 2군 6위, 내순검군
	무신집권기	• 도방(경대승), 육번도방(최충헌) • 내외도방(최우), 서방(최우), 마별초(최우), 삼별초
	후 기	순마소, 순군만호부, 사평순위부, 성중애마
조 선★	전 기	• 의흥친군위, 의흥삼군위(의흥삼군부), 10사 • 별시위・내금위・내시위, 겸사복, 충의위, 충순위, 갑사
	후 기	• 호위청, 어영군, 어영청, 금위영, 훈련도감 • 용호영, 장용위・장용영, 금군, 숙위소
한말★ (갑오경장)	이 전	무위소, 무위영, 친군용호영, 시위대, 친위대
	이 후	경위원, 황궁경위국, 창덕궁경찰서
대한민국 (정부수립)	이 전	내무총장, 경무국(지방에는 경무사), 경호부
	이 후	• 경무대경찰서(1949) • 청와대 경찰관파견대(1960) • 중앙정보부 경호대(1961) • 대통령경호실(1963) • 대통령실장 소속 경호처(2008, 차관급) • 대통령경호실(2013, 장관급) • 대통령경호처(2017~, 차관급)

〈참고〉 김두현, 「경호학개론」, 엑스퍼트, 2020, P. 78~118

46 난이도 하 | 경호학과 경호 - 경호의 행동원칙

경호의 행동원칙에 관한 설명으로 옳은 것을 모두 고른 것은?

> ㄱ. 자기담당구역 책임의 원칙 : 경호원은 자신의 책임하에서 주어진 임무를 완수하고 담당구역을 지켜내야 한다.
> ㄴ. 자기희생의 원칙 : 경호원 자신을 희생해서라도 경호대상자의 신변을 안전하게 보호해야 한다.
> ㄷ. 목표물 보존의 원칙 : 경호대상자를 위해요소로부터 떼어놓는 것이다.
> ㄹ. 은밀경호의 원칙 : 경호대상자의 얼굴을 닮은 경호원 또는 비서관을 임명하여 경호위해자로부터 경호대상자를 은밀하게 보호하는 방법이다.

① ㄱ
② ㄱ, ㄴ
③ **ㄱ, ㄴ, ㄷ**

> ㄹ만 틀리고 나머지 설명은 모두 옳다. 은밀경호의 원칙이란 경호요원은 타인의 눈에 잘 띄지 않게 은밀하고 침묵 속에서 행동하며, 항상 경호대상자의 공적·사적 업무활동에 방해를 주지 않고 신변을 보호할 수 있는 곳에 행동반경을 두고 경호에 임해야 한다는 것을 말한다. ㄹ은 복제경호요원 운용에 관한 설명이다. 즉, 경호기법 중 기만경호에 해당한다.

④ ㄱ, ㄴ, ㄷ, ㄹ

47 난이도 상 | 경호학과 경호 - 정부수립 이후 경호기관

대한민국 정부수립 이후 경호기관에 관한 설명으로 옳은 것은 모두 몇 개인가?

> ○ 경무대경찰서는 주로 대통령 경호임무를 수행하였으며, 1953년 경찰서 직제를 개정하여 관할구역을 경무대 구내로 제한하였다.
> ○ 청와대 경찰관파견대는 1960년 3차 개헌을 통해 내각책임제에서 대통령중심제로 정부형태가 변화되면서 종로경찰서 소속으로 대통령의 경호 및 대통령 관저의 경비를 담당하였다.
> ○ 국가재건최고회의 의장경호대는 1961년 중앙정보부 경호대로 정식 발족하여 국가원수, 최고회의의장 등의 신변보호 임무를 수행하였다.
> ○ 대통령경호실은 1981년 대통령경호실법 개정으로 "전직대통령과 그 배우자 및 자녀"가 경호대상으로 추가되었다.

① 1개
② 2개
③ **3개**

> 청와대 경찰관파견대에 관한 설명만 틀리고 나머지 지문은 모두 옳다. 청와대 경찰관파견대는 3차 개헌을 통해 대통령중심제에서 내각책임제로 정부형태를 채택한 제2공화국이 수립된 후 서울시경 소속으로 설치되어 대통령 경호 및 대통령관저의 경비를 담당하던 경호기관을 말한다.

④ 4개

핵심만콕 대한민국 정부수립 이후의 경호기관★★

경무대경찰서 (1949)	• 1949년 2월 왕궁을 관할하고 있던 창덕궁경찰서가 폐지되고 경무대경찰서가 신설되면서 경찰이 대통령 경호임무를 담당하게 되었다. 이때, 종로경찰서 관할인 중앙청 및 경무대 구내가 경무대경찰서의 관할구역이 되었다.★ • 1949년 12월 내무부훈령 제25호에 의하여 경호규정이 제정되면서 최초로 경호라는 용어의 사용과 경호업무의 체제가 정비되었다.★ • 경무대경찰서는 신설 당시에는 종로경찰서 관할인 중앙청 및 경무대 구내가 관할구역이었으나, 1953년 3월 30일 경찰서 직제의 개정으로 그 관할구역을 경무대 구내로 제한하였다.★
청와대 경찰관파견대 (1960)	• 1960년 4 · 19 혁명으로 제1공화국이 끝나고 3차 개헌을 통해 정부형태가 대통령중심제에서 내각책임제로 바뀌면서 국무총리의 지위가 크게 강화됨에 따라 대통령 경호를 담당하던 경무대경찰서가 폐지되고 경무대 지역의 경비업무는 서울시 경찰국 경비과에서 담당하게 되었다.★ • 1960년 6월 제2공화국이 수립되면서 서울시경 소속으로 청와대 경찰관파견대를 설치하여 경비과에서 담당하던 대통령 경호 및 대통령관저의 경비를 담당케 하였다.★
국가재건최고회의 의장경호대 ↓ 중앙정보부 경호대(1961)	• 1961년 5월 군사혁명위원회가 국가재건최고회의로 발족되면서 국가재건최고회의 의장경호대가 임시로 편성되었다가 중앙정보부로 예속되고, 그 해 9월 중앙정보부 내훈 제2호로 경호규정이 제정 시행되면서 11월 정식으로 중앙정보부 경호대가 발족되었다.★ • 중앙정보부 경호대의 주요 임무는 국가원수, 최고회의의장, 부의장, 내각수반, 국빈의 신변보호, 기타 경호대장이 지명하는 주요 인사의 신변보호 등이었다.
대통령경호실(1963) ↓ 대통령실장 소속 경호처 (2008, 차관급) ↓ 대통령경호실 (2013, 장관급) ↓ 대통령경호처 (2017~, 차관급)	• 1963년 제3공화국이 출범하여 대통령경호실법을 제정 · 공포하고 박정희 대통령 취임과 동시에 대통령경호실을 출범시켰다.★ • 1974년 8 · 15사건을 계기로 '대통령경호경비안전대책위원회'가 설치되고, 청와대 외각경비가 경찰에서 군(55경비대대)으로 이양되었으며, 22특별경호대와 666특공대가 창설되고, 경호행사 시 3중 경호의 원칙이 도입되는 등 조직과 제도가 대폭 보강되었다. • 1981년 '대통령 당선 확정자의 가족의 호위'와 '전직대통령과 그 배우자 및 자녀의 호위'가 임무에 추가되었다.★ • 2004년 대통령 탄핵안이 가결됨에 따라 대통령 권한대행과 그 배우자에 대한 경호임무를 추가로 수행하였다.★ • 2008년 2월 29일 '대통령경호실법'은 '대통령 등의 경호에 관한 법률'로 개칭되고 소속도 대통령 직속기관인 대통령경호실에서 대통령실장 소속 경호처로 변경되었다. • 2013년 2월 25일 경호처는 다시 대통령비서실과 독립된 대통령경호실로 환원되고, 지위도 장관급으로 격상되었다. • 2017년 7월 26일 정부조직법 개정으로 대통령경호실은 재개편되어 현재 차관급 대통령경호처가 되었다.

48 난이도 하 ▮경호의 조직 – 경호의 주체 및 객체

경호의 주체 및 객체에 관한 설명으로 옳지 않은 것은?

① 경호주체는 경호목적을 달성하기 위해 적극적으로 일정한 경호작용을 주도적으로 실시하는 당사자를 말한다.
② 경호객체는 경호관계에서 경호주체의 상대방인 경호대상자를 말한다.
③ 경호대상자의 협조를 유도하기 위해서는 경호대상자의 심리적 성향을 이해하고 적합한 기법을 개발하여 신뢰감을 얻는 것이 중요하다.
④ **경호대상자가 경호에 협조적인 경우, 경호대상자 주위의 안전구역을 해제함으로써 유연한 경호임무를 완수해야 한다.**

> 안전구역은 경호대상자가 위치하는 가장 중심부 내부로 어떠한 상황하에서도 완벽한 통제가 이루어져야 한다. 경호대상자가 이러한 경호조치에 협조적인 경우라 하더라도 여전히 필연적인 위험은 잠재하기 때문에, 안전구역을 해제하여서는 아니 된다.

49 난이도 하 ▮경호의 조직 – 경호조직의 특성

경호조직의 특성에 해당하지 않는 것은?

① 기동성
② 통합성
③ **개방성**

> 개방성은 경호조직의 특성에 해당하지 않으며, 폐쇄성이 경호조직의 특성에 해당한다.
> 참고 2021년 경호학 47번 핵심만 콕

④ 전문성

50 난이도 하 · 경호의 조직 – 경호조직의 원칙

다음 설명하는 경호조직의 원칙은?

> 경호조직의 각 구성원은 오직 하나의 상급기관(지휘관)에게만 보고하고, 그의 명령지휘를 받고, 그에게만 책임을 진다는 것이다.

① 경호지휘단일성

경호지휘단일성의 원칙은 지휘 및 통제의 이원화로 인해 파생되는 문제들을 보완하기 위해 명령과 지휘체계는 반드시 하나의 계통으로 구성해야 한다는 원칙으로, 경호업무가 긴급성을 요한다는 점에서도 요청된다.

② 경호체계통일성

경호체계통일성의 원칙은 경호기관 구조의 정점으로부터 말단까지 상하계급 간에 일정한 관계가 이루어져 책임과 업무의 분담이 이루어지고, 명령(命令)과 복종(服從)의 지위와 역할의 체계가 통일되어야 한다는 원칙이다.

③ 경호기관단위작용

경호기관단위작용의 원칙은 경호의 업무는 성격상 개인적 작용으로 이루어지지 않고 기관단위의 작용으로 기관의 하명에 의해서 이루어진다는 원칙이다.

④ 경호협력성

경호협력성의 원칙은 경호조직과 국민과의 협력을 의미하며 완벽한 경호를 위해서는 국민의 절대적인 협력이 필요하다는 원칙이다.

51 난이도 중 · 경호의 조직 – 각국의 경호 유관기관

각국의 경호 유관기관에 관한 설명으로 옳지 않은 것은?

① 미국 중앙정보국(CIA) : 국제 테러조직, 적성국 동향에 대한 첩보 수집, 분석 전파, 외국 국빈방문에 따른 국내 각급 정보기관 조정을 통한 경호정보 제공

② 영국 보안국(SS) : 외무성 소속으로 MI6으로 불리기도 하며, 국외경호 관련 정보의 수집·분석·처리 업무 담당

②는 영국 비밀정보국(SIS)에 관한 설명이다. 영국 보안국(SS)은 내무성 소속으로 MI5로 불리기도 하며, 국내경호 관련 정보의 수집·분석·처리 업무를 담당한다.★

③ 독일 국방보안국(MAD) : 국방성 산하 정보기관으로 군 관련 첩보 및 경호 관련 첩보 제공 임무 수행
④ 프랑스 해외안전총국(DGSE) : 국방성 소속으로 해외정보 수집 및 분석 업무 수행

52 난이도 중   경호업무 수행방법 - 경호업무 수행절차

경호업무 수행절차의 4단계에 관한 설명으로 옳지 않은 것은?

① 예방단계는 준비단계로서 발생할 수 있는 인적·물적 위해요소에 대한 예방책을 강구하는 단계이다.
② 대비단계는 안전활동단계로서 발생 가능한 인적·물적 위해요소에 대한 대비책을 강구하는 단계이다.
③ **평가단계는 위험분석단계로서 경호효과를 평가·분석하여 경호계획을 수립하기 위한 단계이다.**

> 평가단계는 평가(학습)활동단계로서 경호 임무수행 결과를 분석하고 평가하며, 평가 결과 대두된 문제점을 보완하기 위한 교육과 훈련을 실시하여 결과를 차기 임무수행 시에 반영하기 위한 피드백(환류)을 실시하는 단계를 말한다.

④ 대응단계는 실시단계로서 경호대상자에게 발생하는 위해요소에 대한 출입요소의 통제, 근접경호 등으로 즉각적인 조치를 취하는 단계이다.

53 난이도 하   경호업무 수행방법 - 비상대책 수립 시 우선적 고려사항

행사장 비상대책 수립 시 우선적으로 고려해야 하는 요소가 아닌 것은?

① **비상장비**

> 비상상황 발생 시 가장 이상적인 즉각조치의 방법은 경호대상자를 안전지대로 얼마나 신속하게 대피시키느냐에 달려 있다 할 것이다. 이러한 측면에서 ②·③·④는 행사장 비상대책 수립 시 우선적 고려요소에 해당한다.

② 비상통로
③ 비상대피소
④ 비상대기차량

54 난이도 하 ▮경호업무 수행방법 – 출입자 통제업무

출입자 통제업무 내용으로 옳지 않은 것은?

① 인적 출입관리는 행사장의 모든 출입구에 대한 검색이나 수상한 자의 색출을 목적으로 한다.
② **비표는 식별이 어렵게 하여 보안성을 강화한다.**

> 비표는 식별이 용이하도록 단순하고 선명하게 제작하여 사용함으로써 경호조치의 효율성을 증대시킬 수 있다.

③ 참석자가 시차별로 지정된 출입통로를 통하여 입장토록 한다.
④ 모든 출입요소는 지정된 출입통로를 사용하여야 하며 기타 통로는 폐쇄한다.

55 난이도 하 ▮경호업무 수행방법 – 선발경호의 특성

선발경호의 특성에 관한 설명으로 옳지 않은 것은?

① 경호임무에 동원된 모든 부서는 각자의 기능을 발휘하면서 서로 다른 각각의 지휘체계 아래 상호보완적 임무를 수행해야 한다.

> 선발경호의 임무는 경호임무에 동원되는 제요소를 하나의 지휘체계로 통합하여 경호력을 증대시키고, 경호대상자의 안전이나 행사에 영향을 주는 상황이 발생하지 않도록 필요한 예방적 경호조치를 통하여 행사장의 안전성을 확보하고, 비상상황에 대비한 각종 조치를 강구하는 것이다.
>
> 〈출처〉 이두석, 「경호학개론」, 진영사, 2018, P. 254

② 예방경호는 위해요소를 발견, 제거, 거부함으로써 경호행사의 안전을 확보하는 것이다.
③ 선발경호는 3중 경호의 원리에 입각해서 행사장을 구역별로 구분, 특성에 맞는 경호조치를 강구한다.
④ 선발경호 특성 중 예비성이란 현지 지형과 상황에 맞는 대응계획과 대피계획을 수립·대비함을 말한다.

핵심만콕 선발경호의 특성

예방성	• 선발경호의 임무이자 경호의 목표라 할 수 있는 예방경호는 위해요소를 사전에 발견해서 제거하고 침투가 능성을 거부함으로써 경호행사의 안전을 확보하는 것이다. • 직접적인 위해행위의 가능성뿐만 아니라 간접적인 시설물의 불안전성 및 많은 참석자로 인한 혼잡과 사고의 개연성에 대비한다.
통합성	선발경호에 동원된 모든 부서는 각자의 기능을 100% 발휘하면서 하나의 지휘체계 아래에 통합되어 상호보완적으로 임무를 수행해야 한다.
안전성	• 선발경호의 임무는 당연히 행사장의 안전을 확보하는 일이다. 그러기 위해서는 3중 경호의 원리에 입각해서 행사장을 구역별로 구분하여 그 특성에 맞는 경호조치를 강구하여야 한다. • 행사장의 안전상태는 행사가 종료될 때까지 지속될 수 있어야 한다.
예비성	경호행사가 항상 계획되고 예상된 대로만 진행되지는 않는다. 따라서 선발경호는 사전에 경호팀의 능력과 현지 지형과 상황에 맞는 비상대응계획과 비상대피계획을 수립하여 비상상황에 대비하여야 한다.

〈출처〉 이두석, 「경호학개론」, 진영사, 2018, P. 254~255

56 난이도 하 ▮경호업무 수행방법 – 선발경호활동

선발경호활동의 내용으로 옳지 않은 것은?

① 출입통제대책 강구 후 안전검측활동과 안전유지가 이루어져야 한다.
② 출입자 통제대책으로 비표 운용, 주차장 지정, 검색대 운용 등을 할 수 있다.
③ **경호협조회의는 해당지역 경찰서 관계자 등 행사에 참여하는 다양한 부서와 합동으로 실시하며 보안유지를 위해 1회로 제한한다.**

> 보안유지를 위해 1회로 제한한다고 기술된 부분이 틀렸다. 경호협조회의(= 경호관계관회의)는 1회로 끝나는 것이 보통이나 행사의 성격에 따라 수차례 반복적으로 시행되기도 한다.

④ 선발경호안전활동의 주요 요소는 출입자 통제대책 강구, 검측 및 안전확보, 비상 안전대책의 강구 등이다.

핵심만콕 경호협조회의(= 경호관계관 회의) ★

- 경호협조회의란 완벽한 경호행사를 위하여 행사 실시 전 행사 유관부서 상호 간 협조 및 토의를 하고 행사 전반에 대한 정보 공유를 하는 회의를 말한다.
- 경호협조회의는 해당 지역의 경호업체 행사팀, 주최측 관계자, 행사 장소 제공 관계자, 관할 경찰서 관계자 등 행사에 참여하는 다양한 부서와 합동으로 실시한다.
- 경호협조회의는 통상적으로 1회로 끝나지만 대규모 행사 또는 국제적인 행사 등 행사의 성격에 따라 수차례 반복적으로 시행하기도 하며, 필요시 실무자 간 세부사항을 협조하는 실무회의도 병행한다.
- 공경호 기관에서는 이를 "경호관계관 회의"로 칭하며 보통 행사 1~2일 전에 실시한다.

〈출처〉 양재열, 「경호학원론」, 박영사, 2012, P. 255

---

57 난이도 하 ▮경호업무 수행방법 – 근접경호의 도보대형 형성 시 고려사항

근접경호의 도보대형 형성 시 고려사항이 아닌 것은?

① 주변 감제건물의 취약도
② **행사장 기후**

> 방문지역 행사장의 기후, 지리, 치안 등은 경호형성 및 준비작용 시에 고려되어야 하는 사항으로, 근접도보대형 형성 시의 고려사항으로는 적합하지 않다.

③ 행사장 사전예방경호 수준
④ 인적 취약요소와의 이격도

58 난이도 하 ▮경호업무 수행방법 - 근접경호 수행방법

근접경호 수행방법에 관한 설명으로 옳지 않은 것은?

① 근접도보대형은 장소와 상황 등 행사장 환경에 따라 유연하게 적용시켜야 한다.
② 근접경호는 신체에 의한 방호벽을 형성하되 경호대상자 행동의 자유와 프라이버시를 존중해야 한다.
③ 근접경호원은 종사요원, 경호대상자와 친숙한 방문객, 수행원을 신속하게 익혀야 한다.
④ **도보이동 간 근접경호원의 체위확장은 위기 시 방호효과를 극대화할 수 있으나 평시 노출 및 위력과시의 부정적 효과로 지양해야 한다.**

> 체위확장원칙은 예측이 불가능한 우발상황 발생 시 경호대형 내 최근접 경호원이 경호대상자의 보호를 위해 적용해야 할 행동을 결정하게 하는 일반적인 원칙 중 하나로 지문에서 언급한 부정적 효과에도 불구하고 지양해야 할 것이 아니라 항시 염두에 두어야 하는 경호원칙에 해당한다.

59 난이도 하 ▮경호업무 수행방법 - 기동 간 경호대책의 원칙

기동 간 경호대책의 원칙에 관한 내용으로 옳은 것은?

① **적절한 차량대형을 형성하여 방어태세를 유지한다.**

> 적절한 차량대형을 형성하여 방어태세를 유지하는 것이 기동 간 경호대책에 부합한다.

② 교통흐름에 맞게 자연스런 차량운행을 한다.

> 가급적 교통흐름이 원활한 최단거리의 대로를 사용하는 것이 바람직하다.

③ 저격에 대비하여 혼잡하거나 곡선인 도로를 이용한다.

> 교통이 혼잡하거나 곡선도로 등이 많은 도로는 피한다. 또한 주기동로와 연결된 예비도로를 확인하여 우발상황 시에 대비한다.

④ 기동 간 경계력 분산을 방지하기 위해 전방 경계에 집중한다.

> 기동 간 철저한 사주경계로 위험에 대비한다.

60 난이도 하 ▮경호업무 수행방법 – 도보이동 간 근접경호의 원칙

도보이동 간 근접경호의 원칙으로 옳지 않은 것은?

① 근접경호원은 상황변화에도 고정된 대형을 고수해야 한다.

> 근접경호원은 도보대형을 장소와 상황에 따라 융통성 있게 변화시켜야 한다.

② 근접경호원은 경호대상자에 이르는 모든 접근로를 차단하기 위하여 분산배치되어야 한다.
③ 위험노출 정도를 최소화하기 위해 최단거리 직선통로를 이용한다.
④ 근접경호대형은 전방위에 대한 사주경계와 신변안전을 담보할 수 있도록 행사장 여건을 고려하여 최소한의 인원으로 형성한다.

61 난이도 중 ▮경호업무 수행방법 – 근접경호대형

다음이 설명하는 근접경호대형은?

> 외부로부터 위협이 없다고 판단되며 안전이 확보된 행사장 입장 시와 대외적인 이미지를 중시하는 경호대상자에게 적합한 도보대형

① 마름모 대형
② V자(역쐐기) 대형

> 제시문이 설명하는 근접경호대형은 역쐐기 모양의 'V'자 대형이다.

③ 원형 대형
④ 쐐기 대형

핵심만콕 근접경호대형

- **다이아몬드(마름모) 대형** : 혼잡한 복도, 군중이 밀집해 있는 통로 등에서 적합한 대형으로 경호대상자의 전후좌우 전 방향에 대해 둘러싸고, 각각의 경호원에게는 기동로에 대해 360° 경계를 할 수 있도록 책임구역이 부여된다.
- **쐐기형 대형** : 무장한 위해자와 직면했을 때 적당한 대형으로, 다이아몬드 대형보다 느슨한 대형이 필요한 상황에서는 3명으로 쐐기형 대형을 형성하며, 다이아몬드 대형과 같이 각각의 경호원에게는 기동로를 향해 360° 지역 중 한 부분의 책임구역이 할당되어야 한다.
  - 대중이 별로 없는 장소 통과 시, 인도와 좁은 통로 이동 시 유용하다.
  - 한쪽에 인위적・자연적 방벽이 있을 때 유용하다.
- **역쐐기형(V자) 대형** : 외부로부터 위협이 없다고 판단되며 안전이 확보된 행사장 입장 시와 대외적인 이미지를 중시하는 경호대상자에게 적합한 도보대형이다.
  - 전방에는 아무런 위협이 없다는 가정하에 경호대상자를 바로 노출시켜 전방에 개방된 대형을 취한다.
  - 후미의 경호원들은 자연스럽게 수행원과 뒤섞여 노출이 되지 않는다.
  - 경호팀장만 경호대상자를 즉각 방호할 수 있는 위치에서 경호 임무를 수행한다.

- **삼각형 대형** : 3명의 경호원이 삼각형 형태를 유지하여 이동하는 도보대형으로 행사와 주위 사람의 성격, 숫자, 주변환경의 여건에 따라서 이동한다.
- **역삼각형 대형** : 진행 방향 전방에 위해가능성이 있는 경우 취하는 대형으로, 진행 방향의 전방에 오솔길, 곡각지, 통로 등과 같은 지리적 취약점이 있는 경우 유용하다.
- **원형 대형** : 경호대상자가 완전히 경호원에 의해 둘러싸여 있는 인상을 주게 되어 대외적인 이미지는 안 좋을 수 있으나 경호 효과가 높은 대형으로, 평상시에는 잘 사용하지 않으나, 군중이 밀려오거나 군중에 둘러싸여 있을 경우와 같은 위협이 예상될 경우에 적합한 대형이다.
- **사다리형 대형** : 경호대상자의 진행 방향을 중심으로 양쪽에 군중이 운집해 있는 도로의 중앙을 이동할 때 적합한 대형으로, 경호대상자를 중심으로 4명의 경호원이 사다리 형태를 유지하며 이동하는 대형이다.

62 난이도 중 ▮경호업무 수행방법 – 경호안전대책

경호안전대책에 관한 설명으로 옳은 것은?

① 행사장의 인적·물적·지리적 위해요소에 대한 비표 운용을 통하여 행사장의 안전을 도모한다.

　　비표 운용은 경호안전대책 중 인적 위해요소의 배제활동에 해당한다.

② 인적 위해요소에 대해서는 행사장 주변 수색 및 위해광고물 일제정비 등을 통해 경호 취약요소를 제거한다.

　　지리적 취약요소의 배제활동에 관한 설명이다. 인적 위해요소의 배제를 위한 세부 활동으로는 신원조사, 비표 관리, 요시찰인 동향감시, 경호첩보수집의 강화 등을 들 수 있다.

③ 물적 위해요소에 대해서는 금속탐지기 등을 이용한 검색을 통하여 위해물품이 행사장 내로 반입되지 못하도록 한다.

④ 지리적 위해요소에 대해서는 입장 및 주차계획, 본인 여부 확인을 통하여 불순분자의 행사장 내 침투 및 접근을 차단한다.

　　지리적 취약요소의 배제활동에는 행사장 주변 수색 및 위해광고물 일제정비 등이 있다.

63 난이도 중 | 경호의 조직 - 경호안전통제단

대한민국에서 개최되는 다자간 정상회의의 경호 및 안전관리 업무를 효율적으로 수행하기 위하여 대통령 등의 경호에 관한 법률에 따라 설치되는 경호·안전 대책기구의 명칭은?

① 경호안전종합본부
② **경호안전통제단**

> 「대통령 등의 경호에 관한 법률」 제5조의2 제1항에 따른 경호·안전 대책기구의 명칭은 경호안전통제단이라 한다(다자간 정상회의의 경호 및 안전관리 업무에 관한 규정 제2조 제1항). ★

③ 경호안전대책본부
④ 경호처 특별본부

64 난이도 중 | 경호업무 수행방법 - 보안업무규정상 보호지역

보안업무규정상 보호지역에 관한 설명으로 옳은 것을 모두 고른 것은? [기출수정]

> ㄱ. 보호지역은 제한지역, 제한구역, 통제지역, 통제구역으로 구분할 수 있다.
>
> > (×) 보호지역은 그 중요도에 따라 제한지역, 제한구역 및 통제구역으로 나눈다(보안업무규정 제34조 제2항).
>
> ㄴ. 제한구역은 비밀 또는 국·공유재산의 보호를 위하여 울타리 또는 방호·경비인력에 의하여 승인을 받지 않은 사람의 접근이나 출입에 대한 감시가 필요한 지역을 말한다.
>
> > (×) 제한구역은 비인가자가 비밀, 주요시설 및 III급 비밀 소통용 암호자재에 접근하는 것을 방지하기 위하여 안내를 받아 출입하여야 하는 구역을 말한다(보안업무규정 시행규칙 제54조 제1항 제2호).
>
> ㄷ. 제한지역은 비인가자가 비밀, 주요시설 및 III급 비밀 소통용 암호자재에 접근하는 것을 방지하기 위하여 안내를 받아 출입하여야 하는 지역을 말한다.
>
> > (×) 제한지역은 비밀 또는 국·공유재산의 보호를 위하여 울타리 또는 방호·경비인력에 의하여 영 제34조 제3항에 따른 승인을 받지 않은 사람의 접근이나 출입에 대한 감시가 필요한 지역을 말한다(보안업무규정 시행규칙 제54조 제1항 제1호).
>
> ㄹ. 통제구역은 보안상 매우 중요한 구역으로서 비인가자의 출입이 금지되는 구역을 말한다.
>
> > (○) 보안업무규정 시행규칙 제54조 제1항 제3호

① ㄹ

> 제시된 내용 중 옳은 것은 ㄹ뿐이다.

② ㄱ, ㄹ
③ ㄴ, ㄷ
④ ㄴ, ㄷ, ㄹ

65 난이도 하 ▮경호업무 수행방법 – 대통령 등의 경호에 관한 법률상 경호구역

대통령 등의 경호에 관한 법령상 경호구역에 관한 설명으로 옳지 않은 것은? 기출수정

① 대통령경호처장은 경호업무의 수행에 필요하다고 판단되는 경우 경호구역을 지정할 수 있다.

> 대통령 등의 경호에 관한 법률 제5조 제1항

② **대통령경호처장이 경호구역을 지정할 경우 경호 목적 달성을 위한 최대한의 범위로 설정되어야 한다.**

> 경호구역의 지정은 경호 목적 달성을 위한 최소한의 범위로 한정되어야 한다(대통령 등의 경호에 관한 법률 제5조 제2항).

③ 대통령경호처장은 경호구역을 지정할 때 경호업무 수행에 대한 위해요소와 구역이나 시설의 지리적·물리적 특성 등을 고려해 지정하여야 한다.

> 대통령 등의 경호에 관한 법률 시행령 제4조

④ 대통령경호처 소속 공무원과 경호업무를 지원하는 사람은 경호 목적상 불가피하다고 인정되는 상당한 이유가 있는 경우에만 경호구역에서 안전활동을 할 수 있다.

> 대통령 등의 경호에 관한 법률 제5조 제3항

66 난이도 하 ▮경호업무 수행방법 – 선발경호의 특성

선발경호의 특성이 아닌 것은?

① 예비성
② 안전성
③ 통합성
④ **기만성**

> 기만성은 근접경호의 특성에 해당한다. 선발경호가 지니는 특성에는 예방성, 통합성, 안정성, 예비성이 있다.

67 난이도 하 ▮경호학과 경호 - 경호의 원칙

위해기도자의 범행시도에 경호대상자 또는 위해기도자와 가장 가까이 위치한 경호원이 대응해야 한다는 경호원칙은?

① 체위확장의 원칙

> 체위확장의 원칙은 우발상황 발생 시 경호원 자신의 체위를 최대한 확장·노출시켜 방어공간을 넓힘으로써 경호대상자에 대한 방호효과를 극대화해야 한다는 원칙이다.

② 주의력과 대응시간의 원리

> 주의력은 경호원이 군중(경계대상)의 이상 징후를 포착할 수 있는 능력을 말하는 것으로 경호원이 군중(경계대상)과 가까울수록 효과가 증가한다. 반면 대응력은 위해기도자에 반응하여 경호대상자를 보호하고 대피시킬 수 있는 경호능력으로 경호원이 경호대상자와 가까울수록 효과가 증가한다. 주의해야 할 점은 주의력 효과와 대응효과가 서로 역의 관계에 있다는 것이다. 즉, 경호원이 군중(경계대상)과 가까울수록 경호대상자와는 멀어지게 되므로 주의력효과는 증가하나 대응효과는 감소하게 되며, 반대로 경호원이 경호대상자와 가까울수록 군중(경계대상)과는 멀어지게 되므로 대응효과는 증가하나 주의력 효과는 감소하게 된다.

③ **촉수거리의 원칙**

> 촉수거리의 원칙은 위해기도자의 범행시도 시 경호대상자 또는 위해기도자와 가장 가까이 위치한 경호원이 대응해야 한다는 경호원칙이다.

④ 목표물 보존의 원칙

> 목표물 보존의 원칙은 경호대상자를 암살자 또는 위해를 가할 가능성이 있는 자(위해기도자)로부터 가능한 멀리 떼어 놓는 경호원칙이다. 상호 격리의 원칙이라도 한다.

68 난이도 하 ▮경호업무 수행방법 - 우발상황

우발상황에 관한 설명으로 옳지 않은 것은?

① 우발상황은 어떠한 일이 예기치 못하게 발생하는 것을 의미하며, 사전예측 불가, 극도의 혼란사태 야기, 즉응적 대응 요구, 자기보호본능 발동 등의 특성을 갖는다.
② 우발상황 발생 시 대응은 '경고-방호-대피'가 거의 동시에 이루어져야 한다.
③ 우발상황 발생 시 경호원은 경호대상자를 신속하게 안전지대로 대피시키기 위해 경호대상자에게 신체적 무리가 있더라도 과감하게 행동하여야 한다.
④ **수류탄 또는 폭발물과 같은 폭발성 화기에 의해 공격받았을 때 사용되는 방호 대형은 강화된 사각 대형이다.**

> 수류탄 또는 폭발물과 같은 폭발성 화기에 의해 공격을 받았을 때 사용되는 방호 대형은 함몰형 방호 대형이다. 함몰형 방호 대형은 경호원들이 자신들의 몸으로 경호대상자를 외부에서 보이지 않을 정도로 감싸 버리는 형태의 대형으로 이때, 내부의 경호대상자는 상황 이후 바로 이탈이 가능하도록 대형 내에서 약간 쪼그려 앉은 자세를 취한다.

69 난이도 하 ▮경호업무 수행방법 - 경호기만 방법

다음 중 경호기만 방법으로 옳지 않은 것은?

① 일관성 있는 차량 및 기동로

> 위해기도자는 경호대상자의 제한적이고, 일상적인 패턴을 노린다. 따라서 경호기만 방법으로서 ①과 같은 방법은 옳지 않다. 위장 차량을 사용한다거나, 사전에 미리 여러 기동로를 선정하였다가 상황에 맞게 한 가지를 선택하도록 하는 방법 등을 이용하는 것이 바람직하다.

② 허위흔적 표시
③ 일반인처럼 자연스러운 옷차림과 행동
④ 연막차장

70 난이도 하 ▮경호업무 수행방법 - 안전검측활동

안전검측활동에 관한 설명으로 옳은 것은?

① 비공식행사에서는 실시하지 않는다.

> 비공식행사에는 비노출 검측활동을 실시할 수 있다.

② 오감을 배제하고, 장비를 이용하여 실시한다.

> 장비를 이용하되 오감(오관)을 최대한 활용한다.

③ <u>경호대상자가 장시간 머물러 있는 곳을 먼저 실시한 후 경호대상자의 동선에 따라 순차적으로 실시한다.</u>

> 안전검측은 회의실, 오찬장, 휴게실 등 경호대상자가 장시간 머물러 있는 곳을 먼저 실시하고, 통로, 현관 등 경호대상자가 움직이는 경로를 순차적으로 실시하여야 한다.

④ 전자제품은 분해하여 확인하되 확인이 불가능한 것은 현장에 보존한다.

> 확인 불가능한 것은 현장에서 제거한다.

71 난이도 중
경호업무 수행방법 – 폭발물

폭발물에 관한 설명으로 옳지 않은 것은?

① 폭약은 파괴적 폭발에 사용될 수 있는 것으로서 액체산소폭약, 다이너마이트 등이 있다.
② **급조폭발물은 다양한 형태로 제작 가능하며, 재사용이 가능한 장점이 있다.**

> 급조폭발물(= 사제폭발물, IED)은 다양한 형태로 제작이 가능하지만, 일회용으로서 재사용이 제한된다.

③ 뇌관에 사용되는 기폭제는 폭발력은 약하나 작은 충격이나 마찰, 정전기 등에 폭발하는 특성이 있다.
④ 폭발물의 폭발 효과는 폭풍, 진동, 열, 파편 효과 등이 나타난다.

핵심만콕 급조폭발물(IED)의 특성★

- 제작자의 능력 및 의도에 따라 다양한 종류 및 형태로 제작이 가능하나, 일회용으로서 재사용이 제한된다.
- 주변 생활 도구를 이용하여 다양한 형태와 크기로 제작하기 때문에 제조비용이 저렴하고 재료 획득과 제작이 용이하다.
- 폭발물이라는 판단이 어렵고, 주로 플라스틱이나 액체폭약을 사용하기 때문에 금속탐지기에 의한 검색이 어렵다.
- 군용 폭발물에 비해 안정성이 매우 떨어져 폭발의 위험이 따르며, 제작방법의 다양성으로 인한 이동 및 처리에 많은 어려움이 있다.

〈출처〉 이두석, 「경호학개론」, 진영사, 2018, P. 270

72 난이도 하
경호복장과 장비 – 경호장비

경호장비에 관한 설명으로 옳지 않은 것은?

① 검색장비란 위해도구나 위해물질을 찾아내는 데 사용하는 장비로 금속탐지기, X-Ray 수화물 검색기 등이 있다.
② **방호장비란 경호원이 자신의 생명·신체가 위험상태에 놓였을 때 스스로를 보호하는 장비로 가스분사기, 전자충격기 등이 있다.**

> 호신장비에 관한 설명이다.

③ 감시장비란 경호 취약점을 보완하는 수단으로 침입 또는 범죄행위를 사전에 알아내는 역할을 하는 장비로 쌍안경, 열선감지기 등이 있다.
④ 통신장비란 경호임무 수행에 있어 필요한 보고 또는 연락을 위한 장비로 차량용 무전기, 휴대용 무전기 등이 있다.

핵심만콕 경호장비의 기능에 따른 분류

호신장비	일반적으로 자신의 생명이나 신체가 위험상태에 놓였을 때 스스로를 보호하는 데 사용하는 장비를 말한다. 여기에는 총기, 경봉, 가스분사기, 전자충격기 등이 있다.
방호장비	경호대상자나 경호대상자가 사용하는 시설물을 보호하기 위한 장치를 말한다. 적의 침입 예상경로를 차단하기 위하여 방벽을 설치·이용하는 것으로 경호방법 중 최후의 예방경호방법이라 할 수 있다. 방호장비는 크게 자연적 방벽과 물리적 방벽으로 나뉜다(단순히 방폭담요, 방폭가방 등을 방호장비로 분류하는 견해도 있다).

기동장비	경호대상자의 경호를 위하여 운용하는 차량·항공기·선박·열차 등의 이동수단을 말한다.
검색·검측장비	검색장비는 위해도구나 위해물질을 찾아내는 데 사용하는 장비를 말하고, 검측장비는 위해물질의 존재 여부를 검사하거나 시설물의 안전점검에 사용하는 도구를 말한다. 일반적으로 검측장비로 통칭하며, 검측장비는 탐지장비, 처리장비, 검측공구로 구분하여 사용한다.
감시장비	위해기도자의 침입이나 범죄행위를 사전에 감시하기 위한 장비(전자파, 초음파, 적외선 등을 이용한 기계 장비)를 말한다. 경호임무에 있어 인력부족으로 인한 경호 취약점을 보완하는 수단으로, 감시장비에는 드론, CCTV, 열선감지기, 쌍안경, 망원경, 포대경(M65), TOD(영상감시장비) 등이 있다.
통신장비	경호업무를 수행하는 데 필요한 보고 또는 연락을 위한 통신장비(유선·무선)를 말한다. 경호통신은 신뢰성, 신속성, 정확성, 안전성이 고려되어야 한다. 유선통신장비에는 전화기, 교환기, FAX망, 컴퓨터통신, CCTV 등의 장비가 있으며, 무선통신장비에는 휴대용 무전기(FM-1), 페이징, 차량용 무전기(MR-40V, KSM-2510A, FM-5), 무선전화기, 인공위성 등이 있다.

73 난이도 중

경호복장과 장비 - 검측장비 중 탐지장비

검측장비 중 탐지장비가 아닌 것은?

① 서치탭(search tap)

긴 막대기 끝에 카메라와 마이크가 있어 매몰된 건물 등에 있는 생존자를 탐지 또는 대화를 할 수 있는 장치이다.

② 청진기

청진기는 수색에 있어 벽면 내부 등의 소리를 측정하는 경우에 사용될 수 있다.

③ 검색경

검색경을 통해 차량 하부 등을 검측할 수 있다.

④ 물포(water cannon)

물포를 검측장비 중 처리장비로 보는 견해가 있으나, 탐지장비로 분류하지는 않는다.

핵심만콕 검측장비의 세분

검측장비의 구분	내 용
탐지장비	금속탐지기(문형, 봉형, 휴대용), X-RAY(X-RAY 검색기, 전신 검색기), 폭약탐지기, 액체폭발물 탐지기, 방사능탐지기, 독가스탐지기, 독극물탐지기, 청진기, 화이버스코프, 서치탭, 검색경, 폭발물탐지견, 소방점검장비 등
처리장비	폭발물처리키트, 물포(water cannon), X-RAY 촬영기 등
검측공구	탐침, 손전등, 거울, 개방공구, 다용도칼 등

〈출처〉 이두석, 「경호학개론」, 진영사, 2018, P. 241~243

74 난이도 하

경호의전과 구급법 – 탑승 시 경호예절

탑승 시 경호예절에 관한 설명으로 옳은 것은?

① 기차의 경우 2인용 좌석일 때 창가 쪽이 상석이고 통로 쪽이 말석이다. 침대차에서는 위쪽의 침대가 상석이다.
   침대차에서 아래쪽 침대가 상석이고, 위쪽 침대가 말석이다.

② 비행기를 타고 내릴 때에는 상급자가 먼저 타고 먼저 내리는 것이 올바른 순서이다.
   비행기를 타고 내릴 때에는 상급자가 나중에 타고 먼저 내리는 것이 올바른 순서이다.

③ 일반 선박의 경우 상급자가 나중에 타고 하선할 때는 먼저 내리나, 함정의 경우에는 상급자가 먼저 타고 먼저 내린다.
   일반 선박의 경우 상급자가 나중에 타고 먼저 내리나, 함정의 경우에는 상급자가 먼저 타고 하선 시에도 먼저 내린다.

④ 에스컬레이터 탑승 시 올라갈 때는 남성이 먼저 올라가고, 내려올 때는 여성이 먼저 내려온다.
   에스컬레이터 탑승 시 올라갈 때는 여성이 먼저 올라가고, 내려올 때는 남성이 먼저 내려온다.

핵심만콕 탑승 시 경호예절 ★★

항공기	• 상급자가 나중에 타고 먼저 내린다. • 창문가 좌석이 상석, 통로 쪽 좌석이 차석, 상석과 차석 사이가 말석이다.
선 박	• 객실의 등급이 정해져 있을 때는 지정된 좌석에 앉고, 지정된 좌석이 없는 경우 선체의 중심부가 상석이 된다. • 일반적 선박의 경우 승선 시 상급자가 나중에 타고 하선 시에는 먼저 내린다. • 함정의 경우 승선 시 상급자가 먼저 타고 하선 시에는 먼저 내린다.
기 차	• 두 사람이 나란히 앉는 좌석에서는 창가 쪽이 상석이고 통로 쪽이 말석이다. • 네 사람이 마주 앉는 자리에서는 기차 진행 방향의 창가 좌석이 가장 상석이고 그 맞은편, 상석의 옆좌석, 그 앞좌석 순이다. • 침대차에서는 아래쪽 침대가 상석이고 위쪽 침대가 말석이다.
승용차	• 운전기사가 있을 경우 자동차 좌석의 서열은 뒷좌석 오른편이 상석이고 왼쪽과 앞자리, 가운데 순이다(뒷좌석 가운데와 앞자리의 서열은 바뀔 수 있다). • 자가운전자의 경우 자진해서 운전석 옆자리에 앉는 것이 통례이며 그곳이 상석이다. 그리고 뒷좌석 오른편, 왼쪽, 가운데 순이다.
엘리베이터	• 안내하는 사람이 있을 때에는 상급자가 먼저 타고 먼저 내린다. • 안내하는 사람이 없을 때에는 하급자가 먼저 타서 엘리베이터를 조작하고 내릴 때에는 상급자가 먼저 내린다.
에스컬레이터	• 올라갈 때는 상급자가 먼저 올라가고 내려올 때는 하급자가 먼저 내려온다. • 남녀가 올라갈 때는 여성이 먼저 올라가고, 내려올 때는 남성이 먼저 내려온다.

75 난이도 하   ▌경호의전과 구급법 – 국기게양(조기 게양일)

태극기 게양일 중에 조기(弔旗)를 게양해야 하는 날은?

① 3·1절
② 제헌절
③ **현충일**

> 법령상 조기 게양 지정일은 <u>현충일(6월 6일)</u>과 국가장기간(국장기간·국민장일) 등 조의를 표하는 날이다(대한민국국기법 제9조 제1항 제2호).   참고 2018년 경호학 78번 법령

④ 국군의 날

76 난이도 중   ▌경호의 환경 – 경호의 일반적 환경요인

경호의 일반적 환경요인으로 옳지 않은 것은?

① 경제발전과 과학기술의 발전

> 일반적 경호 환경요인

② 사회구조와 국민의식 구조의 변화

> 일반적 경호 환경요인

③ 정보의 팽창과 범죄의 다양화

> 일반적 경호 환경요인

④ <u>우리나라에 대한 북한 테러 위협 증가</u>

> 특수적 경호 환경요인

핵심만콕   경호의 환경★

일반적 환경요인	특수적 환경요인
• 국제화 및 개방화 • 경제발전 및 과학기술의 발전 • 정보화 및 범죄의 광역화 • 생활양식과 국민의식의 변화 • 범죄의 다양화와 증가	• 경제전쟁 • 한국의 국제적 지위 향상 등 • 북한의 위협 • 증오범죄의 등장

77 난이도 중   경호의전과 구급법 – 경호원의 기본응급처치 요령

경호원의 기본응급처치 요령으로 옳지 않은 것은?

① 호흡이 없을 시 즉시 심폐소생술을 실시하고, 전문의료진에게 신속하게 인계한다.
② 의식이 없을 경우에는 경호대상자를 옆으로 눕혀 이물질에 의한 질식을 예방한다.
③ **가슴 및 복부 손상 시 지혈을 하고 물을 마시게 한다.**

> 머리·배(복부)·가슴의 손상 환자에게는 우선적으로 지혈을 하고, 절대로 음료를 주지 않도록 하며, 젖은 거즈 등으로 입술을 적셔준다.

④ 목 부상 시 부목 등의 도구를 이용하여 고정시켜 목의 꺾임을 방지한다.

78 난이도 하   경호의 환경 – 테러경보 4단계

국민보호와 공공안전을 위한 테러방지법령상 테러위협의 정도에 따른 테러경보 4단계에 속하지 않는 것은?

① 주 의
② 경 계
③ 심 각
④ 대 비

> 테러경보는 테러위협의 정도에 따라 관심·주의·경계·심각의 4단계로 구분한다(테러방지법 시행령 제22조 제2항).

관계법령 | **테러경보의 발령(테러방지법 시행령 제22조)**

① 대테러센터장은 테러 위험 징후를 포착한 경우 테러경보 발령의 필요성, 발령 단계, 발령 범위 및 기간 등에 관하여 실무위원회의 심의를 거쳐 테러경보를 발령한다. 다만, 긴급한 경우 또는 제2항에 따른 주의 이하의 테러경보 발령 시에는 실무위원회의 심의 절차를 생략할 수 있다.
② 테러경보는 테러위협의 정도에 따라 관심·주의·경계·심각의 4단계로 구분한다.
③ 대테러센터장은 테러경보를 발령하였을 때에는 즉시 위원장에게 보고하고, 관계기관에 전파하여야 한다.
④ 제1항부터 제3항까지에서 규정한 사항 외에 테러경보 발령 및 테러경보에 따른 관계기관의 조치사항에 관하여는 대책위원회 의결을 거쳐 위원장이 정한다.

79 난이도 중
경호의 환경 - 국가테러대책위원회의 심의·의결사항

국민보호와 공공안전을 위한 테러방지법령상 국가테러대책위원회의 심의·의결사항에 해당하지 않는 것은?

① 관계기관의 대테러활동 교육·훈련의 감독 및 평가

> 국가테러대책위원회는 대테러활동에 관한 국가의 정책 수립 및 평가, 국가 대테러 기본계획 등 중요 중장기 대책 추진사항, 관계기관의 대테러활동 역할 분담·조정이 필요한 사항, 그 밖에 위원장 또는 위원이 대책위원회에서 심의·의결할 필요가 있다고 제의하는 사항을 심의·의결한다(테러방지법 제5조 제3항).★

② 국가 대테러 기본계획 등 중요 중장기 대책 추진사항
③ 대테러활동에 관한 국가의 정책수립 및 평가
④ 위원장이 대책위원회에서 심의·의결할 필요가 있다고 제의하는 사항

80 난이도 상
경호의 환경 - 테러방지법의 내용

국민보호와 공공안전을 위한 테러방지법의 내용으로 옳은 것은?

① 테러위험인물이란 테러를 실행·계획·준비하거나 테러에 참가할 목적으로 국적국이 아닌 국가의 테러단체에 가입하거나 가입하기 위하여 이동 또는 이동을 시도하는 내국인·외국인을 말한다.

> 외국인테러전투원에 관한 정의이다(테러방지법 제2조 제4호). "테러위험인물"이란 테러단체의 조직원이거나 테러단체 선전, 테러자금 모금·기부, 그 밖에 테러 예비·음모·선전·선동을 하였거나 하였다고 의심할 상당한 이유가 있는 사람을 말한다(테러방지법 제2조 제3호).★

② 테러수사란 대테러활동에 필요한 정보나 자료를 수집하기 위하여 현장조사·문서열람·시료채취 등을 하거나 조사대상자에게 자료제출 및 진술을 요구하는 활동을 말한다.

> 대테러조사에 관한 정의이다(테러방지법 제2조 제8호).★

③ 관계기관의 대테러활동으로 인한 국민의 기본권 침해 방지를 위하여 대책위원회 소속으로 대테러 인권보호관 2명을 둔다.

> 관계기관의 대테러활동으로 인한 국민의 기본권 침해 방지를 위하여 대책위원회 소속으로 대테러 인권보호관 1명을 둔다(테러방지법 제7조 제1항).

④ 국가정보원장은 테러위험인물에 대하여 출입국·금융거래 및 통신이용 등 관련 정보를 수집할 수 있다.

> 테러방지법 제9조 제1항 전문

2016년 경비업법

정답 CHECK

01	02	03	04	05	06	07	08	09	10	11	12	13	14	15	16	17	18	19	20
②	④	①	②	④	④	②	③	④	①	①	②	④	③	①	②	①	②	③	③
21	22	23	24	25	26	27	28	29	30	31	32	33	34	35	36	37	38	39	40
④	①	②	④	①	③	④	①	②	②	③	①	③	④	②	②	④	①	①	③

01 난이도 하   경비업법 제2조 - 용어의 정의

경비업법에 규정된 용어의 정의이다. ( ) 안에 들어갈 단어가 올바르게 짝지어진 것은?

> 시설경비업무란 경비를 필요로 하는 시설 및 장소에서의 (ㄱ)·화재 그 밖의 (ㄴ) 등으로 인한 위험발생을 방지하는 업무를 말한다.

① ㄱ : 위해, ㄴ : 소란
② **ㄱ : 도난, ㄴ : 혼잡**

> ( ) 안에 들어갈 단어는 ㄱ : 도난, ㄴ : 혼잡이다.

③ ㄱ : 위해, ㄴ : 혼잡
④ ㄱ : 도난, ㄴ : 소란

관계법령 정의(경비업법 제2조)★★

이 법에서 사용하는 용어의 정의는 다음과 같다. 〈개정 2024.1.30.〉
1. "경비업"이라 함은 다음 각목의 1에 해당하는 업무(경비업무)의 전부 또는 일부를 도급받아 행하는 영업을 말한다.
   가. 시설경비업무 : 경비를 필요로 하는 시설 및 장소(경비대상시설)에서의 도난·화재 그 밖의 혼잡 등으로 인한 위험발생을 방지하는 업무
   나. 호송경비업무 : 운반 중에 있는 현금·유가증권·귀금속·상품 그 밖의 물건에 대하여 도난·화재 등 위험발생을 방지하는 업무
   다. 신변보호업무 : 사람의 생명이나 신체에 대한 위해의 발생을 방지하고 그 신변을 보호하는 업무

라. 기계경비업무 : 경비대상시설에 설치한 기기에 의하여 감지·송신된 정보를 그 경비대상시설 외의 장소에 설치한 관제시설의 기기로 수신하여 도난·화재 등 위험발생을 방지하는 업무★
마. 특수경비업무 : 공항(항공기를 포함) 등 대통령령이 정하는 국가중요시설의 경비 및 도난·화재 그 밖의 위험발생을 방지하는 업무★
바. 혼잡·교통유도경비업무 : 도로에 접속한 공사현장 및 사람과 차량의 통행에 위험이 있는 장소 또는 도로를 점유하는 행사장 등에서 교통사고나 그 밖의 혼잡 등으로 인한 위험발생을 방지하는 업무

02 난이도 하 경비업법 제2조 제5호 - 집단민원현장

경비업법상 집단민원현장에 해당하는 것은?

① 30명의 사람이 모이는 예술 행사장
② 50명의 사람이 모이는 문화 행사장
③ 90명의 사람이 모이는 체육 행사장
④ **120명의 사람이 모이는 국제 행사장**

100명 이상의 사람이 모이는 국제·문화·예술·체육 행사장이 집단민원형장에 해당한다(경비업법 제2조 제5호 바목).

관계법령 정의(경비업법 제2조)

이 법에서 사용하는 용어의 정의는 다음과 같다.
5. "집단민원현장"이란 다음 각목의 장소를 말한다.
   가. 「노동조합 및 노동관계조정법」에 따라 노동관계 당사자가 노동쟁의 조정신청을 한 사업장 또는 쟁의행위가 발생한 사업장
   나. 「도시 및 주거환경정비법」에 따른 정비사업과 관련하여 이해대립이 있어 다툼이 있는 장소
   다. 특정 시설물의 설치와 관련하여 민원이 있는 장소
   라. 주주총회와 관련하여 이해대립이 있어 다툼이 있는 장소
   마. 건물·토지 등 부동산 및 동산에 대한 소유권·운영권·관리권·점유권 등 법적 권리에 대한 이해대립이 있어 다툼이 있는 장소
   바. 100명 이상의 사람이 모이는 국제·문화·예술·체육 행사장
   사. 「행정대집행법」에 따라 대집행을 하는 장소

03 난이도 하
경비업법 제5조 - 임원의 결격사유

경비업법상 경비업을 영위하는 법인의 임원이 될 수 있는 자는?

① 60세인 사람

> 임원의 결격사유에 관해 규정하고 있는 경비업법 제5조에서는 임원의 결격사유로 연령 제한을 따로 두고 있지 않다. 따라서 60세인 사람도 원칙적으로 법인의 임원이 될 수 있다.

② 피성년후견인
③ 파산선고를 받고 복권되지 아니한 자
④ 금고 이상의 형의 선고를 받고 그 형이 실효되지 아니한 자

관계법령 | **임원의 결격사유(경비업법 제5조)** ★

다음 각호의 어느 하나에 해당하는 자는 경비업을 영위하는 법인(제4호에 해당하는 자의 경우에는 특수경비업무를 수행하는 법인, 제5호에 해당하는 자의 경우에는 허가취소사유에 해당하는 경비업무와 동종의 경비업무를 수행하는 법인)의 임원이 될 수 없다.

1. 피성년후견인
2. 파산선고를 받고 복권되지 아니한 자
3. 금고 이상의 형의 선고를 받고 그 형이 실효되지 아니한 자
4. 이 법 또는 「대통령 등의 경호에 관한 법률」에 위반하여 벌금형의 선고를 받고 3년이 지나지 아니한 자
5. 이 법(제19조 제1항 제2호 및 제7호는 제외) 또는 이 법에 의한 명령에 위반하여 허가가 취소된 법인의 허가취소 당시의 임원이었던 자로서 그 취소 후 3년이 지나지 아니한 자
6. 제19조 제1항 제2호(허가받은 경비업무 외의 업무에 경비원을 종사하게 한 때) 및 제7호(소속 경비원으로 하여금 경비업무의 범위를 벗어난 행위를 하게 한 때)의 사유로 허가가 취소된 법인의 허가취소 당시의 임원이었던 자로서 허가가 취소된 날부터 5년이 지나지 아니한 자

---

04 난이도 하
경비업법 제4조 - 경비업의 허가(경비업자의 신고사항)

경비업법상 경비업 허가를 받은 법인이 시·도 경찰청장에게 신고해야 하는 경우가 아닌 것은?

① 영업을 폐업한 때
② 도급받아 행하고자 하는 경비업무를 변경하는 때

> ②는 시·도 경찰청장에게 신고가 아닌 시·도 경찰청장의 허가를 받아야 하는 경우이나(경비업법 제4조 제1항 후문), 나머지 ①·③·④의 경우는 신고해야 하는 경우이다(경비업법 제4조 제3항).

③ 법인의 주사무소를 이전한 때
④ 특수경비업무를 개시한 때

05 난이도 하　경비업법 시행령 제7조·제9조, [별표 1] - 기계경비업무 등

경비업법령상 기계경비업무 등에 관한 설명으로 옳지 않은 것은?

① 경비업 허가를 받기 위한 기계경비업무의 자본금 보유 기준은 1억원 이상이다.

> 경비업법 시행령 [별표 1] 제4호

② 경비업 허가를 받기 위한 기계경비업무의 경비인력 기준은 전자·통신 분야 기술자격증소지자 5명을 포함한 일반경비원 10명 이상과 경비지도사 1명 이상이다.

> 경비업법 시행령 [별표 1] 제4호

③ 기계경비업자는 관제시설 등에서 경보를 수신한 때에는 경보를 수신한 때부터 늦어도 25분 이내에는 도착시킬 수 있는 대응체제를 갖추어야 한다.

> 경비업법 시행령 제7조

❹ **오경보인 경우 오경보가 발생한 경비대상시설 및 그 오경보에 대한 조치의 결과를 기재한 서류는 당해 경보를 수신한 날부터 6개월간 이를 보관하여야 한다.**

> 오경보인 경우 오경보가 발생한 경비대상시설 및 그 오경보에 대한 조치의 결과를 기재한 서류는 당해 경보를 수신한 날부터 <u>1년간</u> 이를 보관하여야 한다(경비업법 시행령 제9조 제2항).

06 난이도 하　종합문제 - 경비지도사　기출수정

경비업법령상 경비지도사에 관한 설명으로 옳지 않은 것은?

① 경비지도사는 경비원에 대한 직무교육을 실시하고, 행정안전부령으로 정하는 경비원 직무교육 실시대장에 그 내용을 기록하여 2년간 보존하여야 한다.

> 경비업법 시행령 제17조 제3항

② 일반경비지도사자격증 취득자가 자격증 취득일부터 3년 이내에 기계경비지도사 시험에 합격하여 교육을 받을 경우에는 공통교육은 면제한다.

> 경비업법 시행규칙 [별표 1] 비고 제1호

③ 일반경비지도사란 시설경비업무, 호송경비업무, 신변보호업무, 특수경비업무, 혼잡·교통유도경비업무에 종사하는 경비원을 지도·감독 및 교육하는 경비지도사를 말한다.

> 경비업법 시행령 제10조 제1호

❹ **경비업자는 선임·배치된 경비지도사에 결원이 있거나 자격정지 등의 사유로 그 직무를 수행할 수 없는 때에는 30일 이내에 경비지도사를 새로이 충원하여야 한다.**

> 경비업자는 선임·배치된 경비지도사에 결원이 있거나 자격정지 등의 사유로 그 직무를 수행할 수 없는 때에는 <u>15일 이내</u>에 경비지도사를 새로이 충원하여야 한다(경비업법 시행령 제16조 제2항).

07 난이도 하 | 경비업법 시행령 제13조 - 시험의 일부면제

경비업법령상 경비지도사 제1차 시험의 면제 대상으로 옳은 것은?

① 경찰공무원법에 따른 경찰공무원으로 5년 이상 재직한 사람

> 경찰공무원법에 따른 경찰공무원으로 7년 이상 재직한 사람이 1차 시험 면제 대상이다(경비업법 시행령 제13조 제1호).

❷ 경비업법에 따른 특수경비업무에 3년 이상 종사하고 행정안전부령으로 정하는 교육과정을 이수한 사람

> 경비업법 시행령 제13조 제4호

③ 고등교육법에 따른 전문대학을 졸업한 사람으로서 재학 중 경비지도사 시험과목을 3과목 이상을 이수하고 졸업한 후 경비업무에 종사한 경력이 3년 이상인 사람

> 고등교육법에 따른 전문대학을 졸업한 사람으로서 재학 중 경비지도사 시험과목을 3과목 이상을 이수하고 졸업한 후 경비업무에 종사한 경력이 5년 이상인 사람이 1차 시험 면제 대상이다(경비업법 시행령 제13조 제6호).

④ 공무원임용령에 따른 행정직군 교정직렬 공무원으로 3년 이상 재직한 사람

> 공무원임용령에 따른 행정직군 교정직렬 공무원으로 7년 이상 재직한 사람이 1차 시험 면제 대상이다(경비업법 시행령 제13조 제8호).

관계법령 | **시험의 일부면제(경비업법 시행령 제13조)** ★★

법 제11조 제3항에 따라 다음 각호의 어느 하나에 해당하는 사람은 경비지도사 제1차 시험을 면제한다.
1. 「경찰공무원법」에 따른 경찰공무원으로 7년 이상 재직한 사람
2. 「대통령 등의 경호에 관한 법률」에 따른 경호공무원 또는 별정직공무원으로 7년 이상 재직한 사람
3. 「군인사법」에 따른 각 군 전투병과 또는 군사경찰과 부사관 이상 간부로 7년 이상 재직한 사람
4. 「경비업법」에 따른 경비업무에 7년 이상(특수경비업무의 경우에는 3년 이상) 종사하고 행정안전부령으로 정하는 교육과정을 이수한 사람
5. 「고등교육법」에 따른 대학 이상의 학교를 졸업한 사람으로서 재학 중 제12조 제3항에 따른 경비지도사 시험과목을 3과목 이상을 이수하고 졸업한 후 경비업무에 종사한 경력이 3년 이상인 사람
6. 「고등교육법」에 따른 전문대학을 졸업한 사람으로서 재학 중 제12조 제3항에 따른 경비지도사 시험과목을 3과목 이상을 이수하고 졸업한 후 경비업무에 종사한 경력이 5년 이상인 사람
7. 일반경비지도사의 자격을 취득한 후 기계경비지도사의 시험에 응시하는 사람 또는 기계경비지도사의 자격을 취득한 후 일반경비지도사의 시험에 응시하는 사람
8. 「공무원임용령」에 따른 행정직군 교정직렬 공무원으로 7년 이상 재직한 사람

08 난이도 중 | 종합문제 - 경비원 교육

경비업법령상 경비원 교육에 관한 설명으로 옳은 것은? 기출수정

① 일반경비원의 신임교육에서 이론교육은 6시간이고 과목은 경비업법, 범죄예방론, 형사법이다.

> 일반경비원의 신임교육에서 이론교육은 4시간이고 과목은 경비업법 등 관계법령(2h)과 범죄예방론(2h)이다(경비업법 시행규칙 [별표 2]).

② 특수경비업자는 채용 전 5년 이내에 특수경비업무에 종사하였던 경력이 있는 사람을 특수경비원으로 채용한 경우에는 신임교육을 면제할 수 있다.

> 특수경비업자는 채용 전 3년 이내에 특수경비업무에 종사하였던 경력이 있는 사람을 특수경비원으로 채용한 경우에는 해당 특수경비원을 특수경비원 신임교육대상에서 제외할 수 있다(경비업법 시행령 제19조 제2항).

③ **경비업자는 소속 일반경비원에게 매월 2시간 이상의 직무교육을 받도록 하여야 한다.**

> 경비업법 시행령 제18조 제3항, 동법 시행규칙 제13조 제1항

④ 특수경비업자는 소속 특수경비원에게 매월 6시간 이상의 직무교육을 받도록 하여야 한다.

> 특수경비업자는 소속 특수경비원에게 법 제12조에 따라 선임한 경비지도사가 수립한 교육계획에 따라 매월 3시간 이상의 직무교육을 받도록 하여야 한다(경비업법 시행령 제19조 제3항, 동법 시행규칙 제16조 제1항).

09 난이도 하 | 경비업법 제13조 내지 제15조 - 특수경비원

경비업법령상 특수경비원에 관한 내용으로 옳지 않은 것은?

① 특수경비원은 소속 상사의 허가 또는 정당한 사유 없이 경비구역을 벗어나서는 아니 된다.

> 경비업법 제15조 제2항

② 특수경비원의 교육 시 관할경찰서 소속 경찰공무원이 교육기관에 입회하여 대통령령이 정하는 바에 따라 지도·감독하여야 한다.

> 경비업법 제13조 제4항

③ 특수경비원은 국가중요시설에 대한 경비업무 수행 중 국가중요시설의 정상적인 운영을 해치는 장해를 일으켜서는 아니 된다.

> 경비업법 제14조 제2항

④ **특수경비원은 총기 또는 폭발물을 가지고 대항하는 경우를 제외하고는 18세 미만의 자에 대하여는 권총을 발사하여서는 아니 된다.**

> 특수경비원은 총기 또는 폭발물을 가지고 대항하는 경우를 제외하고는 14세 미만의 자 또는 임산부에 대하여는 권총 또는 소총을 발사하여서는 아니 된다(경비업법 제15조 제4항 제3호).

10 난이도 하 ▌경비업법 시행규칙 제18조 – 특수경비원에 대한 무기 지급

경비업법령상 시설주가 무기를 지급할 수 있는 특수경비원은? 기출수정

① **민사재판에 증인으로 출석 예정인 특수경비원**

> ①은 경비업법령에서 규정하고 있는 특수경비원에 대한 무기 지급불가 사유에 해당하지 않아 무기를 지급할 수 있다고 보는 것이 옳다.

② 형사사건으로 인하여 조사를 받고 있는 특수경비원
③ 사직 의사를 표명한 특수경비원
④ 정신질환자인 특수경비원

관계법령 | **무기의 관리수칙 등(경비업법 시행규칙 제18조)**

⑤ 시설주는 다음 각호의 특수경비원에 대하여 무기를 지급해서는 안 되며, 지급된 무기가 있는 경우 이를 즉시 회수해야 한다.
 1. 형사사건으로 인하여 조사를 받고 있는 사람
 2. 사직 의사를 표명한 사람
 3. 정신질환자
 4. 그 밖에 무기를 지급하기에 부적합하다고 인정되는 사람

---

11 난이도 하 ▌경비업법 제16조의2 – 경비원의 장비 등

경비업법령상 경비원의 장비 등에 관한 설명으로 옳지 않은 것은?

① **경비원이 휴대할 수 있는 장비의 종류는 경적·단봉·분사기 등 대통령령으로 정하되, 근무시간 이외에도 이를 휴대할 수 있다.**

> 경비업법 제16조의2 제1항에서는 경비원이 휴대할 수 있는 장비의 종류는 경적·단봉·분사기 등 행정안전부령으로 정하되, 근무 중에만 이를 휴대할 수 있다고 규정하고 있다.

② 경비업자가 경비원으로 하여금 분사기를 휴대하여 직무를 수행하게 하는 경우에는 총포·도검·화약류 등 단속법에 따라 미리 분사기의 소지허가를 받아야 한다.

> 경비업법 제16조의2 제2항. 2015년 1월 6일 개정된 총포·도검·화약류 등의 안전관리에 관한 법률 부칙 제6조(이 법 시행 당시 다른 법률에서 종전의 「총포·도검·화약류 등 단속법」 또는 그 규정을 인용한 경우 이 법 또는 이 법의 해당 규정을 각각 인용한 것으로 본다)에 의하여 비록 경비업법 제16조의2 제2항에 「총포·도검·화약류 등 단속법」이 규정되어 있더라도 이를 총포·도검·화약류 등의 안전관리에 관한 법률로 보아야 한다.

③ 누구든지 경비원의 장비를 임의로 개조하여 통상의 용법과 달리 사용함으로써 다른 사람의 생명·신체에 위해를 가하여서는 아니 된다.

> 경비업법 제16조의2 제3항

④ 경비원은 경비업무를 위하여 필요하다고 인정되는 상당한 이유가 있을 때에는 필요한 최소한도에서 경비원의 장비를 사용할 수 있다.

> 경비업법 제16조의2 제4항

12 난이도 중 ┃경비업법 제18조 - 경비원의 명부와 배치허가 등

경비업법령상 경비원의 명부와 배치허가 등에 관한 설명으로 옳지 않은 것은?

① 관할 경찰관서장은 신임교육을 받지 아니한 경비원이 100분의 21 이상인 경우 배치허가를 하여서는 아니 된다.

> 경비업법 제18조 제3항 전문 제2호, 동법 시행령 제22조

② 경비업자가 특수경비원을 배치한 경우에는 대통령령이 정하는 바에 따라 경비원을 배치하기 48시간 전까지 관할 경찰관서장에게 신고하여야 한다.

> 경비업자가 시설경비업무, 신변보호업무 또는 혼잡·교통유도경비업무 중 집단민원현장에 일반경비원을 배치하려는 경우에는 경비원을 배치하기 48시간 전까지 행정안전부령이 정하는 바에 따라 관할 경찰관서장에게 배치허가를 신청하여야 한다. 다만, 집단민원현장이 아닌 곳에서 신변보호업무를 수행하는 일반경비원 및 특수경비원의 경우에는 경비원을 배치하기 전까지 신고하여야 한다(경비업법 제18조 제2항).

③ 경비업자 또는 경비원이 위력이나 흉기 또는 그 밖의 위험한 물건을 사용하여 집단적 폭력사태를 일으킨 때에는 관할 경찰관서장은 배치폐지를 명할 수 있다.

> 경비업법 제18조 제8항 제4호

④ 경비업자는 상해죄를 범하여 벌금형을 선고받고 5년이 지나지 아니한 자를 집단민원현장에 일반경비원으로 배치하여서는 아니 된다.

> 경비업법 제18조 제6항 제1호

관계법령 **경비원의 명부와 배치허가 등(경비업법 제18조)★**

② 경비업자가 경비원을 배치하거나 배치를 폐지한 경우에는 행정안전부령이 정하는 바에 따라 관할 경찰관서장에게 신고하여야 한다. 다만, 다음 제1호의 경우에는 경비원을 배치하기 48시간 전까지 행정안전부령으로 정하는 바에 따라 배치허가를 신청하고, 관할 경찰관서의 배치허가를 받은 후에 경비원을 배치하여야 하며(제2호 및 제3호의 경우에는 경비원을 배치하기 전까지 신고하여야 한다), 이 경우 관할 경찰관서장은 배치허가를 함에 있어 필요한 조건을 붙일 수 있다. 〈개정 2025.1.7.〉
  1. 제2조 제1호에 따른 시설경비업무, 신변보호업무 또는 혼잡·교통유도경비업무 중 집단민원현장에 배치된 일반경비원
  2. 집단민원현장이 아닌 곳에서 제2조 제1호 다목의 규정에 의한 신변보호업무를 수행하는 일반경비원
  3. 특수경비원

13 난이도 하 ▍경비업법 제17조 - 결격사유 확인을 위한 범죄경력조회 등

경비업법령상 경비원 등의 결격사유 확인을 위한 범죄경력조회 등에 관한 설명으로 옳지 않은 것은?

① 경찰청장, 시·도 경찰청장, 또는 관할 경찰관서장은 직권으로 또는 경비업자의 범죄경력조회 요청이 있는 경우 경비업자의 임원, 경비지도사 또는 경비원이 경비업법상 결격사유에 해당하는지를 확인하기 위하여 범죄경력조회를 할 수 있다.

> 경비업법 제17조 제1항

② 범죄경력조회 요청을 받은 시·도 경찰청장 또는 관할 경찰관서장은 경비업자에게 그 결과를 통보할 때에는 경비업자의 임원, 경비지도사 또는 경비원이 경비업법상의 결격사유에 해당하는지 여부만을 통보하여야 한다.

> 경비업법 제17조 제3항

③ 시·도 경찰청장 또는 관할 경찰관서장은 경비업자의 임원, 경비지도사 또는 경비원이 경비업법상의 결격사유에 해당하는 사실을 알게 된 때에는 경비업자에게 그 사실을 통보하여야 한다.

> 경비업법 제17조 제4항

④ **범죄경력조회 요청은 범죄경력조회 신청서(전자문서 포함) 또는 구두로 한다.**

> 범죄경력조회 요청은 범죄경력조회 신청서(전자문서로 된 신청서를 포함한다)에 따른다(경비업법 시행규칙 제22조 제1항).

관계법령 결격사유 확인을 위한 범죄경력조회 등(경비업법 제17조)

① 경찰청장, 시·도 경찰청장 또는 관할 경찰관서장은 직권으로 또는 제2항에 따른 범죄경력조회 요청이 있는 경우에는 경비업자의 임원, 경비지도사 또는 경비원이 제5조 제3호·제4호, 제10조 제1항 제3호부터 제8호까지 또는 같은 조 제2항 제3호·제4호에 따른 결격사유에 해당하는지를 확인하기 위하여「형의 실효 등에 관한 법률」제6조에 따른 범죄경력조회를 할 수 있다.

② 경비업자는 선출·선임·채용 또는 배치하려는 임원, 경비지도사 또는 경비원이 제5조 제3호·제4호, 제10조 제1항 제3호부터 제8호까지 또는 같은 조 제2항 제3호·제4호에 따른 결격사유에 해당하는지를 확인하기 위하여 주된 사무소, 출장소 또는 배치장소를 관할하는 시·도 경찰청장 또는 경찰관서장에게「형의 실효 등에 관한 법률」제6조에 따른 범죄경력조회를 요청할 수 있다.

③ 제2항에 따른 범죄경력조회 요청을 받은 시·도 경찰청장 또는 관할 경찰관서장은 경비업자에게 그 결과를 통보할 때에는 경비업자의 임원, 경비지도사 또는 경비원이 제5조 제3호·제4호, 제10조 제1항 제3호부터 제8호까지 또는 같은 조 제2항 제3호·제4호에 따른 결격사유에 해당하는지 여부만을 통보하여야 한다.

④ 시·도 경찰청장 또는 관할 경찰관서장은 경비업자의 임원, 경비지도사 또는 경비원이 제5조 각호, 제10조 제1항 각호 또는 제2항 각호의 결격사유에 해당하는 사실을 알게 되거나 이 법 또는 이 법에 따른 명령을 위반한 때에는 경비업자에게 그 사실을 통보하여야 한다.

14 난이도 하　경비업법 시행령 [별표 4] – 행정처분의 일반기준

경비업법령상 행정처분의 일반기준에 관한 설명으로 옳지 않은 것은?

① 행정처분이 영업정지인 경우에는 위반행위의 동기, 내용 및 위반의 정도 등을 고려하여 가중하거나 감경할 수 있다.

　경비업법 시행령 [별표 4] 제1호 일반기준 가목

② 위반행위가 2 이상인 경우로서 그에 해당하는 각각의 처분기준이 다른 경우에는 그중 중한 처분기준에 따른다.

　경비업법 시행령 [별표 4] 제1호 일반기준 나목 본문 전단

③ **위반행위가 2 이상인 경우로서 2 이상의 처분기준이 동일한 영업정지인 경우에는 각 처분기준을 합산한 기간으로 한다.**

　위반행위가 2 이상인 경우로서 2 이상의 처분기준이 동일한 영업정지인 경우에는 중한 처분기준의 2분의 1까지 가중할 수 있다. 다만, 가중하는 경우에도 각 처분기준을 합산한 기간을 초과할 수 없다(경비업법 시행령 [별표 4] 제1호 일반기준 나목 본문 후단 및 단서).

④ 영업정지처분에 해당하는 위반행위가 적발된 날 이전 최근 2년간 같은 위반행위로 2회 영업정지처분을 받은 경우에는 개별기준에도 불구하고 그 위반행위에 대한 행정처분 기준은 허가취소로 한다.

　경비업법 시행령 [별표 4] 제1호 일반기준 라목

15 난이도 하　경비업법 제20조 – 경비지도사자격의 취소 등

경비업법상 경비지도사자격을 정지시킬 수 있는 경우는?

① **집단민원현장에 배치된 경비원에 대한 지도·감독 직무를 성실하게 수행하지 아니한 때**

　자격정지사유

② 자격정지 기간 중에 경비지도사로 선임되어 활동한 때

　자격취소사유

③ 허위 그 밖의 부정한 방법으로 경비지도사자격증을 교부받은 때

　자격취소사유

④ 경비지도사자격증을 다른 사람에게 빌려주거나 양도한 때

　자격취소사유

핵심만콕 경비지도사자격의 취소 등(경비업법 제20조) ★

자격취소사유 (제1항)	경찰청장은 경비지도사가 다음의 어느 하나에 해당하는 때에는 그 자격을 취소하여야 한다. 1. 제10조(경비지도사 및 경비원의 결격사유) 제1항 각호의 결격사유에 해당하게 된 때 2. 허위 그 밖의 부정한 방법으로 경비지도사자격증을 교부받은 때 3. 경비지도사자격증을 다른 사람에게 빌려주거나 양도한 때 4. 자격정지 기간 중에 경비지도사로 선임되어 활동한 때
자격정지사유 (제2항)	경찰청장은 경비지도사가 다음의 어느 하나에 해당하는 때에는 대통령령이 정하는 바에 따라 1년의 범위 내에서 그 자격을 정지시킬 수 있다. 1. 선임된 경비지도사가 법 규정을 위반하여 직무를 성실하게 수행하지 아니한 때 **선임된 경비지도사의 직무(법 제12조 제2항)** 　1. 경비원의 지도·감독·교육에 관한 계획의 수립·실시 및 그 기록의 유지 　2. 경비현장에 배치된 경비원에 대한 순회점검 및 감독 　3. 경찰기관 및 소방기관과의 연락방법에 대한 지도 　4. 집단민원현장에 배치된 경비원에 대한 지도·감독 　5. 그 밖에 대통령령(영 제17조)이 정하는 직무 2. 선임된 경비지도사가 법 제24조(감독)의 규정에 의한 경찰청장 또는 시·도 경찰청장의 명령을 위반한 때

16 난이도 상   ▮경비업법 제19조 - 경비업 허가의 취소 등

경비업법상 경비업의 영업정지를 명할 수 있는 사유가 아닌 것은?

① 특수경비업자가 시·도 경찰청장의 감독상 명령에 따르지 아니한 경우

　상대적 취소·영업정지사유이다.

❷ 특수경비업자가 경비관련업 외의 영업을 한 경우

　절대적(필요적) 경비업 허가의 취소사유에 해당한다.

③ 특수경비업자가 도급을 의뢰받은 경비업무가 위법한 것임에도 이를 거부하지 아니한 경우

　상대적 취소·영업정지사유이다.

④ 특수경비업자가 신임교육을 받지 않은 사람을 경비원으로 배치한 경우

　상대적 취소·영업정지사유이다.

핵심만콕	경비업 허가의 취소 등(경비업법 제19조)★★★

절대적(필요적) 허가취소사유 (제1항)	허가관청은 경비업자가 다음 어느 하나에 해당하는 때에는 그 허가를 취소하여야 한다(제1항). • 허위 그 밖의 부정한 방법으로 허가를 받은 때(제1호)★ • 경비업자가 허가받은 경비업무 외의 업무에 경비원을 종사하게 한 때(제2호)★ - 적용중지 헌법불합치 결정 (2020헌가19) • 특수경비업자가 경비업 및 경비관련업 외의 영업을 한 때(제3호)★ • 정당한 사유 없이 허가를 받은 날부터 2년 이내에 경비 도급실적이 없거나 계속하여 1년 이상 휴업한 때(제4호) • 정당한 사유 없이 최종 도급계약 종료일의 다음 날부터 2년 이내에 경비 도급실적이 없을 때(제5호) • 영업정지처분을 받고 계속하여 영업을 한 때(제6호)★ • 소속 경비원으로 하여금 경비업무의 범위를 벗어난 행위를 하게 한 때(제7호)★ • 관할 경찰관서장의 배치폐지명령에 따르지 아니한 때(제8호)★
상대적(임의적) 허가취소 · 영업정지사유 (제2항)	허가관청은 경비업자가 다음 각호의 어느 하나에 해당하는 때에는 대통령령으로 정하는 행정처분의 기준에 따라 그 허가를 취소하거나 6개월 이내의 기간을 정하여 영업의 전부 또는 일부에 대하여 영업정지를 명할 수 있다(제2항). • 시 · 도 경찰청장의 허가 없이 경비업무를 변경한 때(제1호)★ • 도급을 의뢰받은 경비업무가 위법한 것임에도 이를 거부하지 아니한 때(제2호)★ • 경비지도사를 집단민원현장에 선임 · 배치하지 아니한 때(제3호) • 경비대상시설에 관한 경보 대응체제를 갖추지 아니한 때(제4호)★ • 관련 서류를 작성 · 비치하지 아니한 때(제5호)★ • 결격사유에 해당하는 경비원을 배치하거나 결격사유에 해당하는 경비지도사를 선임 · 배치한 때(제6호)★ • 대통령령이 정하는 바에 따르지 아니하고 이를 위반하여 경비지도사를 선임한 때(제7호) • 경비원으로 하여금 교육을 받게 하지 아니한 때(제8호) • 경비원의 복장 등에 관한 규정을 위반한 때(제9호)★ • 경비원의 장비 등에 관한 규정을 위반한 때(제10호)★ • 경비원의 출동차량 등에 관한 규정을 위반한 때(제11호)★ • 집단민원현장에 일반경비원 명부를 작성 · 비치하지 아니한 때(제12호)★ • 배치허가를 받지 아니하고 경비원을 배치하거나 경비원 명단 및 배치일시 · 배치장소 등 배치허가 신청의 내용을 거짓으로 한 때(제13호)★ • 결격사유에 해당하는 일반경비원을 집단민원현장에 배치한 때(제14호) • 경찰청장, 시 · 도 경찰청장 · 관할 경찰관서장의 감독상 명령에 따르지 아니한 때(제15호)★ • 업무수행 중 고의 또는 과실로 발생한 경비대상 및 제3자의 손해를 배상하지 아니한 때(제16호)★

17 난이도 하
경비업법 제20조, 동법 시행령 제25조·[별표 5] - 경비지도사 자격정지처분 기준

경비업법령상 경비지도사가 경찰청장, 시·도 경찰청장의 명령을 1차 위반할 때의 행정처분 기준으로 옳은 것은?

① 자격정지 1월

> 경비지도사가 경찰청장, 시·도 경찰청장의 명령을 1차 위반한 때 자격정지 1월의 행정처분이 내려진다(경비업법 시행령 [별표 5] 제2호).

② 자격정지 3월
③ 자격정지 6월
④ 자격취소

18 난이도 하
종합문제 - 청문 등

경비업법에 관한 설명으로 옳지 않은 것은?

① 시·도 경찰청장이 경비업 허가의 취소 또는 영업정지를 하고자 하는 경우에는 청문을 실시해야 한다.

> 경비업법 제21조 제3호

② 시·도 경찰청장은 경비지도사의 자격을 정지하는 때에는 청문을 실시하지 않는다.

> 경찰청장 또는 시·도 경찰청장은 경비지도사자격의 취소 또는 정지의 처분을 하고자 하는 경우에는 청문을 실시하여야 한다(경비업법 제21조 제4호).

③ 경찰청장이 경비지도사의 자격을 정지한 때에는 그 정지기간 동안 경비지도사자격증을 회수하여 보관하여야 한다.

> 경비업법 제20조 제3항

④ 허가관청은 경비업자가 영업정지처분을 받고 계속하여 영업을 한 때에는 그 허가를 취소하여야 한다.

> 경비업법 제19조 제1항 제6호

19 난이도 중 ▮종합문제 - 규제의 재검토 등

경비업법령에 관한 설명으로 옳지 않은 것은? 기출수정

① 시·도 경찰청장은 특수경비업자에 대하여 연 2회 이상의 보안지도·점검을 실시하여야 한다.

> 경비업법 시행령 제29조

② 경찰청장은 경비업무의 적정한 수행을 위하여 경비업자 및 경비지도사를 지도·감독하며 필요한 명령을 할 수 있다.

> 경비업법 제24조 제1항

③ **경찰청장은 집단민원현장 배치 불허가 기준에 대하여 5년마다 그 타당성을 검토하여 개선 등의 조치를 하여야 한다.**

> 경찰청장은 집단민원현장 배치 불허가 기준에 대하여 3년마다 그 타당성을 검토하여 개선 등의 조치를 하여야 한다(경비업법 시행령 제31조의3 제2호).

④ 관할 경찰관서장은 시설주의 신청에 의하여 특수경비원이 배치된 국가중요시설 등에 경비전화를 가설할 수 있다.

> 경비업법 시행규칙 제25조 제1항

20 난이도 중 ▮경비업법 제22조·제23조 - 경비협회의 업무 등

경비업법령상 경비협회의 업무 등에 관한 내용으로 옳지 않은 것은?

① 경비협회의 업무에는 경비원의 후생·복지에 관한 사항이 포함된다.

> 경비업법 제22조 제3항 제3호

② 경비협회는 경비업자가 경비업을 운영할 때 필요한 이행보증을 포함한 계약보증을 위한 공제사업을 할 수 있다.

> 경비업법 제23조 제1항 제2호

③ **경비업자는 경비업무의 건전한 발전과 경비원의 자질향상 및 교육훈련 등을 위하여 행정안전부령이 정하는 바에 따라 경비협회를 설립할 수 있다.**

> 경비업자는 경비업무의 건전한 발전과 경비원의 자질향상 및 교육훈련 등을 위하여 대통령령이 정하는 바에 따라 경비협회를 설립할 수 있다(경비업법 제22조 제1항).★

④ 경찰청장은 경비업법에 따른 공제사업의 건전한 육성과 가입자의 보호를 위하여 공제사업의 감독에 관한 기준을 정할 수 있다.

> 경비업법 제23조 제4항

21   난이도 하   경비업법 제22조·제23조, 동법 시행령 제26조 - 경비협회, 공제사업

경비업법령상 경비협회, 공제사업에 관한 설명으로 옳지 않은 것은?

① 경비협회는 법인으로 한다.

> 경비업법 제22조 제2항

② 경비협회는 정관이 정하는 바에 의하여 회원으로부터 회비를 징수할 수 있다.

> 경비업법 시행령 제26조 제2항

③ 경찰청장은 경비협회의 공제규정을 승인하는 때에는 미리 금융위원회와 협의하여야 한다.

> 경비업법 제23조 제5항

④ **경비협회에 관하여 경비업법에 특별한 규정이 있는 것을 제외하고는 민법 중 재단법인에 관한 규정을 준용한다.**

> 경비협회에 관하여 경비업법에 특별한 규정이 있는 것을 제외하고는 민법 중 사단법인에 관한 규정을 준용한다(경비업법 제22조 제4항).

22   난이도 상   경비업법 제24조 - 감독

경비업법상 시·도 경찰청장은 경비업무 장소가 집단민원현장으로 판단되는 경우에는 그때부터 몇 시간 이내에 경비업자에게 경비원 배치허가를 받을 것을 고지하여야 하는가?

① <u>48시간</u>

> 시·도 경찰청장 또는 관할 경찰관서장은 경비업무 장소가 집단민원현장으로 판단되는 경우에는 그때부터 48시간 이내에 경비업자에게 경비원 배치허가를 받을 것을 고지하여야 한다(경비업법 제24조 제4항).

② 60시간

③ 72시간

④ 84시간

23 난이도 하 경비업법 제26조 - 손해배상 등

경비업법에 관한 설명으로 옳지 않은 것은?

① 경비업자는 경비원이 업무수행 중 고의로 제3자에게 손해를 입힌 경우에는 이를 배상하여야 한다.

> 경비업자는 경비원이 업무수행 중 고의로 제3자에게 손해를 입힌 경우에는 이를 배상하여야 한다(경비업법 제26조 제2항).

② **경비업자는 경비원이 업무수행 중 과실로 제3자에게 손해를 입힌 경우에는 배상책임이 면제된다.**

> 경비업자는 경비원이 업무수행 중 과실로 제3자에게 손해를 입힌 경우에는 이를 배상하여야 한다(경비업법 제26조 제2항).

③ 경비업자는 경비원이 업무수행 중 고의 또는 과실로 경비대상에 손해가 발생하는 것을 방지하지 못한 때에는 그 손해를 배상하여야 한다.

> 경비업법 제26조 제1항

④ 기계경비업자는 대응조치 등 업무의 원활한 운영과 개선을 위하여 대통령령이 정하는 바에 따라 관련 서류를 작성·비치하여야 한다.

> 경비업법 제9조 제2항

24 난이도 하 경비업법 제28조 - 벌칙

경비업법상 법정형 3년 이하의 징역 또는 3천만원 이하의 벌금에 처해지지 않는 자는?

① 경비업 허가를 받지 않고 경비업을 영위하는 자
② 집단민원현장에 경비원을 배치하면서 경비업 허가를 받지 아니한 자에게 경비업무를 도급한 자
③ 경비원으로 하여금 직무를 수행함에 있어 타인에게 위력을 과시하거나 물리력을 행사하는 등 경비업무의 범위를 벗어난 행위를 하게 한 자
④ **파업·태업 그 밖에 경비업무의 정상적인 운영을 저해하는 쟁의행위를 한 특수경비원**

> 파업·태업 그 밖에 경비업무의 정상적인 운영을 저해하는 쟁의행위를 한 특수경비원은 1년 이하의 징역 또는 1천만원 이하의 벌금에 처한다(경비업법 제28조 제4항 제2호). ①·②·③에 해당하는 자는 3년 이하의 징역 또는 3천만원 이하의 벌금에 처해진다(경비업법 제28조 제2항 제1호·제4호·제9호).

25 난이도 하 경비업법 제27조 - 권한의 위임 및 위탁

경비업법에 관한 규정이다. ( ) 안에 들어갈 내용으로 올바르게 짝지어진 것은? 기출수정

- 경찰청장은 경비지도사의 시험에 관한 업무를 대통령령이 정하는 바에 따라 관계전문기관 또는 단체에 (ㄱ)할 수 있다.
- 경비업법에 의한 경찰청장의 권한은 대통령령이 정하는 바에 따라 그 일부를 시·도 경찰청장에게 (ㄴ)할 수 있다.

① ㄱ : 위탁, ㄴ : 위임

> ( ) 안에 들어갈 내용은 ㄱ : 위탁, ㄴ : 위임이다.

② ㄱ : 위임, ㄴ : 위임
③ ㄱ : 위임, ㄴ : 위탁
④ ㄱ : 위탁, ㄴ : 위탁

관계법령 위임 및 위탁(경비업법 제27조)
① 이 법에 의한 경찰청장의 권한은 대통령령이 정하는 바에 따라 그 일부를 시·도 경찰청장에게 위임할 수 있다.
② 경찰청장은 제11조의 규정에 의한 경비지도사의 시험에 관한 업무를 대통령령이 정하는 바에 따라 관계전문기관 또는 단체에 위탁할 수 있다. 〈개정 2024.2.13.〉

26 난이도 중 경비업법 시행령 제9조 - 기계경비업자의 관리 서류

경비업법령상 기계경비업자가 출장소별로 갖추어 두어야 하는 서류가 아닌 것은?
① 경비대상시설의 명칭·소재지 및 경비계약기간을 기재한 서류
② 기계경비지도사의 명단·배치일자·배치장소와 출동차량의 대수를 기재한 서류
③ 가입고객의 주민등록번호 등 개인정보를 기재한 서류

> ③은 경비업법 시행령 제9조 제1항의 기계경비업자가 출장소별로 갖추어 두어야 할 서류에 해당하지 않는다.

④ 경보의 수신 및 현장도착 일시와 조치의 결과를 기재한 서류

관계법령 기계경비업자의 관리 서류(경비업법 시행령 제9조)
① 기계경비업자는 출장소별로 다음 각호의 사항을 기재한 서류를 갖추어 두어야 한다.
  1. 경비대상시설의 명칭·소재지 및 경비계약기간
  2. 기계경비지도사의 명단·배치일자·배치장소와 출동차량의 대수
  3. 경보의 수신 및 현장도착 일시와 조치의 결과(1년)
  4. 오경보인 경우 오경보가 발생한 경비대상시설 및 그 오경보에 대한 조치의 결과(1년)
② 제1항 제3호 및 제4호의 규정에 의한 사항을 기재한 서류는 당해 경보를 수신한 날부터 1년간 이를 보관하여야 한다.

27 난이도 중 ▮경비업법 시행령 [별표 6] - 과태료 부과기준

경비업법령상 과태료의 부과기준에서 1회 위반 시 부과되는 과태료 금액이 다른 것은?

① 경비지도사를 선임하지 않은 경우
> 경비업법 시행령 [별표 6] 제5호

② 경비원 명부를 비치하지 않은 경우
> 경비업법 시행령 [별표 6] 제11호 가목

③ 결격사유에 해당하는 경비지도사를 선임·배치한 경우
> 경비업법 시행령 [별표 6] 제4호

④ **경비원 명단 및 배치일시·배치장소 등 배치허가 신청의 내용을 거짓으로 한 경우**
> 경비원 명단 및 배치일시·배치장소 등 배치허가 신청의 내용을 거짓으로 한 경우에는 1회 위반 시 1천만원의 과태료가 부과된다(경비업법 시행령 [별표 6] 제13호). 나머지 ①·②·③의 경우에는 각각 100만원의 과태료가 부과된다.

28 난이도 상 ▮청원경찰법 시행규칙 [별표 1] - 청원경찰의 교육과목 및 수업시간표

청원경찰법령상 청원경찰로 임용이 된 경우에 이수하여야 할 교육과목과 수업시간으로 옳지 않은 것은?(단, 교육면제자는 고려하지 않는다)

① 형사법 - 5시간
> 청원경찰로 임용이 된 경우에는 형사법 10시간을 이수하여야 한다(청원경찰법 시행규칙 [별표 1]).
> 참고 2017년 경비업법 36번 법령

② 청원경찰법 - 5시간
③ 경찰관직무집행법 - 5시간
④ 시설경비 - 6시간

29 난이도 하 ▮청원경찰법 제2조·제4조, 동법 시행령 제2조 및 동법 시행규칙 제2조 – 청원경찰의 배치

청원경찰법령상 청원경찰 배치에 관한 설명으로 옳은 것은?

① 청원경찰을 배치받으려는 자는 행정안전부령으로 정하는 바에 따라 경찰청장에게 청원경찰 배치를 신청하여야 한다.

> 청원경찰을 배치받으려는 자는 대통령령으로 정하는 바에 따라 관할 시·도 경찰청장에게 청원경찰 배치를 신청하여야 한다(청원경찰법 제4조 제1항). ★

② 청원경찰의 배치를 받으려는 자는 청원경찰 배치신청서에 경비구역 평면도 1부와 배치계획서 1부를 첨부하여야 한다.

> 청원경찰법 시행령 제2조

③ 사회복지법에 따른 사회복지시설은 청원경찰 배치대상이다.

> 사회복지법에 따른 사회복지시설은 청원경찰법령상 규정된 청원경찰 배치대상이 아니다(청원경찰법 제2조, 동법 시행규칙 제2조 참조).

④ 금융 또는 보험을 업(業)으로 하는 시설 또는 사업장은 청원경찰 배치대상이 아니다.

> 금융 또는 보험을 업(業)으로 하는 시설 또는 사업장은 청원경찰 배치대상이다(청원경찰법 시행규칙 제2조 제2호).

30 난이도 중 ▮청원경찰법 제5조·제10조의4, 동법 시행령 제4조 – 청원경찰의 임용 등

청원경찰법령에 관한 설명으로 옳지 않은 것은?

① 청원경찰은 청원주가 임용하되, 임용을 할 때에는 미리 시·도 경찰청장의 승인을 받아야 한다.

> 청원경찰법 제5조 제1항

② 청원경찰의 배치결정을 받은 자는 그 배치결정의 통지를 받은 날부터 30일 이내에 임용예정자에 대한 임용승인을 관할 경찰서장에게 신청하여야 한다.

> 청원경찰의 배치결정을 받은 자는 그 배치결정의 통지를 받은 날부터 30일 이내에 배치결정된 인원수의 임용예정자에 대하여 청원경찰 임용승인을 시·도 경찰청장에게 신청하여야 한다(청원경찰법 시행령 제4조 제1항). ★

③ 청원주가 청원경찰을 임용하였을 때에는 임용한 날부터 10일 이내에 그 임용사항을 관할 경찰서장을 거쳐 시·도 경찰청장에게 보고하여야 한다.

> 청원경찰법 시행령 제4조 제2항 전문

④ 청원주가 청원경찰을 면직시켰을 때에는 그 사실을 관할 경찰서장을 거쳐 시·도 경찰청장에게 보고하여야 한다.

> 청원경찰법 제10조의4 제2항 ★

31 난이도 하 ■청원경찰법 시행령 제5조, 동법 시행규칙 제6조·제13조·[별표 1] – 청원경찰의 교육

청원경찰법령상 청원경찰의 교육에 관한 설명으로 옳지 않은 것은?

① 경찰공무원(의무경찰을 포함한다)에서 퇴직한 사람이 퇴직한 날부터 3년 이내에 청원경찰로 임용되었을 때에는 직무수행에 필요한 교육을 면제할 수 있다.

> 청원경찰법 시행령 제5조 제2항

② 청원주는 청원경찰로 임용된 사람으로 하여금 경비구역에 배치하기 전에 경찰교육기관에서 직무수행에 필요한 교육을 받게 하여야 한다. 다만, 경찰교육기관의 교육계획상 부득이하다고 인정할 때에는 우선 배치하고 임용 후 1년 이내에 교육을 받게 할 수 있다.

> 청원경찰법 시행령 제5조 제1항

③ <u>청원경찰의 교육과목에는 법학개론, 민사소송법, 민간경비론이 있다.</u>

> 청원경찰의 교육과목에는 법학개론, 민사소송법, 민간경비론이 포함되지 않는다(청원경찰법 시행규칙 [별표 1] 참조).

④ 청원주는 소속 청원경찰에게 그 직무집행에 필요한 교육을 매월 4시간 이상 하여야 한다.

> 청원경찰법 시행규칙 제13조 제1항

32 난이도 하 ■청원경찰법 제6조, 동법 시행령 제9조·제11조·제12조 – 청원경찰경비 등

청원경찰법령상 청원경찰경비 등에 관한 설명으로 옳지 않은 것은?

① <u>지방자치단체에 근무하는 청원경찰의 각종 수당에는 공무원수당 등에 관한 규정에 따른 수당 중 가계보전수당은 포함되지 않는다.</u>

> 국가기관 또는 지방자치단체에 근무하는 청원경찰의 각종 수당은 「공무원수당 등에 관한 규정」에 따른 수당 중 가계보전수당, 실비변상 등으로 하며, 그 세부 항목은 경찰청장이 정하여 고시한다(청원경찰법 시행령 제9조 제2항).

② 지방자치단체에 근무하는 재직기간이 22년인 청원경찰의 보수는 같은 재직기간에 해당하는 경찰공무원 중 경장의 보수를 감안하여 대통령령으로 정한다.

> 청원경찰법 제6조 제2항 제2호

③ 국가기관 또는 지방자치단체에 근무하는 청원경찰 보수의 호봉 간 승급기간은 경찰공무원의 승급 기간에 관한 규정을 준용한다.

> 청원경찰법 시행령 제11조 제2항

④ 청원경찰의 피복비의 지급방법은 행정안전부령으로 정한다.

> 청원경찰법 시행령 제12조 제1항★

33 난이도 하
청원경찰법 제7조 - 보상금

청원경찰법상 청원주가 청원경찰 본인 또는 그 유족에게 보상금을 지급해야 하는 경우가 아닌 것은?

① 청원경찰이 직무상의 부상·질병으로 인하여 퇴직한 경우
② 청원경찰이 직무수행으로 인하여 부상을 입은 경우
③ **청원경찰이 고의·과실에 의한 위법행위로 타인에게 손해를 가한 경우**

> ③은 청원경찰법상 청원주가 청원경찰 본인 또는 그 유족에게 보상금을 지급해야 하는 경우에 해당하지 않는다(청원경찰법 제7조 참조).

④ 청원경찰이 직무수행으로 인하여 사망한 경우

관계법령 보상금(청원경찰법 제7조)

청원주는 청원경찰이 다음 각호의 어느 하나에 해당하게 되면 대통령령으로 정하는 바에 따라 청원경찰 본인 또는 그 유족에게 보상금을 지급하여야 한다.
1. 직무수행으로 인하여 부상을 입거나, 질병에 걸리거나 또는 사망한 경우
2. 직무상의 부상·질병으로 인하여 퇴직하거나, 퇴직 후 2년 이내에 사망한 경우

---

34 난이도 하
청원경찰법 시행규칙 제16조 - 무기관리수칙

청원경찰법령상 청원주가 무기와 탄약을 지급할 수 있는 청원경찰은? 기출수정

① 직무상 비위(非違)로 징계대상이 된 사람
② 사직 의사를 밝힌 사람
③ 치매, 조현병, 조현정동장애, 양극성 정동장애(조울병), 재발성 우울장애 등의 정신질환으로 인하여 무기와 탄약의 휴대가 적합하지 않다고 해당 분야 전문의가 인정하는 사람
④ **근무 중 휴대전화를 자주 사용하는 사람**

> ④는 청원경찰법령상 청원주가 청원경찰에게 무기와 탄약을 지급할 수 없는 사유에 해당하지 않는다.

관계법령 무기관리수칙(청원경찰법 시행규칙 제16조)

④ 청원주는 다음 각호의 어느 하나에 해당하는 청원경찰에게 무기와 탄약을 지급해서는 안 되며, 지급한 무기와 탄약은 즉시 회수해야 한다.
1. 직무상 비위(非違)로 징계대상이 된 사람
2. 형사사건으로 조사대상이 된 사람
3. 사직 의사를 밝힌 사람
4. 치매, 조현병, 조현정동장애, 양극성 정동장애(조울병), 재발성 우울장애 등의 정신질환으로 인하여 무기와 탄약의 휴대가 적합하지 않다고 해당 분야 전문의가 인정하는 사람
5. 제1호부터 제4호까지의 규정 중 어느 하나에 준하는 사유로 청원주가 무기와 탄약을 지급하기에 적절하지 않다고 인정하는 사람
6. 삭제 〈2022.11.10.〉

35 난이도 하 ▌종합문제 – 청원경찰의 직권남용금지 등

청원경찰법에 관한 설명으로 옳지 않은 것은?

① 청원경찰 업무에 종사하는 사람은 형법이나 그 밖의 법령에 따른 벌칙을 적용할 때에는 공무원으로 본다.

> 청원경찰법 제10조 제2항

② 국가기관이나 지방자치단체에 근무하는 청원경찰의 직무상 불법행위에 대한 배상책임에 관하여는 민법의 규정을 따른다.

> 청원경찰(국가기관이나 지방자치단체에 근무하는 청원경찰은 제외한다)의 직무상 불법행위에 대한 배상책임에 관하여는 민법의 규정을 따른다(청원경찰법 제10조의2). 이 규정에서 제외하고 있는 국가기관 또는 지방자치단체에 근무하는 청원경찰의 직무상 불법행위에 대한 배상책임은 국가배상법에 따른다(청원경찰법 제10조의2 반대해석, 국가배상법 제2조, 대판 92다47564).★

③ 청원경찰법에 따른 시·도 경찰청장의 권한은 그 일부를 대통령령으로 정하는 바에 따라 관할 경찰서장에게 위임할 수 있다.

> 청원경찰법 제10조의3

④ 청원경찰이 직무를 수행할 때 직권을 남용하여 국민에게 해를 끼친 경우에는 6개월 이하의 징역이나 금고에 처한다.

> 청원경찰법 제10조 제1항★

36 난이도 하 ▌청원경찰법 제12조 – 과태료

청원경찰법 제12조(과태료) 제2항에 관한 규정이다. ( ) 안에 들어갈 내용으로 옳은 것은?

> 제1항에 따른 과태료는 대통령령으로 정하는 바에 따라 ( )이(가) 부과·징수한다.

① 경찰청장

② **시·도 경찰청장**

> 과태료는 대통령령으로 정하는 바에 따라 시·도 경찰청장이 부과·징수한다.

③ 지방자치단체장

④ 청원주

> **관계법령** **과태료(청원경찰법 제12조)**
>
> ① 다음 각호의 어느 하나에 해당하는 자에게는 500만원 이하의 과태료를 부과한다.
>   1. 제4조 제2항에 따른 시·도 경찰청장의 배치결정을 받지 아니하고 청원경찰을 배치하거나 제5조 제1항에 따른 시·도 경찰청장의 승인을 받지 아니하고 청원경찰을 임용한 자
>   2. 정당한 사유 없이 제6조 제3항에 따라 경찰청장이 고시한 최저부담기준액 이상의 보수를 지급하지 아니한 자
>   3. 제9조의3 제2항에 따른 감독상 필요한 명령을 정당한 사유 없이 이행하지 아니한 자
> ② 제1항에 따른 과태료는 대통령령으로 정하는 바에 따라 시·도 경찰청장이 부과·징수한다.

37 난이도 하 ▮청원경찰법 시행령 제14조, 동법 시행규칙 제9조 – 청원경찰의 복제

청원경찰법령상 청원경찰의 복제에 관한 설명으로 옳지 않은 것은? 기출수정

① 부속물에는 모자표장, 가슴표장, 휘장, 계급장, 넥타이핀, 단추 및 장갑이 있다.

> 청원경찰법 시행규칙 제9조 제1항 제3호

② 제복의 형태·규격 및 재질은 청원주가 결정하되, 경찰공무원 또는 군인 제복의 색상과 명확하게 구별될 수 있어야 하며, 사업장별로 통일해야 한다.

> 청원경찰법 시행규칙 제9조 제2항 제1호 본문

③ 청원경찰이 그 배치지의 특수성 등으로 특수복장을 착용할 필요가 있을 때에는 청원주는 시·도 경찰청장의 승인을 받아 특수복장을 착용하게 할 수 있다.

> 청원경찰법 시행령 제14조 제3항

④ 장구의 종류에는 허리띠, 경찰봉, 권총이 있다.

> 장구의 종류에는 허리띠, 경찰봉, 호루라기 및 포승이 있다(청원경찰법 시행규칙 제9조 제1항 제2호).

38 난이도 하 ▮청원경찰법 시행규칙 제16조 – 무기관리수칙

청원경찰법령상 무기관리수칙에 관한 설명으로 옳지 않은 것은? 기출수정

① 청원주는 대여받은 무기와 탄약이 분실되거나 도난당하거나 빼앗기거나 훼손되는 등의 사고가 발생했을 때에는 지체 없이 그 사유를 지방자치단체장에게 통보해야 한다.

> 청원주는 대여받은 무기와 탄약이 분실되거나 도난당하거나 빼앗기거나 훼손되는 등의 사고가 발생했을 때에는 지체 없이 그 사유를 관할 경찰서장에게 통보해야 한다(청원경찰법 시행규칙 제16조 제1항 제7호).

② 청원주가 무기와 탄약을 대여받았을 때에는 경찰청장이 정하는 무기·탄약 출납부 및 무기장비 운영카드를 갖춰 두고 기록하여야 한다.

> 청원경찰법 시행규칙 제16조 제1항 제1호 ★

③ 청원주는 수리가 필요한 무기가 있을 때에는 그 목록과 무기장비 운영카드를 첨부하여 관할 경찰서장에게 수리를 요청할 수 있다.

> 청원경찰법 시행규칙 제16조 제2항 제4호

④ 청원주는 치매, 조현병, 조현정동장애, 양극성 정동장애(조울병), 재발성 우울장애 등의 정신질환으로 인하여 무기와 탄약의 휴대가 적합하지 않다고 해당 분야 전문의가 인정하는 청원경찰에게 무기와 탄약을 지급해서는 안 되며, 지급한 무기와 탄약은 즉시 회수해야 한다.

> 청원경찰법 시행규칙 제16조 제4항 제4호

39 난이도 하 ▎청원경찰법 제5조의2 – 청원경찰의 징계

청원경찰법상 청원경찰에 대한 징계의 종류가 아닌 것은?

① 직위해제
> 청원경찰에 대한 징계의 종류는 파면, 해임, 정직, 감봉 및 견책으로 구분한다(청원경찰법 제5조의2 제2항). 직위해제는 청원경찰법에서 규정한 징계의 종류에 해당되지 않는다.

② 해 임
③ 정 직
④ 감 봉

40 난이도 하 ▎청원경찰법 시행규칙 제17조 – 문서와 장부의 비치

청원경찰법령상 청원주가 비치하여야 할 문서와 장부가 아닌 것은?

① 경비구역 배치도
② 징계 관계철
③ 감독 순시부
> 감독순시부는 관할 경찰서장이 갖춰 두어야 할 장부이다(청원경찰법 시행규칙 제17조 제1항·제2항).

④ 교육훈련 실시부

핵심만콕 문서와 장부의 비치(청원경찰법 시행규칙 제17조) ★★★

청원주(제1항)	관할 경찰서장(제2항)	시·도 경찰청장(제3항)
• 청원경찰 명부 • 근무일지 • 근무 상황카드 • 경비구역 배치도 • 순찰표철 • 무기·탄약 출납부 • 무기장비 운영카드 • 봉급지급 조서철 • 신분증명서 발급대장 • 징계 관계철 • 교육훈련 실시부 • 청원경찰 직무교육계획서 • 급여품 및 대여품 대장 • 그 밖에 청원경찰의 운영에 필요한 문서와 장부	• 청원경찰 명부 • 감독 순시부 • 전출입 관계철 • 교육훈련 실시부 • 무기·탄약 대여대장 • 징계요구서철 • 그 밖에 청원경찰의 운영에 필요한 문서와 장부	• 배치결정 관계철 • 청원경찰 임용승인 관계철 • 전출입 관계철 • 그 밖에 청원경찰의 운영에 필요한 문서와 장부

2016년 경호학

> 문제편 258p

정답 CHECK

41	42	43	44	45	46	47	48	49	50	51	52	53	54	55	56	57	58	59	60
③	③	①	①	④	①	①	②	③	②	②	③	④	②	③	④	④	①	④	①
61	62	63	64	65	66	67	68	69	70	71	72	73	74	75	76	77	78	79	80
②	③	②	③	③	①	③	④	①	④	④	②	④	③	②	④	②	②	①	①

41 난이도 하   경호학과 경호 - 경호의 개념

경호의 개념에 관한 설명으로 옳지 않은 것은?

① 형식적 의미의 경호는 실정법상 경호기관이 수행하는 일체의 경호작용이다.
② 실질적 의미의 경호는 경호대상자를 여러 가지 위해로부터 보호하는 모든 활동이다.
③ **대통령 등의 경호에 관한 법률에서의 경호는 호위와 경비 중 호위만을 포함하고 있다.**

> 대통령 등의 경호에 관한 법률상 "경호"란 경호대상자의 생명과 재산을 보호하기 위하여 신체에 가해지는 위해를 방지하거나 제거하고, 특정 지역을 경계·순찰 및 방비하는 등의 모든 안전활동을 말한다(대통령 등의 경호에 관한 법률 제2조 제1호). 즉, 호위와 경비가 포함된 개념이다.

④ 본질적·이론적 입장에서 접근하여 학문적 측면에서 고찰된 개념은 실질적 의미의 경호이다.

42 난이도 상
경호학과 경호 – 경호의 법원

경호경비 관련법의 제정년도를 순서대로 옳게 나열한 것은?

> ㄱ. 청원경찰법
> ㄴ. 경찰관직무집행법
> ㄷ. 경비업법
> ㄹ. 대통령 등의 경호에 관한 법률

① ㄱ - ㄴ - ㄹ - ㄷ
② ㄱ - ㄷ - ㄴ - ㄹ
③ ㄴ - ㄱ - ㄹ - ㄷ

> 제시된 경호경비 관련법의 제정년도를 순서대로 나열하면 ㄴ. 경찰관직무집행법(1953년 12월 14일) → ㄱ. 청원경찰법(1962년 4월 3일) → ㄹ. 대통령 등의 경호에 관한 법률(1963년 12월 14일 당시에는 대통령경호실법이었으며, 2008년 2월 29일에 현재의 명칭으로 바뀌었다) → ㄷ. 경비업법(1976년 12월 31일 용역경비업법이 제정되었으며, 1999년 3월 31일 경비업법으로 개정되었다) 순이다.

④ ㄴ - ㄹ - ㄷ - ㄱ

43 난이도 하
경호업무 수행방법 – 경호정보와 첩보

경호정보와 첩보에 관한 설명으로 옳지 않은 것은?

① 경호첩보는 가공되지 않은 정보의 자료가 되는 2차적인 지식을 의미한다.

> 경호첩보는 가공되지 않은 정보의 자료가 되는 1차적인 지식을 말하며, 정보는 가공된 2차적인 지식을 말한다.

② 경호정보의 분류에는 인적정보, 물적정보, 지리정보, 교통정보, 기상정보 등이 있다.
③ 경호정보는 사용자가 필요로 하는 시기에 제공되어야 하는 적시성이 있어야 한다.
④ 경호정보는 시간이 허용되는 범위에서 사용자가 의도한 대상과 관련한 모든 사항을 망라하여 작성해야 하는 완전성이 있어야 한다.

핵심만콕 정보와 첩보의 구분★

구 분	정보(Information)	첩보(Intelligence)
정확성	객관적으로 평가된 정확한 지식	부정확한 견문지식
완전성	특정한 사용목적에 맞도록 평가 · 분석 · 종합 · 해석된 완전한 지식	기초적 · 단편적 · 불규칙적 · 미확인된 지식
적시성	정보사용자가 필요로 하는 때에 제공되어야 하는 적시성이 특히 요구됨	시간에 구애받지 않고 과거와 현재의 것을 불문
사용자의 목적성	사용자의 목적에 맞도록 작성된 지식	사물에 대해 보고 들은 상태 그 자체의 묘사이므로 목적성이 없음
생산과정의 특수성	첩보의 요구 · 수집 및 정보의 생산 · 배포 등의 과정을 거치면서 여러 사람의 협동 작업을 통하여 생산	단편적이고 개인의 식견에 의한 지식

44 난이도 하   경호학과 경호 – 경호의 분류

경호의 성격에 의한 분류 중 경호관계자의 사전 통보에 의해 계획·준비되는 경호활동은?

① **공식경호**

   경호관계자의 사전 통보에 의해 계획·준비되는 공식행사 때의 경호이다.

② 직접경호

   행사장에 인원과 장비를 배치하여 인적·물적·자연적 위해요소를 배제하기 위한 경호이다.

③ 약식경호

   일정한 방식에 의하지 않는 경호(출·퇴근 시 일상적으로 실시하는 경호)이다.

④ 비공식경호

   경호관계자 간의 사전 통보나 협의 없이 이루어지는 비공식행사 때의 경호이다.

45 난이도 하   경호의 조직 – 경호조직의 원칙(체계통일성의 원칙)

경호조직의 원칙 중 체계통일성의 원칙에 관한 것은?

① 조직의 각 구성원은 오직 하나의 상급기관에게만 보고하고 명령지휘를 받고 그에게만 책임을 진다는 것이다.

   경호지휘단일성의 원칙에 관한 설명이다.

② 임무수행에는 일반 국민의 협조가 필수적이며 국민의 협력을 얻지 못하면 경호 임무는 실패할 확률이 높다.

   경호협력성의 원칙에 관한 설명이다.

③ 업무의 성격상 개인적 작용으로 이루어지지 않고 기관단위작용으로 이루어진다는 것을 말한다.

   경호기관단위작용의 원칙에 관한 설명이다.

④ **구조의 정점으로부터 말단에 이르는 무수한 수준을 통하여 상하계급 간의 일정한 관계가 이루어져야 한다.**

   경호체계통일성의 원칙에 관한 설명이다.

46 난이도 하 ▮경호학과 경호 - 경호의 원칙

경호의 원칙에 관한 설명으로 옳은 것은?

① 3중 경호의 원칙 : 경호대상자가 위치한 지역으로부터 경호 행동반경을 거리 개념으로 전개한 원칙

> 3중 경호의 원칙은 경호대상자가 위치한 집무실이나 행사장으로부터 내부, 내곽, 외곽으로 구분하여 경호 행동반경을 거리 개념으로 구분한 것으로, 위해요소에 대해 상대적으로 차등화된 경호조치와 중첩된 통제를 통하여 경호의 효율화를 기하고자 하는 경호방책이다.

② 은밀경호의 원칙 : 경호대상자는 어떠한 상황하에서도 절대적으로 보호되어야 한다는 원칙

> 자기희생의 원칙에 관한 설명이다. 은밀경호의 원칙은 경호요원은 타인의 눈에 잘 띄지 않게 은밀하고 침묵 속에서 행동하며 항상 경호대상자의 공적·사적 업무활동에 방해를 주지 않고 신변을 보호할 수 있는 곳에 행동반경을 두고 경호에 임해야 한다는 원칙이다.

③ 두뇌경호의 원칙 : 위해기도자로부터 경호대상자를 떼어 놓는다는 원칙

> 목표물 보존의 원칙에 관한 설명이다. 두뇌경호의 원칙은 경호대상자에게 긴급하고 위험한 상황이 발생하였을 때 예리하고 순간적인 판단력을 이용하여 경호를 해야 한다는 원칙이다.

④ 하나의 통제된 지점을 통한 접근의 원칙 : 자신의 책임구역에 대해서는 자신이 책임을 져야 한다는 원칙

> 자기담당구역 책임의 원칙에 관한 설명이다. 하나의 통제된 지점을 통한 접근의 원칙은 경호대상과 일반인을 분리하여 경호대상자에게 접근할 수 있는 출입구나 통로는 하나만 필요하고 여러 개를 두어서 위해요소가 분산되도록 하여서는 안 된다는 원칙이다.

47 난이도 하 ▮경호의 조직 - 경호의 주체(대통령경호공무원)

대통령경호공무원에 관한 설명으로 옳지 않은 것은?

① 대통령경호처장은 경호공무원 및 별정직 국가공무원에 대하여 모든 임용권을 가진다.

> 5급 이상 경호공무원과 5급 상당 이상 별정직 국가공무원은 처장의 제청으로 대통령이 임명한다. 다만, 전보·휴직·겸임·파견·직위해제·정직 및 복직에 관한 사항은 처장이 행한다(대통령 등의 경호에 관한 법률 제7조 제1항). 처장은 경호공무원 및 별정직 국가공무원에 대하여 제1항 이외의 모든 임용권을 가진다(동조 제2항).

② 대통령경호처장의 제청으로 서울중앙지방검찰청 검사장이 지명한 경호공무원은 사법경찰권을 가질 수 있는 경우가 있다.

> 대통령 등의 경호에 관한 법률 제17조 제1항

③ 대통령경호처장은 경호업무의 수행에 필요하다고 판단되는 경우, 경호 목적 달성을 위한 최소한의 범위로 한정하여 경호구역을 지정할 수 있다.

> 대통령 등의 경호에 관한 법률 제5조 제2항

④ 대통령경호처장은 정무직 공무원으로 대통령이 임명한다.

> 정부조직법 제16조 제2항 후단, 대통령 등의 경호에 관한 법률 제3조 제1항

48 난이도 중

경호학과 경호 – 조선 후기의 경호기관

조선 후기의 경호기관에 관한 설명으로 옳지 않은 것은?

① 호위청 : 인조반정 후에 설립한 기관으로 왕의 호위를 담당하였다.
② **금군 : 국왕의 친위군으로 별시위, 겸사복, 충의위 등 내삼청으로 분리되었다.**

> 금군은 국왕의 친위부대적 성격을 띤 군대로 신라·조선에서 모두 존재하였는데, 조선의 경우 1666년에 내금위·겸사복·우림위 등 3군영을 합쳐 금군청을 설치하면서 금군이라는 명칭이 붙게 되었다.

③ 숙위소 : 정조 시대 존재하였던 궁궐 숙위기관이다.
④ 장용위 : 왕의 호위를 강화하기 위해 정조 때 설치한 전담부대이다.

49 난이도 중

경호업무 수행방법 – 경호작용의 기본 고려요소

다음에서 설명하는 경호작용의 기본 고려요소는?

> 경호대상자의 필연적인 노출을 수반하는 행차의 지속시간과 사전 위해첩보 수집 간 획득된 내재적인 위협분석에 따라 결정되어지는 요소

① 계획수립
② 책 임
③ **자 원**

> 제시문은 경호작용의 기본 고려요소 중 자원에 관한 설명이다.

④ 보 안

핵심만콕 | 경호작용의 기본 고려요소

경호작용의 기본 고려요소로는 다음과 같다. 두 계·책·자·보

계획수립	모든 형태의 경호임무는 사전에 신중하게 계획되어야 하며, 예기치 않은 변화의 가능성 때문에 경호임무를 계획함에 있어 융통성 있게 수립되어야 한다.
책 임	경호임무는 명확하게 부여되어야 하며, 경호요원들은 각각의 임무형태에 대한 책임이 부과되어야 한다.
자 원	경호대상자를 경호하는 데 소요되는 자원은 경호대상자의 행차, 즉 경호대상자의 대중 앞에서의 노출이나 제반여건에 의해서 필연적으로 노출을 수반하는 행차의 지속시간과 사전 위해첩보 수집 간 획득된 내재적인 위협분석에 따라 결정된다.
보 안	경호대상자와 수행원, 행사 세부일정, 경호경비상황에 관한 보안[정보(註)]의 유출은 엄격히 통제되어야 한다. 경호요원은 이러한 정보를 인가된 자 이외의 사람에게 유출하거나 언급해서는 안 된다.

〈참고〉김두현, 「경호학개론」, 엑스퍼트, 2020, P. 258~259

50 난이도 하 | 경호업무 수행방법 - 대통령경호안전대책위원회규정상 각 구성원의 분장책임

대통령경호안전대책위원회규정상 다음의 업무분장에 해당하는 자는? 〔기출수정〕

- 입수된 경호 관련 첩보 및 정보의 신속한 전파·보고
- 위해요인의 제거
- 정보 및 보안대상기관에 대한 조정
- 행사참관 해외동포 입국자에 대한 동향파악 및 보안조치
- 그 밖에 국내·외 경호행사의 지원

① 국군방첩사령부 소속 장성급 장교 또는 2급 이상의 군무원 중 위원장이 지명하는 1명
② **국가정보원 테러정보통합센터장**

　제시된 내용은 국가정보원 테러정보통합센터장의 업무에 해당한다(대통령경호안전대책위원회규정 제4조 제2항 제2호).

③ 외교부 의전기획관
④ 법무부 출입국·외국인정책본부장

핵심만콕　각 구성원의 분장책임(대통령경호안전대책위원회규정 제4조 제2항)

2. 국가정보원 테러정보통합센터장	• 입수된 경호 관련 첩보 및 정보의 신속한 전파·보고 • 위해요인의 제거 • 정보 및 보안대상기관에 대한 조정 • 행사참관 해외동포 입국자에 대한 동향파악 및 보안조치 • 그 밖에 국내·외 경호행사의 지원
3. 외교부 의전기획관	• 입수된 경호 관련 첩보 및 정보의 신속한 전파·보고 • 방한 국빈의 국내 행사 지원 • 대통령과 그 가족 및 대통령 당선인과 그 가족 등의 외국방문 행사 지원 • 다자간 국제행사의 외교의전 시 경호와 관련된 협조 • 그 밖에 국내·외 경호행사의 지원
4. 법무부 출입국·외국인정책본부장	• 입수된 경호 관련 첩보 및 정보의 신속한 전파·보고 • 위해용의자에 대한 출입국 및 체류관련 동향의 즉각적인 전파·보고 • 그 밖에 국내·외 경호행사의 지원
15. 국군방첩사령부 소속 장성급 장교 또는 2급 이상의 군무원 중 위원장이 지명하는 1명	• 입수된 경호 관련 첩보 및 정보의 신속한 전파·보고 • 군내 행사장에 대한 안전활동 • 군내 위해가능인물에 대한 안전조치 • 행사 참석자 및 종사자의 신원조사 • 경호구역 인근 군부대의 특이사항 확인·전파 및 보고 • 이동로 주변 군시설물에 대한 안전조치 • 취약지에 대한 안전조치 • 경호유관시설에 대한 보안지원 활동 • 그 밖에 국내·외 경호행사의 지원

51 난이도 중 ▎경호의 조직 - 각국의 경호 유관기관

각국 경호 유관기관의 역할에 관한 설명으로 옳지 않은 것은?

① 미국 중앙정보국(CIA) : 적성국 동향에 대한 정보수집·분석 전파
② **영국 비밀정보국(SIS) : 국내정보 수집 및 분석**

> 영국 비밀정보국(SIS, MI6)는 외무성 소속으로 국외경호 관련 정보를 수집·분석·처리 업무를 담당한다. 국내정보 수집 및 분석을 수행하는 기관은 내무성 소속의 보안국(Security Service, MI5)이다. ★★

③ 독일 연방정보부(BND) : 해외정보 수집·분석·관리
④ 프랑스 해외안전총국(DGSE) : 해외정보 수집·분석

52 난이도 하 ▎경호의 조직 - 경호의 객체(경호 기간)

대통령 등의 경호에 관한 법령상 경호대상 중 전직대통령과 그 배우자에 대한 경호 기간에 관한 설명으로 옳지 않은 것은?(단, 경호대상자의 의사에 반하지 않는 경우에 한정한다)

① 퇴임 후 10년 이내에서 제공한다.
② 대통령이 임기 만료 전에 퇴임한 경우와 재직 중 사망한 경우에는 그로부터 5년으로 한다.
③ **퇴임 후 사망한 경우에는 퇴임일부터 기산하여 5년을 넘지 아니하는 범위에서 사망 후 3년으로 한다.**

> 본인의 의사에 반하지 아니하는 경우에 한정하여 퇴임 후 10년 이내의 전직대통령과 그 배우자는 경호처의 경호대상이다. 다만, 대통령이 임기 만료 전에 퇴임한 경우와 재직 중 사망한 경우의 경호 기간은 그로부터 5년으로 하고, 퇴임 후 사망한 경우의 경호 기간은 퇴임일부터 기산하여 10년을 넘지 아니하는 범위에서 사망 후 5년으로 한다(대통령 등의 경호에 관한 법률 제4조 제1항 제3호).

④ 전직대통령 또는 그 배우자의 요청에 따라 대통령경호처장이 고령 등의 사유로 필요하다고 인정하는 경우에는 5년 범위에서 경호 기간을 연장할 수 있다.

> 대통령 등의 경호에 관한 법률 제4조 제3항

53 난이도 하 ▮경호업무 수행방법 – 경호임무 활동절차

경호임무 활동절차에 관한 설명으로 옳지 않은 것은?

① 계획수립은 행사에 관련된 정보를 획득하여 필요한 인원과 장비, 선발대 파견 일정 등을 결정하는 활동이다.
② 안전대책작용이란 행사지역 내·외부에 산재한 취약요소 안전대책 강구, 행사장 시설물, 폭발물 탐지·제거 등 통합적 안전작용을 말한다.
③ 보안활동은 경호대상자에 대한 위해기도의 기회를 최소화하여 신변안전을 도모하는 활동이다.
④ **안전대책의 3대 작용원리는 안전점검, 안전검사, 안전조치를 말한다.**

> 안전대책의 3대 작용원리는 안전점검, 안전검사, 안전유지를 말한다. 안전점검은 폭발물 등 각종 유해물을 탐지하여 제거하는 활동이고, 안전검사는 이용하는 기구, 시설 등의 안전상태를 검사하는 것이며, 안전유지는 안전점검 및 검사가 이루어진 상태를 유지하는 것이다.

54 난이도 하 ▮경호업무 수행방법 – 경호임무 수행절차

경호임무 수행절차에 관한 설명으로 옳지 않은 것은?

① 계획단계는 경호임무 수령 후부터 선발대가 행사장에 도착하기 전까지의 경호활동 등을 말한다.
② **준비단계는 경호대상자가 행사장에 도착한 후부터 행사 시작 전까지의 경호활동을 말한다.**

> 준비단계는 경호대상자가 아닌 '경호원'이 행사장에 도착한 후부터 행사 시작 전까지의 경호활동을 말한다. 즉, 행사장 안전검측, 취약요소 분석, 최종적인 대안이 제시되는 단계이다. ★

③ 행사단계는 경호대상자가 집무실을 출발해서 행사장에 도착하여 행사가 진행된 이후 복귀 시까지의 경호활동을 말한다.
④ 평가단계는 경호행사 종료 후 철수하여 결과를 보고하는 경호활동을 말한다.

55 난이도 하 ▮경호업무 수행방법 – 선발경호활동

선발경호활동에 해당하는 것은?

① 차량 경호대형 선정
② 기동 간 경호기만
③ **경호지휘소(C·P) 운용**

> 선발경호는 경호대상자보다 먼저 경호행사장에 도착하여 위해요소를 점검하고 안전을 확보하는 활동으로, 경호계획 최종 확인 및 변동사항 정리, 비상대책 확인 등 종합적인 경호활동 점검 및 경호지휘소(C·P)를 운영하여 변동·특이사항을 점검하는 역할 등을 한다. ★

④ 복제(複製) 경호원 운용

56 난이도 하

선발경호에 관한 설명으로 옳지 않은 것은?

① 사전예방경호활동이다.
② 행사장의 취약요소를 판단하여 필요한 안전조치를 강구한다.
③ 행사장을 안전하게 확보하고 유지하는 경호활동이다.
④ **예방적 경호조치는 위해자의 입장이 아닌 경호원의 입장에서 면밀히 분석되고 조치되어야 한다.**

> 예방적 경호조치는 위해자의 입장에서 면밀히 분석되고 조치되어야 한다.

57 난이도 중

경호대상자가 완전히 경호원에 의해 둘러싸여 있는 인상을 주게 되어 대외적인 이미지는 안 좋을 수 있으나 경호효과가 높은 대형은?

① V자 대형
② 일렬 대형
③ 쐐기 대형
④ **원형 대형**

> **원형 대형**은 대개 5~6명의 근접경호요원이 경호대상자를 중심으로 원의 형태를 유지하게 된다. 경호대상자가 경호원에 의해 둘러싸여 있는 인상을 주게 되어 대외적인 이미지는 안 좋을 수 있으나 경호효과가 높다는 장점을 지닌다. 각 근무자들은 팀장을 제외한 전원이 경호대상자를 등진 자세로 각자의 책임구역을 경계하게 된다. 경호대상자가 고정된 장소에서 브리핑을 받거나 도보이동 시, 일정 기간 정지해 있을 때 주로 사용하며, 마름모 대형보다 경계상태가 양호한 대형이다.
>
> 참고 2017년 경호학 61번 핵심만 콕

58 난이도 하 ▮경호업무 수행방법 – 선발경호원의 기본 임무

선발경호원의 기본 임무에 해당하지 않는 것은?

① 경호원 각자 주어진 책임구역에 따라 사주경계를 실시하고 우발상황 발생 시 인적 방벽을 형성하여 경호대상자를 보호한다.

> 주어진 책임구역에 따른 사주경계 및 발생한 우발상황에 대응하여 인적 방벽을 형성하고 경호대상자를 보호하는 것은 선발경호가 아니라 근접경호의 기본 임무이다. ★

② 출입자 통제관리를 위하여 초청장 발급, 출입증 착용 여부를 확인한다.
③ 내부경비(안전구역) 근무자는 경호대상자의 입장이 완료되면 복도, 화장실, 로비, 휴게실 등을 통제한다.
④ 외곽경비(경계구역)는 행사장 주변의 취약요소를 봉쇄, 감시할 수 있는 위치를 선정하고 기동순찰조를 운용하여 불순분자 접근을 차단한다.

59 난이도 하 ▮경호업무 수행방법 – 근접경호원의 임무

근접경호원의 임무에 해당하지 않는 것은?

① 경호대상자에게 위해를 가하지 않을 것이라는 확신이 있기 전까지는 누구도 경호대상자의 주위에 접근시켜서는 안 된다.
② 경호원은 항상 경호대상자의 최근접에서 움직여야 한다.
③ 위해자의 공격가능성을 줄이고, 공격 시 피해 정도를 최소화하기 위하여 이동속도를 가능한 한 빠르게 하여야 한다.
④ 행사장의 제반 취약요소에 대한 안전조치를 강구하고 가용한 모든 경호원을 운용하여 경호대상자의 신변안전을 도모한다.

> 근접경호원의 임무가 아닌 행사장 안전검측에 관한 설명이다. ★

60 난이도 하 ▮경호업무 수행방법 – 차량경호

차량경호에 관한 설명으로 옳지 않은 것은?

① 주차장소는 가능한 한 자주 변경하며 야간 주차 시 위해기도자로부터 은닉하기 위해 어두운 곳에 주차한다.

> 주차장소는 가능한 자주 변경하는 것이 좋으며, 특히 야간에는 밝은 곳에 주차해야 한다. ★

② 차량이 주행 중일 때보다 정차 시에 경호상 위험도가 증가한다.
③ 경호대상자 차량은 선도차량과 일정 간격을 유지하며 유사시 선도차량과 같은 방향으로 대피한다.
④ 주도로를 사용할 수 없는 우발상황에 대비하여 예비도로를 선정한다.

61 난이도 하　　경호업무 수행방법 – 근접경호기법

근접경호기법에 관한 설명으로 옳지 않은 것은?

① 근접경호원은 공격자가 경호대상자와 경호원 사이에 끼어들지 못하도록 위치를 계속 조정한다.
② <u>위해기도자가 위해기도를 포기하거나 실패하도록 유도하는, 계획적이고 변칙적인 경호기법을 육감경호라 한다.</u>

> <u>기만경호</u>에 관한 설명이다. 육감경호는 위험을 예상하는 감각과, 이 위험을 진압하기 위한 재빠른 조치를 취할 시점을 알아채는 능력 등을 활용하는 경호를 말한다.

③ 도보이동 간 근접경호에서 이동 시에는 위험에 노출되는 정도를 최소화하기 위하여 단거리 직선통로를 이용해야 한다.
④ 차량기동 간 근접경호에서는 차량, 행·환차로, 대형의 구성 및 간격, 속도 등의 사항을 고려하여야 한다.

62 난이도 하　　경호업무 수행방법 – 근접경호의 특성

근접경호의 특성이 아닌 것은?

① 노출성
② 방벽성
③ <u>예비성</u>

> 예비성은 선발경호의 특성이다. 근접경호의 특성에는 노출성, 방벽성, 기만성, 기동 및 유동성, 방호 및 대피성 등이 있다.

④ 기동성

63 난이도 중 | 경호업무 수행방법 – 출입자 통제대책의 방침

출입자 통제대책의 방침에 관한 설명으로 옳은 것은 모두 몇 개인가?

- 행사장 내 모든 인적·물적 요소의 인가 여부를 확인한다.
- 모든 출입요소는 지정된 출입통로를 사용하고 기타 통로는 폐쇄한다.
- 출입통로 선정 및 일괄입장계획을 수립하여 통제가 용이하도록 한다.
  - (×) 대규모 행사 시에는 참석 대상별 또는 좌석별 구분에 따라 출입통로 선정 및 시차입장계획을 수립하여 출입통제가 용이하도록 한다.
- 출입증은 전 참가자에게 운용함을 원칙으로 하되, 행사 성격을 고려하여 일부 제한된 행사에서는 지침에 의거 출입증을 운용하지 않을 수 있다.
- 검색은 육감에 의한 방법으로 출입요소를 대상으로 실시하고 경호대상자와 수행원은 예외로 한다.
  - (×) 원칙적으로 경호대상자를 제외한 모든 사람이 검색대상이다.

① 2개
② **3개**

　제시된 내용 중 출입자 통제대책의 방침에 관한 설명으로 옳은 것은 총 3개이다.

③ 4개
④ 5개

64 난이도 하 | 경호업무 수행방법 – 경호차량 운전요원 준수사항

경호차량 운전요원 준수사항으로 옳은 것은?

① 규칙적인 출발과 도착시간을 준수한다.
　출발과 도착시간을 변칙적으로 하여 예측가능성을 두지 않도록 해야 한다. ★
② 위기상황 시에는 대피를 위하여 창문과 문을 열어둔다.
　경호차량의 창문과 문은 항상 잠가두어야 한다.
③ **연료주입구는 항상 잠겨 있도록 해야 한다.**
④ 차의 후면이 출입로를 향하게 하여 경호대상자가 바로 탑승할 수 있도록 한다.
　주차 시에는 차의 정면이 출입로를 향하게 한다.

65 난이도 중 경호업무 수행방법 – 출입통제 담당자의 책임 업무

출입통제 담당자의 책임 업무로 옳은 것은?

① 출입차량 검색 및 지정장소 안내

> 승하차 및 정문 담당자의 임무이다.

② 지하대피시설 점검 및 확보

> 주행사장 외부 담당자의 임무이다.

③ **구역별 비표 구분**

> 출입통제 담당자의 책임 업무로 출입통로 지정, 시차입장계획, 본인 여부 확인, 비표 운용, 검문검색, 주차관리 등이 있다. ★

④ 병력 운용계획 수립

> 작전 담당자의 임무이다.

핵심만콕 경호원의 분야별 업무담당

- **작전 담당**: 정보수집 및 분석을 통하여 작전구역별 특성에 맞는 <u>인원 운용계획 작성</u>, 비상대책체제 구축에 주력하며 부가적으로 시간사용계획 작성, 관계관 회의 시 주요 지침사항·예상문제점·참고사항(기상, 정보·첩보) 등을 계획하고 임무별 진행사항을 점검하여 통합 세부계획서 작성 등
- **출입통제 담당**: 행사 참석대상 및 성격분석, 출입통로 지정, 본인 여부 확인, 검문검색, 주차장 운용계획, 중간집결지 운용, 구역별 비표 구분, 안전 및 질서를 고려한 시차별 입장계획, 상주자 및 민원인 대책, 야간근무자 등의 통제계획을 작전 담당에게 전달 등
- **안전대책 담당**: 안전구역 확보계획 검토, 건물의 안전성 여부 확인, 상황별 비상대피로 구상, 행사장 취약시설물 파악, <u>비상 및 일반예비대 운용방법 확인</u>, 최기병원(적정병원) 확인, 직시건물(고지)·공중 감시대책 검토 등
- **행정 담당**: 출장여비 신청 및 수령, 각 대의 숙소 및 식사장소 선정, 비상연락망 구성 등
- **차량 담당**: 출동인원에 근거하여 선발대 및 본대 사용차량 배정, 이동수단별 인원, 코스, 휴게실 등을 계획하여 작전 담당에게 전달 등
- **승·하차 및 정문 담당**: 진입로 취약요소 파악 및 확보계획 수립 후 주요 위치에 근무자 배치, 통행인 순간통제방법 강구, 비상 및 일반예비대 대기장소 확인, 안전구역 접근자 차단 및 위해요소 제거, <u>출입차량 검색 및 주차지역 안내 등</u>
- **보도 담당**: 배치결정된 보도요원 확인, 보도요원 위상침투 차단, 행사장별 취재계획 수립 전파 등
- **주행사장 내부 담당**: 경호대상자 동선 및 좌석위치에 따른 비상대책 강구, 행사장 내의 인적·물적 접근 통제 및 차단계획 수립, 정전 등 우발상황에 대비한 각 근무자 예행연습, 행사장의 단일 출입 및 단상·천장·경호대상자 동선 등에 대한 안전도의 확인, 각종 집기류 최종 점검 등
- **주행사장 외부 담당**: 안전구역 내 단일 출입로 설정, 외곽 감제고지 및 직시건물에 대한 안전조치, 취약요소 및 직시지점을 고려한 단상 설치, 경호대상자 좌석과 참석자 간 거리 유지, 방탄막 설치 및 비상차량 운용계획 수립, <u>지하대피시설 점검 및 확보</u>, 경비 및 경계구역 내에 대한 안전조치 강화, 차량 및 공중강습에 대한 대비책 강구 등

66 난이도 하 ▮경호업무 수행방법 – 안전검측활동의 요령

안전검측활동의 요령에 관한 설명으로 옳지 않은 것은?

① 실내 방에서 천장내부 – 천장높이 – 눈높이 – 바닥 검측 순으로 실시한다.

> 실내 방에서 안전검측은 바닥 검측 – 눈높이(벽) 검측 – 천장높이 검측 – 천장 내부 검측 순으로 실시한다.

② 검측인원의 책임구역을 명확하게 하며 중복되게 점검이 이루어져야 한다.
③ 점검은 1, 2차 점검 후 경호인력이 배치 완료된 행사 직전에 최종검측을 실시한다.
④ 인간의 싫어하는 습성을 감안하여 사각지점이 없도록 철저한 검측을 실시한다.

67 난이도 중 ▮경호업무 수행방법 – 행사장 출입통제

행사장 출입통제에 관한 설명으로 옳은 것은?

① 각 구역별 출입통로를 다양화하여 통제의 범위를 정한다.

> 출입통로는 가능한 한 단일통로를 원칙으로 하나, 행사장 구조, 참가자 수, 참석자 성분 등을 고려하여 수개의 출입통로를 지정하여 불편요소를 최소화할 수 있다.

② 1선(안전구역)은 모든 출입요소의 1차 통제점이 되어야 한다.

> 2선 경비구역은 행사 참석자를 비롯한 모든 출입요소의 1차 통제점이 되어, 상근자 이외에 용무가 없는 사람들의 출입을 가급적 제한한다.
>
> 〈출처〉 이두석, 「경호학개론」, 진영사, 2018, P. 266

③ **1선(안전구역)은 행사와 무관한 사람들의 행사장 출입을 통제 또는 제한한다.**
④ 2선(경비구역)은 출입구에 금속탐지기 등을 설치하여 출입자와 반입물품을 확인한다.

> 금속탐지기(MD)를 설치·운용하는 곳은 1선(안전구역)이다. ★

68 난이도 하

우발상황 발생 시 경호원의 대응조치로 옳지 않은 것은?

① 경호대상자에 대한 공격을 최초로 인지한 경호원이 육성으로 경고한다.
② 경호원이 체위를 확장하여 경호대상자에 대한 위해자의 공격을 방어한다.
③ 공범 또는 제2의 공격을 차단하고 안전을 위하여 경호대상자를 신속히 대피시킨다.
④ **인적 방벽의 효과를 극대화하기 위하여 군중이 밀집한 지역으로 경호대상자를 대피시킨다.**

> 우발(위기)상황이 발생되면 경호원들은 상황의 종류나 여건에 따라 대피대형을 이루고 경호대상자를 신속하게 현장을 벗어나 안전한 곳으로 대피시키는 임무를 최우선으로 하여야 한다. 이때, 다수의 군중은 그 자체가 위협적인 환경이 될 뿐만 아니라 경호원이 안전을 확보하는 데 많은 문제점을 노출시킬 수 있기 때문에 가급적 군중이 밀집한 지역을 피하는 것이 올바른 대응방법이라 할 수 있다.

69 난이도 중

우발상황의 특성으로 옳은 것은?

① **불확실성**

> 우발상황은 일반적으로 불확실성(사전예측의 곤란성), 돌발성, 시간의 제약성 등과 같은 특성을 지닌다.

② 심리적 안정성
③ 예측가능성
④ 시간여유성

핵심만콕 우발상황의 특성

구분	내용
불확실성 (사전예측의 곤란성)	우발상황의 발생 여부가 불확실하고 사전예측이 곤란하여 대비가 어렵다.
돌발성	우발상황은 사전예고 없이 돌발적으로 발생한다.
시간제약성	돌발성으로 인해 우발상황에 대처할 충분한 시간적 여유가 없다.
중대성 (혼란 야기와 무질서, 심리적 불안정성)	우발상황은 경호대상자의 안전이나 행사에 치명적인 영향(무질서, 혼란, 충격, 공포 등)을 끼칠 수 있는 상황으로, 경호대상자의 신변에 중대한 결과를 초래할 수 있다.
현장성	우발상황은 현장에서 발생하고 이에 대한 경호조치도 현장에서 이루어져야 한다.
자기보호본능의 발동	• 우발상황 발생 시 일반인뿐만 아니라 경호원도 인간의 기본욕구인 자기자신을 보호하려는 보호본능이 발현된다. • 자기보호본능의 발현에도 불구하고 경호원으로서 본분을 망각하지 않기 위해 평소에 공격 방향으로 신속하고도 과감히 몸을 던지는 반복숙달 훈련과 심리적 훈련이 요구된다.

〈참고〉이두석, 「경호학개론」, 진영사, 2018, P. 344

70 난이도 하 ▮경호업무 수행방법 – 총기공격에 대응하는 즉각조치

총기공격에 대응하는 즉각조치로 옳은 것은?

① 방호는 위협 상황인식과 동시에 경호원의 신체로 범인을 제압하는 것을 우선으로 한다.

> 범인을 제압하는 것보다 방호 및 대피가 우선되어야 한다.

② 방호 시 경호원은 몸을 은폐하여 위해기도자로부터 표적이 작아지도록 한다.

> 자기희생의 원칙에 따라 체위를 확장하여 경호대상자의 노출을 최소화하고 최대의 방호벽을 형성한다.

③ 대피 시에는 경호대상자의 품위를 고려하여 조심스럽게 머리를 아래로 향하게 한 상태에서 이동한다.

> 신속한 대피를 위하여 다소 예의를 무시하더라도 과감하게 행동하여야 한다.

④ **즉각조치는 경고 – 방호 – 대피 순으로 이루어지되 거의 동시에 실시되어야 한다.**

> 즉각조치는 우발상황이 발생하였을 경우 경호대상자를 위험으로부터 보호하기 위한 일련의 순간적인 경호조치를 말한다. 따라서 경고 – 방호 – 대피는 거의 동시에 실시되어야 한다.

71 난이도 중 ▮경호업무 수행방법 – 경호 비표 운용

경호 비표 운용에 관한 내용으로 옳은 것은?

① 행사장의 혼잡방지를 위해 비표는 행사일 전에 배포한다.

> 비표는 행사 당일에 출입구에서 신원확인 후 바로 배포한다.

② 비표는 식별이 용이하도록 단순·선명하게 제작하여 재활용이 가능하도록 한다.

> 비표는 모양이나 색상이 원거리에서도 식별이 용이하도록 단순하고 선명하게 제작하여 사용함으로써 경호조치의 효율성을 증대시키고, 재생이나 복제가 되어서는 안 된다.★
> 〈출처〉 이두석, 「경호학개론」, 진영사, 2018, P. 268

③ 행사구분별 별도의 비표 운용은 금지사항이다.

> 행사 참석자를 위한 비표는 구역별로 그 색상을 달리 하여 식별 및 통제가 용이하도록 하면 효과적이다.
> 〈출처〉 이두석, 「경호학개론」, 진영사, 2018, P. 267

④ **비표에는 리본, 명찰, 완장, 모자, 배지(badge) 등이 있다.**

> 비표는 행사 참석자를 비롯한 출입 인원, 장비 및 차량 등의 모든 인적·물적 출입요소의 인가 및 확인 여부를 표시하기 위하여 사용되는 중요한 식별수단이다. 비표의 종류에는 리본, 명찰, 완장, 모자, 배지(badge) 등이 있으며, 대상과 용도에 맞게 적절히 운용한다.
> 〈출처〉 이두석, 「경호학개론」, 진영사, 2018, P. 268

72

경호복장과 용모에 관한 설명으로 옳지 않은 것은?

① 경호원은 항상 단정한 복장과 용모로 주도면밀함과 자신감을 보여야 한다.
② 행사의 성격과 관계없이 경호원의 품위가 느껴지는 검정색 계통의 정장을 입도록 한다.

> 복장은 행사의 성격에 따라 주변환경과 조화되도록 착용해야 하며, 화려한 색상이나 새로운 패션의 스타일은 눈에 띄기 쉬우므로 보수적인 색상과 스타일의 복장이 적합하다.

③ 경호원의 이미지가 경호대상자의 이미지로 연결될 수 있음을 고려해 언행에 유의하여야 한다.
④ 행사의 성격에 따라 행사에 어울리는 적절한 표정으로 행사에 동화될 필요가 있다.

73

검측에 관한 내용으로 옳지 않은 것은?

① 검측장비란 위해물질의 존재 여부를 검사하거나 시설물의 안전점검에 사용되는 도구를 말한다.
② 검측장비에는 금속탐지기, 폭발물탐지기 등이 있다.
③ 검측활동은 사고로 이어질 수 있는 시설물의 불안전요소를 제거하기 위함이다.
④ 검측은 행사의 원활한 진행을 고려하여 최소한의 요원을 투입해서 한 번에 철저하게 실시한다.

> 검측은 타 업무보다 우선하여 예외를 불허하고 선 선발개념으로 실시하며, 인원 및 장소를 최대한 지원받아 활용한다. ★

74

검식활동에 관한 설명으로 옳은 것은?

① 검식활동은 식재료의 조리과정 단계부터 시작한다.

> 검식활동은 식재료의 구매과정 단계부터 시작한다. ★

② 음식물 운반 시 원거리 감시를 실시한다.

> 음식물의 운반 시에도 철저하게 근접감시를 실시한다.

③ 검식은 경호대상자에게 제공되는 음식물의 위생상태를 검사하는 과정을 포함한다.

> 검식은 경호대상자에게 제공되는 음식물의 이상 유무를 검사하고 확인하는 경호활동을 말한다.

④ 조리가 완료된 후에는 검식활동이 종료된다.

> 검식활동은 경호대상자에 제공되는 음식물에 대하여 구매, 운반, 저장, 조리 및 제공되는 과정에서 위해요소를 제거하는 활동을 의미한다. 즉, 조리가 완료된 후라 하더라도 검식활동이 종료되는 것은 아니다. ★

| 핵심만콕 | 검식활동의 내용 |

- 사전에 조리담당 종사자에 대한 신원조사를 실시하여 신원특이자는 배제한다.
- 음식물은 전문요원에 의한 검사를 실시한다.
- 행사 당일에는 경호원이 주방에 입회하여 조리사의 동향을 감시한다.
- 음식물 운반 시에도 철저하게 근접감시를 실시한다.
- 식재료는 신선도와 안전 여부를 확인 및 점검한다.
- 각종 기물은 철저하게 검색하고 사용하기 전에는 열탕소독을 실시한다.
- 주방종사자에 대해 위생검사를 실시하고, 질병이 있는 자는 미리 제외시킨다.

〈출처〉 김계원, 「경호학」, 백산출판사, 2008, P. 211

75 난이도 하 경호의전과 구급법 - 경호원 직원윤리 정립

경호원 직원윤리 정립을 위한 내용으로 옳지 않은 것은?

① 안전사고예방을 위한 정신교육 강화
② **경호대상자와의 신뢰를 통한 정치적 활동 지향**

> 경호원은 정치적으로 반대 입장에 있는 요인(要人)을 경호해야 하는 상황이 있을 수 있으므로 정치적으로 중립을 유지하여야 하며, 정치적 활동 역시 지양하여야 한다.

③ 사전예방활동을 위한 경호위해요소 인지능력 배양
④ 지휘단일성의 원칙에 의한 위기관리 대응능력 함양

76 난이도 하 경호의전과 구급법 - 응급상황 발생 시 경호원의 역할

경호현장에서 응급상황 발생 시 최초반응자로서 경호원의 역할에 관한 내용으로 옳지 않은 것은?

① 심폐소생술 및 기본 외상처치술을 시행할 수 있어야 한다.
② 자동제세동기를 사용할 줄 알아야 하며 장비를 사용하는 구급요원을 지원할 수 있어야 한다.
③ 응급구조사의 업무를 도와줄 수 있어야 한다.
④ **교육받은 행위 외에 의료진과 같이 치료를 할 수 있어야 한다.**

> 어디까지나 응급처치에 그치고, 그 다음은 전문 의료요원의 처치에 맡겨야 한다.

77 난이도 중 ▎경호의전과 구급법 – 정부 의전 시 일반적 예우 기준

우리나라 정부 의전행사 시 적용하고 있는 주요 참석인사에 대한 예우에서 공적 직위가 있는 경우의 서열기준이 아닌 것은?

① 직급(계급) 순위
② **전직 순위**

전직 순위는 공적 직위가 없는 인사의 예우 기준에 해당한다.

③ 헌법 및 정부조직법상의 기관순위
④ 기관장 선순위

핵심만콕 정부 의전 시 일반적 예우 기준 ★

현재 정부 의전행사에서 적용하고 있는 주요 참석인사에 대한 예우 기준은 다음과 같으나, 실제 공식행사의 적용에 있어서는 그 행사의 성격, 경과보고, 기념사 등 참석인사의 행사의 역할과 당해 행사와의 관련성 등을 감안하여 결정하여야 한다.

직위에 의한 예우 기준	공적 직위가 없는 인사의 예우 기준
• 직급(계급) 순위 • 헌법 및 정부조직법상의 기관순위 • 상급기관 • 국가기관	• 전 직 • 연 령 • 행사 관련성 • 정부 산하단체, 공익단체 협회장, 관련 민간단체장

〈출처〉 행정안전부, 2024, 정부의전편람, P. 72

78 난이도 하 ▎경호의 환경 – 경호의 환경요인

경호의 환경에 관한 설명으로 옳지 않은 것은?

① 과학기술의 향상으로 인한 경호위해요소의 증가
② **개인주의 보편화로 경호작용의 협조적 경향 증가**

생활양식 및 국민의식이 자유적이고 개인적으로 변하여 경호작용에서 비협조적 경향이 나타날 수 있다.

③ 개방화로 인한 범죄조직의 국제화
④ '외로운 늑대(lone wolf)' 등 자생적 테러가능성 증가

79 난이도 중 ▌경호의 환경 – 국민보호와 공공안전을 위한 테러방지법의 내용

국민보호와 공공안전을 위한 테러방지법의 내용으로 옳지 않은 것은?

① 테러단체란 국가정보원이 지정한 테러단체를 말한다.

> 테러단체란 국제연합(UN)이 지정한 테러단체를 말한다(테러방지법 제2조 제2호).

② 국민보호와 공공안전을 위한 테러방지법은 대테러활동에 관한 다른 법률에 우선하여 적용한다.

> 테러방지법 제4조

③ 국가테러대책위원회는 국무총리 및 관계기관의 장 중 대통령령으로 정하는 사람으로 구성하고 위원장은 국무총리로 한다.

> 테러방지법 제5조 제2항

④ 대테러활동과 관련하여 국무총리 소속으로 관계기관 공무원으로 구성되는 대테러센터를 둔다.

> 테러방지법 제6조 제1항

80 난이도 중 ▌경호의 환경 – 대테러특공대 설치·운영권자

국민보호와 공공안전을 위한 테러방지법령상 테러사건에 신속히 대응하기 위하여 대테러특공대를 설치·운영할 수 있는 자는? 기출수정

① 경찰청장 및 해양경찰청장

> 국방부장관, 경찰청장 및 해양경찰청장은 테러사건에 신속히 대응하기 위하여 대테러특공대를 설치·운영한다(테러방지법 시행령 제18조 제1항).

② 외교부장관

③ 대통령경호처장

④ 국가정보원장

2015년 경비업법

> 문제편 274p

정답 CHECK

01	02	03	04	05	06	07	08	09	10	11	12	13	14	15	16	17	18	19	20
④	②	④	④	④	③	②	④	①	①	④	①	④	①	②	④	①	②	①	②
21	22	23	24	25	26	27	28	29	30	31	32	33	34	35	36	37	38	39	40
③	④	②	①	③	③	①	②	①	③	③	①	②	①	③	①	③	②	④	②

01 난이도 하

경비업법 제2조 제5호 – 집단민원현장

경비업법상 집단민원현장에 해당하지 않는 것은?

① 「행정대집행법」에 따라 대집행을 하는 장소
② 특정 시설물의 설치와 관련하여 민원이 있는 장소
③ 주주총회와 관련하여 이해대립이 있어 다툼이 있는 장소
④ **70명의 사람이 모여 있는 국제·문화·예술·체육 행사장**

> 경비업법 제2조 제5호 바목은 100명 이상의 사람이 모이는 국제·문화·예술·체육 행사장을 집단민원현장으로 규정하고 있다.

관계법령 정의(경비업법 제2조)★★

이 법에서 사용하는 용어의 정의는 다음과 같다.
5. "집단민원현장"이란 다음 각목의 장소를 말한다.
 가. 「노동조합 및 노동관계조정법」에 따라 노동관계 당사자가 노동쟁의 조정신청을 한 사업장 또는 쟁의행위가 발생한 사업장
 나. 「도시 및 주거환경정비법」에 따른 정비사업과 관련하여 이해대립이 있어 다툼이 있는 장소
 다. 특정 시설물의 설치와 관련하여 민원이 있는 장소
 라. 주주총회와 관련하여 이해대립이 있어 다툼이 있는 장소
 마. 건물·토지 등 부동산 및 동산에 대한 소유권·운영권·관리권·점유권 등 법적 권리에 대한 이해대립이 있어 다툼이 있는 장소
 바. 100명 이상의 사람이 모이는 국제·문화·예술·체육 행사장
 사. 「행정대집행법」에 따라 대집행을 하는 장소

02 난이도 하
경비업법 시행령 [별표 1] – 경비업의 시설 등의 기준

경비업법령상 경비업의 시설 등의 기준에 따라 기계경비업 허가 신청서를 제출하는 법인이 출장소를 서울, 인천, 대전의 3곳에 두려고 하는 경우에 최종적으로 갖추어야 할 출동차량은 최소 몇 대인가?

① 3대
② **6대**

> 경비업법 시행령 [별표 1] 제4호는 출장소별로 2대 이상의 출동차량을 갖출 것을 요건으로 하고 있다. 따라서 서울, 인천, 대전 3곳에 출장소를 두려는 경우 최소 6대 이상의 출동차량이 있어야 한다.

③ 9대
④ 12대

관계법령 경비업의 시설 등의 기준(경비업법 시행령 [별표 1]) ★

시설 등 기준 업무별	경비인력	자본금	시 설	장비 등
4. 기계경비업무	• 전자·통신 분야 기술자격증 소지자 5명을 포함한 일반경비원 10명 이상 • 경비지도사 1명 이상	1억원 이상	• 기준 경비인력 수 이상을 동시에 교육할 수 있는 교육장 • 관제시설	• 감지장치·송신장치 및 수신장치 • 출장소별로 출동차량 2대 이상 • 기준 경비인력 수 이상의 경비원 복장 및 경적, 단봉, 분사기

03 난이도 하
경비업법 제4조 제1항 – 경비업의 허가사항

경비업법상 허가사항에 해당하는 것은?

① 경비업의 허가를 받은 법인이 영업을 폐업한 때
② 경비업의 허가를 받은 법인이 영업을 휴업한 때
③ 경비업의 허가를 받은 법인이 임원을 변경한 때
④ **경비업의 허가를 받은 법인이 경비업무를 변경하는 경우**

> 경비업법 제4조 제1항에 따라 '경비업을 영위하고자 하는 법인은 도급받아 행하고자 하는 경비업무를 특정하여 그 법인의 주사무소의 소재지를 관할하는 시·도 경찰청장의 허가를 받아야 한다. 도급받아 행하고자 하는 경비업무를 변경하는 경우에도 또한 같다'고 규정하고 있다. ①·②·③은 경비업법 제4조 제3항 제1호·제2호에서 규정하고 있는 신고사항이다.

04 난이도 하 | 경비업법 시행령 제5조 - 폐업 또는 휴업 등의 신고

경비업법령상 (　) 안에 들어갈 내용으로 옳은 것은?

> 경비업의 허가를 받은 법인은 법인의 주사무소나 출장소를 신설·이전 또는 폐지한 때에는 그 사유가 발생한 날부터 (　)일 이내에 신고하여야 한다.

① 7
② 10
③ 15
④ 30

> 경비업법 제4조 제3항 제2호부터 제6호까지의 규정에 따른 신고는 그 사유가 발생한 날부터 30일 이내에 하여야 한다(경비업법 시행령 제5조 제5항). 이에 따라 법인의 주사무소나 출장소를 신설·이전 또는 폐지한 때(경비업법 제4조 제3항 제3호)에는 그 사유가 발생한 날부터 30일 이내 신고하여야 한다. 참고로 신고기한은 휴·폐업만 7일이고, 나머지는 30일이다.

05 난이도 하 | 경비업법 제5조 - 임원의 결격사유

경비업법상 경비업을 영위하는 법인의 임원 결격사유에 해당하지 않는 것은?

① 피성년후견인
② 파산선고를 받고 복권되지 아니한 자
③ 금고 이상의 형의 선고를 받고 그 형이 실효되지 아니한 자
④ 시설경비업무를 수행하는 법인의 경우, 경비업법에 위반하여 벌금형의 선고를 받고 3년이 지나지 아니한 자

> 경비업법 제5조 제4호는 특수경비업무를 수행하는 법인의 경우, 경비업법 또는 대통령 등의 경호에 관한 법률에 위반하여 벌금형의 선고를 받고 3년이 지나지 아니한 자를 임원 결격사유로 규정하고 있다.

관계법령　임원의 결격사유(경비업법 제5조) ★

다음 각호의 어느 하나에 해당하는 자는 경비업을 영위하는 법인(제4호에 해당하는 자의 경우에는 특수경비업무를 수행하는 법인, 제5호에 해당하는 자의 경우에는 허가취소사유에 해당하는 경비업무와 동종의 경비업무를 수행하는 법인)의 임원이 될 수 없다.

1. 피성년후견인
2. 파산선고를 받고 복권되지 아니한 자
3. 금고 이상의 형의 선고를 받고 그 형이 실효되지 아니한 자
4. 이 법 또는 「대통령 등의 경호에 관한 법률」에 위반하여 벌금형의 선고를 받고 3년이 지나지 아니한 자
5. 이 법(제19조 제1항 제2호 및 제7호는 제외) 또는 이 법에 의한 명령에 위반하여 허가가 취소된 법인의 허가취소 당시의 임원이었던 자로서 그 취소 후 3년이 지나지 아니한 자
6. 제19조 제1항 제2호(허가받은 경비업무 외의 업무에 경비원을 종사하게 한 때) 및 제7호(소속 경비원으로 하여금 경비업무의 범위를 벗어난 행위를 하게 한 때)의 사유로 허가가 취소된 법인의 허가취소 당시의 임원이었던 자로서 허가가 취소된 날부터 5년이 지나지 아니한 자

06 난이도 하 ▮경비업법 제2조, 동법 시행령 제7조·제9조·제17조 – 기계경비업무

경비업법령상 기계경비업무에 관한 설명으로 옳지 않은 것은?

① 기계경비업무를 수행하는 경비원은 일반경비원에 해당한다.

> 경비업법 제2조 제3호 가목

② 기계경비업자는 관제시설 등에서 경보를 수신한 때에는 경보를 수신한 때부터 늦어도 25분 이내에는 도착시킬 수 있는 대응체제를 갖추어야 한다.

> 경비업법 시행령 제7조

③ 기계경비업자는 경보의 수신 및 현장도착 일시와 조치의 결과를 기재한 서류를 당해 경보를 수신한 날부터 **최소 2년간 이를 보관하여야 한다.**

> 기계경비업자는 제1항 제3호(경보의 수신 및 현장도착 일시와 조치의 결과) 및 제4호(오경보인 경우 오경보가 발생한 경비대상시설 및 그 오경보에 대한 조치의 결과)의 규정에 의한 사항을 기재한 서류를 당해 경보를 수신한 날부터 **1년간 이를 보관하여야 한다**(경비업법 시행령 제9조 제2항).

④ 기계경비지도사의 직무에는 기계경비업무를 위한 기계장치의 운용·감독 및 오경보 방지 등을 위한 기기관리의 감독이 포함된다.

> 경비업법 시행령 제17조 제1항

07 난이도 하 ▮경비업법 제10조 – 경비지도사 및 경비원의 결격사유

경비업법령상 특수경비원은 될 수가 없으나 경비지도사가 될 수 있는 자는?(단, 다른 결격사유는 고려하지 않음)

① 팔과 다리가 완전하고 두 눈의 교정시력이 각각 0.8인 자

> 팔과 다리가 완전하고 두 눈의 교정시력이 각각 0.8 이상인 자는 특수경비원이 될 수 있다(경비업법 제10조 제2항 제5호, 동법 시행규칙 제7조).

② **금고 이상의 형의 선고유예를 받고 그 유예기간 중에 있는 자**

> 금고 이상의 형의 선고유예를 받고 그 유예기간 중에 있는 자는 특수경비원에만 해당되는 결격사유이므로 경비지도사가 될 수는 있다(경비업법 제10조 제2항 제4호).

③ 금고 이상의 형의 집행유예선고를 받고 그 유예기간 중에 있는 자

> 금고 이상의 형의 집행유예선고를 받고 그 유예기간 중에 있는 자는 경비지도사와 특수경비원의 공통된 결격사유이다 (경비업법 제10조 제1항 제4호·제2항 제3호).

④ 「형법」제114조(범죄단체 등의 조직)의 죄를 범하여 벌금형을 선고받은 날부터 10년이 지나지 아니한 자

> 형법 제114조(범죄단체 등의 조직)의 죄를 범하여 벌금형을 선고받은 날로부터 10년이 지나지 아니한 자는 경비지도사와 특수경비원의 공통된 결격사유이다(경비업법 제10조 제1항 제5호 가목·제2항 제3호).

| 관계법령 | 경비지도사 및 경비원의 결격사유(경비업법 제10조) ★★ |

① 다음 각호의 어느 하나에 해당하는 자는 경비지도사 또는 일반경비원이 될 수 없다.
  1. 18세 미만인 사람, 피성년후견인
  2. 파산선고를 받고 복권되지 아니한 자
  3. 금고 이상의 실형의 선고를 받고 그 집행이 종료(집행이 종료된 것으로 보는 경우를 포함한다)되거나 집행이 면제된 날부터 5년이 지나지 아니한 자
  4. 금고 이상의 형의 집행유예선고를 받고 그 유예기간 중에 있는 자
  5. 다음 각목의 어느 하나에 해당하는 죄를 범하여 벌금형을 선고받은 날부터 10년이 지나지 아니하거나 금고 이상의 형을 선고받고 그 집행이 종료된(종료된 것으로 보는 경우를 포함한다) 날 또는 집행이 유예·면제된 날부터 10년이 지나지 아니한 자
     가. 「형법」 제114조의 죄
     나. 「폭력행위 등 처벌에 관한 법률」 제4조의 죄
     다. 「형법」 제297조, 제297조의2, 제298조부터 제301조까지, 제301조의2, 제302조, 제303조, 제305조, 제305조의2의 죄
     라. 「성폭력범죄의 처벌 등에 관한 특례법」 제3조부터 제11조까지 및 제15조(제3조부터 제9조까지의 미수범만 해당한다)의 죄
     마. 「아동·청소년의 성보호에 관한 법률」 제7조 및 제8조의 죄
     바. 다목부터 마목까지의 죄로서 다른 법률에 따라 가중처벌되는 죄
  6. 다음 각목의 어느 하나에 해당하는 죄를 범하여 벌금형을 선고받은 날부터 5년이 지나지 아니하거나 금고 이상의 형을 선고받고 그 집행이 유예된 날부터 5년이 지나지 아니한 자
     가. 「형법」 제329조부터 제331조까지, 제331조의2 및 제332조부터 제343조까지의 죄
     나. 가목의 죄로서 다른 법률에 따라 가중처벌되는 죄
     다. 삭제 〈2014.12.30.〉
     라. 삭제 〈2014.12.30.〉
  7. 제5호 다목부터 바목까지의 어느 하나에 해당하는 죄를 범하여 치료감호를 선고받고 그 집행이 종료된 날 또는 집행이 면제된 날부터 10년이 지나지 아니한 자 또는 제6호 각목의 어느 하나에 해당하는 죄를 범하여 치료감호를 선고받고 그 집행이 면제된 날부터 5년이 지나지 아니한 자
  8. 이 법이나 이 법에 따른 명령을 위반하여 벌금형을 선고받은 날부터 5년이 지나지 아니하거나 금고 이상의 형을 선고받고 그 집행이 유예된 날부터 5년이 지나지 아니한 자
② 다음 각호의 어느 하나에 해당하는 자는 특수경비원이 될 수 없다. ★
  1. 18세 미만이거나 60세 이상인 사람, 피성년후견인
  2. 심신상실자, 알코올 중독자 등 대통령령으로 정하는 정신적 제약이 있는 자
  3. 제1항 제2호부터 제8호까지의 어느 하나에 해당하는 자
  4. 금고 이상의 형의 선고유예를 받고 그 유예기간 중에 있는 자
  5. 행정안전부령이 정하는 신체조건(팔과 다리가 완전하고 두 눈의 맨눈시력 각각 0.2 이상 또는 교정시력 각각 0.8 이상)에 미달되는 자
③ 경비업자는 제1항 각호 또는 제2항 각호의 결격사유에 해당하는 자를 경비지도사 또는 경비원으로 채용 또는 근무하게 하여서는 아니 된다.

08 난이도 상 | 경비업법 제13조, 동법 시행령 제19조 및 동법 시행규칙 제15조·[별표 4] – 특수경비원의 교육

A 특수경비업체에서 5개월 동안 근무한 甲이 경비업법령상 특수경비원으로서 받았어야 할 신임교육과 직무교육의 시간을 합하면 최소 몇 시간인가?(단, 甲은 신임교육대상 제외자에 해당하지 않음)

기출수정

① 69
② 88
③ 90
④ 95

> 특수경비원 신임교육시간은 80시간이고(경비업법 시행규칙 제15조 제1항, [별표 4]), 직무교육시간은 매월 3시간(동법 시행령 제19조 제3항, 동법 시행규칙 제16조 제1항)이므로 특수경비원 甲이 A 특수경비업체에서 5개월 동안 근무한 기간 동안 받아야 할 교육시간의 합은 95시간[80 + (3 × 5) = 95]이다.

09 난이도 중 | 경비업법 시행규칙 [별표 1] – 경비지도사 교육의 과목 및 시간

경비업법령상 기계경비지도사자격증 취득자가 자격증 취득일부터 3년 이내에 일반경비지도사 시험에 합격하여 교육을 받을 경우, 받아야 하는 교육과목에 해당하지 않는 것은?

기출수정

① 체포·호신술

> 기계경비지도사자격증 취득자가 자격증 취득일부터 3년 이내에 일반경비지도사 시험에 합격하여 교육을 받을 경우 공통교육은 면제한다(경비업법 시행규칙 [별표 1] 비고 제2호). 문제에서 받아야 하는 교육과목은 일반경비지도사 종류별 교육과목이다. 여기에 해당하는 것은 시설경비, 호송경비, 신변보호, 특수경비, 혼잡·다중운집 인파 관리, 교통안전 관리, 일반경비 현장실습이다. 체포·호신술은 공통교육과목에 해당하여 교육이 면제된다.

② 신변보호
③ 특수경비
④ 교통안전 관리

관계법령 경비지도사 기본교육의 과목 및 시간(경비업법 시행규칙 [별표 1]) <개정 2024.8.14.>

구 분	과목 및 시간	
공통교육 (22시간)	경비업법·경찰관직무집행법·도로교통법 등 관계법령 및 개인정보보호법에 따른 개인정보 보호지침 등(4h), 실무Ⅰ(4h), 실무Ⅱ(3h), 범죄·테러·재난 대응요령 및 화재대처법(2h), 응급처치법(2h), 직업윤리 및 인권보호(2h), 체포·호신술(2h), 입교식, 평가 및 수료식(3h)	
자격의 종류별 교육 (18시간)	일반경비지도사	시설경비(3h), 호송경비(2h), 신변보호(2h), 특수경비(2h), 혼잡·다중운집 인파 관리(2h), 교통안전 관리(2h), 일반경비 현장실습(5h)
	기계경비지도사	기계경비 운용관리(4h), 기계경비 기획 및 설계(4h), 인력경비개론(5h), 기계경비 현장실습(5h)

※ 비고 : 다음 각호의 사람이 기본교육을 받는 경우 공통교육은 면제한다.
  1. 일반경비지도사 자격을 취득한 후 3년 이내에 기계경비지도사 시험에 합격한 사람
  2. 기계경비지도사 자격을 취득한 후 3년 이내에 일반경비지도사 시험에 합격한 사람

10 난이도 하 경비업법 제14조, 동법 시행령 제21조 - 특수경비원의 직무 및 무기사용

경비업법령상 특수경비원의 직무 및 무기사용에 관한 설명으로 옳지 않은 것은?

① 관할 경찰서장은 경비업자 및 특수경비원의 무기관리상황을 수시로 점검하여야 한다.

> 관할 경찰관서장은 시설주 및 특수경비원의 무기관리상황을 매월 1회 이상 점검하여야 한다(경비업법 시행령 제21조).

② 관할 경찰관서장은 무기의 적정한 관리를 위하여 무기를 대여받은 시설주에 대하여 필요한 명령을 발할 수 있다.

> 경비업법 제14조 제6항

③ 특수경비원은 국가중요시설의 경비를 위하여 무기를 사용하지 아니하고는 다른 수단이 없다고 인정되는 때에는 필요한 한도 안에서 무기를 사용할 수 있다.

> 경비업법 제14조 제8항 본문

④ 시·도 경찰청장은 국가중요시설에 대한 경비업무의 수행을 위하여 필요하다고 인정하는 때에는 관할 경찰관서장으로 하여금 시설주의 신청에 의하여 시설주로부터 국가에 기부채납된 무기를 대여하게 할 수 있다.

> 경비업법 제14조 제4항 전문 전단

11 난이도 하 경비업법 제15조 - 특수경비원의 의무

경비업법령상 특수경비원의 의무에 관한 설명으로 옳은 것은?

① 특수경비원은 시설주의 허가 또는 정당한 사유 없이 경비구역을 벗어나서는 아니 된다.

> 특수경비원은 소속 상사의 허가 또는 정당한 사유 없이 경비구역을 벗어나서는 아니 된다(경비업법 제15조 제2항). ★

② 인질사건에 있어서 작전을 수행하는 경우라도 권총 또는 소총을 발사하고자 하는 때에는 반드시 미리 구두로 경고를 하여야 한다.

> 권총 또는 소총을 발사하고자 하는 때에 부득이한 경우에는 구두 등의 경고를 생략할 수 있는데, 인질사건에 있어서 은밀히 작전을 수행하는 경우는 부득이한 경우에 해당한다(경비업법 제15조 제4항 제1호).

③ 특수경비원은 총기 또는 폭발물을 가지고 대항하는 경우에도 14세 미만의 자 또는 임산부에 대하여는 권총 또는 소총을 발사하여서는 아니 된다.

> 특수경비원은 총기 또는 폭발물을 가지고 대항하는 경우를 제외하고는 14세 미만의 자 또는 임산부에 대하여는 권총 또는 소총을 발사하여서는 아니 된다(경비업법 제15조 제4항 제3호).

④ 특수경비원은 파업·태업 그 밖에 경비업무의 정상적인 운영을 저해하는 일체의 쟁의행위를 하여서는 아니 된다.

> 경비업법 제15조 제3항

12 난이도 하   ▮경비업법 제16조·제16조의2, 동법 시행규칙 제20조 – 경비원의 복장·장비 등

경비업법령상 경비원의 복장·장비 등에 관한 설명으로 옳지 않은 것은?

① 경비업자는 경찰공무원 또는 군인의 제복과 색상 및 디자인 등이 명확히 구별되는 소속 경비원의 복장을 정하여 주된 사무소를 관할하는 경찰서장에게 신고하여야 한다.

> 경비업자는 경찰공무원 또는 군인의 제복과 색상 및 디자인 등이 명확히 구별되는 소속 경비원의 복장을 정하고 이를 확인할 수 있는 사진을 첨부하여 주된 사무소를 관할하는 시·도 경찰청장에게 행정안전부령으로 정하는 바에 따라 신고하여야 한다(경비업법 제16조 제1항).★★

② 경비원은 근무 중 경적, 단봉, 분사기, 안전방패, 무전기 및 그 밖에 경비업무 수행에 필요한 것으로서 공격적인 용도로 제작되지 아니한 장비를 휴대할 수 있다.

> 경비업법 시행규칙 제20조 제1항 전단

③ 경비업자가 경비원으로 하여금 분사기를 휴대하여 직무를 수행하게 하는 경우에는 「총포·도검·화약류 등 단속법」에 따라 미리 분사기의 소지허가를 받아야 한다.

> 경비업법 제16조의2 제2항★

④ 장비를 임의로 개조하여 통상의 용법과 달리 사용함으로써 다른 사람의 생명·신체에 위해를 가하여서는 아니 된다.

> 경비업법 제16조의2 제3항

13 난이도 하   ▮경비업법 시행규칙 제24조 – 경비원의 배치 및 배치폐지의 신고

경비업법령상 경비원의 배치에 관한 설명이다. ( ) 안에 들어갈 내용을 순서대로 옳게 나열한 것은?

> 경비업자는 시설경비업무를 수행하기 위하여 ( )일 이상 경비원을 배치하거나 그 기간을 연장하려는 때에는 경비원을 배치한 후 ( )일 이내에 경비원 배치신고서를 배치지를 관할하는 경찰관서장에게 제출하여야 한다.

① 10, 5
② 10, 7
③ 20, 5
④ **20, 7**

> 경비업자는 법 제18조 제2항에 따른 경비업무를 수행하기 위하여 20일 이상 경비원을 배치하거나 그 기간을 연장하려는 때에는 경비원을 배치한 후 7일 이내에 경비원 배치신고서를 배치지를 관할하는 경찰관서장에게 제출하여야 한다(경비업법 시행규칙 제24조 제1항 본문).

14 난이도 하 경비업법 제10조 제1항 - 일반경비원의 결격사유

경비업법상 일반경비원의 결격사유에 해당하지 않는 경우는? 기출수정

① **18세인 사람**

> 18세 미만인 사람, 피성년후견인, 금고 이상의 형의 집행유예선고를 받고 그 유예기간 중에 있는 자, 파산선고를 받고 복권되지 아니한 자는 (일반·특수)경비원이 될 수 없다(경비업법 제10조 제1항). 따라서 18세인 사람은 경비원이 될 수 있다.

② 피성년후견인
③ 금고 이상의 형의 집행유예선고를 받고 그 유예기간 중에 있는 자
④ 파산선고를 받고 복권되지 아니한 자

15 난이도 상 경비업법 시행령 [별표 4] - 행정처분의 개별기준

다음은 경비업법 시행령 별표에서 정한 행정처분의 개별기준이다. ( ) 안에 들어갈 내용으로 옳은 것은?

위반행위	1차 위반	2차 위반	3차 이상 위반
가. 경비업법 제4조 제1항 후단을 위반하여 시·도 경찰청장의 허가 없이 경비업무를 변경한 때	(ㄱ)	(ㄴ)	(ㄷ)

① ㄱ : 경 고,   ㄴ : 영업정지 1개월, ㄷ : 영업정지 3개월
② **ㄱ : 경 고,   ㄴ : 영업정지 6개월, ㄷ : 허가취소**

> ( ) 안에 들어갈 내용은 순서대로 경고, 영업정지 6개월, 허가취소이다.

③ ㄱ : 영업정지 1개월, ㄴ : 영업정지 3개월, ㄷ : 영업정지 6개월
④ ㄱ : 영업정지 1개월, ㄴ : 영업정지 3개월, ㄷ : 허가취소

관계법령 행정처분의 개별기준(경비업법 시행령 [별표 4] 제2호) ★

위반행위	해당 법조문	행정처분 기준		
		1차 위반	2차 위반	3차 이상 위반
가. 경비업법 제4조 제1항 후단을 위반하여 시·도 경찰청장의 허가 없이 경비업무를 변경한 때	법 제19조 제2항 제1호	경 고	영업정지 6개월	허가 취소

16 난이도 하 ▌경비업법 제19조 - 경비업 허가의 취소 등

경비업법상 경비업 허가 취소대상에 해당하는 것을 〈보기〉에서 모두 고른 것은? 기출수정

> ㄱ. 허위 그 밖의 부정한 방법으로 허가를 받은 때
>
>> (○) 경비업법 제19조 제1항 제1호
>
> ㄴ. 정당한 사유 없이 허가를 받은 날부터 2년 이내에 경비 도급실적이 없거나 계속하여 1년 이상 휴업한 때
>
>> (○) 경비업법 제19조 제1항 제4호
>
> ㄷ. 정당한 사유 없이 최종 도급계약 종료일의 다음 날부터 2년 이내에 경비 도급실적이 없을 때
>
>> (○) 경비업법 제19조 제1항 제5호
>
> ㄹ. 영업정지처분을 받고 계속하여 영업을 한 때
>
>> (○) 경비업법 제19조 제1항 제6호

① ㄱ, ㄴ
② ㄷ, ㄹ
③ ㄱ, ㄴ, ㄹ
④ ㄱ, ㄴ, ㄷ, ㄹ

> 제시된 내용은 모두 경비업 허가의 절대적 취소대상에 해당된다.

17 난이도 하 | 경비업법 제21조 - 청문

경비업법령상 경찰청장 또는 시·도 경찰청장이 해당 처분을 하기 위해 청문을 실시하여야 하는 경우가 아닌 것은?

① **특수경비원의 징계**

> 경비업법 제21조는 ① 경비지도사 교육기관의 지정 취소 또는 업무의 정지, ② 경비원 교육기관의 지정 취소 또는 업무의 정지, ③ 경비업에 대한 허가취소 또는 영업정지, ④ 경비지도사에 대한 자격취소 또는 자격정지에 관한 처분을 하기 위하여는 청문절차를 실시하도록 규정하고 있다.

② 경비지도사자격의 취소
③ 경비지도사자격의 정지
④ 경비업 허가의 취소 또는 영업정지

> **관계법령** 청문(경비업법 제21조)
>
> 경찰청장 또는 시·도 경찰청장은 다음 각호의 어느 하나에 해당하는 처분을 하고자 하는 경우에는 청문을 실시하여야 한다. 〈개정 2024.2.13.〉
> 1. 제11조의4에 따른 경비지도사 교육기관의 지정 취소 또는 업무의 정지
> 2. 제13조의3에 따른 경비원 교육기관의 지정 취소 또는 업무의 정지
> 3. 제19조의 규정에 의한 경비업 허가의 취소 또는 영업정지
> 4. 제20조 제1항 또는 제2항의 규정에 의한 경비지도사자격의 취소 또는 정지

18 난이도 하 | 경비업법 제22조, 동법 시행령 제26조 - 경비협회

경비업법령상 경비협회에 관한 설명으로 옳은 것은?

① 경비협회를 설립하려면 경비업자 10인 이상으로 구성된 발기인을 필요로 한다.

> 2014.12.30. 경비업법 시행령 제26조의 개정으로 경비협회 설립에서 발기인 요건이 삭제되었다.

② **경비협회의 업무에는 경비진단에 관한 사항도 포함된다.**

> 경비업법 제22조 제3항 제4호

③ 경비협회는 공익법인이므로 회원으로부터 회비를 징수하여서는 아니 된다.

> 경비협회는 정관이 정하는 바에 의하여 회원으로부터 회비를 징수할 수 있다(경비업법 시행령 제26조 제2항).★

④ 경비협회에 관하여 경비업법에 특별한 규정이 있는 것을 제외하고는 「민법」 중 재단법인에 관한 규정을 준용한다.

> 경비협회에 관하여 경비업법에 특별한 규정이 있는 것을 제외하고는 「민법」 중 사단법인에 관한 규정을 준용한다(경비업법 제22조 제4항).

19 난이도 하 ▎경비업법 제23조 - 공제사업

경비업법상 경비협회가 할 수 있는 공제사업에 해당하지 않는 것은?

① 경비지도사의 손해배상책임과 형사책임을 보장하기 위한 사업

> 경비업자의 손해배상책임을 보장하기 위한 사업을 공제사업으로 규정하고 있으나 경비지도사의 손해배상책임과 형사책임을 보장하기 위한 사업은 규정하고 있지 않다(경비업법 제23조 제1항 제1호).

② 경비원의 복지향상과 업무상 재해로 인한 손실을 보상하는 사업

> 경비업법 제23조 제1항 제3호

③ 경비업무와 관련한 연구 및 경비원 교육·훈련에 관한 사업

> 경비업법 제23조 제1항 제4호

④ 경비업자가 경비업을 운영할 때 필요한 입찰보증, 계약보증, 하도급보증을 위한 사업

> 경비업법 제23조 제1항 제2호

관계법령 **공제사업(경비업법 제23조)** ★★

① 경비협회는 다음 각호의 공제사업을 할 수 있다.
  1. 제26조에 따른 경비업자의 손해배상책임을 보장하기 위한 사업
  2. 경비업자가 경비업을 운영할 때 필요한 입찰보증, 계약보증(이행보증을 포함한다), 하도급보증을 위한 사업
  3. 경비원의 복지향상과 업무상 재해로 인한 손실을 보상하는 사업
  4. 경비업무와 관련한 연구 및 경비원 교육·훈련에 관한 사업
② 경비협회는 제1항의 규정에 의한 공제사업을 하고자 하는 때에는 공제규정을 제정하여야 한다.
③ 제2항의 공제규정에는 공제사업의 범위, 공제계약의 내용, 공제금, 공제료 및 공제금에 충당하기 위한 책임준비금 등 공제사업의 운영에 관하여 필요한 사항을 정하여야 한다.
④ 경찰청장은 제1항에 따른 공제사업의 건전한 육성과 가입자의 보호를 위하여 공제사업의 감독에 관한 기준을 정할 수 있다.
⑤ 경찰청장은 제2항에 따른 공제규정을 승인하거나 제4항에 따라 공제사업의 감독에 관한 기준을 정하는 경우에는 미리 금융위원회와 협의하여야 한다.
⑥ 경찰청장은 제1항에 따른 공제사업에 대하여 「금융위원회의 설치 등에 관한 법률」에 따른 금융감독원의 원장에게 검사를 요청할 수 있다.

20 난이도 중 | 경비업법 제24조 - 감독

경비업법상 경비업자 및 경비지도사에 대한 감독에 관한 설명으로 옳지 않은 것은?

① 경찰청장 또는 시·도 경찰청장은 경비업무의 적정한 수행을 위하여 경비업자 및 경비지도사를 지도·감독하며 필요한 명령을 할 수 있다.

　경비업법 제24조 제1항

② 관할 경찰관서장은 배치된 경비원이 경비업법을 위반하는 행위를 하는 경우 그를 지도·감독하는 경비지도사의 자격을 취소하여야 한다.

　시·도 경찰청장 또는 관할 경찰관서장은 경비업자 또는 배치된 경비원이 이 법이나 이 법에 따른 명령, 「폭력행위 등 처벌에 관한 법률」을 위반하는 행위를 하는 경우 그 위반행위의 중지를 명할 수 있다(경비업법 제24조 제3항).

③ 시·도 경찰청장 또는 관할 경찰관서장은 경비업무장소가 집단민원현장으로 판단되는 경우에는 그때부터 48시간 이내에 경비업자에게 경비원 배치허가를 받을 것을 고지하여야 한다.

　경비업법 제24조 제4항

④ 시·도 경찰청장 또는 관할 경찰관서장은 소속 경찰공무원으로 하여금 관할구역 안에 있는 경비업자의 주사무소 및 출장소와 경비원 배치장소에 출입하여 근무상황 및 교육훈련상황 등을 감독하며 필요한 명령을 하게 할 수 있다.

　경비업법 제24조 제2항 전문

관계법령　감독(경비업법 제24조)★★

① 경찰청장 또는 시·도 경찰청장은 경비업무의 적정한 수행을 위하여 경비업자 및 경비지도사를 지도·감독하며 필요한 명령을 할 수 있다.★★
② 시·도 경찰청장 또는 관할 경찰관서장은 소속 경찰공무원으로 하여금 관할구역 안에 있는 경비업자의 주사무소 및 출장소와 경비원 배치장소에 출입하여 근무상황 및 교육훈련상황 등을 감독하며 필요한 명령을 하게 할 수 있다. 이 경우 출입하는 경찰공무원은 그 권한을 표시하는 증표를 관계인에게 내보여야 한다.
③ 시·도 경찰청장 또는 관할 경찰관서장은 경비업자 또는 배치된 경비원이 이 법이나 이 법에 따른 명령, 「폭력행위 등 처벌에 관한 법률」을 위반하는 행위를 하는 경우 그 위반행위의 중지를 명할 수 있다.
④ 시·도 경찰청장 또는 관할 경찰관서장은 경비업무장소가 집단민원현장으로 판단되는 경우에는 그때부터 48시간 이내에 경비업자에게 경비원 배치허가를 받을 것을 고지하여야 한다.★

21

■ 경비업법 제25조, 동법 시행령 제29조 - 보안지도·점검 등

경비업법령상 경비업자에 대한 보안지도·점검에 관한 내용이다. ( ) 안에 들어갈 내용을 순서대로 옳게 나열한 것은?

> 시·도 경찰청장은 ( )에 대하여 연 ( )회 이상의 보안지도·점검을 실시하여야 한다.

① 특수경비업자, 1
② 기계경비업자, 1
③ **특수경비업자, 2**

> 시·도 경찰청장은 법 제25조의 규정에 의하여 특수경비업자에 대하여 연 2회 이상의 보안지도·점검을 실시하여야 한다(경비업법 시행령 제29조).

④ 기계경비업자, 2

22

■ 경비업법 제27조, 동법 시행령 제31조 - 위임 및 위탁

경비업법령상 경찰청장이 시·도 경찰청장에게 위임할 수 있는 권한에 해당하지 않는 것은?

① 경비지도사자격의 취소에 관한 권한

> 경비업법 시행령 제31조 제1항 제1호

② 경비지도사자격의 정지에 관한 권한

> 경비업법 시행령 제31조 제1항 제1호

③ 경비지도사자격의 정지에 관한 청문의 권한

> 경비업법 시행령 제31조 제1항 제2호

④ **경비지도사 시험의 관리 및 자격증의 교부에 관한 권한**

> 경찰청장 또는 경찰관서장은 경비지도사 시험의 관리에 관한 업무를 경비업무에 관한 인력과 전문성을 갖춘 기관 또는 단체로서 경찰청장이 지정하여 고시하는 기관 또는 단체에 위탁한다(경비업법 시행령 제31조 제2항). 또한 경비지도사 자격증의 교부는 위임사항이 아니다.★ 경찰청장은 법 제11조에 따른 경비지도사 시험에 합격하고 기본교육을 받은 사람에게는 경비지도사자격증 교부대장에 정해진 사항을 기재한 후, 경비지도사자격증을 교부해야 한다(경비업법 시행규칙 제11조).

23 난이도 중 ▮경비업법 시행령 제28조 - 허가증 등의 수수료

경비업법령상 수수료 납부에 관한 설명으로 옳은 것은?

① 경비업의 갱신허가를 받고자 하는 자는 2만원의 수수료를 납부하여야 한다.

> 경비업의 갱신허가를 받고자 하는 자는 1만원의 수수료를 납부하여야 한다(경비업법 시행령 제28조 제1항 제1호).

② 허가사항의 변경신고로 인한 허가증 재교부의 경우에는 2천원의 수수료를 납부하여야 한다.

> 경비업법 시행령 제28조 제1항 제2호

③ 시험에 응시하고자 하는 자의 귀책사유로 시험에 응시하지 못한 경우 납부한 응시수수료 전액을 반환받는다.

> 시험 시행기관의 귀책사유로 시험에 응시하지 못한 경우 납부한 응시수수료 전액을 반환받는다.

④ 경찰청장은 시험응시자가 시험 시행일 20일 전까지 접수를 취소하는 경우 응시수수료의 100분의 50을 반환하여야 한다.

> 경찰청장은 시험응시자가 시험 시행일 10일 전까지 접수를 취소하는 경우, 응시수수료의 100분의 50을 반환하여야 한다. 시험 시행일 20일 전까지 접수를 취소하는 경우에는 응시수수료 전액을 반환하여야 한다(경비업법 시행령 제28조 제4항 제3호·제4호).

관계법령 허가증 등의 수수료(경비업법 시행령 제28조)

① 법에 의한 경비업의 허가를 받거나 허가증을 재교부 받고자 하는 자는 다음 각호의 수수료를 납부하여야 한다.
  1. 법 제4조 제1항 및 법 제6조 제2항의 규정에 의한 경비업의 허가(추가·변경·갱신허가를 포함한다)의 경우에는 1만원
  2. 허가사항의 변경신고로 인한 허가증 재교부의 경우에는 2천원

② 제1항의 규정에 의한 수수료는 허가 등의 신청서에 수입인지를 첨부하여 납부한다.

③ 시험에 응시하고자 하는 자는 경찰청장이 정하여 고시하는 수수료를 납부하여야 한다.

④ 경찰청장은 다음 각호의 어느 하나에 해당하는 경우에는 제3항에 따라 받은 응시수수료의 전부 또는 일부를 다음 각호의 구분에 따라 반환하여야 한다.
  1. 응시수수료를 과오납한 경우 : 과오납한 금액 전액
  2. 시험 시행기관의 귀책사유로 시험에 응시하지 못한 경우 : 응시수수료 전액
  3. 시험 시행일 20일 전까지 접수를 취소하는 경우 : 응시수수료 전액
  4. 시험 시행일 10일 전까지 접수를 취소하는 경우 : 응시수수료의 100분의 50

⑤ 경찰청장 및 시·도 경찰청장은 제2항 및 제3항의 규정에 불구하고 정보통신망을 이용하여 전자화폐·전자결제 등의 방법으로 수수료를 납부하게 할 수 있다.

24 난이도 상   경비업법 제28조 - 벌칙

경비업법상 위반행위를 한 행위자에 대한 법정형이 같은 것으로 묶인 것은?

ㄱ. 허가를 받지 아니하고 경비업을 영위한 자

　3년 이하 징역 또는 3천만원 이하 벌금(경비업법 제28조 제2항 제1호)

ㄴ. 경비업법에서 정한 장비 외에 흉기를 휴대하고 경비업무를 수행한 경비원

　1년 이하 징역 또는 1천만원 이하 벌금(경비업법 제28조 제4항 제4호)

ㄷ. 경비업무 수행 중 과실로 인하여 국가중요시설의 정상적인 운영을 해치는 장해를 일으킨 특수경비원

　3년 이하 징역 또는 3천만원 이하 벌금(경비업법 제28조 제2항 제7호)

ㄹ. 국가중요시설에 대한 경비업무 중 정당한 사유 없이 무기를 소지하고 배치된 경비구역을 벗어난 특수경비원

　2년 이하 징역 또는 2천만원 이하 벌금(경비업법 제28조 제3항)

① ㄱ, ㄷ

　ㄱ과 ㄷ은 3년 이하의 징역 또는 3천만원 이하의 벌금에 처하게 되므로 법정형이 동일하다.

② ㄱ, ㄹ
③ ㄴ, ㄷ
④ ㄴ, ㄹ

25 난이도 중 | 경비업법 제29조 - 가중처벌

경비업법상 경비원이 경비업무 수행 중에 경비업법에 규정된 장비 외에 흉기 또는 그 밖의 위험한 물건을 휴대하고 범죄를 범한 경우 그 법정형의 2분의 1까지 가중처벌되는 형법상의 범죄가 아닌 것은? 기출수정

① 형법 제262조(폭행치사상죄)
② 형법 제268조(업무상과실치사상죄)
③ **형법 제319조(주거침입죄)**

　　형법 제319조(주거침입죄)는 경비업법 제29조 제2항의 가중처벌되는 형법상 대상범죄에 해당하지 않는다.

④ 형법 제324조 제2항(특수강요죄)

관계법령 | 형의 가중처벌(경비업법 제29조)★

① 특수경비원이 무기를 휴대하고 경비업무를 수행 중에 제14조 제8항의 규정 및 제15조 제4항의 규정에 의한 무기의 안전수칙을 위반하여 형법 제258조의2(특수상해죄) 제1항(제257조 제1항의 상해죄로 한정, 존속상해죄는 제외)·제2항(제258조 제1항·제2항의 중상해죄로 한정, 존속중상해죄는 제외), 제259조 제1항(상해치사죄), 제260조 제1항(폭행죄), 제262조(폭행치사상죄), 제268조(업무상과실·중과실치사상죄), 제276조 제1항(체포 또는 감금죄), 제277조 제1항(중체포 또는 중감금죄), 제281조 제1항(체포·감금등의 치사상죄), 제283조 제1항(협박죄), 제324조 제2항(특수강요죄), 제350조의2(특수공갈죄) 및 제366조(재물손괴등죄)의 죄를 범한 때에는 그 죄에 정한 형의 2분의 1까지 가중처벌한다.

② 경비원이 경비업무 수행 중에 제16조의2 제1항에서 정한 장비 외에 흉기 또는 그 밖의 위험한 물건을 휴대하고 형법 제258조의2(특수상해죄) 제1항(제257조 제1항의 상해죄로 한정, 존속상해죄는 제외)·제2항(제258조 제1항·제2항의 중상해죄로 한정, 존속중상해죄는 제외), 제259조 제1항(상해치사죄), 제261조(특수폭행죄), 제262조(폭행치사상죄), 제268조(업무상과실·중과실치사상죄), 제276조 제1항(체포 또는 감금죄), 제277조 제1항(중체포 또는 중감금죄), 제281조 제1항(체포·감금등의 치사상죄), 제283조 제1항(협박죄), 제324조 제2항(특수강요죄), 제350조의2(특수공갈죄) 및 제366조(재물손괴등죄)의 죄를 범한 때에는 그 죄에 정한 형의 2분의 1까지 가중처벌한다.

26 난이도 상 ▮경비업법 시행령 [별표 6] - 과태료의 부과기준

경비업법령상 과태료의 부과기준으로서 과태료 금액이 가장 많은 것은?(단, 최초 1회 위반을 기준으로 함)

① 집단민원현장에 일반경비원을 배치하면서 일반경비원 명부를 그 배치장소에 비치하지 아니한 경우
② 경비업법상 복장 등에 관한 신고규정을 위반하여 신고를 하지 않은 경우
③ **경비원 명단 및 배치일시·배치장소 등 배치허가 신청의 내용을 거짓으로 한 경우**

> 이 문제는 과태료와 관련하여 경비업법 제31조를 적용하면 안 되고, 경비업법 시행령 [별표 6]의 과태료 부과기준을 적용하여야 한다. 질문에서 "최초 1회 위반을 기준으로 함"에서 힌트를 얻어야 한다. 최초 1회 위반을 기준으로 할 경우에 ①은 600만원, ②은 100만원, ③은 1,000만원, ④는 100만원이 되므로 정답은 ③이 된다.

④ 기계경비업자가 경비계약을 체결하면서, 오경보를 막기 위하여 계약상대방에게 기기사용요령 및 기계경비운영체계 등에 관한 설명의무를 이행하지 아니한 경우

핵심만콕 과태료의 부과기준(경비업법 시행령 [별표 6])

번호	해당 법조문	위반행위	과태료 금액(단위 : 만원)		
			1회 위반	2회 위반	3회 이상 위반
①	법 제31조 제1항 제3호	법 제18조 제1항 단서를 위반하여 집단민원현장에 배치되는 일반경비원의 명부를 그 배치 장소에 작성·비치하지 않은 경우 가. 경비원 명부를 비치하지 않은 경우 나. 경비원 명부를 작성하지 않은 경우	600 300	1,200 600	2,400 1,200
②	법 제31조 제2항 제7호	법 제16조 제1항을 위반하여 복장 등에 관한 신고규정을 위반하여 신고를 하지 않은 경우	100	200	400
③	법 제31조 제1항 제4호	법 제18조 제2항 각호 외의 부분 단서를 위반하여 배치허가를 받지 않고 경비원을 배치하거나, 경비원 명단 및 배치일시·배치장소 등 배치허가 신청의 내용을 거짓으로 한 경우	1,000	2,000	3,000
④	법 제31조 제2항 제3호	법 제9조 제1항을 위반하여 설명의무를 이행하지 않은 경우	100	200	400

27 난이도 중 | 경비업법 시행령 제31조의2 - 민감정보 및 고유식별정보의 처리

경비업법령상 민감정보 및 고유식별정보를 처리할 수 있는 사무가 아닌 것은? 기출수정

① 기계경비운영체계의 오작동 여부 확인에 관한 사무

> ①은 경비업법 시행령 제31조의2 민감정보 및 고유식별정보를 처리할 수 있는 사무가 아니다.

② 경비업 허가의 취소에 따른 행정처분에 관한 사무

> 경비업법 시행령 제31조의2 제7호

③ 임원, 경비지도사 및 경비원의 결격사유 확인에 관한 사무

> 경비업법 시행령 제31조의2 제1호의2

④ 특수경비업자에 대한 보안지도·점검 및 보안측정에 관한 사무

> 경비업법 시행령 제31조의2 제9호

관계법령 민감정보 및 고유식별정보의 처리(경비업법 시행령 제31조의2)

경찰청장, 시·도 경찰청장, 경찰서장 및 경찰관서장(제31조에 따라 경찰청장 및 경찰관서장의 권한을 위임·위탁받은 자를 포함한다)은 다음 각호의 사무를 수행하기 위하여 불가피한 경우「개인정보보호법」제23조에 따른 건강에 관한 정보(제1호의2 및 제4호의 사무로 한정한다), 같은 법 시행령 제18조 제2호에 따른 범죄경력자료에 해당하는 정보(제1호의2 및 제9호의 사무로 한정한다), 같은 영 제19조 제1호 또는 제4호에 따른 주민등록번호 또는 외국인등록번호가 포함된 자료를 처리할 수 있다. 〈개정 2024.8.13.〉

1. 법 제4조 및 제6조에 따른 경비업의 허가 및 갱신허가 등에 관한 사무
1의2. 법 제5조 및 제10조에 따른 임원, 경비지도사 및 경비원의 결격사유 확인에 관한 사무
2. 법 제11조에 따른 경비지도사 시험 등에 관한 사무
2의2. 법 제12조의2에 따른 경비지도사의 선임·해임 신고에 관한 사무
3. 법 제13조에 따른 경비원의 교육 등에 관한 사무
4. 법 제14조에 따른 특수경비원의 직무 및 무기사용 등에 관한 사무
5. 삭제 〈2021.7.13.〉
6. 법 제18조에 따른 경비원 배치허가 등에 관한 사무
7. 법 제19조 및 제20조에 따른 행정처분에 관한 사무
8. 법 제24조에 따른 경비업자 및 경비지도사의 지도·감독에 관한 사무
9. 법 제25조에 따른 보안지도·점검 및 보안측정에 관한 사무
10. 삭제 〈2022.12.20.〉

28 난이도 하 ▮종합문제 - 청원경찰의 신분 등

청원경찰법령상 청원경찰에 관한 설명으로 옳지 않은 것은?

① 청원경찰은 「경찰관직무집행법」에 따른 직무 외의 수사활동 등 사법경찰관리의 직무를 수행해서는 아니 된다.

> 청원경찰법 시행규칙 제21조 제2항

② **청원경찰은 「형법」이나 그 밖의 법령에 따른 벌칙을 적용하는 경우를 제외하고는 공무원으로 본다.**

> 청원경찰은 형법이나 그 밖의 법령에 따른 벌칙을 적용하는 경우와 청원경찰법 및 동법 시행령에서 특별히 정한 경우를 제외하고는 공무원으로 보지 아니한다(청원경찰법 시행령 제18조).

③ 청원경찰이 직무를 수행할 때에는 경비 목적을 위하여 필요한 최소한의 범위에서 하여야 한다.

> 청원경찰법 시행규칙 제21조 제1항

④ 청원경찰이 직무를 수행할 때에 「경찰관직무집행법」 및 같은 법 시행령에 따라 하여야 할 모든 보고는 관할 경찰서장에게 서면으로 보고하기 전에 지체 없이 구두로 보고하고 그 지시에 따라야 한다.

> 청원경찰법 시행규칙 제22조

관계법령

직권남용금지 등(청원경찰법 제10조)
① 청원경찰이 직무를 수행할 때 직권을 남용하여 국민에게 해를 끼친 경우에는 6개월 이하의 징역이나 금고에 처한다.★
② 청원경찰 업무에 종사하는 사람은 형법이나 그 밖의 법령에 따른 벌칙을 적용할 때에는 공무원으로 본다.

청원경찰의 신분(청원경찰법 시행령 제18조)
청원경찰은 형법이나 그 밖의 법령에 따른 벌칙을 적용하는 경우와 법 및 이 영에서 특별히 정한 경우를 제외하고는 공무원으로 보지 아니한다.

29 난이도 중 ▮청원경찰법 제5조 제4항 - 복무에 관한 준용 규정

청원경찰법상 청원경찰의 복무에 관하여 경찰공무원법 규정이 준용되는 것은?

① **거짓보고 등의 금지**

> 청원경찰의 복무에 관하여 경찰공무원법 규정이 준용되는 것은 거짓보고 등의 금지이다. ②·④는 국가공무원법 규정이 준용되며, ③은 2018.9.18. 법개정으로 인해 국가공무원법 규정이 준용되는 것에서 비준용되는 것으로 변경되었다(청원경찰법 제5조 제4항 참조).

② 비밀엄수의 의무
③ 집단행위의 금지
④ 복종의 의무

핵심만콕 청원경찰의 복무에 관한 준용 규정(청원경찰법 제5조 제4항)과 비준용 규정 ★

준용 규정	비준용 규정
• 국가공무원법 제57조(**복종**의무) • 국가공무원법 제58조 제1항(**직장이탈금지**) • 국가공무원법 제60조(**비밀엄수**의무) • 경찰공무원법 제24조(**거짓보고 등의 금지**)	• 국가공무원법 제56조(성실의무) • 국가공무원법 제59조(친절·공정의 의무) • 국가공무원법 제59조의2(종교중립의무) • 국가공무원법 제61조(청렴의무) • 국가공무원법 제62조(외국정부의 영예 등을 받을 경우 허가의무) • 국가공무원법 제63조(품위유지의무) • 국가공무원법 제64조(영리업무 및 겸직금지) • 국가공무원법 제65조(정치운동금지) • 국가공무원법 제66조 제1항(집단행위금지)

30 난이도 하 ▮청원경찰법 시행규칙 제14조 - 근무요령

청원경찰법령상 근무요령 중 '업무처리 및 자체경비를 하며, 근무 중 특이한 사항이 발생하였을 때에는 지체 없이 청원주 또는 관할 경찰서장에게 보고하고 그 지시에 따라야 하는' 근무자는 누구인가?

① 입초근무자
② 순찰근무자
③ **소내근무자**

> 업무처리 및 자체경비를 하는 소내근무자는 근무 중 특이한 사항이 발생하였을 때에는 지체 없이 청원주 또는 관할 경찰서장에게 보고하고 그 지시에 따라야 한다(청원경찰법 시행규칙 제14조 제2항).

④ 대기근무자

| 관계법령 | **근무요령(청원경찰법 시행규칙 제14조)** |

① 자체경비를 하는 입초근무자는 경비구역의 정문이나 그 밖의 지정된 장소에서 경비구역의 내부, 외부 및 출입자의 움직임을 감시한다.
② 업무처리 및 자체경비를 하는 소내근무자는 근무 중 특이한 사항이 발생하였을 때에는 지체 없이 청원주 또는 관할 경찰서장에게 보고하고 그 지시에 따라야 한다.
③ 순찰근무자는 청원주가 지정한 일정한 구역을 순회하면서 경비 임무를 수행한다. 이 경우 순찰은 단독 또는 복수로 정선순찰(정해진 노선을 규칙적으로 순찰하는 것을 말한다)을 하되, 청원주가 필요하다고 인정할 때에는 요점순찰(순찰구역 내 지정된 중요지점을 순찰하는 것을 말한다) 또는 난선순찰(임의로 순찰지역이나 노선을 선정하여 불규칙적으로 순찰하는 것을 말한다)을 할 수 있다.
④ 대기근무자는 소내근무에 협조하거나 휴식하면서 불의의 사고에 대비한다.

31 　난이도 하　　　■청원경찰법 시행령 제4조 – 청원경찰의 임용방법 등

청원경찰법령상 임용방법 등에 관한 내용이다. (　) 안에 들어갈 내용을 순서대로 옳게 나열한 것은?

- 청원주는 청원경찰의 배치결정의 통지를 받은 날부터 (　)일 이내에 배치결정된 인원수의 임용예정자에 대하여 청원경찰 임용승인을 시·도 경찰청장에게 신청하여야 한다.
- 청원주가 청원경찰을 임용하였을 때에는 임용한 날부터 (　)일 이내에 그 임용사항을 관할 경찰서장을 거쳐 시·도 경찰청장에게 보고하여야 한다.

① 10, 30
② 15, 30
③ **30, 10**
　　(　) 안에 들어갈 내용은 순서대로 30과 10이다.
④ 30, 15

| 관계법령 | **임용방법 등(청원경찰법 시행령 제4조)** ★ |

① 법 제4조 제2항에 따라 청원경찰의 배치결정을 받은 자(이하 "청원주"라 한다)는 법 제5조 제1항에 따라 그 배치결정의 통지를 받은 날부터 30일 이내에 배치결정된 인원수의 임용예정자에 대하여 청원경찰 임용승인을 시·도 경찰청장에게 신청하여야 한다.
② 청원주가 법 제5조 제1항에 따라 청원경찰을 임용하였을 때에는 임용한 날부터 10일 이내에 그 임용사항을 관할 경찰서장을 거쳐 시·도 경찰청장에게 보고하여야 한다. 청원경찰이 퇴직하였을 때에도 또한 같다.

32 난이도 중 ▮종합문제 – 청원경찰의 교육

청원경찰법령상 청원경찰의 교육에 관한 설명으로 옳지 않은 것은?

① 청원경찰의 교육과목에는 대공이론, 국가보안법, 통합방위법이 포함된다.

> 청원경찰의 교육과목에 대공이론은 포함되지만, 국가보안법, 통합방위법은 포함되지 않는다(청원경찰법 시행규칙 [별표 1] 참조).★

② 청원주는 소속 청원경찰에게 그 직무집행에 필요한 교육을 매월 4시간 이상 하여야 한다.

> 청원경찰법 시행규칙 제13조 제1항★

③ 의무경찰을 포함한 경찰공무원 또는 청원경찰에서 퇴직한 사람이 퇴직한 날부터 3년 이내에 청원경찰로 임용되었을 때에는 신임교육을 면제할 수 있다.

> 청원경찰법 시행령 제5조 제2항

④ 청원경찰의 신임교육기간은 2주로 한다.

> 청원경찰법 시행규칙 제6조 전단

관계법령 청원경찰의 교육과목 및 수업시간표(청원경찰법 시행규칙 [별표 1])★

학과별	과목		시간
정신교육(8H)	정신교육		8
학술교육(15H)	형사법		10
	청원경찰법		5
실무교육(44H)	경무	경찰관직무집행법	5
	방범	방범업무	3
		경범죄처벌법	2
	경비	시설경비	6
		소방	4
	정보	대공이론	2
		불심검문	2
	민방위	민방공	3
		화생방	2
	기본훈련		5
	총기조작		2
	총검술		2
	사격		6
술 과(6H)	체포술 및 호신술		6
기 타(3H)	입교·수료 및 평가		3
계	–		76

33 난이도 하 ▎청원경찰법 시행규칙 제12조 - 급여품 및 대여품

청원경찰법령상 청원경찰이 퇴직할 때 청원주에게 반납해야 하는 것은?

① 장 갑
② <u>허리띠</u>

> 청원경찰이 퇴직할 때에는 대여품을 청원주에게 반납하여야 한다(청원경찰법 시행규칙 제12조 제2항). 청원경찰에게 지급하는 대여품은 허리띠, 경찰봉, 가슴표장, 분사기, 포승이다(청원경찰법 시행규칙 [별표 3]).

③ 방한화
④ 호루라기

관계법령 급여품 및 대여품(청원경찰법 시행규칙 제12조)★★

① 청원경찰에게 지급하는 급여품은 [별표 2] {근무복(하복), 근무복(동복), 한여름 옷, 외투·방한복 또는 점퍼, 기동화 또는 단화, 비옷, 정모, 기동모, 기동복, 방한화, 장갑, 호루라기}와 같고, 대여품은 [별표 3] (<u>허리띠, 경찰봉, 가슴표장, 분사기, 포승</u>)과 같다.
② <u>청원경찰이 퇴직할 때에는 대여품을 청원주에게 반납</u>하여야 한다.

34 난이도 하 ▎청원경찰법 제7조, 동법 시행령 제13조 및 동법 시행규칙 제8조 - 청원경찰경비 등

청원경찰법령상 청원경찰경비 등에 관한 설명으로 옳지 않은 것은?

① <u>청원경찰의 교육비는 청원주가 해당 청원경찰의 입교 후 3일 이내에 해당 경찰교육기관에 낸다.</u>

> 교육비는 청원주가 해당 청원경찰의 입교(入校) 3일 전에 해당 경찰교육기관에 낸다(청원경찰법 시행규칙 제8조 제3호).

② 청원주는 보상금의 지급을 이행하기 위하여「산업재해보상보험법」에 따른 산업재해보상보험에 가입하거나,「근로기준법」에 따라 보상금을 지급하기 위한 재원을 따로 마련하여야 한다.

> 청원경찰법 시행령 제13조

③ 봉급과 각종 수당은 청원주가 그 청원경찰이 배치된 기관·시설·사업장 또는 장소의 직원에 대한 보수 지급일에 청원경찰에게 직접 지급한다.

> 청원경찰법 시행규칙 제8조 제1호

④ 청원주는 청원경찰이 직무상의 부상·질병으로 인하여 퇴직하거나, 퇴직 후 2년 이내에 사망한 경우 청원경찰 본인 또는 그 유족에게 보상금을 지급하여야 한다.

> 청원경찰법 제7조 제2호

35 난이도 중 ┃청원경찰법 제6조, 동법 시행령 제9조·제11조 - 청원경찰의 보수

청원경찰법령상 청원경찰의 보수에 관한 설명으로 옳지 않은 것은?

① 국가기관 또는 지방자치단체에 근무하는 청원경찰 보수의 호봉 간 승급기간은 경찰공무원의 승급기간에 관한 규정을 준용한다.

> 청원경찰법 시행령 제11조 제2항

② 국가기관에 근무하는 청원경찰의 보수는 그 재직기간이 25년인 경우, 경찰공무원 경사의 보수를 감안하여 대통령령으로 정한다.

> 청원경찰법 제6조 제2항 제3호

③ <u>국가기관 또는 지방자치단체에 근무하는 청원경찰의 봉급·수당에 관한 청원주의 최저부담기준액은 경찰청장이 정하여 고시한다.</u>

> 국가기관 또는 지방자치단체에 근무하는 청원경찰 외의 청원경찰의 봉급·수당에 관한 청원주의 최저부담기준액은 경찰청장이 정하여 고시한다(청원경찰법 제6조 제3항). 국가기관 또는 지방자치단체에 근무하는 청원경찰의 봉급은 청원경찰법 시행령 [별표 1]로 정하고(청원경찰법 시행령 제9조 제1항), 각종 수당은 「공무원수당 등에 관한 규정」에 따른 수당 중 가계보전수당, 실비변상 등으로 하며, 그 세부 항목은 경찰청장이 정하여 고시한다(청원경찰법 시행령 제9조 제2항). ★

④ 국가기관 또는 지방자치단체에 근무하는 청원경찰의 각종 수당은 「공무원수당 등에 관한 규정」에 따른 수당 중 가계보전수당, 실비변상 등으로 하며, 그 세부 항목은 경찰청장이 정하여 고시한다.

> 청원경찰법 시행령 제9조 제2항

36 난이도 하 ┃청원경찰법 시행규칙 [별표 4] - 감독자 지정기준

청원경찰법령상 청원경찰의 지휘·감독을 위한 감독자 지정기준에 관한 설명으로 옳지 않은 것은?

① <u>근무인원이 9명인 경우 반장 1명을 지정하여야 한다.</u>

> 근무인원이 9명인 경우 조장 1명을 지정하여야 한다.

② 근무인원이 30명인 경우 반장 1명, 조장 3~4명을 지정하여야 한다.
③ 근무인원이 60명인 경우 대장 1명, 반장 2명, 조장 6명을 지정하여야 한다.
④ 근무인원이 100명인 경우 대장 1명, 반장 4명, 조장 12명을 지정하여야 한다.

관계법령 감독자 지정기준(청원경찰법 시행규칙 [별표 4])★★

근무인원	직급별 지정기준		
	대 장	반 장	조 장
9명까지	–	–	1명
10명 이상 29명 이하	–	1명	2~3명
30명 이상 40명 이하	–	1명	3~4명
41명 이상 60명 이하	1명	2명	6명
61명 이상 120명 이하	1명	4명	12명

37 난이도 하 | 청원경찰법 제5조의2 · 제10조 · 제10조의2, 동법 시행령 제8조 – 청원경찰의 징계 및 불법행위책임

청원경찰법령상 청원경찰의 징계 및 불법행위책임에 관한 설명으로 옳지 않은 것은?

① 청원경찰이 직무를 수행할 때 직권을 남용하여 국민에게 해를 끼친 경우에는 6개월 이하의 징역이나 금고에 처한다.

> 청원경찰법 제10조 제1항★

② 국가기관이나 지방자치단체에 근무하는 청원경찰의 직무상 불법행위에 대한 배상책임에 관하여는 「민법」의 규정을 따른다.

> 청원경찰(국가기관이나 지방자치단체에 근무하는 청원경찰은 제외한다)의 직무상 불법행위에 대한 배상책임에 관하여는 「민법」의 규정을 따른다(청원경찰법 제10조의2). 이 규정에서 제외하고 있는 국가기관이나 지방자치단체에 근무하는 청원경찰의 직무상 불법행위에 대한 배상책임에 관하여는 「국가배상법」이 적용된다(청원경찰법 제10조의2 반대해석, 국가배상법 제2조 및 대판 92다47564).

③ 청원주는 청원경찰이 직무상의 의무를 위반하거나 직무를 태만히 한 때, 품위를 손상하는 행위를 한 때에는 대통령령으로 정하는 징계절차를 거쳐 징계처분을 하여야 한다.

> 청원경찰법 제5조의2 제1항

④ 청원경찰에 대한 징계처분 중 정직(停職)은 1개월 이상 3개월 이하로 하고, 그 기간에 청원경찰의 신분은 보유하나 직무에 종사하지 못하며, 보수의 3분의 2를 줄인다.

> 청원경찰법 시행령 제8조 제2항

38 난이도 하 　　　청원경찰법 시행규칙 제16조 - 무기관리수칙

청원경찰법령상 무기관리수칙에 관한 설명으로 옳지 않은 것은? 기출수정

① 청원주는 청원경찰에게 지급한 무기와 탄약을 매주 1회 이상 손질하게 하여야 한다.

> 청원경찰법 시행규칙 제16조 제2항 제3호

② 청원주는 사직 의사를 밝힌 청원경찰에게 무기와 탄약을 지급해서는 안 된다.

> 청원경찰법 시행규칙 제16조 제4항 제3호

③ **청원주는 수리가 필요한 무기가 있을 때에는 그 목록과 무기장비 운영카드를 첨부하여 관할 시·도 경찰청장에게 수리를 요청할 수 있다.**

> 청원주는 수리가 필요한 무기가 있을 때에는 그 목록과 무기장비 운영카드를 첨부하여 관할 경찰서장에게 수리를 요청할 수 있다(청원경찰법 시행규칙 제16조 제2항 제4호).

④ 청원경찰은 무기를 지급받거나 반납할 때 또는 인계인수할 때에는 반드시 '앞에 총' 자세에서 '검사 총'을 하여야 한다.

> 청원경찰법 시행규칙 제16조 제3항 제1호

39 난이도 중 　　　청원경찰법 제12조 - 과태료

청원경찰법상 500만원 이하의 과태료를 부과하는 대상이 아닌 자는?

① 시·도 경찰청장의 배치결정을 받지 아니하고 청원경찰을 배치한 자
② 정당한 사유 없이 경찰청장이 고시한 최저부담기준액 이상의 보수를 지급하지 아니한 자
③ 시·도 경찰청장의 감독상 필요한 명령을 정당한 사유 없이 이행하지 아니한 자
④ **청원경찰로서 직무에 관하여 허위로 보고한 자**

> 청원경찰로서 직무에 관하여 허위로 보고한 자에 대한 청원경찰법령상 벌칙이나 과태료 규정은 없다.★★
> 참고 2016년 경비업법 36번 법령

40 난이도 하 ▌청원경찰법 시행규칙 제17조 – 문서와 장부의 비치

청원경찰법령상 관할 경찰서장과 청원주가 공통으로 비치해야 할 문서와 장부에 해당하는 것은?

① 전출입 관계철
② <u>교육훈련 실시부</u>

> 관할 경찰서장과 청원주가 공통으로 비치해야 할 문서와 장부는 청원경찰 명부와 교육훈련 실시부이다. 참고로 관할 경찰서장과 시·도 경찰청장이 공통으로 비치해야 할 문서와 장부는 전출입 관계철이다.

③ 신분증명서 발급대장
④ 경비구역 배치도

핵심만콕 문서와 장부의 비치(청원경찰법 시행규칙 제17조) ★★★

청원주(제1항)	관할 경찰서장(제2항)	시·도 경찰청장(제3항)
• <u>청원경찰 명부</u> • 근무일지 • 근무 상황카드 • <u>경비구역 배치도</u> • 순찰표철 • 무기·탄약 출납부 • 무기장비 운영카드 • 봉급지급 조서철 • <u>신분증명서 발급대장</u> • 징계 관계철 • <u>교육훈련 실시부</u> • 청원경찰 직무교육계획서 • 급여품 및 대여품 대장 • 그 밖에 청원경찰의 운영에 필요한 문서와 장부	• <u>청원경찰 명부</u> • 감독 순시부 • <u>전출입 관계철</u> • <u>교육훈련 실시부</u> • 무기·탄약 대여대장 • 징계요구서철 • 그 밖에 청원경찰의 운영에 필요한 문서와 장부	• 배치결정 관계철 • 청원경찰 임용승인 관계철 • <u>전출입 관계철</u> • 그 밖에 청원경찰의 운영에 필요한 문서와 장부

2015년 경호학

문제편 287p

정답 CHECK

41	42	43	44	45	46	47	48	49	50	51	52	53	54	55	56	57	58	59	60
③	③	③	②	①	④	③	①	①	④	③	①	②	①	③	④	②	④	③	②
61	62	63	64	65	66	67	68	69	70	71	72	73	74	75	76	77	78	79	80
④	①	②	④	②	②	②	④	③	①	④	②	④	④	④	②	①	①	③	①

41 난이도 하   경호학과 경호 - 경호의 개념

형식적 의미의 경호개념에 관한 설명으로 옳은 것은?

① 경호주체가 국가, 민간에 관계없이 경호대상자를 보호하는 모든 활동을 말한다.
② 경호의 개념을 본질적·이론적 입장에서 이해한 것이다.
③ **현실적인 경호기관을 기준으로 정립된 개념이다.**

> ①·②·④는 실질적 의미의 경호개념이고, ③이 형식적 의미의 경호개념에 관한 설명이다.

④ 학문적 측면에서 고찰된 개념이다.

핵심만콕 경호의 개념

형식적 의미의 경호	• 경호관계법규에 규정된 현실적인 경호기관을 기준으로 하여 정립된 개념이다. • 실정법상 경호기관의 권한에 속하는 일체의 경호작용을 의미한다. • 실정법·제도·기관 중심적 관점에서 이해한 것이다. • 「대통령 등의 경호에 관한 법률」에서의 경호는 형식적 의미의 경호개념이다.
실질적 의미의 경호	• 경호 활동의 본질·성질·이론적인 입장에서 이해한 것으로, 학문적인 측면에서 고찰된 개념이다. • 수많은 경호작용 중에서 공통적인 특성을 추상화한 개념이다. • 경호대상자의 절대적 신변안전을 보호하기 위하여 모든 사용 가능한 수단과 방법을 동원한다. • 경호대상자(피경호자)에 대한 신변 위해요인을 사전에 방지 또는 제거하기 위한 제반활동이다. • 경호주체(국가기관, 민간기관, 개인, 단체 불문)가 경호대상자를 보호하는 모든 활동을 말한다. • 모든 위험과 곤경(인위적·자연적 위해)으로부터 경호대상자를 안전하게 보호하기 위한 제반활동이다.

42 난이도 하 ▌경호학과 경호 - 경호의 분류

장소에 의한 경호의 분류가 아닌 것은?

① 연도경호
② 숙소경호
③ **선발경호**

  선발경호는 장소에 의한 경호의 분류에 해당하지 않는다.

④ 행사장경호

핵심만콕 장소에 의한 경호의 분류

- 행사장경호 : 행사장은 일반 군중들과 경호대상자의 거리가 가까우므로 완벽한 경호가 필요하다. 구체적인 활동으로는 출입자 통제, 교통상황 및 주차장 관리, 내곽경비, 외곽경비 등이 있다.
- 숙소경호 : 숙소의 출입구 및 그 주위에 정복 요원은 정문 또는 기타 출입구에 입초로서 경계, 사복 경호요원은 숙소의 주위에 잠복 경계하는 경호이다.
- 연도경호(노상경호)
  - 육로경호 : 경호대상자가 행·환차 시 도로에 대한 제반 위해요소를 사전에 배제하는 경호이다.
  - 철로경호 : 철로 주변에 대한 경호로 철도 관계기관과의 긴밀한 협조로 육로경호와 같이 실시한다.

〈출처〉 김두현, 「경호학개론」, 엑스퍼트, 2020, P. 57~61

---

43 난이도 하 ▌경호학과 경호 - 경호의 분류

경호 수준에 의한 분류 중 사전 경호조치가 전무한 상황하의 각종 행사 시의 경호는?

① 1(A)급 경호
② 2(B)급 경호
③ **3(C)급 경호**

  사전에 경호조치가 전무한 상황하의 각종 행사와 장관급의 국빈행사의 경호는 3(C)급 경호에 해당한다.

④ 4(D)급 경호

핵심만콕 경호 수준에 의한 경호의 분류

1(A)급 경호	행차보안이 사전에 노출되어 경호위해가 증대된 상황하의 각종 행사와 국왕 및 대통령 등 국가원수급의 1등급 경호대상으로 결정된 국빈행사의 경호
2(B)급 경호	행사 준비 등의 시간적 여유 없이 갑자기 결정된 상황하의 각종 행사와 수상급의 경호대상으로 결정된 국빈행사의 경호
3(C)급 경호	사전에 행사준비 등 경호조치가 거의 전무한 상황하에서 이루어지는 것으로서 장관급의 경호대상으로 결정된 국빈행사의 경호

〈출처〉 김두현, 「경호학개론」, 엑스퍼트, 2020, P. 57~61

44 난이도 하 ▮경호학과 경호 – 경호의 특성

공경호와 민간경호의 특성에 관한 설명으로 옳지 않은 것은?

① 공경호는 경호대상이 관련법규에 근거하고, 민간경호는 의뢰인과의 계약에 의해 정해진다.
② **경호조직의 운영에 있어 공경호는 폐쇄성·보안성·기동성의 특성을 가지나, 민간경호는 이러한 특성을 갖지 않는다.**

> 경호조직의 특성에는 폐쇄성, 보안성, 기동성, 통합성과 계층성, 전문성, 대규모성 등이 있다. 이러한 특성들은 원칙적으로 경호조직이 경호대상자의 신변보호라는 목적을 달성하기 위해 필요한 것들로 공경호와 사경호에 모두 해당된다고 볼 수 있다.

③ 공경호는 국가기관에 의해 행해지는 경호활동이고, 민간경호는 민간에 의해 행해지는 경호활동이다.
④ 공경호는 국가요인의 신변보호를 통해 국가안전에 기여하며, 민간경호는 의뢰인에 대한 안전보장을 통해 영리를 추구한다.

45 난이도 하 ▮경호학과 경호 – 경호의 원칙(3중 경호)

3중 경호의 원리에 관한 설명으로 옳지 않은 것은?

① **경호영향권역을 공간적으로 구분한 3중의 경호막을 통해 구역별로 동등한 경호 조치로 위해요소에 대한 중첩 확인이 이루어진다.**

> 3중 경호는 경호영향권역을 공간적으로 구분하여 해당 구역의 위해요소에 대해 상대적으로 차등화된 경호조치와 중첩된 통제를 통하여 경호의 효율화를 기하고자 하는 경호방책을 말한다.

② 세계의 주요 경호기관이 3중 경호의 원리를 적용하고 있으나 적용범위와 방법 등에서는 차이가 존재한다.
③ 안전구역은 완벽한 통제가 이루어져야 하며, 경호원의 확인을 거치지 않은 인원의 출입은 금지한다.
④ 위해행위에 대한 조기경보체제를 확립하고 경호자원과 시간을 효율적으로 활용할 수 있는 여건을 제공한다.

핵심만콕 3중 경호의 원칙

경호대상자의 위치를 중심으로 3선 개념에 따라 체계적으로 실시되어야 한다.

1선	내부	안전구역	근접경호원에 의한 완벽한 통제, 권총 등의 유효사거리를 고려한 건물 내부구역
2선	내곽	경비구역	근접경호원 및 경비경찰에 의한 부분적 통제, 소총 등의 유효사거리를 고려한 울타리 내곽구역
3선	외곽	경계구역	인적·물적·자연적 취약요소에 대한 첩보·경계, 소구경 곡사화기의 유효사거리를 고려한 외곽구역

〈참고〉 이두석, 「경호학개론」, 진영사, 2018, P. 159~161

46 난이도 하 | 경호학과 경호 - 경호활동의 원칙

다음에서 설명하고 있는 경호활동의 원칙은?

> 경호대상자에게 접근할 수 있는 출입구나 통로는 하나만 필요하고, 통제된 출입구나 통로라도 접근자는 경호원에게 허가절차 등을 거쳐야 한다.

① 3중 경호의 원칙
② 방어경호의 원칙
③ 은밀경호의 원칙
④ **하나의 통제된 지점을 통한 접근의 원칙**

경호의 일반원칙과 특별원칙을 구분하되, 시험에서는 이를 구별하지 않고 출제하는 경우도 많다. 각 원칙들의 개념을 필히 숙지하도록 해야 한다. 제시된 내용은 하나의 통제된 지점을 통한 접근의 원칙에 관한 설명이다.

핵심만콕 경호의 일반원칙과 특별원칙★

일반원칙	3중 경호의 원칙	• 경호대상자가 위치한 집무실이나 행사장으로부터 제1선(내부 - 안전구역), 제2선(내곽 - 경비구역), 제3선(외곽 - 경계구역)으로 구분하여 경호의 행동반경을 거리개념으로 논리전개하는 구조 • 경호대상자가 위치한 지역에서 가장 근거리부터 엄중한 경호를 취하는 순서로 근접경호, 중간경호, 외곽경호로 나누고 그에 따른 요원의 배치와 임무가 부여되는 원칙
	두뇌경호의 원칙	사전에 치밀한 계획을 세우고 준비를 철저히 하여 위험요소를 제거하는 데 중점을 두며, 경호임무 수행 중 긴급하고 위험한 상황이 발생하였을 때에는 고도의 예리하고 순간적인 판단력이 중요시된다는 원칙
	은밀경호의 원칙	경호요원은 은밀하고 침묵 속에서 행동하며 항상 경호대상자의 신변을 보호할 수 있는 곳에 행동반경을 두고 경호에 임해야 한다는 원칙
	방어경호의 원칙	경호란 공격자의 위해요소를 방어하는 행위이지 공격하는 것이 아니라는 원칙
특별원칙	자기담당구역 책임의 원칙	경호원이 배치된 자기담당구역 내에서 일어나는 사태에 대해서는 자신만이 책임을 지고 해결해야 한다는 원칙
	목표물 보존의 원칙	• 경호대상자를 암살자 또는 위해를 가할 가능성이 있는 자로부터 떼어 놓아야 한다는 원칙 • 목표물을 안전하게 보존하기 위해서는 행차 코스의 비공개, 행차 장소의 비공개, 대중에게 노출되는 보행 행차의 가급적 제한 등이 요구됨
	하나의 통제된 지점을 통한 접근의 원칙	• 경호대상자에게 접근할 수 있는 출입구나 통로는 하나만 필요하다는 원칙 • 하나의 통제된 출입구나 통로라 하더라도 접근자는 경호요원에 의하여 인지되고 확인되어야 하며 허가절차를 거쳐 접근토록 해야 함
	자기희생의 원칙	• 경호대상자가 위기에 처했을 때 자기 몸을 희생하여 경호대상자를 보호해야 한다는 원칙 • 경호대상자는 어떠한 상황하에서도 절대적으로 보호되어야 한다는 의미

〈참고〉 김두현, 「경호학개론」, 엑스퍼트, 2020, P. 64~69

47 난이도 하 ▮경호학과 경호 – 조선시대의 경호관련기관

조선시대의 경호관련기관이 아닌 것은?

① 내금위
② 겸사복
③ **도 방**

> 도방은 고려 무신정권의 사병집단이며, 경대승에 의해 처음으로 설치되었다.
> 참고 2017년 경호학 45번 핵심만 콕

④ 호위청

48 난이도 하 ▮경호학과 경호 – 경호의 기본원리 및 경호기법

경호의 기본원리 및 경호기법에 관한 설명으로 옳지 않은 것은?

① 위해기도자의 위치가 고정된 경우, 수평적 방벽효과는 경호원이 위해기도자와 가까이 위치할수록 감소한다.

> 수평적 방벽효과는 근접경호원이 경호대상자와 위해기도자의 중간에 위치하여 위해기도자의 공격을 차단할 때, 근접경호원의 위치에 따라 경호대상자의 보호범위와 위해기도자의 이동거리가 달라지는 효과를 말하는 것으로, 위해기도자의 위치가 고정된 경우, 수평적 방벽효과는 경호원이 위해기도자와 가까이 위치할수록 증가한다.

② 위해기도 시 위해기도자와 가장 가까이 위치한 경호원이 위해기도자를 대적한다.

> 촉수거리의 원칙 : 위해기도자에 대한 대응은 경호원 중 위해기도자와 가장 가까운 거리에 있는 경호원만 대응해야 한다는 원칙이다. 또는 경호원이 위해기도자와의 거리보다 경호대상자와의 거리가 더 가깝다면 경호대상자를 방호해서 신속히 현장을 이탈하는 것이 효과적이고, 위해기도자와의 거리가 경호대상자와의 거리보다 더 가깝고 촉수거리에 있다면 과감하게 위해기도자를 제압하는 것이 효과적일 수 있다는 원칙이다.

③ 위력경호는 위해기도자의 위해기도 의사를 제압할 수 있는 유형적·무형적 힘을 이용한다.

> 위력이란 상대방을 압도할 만큼 강력한 유형적·무형적 힘을 가리킨다. 따라서 위력경호는 위해기도자의 위해기도 의사를 제압할 수 있는 강력한 유형적·무형적 힘을 이용한 경호를 말한다.

④ 위해기도 시 경호대상자를 방호해야 하는 경호원은 위해기도자의 공격선상에서 최대한 몸을 크게 벌려 공격을 막는다.

> 체위확장의 원칙 : 우발상황 발생 시 경호원은 자신의 몸을 엄폐·은폐해서는 안 되고 최대한 확장·노출시켜 경호대상자에 대한 방호효과를 극대화해야 한다는 원칙이다.

핵심만콕	경호의 기본원리 - 자연방벽효과의 원리★
수평적 방벽효과	• 근접경호원이 경호대상자와 위해기도자의 중간에 위치하여 위해기도자의 공격을 차단할 때, 근접경호원의 위치에 따라 경호대상자의 보호범위와 위해기도자의 이동거리가 달라지는 효과를 말한다. • 위해기도자의 위치가 고정된 경우, 즉 위해기도자의 위치를 아는 경우 수평적 방벽효과는 근접경호원이 위해기도자와 가까이 위치할수록 증가한다. • 경호대상자의 위치가 고정된 경우 수평적 방벽효과는 근접경호원이 경호대상자와 가까이 위치할수록 증가한다.
수직적 방벽효과	• 위해기도자가 고층건물과 같이 높은 위치에서 공격한다고 가정할 경우, 수직적 방벽효과는 근접경호원이 경호대상자와 가까이 위치할수록 증가한다. • 경호원의 신장의 차이가 수직적 방벽효과에 큰 영향을 미치는 것이다. • 경호원이 경호대상자에 대한 수직적 방벽효과를 극대화하기 위해서는 항상 바른 자세로 똑바로 서서 근무에 임해야 하며, 결코 몸을 움츠리거나 어정쩡한 자세를 취해서는 안 된다.

〈참고〉 이두석, 「경호학개론」, 진영사, 2018, P. 162~164

49 난이도 중 ▎경호학과 경호 - 정부수립 이후 경호제도의 변천

대한민국 정부수립 이후 경호제도의 변천에 관한 설명으로 옳지 않은 것은?

① 1949년에는 그동안 구왕궁을 관할하고 있던 경복궁경찰대가 폐지되고 경무대경찰서가 신설되었다.

> 1949년 2월 23일에는 그동안 구왕궁을 관할하고 있던 창덕궁경찰서가 폐지되고 경무대경찰서가 신설되면서 종로경찰서 관할인 중앙청 및 경무대 구내가 경무대경찰서의 관할구역이 되었다.

② 1960년에는 청와대 경찰관파견대가 대통령 경호 및 대통령관저의 경비를 담당하였다.
③ 1961년에는 군사혁명위원회가 국가재건최고회의로 발족되면서 국가재건최고회의 의장경호대가 임시로 편성되었다.
④ 1963년에는 박정희 대통령이 취임하면서 대통령경호실이 출범하였다.

핵심만콕	대한민국 정부수립 이후의 경호기관★★
경무대경찰서 (1949)	• 1949년 2월 왕궁을 관할하고 있던 창덕궁경찰서가 폐지되고 경무대경찰서가 신설되면서 경찰이 대통령 경호임무를 담당하게 되었다. 이때, 종로경찰서 관할인 중앙청 및 경무대 구내가 경무대경찰서의 관할구역이 되었다.★ • 1949년 12월 내무부령 제25호에 의하여 경호규정이 제정되면서 최초로 경호라는 용어의 사용과 경호업무의 체제가 정비되었다.★ • 경무대경찰서는 신설 당시에는 종로경찰서 관할인 중앙청 및 경무대 구내가 관할구역이었으나, 1953년 3월 30일 경찰서 직제의 개정으로 그 관할구역을 경무대 구내로 제한하였다.★
청와대 경찰관파견대 (1960)	• 1960년 4·19 혁명으로 제1공화국이 끝나고 3차 개헌을 통해 정부형태가 대통령중심제에서 내각책임제로 바뀌면서 국무총리의 지위가 크게 강화됨에 따라 대통령 경호를 담당하던 경무대경찰서가 폐지되고 경무대 지역의 경비업무는 서울시 경찰국 경비과에서 담당하게 되었다.★ • 1960년 6월 제2공화국이 수립되면서 서울시경 소속으로 청와대 경찰관파견대를 설치하여 경비과에서 담당하던 대통령 경호 및 대통령관저의 경비를 담당케 하였다.★

국가재건최고회의 의장경호대 ↓ 중앙정보부 경호대(1961)	• 1961년 5월 군사혁명위원회가 국가재건최고회의로 발족되면서 국가재건최고회의 의장경호대가 임시로 편성되었다가 중앙정보부로 예속되고, 그 해 9월 중앙정보부 내훈 제2호로 경호규정이 제정 시행되면서 11월 정식으로 중앙정보부 경호대가 발족되었다.★ • 중앙정보부 경호대의 주요 임무는 국가원수, 최고회의장, 부의장, 내각수반, 국빈의 신변보호, 기타 경호대장이 지명하는 주요 인사의 신변보호 등이었다.
대통령경호실(1963) ↓ 대통령실장 소속 경호처 (2008, 차관급) ↓ 대통령경호실 (2013, 장관급) ↓ 대통령경호처 (2017~, 차관급)	• 1963년 제3공화국이 출범하여 대통령경호실법을 제정·공포하고 박정희 대통령 취임과 동시에 대통령경호실을 출범시켰다.★ • 1974년 8·15사건을 계기로 '대통령경호경비안전대책위원회'가 설치되고, 청와대 외각경비가 경찰에서 군(55경비대대)으로 이양되었으며, 22특별경호대와 666특공대가 창설되고, 경호행사 시 3중 경호의 원칙이 도입되는 등 조직과 제도가 대폭 보강되었다. • 1981년 '대통령 당선 확정자의 가족의 호위'와 '전직대통령과 그 배우자 및 자녀의 호위'가 임무에 추가되었다.★ • 2004년 대통령 탄핵안이 가결됨에 따라 대통령 권한대행과 그 배우자에 대한 경호임무를 추가로 수행하였다.★ • 2008년 2월 29일 '대통령경호실법'은 '대통령 등의 경호에 관한 법률'로 개칭되고 소속도 대통령 직속기관인 대통령경호실에서 대통령실장 소속 경호처로 변경되었다. • 2013년 2월 25일 경호처는 다시 대통령비서실과 독립된 대통령경호실로 환원되고, 지위도 장관급으로 격상되었다. • 2017년 7월 26일 정부조직법 개정으로 대통령경호실은 재개편되어 현재 차관급 대통령경호처가 되었다.

50 난이도 중

경호의 조직 - 경호의 주체(대통령 등의 경호에 관한 법률)

대통령 등의 경호에 관한 법률의 내용으로 옳지 않은 것은?

① 5급 이상 경호공무원은 대통령경호처장의 제청으로 대통령이 임용한다.

대통령 등의 경호에 관한 법률 제7조 제1항 본문

② 임용권자는 직원(별정직 국가공무원은 제외)이 신체적·정신적 이상으로 6개월 이상 직무를 수행하지 못할 만한 지장이 있으면 직권으로 면직할 수 있다.

대통령 등의 경호에 관한 법률 제10조 제1항 제1호

③ 5급 이상 경호공무원의 정년은 58세이고, 6급 이하 경호공무원의 정년은 55세이다.

대통령 등의 경호에 관한 법률 제11조 제1항 제1호

④ 대통령경호처장의 제청으로 서울중앙지방검찰청 검사장이 지명한 경호공무원은 일반범죄에 대하여 수사상 긴급을 요하는 한도 내에서 사법경찰관리의 직무를 수행할 수 있다.

대통령경호처장의 제청으로 서울중앙지방검찰청 검사장이 지명한 경호공무원은 경호대상에 대한 경호업무 수행 중 인지한 그 소관에 속하는 범죄에 대하여 직무상 또는 수사상 긴급을 요하는 한도 내에서 사법경찰관리의 직무를 수행할 수 있다(대통령 등의 경호에 관한 법률 제17조 제1항).

| 관계법령 | 경호공무원의 사법경찰권(대통령 등의 경호에 관한 법률 제17조) ★ |

① 경호공무원(처장의 제청으로 서울중앙지방검찰청 검사장이 지명한 경호공무원을 말한다)은 제4조 제1항 각호의 경호대상에 대한 경호업무 수행 중 인지한 그 소관에 속하는 범죄에 대하여 직무상 또는 수사상 긴급을 요하는 한도 내에서 사법경찰관리(司法警察官吏)의 직무를 수행할 수 있다.
② ①항의 경우 7급 이상 경호공무원은 사법경찰관의 직무를 수행하고, 8급 이하 경호공무원은 사법경찰리(司法警察吏)의 직무를 수행한다.

51 난이도 하   경호의 조직 – 경호구역(대통령 등의 경호에 관한 법률)

대통령 등의 경호에 관한 법령상 다음에서 설명하는 구역은?

> 소속 공무원과 관계기관의 공무원으로서 경호업무를 지원하는 사람이 경호활동을 할 수 있는 구역으로, 대통령경호처장이 경호업무의 수행에 필요하다고 판단되는 경우 지정할 수 있는 구역

① 안전구역
② 경비구역
③ **경호구역**

　　제시문은 경호구역에 관한 설명이다.

④ 통제구역

| 관계법령 | 경호구역의 지정 등(대통령 등의 경호에 관한 법률 제5조) |

① 처장은 경호업무의 수행에 필요하다고 판단되는 경우 경호구역을 지정할 수 있다.
② 제1항에 따른 경호구역의 지정은 경호 목적 달성을 위한 최소한의 범위로 한정되어야 한다.
③ 소속 공무원과 관계기관의 공무원으로서 경호업무를 지원하는 사람은 경호 목적상 불가피하다고 인정되는 상당한 이유가 있는 경우에만 경호구역에서 질서유지, 교통관리, 검문·검색, 출입통제, 위험물 탐지 및 안전조치 등 위해방지에 필요한 안전활동을 할 수 있다.

52 난이도 하 ┃경호의 조직 – 경호의 주체(대통령경호안전대책위원회)

대통령 등의 경호에 관한 법령상 대통령경호안전대책위원회에 관한 설명으로 옳지 않은 것은?

① 대통령경호처의 경호대상에 대한 경호업무를 수행할 때에는 관계기관의 책임을 명확하게 하고, 협조를 원활하게 하기 위하여 비서실에 대통령경호안전대책위원회를 둔다.

  경호처에 대통령경호안전대책위원회를 둔다(대통령 등의 경호에 관한 법률 제16조 제1항).

② 대통령경호안전대책위원회는 위원장과 부위원장 각 1명을 포함한 20명 이내의 위원으로 구성한다.
③ 위원장은 처장이 되고, 부위원장은 차장이 되며, 위원은 대통령령으로 정하는 관계기관의 공무원이 된다.
④ 대통령경호안전대책위원회는 대통령 경호와 관련된 첩보·정보의 교환 및 분석업무를 관장한다.

관계법령 대통령경호안전대책위원회(대통령 등의 경호에 관한 법률 제16조)★

① 경호대상에 대한 경호업무를 수행할 때에는 관계기관의 책임을 명확하게 하고, 협조를 원활하게 하기 위하여 경호처에 대통령경호안전대책위원회를 둔다.
② 위원회는 위원장과 부위원장 각 1명을 포함한 20명 이내의 위원으로 구성한다.★
③ 위원장은 처장이 되고, 부위원장은 차장이 되며, 위원은 대통령령으로 정하는 관계기관의 공무원이 된다.
④ 위원회는 다음 각호의 사항을 관장한다.
  1. 대통령 경호에 필요한 안전대책과 관련된 업무의 협의
  2. 대통령 경호와 관련된 첩보·정보의 교환 및 분석
  3. 그 밖에 제4조 제1항 각호의 경호대상에 대한 경호에 필요하다고 인정되는 업무
⑤ 위원회의 구성 및 운영에 필요한 사항은 대통령령으로 정한다.★

---

53 난이도 중 ┃경호의 조직 – 경호의 주체(대통령경호안전대책위원회 구성원) 기출수정

대통령경호안전대책위원회규정상 대통령경호안전대책위원회의 위원이 아닌 자는?

① 법무부 출입국·외국인정책본부장
② 경찰청 보안국장

  경찰청 경비국장이 대통령경호안전대책위원회의 위원에 해당한다.

③ 국토교통부 항공안전정책관
④ 관세청 조사감시국장

> **관계법령** 구성(대통령경호안전대책위원회규정 제2조)
>
> 대통령경호안전대책위원회(이하 "위원회"라 한다)의 위원은 국가정보원 테러정보통합센터장, 외교부 의전기획관, 법무부 출입국·외국인정책본부장, 과학기술정보통신부 통신정책관, 국토교통부 항공안전정책관, 식품의약품안전처 식품안전정책국장, 관세청 조사감시국장, 대검찰청 공공수사정책관, 경찰청 경비국장, 소방청 119구조구급국장, 해양경찰청 경비국장, 합동참모본부 작전본부 소속 장성급 장교 중 위원장이 지명하는 1명, 국군방첩사령부 소속 장성급 장교 또는 2급 이상의 군무원 중 위원장이 지명하는 1명, 수도방위사령부 참모장과 위원장이 임명 또는 위촉하는 자로 구성한다.

54 난이도 중   ▮경호의 조직 – 경호의 주체(경호업무 수행 관련 관계기관 간의 협조 등)

대통령 등의 경호에 관한 법령상 다음 ( ) 안에 들어갈 내용으로 옳은 것은?

> 대통령경호처장은 「대통령 등의 경호에 관한 법률」에 따른 경호대상에 대한 경호를 위하여 필요한 경우 ( ), ( ) 및 경호·안전관리 업무를 지원하는 관계기관에 근무할 예정인 사람에게 신원진술서 및 「가족관계의 등록 등에 관한 법률」에서 정하는 증명서와 그 밖에 필요한 자료의 제출을 요구할 수 있다. 이 경우 대통령경호처장은 제출된 자료의 내용을 확인하기 위하여 관계기관에 조회 또는 그 밖에 필요한 협조를 요청할 수 있다.

① **대통령비서실, 국가안보실**

> ( ) 안에 들어갈 내용은 순서대로 대통령비서실, 국가안보실이다(대통령 등의 경호에 관한 법률 시행령 제3조의3 제1항).

② 대통령비서실, 국방부 조사본부실
③ 대검찰청 공안기획실, 국가안보실
④ 대검찰청 공안기획실, 국방부 조사본부실

> **관계법령** 경호업무 수행 관련 관계기관 간의 협조 등(대통령 등의 경호에 관한 법률 시행령 제3조의3)
>
> ① 처장은 법 제4조에 규정된 경호대상에 대한 경호를 위하여 필요한 경우 대통령비서실, 국가안보실 및 경호·안전관리 업무를 지원하는 관계기관에 근무할 예정인 사람에게 신원진술서 및 「가족관계의 등록 등에 관한 법률」에서 정하는 증명서와 그 밖에 필요한 자료의 제출을 요구할 수 있다. 이 경우 처장은 제출된 자료의 내용을 확인하기 위하여 관계기관에 조회 또는 그 밖에 필요한 협조를 요청할 수 있다.

55 난이도 중 ▮경호의 조직 – 경호조직의 조직구조와 운영

경호조직의 조직구조와 운영에 관한 설명으로 옳은 것은?

① 경호조직은 모든 동원요소가 최상의 기능을 발휘할 수 있도록 수직적 구조가 아닌 수평적 구조를 이루어야 한다.

> 경호조직은 전체구조가 통일적인 피라미드형을 구성하면서 그 속에 서로 상하의 계층을 이루고 지휘·감독 등의 방법에 의하여 경호목적을 통일적으로 실현하고 있다(김두현). 따라서, 수직적 구조가 아닌 수평적 구조를 이루어야 한다는 말은 틀린 표현이다.★

② 경호조직은 단위조직, 권한과 책임 등이 경호업무의 목적 달성에 잘 기여할 수 있도록 통합되어야 한다.

> 경호조직은 단위조직(기구단위), 권한과 책임 등이 경호업무의 목적 달성에 잘 기여할 수 있도록 분화되어야 한다. 그러나 조직 안에 있는 세력중추는 권한의 계층을 통하여 분화된 노력을 조정·통제함으로써 경호에 만전을 기할 수 있도록 통합 활동을 하여야 한다(김두현).★★

③ **경호조직의 권위는 권력의 힘에 의존하는 데에서 탈피하여 경호의 전문성에서 찾아야 한다.**

> 경호조직의 권위는 권력의 힘에 의존하는 데에서 탈피하여 경호의 전문성에서 찾아야 하고, 경호조치도 강압적이고 권위적인 통제 위주의 경호가 아니라 과학적이고 유연한 합리적 경호에 근거하여야 한다(이두석).

④ 현대 경호조직은 과거와 비교하여 규모가 축소되고 있다.

> 현대 경호조직은 과거와 비교하여 대규모화되고 있다(김두현).

〈출처〉 김두현, 「경호학개론」, 엑스퍼트, 2020, P. 182~186 / 이두석, 「경호학개론」, 진영사, 2018, P. 111~112

56 난이도 중 ▮경호의 조직 – 경호조직의 특성

하나의 경호조직이 단독으로 경호임무 수행에 필요한 모든 정보활동을 수행할 수 없다는 특성과 가장 관련있는 경호조직의 특성은?

① 기동성

> 교통수단의 발달과 인구집중 현상·환경보호, 더 나아가 세계공동체를 향한 외교활동 증대로 고도의 유동성을 띠게 되어 경호조직도 그에 대응하여 높은 기동성을 띤 조직으로 변해가고 있다.

② 보안성

> 경호활동을 위해서는 위해요소로부터 경호대상자나 경호주체의 움직임을 파악할 수 없도록 하는 것이 바람직하다.

③ 통합성

> 경호조직은 전체 구조가 통일적인 피라미드형을 구성하면서 그 조직 내 계층을 이루고 지휘·감독 등을 통하여 경호목적을 실현한다.

④ **협력성**

> 경호는 다수의 기관들이 참여하고, 국민들의 협조가 이루어져야 성공적으로 완수할 수 있는 활동이다.
>
> 참고 2021년 경호학 47번 핵심만 콕

57 난이도 하 ▮경호학과 경호 - 공경호와 사경호

다음 중 신분상 성격이 다른 것은?

① 대통령경호처 직원
② <u>신변보호업무를 수행하는 일반경비원</u>

> ②는 사경호에 해당하고, ①·③·④는 공경호에 해당한다.

③ 헌 병
④ 경찰공무원

58 난이도 하 ▮경호업무 수행방법 - 경호작용의 기본요소

경호작용의 기본요소에 관한 설명으로 옳은 것은 모두 몇 개인가?

- 우발상황에 대처할 수 있는 계획이 수립되어야 한다.
- 경호임무는 명확하게 부여되어야 하며, 각각의 임무형태에 대한 책임이 부여되어야 한다.
- 인적 자원뿐만 아니라 다양한 물적 자원의 적절한 이용이 중요하다.
- 경호대상자와 수행원, 행사 세부일정에 대한 보안의 유출은 엄격히 통제되어야 한다.

① 1개
② 2개
③ 3개
④ <u>4개</u>

> 경호작용의 기본요소는 계획수립, 책임분배, 자원동원, 보안유지가 있는데, 제시된 내용은 모두 이와 관련된 것으로 옳다.

핵심만콕	경호작용의 기본 고려요소

경호작용의 기본 고려요소로는 다음과 같다. 🔑 계·책·자·보

계획수립	모든 형태의 경호임무는 사전에 신중하게 계획되어야 하며, 예기치 않은 변화의 가능성 때문에 경호임무를 계획함에 있어 융통성 있게 수립되어야 한다.
책 임	경호임무는 명확하게 부여되어야 하며, 경호요원들은 각각의 임무형태에 대한 책임이 부과되어야 한다.
자 원	경호대상자를 경호하는 데 소요되는 자원은 경호대상자의 행차, 즉 경호대상자의 대중 앞에서의 노출이나 제반여건에 의해서 필연적으로 노출을 수반하는 행차의 지속시간과 사전 위해첩보 수집 간 획득된 내재적인 위협분석에 따라 결정된다.
보 안	경호대상자와 수행원, 행사 세부일정, 경호경비상황에 관한 보안[정보(註)]의 유출은 엄격히 통제되어야 한다. 경호요원은 이러한 정보를 인가된 자 이외의 사람에게 유출하거나 언급해서는 안 된다.

〈참고〉 김두현, 「경호학개론」, 엑스퍼트, 2020, P. 258~259

59 난이도 중 | 경호업무 수행방법 – 위협평가(위해평가)

경호작용 중 위협평가(위해평가)에 관한 설명으로 옳지 않은 것은?

① 모든 수준의 위협으로부터 경호대상자를 경호하려는 시도는 효과적이지도 않고 능률적이지도 않기 때문에 위협평가가 선행되어야 한다.
② 위협의 실체를 정확히 인식하고 가용자원의 효율적인 분배를 통하여 불필요한 인력과 자원의 낭비를 최소화하기 위함이다.
③ **경호대상자는 위협평가 후 경호대안 수립에 있어 자신이 경호업무의 일부분이 되어야 한다는 점을 인식할 필요는 없다.**

> 경호대상자는 위협평가 후 경호대안 수립에 있어 자신도 경호업무의 일부분이 되어야 한다는 점을 인식해야 한다.
> 〈출처〉 이두석, 「경호학개론」, 진영사, 2018, P. 212

④ 보이지 않는 적의 실체를 파악하여 그에 대한 경호방책을 강구하기 위한 첫걸음이다.

60 난이도 하 ┃경호업무 수행방법 - 경호위기관리단계

경호활동을 '예방-대비-대응-평가'의 4단계로 분류할 경우, 대응단계의 활동에 해당하지 않는 것은?

① 모든 출입요소에 대한 통제 및 경계
② **정보의 수집 및 생산**

> 경호활동 4단계는 2011년 기출문제로 등장한 이후 꾸준하게 출제되고 있는 부분이다. ②의 정보의 수집 및 생산은 정보활동으로 1단계 예방단계에 해당한다. ①·③·④는 대응단계의 세부 활동에 해당한다.

③ 기동경호
④ 근접경호

핵심만콕 경호위기관리단계 및 세부 경호업무 수행절차★★

관리단계	주요 활동	활동 내용	세부 활동
1단계 예방단계 (준비단계)	정보활동	경호환경 조성	법과 제도의 정비, 경호지원시스템 구축, 우호적인 공중(公衆)의 확보(홍보활동)
		정보 수집 및 평가	정보네트워크 구축, 정보의 수집 및 생산, 위협의 평가 및 대응방안 강구
		경호계획의 수립	관계부서와의 협조, 경호계획서의 작성, 경호계획 브리핑
2단계 대비단계 (안전활동단계)	안전활동	정보보안활동	보안대책 강구, 위해동향 파악 및 대책 강구, 취약시설 확인 및 조치
		안전대책활동	행사장 안전확보, 취약요소 판단 및 조치, 검측활동 및 통제대책 강구
		거부작전	주요 감제고지 및 취약지 수색, 주요 접근로 차단, 경호 영향요소 확인 및 조치
3단계 대응단계 (실시단계)	경호활동	경호작전	모든 출입요소 통제 및 경계활동, 근접경호, 기동경호
		비상대책활동	비상대책, 구급대책, 비상시 협조체제 확립
		즉각조치활동	경고, 대적 및 방호, 대피
4단계 학습단계 (평가단계)	학습활동	평가 및 자료 존안	행사결과 평가(평가회의), 행사결과보고서 작성, 자료 존안
		교육훈련	새로운 교육프로그램 준비, 교육훈련 실시, 교육훈련의 평가
		적용(피드백)	새로운 이론의 정립, 전파, 행사에의 적용

〈출처〉이두석, 「경호학개론」, 진영사, 2018, P. 157

61 난이도 중 ▮경호업무 수행방법 – 경호원의 분야별 업무담당

선발경호 시 다음의 업무를 수행하는 담당은?

> 주최 측의 행사진행계획을 면밀히 검토하여 참석대상, 성격분석, 시차별 입장계획 등을 작전 담당에게 전달

① 승·하차 및 정문 담당
② 안전대책 담당
③ 주행사장 담당
④ **출입통제 담당**

> 제시된 내용은 출입통제 담당자의 임무에 해당하는 것으로, 이와 같은 문제를 해결하기 위해선 각 경호원의 분야별 담당업무에 대해 알고 있어야 한다.

핵심만콕 경호원의 분야별 업무담당

- **작전 담당**: 정보수집 및 분석을 통하여 작전구역별 특성에 맞는 인원 운용계획 작성, 비상대책체제 구축에 주력하며 부가적으로 시간사용계획 작성, 관계관 회의 시 주요 지침사항·예상문제점·참고사항(기상, 정보·첩보) 등을 계획하고 임무별 진행사항을 점검하여 통합 세부계획서 작성 등
- **출입통제 담당**: 행사 참석대상 및 성격분석, 출입통로 지정, 본인 여부 확인, 검문검색, 주차장 운용계획, 중간집결지 운용, 구역별 비표 구분, 안전 및 질서를 고려한 시차별 입장계획, 상주자 및 민원인 대책, 야간근무자 등의 통제계획을 작전 담당에게 전달 등
- **안전대책 담당**: 안전구역 확보계획 검토, 건물의 안전성 여부 확인, 상황별 비상대피로 구상, 행사장 취약시설물 파악, 비상 및 일반예비대 운용방법 확인, 최기병원(적정병원) 확인, 직시건물(고지)·공중 감시대책 검토 등
- **행정 담당**: 출장여비 신청 및 수령, 각 대의 숙소 및 식사장소 선정, 비상연락망 구성 등
- **차량 담당**: 출동인원에 근거하여 선발대 및 본대 사용차량 배정, 이동수단별 인원, 코스, 휴게실 등을 계획하여 작전 담당에게 전달 등
- **승·하차 및 정문 담당**: 진입로 취약요소 파악 및 확보계획 수립 후 주요 위치에 근무자 배치, 통행인 순간통제방법 강구, 비상 및 일반예비대 대기장소 확인, 안전구역 접근자 차단 및 위해요소 제거, 출입차량 검색 및 주차지역 안내 등
- **보도 담당**: 배치결정된 보도요원 확인, 보도요원 위장침투 차단, 행사장별 취재계획 수립 전파 등
- **주행사장 내부 담당**: 경호대상자 동선 및 좌석위치에 따른 비상대책 강구, 행사장 내의 인적·물적 접근 통제 및 차단계획 수립, 정전 등 우발상황에 대비한 각 근무자 예행연습, 행사장의 단일 출입 및 단상·천장·경호대상자 동선 등에 대한 안전도의 확인, 각종 집기류 최종 점검 등
- **주행사장 외부 담당**: 안전구역 내 단일 출입로 설정, 외곽 감제고지 및 직시건물에 대한 안전조치, 취약요소 및 직시지점을 고려한 단상 설치, 경호대상자 좌석과 참석자 간 거리 유지, 방탄막 설치 및 비상차량 운용계획 수립, 지하대피시설 점검 및 확보, 경비 및 경계구역 내에 대한 안전조치 강화, 차량 및 공중강습에 대한 대비책 강구 등

62 난이도 하

선발경호의 목적으로 옳지 않은 것은?

① **발생한 위험에 대응하여 경호대상자를 보호한다.**

> 선발경호는 경호대상자보다 먼저 경호행사장에 도착하여 위해요소를 점검하고 안전을 확보하는 활동이다. 임시로 편성된 경호단위를 행사 지역에 사전에 파견하여 제반 취약요소에 대한 안전조치를 강구하고 경호대상자의 신변안전을 도모하는 일련의 작용을 의미한다. 선발경호는 예방적 경호요소를 포함하며 완벽한 경호를 위한 준비활동으로 볼 수 있으며, 각종 사고의 가능성을 최소화하는 노력을 의미한다.

② 우발상황에 대응하기 위한 비상대책을 강구한다.
③ 사전에 각종 위해요소를 제거하거나 최소화한다.
④ 행사 지역의 경호 관련 정보를 수집·제공한다.

▮경호업무 수행방법 - 선발경호의 목적

63 난이도 중

차량경호업무 내용으로 옳지 않은 것은?

① 차량이동 시 속도를 평상시보다 빠르게 하는 것이 경호에 유리한 여건을 조성한다.
② **차량이 하차 지점에 도착하면 제일 먼저 차량 문을 개방하여 경호대상자가 하차하도록 해야 한다.**

> 차량이 하차 지점에 도착하면 정차 후 운전석 옆에 탑승한 경호요원(보통 경호팀장)이 차에서 내려 먼저 주변 안전을 확인하여야 하고, 차량 문을 먼저 개방해서는 안 된다. 경호팀장은 준비가 완료되면 경호대상자 차의 잠금장치를 풀고 경호대상자를 차에서 내리게 한 후 경호대상자가 신속하게 건물 안으로 이동할 수 있도록 한다.
> 〈출처〉 김계원, 「경호학」, 진영사, 2012, P. 249~250

③ 경호책임자는 경호대상자 승·하차 시 차량 문의 개폐와 잠금장치를 통제한다.
④ 운전요원은 경호대상자가 하차 후 안전한 곳으로 이동 시까지 차량에 대기해야 한다.

▮경호업무 수행방법 - 차량경호업무

64 난이도 하

사주경계에 관한 설명으로 옳지 않은 것은?

① 행사 상황이나 분위기에 어울리지 않는 복장을 착용하거나 수상한 행동을 하는 사람을 중점 감시한다.
② 사주경계의 대상은 인적·물적·지리적 취약요소를 망라한다.
③ 사람들의 손, 표정, 행동을 전체적으로 경계한다.
④ **육감에 의지하지 말고 직접 보고 들은 것에만 집중해서 관찰한다.**

> 경호원의 육감은 위험을 예상하고 위험을 진압하기 위한 재빠른 조치를 취할 시점을 알아채는 데 필수적인 능력 중 하나로 경호원은 직접 보고 들은 것뿐만 아니라 육감에 의지하여 경호를 해야 한다.

▮경호업무 수행방법 - 사주경계

65 난이도 하 | 경호업무 수행방법 - 기만경호

경호기법 중 기만경호에 관한 설명으로 옳지 않은 것은?

① 위해기도자에게 행사 상황을 오판하도록 허위 흔적을 제공한다.
② 위해기도자로부터 공격행위를 포기하게 하거나 실패하도록 유도하는 비계획적이고 정형적인 경호기법이다.

> 기만경호란 위해기도자에게 행사 상황을 오판하도록 허위 상황을 제공하여 위해기도자로 하여금 위해기도를 포기하거나 위해기도를 실패하도록 유도하는 계획적이고 변칙적인 경호기법을 말한다.

③ 경호대상자의 차량위치, 차량의 종류를 수시로 바꾼다.
④ 경호대상자와 용모가 닮은 사람을 경호요원이나 수행요원으로 선발하여 배치한다.

66 난이도 중 | 경호업무 수행방법 - 근접경호(엘리베이터 탑승 시 경호기법)

근접경호에서 경호대상자가 엘리베이터에 탑승할 경우의 경호기법에 관한 설명으로 옳지 않은 것은?

① 가능한 한 별도의 전용 엘리베이터를 이용한다.
② 경호대상자를 먼저 신속히 탑승시킨 후 경호원은 내부 안쪽에 방호벽을 형성하고 경호대상자를 엘리베이터 문 가까이 위치하도록 하여야 한다.

> 엘리베이터 탑승 시 경호대상자는 외부인의 시야에 바로 노출되지 않는 지역에 위치하도록 하여야 한다.

③ 전용 엘리베이터는 이동층 표시등, 문의 작동속도, 작동상 이상 유무를 점검해 두어야 한다.
④ 엘리베이터를 타고 내리는 지점과 경비구역을 사전에 철저히 점검해야 한다.

핵심만콕 엘리베이터 탑승 시 경호기법

- 가능한 한 일반인과는 별도의 전용 엘리베이터를 이용하는 것이 좋다.
- 전용 엘리베이터는 사전에 이동 층의 표시등, 문의 작동속도, 비상시 작동버튼, 이동속도, 창문의 여부, 정원, 비상용 전화기 설치 여부, 작동상의 이상 유무 등을 조사해 두어야 한다.
- 엘리베이터의 문이 열렸을 때 경호대상자가 외부인의 시야에 바로 노출되지 않는 지역에 위치하도록 하여야 한다.
- 문이 열렸을 때 전방 경호원이 내부를 점검하고 목표층을 누르면 경호대상자를 내부 안쪽 모서리 부분에 탑승시킨 후 방벽을 형성하고 경계임무를 수행하도록 한다.

67 난이도 하 ▌경호업무 수행방법 – 근접경호원의 임무

근접경호원의 임무에 관한 설명으로 옳지 않은 것은?

① 경호대상자가 심리적 안정감을 느낄 수 있도록 경호대상자가 볼 수 있는 지점에 위치한다.
② **이동속도는 경호대상자의 건강상태, 신장, 보폭 등을 고려하지 않고 최대한 빠르게 하여야 한다.**

> 이동속도는 경호대상자의 건강상태, 신장, 보폭 등 여러 사항을 종합적으로 고려하여 정하여야 한다.

③ 경호대상자 주위의 모든 사람들의 손을 주의해서 관찰하고, 흉기를 소지하고 있다는 가정하에 대비책을 구상한다.
④ 타 지역으로 이동하기 전에 이동로, 경호대형, 특이상황, 주의사항 등을 경호대상자에게 알려 주어야 한다.

68 난이도 하 ▌경호업무 수행방법 – 출입자 통제대책

출입자 통제대책에 관한 설명으로 옳지 않은 것은?

① 경호구역을 설정하여 행사와 무관한 사람의 출입을 차단한다.
② 비표를 운용하여 모든 출입요소의 인가 여부를 확인한다.
③ 금속탐지기를 운용하여 위해요소의 반입을 차단한다.
④ **비표는 식별이 용이하도록 선명하여야 하고, 구역의 구분 없이 동일하게 제작·운용한다.**

> 비표는 식별이 용이하도록 선명하여야 하고, 행사 참석자의 활동범위를 지정해주는 통제수단이므로 구역을 식별할 수 있도록 행사장의 상황에 맞춰 여러 가지로 제작·운용할 수 있다.

69 난이도 하 ▌경호업무 수행방법 – 우발상황 대응요령

우발상황 발생 시 경호원의 대처 자세로 옳지 않은 것은?

① 근접경호원은 경호대상자의 주변에 방벽을 형성하여 방어한다.
② 위해기도자가 단독범이 아니고 공범이 있을 경우를 예상하여 다른 방향에서의 공격에 대비한다.
③ **위해기도자의 위치 파악과 대응 및 제압으로 사태가 안정된 후 경호대상자를 대피시킨다.**

> 우발상황 발생 시 경호요원은 경호대상자를 대피시킬 때는 시간이 지체되어서는 안 되고, 신속하게 위험지역에서 대피시켜야 한다.

④ 위해기도자들의 계략이나 공격 여건을 조성하기 위해 유도하는 전술에 휘말려서는 안 된다.

70 난이도 하   경호업무 수행방법 - 우발상황의 대응방법

우발상황 발생 시 경호원이 '경고, 방호, 대피'의 조치를 취할 때 '경고'에 해당하는 사항은?

① 육성이나 무전으로 전 경호원에게 상황 내용을 간단명료하게 전파하는 것
   | 경 고 |

② 최단시간 내에 범인에게 총격으로 제압 및 보복공격을 하는 것
   | 대적 및 제압 |

③ 위험지역에서 안전지역으로 신속히 경호대상자를 이동시키는 것
   | 대 피 |

④ 경호원 자신의 체위를 확장하여 방벽효과를 높이는 것
   | 방 호 |

71 난이도 중   경호업무 수행방법 - 우발상황의 특성

우발상황의 특성에 관한 설명으로 옳은 것을 모두 고른 것은?

> ㄱ. 그 발생 여부가 불확실하다.
> ㄴ. 상황에 대처할 충분한 시간적 여유가 없다.
> ㄷ. 경호대상자의 신변에 중대한 결과를 초래할 수 있다.

① ㄱ, ㄴ
② ㄱ, ㄷ
③ ㄴ, ㄷ
④ ㄱ, ㄴ, ㄷ

   제시된 내용은 모두 우발상황의 특성에 관한 설명으로 옳다.

핵심만콕 우발상황의 특성

불확실성 (사전예측의 곤란성)	우발상황의 발생 여부가 불확실하고 사전예측이 곤란하여 대비가 어렵다.
돌발성	우발상황은 사전예고 없이 돌발적으로 발생한다.
시간제약성	돌발성으로 인해 우발상황에 대처할 충분한 시간적 여유가 없다.
중대성 (혼란 야기와 무질서, 심리적 불안정성)	우발상황은 경호대상자의 안전이나 행사에 치명적인 영향(무질서, 혼란, 충격, 공포 등)을 끼칠 수 있는 상황으로, 경호대상자의 신변에 중대한 결과를 초래할 수 있다.
현장성	우발상황은 현장에서 발생하고 이에 대한 경호조치도 현장에서 이루어져야 한다.
자기보호본능의 발동	• 우발상황 발생 시 일반인뿐만 아니라 경호원도 인간의 기본욕구인 자기자신을 보호하려는 보호본능이 발현된다. • 자기보호본능의 발현에도 불구하고 경호원으로서 본분을 망각하지 않기 위해 평소에 공격 방향으로 신속하고도 과감히 몸을 던지는 반복숙달 훈련과 심리적 훈련이 요구된다.

〈참고〉이두석, 「경호학개론」, 진영사, 2018, P. 344

---

72 난이도 하 ▎경호업무 수행방법 – 검측활동

검측활동에 관한 설명으로 옳지 않은 것은?

① 화재나 정전 등을 이용한 행사 방해행위를 예방한다.
② **경호계획에 의거하여 공식행사에서 실시함을 원칙으로 하며, 비공식행사에서는 실시할 수 없다.**

> 검측은 경호계획에 의거하여 공식행사에서 실시함을 원칙으로 하며, 비공식행사에서는 비노출 검측활동을 실시할 수 있다.

③ 폭발물 매설 등으로 인한 의도된 위해행위를 거부한다.
④ 행사장과 경호대상자의 이동로를 중심으로 구역을 명확히 구분하여 담당구역별로 실시한다.

73 난이도 하

▎경호업무 수행방법 – 안전검측의 원칙

안전검측의 원칙에 관한 설명으로 옳지 않은 것은?

① 주요 인사가 임석하는 장소를 중심으로 이동하는 통과지점의 상, 하, 좌, 우를 중점 점검한다.
② 위해기도자의 입장에서 설치장소를 의심하며 추적한다.
③ 주변에 흩어져 있는 물건은 완벽하게 정리 정돈하며, 확인 불가능한 것은 현장에서 제거한다.
④ **한 번 점검한 지역은 인간의 오관을 이용하지 않고, 장비에 의거하여 재점검한다.**

> 안전검측 시에는 장비를 이용하되 인간의 오감을 최대한 활용해 검측에 임해야 한다.

핵심만콕 안전검측의 원칙

- 검측은 타 업무보다 우선하며, 예외를 불허하고 선 선발개념으로 실시한다.
- 가용 인원 및 장소는 최대한 지원받아 활용한다.★
- 범인(적)의 입장에서 설치장소를 의심하며 추적한다.★
- 점검은 아래에서 위로, 좌에서 우로 등 일정한 방향으로 체계적으로 점검한다.
- 점과 선에서 실시하되 가까운 곳에서 먼 곳으로, 밖에서 안으로 끝까지 추적한다.★★
- 통로보다는 양 측면을 점검하고 책임구역을 명확히 구분하여 의심나는 곳은 반복하여 실시한다.★
- 검측대상은 외부, 내부, 공중지역, 연도로 구분 실시한다.
- 장비를 이용하되 오감(오관)을 최대한 활용한다.★
- 전자제품은 분해하여 확인하고, 확인이 불가능한 것은 현장에서 제거한다.
- 검측인원의 책임구역을 명확하게 하며, 중복되게 점검이 이루어져야 한다.★
- 검측은 경호계획에 의거하여 공식행사에서 실시함을 원칙으로 하되, 비공식행사에서는 비노출 검측활동을 실시할 수 있다.★
- 회의실, 오찬장, 휴게실 등 경호대상자가 장시간 머물러 있는 곳을 먼저 실시하고, 통로, 현관 등 경호대상자가 움직이는 경로를 순차적으로 실시한다.★★
- 검측실시 후 현장 확보상태에서 지속적인 안전유지를 한다.
- 행사 직전 반입되는 물품 등은 쉽게 소형 폭발물의 은폐가 가능하므로 계속적인 검측을 실시한다.

74 난이도 중

▎경호의전과 구급법 – 경호의전과 예절

경호의전과 예절에 관한 설명으로 옳지 않은 것은?

① 비행기를 타고 내릴 때는 상급자가 마지막에 타고 먼저 내린다.
② 기차에서 두 사람이 나란히 앉는 좌석에서는 창가 쪽이 상석이다.
③ 여성과 남성이 승용차에 동승할 때에는 여성이 먼저 타고, 하차 시에는 남성이 먼저 내려 차 문을 열어 준다.
④ **선박의 경우, 객실등급이 정해져 있지 않을 경우 선체의 오른쪽이 상석이 된다.**

> 선박의 경우 객실등급이 정해져 있지 않을 경우 선체의 오른쪽이 아닌 중심부가 상석이 된다.

75 난이도 중 ▮경호의전과 구급법 - 국기 게양방법

의전에 있어 태극기 게양방법으로 옳지 않은 것은?

① 국군의 날은 태극기를 전국적으로 게양하여야 하는 날이다.
② 현충일은 조기를 게양한다.
③ 공항·호텔 등 국제적인 교류장소는 태극기를 가능한 한 연중 게양하여야 한다.
④ **국제행사가 치러지는 건물 밖에 여러 개의 국기를 동시에 게양 시, 총 국기의 수가 짝수이고 게양대의 높이가 동일할 경우 건물 밖에서 바라볼 때를 기준으로 태극기를 가장 오른쪽에 게양한다.**

> 국제행사가 치러지는 건물 밖에 여러 개의 국기를 동시에 게양 시 총 국기의 수가 짝수이고 게양대의 높이가 동일할 경우 건물 밖에서 바라볼 때를 기준으로 태극기를 가장 오른쪽이 아닌 왼쪽에 게양한다.

76 난이도 하 ▮경호의전과 구급법 - 심폐소생술

다음 ( )에 알맞은 내용은?

> ( )(이)란 의식장애나 호흡, 순환기능이 정지되거나 현저히 저하된 상태로 인하여 사망의 위험이 있는 자에 대하여 즉시 기도를 개방하고 인공호흡과 심장압박을 실시해서 즉각적으로 생명유지를 도모하는 처치방법이다.

① 환자관찰
② **심폐소생술**

> 제시문에서 설명하고 있는 응급처치방법은 심폐소생술(CPR)이다.

③ 응급구조
④ 보조호흡

핵심만콕 심폐소생술을 실시할 경우 확인사항 등

- 호흡운동 및 발작성 호흡 유무
- 청색증, 경련증 및 간질 발현 유무
- 통증에 대한 반응 유무
- 심폐소생술을 실시하는 가운데 출혈이 심하다면 심폐소생술 실시자 이외의 다른 보호자는 지혈을 실시한다.
- 심폐소생술을 실시할 때에는 쇼크를 예방하기 위해 가슴을 따뜻하게 해주어야 한다.

77 난이도 중 | 경호의 환경 – 암살의 동기

암살의 동기에 관한 설명으로 옳지 않은 것은?

① 이념적 동기 – 전쟁 중인 적국의 지도자를 제거함으로써 승전으로 이끌 수 있다고 판단하는 경우

> 전쟁 중에 있는 적국의 지도자를 제거함으로써 승전으로 이끌 수 있다고 판단하는 경우는 적대적(전략적) 동기이다. 이념적 동기는 자신들이 깊이 신봉하는 사상에 위협이 가해지거나 그럴 가능성이 있다고 판단하는 경우 발생한다.

② 개인적 동기 – 복수·증오·분노와 같은 개인의 감정으로 인한 경우
③ 정치적 동기 – 현존하는 정권이나 정부를 재구성하려는 욕망으로 인한 경우
④ 심리적 동기 – 정신분열증, 편집병, 조울증, 노인성 치매 등의 요소들 중 한 가지 또는 그 이상의 요소들이 복합적으로 작용하는 경우

핵심만콕 암살의 동기★

개인적 동기	분노, 복수, 원한, 증오 등 극히 개인적 동기에 의해 암살이 이루어진다.
경제적 동기	금전적 보상 혹은 경제적 어려움을 해소하기 위하여 피암살자의 희생이 필요하다는 신념에 의해 암살이 이루어진다.
적대적 동기	전쟁 중이거나 적대관계에 있는 지도자를 제거하여 승전을 유도하거나 사회혼란을 조성하기 위해 암살이 이루어진다.
정치적 동기	정권을 바꾸거나 교체하려는 욕망으로 암살이 이루어진다.
심리적 동기	정신분열증, 조울증, 편집증, 노인성 치매 등 정신병력 증세를 갖고 있는 사람들에 의해 암살이 이루어진다.
이념적 동기	어떠한 개인 혹은 집단이 주장·신봉하는 이념이나 사상을 탄압하거나 방해한다고 여겨지는 때 그 대상을 제거하기 위한 목표로 암살이 이루어진다.

78 난이도 하 | 경호의 환경 – 뉴테러리즘의 특징

뉴테러리즘(New Terrorism)의 특징에 관한 설명으로 옳지 않은 것은?

① 요구 조건이나 공격 주체가 구체적이고 분명하다.

> 뉴테러리즘(New Terrorism)은 일반대중들의 공포를 목적으로 적이 누구인지 모르고, 전선이나 전쟁규칙도 없다. 대량살상무기나 사이버무기, 생물학무기, 생화학무기 등을 사용하며, 결국 사회나 국가전체의 혼란 및 무력화를 추구하는 새로운 테러리즘을 지칭하는 말이다. 기존의 테러리즘과는 달리 요구 조건이나 공격 주체가 불분명하다는 특징을 지닌다.

② 과학화·정보화의 특성을 반영하여 조직이 고도로 네트워크화되어 있다.
③ 테러행위에 소요되는 시간이 짧아 대처할 시간이 부족하다.
④ 전통적 테러리즘에 비해 그 피해가 상상을 초월한다.

79 난이도 중 ▮경호의 환경 - 국가테러대책위원회의 구성원

국민보호와 공공안전을 위한 테러방지법령상 국가테러대책위원회의 위원이 아닌 자는? 기출수정

① 행정안전부장관
② 국무조정실장
③ **경찰청 경비국장**

> 경찰청 경비국장이 아니라 경찰청장이 국가테러대책위원회 위원에 해당한다.

④ 국가정보원장

핵심만콕 국가테러대책위원회 구성(테러방지법 제5조 제2항, 동법 시행령 제3조 제1항) ★

- 위원장 : 국무총리
- 위원 : 기획재정부장관, 외교부장관, 통일부장관, 법무부장관, 국방부장관, 행정안전부장관, 산업통상자원부장관, 환경부장관, 국토교통부장관, 해양수산부장관, 국가정보원장, 국무조정실장, 금융위원회 위원장, 원자력안전위원회 위원장, 대통령경호처장, 관세청장, 경찰청장, 소방청장, 질병관리청장 및 해양경찰청장

---

80 난이도 중 ▮경호의 환경 - 테러사건 발생 시 초동조치 사항

국민보호와 공공안전을 위한 테러방지법령상 테러사건 발생 시 초동조치 사항으로 옳지 않은 것은? 기출수정

① **사건 현장의 신속한 정리 및 복구**

> 사건 현장의 신속한 정리 및 복구가 아니라 사건 현장의 보존·통제 및 경비 강화가 테러사건 발생 시 초동조치 사항에 해당한다.

② 그 밖에 사건 확산 방지를 위하여 필요한 사항
③ 긴급대피 및 구조·구급
④ 관계기관에 대한 지원 요청

관계법령 상황전파 및 초동조치(테러방지법 시행령 제23조)

① 관계기관의 장은 테러사건이 발생하거나 테러 위협 등 그 징후를 인지한 경우에는 관련 상황 및 조치사항을 관련기관의 장과 대테러센터장에게 즉시 통보하여야 한다.
② 관계기관의 장은 테러사건이 발생한 경우 사건의 확산 방지를 위하여 신속히 다음 각호의 초동조치를 하여야 한다.
  1. 사건 현장의 통제·보존 및 경비 강화
  2. 긴급대피 및 구조·구급
  3. 관계기관에 대한 지원 요청
  4. 그 밖에 사건 확산 방지를 위하여 필요한 사항
③ 국내 일반테러사건의 경우에는 대책본부가 설치되기 전까지 테러사건 발생 지역 관할 경찰관서의 장이 제2항에 따른 초동조치를 지휘·통제한다.

훌륭한 가정만한 학교가 없고,
덕이 있는 부모만한 스승은 없다.

– 마하트마 간디 –

참고문헌

제2과목 경호학

- 최선우, 경호학, 박영사, 2021
- 김두현, 경호학개론, 엑스퍼트, 2020
- 이두석, 경호학개론, 진영사, 2018
- 김계원, 경호학, 진영사, 2018
- 김신혜, 핵심 경비지도사 경호학, 진영사, 2015
- 서진석, 민간경비론, 진영사, 2014
- 김동제·조성구, 경호학, 백산출판사, 2013
- 김순석 외, 신경향경호학, 백산출판사, 2013
- 양재열, 경호학원론, 박영사, 2012
- 송상욱 외, 핵심경호학, 진영사, 2009
- 이상철, 경호현장운용론, 진영사, 2008

2025 시대에듀 경비지도사 2차 10개년 기출문제해설 [일반경비]

개정10판2쇄 발행	2025년 03월 20일(인쇄 2025년 09월 01일)
초 판 발 행	2015년 04월 20일(인쇄 2015년 03월 31일)
발 행 인	박영일
책 임 편 집	이해욱
편 저	시대에듀 경비지도사 교수진
편 집 진 행	이재성 · 고광옥 · 백승은
표지디자인	박종우
편집디자인	표미영 · 임창규
발 행 처	(주)시대고시기획
출 판 등 록	제10-1521호
주 소	서울시 마포구 큰우물로 75 [도화동 538 성지 B/D] 9F
전 화	1600-3600
팩 스	02-701-8823
홈 페 이 지	www.sdedu.co.kr
I S B N	979-11-383-8783-5 (13350)
정 가	33,000원

※ 이 책은 저작권법의 보호를 받는 저작물이므로 동영상 제작 및 무단전재와 배포를 금합니다.
※ 잘못된 책은 구입하신 서점에서 바꾸어 드립니다.

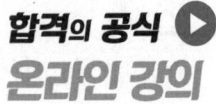

혼자 공부하기 힘드시다면 방법이 있습니다.
시대에듀의 동영상 강의를 이용하시면 됩니다.
www.sdedu.co.kr → 회원가입(로그인) → 강의 살펴보기

정답 마킹표(40문/4지선다)

연도		과목	
시간		회독	
문번	CHECK	문번	CHECK
1	① ② ③ ④	21	① ② ③ ④
2	① ② ③ ④	22	① ② ③ ④
3	① ② ③ ④	23	① ② ③ ④
4	① ② ③ ④	24	① ② ③ ④
5	① ② ③ ④	25	① ② ③ ④
6	① ② ③ ④	26	① ② ③ ④
7	① ② ③ ④	27	① ② ③ ④
8	① ② ③ ④	28	① ② ③ ④
9	① ② ③ ④	29	① ② ③ ④
10	① ② ③ ④	30	① ② ③ ④
11	① ② ③ ④	31	① ② ③ ④
12	① ② ③ ④	32	① ② ③ ④
13	① ② ③ ④	33	① ② ③ ④
14	① ② ③ ④	34	① ② ③ ④
15	① ② ③ ④	35	① ② ③ ④
16	① ② ③ ④	36	① ② ③ ④
17	① ② ③ ④	37	① ② ③ ④
18	① ② ③ ④	38	① ② ③ ④
19	① ② ③ ④	39	① ② ③ ④
20	① ② ③ ④	40	① ② ③ ④
정답		오답	
점수			

MEMO

정답 마킹표(40문/4지선다)

연도		과목	
시간		회독	
문번	CHECK	문번	CHECK
1	① ② ③ ④	21	① ② ③ ④
2	① ② ③ ④	22	① ② ③ ④
3	① ② ③ ④	23	① ② ③ ④
4	① ② ③ ④	24	① ② ③ ④
5	① ② ③ ④	25	① ② ③ ④
6	① ② ③ ④	26	① ② ③ ④
7	① ② ③ ④	27	① ② ③ ④
8	① ② ③ ④	28	① ② ③ ④
9	① ② ③ ④	29	① ② ③ ④
10	① ② ③ ④	30	① ② ③ ④
11	① ② ③ ④	31	① ② ③ ④
12	① ② ③ ④	32	① ② ③ ④
13	① ② ③ ④	33	① ② ③ ④
14	① ② ③ ④	34	① ② ③ ④
15	① ② ③ ④	35	① ② ③ ④
16	① ② ③ ④	36	① ② ③ ④
17	① ② ③ ④	37	① ② ③ ④
18	① ② ③ ④	38	① ② ③ ④
19	① ② ③ ④	39	① ② ③ ④
20	① ② ③ ④	40	① ② ③ ④
정답		오답	
점수			

MEMO

정답 마킹표(40문/4지선다)

연도		과목	
시간		회독	
문번	CHECK	문번	CHECK
41	① ② ③ ④	61	① ② ③ ④
42	① ② ③ ④	62	① ② ③ ④
43	① ② ③ ④	63	① ② ③ ④
44	① ② ③ ④	64	① ② ③ ④
45	① ② ③ ④	65	① ② ③ ④
46	① ② ③ ④	66	① ② ③ ④
47	① ② ③ ④	67	① ② ③ ④
48	① ② ③ ④	68	① ② ③ ④
49	① ② ③ ④	69	① ② ③ ④
50	① ② ③ ④	70	① ② ③ ④
51	① ② ③ ④	71	① ② ③ ④
52	① ② ③ ④	72	① ② ③ ④
53	① ② ③ ④	73	① ② ③ ④
54	① ② ③ ④	74	① ② ③ ④
55	① ② ③ ④	75	① ② ③ ④
56	① ② ③ ④	76	① ② ③ ④
57	① ② ③ ④	77	① ② ③ ④
58	① ② ③ ④	78	① ② ③ ④
59	① ② ③ ④	79	① ② ③ ④
60	① ② ③ ④	80	① ② ③ ④
정답		오답	
점수			

MEMO

정답 마킹표(40문/4지선다)

연도		과목	
시간		회독	
문번	CHECK	문번	CHECK
41	① ② ③ ④	61	① ② ③ ④
42	① ② ③ ④	62	① ② ③ ④
43	① ② ③ ④	63	① ② ③ ④
44	① ② ③ ④	64	① ② ③ ④
45	① ② ③ ④	65	① ② ③ ④
46	① ② ③ ④	66	① ② ③ ④
47	① ② ③ ④	67	① ② ③ ④
48	① ② ③ ④	68	① ② ③ ④
49	① ② ③ ④	69	① ② ③ ④
50	① ② ③ ④	70	① ② ③ ④
51	① ② ③ ④	71	① ② ③ ④
52	① ② ③ ④	72	① ② ③ ④
53	① ② ③ ④	73	① ② ③ ④
54	① ② ③ ④	74	① ② ③ ④
55	① ② ③ ④	75	① ② ③ ④
56	① ② ③ ④	76	① ② ③ ④
57	① ② ③ ④	77	① ② ③ ④
58	① ② ③ ④	78	① ② ③ ④
59	① ② ③ ④	79	① ② ③ ④
60	① ② ③ ④	80	① ② ③ ④
정답		오답	
점수			

MEMO

정답 마킹표(40문/4지선다)

연 도		과 목	
시 간		회 독	

문 번	CHECK	문 번	CHECK
1	① ② ③ ④	21	① ② ③ ④
2	① ② ③ ④	22	① ② ③ ④
3	① ② ③ ④	23	① ② ③ ④
4	① ② ③ ④	24	① ② ③ ④
5	① ② ③ ④	25	① ② ③ ④
6	① ② ③ ④	26	① ② ③ ④
7	① ② ③ ④	27	① ② ③ ④
8	① ② ③ ④	28	① ② ③ ④
9	① ② ③ ④	29	① ② ③ ④
10	① ② ③ ④	30	① ② ③ ④
11	① ② ③ ④	31	① ② ③ ④
12	① ② ③ ④	32	① ② ③ ④
13	① ② ③ ④	33	① ② ③ ④
14	① ② ③ ④	34	① ② ③ ④
15	① ② ③ ④	35	① ② ③ ④
16	① ② ③ ④	36	① ② ③ ④
17	① ② ③ ④	37	① ② ③ ④
18	① ② ③ ④	38	① ② ③ ④
19	① ② ③ ④	39	① ② ③ ④
20	① ② ③ ④	40	① ② ③ ④
정 답		오 답	
점 수			

MEMO

정답 마킹표(40문/4지선다)

연 도		과 목	
시 간		회 독	

문 번	CHECK	문 번	CHECK
1	① ② ③ ④	21	① ② ③ ④
2	① ② ③ ④	22	① ② ③ ④
3	① ② ③ ④	23	① ② ③ ④
4	① ② ③ ④	24	① ② ③ ④
5	① ② ③ ④	25	① ② ③ ④
6	① ② ③ ④	26	① ② ③ ④
7	① ② ③ ④	27	① ② ③ ④
8	① ② ③ ④	28	① ② ③ ④
9	① ② ③ ④	29	① ② ③ ④
10	① ② ③ ④	30	① ② ③ ④
11	① ② ③ ④	31	① ② ③ ④
12	① ② ③ ④	32	① ② ③ ④
13	① ② ③ ④	33	① ② ③ ④
14	① ② ③ ④	34	① ② ③ ④
15	① ② ③ ④	35	① ② ③ ④
16	① ② ③ ④	36	① ② ③ ④
17	① ② ③ ④	37	① ② ③ ④
18	① ② ③ ④	38	① ② ③ ④
19	① ② ③ ④	39	① ② ③ ④
20	① ② ③ ④	40	① ② ③ ④
정 답		오 답	
점 수			

MEMO

정답 마킹표(40문/4지선다)

연 도			과 목				
시 간			회 독				
문 번	CHECK				문 번	CHECK			
41	①	②	③	④	61	①	②	③	④
42	①	②	③	④	62	①	②	③	④
43	①	②	③	④	63	①	②	③	④
44	①	②	③	④	64	①	②	③	④
45	①	②	③	④	65	①	②	③	④
46	①	②	③	④	66	①	②	③	④
47	①	②	③	④	67	①	②	③	④
48	①	②	③	④	68	①	②	③	④
49	①	②	③	④	69	①	②	③	④
50	①	②	③	④	70	①	②	③	④
51	①	②	③	④	71	①	②	③	④
52	①	②	③	④	72	①	②	③	④
53	①	②	③	④	73	①	②	③	④
54	①	②	③	④	74	①	②	③	④
55	①	②	③	④	75	①	②	③	④
56	①	②	③	④	76	①	②	③	④
57	①	②	③	④	77	①	②	③	④
58	①	②	③	④	78	①	②	③	④
59	①	②	③	④	79	①	②	③	④
60	①	②	③	④	80	①	②	③	④
정 답			오 답				
점 수							

MEMO

정답 마킹표(40문/4지선다)

연 도			과 목				
시 간			회 독				
문 번	CHECK				문 번	CHECK			
41	①	②	③	④	61	①	②	③	④
42	①	②	③	④	62	①	②	③	④
43	①	②	③	④	63	①	②	③	④
44	①	②	③	④	64	①	②	③	④
45	①	②	③	④	65	①	②	③	④
46	①	②	③	④	66	①	②	③	④
47	①	②	③	④	67	①	②	③	④
48	①	②	③	④	68	①	②	③	④
49	①	②	③	④	69	①	②	③	④
50	①	②	③	④	70	①	②	③	④
51	①	②	③	④	71	①	②	③	④
52	①	②	③	④	72	①	②	③	④
53	①	②	③	④	73	①	②	③	④
54	①	②	③	④	74	①	②	③	④
55	①	②	③	④	75	①	②	③	④
56	①	②	③	④	76	①	②	③	④
57	①	②	③	④	77	①	②	③	④
58	①	②	③	④	78	①	②	③	④
59	①	②	③	④	79	①	②	③	④
60	①	②	③	④	80	①	②	③	④
정 답			오 답				
점 수							

MEMO

정답 마킹표(40문/4지선다)

연 도		과 목	
시 간		회 독	
문 번	CHECK	문 번	CHECK
1	① ② ③ ④	21	① ② ③ ④
2	① ② ③ ④	22	① ② ③ ④
3	① ② ③ ④	23	① ② ③ ④
4	① ② ③ ④	24	① ② ③ ④
5	① ② ③ ④	25	① ② ③ ④
6	① ② ③ ④	26	① ② ③ ④
7	① ② ③ ④	27	① ② ③ ④
8	① ② ③ ④	28	① ② ③ ④
9	① ② ③ ④	29	① ② ③ ④
10	① ② ③ ④	30	① ② ③ ④
11	① ② ③ ④	31	① ② ③ ④
12	① ② ③ ④	32	① ② ③ ④
13	① ② ③ ④	33	① ② ③ ④
14	① ② ③ ④	34	① ② ③ ④
15	① ② ③ ④	35	① ② ③ ④
16	① ② ③ ④	36	① ② ③ ④
17	① ② ③ ④	37	① ② ③ ④
18	① ② ③ ④	38	① ② ③ ④
19	① ② ③ ④	39	① ② ③ ④
20	① ② ③ ④	40	① ② ③ ④
정 답		오 답	
점 수			

MEMO

정답 마킹표(40문/4지선다)

연 도		과 목	
시 간		회 독	
문 번	CHECK	문 번	CHECK
1	① ② ③ ④	21	① ② ③ ④
2	① ② ③ ④	22	① ② ③ ④
3	① ② ③ ④	23	① ② ③ ④
4	① ② ③ ④	24	① ② ③ ④
5	① ② ③ ④	25	① ② ③ ④
6	① ② ③ ④	26	① ② ③ ④
7	① ② ③ ④	27	① ② ③ ④
8	① ② ③ ④	28	① ② ③ ④
9	① ② ③ ④	29	① ② ③ ④
10	① ② ③ ④	30	① ② ③ ④
11	① ② ③ ④	31	① ② ③ ④
12	① ② ③ ④	32	① ② ③ ④
13	① ② ③ ④	33	① ② ③ ④
14	① ② ③ ④	34	① ② ③ ④
15	① ② ③ ④	35	① ② ③ ④
16	① ② ③ ④	36	① ② ③ ④
17	① ② ③ ④	37	① ② ③ ④
18	① ② ③ ④	38	① ② ③ ④
19	① ② ③ ④	39	① ② ③ ④
20	① ② ③ ④	40	① ② ③ ④
정 답		오 답	
점 수			

MEMO

정답 마킹표(40문/4지선다)

연 도		과 목	
시 간		회 독	
문 번	CHECK	문 번	CHECK
41	① ② ③ ④	61	① ② ③ ④
42	① ② ③ ④	62	① ② ③ ④
43	① ② ③ ④	63	① ② ③ ④
44	① ② ③ ④	64	① ② ③ ④
45	① ② ③ ④	65	① ② ③ ④
46	① ② ③ ④	66	① ② ③ ④
47	① ② ③ ④	67	① ② ③ ④
48	① ② ③ ④	68	① ② ③ ④
49	① ② ③ ④	69	① ② ③ ④
50	① ② ③ ④	70	① ② ③ ④
51	① ② ③ ④	71	① ② ③ ④
52	① ② ③ ④	72	① ② ③ ④
53	① ② ③ ④	73	① ② ③ ④
54	① ② ③ ④	74	① ② ③ ④
55	① ② ③ ④	75	① ② ③ ④
56	① ② ③ ④	76	① ② ③ ④
57	① ② ③ ④	77	① ② ③ ④
58	① ② ③ ④	78	① ② ③ ④
59	① ② ③ ④	79	① ② ③ ④
60	① ② ③ ④	80	① ② ③ ④
정 답		오 답	
점 수			

MEMO

정답 마킹표(40문/4지선다)

연 도		과 목	
시 간		회 독	
문 번	CHECK	문 번	CHECK
41	① ② ③ ④	61	① ② ③ ④
42	① ② ③ ④	62	① ② ③ ④
43	① ② ③ ④	63	① ② ③ ④
44	① ② ③ ④	64	① ② ③ ④
45	① ② ③ ④	65	① ② ③ ④
46	① ② ③ ④	66	① ② ③ ④
47	① ② ③ ④	67	① ② ③ ④
48	① ② ③ ④	68	① ② ③ ④
49	① ② ③ ④	69	① ② ③ ④
50	① ② ③ ④	70	① ② ③ ④
51	① ② ③ ④	71	① ② ③ ④
52	① ② ③ ④	72	① ② ③ ④
53	① ② ③ ④	73	① ② ③ ④
54	① ② ③ ④	74	① ② ③ ④
55	① ② ③ ④	75	① ② ③ ④
56	① ② ③ ④	76	① ② ③ ④
57	① ② ③ ④	77	① ② ③ ④
58	① ② ③ ④	78	① ② ③ ④
59	① ② ③ ④	79	① ② ③ ④
60	① ② ③ ④	80	① ② ③ ④
정 답		오 답	
점 수			

MEMO

정답 마킹표(40문/4지선다)

연 도		과 목	
시 간		회 독	
문 번	CHECK	문 번	CHECK
1	① ② ③ ④	21	① ② ③ ④
2	① ② ③ ④	22	① ② ③ ④
3	① ② ③ ④	23	① ② ③ ④
4	① ② ③ ④	24	① ② ③ ④
5	① ② ③ ④	25	① ② ③ ④
6	① ② ③ ④	26	① ② ③ ④
7	① ② ③ ④	27	① ② ③ ④
8	① ② ③ ④	28	① ② ③ ④
9	① ② ③ ④	29	① ② ③ ④
10	① ② ③ ④	30	① ② ③ ④
11	① ② ③ ④	31	① ② ③ ④
12	① ② ③ ④	32	① ② ③ ④
13	① ② ③ ④	33	① ② ③ ④
14	① ② ③ ④	34	① ② ③ ④
15	① ② ③ ④	35	① ② ③ ④
16	① ② ③ ④	36	① ② ③ ④
17	① ② ③ ④	37	① ② ③ ④
18	① ② ③ ④	38	① ② ③ ④
19	① ② ③ ④	39	① ② ③ ④
20	① ② ③ ④	40	① ② ③ ④
정 답		오 답	
점 수			

MEMO

정답 마킹표(40문/4지선다)

연 도		과 목	
시 간		회 독	
문 번	CHECK	문 번	CHECK
1	① ② ③ ④	21	① ② ③ ④
2	① ② ③ ④	22	① ② ③ ④
3	① ② ③ ④	23	① ② ③ ④
4	① ② ③ ④	24	① ② ③ ④
5	① ② ③ ④	25	① ② ③ ④
6	① ② ③ ④	26	① ② ③ ④
7	① ② ③ ④	27	① ② ③ ④
8	① ② ③ ④	28	① ② ③ ④
9	① ② ③ ④	29	① ② ③ ④
10	① ② ③ ④	30	① ② ③ ④
11	① ② ③ ④	31	① ② ③ ④
12	① ② ③ ④	32	① ② ③ ④
13	① ② ③ ④	33	① ② ③ ④
14	① ② ③ ④	34	① ② ③ ④
15	① ② ③ ④	35	① ② ③ ④
16	① ② ③ ④	36	① ② ③ ④
17	① ② ③ ④	37	① ② ③ ④
18	① ② ③ ④	38	① ② ③ ④
19	① ② ③ ④	39	① ② ③ ④
20	① ② ③ ④	40	① ② ③ ④
정 답		오 답	
점 수			

MEMO

정답 마킹표(40문/4지선다)

연 도		과 목	
시 간		회 독	

문 번	CHECK	문 번	CHECK
41	① ② ③ ④	61	① ② ③ ④
42	① ② ③ ④	62	① ② ③ ④
43	① ② ③ ④	63	① ② ③ ④
44	① ② ③ ④	64	① ② ③ ④
45	① ② ③ ④	65	① ② ③ ④
46	① ② ③ ④	66	① ② ③ ④
47	① ② ③ ④	67	① ② ③ ④
48	① ② ③ ④	68	① ② ③ ④
49	① ② ③ ④	69	① ② ③ ④
50	① ② ③ ④	70	① ② ③ ④
51	① ② ③ ④	71	① ② ③ ④
52	① ② ③ ④	72	① ② ③ ④
53	① ② ③ ④	73	① ② ③ ④
54	① ② ③ ④	74	① ② ③ ④
55	① ② ③ ④	75	① ② ③ ④
56	① ② ③ ④	76	① ② ③ ④
57	① ② ③ ④	77	① ② ③ ④
58	① ② ③ ④	78	① ② ③ ④
59	① ② ③ ④	79	① ② ③ ④
60	① ② ③ ④	80	① ② ③ ④
정 답		오 답	
점 수			

MEMO

정답 마킹표(40문/4지선다)

연 도		과 목	
시 간		회 독	

문 번	CHECK	문 번	CHECK
41	① ② ③ ④	61	① ② ③ ④
42	① ② ③ ④	62	① ② ③ ④
43	① ② ③ ④	63	① ② ③ ④
44	① ② ③ ④	64	① ② ③ ④
45	① ② ③ ④	65	① ② ③ ④
46	① ② ③ ④	66	① ② ③ ④
47	① ② ③ ④	67	① ② ③ ④
48	① ② ③ ④	68	① ② ③ ④
49	① ② ③ ④	69	① ② ③ ④
50	① ② ③ ④	70	① ② ③ ④
51	① ② ③ ④	71	① ② ③ ④
52	① ② ③ ④	72	① ② ③ ④
53	① ② ③ ④	73	① ② ③ ④
54	① ② ③ ④	74	① ② ③ ④
55	① ② ③ ④	75	① ② ③ ④
56	① ② ③ ④	76	① ② ③ ④
57	① ② ③ ④	77	① ② ③ ④
58	① ② ③ ④	78	① ② ③ ④
59	① ② ③ ④	79	① ② ③ ④
60	① ② ③ ④	80	① ② ③ ④
정 답		오 답	
점 수			

MEMO

정답 마킹표(40문/4지선다)

연 도		과 목	
시 간		회 독	
문 번	CHECK	문 번	CHECK
1	① ② ③ ④	21	① ② ③ ④
2	① ② ③ ④	22	① ② ③ ④
3	① ② ③ ④	23	① ② ③ ④
4	① ② ③ ④	24	① ② ③ ④
5	① ② ③ ④	25	① ② ③ ④
6	① ② ③ ④	26	① ② ③ ④
7	① ② ③ ④	27	① ② ③ ④
8	① ② ③ ④	28	① ② ③ ④
9	① ② ③ ④	29	① ② ③ ④
10	① ② ③ ④	30	① ② ③ ④
11	① ② ③ ④	31	① ② ③ ④
12	① ② ③ ④	32	① ② ③ ④
13	① ② ③ ④	33	① ② ③ ④
14	① ② ③ ④	34	① ② ③ ④
15	① ② ③ ④	35	① ② ③ ④
16	① ② ③ ④	36	① ② ③ ④
17	① ② ③ ④	37	① ② ③ ④
18	① ② ③ ④	38	① ② ③ ④
19	① ② ③ ④	39	① ② ③ ④
20	① ② ③ ④	40	① ② ③ ④
정 답		오 답	
점 수			

MEMO

정답 마킹표(40문/4지선다)

연 도		과 목	
시 간		회 독	
문 번	CHECK	문 번	CHECK
1	① ② ③ ④	21	① ② ③ ④
2	① ② ③ ④	22	① ② ③ ④
3	① ② ③ ④	23	① ② ③ ④
4	① ② ③ ④	24	① ② ③ ④
5	① ② ③ ④	25	① ② ③ ④
6	① ② ③ ④	26	① ② ③ ④
7	① ② ③ ④	27	① ② ③ ④
8	① ② ③ ④	28	① ② ③ ④
9	① ② ③ ④	29	① ② ③ ④
10	① ② ③ ④	30	① ② ③ ④
11	① ② ③ ④	31	① ② ③ ④
12	① ② ③ ④	32	① ② ③ ④
13	① ② ③ ④	33	① ② ③ ④
14	① ② ③ ④	34	① ② ③ ④
15	① ② ③ ④	35	① ② ③ ④
16	① ② ③ ④	36	① ② ③ ④
17	① ② ③ ④	37	① ② ③ ④
18	① ② ③ ④	38	① ② ③ ④
19	① ② ③ ④	39	① ② ③ ④
20	① ② ③ ④	40	① ② ③ ④
정 답		오 답	
점 수			

MEMO

정답 마킹표(40문/4지선다)

연 도		과 목	
시 간		회 독	
문 번	CHECK	문 번	CHECK
41	① ② ③ ④	61	① ② ③ ④
42	① ② ③ ④	62	① ② ③ ④
43	① ② ③ ④	63	① ② ③ ④
44	① ② ③ ④	64	① ② ③ ④
45	① ② ③ ④	65	① ② ③ ④
46	① ② ③ ④	66	① ② ③ ④
47	① ② ③ ④	67	① ② ③ ④
48	① ② ③ ④	68	① ② ③ ④
49	① ② ③ ④	69	① ② ③ ④
50	① ② ③ ④	70	① ② ③ ④
51	① ② ③ ④	71	① ② ③ ④
52	① ② ③ ④	72	① ② ③ ④
53	① ② ③ ④	73	① ② ③ ④
54	① ② ③ ④	74	① ② ③ ④
55	① ② ③ ④	75	① ② ③ ④
56	① ② ③ ④	76	① ② ③ ④
57	① ② ③ ④	77	① ② ③ ④
58	① ② ③ ④	78	① ② ③ ④
59	① ② ③ ④	79	① ② ③ ④
60	① ② ③ ④	80	① ② ③ ④
정 답		오 답	
점 수			

MEMO

정답 마킹표(40문/4지선다)

연 도		과 목	
시 간		회 독	
문 번	CHECK	문 번	CHECK
41	① ② ③ ④	61	① ② ③ ④
42	① ② ③ ④	62	① ② ③ ④
43	① ② ③ ④	63	① ② ③ ④
44	① ② ③ ④	64	① ② ③ ④
45	① ② ③ ④	65	① ② ③ ④
46	① ② ③ ④	66	① ② ③ ④
47	① ② ③ ④	67	① ② ③ ④
48	① ② ③ ④	68	① ② ③ ④
49	① ② ③ ④	69	① ② ③ ④
50	① ② ③ ④	70	① ② ③ ④
51	① ② ③ ④	71	① ② ③ ④
52	① ② ③ ④	72	① ② ③ ④
53	① ② ③ ④	73	① ② ③ ④
54	① ② ③ ④	74	① ② ③ ④
55	① ② ③ ④	75	① ② ③ ④
56	① ② ③ ④	76	① ② ③ ④
57	① ② ③ ④	77	① ② ③ ④
58	① ② ③ ④	78	① ② ③ ④
59	① ② ③ ④	79	① ② ③ ④
60	① ② ③ ④	80	① ② ③ ④
정 답		오 답	
점 수			

MEMO

정답 마킹표(40문/4지선다)

연 도		과 목	
시 간		회 독	
문 번	CHECK	문 번	CHECK
1	① ② ③ ④	21	① ② ③ ④
2	① ② ③ ④	22	① ② ③ ④
3	① ② ③ ④	23	① ② ③ ④
4	① ② ③ ④	24	① ② ③ ④
5	① ② ③ ④	25	① ② ③ ④
6	① ② ③ ④	26	① ② ③ ④
7	① ② ③ ④	27	① ② ③ ④
8	① ② ③ ④	28	① ② ③ ④
9	① ② ③ ④	29	① ② ③ ④
10	① ② ③ ④	30	① ② ③ ④
11	① ② ③ ④	31	① ② ③ ④
12	① ② ③ ④	32	① ② ③ ④
13	① ② ③ ④	33	① ② ③ ④
14	① ② ③ ④	34	① ② ③ ④
15	① ② ③ ④	35	① ② ③ ④
16	① ② ③ ④	36	① ② ③ ④
17	① ② ③ ④	37	① ② ③ ④
18	① ② ③ ④	38	① ② ③ ④
19	① ② ③ ④	39	① ② ③ ④
20	① ② ③ ④	40	① ② ③ ④
정 답		오 답	
점 수			

MEMO

정답 마킹표(40문/4지선다)

연 도		과 목	
시 간		회 독	
문 번	CHECK	문 번	CHECK
1	① ② ③ ④	21	① ② ③ ④
2	① ② ③ ④	22	① ② ③ ④
3	① ② ③ ④	23	① ② ③ ④
4	① ② ③ ④	24	① ② ③ ④
5	① ② ③ ④	25	① ② ③ ④
6	① ② ③ ④	26	① ② ③ ④
7	① ② ③ ④	27	① ② ③ ④
8	① ② ③ ④	28	① ② ③ ④
9	① ② ③ ④	29	① ② ③ ④
10	① ② ③ ④	30	① ② ③ ④
11	① ② ③ ④	31	① ② ③ ④
12	① ② ③ ④	32	① ② ③ ④
13	① ② ③ ④	33	① ② ③ ④
14	① ② ③ ④	34	① ② ③ ④
15	① ② ③ ④	35	① ② ③ ④
16	① ② ③ ④	36	① ② ③ ④
17	① ② ③ ④	37	① ② ③ ④
18	① ② ③ ④	38	① ② ③ ④
19	① ② ③ ④	39	① ② ③ ④
20	① ② ③ ④	40	① ② ③ ④
정 답		오 답	
점 수			

MEMO

정답 마킹표(40문/4지선다)

연 도		과 목	
시 간		회 독	
문 번	CHECK	문 번	CHECK
41	① ② ③ ④	61	① ② ③ ④
42	① ② ③ ④	62	① ② ③ ④
43	① ② ③ ④	63	① ② ③ ④
44	① ② ③ ④	64	① ② ③ ④
45	① ② ③ ④	65	① ② ③ ④
46	① ② ③ ④	66	① ② ③ ④
47	① ② ③ ④	67	① ② ③ ④
48	① ② ③ ④	68	① ② ③ ④
49	① ② ③ ④	69	① ② ③ ④
50	① ② ③ ④	70	① ② ③ ④
51	① ② ③ ④	71	① ② ③ ④
52	① ② ③ ④	72	① ② ③ ④
53	① ② ③ ④	73	① ② ③ ④
54	① ② ③ ④	74	① ② ③ ④
55	① ② ③ ④	75	① ② ③ ④
56	① ② ③ ④	76	① ② ③ ④
57	① ② ③ ④	77	① ② ③ ④
58	① ② ③ ④	78	① ② ③ ④
59	① ② ③ ④	79	① ② ③ ④
60	① ② ③ ④	80	① ② ③ ④
정 답		오 답	
점 수			

MEMO

정답 마킹표(40문/4지선다)

연 도		과 목	
시 간		회 독	
문 번	CHECK	문 번	CHECK
41	① ② ③ ④	61	① ② ③ ④
42	① ② ③ ④	62	① ② ③ ④
43	① ② ③ ④	63	① ② ③ ④
44	① ② ③ ④	64	① ② ③ ④
45	① ② ③ ④	65	① ② ③ ④
46	① ② ③ ④	66	① ② ③ ④
47	① ② ③ ④	67	① ② ③ ④
48	① ② ③ ④	68	① ② ③ ④
49	① ② ③ ④	69	① ② ③ ④
50	① ② ③ ④	70	① ② ③ ④
51	① ② ③ ④	71	① ② ③ ④
52	① ② ③ ④	72	① ② ③ ④
53	① ② ③ ④	73	① ② ③ ④
54	① ② ③ ④	74	① ② ③ ④
55	① ② ③ ④	75	① ② ③ ④
56	① ② ③ ④	76	① ② ③ ④
57	① ② ③ ④	77	① ② ③ ④
58	① ② ③ ④	78	① ② ③ ④
59	① ② ③ ④	79	① ② ③ ④
60	① ② ③ ④	80	① ② ③ ④
정 답		오 답	
점 수			

MEMO